陽明後學文獻叢書

錢明 主編

劉元卿集

中

［明］劉元卿 撰

彭樹欣 編校

上海古籍出版社

復禮會語

庚寅冬，會諸士復禮院中，余與劉子明之深談無思無爲義。明之曰：「此生知安行事，非初學所能學，求以變化氣質則止矣。」余曰：「生知，知此無思無爲也；學知，知此無思無爲也；困知，知此無思無爲也。困學雖不同，其識取此理則一，故曰及其知之一也。人一己百，人十己千，只是必欲識取此理。故雖愚必明，亦可以擇乎中庸也；雖柔必强，亦可以固執此中庸也：是之謂變化氣質。言變化氣質雖殊，而無思無爲之妙，雖愚夫愚婦、孩提稍長，無不具足，豈終不可擇而守之乎？」明之曰：「若是，則所謂修行者可緩與？」曰：「必明於行之原，乃知所以修行道也者，不可須臾離。若逐事檢點，無事則離，可離非道矣。故行也者，行乎其所以不容不行。故孟子曰由仁義行，又曰行吾敬，故謂之内知，此則無往而非修行矣。」

昔諸友方擁爐，趙純父請曰：「既無往而非修行，即今擁爐向火亦學問乎？夫孰不爲學問也？」余曰：「此問甚切。諸君宜各陳所見，以解純父之惑。」劉大冶曰：「只向火能不放此心，即是學問。」余曰：「即好色能不放此心，亦是學問乎？」劉任之曰：「恐是不著察。」余曰：「只今孰不著察，抑曾見有人置足爐中者乎？」任之曰：「然則如何？」周思極曰：「心體至大至妙，當向火自向火，當應對自應對，當惻隱自惻隱，當羞惡自羞惡。舜之用中，顔之擇乎中庸，孔子之祖述憲章，只是能全盡此向火之心體爾，夫然后謂之不放心。放，失也，言不失此心體之全也，夫然后謂之著察。著察，猶默識也，言默識此心體之全而存之也。曰不放，曰著察，豈能於無思無爲上加得一毫？今之所謂不放心，所謂著察，皆有所造作於心之内矣。」余驚曰：「思極解已上此哉！」因謂純父此疑可釋否？純父曰：「即今已豁然，但久則忘之矣。」余曰：「從言句上見解，則失間茫然；從心體上了徹，則一得永得。夫所謂無思，非無思也，千思皆無思也。所謂無爲，非無爲也，百爲皆無爲也。試觀孩提愛敬，有思有爲乎？乍見怵惕，有思有爲乎？蓋無思無爲者，天也。天則同，故謂之同德；有思有爲者，人也。人則異，故謂之異端。邇日學者疑知之弗良、性之弗善，入門之始便用許多造作功夫，與心爲敵。蓋幾於荀子性惡之旨。雖有所知，終是索隱；雖有所行，終是行怪。其去擇乎中庸甚遠。故不得已而有辨云。」

次日别諸友，則余嘆之曰：「余數日曉曉之旨，正爲諸君用力者辨路頭耳。若未用力，則或默坐體認，或飭躬勵行，無非求道之功。求之誠切，然后向明師良友切磋，大道始有貫通之基。切不可模擬無思無爲之説，反爲障道因緣。諸君念之！念之！」會既罷，或曰：「自有此會以來，無如近日發明深切。」因憶而記之，并著《去欲説》三章。

去欲説(上)

夫欲有二：有不容不然之欲，有心所沉溺之欲。自不容不然之欲而言，無論欲明明德之欲不可去，即聲色臭味之欲何可一日無？何也？皆天也。自心所沉溺而言，無論聲色臭味之欲不可不去，即行仁義之欲亦不可一日有。何也？皆障天者也。先儒曰：「有所向，便是欲；涉人爲，便是僞。」向也，僞也，皆是足以牿天也。知此則知去欲矣，不知此而終日去欲，是無故而發難端。欲之大者，牿天莫甚焉。噫！是説行，人將有罪我者矣。避罪而不言亦欲也，吾去吾欲而著《去欲之説》。

去欲説（中）

或曰：「然則欲不可去乎？」曰：「何可不去？去欲，學中一事耳。心周法界，有君道焉。人君之職，統六官，治四海，孰非其事？而專以捕盜爲役，一追胥之能耳。曠職廢事，何國之能爲？」曰：「如子之説，則心無事矣。」曰：「心自有事。尋事持心，障心實大。譬諸目之爲，用本無所不覩。若注視棘猴，將迷天地，疑神吴馬，或失輿薪。舍去欲、去念等事，則宇宙内事無非事矣。故吾以爲必去持心之障，而後心體始現。」

去欲説（下）

或曰：「子謂欲有二種，然則欲亦有時任之乎？」曰：「《大學》言欲者八，何不可任也？《孟子》言好貨好色、好勇好樂皆可以王天下。蓋欲者，性之用。好貨好色亦人情也，情豈非性乎？但將好色等欲直窮到根蒂處，原是人我一原。故充之以與民同好，即欲即理，於王天下乎何有？此便是明明德於天下，便是盡其性以盡人之性。孟子不諱好貨好色，正是實見得性體。」若以世儒對君，則曰「王請去之」云耳，曰：「人君當防未萌之欲，欲而不禁，其何紀極也？」曰：「欲不可禁，有所甚欲而後有所不欲。苟好貨好色而欲與民同之，自不至沉溺於貨色矣，何必更有去欲之功乎？故曰『王請大之，請求吾所大欲也』。」〔一〕

〔一〕按：文後原有周一濂《跋》，歸入本書《附録》四，兹不録。

附録

與王中石翁論無生述略

竊謂性不易言，亦不難言。夫耳目口鼻，形也；而主夫耳目口鼻者，性也。或謂落行氣之性尚屬後天，必求所謂未生以前者而完之。夫曰未生矣，則安用完之？而又安所致力？譬之木石有火，方其未然，何能施覩聞哉？以是不得不托之思想。及思想之不可繼，則不歸咎於所學之非，而輒自歉其功不審。或指其依於想，則又謂吾本不想，而未生前面目原自呈露。殊不知其手勢既熟，容或自然見前，而其最初發心終不免依想而生，又安得中避其名也？夫依想而生，勢必難恒。用功愈審，入穴愈深，視吾職分之當修與夫天下之□□，漠然不以加意，而方且以爲吾學得力。噫！亦蔽矣。

吾所謂主耳目口鼻之爲性者，真性也。耳之欲聲，目之欲色，其本然也。然而視非禮之色，聽非禮之聲，則其中若有不自安者，亦其本然也。欲聲欲色者，無生之真機也。欲之失其度而其中若有不自安者，亦無生之真機也。故謂欲聲欲色之即性也，不可；謂欲聲欲色之非性也，又不可。夫性豈能不欲？欲豈能盡無？惟其欲之有，則焉即所謂不自安者也？即其中不自安，吾又安能屑屑焉拔其所不安者而去之？猶水之必流下也，而不能不横行也。疏之得其道，則水以四海爲壑，非一一就其横行者而防之。

故君子之治性，惟求其所大欲焉。欲吾心之所安者，而必滿其量焉，則欲色欲聲之欲，皆轉而趨吾之所大欲。欲非有變也，歸海之水即横行之水。欲明明德之欲，即欲聲欲色之欲，此學之所以不容已耳。學之於性也，猶水之有涯也，馬之有勒也，然而亦性之所不容已也。故曰欲聲欲色與夫不自安者，皆無生之真性也。慮夫欲之失其度而學以求吾之所大欲者，亦無生之真性也。由斯而談性，安有先天，安有後天，安有有無，安有微顯，安有體用，安有理欲。彼以爲有先天後天，有有無、隱顯、體用、理欲者，諸子之陋也。是則所謂不朽者，孰有大於此乎？天地有壞，此性無窮。彼外生生而求覿無生面目者，轉瞬之際，已不可常持。此以幾不朽，真如蒸砂終不可成飯已。

與徐思中論生死

徐君思中學孔子之道而參乎佛法也。佛法以出離生死爲宗，而求所謂真生死者，蓋亦不異於吾孔子知生之説云。夫豈惟孔子，即世之人無不出離生死也者。噂爾與之，行道之人弗受；

蹴而與之，乞人弗屑。彼蓋能出離生死已，此猶其本心之明也。匹夫匹婦不忍一言之相詬病，甘自經溝壑，彼所以出離生死者，殉氣爾；販夫販婦依財爲命，暴客挈其資去，至以死繼之，彼所以出離生死者，殉貨爾；功名之士以馬革爲石，鄙視三木若軒冕，彼所以出離生死者，殉節爾。孔子曰：「志士仁人，無求生以害仁。」其出離生死不異也。所以異者，仁也。仁則無忝所生，即亡生以求之，而吾所以爲真生者自在也。

佛氏之説原其始，蓋亦欲出離世之所謂生死，而求所謂不生不死云者，則亦何異於吾孔子之旨。而學佛者，高之求離識趨寂，陷入死鄉，卑之談奪舍投胎，自迷生海，則所謂不生不死者安在也？此亦豈盡佛法之過！學之者之謬，從來矣。雖然，跨雙馬者墜，踏兩船者溺。吾姑願思中專證之孔氏而得其真詮，則佛之所謂真詮決不外此。且思中而證之孔子，則子國有孔子必證之佛，又當異日談也。吾故以爲學孔子便。

病中與大會諸公論克己復禮

病軀不得奉長者之教，此心固已飛越在復禮矣。耿耿之懷，未可言諭。方今區内談學者曰宗源，曰力踐。總之此二派，竊以爲悟宗在當下，力踐亦在當下。所謂力踐者，只以今日目前論之。羣士大會，衆咸聽法。若於座中瞻視不常，聽聞不專，交頭私語，出入無時，此便是視聽言動不由於禮，便謂之己，即當克之。若一時大衆各反精靈，識惟明命是顧，專心致志，惟善言爲聽，不語時事，惟談心咨性，静坐肅規，不東行西走北復，是非禮勿視聽言動，便是一日克己復禮。

試看此時雍雍肅肅，人心誰不欣悦？即便是天下歸仁。如使一人倡率胡言亂語，衆口和之，一人倡率胡行亂走，衆人趨之，一堂之上已亂紛紛矣。不但有道者厭之，即火首下肆將相與竊笑曰：「我輩費多少力，挑柴運米，供許多官人漫作如此勾當。」又安得歸仁？蓋羣聚之地，非嚴肅不足以收衆，禮固然也。孔子申申夭夭於燕居，雍雍肅肅於宗廟朝廷，豈其昭昭申節、冥冥惰行哉？禮固有以肅爲貴者，此聖人之所謹也。此當下力行之説也。肯由此更透一步，深思此禮在天地間，由之則安、不由則不安是何緣故？直窮到不可思議處，却恐宗源亦在其中矣。

生年來東遊南走，幸稍有聞，正欲歸相商證，而虞鬼忌我，恨之爲深。然就使面對其大端，亦不過如此而已。蓋道原不遠人，原不離日用。遠人、離日用者，皆外學也。伏枕念諸公不置力疾，書此奉質，草略無文，伏惟諸公鑒我心肝。

與章斗津丈論鮮能知味

余與章君飲甘參知宅，章君舉鮮能知味相質。予曰：「道之在人也，猶味之在飲食也，不可離也。忽而不察者多矣。默識此道不離身：中賢知者不容過，過則空寂，吾心自不容已；愚不肖不容不及，不及則卑汙，吾心自不能安。」章君曰：「以飲食爲喻，猶二之也。道不外飲食，心存則知味矣。惡有心存尚不爲道乎？程子云『某喫飯口口喫在肚裏』，即此是終食不違仁。」予曰：「所謂知味，知味而已耶？所謂存心，止於知味已耶？今小乘禪收攝反視，彼喫飯亦口口在肚裏，却不能經綸天下之大經，此又何以稱焉？」章君云：「知味心也，遇飲食則知味，遇父知孝，遇兄知弟，遇孺子入井知怵惕。窮天徹地，無非此知體充塞，故曰致知焉盡矣。」予曰：「善哉！善哉！此所以無終食之間違仁，不容違也。所云從脊梁過□，正謂麻麻木木，虛生枉死，不識此知體之妙而言之者耳。非真要數粒而食，乃爲不違仁也。雖然，知體大矣。譬之猶燈然篝諸地上，則光不踰只尺，置之桌案，則光徹堂中，益高則照益遠。而所以置之何如，燈體則一也。惟知之在人亦然。卑卑者飢食渴飲知味焉而已；悖德者用此知戕人螫物，以酖毒爲美羞者也；賢智者用此知尋無上妙道，味空寂爲玄酒者也。乃堯舜用此知爲君，仲尼用此知爲師，教天下萬世皆知仁之於人也，如五谷之美。此謂知味，此謂知之至也。故曰：『致知焉盡矣。』致知者必如此，乃謂之存心。存心云者，能盡其心體之量者也。盡其心體之量，則知乃光大，無遠不燭。此口口喫在肚裏之説也。」章君曰：「如是如是。」予因述之以告同志。

與趙純父論真性不磨

讀來札具仞求道懇切。所謂空，視世界心與視真性不磨心，蓋一病二痛也。世界本空，性自不磨。要空世界，要即不空，只此不空，是名爲妄。是妄必磨，非不磨法。惟聖人本吾不容已之真心，撫世酧物，以事處事，何其空也！天地有盡，此不容已之心實無有盡，何其不磨也！只如此淺淺求之，却最微妙。若微處求微，易陷魔境，且不免視世界與真性爲二物也。色空不二，佛亦譚之矣。孟子曰：「於不可已而已者，無所不已。」夫無所不已，却亦能空世界而不免斷滅不磨之真性。斷滅，所以磨也，而固以此幾不磨乎？文其以爲何如？

孝廉王啓元問究竟處聖人與佛還同否

予曰：「主意既不同，究竟亦自不同。吾儒經世，原是要了我不容自已之心，故仁以爲己任，死而後已，是聖人證果處。佛氏謂生滅滅已，寂滅爲樂，其證果總在出離生死耳。」

與邱汝止丈論名理

予在會城館署與胡可直、李允叔諸君譚名理其臭。邱君汝止爲予言曰：「往近溪羅先生會講法堂，適有僧在座。問之曰：『儒者家言心言性、言念言意、言慮言才，棼若繭絲，諸微細惑，試一一爲我審除。』僧人久不作聲，一座嘿然。久之，謂先生曰：『我今見近溪，喚作近溪矣，不知尊夫人作如何稱謂？』先生曰：『謂我相公。』曰：『尊公如何？』曰：『予行六，時喚吾行。』云：『然則爲諸生時，廣文先生又云何？』先生曰：『稱字。』僧大聲向先生一呵：『汝乃有許多名色！』先生囦地作省，遂下拜。予時聞先生述此語，如豁然若頓解桎梏，不知天地間之復有名理也。」

予曰：「慧哉！僧乎！乃至無有心性，無有意念。」邱君曰：「然則無已乎？」曰：「乃至無心性，亦無無心性；無意念，亦無無意念。」曰：「然則無無已乎？」曰：「亦無無無。」邱君曰：「無無亦無，予亦聞之矣，學如此已耳，又安所用學也？」予曰：「善哉！其爲問乎！夫紛紛名號，由人所稱，信矣。然令夫人喚先生名，尊公稱先生號，先生能安之耶？以斯知三千三百，探之則漠然而無，達之則豁然而有。强有其所無，命之曰鑿；强無其所有，命之曰滅。鑿與滅，皆不可以爲道；不鑿不滅，斯吾所謂無無亦無也。」

邱君曰：「信如是，又安用學也？」予曰：「雖然，亦顧其志耳。卑卑者志在謀身，則其心也、意也、念也、慮也、才也，無不爲身謀也者；志在爲天下萬世，則其心也、意也、念也、慮也、才也，無不爲天下萬世謀也者。今譚學者自及恣睢敗闕，類指爲心意念慮之過，遂一舉而求諸空寂，以爲真性，不知其志苟不大，其根質苟不正，雖語以性，則又托之乎玄虛，而恣睢敗闕亦自如也。善學者求爲近溪先生，則其身、其名、其字、其行，無不爲天下所敬仰。固不必紛紛然析之曰：『此身也，真近溪也。』此名也、字也、行也，非真近溪也？孔子曰『參乎，吾道一以貫之』，此萬世談道者之的也。又曰志道、據德、依仁、游藝，此萬世譚學者之準也。夫道一而已，自其可據焉者曰德，自其可依焉者曰仁，自其可游焉者曰藝。總之，繫乎志耳。有其志，則道成而上，藝成而下，一以貫之也。」邱君唯唯，予因述之以告夫名理者。

復禮測言

復禮測言

夫管中窺豹一斑爾，常見豹也。從千古而下，疏往聖語，譬之猶射覆然。然而心性一耳，以意逆志，億則屢中矣。況善用之，則郢書燕説，孰匪至言？又寧論然不然？次其所嘗答友人者，作《測言》。

友問石經《大學》義

曰：「《大學》之道，明明德而已矣。以一端言之，如仁者明德也，然非虚也。仁之於父子，根於其心之不容已者，故其證在親父子。人少則慕父母，知好色則慕少艾，有妻子則慕妻子，孰非此明德之用乎？然惟大孝，終身慕父母，乃爲止於孝者。止於孝，則少艾、妻子不足以間之。其意真切，其心純正，反諸身而誠，斯順乎親矣。順乎親則九族睦，九族睦則百姓平章，百姓平章則萬邦協和。故古之欲明明德於天下，惟以修身爲先。身本也，格物者，格夫物之有本有末，則知其所先，知其所止，如鳥之擇處於丘隅，民之擇處於邦畿，然後能修其身，使家國天下默成無訟之化。此天子、庶人皆以修身爲本。蓋躬不厚必不能喻人，本亂則末必不治，故知修身謂之知本，謂之知之至。物格而知至，則天下如運之掌。甚矣修身之爲要，而格致之爲尤要也。自其窮極事物之本，謂之格物；自其真知事物之本，謂之知至。聖門之先擇仁，從來也。或曰：『庶人無平天下之責，而與天子同學，何也？』曰：『堯舜以天子平一時之天下，孔子以庶人平萬世之天下。或用君相，或用師友，其止於仁，一也。而孔子之仁尤無窮，其所謂至善者，蓋兼善萬世已。丘隅之咏，深乎！深乎！而或乃淺視《大學》，玄求《中庸》，亦未探曾子之微旨已。彼以爲曾氏之傳，得其宗然乎？』」

問《中庸》首章義

曰：「道也者，性也，性即天也，不可須臾離也。人之爲道而可離，不可以爲道。何也？吾人之性，視之而不覩，聽之而不聞，然體物而不可遺。是故未有喜怒哀樂，而喜怒哀樂之則渾然全具，天下之達道備矣。既有喜怒哀樂，而喜怒哀樂之則不勉而中，天下之達道行矣。孰謂道非率性之謂乎？君子率其性之本中、本和者，以位天地、育萬物。夫是之謂慎獨，獨即性也，性無對，故謂之獨。舍道而別有修，異教也，舍性而別有道，外道也。」

問道不遠人

予曰：「聖門論道只一忠恕最近，故引《伐柯》之詩明之。柯一也，以柯伐柯，其則不遠；人一也，以人治人，其則亦不遠。人情責人必周，心之明也；責己必疎，心之蔽也，改其蔽者而已矣。道豈外於忠恕哉！子之不孝，臣之不忠，弟之不順，朋友之不先施，己所不欲也。而事父事君、事兄交友之間，多少不盡道處可知。言之甚易，行之甚難。從此庸常處，勉其難，戒其易，是多少工夫，何必遠人爲道乎？以此知道本無奇，奇即在庸中；道本無隱，隱即在費中。一子臣弟友，聖人且未能有行，學者只當觀隱於費，何必素隱？只當求道於庸，何必行怪？故曰：『夫子之道，忠恕而已。』依乎中庸，依此焉耳。」

問：哀公問政，孔子告之詳矣。其要旨謂何？

予曰：「修身以道，修道以仁。仁之親親，義之尊賢，其原出於天。故修身在於知天。天字，即誠者天之道也。是一章大旨，兩言『所以行之者一也』。見得修身以道，修道以德，而道與德之原出於天；但所以達天者，有生知困勉之不同也，下所以行之者一也。見得德以修道，道以修身，身以出治，而其原不外於天；但所以達天者，有誠者、誠之者之不同耳。上半截言修身先於知天，下半截言本天以修身。□可以齊家治國平天下，總是有天德，便可語王道，其要只在謹獨。聖人一貫之學，其見於告君者如此。」

問自成自道

予曰：「誠也者，終物始物，通人通己，人人具足，個個完成，故曰自成。反身而誠，成己成物，一齊穿紐。成己之仁，與物爲體，即是成物；成物之智，區處各當，即是了己。自誠之，即區處，命之曰仁；自□□□處，命之曰智。合内外，通人我，淵泉溥博，時措皆宜，性之全德，原自如此，非人所能造作、所能加□□□，故曰自道。」

問：至誠、博厚、高明、悠久之業，宜皆登天，然何可幾也？

予曰：「此理甚淺近。父母之於子，惟其誠之至也。故三年而後免於懷，終身而不替其愛。不迫不躁，日就月將，何其悠遠哉！時其飲食，憂其疾病，冗瑣纖細，無不周密，抑何博厚！□□之容之無不至，□□□無不精，又何高明也！□□不至則倦□□□□□長久，欲其悠遠、博厚、高明，固□然，則謂父母之德合天地，亦可也，又奚疑？□至誠□□曰如保赤子，言其純也，純亦不已，曰若是，則匹夫匹婦是配天地乎？曰若□□□□□□□及其至也，察乎天地□□□□□□□。」

問尊德性，道問學

予曰：「聖人之道，高□□□□育萬物，察乎天地；卑乃貫於三千三百之禮。三千三百，禮所生也，是之謂德性。此德性在我，本自廣大，而又未嘗不精微；本自高明，而又未嘗不中庸；本自現成，而又未嘗不自新。惟君子能尊之，尊之之功，只在敦厚而以崇禮。禮卑法地，如地之博厚，大大小小無不入，高高下下無不到，君子於此而問焉；若無若虛，若決江河，於此而學焉。察言觀色，慮以下人，居上爲下，處治處亂，一秉於禮以行之。明哲煌煌，旁燭無疆，保其身□保四海，天地位，萬物育，又焉往不宜哉？故惟禮崇則德尊，德尊則道凝，是之謂致廣大而盡精微，是之謂極高明而道中庸，是之謂温故而知新，一崇禮則已矣。」

問：入大廟每事問，聖人自以爲是禮也。說者謂雖知亦問，爲謹之至。果爾，則聖人真無所不知耶？

曰：「春秋時，以考究爲知禮，孔子不言知而單言禮，有味哉！孔子曰『克己復禮』，曰『親親之殺，尊賢之等，禮所生也』，蓋直指人心之真機而言耳。心之真機，自視自聽，自言自動，自等自殺。事不能盡知，不知則問，即問即禮也。聖人之言禮，深乎！深乎！耿仲子云：『若亡若虛，禮之真機也。』或人但以考究於方册爲知禮，而不知吾之所以能思、能索、能攻究者，即禮之本已。魯昭不能御臣，以致失國，而時人猶以其習於威儀之末，稱爲知禮。甚矣！春秋之論禮者，惑也。乃世儒又以禮專屬敬，遂以雖知亦問釋之。其不達禮之本，一也。大哉！禮乎！夫婦之愚可以與知焉，及其至也，雖聖人亦有所不知也。好問好察，若亡若虚，非達禮者，其孰能知之？」

問終食之間不違仁

予曰：「不受不屑，仁也。萬鍾辨禮儀而受之者，不違仁也。故富貴人所欲，所欲有甚於富貴者；貧賤人所惡，所惡有甚於貧賤者。君子欲富貴而不爲苟得，惡貧賤而不忍苟去。其心終食不違仁已，豈以富貴貧賤移易其志哉！若夫小人之於富貴，亦無終食、造次、顛沛之違矣。彼其心原不在仁也，故學莫先於辨志。」

問一貫

曰：「曾子初在事上理會，夫子以一語之謂無事非一也。曾子纔唯而語人曰忠恕，謂無一非事也。聖門傳受原不在言句上。若他人求妙義，則斥日履爲粗迹；敦倫常，則詬微言爲玄遠。當下已自不貫，何論一也？曾子他日述《大學》，論平天下，但一所惡毋施，便可以貫上下、前後、左右之人。此正是發揮一貫之旨。故曰曾氏之傳得其宗。夫子則又曰：有一言可以終身行之，其恕乎。是自明一貫之旨矣。後儒傳訛者反晦於孔、曾之自註者也。」

問能近取譬

曰：「博施濟衆，仁者之心。然所施有術，惟近取諸己耳。故惟己欲立焉，立天下之大本，而因以立人也；己欲達焉，行天下之達道，而因以達人也。蓋大本者，己之所可立，而亦天下萬世皆可與立也；達道者，己之所可達，而亦天下萬世皆可與達也。近譬諸身而得其方，則以人治人，所施不勞，以人傳人，所濟自博。此孔子之施，所以不病者，以其默識吾身之立達耳。以此爲學，即以此爲教，蓋不出師友切磋之間，而其施濟真可以及萬世。宰我謂其賢於堯舜，有以也。」

問克己復禮

予曰：「耳目身口，形也；而所以視聽言動者，禮也。視聽言動自有天，則溺情於聲色，恣意於言動，固是已絕意於聲色。致飾於言動，亦是已仁者不恣情縱欲，亦不揉情塞性。順帝之則，不失其度，是謂視聽言動，皆歸於禮。禮者，天也，人同此天，故人皆歸仁。任天之便，爲仁由己。由己，即克己之己，一己爾。迷則害仁者，此己也；悟則任仁者，亦此己也。聖人謂仁者人也，即所謂己也。至以視聽言動，點出人面目；又拈禮字，點出人心髓。其所以發揮人道，亦大透泄矣。學者要識仁，須從此章參透始得。或曰：『克伐怨慾不行，亦何以異於克己者乎？』曰：『顏子識仁，則己自無所容，亦不容不克。原憲不知仁，則克伐怨慾，東滅而西生。』此克己復禮之所以爲乾道也。」

問：克伐怨慾不行，何以謂之難，而不謂之仁。

曰：「姑即夫子語憲者觀之：邦有道，穀；邦無道，穀，耻而辭之難矣，耻而勉於學焉。有道，則與民猶之；無道，則思以易之。此不爲仁耶？即與之粟九百，辭之難矣，以與爾鄰里，與爾鄉黨。此不爲仁耶？仁道至大，本無一物不備，亦無一物不體求仁者。學不厭而教人不倦，則克伐怨慾自無所容。故求仁者，拔去病根之術也。禁之使不行，是謂不學無術。」

問：不動心一也，則何孟子、告子之不同乎？

曰：「顧所主何如耳。北宮黝主於必勝，其不動心以必勝也；孟施舍主於無懼，其不動心以無懼也；曾子主於自反而縮，其不動心以自反而縮也。曾子得之孔子。孔子之學以反己爲主，不取必於權位，而取必於己之仁。仕止久速，無所不可。其志常伸於千古之上，而其氣常塞乎天地之間，其心常遊於太虛無礙之天，而其明常燭乎詖淫邪遁之原。蓋養氣、知言，一以貫之，而邁生民未有之盛也。孟子排羣賢，闡二聖，特學孔子，則志之所向，足以帥氣而氣常生生，故曰『我善養氣』。所處既高，則其視下益明，故又曰『我知言』。其所以不動心，蓋主於學孔子耳。若告子勿求諸氣與勿求諸心，是見得心周法界，與言語文字、根塵形體本不相涉，是二之也。天之生物也，使之一本。而告子二本，離其不動心是或一道。總之，立命於無生以前而拔去其生生之根，是爲宋人之揠苗而已，豈吾孔子一以貫之之道哉？所主之術異也。故術不可不慎。友曰：『持志之説誠然，然則諸所云無暴其氣，若集義、若必有事者，何紛紛也？』曰：『志，氣之帥，志之所至，氣必次焉。次猶言止也。持其志非空持也，只是無暴其氣。無暴其氣即是持志之功。知持志，則所謂必有事、所謂集義，始有着落。』要之，知言養氣，自告子所述者疏言之，非孟子實下手處。下手只在持志。若無學孔子之志，而日從事於養氣察言，殆似説夢。故予以爲不動心由於心有主，心有主由於持其志，持其志在辨羣聖之學。」

問浩然之氣

予曰：「吾心之體，至大至剛，遍滿天地。此氣之本然也，直養之而已矣。直養之謂集義，集義猶言由義而行也。由義而行，則氣常生。若合義與道，謂之義襲。行道義而不慊於心，是以此合彼，其中未必有也，氣安得不餒？告子謂勿求諸氣，正是見得義自外襲，無與於心。而孰知君子之行義，正求以慊於心。君子之求慊於心，正以善養其氣。故必有事焉，直養之謂也。勿正心，無害之謂也。所謂直養者，順而循之，勿忘而已矣。若正心，則以心爲空寂而正之。正心猶言定性也，一切典章制度俱視爲情識，直欲斷滅，是揠苗者也，害之也。」

問：夫子賢於堯舜，堯舜未易賢也。

曰：「學不厭，教不倦也。」

曰：「兢兢業業，學豈其厭；老來匡直，教豈其倦也。」

曰：「此堯舜所以爲堯舜，而非以人人爲堯舜也。夫子羣天下之英才，而學爲堯舜。己立立人，己達達人，人以及人，立達無盡。蓋堯舜學爲君，得位而後行之；孔子學爲師，大行如是，窮居亦如是。時時可學，時時可教，造化在手，博濟無窮。心體之生生，至是乃究其量。譬之五穀，始但農師數人種之，自后稷教民樹藝，人以傳人，其種乃遍布域中。生生之機無時衰息，始是能究五穀之用。即今傳來，朋友講習家風，但匹夫有志者，皆可以享用，無非孔子之澤。故曰：『乃所願，則學孔子。』」

問：子路、大禹樂善，豈不誠也？大舜何以稱大焉？

曰：「告過則喜，告而後喜也。聞善則拜，聞而後拜也。大舜善與人同，與人同爲善也。善本通天下，原無人我。無我，故舍己；無人，故從人。自窮至達，無非取諸人者，則時時聞善，時時聞過，時時與人同。爲此善，天下之善，孰有大於與人爲之者乎？孔子所稱『好問好察』，孟子所稱『若決江河』，蓋識其大者。顏子曰：『舜何人哉，有爲者亦若是。』所謂有爲者，何也？若亡若虛而已。」

問：隘與不恭，君子不由。君子所由者，何也？

曰：「君子亦仁而已矣。姑即其冠不正一端言之。伯夷望望然而去也，下惠油油然與偕也。君子曰：『衣冠不正，朋友之過。』救正之而已耳。此何等仁體！故曰：『孔子與夷、惠不同道。』或曰：『孟子亦謂二子者其趨一也，仁也。既仁矣，奚爲其不同道？仁外有道乎？』曰：仁，一也。所以爲仁之道，則孔子得其全爾。故孟子願學孔子，學莫先擇術，有以哉！」

問：行有不得，反求諸己，何以能致天下之歸？

予曰：「求諸己，則慮以下人；長見己過，故足以致天下之歸。求諸人，則居之不疑；長見人過，則不足以行於妻子。《易》稱龍德，言變化也，而其機只在反字。反則常徙義，常變化，故曰龍德。小人不知自反，故終身無變換處。大哉！反之時義乎。孔子曰：『射有似乎君子。』孟子曰：『仁者如射。』孔孟之學，只在正己而不求於人。若夷、尹、惠，猶未免有非天下意思在。故曰：『君子不由。』」

問求放心

曰：識心，然後能求心；識雞犬，然後能求雞犬。彼昧者求放心，亦如盲子之追放豚已。

曰：「心何爲者也？」曰：「仁，人心也。」

曰：「仁何爲者也？」曰：「即如上章不屑不受，合天下古今之人皆然，是謂人己同。原是謂古今一息，天之與我者妙矣哉。仁乎、不仁乎，有時不辨禮義而受之，此之謂失其本心，此之謂放其心而不知求。故學問無他，求仁而已矣。」

曰：「心要在腔子裏，此又何也？」曰：「滿腔子是惻隱之心。有不忍人之心，斯有不忍人之政，是謂心在腔子裏。若棲心於寂，其爲腔小矣。即異教家謂心周法界，法界亦腔子也。」

問《盡心》章義

曰：「此孟子發明天人一原之理。意謂人之有身，非形骸之謂，有所以爲身者，心是也；有心，非血肉之謂，有所以爲心者，天命之性是也。身也、心也、性也、天也，一而已。人能自盡其心者，是真知性者也；知性，知天矣。人能自盡其心者，是心存也；心存，則性得其養，即所以事天已。是之謂夭壽不貳，修身以俟死。蓋夭壽，命也。有夭有壽者，形骸血肉之謂也；修其形骸血肉之身，則命在天。夭壽不貳者，通極於性天者也；修其無夭無壽之身，則命在我。是故不離乎盡心而言性天，則高之不落空寂；通極於性天而言修身，則卑之不涉俗學。學至此，乃知我即天，天即我。曰知天，曰事天，曰立命，舉不外於心身之間而得之。苟非達天德，則所以存其心者，一腔之小耳；所以修其身者，七尺之軀耳。故曰：『思知人，不可以不知天。』」

附録

予繹《盡心》章頗有會也。仲子謂予曰：「心體至大，故不易盡。往梁王自多其救荒，曰盡心焉耳。及孟子開陳王道，乃知帝王之心又如此爲盡也。然所開陳，猶盡心大略耳，進而求之，又當有無窮措置。蓋天本如是，故性如是，心亦如是。知此者，謂之知天；存此者，謂之事天；修此者，謂之立命。苟非達天德者，孰知所以盡其心乎？」

予聆仲子語而益有味乎盡心之義也。夫心，方寸爾。梁王盡之而未盡也；堯舜有大焉，盡其心以安天下；孔子又有大焉，盡其心以安萬世。盡心如孔子，而後其性無虧。其天者全然，且慮以下人，不敢盡，不敢不勉，若未之有得者。心體之無窮已如此；心體之無窮已，蓋性之不容已。惟天之命，於穆不已，原如此也，而或乃於不可已而已者。不知天命而不畏也，豈所以事天而立命乎？孔子曰吾五十知天命，彼其所以皇皇汲汲，務自盡其心，有以也。發憤忘食，樂以忘憂，不知老之將至，夫然後謂之夭壽不貳，修身以俟死。

仲子曰：「然則心體終不可盡乎？又何以盡其心也？」曰：「知心之不可盡，則知盡其心矣。昧者自是自封，曰吾能盡心，執昭昭之多，以爲全天已，非知天者也。實知天者，若亡若虚，其證耳。」仲子首領之。予因并記于此。

問成章后達

曰：「原泉混混，盈科而進，言有原之水，始但盈科，終當放之四海。學能窮原，所謂自得之也；自得之，則居安資深，斐斐然成章。從此下學，從此上達，如水之混混盈科，放乎四海。此觀水之貴觀其瀾，觀日月之貴觀其明也。其容光之照，四海之溢，乃必達之勢爾。孔子所以若登泰山，若觀滄海，獨邁羣聖而羣聖難爲言者，正以其能默識天下之大本也。彼徒窮高極廣以觀孔子，而不自識其仁，是不能掘盈科之泉，而妄意滄溟，以是而幾達，難矣。或曰：『美、大、聖、神，固自有階級，何也？』曰：『可欲之善，實有諸己，謂之信；信得及，所謂自得之也；自得之，則美、大、聖、神，可以馴致爾。』」

問：掘井及泉説者，謂仁必如堯，孝必如舜，學必如孔子。夫堯則如天矣，舜則感神矣，孔子則賢於堯舜矣。吾何以如之也？

曰：「掘井以及泉也，學以致其道也。深造之以道，欲其自得之也；自得之，則取之左右逢其原。堯、舜、孔子之所造，雖不可幾，而堯、舜、孔子之仁，則人人具足，譬如泉在地中，鑿之而無不得者。彼求道者慕玄耽虛，是望洋者也；依倚聞見，是談海者也；束於名教以自修，是鑿石者也。非不深求，愈求而愈遠。其不爲久，仍之不及泉者幾希。」

問楊墨、子莫、鄉愿之别

予曰：「聖人之道，貴虛而不貴實，貴徙義而不貴執一。楊墨之仁義，子莫之執中，今之所謂同志也，舉一廢百，聖賢以爲道之賊。鄉愿之忠信廉潔，今之所謂無過舉者也，自以爲是，聖賢以爲德之賊。蓋楊墨、子莫執一而不徙義，謹厚之人自是而不求進，胥無當於堯舜之道耳。學者有志於道，必若亡若虛，常遷常改，庶幾與道相當。」

大學新編

題大學新編

陽明子曰：「《大學》之要，誠意而已矣。」約哉！其言之也。夫誠意，所以正心也；正心，所以修身也。知修身爲天下國家之本，謂之格物，謂之知之至。何也？物有本末，知末而不知本，知未至也。知末至，末窮乎物始也，可謂格物歟？格之云徹也。徹，本末而一以貫之之謂也。故曰：「知修身爲本，謂之格物，謂之知之至。」修身，誠意而已。誠者，天道善之至者也。動以天，則意誠。以言乎心，謂之正；以言乎身，謂之修；以言乎家國天下，謂之齊治均平。故誠也者，一以貫乎天下國家之善物也。格此者，爲格物；知此者，爲知至。總之，誠意而已。《大學》言誠意《中庸》言至誠，一也。誠，天載也，無聲無臭，至也。誠其意，止於至善，則至誠之説也；曰明善，曰知天，則格物致知之説也。《大學》舉其要，《中庸》推其詳。斯經緯之説，信也。

嗟乎！予獨恨石經之不蚤見於王子之世也。見於王子之世，則紛紛之説可無辨也。何也？物有本末，註格物也，知止知本，知所先後，此謂知之至。註致知，抑加詳已，諸所爲註可無也。奚有於紛紛之辨？豈惟不必辨，亦不必冠良於知，訓格爲正也。或以爲然，則良知之説非歟？曰：「不爲非也。」言明德，則良知具矣。加良於致知之知，則非其指；訓正於格物之格，則失其義。故予以石經不見於王子之世爲恨也。

石經傳自鄒憲僉，唐天官郎得之，上於朝，於是此本稍稍流傳人間。而耿師最深尊信之，王太常嗣爲表章。予每讀不忍去手。偶從政暇，略疏其義，更綴以本朝諸儒發明語已，復竊比耿師所著《小學》，繫《廣義》四篇於其後，合名爲《大學新編》云。若石經之可據與否，則鄭端簡諸先生之論具矣。

萬曆乙未七月安福劉元卿識。

附編中引用姓氏

餘姚王氏守仁，字伯庵，號陽明

泰和羅氏欽順，字允升，號整庵

安福鄒氏守益，字謙之，號東廓

泰州王氏艮，字汝止，號心齋，泰州安豐場人

吉水羅氏洪先，字達夫，號念庵

建昌羅氏汝芳，字惟德，號近溪，江西南城人

黄安耿氏定向，字在倫
婺源潘氏士藻，字去華
豐城李氏材
關中牛氏應元
耿仲子定理，字子庸
王大常時槐，字子植
鄒憲僉德涵，字汝海
鄒翰吉德溥，字汝光
張吉州振之

卷一

石經《大學》白文 并跋

鄭端簡公《古言》云：「《大學》一篇，初在《戴記》中，程子始表章，因而更定之，朱子爲之章句，今傳習者是也。漢大司農鄭玄所註，唐國子祭酒孔穎達所疏，皆古本也。元金華王氏柏、四明黄氏震、草廬吴氏澄、國朝正學方氏希孺、山陰景氏□、温陵蔡氏清、莆田鄭氏瑗、新安潘氏潢各有説。惟餘姚王氏守仁尊信古本。余固不敢謂古本有錯簡也。又有石經《大學》與古本《大學》不同。魏政和〔一〕中，詔諸儒虞松等考正五經，衛覬、邯鄲淳、鍾會等以古文小篆八分刻之于石，始行《禮記》，而《大學》、《中庸》傳焉。松表述賈逵之言曰：『孔伋窮居於宋，懼先聖之道不明，而帝王之道墜，故作《大學》以經之，《中庸》以緯之。』則《學》、《庸》皆子思所作。經緯之説，亦不爲無見，蓋必有所受矣。戴、鄭、賈三家皆不分經

〔一〕「政和」，應爲「正始」之誤。

傳，經傳分於宋儒。」

大學之道，在明明德，在親民，在止於至善。古之欲明明德於天下者，先治其國；欲治其國者，先齊其家；欲齊其家者，先修其身；欲修其身者，先正其心；欲正其心者，先誠其意；欲誠其意者，先致其知；致知在格物。物有本末，事有終始。知所先後，則近道矣。《詩》云：「緡蠻黃鳥，止於丘隅。」子曰：「於止，知其所止，可以人而不如鳥乎！」知止而後有定，定而後能靜，靜而後能安，安而後能慮，慮而後能得。《詩》云：「邦畿千里，惟民所止。」子曰：「聽訟，吾猶人也，必也使無訟乎！」無情者不得盡其辭，大畏民志，此謂知本。自天子以至於庶人，壹是皆以修身爲本。其本亂而末治者，否矣；其所厚者薄，而其所薄者厚，未之有也。此謂知本，此謂知之至也。物格而後知至，知至而後意誠，意誠而後心正，心正而後身修，身修而後家齊，家齊而後國治，國治而後天下平。

所謂誠其意者，毋自欺也。如惡惡臭，如好好色，此之謂自謙。故君子必慎其獨也。小人閒居爲不善無所不至，見君子而後厭然，揜其不善而著其善。人之視己，如見其肺肝然，則何益矣？此謂誠於中，形於外，故君子必慎其獨也。曾子曰：「十目所視，十手所指，其嚴乎！」富潤屋，德潤身，心廣體胖，故君子必誠其意。

所謂修身在正其心者：身有所忿懥，則不得其正；有所恐懼，則不得其正；有所好樂，則不得其正；有所憂患，則不得其正。心不在焉，視而不見，聽而不聞，食而不知其味。顏淵問仁，子曰：「非禮勿視，非禮勿聽，非禮勿言，非禮勿動。」此謂修身在正其心。

所謂齊其家在修其身者：人之其所親愛而辟焉，之其所賤惡而辟焉，之其所畏敬而辟焉，之其所哀矜而辟焉，之其所敖惰而辟焉。故好而知其惡、惡而知其美者，天下鮮矣。故諺有之曰：「人莫知其子之惡，莫知其苗之碩。」此謂身不修，不可以齊其家。

所謂治國必先齊其家者：其家不可教而能教人者，無之。故君子不出家而成教於國。孝者，所以事君也；弟者，所以事長也；慈者，所以使衆也。一家仁，一國興仁；一家讓，一國興讓；一人貪戾，一國作亂。其機如此。此謂一言僨事，一人定國。《康誥》曰：「如保赤子。」心誠求之，雖不中，不遠矣。未有學養子而後嫁者也。故治國在齊其家。《詩》云：「桃之夭夭，其葉蓁蓁。之子于歸，宜其家人。」宜其家人，而後可以教國人。《詩》云：「宜兄宜弟。」宜兄宜弟，而後可以教國人。《詩》云：「其儀不忒，正是四國。」其爲父子兄弟足法，而後民法之也。此謂治國在齊其家。

所謂平天下在治其國者：上老老，而民興孝；上長長，而民興弟；上恤孤，而民不倍。是以君子有絜矩之道也。所惡於上，毋以使下；所惡於下，毋以事上；所惡於前，毋以先後；所惡於後，毋以從前；所惡於右，毋以交於左；所惡於左，毋以交於右。此之謂絜矩之道。《詩》

云：「樂只君子，民之父母。」民之所好好之，民之所惡惡之，此之謂民之父母。

《秦誓》曰：「若有一个臣，斷斷兮無他技，其心休休焉，其如有容焉。人之有技，若己有之，人之彥聖，其心好之，不啻若自其口出。寔能容之，以能保我子孫黎民，尚亦有利哉！人之有技，媢嫉以惡之，人之彥聖，而違之俾不通。寔不能容，以不能保我子孫黎民，亦曰殆哉！」唯仁人放流之，迸諸四夷，不與同中國。此謂「唯仁人能愛人，能惡人。」見賢而不能舉，舉而不能先，命也；見不善而不能退，退而不能遠，過也。好人之所惡，惡人之所好，是謂拂人之性，災必逮夫身。《詩》云：「節彼南山，維石巖巖。赫赫師尹，民具爾瞻。」有國者不可以不慎，辟則爲天下僇矣。

是故君子先慎乎德。有德此有人，有人此有土，有土此有財，有財此有用。德者，本也；財者，末也。外本内末，争民施奪。是故財聚則民散，財散則民聚。《詩》云：「殷之未喪師，克配上帝。儀監于殷，峻命不易。」道得衆則得國，失衆則失國。《楚書》曰：「楚國無以爲寶，惟善以爲寶。」是故言悖而出者，亦悖而入；貨悖而入者，亦悖而出。《康誥》曰：「惟命不于常。」道善則得之，不善則失之矣。舅犯曰：「亡人無以爲寶，仁親以爲寶。」仁者以財發身，不仁者以身發財。未有上好仁而下不好義者也，未有好義其事不終者也，未有府庫財非其財者也。

生財有大道：生之者衆，食之者寡，爲之者疾，用之者舒，則財恒足矣。孟獻子曰：「畜馬乘不察於雞豚，伐冰之家不畜牛羊，百乘之家不畜聚歛之臣。與其有聚歛之臣，寧有盜臣。」此謂國不以利爲利，以義爲利也。長國家而務財用者，必自小人矣。彼爲善之，小人之使爲國家，災害並至。雖有善者，亦無如之何矣！此謂國不以利爲利，以義爲利也。

是故君子有大道，必忠信以得之，驕泰以失之。堯、舜帥天下以仁，而民從之；桀、紂帥天下以暴，而民從之。其所令反其所好，而民不從。是故君子有諸己而後求諸人，無諸己而後非諸人。所藏乎身不恕而能喻諸人者，未之有也。《康誥》曰：「克明德。」《太甲》曰：「顧諟天之明命。」《帝典》曰：「克明峻德。」皆自明也。湯之《盤銘》曰：「苟日新，日日新，又日新。」《康誥》曰：「作新民。」《詩》曰：「周雖舊邦，其命維新。」是故君子無所不用其極。《詩》云：「穆穆文王，於緝熙敬止。」爲人君，止於仁；爲人臣，止於敬；爲人子，止於孝；爲人父，止於慈；與國人交，止於信。《詩》云：「瞻彼淇澳，菉竹猗猗。有斐君子，如切如磋，如琢如磨。瑟兮僩兮，赫兮喧兮。有斐君子，終不可諠兮。」如切如磋者，道學也；如琢如磨者，自修也；瑟兮僩兮者，恂慄也；赫兮喧兮者，威儀也；有斐君子，終不可諠兮者，道盛德至善，民之不能忘也。《詩》云：「於戲！前王不忘。」君子賢其賢而親其親，小人樂其樂而利其利，此以没世不忘也。

歲丁丑，余得是本於吉州張公，乃今翰吉安成鄒汝光氏所寄。竊疑好異者之爲也。録一通篋之，不復詳其旨歸矣。

癸未夏秋間，讀《易》，公暇粗有會解。偶思《大學》、《中庸》二書，若與夫子大、小《象》相類。會有遺鄭端簡公《古言》者，中一段述石經及賈逵經緯之説。始取是本三四讀之，津津乎若有契也。獨以世傳玄註久遠之言，孰與玄信？則從而覈之。師門授受，厥有淵源，若史可考。按史：玄受之馬融、摯恂，而傳之小戴聖，聖所傳出后蒼、孟卿、高堂生，而非秘府之藏也。逵父徽與其師杜子春俱受業劉歆。當漢武時，《周禮》出巖屋間，歸秘府。至成帝朝，歆始表而出之。五家之儒皆不可得見。故逵之傳，歆出也。其後，逵官中秘，又著《禮經傳義詁》及《論難》百餘萬言，爲學者所宗。于時友人鄭衆與逵齊名，俱有解，而馬融推逵最精。逵故獨行于世，衆解不行。故逵之言可據也。

今年夏，見翰吉于都門，因知此本出其先兄憲僉君從石刻抄出。間以詢諸縉紳長者，或謂四明豐氏家有之。於是乎始信嚮者之傳有自也。自李唐後，玄註盛行。學者雖見此刻，略不復省格物之解。既爲聚訟，而《大學》亦若存若亡。

嗚呼！自非吾聖祖有修身釋格致之言，與此本幸而復存于世，則是書雖爲學者傳誦，亦何所據而爲入德之門哉！《經》曰：「天之未喪斯文也。」意者其在兹乎？絲竹之聲，大一之精，其光煒煒，其音錚錚！故識篇末以諭諸同志君子。唐伯元跋。

卷二

石經大學略疏

註疏以釋經也。經或易明，翻以註疏掩之，何啻爲贅已乎。略疏，稍疏其義，意明則止。乃逵者即身即經，無所事經也，又安用疏？

「大學之道」至「則近道矣」

大學者，學爲大人。大人者，正己而物正者也，與小人狹小之學止爲一身者不同。然其道只在明明德而已。明德，吾之本心，原與天下同體，故欲明明德，只在親民。明吾之明德以親民，此至善之道也。學大人之學者，在止於此而已。蓋惟本然之德謂之至德，昭吾本然之德，親吾同體之民，不假作爲，不資才智，命之曰至善。古之人知止於此矣。故欲平天下求之國，欲治國求之家，欲齊家求之身，身之主爲心，即明德也。惟意有不誠，即德有不實。故《大學》之要，惟在誠意以明其明德而已。然德本自明，人所以卒不能明之者，正爲不知此物乃天下國家之本，而天下國家特其末耳。格物者，格究夫物之本而立之。立其本，則天下國家無不理，齊治均平無不貫。是謂知所先，是謂知止，是謂知本，是謂知之至，而大學之道庶乎其近之矣。

「《詩》云：『緡蠻黄鳥，止於丘隅。』」至「惟民所止」

此承上文「知所先後，則近道矣」而言，言人所以無得于道者，患在不知止耳。故引「緡蠻」之詩興之，言黄鳥微物，其棲身之所尚知揀個山深樹密的好處；乃人爲萬物之靈，可鹵莽過了一生，不曉得尋個安身立命之處，反至不如鳥乎？夫知止，則無揺惑，無紛擾，心意安閒，念慮精專，未有不得者。得此至善而止之真，如王者之都寬平廣大，無所不通，安穩便益，無復可虞。故《詩》又曰「邦畿千里」，可見其道甚大，誠合天下國家而一以貫之。曰「惟民所止」，則又至簡至易，人人所得止者。人亦何不求止于此，却要占個小蹊徑，終身封閉，卒不可以適道，謂之何也？

「子曰聽訟」至「而後天下平」

上言「知止於至善」是《大學》之始條理，此以下却明止至善，乃所以修身而爲齊治均平之本也。故又引夫子之言，言聽訟非難，難于使民無訟。使民無訟，蓋以誠意爲政者也。上不愛其情而民有不用情者乎？民用其情而有盡其無情之辭者乎？此其所以畏民志者誠，大非徒用明、用威而已，夫是之謂知本。故自天子以至庶人，壹是皆以修身爲本，未有本亂而末治者也，未有躬不自厚而能厚於所薄者也。蓋本末厚薄，物之情也，明於物之情，非格物歟？析之極其精，合之盡其大，灼然知得修身爲本，一貫於家國天下而無遺，非知至歟？故曰：「此謂知本，此謂知之至也。」物格知至，則意誠心正而身修矣，身修而家齊國治天下平矣。

「所謂誠其意者」至「必誠其意」

夫「所謂誠其意者」何如？誠者，天之道也，人之真心也。意之所發不能如其真心，即謂之不誠，不誠即謂之欺。蓋吾人之心本自虛明，無有作好，無有作惡。所謂明德也，即誠也。惟意所好惡何？于一己之私，便是不誠，此一念不誠，雖是隱微，然人心至靈，誰能欺得？總來只是自欺而已。試觀惡惡臭的，只是可惡則惡，何曾作惡？好好色的，只是可好則好，何曾作好？今使天下之好惡皆如此，乃是吾心無偏無黨之本然，乃可以自慊于心。求自慊于心，所謂慎其獨也，所謂毋自欺也。觀之小人揜不善而著其善，而人之洞見肺肝，如十目所視、十手所指，到底豈能欺得天下人？總是欺了自家。故君子、小人之分，只在能誠意與不能誠意。能誠意，則心廣體胖，作德日休；不誠意，則消沮閉藏，心勞日拙。此君子所以必慎其獨以誠其意，而惟恐其好惡一偏，卒流于自欺之小人也。

「所謂修身」至「在正其心」

「所謂修身在正其心者」，何也？身爲家國天下之本，豈其耳目口鼻之形足以通天下之志哉？則亦惟此忿懥、恐懼、好樂、憂患之心與人相通焉耳。今身之有所忿懥、恐懼、好樂、憂患而不得正者，則心之有所而不得其正也，是則心即身已。試看人心，視聽飲食如故，而心一不在，則不能見聞知味。故顔淵問仁，孔子告之曰非禮勿視聽言動。夫仁何？關于視聽言動；而孔子言仁則曰視聽言動云者，此心外無身之説也。故謂修身之在正心者，以心之忿懥、好樂通于身而言也；又謂齊家之在修身者，以心之愛敬賤惡通于人而言也；又謂治國之在齊家、平天下之在治國者，以心之好惡通于國與天下而言也。一正心則身修，身修則家齊國治天下平矣，而其要只在慎獨，故《大學》以誠意爲要。

「所謂齊其家」至「齊其家」

人一身與家人相接，其情不過五者，曰親愛，曰賤惡，曰畏敬，曰哀矜，曰敖惰。五者雖是人情所必有，然必至虛至平，不隨着情去，方纔用得停當。若隨着親愛、畏敬、哀矜之情，常偏在好一邊，就其中有不當好者也，只去好了；隨着賤惡、敖惰之情，常偏在惡一邊，就其中有不當惡者也，只去惡了。故天下鮮有偏于好而能知其惡，偏于惡而能知其美者，則偏之害大也。諺有之曰：「人莫知其子之惡，莫知其苗之碩。」夫至於莫知其子之惡，家之不齊，孰甚焉？所以謂身不修，不可以齊其家。或曰：「偏之爲害止于家乎？」曰：「好惡一偏是謂拂人性，天下不可理矣，但身之所行必先于家，故以修身齊家言之。」

「所謂治國」至「在齊其家」

此言君子誠能修身以教家，則國與天下特舉此措之耳，故云「所謂治國必齊家者」。家乃國之本，若不能修身教家，又將何以教國人？故修身，君子則不出家而成教於國矣。何也？孝也，弟也，慈也，明德之至善也。明明德以修身則既本諸孝弟慈以行之家矣。然孝者，固所以事君；弟者，固所以事長；慈者，固所以使衆。家國不同，吾心則一。是故一人孝，則一家仁而一國興仁；一人弟，則一家讓而一國興讓；一人貪戾，則一國作亂。可見人心本同，此感彼應，其機關發動處自然止遏不住。故曰「一言僨事，一人定國」，正此之謂也。君子又豈必出家而後成教于國乎？若必出家而後教國，是學養子而後嫁者也。觀于「如保赤子」之詩，則知爲母者心誠求中于子之欲，其所失必不遠，爲君者心誠求通于國人之志，其所失亦必不遠，心同故也。所以治國只在修身以齊其家耳。故觀于「宜其家人」之詩，則知宜其家人，然後可以教一國之人，使之各有以宜其家。觀于「宜兄宜弟」之詩，則知宜其兄弟，然後可以教一國之人，使之各有以宜其兄弟。觀于「其儀不忒」之詩，則知人君爲民儀則，必是止慈止孝，能恭能友，足以爲法，然後百姓法之。若有一毫差錯，便是其儀忒了，何以能正四國乎？由此三詩而觀，可見人必先修身以齊家，然後可以治國。所以説治國在齊其家，正謂此也。齊家治國前已發盡，至此又引三詩來説，蓋詩可歌詠，極能使人感發興起。古人讀此詩，都體貼到君子學問上來，便動齊家教國意思，即見得古人誦詩而達于政處。且所引「宜」字甚有味，人所以不能宜于家人，宜于兄弟，豈盡家人、兄弟之過？自家正有多少不相宜處，行有多少不得，皆反諸己，則其身正而家國天下歸之。

「所謂平天下」至「民之父母」

承上言，「所謂平天下在治其國者」，蓋天下與國雖不同，而無不同之心。心即老老、長長、恤孤之心，所謂明德之至善也，矩也。君子明其孝之德以老老而民興孝，明其弟之德以長長而民興弟，明其慈之德以恤孤而民不倍，此人心之同然，又曾有國與天下之異乎？是以君子執此矩以度之于上下、前後、左右，與之同其好惡，自可以平天下之情。所謂家國天下一以貫之者也。夫君子有此絜矩之大道，則蕩蕩平平，無所偏着，相親相愛，無所乖忤。即此便是樂體，即此便是以父母天下爲王道。故《詩》曰：「樂只君子，民之父母。」只此同其好惡，便是民之父母。可見能絜矩者，天下無不愛戴，又何患天下之不平乎？

「《秦誓》曰若有一个臣」至「天下僇矣」

承上言，平天下之道，要緊在于公，好惡而公。好惡之大者，莫如用人。人君誠得個好大臣，付之以進退人才之任，然後用舍得宜，而國家榮利也。故引《秦誓》言，若有個斷斷休休之臣，能容天下之善，使他做大臣，將使君子在位，必能保我子孫，保我黎民，庶其有利于國。若是個不良之臣，只要逞自己才能，全無斷斷之誠，休休之度，妬才蔽賢，寔不能容天下之善，使誤用他做大臣，將使君子喪氣，小人得志，把天下事都弄壞，如何能保我子孫黎民，祇以危殆其國耳。

惟仁人于媢嫉之人迸諸四夷，不許他同住在中國，以爲善人之害，正是孔子所謂「惟仁人能愛人，能惡人也」。蓋仁人之心，惟恐善類爲人所中傷，爲之維持調護，使得以長爲國家之利；又惟恐此輩屏絶不遠，得以中傷善類而禍國家。是愛固愛也，然必能惡而後成其能愛，則惡亦愛也。此可見賢人能利國家，舉之不可不先也。若見賢不能舉，或雖舉用，又遲疑延緩不能速用，是全以國家事委之天命，豈是道理？不善之人妨賢病國，退之不可不遠也。若見不善不能退，或雖退又優柔容忍，不能迸諸遠方，使之鑽刺復用，殘害忠良，傾覆社稷，是以姑息之心待惡人，豈不是過當？

是故人君用賢當急，去邪當斷。當斷而不斷，或乃喜其柔媚順己，反信用他，是好人之所惡；當急而不急，或乃嫌其剛直拂己，反疎遠他，是惡人之所好。夫好善惡惡是本人之性，今却拂人之本性。人心既失，天命決去，災害必及其身。觀于《小雅》之詩，言尹氏爲大師，民所瞻仰，則知有國者尤不可不慎。一或好惡，徇于一己之偏，將爲天下僇矣。夫不能與人同好惡，其害乃至如此，爲人君者豈可徇一時之喜怒，使用舍倒置，賢、不肖淆亂，而遂禍天下，且自禍其身也哉！

「是故君子先慎乎德」至「非其財者也」

承上言，好惡公，則子孫黎民受其利；好惡私，則至於爲天下僇。可見有家國者，第一要緊是修德，所以君子必先慎乎德。蓋必由己心以體天下人之心，務令德周于百姓，兢兢焉，惟恐有一毫偏黨。既能有德，則人民、土地、財用自然無所不有，慎德便是能絜矩至此。又説出財用來，蓋以後世之君只愁用度不足，以至好貨心起，便損壞本然明德，却不知能慎德，便能得民心，財貨用之不盡。可見德是根本。財用雖不可缺，譬之草木，根本既固，枝梢自茂也。

若把德看得迂遠，反把財看得切近，專去聚斂，則是争民之財而先施其奪於民也，民豈不以奪報我乎？是故財聚則民散，失衆則失國也；財散則民聚，得衆則得國也。觀惟善爲寶之説，正得衆、得國之道也。觀悖入悖出之機，正失衆、失國之由也。善則得，不善則失，天命亦何常之有？故舅犯以仁親爲寶，不以亡國、得國爲意。蓋真有見于本末之辨也。即是而觀，以仁爲寶者，謂之仁人。仁者散財以得民，是以財來榮吾之身。以寶爲寶者，謂之不仁之人。不仁者亡身以殖貨，是捨此身以發生財貨。此孰利孰害，必有能辨之者。且仁者雖不聚財，而未嘗不得財。蓋上好仁，則下好義，豈有好義之民不終事君，而反至於離叛者乎？則悖出之患，固知其必無矣。是仁者恒以散財之道聚財，而不仁者恒以聚財之道散財。

夫人君當聚斂之時，只説貨財到手便可長保，不知當初不順理取來，畢竟也不得個好散去。只一念之差，便至於失國、失天命而不可救，却正是欠着誠意正心工夫。然則治天下豈不在修身乎？

「生財有大道」至「以義爲利也」

承上言，所謂聚財之不可者，豈遂使國家之無財乎？生財自有大道。國無游食之民，則生之者衆；朝無冗濫之官，則食之者寡。生之者衆，則爲之者疾速而不惰慢；食之者寡，則用之者舒緩而有餘裕。此自可以足民足國，正不必外本内末而後財可聚也。夫生財自有大道，則聚財斷不可爲，務財用之小人斷不可用。故觀孟獻子之言曰：「畜馬乘不察於雞豚，伐冰之家不畜牛羊，百乘之家不畜聚斂之臣。」且曰：「與其有聚斂之臣，寧有盜臣。」此正是説，有國家者不當私利于己而以利爲利，只當公利于民而以義爲利也。蓋長國家而務財用者豈盡是爲君上本意？必有等奸邪小人欲借此以希寵干進，乃倡爲斂財富國之説，以投其君之所好，人君亦因而善之。是以外本内末，專務財用自此始矣。此等小人使治國家，則必以掊克爲善計，將使民窮財盡，怨詈號呼，傷天地之和，災害紛然。並至到此時，雖有善人、君子，亦救不得矣。求利之害如此，所以謂有國家者不可以利爲利，但當以義爲利也。由此而觀，可見我之本心原是與民同好惡，只一着在好利上，則小人雜然並進而不疑，天變于上而不悟，人怨于下而不知。推其原，只不能誠意正心。故以己所不欲施之于人，遂至於亂天下耳。然則平天下豈不是以修身爲本乎？

「是故君子有大道」至「不忘也」

承上言，平天下者，總在與民同好惡而不專其利，此正所謂絜矩之大道。然此大道，必忠信則得之，惟驕泰乃失之。人心原是天下至公，只本中心發出真真實實，無一毫矯飾虚假，便是誠意，便自能體天下人心，使無不得其所。彼驕傲放肆者，任其意之所，便更不管天下人得所與否，如何望得能絜矩？可見其失其得，總在修身與不修身之故耳。是故堯舜帥天下以仁，而民從之，修身之故也。得絜矩之大道，則天下自平。桀、紂帥天下以暴，而民從之，雖欲民之仁，而民必不從，不修身之故也。失絜矩之大道，則天下必叛。是故君子藏身以恕，而後可喻諸人恕，則所謂忠信以得之，以治、以平不外夫恕而一以貫之者也。不恕，則所謂驕泰以失之，驕泰而能喻人者，未之有也。然則平天下又豈不以修身爲本乎？

觀之古人《康誥》之「克明」，《太甲》之「顧諟」，《帝典》之「明峻德」，可見帝王之爲治皆本諸身，無非自明己德也。明即新也，有日新不已之功，乃可以明德。故《湯盤》言「日新」，而下文《康誥》、《周書》遂以類概取「新」字言之。蓋温故知新，君子之于學無所不用其極也。無所不用其極，如爲君止仁、爲臣止敬之類。文王之繼續光明，正所以日新其德也。又稽衛武公之詩，則學問自修，如切磋琢磨，亦孰非言日新之功乎？德日新，萬邦惟懷，非惟盛德至善，當時不忘親賢樂利，即没世亦不能忘也。夫民不能忘，由于盛德至善，則修身爲本愈益可知矣。

蓋至是而知與民同好惡者，明德也，心之本體也。而意之所同，或於利而欲其專，於小人而喜其媚，於賢人而嫌其忤。於是好惡自拂其本性，而又拂人人之本性，以至災害並及，爲天下僇。揆厥所由，豈非不能誠意之所致歟？故曰：「自天子至於庶人，一是皆以修身爲本。」知修身爲本，此謂知本，此謂物格，此謂知之至也。

卷三

石經大學發明

宋儒表章《大學》，其説散見諸書，如揭日矣。兹編特取國朝諸儒所論著有合於《石經大學》義者録之，曰《石經大學發明》。

安福鄒氏守益曰：

聖學之裂也，久矣，而誰與一之？《大學》、《中庸》，天下童而習之也。謂扞去外物而後可入道則有物有則者，裂矣；謂即物以窮理則萬物備於我者，裂矣；謂先知而後行則知至至之、知終終之者，裂矣；謂静存而動察則逝者如斯、不舍晝夜者，裂矣。孔、曾、思、孟師友之授受也，而幾若分門以立，將奚從而趨之？陽明先師以《大學》古本約來學，將以一所趨也，而異者猶如聚訟。其證諸《中庸》，子思子撮一部《大學》作《中庸》首章。《大學》以國家天下納諸明明德，《中庸》以天地萬物納諸致中和。天地萬物者，家國天下之總名也。中和者，明德之異名也。忿憒好樂無所滯，而心得其正，命之曰中。親愛賤惡無所辟，而身得其修，命之曰和。立中達和，溥博而時出之。以言乎家庭，曰齊；以言乎閭里，曰治；以言乎四海九州，曰平；以言乎天下，則備矣。故人人有家，人人有國，人人有天下，人人有天地萬物。自天子至於庶人，更無二學。世之豪傑，孰不欲位育之運諸掌也？而欠却中和。孰不欲中和之體諸躬也？而欠却戒懼。是仆根而蘄茂，涸源而蘄流。聞見日博，測度日巧，摹擬日精，而至善日遠矣。

有所忿懥好樂者，好樂之滯于中也。親愛賤惡而辟者，好惡之偏于外也。是誠意之功未盡也。故無所滯于中，則廓然大公，大本立矣。無所偏于外，則物來順應，達道行矣。故格致誠正修，即是一時，即是一事，曰齊家、治國、平天下，其將二事乎？曰親愛賤惡，必有所接之人。是人也，非父兄妻孥，則鄰里鄉黨也，非鄰里鄉黨，則四海九州之交也。好惡行于家庭而無辟，是謂修身以齊家；行于鄉黨而無辟，是謂修身以治國；行于四海九州而無辟，是謂修身以平天下。故修己以安百姓，即是一時，即是一事。曰：「夫非有位者之事乎？」曰：「《大學》之教，所以教天下之爲君子也。故曰：『自天子以至於庶人，一是皆以修身爲本。』未嘗分有位無位也。絜矩之道，所以平天下也，而其目曰：『所惡於上，毋以使下；所惡於下，毋以事上。』上下、前後、左右者，天子庶人共之，特有廣狹衆寡之分耳。」

建昌羅氏汝芳曰：

知「大學之道」一句，便知所以格物矣。蓋天下古今人孰無學？但所學多于其小而未能大焉耳。若欲學爲大人，學則大矣。學大其必有道，然道亦有善、有未善，而善又有至、有未至。惟此《大學》一書，則孔、曾師弟信好古，先敏求，直述自首至尾皆是明言。如此爲學，方是爲學之大；如此爲道，方是爲善之至也。學者能依此聖言講求討論，審度思惟于吾此意心身家國天下如何而爲本爲末，吾今誠正修齊治平如何而成始成終，是則即名格物也。若格之之功到明白透徹，曉得意心身之所以能爲本而果足以該乎。家國天下之末又明白透徹，曉得誠正修之所以當爲先，而自可及乎齊治均平之終，先後一貫，停妥不亂，便近大學之道，而知止乎至善也。由是以學，意可誠，心可正，身可修，家可齊，國可治，天下可平，而後大學之事畢矣。究竟其明明德于天下，原非他物，只是孝、弟、慈三者。感孚聯屬，渾融乎千人萬人爲一人，貫通乎千萬世爲一世已耳。故予嘗謂大人者，不失其赤子之心者也；此句便足以盡發《大學》之精藴。大人者，正己而物正者也；此句便足以盡概《大學》之規模。然則聖賢是書，寧非孔、曾、思、孟學脉傳心之公案矣乎？

知意與心，原與天同體，人累于物，不免私小。今教之以《大學》，正是欲其學乎大也。學大，則必加意天下國家方爲誠切，心統乎天下國家方爲中正。如此方是能知天下之大本而爲物格，乃是能立天下之大本而爲修身。

黃安耿氏定向曰：

《大學》一篇，曾子發師門一貫之藴也。曰明德，一之真體也；曰親民，一之實用也；曰至善，人己同原之宗，至一不二者也。是故明德者，必親民；民親矣，乃德明：維己與人，一以貫之者也。古之欲明明德于天下者，豈故爲是闊遠哉？一之貫于天下者，其體本若斯其大也，然先之國與家，而推本于身心意知，始終本末，理本一貫。格物者，格此也。知至至之一本諸身，則近之家，遠之國，暨天下胥貫矣。一者，何也？即吾心之獨知不昧者也。一貫于目，則爲視；一貫于耳，則爲聽；一貫于口，則知味。是故君子慎之，一貫于身而身潤矣。曾子得之曰慎獨，顔子得之曰約禮，道一而已，孔門無二教也。由此一貫于親，則爲孝；一貫于兄，則爲弟；一貫于幼，則爲慈。斯一之貫于家者，何弗明也？孝貫于君，則忠矣；弟貫于長，則順矣；慈貫于衆，則仁矣。所惡于上，弗以使下，一貫于下矣；所惡于下，勿以事上，一貫于上矣；至於前後左右所惡勿施，一貫於前後左右矣。此一之貫于國暨天下者，又何弗明也？曾子嘗發之門人，曰「忠恕而已」。信哉！忠恕外，無一貫也。昔秦穆、晉文、楚莊之徒竊其似而一言有幾，於是亦足以霸矣。堯、舜則得此一以帝，湯、文則得此一以王。故曰皆自明也。吾夫子以匹夫而祖述憲章以教萬世無窮者，同此道也。故曰：「自天子至於庶人，一是皆以修身爲本。」丘隅之喻，有味哉！夫是道也，至近且易矣，何明之之難哉？所謂愚不肖者不及，而賢智者過之也。忿懥、恐懼、好樂、憂患有所而不化，則一之體以蔽；親愛、賤惡、畏敬、哀矜、傲惰辟矣而不察，則一之用以鬩。夫是以好不知惡，惡不知美，妨賢黷貨，卒至於病國災身，爲天下僇也，豈不悲哉！乃世所謂賢智者類以此爲卑近，未可以盡道，見以死生爲一大事而離倫斷性，求明出世之道者。吁！視弗見，聽弗聞，食弗知味，生耶，死耶？子弗孝，弟弗悌，父弗慈，生耶，死耶？舍此大道不明而別求明心，所謂罔之生也幸耳。夫知止云者，止於是而不過之謂也。爲子止孝，爲臣止敬，爲父止慈，爲友止信，雖文王之德之至，亦止是耳。舍此非大事，孰爲大？又有異焉，駘宕恣睢，逐流踰矩，而猶號于人曰見性。審如是，則睿聖如衛武切磋琢磨之什，何以稱焉？是故學之不可以已也。夫約之一心而親賢樂利，貫之天下，曁于没世。此道之所爲大，學之所爲大也。蓋孔子自十五時志之矣，惟子曾子獨稟宗傳，能發其藴，所謂忠信以得之者也。語曰：「多指亂視，異教亂道。」吾爲此懼滋甚，因覽石經此篇而括其義如此。

關中牛氏應元曰：

《大學》總是完了一個明明德之事。蓋至善不出民親之外，親民不出明明德之外，故曰「壹是皆以修身爲本」。修身者，明明德也，無三綱領也。

愚按：《大學》大指，要歸求仁矣。明德，仁也，通天下國家而一以貫之也。故其用在親民。慈以使衆，如保赤子。民所好好之，民所惡惡之，所以父母斯民而親之也；此之謂「盛德至善，民之不能忘」。用大臣，放妬臣；此謂「唯仁人能好人，能惡人」。惡亦仁也。內本外末，寧有盜臣，毋寧有聚斂之臣；此謂「惟仁人能以財發身，不以身發財也」。上好仁，則下好義矣，此堯舜所爲帥天下以仁，而民從之；蓋明此而帝也。文王所爲，爲君止仁，而民亦親其親；蓋明此而王也。晉文公所爲，仁親以爲寶，而得國得衆，卒至於撫有晉國；蓋明此而伯也。斯親民之準也。篇中所指「古知欲明明德于天下者」，意謂是歟？故曰：「《大學》大指，要歸求仁。」及作《中庸》，引夫子告哀公，詳哉其言之也！總之不離「修道以仁」一語。（語具《廣義》上篇本仁章中）至論經綸，夫經，乃約之於肫肫其仁，其大要亦可概見矣。愚故益以爲經緯之説足信云。

右明《大學》大指。

餘姚王氏守仁曰：

大人者，以天地萬物爲一體者也，其視天下猶一家，中國猶一人焉。若夫間形骸而分爾我者，小人矣。大人之能以天地萬物爲一體也，非意之也，其心之仁本若是，其與天地萬物而爲一也。豈惟大人，雖小人之心亦莫不然，彼顧自小之耳。是故見孺子之入井而必有怵惕、惻隱之心焉，是其仁之與孺子而爲一體也；孺子猶同類者也，見鳥獸之哀鳴、觳觫而必有不忍之心焉，是其仁之與鳥獸而爲一體也；鳥獸猶有知覺者也，見草木之摧折而必有憫恤之心焉，是其仁之與草木而爲一體也；草木猶有生意者也，見瓦石之毁壞而必有顧惜之心焉，是其仁之與瓦石而爲一體也。是其一體之仁也，雖小人之心亦必有之。是乃根於天命之性，而自然靈昭不昧者也，是故謂之「明德」。小人之心既已分隔隘陋矣，而其一體之仁猶能不昧若此者，是其未動於欲，而未蔽於私之時也。及其動於欲，蔽於私，而利害相攻，忿怒相激，則將戕物圮類，無所不爲，其甚至有骨肉相殘者，而一體之仁亡矣。是故苟無私欲之蔽，則雖小人之心，而其一體之仁猶大人也；一有私欲之蔽，則雖大人之心，而其分隔隘陋猶小人矣。故夫爲大人之學者，亦惟自明其明德，復其天地萬物一體之本然而已耳；非能於本體之外而有所增益之也。夫聖人之心，渾乎以天地萬物爲一體，其視天下之人，凡有血氣，皆其昆弟、赤子之親，莫不欲安全而教養之，以遂其萬物一體之念。是以推其天地萬物一體之仁以教天下，使之皆有以復其心體之同然。其教之大端，則堯舜禹之相授受，所謂「人心惟危，道心惟微，惟精惟一，允執厥中」，而其節目，則舜之命契，所謂「父子有親，君臣有義，夫婦有別，長幼有序，朋友有信」五者而已。唐、虞、三代之世，教者惟以此爲教，而學者惟以此爲學。下至閭井、田野、農、工、商、賈之賤，莫不皆有是學，而惟以成其德行爲務。何者？無有聞見之雜，記誦之煩，辭章之靡濫，功利之馳逐，而但使之孝其親，弟其長，信其朋友，以復其心體之同然。是蓋性分之所固有，而非有假于外者，則人亦孰不能之乎？學校之中，惟以成德爲事，而才能之異，或有長于禮樂、長于政教、長于水土播植者，則就其成德，而因使益精其能于學校之中。迨夫舉德而任，則使之終身居其職而不易，用之者惟知同心一德，以共安天下之民，視才之稱否，而不以崇卑爲輕重，勞逸爲美惡；效用者亦惟知同心一德，以共安天下之民，苟當其能，則終身處于煩劇而不以爲勞，安于卑瑣而不以爲賤。當是之時，天下之人熙熙皥皥，皆相視如一家之親。其才質之下者，則安其農、工、商、賈之，各勤其業以相生相養，而無有乎希高慕外之心。其才能之異，若臯、夔、稷、契者，則出而各效其能，若一家之務，或營其衣食，或通其有無，或備其器用，集謀並力，以求遂其仰事俯育之願，惟恐當其事者之或怠而重己之累也。故稷勤其稼，而不恥其不知教，視契之善教，即己之善教也；夔司其樂，而不恥其不明禮，視夷之通禮，即己之通禮也。蓋其心學純明，而有以全其萬物一體之仁，故其精神流貫，志氣通達，而無有乎人己之分、物我之間。譬之一人之身，目視、耳聽、手持、足行，以濟一身之用。目不恥其無聰，而耳之所涉，目必營焉；足不恥其無執，而手之所探，足必前焉；蓋其元氣充周，血脉條暢，是以癢疴呼吸，感觸神應，有不言而喻之妙。此聖人之學所以至易至簡，易知易從，學易能而才易成者，正以大端惟在復心體之同然，而知識技能非所與論也。三代之衰，王道熄而霸術倡；孔孟既没，聖學晦而邪説横：教者不復以此爲教，而學者不復以此爲學。蓋至於今，功利之毒淪浹于人之心髓，而習以成性也，幾千年矣。相矜以智，相軋以勢，相争以利，相高以技能，相取以聲譽。其出而仕也，理錢穀者則欲兼夫兵刑，典禮樂者又欲與于銓軸，處郡縣則思藩臬之高，居臺諫則望宰執之要。故不能其事，則不得以兼其官；不通其説，則不可以要其譽；記誦之廣，適以長其敖也；知識之多，適以行其惡也；聞見之博，適以肆其辨也；辭章之富，適以飾其僞也。是以臯、夔、稷、契所不能兼之事，而今之初學小生皆欲通其説，究其術。其稱名僭號，未嘗不曰吾欲以共成天下之務；而其誠心實意之所在，以爲不如是則無以濟其私而滿其欲也。嗚呼！以若是之積染，以若是之心志，而又講之以若是之學術，宜其謂聖人之學爲無所用，亦其勢有所必至矣！於乎！士生斯世，而尚何以求聖人之學乎！士生斯世，而欲以爲學者，不亦荒亡而繁難乎！嗚呼！可悲也已！

吉水羅氏洪先曰：

萬物一體之義，自孔門「仁」字發之，至宋明道始爲敷繹，其後《西銘》一篇，程門極其稱羡，自是止以文義視之。微陽明先生，則孔門一脉，幾于絶矣。故嘗以爲先生一體之説，雖謂之發千古之秘亦可也。

右明大人之學

建昌羅氏汝芳曰：

聖人之言，原是一字不容增減。其謂「明德」，則德只是個明，更説「有時而昏」不得。曰：「如是，又何必學以明之耶？」曰：「《大學》所謂明明，即《大易》所謂乾乾也。天行自乾，吾乾乾而已；天德本明，吾明明而已。」從來見孟子説「性善」，而《中庸》説「率性之謂道」；而孟子説「直養」，而孔子説「人之生也直」。蓋謂性必全善，方纔率得，生必通明，方纔以直養得。奈何據諸家議論，皆云性有氣質之雜，而心有物欲之蔽。夫既有雜，則善便可率，惡將如何率得？夫既有蔽，則明便直得，昏則如何直得？於是自心亦疑惑不定，將聖賢之言，作做土〔二〕智邊事，只得去爲善去惡，而性且不敢率；只得去存明去昏，而養且不敢直。卒之愈去而惡與昏愈甚，愈存而善與明愈遠。今日何幸得見此心知體，便自頭頭是道，而了了皆通也耶？雖然如是，然卻不可遂謂無善惡之雜，無昏明之殊也。只能得此知體到手，則便憑我爲善去惡，而總謂之率性，

〔二〕「土」，疑爲「上」字之誤。

儘我存明去昏，而總謂之直養無害也已。

婺源潘氏士藻曰：

今膠於舉業之見，明德親民作兩段看了，便將己與人判然二視，殊失《大學》教人之旨。不知除了親民，更無處下手做明明德。故下訂之曰：「一是皆以修身爲本。」此之謂止至善。如《康誥》言文王「克明德」，實在不敢侮鰥寡，咸和萬民。《大甲》言成湯「顧諟天之明命」，實在子惠困窮。《帝典》言堯「克明峻德」，實在以親九族，平章百姓，協和萬邦。三聖人，古之明明德於天下者，而實皆自明也。玩《文王敬止》章可見。

關中牛氏應元曰：

《大學》之道，是學爲大人的道理，猶言世間一種大學問，非謂古時成均教人之法也。在親民，白文原是「親」字，見得大人明德本與天地萬物同體，其視斯民皆我一家，如何不去親他。故傳文曰：「如保赤子。」曰絜矩同欲，直是一體相親，絕無言及「新」意。《盤銘》章引「新」字者，蓋「新」字與「明」字最切，故特引用之，而下文遂以類概取「新」字言之耳。

右明明德、親民

建昌羅氏汝芳曰：

自天子以至於庶人，一是皆以修身爲天下國家之本。本亂，則末不能治，何也？躬自厚而薄責於人，所厚既薄，無所不薄矣。知亂本末者之非善，則知格本末者之爲至善。故申之曰：「此謂知本，此謂知之至也。」

右明至善

黄安耿氏定向曰：

今日所謂良知之學是個真正藥方，但少一個引子，所謂「欲明明德於天下」是也。有這個引子，致知工夫方是不落小家相。

右明欲明明德於天下

餘姚王氏守仁曰：

忿懥、恐懼、好樂、憂患，人心怎能無得，只是不可有所。凡人忿懥，著了一分意思，便怒得過當，非廓然大公之體了。故有所忿懥，便不得其正也。如今於凡忿懥等件，只是個物來順應，不著一分意思，便心體廓然大公，得其本體之正。且如出外見人相鬬，其不是的，我心亦怒然，雖怒，却此心廓然。如今怒人，亦如此，方纔是正。

右明正心

安福鄒氏守益曰：

如惡惡臭，如好好色，兢兢業業，求盡帝則之真純，以察人倫，以明庶物，而不使作好、作惡加損其間，是之謂不踰矩之學。故忿懥、好樂，廓然大公；親愛、賤惡，隨物順應。以接家庭曰齊，以接邦國曰治，以接四海九州曰平。《大學》推絜矩之目，只是上下、前後、左右、好惡不辟。

建昌羅氏汝芳曰：

誠意緊接着知本、知至，説來即所謂「知止而後有定也」。蓋學大人者，只患不曉得通天下爲一身，而其本之重大如此。若曉得如此重大之本在我，則國家天下攢湊將來，雖狹小者志意也着宏大，雖浮泛者志意也着篤實，雖怠緩者志意也着緊切，自然欺不過。自欺不過，自然已不住，如好色惡臭。凝聚此一段精神于獨者，又非其勢之所必至也哉？獨是天下國家之本，慎則是知得本立於此而敬謹嚴切，即前定其志意之謂也。

黄安耿氏定向曰：

楊敬仲之學以無意爲宗，淵乎旨哉！夫意緣情識而生者也，意至違拂，不能不傷神而漓性矣。夫人各以識起意，一家之内，人各異意，安能齊一而無違拂耶？無論一家，即人每先横一意，其違拂而不遂者十常八九，能不重傷而戾？兹維真哉！余嘗謂敬仲之學見大以此。曰：「然則《大學》先誠意非歟？」曰：「誠，無思也，無爲也；誠意乃無意也。」曰：「欲明明德於天下，何也？」曰：「心體本是廣大，通之天下。古之欲明明德於天下，從心所欲也，非意之也，意生于有己耳。從心者，即欲即心，即心即矩，故曰『不踰矩』。世學者從意識耳，意見耳，意氣耳，非從本心也。矩安得不踰？矩踰矣，其中心必有不自安者；不安處，即心之矩。是則天不容自違者而顧，猶悍然不顧，是則喪失其本心而可哀者也。曾子曰：『夫子之道，忠恕而已。』忠，從中從心，恕，從如從心；中是不倚于意見、意識，不動于意氣之本心也。以本心通之天下，便知人心皆如己一心矣，是以能貫。彼起于意見、意識者，動于意氣者，蔽于有我矣，安能通天下之心哉？戕人妨物，所必至也，志學者可深長思矣。」

右明誠意。

餘姚王氏曰：

夫理無内外，性無内外，故學無内外。故曰：「精義入神，以致用也；利用安身，以崇德也。性之德也，合内外之道也。」此可以知格物之學矣。

泰和羅氏欽順曰：

「格物，莫若察之于身，其得之尤切。」程子有是言矣。至其答門人之問，則又以爲：「求之性情固切于身，然一草一木亦不可不察。」蓋方是時禪學盛行，學者往往溺于明心見性之説，其于天地萬物之理，不復置思，故常陷於一偏，蔽于一己，而終不可與入堯舜之道。二程有憂之，於是表章《大學》之書，欲令學者物我兼照，内外俱融，彼此交盡，正所以深救其失而納之于大中。良工苦心，知之者誠亦鮮矣。夫此理之在天下，由一以之萬，初非安排之力，會萬而歸一，豈容牽合之私？是故察之于身，宜莫先于性情，即有見焉，推之于物而不通，非至理也；察之于物，固無分于鳥獸、草木，即有見焉，反之于心而不和，非至理也。必灼然有見乎一致之妙，了無彼此之殊，而其分之殊者自森然而不可亂，斯爲格致之極功。

「格」字，古註或訓或[一]「至」，如「格于上下」之類；或訓或「正」，如「格其非心」之類。格物

[一] 「爲」，底本作「或」，誤，據羅欽順《困知記》卷上原文（中華書局一九九〇年版，第五頁）改。下「爲」字同。

之「格」，二程皆以「至」字訓之，因文生義，惟其當而已矣。吕東萊釋「天壽平格」之「格」，又以爲「通徹三極而無間」。愚按「通徹無間」，亦「至」字之義，然比之「至」字，其意味尤爲明白而深長。試以訓「格于上下」，曰「通徹上下而無間」，其孰曰不然？格物之「格」，正是「通徹無間」之意。蓋工夫至到，則通徹無間，物即我，我即物，渾然一致，雖「合」字亦不必用矣。

按：格物之説，鄭玄訓「格」爲來，「物」爲事。明道先生云：「物來則知起，物各付物，不役其知，則意誠不動。」伊川先生以「格」爲窮至，「物」爲物理。司馬温公云：「扞禦外物而知至道。」孔周翰云：「扞去外誘而本然之善自明。」江德功以「格」爲執法度以齊物。宋深之以「格」爲反己反人。李孝述以「格」爲擦磨此心而出其明。朱子獨宗伊川之説，則今《章句》之所註者是也。陽明先生云「格」之訓正，「物」之訓事，本非隱語也，不必他釋。

泰州王氏艮曰：

格物之「物」，即物有本末之「物」。「其本亂而末治者，否矣；其所厚者薄，而其所薄者厚，未之有也。」此格物也，故即繼之曰：「此謂知本，此謂知之至也。」

聖人以道濟天下，是至尊者道也；人能弘道，是至尊者身也。道尊則身尊，身尊則道尊。故輕于出，則身絀而道不尊，豈能以濟天下！「自天子以至於庶人，一是皆以修身爲本。」其本亂而末治者，否矣。」故曰：「安其身而後動。」身安而天下國家可保，其身正則天下歸之，人人正己而物正者也。此謂知本，此謂知之至也。是爲物格而後知止。出處進退，辭受取予，一切應用，失身失道，皆謂不知本，而欲求末治者，未之有也。其如天下國家何哉！故反己自修，皆是立本工夫。離却反己，謂之失本；離却天下國家，謂之遺末，亦非所謂知本。本末原是一物，立其身以爲天下國家之本，則位育有不襲時位者。孔子知本，故仕止久速，各當其時。大丈夫存不忍之心，而以天下萬物依于己，不以己役于天下萬物。是故進不失本，退不遺末，止至善之道也。世知明德而不親民者，固不足以與此明德；親民而不止于至善，亦不足以與此大學。釋「止至善」，必曰「止于丘隅」，止之時義，深乎哉！

建昌羅氏汝芳曰：

古人論學的，有次第，所以本末始終，知所先後，乃可近道。故修齊治平，必先正心誠意；正心誠意，必先格物致知。起初種子一差，末後有何結果？夫不思而得，聖人也，其終是神不可測，其始則只是不慮而知；不勉而中，聖人也，其終是化不可爲，其始則只是不學而能。難説吾今此身不從孩提生長，難説吾今即能便非不慮、不學。但一縱觀，天機滿目，如此而視聽言動，如此而食息起居，人人俱有，個個現成，乃終身由之，不知聖賢極口傷嘆。今惟出門一步，斷然謂吾性爲皆善，又斷然謂聖賢爲可學，便精神意氣忻躍奮揚。所性善端，如奇花瑞草，潤逢甘露，芬芳一時競發，雖欲罷而不能。

婺源潘氏士藻曰：

《大學》之道，只「明明德」一句盡了。親民乃所以明明德，猶王文成言「孔子之教不倦也，乃其所以學不厭也」。故下文訂之曰：「一是皆以修身爲本。」知止者，知本也。立本以貫末，此至善之道也。而此至善之的，則在古人矣。天下國家本於身，天德王道，一誠意盡之。而又言「致知」，此是學問大關鍵處。蓋赤子不慮之知，與聖人不思而得之知，同體共覺，但世間立身峻潔，人耽清浄之教，自求了脱，與一體之民終不親。務經濟之術，志急生人，於身心性命，反鶻突而不請。兩者學術之差，皆自其好處，原有偏重。自有偏處，竟成障蔽，而知非本然之良矣。蔽者不開，門路一錯，向往皆迷。意誠止誠得一己之意，正心衹正得一己之心，修身只修得一己之身，于齊治平了無干涉。《大學》于此欲人豁開雙眼，明己之德，以親乎民，本是一齊貫鈕。誠意是誠明明德於天下之意，正心是正明明德于天下之心，修身是修明明德于天下之身。一本立，而大學之事畢矣。格物，即物有本末之物，致知之實也。物格、知致，所謂知本，所謂知止也。

右明格致

建昌羅氏汝芳曰：

大人者，以天下爲一人者也。身心即是天下國家，而家國天下即是身心。故自「誠意」以下，總是敷衍物之本末，事之終始；又總是貫串本末，原止一物終始，原止一事渾淪，聯合了無縫罅。此是《大學》之大章旨也。故其間非無工夫，但工夫自别。如身心意也偏要説天下國家，蓋天下國家之外無身心意也；齊治平偏要説誠正修，蓋誠正修外别無齊治平也。要之，其立言者，只是要打合，而誤聽泛觀者，只是要打開。却不知打合則十分簡易，蓋其理、其機原出天然也；打開則十分艱難，蓋其理、其機原出臆想也。故某嘗妄議，此書既名《大學》，則看之者須要大眼孔，受之者須要大襟懷，讀之者亦須要大口氣，而爲之者亦須大手段也。

右明本末終始

豐城李氏材曰：

陽膚爲士師，問于曾子。陽膚之意，豈不要向曾子討一聽訟之法？曾子之答，却只告以使民無訟之道，曰：「上失其道，民散久矣。」則顯然修身爲本之家傳也。曰「如得其情，則哀矜而勿喜」，則昭然使民無訟之意旨也。知民散，由于上之失道，而知本可徵。知得情之爲可矜，而聽訟之不足尚，益審矣。吾故曰此是孔門知本一大消息也。

關中牛氏應元曰：

訟者，争辨之謂。讞決公明，使是非曲直各得其理，聽訟之能也。然而無情者，猶聘辭以辨焉，無以服其心故耳。惟聖人德威，惟威德明，惟明有以大服民之心志。是以赴訴者各輸其情，而是非曲直惟上所決，而莫敢不服，無復有聘詞以辨者。是無訟也，非訟不待聽而自無之謂也。若謂訟不待聽而自無，則無情者當是何人？不得盡其詞當是何處？況堯舜之世，不無訟獄者。雖聖人，焉能使天下無是非曲直而俱不訟耶？此必無之事也。

右明無訟

附録《中庸》大指

黄安耿氏定向曰：

仲子定理嘗言《中庸》，蓋子思自譜其家學云。粤稽漢鄭康成曰：「子思作《中庸》，以昭明聖祖之德。」信哉！彼以「中庸」命篇，蓋謂吾孔子之道，本中而庸，非高而玄也。首玄教之所自立，統承天命，其微旨已繹思已。知天命，則必畏天命，致慎于不覩不聞者，烏容己哉！彼無所忌憚者，不知天命而不畏也。其曰性、曰道、曰教，就世稱名理，疏言之耳。至曰喜怒哀樂未發之謂中，此則逼就人心，直指千聖，一齊穿紐之竅也。白沙詩云：「吾儒自有中和在，誰會求之未發前？」學者實從自心未發前反精靈，識天地萬物，孰非吾一體者？中和致而位育臻，有以矣。子思又懼人索之渺茫也，復點之曰：「人莫不飲食也，鮮能知味也。」蓋知味之知，即性即道，愚不肖者日用不知，賢智者又忽而求諸高遠，道斯不明、不行矣。夫人之忽此常道者，第索隱之爲隱，不知費之爲隱而二之也。彼索隱行怪，而不依中庸，其納諸罟擭陷阱，而不知避者乎？豈知愚夫愚婦之與知、與能者皆道，而愚夫愚婦之所以與知、與能者，雖聖人不容加知、加能也。舜之用，回之擇，由之强，非知聖人之不知，能聖人之不能，即愚夫愚婦之與知、與能者識取耳。何也？《中庸》其至矣，道豈遠人哉？求之子臣弟友而盡分，行之富貴、貧賤、夷狄、患難而自得。明之順父母，幽之感鬼神，皆是也。舜得之爲大孝，武王、周公得之爲達孝。而吾夫子得之，則爲仁，故雖不得位，而素位以行其仁者，不容以已。是故達道、達德、九經之原，本于誠者，于哀公發之，蓋藉以仁天下萬世于無窮也。彼其盡人盡物，達化入神，内外合德，人己兼成，而博厚高明之業衍之無疆者，惟于此理明之盡而誠之至也；至誠，斯無息矣。夫語聖道者，廓之發育峻極，賾之三千三百，若此其大也。乃其問學要領，歸于尊德性耳；德性尊，則德至而道凝。是故可上可下，宜治宜亂，既明且哲，匪直免災寡過。本諸身者，足以徵民，足以考前俟後，足以建天地、質鬼神，垂之並世爲法爲則，達之遠邇無斁無惡。由此紹帝王，參天地，皆莫之能違矣。夫是以天下萬世，無不覆幬持載，民物并育，治教並行，而不害不悖也。即今至聖聲名，暨于無外，敷天之下，莫不尊親，經綸之業何宏耶？綜其大經，立天下之大本也；立大本者，知天地之化育而握其樞矣，非特出入造化已也。不藉名位，不矜功能，夫焉有所倚哉？肫肫其仁耳。是仁也，淵淵其淵，浩浩其天也，非聰明聖智達天德者，孰能知之？惟吾孔子默而識之，是故其道惟淡、惟簡、惟温、惟不見是圖。闇然以學，敬信匪飭于言動；闇然以教，勸懲無事夫刑賞。由遠溯近，觀風求自微乎，微乎而亦顯也。《詩》所謂「不顯惟德」者，非乎德，惟不顯乃天德也。何也？無聲無臭，天命之於穆若是已。吁！惟天之命，於穆不已。吾夫子之仁，配天而不已，斯其所以統承天命而教萬世無窮也歟！

按：格物之說，自《大學》發之，乃《中庸》詳之矣。孟子曰「萬物皆備於我」，言反身之誠也。誠，天道也，索之了無一物可得，而用之則萬物咸備。在《大學》，謂之「物有本末」，在《中庸》，謂之「不覩不聞」。而莫見莫顯，斯即察乎天地之費而隱也，斯即質諸鬼神之微而顯也，斯即考諸三王之不見而章也。本諸身，徵諸庶民，始於人之所不可見，而終於家齊國治，篤恭而天下平。誠之不可掩如此夫！知微之顯，知誠意爲天下國家之本也，此謂物格，此謂知之至。故曰子思作《大學》經之，作《中庸》緯之。詎不信歟？予故附《中庸》大指于《大學》發明之後云。

卷四

大學廣義（上）

宋儒真氏德秀故有《衍義》，然簡册頗繁，講讀不易竟也，稍約其旨，作《廣義》。

其一　廣明德、親民、止至善

明親第一

《堯典》：「曰若稽古：帝堯曰放勳，欽，明，文，思，安安。允恭克讓，光被四表，格于上下。克明峻德，以親九族。九族既睦，平章百姓。百姓昭明，協和萬邦，黎民於變時雍。」

謹按：永樂二年六月朔，上御文華殿，大學士楊士奇進呈《大學》「釋明明德」章講義。上覽畢稱善，因曰：「先儒謂《堯典》『克明峻德』一章，一部《大學》皆具。」士奇對曰：「誠如聖諭，堯、舜、禹、湯、文、武數聖人，凡修諸躬施于家國天下者，皆《大學》之理。」上曰：

「孟子道性善，必舉堯舜；爾等于講説道理處，必舉前古爲證，庶幾明白易入。」大哉王言！其睿智，度越千古矣。夫聖人，人倫之至，所謂至善之極則也。《大學》論止至善，必稱「古之欲明明德于天下者」，正謂是也。夫德孰不明？然而卒不能明之者，以無欲明明德于天下之願，無必爲堯舜之志耳。孟子之誘人君，豈惟論性善而引堯舜，即言好貨色而稱引公劉、太王，其指亦若是已。夫好貨而如公劉，則四境之内曰飢曰寒，日往來于中而所以興發補助者，不容自已，將好貨之心爲之消化矣。好色而如太王，則四境之内曰鰥曰寡，日軫于念慮，其所以輯寧室家、拊循無告者，自不容已，將好色之心亦爲之消化矣。人君誠有願學古人之志，則德不期明而自明，民不期親而自親，然則必舉前古爲證之言，真與《大學》、《孟子》之指互相發矣。我國朝理學大明，夫豈偶然之故哉！

止善第二

滕文公爲世子，將之楚，過宋而見孟子。孟子道性善，言必稱堯舜。世子自楚反，復見孟子。孟子曰：「世子疑吾言乎？夫道一而已矣。成覸謂齊景公曰：『彼，丈夫也；我，丈夫也。吾何畏彼哉？』顔淵曰：『舜，何人也？予，何人也？有爲者亦若是！』公明儀曰：『文王，我師也；周公豈欺我哉？』今滕，絶長補短，將五十里也，猶可以爲善國。《書》曰：『若藥不瞑眩，厥疾不瘳。』」

曹交問曰：「人皆可以爲堯舜，有諸？」孟子曰：「然。」「交聞文王十尺，湯九尺。今交九尺四寸以長，食粟而已，如何則可？」曰：「奚有於是？亦爲之而已矣。有人于此，力不能勝一匹雛，則爲無力人矣；今曰舉百鈞，則爲有力人矣。然則舉烏獲之任，亦是爲烏獲而已矣。夫人豈以不勝爲患哉？弗爲耳。徐行後長者謂之弟，疾行先長者謂之不弟。夫徐行者，豈人所不能哉？所不爲耳。堯舜之道，孝弟而已矣。子服堯之服，誦堯之言，行堯之行，是堯而已矣。子服桀之服，誦桀之言，行桀之行，是桀而已矣。」曰：「交得見於鄒君，可以假館，願留而受業於門。」曰：「夫道若大路然，豈難知哉！人病不求耳。子歸而求之，有餘師。」

真德秀曰：「人君之于道所當知者非一，而性善尤其最焉。蓋不知己性之善，則無以知己之可爲堯舜；不知人性之善，則無以知人之可爲堯舜。故《孟子》滕世子之見、曹交之問，皆以是告焉。庶幾其道得行，使君爲堯舜之君，民爲堯舜之民也。不幸邪説紛紛，正道衰息，當時之君無能尊信其言者。未幾而荀卿氏出，創爲性惡之説，於是李斯本之以相秦（斯，荀弟子），剗滅先王之禮教，一以嚴法峻刑毒天下，由其以人性爲惡故也。片言之誤，流禍至此。豈不哀哉！或謂性固善也，然求之天下，其能爲善者，無幾何也。曰：由治己而言，則有學；由治人而言，則有教。學之功至，則己之善可復矣；教之功至，則人之善可復矣。若夫以己之性爲不善，而不以聖人之道治其身，是自暴者也；以人之性爲不善，而不以聖人之道治其民，是暴天下者也。故繫其説如此。」

本仁第三

哀公問政。子曰：「文武之政，布在方策。其人存，則其政舉；其人亡，則其政息。」人道敏政，地道敏樹。夫政也者，蒲盧也。故爲政在人，取人以身，修身以道，修道以仁。仁者，人也，親親爲大；義者，宜也，尊賢爲大。親親之殺，尊賢之等，禮所生也。故君子不可以不修身；思修身，不可以不事親；思事親，不可以不知人；思知人，不可以不知天。天下之達道五，所以行之者三：曰君臣也，父子也，夫婦也，昆弟也，朋友之交也。五者，天下之達道也。知、仁、勇三者，天下之達德也，所以行之者一也。或生而知之，或學而知之，或困而知之，及其知之一也；或安而行之，或利而行之，或勉强而行之，及其成功一也。子曰：「好學近乎知，力行近乎仁，知耻近乎勇。」知斯三者，則知所以修身，知所以修身，則知所以治人，知所以治人，則知所以治天下國家矣。凡爲天下國家有九經，曰：修身也，尊賢也，親親也，敬大臣也，體羣臣也，子庶民也，來百工也，柔遠人也，懷諸侯也。修身則道立，尊賢則不惑，親親則諸父昆弟不怨，敬大臣則不眩，體羣臣則士之報禮重，子庶民則百姓勸，來百工則財用足，柔遠人則四方歸之，懷諸侯則天下畏之。齊明盛服，非禮不動，所以修身也；去讒遠色，賤貨而貴德，所以勸賢也；尊其位，重其禄，同其好惡，所以勸親親也；官盛任使，所以勸大臣也；忠信重禄，所以勸士也；時使薄斂，所以勸百姓也；日省月試，既禀稱事，所以勸百工也；送往迎來，嘉善而矜不能，所以柔遠人也；繼絶世，舉廢國，治亂持危，朝聘以時，厚往而薄來，所以懷諸侯也。凡爲天下國家有九經，所以行之者一也。凡事豫則立，不豫則廢。言前定則不跲，事前定則不困，行前定則不疚，道前定則不窮。在下位而不獲乎上，民不可得而治矣。獲乎上有道：不信乎朋友，不獲乎上矣；信乎朋友有道：不順乎親，不信乎朋友矣；順乎親有道：反諸身不誠，不順乎親矣；誠身有道：不明乎善，不誠乎身矣。誠者，天之道也；誠之者，人之道也。誠者，不勉而中，不思而得，從容中道，聖人也。誠之者，擇善而固執之者也。博學之，審問之，慎思之，明辨之，篤行之。有弗學，學之弗能弗措也；有弗問，問之弗知弗措也；有弗思，思之弗得弗措也；有弗辨，辨之弗明弗措也；有弗行，行之弗篤弗措也。人一能之，己百之；人十能之，己千之。果能此道矣，雖愚必明，雖柔必强。

謹按：此章，孔子告哀公天德王道之要，至明且盡，其大指只在求仁。求仁即《大學》所云「明明德」是已。「其人存，則其政舉」，惟人則敏政也，故爲政在人。人，取人身而言者也。身豈形體乎哉？有道焉。道豈自凝乎哉？修道則以仁焉。仁，蓋人之所以爲人者也。

惟仁則愛，愛莫大於親親，親親仁也；惟仁則義，義莫大于尊賢，尊賢亦仁也。「親親之殺，尊賢之等」，天也，禮之不容不然者也，禮亦仁也。故曰義禮智信皆仁也。知義禮之皆仁，則知仁矣；知仁，則知人之所以爲人矣；知人之所以爲人，即知天之所以爲天矣。故君子誠欲修身，則不可不事親，思事親不可不知人，思知人不可不知天。蓋知天則知人，知人則事親。夫然，故身修而道立，道立而政成。苟非肫肫其仁，則文武之政，將終于布在方册而已，其可以行之哉！是故五達道行于三達德，三達德總歸一仁。知，所以識仁也；勇，所以成仁也。故曰：「所以行之者一也。」生知、學知、困知，及其知之，一也，總之，識仁而已。安行、利行、勉行，及其成功，一也，總之，成仁而已。就修道之功而論，雖有三，近之殊然。舉要而言，不外乎識仁而勉之云耳。以仁修道，以道修身。以治天下國家，其大經雖有九，總莫先于修身。故又決之曰：「所以行之者一也。」是知道貴于豫：欲治民，須豫先獲上；欲獲上，豫先信友；欲信友，豫先順親；欲順親，豫先誠身；欲誠身，豫先明善。善者，誠也，即仁也，仁即天也。明善即知天也。故曰：「誠者，天之道也；誠之者，人之道也。」不思不勉，智之盡，仁之至，不賴勇而裕如者也，生知安行者也。擇善而固執之，則愚而明之，柔而强之。以勉爲仁者，學知利行、困知勉行者也。善也，誠也，即仁也。擇之者，知也，雖愚必明，所謂「及其知之一也」；固執之者，勇也，雖柔必强，所謂「及其成功一也」：皆所以勉仁也。知所以勉仁，則知所以修道；知所以修道，則知所以修身；知所以修身，則知所以治人、治天下國家。故曰：「其人存，則其政舉。」

孝弟慈第四

《孝經》：「愛親者，不敢惡于人；敬親者，不敢慢于人。愛敬盡于事親，而德教加于百姓，此天子之孝。」

按：《孝經》此語，即明明德于天下之説也。孝，即明德也。孩提之童，無不知愛其親，非思而得，非勉而中，此便是天命之性。率此，便是仁義之道；達之天下，便是修道之教。這個道理，不慮而知，不學而能。此知能所以發端處，不可思議。本是不覩不聞而達之天下，又是莫見莫顯。此即天地之所謂費而隱也，即鬼神之所謂微而顯也，即大舜、武、周之大孝。達孝，置之塞天地也。故君子之道，建諸天地不悖，質諸鬼神無疑，考諸三王不謬。仲尼上律下襲，遠宗近憲，從不學不慮之妙，直窺天地之化育，以立天下之大本，而經綸天下之大經。非故倚傍名義，實本于肫肫之仁。肫肫，即孩提之愛也，不由思得，不由學來，所謂人之所不見者也，而其究至於篤恭而天下平，命之曰不顯之德。然要之，無聲無臭，實不外乎不學不慮之知能。故一部《中庸》，只是明明德于天下足以盡之；而明明德于天下，只是一孝足以盡之。故曰：孝者，先王至德要道。孝則未有不弟，未有不慈。故《大學》以孝弟慈爲修身齊家治國平天下之道。於呼！一孝盡之矣，所謂一以貫之者也。

周文王之爲世子，朝于王季日三，雞初鳴而衣服，至於寢門外，問内豎之御者曰：「今日安否？」内豎曰：「安。」文王乃喜。及日中，又至，亦如之。及暮，又至，亦如之。其有不安節，則内豎以告文王，文王色憂，行不能正履。王季復膳，然後亦復初。食上，必在視寒煖之節；食下，問所膳。命膳宰曰：「末有原。」應曰：「諾。」然後退。武王帥而行之，不敢有加焉。文王有疾，武王不脱冠帶而養，文王一飯，亦一飯，文王再飯，亦再飯，旬有二日乃間。

唐明皇素友愛。初即位，爲長枕大被，與兄弟同寢。聽朝之暇，多從諸王遊。在禁中，拜跪如家人禮，飲食起居，相與同之。於殿中設五幄，與諸王更處其中，謂之五王帳。宋王成器尤恭謹，未嘗議其時政，與人交結；帝愈信重之，故讒間之言無自而入。

以上孝弟

夏史紀大禹巡狩，見罪人，下車問而泣之。左右曰：「罪人不順道，君王何爲痛之？」王曰：「堯舜之人，皆以堯舜之心爲心。我爲君，百姓各以其心爲心，是以痛之。」

周史紀文王嘗行于野，見枯骨，命吏瘞之。吏曰：「此無主矣。」王曰：「有天下者，天下之主；有一國者，一國之主。吾固其主矣。」葬之，天下聞之，曰：「西伯之澤，及于枯骨，況于人乎？」

唐史紀太宗覽明堂鍼灸圖，人五臟之系咸附于背，詔自今毋得笞囚背。

唐史紀憲宗四年，南方旱飢，命左司郎中鄭敬等爲江淮等道宣慰使，賑恤之將行，上戒之曰：「朕宫中用帛一匹，皆籍其數，惟賑救百姓，則不可計費。卿輩宜識此意，勿效潘孟陽飲酒、遊山而已。」

宋史紀神宗時東北大旱，詔求直言，鄭俠上《流民圖》疏奏。帝反覆觀圖，長吁數四，袖以入内。是夕，寢不能寐。翌日，遂命開封體勘新法不便者凡十有八事罷之，民間讙呼相賀。是日果大雨，遠近沾洽。

以上慈

按：《大學》引文王以證止於至善，不過曰「爲人子止於孝，爲人父止於慈」；而其論治國，亦曰「孝者，所以事君也；弟者，所以事長也；慈者，所以使衆也」；其言平天下，亦曰「上老老而民興孝」云云，則《大學》一書，分明以孝弟慈爲修齊治平之要道矣。爲人君而欲平天下，盍亦知所務哉！

其二　廣正心、誠意

尊心第一

周公作《無逸》曰：「嗚呼！君子所其無逸。先知稼穡之艱難，乃逸，則知小人之依。相小人，厥父母勤勞稼穡，厥子乃不知稼穡之艱難，乃逸，乃諺；既誕，否則侮厥父母，曰：『昔之人無聞知。』」周公曰：「嗚呼！我聞曰：昔在殷王中宗，嚴恭寅畏，天命自度，治民祗懼，不敢荒寧，肆中宗之享國七十有五年。其在高宗時，舊勞于外，爰暨小人作，其即位，乃或諒陰，三年不言；其惟不言，言乃雍。不敢荒寧，嘉靖殷邦。至於小大，無時或怨。肆高宗之享國五十九年。其在祖甲，不義惟王，舊爲小人作；其即位，爰知小人之依，能保惠于庶民，不敢侮鰥寡。肆祖甲之享國三十有三年。自時厥後，立王生則逸，生則逸，不知稼穡之艱難，不聞小人之勞，惟耽樂之從。自時厥後，亦罔或克壽，或十年，或七八年，或五六年，或三四年。」周公曰：「嗚呼！厥亦惟我周太王、王季，克自抑畏。文王卑服，即康功田功；徽柔懿恭，懷保小民，惠鮮鰥寡；自朝至於日中昃，不遑暇食，用咸和萬民。文王不敢盤于遊田，以庶邦惟正之供。文王受命惟中身，厥享國五十年。」周公曰：「嗚呼！繼自今嗣王，則其無淫于觀、于逸、于遊、于田；以萬民惟正之供。無皇曰：『今日耽樂。』乃非民攸訓，非天攸若。時人丕則有愆。無若殷王受之迷亂，酗于酒德哉！」

謹按：洪武二十八年十一月，侍臣進講《尚書·無逸篇》，上曰：「自昔有國家者，未有不以勤而興，以逸而廢。勤與逸，理亂盛衰所係也。人君當常存惕厲，不可少怠，以圖其終。成王之時，天下晏然，周公輔政，乃作是書。反覆開諭，上自天命之精微，下至生民稼穡之艱難，以及閭里小民之怨詛，莫不具載。周公之愛君，先事而慮，其意深矣。朕每觀是篇，必反覆詳味，求古人之用心。常令儒臣書于殿壁，朝夕省閲，以爲鑒戒。今日講此，深愜朕心，聞之愈益警惕。」

又按：弘治十一年十月，上遣太監蕭敬召内閣左順門，宣旨曰：「昨夜乾清宫失火，朕奉侍聖祖母徹旦不寢，今尚不敢離左右，欲暫免朝參，可乎？」時大學士劉健有事于西山，李東陽、謝遷對曰：「宫闈大變，太皇太后聖心震驚，皇上問安視膳誠孝，方切事在從，宜即宣鴻臚寺免朝一日可也。」敬復奏，乃免朝。嗚呼！即此一事觀之，祖宗朝視、免朝，如此其重，乃至今日，則又何如矣？讀嘉靖中張逵疏可慨也。疏略云：「今内閣大臣未嘗蒙召對之寵，而言官章奏罕獲承甲乙之觀。且政關慎密，甚有家人所不可得聞、同僚所不得與議者。如此等事，而欲展轉相託，臣恐宣洩，又未免失身之虞，因循則浸成誤國之禍。今士大夫偶有交際，非極稔熟，或寄聲于友朋，或申款于簡素，迨及相見，尚多生疏，必至握手交歡，言笑啞啞，然後足以成莫逆之好。況陛下體勢之尊，威福之重，轉移之間，利害隨異。大臣非得屢奉面顔，真見心素，而欲其慨然不疑，直以身任天下之重，臣恐其必不敢也。方今當陛下清明之初，凡有宣諭，舉當人心。然中人之情狀難測，設或積日累月，巧蔓蠹滋，之後因緣傳奉，以遂其己私，假托大臣，以文其奸計。問之内閣，則曰：『陛下之意也。』質之陛下，則曰：『大臣之謀也。』天門九重，堂上百里，切恐大臣將有蓄疑于終身，而無由一白于陛下之左右者。上下不交，内外無攝，爲害又孰有大于此哉？臣伏願陛下自是以後，每日條天下之奏章，軍民切己之事有幾，左右祈請之私有幾，如此等項，明著款素，一一附合，仍照每日常格，批出聖旨，各付有司。其諫官彈劾、補拾之奏，必經聖覽，必由聖斷，必須聖批，然後頒降，則欺弊自絶，請托不行。何者？人必非其用，而後有所爲彈劾也；事必乖其常，而後有所謂補拾也。執此二端，則其餘章奏雖不必一一省覽，行之而當，自不必勞辰嚴矣，行之而不當，則諫官將繼言之，終何以逃陛下之明覽哉！是陛下所親省覽者，雖止一言官之奏，而天下微情曲隱，固已網絡無遺。所謂執一實以御百，虚身不勞而事畢舉之道也。」嗟乎！夫逵此疏真可謂一字一涕。後之人君，得是説存之，其亦可以省矣。故備録之，以附于《無逸》之指。

以上《無逸》

漢董仲舒曰：「爲人君者正心以正朝廷，正朝廷以正百官，正百官以正萬民，正萬民以正四方。四方正，遠近莫敢不一于正，而亡有邪氣奸其間者。是以陰陽和而風雨時，羣生和而萬民殖。」

唐太宗嘗曰：「人主惟有一心，而攻之者甚衆，或以勇力，或以辨口，或以諂諛，或以姦詐，或以嗜欲，輻凑攻之，各求其售，人主少懈而受其一，則危亡隨之，此其所以難也。」

謹按：洪武二十年八月，上諭侍臣曰：「人君一心，當謹嗜好，不爲物誘，則如明鏡止水，可以鑒照萬類。一爲物誘，則鏡垢水滓，豈能照物？」侍臣對曰：「陛下謹所嗜好，正心之道，莫過於此。」上曰：「人亦豈能無好，但在好之得其正耳。如人主好賢則不肖遠，好直則諂佞者遠，而國治矣。苟反所好，則賢者遠，而不肖者進，正直者遠，而邪佞者進，欲國不亂，難矣。可不謹耶？」大哉王言！其深明《大學》之指歸乎！夫正心，在于正其好惡，而好之大者，莫如好賢、好直。爲人君者，誠移其嗜好于賢良正直，則無論心之好惡，得其正而涵養氣質、薰陶德性。所以爲養心之助者，豈其細哉？

以上正心

閑道第二

漢武帝建元元年，董仲舒對策曰：「《春秋》大一統者，天地之常經，古今之通誼也。今師異道，人異論，百家殊方，指意不同，是以上無以持一統，法制數變，下不知所守。臣愚以爲諸不在六藝之科、孔子之術者，皆絶其道，勿使復進。邪辟之説滅息，然後統紀可一，而法度可明，民知所從矣。」

以上道術

《漢・郊祀志》：自齊威、宣、燕昭王，使人入海求蓬萊、方丈、瀛洲。此三神山者，其傳在渤海中，諸仙人及不死之藥皆在焉。秦始皇至海上，方士争言之。始皇如恐不及，使人齎童男女入海求之。舡交海中，皆以風雨爲解，曰：「未能至，望見之焉。」其明年，始皇復遊海上。後三年，遊碣石，考入海方士。後五年，始皇南至湘山，遂登會稽，并海上，幾遇海中三神山之奇藥。不得，還道沙丘，崩。

漢武帝即位，尤敬鬼神之祀。李少君以祀竈，郤老方見上。上尊之，於是天子始親祠竈。遣方士入海求蓬萊，而事化丹砂諸藥爲黄金矣。久之，少君病死，天子以爲化去不死，使人受其方，而海上燕齊怪迂之方士多言神事矣。明年，齊人少翁以方見上，拜爲文成將軍，以客禮禮之。居歲餘，其方益衰，神不至。乃爲帛書以飯牛，陽不知，言此牛腹中有奇書，殺視得書。天子識其手筆，於是誅文成。隱之欒大者，故與文成同師，求見言方。天子既誅文成，後悔其方不盡，及見欒大，大悅。大爲人多方略，敢爲大言，言：「臣之師曰：『黃金可成，不使〔一〕之藥可得，仙人可致。』」乃拜爲五利將軍。居月餘，得四印，以衛長公主妻之。齊人公孫卿又言：「黃帝鑄鼎荊山，成，有龍垂胡髯下迎黃帝。後世因名其處曰鼎湖。」於是天子曰：「嗟乎誠得如黃帝，吾視去妻子，如脱屣耳。」五利使不敢入海，而之泰山祠。上使人隨驗，實無所見。五利妄言見其師，其方盡多不售。上乃誅五利。其冬，公孫卿候神河南，言見仙人迹緱氏城上。天子親幸緱氏視迹，問：「卿得毋效文成、五利乎？」卿曰：「仙者，非有求人主。人主者，求之其道，非寬假，神不來，言神事，如迂誕，積以歲，乃可致。」於是上欣然，庶幾遇之。復遣方士求神人，採藥以千數。方士之假神人入海求蓬萊者，終無驗。太始四年，上耕于鉅定，還幸泰山，修封禪，祀明堂，見羣臣，乃曰：「朕即位以來所爲狂悖，使天下勞苦，不可追悔。」於是悉罷諸方士、候神人者。是後上每對羣臣自嘆：「鄉時愚惑，爲方士所欺，天下豈有仙人？盡妖妄耳。節食服藥，差可少病而已。」

〔一〕「使」，疑爲「死」字之誤。

唐太宗時，天竺方士娑婆寐自言有長生之術，上頗信之，發使詣婆羅門諸國採藥，藥竟不就，乃放還。高宗即位，復詣長安，上復遣歸，謂宰相曰：「自古安有神仙？秦始皇、漢武帝求之，卒無所成。果有不死之人，今皆安在？」李勣對曰：「此人再來，容髮衰白，已改于前，何能長生？」竟未及行而死。

以上仙

漢明帝聞西域有神，其名曰佛，因遣使之天竺求其道，得其書。及沙門以來，其書大抵以虛無爲宗，貴慈悲不殺，以爲人死精神不滅，隨復受形，生時所行善惡皆有報應。故所貴修鍊精神，以至爲佛。善爲宏闊勝大之言，以勸誘愚俗。精于其道者，號曰沙門。於是中國始傳其術。

梁武帝幸同泰寺，設大會，釋御服，持法衣，行清浄大捨，素牀瓦器，乘小車，役私人，親爲四衆講《涅槃經》。羣臣以錢一億萬奉贖，表請還宫，三請乃許。

以上佛

魏正始中，尚書何晏好老莊書，與夏侯玄、荀粲、王弼之徒競爲清談，崇尚虛無，謂六經爲聖人之糟粕。由是天下士大夫慕效，遂成風流，不可復制。真德秀曰：「清談之弊，起于晉魏，而終於蕭梁。其始蓋宗老莊氏，其末則有欲爲老莊之役而不可得者。彼徒見老氏謂有生于無也，故何晏、王弼之徒，設爲玄虛之論，視事物之有形者，皆爲芻狗，是非成壞，一不足介意。於是臣不必忠，子不必孝，禮法不必事，威儀不必修，惟空曠無心、不爲事物染着者，乃爲知道。固非先王之教之所許，而于老氏本指，亦莫之究焉。蓋老氏謂天下之物生于有，而有生于無，是始無而今有也。何晏輩乃悉歸之于無，是豈老氏本指耶？自何晏、戎、衍，以至殷浩，雖皆高談空妙，然于世之名寵權利，未嘗不留情。晏圖臺鼎，戎執牙籌，衍營三窟，浩達空函，卑猥貪吏，更甚庸俗。何世間萬有一切皆無？獨此乃真有耶？此所謂欲爲老莊氏之役而不可得者也。故桓温以爲神州陸沉，百年坵墟，王夷甫諸人不得不任其責。推原其本，是亦老莊之罪也。然則有天下者，懲魏晉蕭梁之禍，其可不以堯、舜、周、孔之道爲師哉？」

以上老莊

謹按：洪武元年，太祖御東閣，與儒臣論學術，學士陶安進曰：「道之不明，邪説害之也。」太祖曰：「邪説之害道，猶美味之悦口，美色之悦目，人鮮有不爲所惑者，自非有豪傑之見，不能決去之也。夫邪説不去，則正道不行，正道不行，天下烏得而治？」安又進言曰：「陛下所言，深探其本。」二年，上謂宋濂曰：「古之帝王，當晏安之餘，多好神仙。以朕言之，使國治民安、心神康恬，即神仙也。」濂對曰：「漢武好神仙而方士至，梁武好佛而異僧集。使移此心以好賢，則賢者至矣，天下豈有不治乎？」上深然之。嗟乎！邪説之惑世，不乘愚暗，而往往中于高明。聖祖終守正道，歷三十年如一日，是雖其英敏超世，而陶、宋二臣之言，夫亦有以助之歟！

附録王守仁正德中《諫迎佛疏》

其略曰：西方之佛，以釋迦爲最；中國之聖人，以堯舜爲最。臣請以釋迦與堯舜比而論之。夫世之最所崇慕釋迦者，慕尚於脱離生死，超然獨存于世。今佛氏之書具載始末，釋迦住世説法四十餘年，壽八十二歲而没，則其壽亦誠可謂高矣。然舜年百有十歲，堯年一百二十歲，其壽比之釋迦，則又高也。佛能慈悲捨施，不惜頭目腦髓以救人之急難，然必苦行于雪山，奔走于道路，而後能有所濟。若堯舜則端拱無爲，而天下各得其所；自親九族，以至草木禽獸，無不咸若。其仁民愛物，比之釋迦，則又全〔一〕也。佛能方便説法，開悟羣迷，戒人之酒，止人之殺，去人之貪，絶人之嗔。其神通妙用，亦可謂異矣，然必耳提面誨而後能。若在堯舜，則光被四表，格于上下，其至誠所運，自有不言而信，不動而變，無爲而成者矣。其神化無方，而妙用無體，比之釋迦，則又大也。若乃詛咒變幻，眩怪捏妖，以欺惑愚民，是佛氏之所深排極詆，謂之外道邪魔，正與佛道相反者。不應好佛而乃好其所相反，求佛而乃求其所排詆者也。陛下以好佛之心而好聖人，以求釋迦之誠求堯舜之道，則

〔一〕「全」，《王陽明全集》卷九（上海古籍出版社一九九二年版，第二九六頁）作「至」。

不必涉數萬里之遥，而西方極樂只在目前；不必靡〔二〕數萬之費，疲〔三〕數萬之命，歷數年之久，而彈指之間，可以立躋聖帝〔三〕矣。

防意第三

夏禹時，儀狄作酒，禹飲而甘之，遂疏儀狄、絶旨酒，曰：「後世必有以酒亡其國者。」

漢成帝嘗與張放等宴飲禁中，皆引滿舉白，談笑大噱。時乘輿幄座屏風畫紂醉踞妲己作長夜之樂。侍中班伯久疾新起，上顧指畫而問曰：「紂爲無道，至於是乎？」對曰：「《書》云『乃用婦人之言』，何有踞肆于朝？所謂衆惡歸之，不如是之甚者也。」上曰：「苟不若此，此圖何戒？」對曰：「『沉湎于酒，微子所以告去也；式號式呼，《大雅》所以流連也。《詩》云：『淫亂之戒，其原皆在于酒。』」上乃喟然嘆曰：「吾久不見班生，今日復聞讜言！」放不懌，稍自引起更衣，因罷去。

晉元帝初，頗以酒廢事，王導以爲言，帝命酌，引觴覆之於此，遂絶。

齊主洋嗜酒淫佚，肆行狂暴，嘗作大鑊、長鋸、剉碓之屬，陳之于庭。每醉，輒手殺人以爲戲

〔一〕「靡」，《王陽明全集》卷九（上海古籍出版社一九九二年版，第二九六頁）作「糜」。
〔二〕「疲」，《王陽明全集》卷九（上海古籍出版社一九九二年版，第二九六頁）作「斃」。
〔三〕「帝」，《王陽明全集》卷九（上海古籍出版社一九九二年版，第二九六頁）作「地」。

樂。楊愔乃簡死囚，置杖内，謂之供御囚，齊主欲殺人，輒執以應命。陳後主君臣酣飲，自夕達旦，以此爲常。其後隋師東下，不爲深備，奏技、縱酒、賦詩不輟，陳國遂亡。

隋煬帝至江都，荒淫益甚，宫中爲百餘房，各盛供帳，實以美人，日令一房爲主人。帝與蕭后及幸姬，歷就宴飲，酒卮不離口，從姬千餘人亦常醉。

謹按：西番進葡萄酒，太祖謂中書省臣曰：「昔元時造葡萄酒，使者相繼于途勞民爲甚，豈宜效之？且朕性不喜酒，何用以此勞民？」遂却之，使無復進。〇宣德三年，上出酒諭示百官，時朝中御使郎官以酣酒相繼敗，故作酒諭。〇薛應旂曰：「按此與《周書·酒誥》相表裏，内外臣工誠所當慎守而服膺者也。」

以上酒戒

夏桀伐有施氏，得妹喜。妹喜有寵，所言皆從，爲瑶臺、象廊，殫百姓之財爲肉山脯林。酒池可以運船，糟隄可以望十里，一鼓而牛飲者三千人，妹喜笑以爲樂。

商紂伐有蘇，獲妲己。妲己有寵，其言是從，作奇技淫巧以悦之。厚賦斂以實鹿臺之財，盈鉅橋之粟。以酒爲池，懸肉爲林，使男女裸而相逐。宫中九市，爲長夜之飲。百姓怨望，諸侯有畔者，妲己以爲罰輕，威不立。紂乃爲銅柱，以膏塗之，加于炭火之上，令有罪者行焉，輒墮炭中，以取妲己笑，名曰炮烙之刑。

周幽王嬖愛褒姒，褒姒不好笑，王悦之萬方，故不笑。王與諸侯約，有寇至，舉烽火爲信，則舉兵來援。王欲褒姒笑，乃無故舉火，諸侯悉至而無寇，褒姒大笑。後犬戎伐王，王舉火徵兵，莫至，戎遂殺王于驪山下，虜褒姒。

漢成帝趙皇后既立，後寵少衰，而娣絶幸，爲昭儀，居昭陽舍。姊弟〔二〕專寵十餘年，卒皆無子。掖庭中御幸生子者輒死，又飲藥墮者無數。成帝素强無疾病，暴卒。民間歸罪昭儀，皇太后詔雜治昭儀，昭儀自殺。昭儀之始入也，姿質醲粹，見者嗟賞，獨宣帝時披香博士淖方成此老宫嬪，爲披香殿博士立帝後，唾之曰：「此禍水也，滅火必矣。」

唐玄宗貴妃楊氏始爲壽王妃，或言妃姿質天挺，宜充掖庭，遂召納禁中，異之。即爲自出妃意者，丐籍女官，號「大真」。善歌舞，邃曉音律，智算警穎，迎意輒悟。帝大悦，遂專恩寵，聲焰震天下。妃嗜荔枝，必欲生致之，乃置騎傳送走數千里，味未變，已至京師。初安禄山有邊功，帝寵之。禄山母事妃，來朝必宴餞結歡。妃嘗養禄山爲兒，令宫人以綵輿舁之，帝聞，賜洗兒錢。禄山在禁中，或通夕不出，頗有醜聲聞于外。及禄山反，帝西幸至馬嵬，陳玄禮等以天下

〔二〕「弟」，疑爲「娣」之誤。

計，誅國忠，已死，軍中不解。帝遣力士問故，曰：「禍水尚在。」帝不得已，與妃訣，引而去，縊路祠下，裸屍，以紫茵瘞道側。

史臣歐陽修曰：「嗚呼！女子之禍于人也甚矣！唐自高祖至於中宗，再罹女禍。唐祚既絶而復續，中宗不免其身，韋氏遂以滅族。玄宗親平其亂，可以爲鑒矣，而又敗于女子。方其勵精政事，開元之際，幾致太平，何其盛也！及侈心一動，窮天下之欲，不足爲其樂，而溺其所甚愛，忘其所可戒，至於竄身失國而不悔。考其始終之異，至於如此。可不謹哉！」

謹按：洪武六年正月，上諭儒臣詹同曰：「朕嘗思聲色乃伐性之斧斤，易以溺人。一有溺焉，則禍敗隨之，故其爲害甚于鴆毒。朕觀前代人君，以此敗亡者不少。蓋爲君居天下之尊，享四海之福，靡曼之色，窈窕之聲，何求而不得？苟不知遠之，則小人乘間納其淫邪，不爲靡惑者有幾？況創業垂統之君，爲子孫之成式，尤不可以不謹。」同對曰：「不邇聲色，昔成湯所以能垂裕後昆。陛下此言，端本澄源，誠萬世〔二〕子孫之法。」

以上聲色

秦始皇以爲咸陽人多，先王之宫庭小，吾聞周文王都豐，武王都鎬，豐、鎬之間，帝王之都

〔二〕「世」，底本原奪，據文意補。

也。乃營作朝宮渭南上林苑中。先作前殿阿房，東西五百步，南北五十丈，上可以坐萬人，下可以建五丈旗。周馳爲閣道，自殿下直抵南山，表南山之顛以爲闕。爲複道，自阿房渡渭，屬之咸陽，以象天極。閣道絶漢，抵營室也。阿房室未成；欲更擇令名名之。作宮阿房，故天下謂之阿房宮。

魏史紀明帝好土功，大營宮殿，役連歲不休。徙長安鐘簴、銅駝、承露盤于洛陽，鑄銅人二列司馬門外，又鑄黄龍、鳳凰置内殿前。起土山于芳林園，使公卿皆負土，樹雜木善草，捕禽獸致其中。光禄勳高堂隆、尚書衛覬及司徒椽董尋皆上疏極諫，不聽。

宋史紀宋主駿大修宮室，土木被錦繡。壞高祖所居陰室，起玉燭殿，與羣臣觀之，牀頭有土障，壁上掛葛燈籠、麻蠅拂。袁顗盛稱高祖儉德，宋主曰：「田舍翁得此，已爲過矣。」

謹按：洪武元年冬十二月，上退朝還宮，皇太子諸王侍，上指宮中隙地，謂之曰：「此非不可起亭榭爲游觀之所，而但令内使種植者，誠不忍傷民之財，勞民之力耳。昔商紂崇飾宮室，不恤人民，天下怨之，身死國亡。漢文帝欲作露臺，而惜百金之費，當時民安國富。夫奢儉不同，治亂懸絶。爾等當思吾言，常存儆戒。」

以上土木

唐史紀太宗時，嘗有白鵲搆巢于寢殿之上，合歡如腰鼓，左右稱賀。上曰：「我常笑隋帝好祥瑞，瑞在得賢，此何足賀？」命毁其巢，縱鵲于野外。

按：天地之間，草木禽獸形質間有殊異者，皆氣化，偶然不足爲奇。人主才察，遂以爲瑞，於是小人乘機獻諂，取悦于上，至有以孔雀爲鸞鳳，而誣上行私者矣。人主好尚可不謹哉！太宗縱雀〔一〕毁巢，誠爲超世之見，而瑞在得賢，尤萬世人君龜鑒也。

以上祥瑞

南齊史紀齊主寶卷荒淫奢侈，後宫服御極選珍奇。寵愛潘妃，嘗鑿金爲蓮花以貼地，令潘妃行其上，曰：「此步步生蓮花也。」嬖倖因緣爲奸，利課一輸十。百姓困窮，號泣道路。

隋史紀：煬帝築西苑，周二百里。其内爲海，周十餘里；爲方丈、蓬萊、瀛洲諸山，高百餘尺，臺觀、宫殿羅絡山上。海北有渠，縈紆注海内。緣渠作十六院，門皆臨渠，窮極華麗。宫樹凋落，則剪綵爲花葉，綴之沼内，亦剪綵爲荷、芰、菱、芡，色渝則易以新者。帝好以月夜從宫女數千騎遊西苑，作《清夜遊曲》，于馬上奏之。

隋煬帝嘗行幸江都，龍舟四重。上重有正殿、内殿、朝堂；中二重有百二十房，皆飾以金玉；下重内侍處之。皇后乘翔螭舟，差小。别有浮景九艘，三重皆水殿也。餘數千艘，後宫、諸

〔一〕「雀」，當爲「鵲」字之誤。

王、公主、百官以下乘之。共用挽士八萬餘人，皆以錦繡爲袍。衛兵所乘又數千艘，舳艫相接二百餘里，騎兵夾兩岸而行。所過州縣，五百里内皆令獻食，一州至百轝，極水陸珍奇。後宫厭飫，多棄埋之。

宋史紀徽宗性好花石，朱沖密取浙中珍異以進，帝嘉之，歲增盛，舳艫相銜于淮汴，號「花石綱」。又置應奉局于蘇州，命沖子勔總其事，於是搜巖剔藪，幽隱不遺。凡士庶之家，一石一木，稍堪玩者，即領健卒入其家，用黄帕覆之，指爲御物。及發行，必輒〔一〕屋抉牆以出。劚山輦石，程督慘刻，雖在江湖不測之淵，百計取之，必得乃止。民預是役者多破産，或賣子女以供其須。

宋史紀徽宗在位，承平日久，帑庾盈溢。蔡京爲相，始倡爲「豐亨豫大」之説，勸上以太平爲娱。上嘗大宴，出玉琖、玉卮以示輔臣曰：「此器似太華。」京曰：「陛下當享天下之奉，區區玉器，何足計哉！」上曰：「先帝作一小臺，言者甚衆。」京曰：「事苟當理，人言不足畏也。」由是上心日侈，諫者俱不聽。興延福宫、景龍江、艮嶽等工役，海内騷然思亂，終致靖康之禍。

謹按：

洪武元年夏五月，命工畫身所經歷艱難，起家戰伐之事爲圖，以示子孫。謂侍臣曰：

〔一〕「輒」，似爲「撤」字之誤。

「朕家本業農，祖、父皆長者，世承忠厚，積善餘慶，以及于朕。今圖此者，使後世子孫知王業艱難也。」起居注詹同等頓首曰：「陛下昭德垂訓，莫此爲切。」上曰：「富貴易驕，艱難易忽，久遠易忘。後世子孫惟見富貴，習于奢侈，不知先世積累之難。故示之以此，使朝夕觀覽，庶有所警。」

景泰二年冬十月，上頗事聲色奢侈，嘗以銀豆等物撒地，令宫人及宦侍争拾爲閧笑。文選司郎中李賢上《正本十策》，其一曰崇節儉。禮部尚書楊寧見其奏，嘆息曰：「吾讀崇節儉一事，殆欲下淚。」時編修楊守陳賦《銀豆謡》，未及上，京師傳之。其謡曰：「尚方承詔出九重，冶銀爲豆驅良工。顆顆匀圓奪天巧，朱函進入蓬萊宫。御手親將十餘把，琅琅亂灑金階下。萬顆珠璣走玉盤，一天雨雹敲鴛瓦。中宫跪拾多盈袖，金鐺半墜羅裳縐。贏得天顔一笑歡，拜賜歸來坐清晝。聞知昨日六宫中，翠蛾紅袖承春風。黄金作豆競拾得，羊車不至秋煙空。别有銀壺薄如葉，并刀剪碎盈丹匣。也隨銀豆灑金階，滿地金風飛玉蝶。君不見民餐木皮和草根，夢寐豆食如八珍。官倉有米無銀糴，操瓢盡作溝中瘠。明主由來愛一嚬，安邦只在恤窮民。願將銀豆三千斛，活取枯骸百萬人。」嗟乎！經歷艱難之圖固在也，而其後世習于奢侈已如此者！人心之易驕，可懼也哉！

以上侈肆

夏史紀太康即位，荒逸弗恤國事，畋獵于洛水之外，十旬弗返。有窮后羿因民之怨，拒之于河，弗許歸國。厥弟五人，作歌而怨之。太康失國，居陽夏。

漢史紀成帝爲微行，從期門郎或私奴，或乘小車，或皆騎，出入市里郊野，遠至旁縣，鬥雞走馬，常自稱富平侯家人。富平侯者，侍中張放也，寵幸無比，故假稱之。

唐史紀敬宗初即位，即遊戲無度，幸内殿擊毬奏樂，賞賜左右樂人，不可勝紀。又召募力士，晝夜不離側。好自捕狐狸。視朝，月不再三，大臣罕得進見。

謹按：

弘治十年二月，侍講學士王鏊侍經筵，講文王不敢盤於遊田，上悟。□之方春，上遊後苑，左右諫，不聽。及鏊講畢，出召侫幸李廣戒之曰：「今日講官所指，殆由若輩好爲之。」竟罷遊。○正德元年，上不親政事，專好遊畋。李東陽上疏，略曰：「近者視朝太晚，免朝太多，奏事漸稀，嬉遊漸廣。夫華靡玩戲，非所以崇儉；彈射鈞獵，非所以養仁義。鷹犬狐兔之物，不可育于朝廷；弓矢戰鬥之象，不可施于宫禁。正人不親，直言不聞。而此數者交雜于前，臣切憂之。」三年，内苑御船獵獸，復上疏曰：「今歲自端陽後，金鼓炮火聲徹都邑，厩牧廝役紛充禁庭。大臣畏忌不敢言，小臣震慴不敢諫。不知祖宗分職設官，朝廷糜禄養士，將焉用之？」

以上盤遊

漢史紀靈帝作列肆于後宮，使諸采女販賣，更相盜竊爭鬥。帝着商賈服從之，飲宴爲樂。

晉史紀武帝既平吴，頗事遊宴，怠于政事。掖庭殆將萬人，常乘羊車，恣其所之，至便宴寢。宫人競以竹葉插户，鹽汁灑地，以引帝車。而后父楊駿始用事，交通請謁，勢傾内外，朝政大壞。至其子惠帝，遂有五胡亂華之禍。

陳史紀後主起臨春、結綺、望仙三閣，各高數十丈，連延數十間，其牕、牖、欄、檻，皆以沈檀爲之，飾以金玉，間以珠翠，其服玩瑰麗，近古所未有。上每飲宴，使諸妃嬪及女學士與狎客共賦詩，互相贈答，采其尤豔麗者，被以新聲，選宫女千餘人歌之。其曲有《玉樹後庭花》、《臨春樂》等，大略皆美諸妃嬪之容色。君臣酣飲，自夕達旦，以爲常。

以上宴樂

按：酒色遊觀諸云云者，即聖賢所不能無，顧一溺而不止，則有所好樂而心不得其正矣。語曰防意如城，意不易防也。君人誠欲明明德于天下，則必古先是法，而流連之樂，荒亡之行，自有所不爲，斯則千古防意者之訣哉！

卷五

大學廣義(下)

其三　廣修身、齊家

太子第一

《保傅篇》漢賈誼作:「夏有天子,十有餘世,而殷受之;殷爲天子,二十餘世,而周受之;周爲天子,三十餘世,而秦受之;秦爲天子,二世而亡。人性不甚相遠也,何三代之君有道之長,而秦無道之暴?其故可知也。古之王者太子廼生,固舉以禮,使士負之,有司齊肅端冕,見之南郊,見於天也。過闕則下,過廟則趨,孝子之道也。故自爲赤子,而教固已行矣。周成王幼在襁褓之中,召公爲太保,周公爲太傅,太公爲太師。保,保其身體;傅,傅之德義;師,導之教訓:此三公之職也。於是爲置三少,曰少保、少傅、少師,是與太子宴者也。故廼孩提有識,三公、三少，明孝仁禮義，以導習之，逐去邪人，不使見惡行。故太子乃生而見正事，聞正言，行正道，左右前後皆正人也。夫習與正人居之，不能無正，猶生長于齊，不能不齊言也；習與不正人居之，不能毋不正，猶生長于楚，不能不楚言也。孔子曰：『少成若天性，習慣如自然。』夫三代之所以長久者，以其輔翼太子有此具也。及秦而不然，使趙高傅胡亥，而教之獄，所習者，非斬劓人，則夷人三族也。故胡亥今日即位，而明日射人。忠諫者，謂之誹謗；深計者，謂之妖言。其視殺人，若艾草菅。豈惟胡亥之性惡哉？彼其所以導之者，非其理故也。夫存亡之變，治亂之機，其要在是矣。天下之命，懸于太子；太子之善，在于早諭教與選左右。夫教得而左右正，則太子正矣；太子正，而天下定矣。」

漢武帝時，江充爲直指使者，嘗從上甘泉，逢太子家使乘車馬行馳道中，充以屬吏。太子聞之，使人謝充，充不聽，遂白奏。上曰：「人臣當如是矣！」大見信用。初，上生戾太子，甚愛之。及長，性仁恕溫謹。上嫌其才能少不類己，而所幸王夫人等皆生子，皇后、太子寵浸衰。黄門常融等微伺太子過失，輒增加白之。上嘗小不平，使常融召太子，融言「太子有喜色」，上默然。及太子至，上察其貌，有涕泣處，而佯語久。上怪之，微問，知其情，乃誅融。是時，方士及神巫多聚京師。女巫往來宫中，教美人度厄，每屋輒埋木人祭祀之。嘗晝寢，夢木人數千持杖欲擊上，上驚悟，遂苦善忘。江充自以與太子有隙，見上年老，恐晏駕後爲太子所誅，因言上疾祟在巫蠱。於是上以充爲使者治巫蠱獄。充云：「於太子宮得木人尤多。」少傅石德懼并誅，因謂太子可矯以節，收捕充等，窮治其姦詐。太子曰：「吾人子，安得擅誅？」江充持之甚急，太子計不知所出，遂從德計，收捕充等，自臨斬之。上曰：「太子心懼，又忿充等，故有此變。」乃使使召太子。使者不敢進，歸報云：「太子反已成，欲斬臣，臣逃歸。」上大怒，賜丞相璽書曰：「捕斬反者。」吏圍捕太子，太子入室，距户自經，皇孫二人并遇害。初，上爲太子立博望苑，使通賓客，從其所好，故賓客多以異端進者。

《唐史》紀：太宗自立太子，遇物則誨之：見其飯，則曰：「汝知稼穡之艱難，則常有斯飯矣。」見其乘馬，則曰：「汝知其勞而不竭其力，則常得乘之矣。」見其乘舟，則曰：「水所以載舟，亦所以覆舟。民猶水也，君猶舟也。」見其立于木下，則曰：「木從繩則正，后從諫則聖。」

唐玄宗開元末，武惠妃譖太子瑛于上曰：「太子陰結黨與，將害妾母子，亦指斥至尊。」上大怒，以語宰相，欲廢之。張九齡諫曰：「太子天下本，不可輕摇。昔晉獻公信驪姬之讒殺申生，三世大亂；漢武帝信江充之誣罪戾太子，京城流血；晉惠帝用賈后之譖，廢愍懷太子，中原塗炭；隋文帝用獨孤后之言，黜太子勇，立煬帝，遂失天下。由此觀之，不可不慎。陛下必欲爲此，臣不敢奉詔。」惠妃密使宫奴牛貴兒謂九齡曰：「有廢必有興，公爲之援，宰相可長處。」九齡叱之，以其語白上。上爲之動色，故終九齡罷相，太子得無動。九齡既貶，又有譖太子瑛、鄂王瑤、光王琚異謀者。上召宰相問之，李林甫對曰：「此陛下家事，非臣等所宜預。」士〔一〕意乃決，使宦者宣制于宮中，廢瑛、瑤、琚爲庶人，賜尋死。

范祖禹曰：「明皇三子之廢，係于李林甫之一言。其得未廢，係于張九齡之未罷。相賢，則父子得以相保；相佞，則天性滅于仇讎。置相可不慎哉！」

貞元三年初，郜國大長公主適駙馬都尉蕭升。公主不謹，詹事李昪等出入主第。主女爲太子妃，或告主淫亂，且爲厭禱。上大怒，幽主于禁中，切責太子。太子不知所對，請與蕭妃離婚。上召李泌告之，且曰：「舒王近已長，且孝友温仁。」泌曰：「陛下惟有一子，奈何一旦疑之，欲廢之而立侄，得無失計乎？」上曰：「卿不愛家族乎？」對曰：「臣惟愛家族，故不敢不盡言。若畏陛下盛怒而爲順從，陛下明日悔之，必尤臣。」因嗚咽流涕。上泣曰：「事已如此，使朕如何而可？」對曰：「此大事，願陛下審圖之。自古父子相疑，未有不亡國覆家者。陛下從容三日，究其端緒而思之，必釋然，知太子之無他矣。」上曰：「此朕家事，何豫于卿，而力爭如此？」對曰：「天子以四海爲家。臣今獨任宰相之重，四海之內，一物失所，責歸于臣。況坐視太子冤橫而不

〔一〕「士」，當爲「上」字之誤。

言，臣罪大矣！」曰：「爲卿遷延至明日思之。」泌抽笏，叩頭而泣曰：「如此，臣知陛下父子慈孝如初矣！然陛下還宮，當自審思，忽[一]露此意于左右；露之，則彼皆欲樹功于舒王，太子危矣！」上曰：「具曉卿意。」間一日，上開延英殿，獨召泌，流涕闌干，撫其背曰：「非卿切言，朕今日悔無及矣！太子仁孝，實無他也。」詔李昪等及公主五子，皆流嶺南及遠州。

謹按：洪武元年，太祖既正大位，詔天下曰：「昔帝王之子，居嫡長者必正儲位，其衆子當封王爵，分茅胙土，錫之以國。朕今有子十人，即位之初，已立長子爲皇太子。諸子之封，本待報賞功臣之後，然尊卑之分，所宜早定。」於是卜日册命諸王。七年正月，上諭東宮臣曰：「太子者，天下之重器。人有彝鼎，尚知寶愛。太子承主器之重，豈得不寶愛之乎？必擇端人正士以爲輔翼，朝夕與居，使其熟聞善言，漸積以成其德。若惟委之于便嬖近習，是棄重器于塗矣。汝等日輔太子，講論誦説之時，必道之以正，使其道明德立，才器充廣，庶幾他日克勝重任，可以副朕所望。」○永樂二年，册立仁廟爲皇太子。先是立爲世子，醇謹慈愛。成祖頗移念次子高煦，嘗與武臣邱福等議儲宮事，文臣獨金忠得預。武臣則咸揚高煦扈從功，當立，金忠以爲不可。成祖意猶豫，因召解縉議，縉對：「立嫡以長。」復曰：

[一]「忽」，疑爲「勿」字之誤。

「好聖孫。」指宣廟言也。他日密問黄淮，淮對曰：「長嫡承統，萬世正法。」復召尹昌隆等，皆言東宮爲守成令主，議遂決。○成化十四年春二月，皇太子出閣行冠禮，詔簡儒臣稱充東宮官者。時東宮内官典璽局郎覃吉，温雅誠篤，知大體，通書史，議論方正，雖儒生不能過。動作舉止悉導以正，暇則開説五府六部及天下民情，農桑軍務以至宦者專權、蠹國情弊，悉直言之，曰：「吾老矣，安望富貴？但得天下有賢主足矣。」上嘗賜東宮王莊，吉備曉以不當受，曰：「天下山河皆主所有，何以莊爲？徒勞民傷財，爲左右之利而已。」竟辭之。

按：教諭太子固當選外朝講讀之官，尤必簡内庭侍從之臣。蓋内臣其勢近，其情親，其言無所疑而易入。苟得端良老成之人，比之外臣，事半功倍。故孝宗用一覃吉，弘治之治，至今仰之。○武宗在東宮所與遊宴者，乃馬永成、劉瑾等之八黨，雖外庭講讀如吴寬輩多賢，竟亦末如之何也已矣。近世儒紳謂：「親賢士大夫以成其德者，同人之亨；教宦官、宫妾以補其過者，納約之牖。」斯亦今日之良劑也哉！

后妃第二

周史紀姜后賢而有德。王嘗晏起，后脱簪珥，待罪于永巷，使其傅母通言于王曰：「妾不才，致使君王失禮而晏朝，敢請罪。」王曰：「寡人不德，寔自生過，非夫人之罪也。」遂勤于政事，早朝晏退，繼文武之迹，成中興之業，爲周世宗。

漢文帝所幸慎夫人，在禁中嘗與王后同席坐。及幸上林，布席袁盎引却慎夫人，夫人怒，上亦怒。蓋因前説曰：「臣聞尊卑有序，則上下和。今已立后，夫人乃妾也。妾、主豈可與同坐哉！且陛下獨不見人彘乎？」上悦，語夫人，賜蓋金五十斤。

漢成帝遊于後庭，嘗欲與班婕妤同輦載。婕妤辭曰：「觀古畫圖，賢聖之君皆有名臣在側。三代末主乃有嬖幸，今欲同輦，得毋近似之乎？」上善其言而止。太后聞之，喜曰：「古有樊姬，今有班婕妤。」

唐太宗文德長孫后矜尚禮法，性約服素，御取給則止。與帝言，或及天下事，辭曰：「牝鷄司晨，家之窮也，可乎？」帝固要之，訖不對。兄無忌，於帝本布衣交，以佐命爲元功，帝將引以輔政，后乘間曰：「妾托體紫宫，尊貴已極，不願私親更據權于朝。漢之吕、霍，可以爲戒。」帝不聽，后密諭令牢讓，帝不獲已，乃聽。太子承乾乳媪請增東宫什器，后曰：「太子患無德與名，器何請爲？」初，長樂公主將出降，上以皇后所生，特愛之，敕有司資送倍于永嘉公主。魏徵諫曰：「昔漢明帝欲封皇子，曰：『我子豈得與先帝子比！』皆令半楚、淮陽。今資送公主倍于長主，得無異明帝之意乎？」上然其言，入告皇后。后嘆曰：「妾亟聞陛下稱里〔二〕魏徵，不知其故，今觀其引禮義以抑人主之情，乃知真社稷之臣也！妾與陛下結髮爲夫婦，曲承恩禮，每言，必先候顏色，不敢輕犯威嚴。況以人臣之疏遠，乃能抗言如是，陛下不可不從。」因請遣中使齎錢、絹以賜徵。上嘗罷朝，怒曰：「會須殺此田舍翁！」后問爲誰，上曰：「魏徵每廷辱我。」后退，具朝服立于廷，上驚問其故，后曰：「妾聞主明臣直，今魏徵之直，由陛下之明也。妾敢不賀？」上乃悦。

太宗賢妃徐惠。貞觀末，數調兵討定四夷，稍稍治宮室，百姓勞怨。惠上書極諫，且言：「東戍遼海，西討崑坵，士馬罷耗，漕餉漂没。捐有盡之財，趨無窮之壑，圖未獲之衆，喪已成之軍。故地廣者，非常安之術；人勞者，爲易亂之符。」又言：「翠微、玉華等宮，雖因山藉水，無築構之苦，而工力所就，不爲無煩。有道之君，以逸逸人；無道之君，以樂樂身。」又言：「伎巧爲喪國斧斤，珠玉爲蕩心鴆毒，侈麗纖美，不可以不遏。志驕于業泰，體逸于時安。」其剴切精詣，大略如此。帝善其言，優賜之。

唐高宗皇后。武氏士彠女，太宗聞其美，召爲才人。及帝晏駕，爲比丘尼。高宗爲太子時，

〔二〕「里」，疑爲「重」字之誤。

入侍，悦之。王皇后久無子，蕭淑妃方幸，后陰不悦。他日，帝過佛寺，才人見且泣，帝感動。后引納後宫以撓妃寵。才人有權數，詭變不窮。始，下辭降體事后，后喜，數譽于帝，故進爲昭儀。一旦顧幸在蕭右，漸與后不協。后性簡重，不曲事上下。故昭儀伺后所薄，必款結之，得賜予，盡以分遺。由是后及妃所爲必得，得輒以聞，然未有以中也。武氏生女，后就顧弄，去，武氏潛斃女衾下，伺上至，陽爲歡言，發衾視女，死矣。驚問左右，皆曰：「后適來。」武氏即悲涕，上不能察，怒曰：「后殺吾女，往與妃相讒媢，今又爾耶！」后無以自解，始有廢后意。武氏乃誣后與母厭勝，上挾前憾，寔其言，將遂廢之。長孫無忌、褚遂良、韓瑗、來濟固争，上猶豫，而中書舍人李義府、衛尉卿許敬宗素險側徂勢，即表請昭儀爲后。上意決，下詔廢后。進昭儀爲皇后，寵焰赫然。王后及蕭廢，囚宫中。上念后，間行至囚所，見門禁錮嚴，進飲食竇中，惻然念之。二人同詞曰：「陛下幸念疇昔，使妾死更生，復見日月，乞署此爲『回心院』。」上曰：「朕有處置。」武后知之，詔杖二人百，剔其手足，反接投釀甕中，曰：「令二人骨醉！」數日死，殊其屍。武后頻見二人被髪瀝血爲厲，惡之，以巫祝解謝，即徙蓬萊宫，厲復見，故多駐東都云。

唐史紀中宗委政宫闈，安樂、長寧公主及韋后妹郕國夫人、上官婕妤、尚容〔二〕柴氏、女巫第

〔二〕「容」，疑爲「宫」字之誤。

五英兒，皆依勢用事，賣官鬻爵，雖屠沽臧獲，用錢三十萬，則別降墨敕除官，斜封付中書。時人謂之「斜封官」。上官婕妤等皆有外第，出入無節。朝士咸出其門，交通賄賂，以求進達。

宋史紀太祖尊母南郡夫人杜氏爲皇太后，太祖拜殿上，羣臣稱賀，后愀然不樂。左右進曰：「臣聞母以子貴，今子爲天子，胡爲不樂？」后曰：「吾聞爲君難，天子置身兆庶之上，若治得其道，則此位可尊。苟或失馭，求爲匹夫不可得。是吾所以憂也。」太祖再拜，曰：「謹受教。」

謹按：洪武元年三月丁未，上謂學士朱升等曰：「治天下者，修身爲本，正家爲先。正家之道，始于謹夫婦。后妃雖母儀天下，然不可預政事。至於嬪嬙之屬，不過備職、侍巾櫛，若寵之太過，則驕恣犯分，上下失序。觀歷代宮闈，政由内出，鮮有不爲禍亂者也。卿等纂修女誡及賢妃之事可爲法者，使後世子孫知所持守。」

外戚第三

漢文帝竇后兄長君、弟廣國字少君，聞后立，上書自陳。后言帝召見，問之，具言其故。於是竇后持之而泣，厚賜之，家長安。絳侯、灌將軍等曰：「吾屬不死，命乃且縣。此兩人所出微，不可不爲擇師傅，又復放吕氏大事也。」於是乃選長者之有節行者與居。長君、少君由此爲退讓君子，不敢以富貴驕人。

真德秀曰：「竇長君、少君，故貧賤也，一旦以椒房故，驟居富貴，常人之情，鮮有不驕且侈者。而當時大臣如絳、灌者，乃能爲擇師傅，使長者之有節行者與居，於是二人卒爲退遜君子，豈非教之力哉！史稱景帝立，乃封廣國等爲侯，則在文帝時蓋未嘗封也。文帝之不私后戚如此，豈不足爲後世法哉！」

漢宣帝甘露三年，太子所幸司馬良娣死，太子悲恚不樂。帝乃令皇后擇後宫家人子可以娱侍太子者，得元城王政君，送太子宫。是歲，生成帝，名曰驁。元帝初元元年，立太子驁爲皇太子。太子即位，以元舅侍中衛尉陽平侯王鳳爲大司馬、大將軍，領尚書事。○成帝河平二年六月，悉奉諸舅，王譚爲平阿侯、商爲成都侯、立爲紅陽侯、根爲曲陽侯、逢時爲高平侯。五人同日封，世謂之「五侯」。五侯羣弟争爲奢侈，賂遺珍寶，四面而至。劉向謂陳湯曰：「今災異如此，而外家日甚，其漸必危劉氏。吾而不言，孰當言者？」遂上封極諫。書奏，天子召見向，嘆息悲傷其意，謂曰：「君且休矣，吾將思之。」然終不能用其言。王鳳薨，以王音爲大司馬、車騎將軍。初，太后兄八人，獨弟曼早死，不侯，子莽幼孤，太后憐之。莽因折節爲恭儉。大將軍鳳病，莽侍疾，親嘗藥，亂首垢面，不解衣帶連月。鳳且死，以托太后及帝，拜爲黄門郎。久之，封莽新都侯，爵位益尊，節操愈謙，振施賓客，家無所餘。故在位更推薦，虚譽隆洽，傾其諸父矣。王音薨，以王商爲大司馬、衛將軍；王商薨，以根爲大司馬、車騎將軍；及根病免，薦莽自代，以莽爲大司馬。莽既拔出同列，繼四父而輔政，欲令名譽過前人，遂克己不倦，聘諸賢良以爲掾史，賞賜邑錢悉以享士。成帝崩，莽罷，就第。元壽元年六月，哀帝崩，太皇太后自用莽爲大司馬，領尚書事，迎中山王即位，年九歲，莽於是專秉國柄，百官總己以聽之。越一年，封安漢公。二年，以女配帝。四年，加號宰衡。五年，策命以九錫。明年，而居攝，又爲假皇帝。又明年，而即真矣。漢四百年之統緒，於是中絶。

漢章帝建初二年，帝納竇勳女爲貴人，有寵。三年，立爲皇后。后兄憲爲侍中、虎賁中郎將，弟篤爲黄門侍郎。憲恃宫掖聲勢，自王、主及陰、馬諸家，皆不畏憚。憲以賤直請奪沁水公主園田，主畏逼，不敢計。後帝出過園，指以問憲，憲陰喝不得對。後發覺，帝大怒，召憲切責曰：「朕思前過，奪主田園時，何用愈趙高指鹿爲馬！久念使人驚怖。貴主尚見枉奪，何况小民哉！國家棄憲，如狐雛、腐鼠耳！」憲大懼，皇后爲毁服深謝，良久乃得解，使以田還主。雖不繩其罪，然亦不授以重任。帝崩，太子即位，太后臨朝，憲兄弟皆在親要之任。憲帥左校尉耿夔等破北單于於金微山，威名益盛。以耿夔、任尚等爲爪牙，鄧疊、郭璜爲心腹，班固、傅毅之徒典文章，刺史、守、令多出其門，競賦斂吏民，共爲賂遺。尚書僕射邊〔二〕恢上疏曰：「陛下富于春

〔二〕「邊」，疑爲「樂」字之誤。樂恢，漢代名儒，和帝時官至尚書僕射。

秋，篡承大業，諸舅不宜幹正王室，以示天下之私。」書奏，不省。恢稱疾歸，憲諷州郡，迫脅恢飲藥死。於是朝廷震慴，望風承旨，無敢違者。帝以朝臣莫不附憲，獨中常侍鄭衆謹敏有心機，不事豪黨，遂與定議誅憲。竇氏宗族、賓客以憲爲官者，皆免歸故郡。

順帝陽嘉元年，立梁氏爲皇后，以河南尹梁冀爲大將軍，冀弟不疑爲河南尹。張綱劾奏大將軍冀、河南尹不疑專肆貪饕，縱恣無極，多樹諂諛以害忠良。書奏，京師震悚。時皇后寵方盛，諸梁姻族滿朝，上雖知綱言直，不能用也。沖帝永嘉元年正月，帝崩，徵清河王蒜及渤海孝王鴻之子纘，皆至京師。清河王爲人嚴重，動止有法度。李固謂冀曰：「今當立帝，宜擇長年有德者。」冀不從，迎纘即皇帝位，年八歲。帝少而聰慧，嘗因朝會目梁冀曰：「此跋扈將軍也。」冀聞，深惡之，使左右置毒于煮餅以進，帝苦煩甚而崩。將議立嗣，固與杜喬皆以爲清河王蒜宜立。冀激怒，説太后先策免固，迎蠡吾侯志即皇帝位，年十五，太后猶臨朝，詔以定策功益封冀萬三千户，封弟不疑爲潁陽侯。八月，立皇后梁氏。九月，京師地震，喬以災異策免。尋，收固、喬，皆死獄中。延熹元年夏五月，日食，太史令陳授因小黄門徐璜陳日食之變，咎在大將軍。冀聞之，諷洛陽令收考授，死于獄。帝由是怒冀。二年，梁皇后崩。梁冀一門前後七侯、三后、六貴人、二大將軍，卿、將、尹、校五十七人。冀秉政幾二十年，威行内外，天子拱手，不得有所親與。帝既不平，及陳授死，帝愈怒，因與中常侍單超謀誅之，使具瑗將左右劍戟士合千餘人圍冀第，收大將軍印綬，徙冀及妻壽，即日皆自殺。百姓莫不稱慶。收冀財貨合三十餘萬萬以充王府，用減天下稅租之半，散其苑囿以業窮民。

唐武后既稱帝，改唐爲周，諸武各任事恣橫。後張柬之尊奉太子（中宗），誅后所幸張易之、昌宗，迎太子復位，反周爲唐。洛州長史薛季昶謂張柬之、敬暉曰：「二凶雖除，產、祿猶在，去草不除根，終當復生。」二人曰：「大事已定，彼猶機上肉耳，夫何能爲？」季昶嘆曰：「吾不知死所矣。」有上官婉兒者，在武后時爲婕妤，用事于中，三思通焉，故黨于武氏，又薦三思于韋后，三思遂與后通，由是武氏之勢復振。柬之等數勸上誅諸武，不聽。三思陰令人疏皇后穢行於天津橋，請加廢黜。上大怒，命御史大夫李承嘉窮核其事。承嘉奏敬暉等使人爲之。乃長流暉等於諸州，未幾，皆死。三思既殺五王，權傾人主。景龍元年，太子重俊矯制發羽林千騎兵，殺武三思、武崇訓于其弟〔一〕，並親黨十餘人。又欲誅婕妤，不克，爲衛兵所殺。安樂公主欲皇后臨朝，自爲皇太女，乃合謀于餅餤進毒，中宗崩，韋后秘不發喪，自總庶政。徵諸府兵五萬人，使韋璿等分領之，廣聚徒衆，中外連結。深忌相王（睿宗），謀去之。相王子臨淄王（玄宗）勒兵入斬韋璿等以徇，又斬韋后、安樂公主、武廷秀、上官婕妤等，捕索諸韋并親黨及素爲韋后所親信者，皆誅之。

〔一〕「弟」，疑爲「第」字之誤。

屍韋后于市，武氏宗屬誅死流竄殆盡。

謹按：洪武二年冬十月，上與侍臣論古外戚之禍，諭之曰：「不牽於私愛，惟賢是用。苟干政典，裁以至公，外戚之禍何由而作？」侍臣頓首曰：「陛下此言，誠有國之大訓，萬世之明法也。」遂著爲令。後駙馬都尉歐陽倫奉使陝西，犯私茶出境律，遂賜死。倫，尚安應公主，高祖后所生也。夫以駙馬、都尉，一犯私茶出境，即賜死無赦，然則爲外戚者，孰敢不奉法乎！

中官第四

秦二世立，以趙高爲郎中令，常侍中用事。趙高所殺及報私怨衆多，恐大臣奏事毁之，乃説二世曰：「天子所以貴者，但以聲聞，羣臣莫得見其面，故號曰『朕』。且陛下富于春秋，未必盡通諸事，今坐朝廷，譴舉有不當者，則見短于大臣，非所以示神明于天下也。」二世用其計，乃不坐朝見大臣，居禁中，事皆決于高。

《漢·宦官傳序》曰：「漢襲秦制，置中常侍官，然亦用士人以參其選，皆銀璫左貂，給事殿省。及高后稱制，乃以張卿爲大謁者。至武帝數宴後庭，或潛游離館，故請奏機事，多以宦人主之。中興之初，宦官悉用閹人，不復雜調他士。和帝即祚，幼弱，竇憲兄弟專總權威，内外臣僚莫由親接，所與居者唯閹宦而已。故鄭衆得專禁謀中，終除大憝，遂享茅土之封。於是中官始盛而其員稍增，中常侍至有十人，小黃門二十人，改以金璫右貂，手握王爵，口含天憲，非復掖庭永巷之職、閨牖房闥之任也。其後孫程定立順之功，曹騰參建桓之策，續以五侯合謀，梁冀受鉞。故中外服從，上下屏氣。舉動回山海，呼吸變霜露。阿意曲求，則光寵三族；直情忤旨，則慘夷五宗。高冠長劍、紆朱懷金者，佈滿宮闈；苴茅分虎、南面人臣者，蓋以十數。皆剥割萌黎，競恣奢欲。所以海內嗟毒，志士窮棲。因復大考鈎黨，轉相誣染。凡稱善士，莫不罹被災毒。竇武、何進，位崇戚近，乘九服之囂怨，協羣英之勢力，而以疑留不斷，至於殄敗。斯亦運之極乎！雖袁紹恭行，芟夷無餘，然以暴易亂，亦何云及！自曹騰説梁冀，竟立昏弱。魏武因之，遂遷龜鼎。所謂『君以此始，必以此終』，信乎其然矣！」

《唐·宦官傳序》：「太宗詔內侍省不立三品官，以內侍爲之長，階第四，不任以事，惟門閤守禦、庭內掃除、廩食而已。開元、天寶中，宮嬪大率至四萬，宦官黃衣以上三千員，衣朱紫千餘人。肅、代庸弱，倚爲扞衛，故輔國以尚父顯，以援立奮，朝恩以軍容重，然猶未得常主兵也。德宗懲艾泚賊，故以左右神策、天威等軍委中官主之，是以威柄下遷，政在宦人。玄宗以遷崩，憲、敬以弑殞，文以憂憤，至昭而天下亡矣。」

范祖禹曰：「自古國家之敗，未有不由子孫更變祖宗之舊也。創業之君，其得之也難，故其防患也深，其立法也密。後世雖有聰明才智之君，然未若祖宗更事之多也。夫中人之不可假以威權，蓋近而易以爲奸也。明皇不戒履霜之漸，而輕變太宗之制，崇寵宦者增多其員，自是以後浸千。國政其源一啓，末流不可復塞。唐室之禍，基于開元。《書》曰：『監于先王成憲，其永無愆。』爲人後嗣，可不念之哉！」

仇士良以左衛上將軍、内侍監致仕，士良，内臣，自憲宗世用事，至是五朝。其黨送歸私第，士良教以固權寵之術曰：「天子不可令閑，常宜以奢靡娱其耳目，使日新月盛，無暇更及他事，然後可以行志。慎勿使之讀書，親近儒臣。彼見前代興亡，心知憂懼，則吾輩疏斥矣。」其黨拜謝而去。

謹按：洪武二年七月己巳，命吏部定内侍諸司官制，上諭之曰：「朕觀《周禮》所記，未及百人，後世至踰數千，卒爲後患。今雖未能復古，亦當爲防微之計。古時此輩所治，止于酒漿、醯醢、司服、守祧數事。今朕亦不過以備使令，非别有委任，可斟酌其宜，毋令過多。」又顧謂侍臣曰：「此輩自古以來，求其善良，千百中不一二見。若用以爲耳目，即耳目蔽矣；以爲腹心，即腹心病矣。馭之之道，但當戒飭，使之畏法，不可使之有功。有功則驕恣，畏法則檢束，檢束則自不敢爲非也。」十年，有内監官供事，言及政事，上即日遣斥還鄉，終身不齒。遂諭羣臣曰：「自古賢明之君，必謀諸公卿大夫而斷之於己，未聞近習嬖幸可得與者。況寺人朝夕左右，聲音笑貌，日接耳目，其小善、小信皆足以固結君心。而便嬖逢迎，其常態也，茍一爲所惑而不省，將必假威福、竊權勢以干預政事。及其久也，遂至於不可抑，由是而階禍者多矣。朕嘗以是爲鑒戒，故立政：寺人不過傳奏、灑掃，不許干與政事。今此宦者，雖侍朕日久，不可姑息，決然去之，所以懲將來也。」羣臣頓首稱善。

又按：天順二年正月朔，上召學士李賢密示曰：「視朝既罷，進膳後閱奏章，易決即批出，有可議送與先生處參決。左右乃曰：『此等奏章，何必一一親覽？』又曰：『亦不必送與閣下看。』又曰：『差便差到底。』奸邪不忠如此！」賢曰：「惟陛下明見。」

薛應旂曰：「成周之制，以冢宰統閹寺。西漢之制，以丞相監宫中。宋人循周、漢之遺，亦以宦官制屬於宰相、樞密。故内侍任守忠有罪，韓魏公得以檄召而議貶；近習梁彥俊言利，僕射葉顒得以逮至政事堂而叱責之，他可知矣。三代而下，制置閹宦之法，莫良于宋。故終宋之世，宦官鮮專政之禍，視漢唐大不侔矣。」

《羣書類考》曰：「國家閹宦實與公孤之權相盛衰。天子剛明，早朝晏退，日御文華，則天下之權在公孤；一或晏安是懷，相臣不得覩其面，則天下之權在閹宦。蓋公孤虚坐内閣，累日積月，朝鐘鳴，章疏入司禮監文書房，則主之可否，特出于内批，公孤不得而與矣。故三楊在宣宗時，言無不售；至英宗初，則拱手唯命，莫如之何。一人之身，前後所遭不同如此。」

正德初，王文恪鏊入内閣，時閹瑾得柄，鬱鬱不樂居位，遂乞歸，著《讁解》一篇。其略曰：

「於乎！上下之不交久矣！狐憑社以獻妖，蛇當道而肆螯。君之求治甚急也，有障焉，莫通于下；臣之納忠甚切也，有障焉，莫達于上。《易》之《泰》曰：『内君子，外小人。』君子在内，則君子重；君子重，則小人道消：世所以泰也。昔者申屠安坐，而鄧通泥首；宋璟庭立，而昌宗匍匐；品端〔一〕鎖閣，而繼恩彷徨；韓琦出檄，而守忠黜退。重也，權之所在也。王嘉發憤，不能去一佞倖；楊震累疏，不能去一乳媪；蕭望之以師傅之舊，困于石顯；趙汝愚以貴戚之重，厄于侂胄。輕也，權之所去也。勢所不在而欲其有爲，猶縶驥于庭而責其千里，推舟于陸而責其濟川也，豈有幸乎！」

王世貞《中宫考序》略曰：「明興，高皇帝神斷自天，朋亡不昵。雖制各監局以處中貴人，而不兼文武銜，不侵外庭政，不御外臣冠服。蓋三十年之間，而宫府謐如也。文皇之始，不能不有所私寄，是故儼保之譖幾得行，而撫監岌岌矣。監軍之勢張，而馬騏以交阯予敵矣。天子幼冲，母后不中制，權必有所歸，而豎振遂滔天矣。舉全盛之四海，挾至尊之萬乘，而授手于鵲起烏合之虜。恨其身死行陣，不獲止司敗辟。而磔翦昆季，悉藉貲產，足以紓泄億憤。洊開中興，斯則英主之效哉！而丁丑一制，爲之湔洗。何也？吉祥之創變，積驕成怨，積怨成逆；汪直之啓

〔一〕「品端」，當爲「吕端」之誤。吕端，北宋名臣，官至參知政事，曾處置内侍王繼恩。

釁，縲絏盈朝，尸骨盈邊。則此制媒之哉！夫以孝廟之仁聖，尚不能無李廣，而況蒙不省務，狎游是好。八虎橫，三老絀，瑾獨犴牙其間，祖宗之法度、德澤，蕩泯且盡。幸而發自其偶，以收全勝。然一瑾死，百瑾生，參伍狡弁，表裏作奸，非高廟神靈，鼎成期速，明事殆有不可言者。嘉靖之始，不遠殷鑒，悉誅斥其渠首，而又采輔臣之密贊與言路之指摘，次第收革諸鎮監軍，朝野爲之吐氣，邊腹爲之回色。雖晚節不無所嚮徇，然不至如累季之弊。以迨于今，即有隱憂而無顯患，斯何下景帝焉。夫振、瑾至狼戾也，公卿臺諫至狐鼠伏也，億兆至魚爛也。然而不爲漢唐之季者，高皇帝收天下之權以歸一人，即狼戾如振、瑾者，一嚬而憂，再嚬而危，片紙中夜下，而晨就縛，左右無不鳥散獸竄。是以能爲亂，而不能爲變也。雖然，不可恃也。余故考著爲上、下二編，其灼然稱賢如懷恩、覃昌、雲奇、何文鼎者，百不能一；而振、瑾、吉祥、汪直之類，至不可勝數云。」

其四　廣治國、平天下

用人第一

漢史紀高帝置酒洛陽南宮，曰：「通侯諸將試言，吾所以有天下，項氏之所以失天下者何？」高起、王陵對曰：「陛下使人攻城掠地，因以與之，項羽妬賢嫉能，戰勝而不與人功，得地而不與人利，此其所以失天下也。」上曰：「公知其一，未知其二。夫運籌帷幄之中，決勝千里之外，吾不如子房；鎮國家，撫百姓，給饋餉不絕，吾不如蕭何；連百萬之衆，戰必勝，攻必取，吾不如韓信。三者皆人傑，吾能用之，此所以取天下者也。項羽有一范增而不能用，此所以爲我禽也。」羣臣悦服。

武帝雅嚮儒術，以趙綰爲御史大夫、王臧爲郎中令。二人薦其師申公，上使使者奉安車蒲輪、束帛加璧迎之。既至，以爲太中大夫，舍魯邸。上問以治道，對曰：「爲治不在多言，顧力行何如耳。」

唐史紀太宗以魏徵宅無堂，命輟小殿之材以構之，五日而成，仍賜以素屏褥杖等，以遂其所尚。徵上表謝，上手詔曰：「處卿至此，蓋爲黎元與國家，何事過謝！」

肅宗召處士李泌于衡山，至，舍之内庭。嘗夜坐地爐，燒二梨以賜李泌，潁王恃寵固求，上不許，曰：「汝飽食肉，先生絶粒，何争耶？」時諸王請聯句。潁王曰：「先生年幾許，顔色似童兒。」信王曰：「夜枕九仙骨，朝披一品衣。」一王曰：「不食千鍾粟，惟餐兩顆梨。」上曰：「天生此間氣，助我化無爲。」後肅宗恢復兩京，泌之策爲多。至德宗時拜相，時人方之張子房云。

宣宗嘗以太宗所撰《金鏡録》授翰林學士令狐綯，使讀之，至「亂未嘗不任不肖，治未嘗不任忠賢」止之，曰：「凡求致太平，當以此言爲首。」

謹按：宣德六年秋八月，賜蹇義等《招隱歌》，因諭之曰：「昔人蓋嘗賦《招隱》矣，彼欲招隱者，與之俱遯，朕則招而用之。題雖同而志則異，恐山林之士未□朕意，不肯輕出也。」其略曰：「天之生材將有爲，豈使獨善而無施？彼不輕施，吾當致之。屢下求賢詔，明珠寧無遺。中夜有懷起待旦，勞心咨〔一〕。有莘幡然起畎畝，傅巖何嘗終版築。磻溪白首還鷹揚，卧龍亦復興南陽。嗟爾賢人，無爲徘徊。石泉麋鹿非爾伍，風雲天路爲爾開。翩翩並駕蒲輪來，黄金如山築高臺。待爾爲詠臺與萊，毋爲令我悵思望難哉！」

《家藏集》曰：「《宋史》：劉光祖爲右正言，上言：『比來士大夫不慕廉靖而慕奔競，不尊名節而尊爵位，不樂公正而樂軟美，不敬君子而敬庸人。既安習以成風，謂苟得爲至計。良由老成零落，後生晚進，議論無所歸依，學術無所宗主，正論益衰，士風不競。幸詔大臣，妙求人物，必朝野所共屬、賢愚所同敬者一二十人，參互立朝，國勢自壯。臣雖終歲無所奏糾，固亦未至曠官。今日之患，在於不封殖人材。諫臺但有摧殘，廟堂初無長養。臣處當言之地，豈以排擊爲能哉！』光祖此言，晚世廟堂通弊。」

〔一〕按：據明宣宗《招隱歌》，此處奪「求忘日宴」四字。

以上任賢

北齊侍中和士開有寵于齊主湛，姦諂百端，寵愛日隆，前後賞賜不可勝紀。嘗謂上曰：「自古帝王盡爲灰土，堯舜桀紂竟復何異？陛下宜及少壯極意爲樂，一日取快，可敵千年。國事盡付大臣，何慮不辦，無爲自勤約也。」帝大悦。

唐史紀太宗嘗止樹下，愛之，宇文士及從而譽之不已，太宗正色曰：「魏徵嘗勸我，遠佞人我不知佞人爲誰，意疑是汝，今果不謬！」士及叩頭謝。

唐高宗將立武昭儀爲后，大臣切諫，禮部尚書許敬宗陰揣上私，即妄言曰：「田舍子賸獲十斛麥，尚欲更婦；天子富有四海，立一后，謂之不可，何哉？」上意遂定。王后廢，敬宗請削后家官爵，廢太子忠而立代王。

高宗之爲太子，李義府爲太子舍人。高宗立，義府遷中書舍人，爲長孫無忌所惡，奏斥壁州司馬。詔未下，義府問計于舍人王德儉。德儉者，許敬宗甥，多智，善揣事，因曰：「武昭儀方有寵，上欲立爲后，畏宰相議，未有以發之。君能建白，是轉禍爲福也。」義府即叩閣上表，請廢后立昭儀。上悦，召見與語，賜珠一斛，留復侍。武后已立，義府與敬宗等相推轂，濟其奸詐，得肆意攘取威柄，天子斂衽矣。

玄宗時，李林甫爲吏部侍郎。時武惠妃寵傾後宮，子壽王愛尤盛。林甫因中人白妃，願護壽王爲萬歲計，妃德之，陰爲助，即拜黄門侍郎，同中書門下三品。皇太子瑛、鄂王琚、光王瑶被譖，帝欲廢之，張九齡切諫，上不悦。林甫私語中人曰：「天子家事，外人何與耶？」上欲進朔方節度使牛仙客實封，九齡持不可，林甫爲人言：「天子用人，何不可者？」上聞，善林甫不專也，由是益疏薄九齡，俄罷政。

真德秀曰：「自昔小人順承其主，則曰：『天子所爲，何所不可？』激怒其主，則曰：『貴爲天子，不得自由！』凡若是者，皆伐國之戈矛，而迷主之鴆毒也。故林甫之言入而九齡罷，九齡罷而治亂分，其效蓋可覩矣！」〇「林甫善刺上意。上春秋高，聽斷稍怠，厭繩檢，重接對大臣。及得林甫，任之不疑。林甫善養君欲，自是深居燕適，沈蠱衽席，主德衰矣。林甫每奏請，必先餉遺左右，審伺微旨，以固恩信。至饔夫御婢皆所款厚，故天子動静必具得之。既居相位，固寵市權，蔽欺天子耳目，諫官皆持禄養資，無敢正言者。補闕杜璡再上書言政事，斥爲下邽令。因以語動其餘曰：『明王在上，羣臣將順不暇，亦何所論？君等不見立仗馬乎？終日無聲，而飫三品芻豆；一鳴，則黜之矣。後雖欲不鳴，得乎？』由是諫争路絶，養成天下之亂，而上不之悟也。」

順宗爲太子，翰林待詔王伾善書，王叔文善棋，俱出入東宫娱侍太子。叔文譎詭多計，自言讀書知治道，遂大愛幸，與伾相依附。上即位，有疾，常深居施簾，惟獨宦官李忠言、昭容牛氏侍左右。百官奏事，自帷中可其奏，以伾爲左散騎常侍，叔文爲起居舍人，轉相交結。每事先下翰林，使叔文可否，然後宣于中書承而行之。

真德秀曰：「伾、文居中用事，内則有宦官、宫妾爲之表裏，外則有士大夫之好進者爲之謀議，此其所以能專制朝權也。然推其本，則由順宗深居簾帷，不與羣臣接，故此輩得以售其姦。爲人君者，必體明出地上之象，赫然臨下，則魑魅罔兩影滅跡絶矣。」

盧杞，開元宰相，懷謹[一]孫也，貌醜，色如藍，有口辨，德宗悦之。擢爲御史大夫，尋擢門下侍郎同平章事。杞最陋，無文學。楊炎與同在相位，輕之，多託疾不與會食，杞亦恨之。杞陰狡，欲起勢立威，小不附者，必欲置之死地。引太常博士裴延齡爲集賢殿學士，親任之。未幾譖炎，罷政事，炎貶崖州司馬。遣中使護送，未至，縊殺之。杞秉政，知上必更立相，恐其分己權，乘間薦吏部侍郎關播，以播爲中書侍郎平章事，事皆決于杞，播但斂衽，無所可否。上嘗與宰相論事，播意有所不可，起立欲言，杞目之而止。還至中書，謂播曰：「以足下端慤少言，故相引至此，向者奈何發口欲言耶？」播自是不敢復言。貞元中，上從容與李泌論即位以來宰相，曰：「盧杞忠清强介，人言杞姦邪，朕殊不覺其然。」泌曰：「人言杞奸邪，而陛下獨不覺其奸邪，此杞

〔一〕「懷謹」，當作「懷慎」。杞爲唐宰相懷慎之孫。

之所以爲奸邪也。倘陛下覺之，豈有建中之亂乎？」上又曰：「杞小心，朕所言無不從。」對曰：「杞言無不從，豈忠臣乎？夫言而莫予違，此孔子所謂一言喪邦者也。」

謹按：洪武十七年夏四月，上謂諫議大夫唐鐸曰：「人有公私不齊，故言有邪正。正言務規諫，邪言務謗諛。謗言近于忠，諛言近于愛。惟不惑于謗言，則聽日聰，而讒人自去；不眩于諛言，則智日明，而佞人自絶矣。」〇永樂二十二年，黜太常少卿周訥爲交趾所屬知府。訥永樂中嘗上疏請封禪，不許。未幾，丁憂。仁宗初立，來朝，上曰：「諛佞之人宜置遠方，不可以玷朝班。」遂有是命。

以上遠佞

商史紀高宗恭默思道，夢帝賚良弼，乃以形旁求于天下。説築傅巖之野，惟肖，爰立作相。命之曰：「朝夕納誨，以輔台德。啓乃心，沃朕心。」説總百官，佐成商家中興之業。

周史紀武王召師尚父而問曰：「惡有藏之約，行之利，萬世可以爲子孫常者乎？」師尚父曰：「在《丹書》。王欲聞之，則齊矣。」三日，王端冕，下堂南面而立，尚父西面，道《書》之言曰：「『敬勝怠者昌，怠勝敬者亡。義勝欲者從，欲勝義者凶。』藏之約，行之利，可以爲子孫常者，此言之謂也。」王聞之而書于席。

漢史紀文帝以申屠嘉爲丞相，時鄧通愛幸無比。嘉嘗入朝，通居上旁怠慢，嘉曰：「陛下愛幸羣臣，即富貴之。至於朝廷之禮，不可不肅。」罷朝，嘉坐府中，爲檄召通，不來，且斬。通恐，言上。上曰：「汝第往。」通詣丞相，免冠，徒跣，頓首謝。責曰：「通小臣，戲殿上，大不敬，當斬。」語吏令斬之。通頓首出血，不解。上使使持節召通，而謝丞相，嘉乃解。通還見土〔二〕，流涕曰：「丞相幾殺臣。」

唐史紀憲宗嘗與宰相論治道于延英殿，日旰暑甚，汗透御服。宰相恐上體倦，求退，上留之，曰：「朕入宮中，所與處者，獨宮人近侍耳，故樂與卿等共談爲理之要，殊不知倦也。」

按：管志道《疏》曰：「先朝入閣之臣，不皆尚書侍郎尊官，亦不專用翰林一途。洪武中閣臣無所表見，就永樂以後、嘉靖以前論之，如黃淮則起自中書舍人，楊士奇則起自王府審理，金幼孜起于給事中，胡儼起于知縣，薛瑄以御史見推，李賢以郎中簡拔，楊一清以邊方總制召入，張璁以南京主事超遷，俱爲一時名輔，豈以今日而遂無若人乎？臣謂自今宜著爲令，倘內閣員缺，精選各衙門之德望隆重、才識超羣者，與翰林參用。如內閣二員，則一用翰林，一用別衙門；如內閣三員，則翰林居二，別衙門居一。蓋翰林明習國家典故，而民務未嘗身親；別衙門敭歷中外事情，而經筵未嘗習熟。參而用之，正鹽梅相資、水火交濟

〔二〕「土」，疑是「上」字之誤。

之誼。所慮者，詞臣緣此少滯，或鍾怨于汲引之人，而別衙門一膺曠典，人將責望太重，窺伺太深，而浮議遂乘其後，是在陛下以公聽並觀之心主之，以包容激勸之法行之而已。」

以上論〔二〕相

漢史紀光武數引公卿郎將講論經理，夜分乃寐。皇太子見帝勤勞不怠，乘間諫曰：「陛下有禹湯之明，而失黃老養性之福，願頤養精神，優遊自寧。」上曰：「我自樂此，不爲疲也。」

唐史紀太宗于弘文殿聚四部書二十餘萬卷，置弘文館于殿側，精選天下文學之士虞世南、褚亮、姚思廉、歐陽詢、蔡允恭、蕭德言等，以本官兼學士，令更日宿直。聽朝之隙，引入內殿，講論前言往行，商確政事，或至夜分乃罷。

宋史紀仁宗初年，宰相王曾以帝初即位，宜近師儒，乃請御崇政殿西閣，召侍講學士孫奭、直學士馮元講《論語》。初詔雙日御經筵，自是雖隻日，亦召侍臣講讀。

謹按：弘治十七年九月丁巳，召劉健等至煖閣，諭曰：「昨日令李榮來説，日講時劉機講『陳善閉邪』，『陳』字解做『陳説』不是，止云『敷陳其説』乃可耳。」皆應曰：「諾。」健曰：「昨李榮又説『以善道啓沃他』，『他』字不是。」上微笑曰：「『他』字也不妨。大抵講

〔二〕「論」，疑爲「任」字之誤。

書，須要明白透徹，直言無諱。若不説盡也，無進益。且先生輩與翰林院是輔導之職，皆所當言。」遷對曰：「聖明如此，講官愈好盡心。」上又曰：「先生輩可傳與他，不必顧忌，昨講似有顧忌耳。」又曰：「『他』字亦不妨。昨因話偶及此，意以爲不若『啓沃之』更好，然不必深計也。」皆復謝而出。是日，天顔和悦，似以昨所傳未的，恐講官因此有所觀望，故特示詳悉如此。蓋經筵講章自數歲以來，始去舊時諛頌之習，加以規諫，未嘗少忤。及聞此諭，益知上意所嚮云。○嘉靖初，遣行人存問，王文恪鏊疏謝，乞上《講學》，其略曰：「國家經筵之設盛矣。然其間寒暑皆輟，春秋之月，月不過三日，三日之期，風雨則免，政事有妨則免。講之日，夙具講章，至期講訖，綸音賜宴，儼然而退，上下之情，未見其親且密也。至於日講，可謂親矣，然體分過嚴。上有疑焉，未嘗問也；下有見焉，未嘗獻也。昔高宗學于古訓，遜志時敏。成王訪學于羣臣曰：『學有緝熙於光明。』商周之君，好學如此。夫人主一日萬幾，固不暇如儒生學士日夜孜孜然，而帝王精一之傳、治天下之大經大法、古今治亂之迹、天人精微之理，自非遜敏緝熙，亦安望其有得？今乃闊略如是。暴之之日少，寒之之日多；傅之之人寡，咻之之人衆：未見其能得也。且不獨高宗、成王爲然也。漢光武雖在軍中，投戈講藝，息馬論道，唐太宗延四方文學之士，分番直宿，討論經籍，或至夜分。我太祖甫得天下，開禮賢館，與宋濂、劉基、章溢輩日相講論。仁宗臨御，建弘文閣于思善門之右，文學之臣數人入直，時至館中講論。孝宗經筵之外，每觀《永樂大典》，又嘗索《太極圖》、《西銘》諸書，于宫中玩之。夫古帝王之學如此，祖宗之學如此。陛下睿哲自天，春秋鼎盛，講明聖學，正其時也。臣愚特望於便殿之側，復弘文閣故事，妙選天下文學行藝著聞者七八人，更番入直，内閣大臣一人領之，如先朝楊溥故事。陛下萬幾有暇，時造館中，屏去法從，特霽天威，從容訪問，或講經，或讀史傳，或論古今成敗，或論民間疾苦。閑則游戲翰墨，雖詩文之類，亦惟所好，蓋亦日講之義而加親焉。大略如家人父子，上有疑，則必問，下有見，則必陳，日改月化，有不知其然而然者。時御經筵，所以昭國家之盛典；日造宏文，所以崇聖學之實功。如是不已，則聖德日新又新，高宗、成王不得美于前矣。」

以上講讀

漢史紀文帝時，匈奴大入邊，使劉禮屯壩上，徐厲屯棘門，周亞夫屯細柳，以備胡。上自勞軍細柳，先驅至，不得入，曰：「天子且至。」軍門都尉曰：「軍中聞將軍令，不聞天子詔。」上乃使使持節詔將軍：「吾欲入營勞軍。」亞夫乃傳言開壁門。壁門士曰：「將軍約，軍中不得馳驅。」於是天子按轡徐行。至營，亞夫持兵揖曰：「介胄之士不拜，請以軍禮見。」上改容式車，使人稱謝，成禮而去，曰：「嗟乎！此真將軍矣！向者霸上、棘門如兒戲耳，其將固可襲而虜也。至於亞夫，可得而犯耶？」

宋史紀王全斌之伐蜀也，屬汴京大雪。太祖設氈幃于講武殿，衣紫貂裘帽以視事，忽謂左右曰：「我被服如此，體尚覺寒。念征西將士，衝冒霜雪，何以堪處？」即解裘帽，遣中使馳賜全斌，仍諭諸將曰：「不能遍及也！」全斌拜賜感泣，故所向有功。

謹按：徐達之征吴也，鏖戰皂林，擒吴兵六萬，直抵蘇州，城中震恐，達遣人請事建康。太祖曰：「軍中稟命，此賢臣事君之道。顧將在外，君不御。自後軍中緩急，將軍便宜行事，吾不從中制。」大哉王言！斯任將之道也。其所以百戰百勝，豈倖得之哉！後世大將在外，權臣從中制之，甚或使一二乳臭書生用空言相撓。欲其立功閫外，此又難也。

以上任將

夏史紀大禹懸鐘、鼓、磬、鐸、鞀，以待四方之士，曰：「教寡人以道者，擊鼓；諭以義者，擊鐘；告以事者，振鐸；語以憂者，擊磬；有獄訟者，摇鞀。」

漢史紀文帝每朝，郎、從官上書疏，未嘗不止輦受其言。言不可用，置之；可用，采之，未嘗不稱善。成帝時，張禹黨護王氏。故槐里令朱雲上書求見，公卿在前，雲曰：「臣願賜尚方斬馬劍，斷佞臣一人頭，以勵其餘。」上問：「誰也？」對曰：「安昌侯張禹。」上大怒曰：「小臣廷辱師傅，罪死不赦。」御史將雲下，雲攀殿檻，檻折。雲呼曰：「臣得從龍逢、比干遊于地下，足矣！

未知聖朝何如耳？」左將軍辛慶忌免冠叩頭力救，上意解，得已。及後當治檻，上曰：「勿易，因而葺之，以旌直臣。」

唐史紀明皇嘗遣人詣江南取鵁鶄、鸂鶒等，欲置苑中，所至煩擾。汴州刺史倪若水上言：「今農桑方急，而羅捕禽鳥，陸水轉送。道路觀者，豈不以陛下爲賤人而貴鳥？」玄宗手敕謝之，縱散其鳥。

宋史紀寇準爲樞密直學士，嘗奏事殿中，語不合，太宗怒起。準輒引帝衣，請復坐，事決乃退。太宗嘉之曰：「朕得寇準，猶文皇之得魏徵也。」

謹按：洪武二十七年三月，上謂侍臣曰：「人主之聰明不可使有壅蔽，壅蔽則耳目聾瞽，天下之士俱無所達矣。昔唐玄宗内惑于聲色，外蔽于權奸，以養成安史之亂。及京師失守，倉惶出幸。雖田夫野老，皆能言其必有今日者。玄宗雖恍然悔悟，亦已晚矣。夫以田夫野老皆知，而玄宗不知，其壅蔽聰明甚矣。使其能廣視聽，用賢能，不爲邪妄所惑，則亂何從而生哉？」〇洪熙元年春二月，大理少卿弋謙數言事切直，吕震、劉觀交奏其賣直沽名，令御史劾謙誣罔。上雖不聽，而心猶不懌，但令坐司治事，不許朝參。後以災異屢見，而進言者鮮，乃敕諭文武羣臣曰：「間者因大理少卿弋謙所言過于矯激，朕一時不懌。羣臣迎合朕意，交章奏其賣直，請置諸法，朕但免謙朝參。自是以來，言者遂少。朕于謙一時不能含容，方負愧咎。爾羣臣亦宜各思以君子之道自勉，勿以盡言爲戒，庶幾君臣相與之義。」令弋謙朝參如故。○弘治十八年，户部主事李夢陽應詔上疏，言天下之爲病者二，爲害者三，爲漸者六。疏入，張鶴齡及皇后母金夫人皆切齒，日泣訴上前。上哀其情，詔夢陽獄。又請加重刑，上不聽。已而撫鎮司〔一〕具獄詞以進，上徑批旨，令復職，惟罰俸三月而已。他日，劉大夏奏事便殿，上曰：「近來外事若何？」大夏頓首曰：「近有旨釋李夢陽，中外歡呼，稱聖德如天地之大。」上曰：「夢陽疏内事關戚畹，且語言狂妄，朕不得不下之獄。鎮撫司擬本以上，朕試問左右，當作何批行。一人曰：『此人狂妄，宜付錦衣衛，撻以釋之。』朕揣知此輩欲得旨便令重撻致死，以快宫中之怒，使朕受殺直臣之名。左右不忠如此！朕所以釋之，使復職，更不令法司擬罪也。」大夏對曰：「陛下行此一事，堯舜之仁也。」

《家藏集》曰：「正德末，黄鞏疏通言路，謂：『右之明主導人以言，用其言而顯其身。後世則不然，不用其言而反罪焉。今則又不然，不使其以言獲罪，而以他事獲罪。由是，雖有安民長謀、策國至計，無因以達于九重；雖有必亂之事、不軌之臣，陛下無由而知之矣。

〔一〕「撫鎮司」，疑爲「鎮撫司」之誤。鎮撫司，官署名。

天下烏得不亂哉！』予嘗訾諸言官不深惟國家大體，動加掊擊，是非頗謬于人心，一騰劾章，毛舉斑索，猥瀆宸聽。朝廷厭其瑣屑，謂浮薄無當，遂一切杜絶，至有不許風聞言事之禁。程伯子所謂吾黨亦與有過焉者也。竊意廟堂籌策不當，取快一時，宜恢宏至公，以開忠讜。今使柄國者衡平權定，不揺于一二浮言。彼言非其情，報罷可也；未害于國，優容可也。若果屬狂躁，心非端直，遷留自應付之僉議。何至以言命官，輒又以言罪人哉！且求言如求士。求士者于千萬人中，得其一二儁異，設非廣羅，烏所得一二儁異而登之？求言者于千萬言中，得其一二謨猷，設非并容，烏所得一二謨猷而采之？自唐宋來，賢相率蒙彈糾，或罷或留，或罷而復召，不害爲賢相。若李林甫之奸邪、王安石之執拗，則不盡斥言者不已。當明盛時，言事者紛紛藉藉，或當或否，或聽或不聽，不害爲治。至於挫折忠諫之氣，一啓口而棄斥，不振此昏亂之朝，而國禄隨之矣。觀于往者得失之林，開言路爲聖明第一義。」

以上聽言

漢史紀宣帝時，極重守令。嘗以爲太守吏民爲〔一〕本，數變易則下不安。民知其將久，不可欺罔，乃服從其教化。故二千石有治理效，輒以璽書勉勵，增秩賜金，或爵至關内侯。公卿缺，

〔一〕「爲」，疑爲「之」字之誤。

則選諸所表，以次用之。是故漢世良吏於是爲盛，稱中興焉。漢明帝時，館陶公主爲子求郎，帝不許，而賜錢千萬，謂羣臣曰：「郎官上應列宿，出宰百里。苟非其人，民受其殃，是以難之。」唐史紀玄宗悉召新除縣令至殿廷，試理人策。惟韋濟詞理第一，擢爲醴泉令；餘二百人不入第，且令之官；四十五人放歸學問。又敕京官五品以上、外官刺史，各舉縣令一人，視其政善惡，爲舉者賞罰。

謹按：洪武六年正月，守令來朝，上命賜酒饌。明日陛辭，復諭之曰：「慈祥愷悌，身之德也；刻薄殘酷，德之賊也。君子成其德，故惠及于人；小人養其賊，故殃流于衆。朕舉廉興孝，崇德勸善，惟欲移風易俗。若僞爲慈祥，必無仁愛之實；僞爲愷弟，必無樂易之誠。爾等宜勉修厥德，廣施惠政，以副朕懷。」〇宣德五年八月，上罷朝，謂吏部尚書郭璡等曰：「東漢初，竇融保河西，以孔奮爲姑臧長。姑臧最富饒，奮獨以潔廉自守。衆皆笑之，謂其身處脂膏，不能自潤。光武知之，及融率官屬入朝，即擢奮爲武都郡丞以旌之。光武即位，未幾舉卓茂，又舉孔奮。東漢多循良吏，蓋由此也。今天下未嘗無潔士，卿宜爲朕甄別以來，朕當旌之。若人有善而上不知，則爲善者怠矣。」

以上守令

理財第二

前宋史紀高祖微時，嘗自于新洲伐荻，有衲布衫，祖臧皇后手所作也。既貴，以付其長女會稽公主，曰：「後世有驕奢不節者，可以此衣示之。」

唐史紀肅宗爲太子，嘗侍膳，有羊臂臑，上顧太子，使割，肅宗既割，餘污漫刃，以餅潔之，上熟視不懌，肅宗徐舉餅啗之，上大悦，謂太子曰：「福當如是愛惜。」

宋史紀仁宗宮中頗好珠飾，京師珠價騰涌，士〔一〕患之。一日，上在别殿，妃嬪畢集，所幸張貴妃至，首飾皆珠。上望見，舉袖掩面，曰：「滿頭白紛紛地，没些忌諱。」貴妃慚，起易之，上乃悦。自是禁中更不戴珠，珠價大減。

仁宗嘗語近臣，昨因不寐而飢，思食燒羊，曰：「何不取索？」曰：「恐遂爲例。可不忍一夕之饑，而啓無窮之殺。」或獻蛤蜊二十八枚，枚千錢，曰：「一下筯費二十八千，吾不堪也。」

謹按：洪武十年十月，上以大内宫殿新成，制度不侈，甚喜。因謂侍臣曰：「人主嗜好，所係甚重。躬行節儉，方能養性，崇尚侈靡，必至喪德。朕嘗念昔居淮右，頻年饑饉，

〔一〕「士」，疑爲「上」字之誤。

艱于衣食。今富有四海，何欲不遂？然檢制其心，惟恐驕盈。故凡有興作，必量度再三，不得已而後爲之。宫闈之間，皇后亦服浣濯，皆非故爲矯飾，寔恐暴殄天物，刻剥民財，不敢不謹。且「節儉」二字，非獨治天下者當守，治家者亦當守之。爾等歲禄有限，而日用無窮，費或過度，何從辦集？侵牟剥削，皆原于此。須體朕懷，共崇節儉，庶幾無悔。」○弘治十四年，減光禄寺供辦。都御史劉大夏奏言：「光禄寺内臣之設，供奉内府御膳，備辦使臣、外夷宴享而已。近成化、弘治以來，添有坐家長隨七八九員，又有傳湯飯内臣一百五十員。天下常貢已不足用，乃責京師鋪户買辦，負累市井賒借。」上爲之惻然，即下令歲減光禄銀錢八十餘萬。○嘉靖五年春二月，御史雷應龍言：「光禄寺歲供鷹犬肉一萬六千五百斤，蟲鳥食菉豆薥麻五千二百餘石。此禽獸費民財，恐累聖德，請悉罷之。」上曰：「朕即位以來，凡百玩好不經耳目，惟欲慎德圖治，以安生民。是鷹犬蟲蟻，一無所益，每歲畜養，乃耗費以萬千計。」令該管查覆以聞。

以上節用

唐太宗時，治書侍御史權萬紀上書：「宣、饒二州銀大發采之，歲可得數百萬緡。」上曰：「朕貴爲天子，所乏者非財也。與其多得數百萬緡，何如得一賢才！卿未嘗進一賢，退一不肖，而專言税銀之利。昔堯、舜抵璧于山，投珠于谷；漢之桓、靈乃聚錢爲私藏。卿欲以桓、靈待我耶？」是日，黜萬紀，使還家。

玄宗開元中，户部侍郎宇文融性精敏，應對便給，以治財賦得幸于上。始廣置諸使，競爲聚斂。由是百官浸失其職，而上心益侈，百姓愁苦之。及融既敗，而楊慎矜得幸，於是韋堅、王鉷之徒競以利進，百司有事權者，稍稍別置使以領之。天寶初，韋堅爲吏，以幹敏稱，上使之督江、淮租運。堅引滻水抵苑東望春樓，下爲潭，以聚江、淮運船。役夫匠通漕渠，發人坵壟，自江、淮至京城，民間蕭然愁怨。二年而成，上幸望春樓觀新潭。堅以新船數百艘遍榜郡名，陳郡中珍貨于船背，連檣數里，堅跪進諸郡輕貨。上置宴，竟日而罷，觀者山積。加堅左散騎常侍，户部郎中王鉷爲户口色役使。上在位久，用度日侈，後宮賞賜無節，不欲數于左右藏取之。鉷深知上指，歲貢額外錢帛百億萬貯于内庫，以供宫中宴賜，曰：「此皆不出于租庸調，無預經費。」上以鉷爲能富國，益厚遇之。鉷務割剥以求媚，中外嗟怨。

度支郎中楊釗善窺上意所愛惡而迎之，以聚斂驟遷，歲中領十五餘使，恩幸日隆。時州縣殷富，倉庫粟帛動以千計。釗奏請所在糶變爲輕貲，及徵丁租地税，皆變布帛輸京師。屢奏帑藏充羡，古今罕儔。上以國用豐衍，故視金帛如糞土，賞賜貴寵之家，無有限極。

真德秀曰：「開元聚斂之臣，始之以宇文融，繼之以韋堅，又繼之以王鉷，又終之以楊釗。是四人者，皆以掊尅取媚于上，而結怨于下。明皇以其奉己之欲，悦而寵之，不知其失民心而蠹國脉也。夫千艘雲集，萬貨山積，可謂一時之盛觀矣。而揭人屋廬，發人丘墓，悲嗟慘感之狀，帝不得而見也；呼號慟哭之聲，帝不得而聞也。且有田則有租，有身則有庸，有户則有調，安得常賦之外，又有百億萬之入以供上之横費乎？姦臣敢于欺罔，而上不之察，徒見府庫充羡，而侈欲日滋，賜後宫、賜外戚者無復限極。不思一錢寸縷，皆百姓之脂膏血肉也，何忍以糞土視之乎？異時邊將骋兵，府庫之藏悉爲賊有，而王鉷、楊釗之徒亦皆身被極刑，家無噍類，然後知貨悖而入者，必悖而出；聚斂之臣，其罪甚于盜臣也。吁！可戒哉！」

唐德宗貞元八年，以司農少卿裴延齡判度支。明年，奏：「左藏庫物多有失落，近因檢閲使置簿書，乃于糞土之中得銀十三萬兩，其匹段雜貨百萬有餘。此皆已棄之物，即是羡餘，悉應移入雜庫，以供别敕支用。」太府少卿韋少華不伏，抗奏：「此皆每月申奏見在之物，請加推驗。」上不許。宰臣陸贄上書，極陳其奸詐，其略曰：「延齡以聚斂爲長策，以詭妄爲嘉謀，移東就西，便爲課績，取此適彼，遂號羡餘，愚弄朝廷，有同兒戲。」又曰：「昔趙高指鹿爲馬，臣謂鹿之與馬，物類猶同，豈若延齡掩有爲無、指無爲有！」書奏，上不悦，待延齡益厚。未幾，罷陸贄相，又貶爲忠州别駕。其後延齡卒，中外相賀，上獨悼惜之。

謹按：洪武十四年正月，近臣有言國家當理財以紓國用者。上曰：「天地生財以養民，故爲君者，當以養民爲務。夫節浮費，薄税斂，猶恐損人，況可重爲徵斂乎？」近臣復言：「自天子至於庶人，未有不儲財者。」上曰：「人君儲財，與庶人不同。庶人爲一家計，則積財于一家。人君爲天下主，當散財于天下。豈可塞民之養，而奪其利乎？昔漢武帝用東郭咸陽、孔僅之徒，剥民取利，海内苦之。宋神宗用王安石理財，小人兢進，天下騷然。此可爲戒。孔子曰：『百姓不足，君孰與足？』此言何爲也？」言者愧悚。自是無敢以財利言者。

以上聚斂

漢史紀靈帝開西廊賣官，入錢各有差：二千石二千萬，四百石四百萬；其以〔二〕次應選者半之；令長隨縣好醜豐約有價。富者先入，貧者到官倍輸。又私令左右賣公卿，公千萬，卿五百萬。于西園立庫貯之，以爲私藏。

唐德宗在奉天，於行宫廡不〔三〕貯諸道貢獻之物，榜曰「瓊林大盈庫」。陸贄上疏諫曰：「聖人之立教也，賤貨而尊禮，遠利而尚廉。是以務鳩斂而厚帑櫝之積者，匹夫之富也；務散發而

〔二〕按：「以」字後疑奪一「德」字。
〔三〕「不」，疑爲「下」字之誤。

取兆庶之心者，天子之富也。何必降至尊而代有司之守，辱萬乘以效匹夫之藏。今之瓊林、大盈，古無其制。傳諸耆舊，創自開元。迨乎失邦，終以餌寇。《記》曰：『貨悖而入者，必悖而出。』豈其明效歟！今天衢尚梗，師旅方興，而諸道貢珍，遽私別庫。竊揣軍情，或生觖望。陛下誠能近想重圍之殷憂，追戒平居之專欲，凡在二庫貨賄，盡令出賜有功，坦然布懷，與衆同欲。是後納貢必歸有司，如此則亂必靖，賊必平。是乃散小儲而成大儲，損小寶而固大寶也。」

謹按：洪武十九年八月，上覽《宋史》，見太宗改封椿庫爲内藏庫，顧謂侍臣曰：「人君以四海爲家，因天下之財，供天下之用，何有公私之別？太宗，宋之賢君，亦復如此。他如漢靈帝之西苑，唐德宗之瓊林、大盈庫，不必深責也。宋自乾德、開寶以來，有司計度庫之所缺者，必籍其數，以貸于内藏，候課賦有餘，則償之。凡有司用度，乃國家經費，何以貸爲？缺而許貸，貸而復償，是猶爲商賈者，自與其家較量出入。及内藏既盈，乃以牙籤別其名物，參驗帳籍。晚年出籤示真宗曰：『善保此，足矣。』貽謀如此，何足爲訓！《書》曰：『慎厥終，惟其始。』太宗首開私財之端。及其後世困于兵革，三司財帛耗竭，内藏積而不發；間有發緡錢幾十萬以佐軍資，便以爲能行其所難：皆由太宗不能善始故也。」

以上私藏

大學新編後語

《大學》所謂心，即道心之惟微也；所謂意，即人心之惟危也。精以一之，誠以正之，無意非心，無人非道矣。修身以道，道一以貫之。故推之家而齊，推之國而治，推之天下而平。是謂「允執厥中」。允執者，無往非中也；中也者，喜怒哀樂之未發，天下之大本也，道之大原也。道之大原，出于天，故曰「天命之謂性」。知天命，知天地之化育也；知天地之化育，故能立大本以經綸大經。是謂格物之本末，是謂致知，是謂致中和。《中庸》、《大學》，無非聖聖相傳數語之註脚耳。堯舜明此而帝，三王明此而王，孔子明此以庶人而爲帝王師，一是皆以修身爲本。以修身爲本，立大本以行天下之達道也。達道者，達乎天子、諸侯、大夫及士庶人者也。自天子至庶人，無不有此大本，無不有此達道。其學雖大，其事甚庸，故命曰「大學」，又命之曰「中庸」。賈生謂子思子懼先聖之學不明，而帝王之道墜，故作《大學》經之，作《中庸》緯之，詎不信夫！雖然，子思之經緯，故至聖經綸之緒也。斯孔子肫肫其仁之嫡脉也哉！此肫肫者，固所謂道心也，中也，維天之命也，天下之大本。劉元卿識。

大學原本

明鍾伯敬考

按：《大學》者，《小戴禮》四十九篇之一也。或謂作于曾子，或謂作于子思。唐以前未有表章之者。宋仁宗天聖八年，始以此篇賜新第王拱辰等。嗣後，諸子爲之《章句》、《或問》以釋之，遂與《中庸》獨行于世。云古本《大學》原無經傳之分，其章次亦與今異見《禮記注疏》中。宋儒疑有錯簡，各以其意更之，即二程子定本亦不相同見《二程全書》中。而董槐、葉夢鼎、王柏則謂「格物致知」章未嘗亡，欲還「知止」、「物有」二節于「聽訟」章之上。於是紛紛之議起矣。今所定皆本程子，而經傳之分，則朱子爲之也。近出石經本，又與古本異，鄭公孔煩信之，而許公孚遠則謂出好事者之爲。予未敢有定論也，姑存之，以俟知者。

古本大學

首「大學之道」至「未之有也」，即云「此謂知本，此謂知之至也」。次「誠意」章，次「瞻彼淇澳」二節，次「克明德」章，次「湯之盤銘」章，次「邦畿千里」三節，次「聽訟」一節，次「修身」章，「齊家治國平天下」章至末。

明道先生定本

首「大學之道」至「則近道矣」，次「克明德」章，次「盤銘」章，次「邦畿」三節，次「古之欲明明德」至「未之有也」，次「此謂知本，此謂知之至也」，次「誠意」章，次「修身」章，次「齊家」章，次「治國」章，次「所謂平天下」至「天下僇矣」，次「淇澳」二節，次「聽訟」節，次「殷之未喪師」至末。

伊川先生定本

即今本《經》一章，《傳》十章，次序是也。其分章次，則始于朱子。

予丁未九月赴青原會，舟中夢與友人論學，取其扇書之。醒而了了，不遺一字，因札記云：「劉元卿讀《大學》者，皆言誠意與格物工夫有深淺。然觀傳誠意者，但言『慎獨』，則知『獨』即物之本也，『慎獨』即務本也。格物之本而務之，則知至。此外别無格致之功。讀《中庸》者，又皆言『慎獨』與『致中和』功夫有粗細。然觀末章，但言君子之所不可及者，其惟人之所不見乎？則知『獨』即無聲無臭，『慎獨』即不大聲色、篤恭而天下平。此外别無『致中和』之功。故曰有天德便可語王道，其要只在謹獨。謹獨之時義大矣哉！《中庸》、《大學》之樞，其在此乎！」

大象觀

大象觀題辭

耿仲子曰：「《雜卦》序，孔《易》也。首《乾》、《坤》，次《比》，次《師》，而終之《夬》。」嘗因是而求之，益有味乎其言矣。夫《乾》，天也；《坤》，順承天也。學以法天，必資師友；友聚而《比》則樂，《師》任裁成則憂。或相《臨》而與，或相《觀》而求；與也，求也，皆反其所自始者也。始生之機未暢，故曰《屯》。《屯》則《蒙》，發《蒙》者宜《震》。《震》，動也；動必有所止。《艮》，止也，止於道也。爲道日損，《損》之所以《益》也，故受之《大畜》。《大畜》，畜天也，天則不妄矣。《無妄》，誠也；誠則《萃》，《萃》則德崇而《升》。《升》不可極，利用《謙》升而能。《謙》必豫；豫，逸豫也，德之間也。去間貴決，故受之《噬嗑》。間去則《賁》，《賁》則《説〔一〕》，《説》則《順〔二〕》。《順》之敝爲《隨》。至於《隨》則《蠱》而《剥》。《剥》者，《復》之始也。始《復》則明，《明夷》則晦。晦而思通，如掘《井》求泉，不得不困，故受之《困》。《困》，師道也；教然後知困

〔一〕「説」，即「兑」也。
〔二〕「順」，即「巽」也。

也，知困然後能虚，故繼以《咸》。虚而爲盈，難乎恒矣，故繼以《恒》。《恒》，久也；久而易《涣》，故《節》。《節》之過則《解》，《解》則《蹇》而《睽》。合《睽》者，其本在家，故受之以《家人》。家道窮必《否》，《否》極生《泰》。《泰》則《壯〔一〕》，《壯》極而《遯》，《遯》則退也。《大有》，衆也；能退則得衆，得衆則《同人》。《同人》故可以《革》故，可以鼎新。雖有《小過》而《中孚》，足以起信也。信則居《豐》不盈，居《旅》不孤，居《離》而不察，居《坎》而知險。險則《小畜》而不可大，非禮而不可《履》。《履》，不苟也；《需》，不進也；《訟》，不成也。故可以無《大過》。無過必有遇，故受以《姤》。物相遇則進，故受以《漸》。進必有所養，故受以《頤》。得養必有所《濟〔二〕》；故受以既濟《濟》者，合也。物不可苟合，故次《歸妹》。苟合則終敝，故次《未濟》。處《未濟》者，存乎《夬》，故終之以《夬》。《夬》，決也；剛決柔也，柔決而純乎《乾》矣。《乾》，天也；始以天，終以合天。即孔子之學，可默識已。《雜卦》之序，有以哉！

萬曆己亥，予與鄒生子尹玩《易》同人館。每讀《大象》，輒以數語釋之，間取諸儒先言，亦不復識別。書成，取《雜卦》爲序，蓋有契於仲子孔《易》之説云。或請其名，子尹曰「可名《大象觀》」。

〔一〕「壯」，即「大壯」也。
〔二〕「既」，即「既濟」也。

大象觀上篇

天行健，君子以自强不息。

天行自健，故常運旋而不已；人心自强，故通晝夜而不息。參以人者，非自强之謂也。君子者，獨能默識吾心之不容已，即天命之不已耳。《中庸》曰：「維天之命，於穆不已。」文王之純亦不已。孔子學不厭，教不倦，發憤忘食，樂以忘憂，不知老之將至。孔子之純亦不已。文王之演《易》，孔子之贊《易》，皆獨致意於《乾》，其深有味乎天行之妙者耶！若作而致强，意在此，不得不息於彼，意在彼，不得不息於此，又安能變而通之，以盡六十四卦、三百八十四爻之精蘊乎？故惟自强不息，乃爲乾道，乃能時乘六龍以御天。謂之御天，則天行之健，君子寔御之。彼以爲體天、法天，抑猶二之矣。或謂：「己百己千，天即人耶？」曰：「天行自健，而氣拘則柔，欲蔽則餒，非强以矯之，終不能勝。故曰自勝者强。要之，自勝亦天行也。學不知天而以人勝，猶然冥蹈瞽趨耳。是故思知人，不可不知天。」

地勢坤，君子以厚德載物。

地惟其厚也，故無不持載，君子觀象於地而以厚載物。夫厚者，人之情也，亦人之同情也。

是故厚於躬，則遠怨；厚於倫理，則家和；厚於下，則邦寧；厚於風俗，則化成。厚之爲用大矣！《中庸》曰「博厚所以載物」，言至誠之德也。誠則自厚，參以僞，汩於機械，德於是始薄。至於澆薄，豈人之性則然哉？仲尼下襲水土，其思以此身乘載天下萬世乎？蓋學地也。惟地之無弗載，故曰承天；惟君子之無不載，故曰配天。君子而曰配天，夫安得自處於薄乎哉？

地上有水，比；先王以建萬國，親諸侯。

水上於地而比，地有親下之象。先王以建萬國，下親諸侯。親諸侯，所以親民也。卦《彖》言：「人君以初筮之誠比民，則民無不比。」而《大象》則發親諸侯之義。蓋大君不能以一人比天下之民。親諸侯者，固親民之先務也。今使天子能親守令，大守復能親邑令，則民誰不被其澤乎？不寧惟是，孔子親顔子，顔子親而門人日親，其亦得此義乎？此所以三致意於建侯、親侯也。

地中有水，師；君子以容民畜衆。

地非廣大，不足以容水；非深下，又不足以畜水。君子觀此，無所不容，無所不畜。我有所以容乎民，民無不善；我有所以畜乎衆，衆無不和。善爲國者，不師其以此乎？夫世之有民衆者不爲少矣，毋論有天下、有一國，即士庶，人無不有妻子、奴隸，非寬以容之，慈以畜之，其不相離而爲仇者幾希。雖然，王心齋先生曰：「容得天下人，然後能教得天下人。」斯又師之道也。《雜卦》曰：「比樂師憂。」憂之，故容之矣。孔子之於三千七十，隨才成就，無所不包，其有得於容畜之象不既深乎！

澤上有地，臨；君子以教思無窮，容保民無疆。

以土制水，畜而爲澤，有容保之象，又有深遠無窮之象。君子施教，其思無窮，勞來匡直，輔翼振德，無非所以含容保護其常性，使自得之而已。其間曲折萬狀，彌縫周盡，無有津涯，真如澤之潤物，地之容水。此三代所以治也。後世學校廢教法亡，民無所容保，而亂滋甚矣。

風行地上，觀；先王以省方，觀民設教。

風行地上，遍觸萬類，有游歷觀覽之象。先王思有以風天下，故制爲巡狩之典，命大師陳詩以觀民風，命司市納價以觀民之好尚。省察其俗有不同者，設教以訓之。如齊之末業，教以農桑；衛之淫佚，教以禮制。奢如曹，則示之以儉；儉如魏，則示之以禮。所以一道德而同風俗也。嗟夫！退省其私聽，觀行聖人所以設教，其有得於風行地上義不猶深乎！乃由教人者，則反身而省，相觀而善，又不可廢也，夫豈可獨委之先王哉？

雲雷，屯；君子以經綸。

雲在雷上，陰陽始交而未成雨，故爲屯。屯則君子經綸之時也。顧經綸各隨其時位，堯、舜有堯、舜之經綸，孔子有孔子之經綸。曰利建侯者，經綸之道也。禹、皐，堯、舜之侯也；顏、曾，孔子之侯也。堯、舜之得禹、皐，經綸一世；孔子之得顏、曾，經綸萬世。建侯之義大哉！雖然，知天乃立本；立本乃可以經綸天下之大經。肫肫之仁，又諸大聖人經綸之所自出也歟？

山下出泉，蒙；君子以果行育德。

泉之始出也，猶赤子之心也。山下之泉，未有不盈科而行。其不果行者，必有所以壅之者也。人性之善，未有不由仁義而行。其不果行者，必導之非其道也。順本正之性而達，是謂果行。果行所以育德，故曰：「蒙以養正，聖功也。」又曰：「童蒙，吉。」輓近世養蒙以功利，是水方出山下而撓之使濁也，又欲其流之清，庸可幾乎？司世教者，觀於山下之泉，可以識治幾矣。

洊雷，震；君子以恐懼修省。

兩震相襲，故曰「洊雷」。彖爻以之威天下，則不可遂；君子以之恐懼修省，則可以常。恐懼修省，非因雷震而始生也；時保子翼無間可離，特因驚懼而益嚴耳。修，謂修其將來之善；

省，謂省其既往之愆：是則君子之所以善體震也。彼世儒執持戒懼以爲心累，固不足以。順變化、達時中而矯之者，遂以天變爲不足畏，其又何所不至哉？甚矣！夫學之不可不講也。

兼山，艮；君子以思不出其位。

上下皆艮，各止其所，有不出位之象。君子近思，故不出其位；不出其位，以時爲位也。是故能六位時乘，時行則行，時止則止。動静不失其時、其道，光明孰非由知止得之？知止者，止於無位之位也。若有所可止，爲妄而已，又安能素位而行，無入不得也哉？

山下有澤，損；君子以懲忿窒慾。

山下有澤，其山日損；人有忿慾，其德日損。又忿者，氣高有山之象；慾者，卑污有澤之象。懲忿如摧山，窒欲〔一〕如防水，皆本卦自有之象。顧所謂懲窒者有道，禁於未發而已。君子有大忿，行己有耻之謂也；君子有大慾，欲明明德於天下之謂也。有大忿，則小忿自懲；有大慾，則

〔一〕「欲」，疑爲「慾」之誤。

小慾自窒。象山先生曰：「學者未知道，縱令懲窒得忿欲〔一〕全無，亦未是學問。」此言當深味之。

風雷，益；君子以見善則遷，有過則改。

風烈則雷迅，雷激則風怒，二物本相益也。君子觀象於風雷，而求所以益己者。見善則遷，無係吝之心；有過則改，無遷延之意。雷厲風行，亦不過此。此舜之所以若決江河，子路之所以聞過則喜也。是可見君子所以受益，全在一見則遷，一有則改。若稍涉繫吝遲回，善不爲，吾有過遂成吾過矣，何益之有？斯聖人所以取義於風雷也。雖然，善未易明，過亦未易知也。執焉者自以爲善，而不知其善即過也，安望其能遷改乎？

天在山中，大畜；君子以多識前言往行，以畜其德。

山之體小而能韞天，人之心小而能畜天德，皆能畜其大者也。天之所以與我者，德性而已，舍德性更無所爲學問。學問正以尊之也，前言往行俱是古人德性所發。因其言而默識其所以言，因其行而默識其所以行，此正所以畜德也。後儒分尊德性爲存心，道問學爲致知，正不達以

〔一〕「欲」，疑爲「慾」之誤。

畜其德之義，而稍知反本者，又以多識爲末務，斯又昧於大畜之旨矣。

天下雷行，物與無妄；先王以茂對時，育萬物。

雷以時行，震萌驚蟄，物物相與，以應雷行，此《無妄》之象也。《無妄》自是卦名，如云雷在地中復也。先王對時育萬物，亦體雷行及時之義。所謂奉天時也，對時育物，如所謂數罟不入污池，斧斤不入山林，五母雞、二母彘，毋失其時之類。又推言之，則所謂國家閑暇，及是時，明其政刑，與夫春秋教以禮樂，冬夏教以詩書，皆茂對之意。

澤上於地，萃；君子以除戎器，戒不虞。

澤上於地，有《萃》之象。水所以能聚，以有坊也，又有堤坊之象。聚則防散，故防水之患以堤，防民之患以除戎器。嗟夫！明王之堤豈但一戎器之治而已哉！德禮政刑皆先王之戎器也。其顯而易見者，莫如戎器，故聖人舉一以該之。

地中生木，升；君子以順德，積小以高大。

地中生木，長而上升，《升》之象也。地，坤也，有順德之義；巽，木也，有積小高大之義。因其生理之自然而無容私焉之謂。順木之自毫末，以至於尋丈，人莫見其升之迹，以順積而致之耳。善養德者順而不害，則德自高明自光大。曰高者，對卑陋之人而言，非德有高卑也；曰大者，對狹小之人而言，非德有小大也；曰積焉者，日新又新之謂，非今日卑小而明日高大也。知德者自能辨之。

地中有山，謙；君子以裒多益寡，稱物平施。

山高則當損，地卑則當益，稱量物之多寡以平其施也。聖人觀於此，取有餘以益不足。蓋人心大概，天機常寡，嗜欲常多；責己之心常寡，責人之心常多；下人之意常寡，上人之意恒多；愛人之意恒寡，自愛之意常多；濟人之念常寡，自利之念常多。推而舉之，不可勝述。君子求端於志，用志於道，惟道則無不平。是故平其施於家，則家齊；平其施於國，則國治；平其施於天下，則天下平。蓋不但劑量於謹慢之間，使致恭中節而已也。聖人大象每每拓開一步，其義自廣。

雷出地奮，豫；先王以作樂崇德，殷薦之上帝，以配祖考。

雷之奮而出地也，萬物之勾者、出萌者、達甲者、折蟄者，振生生之機，於是始暢天下，和樂莫大於是矣。夫樂，樂其所自生也。天地者，萬物之所自生；祖考者，吾身之所自生。是以先王觀於豫，作樂以褒崇天地祖宗之功德。故薦之郊廟，祀天於圜丘而以祖配之，祀帝於明堂而以考配之。尊尊親親，上帝歆而祖考格，和之至也。嗟乎！人心自和自樂，鄙詐之心入，則有時而不然，非其本也。君子用震雷之奮以出幽遷喬，樂則生，生則惡可已；惡可已，則不知手舞足蹈。此之謂大樂與天地同和，斯又薦上帝格祖考之原也。世學者動稱禮樂，乃没溺於私欲，或知學，而又以克念守心當之，是自窒其生生之機也。樂耶，非耶？

雷電，噬嗑；先王以明罰敕法。

雷威電明，《噬嗑》之正象。專威不明，則虐而不察；專明不威，則察而不斷。明而斷，故能明罰以敕法，而去天下之間吾仁者。夫天下之不得治者，以其有間也；無間，則合矣。舜誅四凶，孔子誅少正卯，非忍也。四凶不誅，則好生之德無由而洽；少正卯不除，則立達之仁無由而溥。二聖既明且斷，決去其間隔而使之合，此所以爲寬仁之實也。其得《噬嗑》之義乎！

山下有火，賁；君子以明庶政，無敢折獄。

山下有火，草木交輝，《賁》之象也。然火蔽於山，其明不遠。君子觀此，但以修明其庶政而無敢折獄。蓋修明庶政，可飾之以文；而折獄，則貴用情實。苟恃其小明而深文巧詆，則天下有冤獄矣，故無敢折獄。曰無敢者，其哀矜勿喜之意乎。甚矣！聖人之慎用刑也。

麗澤，兑；君子以朋友講習。

兩澤相麗，此涸則彼灌，彼涸則此灌，有同道相益之象。君子觀此以朋友講習。夫學之不講，孔子憂之；傳而不習，曾子省焉。講者，講其所習者也。學不講則弗明，弗明則各以其所見爲習，欲求日進也固難。惟講習以友，則衆見相合，其道自明；衆美相益，其習自利。我有所不足，則友爲之灌輸，而我受其澤；友有所不達，則我爲之灌輸，而友又受其澤。其始也，互施互受，各潤其所不足；其既也，浸灌浸盈，兩相忘於無潤。此事賢友仁所以爲爲仁之利器也。世學者自珍其學，自健其習，終身勤苦以從事，然而道之弗明，辟如向壁終不能行，辟如推磨終弗及遠，皆不講於麗澤之義乎。孔子無行而不與二三子俱，雖蔬食飲水，樂在其中。其心誠有所以悦之也。有所以悦之，故朋來而樂；有所以樂之，故遯世不見知而不愠。聖人之於麗澤，觀其深矣。韋編之三絶，把玩而不能去手，蓋此類也夫。

隨風，巽；君子以申命行事。

巽，風順也。風相隨而至，上下皆順也。上順下而出之，下順上而從之，此之謂重《巽》之義。其所令不順乎理而能得民之從者，鮮矣。故《象》曰：「聖人以順動，故刑罰清而民服。」

澤中有雷，隨；君子以嚮晦入宴息。

澤中有雷，雷隱於陰晦之中也。其在君子，則當以嚮晦入宴息。學者甚毋曰：「宴息，末也，道不在焉。」一動一静，無非易道之妙者。顧學道人求心定性。馳逐不止，皆坐不肯息耳。宴息之時義，顧不大哉！

山下有風，蠱；君子以振民育德。

山下有風，有振動之象。君子觀此象以振作其民。振作者，振起其玩愒頹廢，特從民心之善根提撕而煦養之，非徒科條之設、號令之申而已。蓋治其本也。帝堯使自得之，又從而振德之，正此意耳。後世忿民之非僻，不復知有德性之可育，而徒以刑驅之，祇見其日趨於蠱也。

山附於地，剥；上以厚下安宅。

山，猶君也；地，猶民也。山非地罔附，地剥則山頹；君非民罔與守邦，下剥則上危。爲人上者，觀此象以厚下安其宅。厚下非必分財以予之，只是不剥民之力，不剥民之財。民安其居，則君安矣。民安則本固，本固則不剥。

雷在地中，復；先王以至日閉關，商旅不行，后不省方。

微陽不是初生之陽，蓋即道心惟微之微也。道心惟微，是以不覩不聞，無聲無臭，非識可識，非見可見。故商旅之行，欲有所得者也；后之省方，欲有所見者也。此道得無所得，見無所見，是謂商旅不行，后不省方。世學者憧憧往來，役使天君，馳求不止，是商旅紛行，后車旁午也。以是而幾不遠之復，嗚呼！遠矣。

明出地上，晉；君子以自昭明德。

日出地則明，入地則晦，非日之明有加損，蔽與不蔽之間耳。君子觀明出地上之象，悟性體之本明，故自昭其明德。德本自明，明之而已，非己昏而求明之也。若己昏而明之，聖人當曰自昭昏德，不應曰自昭明德也。孩提知愛，及長知敬，無弗明也。弗明者，有所蔽耳。雖有所蔽，而吾之本明者亦自如也。是故學者先須了知己德本明，然後可以學不厭，又須了知人德本明，然後可以教不倦。

明入地中，明夷；君子以蒞衆，用晦而明。

日没於虞淵，有晦而明之象。君子之自處也，不可一時而不明；其蒞衆也，不可一時而不晦。蒞衆而不晦，則或自矜其見，必不能好問而好察；或明於責人，必不能容物而和衆。此黈纊塞耳，所以達聰；而察及淵魚，所以不祥也。大舜之用中，文王之柔順，得此義矣。

木上有水，井；君子以勞民勸相。

水之津液上升於木杪，有井水上行之象。君子觀此以勞來其民，勸勉輔相。凡利用厚生正德，無不以身勞之，是則君子之所以井養而不窮也。孔子轍環天下，立達無窮，其爲井養也，抑又大矣。井收勿幕之象，曰：「元吉在上，大成也。」其夫子自謂乎？

澤無水，困；君子以致命遂志。

水在澤下，枯澤也，有困乏之象。君子困而思通，必盡其天之所命者，以遂吾希聖希天之志。致，至也，極也，猶言至於命也。時有困亨，天命則無困亨。故以致命爲志，則無不可遂者。志無不遂，則無入而不自得矣。志孔而孔，志顔而顔，身雖困而心未嘗困也。故曰：「困而不失其亨，其惟君子乎？」或曰：「致，猶委也，謂委致其命也。」夫人志道德者，則拚一生以遂其求道德之志；志功名者，則拚一生以遂其求功名之志；志富貴者，則拚一生以遂其求富貴之志。立志在此，致命亦在此。君子以道爲志，其致命以遂志，亦惟道耳。彼志於道而天下之物猶有可得而尚之者，非致命之學也。趙彦彰曰：「此是孔子知命之後，自慶其得之於困。蓋孔子十五志學，學所以爲師也。教然後知困，真若澤之無水，然於是乎以致命遂其志。致命者，窮理盡性以至於命也。至於命，則立人達人，取之左右逢其原，所謂困而通矣。」

大象觀下篇

山上有澤，咸；君子以虚受人。

山上有澤，有高而能虚之象。良賈若虚，聖德若愚，此所以爲良賈，此所以爲盛德。若能爲山而不能爲澤，雖時雨及之，安能受乎？舜之好問好察，孔子之求助求起，顔子之若亡若虚，非作意爲之。人心本虚，有見焉實之則不虚。世以虚無稱宗者，然時若有物閡其中，似又以虚亡之見實之也。夫目虚故受色，耳虚故受聲。令先有一塵障之，一物塞之，其不眩聵者幾希。

雷風，恒；君子以立不易方。

風雷，天下之至動，聖人觀其象，反以立不易方。言何也？蓋方本無常，如仁爲君方，敬爲臣方，慈爲父方，孝爲子方。恒，非一定之義，一定則非恒矣。隨時變易，乃常道也。立此者，謂之立不易方；見此者，謂之見易；知此者，謂之知道。

風行水上，渙；先王以享于帝立廟。

風行水上，播蕩披離之象。先王欲合天下之渙，莫先于享帝立廟。物皆有本，知本則聚精會神，於此而不馳鶩，故不至於渙。聖人本天，天者，無聲無臭而體物不遺。夫苟意識不作，歸於其天則，其精神更無散漫；一起意，則神馳而精不定，往來憧憧，渙莫大焉。是故先王之聚渙，皆取於格廟之義。其旨深哉！人心之至誠，肫肫淵淵，無聲無色，然而足以聯一家，聯一國，聯天下。萃渙之妙真，非思慮之所可及，言詞之所可解。故曰：「苟不達天德者，其孰能知之？」

澤上有水，節；君子以制數度，議德行。

澤之容水有限，盈則溢，中則平，《節》之象也。聖人於是又發品節之義。數有多寡，度有長短。如孔子與下大夫言侃侃，與上大夫言誾誾，升堂則屏氣，出降則逞顔，去魯則遲，去齊則速，皆德行之品節，度數不可亂也。德，心德也；行，心行也。自誾誾，自侃侃，自遲自速，無俟乎議也。自此心未通，與雖通而未大通，苟無議焉，不保其無差也。是故不可不議，不可不制爲數度。知之者雖議而非外也，雖制而非支也，皆吾心之所自有也。是故聖人制五禮以防民僞，皆因人心而爲之者也。

雷雨作，解；君子以赦過宥罪。

「雷雨作而百果草木皆甲折[一]」，《解》之象也。君子觀此以赦民之過而宥其罪。民之以過誤得罪。所謂罪，疑也，赦而宥之，使有過者得遷善之門。此所以體天地之解而解民之倒懸者已。夫以過得罪，聖人猶宥之，而況潔己以進者，尚忍保其往而達其退耶？於此可以見聖人以善養人之仁矣。

山上有水，蹇；君子以反身修德。

前有險陷，後有峻阻，《蹇》之象也。君子觀《蹇》之象，而以反身修德。夫行有不得者，身之蹇也。愛人不親，反身以修其仁；禮人不答，反身以修其敬；治人不治，反身以修其智。不怨不尤，實恐吾之下學者有未達也。至於身正而天下歸之，君子之所以濟蹇者大矣。

上火下澤，君子以同而異。

離火兑澤，二陰比體而炎上潤下，所性異趨，有同而異之象。君子觀此與人同，而又與人

[一]「折」，《周易》原文作「拆」。

異。怒與人同，而一怒以安民則異；好貨好色與人同，而與百姓同之則異。同一樂也，而不淫異；同一哀也，而不傷異。又機權一也，君子有機以成其善，小人有機以成其惡。良知一也，君子用良知以成其善，小人用良知以成其惡。以此推之，人之本心無不同，而用心則異；人心之作用亦無不同，而用意則別。是以術不可不慎也。彼一於同者，是謂尚同，一於異者，是謂立異，非孔子之學矣。

風自火出，家人；君子以言有物行有恒。

巽爲風，離爲火，火熾則風生，風出於火。火者，風之自也。君子觀風自火出之象，則知風化之本自家出。而家之本又自身出。言行者，出乎身者也。有物則不欺，有恒則不僞。言行相顧，不欺不僞，則身修而家齊矣。大抵誠心化人，初不在諄諄告語。今人家長上敬恭者，子弟必不傲慢；長上寬厚者，子弟必不躁急；長上儒雅，子弟多儒雅；長上武勇，子弟亦武勇。心髓相傳，如畫工肖像，有不可爽者。知風之自容得，不慎厥身修乎。

天地不交，否；君子以儉德辟難，不可榮以禄。

天地否塞，君子道消，小人得志之時，故宜儉德辟難。蓋君子退處而無禄，不儉則不足以供其用。困窮迫之，其志亂矣。若已在位，義不宜退，則如留侯之志在赤松，鄴侯之志在衡山。内文明外柔順，以求傾否，亦儉德辟難，不可榮以禄之意。或隱或見，歸潔其身而已矣。

天地交，泰；后以財成天地之道，輔相天地之宜，以左右民。

天氣下降，地氣上騰，天地交，所以爲泰。元后成位乎其中，所以財成輔相，以左右民者，其責自不容委。裁成如置閏定時，掘地決川，烈焚山澤，播植收穫之類。財成天地之道，正以輔相其宜，皆所以左右斯民，使得其所而已。民性自善自中，惟左右之使。饑寒不切於身，不拂亂其性，又從而匡之、直之、輔之、翼之，乃自得其本心。後世不知民之本善，無禮樂政教以左右之，奈之何民之不窮且盜也！及其抵冒肆犯，則又曰：「民不可訓。」是豈知致泰之道乎？

雷在天上，大壯；君子以非禮弗履。

震在上，乾在下，有履天之象。禮，天也，天然自有之禮也。君子非禮弗履，動以天矣。學不知天而自謂非禮弗履，則安知吾所謂禮，非非禮之禮耶？

天下有山，遯；君子以遠小人，不惡而嚴。

天遠於山，處己若峻而未嘗不容之也，有遠小人、不惡而嚴之象。不惡而嚴，嚴於治己而不嚴於治人。嚴於治己，則欲詆無隙，欲玷無瑕；不嚴於治人，則怒無所發，忌無由起。孔子之於陽貨，孟子之於王驩，蓋得此道耳。苟不能嚴於自治，而人之不仁，疾之已甚，則未有不激其忿懟之心，而遺之以攻我之隙也。豈惟國家事無所濟，將身之不可保矣。

火在天上，大有；君子以遏惡揚善，順天休命。

火在天上，明照萬物，故曰大有。君子之明，明以天，非明以人也；明以天下，非明以一己也。故能遏惡揚善，順天休命。人之性，本自善善，本自惡惡，所謂天之休命也。民之所好好之，民之所惡惡之，所謂順天之休命也。天視自我民視，天聽自我民聽，非天在彼而民之視聽在此也，民視民聽即天視天聽也。君子無有作好，其揚善也，是謂天命；無有作惡，其遏惡也，是謂天討命討。以天一毫不與以己，是之謂順天休命。嗚呼！世之以喜怒修威福，而借口於遏惡揚善，其不爲逆天、違天者幾希。

天與火，同人；君子以類族辨物。

天與火，其性俱上，又同爲陽，故稱同人。而君子以類族辨物，審異而致同也。夫物各有族：通天下言之，則族姓不可不别，不别則婚姻無辨；通一家言之，則族屬不可不分，不分則長幼無序；通華夷言之，則族類不可不謹，不謹則界限不明。故族不類則物不辨，物不辨則上下無章，名分大亂，天下不可得而治矣。彼謂寃親平等，同則同矣，而非聖人之所謂同也。

澤中有火，革；君子以治曆明時。

水火相滅爲革。革者，變也。四時之變，革之大者。帝王之治天下，莫先於授時觀變。革之象，以治曆數明四時之序，庶幾作事者一覽於曆。東作南訛西成，朔易各以其候，而不至於失時矣。帝堯所以齊七政、定四時，夫孰非裁成天地以左右斯民者哉？

木上有火，鼎；君子以正位凝命。

鼎，器之重也，故君子觀象於鼎以正位凝命。正位義甚廣，如王者南面，正天下以凝聚天命，因是正位凝命，即大丈夫立天下之正位，又孰非所以顧諟明命乎？且如仁之於父子，命也；父慈子孝，是謂正父子之位以凝吾仁。義之於君臣，命也；君明臣忠，是謂正君臣之位以凝吾義。推而舉之，各有其位，各凝其命。命者，吾之重器。譬則鼎焉，置鼎者必正鼎之位，而後鼎乃安；定命者必正吾之位，而後命乃凝。孔子素位而行，居易俟命，其斯以爲正位凝命乎。

山上有雷，小過；君子以行過乎恭，喪過乎哀，用過乎儉。

《小過》，二陽四陰。小者，過也。君子雖貴時中，然時或有過，亦過恭、過哀、過儉之類，皆所謂君子過於厚者矣。若概之於大道，則過恭近勞，過哀近毀，過儉近陋，要非中正之則也。是故謂之小過，而不可謂之無過。

澤上有風，中孚；君子以議獄緩死。

澤上有風，有震川澤、鼓幽潛之象。君子觀此以議獄而緩民之死。獄而曰議，有推極其情之意，所謂求其生而不得，則我與死者皆無憾也。議字該得廣，如議親、議賢、議能、議貴及三覆奏、五覆奏之類皆是，蓋聖人之慎之也，好生之德洽於民心矣。

雷電皆至，豐；君子以折獄致刑。

雷電皆至，威照並行也。威而不照，未有不流於虐者。君子之于刑獄，所不忍也。方民困窮，未敢致刑也；禮樂教化未孚，未敢致刑也。不得已而刑之，猶不敢遽。故必折獄而後致刑。人之情僞難以盡知，法之輕重難以曲當，必折獄於情法之間，使是非曲直纖悉畢照，然後致之於刑，則天下無冤民矣。

山上有火，旅；君子以明慎用刑而不留獄。

火在山，有明之象；明而止，有慎之象。又火行山上，遷而不居，有不留之象。君子觀此以明慎用刑而不留獄。人情所甚，不樂者莫大於囚之在獄，又莫大於獄之久繫而不得歸。折獄者不明則不能決遣，不慎則任意留緩，使困苦無聊不得以寧其室家，其害甚矣。《東山》勞役之詩曰：「其新孔嘉，其舊如之何？」説詩者謂聖人推極人情之至，如此讀《旅》之象詞，而聖人慎用刑之心見矣。

明兩作，離；大人以繼明照于四方。

日生於東，明日又生於東，此重明也。人心虛明，自無所不照。一有蔽焉，知此則失彼，知一則失十百千萬，病在弗繼耳。大人緝熙于光明，是以能照四方。又明孤者，其光没而即盡；明兩者，其光續而可久。六五不矜其明，續以六二之明，明明相繼，是謂明四目、達四聰，斯又緝熙之巧術乎。堯欽舜華，文謨武烈，其光四表顯西土，有以也。若子思贊仲尼如日月之代明，良亦有味於教學相長之機乎？斯其明又不獨照四方，且照萬世矣。

水洊至，習坎；君子以常德行，習教事。

水流不息，自原泉以至於海，洊習而不驟，信而有常者也。君子觀坎水之象而治己治人，皆必重習而使之有常。以此常德行，故學而不厭；以此習教事，故誨人不倦。斯仲尼之所以亟稱於水乎。

風行天上，小畜；君子以懿文德。

天可謂尊高矣，而風行其上者，風無形而至柔也。剛爲大，柔爲小，故稱小畜。言以小畜，大也。君子觀於風而得所以畜天下者，在文德焉。文，柔德也；武，剛德也。懿者，柔之至善也。懿文德，言善用文德也。大舜之格三苗，則曰「誕敷文德」，孔子之服遠人，則曰「修文德以來之」，皆以柔之之道。畜之不以武功勝也，其有得於風行天上之義乎。斯古之所謂神武而不殺者歟！

上天下澤，履；君子以辨[一]上下，定民志。

地在下矣，澤又下於地，故天下之最下者莫如澤。聖人觀上天下澤之象，發辨上下，定民志之道。人之志皆欲上行，鮮能静退。聖人制爲典禮，上下有章，貴賤有等，使各安其分，則民志定。不然相逐於崇高侈肆，天下不可得而治矣。吾人日囿於蓋載之中，相安於上下貴賤之等，

[一]「辨」，《周易》原文作「辯」。

而受享太平之福，皆先王之遺澤也。彼老氏謂禮爲忠信之薄，亂之首，蓋見其本根而遺其枝葉，惡能治國家？

雲上於天，需；君子以飲食宴樂。

雲者，坎水之升。雲上於天，飄忽太虛，有優游舒緩之意。君子觀其象而以飲食宴樂。《詩》曰：「我有旨酒，以宴〔二〕樂嘉賓之心。」又曰：「人之好我，示我周行。」則古人之一飲一食，又何莫而非道乎？學者達於此義，則知一飲一食即道也，必不以終食而違仁。又知動静食息皆天也，且能因粗淺而悟性。大哉《易》也！何所不通，何所不在，而可忽飲食爲細故乎？

天與水違行，訟；君子以作事謀始。

天行乎上，水流乎下，其行相違，《訟》之象也。君子觀於訟而得謀始之道焉。物有本末，事有終始，知本乃能無訟。孔子曰：「聽訟，吾猶人也，必也使無訟乎！」又曰：「吾未見能内自訟者。」内自訟，則無訟矣，是故利見大人。大人者，大畏民志者也。見大人，則如虞、芮之遇文王，

〔二〕「宴」，《詩經・小雅・鹿鳴》原文作「燕」。

訟必不成。此之謂作事謀始。夫學亦有訟焉，或以聞見相争，或以意見相角，是非勝負有如聚訟，亦由不知反其始耳。反其始，則本亡本虚，寧矜一見以自多乎？是又謀始之道也。彼以辨息辨，猶然聽訟之術矣。

澤滅木，大過；君子以獨立不懼，遯世無悶。

澤能滅木而不能使之仆，有獨立不懼之象；能掩木而不能使之毁，有遯世無悶之象。君子觀此，求同理，不求同俗；求天知，不求人知。依乎中庸而不倚，遯世不見知而不悔，守吾平常之道而已。嗟夫！戰國之時，聖王不作，邪説横流，斯亦澤滅木之時也。孟子獨守入孝出弟之常道以待後之學者，此非獨立不懼、遯世無悶者乎？是故大過者，大者，過也。智者過之，賢者過之，天下相率而趨之，其害甚於洪水，其勢極於滔天。不有君子，喬木其壞矣。故曰：「人不知而不愠，不亦君子乎？」斯《論語》開卷第一義，而又於《大過》發之。

天下有風，姤；后以施命誥四方。

后不親往四方也，惟施命以誥之，而四方咸周焉，即風之無形而廣被萬物也。孔子曰：「君子之德風。」《易》曰：「風自火出。」知風之自，則知風動之原矣。故：「治隆於上，俗美於下，謂之風俗。」若所令反其所好，民必不從，又安能移風而易俗哉？斯又施命者所當知也。予少時聞首輔徐存翁之講學京師也，大聚會試諸士。及入覲諸藩臬、守令，翁發揮「定性」、「識仁」二章，諸守令刊布傳之人間。維時窮鄉下邑無不知學，斯所謂天風乎，則翁之所以施命者遠矣。孔子無君相之位而自握其命以施之三千七十，至於今猶傳其學，萬世賴以立達。斯所以布風者，又不但四方已耳。吾儕受享其澤，寧可不知風之自乎？

山上有木，漸；君子以居賢德善俗。

山上有木，其長以漸；風俗不可以遽善也，其化有漸。夫惟賢惟德可以善俗。君子之居賢德，猶所謂居仁也。人之薰德善良者漸衆，則風習漸移，所謂悠久以成物也。善人爲邦，百年乃可以勝殘去殺，其可以急迫求之乎？象山先生曰：「若要天下風俗淳，除非恥心明，君子明教化，以動民之恥心，斯則易俗以漸之方矣。」

山下有雷，頤；君子以慎言語，節飲食。

以卦義言之，上止下動，頤頷之象；以卦形言之，外實中虛，頤口之象。慎言語，所以養德。由言語推之，凡禮樂、政教、科條之詳，號令之申，皆不可不慎也。節飲食，所以養身。由飲食推之，凡貨財、器用、九品之貢，九式之頒，皆不可不節也。以此修己，亦以此安百姓；以此養身，亦以此養萬民。孰謂慎言語、節飲食之爲細務乎？

水在火上，既濟；君子以思患而預[一]防之。

水火既交，各得其分，有既濟之義；又火候當調，有思患預防之義。君子安不忘危，治不忘亂。故保邦未危而危不作，致治未亂而亂不生也。大抵亂世之主其心多困，治世之主其心多逸。逸則生亂，困則生治。此東鄰之殺牛反不若西鄰之受福，其所處使之然耳。聖人爲戒，每於方盛之時。其旨深哉！

澤上有雷，歸妹；君子以永終知敝。

男動而女説，《歸妹》之象也。以情而合，始不正矣，故君子以永終知敝。言以始，合之不正，而知其終之必敝也。知永終之敝，則不得不慎其始矣。豈惟此哉！士進不正，敝必諂；友交不正，敝必損。忠敝必野，文敝必僿，寬敝必慢，猛敝必殘，清之敝必隘，和之敝必不恭。兼愛之敝也，至於無父；爲我之敝也，至於無君。是故永終知敝者，乃可以永終無敝。

〔一〕「預」，《周易》原文作「豫」。

火在水上，未濟；君子以慎辨物居方。

火在水上，處非其方也。君子觀其所處之不當，而以慎辨物居方。夫辨物居方者，辨其至當而各居其方所也。子有子之方，父有父之方，兄有兄之方，弟有弟之方。慎辨其慈孝友恭之宜而各安其尊卑大小之位，則家可齊，國可治，天下可平。此聖人所以傾否而扶危也，夫豈以其未濟而不求所以拯之乎？

澤上于天，夬；君子以施禄及下，居德則忌。

澤，水也，水氣上于天，有決上而注下之象；又有解散不居之象。君子觀此以施德及下，不居其功，如天之澤物而忘其德也。故曰：「爲而不宰，成功而不居。」若居德則爲人所忌，非天道也。韓魏公詩曰「須臾慰滿三農望，却斂成功寂若無」，得此義矣。世學者一知半解，沾沾自多，匪但無以及人，其爲世所忌，固自取哉。[二]

[二] 按：文後原有鄒匡明《大象觀跋》，已歸入《附録》四，茲不録。

外编

諸儒學案

諸儒學案序

昔者孔子罕言性，門弟子至以爲不可得聞。偶一言之，第謂性相近而習相遠。乃輯《魯論》者，首曰「學」，曰「時習」，意殆以「學而時習」爲盡性耶。嗚呼！何其顯也！下逮戰國，言性者紛紛矣。孟子獨道性善。顧其言性也，言乎惻隱、羞惡、辭讓、是非之心，而且明言「盡其心者」爲知性。抑又何其顯也！

孔孟而後，溺其旨矣。竊有積惑於斯，累結而未嘗汰者，嘗試妄述之以證諸有道。今夫性非可見，奚以後之言性者敝敝焉？惟恐其弗可見也者。性非可得聞，奚以後之言性者呶呶焉？務令爲可聞也者。有則稱主静矣。夫人生而静，安所加一「主」爲？有則稱識仁矣。夫仁者，人也，何處著一「識」爲？其他言定性，言涵養，推此類求之，愈鑿愈深。則又有言自聰自明、本心具足者，乃當時或疑其墮於禪，於是外索之窮理矣。窮理之學尊而信於域中者，蓋三百有餘年〔一〕。乃後稍虞其失之支也，復反而冥契於内，安知他日不又以爲墮於枯也，將且更索之外

〔一〕「年」，底本作「矣」，誤，據明萬曆劉應舉補修本改。

乎？然則是穴中之門，終無已時耶！

乃今而知孔孟之學之大也乎。夫不必言性，不必不言性，言外未嘗非內，即言內又未嘗非外。斯或聖與儒之所由歧者耶？雖然，諸儒固皆求曙於聖路者。世無孔孟，將安取衡？吾姑爲數先生具案云爾。若夫判斷聖、儒，令予之積惑且汰也。今雖老，猶庶幾旦暮遇之焉。

安成後學劉元卿識〔一〕。

〔一〕按：此處明萬曆劉應舉補修本作「安福後學劉元卿自序」。

卷一

濂溪周先生要語

先生名惇實，字茂叔，避厚陵藩邸名，改惇頤。世居道州營道。父輔成，登進士第，嘗爲賀州桂嶺令。母鄭氏。先生少孤，養外家。

景祐中，用舅氏龍圖閣學士鄭公珦奏，試將作監主簿，授洪州分寧主簿。先生博學力行，遇事剛果，有古人風。其爲政精密嚴恕，務盡道理。縣有獄，久不決，先生至，一訊立辨。衆口交稱之。部使者薦其才，爲南安軍司理。獄有囚，法不當死，轉運使王逵欲深治之。逵苛刻，吏無敢與相可否者，先生獨與之辨。不聽，則置手板歸，取告身委之而去，曰：「如此尚可仕乎？殺人以媚人，吾不爲也！」逵感悟，囚得不死，且賢先生，薦之。移郴州桂陽令，皆有治績。用薦者，改大理寺丞。知洪州南昌縣。於是更相告語，勿違教命，而以污善政爲耻也。改太子中舍人僉書合州判官事，轉殿中丞。一郡之事，不經先生手，吏不敢決，民不肯從。清獻公爲使者，小人或讒先生，趙公臨之甚威，而先生處之超然也。轉國子博士，通判虔州。趙公來爲守，熟視先生所爲，執其手曰：「今日乃知周茂叔也。」遷尚書虞部員外郎，通判永州，權發遣邵州事，新學校以教其人。熙寧元年，用趙公及吕正獻公薦，爲廣南東路轉運判官，三年轉虞部郎中、提點刑獄。先生不憚出入之勞、瘴毒之侵，雖荒崖絶島，人跡所不至處，亦必緩視徐按，務以洗冤澤物爲己任。設施措置未及盡其所爲，而先生病矣。因請南康軍以歸。趙公再尹成都，復起先生。朝命及門，而先生卒矣，熙寧六年六月七日也，年五十有七。

先生所著書有《太極圖》、《易説》、《易通》數十篇，詩十卷，藏于家。先生在南安時，年甚少，不爲守所知。洛人程公珦攝通守事，視其氣貌非常人，與語，知其爲學知道也，因與爲友，且使其子顥、頤受學焉。及爲郎，故事當舉代，每一遷授，輒以薦之。程公二子皆倡鳴道學，以繼孔孟不傳之統，世所謂「二程先生」者，其原蓋自先生發之也。在郴時，其守李公初平知先生賢，不以屬吏遇之，即薦諸朝，又周其乏困。嘗聞先生論學，嘆曰：「吾欲讀書如何？」先生曰：「公老矣，無及也，惇頤請得爲公言之。」初平逐日聽先生語，蓋二年而有得。王荆公提點江東刑獄時，已號爲通儒，先生遇之，與語連日夜，荆公退而精思，至忘寢食。

先生自少信古好義，以名節自砥礪，其奉己甚約，俸禄盡以周宗族。在南昌時，得疾暴卒，更一日夜始甦。或視其家，止一弊篋，錢不滿百。李初平卒，子幼不克喪，先生護其喪，歸葬之。分司而歸，妻子饘粥不給，曠然不以爲意也。

廬山之山麓有溪焉，築室其上，名之曰濂溪，因語其友清逸居士潘延之曰：「可仕可止，古人無所必。束髮爲學，將有以設施，可澤於斯民者，必不得已，止未晚也。此濂溪者，異時與子相從於其上，歌詠先王之道，足矣。」此其處出之本意也。豫章黃庭堅稱之曰：「茂叔人品甚高，胸中灑落，如光風霽月。好讀書，雅志林壑。不卑小官，與民決訟，得情而不喜；其爲使，進退官吏，得罪者自以不究。短於取名，而樂於求志；薄於徼福，而厚於得民；菲於奉身，而燕及惸嫠；陋於希世，而尚友千古。」識者亦或有取於其言云。

明道曰：「某年十六七時，好田獵，既見茂叔後，自謂已無此好。茂叔曰：『何言之易也？但此心潛隱未發，一日萌動，復如初矣。』後十二年，暮歸在田野間，見獵者，不覺有喜心，乃知果未也。」

侯師聖學於伊川，未悟，訪先生，曰：「吾老矣，說不可不詳。」留對榻夜談，越三日乃還。自謂所得，如見天之廣大。伊川驚異之，曰：「非從周茂叔來耶？」其善開發人類此。

先生每令二程尋孔顏樂處，所樂何事，二程之學，源流乎此矣。故明道曰：「自再見周茂叔後，吟風弄月，有『吾與點也』之意。」

晦菴曰：「濂溪在當時，人見其政事精絕，則以爲宦業過人；見其有山林之志，則以爲襟懷灑落，有仙風道氣。無有知其學者，惟程大中獨知之。這老子所見如此，宜其生兩程子也。」

張栻曰：「濂溪始學陳希夷，後來自有所見，其學問如此，而舉世不知。爲南安獄椽日，惟程大中始知之，可見無分毫矜誇，此方是朴實頭下工夫底人。」

無極而太極，太極動而生陽，動極而静，静而生陰，静極復動。一動一静，互爲其根；分陰分陽，兩儀立焉。陽變陰合，而生水火木金土。五氣順布，四時行焉。五行，一陰陽也；陰陽，一太極也。太極，本無極也。五行之生也，各一其性。無極之真，二五之精，妙合而凝。乾道成男，坤道成女。二氣交感，化生萬物。萬物生生，而變化無窮焉。惟人也，得其秀而最靈。形既生矣，神發知矣，五性感動，而善惡分，萬事出矣。聖人定之以中正仁義而主静，立人極焉。故「聖人與天地合其德，日月合其明，四時合其序，鬼神合其吉凶」。君子修之吉，小人悖之凶。故曰：「立天之道，曰陰與陽；立地之道，曰柔與剛；立人之道，曰仁與義。」又曰：「原始反終，故知死生之説。」大哉《易》也，斯其至矣！

右《太極圖》

附録

廬山胡氏曰：「昔周子無極太極，反覆數千言。予以爲無極可無辨，其不可無辨者，圖與説也。蓋據其説曰『無極太極』，訓者曰是『無形而有理』。夫即稱無形之理矣，則惡可以形圖哉？今夫圖天者，蒼蒼然，日月著也；圖地者，莽莽然，山川布也。而天之上、地之下，可復圖乎？豈惟不可圖，亦有不得而指言之者。假令有人指言，天之上何狀，地之下何形，則世必咤爲怪誕人矣。何況太極所以生天地者，而可圖乎？今乃規之而若輪，團之而若鏡與丸也，是之睹而孰傳之耶？非獨太極，雖陰陽亦不得圖也。據其説曰『太極動而生陽，静而生陰』，則是陰陽特一氣，猶夫水之有寒燠，亦一物也。今乃白而陽之，黑而陰之，外之則左陽而右陰，内之則左陰而右陽，是果然哉？自畫卦者，以一爲陽，以二爲陰，其取象亦足矣。今又爲白黑而左右之，不既贅乎！太極、陰陽之不可圖明矣。而其説則尤有不可通者，説曰『太極動而生陽，静而生陰』，是則太極先動而後静也。夫先動後静，則未動之先，果何爲耶？且既穆乎沕乎其無極矣，而又何動静之可言？又曰『動極而静，静極復動』，當其混淪未生，七政未立，不知幾何時其爲動之極也，幾何時又爲静之極也。且太極之理，果獨立而動静耶？抑附氣以動静耶？如以其獨立，則穆乎沕乎，固不可以動静言；如以其附氣，則氣之轇轕決軋，不可停止，謂爲動極，猶可言也，至其静極，則又何狀？是必凝久爲塊而已，其可通乎？既曰『五行陰陽一太極，太極本無極』，是無極與二五始無不合也，則又無得於妙合而凝云者。既曰『五性感動』，是仁義禮智信，始無不定也，則又何待聖人先益以

『中正』，後繼以『仁義』而後爲定之者也？既曰『中正』，是不可以動静偏言之矣，則又何獨以主静云者？以五性之感屬神發之後，善惡之分，出五性之動，則與《書》之恒性，《易》之繼善，益遠且悖也。憑其辭，繹其意，非獨是非繆於聖人，即其所自言者，亦首尾衡決，而脉理殆不可尋矣。是可謂周子之書哉！古之善言至理者，莫若《易》，其次《詩》與《中庸》。《易》止言『太極生兩儀』，而未言兩儀未生之前有若是次第也。《詩》止言『維天之命』、『上天之載』。《中庸》止言『天命之性』、『天地之道』，而未言天地未生之前，有若是之次第也。有問天之外者，或對曰『氣也』。問氣何所際，際之外又何物焉，則雖伏羲不能以對；非不能對也，不可得而對也。故曰『六合之外，聖人存而不論』，而況二儀之生與其未生之故，又可以次第詳言之乎？後世惟《三墳》僞書，則有太始元始、太極父母之説，周子豈效之乎？曰：『若子之言，則周子手授二程子，非歟？』曰：『然。』蓋予嘗逆於心而求二程子之書，其昆仲師友，天人至理，殆數萬言，獨未一及《圖》與《説》者。二程子豈以師之所特授者，而故特遺之也歟？考之胡邦衡記周子祠，亦未及焉。周子自爲《易書》，言太極而不言無極，言仁義中正而不言中正仁義，則其非出周子亦明矣。或謂出陳希夷爲之，潘興嗣誤以入誌。予則曰：『周子必不爲此，希夷亦未可誣。或者希夷之流，爲是以附聖人之教，未可知也。』曰：『然則朱子表章，亦非歟？』曰：『朱子尊信周子之篤者也。古之傳僞命者，雖忠臣孝子，或信奉之，非不察僞命，忠孝至也。朱子其亦猶古之忠孝者，與夫朱子何可尤。』」

誠者，聖人之本。「大哉乾元，萬物資始」，誠之源也。「乾道變化，各正性命」，誠斯立焉，純粹至善者也。故曰：「一陰一陽之謂道，繼之者善也，成之者性也。」元亨，誠之通；利貞，誠之復。大哉《易》也，性命之源乎！

聖，誠而已矣。誠，五常之本，百行之源也。静無而動有，至正而明達也。五常百行非，誠非也；邪暗，塞也。故誠則無事矣。至易而行難，果而確，無難焉。故曰：「一日克己復禮，天下歸仁焉。」

誠無爲，幾善惡。德愛曰仁，宜曰義，理曰禮，通曰智，守曰信。性焉、安焉之謂聖，復焉、執焉之謂曰賢。發微不可見、充周不可窮之謂神。

寂然不動者，誠也；感而遂通者，神也；動而未形、有無之間者，幾也。誠精故明，神應故妙，幾微故幽。誠、神、幾，曰聖人。

動而正曰道，用而和曰德。匪仁，匪義，匪禮，匪智，匪信，悉邪也。邪動，辱也；甚焉，害也。故君子慎動。

聖人之道，仁義中正而已矣。守之貴，行之利，廓之配天地。豈不易簡！豈爲難知！不守，不行，不廓耳。

或問曰："曷爲天下善？"曰："師。"曰："何謂也？"曰："性者，剛柔、善惡，中而已矣。""不達。"曰："剛善，爲直，爲義，爲斷，爲嚴毅，爲幹固；惡，爲猛，爲隘，爲强梁。柔善，爲慈，爲順，爲巽；惡，爲懦弱，爲無斷，爲邪佞。"惟中也者，和也，中節也，天下之達道也，聖人之事也。故聖人立教，俾人自易其惡，自至其中而止矣。故先覺覺後覺，暗者求於明，而師道立矣。師道立，則善人多；善人多，則朝廷正，而天下治矣。

人之生，不幸，不聞過；大不幸，無耻。必有耻，則可教；聞過，則可賢。

《洪範》曰："思曰睿，睿作聖。"無思，本也；思通，用也。幾動於彼，誠動於此。無思而無不通，爲聖人。不思，則不能通微；不睿，則不能無不通。是則無不通，生於通微；通微，生於思。故思者，聖功之本，而吉凶之幾也。《易》曰："君子見幾而作，不俟終日。"又曰："知幾其神乎！"

聖希天，賢希聖，士希賢。伊尹、顔淵，大賢也。伊尹耻其君不爲堯、舜，一夫不得其所，若撻於市。顔淵"不遷怒，不貳過"，"三月不違仁"。志伊尹之所志，學顔子之所學。過則聖，及則賢，不及則亦不失於令名。

天以陽生萬物，以陰成萬物。生，仁也；成，義也。故聖人在上，以仁育萬物，以義正萬民。天道行而萬物順，聖德修而萬民化。大順大化，不見其迹，莫知其然之謂神。故天下之衆，本在一人。道豈遠乎哉！術豈多乎哉！

十室之邑，人人提耳而教且不及，況天下之廣、兆民之衆哉！故曰純其心而已矣。仁、義、禮、智四者，動靜、言貌、視聽無違之謂純。心純則賢才輔，賢才輔則天下治。純心要矣，用賢急焉。

禮，理也；樂，和也。陰陽理而後和。君君、臣臣、父父、子子、兄兄、弟弟、夫夫、婦婦，萬物各得其理，然後和。故禮先而樂後。

實勝，善也；名勝，耻也。故君子進德修業，孳孳不息，務實勝也。德業有未著，則恐恐然畏人知，遠耻也。小人則僞而已！故君子日休，小人日憂。

「有善不及？」曰：「不及，則學焉。」問曰：「有不善？」曰：「不善，則告之以不善。且勸曰：庶幾有改乎，斯爲君子。」有善一，不善二，則學其一，而勸其二。有語曰：「斯人有是之不善，非大惡也？」則曰：「孰無過，焉知其不能改？改，則爲君子矣，不改爲惡。惡者天惡之。彼豈無畏耶？烏知其不能改！故君子悉有衆善，無弗愛且敬焉。」

動而無靜，靜而無動，物也。動而無動，靜而無靜，神也。動而無動，靜而無靜，非不動不靜也。物則不通，神妙萬物。水陰根陽，火陽根陰。五行陰陽，陰陽太極。四時運行，萬物終始。混兮闢兮！其無窮兮！

古者聖王制禮法，修教化，三綱正，九疇敘，百姓大和，萬物咸若。乃作樂以宣八風之氣，以平天下之情。故樂聲淡而不傷，和而不淫。入其耳，感其心，莫不淡且和焉。淡則欲心平，和則躁心釋。優柔平中，德之盛也；天下化中，治之至也。是謂道配天地，古之極也。後世禮法不修，政刑苛紊，縱欲敗度，下民困苦。謂古樂不足聽也，代變新聲，妖淫愁怨，助欲增悲，不能自止。故有賊君棄父，輕生敗倫，不可禁者矣。嗚呼！樂者古以平心，今以助欲；古以宣化，今以長怨。不復古禮，不變今樂，而欲至治者遠矣！

樂者，本乎政也。政善民安，則天下之心和。故聖人作樂，以宣暢其和心，達於天地，天地之氣，感而太和焉。天地和，則萬物順，故神祇格，鳥獸馴。

樂聲淡則聽心平，樂辭善則歌者慕，故風移而俗易矣。妖聲豔辭之化也，亦然。

「聖可學乎？」曰：「可。」曰：「有要乎？」曰：「有。」「請聞焉。」曰：「一爲要。一者無欲也，無欲則靜虛動直，靜虛則明，明則通；動直則公，公則溥。明通公溥，庶矣乎！」

公於己者公於人，未有不公於己而能公於人也。明不至則疑生，明，無疑也。謂能疑爲明，何啻千里！

厥彰厥微，匪靈弗瑩。剛善剛惡，柔亦如之，中焉止矣。二氣五行，化生萬物。五殊二實，二本則一。是萬爲一，一實萬分。萬一各正，小大有定。

顔子「一簞食，一瓢飲，在陋巷，人不堪其憂，回不改其樂」。夫富貴，人所愛也。顔子不愛不求，而樂乎貧者，獨何心哉？天地間有至貴至富可愛可求，而異乎彼者，見其大而忘其小焉爾。見其大，則心泰；心泰，則無不足；無不足，則富貴貧賤處之一也；處之一，則能化而齊。故顔子亞聖。

天地間，至尊者道，至貴者德而已矣。至難得者人，人而至難得者，道德有於身而已矣。求人至難得者有於身，非師友，則不可得也已。

道義者，身有之，則貴且尊。人生而蒙，長無師友則愚。是道義由師友有之，而得貴且尊，其義不亦重乎！其聚不亦樂乎！

仲由喜聞過，令名無窮焉。今人有過，不喜人規，如護疾而忌醫，寧滅其身而無悟也。噫！

天下，勢而已矣。勢，輕重也。極重不可反。識其重而亟反之，可也。反之，力也。識不早，力不易也。力而不兢〔二〕，天也；不識不力，人也。天乎？人也，何尤！

文所以載道也。輪轅飾而人弗庸，徒飾也，況虚車乎！文辭，藝也；道德，實也。篤其實，而藝者書之，美則愛，愛則傳焉。賢者得以學而至之，是爲教。故曰：「言之無文，行之不遠。」

〔二〕「兢」，周敦頤《通書》作「競」。

然不賢者，雖父兄臨之，師保勉之，不學也；强之，不從也。不知務道德而第以文辭爲能者，藝焉而已。噫！弊也久矣！

「不憤不啓，不悱不發，舉一隅不以三隅反，則不復也。」子曰：「予欲無言。天何言哉！四時行，百物生焉。」然則聖人之蘊，微顏子殆不可見。聖人之蘊，教萬世無窮者，顏子也。聖同天，不亦深乎！常人有一聞知，恐人不速知其有也，急人知而名也，薄亦甚矣！

聖人之精，畫卦以示；聖人之蘊，因卦以發。卦不畫，聖人之精，不可得而見。微卦，聖人之蘊，殆不可悉得而聞。《易》何止五經之源，其天地鬼神之奥乎！

君子乾乾，不息於誠，然必懲忿窒欲，遷善改過而後至。乾之用其善是，損益之大莫是過，聖人之旨深哉！「吉凶悔吝生乎動。」噫！吉一而已，動可不慎乎！

治天下有本，身之謂也；治天下有則，家之謂也。本必端，端本，誠心而已矣。則必善，善則和親而已矣。家難而天下易，家親而天下疏也。家人離，必起於婦人。故《睽》次《家人》，「以二女同居，而志不同行也」。堯所以釐降二女于嬀汭，舜可禪乎？吾兹試矣。是治天下觀于家，治家觀于身而已矣。身端，心誠之謂也。誠心，復其不善之動而已矣。不善之動，妄也；妄復，則無妄矣；無妄，則誠矣。故《無妄》次《復》，而曰「先王以茂對時育萬物」，深哉！

君子以道充爲貴，身安爲富，故常泰無不足。而銖視軒冕，塵視金玉，其重無知焉爾。

聖人之道，入乎耳，存乎心，藴之爲德行，行之爲事業。彼以文辭而已者，陋矣！

至誠則動，「動則變，變則化」，故曰：「擬之而後言，議之而後動，擬議以成其變化。」

天以春生萬物，止之以秋。物之生也，既成矣，不止則過焉，故得秋以成。聖人之法天，以政養萬民，肅之以刑。民之盛也，欲動情盛，利害相攻，不止則賊滅無倫焉。故得刑以治。情僞微曖，其變千狀。苟非中正、明達、果斷者，不能治也。《訟卦》曰：「利見大人」，以「剛得中」也。《噬嗑》曰：「利用獄」，以「動而明」也。嗚呼！天下之廣，主刑者民之司命也，任用可不慎乎！

聖人之道，至公而已矣。或曰：「何謂也？」曰：「天地至公而已矣。」

《春秋》，正王道，明大法也，孔子爲後世王者而修也。亂臣賊子誅死者於前，所以懼生者於後也。宜乎萬世無窮，王祀夫子，報德報功之無盡焉。

道德高厚，教化無窮，實與天地參而四時同，其惟孔子乎！

「童蒙求我」，我正果行，如筮焉。筮，叩神也。再三則瀆矣，瀆則不告也。「山下出泉」，静而清也。汩則亂，亂不決也。慎哉！其惟「時中」乎！「艮其背」，背非見也。静則止，止非爲也，爲不止矣。其道也深乎！

右《通書》

明道程先生要語

先生名顥，字伯淳。父珦，大中大夫。生而秀爽，異於常兒。十歲能爲詩賦，賦貪泉曰：「中心如自固，外物豈能遷？」先達已許其志操。十二三時，羣居庠序中，如老成人，見者無不愛重。户部侍郎彭思永一見異之，許妻以女。

逾冠，舉進士，調鄠簿，有監酒税者以賄聞，然怙力，號能殺人，先生一言諭之，其人卒以善去。府境水害，倉卒興役，諸邑皆狼狽，惟先生所部，人不劳而事集。常謂人曰：「吾之董役，乃治軍法也。」當路者欲薦之，多問所欲，先生曰：「薦士當以才之所堪，不當問所欲。」

再調江寧上元簿，田税不均，比他邑尤甚。蓋近府美田，爲貴家富室以厚價簿其税買之，小民苟一時利，久則不勝弊。先生爲令畫法，民不加擾，而一邑大均。其始，富者不便，多爲浮論，欲摇止其事，既而無一人敢不服者。會令罷去，先生攝邑事。上元劇邑，聽訟日不下二百。爲政者疲於省覽，不暇及治道，先生處之有方，不閲月，民訟遂簡。時盛夏塘堤大決，法當言之府，府稟於漕司，然後計功調役。先生曰：「如是，苗槁久矣。救民獲罪，所不辭也。」發卒塞之，歲大稔。嘗云：「一命之士，苟存心於愛物，於人必有所濟。」

移令晉城，民以事至邑者，必告之以孝弟忠信。度鄉遠近爲伍保，使患難相恤，而姦僞無所容。凡孤煢殘疾者，責之親黨，使無失所。行旅出其途者，疾病皆有所養。諸鄉皆有校，時親至，召父老而與之語；兒童所讀書，爲正其句讀。鄉民爲社會，爲立科條，旌别善惡，使有勸有恥。邑幾萬室，三年之間，無强盜及鬭死者。秩滿，代者且至，吏夜叩門，稱有殺人者。先生曰：「吾邑安有此？誠有之，則某村某人也。」問之，果然。家人驚問其故，曰：「吾嘗疑此人惡少之弗革者也。」民税嘗運近邊，載往則道遠，就糴則價高。先生擇富民之可任者，預使購粟邊郡，所費大省。先是民憚差役，役及則相訴爲讎。先生盡知民産厚薄，第其先後，按籍而命之，無有辭者。河東義勇，農隙則教以武事，然應文備數而已。先生至，晉城之民遂爲精兵。晉俗尚〔二〕焚屍，雖孝子慈孫，習以爲安。先生教諭禁止，民始信之。先生爲令，視民如子。欲辨事者，或不持牒，徑至庭下，陳其所以。先生從容教語，諄諄不倦。常於座右書「視民如傷」四字，云某嘗有愧於此。在邑三年，百姓愛之如父母。去之日，哭聲振野。去晉城十餘年，民有聚口衆而不析異者，問其所以，云「守程公之化也」。其誠心感人如此。

熙寧初，公著薦爲中允，權御史。帝問所爲，曰：「使臣拾遺補闕，裨贊朝廷，則可；使臣掇拾臣下短長，以沽直名，則不能。」帝以爲得御史體。又嘗曰：「任人唤作啞御史，只是要格君

〔二〕「尚」，底本作「嘗」，誤，今據《二程文集》卷十二《明道先生行狀》改。

心。」前後進説不飾辨，以誠意感動人主。大要以正心窒欲，求賢育才爲先。帝嘗使擇人才，所擇者數十人，而以張載及弟頤爲首。所上章疏，子弟不得窺其稿。嘗曰：「揚己矜衆，吾所不爲。」時安石益信用，先生每陳君道，以至誠仁愛爲本，未嘗及功利。帝始惡其迂，而禮貌不衰。安石與先生雖道不同，而嘗謂先生忠信。每與論事，心平氣和，安石多爲之動。安石方怒言者，盛氣待之，久，公徐曰：「天下事非一家私議，願公平氣以聽之。」安石爲之愧屈。

先生言既不行，懇求外補，改鎮寧軍判官。守者意先生常任臺諫，必不盡力職事，又慮慢己。既而事甚恭，雖莞庫細務，無不盡心，事小未安，必與之辨，無不從者，遂相與甚歡。屢平反重獄，得不死者前後蓋十數。先生爲治雖若甚迂，而民實風動。知扶溝，有犯小盜者，先生使自新，後復盜，捕吏及門，遂謂妻曰：「令何面目見大人？」竟自經。嘗曰：「令之職，必使民饑歲免於死亡，飽食而知禮義，然後爲盡。」後以論新法，黜爲汝州監局，人皆屈公，公處之甚恪，曰：「執事安得不敬？」

帝崩，詔至洛，先生謂韓宗師曰：「君實、晦叔相矣。」韓曰：「二公當何如？」曰：「若與元豊大臣分黨，則衣冠之禍未艾也。」嘗曰：「介甫性狠，衆人皆以爲不可，執之愈堅。君子既去，所用皆小人，争爲刻薄，故害天下益深。使衆君子未與之敵，俟其勢久自緩，委曲平章，尚有聽從之理，俾小人無隙以乘，其爲害不至如此之甚也。故新法之行，吾黨亦與有過。」又曰：「自仁祖朝優容諫臣，當言職者，必以詆訐而去爲賢，習以成風，惟恐人言不稱職以去，爲落便宜。苟如是，尚是爲己，其心卻不在朝廷。」天下以爲知言。

先生氣象清越，若不能芳苦，及遇事，每與賤者同起居飲食，人不堪其難，而先生處之裕如。請老而歸，家甚清窶，僦居洛城，以餘俸給族中，外孤幼窮無託者，皆收養之。嫁女娶婦，皆先孤遺，而後及己子。食無重肉，衣無兼副。女長過期，至無貲以遣。其徒有貧者，以單衣禦寒，累年而志不變，身不屈，蓋得先生之身教云。

先生之學，自十五六時聞汝南周茂叔論道，遂厭科舉之業，慨然有求道之志，未知其要，泛濫於諸家，出入于老釋者幾十年，返求諸六經而後得之。明於庶物，察於人倫，知盡性致命，必本於孝弟，而窮神知化，由通於禮樂。其所知，上自堯、舜、三代之治，下至行師用兵之法，外之夷狄情狀，山川道路之險易，防戍斥堠控帶之要，靡不究知。其吏事，操決文法簿書，又皆精密詳鍊。謂孟子殁而聖學不傳，以興起斯文爲己任。其言曰：「道之不明，異端害之也。昔之害近而易知，今之害深而難見。昔之惑人也，乘其迷暗；今之入人也，因其高明。自謂窮神知化，而不足以開物成務。言爲無不周徧，實則外於倫理；窮深極微，不可與入堯舜之道。」蓋足以祛千古之惑矣。吕氏稱其寧學聖人而未至，不欲以一善而成名；朱光庭稱其得聖人之誠。殆知言哉！

河東財賦窘迫，官所科買，歲爲民患。雖至賤之物，至官取之，則其價翔踴，多者至數十倍。先生常度所需，使富者預儲，定其價而出之。富室不失倍息，而官所費比常歲不過二三。

伊川云：「謝師直尹洛時，嘗談經與鄙意不合，因曰：『伯淳亦然。往在上元，景温説《春秋》，猶時見取。至言《易》，則皆曰非是。』頤謂曰：『二君皆通《易》者也，監司談經，而主簿乃曰非是，監司不怒，主簿敢言，非通《易》能如是乎？』」

先生爲政，治惡以寬，處煩而裕。當法令繁密之際，未嘗從衆。爲應文逃責之事，人皆病於拘礙，而先生處之裕如；衆憂以爲甚難，而先生爲之沛然。雖當倉卒，不動聲色。方監司競爲嚴急之時，其待先生率皆寬厚，設施之際，有所賴焉。先生所爲紀綱法度，人可效而爲也。至其道之而從，動之而和，不求物而物應，未施信而民信，則人不可及也。

先生聞人一善，咨嗟獎勞，惟恐其不篤；人有不及，開導誘掖，惟恐其不至。

劉立之家，與先生有累世之舊。立之父，與先生交好尤密。父早世，立之方數歲，先生兄弟取以歸，教養視子姪，卒立其門户。

先生平生與人交，無隱情，雖僮僕，必託以忠信，故人亦不忍欺之。嘗自澶淵遣奴持金詣京師貿用物，計金之數，可當二百千。奴無父母妻子，同列聞之，莫不駭且笑。既而奴持物如期而歸，衆始嘆服。

先生與門人講論不合，則曰：「更有商量。」伊川直曰：「不然。」伊川與君實語，無一句相合；先生與語，直是道得下。

温公作《中庸解》，不曉處闕之，或語明道。明道曰：「闕甚處？」曰：「如强哉矯之類。」明道笑曰：「由自得裏，將謂從天命之謂性處便闕卻？」

范夷叟欲同二程去看斫地黄。明道率伊川，伊川以前輩爲辭。明道云：「又何妨？一般是人。」

畿邑田税重，朝廷歲常蠲除〔一〕以爲惠澤。然而良善之民憚督責而先輸，逋負獲除者皆頑民也。顥爲約，前科獲免者，今必如期而足，於是惠澤始均。

内侍都知王中正巡閲保甲，權寵至盛，所至凌慢縣官，諸邑供帳，競務華鮮，以悦奉之。主吏以請，顥曰：「吾邑貧，安能效他邑？且取於民，法所禁也。今有故青帳，可用之。」顥在邑歲餘，中正往來境上，卒不入。

荆公嘗與明道論事不合，因謂明道曰：「公之學，如上壁。」言難行也。明道曰：「參政之學，如捉風。」及後來逐不附己者，獨不怨明道，且曰：「此人雖未知道，亦忠信人也。」

〔一〕「除」，底本原脱，據明萬曆劉應舉補修本補。

伯淳在澶州日，修橋，少一長梁，曾博求之民間。後因出入，見林木之佳者，必起計度之心。因語以戒學者：「心不可有一事。」

明道主簿上元時，謝師直爲江東轉運判官。師宰來省其兄，嘗從明道假公僕掘桑白皮。明道問之曰：「漕司役卒甚多，何爲不使？」曰：「《本草》説桑白皮出土見日者殺。人以伯淳所使人不欺，故假之爾。」師宰之相信如此。正獻公既薦常秩，後差〔一〕改節，嘗對伯淳有悔薦之意。伯淳曰：「願侍郎寧受百人欺，不可使好賢之心少替。」公敬納焉〔二〕。

明道作洛河竹木務，時過一寺，門墻上有人題「要不悶，守本分」。時田明之隨行，明道每過，必曰「好語」。一日明之問之，明道曰：「只被人不守本分也〔三〕。」

張子厚問曰：「定性未能不動，猶累於外物，何如？」先生曰：「所謂定者，動亦定，静亦定，無將迎，無内外。苟以外物爲外，牽己而從之，是以己性爲有内外也。且以性爲随物於外，則當其在外時，何者爲在内？是有意於絶外誘，而不知性之無内外也。既以内外爲二本，則又烏可

〔一〕「後差」，底本原脱，據明萬曆劉應舉補修本補。
〔二〕「敬納焉」，底本原脱，據明萬曆劉應舉補修本補。
〔三〕「也」，底本模糊，據明萬曆劉應舉補修本補。

遽語定哉？夫天地之常，以其心普萬物而無心；聖人之常，以其情順萬事而無情。故君子之學，莫若廓然而大公，物來而順應。《易》曰：『貞吉悔亡，憧憧往來，朋從爾思。』苟規規於外誘之除，將見滅於東而生於西也，非惟日之不足，顧其端無窮，不可得而除也。人之情各有所蔽，故不能適道，大率患在自私而用智。自私，則不能以有爲爲應迹；用智，則不能以明覺爲自然。今以惡外物之心，而求照無物之地，是反鑑而索照也。《易》曰：『艮其背，不獲其身；行其庭，不見其人。』孟子亦曰：『所惡於智，爲其鑿也。』與其非外而是内，不若内外之兩忘也。兩忘則澄然無事矣。無事則定，定則明，明則尚何應物之爲累哉？聖人之喜，以物之當喜；聖人之怒，以物之當怒。是聖人之喜怒，不繫於心而繫於物也。是則聖人豈不應於物哉？烏得以從外者爲非，而更求在内者爲是也？今以自私用智之喜怒，而視聖人喜怒之正爲何如哉？夫人之情，易發而難制者，唯怒爲甚。第能於怒時遽忘其怒，而觀理之是非，亦可見外誘之不足惡，而於道亦思過半矣。」

學者須先識仁。仁者，渾然與物同體。義、禮、智、信，皆仁也。識得此理，以誠敬存之而已，不須防檢，不須窮索。若心懈則有防，心苟不懈，何防之有？理有未得，故須窮索。存久自明，安待窮索？此道與物無對，大不足以名之，天地之用皆我之用。孟子言「萬物皆備於我」，須反身而誠，乃爲大樂。若反身未誠，則猶是二物有對，以己合彼，終未有之，又安得樂？《訂頑》

意思，乃備言此體。以此意存之，更有何事？「必有事焉而勿正，心勿忘，勿助長。」未嘗致纖毫之力，此其存之之道。若存得，便合有得。蓋良知良能元不喪失，以昔日習心未除，卻須存習此心，久則可奪舊習。此理至約，惟患不能守。既能體之而樂，亦不患不能守也。

王彦霖以爲人之爲善，須是他自肯爲時，方有所得，亦難强。曰：「此言雖是，人須是自爲善，然又不可爲如此卻都不管他，蓋有教焉。『修道之謂教』，豈可不修？」

人於外物奉身者，事事要好，只有自家一箇身與心，卻不要好。苟得外面物好時，卻不知道自家身與心卻已先不好了也。

人能放這一箇身，公共放在天地萬物中一般看，則有甚妨礙？雖萬身，曾何傷？乃知釋氏苦根塵者，皆是自私者也。

禪家出世之説，如閉目不見鼻，然鼻自在。

人之稟賦有無可奈何者，聖人所以戒忿疾于頑。

「操則存，舍則亡，出入無時。」非聖人之言也，心安得有出入乎？

人有四百四病，皆不由自家。則是心，須教由自家。

善言治天下者，不患法度之不立，而患人材之不成。善修身者，不患器質之不美，而患師學之不明。人材不成，雖有良法美意，孰得行之？師學不明，雖有受道之質，孰與成之？

「剛毅木訥」，質之近乎仁也；「力行」，學之近乎仁也。若夫至仁，則天地爲一身，而天地之間，品物萬形爲四肢百體。夫人豈有視四肢百體而不愛者哉？聖人，仁之至也，獨能體是心而已，曷嘗支離多端而求之自外乎？故「能近取譬」者，仲尼所以示子貢以爲仁之方也。醫書有以手足風頑謂之四體不仁，爲疾痛不以累其心故也。夫手足在我，而疾痛不與知焉，非不仁而何？世之忍心無恩者，其自棄亦若是而已。

「子在川上曰：『逝者如斯夫，不舍晝夜。』」自漢以來，儒者皆不識此義。

聖人未嘗無喜也，「象喜亦喜」；聖人未嘗無怒也，「一怒而安天下之民」；聖人未嘗無哀也，「哀此煢獨」；聖人未嘗無懼也，「臨事而懼」；聖人未嘗無愛也，「仁民而愛物」；聖人未嘗無欲[一]，「我欲仁，斯仁至矣」。但中其節，則謂之和。

善固性也，然惡亦不可不謂之性也。蓋「生之謂性」、「人生而静」以上不容説，纔説性時，便已不是性也。凡人説性只是説「繼之者善」也，孟子言人性善是也。

天地生物各無不足之理，常思天下君臣、父子、兄弟、夫婦有多少不盡分處。

「忠信所以進德」，「終日乾乾」，君子當終日對越在天也。蓋「上天之載，無聲無臭」，其體

[一] 按：此處疑奪一「也」字。

則謂之易，其理則謂之道，其用則謂之神，其命於人則謂之性，率性則謂之道，修道則謂之教。孟子於其中又發揮出浩然之氣，可謂盡矣。故説神「如在其上，如在其左右」，而只曰「誠之不可掩如此夫」。徹上徹下，不過如此。形而上爲道，形而下爲器，須著如此説。器亦道，道亦器，但得道在，不繫今與後、己與人。

凡人纔學，便須知着力處；既學，便須知得力處。朋友講習，更莫如相觀而善工夫多。

「不有躬，無攸利。」不立己，後雖向好事，猶爲化物，不得以天下萬物撓己。己立後，自能了當得天下萬物。

責上責下，而中自恕己，豈可任職分？

不能動人，只是誠不至；於事厭倦，皆是無誠處。

道之外無物，物之外無道，是天地之間無適而非道也。即父子而父子在所親，即君臣而君臣在所嚴，以至爲夫婦、爲長幼、爲朋友，無所爲而非道，此道所以不可須臾離也。然則毁人倫、去四大者，其戾於道也遠矣。故「君子之於天下也，無適也，無莫也，義之與比」，若有適有莫，則於道爲有間，非天地之全也。彼釋氏之學，於「敬以直内」，則有之矣，「義以方外」則未之有也。

故滯固者入於枯稿〔一〕，疏通者歸於恣肆，此佛之教所以爲隘也。吾道則不然，率性而已。斯道也，聖人於《易》備言之。

灑掃應對便是形而上者，理無大小故也，故君子只在慎獨。

鳶飛魚躍，「言其上下察也」。此一段子思喫緊爲人處，與「必有事焉而勿正心」之意同，活潑潑地。會得時，活潑潑地；會不得，只是弄精神。

自「大哉聖人之道」，至「至道不凝焉」，皆是一貫。須是「合内外之道」，一天人，齊上下，「下學而上達」，「極高明而道中庸」。「極高明而道中庸」，非是二事。中庸，天理也，天理固高明，不極乎高明，不足以道中庸，中庸乃高明之極也。

「窮理盡性以至於命」，三事一時並了，元無次序，不可將窮理作知之事。若實窮得理，即性、命亦可了。

「窮理盡性以至於命」，一物也。

言體天地之化，已剩一「體」字，只此便是天地之化，不可對此箇别有天地。

天人本無二，不必言合。

〔一〕「稿」，疑爲「槁」之誤。

只是一箇誠，天地萬物鬼神本無二。

静居獨處，不難；居廣居應，天下爲難。

心得之，然後可以爲己物。

性與天道，非自得之則不知，故曰「不可得而聞」。

《繫辭》曰：「形而上者謂之道，形而下者謂之器。」又曰：「立天之道曰陰與陽，立地之道曰柔與剛，立人之道曰仁與義。」又曰：「一陰一陽之謂道。」陰陽，形而下者也，而曰道者，唯此語截得上下最分明，元來只此是道，要在人默而識之也。

正己而物正，大人之事，學須如此。

時者聖人所不能違，然人之知愚，世之治亂，聖人必示可易之道，豈徒爲教哉！　蓋亦有其理故也。

覺悟便是性。

有實則有名，名實一物也。若夫好名者，則徇名爲虚矣。如君子疾没世而名不稱，謂無善可稱耳，非徇名也。

視聽、思慮、動作，皆天也。人但於其中，要識得真與妄爾。

「乾坤毁則無以見易，易不可見，乾坤或幾乎息矣。」易畢竟是甚？又指而言曰：「聖人以此洗心，退藏於密」，聖人示人之意至此深且明矣，終無人理會。易也，此也，密也，是甚物？人能至此深思，當自得之。

學者爲氣所勝，習所奪，只有責志。

立之問臨民，曰：「使民各得輸其情。」問御史，曰：「正己以格物。」

「復其見天地之心」，一言以蔽之，天地以生物爲心。

行有餘力者，當先立其本也。有本而後學文，然有本則文自至矣。

嘗喻以心知天，猶居京師往長安，但知出西門，便可到長安。此猶是言作兩處。若要誠實，只在京師，便是到長安，更不可别求長安。只心便是天，盡之便知性、知天，當處便認取，更不可别求。

凡學之雜者，只爲自家不内足也，譬之家藏良金，不索外求，貧者見人説金，須借他底看。

天理云者，這一箇天理，更有甚窮已？不爲堯存，不爲桀亡。人得之者，故大行不加，窮居不損。這上頭，怎生説箇存亡加減？是他元無少欠，百理具備。

吾學雖有所受，「天理」二字，卻是自家體貼出來。

聖人即天地也，天地中何物不有？天地豈嘗有以揀别善惡？一切涵容覆載，但處之有道耳。若善者親之，不善者遠之，則物不與者多矣，安得爲天地？故聖人之志，止欲「老者安之，朋友信之，少者懷之」。

良知良能皆無所由，乃出於天，不係於人。若不一本，則安得「先天而天弗違，後天而奉天時」？

先生與吳師禮談介甫之學錯處，謂師禮曰：「爲我盡達諸介甫，我亦未敢自以爲是，如有說，願往復。此天下公理，無彼我。果能明辨，不有益於介甫，則必有益於我。」

天地生一世人，自足了一世事，但恨人不能盡用天下之才，此其不能大治。

先生告神宗曰：「君道之大，在乎稽古正學，明善惡之歸，辨忠邪之分，曉然趨道之正。故在乎君志先定，君志定而天下之治成矣。所謂定志者，一心誠意，擇善而固執之也。夫義理不先定，則多聽而易惑；志意不先定，則守善而多移。唯在以聖人之訓爲必當從，先王之治爲必可法，不爲後世駁雜之政所牽制，不爲流俗因循之論所遷惑，自知極於明，信道極於篤，任賢勿二，去邪勿疑，必期致治如三代之隆而後已。然天下之事，患常生於忽微，而志亦戒乎漸習。是故古之人君，雖出入從容，燕閒必有誦訓箴諫之臣，左右前後無非正人，所以輔成德業。願尊禮老成，訪求儒學之士，不必劳以官職，俾日親便坐，講論道義；又博延俊彥，陪侍法從，朝夕延見，講磨治體，則睿知益明，王猷允塞矣。」

論養賢曰：「治天下以正風俗、得賢才爲本。宜先禮命近侍賢儒及百執事，悉心推訪有德業充備、足爲師表者，其次有篤志好學、材良行修者，延聘敦遣，萃於京師，俾朝夕相與講明正學。其道必本於人倫，明乎物理；其教自小學灑掃應對以往，修其孝弟忠信，周旋禮樂；其所以誘掖激勵漸摩成就之道，皆有節序；其要在於擇善修身，至於化成天下，自鄉人而可至於聖人之道。其學行皆中於是者爲成德。取材識明達可進於善者，使日受其業；擇其學明德尊者，爲太學之師，次以分教天下之學。擇士入學，縣升之州，州賓興於太學，聚而教之，歲論其賢者、能者於朝。凡選士之法，皆以性行端潔，居家孝弟，有廉耻禮遜，通明學業，曉達治道者。」

別人喫飯從脊皮上過，我喫飯從肚裏去。

致知，但知止於至善，爲人子止於孝、爲人父止於慈之類。不須外面只務觀物理，汎然如游騎無所歸也。

禮樂只在進反之間，便得性情之正。

和靜曰：「有人問明道先生，如何是道？明道先生曰：『於君臣、父子、兄弟、朋友、夫婦上求。』」

治民者，導之敬讓而爭自息。

行禮不可全泥古，須視當時之風氣自不同，故所處不得不與古異。如今人面貌，自與古人不同。若全用古物，亦不相稱。雖聖人作，須有損益。

人賢不肖，國家治亂，不可以言命。

伊川程先生要語

先生名頤，字正叔。幼有高識，非禮不動。年十四五，與兄顥同受學於春陵周敦頤。年十八，上書闕下，勸神宗以王道爲心、生靈爲念，黜世俗之論，期非常之功，且乞召對，面陳所學。不報。間遊太學。時海陵胡瑗方主教導，嘗以《顔子所好何學論》試諸生，得頤所試，大驚，即延見，處以學職。吕希哲與頤鄰齋，首以師禮事焉。既而四方之士，從游者日益衆。舉進士，廷試報罷，遂不復試。父珦屢當得任子恩，輒推與族人。治平、熙寧間，近臣屢薦，自以爲學不足，不願仕也。

元豐八年，哲宗嗣位，司馬光、吕公著及西京留守韓絳上其行義於朝，授西京國子監教授。頤再辭，尋召赴闕。元祐元年，除秘書省校書郎，頤辭曰：「祖宗時，布衣被召，自有故事。今臣未得入見，未敢祗命。」於是召對。太后面諭，將以爲崇政殿説書。頤辭不獲，始受西監之命，且上奏論經筵三事：其一，以上富春秋，輔養爲急，宜選賢德，以備講官，因使陪侍宿，直陳説道義；其二，請上左右内侍宫人，皆選老成厚重之人，不使侈靡之物、淺俗之言接於耳目；其三，請令講官坐講，以養人主尊儒重道之心，且曰：「若言可行，敢不就職；如不可用，願聽其辭。」既而命下，以通直郎充崇政殿説書。頤再辭而後受命。

四月，例以暑热罷講，頤奏言：「輔導少主，不宜疎略。」五月，差同孫覺、顧臨及國子監長貳看詳國子監條制。六月，上疏太后，言今日至大、至急爲宗社生靈長久之計，惟是輔養上德，請令講官輪日入侍，陳説義禮，仍選臣僚家十一二岁子弟三人侍上習業。又講讀官例兼他職，請亦罷之，使得積誠意以感上心。皆不報。差兼判，登聞鼓院，頤引前説，且言入談道德，出領訴訟，非用人之體。再辭不受。

二年，上疏奏邇英暑熱，乞就崇政、延和殿或他寬凉處講讀。給事中顧臨以殿上講讀爲不可，有旨修展邇英閣。頤復上疏，以爲修展邇英，則臣所請遂矣，然祖宗以來，並是殿上坐講，自仁宗始就邇英，而講官立侍，蓋從一時之便耳，非若臨之意也。今臨之意，不過以尊君爲説，而不知尊君之道。若以其言爲是，則誤主上知見。臣職當輔導，不得不辨。頤在經筵，每當進上，必宿齋豫戒，潛思存誠，冀以感動上意；而其爲説，常於文義之外，反復推明，歸之人主。一日當講「顔子不改其樂」章，門人或疑此章非有人君事也，將何以爲説。及講，既畢文義，乃復言：「陋巷之士，仁義在躬，忘其貧賤。人主崇高，奉養備極，苟不知學，安能不爲富貴所移？且顔子，王佐之才也，而簞食瓢飲；季氏，魯國之蠹也，而富於周公。魯君用捨如此，非後世之監乎？」聞者嘆服，而哲宗亦常首肯之。不知者或誚其委曲已甚。頤曰：「不於此盡心竭力，而於何所乎？」上或服藥，即日就醫官問起居，然入侍之際，容貌極莊。時文彦博以太師平章重事，或侍立終日不懈，上雖諭以少休，不去也。人或以問頤曰：「君之嚴，視潞公之恭，孰爲得失？」

頤曰：「潞公四朝大臣，事幼主，不得不恭。吾以布衣職輔導，亦不敢不自重也。」嘗聞上在宫中起行漱水，必避螻蟻。因請之曰：「有是乎？」上曰：「然，誠恐傷之爾。」頤曰：「願陛下推此心以及四海，則天下幸甚！」

一日，講罷未退，上忽起憑檻，戲折柳枝。頤進曰：「方春發生，不可無故摧折。」上不悦。所講書有「容」字，中人以黄覆之，曰：「上藩邸嫌名也。」頤講罷，進言曰：「人主之勢，不患不尊，患臣下尊之過甚而驕心生爾。此皆近習輩養成之，不可以不戒。請自今舊名、嫌名皆勿復避。」時神宗之喪未除，百官以冬至表賀，頤言節序變遷，時思方切，請改賀爲慰。及除喪，有司又將以開樂置宴。頤又奏，請罷宴，曰：「除喪而用吉禮，則因事用樂可矣。今特飲宴，是喜之也。」在職累月，不言禄，吏亦弗致，既而諸公知之，俾户部特給焉。又不爲妻求邑封，或問之，頤曰：「某起於草萊，三辭不獲而後受命，今日乃爲妻求封乎？」經筵承受張茂則嘗招諸講官啜茶觀畫。頤曰：「吾平生不啜茶，亦不識畫。」竟不往。文彦博嘗與吕公著、范純仁入侍經筵，聞頤講説，退相與嘆曰：「真侍講也。」一時人士歸其門者甚盛，而頤亦以天下自任，論議褒貶，無所顧避。是時同朝之士，蘇軾以文章名世，疾之如仇，其黨類巧爲謗詆。

一日赴講，會上瘡疹，不坐已累日。頤退詣宰臣，問：「上不御殿，知否？」曰：「不知。」頤曰：「二聖臨朝，上不御殿，太皇不當獨坐，且人主有疾，而大臣不知，可乎？」翌日，宰臣以頤言，奏請問疾，由是大臣亦多不悦。而諫議大夫孔文仲因奏頤污下憸巧，素無鄉行，經筵陳説，僭横忘分，遍謁貴臣，歷造臺諫，騰口開亂，以償恩仇，致市井目爲五鬼之魁，請放還田里，以示典刑。差管勾西京國子監，頤既就職。再上奏乞歸田里，不報，乃乞致仕至再，又不報。

五年正月，丁父憂去官。除服，三省進呈，欲與館職判檢院，簾中以其不靖，令只與西監。頤再辭，極論儒者進退之道。而監察御史董敦逸奏，以爲有怨望輕躁語，改授管勾崇福宫。未拜，以疾尋醫。頤初在經筵，蘇軾在翰林，有洛黨、蜀黨之論。二黨道不同，互相非毁，竟爲蜀黨所擠。蘇轍執政，纔進稟，便云頤入朝但恐不肯靖。簾中入其説，故頤不得復召。

元祐九年，哲宗初親政。范純仁上言，爲頤力辨言者之妄，請復召勸講，於是申秘閣西監之命，頤再辭不就。紹聖間，以黨論放歸田里。四年，送涪州編管。門人謝良佐曰：「是行也，良佐知之，乃族子公孫與邢恕之爲耳。」頤曰：「族子至愚不足責，故人情厚不敢疑。孟子既知天，焉用尤臧氏？」赴涪渡江，中流船幾覆，舟中人皆號哭，頤獨正襟，安坐如常。已而及岸，同舟有父老問曰：「當船危時，君獨無怖色，何也？」曰：「心存誠敬耳。」老父曰：「心存誠敬固善，然不若無心。」頤欲與之言，老父徑去不顧。在涪，註《周易》，與弟子講學，不以爲憂。赦，得歸，不以爲喜。自涪還洛，氣貌、容色、髭髮皆勝平昔。

徽宗即位，移陜州，權判西京國子監。頤既受命，即謁告，欲遷延爲尋醫計，既而供職。門人尹焞深疑之，頤曰：「上初即位，首被大恩，不如是，則何以仰承德意？然吾之不能仕，蓋已決矣，受一月之俸焉，然後惟吾所欲爾。」

建中靖國二年，追所復官，依舊致仕，追毁出身以來文字，其所著書令監司覺察。頤於是遷居龍門之南，止四方學者曰：「尊所聞，行所知可矣，不必及吾門也。」

五年，復宣議郎，致仕。時《易傳》成書已久，學者莫得傳授，或以爲請，頤曰：「自量精力未衰，尚〔二〕覬有少進耳。」其後寢疾，始以授尹焞、張繹。

大觀二年九月，卒于家，年七十有五。疾革，門人進曰：「平日所學，正今日要用。」頤力疾微視曰：「道著用，便不是。」其人未出寢門而頤没。嘗謂張繹曰：「我昔狀明道之行，我之道蓋與明道同。異時欲知我者，求之於此文可也。」

謝良佐曰：「伊川才大，以之處大事，必不動聲色，指顧而集矣。」或曰：「人謂伊川守正則盡，通變不足。子之言若是，何也？」謝曰：「陜右〔三〕錢以鐵舊矣，有議更以銅者。已而會所鑄，

〔二〕「尚」，底本作「向」，誤，據明萬曆劉應舉補修本改。

〔三〕「右」，底本作「石」，誤，據明萬曆劉應舉補修本改。

子不逾母，謂無利也，遂止。伊川聞之曰：『此乃國家之大利也。利多費省，私鑄者衆；費多利少，盜鑄者息。民不敢盜鑄，則權歸公上，非國家之大利乎？』又有議增解鹽之直者。伊川曰：『價平則鹽易洩，人人得食，無積而不售者，歲入必倍矣。增價則反是。』已而果然。司馬公既薦伊川而起之。伊川曰：『將累人矣，使韓富當國時，吾猶可以有行也。』及温公大變熙、豐，復祖宗之舊，伊川曰：『法當討論，未可輕改也。』公不然之。既而紛紛，數年不能定。由是觀之，亦可以見其梗概矣。」

韓維與頤善，屈致于潁昌。暇日同游西湖，命諸子侍行次。有言貌不莊敬者，頤回視，厲聲叱之曰：「汝輩從長者，敢笑語如此！韓氏孝謹之風衰矣！」韓遂皆逐去之。頤與韓約，候韓年八十，一往見。是歲元日，因子弟賀正，乃曰：「某今年有一債未還，春中當暫往潁昌見持國。」乃往造焉。久留潁川，韓早晚伴食，體貌加敬。一日，韓謂其子彬叔曰：「先生遠來，無以爲意。我嘗有黄金藥楪一，重三十兩，似可爲先生壽，未敢遽言。我當以他事使汝侍食，從容道吾意。」彬叔侍食，如所戒，試啓之。頤曰：「頤與乃翁道義交，故不遠而來，奚以此爲？」詰朝遂歸。維謂其子曰：「我不敢言，正謂此耳。」再三謝過而别。

吕大防以百縑遺頤，頤辭之。時族兄子公孫在旁，謂頤曰：「勿爲已甚，姑受之。」頤曰：「公之所以遺頤者，以頤貧也。公爲宰相能進天下之賢，随才而任之，則天下受其賜矣。何獨頤貧也，天下貧者亦衆矣，公帛固多，恐不能周也。」

頤被謫，李清臣尹洛，令都監來見。頤才出見之，便請上轎。頤欲略見叔母，亦不許，莫知朝命云何。是夜宿於都監廳。明日，差人管押成行，至龍門，清臣遣人賷銀百星，頤不受。既歸，門人問何爲不受。曰：「渠是時已與某不相知，豈可受？」

頤母有知人之鑒，二子幼時，勉之讀書，因書殘帖上曰「我惜勤讀書兒」，又並書二行前曰「殿前及第程延壽」（明道幼時名），次曰「處士頤」。後皆驗。母已知之於童稚中。

程顥言：「正叔一生不曾看《莊》、《列》，非禮勿動、勿視，出於天與，從幼有如是才識。」

初，顥嘗謂頤曰：「異日能尊嚴師道者，吾弟也；若接引後學，隨人才而成就之，則予不得讓焉。」蓋顥德性寬大，規模廣闊，頤氣質剛方，文理密察，其道雖同，而造德各異。故顥嘗爲條例司官，不以爲浼，而頤所作《行狀》乃不載其事。顥謂青苗法可且放過，而頤乃於西監一狀校計如此，可謂不同矣。但顥所處，乃大賢以上事，學者未至而輕議之，恐失所守。頤所處雖高，然實中人可跂及，學者只當以此爲法，則庶乎其寡過矣。

二程隨侍大中知漢州，宿一僧寺。顥入門而右，從者皆隨之；頤入門而左，獨行至法堂上相見。頤自謂：「此是某不及家兄處。」蓋顥和易，人皆親近；頤嚴重，人不敢近也。

張載曰：「昔嘗謂伯淳優於正叔，今見之果然；其救世之志甚誠切，亦於今日天下之事儘記得熟。」

胡安國曰：「昔嘗見鄒志完論近世人物，因問明道如何，曰：『此人得志，使萬物各得其所。』又問伊川如何，曰：『卻不得比明道。』又問何以不得比，曰：『爲有不通處。』」

游酢、楊時來見頤。一日，頤坐而瞑目，二子立侍不敢去。久之，頤乃顧曰：「二子猶在此乎？日莫矣，姑就舍。」二子者退，則門外雪深尺餘矣。其嚴厲如此。晚年接學者乃更平易。

問：「《明道行狀》云：『盡性至命，必本於孝弟。』不識孝弟何以能盡性至命也？」曰：「後人便將性命別作一般事説了，性命、孝弟只是一統底事，就孝弟中便可盡性至命。至如灑掃應對與盡性至命，亦是一統底事，無有本末，無有精粗，卻被人言性命者別作一般高遠説。故舉孝弟，是於人切近者言之。然今非無孝弟之人，而不能盡性至命者，由之而不知也。」

問：「人於議論多欲己直，無含容之氣，是氣不平否？」曰：「固〔二〕是氣不平，亦是量狹。人量隨識長，亦有人識高而量不長者，是識實未至也。凡人別事都强得，惟識量不可强。今人有斗筲之量，有釜斛之量，有鍾鼎之量，有江河之量。江河之量亦大矣，然有涯，有涯亦有時而滿，

〔二〕「固」，底本作「故」，誤，據明萬曆劉應舉補修本改。

惟天地之量則無滿。故聖人者，天地之量也。聖人之量，道也。常人之有量者，天資。有量者，須有限。大抵六尺之軀，力量只如此，雖欲不滿，不可得。且如人有得一薦而滿者，有一官而滿者，有改京官而滿者，有入兩府而滿者。滿雖有先後，然卒不免。譬如器或物，初滿時尚可以蔽護，更滿則必出。此天資之量，非知道者也。惟知道者，量自然宏大，不勉而成。今人所見卑下，無他，亦是識量不足也。」

顯道曾歷舉佛説與吾儒同處問先生。先生曰：「恁地同處雖多，只是本領不是，一齊差卻。」

顯道云：「二十年前往見伊川，伊川曰：『近日事如何？』某對曰：『天下何思何慮？』伊川曰：『是則是有此理，賢卻發得太早在。』伊川直是會鍛鍊得人，説了又道，恰好着工夫也。」

或謂佛之理比孔子爲徑。曰：「天下果有徑理，則仲尼豈欲使學者迂遠而難至乎？故外仲尼之道而由徑，則冒險阻、犯荆棘而已。」

學者好語高，正如貧人説金。説黄色，説堅軟，道他不是又不可，只是好笑，不曾見富人説金如此。

致知在格物，格物之理不若察之於身尤切。

人注擬差遣，欲主簿者。問其故，則曰：「責輕於尉。」某曰：「卻是尉責輕。尉只是捕盜，不能使民不爲盜。簿佐令以治一邑，使民不爲盜，簿之責也，豈得爲輕？」或問：「簿佐令者也，簿所欲爲，令或不從，奈何？」曰：「當以誠意動之。今令與簿不和，只是争私意。令是邑之長，若能以事父兄之道事之，過則歸己，善則惟恐不歸於令，積此誠意，豈有不動得人？」問：「授司理，如何？」曰：「甚善。若能充其職，可使一郡無冤民也。」「幕官言事不合，如之何？」曰：「必不得已，有去而已。須權量事之大小，事大於去，則當去；事小於去，亦不須去也。事大於争，則當争；事小於争，則須不争也。今人只被以官爲業，如何去得？」

問：「學者須志大，如何？」曰：「志無大小。且莫説道將第一等讓與別人，且做第二等。才如此説，便是自棄，雖與不能居仁由義者差第不同，其自小一也。言學便以道爲志，言人便以聖爲志。自謂不能者，自賊也；謂其君不能者，賊其君者也。」

聖人六經皆不得已而作，如耒耜陶冶一不制，則生人之用熄。後世之言，無之不爲缺，有之徒爲贅，雖多何益也？聖人言雖約，無有包含不盡處。

張戩嘗於政事堂與介甫争辨事，因舉經引證。介甫乃曰：「安石卻不會讀書，賢卻會讀書。」戩不能答。先生因云：「卻不向他道，只這便是不會讀書。」

邵堯夫謂程子曰：「子雖聰明，天下之事亦衆矣，子能盡知邪？」子曰：「天下之事，某所不知者固多。然堯夫謂不知者何事？」是時適雷起，堯夫曰：「子知雷起處乎？」子曰：「某知之，堯夫不知也。」堯夫愕然曰：「何謂也？」子曰：「既知之，安用數推也？以其不知，故待推而後知。」堯夫曰：「子以爲起於何處？」子曰：「起於起處。」堯夫瞿然稱善。

繹曰：「鄒浩以極諫得罪，世疑其賣直也。」先生曰：「君子之於人也，當於有過中求無過，不當於無過中求有過。」

富公嘗語先生曰：「先生最天下閑人。」曰：「某做不得閑人，相公將誰作天下最忙人？」曰：「先生試爲我言之。」曰：「禪伯是也。」曰：「禪伯行住坐卧無不在道，何謂忙？」曰：「相公所言乃忙也。今市井賈販人，至夜亦息。若禪伯之心，何時休息？」

問：「孀婦於理似不可取，如何？」曰：「然。凡取，以配身也。若取失節者以配身，是己失節也。」又問：「或有孤孀貧窮無託者，可再嫁否？」曰：「只是後世怕寒餓死，故有是說。然餓死事極小，失節事極大。」

學者不可不通世務。天下事，譬如一家，非我爲則彼爲，非甲爲則乙爲。

友云：「先生前日教某思『君子和而不同』。某思之數日，便覺胸次廣闊，其意味有不可以言述。竊有一喻，願留嚴聽。今有人焉，久寓遠方，一日歸故鄉，至中途適遇族兄者，俱抵旅舍，異居而食，相視如途人。彼豈知爲族弟，此亦豈知爲族兄邪？或告曰：彼之子，公之族兄某人也；彼之子，公之族弟某人也。既而歡然相從，無有二心。向之心與今之心豈或異哉？知與不知而已。今學者苟知大本，則視天下猶一家，亦自然之理也。」先生曰：「此乃善喻也。」

學也者，使人求於内也。不求於内而求於外，非聖人之學也。何謂不求於内而求於外？以文爲主者是也。學也者，使人求於本也。不求於本而求於末，非聖人之學也。何謂不求於本而求於末？考詳略、採同異者是也。是二者皆無益於身，君子弗學。

墨子之德至矣，而君子弗學也，以其舍正道而之他也。相如、史遷之才至矣，而君子弗貴也，以所謂學者非學也。

學者當以《論語》、《孟子》爲本。《論語》、《孟子》既治，則六經可不治而明矣。讀書者當觀聖人所以作經之意，與聖人所以用心，與聖人所以至聖人，而吾之所以未至者，所以未得者，句句而求之，晝〔一〕誦而味之，中夜而思之，平其心，易其氣，闕其疑，則聖人之意見矣。

人之生也，小則好馳騁弋獵，大則好建立功名，此皆血氣之盛使之然耳。故其衰也，則有不足之色；其病也，則有可憐之言。夫人之性至大矣，而爲形氣之所役使而不自知，哀哉！

程子與侯仲良語及牛、李事，因言温公在朝，欲盡去元豐間人。程子曰：「作新人才難，變化人才易。今諸人之才皆可用，且人豈肯甘爲小人，在君相變化如何耳。若宰相用之爲君子，

〔一〕「晝」，底本原脱，據《二程遺書》卷二十五補。

孰不爲君子？此等事教他們自做，未必不勝如吾曹。」仲良曰：「若然，則無紹聖間事也。」

尹子曰：「馮理自號東皋居士，曰：『二十年聞先生教誨，今有一奇特事。』先生曰：『何如？』理曰：『夜間宴坐，室中有光。』先生曰：『頤亦有奇特事。』理請聞之，先生曰：『每食必飽。』」

治平中見正叔先生，云：「今之守令，唯制民之産一事不得爲，其他在法度中，甚有可爲者，患人不爲耳。」

周恭叔行己自太學早年登科，未三十，見伊川持身嚴苦，塊坐一室，未嘗窺牖。幼議母黨之女，登科後其女雙瞽，遂娶焉，愛過常人。伊川曰：「某未三十時，亦做不得此事。然其進鋭者，其退速。」每嘆惜之。周以官事求來洛中，監水南糴場，以就伊川。會伊川有涪陵行。後數年周以酒席有所屬意，既而密告人曰：「勿令尹彦明知。」又曰：「知又何妨，此不害義理。」伊川歸洛，先生以是告之。伊川曰：「此豈得不害義理？」

寬因問伊川謂永叔如何？先生曰：「前輩不言人短，每見人論，前輩則曰：『汝輩且取他長處。』」

游定夫問伊川「陰陽不測之謂神」。伊川曰：「賢是疑了問，是揀難底問？」

伊川嘗言：「今僧家讀一卷經，便要一卷經中道理受用。儒者讀書，卻只閑了，都無用處。」

問：「惡外物，如何？」曰：「是不知道者也。物安可惡？釋氏之學便如此。釋氏要屏事不問。這事是合有，合無？若「是合有，又安可屏？若是合無，自然無了，更屏什麽？彼方外者苟且務静，乃遠迹山林之間，蓋非明理者也。世方以爲高，惑矣。」

問：「前世所謂隱者，或守一節，或敦一行，然不知有知道否？」曰：「若知道，則不肯守一節一行也。如此等人，鮮明理。古人有殺一不義，雖得天下不爲，則我亦殺一不義，雖得天下不爲。古人有高尚，隱逸不肯就仕，則我亦高尚隱逸不仕。如此等，則倣效前人所爲耳，於道鮮自得也。是以東漢尚名節，有雖殺身不悔者，只爲不知道也。」

造道深後，雖聞常人語言淺近事，莫非義理。

或曰：「惟閉目静坐爲可以養心。」曰：「豈其然乎？有心於息思慮，則思慮不可息矣。」

和靖嘗問於伊川：「如何是道？」伊川曰：「行處是。」

六經循環理會，義理無窮。待自家長得一格，則又見得别。

今人不會讀書。如「誦《詩》三百，授之以政，不達；使於四方，不能專對。雖多，亦奚以爲」，須是未讀《詩》時，不達〔二〕於政，不能專對；既讀《詩》後，便達於政，能專對四方，始是讀《詩》。「人而不爲《周南》，其猶正墻面」，須是未讀《詩》時，如面墻；到讀了後，便不面墻，方是

〔二〕按：自前面「是合有，又安可屏」至此，底本原脱此卷頁十八，據明萬曆劉應舉補修本補。

有驗。大抵讀書，只此便是法。如讀《論語》，舊時未讀是這箇人，及讀了後〔一〕又只這箇人，便是不曾讀也。

凡人家法，須令毋間隔。有族人往來，則爲一會以合族，雖無事，亦當每月一爲之。古人有花樹韋家宗會法，可取也。然族人每有吉凶嫁娶之類，更須相與爲禮，使骨肉之意常相通。骨肉日疏者，只爲不相見，情不相接爾。

《論經筵第一劄子》：「臣伏觀自古人君守成而致盛治者，莫如周成王。成王之所以成德，由周公之輔養。昔者周公輔成王，幼而習之，所見必正事，所聞必正言，左右前後皆正人，故習與智長，化與心成。今士大夫家善教子弟者，亦必延名德端方之士，與之居處，使之薰染成性。故曰：『少成若天性，習慣如自然。』伏以皇帝陛下春秋之富，雖睿聖之資得於天稟，而輔養之道不可不至。所謂輔養之道，非謂告詔以言，過而後諫也，在涵養薰陶而已。大率一日之中，親賢士大夫之時多，親寺人宫女之時少，則自然氣質變化，德器成就。欲乞朝廷慎選賢德之士，以待勸講，講讀既罷，常留二人直日，夜則一人直宿，以備訪問。皇帝習讀之暇，遊息之間，時於内殿召見，從容宴語。不獨漸磨道義，至於人情物態，稼穡艱難，積久自然通達。比之常在深宫之

〔一〕「後」，底本作「後來」，「來」字爲衍字，據《二程遺書》卷十九删。

中，爲益豈不甚大？聞間日一開經筵，講讀數行，羣官列侍，儼然而退，情意略不相接。如此而責輔養之功，不亦難乎？今主上沖幼，太皇太后慈愛，亦未敢便乞頻出。但時見講官，久則自然接熟。大抵與近習處久，熟則生褻慢；與賢士大夫處久，熟則生愛敬。此所以養成聖德爲宗社生靈之福。天下之事，無急於此。」

孔子謂「上智與下愚不移」，卻道他不可移不得。性只一般，豈不可移？被他自暴自棄，不肯去學，故不移。便肯學時，亦有可移之理。

［或問伊川：「量可學否？」曰：「可。學進則識進，識進則量進。」問：「顏子勇乎？」曰：「孰勇於顏子？觀其言曰『舜何人也，予何人也』，孰勇於顏子？如『有若亡』之類，抑可謂大勇者矣。」

今人多不知兄弟之愛。且如閭閻小人，得一食，必先以食父母。夫何故？以父母之口重於己之口也。得一衣，必先以衣父母。夫何故？以父母之體重於己之體也。至於犬馬亦然。待父母之犬馬，必異乎己之犬馬。獨愛父母之子，卻輕於己之子，甚者至若讎敵，舉世皆如此，惑之甚矣。］〔二〕

〔二〕按：自「或問伊川」至此，底本原脱此卷最後半頁，據明萬曆劉應舉補修本補。

卷二

橫渠張先生要語

先生字子厚，長安人。少孤，無所不學，喜談兵。及謁范文正公，一見知其遠器，欲成就之，責之曰：「儒者自有名教，何事於兵！」因勸讀《中庸》。先生讀其書，猶未以爲足，又訪諸釋老書，無所得，反而求之六經。既見二程子，盡棄其學學焉。

爲雲巖令，嘗患文檄之出不能盡達於民，召鄉老于庭，諄諄口諭。及民至庭，必問之故。一言之出，愚夫稚子莫不與聞。歷渭川僉判，渭帥特所尊禮，事多咨之。又言戍〔二〕兵徒往來，不可爲用，不若募土人，民便之。熙寧初，用呂晦叔薦召見，問治道，以漸復三代爲對。他日見執政，以新法嘗先生。先生曰：「朝廷將大有爲，天下士願與下風。若與人爲善，則誰敢不盡！若教玉人雕琢，則人亦固有不能。」執政嘿然。既而命校書崇文，復按獄浙東。會弟天祺以言得罪，

〔二〕「戍」，底本作「戌」，誤，今據文意改。

先生不安，稱病居横渠。横渠故僻陋，薄田數百畝供歲計，先生處之益安。終日危坐一室，左右簡編，有得則識之；或終夜起坐，取燭以書，其志道精思，未嘗須臾息也。又以爲教之必能養之，然後信，故雖貧，而苟門人之無貲者，即糲蔬亦共之。嘗曰：「仁政自經界始。」乃與學者議古法，買田畫井，以明其可行云。

初，先生不輕與人言學，曰：「雖復多聞，而不務蓄德，徒口耳已。」明道先生曰：「道之不明久矣，人各善其所習，自謂至之，必欲如孔門不憤不啓，則師資勢隔，道幾息矣。隨其資而誘之，雖識有明暗，志有淺深，亦皆各有得焉。」先生用其言，故關中學者之多，與洛人並。

先生嘗坐虎皮講《易》，京師聽從甚衆。一夕，聽二程先生論。次日語人曰：「比見二程深明易道，吾所不及，爾輩可師之。」徹坐輟講。

其治家，大要正己以感人，人未之信，反躬自治。童子必使灑掃應對，給侍長者；女子未嫁者，必使親祭祀，供酒漿。歲大歉，家人惡米不鑿，將舂之。先生曰：「饑殍滿野，蔬食且愧，安忍擇乎！」卒之日，囊中索然，無以爲斂具。

先生平日教人以禮。學者有問，多告以知禮成性、變化氣質之道。答問學者，雖多不倦。有不能者，未嘗不開其端；有可語者，必丁寧以誨之，惟恐其成就之晚。所著有《東西銘》、《正蒙》諸篇。嘗言知人而不知天，爲賢人而不爲聖人，自秦漢以降，學者之大弊。故其學欲「爲天地立心，爲生民立命，爲往聖繼絶學，爲萬世開太平」，蓋其自任之意云。

乾稱父，坤稱母，予兹藐焉，乃混然中處。故天地之塞，吾其體；天地之帥，吾其性。民吾同胞，物吾與也。大君者，吾父母宗子；其大臣，宗子之家相也。尊高年，所以長其長；慈孤弱，所以幼其幼。聖其合德，賢其秀也。凡天下疲癃殘疾、惸獨鰥寡，皆吾兄弟之顛連而無告者也。于時保之，子之翼也；樂且不憂，純乎孝者也。違曰悖德，害仁曰賊；濟惡者不才，其踐形，惟肖者也。知化則善述其事，窮神則善繼其志。不愧屋漏爲無忝，存心養性爲匪懈。惡旨酒，崇伯子之顧養；育英才，潁封人之錫類。不施勞而底豫，舜其功也；無所逃而待烹，申生其恭也。體其受而歸全者，參乎；勇於從而順令者，伯奇也。富貴福澤，將厚吾之生也；貧賤憂戚，庸玉女於成也。存，吾順事；没，吾寧也。

太虚無形，氣之本體，其聚其散，變化之客形爾；至静無感，性之淵源，有識有知，物交之客感爾。客感客形與無感無形，惟盡性者一之。

語寂滅者，往而不反；徇生執有者，物而不化。二者雖有間矣，以言乎失道，則均焉。

聚亦吾體，散亦吾體，知死之不亡者，可與言性矣。

天體物不遺，猶仁體事無不在也。「禮儀三百，威儀三千」，無一物而非仁也。「昊天曰明，及爾出王。昊天曰旦，及爾游衍」，無一物之不體也。

徇物喪心，人化物而滅天理者乎！存神過化，忘物累而順性命者乎！

誠明所知乃天德良知，非聞見小知而已。

天人異用，不足以言誠；天人異知，不足以盡明。所謂誠明者，性與天道不見乎小大之別也。

性者，萬物之一源，非有我之所得私也。惟大人爲能盡其道，是故立必俱立，知必周知，愛必兼愛，成不獨成。

知性、知天，則陰陽、鬼神皆吾分内爾。

「不識不知，順帝之則」，有思慮知識，則喪其天矣。君子所性，與天地同流異行而已焉。「在帝左右」，察天理而左右也。天理者，時義而已。君子教人，舉天理以示之而已；其行己也，述天理而時措之也。

大其心，則能體天下之物；物有未體，則心爲有外。世人之心，止於聞見之狹。聖人盡性，不以見聞梏其心，其視天下無一物非我。孟子謂盡心則知性、知天，以此。天大無外，故有外之心不足以合天心。見聞之知，乃物交而知，非德性所知；德性所知，不萌於見聞。

成心忘，然後可與進於道。

化則無成心矣，成心者，意之謂與！

不得已，當爲而爲之，雖殺人皆義也；有心爲之，雖善皆意也。正己而物正，大人也；正己而正物，猶不免有意之累也。有意爲善，利之也，假之也；無意爲善，性之也，由之也。有意在善，且猶未盡，況有意於未善耶！仲尼「絶四」，自始學至成德，竭兩端之教也。

君子於天下，達善、達不善，無物我之私，循理者共悦之，不循理者共改之。改之者，過雖在人如在己，不忘自訟；共悦者，善雖在己，蓋取諸人而爲，必以與人焉。善以天下，不善以天下，是謂達善、達不善。

「篤信好學。」篤信不好學，不越爲善人信士而已。「好德如好色」，好仁爲甚矣；見過而内自訟，惡不仁而不使加乎其身，惡不仁爲甚矣。學者不如是，不足以成身。故孔子未見其人，必嘆曰：「已矣乎！」思之甚也。

責己者當知天下國家無皆非之理，故學至於不尤人，學之至也。

學者捨禮義，則飽食終日，無所猷爲，與下民一致，所事不逾衣食之間、燕游之樂爾。

「蒙以養正」，使蒙者不失其正，教人者之功也。盡其道，其惟聖人乎！

洪鐘未嘗有聲，由扣乃有聲；聖人未嘗有知，由問乃有知。「有如時雨之化者」，當其可，乘其間而施之，不待彼有求有爲而後教之也。

能使不仁者仁，仁之施厚矣，故聖人并答仁智以「舉直錯諸枉」。

禮器不泥於小者，則無非禮之禮，非義之義。蓋大者器，則出入小者莫非時中也。子夏謂「大德不逾閑，小德出入可也」，斯之謂爾。

大人所存，蓋必以天下爲度，故孟子教人雖貨色之欲，必達諸天下而後已。

必物之同者，己則異矣；必物之是者，己則非矣。

能通天下之志者爲能感人心，聖人同乎人而無我，故和平天下，莫盛於感人心。

道遠人，則不仁。

立不易方，安於仁而已乎！

君子於仁聖，爲不厭，誨不倦，然且自謂不能，蓋所以爲能也。能不過人，故與人爭能，以能病人；大人則天地合德，自不見其能也。

「稽衆舍己」，堯也；「與人爲善」，舜也；「聞善言則拜」，禹也；「用人惟己，改過不吝」，湯也；「不聞亦式，不諫亦入」，文王也。皆虛其心以爲天下也。

「好問」、「好察邇言」、「隱惡揚善」、「與人爲善」、「象憂亦憂，象喜亦喜」，皆行其所無事也，過化也，不藏怒也，不宿怨也。

「虞芮〔二〕質厥成」，訟獄者不之紂而之文王。文王之生，所以縻縶於天下，由多助於四友之臣爾。

聖人於物無畔援，雖佛肸、南子，苟以是心至，教之在我爾，不爲已甚也如是。

困辱非憂，取困辱爲憂；榮利非樂，忘榮利爲樂。

「子之不欲，雖賞之不竊。」欲生於不足，則民盜；能使無欲，則民不爲盜。假設以子不欲之物賞子，使竊其所不欲，子必不竊。故爲政者在乎足民，使無所不足，不見可欲，而盜必息矣。

《大易》不言有無；言有無，諸子之陋也。

《易》爲君子謀，不爲小人謀。故撰德於卦，雖爻有小大，繫辭其爻，必諭之以君子之義。

凡可狀，皆有也；凡有，皆象也；凡象，皆氣也。氣之性本虛而神，則神與性乃氣所固有，此鬼神所以體物而不可遺也。至誠，天性也；不息，天命也。人能至誠，則性盡而神可窮矣；不息，則命行而化可知矣。學未至知化，非真得也。

有無虛實通爲一物者，性也；不能爲一，非盡性也。飲食男女皆性也，是烏可滅？然則有無皆性也，是豈無對？莊老、浮屠爲此説久矣，果暢真理乎？

〔二〕「芮」，底本作「苪」，誤，據《诗经·大雅·緜》原文改。

浮屠明鬼，謂有識之死受生循環，遂厭苦求免，可謂知鬼乎？以人生爲妄，可謂知人乎？天人一物，輒生取舍，可謂知天乎？孔子所謂天，彼所謂道。惑者指遊魂爲變、爲輪迴，未之思也。夫學當先知天德，知天德則知聖人、知鬼神。今浮屠極論要歸，必謂死生轉流，非得道不免，謂之悟道可乎？自其説熾傳中國，儒者未容窺聖學門墻，已爲引取，淪胥其間，指爲大道。其俗達之天下，致善惡、知愚、男女、臧獲，人人著信，使英才間氣，生則溺耳目恬習之事，長則師世儒宗尚之言，遂宴然被驅，因謂聖人可不修而至，大道可不學而知。故未識聖人心，已謂不必求其迹；未見君子志，已謂不必事其文。此人倫所以不察，庶物所以不明，治所以忽，德所以亂，異言滿耳，上無禮以防其僞，下無學以稽其弊。自古詖淫邪遁之詞，翕然並興，一出於佛氏之門者千五百年，自非獨立不懼，精一自信，有大過人之才，何以正立其間，與之較是非、計得失！

戲言出於思也，戲動作於謀也。發乎聲，見乎四支，謂非己心，不明也；欲人無己疑，不能也。過言非心也，過動非誠也。失於聲，繆迷其四體，謂己當然，自誣也；欲他人己從，誣人也。或者以出於心者歸咎爲己戲，失於思者自誣爲己誠，不知戒其出汝者，歸咎其不出汝者，長傲且遂非，不知孰甚焉！

爲天地立心，爲生民立命，爲往聖絶學，爲萬世開太平。

學者大不宜志小氣輕。志小則易足，易足則無由進；氣輕則以未知爲已知，未學爲已學。

聖人設教，便是人人可以至此，人人可以爲堯舜。若是言且要設教，在人有所不可到，則聖人之語虛設耳。

人之有朋友，不爲燕安，所以輔佐其仁。今之朋友，擇其善柔以相與，拍肩執袂以爲契合，一言不合，怒氣相加。朋友之際，欲其相下不倦，故於朋友之間主其敬者，日相親與，得效最速。

大都君相以父母天下爲王道，不能推父母之心於百姓，謂之王道可乎？所謂父母之心，非徒見於言，必須視四海之民如己之子。設使四海之内皆爲己之子，則講治之術，必不爲秦漢之少恩，必不爲五霸之假名。

《尚書》難看，蓋難得胸意如此之大。只欲解義，則無難也。《書》稱天應如影響，其福禍果然否？大抵天道不可得而見，惟占之於民，人所悦則天必悦之，所惡則天必惡之，只爲人心至公也，至衆也。民雖至愚無知，惟於私己，然後昏而不明矣，至於事不干礙處則是公明。大抵衆所向者必是理也，理則天道存焉，故欲知天者，占之於人可也。

人之氣質美惡與貴賤夭壽之理，皆是所受定分。如氣質惡者，學即能移。今人所以多爲氣所使而不得爲賢者，蓋爲不知學。古之人在鄉閭之中，其師長朋友日相教訓，則自然賢者多。但學至於成性，則氣無由勝。孟子謂「氣壹則動志」，動猶言移易，若志壹亦能動氣。必學至於知天，則能成性。

人多言安於貧賤，其實只是計窮力屈，才短不能營畫耳；稍動得，恐未肯安之。須是誠知義理之樂於利欲也，乃能。

此學以爲絶耶？何因復有此議論，以爲興耶？然而學者不傳。孟子曰：「無有乎爾，則亦無有乎爾？」孔子曰：「天之未喪斯文也，匡人其如予何！」今欲功及天下，必多栽培學者，則道可傳矣。

聞見之善者，謂之學則可，謂之道則不可。須是自求諸己，能尋見義理，則自有旨趣。自得之，則居之安矣。

心解則文義自明，不必字字相校。譬之目明者，萬物紛錯於前，不足爲害；若目昏者，雖枯木朽株，皆足爲梗。

古者惟國家則有有司，士庶人皆子弟執事。又古人於提孩時已教之禮。今世學不講，男女從幼便驕惰壞了，到長益凶狠。只爲未嘗爲子弟之事，則於其親已有物我，不肯屈下，病根常在。

憂道，則凡爲貧者皆道；憂貧，則凡爲道者皆貧。

婢僕始至者，本懷勉勉敬心，若到所，提掇更謹則加謹，慢則棄其本心，便習以性成。故仕者入治朝則德日進，入亂朝則德日退，只觀在上者有可學、無可學爾。

天下之富貴，假外者皆有窮已，蓋人欲無饜而外物有限。惟道義則無爵而貴，取之無窮矣。

勿謂小兒無記性，所歷事皆能不忘。故善養子者，當其嬰孩，鞠之使得所養，令其和氣，乃至長而性美，教之示以好惡有常。至如不欲犬之升堂，則時其升堂而撲之。若既撲其升堂，又復食之於堂，則使孰從？雖日撻而求其不升堂，不可得也。

某學來三十年，自來作文字說義理無限，其有是者皆只是億則屢中。譬之穿窬之盜，將竊取室中之物而未知物之所藏處，或探知於外人，或隔墻聽人之言，終不能自到，說得皆未是實。觀古人之書，如探知於外人；聞朋友之論，如聞隔牆之言，皆未得其門而入，不見宗廟之美，家室之好。比歲方似入至其中，知其中是美是善，不肯復出，天下之議論莫能易此。譬如既鑿一穴已有見，又若既至其中，無燭，未能盡室中之有，須索移動，方有所見。言移動者，謂逐事要思，譬之昏者觀一物必貯目於一，不如明者舉目皆見。此某不敢自欺，亦不敢自謙，所言皆實事。學者又譬之如有物而不肯捨去者有之，以爲難入不濟事而棄去者有之。

學者當須立人之性。仁者人也，當辨其人之所謂人。學者學所以爲人。

天地之道，無非以至虛爲實，人須於虛中求出實。聖人虛之至，故擇善自精。心之不能虛者，有物榛礙。金鐵有時而腐，山嶽有時而摧，凡有形之物即易壞，惟太虛無動摇，故爲至實。

「《詩》云：『德輶如毛』，毛猶有倫。『上天之載，無聲無臭』，至矣！」〔一〕

天地以虛爲德。至善者虛也，天地之祖。天地從虛中來。

康節邵先生要語

先生名雍，字堯夫，河南人。舉遺逸，試將作主簿，後又以爲團練推官，辭疾不赴。雍始學於百原，堅苦刻厲，冬不爐，夏不扇，夜不就席者數年。衛人賢之。雍嘆曰：「昔人尚友於古，而吾未嘗及四方，遽可已乎？」於是走吳適楚，過齊、魯，客梁、晉，久之而歸，曰：「道其在是矣。」蓋始有定居之意。

雍之學，得之李之才。之才初爲衛州，獲加主簿，權共城令。時邵雍居母憂於蘇門山百源之上，布裘蔬食，躬爨以養父。之才叩門來謁，勞苦之，曰：「好學篤志果何似？」雍曰：「簡策之外，未有適也。」之才曰：「君非迹簡策者，其如物理之學何？」他日，則又曰：「物理之學學矣，不有性命之學乎？」雍再拜，願受業。於是先示之以陸淳《春秋》，意欲以《春秋》表儀五經，既可語五經大旨，則受《易》而終焉。其後，雍卒以《易》名世。

〔一〕「詩云」以下，見《禮記·中庸》。

雍少時自雄其才，慷慨有大志。既學，力慕高遠，謂先王之事爲必可致。及其學益老，德益邵，玩心高明，觀於天地之運化、陰陽之消長，以達乎萬物之變，然後頹然其順，浩然其歸。在洛幾三十年。始至，蓬蓽環堵，不蔽風雨，躬爨以養其父母，安貧樂道，自云未嘗攢眉。名所居寢息處爲「安樂窩」，自號安樂先生。又爲甕牖，讀書燕居其下。旦則焚香獨坐，晡時飲酒三四甌，微醺便止，不使至醉也。嘗有詩云：「斟有淺深存燮理，飲無多少係經綸。莫道山翁拙於用，也能康濟自家身。」講學於家，未嘗强以語人，而就問者日衆。鄉里化之，遠近遵之，士人之過洛者，有不之公府，而之雍之廬。

雍德氣粹然，望之可知其賢，然不事表襮，不修防畛，正而不諒，通而不污，清明坦夷，洞徹中外，接人無貴賤親疏之間，羣居燕飲，笑語終日，不敢甚異于人，顧所樂何如耳。病畏寒暑，常以春秋時行遊城中。每出乘小車，用一人挽之，隨意所之。士大夫家聽其車音，倒屣迎致，雖兒童奴隸，皆知歡喜尊奉。遇主人喜客，則留三五宿，又之一家，亦如之，或經月忘返。雖性高簡，而與人言，必依孝弟忠信，樂道人善而未嘗及其惡。故賢者悦其德，不肖者服其化。所以厚風俗、成人材者，雍之功多矣。雍嘗自言：「若至大病，自不能支；其遇小疾，得有客對話，不自覺疾之去體也。」學者來從之，問經義，精深浩博，應對不窮，思致幽遠，妙極道數。間與相知之深者，開口論天下事，雖久存心世務者不能及也。

富弼初入相，謂門下士田棐曰：「爲我問邵堯夫，可出，當以官職起之；不，即命爲處士，以遂隱居之志。」田告雍，雍不答，以詩謝曰：「若進豈能禁吏責，既閑安更用名爲。」弼終不相忘，乃因明堂祫享，赦詔天下舉遺逸，弼意謂河南必以雍應詔。時文彦博尹洛，以兩府禮召見雍，雍不屈，遂以福建黄景應詔。弼不樂，奏乞再舉遺逸，從之。王拱辰尹洛，乃以雍應詔，潁川薦常秩，皆先除試將作監簿，雍與秩皆不起。弼時已丁憂去位矣。

熙寧二年，詔舉遺逸，吕誨、吴充、祖無擇皆薦雍；時歐陽修參政，素重秩，故潁川再薦秩。雍除秘書省校書郎、潁川團練推官，辭不許。既受命，即引疾不起，且以詩答鄉人曰：「幸逢堯舜爲真主，且放巢由作外臣。」秩以職官起時，王安石方行新法，天下紛然，以爲不便，思得山林之士相合。秩賜對，盛言新法之便，乃除諫官，以至待制。帝浸薄之。安石主之不忘，然亦知其爲人矣。雍於是始爲隱者之服，烏帽緇褐，見卿相不易也。司馬光依《禮記》衣深衣、冠簪、幅巾、紳帶，每出，朝服乘馬，用皮匣貯深衣隨其後，入獨樂園則衣之。嘗謂雍曰：「先生可衣此乎？」雍曰：「某爲今人，當服今人之衣。」光嘆其言合理。富弼自汝州得請歸洛養疾，築第與雍天津隱居相邇，弼曰：「自此可時相招矣。」雍曰：「某冬夏不出，春秋時間過親舊，聞公相招未必來，不召或自至。」弼謝客，戒子曰：「先生來，不以時見。」弼嘗令二青衣蒼頭掖之以行。一日，與雍論天下事，弼喜甚，不覺獨步下堂，雍不爲起，徐指二蒼頭戲弼曰：「忘卻拄杖矣。」弼嘗患氣痞，雍曰：「好事到手，畏慎不爲，他人做了，欝欝何益？」弼笑曰：「此事未易言也。」蓋爲嘉祐建儲耳，弼雖剛勇，遇事詳審，不萬全不發，雍因戲之。一日薄暮，司馬光見雍曰：「明日僧修顒説法，富公、晦叔欲偕往聽之。晦叔貪佛已不可勸，富公果往，於理未便，光後進不敢言，先生曷不止之？」雍曰：「恨聞之晚矣。」明日，弼果往。後雍因見弼曰：「聞上欲用裴晉公禮起公。」弼笑曰：「先生以謂某衰病能起否？」雍曰：「固也。或人言上命公，公不起，一僧開堂，公乃出，無乃不可乎？」弼驚曰：「某未之思也。」弼以雍年高，勸學修養。雍曰：「不能學人胡行亂走也。」

熙寧十年夏，感微疾，笑謂光曰：「雍欲觀化一巡，如何？」光曰：「未應至此。」雍笑曰：「死生亦常事。」張載喜論命，來問疾，因曰：「先生論命否？當推之。」雍曰：「若天命，則已知之矣。世俗所謂命，則不知也。」載曰：「先生知天命矣，載尚何言！」程頤曰：「先生至此，他人無以爲力，願自主張。」雍曰：「平生學道，豈不知此，然亦無可主張。」時居正寢，諸公議後事于外，有欲葬近洛城者。先生已知，呼子伯温入，曰：「諸公欲以近城地葬我，不可，當從伊川先塋耳。」七月初四日，大書詩一章曰：「生于太平世，死于太平世。客問年幾何？六十有七歲。俯仰天地間，浩然獨無愧。」以是夜五更捐館。雍卒，程顥誌其墓。元祐中，韓維尹洛，請謚于朝，謚曰康節先生。雍於書無所不讀，著《皇極經世》六十卷。晚尤喜爲詩，平易而造於理，有《擊壤集》二十卷，自爲之序。

二程訪雍於天津之廬，雍携酒飲月陂上，歡甚，語其平生學術出處之大致。明日，程頤謂人曰：「昨從堯夫先生游，聽其議論，振古之豪傑也，惜其無所用於世。」曰：「所言何如？」曰：「内聖外王之道也。」雍謂程頤曰：「子雖聰明，然天下事亦衆矣，子能盡知耶？」頤曰：「天下之事，頤所不知者固多，然堯夫所謂不知者何事？」時適雷起，雍曰：「子知雷起處乎？」頤曰：「頤知之，堯夫不知也。」雍愕然曰：「何謂也？」頤曰：「既知之，安用數推之？以其不知，故待推而後知。」雍曰：「子以爲起於何處？」頤曰：「起於起處。」雍愕然稱善。頤答人書云：「頤與堯夫同里巷居三十餘年，世間事無所不問，惟未嘗一字及數。」

明道云：「堯夫欲傳數於某兄弟，某兄弟那得工夫，要學須二十年。堯夫初學於李挺之，師禮甚嚴，雖在一野店，飯必襴，坐必拜，欲學堯夫，亦必如此。」伯淳聞説甚熟，一日因監試無事，以其説推算〔二〕之，皆合，出謂堯夫曰：「堯夫之數只是加一倍法，以此知《太玄》〔三〕都不濟事。」堯

〔二〕「算」，底本模糊，據明萬曆劉應舉補修本補。
〔三〕「玄」，底本原脱，據明萬曆劉應舉補修本補。

夫驚拊其背曰：「大哥恁地聰明！」

雍疾革，頤問：「從此永訣，更有見告乎？」雍舉兩手示之。頤曰：「何謂？」雍曰：「面前路徑須令寬，路窄則自無着身處，況能使人行也？」

治平間，雍與客散步天津橋上，聞杜鵑聲，慘然不樂。客問其故，則曰：「洛陽舊無杜鵑，今始有之。」客曰：「何也？」雍曰：「不二年，上用南士爲相，多引南人，專務變更，天下自此多事矣。」客曰：「聞杜鵑何以知此？」雍曰：「天下將治，地氣自北而南；將亂，自南而北。今南方地氣至矣，禽鳥飛類，得氣之先者。《春秋》書『六鷁退飛』、『鴝鵒來巢』，氣使之也。自此南方草木皆可移，南方疾病瘴瘧之類，北人皆苦之矣。」熙寧初，其言乃驗。熙寧三年，初行新法，天下騷然。雍閑居林下，門生故舊、仕宦四方者皆欲投劾而歸，以書問雍。雍曰：「正賢者所當盡力之時，新法固嚴，能寬一分則民受一分之賜矣，投劾而去，何益？」

富弼一日有憂色，雍問之。弼曰：「先生度某之憂安在？」雍曰：「豈以安石罷相、惠卿參政，惠卿凶暴過安石乎？」弼曰：「然。」雍曰：「公無憂，安石、惠卿本以勢利合，勢利相敵，將自爲仇矣，不暇害他人也。」未幾，惠卿果叛安石。弼謂雍曰：「先生識慮絕人遠矣。」

雍與商州趙守有舊，時章惇作商州令，趙厚遇之。一日，趙請雍與惇同會，惇議論縱横，不知敬雍也，因語及洛中牡丹之盛，趙因謂惇曰：「先生洛人也，知花爲甚詳。」雍因言：「洛人以見根撥而别花之高下者，知花之上也；見枝葉而知者，知花之次也；見蓓蕾而知者，知花之下。如公所説，乃知花之下也。」惇慙服嘿然，趙因謂惇從雍學。惇從雍游，欲傳數學，雍謂惇須十年不仕宦，乃可學，蓋不之許也。

伯温云：「邢和叔亦欲從先君學，先君略爲開其端倪，和叔接引古今不已。先君曰：『姑置是！此先天學，未有許多言語，且當虚心滌慮，然後可學此。』」謝顯道云：「堯夫之數，邢七要學，堯夫不肯，曰：徒長姦雄。」

聞人之謗，未嘗怒；聞人之譽，未嘗喜。聞人言人之惡，未嘗和；聞人言人之善，則就而和之，又從而喜之。故其詩曰：「樂見善人，樂聞善事，樂道善言，樂行善意。聞人之惡，如負芒刺；聞人之善，如佩蘭蕙。」家貧未嘗求於人，人饋之，雖寡必受。故其詩曰：「窘未嘗憂，飲不至醉。收天下春，歸之腑肺。」

人之所以能靈於萬物者，謂其目能收萬物之色，耳能收萬物之聲，鼻能收萬物之氣，口能收萬物之味。聲色氣味者，萬物之體也。耳目口鼻者，萬人之用也。體無定用，惟變是用。用無定體，惟化是體。體用交而人物之道於是乎備矣。然則人亦物也，聖亦人也。物有十百千萬億兆之殊等，人亦如之。生一一之物，當兆物之物者，豈非人乎？生一一之人，當兆人之人者，豈非聖乎？是知：人，物之至也；聖，人之至也。物之至者，物之物也；人之至者，人之人也。以一至物而當一〔二〕至人，非聖而何？何哉？謂其能以一心觀萬心，一身觀萬身，一物觀萬物，一世觀萬世者焉。又謂其能以心代天意，口代天言，手代天工，身代天事者焉。又謂其能上識天時，下盡地理，中盡物情，通照人事者焉。又謂其能彌綸天地，出入造化，進退古今，表裏人物者焉。噫！聖人者，非世世而效聖焉。吾不得而目見之也。雖然吾不得而目見之，察其心，觀其迹，探其體，潛其用，雖億千萬年亦可以理知之也。人或告我曰：「天地之外，別有天地萬物，異乎此天地萬物。」則吾不得而知之。非惟吾不得而知之，雖聖人亦不得而知之。凡言知者，謂其心得而知之也。言言者，謂其口得而言之也。心既尚不得而知之，口又惡得而言之乎？以心不可得知而知之，妄知也；以口不可得言而言之，妄言也。吾又安能從妄人而行妄知、妄言者乎？

《易》曰：「窮理盡性，以至於命。」所以謂之理者，物之理也。所以謂之性者，天之性也。所以謂之命者，處理性者也。能處理性者，非道而何？是知道爲天地之本，天地爲萬物之本。以天地觀萬物，則萬物爲物，以道觀天地，則天地亦爲萬物。道之道盡之於天矣，天之道盡之於地矣，天地之道盡之於物矣，天地萬物之道盡之於人矣。人能知天地萬物之道所以盡於人者，然

〔二〕「一」，底本作「亦」，誤，據明萬曆劉應舉補修本改。

後能盡民也。天之能盡物，則謂之曰昊天。人之能盡民，則謂之曰聖人。聖人與昊天爲一道，萬物與萬民亦同一道，雖萬世無以異也矣。昊天之盡物，聖人之盡民，皆有四府焉。春、夏、秋、冬，天之四府也，陰陽升降于其間矣；《易》、《詩》、《書》、《春秋》者，聖人之四府也，禮樂汙隆于其間矣。昊天四府，時也；聖人四府，經也。昊天以時授人，聖人以經法天。天人之事，當何如哉？

三皇同意而異化，五帝同言而異教，三王同象而異勸，五霸同數而異率。同意而異化者必以道。以道化民者，民亦以道歸之，故尚自然。夫自然者，無爲、無有之謂也。無爲者，非不爲也，不固爲者也，故能廣。無有者，非不有也，不固有者也，故能大。廣大悉備，而不固爲、固有者，其惟三皇乎？是故知能以道化天下者，天下亦以道歸焉。所以聖人有言曰：「我無爲，而民自化；我無爲，而民自富；我好静，而民自正；我無欲，而民自足〔一〕。」其斯之謂與？三皇同仁而異化，五帝同禮而異教，三王同義而異勸，五霸同智而異率。同禮而異教者必以德。以德教民者，民亦以德歸之，故尚讓。夫讓也者，先人後己之謂也。以天下授人而不爲輕，若素無之也。受人之天下而不爲重，若素有之也。若素無、素有者，謂不己無、己有之也。若己無、己有，

〔一〕「足」，《老子》五十七章原文作「僕」。

則舉一毫以取與於人，猶有貪鄙之心生焉，而況天下者乎？能知其天下之天下非己之天下者，其惟五帝乎？是故知能以德教天下者，天下亦以德歸焉。所以聖人有言曰：「垂衣裳而天下治，蓋取諸《乾》《坤》。」其斯之謂與？三皇同性而異化，五帝同情而異教，三王同形而異勸，五霸同體而異率。同形而異勸者必以功。以功勸人者，民亦以功歸之，故尚政。夫政也者，正也，以正正夫不正之謂也。天下之正，莫如利民焉；天下之不正，莫如害民焉。能利民者正，則謂之曰王矣；害民者不正，則謂之曰賊矣。以利除害，安有去正耶？以王去賊，安有弑君耶？是故知王者正也。能以功正天下之不正者，天下亦以功歸焉。所以聖人有言曰：「天地革而四時成。湯武革命，順乎天而應乎人。」三皇同聖而異化，五帝同賢而異教，三王同才而異勸，五霸同術而異率。同術而異率者必以力。以力率民者，民亦以力歸之，故尚争。夫争也者，争夫利者也。取與利不以義，然後有争。小争交以言，大争交以兵。争夫强弱者也，猶借夫名焉者，謂之曲直。名也者，命物正事之稱也；利也者，養人成務之具也。名不以仁，無以守業；利不以義，無以居功。利不以功居，名不以業守，則亂矣，民所以必争之也。五霸者，借虚名以争實利者也。帝不足則王，王不足則霸，霸又不足則夷狄矣。若然則五霸不謂之無功於中國，語其王則未也，過夷狄則遠矣。周之東遷，文武之功德盡矣，猶能維持二十四君，王室不絶如綫，夷狄不敢屠害中原者，猶五霸借名之力也。是故知能以力率天下者，天下亦以力歸焉。所以聖人有言曰：「眇能視，跛能履。履虎尾，咥人，凶。武人爲于大君。」道德功力者，存乎體者也。化教勸率者，存乎用者也。體用之間有變存焉者，聖人之業也。夫變也者，昊天生萬物之謂也。權也者，聖人生萬民之謂也。非生物非生民，而得謂之權變乎？

自古君天下者，其命有四焉：一曰正命，因而因者也；二曰受命，因而革者也；三曰改命，革而因者也；四曰攝命，革而革者也。因而因者，長而長者也，千世之事業；因而革者，長而消者也，百世之事業；革而因者，消而長者也，十世之事業；革而革者，消而消者也，一世之事業；可以因則因，可以革則革者，萬世之事業也。一世者霸，十世者王，百世者帝，千世者皇，萬世者則仲尼之道也。是知皇、帝、王、霸，繼世之謂也；仲尼，不世之謂也。人皆知仲尼之爲仲尼，不知其所以爲仲尼，一天地也。人皆知天地之爲天地，不知其所以爲天地，一動静也。夫一動一静者，天地之至妙也與？一動一静之間者，天地人之至妙至妙者與？是知仲尼所以能盡三才之道者，以其行無轍迹也。

人謂仲尼，惜乎無土，吾獨以爲不然。匹夫〔二〕以百畝爲土，大夫以百里爲土，諸侯以四境爲土，天子以九州爲土，仲尼以萬世爲土。夫人不能自富，必待天與其富；不能自貴，必待天與其

〔二〕「匹夫」，底本作「獨夫」，誤，據邵雍《皇極經世書》卷十一改。

貴。然則富貴在天也，不在人也，故有求而得者矣。功德在人也，不在天也，可修而得之。是故君子之所求，求其可得者也，非其可得者，非所以能求之也。昧者不知，求而得之，則謂己之能得也，故矜之；求而失之，則謂人之不與也，故怨之。如知其己之所以能得，人之所以能與，天下安有不知量之人邪？

夫以力勝人者，人亦以力勝之。吴嘗破越而有輕楚之心，及其破楚又有驕齊之志，貪婪攻取〔二〕，不顧德義，侵侮齊、晉，專以夷狄爲事，遂復爲越所滅。越又不監之，其後復爲楚所滅，楚又不監之，其後復爲秦所併。秦又不監之，其後復爲漢所取。恃强凌弱，與虎豹何以異乎？非所以謂之中國禮義之師也。

天與人相爲表裏。天有陰陽，人有邪正。邪正之由，係乎上之所好也。上好德則民用正，上好佞則民用邪。邪正之由，有自來矣。雖聖君在上，不能無小人，是難其爲小人。雖庸君在上，不能無君子，是難其爲君子。故唐堯有三凶，而不能肆其惡，君子多也。殷紂有三仁，而不能遂其善，小人衆也。是知君擇臣、臣擇君者，係乎人也；君得臣、臣得君者，是非係乎人也，係乎天者也。

〔二〕「攻取」，邵雍《皇極經世書》卷十一作「功利」，意似更順。

夫天下將治，則人必尚行也；天下將亂，則人必尚言也。尚行則篤實之風行焉，尚言則詭譎之風行焉。天下將治，則人必尚義也；將亂，則人必尚利也。尚義則謙讓之風行焉，尚利則攘奪之風行焉。三王尚行者也，五霸尚言者也。尚行者必入於義，尚言者必入於利。義利之相去，一何遠耶？是知言之於口，不若行之於身；行之於身，不若盡之於心。言之於口，人得而聞之；行之於身，人得而見之；盡之於心，神得而知之。人之聰明猶不可欺，況神之聰明乎？是知無愧於口，不若無愧於身；無愧於身，不若無愧於心。無口過易，無身過難；無身過易，無心過難。既無心過，何難之有？吁！安得無心過之人，而與之語心哉！是知聖人所以能立於無過之地者，謂其善事於心者也。

任天下事易，死天下事難；死天下事易，成天下事難。苟成之，又何計乎死與生也？如其不成，雖死奚益？況其有正與不正者乎？與其死於不正，孰若生於正？與其生於不正，孰若死於正？存乎忠與智者之一擇焉。死固可惜，貴乎成天下之事也。如其敗天下之事，一死何以收功？噫！能成天下之事，又能不失其正而生者，非漢之留侯、唐之梁公而何？微斯二人，則漢唐之祚或幾乎移矣。豈若虛生虛死者？譬之蕭艾，忠與智者不由乎其間矣。

天由道而生，地由道而成，物由道而形，人由道而行。天、地、人、物則異也，其於由道一也。

或曰：「君子道長，則小人道消；小人道長，則君子道消。」長者是，則消者非也。何以明邪正之歸乎？是賊夫人之論也！不曰君行君事，臣行臣事，父行父事，子行子事，夫行夫事，妻行妻事，君子行君子事，小人行小人事，中國行中國事，夷狄行夷狄事，則謂之正，反是則謂之邪道。至於三代之世治，未有不治人倫之爲道也。世亂，未有不亂人倫之爲道也。後世之慕三代之治者，未有不正人倫者也。亂，未有不亂人倫者也。自三代而下，漢唐爲盛，未始不由治而興，亂而亡，況其不勝於漢唐者乎？其興也，又未始不由君道盛。夫道盛，君子之道盛，中國之道盛；其亡也，反是。噫！二道對行，何故治世少而亂世多耶？君子少而小人多耶？不曰陽一而陰二乎？

時有消長，事有因革，非聖人無以盡之。三皇春也，五帝夏也，三王秋也，五霸冬也，七國冬之餘冽也。漢王而不足，晉霸而有餘。三國霸之雄者也，十六國霸之叢者也。南五代霸之借乘也，北五代霸之傳舍也。隋，晉之子也；唐，漢之弟也。隋季諸郡之霸，江漢之餘波也；唐季諸鎮之霸，日月之餘光也；後五代之霸，日未出之星也。自帝堯至於今，上下三千餘年，前後百餘世，書傳可明紀者，四海之内，九州之間，或合或離，或治或隳，或强或羸，或唱或隨，未能有兼世而一其風俗者。吁！古者謂三十年爲一世，豈徒然哉？俟化之必洽，教之必浹，民之情始可以一變矣。苟有命世之人繼世而興焉，則雖民如夷狄，三變而帝道可舉。惜乎時無百年之世，世無百年之人，比其有代，則賢之與不肖，何止于相半也？時之難不其然乎？人之難不其然乎？

生一一之物，當兆物之物，非至物乎？生一一之人，當兆人之人，非聖人乎？固知物有大小，民有賢愚。移昊天生兆物之德而生兆民，非至神乎？移昊天養兆物之功而養兆民，非至聖乎？吾而今而後知事心踐形之爲大，非大聖大神之人，鮮有不負于天地者矣。夫所以謂之觀物者，非以目觀之也。非觀之以目而觀之以心也，非觀之以心而觀之以理也。天下之物莫不有理焉、性焉、命焉。理窮之而後知也，性盡之而後知也，命至之而後知也。此三知者，天下之真知也。雖聖人無以過之，而過之者非所以謂之聖人也。夫鑑之所以能爲明者，謂其不能隱萬物之形也，然而未若水之能一萬物之形也。水之能一萬物之形，又未若人之能一萬物之情也。人之能一萬物之情者，以其能反觀也。所以能反觀者，不以我觀物也。不以我觀物者，以物觀物之謂也。以物觀物，又安有我于其間哉？是知我亦人也，人亦我也，我與人皆物也。此所以能用天下之目爲己之目，用天下之耳爲己之耳，用天下之心爲己之心。用天下之目爲己之目，其目無所不觀矣；用天下之耳爲己之耳，其耳無所不聞矣；用天下之口爲己之口，其口無所不言矣；用天下之心爲己之心，其心無所不謀矣。夫其見至廣，其聞至遠，其論至高，其樂至大，而中無一爲焉，豈不謂至神至聖者乎？

不我物，則能物物。以物喜物，以物悲物，此發而中節者也。

任我則情，情則蔽，蔽則昏矣。因物則性，性則神，神則明矣。潛天潛地，不行而至。不爲陰陽所攝者，神也。

先天之學，心也；後天之學，迹也；出入有無生死者，道也。神無所在，無所不在也。人與他心通者，以其本于一也。

以物觀物，性也；以我觀物，情也。性公而明，情偏而暗。神無方而性有質。發于情則見于色，以類而應也。人之貴兼乎萬類，自重而得其貴，所以能用萬類。凡人之善惡形於言，發乎行，人始得而知之。但萌諸心，發乎慮，鬼神已得而知之矣。此君子所以愼獨也。

剸劇者，才力也；明辨者，知識也；寬洪者，德器也。三者不可闕一。能循天理動者，造化在我也。學不際天人，不足以謂之學。

能醫人能醫之疾，不得謂之良醫。醫人之所不能醫者，天下之良醫也。能處人所不能處之事，則能爲人所不能爲之事也。

人患乎自滿，自滿則止也。故禹不自滿。假所以能賢，雖學亦當常若不足，不可臨深以爲高也。

人苟用心，必有所得，獨有多寡之異，智識之有淺深也。凡處失在得之先，則得亦不喜。若處失在得之後，則失難處矣，必至於隕獲。

人必有德器，然後喜怒皆不妄。爲卿相，爲匹夫，以至學問高天下，亦若無有也。

人之精神貴藏而用之，苟衒於外，則鮮有不敗者。如利刃，物來則剸之，若恃刃之利而求割乎物，則刃與物俱傷矣。

言發乎真誠，則心不勞而逸，人久而信之。作僞任數，一時或可以欺人，持久必敗。

人貴有德，小人有才者有之矣，故才不可恃，德不可無[一]。

君子處畎畝則行畎畝之事，居廟堂則行廟堂之事，故無入而不自得。

智數或能施於一朝，蓋有時而窮，惟至誠與天地同久。

室中造車，天下可行，軌轍合故也。苟順義理，合人情，日月所照，皆可行也。

《中庸》非天降地出，揆物之理，度人之情，行其所安，是爲得矣。

斂天下之智爲智，斂天下之善爲善，則廣矣。自用則小。

漢儒以反經合道爲權，得一端者也。權所以平物之輕重，聖人行權，酌其輕重而行之，合其宜而已。故執中無權者，猶爲偏也。王通言《春秋》王道之權，非王通莫能及此，故權在一身，則有一身之權，在一鄉，則有一鄉之權，以至於天下，則有天下之權。用雖不同，其權一也。

知《易》者，不必引用講解，方爲知《易》。孟子之言未嘗及《易》，其間《易》道存焉，但人見之者鮮。人能用《易》，是爲知《易》，如孟子可謂善用《易》者也。

〔一〕「無」，底本作「有」，誤，據邵雍《皇極經世書》卷十四改。

所謂皇、帝、王、伯者，非獨謂三皇、五帝、三王、五伯而已，但用無爲則皇也，用恩信則帝也，用公正則王也，用智力則伯也，伯以下則夷狄，夷狄而下則禽獸也。

經綸天地之謂才，遠舉必至之謂志，并包含容之謂量。治始乎伏羲，成乎堯，華於三王，極於五伯，絶于秦。萬世治亂之迹，無以逃此矣。

老子，知《易》之體者也。

天下之事，始過於重猶卒於輕，始過於厚猶卒於薄，況始以輕薄者乎？是以君子不患過乎重，常患過乎輕，不患過乎厚，常患過乎薄也。

秦穆公伐鄭敗而有悔過，自誓之言，此非止伯者之事，幾於王道。能悔，則無過矣。此聖人所以録於書末也。

劉絢問無爲，對曰：「時然後言云云，所謂無爲也。」

文中子曰：「易樂者必多哀，輕施者必好奪。」或曰：「天下皆争利棄義，吾獨若之何？」子曰：「舍其所争，取其所棄，不亦君子乎？」若此之類，禮義之言也。「心迹之判久矣」，造化之言也。

莊子氣豪，若吕梁之事，言之至者也。盜跖言事之無可奈何者，雖聖人亦莫如之何。漁父言事之不可强者，雖聖人亦不可强。又言有爲、無爲之理，順理則無爲，强則有爲也。

金須百鍊然後精，人亦如此。

莊子曰：「庖人雖不治庖，尸祝不越樽俎而代之。」此思不出位，素位而行之意。

上蔡謝先生要語

先生名良佐，字顯道，上蔡人。習舉業，已知名。與游酢、楊時、吕大臨在二程之間，號「四先生」。初，良佐往扶溝見程顥。顥語人曰：「此秀才展拓得開，將來可望。」良佐受學甚篤。顥一日謂之曰：「爾輩在此相從，只是學某言語，故其學心口不相應，盍若行之？」請問焉，曰：「静坐。」頤每見人静坐，便嘆其善學。顥每謂良佐雖小魯，直是誠篤。理會事有不透，顙有泚，憤悱如此。

良佐將歸應舉，頤曰：「何不止試於《大學》？」良佐對曰：「蔡人尠習《禮記》，決科之利也。」頤曰：「汝之是心，已不可入於堯舜之道矣。夫子貢之高識，曷常規規於貨利哉？特於豊約之間，不能無留情耳。且貧富有命，彼乃留情於其間，多見其不信道也。故聖人謂之不受命。有志於道者，要當去此心而後可語也。」良佐乃止。是歲亦登進士第。辛應城，胡安國以典學使者行部過之，不敢問以職事，顧因介紹，請以弟子禮見。入門，見吏卒植立庭中，如土木偶人，肅然起敬，遂稟學焉。

建中初，良佐召，上殿問對語不少，然良佐云多不誠，遂退，只求監局之類去。或謂建中年號與德宗同，不佳。良佐云：「恐亦不免一播。」除書局官，忤旨去監京西竹木場。坐飛語詔獄，褫官。或問良佐：「色慾想絶多時？」曰：「伊川則不絶，某則斷此二十年來矣。所以斷者，當初有爲之心多，欲有爲，則當强盛方勝任得，故斷之。又用導引吐納之術，非爲長生家道也，亦以助養吾浩然之氣耳。」又問：「於勢利如何？」曰：「打透此關十餘年矣。當初大致[一]做工夫，揀難捨底棄卻，後來漸漸輕。今日於器物之類，置之只爲合要用，並無健羡底心。」所著有《論語説》、《文集》、《語録》行於世。

謝先生初以記問爲學，自負該博，對明道先生舉史書不遺一字。明道曰：「賢卻記得許多，可謂玩物喪志。」謝聞此語汗流浹背，面發赤。明道卻云：「只此便是惻隱之心。」及看明道讀史，又卻定行看過，不差一字。謝甚不服。後來省悟，卻將此事做話頭，接引博學之士。

謝子與伊川别一年，往見之。伊川曰：「相别又一年，做得甚工夫？」謝曰：「也只是去箇『矜』字。」曰：「何故？」曰：「子細點檢得来，病痛盡在這裏。若按伏得這箇罪過，方有向進

[一]「致」，底本作「故」，誤，據明萬曆劉應舉補修本改。

處。」伊川點頭，因語在坐同志曰：「此人爲學，切問近思者也。」胡文定公問：「『矜』字罪過，何故恁地大？」謝曰：「今人做事只管要誇耀别人耳目，渾不關自家受用事。有底人食前方丈，便向人前喫；若蔬食菜羹，卻去房裏喫。爲甚恁地！」

知命雖淺近，也要信得及，將來做田地，就上面下工夫。余初及第時，歲前夢入内庭，不見神宗而太子涕泣。及釋褐時，神宗晏駕，哲宗嗣位。如此等事，直不把來草草看卻。萬事真實有命，人乃計較不得。吾平生未常干人，在書局亦不謁執政。或問之，吾對曰：「他安能陶鑄我？自有命在。」若信不及，風吹草動便生恐懼憂喜，枉做卻閑工夫，枉用卻閑心力。信得命及，便養得氣不挫折。

游子問謝子曰：「公於外物一切放得下否？」謝子謂胡子曰：「可謂切問也。」胡子曰：「何以答之？」謝子曰：「實向他道，在上面做工夫來。」胡氏曰：「如何做工夫？」謝子曰：「凡事須有根。屋柱無根，拆便倒；樹木有根，雖剪枝條，相次又發。如人要富貴，要他做甚？必須有用處尋討要用處病根，將來斬斷，便没事。」

問：「大虚無盡，心有止，安得合一？」曰：「心有止，只爲用他。若不用，則何止？」「吾丈莫已不用否？」曰：「未到此地，除是聖人便不用。當初曾發此口，被伊川一句壞了二十年。曾往見伊川，伊川曰：『近日事如何？』某對曰：『天下何思何慮？』伊川曰：『是則是有此理，賢發得太早。』」問：「當初發此語時如何？」曰：「見得這箇事，經時無他念，接物亦應副得去。」問：「如此卻何故被一句轉卻？」曰：「當了終須有不透處，當初若不得它一句救拔，便入禪家去矣。伊川直是會煅鍊得人，説了又卻道，恰好着工夫也。」問：「聞此語後如何？」曰：「至今未敢道到何思何慮地位，始初進速，後來遲，十數年過卻如夢，如挽弓到滿時愈難開，然此二十年聞見知識卻煞長。」

謝子見河南夫子，辭而歸。尹子送焉，問曰：「何以教我？」謝子曰：「吾徒朝夕從先生，見行則學，聞言則識，譬如有人服烏頭者，方其服也，顏色悦懌，筋力强盛，一旦烏頭力去，將如之何？」尹子反，以告夫子。夫子曰：「可謂益友矣。」

謝先生監西竹木場，朱子發自太學與弟子權偕往謁之。坐定，子發進曰：「震願見先生久矣，今日之來無以發問，不識先生何以見教？」先生曰：「好待與賢説一部《論語》。」子發私念，日刻如此，何由親款其講説。已而，且飲酒五行，只説他話。及茶罷，乃掀髯曰：「聽説《論語》。」首舉「子見齊衰者、與冕衣裳者與瞽者：見之，雖少必作；過之，必趨」。又舉「師冕見。及階，子曰：『階也。』及席，子曰：『席也。』皆坐，子曰：『某在斯，某在斯。』子張問曰：『與師言之道與？』曰：『固相師之道也。』」夫聖人之道，無微顯，無内外，由灑掃應對進退，而上達天道，本末一以貫之。一部《論語》只恁地看。

問：「學佛者欲免輪迴，超三界，於意云何？」曰：「是有利心私而已矣。」「輪迴之説信然否？」曰：「此心有止，凡人慮事，心先困，故言有止。而大虚決知其無盡。必爲輪迴，推之於始，何所付受？其終，何時間斷也？且天下人物各有數矣。」

「人有智愚之品不同，何也？」曰：「無氣稟異耳。聖人不忿疾于頑者，憫其所遇氣質偏駁不足疾也。」「然則可變歟？」曰：「其性本一，何不可變之有？性，本體也。目視、耳聽、手舉、足運見於作用者，心也。自孟子没，天下學者向外馳求，不識自家寶藏，被他佛氏窺見一斑半點，遂將擎拳竪脚底事把持在手，敢自尊大，輕視中國學士大夫。而世人莫敢與之争，又從而信向歸依之。使聖學有傳，豈至此乎！」

心者何也？仁是已。仁者何也？活者爲仁，死者爲不仁。今人身體麻痺，不知痛癢，謂之不仁。桃、杏之核可種而生者，謂之桃仁、杏仁，言有生之意。推此，仁可見矣。

所謂格物窮理，須是識得天理始得。所謂天理者，自然底道理，無毫髮杜撰。今人乍見孺子将入於井，皆有怵惕惻隱之心。方乍見時，其心怵惕，所謂天理也。

所謂天者，理而已，只如視聽動作，一切是天。天命有德便五服、五章，天討有罪便五刑、五用，渾不是杜撰做作來。學者直須明天理爲是自然底道理，移易不得。不然諸子百家，便人人自生出一般見解，欺誑衆生。識得天理，然後能爲天之所爲。聖門學者爲天之所爲，故敢以天自處，佛氏卻不敢恁地做天。明道嘗曰：「吾學雖有所受，『天理』二字卻是自家拈出來。」

凡事皆有恁地簡易不易底道理，看得分明，何勞之有？《易》曰：「易簡而天下之理得。」

呂晉伯甚好學，初理會「仁」字不透，吾因曰：「世人説仁，只管着愛上，怎生見得仁？只如『力行近乎仁』。力行關愛甚事？何故卻近乎仁？」推此類，具言之。晉伯因悟曰：「公説『仁』字，正與尊宿門説禪一般。」

「學者須是胸懷擺脱得開，始得有見。明道先生擺脱得開，爲他所過者化。」問：「見箇甚道理，便能所過者化？」謝曰：「呂晉伯下〔一〕得一轉語好，道所存者神，便能所過者化；所過者化，便能所存者神。横渠云：『性性爲能存神，物物爲能過化。』甚親切。」

古詩即今之歌曲。今人唱曲往往能使人感動，至學詩卻無感動興發處，只爲泥卻章句故也。明道先生善言詩，他又渾不曾章解句釋，但優游玩味，吟哦上下，便使人有得處。今人學詩將章句横在肚裡，怎生得脱？莫道章句，便將堯舜横在肚裡也不得。

此理有言下悟者，有數年而悟者，有終身不悟者。

凡事只是積其誠意，自然動得。

〔一〕「下」，底本作「不」，誤，據明萬曆劉應舉補修本改。

謝子曰：「人不可與不勝己者處，鈍滯了人。」

仁是四肢不仁之仁；不仁是不識痛癢，仁是識痛癢。

人須識其真心。見孺子將入井時，是真心也，非思而得也，非勉而中也。

學者且須是窮理。窮則能知天之所爲；知天之所爲，則與天爲一；與天爲一，無往而非理也。窮理則是尋箇是處，不能窮理，誰識真我？何者爲我？理便是我。窮理之至，自然不勉而中，不思而得，從容中道。曰：「理必物物而窮之乎？」曰：「必窮其大者，理一而已。一處理窮，觸處皆通，恕其窮理之本歟？」

今之學，須是如饑之須食、寒之須衣始得。若只欲彼善於此，則不得。

或問曰：「我初學問，事必不當，人必笑。然我未有所得，須直情言之，若掩藏畏人笑，徒自欺耳。此言何如？」曰：「是也。」謂同坐諸子曰：「亦須切記此語。」

門人有初見請教者。先生曰：「人須先立志，志立則有根本。譬如樹木，須先有箇根本，然後培養，能成合抱之木。若無根本，又培養箇甚？」

學須先從理上學。盡人之理，斯盡天之理，學斯達矣。下學而上達，其意如此。故曰：「知我者其天乎！」人心與天地一般，只爲私心一本作「意」。自小了，任理因物而已無與焉天而已，豈止與天地一般，只便是天地！

李泌不娶妻食肉[一]。見他已甚，必不能久，亦自無此理。如今只是學箇依本分。佛之論性，如儒之論心；佛之論心，如儒之論意。循天之理便是性，不可容些私意，纔有意，便不能與天爲一。

學者先學文，鮮有能至道；至如博觀泛覽，亦自爲害。故明道先生教予，嘗曰：「賢讀書，慎勿尋行數墨。」

總老嘗問一官員云：「『默而識之』，是識箇甚？『無入而不自得』，是得箇甚？」

龟山楊先生要語

先生名時，字中立，將樂人。幼穎異，能屬文。稍長，潛心經史。熙寧九年，中進士第。時河南程顥與弟頤講孔孟絶學於熙、豊之際，河洛之士翕然師之。時調官不赴，以師禮見顥於潁昌，相得甚歡。其歸也，顥目送之曰：「吾道南矣。」四年而顥死，時聞之，設位哭寢門，而以書赴告同學者。至是又見程熙[二]於洛，時蓋年四十矣。關西張載嘗著《西銘》，二程深推服之，時疑

[一]「肉」，底本作「内」，誤，據明萬曆劉應舉補修本改。
[二]「熙」，疑爲「頤」字之誤。

其近於兼愛，與其師頤辨論往復，聞「理一分殊」之説，始豁然無疑。

杜門不仕者十年。久之，歷知瀏陽〔二〕、餘杭、蕭山三縣，皆有惠政，民思之不忘。時安於州縣，未嘗求聞達，而德望日重，四方之士不遠千里從之游。時天下多故，有言於蔡京者，以爲事至此必敗，宜引舊德老成置諸左右，庶幾猶可及。時宰是之。會有使高麗者，國主問龜山安在？使回以聞，召爲著作郎。及面對，奏曰：「堯舜曰『允執厥中』，孟子曰『湯執中』，《洪範》曰『皇建其有極』，歷世聖人由斯道也。熙寧之初，大臣文六藝之言以行其私，祖宗之法紛更殆盡。元祐繼之，盡復祖宗之舊，熙寧之法一切廢革。至紹聖、崇寧抑又甚焉，凡元祐之政事著在令甲，皆焚之以滅其跡。自是分爲二党，縉紳之禍至今未殄。臣願明詔有司，條具祖宗之法，著爲綱目，有宜於今者舉而行之，當損益者損益之，元祐、熙豐姑置勿問，一趨於中而已。」

李綱之罷，太學生伏闕上書，乞留綱與種師道，軍民集者數十萬。朝廷欲防禁之。吴敏乞用時以靖太學，時得召對，言：「諸生伏闕紛紛，忠於朝廷，非有他意，但擇老成有行誼者爲之長貳，則將自定。」欽宗曰：「無逾於卿。」遂以時兼國子祭酒。首言：「三省政事所出，六曹分治，各有攸司。今乃別置官屬，新進少年未必賢於六曹長貳。」又言：「蔡京用事二十餘年，蠹國害

〔二〕「瀏陽」，底本作「瀏楊」，誤。

民，幾危宗社，人所切齒，而論其罪者，莫知其所本也。蓋京以繼述神宗爲名，實挾王安石以圖身利，故推尊安石，加以王爵，配饗孔子廟庭。今日之禍，實安石有以啓之。謹按安石挾管商之術，飾六藝以文姦言，變亂祖宗法度。當時司馬光已言其爲害，當見於數十年之後。今日之事，若合符契。其著爲邪説以塗學者耳目，而敗壞其心術者，不可縷數，姑即一二事明之。昔神宗嘗稱美漢文惜百金以罷露臺，安石乃言：『陛下若能以堯舜之道治天下，雖竭天下以自奉不爲過，守財之言非正理。』曾不知堯舜茅茨土階，禹曰『克儉于家』，則竭天下以自奉者，必非堯、舜之道。其後王黼以應奉花石之事，竭天下之力，號爲享上。實安石有以倡之也。其釋《鳧鷖》守成之詩，於末章則謂：『以道守成者，役使羣衆，泰而不爲驕；宰制萬物，費而不爲侈。孰弊弊然以愛爲事？』詩之所言，正謂能持盈，則神祇祖考安樂之，而無後艱爾。自古釋之者，未有『泰而不爲驕，費而不爲侈』之説也。安石獨倡爲此説，以啓人主之侈心。後蔡京輩輕費妄用，以侈靡爲事，安石邪説之害如此！伏望追奪王爵，明詔中外，毁去配享之像，使邪説淫辭不爲學者之惑。」疏上，安石遂降從祀之列。士之習王氏學取科第者，已數十年，不復知其非，忽聞以爲邪説，議論紛然。諫官馮澥力主王氏，上疏詆時。會學中有紛争者，有旨學官並罷，時亦罷祭酒。

尋四上章乞罷諫省，除徽猷閣待制，提舉崇福宫。陛辭，猶上書乞選將練兵，爲戰守之備。高宗即位，除工部侍郎。陛對言：「自古聖賢之君，未有不以典學爲務。」除兼侍讀，乞修《建炎會計録》、乞恤勤王之兵、乞寬假言者連章。丐外，提舉杭州洞霄宮。已而致仕，優游林泉，以著書講學爲事。卒年八十三，謚文靖。

時在東郡，所交皆天下士，先達陳瓘、鄒浩皆以師禮事時。暨渡江，東南學者推時爲程氏正宗。與胡安國往來講論尤多。時浮沉州縣四十有七年，晚居諫省僅九十日，凡所論列皆切於世道，而其大者，則闢王氏經學，排靖康和議，使邪説不作。紹興初，崇尚元祐學術，而朱熹、張栻之學得程氏之正，其源委脉絡皆出於時。

今之學者，只爲不知爲學之方，又不知學成要何用。此事體大，須是曾着力來，方知不易。夫學者，學聖賢之所爲也。欲爲聖賢之所爲，須是聞聖賢所得之道。若只要博古通今爲文章，作忠信愿慤，不爲非義之士而已，則古來如此等人不少，然以爲聞道則不可。且如東漢之衰，處士逸人與夫名節之士，有聞當世者多矣，觀其作處，責以古聖賢之道，則略無毫髮相似。何也？以彼於道，初無所聞故也。今時學者，平居則曰：「吾當爲古人之所爲。」纔有一事到手，便措置不得。蓋其所學，以博古通今爲文章，或志於忠信愿慤，不爲非義而已，而不知須是聞道，故應如此。由是觀之，學而不聞道，猶不學也。

大抵須先理會仁之爲道。知仁則知心，知心則知性，是三者初無異也。橫渠作《西銘》，亦只是要學者求仁而已。

問：「何以知仁？」曰：「孟子以惻隱之心爲仁之端，平居但以此體究，久久自見。」因問：「孺子將入於井，而人見之者必有惻隱之心。疾痛非在己也，而爲之疾痛，何也？」曰：「出於自然，不可已也。」曰：「安得自然如此？」「若體究此理，知其所從來，則仁之道不遠矣。」曰：「萬物與我爲一，其仁之體乎？」曰：「然。」

學者當有所疑，乃能進德，然亦須着力深，方有疑。今之士讀書爲學，蓋自以爲無可疑者，故其學莫能相尚。

問：「《論語》言仁處，何語最爲親切？」曰：「皆仁之方也，若正所謂仁，則未之嘗言也，故曰：『子罕言利，與命，與仁。』要道得親切，唯孟子言『仁，人心也』，最爲親切。」

孟子對人君論事，句句未嘗離仁，此所謂王道也。曰：「安得句句不離仁乎？」曰：「須是知一以貫之之理。」曰：「一以貫之，仁足以盡之否？」曰：「孟子固曰一者何？曰仁也。仁之用大矣！今之學者，仁之體亦不曾體究得。」

六經不言無心，惟佛氏言之；亦不言修性，惟楊雄言之。心不可無，性不假修。故《易》止言洗心盡性，《記》言正心尊德性，《孟子》言存心養性。

孟子言說大人，則藐之，至於以己之長方人之短，猶有此等氣象在。若孔子則無此矣。觀

《鄉黨》一篇，與上大夫言，誾誾如也，與下大夫言，侃侃如也，以至見冕者與瞽者，雖褻必以貌，如此何暇藐人。《禮》曰：「貴貴爲其近於君也，敬長爲其近於親也。」故孔子謂：君子畏大人。

顏子所學，學舜而已。蓋舜於人倫無所不盡也，以爲父子盡父子之道，以爲君臣盡君臣之道，以爲夫盡夫道，以爲兄盡兄道，此孟子所謂「舜爲法於天下，可傳於後世」者也。孟子所憂，亦憂不如舜耳。人能以舜爲心，其學不患不進。

問：「師也辟，何以見？」曰：「《語》云『堂堂乎張也，難與並爲仁矣』，蓋幾於辟。然此其初也，學於孔門者，皆終有進焉。若子張後來論交，曰：『我之大賢歟，於人何所不容？』此豈介辟之流！」

謂正叔云：「古之學者四十而仕。未仕以前，二十餘年得盡力於學問，無他營也，故人之成材可用。今之士十四五以上，便學綴文覓官，豈嘗有意爲己之學？夫以不學之人，一旦授之官，而使之事君、長民、治事，宜其效不如古也。故今之在仕路者，人物多凡下不足道，以此。」

因論爲政，曰：「《書》云『毋忿疾于頑』，若忿疾于頑，便失之嚴，嚴便非居上之道。」

古之爲士者，所至遠近雖不同，其秉節勵行皆有以自立於世，豈其材悉能過人耶？特以先王教學之道明，而士於此時無私習之蔽故也。周道衰而庠序之法廢，故家遺俗隨以熄滅。幸而有孔子出焉，振先王已墜之教，駕説於當世。而從之游者，若參之魯，師之辟，由之喭，師之過，商之不及，其材固非有大過人也，然其聞所未聞，見所未見，而餘言遺行有後世宿儒皓首所不能窮者，則士之得所依歸，豈曰小補之哉！

「君子喻於義，小人喻於利。」所謂「喻於義」，則唯義而已，自義之外，非君子之所當務也。夫然後所守者約，如孟施舍知守氣，可謂約矣。所以不及曾子者，以曾子惟義之從故也。

學始於致知，終於知止而止焉。致知在格物，物固不可勝窮也，反身而誠，則舉天下之物在我矣。

孟子曰：「萬物皆備於我，反身而誠，樂莫大焉。」知萬物皆備於我，取數雖多，反而求之於吾身可也，故曰：盡己之性，則能盡人之性；盡人之性，則能盡物之性。以己與人、物，性無二故也。

學者當知聖人，知聖人然後知所以學。舜在深山中，與木石居，鹿豕游，無以異於深山之野人也，而四岳知其可以託天下。顏淵在陋巷，終日如愚，然而孟子稱其與禹稷同道。夫豈苟言哉？其中必有誠然不可掩者。夫舜之可以託天下，顏淵之可以爲禹稷，其必有在矣。學者不可不知也。知此，則知所以學矣。

伊尹耕于有莘之野，以樂堯舜之道。夫堯舜之道，豈有物可玩而樂之乎？即耕于有莘之野是已。此農夫田父之所日用者，而伊尹之樂有在乎是，若伊尹所謂知之者也。

聖人所謂性與天道者，亦豈常離夫灑掃應對之間哉！其始也，即此而爲學；其卒也，非離此以爲道。

世儒以高明、中庸析爲二致，非知中庸也。以謂聖人以高明處己，中庸待人，則聖人處己常過之，道終不明、不行，與愚不肖者無以異矣。夫道若大路，行之則至。故孟子曰：「堯舜之道，孝悌而已矣。」其爲孝悌，乃在乎行止疾徐之間，非有甚高難行之事，皆夫婦之愚所與知者。雖舜、顔不能離此而爲聖賢也，百姓特日用而不知耳。

古之學者以聖人爲師，其學有不至，故其德有差焉。人見聖人之難爲也，故凡學者以聖人爲可至，則必以爲狂而竊笑之。夫聖人固未易至，若舍聖人而學，是將何所取則乎？以聖人爲師，猶學射而立的然，的立於彼，然後射者可視之而求中。若其中不中，則在人而已。不立之的，以何爲準？

自堯舜以前，載籍未具，世所有者獨宓羲所畫八卦耳。當是之時，聖賢如彼其多也。自孔子删定《繫辭》之後，更秦歷漢，以迄于今，其書至不可勝紀。人所資以爲學者，必易於古，然其間千數百年，求一人如古之聖賢，卒不易得。何哉？豈道之所傳，固不在於文字之多寡乎？夫堯、舜、禹、皐陶，皆稱若稽古，非無待於學也，其學果何以乎？由是觀之，聖賢之所以爲聖賢，其用心必有在矣，學者不可不察之也。

《易》曰：「君子敬以直内，義以方外。」夫盡其誠心而無僞焉，所謂直也。若施之於事，則厚薄隆殺一定而不可易，爲有方矣。敬與義本無二，所主者敬，而義則自此出焉，故有内外之辨，其實義亦敬也。故孟子之言義，曰「行吾敬」而已。

或問：「臺諫官如何作？」曰：「剥之《象》曰：『不利有攸往，小人長也。順而止之，觀象也。君子尚消息盈虚，天行也。』夫君子之於小人，方其進也，不可以驟去，觀剥之象，斯可見矣。剥，坤下而艮上。坤，順也，艮，止也，此天理之不可易者也。順而止之，其漸而非暴之謂乎？陰陽之氣，消息盈虚，必以其漸。君子所尚，蓋在於此。」

物有圭角，多刺人眼目，亦易玷闕。故君子處世當渾然天成，則人不厭棄矣。

人臣之事君，豈可佐以刑名之説！如此是使人主失仁心也，人主無仁心，則不足以得人。故人臣能使其君視民如傷，則王道行矣。

陸宣公當擾攘之際説其君，未常用數，觀其奏議可見。欲論天下事，當以此爲法。宣公在朝，自以不卹其身，知無不言，言無不盡，至於遷貶，杜門集古方書而已，可謂知進退者。

真宗問李文靖公曰：「人皆有密啓，而卿獨無。何也？」對曰：「臣待罪宰相，公事則公言之，何用密啓？夫人臣有密啓者，非讒即佞，臣常惡之，豈可效尤？」「祖宗時，宰相如此，天下安得不治？」

人君所以御其臣，只有一箇名分不可易。名分既正，上下自定，雖有幼沖之主在上，而天下不亂。若以智籠臣下，智有時而困，則彼不爲用矣，其勢須至於誅殛之然後已。觀西漢之君臣，多尚權謀，當時大臣少有能全身者，蓋以此。

舜在側微，堯舉而試之。慎徽五典則五典克從，納于百揆則百揆時序，賓于四門則四門穆穆，以至以天下授之而不疑。觀其所施設，舜之所以爲舜，其才其德可謂大矣，宜非深山之中所能久處。而爲舜者，當堯未之知，方且飯糗茹草，若將終身。若使今人有才氣者，雖不得時，其能自已其功名之心乎？以此見人必能不爲，然後能有爲也。非有爲之難，其不爲尤難矣。只如伊尹耕于莘，非湯三聘，則必不起；諸葛亮卧草廬，非先主三顧，亦必不起。非要之也，義當然也。以諸葛之智，尚知如此，又況不爲諸葛者乎？然則居畎畝之中，而以天下爲己憂可也；或不知消息盈虛之運，犯分妄作，豈正理哉！

舜可謂無爲，有天下，初無所與。其任九官，去四凶，視其功罪如何？舜無毫髮之私也。

齊王顧鴻雁、麋鹿以問孟子，孟子因以爲賢者而後樂此，至其論文王、夏桀之所以異，則獨樂不可也。世之君子其賢者乎，則必語王以憂民，而勿爲臺沼、苑囿之觀，是拂其欲也；其佞者乎，則必語王以自樂，而廣其侈心，是縱其欲也。二者皆非能引君以當道，唯孟子之言，常於毫髮之間，剖析利害之所在，使人君化焉而不自知。夫如是，其在朝廷則可以格君心之非，而其言易行也。

爲文要有温柔敦厚之氣，對人主語言及章疏文字温柔敦厚尤不可無。如子瞻詩多於譏玩，殊無惻怛愛君之意。荆公在朝論事，多不循理，惟是争氣而已，豈可以事君？君子之所養，要令暴慢邪僻之氣不設於身體。

韓信用兵，在楚漢之間，則爲善矣。方之五霸，已自不及，以無節制故也。如信之軍修武，高祖即其卧内奪之印，易置諸將，信尚未知。此與棘門壩上之軍何異？但信用兵，能以術驅人，使自爲戰。當時亦無有以節制之兵當之者，故信數得以取勝也。王者之兵，未嘗以術勝人，然亦不可以計敗。後世惟諸葛亮、李靖爲知兵。如諸葛亮已死，司馬仲達觀其行營軍壘，不覺嘆服。而李靖惟以正出奇，此爲能得節制之意，而不務僥倖者也。古人未嘗不知兵，如周官之法，雖坐作進退之末，莫不有節。若平時不學，一旦緩急，何以應敵？如此，則學者於行師御衆、戰陣營壘之事不可不講。

伏羲画八卦，《書》斷自《堯典》。是時，雖六經之文未有也，況他書乎？舜在深山，與木石居，鹿豕游，無以異[深山之野人]。固非有誦記、操筆、涉墨爲文詞也，其學果安在乎？夫舜聖人也，生而知之，無事乎學可也。二十有二人相與共成帝業者，豈皆生知耶？然則聖人之所以爲聖，賢人之所以爲賢，其學必有在矣。漢之諸儒，若賈誼、相如、司馬遷輩用力亦勤矣，自書契以來，簡册所存，下至陰陽星曆、山經地志、蟲魚草木、殊名詭號該洽無一或遺者，其文宏妙，始非後儒能造其域，然稽其道學淵源論篤者，終莫之與也。

六經之義，驗之於心而然，施之於行事而順，然後爲得；驗之於心而不然，施之於行事而不順，則非所謂經義。

亂世不能無君子，治世不能無小人，特其消長異耳。此天地之義，陰陽之理也。故治世能使小人不爲惡而已，不能絶之使無也。」〔二〕

豫章羅先生要語

先生諱從彦，字仲素，劍浦羅源人。自幼穎悟，不爲言語文字之學。及長，堅苦刻厲，篤志求道。初從吴國華游，已而聞龜山先生得伊洛之學，遂往學焉，廼知舊日之學非也。三日，驚汗浹背曰：「幾枉過了一生！」龜山倡道東南，從游者千餘人，然語其潛思力行、任重詣極如先生，一人而已。嘗講《易》至《乾》九四一爻，龜山云：「曩聞伊川先生説得甚好。」先生遂粥田裹糧，至洛見伊川，所聞亦不外龜山之説。於是歸而盡心以事龜山，摳衣侍席二十餘載，盡得不傳

〔二〕按：自「深山之野人」至此，底本原脱此卷最後半頁，據明萬曆劉應舉補修本補。

之秘。

先生清介絶俗，雖里人鮮克知之。郡人李愿中、新安朱喬年聞先生得伊洛之學，遂執子弟禮，從之游。先生終日相對静坐，只説文字，未嘗一及雜語。愿中退居室中，亦只静坐，先生令静中看喜怒哀樂未發時作何氣象。相從累年，受《春秋》、《中庸》、《語》、《孟》之説，從容潛玩，有會于心，遂盡得其所傳之奥。先生少然可，亟稱許焉。

先生山居，每有賦詩以自樂。所著《遵堯録》，歷言我宋一祖開基，三宗紹述，若舜禹遵堯，相守一道。迨熙寧間，王安石用事，管心鞅法，卒稔夷狄之禍，未嘗不爲之痛心疾首也。又有《春秋解》、《毛詩解》、《中庸説》、《論孟解》、《議論要語》、《台衡録》、《春秋指歸》。晚就特科，授惠州博羅縣主簿。卒於官，享年六十有四。

初從龜山，龜山以孟子「饑者甘食，渴者甘飲」，與夫「人能無以饑渴之害爲心害，則不及人不爲憂矣」，令仲素思索，且云：「此語若易知易行，而有無窮之理。」仲素思之累日，疏其義以呈，龜山云：「此説甚善，但更於心害上一着，猛省留意，則可以入道矣。」仲素一生服膺此語，凡世之所嗜好，一切禁止，故學問日新，尤不可及。

延平先生以書謁先生，其略曰：「先生服膺龜山之講席有年矣，況常及伊川先生之門，得不傳之道於千五百年之後。性明而修，行完而潔；擴之以廣大，體之以仁恕；精深微妙，各極其至。漢唐諸儒，無近似者。至於不言而飲人以和，與人並立而使人化，如春風發物，蓋亦莫知其所以然也。抑侗聞之：『道可以治心，猶食之充饑、衣之禦寒也。』人有迫於饑寒者，皇皇焉爲衣食之謀，造次顛沛未始忘也。至於心之不治，有沒世不知慮，豈愛心不若口體哉？弗思甚矣。侗不量資質之陋，妄意於此。今生二十有四歲，茫乎未有所止。燭理未明，而是非無以辨；宅心不廣，而喜怒易以揺。操履不完，而悔吝多；精神不充，而智巧襲。揀焉而不浄，守焉而不敷，朝夕恐懼，不啻如饑寒切身者，求充饑禦寒之具也。不然安敢以不肖之身，爲先生累哉！」

羅公當徽廟時，居鄉授徒，守道尤篤，而同郡李公侗傳其學，厥後朱文公熹又得李公之傳，其道遂彰明於世。學者仰之如泰山北斗者，其端皆自公發之。

君子在朝，則天下必治，蓋君子進則常有亂世之言，使人主多憂而善心生，故天下必治。小人在朝，天下必亂。蓋小人進則常有治世之言，使人主多樂而怠心生，故天下必亂。

三代之治，在道而不在法；三代之法，貴實而不貴名。後世反之，此享國與治安所以不同歟。

教化者，朝廷之先務；廉耻者，士人之美節；風俗者，天下之大事。朝廷有教化，則士人有廉恥；士人有廉恥，則天下有風俗。或朝廷不務教化而責士人之廉恥，士人不尚廉恥而望風俗之美，其可得乎？

名器之貴賤以其人，何則？授於君子，則貴；授於小人，則賤。名器之所貴，則君子勇於行道，而小人甘於下僚；名器之所賤，則小人勇於浮競，而君子耻於求進。以此觀之，人主之名器，可輕授人哉？

朝廷大姦，不可容；朋友小過，不可不容。若容大姦，必亂天下；不容小過，則無全人。

祖宗法度不可廢，德澤不可恃。廢法度，則變亂之事起；恃德澤，則驕佚之心生。自古德澤最厚，莫若堯舜，向使子孫可恃，則堯舜必傳其子。至於法度，則莫若周家之最明，向使子孫世守，則歷年至今猶存可也。

君明，君之福；臣忠，臣之福。君明臣忠，則朝廷治，安得不謂之福乎？父慈，父之福；子孝，子之福。父慈子孝，則家道隆盛，安得不謂之福乎？俗人以富貴爲福，陋哉！

士之立身，要以名節、忠義爲本。有名節，則不枉道以求進；有忠義，則不固寵以欺君。

士之立朝，要以正直、忠厚爲本。正直，則朝廷無過失；忠厚，則天下無嗟怨。二者不可偏也。一於正直而不忠厚，則漸入於刻；一於忠厚而不正直，則流入於懦。汲黯正直，所以闢公孫弘之阿諛；忠厚，所以顯張湯之殘刻。武帝享國五十五年，其臣之賢，獨此一人而已。武帝反不用，其爲君可知。

人君納諫之本，先於虛己。禹拜昌言，故能納諫；德宗强明自任，必能拒諫。

朝廷立法不可不嚴，有司行法不可不恕。不嚴，則不足以禁天下之惡；不恕，則不足以通天下之情。漢之張釋之、唐之徐有功，以恕求情者也。常衮一切用法，四方奏請，莫有獲者。彼庸人哉！天下後世典獄之官，當以有功爲法，以衮爲戒。

人主讀經則師其意，讀史則師其迹。然讀經以《尚書》爲先，讀史以《唐書》爲首，蓋《尚書》論人主善惡爲多，《唐書》論朝廷變故最盛。

正者，天下之所同好；邪者，天下之所同惡。而聖賢未嘗致憂於其間，蓋邪正已明故也。至於邪正未明，則聖賢憂之。觀少正卯言僞而辨，行辟而堅，孔子則誅之；楊墨一則爲我，一則兼愛，孟子則闢之，皆邪正未明而惑人者衆，此孔孟之所汲汲。

天下之變，不起於四方，而起於朝廷。譬如人之傷氣，則寒暑易侵；木之傷心，則風雨易折。故内有李林甫之姦，則外有禄山之亂；内有盧杞之邪，則外有朱泚之叛。《易》曰：「負且乘，致寇至。」不虛言哉！

漢武帝知汲黯之賢而不用，唐太宗知宇文士及之佞而不去，何其誤邪！夫人主知賢而不能用，未若不知之爲善；知佞而不能去，未若不知之爲愈。苟知賢而不能用，則善無所勸；知佞而不能去，則惡無所懲。雖然武帝知賢而不用，猶愈於元帝知蕭望之之賢而反罪焉。太宗知佞而不去，猶愈於德宗知盧杞之姦而復用焉。觀元帝、德宗之與武帝、太宗，豈不相寥絶哉！

漢宣帝詰責杜延年治郡不進，乃善識治體者。夫治郡不進，非人臣之大罪，而宣帝必欲詰責之，何邪？蓋中興之際，内之朝廷，外之郡縣，法度未備，政事未修，民人未安堵，或治郡不進，則百職廢矣，烏可不責之？夫一郡尚爾，況天下乎！予謂漢宣帝識治勢。

立朝之士，當愛君如愛父，愛國如愛家，愛民如愛子，然三者未嘗不相賴也。凡人愛君則必愛國，愛國則必愛民，未有以君爲心而不以民爲心者。故范希文謂：「居廟堂之上，則憂其民；處江湖之遠，則憂其君。」諒哉！

路温舒之見高矣。宣帝初立，政之寬猛，中外未嘗見之，而路温舒首以尚德、緩刑爲戒，援引古今，至於千言。其後蓋寬饒、楊惲以無罪見戮，果符温舒之言。嗚呼！人臣見幾而能諫，人君聞善而能徙，然後君臣兩盡其道。温舒見幾而能諫矣，宣帝聞善不能徙，惜哉！

「可愛非君？可畏非民？」後世君不知民可畏，而知民可虐；民不知君可愛，而知君可怨。是君民爲讐也，安得無顛覆之禍！

世俗之人，莫不喜人同乎己，而惡人異於己也。同於己而欲之，異於己而不欲者，以出乎衆爲心也。以出乎衆爲心，則以其不大故也。唯大爲能有容，善者共説之，不善者共改之，宜無彼己之異。故舜曰「大舜」，禹曰「大禹」者，明乎此而已矣。若能存心至大，而樂與人爲善，不以必出於己爲勝，其舜禹之徒與？《詩》云：「唯其有之，是以似之。」此之謂也。

古人所以進此道者，必有由而然。夫《中庸》之書，世之學者盡心以知性，躬行以盡性者也。而其始則曰：「喜怒哀樂之未發，謂之中。」其終則曰：「夫焉有所倚？肫肫其仁，淵淵其淵，浩浩其天。」此言何謂也？差之毫釐，謬以千里，故大學之道，在知所止而已。苟知所止，則知學之先；不知所止，則於學無自而進矣。漆雕開之學，曰：「吾斯之未能信。」曾點之學，曰：「異乎三子者之撰。」顔淵之學，曰：「回雖不敏，請事斯語矣。」而孔子悦開與點，稱顔回以庶幾，蓋許其進也。此予之所自勉者也。故以聖賢，則莫學而非道；以俗學，則莫學而非物。

古之士者，自十五入學，至四十而後仕，其意若曰：「善道以久而後立，人材以久而後成。」故處之以燕閒之地，而寛之以歲月之期，俾安其業，俟其志一定，則其仕也，不遷於利，不屈於欲，道之於民而民從，動之於民而民和，天下被澤矣。後世怵於科舉，自童稚間已有汲汲趨利之意，一旦臨民，則亦何所不至也。

君子之所爲，皆理之所必然，世之所常行者，然不可以求近功、圖近利。非如世間小有才者，一旦得君，暴露其器能，以釣一時之譽。彼其設施，當亦有可觀者。要之，非能致遠者也。

古之聖人能以天下爲一家，中國爲一人者，非有甚高難行之事、卓異之術也，君君、臣臣、父父、子子而天下治矣。《書》曰：「天叙有典，勑我五典、五惇哉！天秩有禮，自我五禮、五庸哉！」蓋典也，禮也，皆天也。堯舜之治天下，不越乎君臣、父子之間，而禮以文之者也。

卷三

延平李先生要語

先生名侗，字愿中，南劍人。幼而穎悟，少長，孝友謹篤。已而聞郡人羅從彦得河洛之學於楊時之門，遂往學焉。從彦清介絶俗，雖里人鮮克知之，見侗從遊受業，或頗非笑。侗若不聞，從之累年，受《春秋》、《中庸》、《語》、《孟》之説，從容潛玩，有會於心，盡得其所傳之奥。於是退而屏居山田，結茅水竹之間，謝絶世故餘四十年。簞瓢屢空，怡然自適。

初，楊時唱道東南，士之遊其門者甚衆，然語其潛思力行、任重詣極如從彦，一人而已。侗既從之學，講誦之餘，危坐終日，以驗夫喜怒哀樂未發之前氣象爲如何，而求所謂中者。若是者，蓋久之而知天下之大本真有在乎是也。蓋天下之理無不由是而出，既得其本，則凡出於此者，雖品節萬殊，曲折萬變，莫不該攝洞貫，以次融釋而各有條理。由是操存益固，涵養益熟，精明純一，觸處洞然，泛應曲酬，發必中節。故其事親誠孝，左右無違。仲兄性剛多忤，侗事之致誠盡敬，更得其歡心焉。閨門内外，夷愉肅穆，若無人聲，而衆事自理。與族婣舊故，恩意篤厚，久而不忘。生事素薄，然處之有道，量入爲出，賓祭謹飭，租賦必爲鄰里先。親戚或貧不能婚嫁，爲之經理，節衣食以賑助之。與鄉人處，飲食言笑，終日油油如也。年長者，事之盡禮；少者、賤者，接之各盡其道。以故鄉人愛敬，暴悍化服。

其接後學，答問窮晝夜不倦。隨人淺深誘之各不同，而要以反身自得而可以入於聖賢之域。故其言曰：「學問之道不在多言，但嘿坐澄心，體認天理，若見雖一毫私欲之發，亦退聽矣。」其語《中庸》曰：「聖門之傳是書，其所以開悟後學，無遺策矣。然所謂『喜怒哀樂未發謂之中』者，又一篇之指要也。若徒記誦而已，則亦奚以爲哉！必也體之於身，實見是理，若顔子之嘆，卓然見其爲一物而不違乎心目之間也。然後擴充而往，無所不通，則庶乎其可以言《中庸》矣。」蓋嘗曰：「讀書者，知其所言莫非吾事，而即吾身以求之，則凡聖賢所至而吾所未至者，皆可勉而進矣。若直以文字求之，悦其詞義以資誦説，其不爲玩物喪志者幾希！」其開端示人，大要類此。

侗資稟勁特，氣節豪邁，而充養完粹，無復圭角。精純之氣，達於面目，色温言厲，神定氣和，語默動静，端詳閑泰，自然之中若有成法。平居恂恂，於事若無甚可否，及其酬酢事變，斷以義理，則有截然不可犯者。早歲聞道，即棄場屋，超然遠引，若無意於當世。然憂時論事，感激動人。其語治道，必以明天理、正人心、崇節義、厲廉耻爲先。本末備具，可舉而行，非特空言而已。異端之學無所入於其心，然一聞其説，則知其詖淫邪遁之所以然者。蓋辨之於錙銖眇忽之間，而儒釋之邪正分矣。

建安朱松與侗爲同門友，雅敬重焉，嘗與沙縣鄧迪語及侗，鄧曰：「愿中如冰壺秋月，瑩徹無瑕，非吾曹所及。」松深以爲知言，亟稱道之。其後松子熹從侗遊，每一去而復來，則所聞必益超絶。蓋其上達不已，日新如此。然侗不求知於世，而亦未嘗輕以語人。故士之人既莫之知，而學者亦莫之識。是以進不獲施之於時，退未及傳之於後。而侗方且玩其所安樂者於畎畝之中，悠然不知老之將至。蓋所謂「依乎中庸，遯世不見知而不悔」者，侗庶幾焉。晚以閩帥汪應辰來迎，將相與講所疑。因往見之，至帥治，坐語未終而卒，年七十一。

侗曩時從羅先生學問，終日相對静坐，只説文字，未嘗及一雜語。先生極好静坐，侗時未有知，退入室中，亦只静坐而已。先生令静中看喜怒哀樂未發之謂中，未發時作何氣象。此意不唯於進學有力，兼亦是養心之要。

學問之道不在於多言，但默坐澄心，體認天理，若見雖一毫私欲之發，亦自退聽矣。久久用力於此，庶幾漸明，講學始有力也。

受形天地各有定數，治亂窮通斷非人力，惟當守吾之正而已。然而愛身明道、修己俟時，則不可一日忘於心，此聖賢傳心之要法。或者放肆自佚，惟責之人，不責之己，非也。

心者，貫幽明，通有無。

凡蹈危者，慮深而獲全；居安者，患生於所忽。此人之常情也。

動静、真僞、善惡，皆對而言之，是世之所謂動静、真僞、善惡，非性之所謂動静、真僞、善惡也。惟求静於未始有動之先，而性之静可見矣；求真於未始有僞之先，而性之真可見矣；求善於未始有惡之先，而性之善可見矣。

韜晦一事，嘗驗之，極難。自非大段涵養深潛，定不能如此，遇事輒發矣。

要見一視同仁氣象，卻不難。須是理會分殊，雖毫髮不可失，方是儒者氣象。

道亦無玄妙，只在日用間，着實做工夫處理會。

思索有窒礙，及於日用動静之間有拂戾處，便於此致思，求其所以然者。久之，自循理爾。

今學者之病，所患在於未有灑然冰解凍釋處，縱有力持守，不過只是苟免顯然尤悔而已。似此恐皆不足道也。

侗村居兀坐，一無所爲，亦以窘迫，遇事窒塞處多。每以古人貧甚極難堪處自體，即啜菽飲水，亦自有餘矣。

今日三綱不振，義利不分。緣三綱不振，故人心邪僻不堪用，是致上下之氣間隔，而中國之道衰，夷狄盛，皆由此來也。義利不分，自王安石用事，陷溺人心，至今不自知覺。如前日有旨有升擢差遣之類，緣有此利誘，故人只趨利而不顧義，而主勢孤。此二事，皆今日之急者，欲人主於此留意二者，苟不〔一〕爾，則是「雖有粟，吾得而食諸」也。

今人之學與古人異。如孔門諸子，羣居終日，交相切磨，又得夫子爲之依歸，日用之間，觀感而化者多矣。恐於融釋而脱落處，非言語所及也。不然，子貢何以言「夫子之言性與天道，不可得而聞也」耶？

舊見李先生常説少從師友，幸有所聞，中間無講習之助，幾成廢墮。然賴天之靈，此箇道理時常只存心目間，未嘗敢忘。此可見其持守之功矣。然則所見安得而不精？所養安得而不熟耶？

李先生不要人强行，須有見得處方行，所謂灑然處。

先生終日危坐，而神彩精明，略無隤墮之氣。

〔先生不書、不作文，頽然若一田夫野老。

人若着些利害，便不免開口告人，卻與不學之人何異？向見李先生説：「若大段排遣不去，

〔一〕「不」，底本原脱，據朱熹《延平答問》補。

只思古人所遭患難有大不可堪者，持以自比，則亦可以少安矣。」始者甚卑其説，以爲何至如此。後來臨事，卻覺有得力處，不可忽也。」〔二〕

晦菴朱先生要語

先生名熹，字仲晦，婺源人。父松以不附和議，去國，因仕入閩。至熹，始寓建之崇安。熹幼穎悟，莊重，能言。從父問天之上何物，父異之。就傅，授以《孝經》，一閲通〔三〕之，題其上曰：「不若是，非人也。」嘗從羣兒戲沙上，獨端坐以指畫沙。視之，八卦也。少長，厲志聖賢之學，於舉子業初不經意。年十八，貢於鄉，中進士第，主泉州同安簿。蒞職勤敏，纖悉必親。郡縣長吏，事倚以決。職兼學事，選邑秀民充弟子員，訪求名士以爲表率，日與講説聖賢修己治人之道。歷四考，罷歸，以奉親講學爲急。請奉祠，監潭州南岳廟。明年，詔赴行在，言路有托抑奔競以沮之者，遂以疾辭。

孝宗即位，詔求直言，因上封事。其略言：「陛下毓德之初，親御簡策，不過諷誦文辭，吟詠

〔二〕按：自「先生不書、不作文」至此，底本原脱此卷最後半頁，據明萬曆劉應舉補修本補。
〔三〕「通」，底本作「封」，誤，據《朱子全書》第二十七册《朱先生行狀》改。

情性。比年以來，欲求大道之要，又頗留意於老子、釋氏之書。記誦詞藻，非所以探淵源而出治道；虚無寂滅，非所以貫本末而立大中。」次言：「今日之計，不過修政事，攘夷狄。然計不時定者，講和之説誤之也。」次言：「四海利病，係斯民之休戚；斯民休戚，係守令之賢否。監司者，守令之綱；朝廷者，監司之本。欲斯民之得其所，本原之地亦在朝廷而已。」末言：「古先聖王制御夷狄之道，其本不在威强，而在德業；其任不在邊境，而在朝廷；其具不在兵食，而在紀綱。」除武學博士，既至，以時相方主和議，請監南嶽廟以歸。

乾道三年，訪張栻於長沙。熹與栻論《中庸》之義，三日夜而不能合。差充樞密院編修官，會魏掞之以布衣召爲國子録，因論曾覿而去，遂力辭。熹嘗兩進絶和議、抑佞倖之戒。言既不行，雖擢用狎至，不敢就。出處之義，凛然有不可易者。尋丁内艱。九年，主管台州崇道觀。

淳熙二年，吕祖謙訪熹於寒泉精舍，編次《近思録》。送祖謙至鵞湖，陸九淵兄弟來會。三年，除秘書郎。時上諭大臣欲奬用廉退，參政龔茂良以熹爲言，故有是命。會有言虚名之士不可用者，以故再辭，即從其請，主管武夷山冲佑觀。五年，差發遣南康軍事。

熹自同安歸，奉祠家居幾二十年，間闗貧困，不以屬心。至郡，懇惻愛民如子。至姦豪侵擾細民、撓法害政者，懲之不少貸。由是豪强斂戢。數詣郡學，引進士子，與之講論。訪白鹿洞書院遺址，奏復其舊。每休沐，輒一至，諸生質疑問難，誨誘不倦。又求栗里陶靖節之居、西澗劉屯田之墓，孝子熊仁瞻之間，旌顯之，猶以不得悉行其志爲恨。時詔監司、郡守條具民間利病，遂上疏言：「今宰相、臺省、師傅、賓友、諫諍〔二〕之臣皆失其職，而陛下所與親密謀議者，不過一二近習之臣。此一二小人者，勢成威立，中外靡然向之，使陛下之號令黜陟不復出於朝廷，而出於此一二人之門。名爲陛下之獨斷，而實此一二人者陰執其柄，則民安可得而恤？財安可得而理？宇宙之讐耻又何時而可雪耶？」

八年二月，陸九淵來訪，請書其兄九齡墓誌。熹請九淵爲諸生講「君子小人喻義利」章，熹以爲切中學者隱微深錮之病，遂刻之石。七月，吕祖謙卒。時浙東大饑，易提舉浙東常平茶鹽事。時民已艱食，即日單車就道。乞奏事之任，入對，言：「陛下即政之初，蓋嘗選建英豪，任以政事。不幸其間不能盡得其人，是以不復廣求賢哲，而姑取軟熟易制之人以充其位，於是左右私褻使令之賤，始得以奉燕閑、備驅使，而宰相之權日輕。又慮其勢有所偏，而因重以壅己也，欲兼聽士大夫之公言，以爲駕馭之術，則士大夫之進見有時，而近習之從容無間。陛下未及施其駕馭之術，而先墮其術中矣。是以雖欲微抑此輩，而此輩之勢日重；雖欲兼采公論，而士大夫之勢日輕。重者既挾其重以竊陛下之權，輕者又借力於所重以爲竊位固寵之計。中外相應，

〔二〕「諍」，底本作「静」，誤，據明萬曆劉應舉補修本改。

更濟其私，使陛下之德業日隳，綱紀日壞，羣小相結，人人皆得滿其所欲，惟有陛下了無所得，而國家顧乃獨受其弊。」熹所對奏劄皆自[一]書，以防宣洩。

先是熹以所居之鄉，每歲春夏之交，豪戶閉糴牟利，細民發廩強奪，動相賊殺，幾至成變。熹嘗帥鄉人置社倉以賑貸之，米價不登，人得安業。至是，乞推行之。熹初拜命，即移書他郡，募米商，蠲其徵。及至，客舟之米已輻湊。日與僚屬鈎訪民隱，至廢寢食。分畫既定，案行所部，窮山長谷，靡所不到，拊問存恤，所活不可勝計。每出，皆乘單車，屏徒從，一身所需皆自齎以行，秋毫不及州縣。以故所歷雖廣而人不知。由是所部肅然。而尤以戢盜、捕蝗、興水利爲急。九年，以賑濟有勞，進直徽猷閣，辭。知台州唐仲友與時相王淮同里，爲姻家，遷江西提刑，未行。熹行部，訟者紛然，得其姦狀，疏，劾之。時久旱而雨。奏上，淮匿不以聞，仲友亦自辨。熹論愈力，章至十上。事下紹興府鞠之獄，具情得，乃奪其新命授熹。熹辭不拜，遂歸。尋令兩易江東，乞奉祠。時從臣有奉時相意上疏毀程氏之學以陰詆熹者。

十年，差主管台州崇道觀。自是海內學者尊信益重。十一年，熹還。自浙中見其士習馳騖於外，每語學者且觀孟子「道性善」及「求放心」兩章，務收斂凝定，以致克己求仁之功。永康陳

[一]「自」，底本作「此」，誤，據明萬曆劉應舉補修本改。

亮以文雄於時，自負王霸之略而任俠豪舉。熹嘗與書箴其義利雙行，王霸並用。亮有書來辨難，熹數書往復，極力開論。亮雖不能改，未嘗不心服焉。

十四年，除提點江西刑獄公事。十五年，促奏事。淮罷相，遂力疾入奏。是行也，有要之於路，以「正心誠意」爲上所厭聞，戒以勿言者。熹曰：「吾平生所學，只有此四字，豈可回互而欺吾君乎？」及奏，上未嘗不稱善，曰：「久不見卿，浙東之事，朕自知之。今當處卿清要，不復勞卿州縣。」除兵部郎。本部侍郎長樂林栗，前數日與熹論《易》、《西銘》不合，至是遣部吏抱印，迫以供職。熹以疾告，遂疏熹欺慢。時上意方嚮熹，欲易以他部郎，時相竟請授以前江西之命。熹行，且辭曰：「論者謂臣事君無禮，爲人臣子有此名，罪當誅戮，豈可復任外臺耳目之寄？」章再上，除主管高嵩山崇福宮。栗亦罷。時廟堂知上眷厚，憚熹復入，故爲兩罷之策。上悟，復召熹受職名。辭召命。又促召，具封事投匭以進，其略曰：「前日臣所面陳者，雖蒙聖慈委曲開譬，然臣之愚，竊以爲此輩但當使之守門傳命，供掃除之役，不當假借崇長，使得逞邪媚，作淫巧於內，以蕩上心；立門庭，招權勢於外，以累聖政。臣竊聞之道路，自王抃既逐之後，諸將差除多出此人之手。宰相不得議其制置之得失，給練不得論其除授之是非，則陛下所以正其左右者，未能及古之聖王，明矣。至於選任大臣，則以陛下之聰明，豈不知天下之事必得剛明公正之人而後可任哉？其所以常不得如此之人，而反容鄙夫之竊位者，直以一念之間未能徹其私邪之蔽，而燕私之好、便嬖之流不能盡由於法度。若用剛明公正之人以爲輔相，則恐其有以妨吾之事、害吾之人，而不得肆。是以選掄之際，常先排擯此等，置度外。而後取凡庸懦軟熟、平日不敢直言正色之人而揣摩之，又於其中得其至庸極陋、決可保其不至於有所妨者，然後舉而加之於位。是以除書未出，而物色先定；姓名未顯，而中外已逆知其決非天下之第一流矣。」疏入，夜漏下七刻，上已就寢，亟起秉燭，讀之終篇。明日，除崇政殿説書。時孝宗已有倦勤之意，蓋將以爲燕翼之謀。熹當孝宗朝，陛對者三，上封事者一。熹疏雖切，孝宗亦開懷容納，然熹進言皆痛詆大臣、近習，孝宗之眷愈厚，而嫉者愈深，是以不能一日安其身於朝廷之上，而孝宗内禪矣。

光宗即位，除江東轉運副使，改知漳州，紹興元年赴任。以習俗未知禮，採古喪葬嫁娶之儀，揭以示之，命父老解説以教子弟，俗大變。會朝論欲行泉、漳、汀三州經界，熹初仕同安，已知經界不行之害，至是訪事宜、擇人物，以至弓量之法，洞見本末，遂疏其事上之。明年，除荆湖南路轉運副使，漳州經界竟報罷。四年，差知潭州荆湖南路安撫。熹所至，必興學校，明教化。湖湘士子素知學，日伺公退，則請質所疑，熹爲之講説不倦，四方學者畢至。寧宗初在潛邸，聞熹名，每恨不得熹爲本宫講官。及即位，首召奏事，兼實録院同修撰。奏言：「朝廷紀綱尤所當嚴，上自人主，下自百執事，各有職業，不可相侵。今進退宰執，移易臺諫，皆出陛下之獨斷。大臣不與謀，給舍不及議，正使其事悉當於理，亦非爲治之體。況中外傳聞，皆謂左右或竊其柄，而其所行又未能盡允於公議乎？此弊不革，臣恐名爲獨斷，而主威未免於下移，欲以求治而反不免於致亂。」不報。上之立，丞相趙汝愚密與知閤門事韓侂胄謀之，侂胄於太后爲親屬，自謂有定策功，居中用事。熹約吏部侍郎彭龜年共攻之。龜年出護使客，侂胄益得志。熹又嘗奏言左右竊柄之失，後因講延留身，復申言前奏，乞賜施行。既退，降御批云：「憫卿耆艾，方此隆冬，恐難立講，已除卿宫觀。」宰相執奏不行。明日，徑以御批付下，臺諫給舍亦争留，不可。尋提舉南京鴻慶宫。

慶元元年，趙丞相亦罷，誣以不軌，謫永州。丞相既當大任，收召四方知名之士，中外引領以觀新政，熹惕然以侂胄用事爲慮。既屢爲上言，又數以手書密白丞相，當以厚賞酬其勞，勿使得預朝政。丞相方謂其易制，所倚以爲腹心謀事之人，又皆持禄苟安，無復遠慮。丞相既逐，而朝廷大權悉歸侂胄。熹自念身雖閑退，尚帶侍從職名，不敢自嘿，遂草書萬言，極言姦邪蔽主之禍，因以明其冤，詞旨痛切。諸生更諫，以筮決之，遇遯之同人，熹默然，退取諫稿焚之，自號遯翁。沈繼祖爲監察御史，上章誣詆，落職罷祠。

四年十二月，以來歲年及七十，申乞致仕。五年，依所請。六年三月，熹素有足疾，命移寢中堂。諸生入問疾，因請曰：「先生疾革矣，萬一不諱，當用《書儀》乎？」熹摇首。「然則當用《儀禮》乎？」亦摇首。「然則以《儀禮》、《書儀》參用之？」乃頷之。意若索紙筆，然握筆已不能運。少頃，置筆就枕，誤觸巾，目門人使正之。揮婦女毋得近，諸生揖而退。良久，恬然而逝。是日，大風拔木，洪流崩崖。葬建縣唐石里之大林谷。

自熹去國，侂胄勢益張，鄙夫憸人迎合其意，以學爲僞。科舉取士稍涉經訓者，悉見排黜；文章議論根於理義者，並行除毁。六經、《語》、《孟》悉爲世之大禁。猾胥賤隸、頑鈍無耻之徒，往往引用以致卿相。熹與諸生講學竹林精舍，有勸以謝遣生徒者，笑而不答。熹既没，善類悉已排擯，羣小之勢已成。侂胄志氣驕溢，遂至擅開邊釁，幾危宗社，而生靈塗炭矣。後侂胄伏誅，凶徒憸党根株斥戮。嘉定元年，賜謚曰文。

熹平居惓惓，無一念不在於國。其事君也，不貶道以求售；其愛民也，不徇欲以苟安。故其與世動輒齟齬，自筮仕以至屬纊，五十年間，歷事四朝，仕於外者，僅九考，立於朝者，四十日。道之難行也如此！然紹道統，立人極，爲萬世宗師，則不以用捨爲加損也。

自父松得中原文獻之傳，聞河洛之學，推明聖賢遺意，日誦《大學》、《中庸》，以用力於致知誠意之地。熹蚤歲已知其説，而心好之。父病且亟，屬曰：「籍溪胡原仲、白水劉致中、屏山劉彦冲三人，吾友也，學有淵源，吾所敬畏。吾即死，汝往事之，而惟其言之聽，則吾死不恨矣。」熹既孤，則奉以告三君子而稟學焉。時年十有四，慨然有求道之志，博求之經傳，徧交當世有識之士。雖釋老之學，亦必究其歸趣，訂其是非。李侗學於羅從彦，從彦學於楊時，侗於松爲同門友。熹歸自同安，不遠數百里，徒步往從之。侗稱之曰：「樂善好義，鮮與倫比。」又曰：「潁悟絶人，力行可畏。」自是從游累年，精思實體，而學之所造者益深矣。

其爲學也，窮理以致其知，反躬以賤其實，居敬者，所以成始成終也。修諸身者，其色莊，其言厲，其行舒而恭，其坐端而直。其閒居也，未明而起，深衣、幅巾、方履拜於家廟以及先聖。退坐書室，几案必正，書籍器用必整。威儀容止之則，自少至老未嘗有須臾之離也。謂聖賢道統之傳，散在方册，於是極其精力，以研窮聖賢之經訓。雖疾病支離，至諸生問辨，則脱然沉痾之去體。一日不講學，則惕然常以爲憂。摳衣而來，遠自川蜀；文詞之傳，流及海外。至於夷虜亦知慕其道，竊問其起居。窮鄉晚出，家蓄其書，私淑諸人者不可勝數。先生既没，學者傳其書、信其道者益衆，亦足以見理義之感於人者深矣。至若天文、地志、律曆、兵機，亦皆洞究淵微。文詞字畫，騷人才士疲精竭神，常病其難。至熹未嘗用意，而亦皆動中規繩，可爲世法。熹疾且革，手爲書囑其子與門人范念德、黄幹，尤拳拳以勉學及修正遺書爲言。

熹著述雖多，於《語》、《孟》、《中庸》、《大學》尤所加意。若《大學》、《論語》則更定數四，以至垂没。《楚辭集註》亦晚年所作，其愛君憂國，雖老不忘。《通鑑綱目》僅能成編，每以未及條補爲恨。又嘗編次《禮書》，用工尤苦，竟亦未能脱稿。所輯《家禮》世多用之，然其後亦多損益，未暇更定。

太極非是别爲一物，即陰陽；而在陰陽，即五行；而在五行，即萬物；而在萬物，只是一箇理而已。因其極至，故名曰太極。

諭學者：「書不記，熟讀可記；義不精，細思可精。惟有志不立，直是無着力處。只如而今，貪利禄而不貪道義，要作貴人而不要作好人，皆是志不立之病。直須反覆思量，究見病痛起處，勇猛奮躍，不復作此等人。一躍躍出，見得聖賢千言萬語，卻無一事不是實語，方始立得此志。就此積累工夫，迤邐向上去，大有事在。」

爲學要剛毅果決，悠悠不濟事。且如「發憤忘食，樂以忘憂」，是甚麽精神！是什麽骨肋！

學聖人之道者，須是有膽志。且決裂勇猛，於世間禍福、利害、得喪不足以動其心，方能立得脚住。若不能如此，卻靠不得。況當世衰道微之時，尤用硬着脊梁，無所屈撓始得。

古之聖賢，戰戰兢兢，過了一生。

常人之學，多是偏於一理，主於一説，故不見四旁，以起爭辨。聖人則中正和平，無所偏倚。

孟子甚細膩，如大匠把得繩墨定，千門萬户自在。

釋氏見處，只是要得六用不行，則本性自見，只此便是差處。六用豈不是性？若待其不行，然後性見，則性在六用之外，别爲一物矣。譬如磨鏡，垢盡明見，但謂私欲浄而天理存，非六用不行之謂也。

或問：「子之言釋氏之術原於莊子承蜩削鐻之論，其有稽乎？」朱子曰：「何獨此哉？凡彼言之精者，皆竊取莊、列之説以爲之。宋景文公於《唐書》李蔚等傳既言之矣。蓋佛之所生去中國絶遠，其書來者，文字、音讀皆累數譯而後通。而其所謂禪者，則又出於口耳之傳，而無文字之可據，以故人人得竄其説以附益之，而不復有所考驗。今其所以或可見者，獨賴其割裂裝綴之迹猶有隱然於文字之間而不可揜者耳。蓋凡佛之書，其始來者如《四十二章》、《遺教》、《法華》、《金剛》、《光明》之類，其所言者不過清虚緣業之論，神通變現之術而已。及其中間，爲其學者如惠遠、僧肇之流，乃始稍竊莊、列之言以相之，然尚未敢正以爲出於佛之口也。及其久而恥於假借，則遂顯然篡取其意而文以浮屠之言。如《楞嚴》所謂自聞，即莊子之意；而《圓覺》所謂『四大各離，今者妄身當在何處』，即列子『所謂精神入其門，骨骸反其根，我尚何存者』也。凡若此類，不可勝舉。然其説皆萃於書首，其後無以繼之，然後佛之本真乃見。如結壇、誦咒二十五輪之類，以至於大力金剛、吉盤荼鬼之屬，則其粗鄙俗惡之狀，校之首章至玄極妙之指，蓋水火之不相入矣。至於禪者之言，則其始也，蓋亦出於晉宋清談論議之餘習，而稍務反求静養以默證之，或能頗出神怪，以衒流俗而已。如一葉五花之讖、隻履西歸之説，雖未必實有是事，然亦可見當時所尚者止於如此也。其後傳之既久，聰明才智之士或頗出於其間而自覺其陋，於是更出己意，益求前人之所不及者以陰佐之，而盡諱其怪幻、鄙俚之談。於是其説一旦超然，真若出乎道德性命之上，而惑之者遂以爲果非堯、舜、周、孔所能及矣。然其虚夸詭譎之情、險巧儇浮之態，展轉相高，則又反不若其初清虚静默之説，猶爲彼善於此也。以是觀之，則凡釋氏之本末、真僞可知，而其所竊，豈獨承蜩削鐻之一言而已哉！且又有一説焉，夫佛書本皆胡語，譯而通之，則或以數字爲中國之一字，或以一字爲中國之數字。而今其所謂偈者，句齊字偶，了無餘欠。至於所謂二十八祖傳法之所爲者，則又頗協中國音韻，或用唐詩聲律。自其徒之稍黠如惠洪輩者，則已能知其謬，而强爲説以文之。顧服衣冠、通古今、號爲士大夫如楊大年、蘇子由者，反不悟而筆之於書也。嗚呼！以是推之，則亦不必問其理之是非，而其增加之僞迹狀明白，益無所逃矣。宋公之論信而有證，世之惑者，於此其亦可以少悟也哉！」

《讀大紀》：「宇宙之間，一理而已，天得之而爲天，地得之而爲地。而凡生於天地之間者，又各得之以爲性。其張之爲三綱，其紀之爲五常，蓋皆此理之流行，無所適而不在。若其消息盈虚，循環不已，則自未始有物之前，以至人消物盡之後，終則復始，始復有終，又未嘗有頃刻之或停也。儒者於此，既有以得其心之本然矣，則其内外精粗，自不容有纖毫之間，而其所以修己治人、垂世立教者，亦不容其有纖毫造作、輕重之私焉。是以因其自然之理，而成自然之功，則有以參天地，贊化育，而幽明巨細無一物之遺也。若夫釋氏則自其因地之初而與此理已背違矣，乃欲其所見之不差，所行之不謬，則其可得哉！是以叛君親，棄妻子，入山林，捐軀命，以求其所謂空無寂滅之地而逃焉。其量亦已隘，而其勢亦已逆矣。然以其立心之堅苦、用力之精專，亦有以大過人者，故能率如所欲而實有見焉。但以其言行求之，則其所見，雖自以爲至玄極妙，有不可以思慮言語到者，而於吾之所謂窮天地、亘古今、本來不可易之實理，則反瞢然其一無覩也。是以殄滅彝倫，墮於禽獸之域，而猶不自知其有罪。蓋其實見之差，有以陷之，非其心之不然而故欲爲是以惑世而罔人也。至其爲説之窮，然後乃有不舍一法之論，則似始有爲是遁詞以蓋前失之意，然亦秉彝之善有終不可得而殄滅者。是以剪伐之餘，而猶有此之僅存，又以牽於實見之差；是以有其意而無其理，能言之而卒不能有以踐其言也。凡釋氏之所以爲釋氏者，始終本末不過如此，蓋亦無足言矣。然以其有空寂之説，而不累於物欲也，則世之所謂賢者好之矣；以其有玄妙之説，而不滯於形器也，則世之所謂智者悦之矣；以其有生死輪迴之説，而自謂可以不淪於罪苦也，則天下之傭奴、爨婢、黥髡、盜賊亦匍匐而歸之矣。此其爲説以張煌輝赫、震耀千古，而爲吾徒者方且蠢焉，鞠躬屏氣，爲之奔走服役之不暇也。幸而一有間世之傑，乃能不爲之屈，而有聲罪致討之心焉。然又不能究其實見之差，而詆以爲幻見空説；不能正之以天理全體之大，而偏引交通生育之一説以爲主。則既不得其要領矣，而徒欲以戎狄之醜號加之。其於吾徒，又未嘗教之以内修自治之實，而徒驕之以中華列聖之可以爲重，則吾恐其不惟無以坐收摧陷廓清之功，或乃往遺之禽而反爲吾黨之詬也。嗚呼！惜哉！」

《與連嵩》：「卿所謂『天地之性即我之性，豈有死而遽亡之理』，此説亦未爲非，但不知爲此説者，以天地爲主耶，以我爲主耶？若以天地爲主，則此性即自是天地間一箇公共道理，更無人物彼此之間、死生古今之别，雖曰死而不亡，然非有我之所得私矣。若以我爲主，則只是於自己身認得一箇精神魂魄、有知有覺之物，即便目爲己性，把持作弄，到死不肯放舍，謂之死而不亡，是乃私意之尤者，尚何足與語死生之説、性命之理哉？釋氏之學，本是如此。今其徒之黠者往往自知其陋而稍爲諱之，卻去上頭别説一般玄妙道理，雖若滉漾不可致詰，然其歸宿實不外此。若果如此，則是一箇天地性中，别有若干人物之性，每性各有界限，不相交雜，改名换姓，自死自生，更不由天地陰陽造化而爲，天地陰陽者亦無所施其造化矣。是豈有此理乎？煩以此問子晦，量必有説，卻以見喻。」

《答德明來書》云：「德明平日所見，未免以我爲主。蓋天地人物，統體只是一性。生有此性，死豈遽亡之？夫水有所激與所礙，則成漚，正如二機闔闢不已，妙合而成人物。夫水固水也，漚亦不得不謂之水，特其形則漚，滅則還復是本水也。人物之生，雖一形具一性〔二〕，及氣散而滅，還復統體，是一而已，豈復分别是人是物之性？所未瑩者，正惟祭享一事，推之未行。若

〔二〕「性」，底本作「形」，誤，據朱熹《晦庵集》卷四十五改。

以爲果享也，神不歆非類，大有界限，統體還一之説不相似。若曰享與不享蓋不必問，但報本之道不得不然，而《詩》、《書》卻明言『神嗜飲食』，『祖考來格』之類，則又極似有享之者。竊謂人雖死無知覺，知覺之原仍在，此以誠感，彼以類應。若謂盡無知覺之原，只是一片大虚寂，則似斷滅，無復實然之理，亦恐未安。君子曰終，小人曰死，則智愚於此，亦各不同。故人不同於鳥獸草木，愚不同於聖，雖以爲公共道理，然人須全而歸之，然後足以安吾之死。不然則人何用求至聖賢，何用與天地相似？倒行逆施，均於一死，而不害其爲人。是直與鳥獸禽魚俱壞，懵不知其所存也。答云賢者之見，所以不能無失者，正坐以我爲主、以覺爲性耳。夫性者，理而已矣。乾坤變化，萬物受命，雖所稟之在我，然其理則非有我之所得私也。聖人之制祭祀也，設主立尸，焫〔二〕蕭灌鬯，或求之陰，或求之陽，無所不用其極，而猶止曰『庶或享之』而已。其至誠惻怛、精微恍惚之意，蓋有聖人所不欲言者，非可以世俗粗淺知見，執一而求也。豈曰一受其成形，則此性遂爲吾有，雖死而猶不滅，截然自爲一物，藏乎寂然一體之中，以俟夫子孫之求而時出以享之耶？必如此説，則其界限之廣狹、安頓之處所，必有可指言者。且自開闢以來，積至於今，其重併積疊，計已無地之可容矣。是又安有此理耶？且乾坤造化，如大洪爐，人物生生，無少休

〔二〕「焫」，底本作「炳」，誤，據明萬曆劉應舉補修本改。

息，是乃所謂實然之理，不憂其斷滅也。今乃以一片大虛寂目之，而反認人物已死之知覺，謂之實然之理，豈不誤哉？又聖賢所以謂歸全安死者，亦曰無失其所受乎天之理，則所以無愧而死耳。非以爲實有一物，可奉持而歸之，然後吾之不斷不滅者，得以宴然安處乎冥漠之中也。夭壽不貳，修身以俟之，是乃無所爲而然者。與異端謂生死事大、無常迅速然後學者，正不可同日而語。今乃混而言之，以彼之見，爲此之説，所以爲説愈多而愈不合也。」

《答詹廉善》：「示喻儒釋之分，益見潛心之力。所謂『釋氏一覺之外，更無分別，不復事事，而吾儒事事無非天理』，此語是也。然吾儒亦非覺外有此分別，只覺此處，便自天高地下，萬物散殊，毫髮不可移易。所謂天叙、天秩、天命、天討，正在是耳。」

向來見人陷於異端者，每以攻之爲樂，勝之爲善。近惟覺彼之迷昧爲可憐，而吾道之不振爲可憂，誠實痛傷，不能自已。不知是年老氣衰而然耶，抑亦漸得性情之正而然耶？

問：「反者，道之動；弱者，道之用。」曰：「老子説話都是這樣意思。緣他看得天下事變熟了，都于反處做起。且如人剛强咆哮、跳躑之不已，其勢必有時而屈。故他只務爲弱。人纔弱時，卻蓄得那精剛完全；及其發也，自然不可當。故張文潛説：老子惟静，故能知變。然其勢必至於忍心無情，視天下之人皆如土偶耳。其心卻冷冰冰地了，便是殺人也不卹，故其流多入於變詐刑名。太史公將他與申韓同傳，非是强安排，其源流實是如此。」

世間萬事須臾變滅，皆不足置胸中，惟有窮理修身爲究竟法耳。

看道理須要就那大處看，便面前開濶。不要就壁角裏，地步窄，一步便觸，無去處了。而今且要看天理人欲、義利公私，分明得明，將自家日用底與他勘驗，須漸漸有見處，前頭漸漸開濶。那箇大壇場，不去上面做，不去上面行，只管在壁角裏，縱理會得一句，只是一句透，道理小了。如《破斧》詩，須有那「周公東征，四國是皇」，見得周公用心始得。

爲學須覺今是而昨非，日改而月化，便是長進。

學問長進，斷然不在意氣太鋭之時，乃在工夫有常之後。

不曾離得舊窠窟，何緣變化得舊氣質？

而今只理會下手做工夫處，莫問他氣稟與習。只是是底便做，不是底莫做，一直做將去。任你氣稟物欲，只是不恁地。如此則「雖愚必明，雖柔必强」，氣習不期變而變矣。

只争箇知與不知，争箇知得切與不切。且如人要做好事，到得見不好事，也似乎可做。方要做好事，又似乎有箇不好底心，從後面牽轉去，這只是知不切。

士大夫之辭受出處，又非獨其身之事而已。其所處之得失，乃關風俗之盛衰，故不可以不審也。

學者當常以「志士不忘在溝壑」爲念，則道義重，而計較死生之心輕矣。況衣食至微末事，不得未必死，亦何用犯義犯分，役心志，營營以求之耶？某觀今人因不能咬菜根而至於違其本心者衆矣。可不戒哉！

學者不於富貴貧賤上立定，則是入門便差了也。人之所以戚戚於貧賤，汲汲於富貴，只緣不見這箇道理。若見得這箇道理，貧賤不能損得，富貴不曾添得，只要知這道理。

周貴卿曰：「非不欲常常持守，但志不能帥氣，臨事時又變遷了。」曰：「只是亂説！豈是由他自去？正要待他去時撥轉來。『爲仁由己，而由人乎哉！』『止，吾止也；往，吾往也。』」〔一〕

或勞先生人事之繁，曰：「大凡事只要奈煩做將去，纔起厭心便不得。」

學常要親細務，莫令心粗。

今也須如僧家行脚，接四方之賢士，察四方之事情，覽山川之形勢，觀古今興亡治亂得失之迹，這道理方見得周徧。「士而懷居，不足以爲士矣！」不是塊然守定這物事在一室，關門獨坐便了，便可以爲聖賢。自古無不曉事情底聖賢，亦無不通變底聖賢，亦無關門獨坐底聖賢。

今人戚戚不能信命者，固無足道，然謂付之造化，亦非極至之語。此處儘見得分明，便不動心。只靠一言半句、海上單方便以爲足，恐事變之來，抵當不去，恐成好笑也。

〔一〕 從「發也，自然不可當」至此，底本闕此卷頁二十三、二十四，據明萬曆劉應舉補修本補。

今人未有見時，直[一]情做去都不見得。一有所見，始覺所爲多有可寒心處。

《答任伯起》：「所喻已業荒廢，此亦甚以爲疑。意謂世味漸深，遂已無復此志。今乃猶有愧恨之心，足以見善端之未泯也。」一旦幡然，如轉户樞，亦何難之有哉！熹衰病之軀，飲食起居，尚未能如舊，流竄放殛，久已置之度外。諸生遠来，無可遣去之理。朝廷若欲行遣，亦須符到奉行，難以遽自匆匆也。詳觀来喻，似有仰人鼻息以爲慘舒之意，若方寸之間日日如此，則與長戚戚者無以異矣。若欲學道，要須先去此心，然後可以語上。上蔡先生言：『透得名利關，方是小歇脚處。』今之士大夫何足道？能言真鸚鵡也，不知曾見此書否？」

若不見得入頭處，緊也不可，慢也不得。若識得些路頭，須是莫斷了。若斷了，便不成。待得再新整頓起來，費多少力！如雞抱卵，看來抱得有甚煖氣，只被他常常恁地抱得成。若把湯去盪，便死了；若抱纔住，便冷了不生。然而實是見得入頭處，他自不解住了，自要做去，他自得些味了。如喫果子相似：未識滋味時，喫也得，不消喫也得；到識滋味了，要住[二]，自住不得底。

[一]「直」，底本模糊，據明萬曆劉應舉補修本補。
[二]「住」，底本作「往」，誤，據明萬曆劉應舉補修本改。

此事以涵養本源爲先，講論經旨，特以輔此而已。

學者工夫，但患不得其要。若是尋究得這箇道理，自然頭頭有箇着落，貫通浹洽，各有條理。如或不然，則處處窒礙。學者常談，多説持守未得其要，不知持守甚底。説擴充，説體驗，説涵養，皆是揀好底言語做箇説話，必有實得力處方可。所謂要於本領上理會者，蓋緣在此。

學問須是大進一番，方始有益。若能於一處大處攻得破，見那許多零碎，只是這一箇道理，方是快活。零碎底非是不當理會，但大處攻不破，縱零碎理會得些少，終不快活。曾點、漆雕開已見大意，只緣他大處看得分曉。今且道他那大底是甚物事？天下只有一箇道理，學只要理會得這一箇道理。這裏纔通，則凡天理人欲、義利、公私、善惡之辨，莫不皆通。

人能存得敬，則吾心湛然。天理粲然，無一分着力處，亦無一分不着力處。

一念起處，萬事根源，尤要緊切。人心至靈，千萬里之遠，千百世之上，一纔發念，便到那裏。神妙如此，卻不去養它。自旦至暮，只管展轉處於利欲之中，都不知覺。

通天下只是一箇天機活物，流行發用，無間容息。據其已發者而指其未發者，則已發者人心，而凡未發者皆其性也，亦無一物而不備矣。夫豈别有一物拘於一時、限於一處而名之哉？即夫日用之間，渾然全體，如川流之不息，天運之不窮耳。此所以體用、精粗、動静、本末，洞然無一毫之間，而鳶飛魚躍，觸處朗然也。存者，存此而已；養者，養此而已。

近覺向来所爲學〔一〕，實有向外浮泛之弊，不惟自誤，而誤人亦不少。方别尋得一頭緒，似差簡約端的，始知文字、言語之外，真别有用心處，恨未得面論也。

《答潘叔度》：「熹衰病，今歲幸不至劇，但精力益衰，目力全短，看文字不得。瞑目静坐，卻得收拾於心，覺得日前外面走作不少，頗恨盲廢之不早也。」

《答何叔京》：「李先生教人，大抵令於静中體認大本未發時氣象分明，即處事應物，自然中節。此乃龜山門下相傳指訣。然當時親炙之時貪聽講論，又方竊好章句訓詁之習，不得盡心於此，至今若存若亡，無一的實見處，辜負教育之意。每一念此，未嘗不愧汗沾衣也。脱然之語，乃先生稱道之過。今日猶如掛鈎之魚，當時寧有是耶？」

《答吕子約》：「日用工夫，比復何如？文雖不可廢，然涵養本原而察於天理人欲之判，此是日用動静之間不可頃刻間斷底事。若於此處見得分明，自然不到得流入世俗功利、權謀裏去矣。熹亦近日方實見得向日支離之病，雖與彼中證候不同，然其忘己逐物、貪外虚内之失，則一而已。程子説：『不得以天下萬物撓己，己立後，自能了得天下萬物。』今自家一箇身心不知安頓去處，而談王説霸，將經世事業别作一箇伎倆商量講究，不亦誤乎？」

〔一〕「學」，底本原脱，據《晦庵集》卷三十五補。

人之一心，當應事時，常如無事時方好。只是虛心看物，物來便知是與非。若一日未死，一日要是當；百年未死，百年要是當。這便是「立命」。

讀書須是虛心切己。虛心，方能得聖賢意；切己，則聖賢之言不爲虛説。

山谷《與李幾仲帖》云：「大率學者喜博，而常病不精。汎濫百書，不若精於一也。有餘力，然後及諸書，則涉獵諸篇亦得其精。蓋以我觀書，則處處得益；以書博我，則釋卷茫然。」某深喜之，以爲有補於學者。

問：「横渠張氏云：『義理有疑，即濯去舊見，以來新意。』」曰：「此説甚當，最有理。若不濯去舊見，何處得新意來？今學者有二種病：一是主自家私意；一是舊有先入之説，雖欲擺脱，亦被他自來相尋。」

人看文字，要得言外之意。

讀書不可只專就紙上求義理，須反求，就自家身上推究。秦漢以後，無人説到此，亦只是一向去書册上求。

觀書不可只觀緊要處，閑慢處都要周匝。

熹近日亦覺向來説話有大支離處，反身以求，正坐自己用功亦未切耳。因此減去文字工夫，覺得閑中氣象甚適。每勸學者，亦且看《孟子》「道性善」、「求放心」兩章，着實體驗收拾爲要。其餘文字，且大概諷誦涵養，未須大段着力考索也。

《答潘叔昌》：「示喻天上無不識字底神仙，此論甚中一偏之弊。然亦恐只學得識字，卻不曾學得上天，即不如且學上天耳。上得天了，卻旋學上天，人亦不妨也。中年以後，血氣精神能有幾何？不是記故事時節。熹以目昏，不敢着力讀書，閑中静坐，收歛身心，頗覺得力。間起看書，聊復遮眼。遇有會心處，時一喟然耳。」

《答潘恭叔》：「學問根本，在日用間持敬集義工夫，直是要得念念省察，讀書求義乃其間之一事耳。舊來雖知此意，然於緩急先後之間，終是不覺有倒置處，誤人不少，今方自悔耳。」

《與吴茂實》：「近來自覺向時工夫止是講論文義，以爲積集義理，久當自有得力處，卻於日用工夫全少檢點。諸朋友往往亦只如此做工夫，所以多不得力。今方深省而痛懲之，亦與諸同志勉焉。幸老兄遍以告之也。」

自秦漢以來，士之所求乎書者，類以記誦掠剽爲功，而不及乎窮理修身之要。其過之者，則雖絶學捐書，而相與馳騖乎荒虚浮誕之域。蓋二者之蔽不同，而於古人之意，則胥失之矣。

經書有不可解處，只得闕。若一向直解，便有不通而謬處。

高宗舊學於甘盤，六經至此，方言學字。

學《禮》先看《儀禮》，《儀禮》是全書，其他皆是講説。

《周禮》畢竟是出於一手，謂是周公親筆做成，固不可，然大綱卻是周公意思。今謂《周官》非聖人之書。至如比、閭、族、黨之法，正周公建太平之基本。禮，時爲大。使聖賢有作，必不一切從古之禮。疑只是以古禮殺從今世俗之禮，令稍有防範節文，不至太簡而已。

《春秋》只是直載當時之事，要見當時治亂興衰，非是於一字上定褒貶。

《跋王仲本朋友説》：「人之大倫惟父子、兄弟爲天屬，而以人合者居其三焉。然夫婦者，天屬之所由以續者也；君臣者，天屬之所賴以全者也；朋友者，天屬之所賴以正者也。此其所以爲天之所叙，而非人之所能爲也。然必欲君臣、父子、兄弟、夫婦之間交盡其道而無悖焉，非有朋友以責其善，輔其仁，其孰能使之然哉！故朋友之於人倫，其勢若輕，而所繫爲甚重；其分若疎，而所關爲至親；其名若小，而所職爲甚大。此古之聖人修道立教所以必重乎此而不敢忽也。自世教不明，君臣、父子、兄弟、夫婦之間，既皆莫有盡其道者；而朋友之倫廢闕尤甚，其親不足以相維，其情不足以相固，其勢不足以相攝。由夫四者之不求盡道，而朋友以無用廢。嗚呼！其亦可爲寒心也已。非夫强學力行之君子，其孰能深察而亟反之也哉？」

嘗誨學者曰：「某此間講説時少，踐履時多。事事都用人自去理會，自去體察，自去涵養，書用自去讀，道理用自去究索。某只是做得箇引路底人，做得箇證明底人，有疑難處，同商量而已。」

學者議論工夫，當因其人而示以用功之實，不必費辭，使人知所適從，以入於坦易明白之域可也。若泛爲端緒，使人迫切而自求之，適恐資學者之病。

師友之功，但能示之於始，而正之於終爾。若中間二十分工夫，自用喫力去做。既有以喻之於始，又自勉之於終，又其後得人商量是正之，則所得益厚矣。不爾，則亦何補於事？

康節先生謂其學於李挺之，每有叩請，必曰：「願先生只開其端，勿盡其意。」他只要待自思量得之。大凡事理，若是自去尋討得出來，直是别。

邵康節從頭至尾，極終身之力而後得之。雖其不能無偏，然就他這道理，所謂「成而安」矣。如茂叔先生資稟便較高，他也去仕宦。只他這所學，自是從合下直到後來，所以有成。某看來，這道理若不是拚生盡死去理會，終不解得。

陸子壽兄弟近日議論，卻肯向講學上理會。其門人有相訪者，氣象皆好。但其間亦有舊病。此間學者卻是與渠相反：初謂只如此講學漸涵，自能入德，不謂末流之弊，只成説話；至於人倫日用最切近處，亦都不得毫毛氣力。此不可不深懲而痛警也。

《答程正思》：「異論紛紛，不必深辨，且於自家存養講學處朝夕點檢，是切身之急務。朋友相信得及者，密加評訂，自不可廢，切不可於稠人廣坐論説是非，著書立言，肆意排擊，徒爲競辨之端，無益於事。向來蓋嘗如此，今乃悔之，故不願賢者之爲之耳。」《答胡寬夫》：「大抵學者之患，在於好談高妙，而自己脚根卻不點地。」《答竇文卿》：「爲學之要，只在着實操存，密切體認，自己身心上理會，切忌輕自表襮，引惹外人辨論，枉費酬應，分卻向裏工夫。」

道存乎飲食男女之事，而溺於流者不知其精。

《與陳丞相》云：「元城劉忠定公有言：子弟寧可終歲不讀書，而不可一日近小人。此言極有味。大抵諸郎爲學，正當以得師爲急、擇友爲難耳。」

戊子《賀陳丞相》云：「明公以大忠壯節早負天下之望，自知政事論執皆繫安危，甚者以去就争之。今乃爲相，亦既餘月，政令黜陟未有卓異於前。蓋聞古之君子居大臣之位者，其於天下之事，知之不惑，任之有餘，則汲汲及其時而勇爲之。知有所未明，力有所不足，則咨訪講求以進其知，攀援汲引以求其助，如救火追亡，尤不敢以少緩。上不敢愚其君，以爲不足與言仁義；下不敢鄙其民，以爲不足以興教化；中不敢薄其士大夫，以爲不足共成事功。一日立乎其位，則一日業乎其官；一日不得乎其官，則不敢一日立乎其位。有所愛而不肯爲者，私也；有所畏而不敢爲者，亦私也。屹然中立，無一毫私情之累，而惟知爲其職之所當爲者。夫如是，是以志足以行道，道足以濟時，而於大臣之責可以無愧。」己丑有書又云：「明公亦宜自謀所以清化原、革流弊者，使乾剛不亢而君道下際、忠讜競勸而臣道上交，則天地交泰。」

古之大臣，以其一身任天下之重，非以其一耳目之聰明、一手足之勤力爲能周天下之事也。其所賴以共正君心、同斷國論，必有待於衆賢之助焉。是以君子將以其身任此責者，必咨詢訪問，取之於無事之時；而參伍校量，用之於有事之日。

道夫問：「新法之行，雖塗人皆知其害，何故明道不以爲非？」曰：「自是王氏行得來有害，若使明道爲之，必不至恁地狼狽。」

康節本是要出來有爲底人，然又不肯深犯手做。凡事直待可做處，方試爲之；纔覺難，便拽身退，正張子房之流。

今人掀然有飛揚之心，以爲治國平天下如措諸掌，不知自家一箇身心都安頓未有下落，如何說功名事業？

如今未論人會學，喫緊自無人會教。所以明道先生欲得招致天下名儒，使講明教人之方，其德行最高者，留以爲太學師，卻以次分布天下，令教學者。須是如此，然後學校方成次第也。

聖人有作，古禮未必盡用。須別有箇措置，視許多瑣細制度，皆若具文，且是要理會大本大原。

今人獄事只管理會要從厚，不務是非善惡。只務從厚，豈不長奸惠惡？大凡事付之無心，因其所犯，考其情實，輕重厚薄付之當然可也。

聖人説政以寬爲本，而今反欲其嚴，正如古樂以和爲主，而周子反欲其淡。蓋今之謂寬者乃縱弛，所謂和者乃哇淫，非古之所謂寬與和者，故必以是矯之，乃得其平耳。如其不然，則雖有愛人之心，而事無統紀，緩急先後、可否與奪之權皆不在己，於是奸豪得志，而良善之民反不被其澤矣。此事利害只在目前，不必引書傳、考古今然後知也。但爲政必有規矩，使奸民猾吏不得行其私，然後刑法可省，賦歛可薄。所謂以寬爲本，體仁長人，孰有大於此者乎？

公等他日仕宦，不論官大小，每日詞狀，須置號簿，穿字號録判語；到事亦作一簿；發放文字亦作一簿。每日必勾了號，要許多事都了分得，方不被人瞞。

人言仁不可以主兵，義不可以主財。熹謂唯仁可以主兵，義可以主財。

五代時，兵甚驕矣。周世宗高平一戰既敗，卻忽然誅不用命者七十餘人，三軍大振，遂復合戰而克之。凡事都要人有志。

朱流問選擇將帥之術。曰：「當無事之時，欲識得將，須是具大眼力，如蕭何識韓信方得。國家中興，張、韓、劉、岳突然而出，豈平時諸公所嘗識者？」

文章須正大，須教天下後世見之無疑。

人到五十歲，不是理會文章時節，前面事多，日子少了。

問：「近日學者有厭拘檢，樂舒放，惡精詳，喜簡便者，皆欲慕邵堯夫之爲人。」曰：「邵子這道理，豈易及哉！他腹裏有這箇學，能包括宇宙，終始古今，如何不做得大，放得下？今日卻恃箇什麽，敢如此！」因誦其詩云：「『日月星辰高照曜，皇王帝伯大鋪舒。』可謂人豪矣！」

《跋趙清獻公家書》：「趙清獻公之爲人，公忠孝慈，表裏洞徹，固所謂無間然者。然其晚歲學浮屠法，自謂有得，故於兄弟族姻之間，無不以是勉之。前後見其家間手帖多矣，如此卷，稱其弟，心已明瑩，見性復元，教其姪以不失正念，要使純不雜，又數〔一〕以公私謹畏，踐履不失，便是初心佛事。且引古人『三〔二〕業清淨，即佛出世』之語，以爲此亦直截爲人處。則與今之學佛者大言滔天，而身心顛倒、不堪着眼者，蓋有間矣。嗚呼！聖學不傳，其失而求諸野者，若此尚爲有可觀也。」

爲學直是先要立本，文義卻可且與說出正意，令其寬心玩味，未可便令考校同異、研究纖密，恐其意思促迫，難得長進。將來見得大意，略舉一二節目，漸次理會，蓋未晚也。此是向來定本之誤，今幸見得，卻煩〔三〕勇革，不可苟避譏笑，卻誤人也。

〔一〕「數」，《晦庵集》卷八十四作「教」。
〔二〕「三」，底本作「二」，誤，據《晦庵集》卷八十四改。
〔三〕「煩」，《晦庵集》卷四十六作「須」，似更通。

此理甚明，何疑之有？若使道可以多聞博觀而得，則世之知道者爲不少矣。熹近日因事方有小省發處，如「鳶飛魚躍」，明道以爲與「必有事焉勿正」之意同者，乃今曉然無疑。日用之間，觀此流行之體，初無間斷處，有下工夫處，乃知日前自誑誑人之罪，益不可勝贖。此與守書册、泥言語全無交涉，幸於日用間察之，知此則知仁矣。

孟子言學問之道，惟在「求其放心」，而程子亦言「心要在腔子裏」。今一向耽着文字，令此心全體都奔在書册子上，更不知有己，便是箇無知覺、不識痛癢之人。雖讀得書，亦何益於吾事耶？

日用工夫，不敢以老病而自懈，覺得此心操存舍亡，只在反掌之間。向來誠是太涉支離，蓋無本以自立，則事事皆病耳。又聞講授亦頗勤劳，此恐或有未便，今日正要清源正本，以察事變之幾微，豈可一向汨溺於故紙堆中，使精神昏弊、失後忘前，而可以謂之學乎？

近日一種向外走作、心悦之而不能自已者，皆準止酒例戒而絶之，似覺省事。此前輩所謂「下士晚聞道，抑〔二〕以拙自修」者。若擴充不已，補復前非，庶其有日。舊讀《中庸》慎獨，《大學》誠意、毋自欺處，常若求之太過，措詞煩猥。近日乃覺其非，此正是最切近處、分明處，乃舍

〔二〕「抑」，明萬曆劉應舉補修本作「聊」，似更通。

之而談空於冥漠之間，其亦誤矣。方竊以此意痛自檢勒，懍然度日，惟恐有怠而失之也。至於文字之間，亦覺向來病痛不少。蓋平日解經最爲守章句者，然亦多是推衍文義，自做一片文字，非惟屋下架屋，説得意味淡薄，且是使人看者將註與經作兩項工夫做了，下稍看得支離，至於本旨，全不相照。以此方知漢儒可謂善説經者，不過只説訓詁，使人以此訓詁玩索經文，訓詁、經文不相離異，只做一道看了，直是意味深長也。

近看孟子見人即道性善，稱堯舜，此是第一義。若於此看得透，信得及，直下便是聖賢，便無一毫人欲之私做得病痛。若信不及，孟子又説過第二節工夫，又只引成覸、顔淵、公明儀三段説話，教人如此發憤，勇猛向前，日用之間，不得存留一毫人欲之私在這裏，此外更無別法。若於此有箇奮迅興起處，方有田地可下功夫。不然，即是畫脂鏤冰，無真實得力處也。近日見得如此，自覺頗得力，與前日不同，故此奉報。

向來妄論持敬之説，亦不自記其云何。但因其良心發見之微，猛省提撕，使心不昧，則是做工夫底本領。本領既立，自然下學而上達矣。若不察良心發見處，即渺渺茫茫，恐無下手處也。中間一書論「必有事焉」之説，卻儘有病，殊不蒙辨詰，何邪？所論多識前言往行，固君子之所急，熹向來所見亦是如此。近因反求未得箇安穩處，卻始知此未免支離。如所謂因諸公以求程氏，因程氏其本，而其言之得失自不能逃吾之鑒邪？欽夫之學所以超脱自在，見得分明，不爲言句所桎梏，只爲合一人處親切。今日説話雖未能絶無滲漏，終是本領是當，非吾輩所及，但詳觀所論，自可見矣。

詳來示，知日用工夫精進如此，尤以爲喜。若知此心、此理端的在我，則參前倚衡，自有不容捨者，亦不待求而得、不待操而存矣。

象山陸先生要語

先生諱九淵，字子静，撫州金谿人。生而清明，自三四歲時，思天地何所窮際，不得，至於不食。宣教公訶之，遂姑置，而胸中之疑終在。後十餘歲，因讀古書至「宇宙」二字，解者曰：「四方上下曰宇，往古來今曰宙。」忽大省，曰：「元來無窮，人與天地萬物悉囿〔一〕無窮之中者也。」乃援筆書曰：「宇宙内事乃己分内事，己分内事乃宇宙内事。」又曰：「宇宙便是吾心，吾心即是宇宙。東海有聖人出焉，此心同也，此理同也；西海有聖人出焉，此心同也，此理同也；南海、北海有聖人出焉，此心同也，此理同也。千百世之上至千百世之下，有聖人出焉，此心、此理亦莫不同也。」

〔一〕「悉囿」，明萬曆劉應舉補修本作「皆在」。

二十四歲，復齋問：「吾弟今在何處做工夫？」先生答曰：「在人情、事勢、物理上做工夫。」又云：「吾家合族而食，每輪差子弟掌庫三年。某適當其職，所學大進。」三十四歲，先生與徐子宜同試南宮，試《天地之性人爲貴論》。先生謂子宜曰：「某欲説底，卻被子宜道盡，但某所自得受用底，子宜卻無。」曰：「雖欲自異於天地，不可得也。此乃某平日得力處。」考官呂祖謙賞識之，云：「一見此文，心開目明，必江西陸子静也。」時從學者甚衆，先生諄諄，只言辨志。常曰：「古人入學，一年早知離經辨志。今人有終其身而不知自辨者，是可哀也。」

淳熙二年，爲鵝湖會。時朱子意欲令人博覽而後歸之約，先生欲先發明人之本心而後博覽取證云。五十歲，先生居象山，學徒結廬聚居。或問：「先生之學有所受乎？」曰：「因讀《孟子》而自得之于心也。」嘗謂學者云：「汝耳自聰，汝目自明，事父自能孝，事兄自能弟，本無少缺，不待他求，在乎自立而已。」勸著書，曰：「學苟知道，六經皆我註脚。」或問：「先生之學自何處入？」先生曰：「不過切己自反，改過遷善。」嘗曰：「念慮不正者，頃刻而知之，即可以正。正者頃刻而失之，即爲不正。有可以形迹觀者，有不可以形迹觀者。以形迹觀人，不足以知人；以形迹繩人，不足以救人。」朱子曰：「南渡以來，八字著脚，理會着實工夫者，某與子静二人而已。」

淳熙十六年，知荆門州。先生教民如子弟，雖賤隸走卒，亦諭以義理。接賓受詞無早暮，下情盡達無壅。故郡境之内，官吏之貪廉，民俗之習尚，忠良材武與猾吏暴强，先生皆得之於無事之日。凡訟應追逮，不特遣人，唯命訴者自執狀以追，計地近遠立限，皆如期，即日處決。輕罪多酌人情，曉令解釋。至人倫之訟既明，多使領元詞自毁之，以厚其俗。唯怙終不可誨化，乃始斷治，詳其文狀，以防後日反覆。久之，民情益孚，兩造有不持狀，唯對辨求決。初，保伍之制有司以非急務，多不檢覆，盜賊得匿藏其間。先生首申嚴之，姦無所蔽。有盜劫掠，鄰伍遽集，擒獲不逸一人，羣盜屏息。先生嘗曰：「古人明實理，做實事。」即荆門政，如此可見。

夫子曰「吾十有五而志于學」，今千百年無一人有志也。是怪他不得，志箇甚的？須是有智識，然後有志願。

人要有大志。常人汩没於聲色富貴間，良心善性都蒙蔽了。今人如何便解有志，須先有智識始得。

學者大率有四様：一、雖知學路而恣情縱欲不肯爲，一、畏其大事且難而不爲，一、求而不得其路，一、未知路而自謂能知。

凡欲爲學，當先識義利公私之辨。今所學果爲何事？人生天地間，爲人自當盡人道，學者所以爲學，學爲人而已，非有爲也。

今人略有些氣燄者，多只是附物，元非自立也。若某則不識一箇字，亦須還我堂堂地做箇人。

志於聲色利達者，固是小；勦模人言語的，與他一般是小。

大凡爲學須要有所立。《語》云「己欲立而立人」，卓然有不爲流俗所移，乃爲有立。須思量天之所以與我者，是甚的？爲復是要做人否？理會得這箇明白，然後方可謂之學問。

繆文子資質亦費力，慕外尤殢，每見他退去，一似不能脱羅網者。天之所以予我者，至大、至剛、至直、至平、至公。如此私小，做甚的人？須是放教此心，公平正直。無偏無党，王道蕩蕩；無党無偏，王道平平；無反無側，王道正直。某今日作包顯道書云：「古人之學，不求聲名，不較勝負，不恃才智，不矜功能。今人之學，正坐反此耳。」

要當軒昂奮發，莫恁他沉埋在卑陋凡下處。此理在宇宙間，何常有所礙？是你自沉埋、自蒙蔽，陰陰地在箇陷阱中，更不知所謂高遠的。要決裂破陷阱，窺測破羅網。

彘雞終日縈縈，無超然之意，須是一刀兩斷，何故縈縈如此！縈縈的討箇甚麽！

學者須是打疊田地浄潔，然後令他奮發植立。若田地不浄潔，則奮發植立不得。古人爲學，即「讀書然後爲學」可見。然田地不浄潔，亦讀書不得。若讀書，則是假寇兵，資盜糧。

大世界不享，卻要占箇小蹊、小徑子；大人不做，卻要爲小兒態。可惜！

《與徐任伯書》曰：「某氣質素弱，年十四五，手足未嘗温煖。後以稍知所向，體力亦隨壯也。嘗云：『吾人於踐履未能純一，然纔自警策，便與天地相似。』」

《論語》中多有無頭柄的説話，如「知及之，仁不能守之」之類，不知所及守者何事；如「學而時習之」，不知時習者何事。非學有本領，未易讀也。苟學有本領，則知之所及者，及此也；仁之所守者，守此也；時習之，習此也。説者説此，樂者樂此，如高屋之上建瓴水矣。學苟知本，六經皆我註脚。

居象山，多告學者云：「女耳自聰，目自明，事父自能孝，事兄自能弟，本無欠闕，不必他求，在自立而已。道遍滿天下，無些小空闕。四端、萬善，皆天之所與，不勞人粧點，但是人自有病，與他間隔了。」

人爲學甚難。天覆地載，春生夏長，秋斂冬肅，俱此理。人居其間，要靈識此理如何解得。此理塞宇宙，所謂「道外無事，事外無道」。捨此而别有商量，别有趨向，别有規模，别有形迹，别有行業，别有事功，則與道不相干，則是異端，則是利欲謂之陷溺，謂之舊窠。説即是邪説，見即是邪見。

萬物森然於方寸之間，滿心而發，充塞宇宙，無非此理。

朱濟道力稱贊文王。謂曰：「文王不可輕贊，須是識得文王，方可稱贊文王。」濟道云：「文王聖人，誠非某所能識。」曰：「識得朱濟道，便是文王。」

江泰之問：「某懲忿窒慾，求其放心，然能暫而不能久，請教。」答曰：「但懲忿窒慾，未是學問事。便懲窒得全無後，也未是學。學者須是明理，須是知學，然後説得懲窒。知學後懲窒，與常人懲窒不同。常人懲窒只是就事就末。」

夫子曰：「由！知德者鮮矣。」要知德。皋陶言：「亦行有九德。」然後乃言曰：「載采采。」事固不可不觀，然畢竟是末。自養者亦須養德，養人亦然；自知者亦須知德，知人亦然。不於其德而徒繩檢於其行與事之間，徒使人作僞。

詹子南方侍坐，先生處起，子南亦起。先生曰：「還用安排否？」

先生舉「公都子問鈞是人也」一章云：「人有五官，官有其職，子南因思是便收此心，然惟有照物而已。」他日侍坐，無所問，先生謂曰：「學者能常閉目亦佳。」某因此無事則安坐瞑目，用力操存，夜以繼日，如此者半月。一日下樓，忽覺此心已復澄瑩，中立竊異之，遂見先生。先生目逆而視之曰：「此理已顯也。」某問先生：「何以知之？」曰：「占之眸子而已。」因謂某：「道果在邇乎？」某曰：「然。昔者嘗以南軒張先生所類洙泗言仁書考察之，終不知仁，今始解矣。」先生曰：「是即知也，勇也。」某因言而通，對曰：「不惟知勇，萬善皆是物也。」先生曰：「然。更當爲説存養一節。」

朱濟道說：「前尚勇決，無遲疑，做得事。後因見先生了，臨事即疑恐不是，做事不得。今日中只管悔過懲艾，皆無好處。」先生曰：「請兄即今自立，正坐拱手，收拾精神，自作主宰。萬物皆備於我，有何欠闕。當惻隱時自然惻隱，當羞惡時自然羞惡，當寬裕溫柔時自然寬裕溫柔，當發强剛毅時自然發强剛毅。」

徐仲誠請教，使思《孟子》「萬物皆備於我矣，反身而誠，樂莫大焉」一章。仲誠處槐堂一月，一日問之云：「仲誠思得《孟子》如何？」仲誠曰：「如鏡中觀花。」答云：「見得仲誠，也是如此。」顧左右曰：「仲誠真善自述者。」因說與云：「此事不在他求，只在仲誠身上。」既又微笑而言曰：「已是分明說了也。」少間，仲誠因問《中庸》以何爲要語。答曰：「我與汝說內，汝只管說外。」良久曰：「句句是要語。」梭山曰：「博學之，審問之，慎思之，明辨之，篤行之，此是要語。」曰：「未知學，博學箇什麼？審問箇什麼？明辨箇什麼？篤行箇什麼？」

有學者終日聽話，忽請問曰：「如何是窮理盡性以至於命？」答曰：「吾友是汎然問，老夫卻不是汎然答。老夫凡今所與吾友說，皆是理也。窮理是窮這箇理，盡性是盡這箇性，至命是至這箇命。」

臨川一學者初見，問曰：「每日如何觀書？」學者曰：「守規矩。」歡然問曰：「如何守規矩？」學者曰：「伊川《易傳》，胡氏《春秋》，上蔡《論語》，范氏《唐鑑》。」忽訶之曰：「陋說！」

良久復問曰：「何者爲規？」又頃問曰：「何者爲矩？」學者但唯唯。次日復來，方對學者誦「《乾》知太始，《坤》作成物，《乾》以易知，《坤》以簡能」一章，畢，乃言曰：「《乾·文言》云：『大哉乾元。』《坤·文言》云：『至哉坤元。』聖人贊《易》，卻只是箇『易簡』字道了。」遍目學者曰：「又卻不是道難知也。」又曰：「道在邇而求諸遠，事在易而求諸難。」顧學者曰：「這方喚作規矩，公昨日來道甚規矩？」

問伯敏云：「作文如何？」伯敏云：「近日讀得《原道》等書，猶未成誦，但茫然無入處。」先生云：「《左傳》深於韓柳，未易入，且讀蘇文可也。此外別有進否？吾友之志要如何？」伯敏云：「所望成人，且今未嘗敢廢防閑。」先生云：「如何樣防閑？」伯敏云：「爲其所當爲。」先生云：「雖聖人不過如是。但吾友近來精神都死，卻無向來亹亹之意，不是懈怠，便是被異説壞了。夫人學問，當有日新之功，死卻便不是。邵堯夫詩云：『當鍛鍊時分勁挺，到磨礲處發光輝。』磨礲、鍛鍊，方得此理明，如川之增，如木之茂，自然日進無已。今吾友死守定，如何會爲所當爲？防閑，古人亦有之，但他底防閑與吾友別。吾友是硬把捉。告子硬把捉，直到不動心處，豈非難事？只是依舊不是。某平日與兄説話，從天而下，從肝胆中流出，是自家有底物事，何嘗硬把捉？吾兄中間亦云有快活時，如今何故如此？」伯敏云：「固有適意時，亦知自家固有根本，元不待把捉，只是不能久。防閑稍寬，便爲物欲所害。」先生曰：「此則罪在不長久上，卻如何硬把捉？種種費力，便是有時得意，亦是偶然。」伯敏云：「卻常思量不把捉，無下手處。」先生云：「何不早問？只一事是當爲不當爲底，一件大事不肯做，是説甚底？平日與老兄説底話，想都忘了。」伯敏云：「先生常語以求放心、立志，皆歷歷可記。」先生云：「如今正是放其心而不知求也，若果能立，如何到這般田地？」伯敏云：「如何立？」先生云：「立是你立，卻問我如何立？若立得住，何須把捉？孔門惟顔、曾傳道，他未有聞。蓋顔、曾從裏面出來，他人外面入去。今所傳者，乃子夏、子張之徒外入之學。曾子所傳，至孟子不復傳矣。吾友卻不理會根本，只理會文字。實大聲宏，若根本壯，何怕不會做文字？今吾友文字自文字，學問自學問，若此不已，豈止兩段？將百碎。」問：「近日日用常行覺精健否？胸中快活否？」伯敏云：「近日別事不管，只理會我略有適意時。」先生云：「此便是學問根源也。若能無懈怠，暗室屋漏亦如此，造次必於是，顛沛必於是，何患不成？故云：『君子以自昭明德。』古之學者爲己，所以自昭其明德。今之學只用心於枝葉，不求實處。孟子云：『盡其心者知其性，知其性則知天矣。』心只是一箇心，某之心，吾友之心，上而千百載聖賢之心，下而千百載復有一聖賢，其心亦只如此。心之體甚大，若能盡我之心，便與天同。爲學只是理會此，『誠者自成也，而道自道也』，何嘗騰口説？」伯敏云：「如何是盡心？性、才、心、情如何分別？」先生云：「如吾友此言，又是枝葉。雖然，此非吾友之過，蓋舉世之弊。今之學者讀書，只是解字，更不求血脉。且如情、性、才、心，都只是一般物事，言偶不同耳。」伯敏云：「莫是同出而異名否？」先生曰：「不須得說，說著便不是，將來只是騰口說，爲人不爲己。若理會得自家實處，他日自明。若必欲說時，則在天者爲性，在人者爲心。此蓋隨吾友而言，其實不須如此。只是要盡去爲心之累者，如吾友適意時，即今便是。『牛山之木』一段，血脉只在仁義上。所以令吾友讀此者，蓋欲吾友知斧斤之害其材，有以警戒其心。『日夜之所息』，息者，歇也，人曰生息。蓋人之良心爲斧斤所害，夜間方得歇息。若夜間得息時，則平旦好惡與常人不甚相遠。惟旦晝所爲，牿亡不止，則後來夜間亦不能息，夢寐顛倒，思慮紛亂，以致淪爲禽獸。人見其如此，以爲未嘗有才焉，此豈人之情也哉？只與理會實處，就心上理會。俗諺云：『癡人面前不得說夢。』又曰：『獅子咬人，狂狗逐塊。』以土打獅子，便徑入咬人。若打狗，狗狂，只去理會土。聖賢急於教人，故以情、以性、以心、以才說與人，如何泥得？若老兄與別人說，定是說如何樣是心，如何樣說性、情與才。如此分明說得好，剗地不干我事，須是血脉骨髓理會實處始得。凡讀書皆如此。」又問「養氣」一段，先生云：「此尤當求血脉，只要理會『我善養吾浩然之氣』。當吾友適意時，別事不理會時，便是『浩然』。『養而無害，則塞乎天地之間。』『是集義所生者，非義襲而取之也。』蓋孟子當時與告子說。告子之意：『不得於言，勿求於心』，是外面硬把捉的。要之亦是孔門別派，將來也會成，只是終不自然。孟子出於子思，則是涵養成就者，故曰『是集義所生者』。孟子之言，大抵皆因當時人之處已太卑，而視聖人太高。不惟處己太卑，而亦以此處人，如『是何足與言仁義也』之語可見。不知天之與我者，其初未嘗不同。如『未始有才焉』之類，皆以謂才乃聖賢所有，我之所無，不敢承當着。故孟子說此乃人都有，自爲斧斤所害，所以淪胥爲禽獸。若能涵養此心，便是聖賢。讀《孟子》，須當理會他所以立言之意，血脉不明，沉溺章句何益？」

伯敏云：「伯敏於此心，能剛制其非，只是持之不久耳。」先生云：「只剛制於外，而不内思其本，涵養之功不至。若得心下明白正當，何須剛制？且如在此說話，使忽有美色在前，老兄必無悦色之心。若心常似如今，何須剛制？」

文子云：「某初來見先生，若發蒙然，再見先生，覺心下快活，凡事亦自持，只恐到昏時自理會不得。」先生云：「見得明時，何持之有？人之於耳，要聽即聽，不要聽則否，於目亦然，何獨於心而不由我乎？」

人不肯只如此，須要有箇說話。今時朋友，盡須要個說話去講。

曹立之有書於先生曰：「願先生且將孝弟忠信誨人。」先生曰：「立之之謬如此！孝弟忠信如何說且將？」

其他體盡有形，惟心無形，然何故能攝制人如此之甚！

人心只愛去泊著事，教他棄事時，如猢猻失了樹，更無住處。

人不肯心閑無事，居天下之廣居，須要去逐外，著一事，即一説，方有精神。或有譏先生之教人，專欲管歸一路者。先生曰：「吾亦只有此一路。」格物者，格此者也。伏羲仰象俯法，亦先於此盡力焉耳。不然所謂格物，末而已矣。此道非爭競務進者能知，惟靜退者可入。

或問：「先生之學當來自何處入？」曰：「不過切己自反，改過遷善。」

大人凝然不動。不如此，小家相。

某之取人，喜其忠信誠慤慤〔二〕，言似不能出口者。議論風生，他人所取者，某深惡之。

一學者自晦翁來，其拜跪語言頗怪。每日出齋，此學者必有陳論，應之亦無他語。至四日，此學者所言已罄，力請誨語。答曰：「吾亦未暇詳論，然此間大綱，有一箇規模説與人。今世人淺之爲聲色臭味，進之爲富貴利達，又進之爲文章技藝。又有一般人都不會，卻談學問。吾總以一言斷之曰：『勝心。』」此學者默然，後數日，其舉動言語頗復常。

涓涓之流，積成江河。泉源方動，雖只有涓涓之微，去江河尚遠，卻有成江河之理。若能混混，不舍晝夜，如今雖未盈科，將來自盈科；如今雖未放乎四海，將來自放乎四海；如今雖未會

〔二〕按：後一「慤」應是衍字。

其有極，歸其有極，將來自會其有極，歸其有極。然學者不能自信，見夫標末之盛者，便自荒忙，舍其涓涓而趨之，卻自壞了。曾不知我之涓涓，雖微卻是真；彼之標末，雖多卻是僞，卻是擔水來相似，其涸可立而待也。故吾嘗舉俗諺教學者云：「一錢做單客，兩錢做雙客。」

人精神在外，至死也劳攘，須收拾作主宰。收拾精神在內，當惻隱即惻隱，當羞惡即羞惡，誰欺得你？誰瞞得你？見得端的，後常涵養，是其次第。

道可謂尊，可謂重，可謂明，可謂高，可謂大，人卻不自重，纔有毫髮恣縱，便是私欲，與此全不相似。

邵武丘元壽聽話累日，自言少時獨喜看《伊川語録》。先生曰：「一見足下，知留意學問，且從事伊川學者。既好古如此，居鄉與誰游處？」元壽對以賦性冷淡，與人寡合。先生云：「莫有令嗣延師否？」元壽對以延師亦不相契，止是託之二子耳。先生云：「既是如此，平生懷抱欲説底話，分付與誰？」元壽對以無分付處，有時按視田園老農、老圃，雖不識字，喜其真情，四時之間，與之相忘，酬酢居多耳。先生顧學者笑曰：「以邵武許多士人，而不能有以契元壽之心，契心者乃出於農圃之人。如此，士大夫、儒者，視農圃間人不能無愧矣。」先生因言：「世間一種恣情縱欲之人，雖大狼狽，其過易於拯救，卻是好人剗地難理會。」松云：「如丘丈之賢，先生還有力及之否？」先生云：「元壽甚佳，但恐其不大耳。『人皆可以爲堯舜』，『堯舜與人同耳』，但恐不能爲堯舜之大也。」元壽連日聽教，方自慶快，且云：「天下之樂，無以加於此。」至是忽局蹴變色而答曰：「荷先生教愛之篤，但某自度無此力量，誠不敢僭易。」先生云：「元壽道無此力量，錯說了。元壽平日之力量，乃堯舜之力量，元壽自不知耳。」元壽默然。人共生乎天地之間，無非同氣，扶其善而沮其惡，義所當然。安有彼我之意？又安有自爲之意？

「小心翼翼，昭事上帝」，「上帝臨女，無貳爾心」，戰戰兢兢，那有閑管時候。

精神不運，則愚；血脉不運，則病。

凡事莫如此滯滯泥泥。某平生於此有長，都不去着他事，凡事累自家一毫不得。每理會一事時，血脉骨髓都在自家手中。然我此中卻似個閑閑散散全不理會事底人，不陷事中。

窮究磨煉，一朝自省。

處家遇事，須着去做，若是褪頭便不是。子弟之職已缺，何以謂學？

復齋家兄一日見問云：「吾弟今在何處做工夫？」某答云：「在人情、事勢、物理上做些工夫。」復齋應而已。若知物價之低昂，與夫辨物之美惡真僞，則吾不可不謂之能。然吾之所謂工夫，非此之謂也。

莫厭辛苦，此學脉也。

某今亦教人做時文，亦教人去應試，亦愛好人發解之類。要曉此意，是爲公，不爲私。

王遇子合問：「學問之道何先？」曰：「親師友，去己之不美也。人資質有美惡，得師友琢磨，知己之不美而改之。」子合曰：「是，請益。」不答。先生曰：「子合要某説性善、性惡、伊洛、釋、老。此等話不副其求，故曰是而已。吾欲其理會此説，所以不答。」

先生曰：「某閒説話，皆有落着處。若無謂閒説話，是謂不敬。」

規矩嚴整，爲助不少。又曰：「隨身規矩，是後生切要。」

束書不觀，游談無根。又曰：「人謂某不教人讀書，如敏求前日來問某下手處，某教他讀《旅獒》、《太甲》、《告子》『牛山之木以下』，何嘗不讀書來？只是比他人讀得别些子。」

先生與張輔之書云：「言學者大病，在於師心自用。師心自用，則不能克己，不能聽言。雖使羲皇、唐、虞以來羣聖人之言，畢聞於耳，畢熟於口，畢記於心，祗益其私，增其病耳。」

又書云：「特然自立之節，較之流俗人則爲賢者，在子之身則爲深病。吾非不知子之踐履尚未能不自愧，顧以爲踐履未至，此節已常在胸中，耿耿然爲拒辭之籓籬，而不能以自知。況踐履既至，自無愧于心。其爲病可勝言哉！」

與曹立之書云：「凡有血氣，皆有争心。苟有所長，必自介恃。當其蔽時，雖甚不足道者，猶將挾以傲人，豈可望其『以能問於不能，以多問於寡』也？」

孟子曰：「其爲人也寡欲，雖有不存焉者寡矣；其爲人也多欲，雖有存焉者寡矣。」只一「存」字，自能使人明得此理。此理本天所以予我，非由外鑠。明得此理，即是主宰。真能爲主，則外物不能移，邪説不能惑。所病吾友者，正謂此理不明，内無所主，一向索絆於浮論虚説，終日只倚靠外説以爲主，天之所以予我者反爲客。主客倒置，迷而不反，惑而不解，豈不重可憐哉！使生治古盛時，蒙被先王之澤，必無此病。惟其生於後世，學絶道衰，異端邪説充塞彌〔一〕滿，遂使有志之士與世間一種恣情縱欲之人均於陷溺，此豈非以學術殺天下哉！

孟子曰：「存乎人者，豈無仁義之心哉？」又曰：「我固有之，非由外鑠也。」愚不肖不及焉，則蔽於物欲而失其本心；賢知過之，則蔽於意見而失其本心。徇物欲者，既溺而不知反；徇意見者，又馳而不知止。故道在邇而求之遠，事在易而求之難，道豈遠，事豈難？意見不實，自作艱難耳。道本自若，豈如以手取物，必有得於外然後爲得哉？

《詩》稱文王「不識不知，順帝之則」。《論語》稱舜禹「有天下而不與」。人能知與焉之過，無知識之病，則此心炯然，此理坦然，物各付物，會其有極，歸其有極矣。「所過者化，所存者神，上下與天地同流」，豈曰小補之哉？不然，則作好、作惡之私，偏黨反側之患，雖賢知有所未免，

〔一〕「邪説充塞彌」，五字原脱，據明萬曆劉應舉補修本補。

中固未易執，和固未易致也。

道之將墜，自孔孟之生，不能回天而易命，然聖賢豈以此而廢其業、隳其志哉？「文不在兹」，「期月而可」，此孔子之志也。《春秋》之作，殆不得已焉耳。「然而無有乎爾，則亦無有乎爾」，此孟子之志也，故曰「當今之世，舍我其誰」。由孟子而來，千有五百餘年之間，以儒名者甚衆，而荀、楊、王、韓獨著。若曰傳堯舜之道，續孔孟之統，則不容以形似假借，天下萬世公論，終不可得而厚誣也。至於近時伊洛諸賢，研道益深，講道益詳，志向之專，踐履之篤，乃漢唐所無有。其所植立成就，可謂盛矣！然「江漢以濯，秋陽以暴」，未見其如曾子之能信其皜皜；「肫肫其仁，淵淵[一]其淵」，未見其如子思之能達其浩浩；「正人心，息邪說，距詖行，放淫辭」，未見其如孟子之長於知言，而有以承三聖也。故道之不明，天下有美材厚德，而不能以自成自達，困於聞見之支離，窮年卒歲而無所至止。若其氣質之不美，志念之不正，而假借傅會，蠹食蛆長於經傳文字之間者，又何可勝道哉！不爲此等所眩，則自求多福，何遠之有？道非難知，又非難行，患人無志。及其有志，又患無真實師友，轉相眩惑，真可惜也！

秦漢以來，學絕道喪，不復有師。以至於唐，曰師、曰弟子云者，反以爲笑。韓退之、柳子厚

[一]「淵淵」，後一「淵」字底本原脱，據文意補。

猶爲之屢嘆。惟本朝理學遠過漢唐，始復有師道。雖然，學者不求師，與求而不能虛心，不能退聽，此固學者之罪。學者知求師矣，能退聽矣，所以道之者乃非其道，此則師之罪也。

舜居深山之中，無以異於深山之野人。及其聞一善言，見一善行，若決江河，沛然莫之能禦也。有過而不能勇改，此天下之通患。然今世别有一般議論：以不輕改其素守爲老成，爲持重，爲謹審；以幡然改、沛然從者爲輕率，爲狂妄，爲無所守。凡事理但論是非，若已知吾所守、所行者爲非，則豈可不速改？若所守、所行者未有非，則固不當改，又不當論速不速也。

古之所謂曲學詖行，不必淫邪放僻，顯顯狼狽，如流俗人不肖子。蓋皆放古聖賢言行，依仁義道德之意，如楊、墨、鄉愿之類是也。此等不遇聖賢知道者，則皆自負其有道有德，人亦以爲有道有德，豈不甚可畏哉！曾子曰：「尊所聞則高明，行所知則光大。」尊聞、行知，要須本正。本不正而尊所聞、行所知，只成個擔捩。自沉溺於曲學詖行，正道之所詆斥，累百世而不赦，豈不甚可畏哉？大抵與流俗人同過，其過尚小，擔捩沉溺之過，其過甚大，真所謂膏肓之病也。

學者且當論志，不必遽論所到。所志之正不正，如二人居荆揚，一人聞南海富犀象，其志欲往，一人聞京華美風教，其志欲往，則他日問途啓行、有窮日之力者，其所向已分於此時矣。若其所到，則歲月有久近，工力有勤怠，緩急，氣稟有厚薄、昏明、强弱、利鈍之殊，未可遽論也。

此事論到着實處，極是苦澀，除是有終身之大念，方能着實尋求。近日儘有堅實朋友，與之切磋，輒望風退怯，不肯向前。每每尋軟弱浮泛之人，與之閒話，以爲有益。良藥苦口利於病，須是如此，方能有益，不可不知也。

古人不求名聲，不較勝負，不恃才智，不矜功能，通體皆是道義。今人大頭腦既汩没於利欲，不能大自振拔，於是附託其間，行或與古人同，情則與古人異，此不可不辨也。若真是道義，則自無聲名可求，無勝負可較，無才智可恃，無功能可矜。唐、虞之時，禹、益、稷、契，功被天下，澤及萬世，初無一毫自多之心。當時含哺而嬉，擊壤而歌，耕田而食，鑿井〔一〕而飲者，亦忘帝力於何有。風化如此，豈不增宇宙之和哉？

此道充塞宇宙，天地順此而動，故日月不過，而四時不忒；聖人順此而動，故刑罰清而民服。古人所以造次必於是，顛沛必於是也。斯須不順，便是不敬。雖然，己私之累人，非大勇不能克也。

某嘗言「先立乎其大者」，又嘗申之曰：「誠能先立乎其大者，必不相隨而爲此言矣。」嘗言

〔一〕「井」，底本作「非」，誤，據明萬曆劉應舉補修本改。

「仁以爲己任」，又嘗申之曰：「誠能仁以爲己任，必不相隨而爲此言矣。」蓋後世學者之病多好事無益之言，假令記憶言辭盡無差失，猶無益而有害，況大乖其旨，盡失其實耶？

人之才智各有分限，當官守職，惟力是視。商之三仁，亦各自獻于先王，不容一概。至於此心、此德，則不容有不同者。

古人質實不尚智巧，言論未詳，事實先著。故言即其事，事即其言，所謂「言顧行，行顧言」。周道之衰，文貌日盛，事實淹於意見，典訓蕪於辨説，揣量模寫之工，依放假借之似，其條畫足以自信，其習熟足以自安。以子貢之達，得夫子而師承之，尚未免此。尊兄之才，未知與子貢如何，今日之病，則有深於子貢者矣。

古之學者以養心，今之學者以病心。古之學者以成事，今之學者以敗事。足下嘗言：「事外無道，道外無事。」足下今日知慮，非知此者，特習其説，附會其私意耳。如此讀書，殆將食蟣蜞矣。前言往行，所當博識，古人興亡治亂、是非得失，亦當廣覽而詳究之。顧其心苟病，則於此等事業，奚啻聾者之想鍾鼓，盲者之測日月，耗氣勞神，喪其本心，非徒無益，所傷實多。他日敗人事，如房琯之車戰，荆公之均輸，可勝慨乎！

近來居山，良有日新之證，惜不得與子淵共之。朋友講習而悦，有朋自遠方而樂，不可以泛觀料想而解，當有事在。吾人不幸生於後世，不得親聖賢而師承之，故血氣向衰而後至此。雖然，「朝聞道，夕死可矣」。今能至此，其被聖人之澤，豈不厚？而其爲幸，豈不大哉？

人不知學，其精神心術之運，皆與此道背馳。一旦聞正言而知非，則向來蹊徑爲之杜絶。於此勇往圖新，精神、筋力皆勝其舊。此日新之驗也。

學之不能知至久，非其志、其識能度越千有五百餘年間名世之士，則《詩》、《書》、《易》、《春秋》、《論語》、《孟子》、《大學》、《中庸》之旨正謂陸沉，真柳子厚所謂獨遺好事者藻繪，以矜世取譽而已。堯、舜、禹、湯、文、武、周公、孔子、孟子之心，難得而屬之。

後生晚進苟無異趣，當與先生長者同心同德。先生長者，亦須賢子弟爲之先後附疏。吾嘗謂唐、虞盛時，田畝之民，竭力耕田，出十一以供公上者，亦是與堯、舜、臯陶同心同德。故曰「比屋可封」。此和氣之所以充塞，謂之「於變時雍」。吾人處末世弊俗，當使憐憫扶持，救藥之心勝其憎嫉嫌惡，乃爲近正。

男子生而以桑弧蓬矢射天地四方，示有四方之志，父母教之、望之第一義也。顔子之家，簞食瓢飲，其父之貧可知，而其子乃從師周遊天下，履宋、衛、陳、蔡之厄而不爲悔，此豈俚俗之人、拘曲之士所能知其義哉！

今時士人讀書，其志在於學場屋之文以取科第，安能有大志？其間好事者，因書册中見前輩議論，偶起爲學之志，未免悠悠。一出一入，必有大疑大懼。深思痛省，決去世俗之習，如棄穢惡，如避寇仇，則此心之靈，自有其仁，自有其智，自有其勇。私意俗習，如見日之雪，雖欲存之而不可得。此乃謂之「知至」，此乃謂之「先立乎其大者」。

慈湖楊先生要語

先生諱簡，字敬仲。其父通奉公，亦知學，常令默自反觀，敬仲服膺是訓。至廿八歲時，居太學循理齋，首秋初夜，燕坐于牀，方復反觀，忽覺得天地內外，森羅萬象，幽明變化，有無彼此，通爲一體，始信範圍天地，發育萬物，非空言也。

三十二歲時，主富陽簿，攝事臨安府。象山新第，歸過之。象山長敬仲二歲，素相呼以字，爲友交。留半月，將別去。敬仲念天地間固無疑者，但以平時企慕慇，未忍遽離，復留之。夜集雙明閣上，因象山數提本心，從容問曰：「如何是本心？」象山曰：「惻隱仁之端也，羞惡義之端也云云，此即是本心。」敬仲曰：「簡兒時已曉得此語，畢竟如何是本心？」凡數問，象山終不易其說，敬仲亦未省。適平旦有鬻扇者，訟至於庭，敬仲斷其曲直訖，又問如初。象山曰：「聞適來斷扇訟，是者知其爲是，非者知其爲非，此即敬仲本心。」敬仲忽大省，覺此心澄然，清明廣大，無始末，無所不通。復亟問曰：「止如斯耶？」象山竦然端勵，揚聲曰：「更何有也！」敬仲不暇他語，即揖而歸。拱坐達旦，質明納弟子禮焉。每謂感陸先生，猶是再答一語，若更云云，便支離去矣。

乾道八年秋七月也，敬仲嘗自謂稽衆舍己從人，惟己有之。一日觀《大禹謨》，舜以稽衆舍己從人，惟帝堯能是，是謂自不能也。三復斯言，不勝嘆息。舜心沖虛，不有己善，雖稽衆舍己從人，亦自謂不能，此所以聖也。簡時省及此，已年六十有六矣。所著書《甲乙集》、《冠昏喪祭紀》、《己易》諸書行于世。

易者，己也，非有他也。以易爲書，不以易爲己，不可也。以易爲天地之變化，不以易爲己之變化，不可也。天地，我之天地；變化，我之變化，非他物也。私者裂之，私者自小也。包犧氏欲形容易是己，不可得，畫而爲一。於戲！是可以形容吾體之似矣。又謂是雖足以形容吾體，而吾體之中，又有變化之殊焉，又無以形容之，畫而爲⚋。⚋者，吾之⚋也，一者，吾之一也，可畫而不可言也，可以默識而不可加知也。一者，吾之全也，⚋〔一〕者吾之分也。全即分也，分即全也。自生民以來，未有能識吾之全者。惟覩夫蒼蒼而清明而在上，始能言者，名之曰天。又覩夫隤然而博厚而在下，又名之曰地。清明者，吾之清明；博厚者，吾之博厚，而人不自知也。

〔一〕「⚋」，底本作「一」，誤，據明萬曆劉應舉補修本改。

人不自知，而相與指名曰彼天也，彼地也；如不自知其爲我之手足，而曰彼手也，彼足也；如不自知其爲己之耳目鼻口，而曰彼耳目也，彼鼻口也，是無惑乎？自生民以來，面墻者比比，而不如是昏之甚者，見謂聰明也。夫所以爲我者，毋曰血氣形貌而已，吾性澄然清明而非物，吾性洞然無際而非量。天者，吾性中之象；地者，吾性中之形。故曰「在天成象，在地成形」，皆我之所爲也，混融無内外，貫通無異殊。觀一畫，其旨昭昭矣。

厥後又繫之辭曰乾，「乾，健也」，言乎千變萬化，不可紀極，往古來今，無所終窮，而吾體之剛健未始有改也；言乎可指之象，則所謂天者是也。天即乾健者也，天即一畫之所似者也，天即己也，天即易也。地者，天中之有形者也，吾之血氣形骸，乃清濁陰陽之氣合而成之者也，吾未見夫天與地與人之有三也。三者，形也。一者，性也，亦曰道也，又曰易也，名言之不同，而其實一體也。故夫《乾象》之言，舉萬物之流形變化，皆在其中，而六十四卦之義，盡備于《乾》之一卦矣。自清濁分，人物生，男女形，萬物之在天下，未嘗不兩曰天與地，曰晝與夜，曰夫與婦，曰君與臣，曰尊與卑，曰大與小，曰貴與賤，曰剛與柔，曰動與静，曰善與惡，曰進與退，曰實與虚。博觀縱觀，何者非兩？⚋〔二〕者所以象此者也。

〔二〕「⚋」，底本作「一」，誤，據明萬曆劉應舉補修本改。

又繫之辭曰坤，「坤，順也」，明乎地、與妻、與臣、與柔之類也，然非有二道也。坤者，兩畫之乾；乾者，一畫之坤也，故曰「天地之道」，「其爲物不貳，則其生物不測」。又曰：「明此以南面，堯之所以爲君也；明此以北面，舜之所以爲臣也。」又曰：「吾道一以貫之。」則夫《乾》、《坤》之《彖》，雖有大哉、至哉之辨，以明君臣上下之分，而無二元也。《坤爻》又曰：「直方大。」又曰：「以大終也。」又以明大與至之無二旨，《乾》與《坤》之無二道也。乾何以三「⚊」也？天，此物也，地，此物也，人，此物也，無二一也，無二己也，皆我之爲也。坤何以三「⚋〔一〕」也？天有陰陽、日月、晦明也，地有剛柔、高下、流止也，人有君臣、夫婦、貴賤、善惡也。

☳，天下固有如此者也，聖人繫之辭曰震，明乎如此者，陽爲主，自下而動且起也，此我之變態也。☴〔二〕，天下固有如此者也，聖人繫之辭曰巽，明乎如此者，陰爲主，陰入于下，柔隨之類也，此又我之變態也。☵，天下又有如此者也，聖人繫之辭曰坎，言陽陷乎兩陰之中，內陽而外陰，水之類也，此我之坎也。☲，天下又有如此者也，聖人繫之辭曰離，言陰柔不能以自立，麗乎兩剛，又外陽而內虛爲火之類也，此我之離☶也。天下又有☶〔三〕者，陽剛止截乎其上，故繫之辭

〔一〕「⚋」，底本作「⚊」，誤，據明萬曆劉應舉補修本改。
〔二〕「☴」，底本原作「☶」，據下文意思改。
〔三〕「☶」，底本原作「☴」，據下文意思改。

曰艮，「艮，止也」，明乎我之止也。天下又有☱者，陰柔發散乎其外，故繫之辭曰兑，「兑，説也」，明乎我之説也。舉天地萬物、萬化萬理皆一而已矣，舉天地萬物、萬化萬理皆乾而已矣。坤者，乾之兩，非乾之外復有坤也。震、巽、坎、離、艮、兑，又乾之交錯散殊，非乾之外復有此六物也，皆吾之變化也。不以天地萬物、萬化萬理爲己，而惟執耳目鼻口四肢爲己，是剖吾之全體而裂取分寸之膚也，是梏於血氣而自私也、自小也，非吾之軀止於六尺、七尺而已也。坐井而觀天，不知天之大也，坐血氣而觀己，不知己之廣也。

元亨利貞，吾之四德也，吾本無此四者之殊，人之言之者自爾殊[一]。言吾之始，名之曰元，又曰仁；言吾之通，名之曰亨，又曰禮；言吾之利，名之曰利，又曰義；言吾之正，名之曰貞，又曰固。指吾之剛爲九，指吾之柔爲六，指吾之清濁爲天地，指吾之震巽爲雷風，指吾之坎離爲水火，指吾之艮兑爲山澤，又指吾之變而化之、錯而通之者爲六十四卦三百八十四爻；以吾之照臨爲日月，以吾之變通爲四時，以吾之散殊於清濁之兩間者爲萬物，以吾之視爲目，以吾之聽爲耳，以吾之噬爲口，以吾之握爲手、行爲足，以吾之思慮爲心；言吾之變化云爲深不可測謂之曰神，言吾心之本曰性，言性之妙不可致詰、不可以人爲加焉曰命。得此謂之德，由此謂之道，其

[一] 「爾殊」，此二字疑互倒。

覺謂之仁，其宜謂之義，其履謂之禮，其明謂之智，其昏謂之愚，其不實謂之僞，其得謂之吉，其失謂之凶，其補過謂之無咎，其忻然謂之喜，其慘然謂之憂，悔其非謂之悔，嗇而小謂之吝，其不偏不過謂之中，其非邪謂之正，其盡焉謂之聖，其未盡焉謂之賢，言乎其變謂之易，言乎其無所不通謂之道，言乎無二謂之一。

今謂之己，謂之己者，亦非離乎六尺而復有妙己也，一也。二之者，私也，梏也，安得無私與梏者而告之？姑即六尺而細究之。目能視，所以能視者何物？耳能聽，所以能聽者何物？口能噬，所以能噬者何物？鼻能嗅，所以能嗅者何物？手能運用屈信，所以能運用屈信者何物？足能步趨，所以能步趨者何物？血氣能周流，所以能周流者何物？心能思慮，所以能思慮者何物？目可見也，其視不可見；耳可見也，其聽不可見；口可見，噬者不可見；鼻可見，嗅者不可見；手足可見，其運動步趨者不可見；血氣可見，其使之周流者不可見；心之爲臟可見，其能思慮者不可見。其可見者，有大有小，有彼有此，有縱有橫，有高有下，不可得而一。其不可見者，不大不小，不彼不此，不縱不橫，不高不下，不可得而二。視與聽若不一，其不可見則一。視、聽與噬、嗅若不一，其不可見則一。運用、步趨、周流、思慮若不一，其不可見則一。是不可見者，在視非視，在聽非聽，在噬非噬，在嗅非嗅，在運用屈伸非運用屈伸，在步趨非步趨，在周流非周流，在思慮非思慮。聖人如此，衆人如此。自有而不自察也，終身由之而不知其道也。

爲聖者不加，爲愚者不損也。自明也，自昏也，此未嘗昏，此未嘗明也。或者蔽之、二之，自以爲昏、爲明也。昏則二，明則一，明因昏而立名，不有昏者，明無自而名也，昏明皆人也，皆名也，非天也。天即道，天即乾，天即易，天即人。天與人亦名也。

善學《易》者，求諸己，不求諸書，此豈訓詁之所能解也？知之者，自知也，不可以語人也。何爲其然也？尚不可得而思也，矧可得而言也？尚不可得而有也，矧可得而知也？然則昏者亦不思而遂已可乎？曰：正恐不能遂已。誠遂已，則不學之良能，不慮之良知，我所自有也；仁義禮智，我所自有也，萬善自備也，百非自絶也，意、必、固、我無自而生也，雖堯、舜、禹、湯、文、武、周公、孔子，何以異於是！雖然，思亦何害於事？箕子曰：「思曰睿。」孔子曰：「學而不思則罔。」周公仰而思之，夜以繼日，思亦何害於吾事也？庸言之信，庸行之謹，不可以精粗論也。儆戒無虞，罔失法度，正易道之妙也。堯舜「允執厥中」，執此也，兢兢業業，弗敢怠也。禹之克艱，不敢易也。湯改過不吝，去其不善而復于善也。文王翼翼，小心也。信吾信，謹吾謹，儆戒吾儆戒，執吾執，兢兢吾兢兢，業業吾業業，艱吾艱，改吾改，翼翼吾翼翼，無二我也，無二易也。既曰「天下何思何慮矣」，而又曰「執」，曰「兢兢業業」，曰「艱」，曰「改過」，曰「翼翼」，無思無慮者，固如此乎？但兢兢，但業業，但克艱而弗易，但改過，但翼翼，方兢兢業業克艱而不易時，此心果可得而見乎？果不可得而見乎？果動乎？果不動乎？特未之察耳。似動而不移也，似變而未嘗改也。不改不移，謂之寂然不動可也，謂之無思無慮可也，謂之不疾而速、不行而至可也。此天下之至動也，此天下之至賾也。象也者，像此者也；爻也者，傚此者也。非賾自賾、動自動也，一物而殊名也，一人而姓名字行之不同也。此非沉虛陷寂者之所能識也，亦非憧憧往來者之所能知也，然而至易也，至簡也。或者自以爲難，近取諸身，殊不遠也。身猶遠爾，近取諸心，即此心而已矣。

曾子傳曰：「夫子之道，忠恕而已。」孟子學之曰：「仁，人心也。」又曰：「惻隱之心，人皆有之；羞惡之心，人皆有之。」又曰：「今人乍見孺子入於井，皆有怵惕惻隱之心，非所以内交於孺子之父母也，非所以要譽於鄉党朋友也。」於戲！此足以指明人心之本良矣，而學者能遂領孟子之意，而不復疑其有他者，千萬而不一二也。故孟子言必稱堯舜，于以知孟子之言雖諄諄，而當時之聽者多藐藐。此道甚明、甚易、甚簡，而人自疑、自惑。向使當時聞言而遂信者衆，必不至勞孟子諄諄如此也。能識惻隱之真心於孺子將入井之時，則何思何慮之妙，人人之所自有也；純誠洞白之質，人人之所自有也；廣大無疆之體，人人之所自有也。此心常見於日用飲食之間，造次顛沛之間，而人不自省也。孔子曰：「造次必於是，顛沛必於是。」子思曰：「道也者，不可須臾離也，可離非道也。」蓋曰道也者，未始須臾離也，非曰造次間爲之，顛沛間爲之。無須臾而不爲也，是心本一也，無二也，無嘗斷而復續也，無嚮也不如是而今如是也，無嚮也如是而今不如是也。晝夜一也，古今一也，少壯不强而衰老不弱也。可强可弱者，血氣也；無强無弱者，心也。有斷有續者，思慮也；無斷無續者，心也。能明此心，則思慮有斷續而吾心無斷續，血氣有强弱而吾心無强弱，有思無思，而吾心無二。不能明此心，則以思慮爲心，雖欲無斷續不可得矣。以血氣爲己，雖欲無强弱不可得矣。雖欲造次於是，顛沛於是，無須臾不於是，勉强從事，不須臾而罷矣。況於造次乎！況於顛沛乎！《書》曰：「作德心逸日休，作僞心勞日拙。」如此則亦僞而已矣，非誠也。孔子曰：「主忠信。」忠信者，誠實而已，無他妙也，而聖人以是爲主本。或者過而索之，外而求之，故反失。忠信之心，即道心，即仁義禮智之心，即不勉而中、不思而得之心。通乎一，萬事畢，差之毫釐，繆以千里。不遠復，此心復也，頻復頻放而頻返也，亦危矣！然已復則如常矣，無咎也。得此則吉，失此則凶，無虞他日之吉凶，但觀一念慮之得失。當乾之初而不肯潛，此心放也；當五而不能飛，此心固也；當三而不惕，此心慢也；當四而不疑，此心止也。循吾本心以往，則能飛能潛，能疑能惕，能用天下之九，亦能用天下之六，能盡通天下之故，仕止久速，一合其宜，周旋曲折，各當其可。非勤勞而爲之也，吾心中自有如是十百千萬散殊之正義也。禮儀三百，威儀三千，非吾心外物也，故曰：「性之德也，合内外之道也，故時措之宜也。」言乎其自宜也，非求乎宜者也。孔子曰：「道不遠人，人之爲道而遠人，不可以爲道。」人之爲道，似善矣，而孔子截截斷斷，甚言其不可。孟子窺之，亦曰：「人之所不學而能者，其良能也；所不慮而知者，其良知也。孩提之童，無不知愛其親者，及其長也，無不知敬其兄也。」此豈計度而圖之也？此豈擬議而成之也？吾終日用之，而鬼神莫我識也，聖智莫我測也，雖我亦有所不自知，而況於他人乎！如秋陽之暴，至白而無瑕也；如江漢之濯，至潔而無滓也。混混乎無涯無畔、無始無終也，天地非大也，毫髮非小也，晝非明，夜非晦也，往非古也，此非今也，他日非後也，鳶飛戾天非鳶也，魚躍于淵非魚也，天下被日月之明照而不知其自我也，天下霑雨露之潤而不知其自我也，天下畏雷霆之威而不知其自我也，日夜行乎吾己之中而以爲他物也，其曰「範圍天地」，「發育萬物」也，非過論也。孔子曰：「哀樂相生，雖使正明目而視之，不可得而見也，傾耳而聽之，不可得而聞也。」哀樂必有形，哭笑必有聲，而曰不可見、不可聞，何也？此非心思之所能及也，非言語之所能載也，我之所自有也，而不可知也，不可識也。書不盡言，言不盡意，未有知近而不知遠也，未有知小而不知大也，遠近一物也，小大無二體也。閨門之內，若近而實遠也，若小而實大也。即敬即愛，無不通矣；有倫有叙，無不同矣。放之東海之東而準也，放之西海之西而準也，放之南海之南而準也，放之北海之北而準也，不可思也，不可遠也。

右《己易》

仁山金先生要語

先生名履祥，蘭谿處士，婺人也。居仁山之下，因稱仁山先生。先生少從學同郡王柏及何基之門，二人蓋得朱子之傳者。以宋將亡，遂絶意進取，屏居金華山中。嘗以劉恕《外紀》記司馬氏《通鑑》以前事不本於經，舛謬不可信，乃斷自《尚書》，旁采子、史，損益之，作《通鑒前編》。又作《論孟大學考證》，諸經傳及禮樂書各有註疏。授其門人許謙以傳，其書備行於世。

當時以爲基之清介純實，似尹和靖；柏之高明剛正，似謝上蔡。履祥則親得之二氏，而并充於己者也。卒謚文安。

治國者必有法制禁令，而律民以善。雖桀紂之世亦所必有，但其所好則不若此。故《傳》曰：「其所令反其所好，而民不從。」所以治國者反求諸己，乃政令之本。

天地間自有無窮之財，有國者亦自有無窮之用，但勤者得之，怠者失之。故「生之者衆」四語，萬世理財之大法也。

行必有所施行之事，藏必有所留藏之具。孔、顔有此不待言者，但孔子聖之時，可仕止久速，無意、必、固、我」，顔子幾于聖人，亦能如此爾。

顔子進道，朱文公有過關之喻，當作三節看。蓋顔子始初鋭於進道，以其天資高，略見道體，便欲一蹴而到，故有仰鑽瞻忽之功。此是用功第一箇關節。及夫子見其求道如此用力，而終未有捉摸處，遂教且從博約工夫，循序以進。顔子敬領於斯，至於欲罷不能，既竭吾才而如有立卓。其曰「如」者，非謂似見未見，蓋此等地位非可以言語、形象求達者，自悟衆人固不識也，故以「如」言之。此又用功第二關節。顔子擇乎中庸，至矣，盡矣，比之聖人，守之也，未達一間也。以顔子天資功力，豈不能盡力以求速化？然化可以養而至，不可以力而進，故曰「雖欲從之，末由也已」。蓋欲從容，少假以俟其自化。此又用功第三關節。顔子作聖工夫，本末可謂曲盡。

東陽許先生要語

先生名謙，諡文懿，金華處士，婺人也。初，先生聞仁山金先生講道蘭江上，委己而學焉。金先生曰：「士之爲學，若五味之在和，醯鹽既加，則酸鹹頓異。子來見我已三日，而猶夫人也，豈吾之學無以感發於子耶？」先生聞之惕然。金先生嘗告之曰：「吾儒之學理一而分殊，理不患不一，所難者分殊耳。」先生由是致其辨於分殊之要，其歸於理之一。又曰：「聖人之道中而已矣。」先生由是事事求夫中者而用〔一〕之。

金先生殁，先生益肆充闡，多所自得。自謂吾非有大過人，惟爲學之功無間斷耳。先生制行甚嚴，而所以應世者，不膠於古，不流於俗，介而不矯，通而不隨，身在草萊而心存當世。屏跡入華山中，四方之士皆不遠千里而從之。其教人以五性人倫爲本，以開明心術、變化氣質爲先，以爲己爲立心之要，以分別義利爲處事之制。獨不教人以科舉之文，曰：「此義利之所由分也。」至誠諄悉，内外殫盡。嘗曰：「己或有知，使人亦知之，豈不快哉！」時有所問難者，而辭不能自達，則爲之言其所欲言，而解其所惑，討論講貫，終日無倦。聞者方傾耳聽受，而其出愈真切，惰者作之，鋭者抑之，拘者開之，放者約之。爲學者師垂四十年，隨其才分，咸有所得。達官富人之子望閭而驕氣自消，以不及門爲耻。

卒年六十八，謚文懿。門人以義制服者若干人，題其墓曰白雲先生。所著有《讀四書叢説》二十卷、《詩名物鈔》八卷、《讀書傳叢説》六卷、《觀史治忽幾微》若干卷，皆行於世。

《序金仁山先生論語孟子考證》曰：「聖賢之心盡在《四書》，《四書》之義備於朱子。顧其

〔一〕「用」，底本原作「眉」，誤，據許謙《白雲集·元史載白雲先生行實》改。

立言，辭約意廣。讀者咸得其粗，而不能悉究其義；或以一偏之致自異，而初不知未離其範圍。世之詆訾貿亂務爲新音者，其弊正在此耳。此金先生考證之所由作也。始余三四讀，自以爲瞭然，已而不能無惑，久若有得，愈久而所得愈深。童而習之，白首不知其要領者何限，其可以易心求之哉！」

《論朱子大學序》曰：「自篇首至『非後世之所能及也』爲第一節，首原立教之始，『三代』以下言設教之法至周大備。自『及周之衰』至『而壞亂極矣』爲二節，首言上無聖君而教移於下，『記誦』以下言人亡政熄。自『天運循環』至『則未必無小補云』爲第三節，前段言程子應運而生接孟子，後段言補程子而全孔魯之書。」

卷四

文清薛先生要語

先生諱瑄，字德温，山西河津人。父貞，配齊氏，一夕夢紫衣人謁見而公生。初誕，肌膚如水晶瓶，五臟皆見，家人怪之，欲不舉。祖聞其啼聲，曰：「非常兒也。」卜之吉，乃舉育之。自幼，書史目輒成誦，端重不爲兒嬉。

年十二時，元儒魏、范諸公以御史謫戍，父延與講論經史名理。退謂人曰：「聖門有人。」結爲小友，不敢以師自居。公自是厭科舉之學，慨然有求道志，精思力踐，言動必質諸書，一有不合，終夜反側不寐。尋父教鄢陵，時例庠乏科貢，職教者充戍。父慮之，强公應河南鄉試。公勉就試，遂中永樂庚子解元。

明年辛丑，登第。學士楊文貞欲館之訓諸子，公固辭。父卒，公居喪服闋，願就教職。會宣廟思振風紀，選擢雲南道監察御史。一日，三楊欲識其面，令人要之晤。公辭云：「職在糾劾，無相見禮。」三楊嗟嘆焉。尋差監湖廣銀場，黜墨剔蠹，風紀大振。手録《性理大全》，晨夜誦讀，潛思密玩，值雪盈尺不輟；有得，秉燭疾書，或通宵不寐。

正統改元，初設提學憲臣，出僉事山東，公欣然就之，曰：「此吾事也。」誨育生徒，先力行而後文藝，隨其才器成就之。諸生感慕，皆呼之曰「薛夫子」。時王振用事，一日問三楊：「吾鄉誰可大用者？」皆薦公。因召爲大理寺右少卿，尋轉左。三楊以用公出振意，欲公一見振。公正色曰：「安有受爵公朝，拜官私門耶？」振聞憾甚。會有獄，夫實病死，其妾欲嫁其私人，妻勿許，遂誣妻魘魅夫死。公爲辨其冤，臺臣諂事振，劾公受賄，出人死，請廷鞫。振曰：「是固應死。」竟坐公死，繫獄待決，人皆危之。公怡然曰：「辨冤死亦何愧？」手持《周易》，讀不輟。臨刑，大臣有伸救之者，得免歸田。公居家六年，造詣益邃。

正統己巳，以言官程信等薦，起爲大理寺丞。時虜騎薄都城，先生分守北門，都帥初疑其迂，及聞言論，遂訪策焉。公以天時人事驗之，策虜必宵遁。既而果然。貴州苗寇猖獗，朝廷命將征之，委公督餉。公贊都帥先布諭恩信，然後耀武，貴州遂平，事竣還。

景泰初，公懇乞致仕，學士江淵疏留之。明年，陞南京大理寺卿。有富豪殘虐人命者，獄久不決，或欲貸之。公曰：「死者何辜？」竟抵于法。他平反多類此。守備中官興安、袁誠，時無抗禮者。公至，安謂人曰：「此與王振作對頭者，何可屈耶？」午節餽扇，公曰：「此朝廷禮。」不敢受。司寇楊寧、中丞張純俱負才望，及與公同事，嘆曰：「薛公當於古人中求者。」又中官金英過南京，公卿俱餞于江上，公獨不往。英至京，言于衆曰：「南京好官惟薛卿耳。」御史劉孜薦公粹學飭躬，進無所求，退無所累，君子之儒，不宜置之閑遠，乞召供館閣之職。上曰：「内閣本朕簡任，非人所得薦。」不允。

壬申秋，召爲大理寺卿。時草場焚，朝廷欲置典守者于法，先生力辨之，獲免。蘇、松有饑民貸粟富民不得，遂入富人屋而竄海中。時遣王文廉之，坐謀叛，文時以宫保兼總臺憲，衆莫敢與争，公抗章辨之乃已。是歲，公復乞致仕，不允。裕陵復位，以禮部右侍郎兼翰林學士入内閣。一日，召入便殿，上方燕服，先生不入。俟上入易服，乃見。時有矜迎復功者，先生曰：「許魯齋不陳伐宋謀，凡事取必于智而不循天理之正，非聖賢之學也。」尋命主會試，録首序以正學復性爲言。或請易，曰：「平生所學惟此。」事竣，晉左侍郎。居數月，會欲遣使徵獅西番，公諫不聽。又曹、石用事，遂引疾致仕。石亨來視疾，曰：「先生既不留，願爲先生請敕，即家塾敷教，且有以資養。」先生曰：「昔許魯齋去，元世祖賜敕書爲教，魯齋懸之屋梁，終不以示人。若資其養，曷若不辭官耶？」亨嘆息而去。

居家八年，四方學者從甚衆。公隨其所寓，圖書箴規，常在左右，手不釋卷。凡辭受取予，必揆諸義，一毫不苟。晚年玩心高明，默契其妙，有不言而悟者。嘗爲詩曰「七十六年無一事，此心惟覺性天通」云。接人無大小、衆寡，一以誠待之。教人有序，而其言平易簡切，不爲穿鑿奇僻之説。爲文必根於理，辭旨條暢；詩則恬淡，出於自然。所著《讀書録》行於世，《河汾集》藏於家。忽遘疾，衣冠危坐而逝。時風雷大作，白氣上升，天順甲申六月十五日也。壽七十有六。訃聞朝廷，贈禮部尚書，謚文清。隆慶辛未，允議從祀孔廟。

耿生曰：「關中吕涇野記公祠，述立朝風節詳矣。釋褐始，元輔延館之，固辭。列豸初，三公思見之靡得。秉義特立，不濡迹于權璫；執法理冤，甘致命于圜室。避罪蹈海，刑坐以謀叛，則固争之，寧失貴臣之歡；端午餽箑，禮嫌于上須，則力卻之，不恤嬖倖之怒。承召而次，且思長孺之必冠，決退于先幾，鑒穆生之廢醴。諸如此類，何皓然烈也。然公非直矯然以名節自樹者，讀其書，諷誦其緒言，蓋亦有原本矣。公嘗曰：『心中無物，其大浩然無涯。』曰：『萬物不能礙天之大，萬事不能礙心之虚。』曰：『無欲非道，入道自無欲。始寡欲者便無事，無事心便澄然。』曰：『應事以理，理在，此元不隨去。』余惟先生之教，以復性爲宗，嘗曰：『格物只是格箇性。』玩諸《緒言》，誠亦知性者哉。學未知性而浮慕先生風節，鮮不爲殉名鈞奇者。由有道者觀之，亦足羞矣，世何賴焉！」

六十四乃三十二所分，三十二乃十六所分，十六乃八所分，八乃四所分，四乃二所分，二乃一所分，至一則隱矣、微矣，非耳目思慮之所及矣。孔子所謂密，邵子所謂畫前之易。

此果何物邪？推而上之，莫究其始，引而下之，不見其終，測之而無窮，資之而不竭，離之而不開，斷之而不絶。此果何物邪？不可得而名也。

究竟無言處，方知是一源。

謂有乎，則視之無形也；謂無乎，則其來有本也。有本而無形，則有而無矣；無形而有本，則無而有矣。有而無，無而有，非真知有無爲一體者，不足以語之。

理雖微妙難知，實不外乎天地、陰陽、五行、萬物，與夫人倫日用之常。善觀者，於此默識焉，則其體洞〔一〕然矣。

太極理雖至妙，而其實不外乎身心動静、五常百行之間。後人論太極，即作高遠不可究詰之理求之，去道遠矣。

此理真不得而名，故夫子取無聲無臭以形容之。若以物喻之，即滯於形器矣。

太極中無一物，外物於吾何有？

即太極無聲無臭，而陰陽五行、男女萬物之象已具於其中，所謂體用一源也。即陰陽五行、男女萬物之象，而太極之理無所不在，所謂顯微無間也。

〔一〕「洞」，底本作「同」，誤，據明萬曆劉應舉補修本改。

天之外無人物，人物之外無天。

人皆知求鬼神於茫昧不測之間，殊不知天地四時、日月星辰、雨露風霆霜雪、山川草木、人物鳥獸，皆鬼神之著者。

「上天之載，無聲無臭」，「維天之命，於穆不已」，乃《詩》言天道之至妙處。

一日偶思性，非特具於心者爲是，凡耳目口鼻、手足動静之理皆是也；非特耳目口鼻、手足動静之理爲是，凡天地萬物之理皆是也。故曰：「天下無性外之物，而性無不在。」

性本自然，非人所能强爲也。順其自然，所謂行其所無事也。有所作爲而然，則鑿矣。

理直是難説。謂無形，則須有理；謂有理，則又無形。惟默識之可也。

太極中無一物，人能中虚無物，則太極之妙可默識矣。

人只於身内求道，殊不知身外皆道，渾合無間，初無内外也。

凡有條理明白者，皆謂之文，非特語言詞章之謂也。如天高地下，其分截然而不易，山峙川流，其理秩然而不紊，此天地之文也。日月星辰之照耀太虚，雲物之班布，草木之花葉紋縷，鳥獸之羽毛綵色，金玉珠璣之精粹，此又萬物之文也。以至三綱五常之道，古今昭然而不昧，三千三百之禮，小大粲然而有章，此又人倫日用之文也。至於衣服、器用之有等級次第，果蔬魚肉之有頓放行列，此又萬事之文也。推之天地之間，凡有條理明粲者，無往而非文，豈特見於文辭言語者，然後謂之文哉？

一身萬物，皆天地公共之器，非己所能私也。

人知天地萬物爲一體，則薰然慈良，惻怛之心有不覺而自發於中者。

讀書不體貼向自家身心上做工夫，雖盡讀天下古今之書，無益也。

民咸用之謂之神，但人由之而不知也。

一息之運與古今之運同，一塵之土與大地之土同，一夫之心與億兆之心同。

洗心退藏于密，以約失之者鮮矣。

有所自樂，則不爲外物所移。

張南軒無所爲而爲之之言，其義甚大。蓋無所爲而爲者，皆天理有所爲而爲者，皆人欲，如日用間大事、小事，只道我合當如此做，做了心下平平，如無事一般，便是無所爲而爲。若有一毫求知、求利之意，雖做得十分中理、十分事業，總是人欲之私，與聖人之心絶不相似。

大事、小事，即平平處之，便不至於駭人視聽矣。

應事纔應即休，不可須臾留滯爲心累。

人知天下事皆分内事，則不以功能誇人矣。

患知人之不明，不患大臣之竊柄。蓋知人則所任者必君子，何竊柄之患；不知人，則雖防忌大臣，不使預事，而左右竊柄者必有人矣。觀之後漢可見。

不欺君，自不欺心始。

大臣行事，當遠慮後來之患，雖小事，不可啓其端。

三代王佐事業，皆本於道德；後世輔相事功，多出於才氣。

忠臣事君，視天下猶一家，非爲身謀也。

民不習教化，但知有刑政，其風俗必不淳矣。

立法之初，貴乎參酌事情，必輕重別之。可行而無敝者，則播告之。既播告之後，謹守勿失，信如四時，堅如金石，則民知所畏而不敢犯矣。或立法之初，不能參酌事情，輕重不倫，遽施於下。既而見其有不可行者，復遂廢格，則後有良法，人將視爲不信之具矣。令何自而行？禁何自而止乎？

法者，天討也，或重或輕，一付之無心可也。或治奸頑而務爲寬縱，暴其小慈，欲使人感己之惠，其慢天討也，甚矣。

凡國家禮文制度、法律條例之類，皆能熟觀而深考之，則有以酬應世務而不戾乎時宜。

作官常知不能盡其職，則過人遠矣。

爲吏不可一事苟且，如文移之類，皆當明白。

因思千古聖賢垂訓，蓋欲人讀其書、行其道也。苟徒資爲口耳文詞之用，即先儒所謂買櫝還珠也。可不戒哉！

胸中無一物，其大浩然無涯。

常默，可以見道。

寡欲，省多少勞擾。只寡欲便無事，無事心便澄然矣。

聖人之心應物即休，元不少動。

心本寬大無邊，一有己私，則不勝其小矣。

修德行義之外，當一聽於天。若計較利達，日夕思慮萬端，而所思慮者又未必遂，徒自勞擾，祇見其不知命也。

自家一箇身心尚不能整理，更論甚政治。

循理則事自簡。

不能知止，則耳目無所加，手足無所措。

舍五經、《四書》與周、程、張、朱之書不讀而讀他書者，是猶惡觀泰山而喜丘垤也。

程子書「視民如傷」四字於座側，余每欲責人，嘗念此意而不敢忽。

凝重之人，德在此，福亦在此。

不能感人，皆誠之未至。

好議論前輩得失，乃初學之大病。前輩誠有不可及者，未可輕議也。

丙吉深厚不伐，張安世謹慎周密，皆可爲人臣之法。

接物大宜含弘，如行曠野，須有展步之地，如使太狹，無以自容矣。

戲謔則氣蕩，而心亦爲所移。衛武公善戲謔，從抑抑瑟僩中來，故不爲虐。

士之氣節全在上之人，奬激則氣節盛。苟樂軟熟〔二〕之士而惡剛正之人，則人務容身悦而氣節消矣。

爲官者切不可厭煩惡事，坐視民之冤抑，一切不理，曰我務省事，則民所得其死者多矣。可不戒哉！

深以刻薄爲戒，每事當從仁厚。

余不欲妄答一人，前時妄答一人，或終日不樂，或連日不樂。

忮心一生而天地否，良心一發而天地泰。

我有此理，人亦有此理，人不能全而我能之。視不能全者，憫憐之，引掖之可也。如鄙笑

〔二〕「熟」，底本作「塾」，誤，據明萬曆劉應舉補修本改。

之，棄絶之，與不能全者一間耳。

寧人負我，毋我負人。此言當留心。

韓魏公、范文正公諸公，皆一片忠誠爲國之心，故其事業顯著而名望孚動於天下。後世之人，以私意小智自持其身，而欲事業、名譽比擬前賢，難矣哉！

有鳳凰翔于千仞之氣象，則不爲區區聲利所動矣。

天下大慮，惟下情不通爲可慮，昔人所謂下有危亡之勢而上不知是也。

人遇拂亂之事，愈當動心忍性，增益其所不能。所行有窒礙處，必思有以通之，則智益明。

萬物不能礙天之大，萬事不能礙心之虚。

工夫切要，在夙夜飲食、男女衣服、動静語默、應事接物之間。于此，事事皆合天則，則道不外是矣。

文士學做聖賢文詞，如中國人學外國人言語，學得雖是自身，卻只是中國人，做得雖是自身，卻只是庸衆人。

人所以千病萬病，只爲有己。有己故計較萬端，惟欲己富，惟欲己貴，惟欲己安，惟欲己樂，惟欲己生，惟欲己壽，而人之貧賤、危苦、死亡，一切不恤。由是生意不屬，天理滅絶，雖曰有人之形，其實與禽獸奚以異？若能克去有己之病，廓然大公，富貴貧賤、安樂生壽皆與人共之，則生意貫徹，彼此各得分願，便是與萬物爲一體矣。

人只是箇心性，静則存，動則應，明白坦直，本無許多勞擾。若私意一起，則枝節横生，而紛紜多事矣。

理非利口辨舌者所能知，惟默而成之、不言而信、存乎德行者識之。

聖人取人極寛，如仲叔圉、祝鮀、王孫賈皆未必賢，以其才可用，猶皆取之。後之君子好議論者，於人小過必辨論不置而遺其大者，視聖人包含之氣象遠矣。

張子曰：「學至於不責人，其學進矣。」此言當深體而力行之。開卷即有與聖賢不相似處，可不勉乎！

敬齋胡先生要語

先生名居仁，字叔心，餘干人。垂七齡，受學於家塾，言動類成人，塾師畏之。聞吴聘君講學崇仁，往從之遊，遂棄舉子業，慨然以斯道自任，絶意仕進，充養益邃。其學以主忠信爲本，以求放心爲要，以敬爲所。居常端莊凝重，對妻子若嚴賓然，人不見其惰容。每與學者言學，曰「惟爲己，則所從不謬」；言治，曰「惟王道，則能使萬物各得其所」。其學術之正，類如此。所著有《居業録》。

孔子只教人去忠信篤敬上做，放心自能收，德性自能養。孟子説出求放心以示人，人反無捉摸下功夫處。故程子説主敬。

「高者入於空虛，卑者流於功利。」此二句説盡天下古今之病。自古害世教，只有此兩般人。正學不明，名教無主。學者纔要身心上用功，便入空虛去；纔有志事業，便流入功利。蓋見道不明，以近似者爲真故也。

學不爲己，雖有顔、孟之聰明，亦不濟事。

今人有遏去思慮以爲心不放者，有常拘制看住心在這裏以爲存者，皆非聖賢存心之法，所以流於異學。聖賢只説戒謹恐懼，則心自存，何嘗看住此心，不許他走；只整齊嚴肅，則心便一，何嘗遏覺思慮，以求不雜。

朱子曰：「孟子説求放心雖是説得切，細看又説寬了。孔子只説居處恭，執事敬，與人忠，出門如見大賓，使民如承大祭。能如此，則此心不容不存，此孟子所以不及孔子。」愚謂《中庸》言戒謹恐懼，程子言莊整齊肅，於此用功，心自無走作處，惟此可補孟子之不及，接孔子之教矣。

儒者敬以存心，其心體湛然在腔子裏，如主人公在家便能整治家事，是個活主人。釋氏默坐澄心，屏去思慮，久而至於空豁，是無主人矣。又有只是繫制其心，使之存者，便死殺了他做主不得，如人家只得騃底主人，全不會整理家事。蓋緣繫制其心，蠢然如一物，此則禪之下者，真空無心是禪之上者。

孟子求放心，不是捉得一個心來存，只惕然肅敬，心便在此。

陳公甫云「静中養出端倪」，又云「藏而後發」，是將此道理來安排作弄，都不是順其自然。

心不可放縱，亦不可逼迫，故程子以「必有事焉而勿正，心勿忘，勿助長」爲存心之法。雖借用孟子之言，其義尤精。此自然之理，非有毫髮之意，故與鳶飛魚躍同活潑潑也。

或者疑朱子言「敬者，一心之主宰」爲非，以爲心能主敬，豈敬能主心？曰：「固是心去主敬，敬卻能做心之主也。心若不敬即放，能敬即存，非心之主而何？」問：「釋氏默坐澄心亦是敬也，何以心反無主？」曰：「似是而非，他只默坐澄心，是死法。敬則該貫動静，是活法，如居處恭，執事敬，以至動容周旋，皆敬之事。如此則中，自有主，又不令他死殺。要澄取此心，亦是助長，以其默坐澄心之久，雖是見得有箇光明意思，亦非真心，所以無主也。」

異教謂用志不分，乃凝於神，又謂絶利一源，便到至道。他卻肯如此做功夫，今學者反不及他。然看他功夫，雖專而隘，雖捷而偏，所以卒悖於道。

心不操即無主，放者固馳於外，不放者亦入於空無。程子發明心有主一句，真學之要，此便是虚中有實，大本卓然。彼徇於功利者，雜擾而無主；溺於空虚者，寂滅而無主。只收斂專一，便是有主之道，朱子所謂自作主宰，自操自存。今有一等學問常照看一箇心在内裏，乃異教反觀内視之法，其無主一也。

「程子曰：『有意坐忘便是坐馳』；又曰：『要息思慮，便是不息思慮。』朱子曰：『被異端説虚静了後，使學者忙得不敢睡』；又曰：『要得坐忘，便是坐馳。』然則，若何而可也？」曰：「『必有事焉而勿正，心勿忘，勿助』，便是行其所無事。」

程子發心有主之説，擴前聖所未言，破異端空虚之惑。異端心不可謂之放，謂有主則不可；謂在腔子外則不可，亦不可謂在腔子裏。其絶滅思慮，固不可謂放而在外；其曰空寂、曰無心，又不可謂存而在内。雖曰無心，然亦不能使截然無也。故又有照看一箇心，光明常在者，如此則又只了照。看其心兩相持攖，如鷸蚌相似，其無主亦甚矣。聖賢則收斂莊敬，其心肅然在此，湛然在内，而心常有主矣。

天下縱有難處之事，若順理處之，不計較利害，則本心亦自泰然。若不以義理爲主，則遇難處之事，越難處矣。

只從父子、君臣、夫婦、長幼、朋友上求道，便是真實底道理。

静不是無心，又不是忘了此心，仍醒、仍有主。孟子所謂操，操便有主，有主則自然醒。朱子所謂静中知覺。此知覺不是事來感我而我覺之，只是心存則醒，有知覺在内，未接乎外也。然謂之知覺，不如只説箇「惺惺」字；謂之惺惺，又不如只説箇「操」字；謂之操，又不如只下箇

「敬」字。

學者務名，所學雖博，與自己性分全無干涉，濟甚事？今人屏絶思慮以求静，聖賢無此法。聖賢只戒謹恐懼，自無許多邪思妄念。不求静，未嘗不静也。

心定則理明，心躁則理昏。禪家心無主，静則定，動則亂矣，所以顛倒錯亂。今躁急之人便無才，是心亂也。

今人有聰明，都不會用，只去雜博上學，或誦記辭章，或涉獵史傳，或泛觀諸子百家，用心一差，其聰明反爲心害。

收放心只是一箇敬。不主敬而欲收放心，東追西捉，愈見費力，縱使捉得住，亦是箇死物。其虚靈不昧，所以具衆理、應萬物者，俱不能矣。惟整齊嚴肅，主一無適，則隨動隨静，自然收斂不放心。既不放則内有主，自然神明不測，體用不虧。自釋老之學空寂無用，儒者之學所以通達萬變也。

釋氏之存心有二：一是習爲虚静，絶滅思慮，使之無雜擾；一是常照住此心，不令走。殊不知聖賢教人自灑掃應對、周旋禮樂、孝悌恭敬，皆是存心之具，如九容、九思亦是存養之法，故心存理得而事治。釋氏之存心，適以壞其心之體，絶其心之用，其害莫大焉。

釋氏見道只如漢武帝見李夫人，非真見者也。釋氏只想像這道理，故勞而無功。儒者便即事物上去窮究。

老氏説無，終不奈這道理有何；佛氏要空，終不奈這道理實何：所以終歸於邪遁也。爲宰相不能搜訪天下賢才而用之，更使誰去爲治？朱子言吕夷簡爲相，有范文正不能用，更有甚相業？

近觀《三禮》，皆是憑天理上裁制出來。蓋聖人之心，理一而用殊；天下之事，萬殊而一本。故許多制度、節文皆自聖人胸中流出，天下後世取以爲法，學者則當由是以窮理。

白沙陳先生要語

先生諱獻章，字公甫，廣東新會人。父號樂芸，諱琮，配林氏。宣德戊申，先生生于白沙里。樂芸公先一月卒，母林抗節鞠之。先生身長八尺，目光如星，面右有七黑子，如北斗狀。警悟絶人，兒時讀書，一覽輒記。嘗讀《孟子》「有天民，達可行于天下而後行之」，遂自盟諸心曰：「爲人當如此。」

正統丁卯，舉廣東鄉試。逾年，會試中乙榜，告入國子監讀書。越甲戌，從吴康齋學。康齋性嚴毅，來學者多問不答，先令治田，獨優遇先生，講究常竟夕。丁亥，先生卒業。成均司成邢公試《和此日不再得》詩，覽之警曰：「龜山不如也，真儒復出矣。」于時一峰羅子倫、定山莊子昶爲之左次，遼陽賀子欽信從受學焉。

弘治戊申，李世卿箕來學，築楚雲臺于白沙。居越七月，別歸，先生語之曰：「子凌邁高遠則有之，優游自足，無外慕，嗒乎若忘，在身忘身，在事忘事，在家忘家，在天下忘天下，未必能與我合也。比與朝夕言名理，凡天地間耳目所聞見，古今上下載籍所存，無所不語。所未語者，此心通塞往來之機，生生化化之妙，非見聞所及，將待子深思而自得之，非有愛於言也。」

甲寅，湛民澤若水一旦焚去會試部檄來學，先生以楚雲臺居之，爲語曰：「噫！久矣，吾之不講於此學矣。惟至虛受道，然而虛實一體矣。惟休乃得，然休而非休矣。」又曰：「學無難易，在人自覺，纔覺退便是進，覺病便是藥也。目前朋友難與論學，無奈不自覺也。」民澤問「隨處體認天理」，先生首肯，語人曰：「此子爲參前倚衡，學者着此一鞭，何患不到古人佳處。」又曰：「適千里者起足不差，將來必有至處。世學求自得者，少不意晚見。同志可托區區于無窮也。」

先是，成化己亥，方伯彭韶、副督府朱英咸薦其才，趣之北上。先生懇疏乞歸養，欽授翰林檢討，不辭而去。自爾薦書歲至，不行。或勸著書，不答。民澤曰：「夫不辭，以嘗係仕籍，與康齋之布衣被聘不同也。屢薦不行，達可行也，其夙志也。或勸之著述，不答，其著述之精寓諸詩也。夫道，知語默進退而不失其正焉耳矣。」晚以江門釣臺付民澤，申之詩曰「莫道金針不傳與，江門風月釣臺深」云。

弘治庚申二月十日卒，葬于皂帽峰下。越萬曆乙酉，從祀孔廟。

楚黄耿生曰：「羅文恭云：『先生之學，以虚爲基本，以静爲門户，以四方上下、往古來今穿紐湊合爲匡郭，以日用、常行、分殊爲功用，以勿忘、勿助之間爲體認之則，以未嘗致力而應用不遺爲實得。』余惟先生之學，蓋識其大，以自然爲宗者。乃先生至性天植，事母林，朝夕不離左右。至母有念，輒心動。母有孤姪，雖窶極，割盧田贍之。母以期壽終，先生年已七十矣，雖衰病甚，居喪猶毁。事伯兄如父。買婢出良族，輒選配爲婚。隣嫠貧窘，歲推粟布以賙。其孝友睦恤之行類此。初年，當路相知者憐其貧，遺之醎田若干，推與友朋共。臺使檄爲建坊，力止之。藩司遺金爲新居，固辭。總憲爲買園池于會城居之，不受。提舉某、縣尹某各遺金若干，一因其卒，一因其去，悉封還之。制府檄有司授粲具輿夫，不受。江西臺司幣聘主白鹿洞教，固辭。其辭受取予，謹嚴如此。或遺之椑，具良材，友有歆羡者，即以畀友。有遺之名畫者，或愛之，亦即以畀。于世諸嗜好，泊如也。不絶係籍之朋，曰：『猶賢于吠雪以全交也。』已絶意仕進矣，猶再上公車以避難也。服闋，終身不衣文繡，執禮彌謹。乃母氏好浮屠，病，作佛事以禱從俗。而不爲〔一〕逆旅惡少之侮辱。里隣侵據其

〔一〕「不爲」，明萬曆劉應舉補修本作「今違」。

基田，咸置之不校。而或竊葬先塋者，則諭亟改而後已。訟其正行，不泥容忍，而不迂也又如此。姜仁夫一見先生，出語人曰：『活孟子，活孟子。耳目鼻口人也，所以視聽言動非人也。』賀克恭薦于朝曰：『先生作止語默，毫釐不苟。』其根心生色也蓋如此。於戲！先生見大矣，而故明察于倫物；學宗自然矣，而故致慎於幾微。蓋道貫本末，合内外，當如是也。承學者自省於此，何如哉？」

《答張東白》云：「夫道至無而動，至近而神，故藏而後發，形而斯存。大抵由積累而至者，可以言傳也；不由積累而至者，不可以言傳也。知者能知至無於至近，則無動而非神。藏而後發，明其幾矣；形而斯存，道在我矣。是故善求道者，求之易；不善求道者，求之難。義理之融液，未易言也，操存之灑落，未易言也。夫動，已形者也，形斯實矣；其未形者，虛而已。虛其本也，致虛所以立本也。戒慎恐懼所以閑之，而非以爲害也。然而世之學者，不得其説，而以用心失之者多矣。斯理也，宋儒言之備矣，吾嘗惡其太嚴也，使著於見聞者不覩其真，而徒與我曉曉也。是故道也者，自我得之，自我言之可也。不然，辭愈多而道愈窒，徒以亂人也。君子奚取焉？」

《與賀克恭》云：「爲學須從静坐中養出箇端倪來，方有商量處。」

《復趙提學》云：「僕才不逮人，年二十七始發憤從吴聘君學。其於古聖賢垂訓之書，蓋無所不講，然未知入處。比歸白沙，杜門不出，專求所以用力之方。既無師友指引，惟日靠書册尋之，忘寢忘食，如是者亦累年，而卒未得焉。所謂未得，謂吾此心與此理未有凑泊吻合處也，於是舍彼之繁，求吾之約，惟在静坐。久之，然後見吾此心之體隱然呈露，常若有物。日用間種種應酬，隨吾所欲，如馬之御銜勒也。體認物理，稽諸聖訓，各有頭緒來歷，如水之有源委也。於是涣然自信曰：『作聖之功，其在兹乎！』有學於僕者，輒教之静坐，蓋以吾所經歷粗有實效者告之，非務爲高虚以誤人也。」

《與林郡博》云：「終日乾乾，只是收拾此理而已。此理干涉至大，無内外，無終始，無一處不到，無一息不運。會此則天地我立，萬化我出，而宇宙在我矣。得此欛柄入手，更有何事？往古來今，四方上下，都一齊穿紐，一齊收拾，隨時隨處，無不是這箇充塞。色色信他本來，何用爾脚勞手攘？舞雩三三兩兩，正在勿忘勿助之間。曾點些兒活計，被孟子一口打併出來，便都是鳶飛魚躍。若無孟子工夫，驟而語之，以曾點見趣，一似説夢。會得，雖堯舜事業，只如一點浮雲過目，安事推乎？此理包羅上下，貫徹終始，滚作一片，都無分别，無盡藏故也。」

《復彭方伯》云：「夫天下，非誠不動，非才不治。誠之至者，其動也速；才之周者，其治也廣。才與誠合，然後事可成也。」

《與時矩》云：「宇宙内更有何事？天自信天，地自信地，吾自信吾。自動自静，自闔自闢，自舒自卷，甲不問乙供，乙不待甲賜。牛自爲牛，馬自爲馬，感於此，應於彼，發乎邇，見乎遠。故得之者天地與順，日月與明，鬼神與福，萬民與誠，百世與名，而無一物奸於其間。嗚乎！大哉。前輩云：『銖視軒冕，塵視金玉。』此蓋略言之，以諷始學者耳。人争一箇覺，纔覺便我大而物小，物盡而我無盡。夫無盡者，微塵六合，瞬息千古，生不知愛，死不知惡，尚奚暇銖軒冕而塵金玉耶！」

《與羅一峰》云：「先生欲理會著述及諸外事，莫若且打疊令我潔潔浄浄。先生平日所篤信者，非朱紫陽乎？『非全放下，終難凑泊』，是紫陽語否？」

又云：「前輩謂學貴知疑，小疑則小進，大疑則大進。疑者，覺悟之機也。一番覺悟，一番長進。章初學時，亦是如此，更無别法也。」

《與董子仁》云：「凡百且置之勿論，只平生問學一事，極索理會，不可悠悠。人一身與天地參立，豈可不知自貴重，日與逐逐者伍耶？」

《示李承箕》云：「嗚虖！人所得光陰能幾，生不知愛惜，漫浪虛擲，卒之與物無異。造物所賦於人，豈徒具形骸，喘息天地間，與蟲蟻並活而已耶？浮屠氏雖異學，亦必以到彼岸爲標準。學者以聖人爲師，其道何如？彼文章、功業、氣節世未嘗乏人，立志大小，歲月不待人也。」

《道學傳序》云：「學者苟不但求之書而求諸吾心，察於動静有無之機，致養其在我者，而勿以聞見亂之，去耳目支離之用，全虛圓不測之神，一開卷盡得之矣。非得之書也，得自我者。蓋以我而觀書，隨處得益；以書博我，則釋卷而茫然，此野人所欲獻於公與四方同志者之芹曝也。」

《送張廷實》云：「廷實之學，以自然爲宗，以忘己爲大，以無欲爲至，即心觀妙，以究聖人之用，其觀於天地，日月晦明，山川流峙，四時所以運行，萬物所以化生，無非在我之極，而思握其樞機，端其銜綏，行乎日用事物之中，以與之無窮。然則廷實固有甚異於人也，非簡於人以爲異也。若廷實清虛高邁，不苟同於世也，又何憂其不能審於仕止進退、語默之概乎道也？」

《東曉序》云：「暘谷始旦，萬物畢見，而居於蔀屋之下，亭午不知也。忽然夜半起，振衣於千丈羅浮之岡，引盻於扶木之區，赤光在海底，皦如晝日，仰見羣星，不知其爲夜半。此無他，有蔽則闇，無蔽則明。所處之地不同，所遇隨以變，況人易於蔽者乎！耳之蔽聲，目之蔽色，蔽口鼻以臭味，蔽四肢以安佚。一掬之力不勝羣蔽，則去禽獸不遠矣。於此得不甚恐而畏乎？知其蔽而去之，人欲日消，天理日明，羅浮之於扶木也。溺於蔽而不勝，人欲日熾，天理日晦，蔀屋之於亭午也。二者之機，間不容髮，在乎思不思、畏不畏之間耳。」

此心通塞往來之機，生生化化之妙，非見聞所及。

夫孝，百行之源也，通于神明，光于四海。堯舜大聖也，孟子稱之曰孝弟而已矣，君子莫大乎愛親。

孔子曰：「十室之邑，必有忠信如丘者焉，不如丘之好學也。」夫子之學，非後世人所謂學。後之學者記誦而已耳，詞章而已耳。天之所以與我者，固懵然莫知也。夫何故載籍多而功不專，耳目亂而知不明？宜君子之憂之也。

昔者堯、舜、禹、湯、文、武、周公道大行於天下，孔子不得其位，澤不被當世之民，於是進七十子之徒於杏壇而教之，擇善力行，以底於成德。其至也，與天地立心，與生民立命，與往聖繼絶學，與來世開太平。今父兄愛其子弟，教以六經。誦之也，惟恐其言之不熟；講之也，惟恐其旨之不明。似矣，不知其身之所教，與七十子之進於聖人，同歟，否耶？

人要學聖賢，必竟要去學他。若道只是箇希慕之心，卻恐末稍未易輳泊，卒至廢弛。若道不希慕聖賢，我還肯如此學否？思量到此，見得箇不容己處，雖使古無聖賢爲之依歸，我亦住不得，如此方是自得之學。

禪宗語初看亦甚可喜，然實是儱侗，與吾儒似同而異，毫釐間便分霄壤。此古人所以貴擇之精也。如此辭所見大體處，了了如此，聞者安能不爲之動？但起脚一差，立到前面，無歸宿，無準的，便日用間種種各别，不可不勘破也。

爲學莫先於爲己、爲人之辨，此是舉足第一步。

善學者主於静，以觀動之所本；察於用，以觀體之所存。

時矩語道而遺事，秉常論事而不及道，時矩如師也過，秉常如商也不及，胥失之矣。道無往而不在，仁無時而或息，天下何思何慮，如此乃至當之論也。聖人立大中以教萬世，吾儕主張世道不可偏高，壞了人也。

《傳》曰：「道在邇而求之遠，事在易而求諸難。」又曰：「行之而不著焉，習矣而不察焉，終身由之而不知其道者，衆矣。」聖賢教人，多少直截分曉而人自不察。索諸渺茫，求諸高遠，不得其門而入，悲乎！

人具七尺之軀，除了此心此理，便無可貴。渾是一包濃血，一裹大塊骨頭。饑能食，渴能飲，能着衣服，能行淫欲，貧賤而思富貴，富貴而貪權勢，忿而争，憂而悲，窮則濫，樂則淫。凡百所爲，一信氣血，老死而後已，則命之曰禽獸可也。

東海平日自謂具雙〔一〕眼，能辨千古是非人物，而近遺夫康齋，又何也？康齋易知耳。予年二十七游小陂，聞其論學，多舉古人成法，由濂、洛、關、閩以上達洙泗，尊師道，勇擔荷，不屈不撓，如立千仞之壁，蓋一代之人豪也。其出處大致不暇論，然而世之知康齋者甚少，如某輩往往

〔一〕「雙」，疑是「隻」字之誤。

譏呵太甚，羣喙交競，是非混淆，亦宜東海之未察也。

先正謂無天下盡非之理，修己者當自檢點，直到十分是處，不可强執己見，惟在虛以受人，待人接物不可揀擇殊甚，賢愚善惡，一切要包他，到得物我兩忘，方始是成就處。

整菴羅先生要語

先生名欽順，字允升，泰和人。弘治五年，舉鄉試第一。明年廷試，賜進士及第第三，官翰林編修。閉户讀書，謝絶交謁，有執贄求見者，悉堅拒弗納。爲南京國子司業時，祭酒闕，監規積弛，士習放逸，一遇差撥，争辨紛如。先生謂放心宜收，非管攝之嚴不可；争風宜息，非稽考之精，予奪之公不可。持此三者甚力，久之六館肅如也。已而祭酒章公懋至，初因人言頗置疑，徐察先生所謂，乃大敬服，自是每事必咨而後行。

正德三年，滿考，逆瑾方擅權，南銓用其新例具奏，太宰謂先生宜一面瑾，先生曰：「是舉吾平生而盡棄之也。」瑾果怒其簡伉，奪職爲民。瑾誅，復職，上《獻納愚忠疏》四事，曰修德，曰勤政，曰作士氣，曰審時宜。疏入留中。陟南太常少卿，又以祠事濫請者，一持法峻拒之。陞南吏部右侍郎，改吏部，屢辭不允。嘉靖改元，轉左侍郎，前後連攝部事，甄别精慎，有夤緣閹宦求進者，奏論其交通害政，請付法司定罪，竟沮之。尋陞南吏部尚書，改禮部，復改吏部。先生方丁外艱，再疏乞休，得旨致仕。

當其時，越中陽明王公倡明良知之學，海内賢士翕然信從。先生潛心體究，不苟附和，乃著《困知記》以明其所自得。先生蓋致疑於越中之學，故其言如是。又貽書王公及與歐陽南野公，往復辨析，大指不越於此。雖所見異同竟未叶一，然本其苦心，主於防世衛道，誠憂深而思遠矣。學者未能悉領其旨，惟敬仰先生平生素履嚴恭貞確，可質神明而敝金石。四方無問識與不識，語及先生，莫不曰是當代之儀刑也。先生雖蚤退，而憂國懷君未嘗少忘，聞朝政得失，動關欣戚。

家居二十餘年，絶造請，謝門徒。每旦正衣冠，升學古樓，弟子入敘揖畢，端坐展卷。獨處無惰容，食恒二簋，居無臺榭，宴無聲樂，即微言細行，無纖芥可疵。卒贈太子太保，謚文莊。

孔子教人，莫非存心養性之事，然未嘗明言之也。孟子則明言之矣。夫心者，人之神明；性者，人之生理。理之所在謂之心，心之所有謂之性，不可混而爲一也。《虞書》曰：「人心惟危，道心惟微。」《論語》曰：「從心所欲不踰矩」，又曰：「其心三月不違仁。」《孟子》曰：「君子所性，仁義禮智根於心。」此心性之辨也。二者初不相離，而實不容相混。精之又精，乃見其真。其或認心以爲性，真所謂差毫釐而謬千里者矣。

《繫辭傳》曰：「無有遠近幽深，遂知來物，非天下之至精，其孰能與於此？通其變，遂成天地之文；極其數，遂定天下之象。非天下之至變，其孰能與於此？寂然不動，感而遂通天下之故，非天下之至神，其孰能與於此？」夫易，聖人之所以極深而研幾也。易道則然，即天道也。其在人也，容有二乎！是故至精者性也，至變者情也，至神者心也。所貴乎存心者，固將極其深，研其幾，以無失乎性情之正也。若徒有見乎至神者，遂以爲道在是矣，而深之不能極，而幾之不能研，顧欲通天下之志，成天下之務，有是理哉？

道心，寂然不動者也，至精之體不可見，故微。人心，感而遂通者也，至變之用不可測，故危。

道心，性也。人心，情也。心一也。而兩言之者，動靜之分，體用之别也。凡静以制動則吉，動而迷復則凶。惟精，所以審其幾也；惟一，所以存其誠也。「允執厥中」，「從心所欲不逾矩」也，聖神之能事也。

釋氏之明心見性，與吾儒之盡心知性，相似而實不同。蓋虚靈知覺，心之妙也。精微純一，性之真也。釋氏之學，大抵有見於心，無見於性。故其爲教，始則欲人盡離諸相，而求其所謂空，空即虚也。既則欲其即相即空，而契其所謂覺，覺即知也。覺性既得，則空相洞徹，神用無方，神即靈也。凡釋氏之言性，窮其本末，要不出此三者。然此三者皆心之妙，而豈性之謂哉！

使其據所見之及，復能向上求之，「帝降之衷」亦庶乎其可識矣。顧自以爲無上妙道，曾不知其終身尚有尋不到處，乃敢遂駕其説，以誤天下後世之人，至於廢棄人倫，滅絶天理，其貽禍之酷可勝道哉！夫攻異端，闢邪説，孔氏之家法也。或乃陽離陰合，貌詆心從，以熒惑多士，號爲孔氏之徒，誰則信之？

盈天地之間者惟萬物，人固萬物中一物爾。「乾道變化，各正性命」，人猶物也，我猶〔一〕人也，其理容有二哉？然形質既具，則其分不能不殊。分殊，故各私其身；理一，故皆備於我。夫人心虛靈之體，本無不該，惟其蔽於有我之私，是以明於近而暗於遠，見其小而遺其大。凡其所遺所暗，皆不誠之故也。然則知有未至，欲意之誠，其可得乎？故《大學》之教，必始於格物，所以開其蔽也。而今之學者，動以不能盡格天下之物爲疑，是豈嘗〔二〕一日實用其工？徒自誣耳。且如《論語》川上之嘆，《中庸》鳶飛魚躍之旨，《孟子》犬牛人性之辨，莫非物也。於此精思而有得焉，則凡備於我者，有不可得而盡通乎？又如《中庸》言：「大哉聖人之道！洋洋乎發育萬物，峻極於天。優優大哉！禮儀三百，威儀三千，待其人而後行。」夫三千、三百，莫非人事，聖

〔一〕「猶」，底本作「由」，誤，據羅欽順《困知記》（卷上）改。
〔二〕「嘗」，底本作「常」，誤，據羅欽順《困知記》（卷上）改。

人之道，固於是乎在矣。至於發育萬物，自是造化之功用，而以之言聖人之道，何耶？其人又若何而行之耶？於此精思而有得焉，天人物我，内外本末，幽明之故，死生之説，鬼神之情狀，皆一以貫之而無遺矣。然則所謂物者，果性外之物也耶？

自夫子贊易，始以窮理爲言。理果何物也哉？蓋通天地，亘古今，無非一氣而已。氣本一也，而一動一静，一往一來，一闔一闢，一升一降，循環無已。積微而著，由著復微，爲四時之温涼寒暑，爲萬物之生長收藏，爲斯民之日用彝倫，爲人事之成敗得失。千條萬緒，紛紜膠轕而卒不可亂。有莫知其所以然而然，是即所謂理也。初非别有一物，依於氣而立，附於氣以行也。或者因「易有太極」一言，乃疑陰陽之變易，類有一物主宰乎其間者，是不然。夫易乃兩儀四象八卦之總名，太極則衆理之總名也。云「易有太極」，明萬殊之原於一本也，因而推其生生之序，明一本之散爲萬殊也。斯固自然之機，不宰之宰，夫豈可以形迹求哉？斯義也，惟程伯子言之最精，叔子與朱子似乎小有未合。今其説具在，必求所以歸於至一，斯可矣。程伯子嘗歷舉《繫辭》「形而上者謂之道，形而下者謂之器，立天之道曰陰與陽，立地之道曰柔與剛，立人之道曰仁與義，一陰一陽之謂道」數語，乃從而申之曰：「陰陽亦形而下者也，而曰道者，惟此語截得上下最分明。元來只此是道，要在人默而識之也。學者試以此言潛玩精思，久久自當有見。」所謂叔子小有未合者，劉元承記其語有云「所以陰陽者道」，又云「所以闔闢者道」。竊詳「所以」二字，固指言形而上者，然未免微有二物之嫌。以伯子「元來只此是道」之語觀之，自見渾然之妙，似不須更着「所以」字也。所謂朱子小有未合者，蓋其言有云「理與氣決是二物」，又云「氣强理弱」，又云「若無此氣，則此理如何頓放」，似此類頗多。惟《答阿國材》一書有云：「一陰一陽，往來不息，即是道之全體。」此語最爲直截，深有合於程伯子之言，然不多見，不知竟以何者爲定論也。

未發之中，非惟人人有之，乃至物物有。蓋中爲天下之大本，人與物不容有二。顧大本之立，非聖人不能。在學者，則不可不勉。若夫百姓，則日用而不知，孟子所謂「異於禽獸者幾希」，正指此爾。先儒或以爲常人更無未發之中，此言恐誤。若有無不一，安得爲物物各具一太極乎？此義理至精微处，斷不容二三其説也。

二程教人，皆以知識爲先。其言見於《遺書》及諸門人所述，歷歷可考。《大學》所謂「欲誠其意者，先致其知」。知至而後意誠，此不易之序也。及考朱子之言，曰：「上蔡説『先有知識，以敬涵養』，似先立一物了。」他日却又有云：「未能識得，涵養箇甚？」嘗屢稱明道「學者須先識仁」一段説話極好。及胡五峰有「欲爲仁，必先識仁之體」之言，則又大以爲疑，却謂「不必使學者先識仁體」。其言之先後不一如此，學者將安所適從哉？愚嘗竊以所從入者驗之，斷非先有知識不可。第識仁大是難事，明道嘗言「天理二字，是自家體貼出來」，此所以識仁之方也。

然體貼工夫，須十分入細，一毫未盡，即失其真。朱子之言，大抵多隨學者之偏而救之，是以不一，然因其不一而求以歸於至一，在我有餘師矣。

「既不知尊德性，焉有所謂道問學？」此言未爲不是，但恐差認却德性，則問學直差到底。原所以差認之故，亦只是欠却問學工夫。要必如孟子所言博學詳説、以反説約，方爲善學。苟學之不博、説之不詳，而蔽其見於方寸之間，雖欲不差，弗可得也！

程子有云：「世人只爲一齊在那昏惑迷暗海中，拘滯執泥坑裏，便事事轉動不得，没着身處。」此言於人甚有所警發，但不知如何出脱得也？然上文已有「物各付物」一言，只是難得到他地位，非物格知至而妄意及此，其不爲今之狂者幾希！

吾儒只是順天理之自然。佛、老二氏，皆是逆天背理者也，然彼亦未嘗不以自然藉口。邵子有言：「佛氏棄君臣、父子、夫婦之道，豈自然之理哉？」片言可以折斯獄矣。顧彼猶善爲遁辭，以爲佛氏門中不舍一法。夫既舉五倫而盡棄之矣，尚何法之不舍耶？

「人心有覺，道體無爲。」熟味此兩言，亦可以見心性之别矣。

朱子《辨蘇黄門老子解》有云：「道器之名雖異，然其實一物也，故曰吾道一以貫之。」與所云「理氣决是二物」者，又不同矣。爲其學者，不求所以歸於至一，可乎？

嘗讀《宋學士新刻楞伽經序》，其載我聖祖訓詞，由是知聖祖洞明佛學。又嘗讀《御製神樂觀碑》，有云：「長生之道世有之，不過修身清淨，脱離變化，疾速去來，使無難阻，是其機也。」於是又知我聖祖深明老氏之學。至於經綸萬務、垂訓萬世，帝王相傳之道是遵，孔、曾、思、孟之書，周、程、張、朱之説是崇信，彝倫攸敘，邪慝無所容。聖子神孫，守之爲家法，雖與天地同其悠久可也。卓哉！大聖人之見，誠高出於尋常萬萬哉！

周子《太極圖説》篇首「無極」二字，如朱子之所解釋，可無疑矣。至於「無極之真，二五之精，妙合而凝」三語，愚則不能無疑。凡物必兩而後可以言合，太極與陰陽果二物乎？其爲物也果二，則方其未合之先，各安在邪？朱子終身認理、氣爲二物，其源蓋出于此。愚也積數十年潛玩之功，至今未敢以爲然也。嘗考朱子之言，有云「氣强理弱，理管攝他不得」。若然，則所謂太極者又安能爲造化之樞紐、品物之根柢〔二〕耶？惜乎當時未有以此説叩之者。姑記於此，以俟後世之朱子云。

《通書》四十章義精辭確，其爲周子手筆無疑。至如「五殊二實，一實萬分」數語，反覆推明造化之妙，本末兼盡，然語意渾然，即氣即理，絶無罅縫，深有合乎《易傳》「乾道變化，各正性命」之旨，與所謂「妙合而凝」者有間矣。知言之君子，不識以爲何如？

〔二〕「柢」，底本作「抵」，誤，據羅欽順《困知記》卷下改。

張子《正蒙》「由太虚有天之名」數語，亦是將理、氣看作二物，其求之不爲不深，但語涉牽合，殆非性命自然之理也。嘗觀程伯子之言，有云：「『上天之載，無聲無臭。』其體則謂之易，其理則謂之道，其用則謂之神，其命於人則謂之性。」只將數字剔撥出來，何等明白！學者若於此處無所領悟，吾恐其終身亂於多説，未有歸一之期也。

視聽思慮動作皆天也，人但於其中要識得真與妄爾。動以天之謂真，動以人之謂妄。天人本無二，人只緣有此形體，與天便隔一層，除却形體，渾是天也。然形體如何除得？但克去有我之私，便是除也。

邵子云：「中庸非天降地出。揆物之理，度人之情，行其所安，斯爲得矣。」愚竊以爲，物理、人情之所安，固從天降地出者也。子思作《中庸》一書，首言「天命之謂性」，終以「上天之載，無聲無臭」二語，中間散爲萬事，有一不出於天者乎？故君子依乎中庸，無非順天而已，不容一毫私智有所作爲於其間也。

禪學畢竟淺，若於吾道有見，復取其説而詳究之，毫髮無所逃矣。

薛文清《讀書录》甚有體認工夫，見得到處儘到。區區所見，蓋有不期而合者矣，然亦有未能盡合處。信乎，歸一之難也！《録》中有云：「理氣無縫隙，故曰器亦道，道亦器。」其言當矣。至於反覆證明「氣有聚散，理無聚散」之説，愚則不能無疑。夫一有一無，其爲縫隙也大矣，安得謂之「器亦道，道亦器」耶？蓋文清之於理、氣，亦始終認爲二物，故其言未免時有窒礙也。夫理精深微妙，至爲難言，苟毫髮失真，雖欲免於窒礙也而不可得，故吾夫子有「精義入神」之訓，至於入神，則無往而不通矣。此非愚所能及，然心思則既竭焉。嘗竊以爲，氣之聚便是聚之理，氣之散便是散之理。惟其有聚有散，是乃所謂理也。推之造化之消長，事物之始終，莫不皆然。如此言之，自是分明，並無窒礙，雖欲尋其縫隙，了不可得矣。不識知言之君子，以爲何如？

胡敬齋力攻禪學，蓋有志于閑聖道者也。但於禪學本末似乎未嘗深究，動以「想像」二字斷之，安能得其心服耶？蓋吾儒之有得者固是實見，禪學之有得者亦是實見，但所見者不同，是非得失，遂於此乎判爾。彼之所見，乃虛靈知覺之妙，亦自分明脱灑，未可以想像疑之。然其一見之餘，萬事皆畢，卷舒作用，無不自由，是以猖狂妄行，而終不可與入堯舜之道也。愚所謂有見於心，無見於性，當爲不易之論。使誠有見乎性命之理，自不至於猖狂妄行矣。蓋心性至爲難明，是以多誤。謂之兩物又非兩物，謂之一物又非一物。除却心即無性，除却性即無心。惟就一物中分剖得兩物出來，方可謂之知性。學未至於知性，天下之言未易知也。

元明言「犬牛之性，非天地之性」，即不知犬牛何從得此性來？天地間須是二本方可。

「溥博淵泉而時出之」，道理自然，語意亦自然。曰「藏而後發」，便有作弄之意，未可同年而語也。四端在我，無時無處而不發見，知皆擴而充之，即是實地上工夫。今乃欲於「靜中養出端倪」，既一味静坐，事物不交，善端何緣發見？遏伏之久，或者忽然有見，不過虛靈之光景耳。神仙之説，自昔聰明之士，鮮不慕之。以愚之愚，早亦嘗究心焉，後方識破，故詳舉以爲吾黨告也。天地間果有不死之物，是爲無造化矣。識知此理，更不必枉用其心。如其信不能及，必欲僥倖於萬一，載胥及溺，當誰咎哉！

朱子嘗論及：「釋氏之學，大抵謂若識得透，應干罪惡即都無了。然則此一種學，在世上乃亂臣賊子之三窟耳。」嘗念之邢恕，明辨有才而復染禪學，後來遂無所不爲。吁！可畏哉！

卷五

陽明王先生要語

先生諱守仁，字伯安，餘姚人。父華，進士及第第一，仕至南吏部尚書。母鄭夫人娠十四月而誕先生。五歲始言。及十齡就塾，聞塾師以科第爲第一等事，先生中不然，曰：「科第上有聖賢事當爲者。」

十五，遊居庸，慨然有經略四方志。是時，畿輔秦楚患盜，擬上書闕下，尚書公斥之，乃止。外舅諸公宦豫章，往就甥館，閑步鐵柱宫，見道士静坐，與語，説之。

明年，歸越，過廣信，謁婁一齋諒，諒故游聘君康齋門者，爲語聖人爲必可至，深契焉。先生故好謔，自是常端坐省言，同業者未信。先生曰：「吾昔放逸，今知過當改也。」

己未，成進士，應詔上邊務八事。逾年，授比部主事。請告歸越，究心二氏之學，築洞陽明麓。日夕勤修習静，常思遺棄世累，而不能置念于祖母岑及尚書公。久之，悟此念生自孩提，人之種性，滅絶種性，非正學也。與甘泉湛公定交，嘗謂「初志此學，幾仆而興，晚得友甘泉，而後吾志益毅然不可遏」云。

正德丙寅，奄瑾竊柄，惡南臺省戴銑、薄彦徽等攻己，逮繫詔獄。先生抗疏救之，瑾矯詔收先生，杖謫貴州龍場驛。驛丞既行，瑾使人尾偵之，將甘心焉。先生至錢塘，托跡投江，附估舫遯，遇颶風飄至閩境。夜奔山徑，扣寺求宿不納，則之别刹。刹故虎穴，先生至，虎繞刹咆哮，不入。及旦，僧知先生無恙，異之，乃要至寺，則前鐵柱宫所晤道士在焉。因與適遠遁意，道士曰：「公有親在，且名滿朝野，倘不逞之徒假姓名倡亂，家族危矣。」爲筮之，遇明夷，遂決策歸。由武夷出廣信，省尚書公于留都。

丁卯夏，徐曰仁愛及蔡宗兗[一]、朱節受學。冬，赴龍場。龍場故在萬山叢中，蛇虺魍魎，瘴癘蠱毒之交錯，夷人鴃舌，語言不通，無居舍，始教之範土架木爲小茇。已就石穴而處，從行三僕以歷險冒瘴皆病。先生躬析薪汲水作糜以飼，百方慰解之。目同旅行者父子主僕駢首病死，爲文瘞之，而自爲石槨以待盡。先生于時困衡動忍，不惟得失榮辱胥已解脱，即死生一念亦爲摒置。端居澄默以思，倏若神啓，大解從前伎倆、見趣無一可倚，惟此靈昭不昧者相爲始終，不離倫物應感，而是是非非，天則自見，證之六經、四子，無不吻合，益信聖人之道坦若大路如此。

[一]「兗」，底本作「兑」，誤，據明萬曆劉應舉補修本改。

著《五經臆説》。久之，夷人亦漸親狎，共伐木，爲構龍岡書院、何陋軒、玩易窩居之。

庚午，量移廬陵令。在廬陵僅七月，政務開道人心，不事刑威，稽舊制，選里正三老，坐申明亭，訟者至，使勸解化誨，後幾無訟。陞南比部主事，尋改吏部驗封司。同寮方叔賢獻夫位在先生上，聞先生論學，有契，遂肅贄受學。尋轉文選員外郎，陞考功郎中。門人稍益進。已陞南太僕少卿，進南鴻臚卿。薛尚謙侃、陸原静澄、郭善甫慶輩受業先生。往懲末俗卑污，來學者多就高明一路引掖。時見有流入空虚、爲放言高論者，甚悔之。自是教學者爲省克實功，謂黄宗賢曰：「學須立誠，從心體入微處用功。」

乙亥，臨川陳惟濬九川見先生于龍江。丙子，陞僉都御史，巡撫南、贛、汀、漳等處。贛當四省之交，諸巢賊不時四出劫掠，爲患累年。而時宸濠業已潛畜不軌，陰與賊通，爲之曲護，以此積至數十萬衆。先生蒞任，置二匣行臺前，曰「求通民情，願聞己過」。躬率諸道進兵，漳南以平。疏上，本兵覆請改授提督兼巡撫，得便宜行事，意蓋微也。陞副都御史。先生蒞贛，甫逾年，凡三捷，皆役不再籍，兵無挫刃。且諗其初至，兵乏矣，第選民兵，立兵符、明賞罰以練之，而不徵調狼達土兵。食匱矣，第疏通鹽法，處商税以足之，而未始加賦。編民，申保甲，宣諭告於其始，立社學，舉鄉約，以和厥中。已開縣治，置巡司，移郵驛，以圖厚厥，終經略周而垂裕到今矣。先生在事，燕居則挽强習劳，出兵則躍馬先驅。即倥偬中，時時朋來問學，揮麈談道。志珊就擒，先生訊之曰：「汝何策得衆若此？」珊曰：「平生見世魁傑夫，必多方招結，不輕放過。」先生退，謂九川曰：「吾儕求友，當如此矣。」

己卯，鄒謙之守益來學。其年六月，奉敕勘處福建叛軍，至豐城，聞宸濠反，急走小舸返吉安。飛章上變，與知府伍文定等定謀徵兵各郡，并傳檄隣省，扶義勤王。先生于時以兵難卒集，且虞兩都之無備也，乃爲先聲張疑以逗遛賊兵，而又多方行間以離其黨。濠果遷延。至七月初，始發南昌，攻陷南康、九江，進圍安慶。我師既集，僉請亟救安慶，先生曰：「南昌既已從逆，南康、九江又失守，而我師深入與賊交持，如南昌絶我糧道，南康、九江之兵從中夾擊，安慶必不能援。是腹背受兵，非策也，不如先舉南昌。法所謂『攻其必救』是已。」乃誓師樟樹，授文定等方略，如期俱至信地，先生親鼓之，三軍競奮登城，城遂拔，擒諸從逆居守者。先生入城，籍封府庫，撫集居民。時賊攻安慶方急，聞南昌破，大恐。李士實等謀棄南昌，徑趨南京，或從蘄黄，直犯北闕，濠入前間，不聽。悉衆還，僉謂賊衆盛，欲堅壁待援。先生度賊進不得逞，還無所歸，氣已消沮，出奇擊惰。便遂迎戰于樵舍，三戰，大破之，執濠并其宮嬪、遺孽、僞相李士實等。捷奏不宣。諸奸佞江彬等導上南巡，下制親征，遣先鋒諭先生縱濠鄱陽湖，俟駕至臨戰執之爲悦，謀叵測矣。先生亟從越道獻俘行在，而彬等率兵至南昌，飛語四出。先生道遇近侍張永，諗爲璫中之有良者，爲語江西隱禍可虞，即以俘屬獻止上親征，而卧病杭城寺中取進止。久之，敕兼巡撫，還江西。

明年，上在留都。諸奸佞百方讒搆，屢僞旨召先生，意圖之，先生知，不赴。因譖先生有無將心，試召之，必逆命。先生因永知其謀，時闻召，即乘小舫，取漁艇數十爲衛，星夜破浪，趣行在。至上新河，諸奸佞沮之，不得見，退次蕪湖。已，待命九華山。逾月，上使校覘之，諗先生宴坐草菴中，上始釋曰：「王守仁學道人也，前言者誣矣。」乃復命，還江西。其年夏，復如贛，至則閱兵偃武如常。門人危疑甚，間請釋兵還省，先生處之泰然，第曰：「二三子何不講學。」蓋是時逆濠未死，諸奸佞素通濠得金錢者多在上左右，已稔逆志，第以先生在贛，不敢動也。世第知先生擒濠之功之偉，不知先生惟時沉機曲算，内戢凶倖，外防賊黨，撫定瘡痍，激勵將士，蓋凜凜乎如履春冰矣。濠誅，咨部院雪冀元亨。元亨，楚人，濠以禮招之，元亨因以學規濠，濠不懌[二]而返，先生衛之歸。後讒構先生者，波及之，故先生爲雪云。其年秋，還南昌，泰州王銀服古冠服，執木簡，書詩爲贄，以賓禮見。先生降階，迎延上座，與反覆論格致旨，有省，乃反服執弟子禮。先生爲易名艮，字汝止。

辛巳，遺謙之書曰：「近從百死千難中信得『致良知』三字，真聖門正法眼藏，無不具足，但

〔二〕「懌」，底本作「擇」，誤，據明萬曆劉應舉補修本改。

恐學者易之，將作光景玩弄，不切實用功耳。」先生五疏乞省葬，其年始得允歸越。錢洪甫德洪率其同里孫應奎等七十餘人受學。時輔臣惡本兵王瓊甚，而先生奏捷疏，每歸功本兵。蓋謂平賊擒濠，以改提督，得便宜行事，瓊本謀也。輔臣素忌先生，以此滋不悦，捷奏久不賞。嘉靖改元，始詔録先生功，封新建伯，兼南京兵部尚書，參贊機務。遣使迎宴，劳使至門，而先生宅憂，忌者又以錫宴劳費爲辭，嗾言官論沮。服闋，竟不召，讒謗益起。逾年，四方求學者彌衆。

甲申，海寧董蘿石澐年六十八，以詩聞江湖間，來見先生，與語有省，强納贄受學。先生以師友之間禮遇之。門人王汝止出游歸，先生問何見，對曰：「見市人皆聖人。」先生曰：「市人但見子是聖人也。」他日董蘿石出游歸，先生問如前，董對如汝止，先生曰：「此常事，何異也？」汝止時圭角未融，蘿石初機乍解，見同答異，一裁之，一實之也。錢洪甫嘗謂：「人品易知，高者如大山在前，孰不知仰先生？」曰：「大山不如平地也。」黄岡郭善甫暨其徒吴良吉走越受學，途中相與辨論，未合。既至，郭屬吴質之先生。方寓樓饘，不答所問，第目攝良吉者再，指前饘盂，語曰：「此盂中下乃能盛此饘，此案下乃能載此盂，此樓下乃能載此案，地又下乃能載此樓。惟下乃大也。」良吉退就舍，善甫問先生何語，良吉涕泗横下，嗚咽不能對。已而良吉歸，而安貧樂道，至老不負師門云。謂黄宗賢曰：「凡人躁浮、忿慾，皆緣良知蔽塞而後有，非大勇不能制而克也。《中庸》曰『知耻近乎勇』，耻己良知蔽塞耳。今人以語言不能屈服人爲耻，以意氣不能凌輒人爲恥，以憤怒嗜欲不得直意任情爲恥。恥非可恥，而不知恥所當恥，舛矣！」宗賢時貳秩宗，常與朝議，有戇直風，故進之如此。寓寺中，有郡守見過，張燕行酒，在侍諸友弗肅。酒罷，先生喟曰：「諸友不用功，麻木可懼也。」友不達，請過。先生曰：「可問王汝止。」問汝止，曰：「適太守行酒時，諸君良知安在？」衆乃惕然。嘗遊陽明洞，隨行者途中偶歌，先生回顧，歌者覺而止。至洞坐，徐曰：「吾輩舉止少有駭人處，便非曲成萬物之心矣。」一日，市人鬨而詬，甲曰：「爾無天理。」乙曰：「爾無天理。」甲曰：「爾欺心。」乙曰：「爾欺心。」先生聞之，呼弟子曰：「聽之，夫夫諄諄，講學也。」弟子曰：「詬也，焉云學？」曰：「汝不聞乎曰天理，曰心，非講學而何？」曰：「既爲學，又焉詬？」曰：「夫夫也，惟知責諸人，不知反諸已。故也致良知者，惟反之自心，不欺此理耳。」先生察邇言，謹細節，一語點掇人，煅鍊人，類如此。

丙戌，先生居里，謗議日熾，謂門弟曰：「吾道非耶？何爲如此？」在侍者或謂先生功盛位崇，娼嫉者謗；或謂學駁宋儒，泥同者謗；或謂有教無類，未保其往，或以身謗。先生曰：「莫有之，顧吾自知尤切也。蓋吾往者名根未能盡脱，尚有鄉愿掩護意，在今一任吾良知，真是真非，罔所覆藏，進于狂矣。」是年，報聶文蔚豹書，謂孔氏欲以其學通之人人者，實其一體之心，不容自已，非祈人之信己、知己也。文蔚初見先生，未納拜，後按閩聞訃，始爲位哭，稱門生云。先是岑猛叛，廣聚兵討，猛死田州，其黨盧蘇、王受相結，復叛。提督姚鏌發四省兵討之，二年不克，嶺南大困。乃命兼都察院左都御史，征思、田。先生居嘗揭教指四語，曰：「無善無惡者心之體，有善有惡者意之動，知善知惡是良知，爲善去惡是格物。」學者遵循無異也。王汝中曰：「心無善惡，則意、知與物，一切如是。下二句非向上一機，若爲剩語者。」時同錢洪甫質證之先生，先生曰：「悟此本體，人己内外，一齊了徹，顔子、伯淳所不敢承。下二句乃徹上徹下語，初學至聖人，究竟無盡云。」先生嘗語薛尚謙曰：「無善無惡者理之静，有善有惡者氣之動。不作好作惡，惟循乎理，不動於氣，此聖人之所以能裁成輔相也。佛氏則倚于無善無惡之見，一切不理，不可治天下矣。」

其年秋，先生發越中，道吉安，語諸士友曰：「堯舜生知安行，猶兢兢業業，用困勉工夫。吾儕以困勉資，而欲坐享性安成功，大誤也。」又曰：「良知之妙，真是周流六虚，變動不居。顧借以文過飾非，爲害大矣。」先生若預知承學之弊，而叮嚀若此，抑先生非徒以言語告戒也，蓋身之矣。初第，上《安邊八策》，世艷稱爲訏謨者，晚自省曰：「語中多抗勵氣，此氣未除而欲任天下事，其何能濟？」筮仕刑曹，首禁獄吏取飯囚之餘豢豕，承世亦傳爲美談，晚又自省曰：「善歸己矣，如人何？此不學之過也。」寓京，以書盡規門弟，至相牴，有違言，自省曰：「不能積誠反躬，而徒騰口説，吾罪也。」在留都，人傳謗書心動，自訟曰：「終是名根消煞未盡，愧矣。」平贛賊後，語門弟曰：「吾每登堂行事，心體未能如友朋相對時，則不安。」或問寧藩事，曰：「當時只合如此，覺來尚有揮霍，微動于氣所在，使今日處之，更别也。」其反己之切，而用工之密，類如此。

比入粵，沿途咨詢，悉岑猛反叛之因，由往當事者處之未當。念二酋既已授首，其遺孽億萬生靈可格而撫者，惟是斷藤峽及八寨，諸賊盤據反側，久毒嶺表，爲患苦耳。既至梧，乃開示恩信，蘇、受等遂自縛來歸，降者七萬一千人。先生薄示懲，遣歸農。逾年春，遂班師。改田州爲田寧府，立土官，散土目，設流鎮制，爲交趾蔽。遣蘇、受時，先生諭之曰：「朝廷宥爾，宜有以報。」衆皆頓首，願效死，蓋欲借其力剪除斷藤峽及八寨也。乃姑令歸農，以候徵發，約期日至七月。先是，召討思、田、永順、保靖土兵還道，出八寨，密與領兵官約束，乘其不備襲之，而檄蘇、受等兵相犄角，或遏其前，或截其後，或張左右翼夾擊，誅斬劇賊以萬計。悉定其地，親行相度夷險，疏諸經略甚悉。霍文敏，廣人也，言于上，謂思、田之亂，往兵連四省，糜費百萬，止得五十日小寧，而守仁此舉，不殺一卒，不費斗米，遂使頑叛稽顙來服，雖舜格有苗不過也。至於八寨、斷藤之舉，尤有八善云。捷奏，敕使賚奬，至而先生病矣。懇疏乞歸，遂班師，至南安薨，時年五十七，嘉靖戊子十一月丁卯也。夙忌先生者，從中譖于上，抑其賞，請削奪官爵，賴肅皇明聖，憐先生功，以封爵本先朝信令，不允，但停卹典，子不得嗣封。

隆慶改元，上諭，言官請贈新建侯，謚文成。明年，子正億嗣封伯，億卒，億子承勳嗣。越萬曆十二年，諭廷臣議，從祀孔廟。

今世無志於學者無足言，幸有一二篤志之士，又爲無師友講明，認氣作理，冥悍自信，終身勤苦而卒無所得，斯誠可哀矣。某無大知識，亦非好爲人師者。顧今之時，人心陷溺已久，得一善人，惟恐其無成。期與諸君共明此學，固不以自任爲嫌而避之。譬之婚姻，聊爲諸君之媒妁而已。鄉里後進中有可言者，即與接引，此本分内事，勿謂不暇也。

立志之説，已近煩瀆，然爲知己言，竟亦不能舍是也。志於道德者，功名不足以累其心；志於功名者，富貴不足以累其心。但近世所謂道德，功名而已；所謂功名，富貴而已。

人品不齊，聖賢亦因材成就。孔門之教，言人人殊，後世儒者始有歸一之論，而成德達材者鮮，又何居乎？

聖賢之道，坦若大路，夫婦之愚，可以與知。而後之論者，忽近求遠，舍易圖難，遂使老師、宿儒皆不敢輕議。故在今時，非獨其庸下者自分以爲不可爲，雖高明特達，皆以此爲長物，視之爲虚談贅説，亦忤時矣。當此之時，苟有一念相尋於此，真所謂「空谷足音，見似人者喜矣」。況其章縫而來者，寧不忻忻然以接之乎？然要其間，亦豈無濫竽假道之弊！但在我不可以此意逆之，亦將於此以求其真者耳。正如淘金於沙，非不知沙之汰而去者且十九，然亦未能即舍沙而别以淘金爲也。

聖人之學，明倫而已。外此而學者，即謂之異端；非此而論者，即謂之邪説；假[一]此而行者，謂之伯術；飾此而言者，謂之浮詞；背此而馳者，謂之功利之徒。凡支離決裂、似是而非者，皆異説也。有志於聖人之學者，外孔孟之訓，昭如日月。孔孟之訓而他求，是舍日月之明而希光於螢爝之微也，不亦謬乎！

人固有見其父子兄弟之墜溺於深淵者，呼號匍匐，踝跣顛頓，扳懸岩壁而下拯之。士之見者，方相與揖讓談笑於其傍，以爲是棄其衣冠禮貌而呼號顛頓若此，是病狂喪心者也。故夫揖讓談笑於溺人之傍而不知救，此惟行路之人，無親戚骨肉之情者能之。然已謂之無惻隱之心，非人矣。若夫在父子兄弟之愛者，則固未有不痛心疾首，狂奔盡氣，匍匐而拯之。彼將陷溺之禍有不顧，而況於病狂喪心之譏乎？而又況於蘄人之信與不信乎？嗚呼！今之人雖謂僕爲病狂喪心之人，亦無不可矣。

夫子汲汲皇皇，若求亡子於道路，而不暇於暖席者，寧以蘄人之知我、信我而已哉？蓋其天地萬物一體之仁，疾痛迫切，雖欲已之而自有所不容已，故其言曰：「吾非斯人之徒與而誰與！

[一]「假」，底本作「做」，誤，據《王陽明全集》卷七改。

欲潔其身而亂大倫，果哉，末之難矣！」嗚呼！此非誠以天地萬物爲一體者，孰能以知夫子之心乎？

自程朱諸大儒没，而師友之道遂亡。有志之士思起而興之，然卒徘徊嗟咨，逡巡而不振；因弛然自廢者，亦志之弗立，弗講於師友之道也。夫一人爲之，二人從而翼之，已而翼之者益衆焉，雖有難爲之事，其弗成者鮮矣。一人爲之，二人從而危之，已而危之者益衆焉，雖有易成之功，其克濟者鮮矣。故凡有志之士，必求助於師友。無師友之助者，志之弗立、弗求者也。

夫久溺於流俗，而驟語以求聖人之事，其始也必將有自餒而不敢當；已而舊習牽焉，又必有自眩而不能決；已而外議奪焉，又必有自沮而或以懈。夫餒而求有以勝之，眩而求有以信之，沮而求有以進之，吾見立志之難能也已。

永康周瑩德純嘗學於應子元忠，既乃復見陽明子而請益。陽明子曰：「子之志，欲至於吾門也，則遂至於吾門，無假於人。子而志於聖賢之學，有不至於聖賢者乎？而假於人乎？子之舍舟從陸，捐僕貸糧，冒毒暑而來也，則又安所從受之方也？」生躍然起拜曰：「茲命之方也已！」

夫學，莫先於立志。志之不立，猶不種其根而徒事培擁灌溉，勞苦無成矣。世之所以因循苟且、隨俗習非而卒歸於污下者，凡以志之不立也。故程子曰：「有求爲聖人之志，然後有可與共學。」

夫立志亦不易矣。孔子聖人也，猶曰：「吾十有五而志于學，三十而立。」立者，立志也。雖至於「不逾矩」，亦志之不逾矩也。志豈可易而視哉！夫志，氣之帥也，人之命也，木之根也，水之源也。源不濬則流息，根不植則木枯，命不續則人死，志不立則氣昏。是以君子之學，無時無處而不以立志爲事。正目而視之，無他見也；傾耳而聽之，無他聞也。如猫捕鼠，如雞覆卵，精神心思凝聚融結，而不復知有其他，然後此志常立，神氣精明，義理昭著。一有私欲，即便知覺，自然容住不得矣。故凡一毫私欲之萌，只責此志不立，即私欲便退；聽一毫客氣之動，只責此志不立，即客氣便消除。或怠心生，責此志，即不怠；忽心生，責此志，即不忽；躁心生，責此志，即不躁；妬心生，責此志，即不妬；忿心生，責此志，即不忿；貪心生，責此志，即不貪；傲心生，責此志，即不傲；吝心生，責此志，即不吝。蓋無一息而非立志、責志之時，無一事而非立志、責志之地。故責志之功，其於去人欲，有如烈火之燎毛，太陽一出，而魍魎潛消也。

問：「上智下愚如何不可移？」先生曰：「不是不可移，只是不肯移。」

夫「拔本塞源」之論不明於天下，則天下之學聖人者將日繁日難，斯人淪於禽獸、夷狄，而猶自以爲聖人之學。夫聖人之心，以天地萬物爲一體，其視天下之人，無外内遠近，凡有血氣，皆其昆弟父子之親，莫不欲安全而教養之，以遂其萬物一體之念。天下之人心，其始亦非有異於聖人也，特其間於有我之私，隔於物欲之蔽，大者以小，通者以塞，人各有心，至有視其父子兄弟如仇讎者。聖人有憂之，是以推其天地萬物一體之仁以教天下，使之皆有以克其私，去其蔽，以復其心體之同然。然其教之大端，則堯、舜、禹之相授受，所謂「道心惟微，惟精惟一，允執厥中」。而其節目，則舜之命契，所謂「父子有親，君臣有義，夫婦有別，長幼有序，朋友有信」，五者而已。唐、虞、三代之世，教者惟以此爲教，學者惟以此爲學。是皆性分之所固有，而非有假於外者，則人亦孰不能之乎？學校之中，惟以其成德爲事，而才能之異或有長於禮樂，長於政教，長於水土播植者，則就其成德，而因使益精其能於學校之中。迨夫舉德而任，則使之終身居其職而不易。用之者惟知同心一德，以共安天下之民，視才之稱否，而不以崇卑爲輕重、勞逸爲美惡；效用者亦惟知同心一德，以共安天下之民，苟當其能，則終身處於煩劇而不以爲勞，安於卑瑣而不以爲賤。當是之時，天下之人熙熙皞皞，皆相視如一家之親。其才質之下者，則安其農、工、商、賈之分，各勤其業以相生相養，而無有乎希高慕外之心。其才能之異若皋、夔、稷、契者，則出而各效其能，若一家之務，或營其衣食，或通其有無，或備其器用，集謀并力，以求遂其仰事俯育之願，唯恐當其事者之或怠而重己之累也。故稷勤其稼，而不耻其不知教，視契之善教，即己之善教也；夔司其樂，而不耻其不明禮，視夷之通禮，即己之通禮也。蓋其心學純明，而有以全其萬物一體之仁，故其精神流貫，志氣通達，而無有乎人己之分、物我之間。辟之一人之身，目視、耳聽、手持、足行，以濟一身之用。目不耻其無聰，而耳之所涉，目必營焉；足不耻其無執，而手之所探，足必前焉。蓋其元氣充周，血脉條暢，是以痒疴呼吸，感觸聲應，有不言而喻之妙。此聖人之學所以至易至簡，易知易從，學易能而才易成者，正以大端惟在復心體之同然，而知識、技能非所與論也。三代之衰，王道熄而霸術昌；孔孟既没，聖學晦而邪説横。教者不復以此爲教，而學者不復以此爲學。蓋至於今，功利之毒淪浹於人之心髓，而習以成性也幾千年矣。相矜以知，相軋以勢，相争以利，相高以技，相鼓以聲譽。其出而仕也，理錢穀者則欲兼夫兵刑，典禮樂者又欲與於銓軸，處郡縣則思藩臬之高，居臺諫則望宰執之要。故不能其事，則不得以兼其官；不通其説，則不可以要其譽。記誦之廣，適以長其傲也；知識之多，適以行其惡也；聞見之博，適以肆其辨也；辭章之富，適以飾其僞也。是以臯、夔、稷、契所不能兼之事，而今之初學小生皆欲通其説，究其術。其稱名借號，未嘗不曰吾欲以共成天下之務，而其誠心實意之所在，以爲不如是則無以濟其私而滿其欲也。嗚呼！士生斯世，而尚可以求聖人之學乎？尚可以論聖人之學乎？士生斯世而欲以爲學者，不亦勞苦而繁難乎！不亦拘滯而險艱乎！嗚呼！可悲也已！所幸天理之在人心，終身所不可泯，而良知之明，萬古一日，則其聞吾「拔本塞源」之論，必有惻然而悲，戚然而痛，憤然而起，沛然若決江河而有所不可禦者矣！非夫豪傑之士無所待而興者，吾誰與望乎？

不得已之意與自有不能已者，尚隔一層。程子云：「知之而至，則循理爲樂，不循理爲不樂。」自有不能已者，循理爲樂者。非真知性者未易及此。知性則知仁矣。仁，人心也。心體本自弘毅，不弘者蔽之也，不毅者累之也。故燭理明，則私欲自不能蔽累；私欲不能蔽累，則自無不弘毅矣。弘非有所擴而大之也，毅非有所强而作之也，蓋本分之内，不加毫末焉。

學〔一〕以明善誠〔二〕身，只兀兀守此昏昧雜擾之心，卻是坐禪入定，非所謂「必有事焉」者矣。聖門寧有是哉？但其毫釐之差，千里之謬，非實地用功，則亦未易辨别。後世之學，瑣屑支離，正所謂採摘，其間亦寧無小補？然終非積本求原之學。句句是，字字合，然而終不可入堯舜之道也。

使〔三〕在我果無功利之心，雖錢穀兵甲，搬柴運水，何往而非實學？何事而非天理？況子、史、詩、文之類乎？使在我尚存功利之心，則雖日談道德仁義，亦只是功利之事，況子、史、詩、文之類乎？「一切屏絶」之説，是猶泥於舊習，平日用功未有得力處，故云爾。

但能立志堅定，隨事盡道，不以得失動念，則雖勉習舉業，亦自無妨聖賢之學。若是原無求

〔一〕「學」，底本原脱，據明萬曆劉應舉補修本補。
〔二〕「誠」，底本作「成」，據《王陽明全集》卷四改。
〔三〕「使」，底本原脱，據明萬曆劉應舉補修本補。

爲聖賢之志，雖不習舉業，日談道德，亦只成就得務外好高之病而已。此昔人所以有「不患妨

功，惟患奪志」之説也。夫謂之奪志，則已有志可奪；若尚未有可奪之志，卻又不可以不深思猛

省而早圖之。

謂舉業與聖人之學相戾者，非也。程子云：「心苟不忘，則雖應接俗事，莫非實學，無非道

也。」而況於舉業乎？謂舉業與聖人之學不相戾者，亦非也。程子云：「心苟忘之，則雖終身由

之，只是俗事。」而況於舉業乎？忘與不忘之間不能以髮，要在深思默識所指謂不忘者果何事

耶，知此則知學矣。

夫理無内外，性無内外，故學無内外；講習討論，未嘗非内也；反觀内省，未嘗遺外也。夫

謂學必資於外求，是以己性爲有外也，是義外也，用智者也；謂反觀内省爲求之於内，是以己性

爲有内也，是有我也，自私者也：是皆不知性之無内外也。故曰「精義入神，以致用也；利用安

身，以崇德也」，「性之德也，合内外之道也」。此可以知格物之學矣。格物者，《大學》之實下手

處，徹首徹尾，自始學至聖人，只此工夫而已，非但入門之際有此一段也。

心一而已。静，其體也，而復求静根焉，是撓其體也；動，其用也，而懼其易動焉，是廢其用

也。故求静之心即動也，惡動之心非静也，是之謂動亦動，静亦動，將迎起伏，相尋於無窮矣。

故循理之謂静，從欲之謂動。欲也者，非必聲色貨利外誘也，有心之私皆欲也。故循理焉，雖酬

酢萬變，皆静也。濂溪所謂「主静」，無欲之謂也，是謂集義者也。從欲焉，雖心齋坐忘，亦動也。告子之强制，正助之謂也，是外義者也。

世間無志之人，既已見驅於聲利詞章之習，間有知得自己性分當求者，又被一種似是而非之學兜絆羈縻，終身不得出頭。緣人未有真爲聖人之志，未免挾有見小、欲速之私，則此種學問，極足支吾眼前得過。是以雖在豪傑之士，而任重道遠，稍不力，即且安頓其中者多矣。

某近來卻見得「良知」兩字，日益真切簡易。朝夕與朋輩講習，只是發揮此兩字不出。緣此兩字，人人所自有，故雖至愚下品，一提便省覺。若致其極，雖聖人天地不能無憾，故說此兩字窮劫不能盡。世儒尚有致疑於此，謂未足以盡道者，只是未嘗實見得耳。近有鄉大夫請某講學者云：「除卻良知，還有甚麼説得？」某答云：「除卻良知，還有甚麼説得！」

「寧不了事，不可不加培養」之意，且與初學如此說，亦不爲無益。但作兩事看了，便有病痛。孟子言必有事焉，則君子之學終身只是集義一事。義者，宜也；心得其宜，之謂義。能致良知，則心得其宜矣，故集「義亦只是致良知。君子之酬酢萬變，當行則行，當止則止，當生則生，當死則死，斟酌調停，無非是致其良知，以求自慊而已。

我此間講學，卻是説箇「必有事焉」，不說「勿忘勿助」。今卻不去必有事上用功，而乃懸空守着一箇「勿忘勿助」，此正如燒鍋煮飯，鍋内不曾漬水下米，而乃專去添柴放火，不知畢竟煮出箇甚麽物來。吾恐火候未及調停，而鍋已先破裂矣。

所疑拘於體面、格於事勢等患，亦是見得良知未透徹。若見得透徹，即體面事勢中，莫非良知之妙用。除卻體面事勢之外，亦别無良知矣。

世儒之支離，外索於刑名器數之末，以求明其所謂物理者，而不知吾心即物理，初無假於外也。佛老之空虚，遺棄其人倫事物之常，以求明其所謂吾心者，而不知物理即吾心，不可得而遺也。

夫禮也者，天理也。天命之性具于吾心，其渾然全體之中，而條理節目森然畢具。故君子之學也，於酬酢變化、語默勤静之間而求盡其條理節目焉，非他也，求盡吾心之天理焉耳；於升降周旋、隆殺厚薄之間而求盡其條理節目焉，非他也，求盡吾心之天理焉耳矣。求盡其條理節目焉者，博文也；求盡吾心之天理焉者，約禮也。

昔者顔子之始學於夫子也，蓋亦未知道之無方體形象也，而以爲有方體形象也；未知道之無窮盡止極也，而以爲有窮盡止極也。是以求之仰鑽瞻忽之間，而莫得其所謂。及聞夫子博約之訓，既竭吾才以求之，然後知天下之事雖千變萬化，而皆不出於此心之一理；然後知殊途而同歸，百慮而一致；然後知斯道之本無方體形象，而不可以方體形象求之也，本無窮盡止極，而不可以窮盡止極也。故曰：「雖欲從之，末由也已。」

夫良知者，即所謂「是非之心，人皆有之」，不待學而有，不待慮而得者也。人孰無是良知乎？獨有不能致之耳。自聖人以至於愚人，自一人之心以達于四海之遠，自千古之前以至於萬代之後，無有不同。是良知也者，是所謂「天下之大本也」。致是良知而〔二〕行，則所謂「天下之達道」也。天地以位，萬物以育，將富貴貧賤、患難夷狄，無所入而弗自得也已。

釋氏「輪迴變現」之論，亦不必求之窈冥。今人不能常見自己良知，一日之間，此心倏焉而夷狄，倏焉而禽獸，倏焉而趨入悖逆之途，倏然而流入貪淫之海，不知幾番輪迴，多少變幻，但人不自覺耳。釋氏言語多有簸弄精神者，大概當求之方之外，得其意而已矣。

愛問：「『知止而後有定』，朱子以爲『事事物物皆有定理』，似與先生之説相戾。」先生曰：「於事事物物上求至善，卻是義外也。至善是心之本體，只是『明明德』到『至精至一』處便是，然亦未嘗離卻事物。」

專事無爲，不能如三王之因時致治，而必欲行以太古之治，即是佛老的學術。因時致治，不能如三王之一本於道，而以功利之心行之，即是霸者以下事業。後世儒者許多講來講去，只是講得箇霸術。

〔二〕按：自「義亦只是致良知」至此，底本原脱此卷頁二十五、二十六，據明萬曆劉應舉補修本補。

又曰：「唐虞以上之治，後世不可復也，略之可也；三代以下之治，後世不可循也，削之可也；惟三代之治可行。然而世之論三代者，不明其本，而徒事其末，則亦不可行矣。」

澄問：「主一之功，如讀書則一心在讀書上，接客則一心在接客上，可以爲主一乎？」先生曰：「好色則一心在好色上，好貨則一心在好貨上，可以爲主一乎？是所謂逐物，非主一也。主一是專主一箇天理。」

問：「知識不長進如何？」先生曰：「爲學須有本原，須從本原上用力，漸漸盈科而進。故須有箇本原。聖人到位天地，育萬物，也只從喜怒哀樂之中養來。後儒不明『格物』之説，見聖人無不知，無不能，便欲於初下手時講求得盡，豈有此理？」又曰：「立志用功，如種樹然。方其根芽，猶未有幹；及其有幹，尚未有枝；枝而後葉，葉而後花實。初種根時，只管栽培灌溉，勿作枝想，勿作葉想，勿作花想，勿作實想。懸想何益？但不忘栽培之功，怕沒有枝葉花實？」

心之發也，遇父便謂之孝，遇君便謂之忠，自此以往，至於無窮，只一性而已。猶人一而已：對父謂之子，對子謂之父，自此以往，至於無窮，只一人而已。人只要在性上用功，看得一「性」字分明，即萬理燦然。

喜怒哀樂本體自是中和的，纔自家着些意思，便過不及，便是私。

問道之精粗。曰：「道無精粗，人之所見有精粗。如這一間房，人初進來，只見一箇大規模如此；處久便柱壁之類，一一看見得明白；再久，如柱上有些文藻，細細都看出來：然只是一間房。」

問：「道一而已。古人論道往往不同，求之亦有要乎？」先生曰：「道無方體，不可執着。卻拘滯於文藝上求道，遠矣。如今人只說天，其實何嘗見天？謂日月風雷即天，不可；謂人物草木不是天，亦不可。道即是天，若識得時，何莫而非道？人但各以其一隅之見認定，以爲道止如此，所以不同。若解向裏尋求，見得自己心體，即無時無處不是此道。亘古亘今，無終無始，更有甚同異？心即道，道即天，知心則知道、知天。」又曰：「諸君要實見此道，須從自己心上體認，不假外求始得。」

與其爲數頃無源之塘水，不若爲數尺有源之井水，生意不窮。

問：「伊川謂不當於喜怒哀樂未發之前求中，延平卻教學者看未發之前氣象何如。」先生曰：「皆是也。伊川恐人於未發前討箇中，把中做一物看，如吾向所謂認氣定時做中，故令只於涵養省察上用功。延平恐人未便有下手處，故令人時時刻刻求未發前氣象，使之正目而視惟此，傾耳而聽惟此：即是戒慎不覩、恐懼不聞的工夫。皆古人不得已誘人之言也。」

自「格物致知」至「平天下」只是一箇「明明德」。親民亦明德事也。明德是此心之德，即是仁。仁者以天地萬物爲一體，使有一物失所，便是吾仁有未盡處。

只說「明明德」，而不說「親民」，便似老佛。

至善者性也，性元無一毫之惡，故曰至善。止之，是復其本然而已。「無善無惡者理之静，有善有惡者氣之動。不動於氣，即無善無惡，是謂至善。」曰：「佛氏亦無善無惡，何以異？」曰：「佛氏着在無善無惡上，便一切都不管，不可以治天下。聖人無善無惡，只是無有作好，無有作惡，不動於氣。然遵王之道，會其有極，便自一循天理，便有箇裁成輔相。」

孟子云：「愛人不親反其仁，行有不得者，皆反求諸己。」自非履涉親切，應未識斯言味永而意懇也。僕近時與友朋論學，惟説「立誠」二字。殺人須就咽喉上着力，吾人爲學當從心髓入微處用力，自然篤實光輝。雖私欲之萌，真是洪爐點雪，天下之大本立矣。若就標末粧綴比擬，凡平日所爲學問思辨者，適足以爲長傲遂非之資，自以爲進於高明光大，而不知陷於狼戾險嫉，亦誠可哀也已！

聖賢處末世，待人應物，有時而委曲，其道未嘗不直也。若己爲君子而使人爲小人，亦非仁人忠恕惻怛之心。希淵必以區區此説爲大周旋，然道理實如此也。

君子與小人居，決無苟同之理，不幸勢窮理極而爲彼所中傷，則安之而已。處之未盡於道，或過於疾惡，或傷於憤激，無益於事，而致彼之怨恨仇毒，則皆君子之過也。昔人有言：「事之無害於義者，從俗可也。」君子豈輕於從俗，獨不以異俗爲心耳。

人在仕途，如馬行淖田中，縱復馳逸，足起足陷，其在駑下，坐見淪没耳。

子夏，聖門高第，曾子數其失，則曰：「吾過矣！吾離羣而索居，亦已久矣！」夫離羣索居之在昔賢，已不能無過，况吾儕乎？

入仕之始，意况未免摇動。如絮在風中，若非粘泥貼網，恐自張主未得。不知諸友卻何如？

人心之明，皎如白日，無有過而不自知者，但患不能改耳。一念改過，當時即得本心。人孰無過？改之爲貴。蘧伯玉，大賢也，惟曰「欲寡其過而未能」。成湯、孔子，大聖也，亦惟曰「改過不吝，可以無大過」而已。人皆曰人非堯舜，安能無過？此亦相沿之説，未足以知堯舜之心。若堯舜之心而自以爲無過，即非所以爲聖人矣。其相授受之言曰：「人心惟危，道心惟微，惟精惟一，允執厥中。」彼其自以爲人心之惟危也，則其心亦與人同耳。危即過也，惟其兢兢業業，嘗加「精一」之功，是以能「允執厥中」而免於過。古之聖賢時時自見己過而改之，是以能無過，非其心果與人異也。「戒慎不覩，恐懼不聞」者，時時自見己過之功。

甘泉所舉，誠得其大，然吾獨愛西樵子之近而切也。見其大者，則其功不得不近而切，然非實加切近之功，則所謂大者，亦虚見而已耳。自孟子道性善，心性之原，世儒往往能言，然其學卒入於支離外索而不自覺者，正以其功之未切耳。此吾所以獨有喜於西樵之言，固今時對症之藥爾。

詩文之習，儒者雖亦不廢，孔子所謂「有德者必有言」也。若着意安排組織，未有不起於勝心者。先輩號爲有志斯道，而亦復如是，亦只是習心未除耳。

凡今爭辨學術之士，亦必有志於學者也，未可以其異己而遂有所疎外。是非之心，人皆有之，彼其但蔽於積習，故於吾説卒未易解。就如諸君初聞鄙説時，其間寧無非笑詆毁之者？久而釋然以悟，甚至反有激爲過當之論者矣。又安知今日相詆之力，不爲異時相信之深者乎？

後世大患，全是士夫以虚文相誑，略不知有誠心實意。流積成風，雖有忠信之質，亦且迷溺其間，不自知覺。是故以之爲子，則非孝；以之爲臣，則非忠。流毒扇禍，生民之亂，尚未知所抵極。今欲救之，惟有反樸還淳是對症之劑。故吾儕今日用工夫，在鞭辟近裏、删削繁文始得。

大抵學問工夫，只要主意頭腦是當。若主意頭腦專以致良知爲事，則凡多聞多見，莫非致良知之功。蓋日用之間，見聞酬酢，雖千頭萬緒，莫非良知之發用流行。除卻見聞酬酢，亦無良知可致矣。

人在仕途，比之退處山林時，其工夫之難十倍，非得良友時時警發砥礪，則其平日之所志向鮮有不潛移默奪、弛然日就於頹靡者。

凡人言語正到快意時，便截然能忍默得；意氣正到發揚時，便翕然能收斂得；憤怒嗜欲正到騰沸時，便廓然能消化得。此非天下之大勇者不能也。

議論好勝，亦是今時學者大病。今學者於道，如管中窺天，少有所見，即自足自是，傲然居之不疑。與人言論，不待其辭之終而已先懷輕忽非笑之意，訑訑之聲音顔色拒人於千里之外。不知有道者從旁視之，方爲之竦息汗顔，若無所容；而彼悍然不顧，略無省覺，斯亦可哀也已！

自盈者吾必惡之，自衒者吾必耻之。而人有不我惡者乎？有不吾耻者乎？

凡朋友問難，縱有淺近粗疎，或露才揚己，皆是病發。當因其病而藥之可也，不可便懷鄙薄之意，非君子與人爲善之心矣。

大抵朋友之交，以相下爲益。或議論未合，要在從容涵育，相感以誠，不得動氣求勝，長傲遂非。務在默而成之，不言而信。其或矜己之長，攻人之短，粗心浮氣，矯以沽名，訐以爲直，挾勝心而行憤嫉，以圮族敗羣爲志，則雖日講時習於此，亦無益矣。

變化氣質，居常無所見，惟當利害，經變故，遭屈辱，平時憤怒者到此能不憤怒，憂惶失措者到此能不憂惶失措，始是能有得力處，亦便是用力處。天下事雖萬變，吾所以應之不出乎喜怒哀樂四者。此爲學之要，而爲政亦在其中矣。

君子之學，務求在己而已。毁譽榮辱之來，非獨不以動其心，且資之以爲切磋砥礪之地。

故君子無入而不自得，正以其無入而非學也。若夫聞譽而喜，聞毀而戚，則將惶惶於外，惟日之不足矣，其何以爲君子！

「義理無定在，無窮盡。吾與子言，不可以少有所得而遂謂止此也；再言之，十年、二十年、五十年，未有止也。」他日又曰：「聖如堯舜，然堯舜之上，善無盡；惡如桀紂，然桀紂之下，惡無盡。使桀紂未死，惡寧止此乎？使善有盡，文王何以『望道而未之見』也？」

君子之學，求以變化氣質爾。氣質之難變者，以客氣爲患，不肯屈下人，遂至自是自欺，飾非長傲，卒歸於凶頑鄙倍。

如今一説話之間，雖只講天理，不知心中倏忽之間已有多少私欲竊發而不知者，雖用力察之，尚不易見，況徒口誦而可得盡知乎？今只管講天理頓放着不循，講人欲頓放着不去，豈格物致知之學？

人之習藝者有師，業舉者有師，至於性分之不明，則不肯從師。夫技藝之不習，不過無養生之術；舉業之不習，不過無進身之階耳；己之性分有所蔽悖，是不得爲人矣。人顧明彼而暗此也，何哉？

孔子大聖，尚賴「三益」之資，致「三損」之戒。吾輩從事於學，顧隨俗合污，不思輔仁之友，欲求改過，恐無是理。

心齋王先生要語

先生名艮，字汝止，泰州安豐場人。世隱約未顯。先生生有異質，少食貧。父曰紀芳，服役于公。一日，天甚寒，盥冷水，先生至親所覩之，痛哭曰：「爲人子令親寒盥水而不知，尚得爲人乎？」自是出代親役。里巷人孚其忠信，家漸以給。

經孔林，謁夫子廟，低徊久之，慨然奮曰：「此亦人耳，胡萬世師之稱聖耶！」歸取《論語》、《孝經》章句誦習，至「顔淵問仁」章，曰：「此孔門作聖功，非徒令人口耳也。」製古冠服，爲笏，書「四勿」語，手持而躬踐之。惟謹居，後築斗室，晨昏定省，已閉關静思，至忘寢食者累年。一夕，夢天墜壓身，萬人奔號求救，先生身托天起，見日月列宿失次，手自整布如故，萬人歡舞拜謝。醒則汗溢如雨，頓覺心量洞明，天地萬物一體。族長老諗其有志天下，每以艱大事質之，立爲劈[一]畫。胥中機宜里俗，故好奉佛，先生勸令墮佛像，祀祖先。會嬖璫佛姓者，矯上旨，索鷹犬于里，横甚，里人惶惑，追咎爲慢佛故。先生曰：「吾自當之。」躬往謁璫，璫爲先生言論丰儀所感格，與先生交歡，擬薦于上，尊顯之。先生婉謝辭避。居常以經證悟，以悟釋經，多發先儒

〔一〕「劈」，明萬曆劉應舉補修本作「碩」。

所未發。

先是，王文成論良知大江之南，學者翕然從信，而先生未及聞也。有黄塾師者，吉州人，聞先生論，詫曰：「此類吾撫臺王公之談。」先生喜曰：「有是哉！雖然，王公論良知，某談格物，如其同，是天以王公與天下後世也；如其異，是天以某與王公也。」請于父，如豫章。至，則以詩爲贄，踞然由中甬據上座，往覆辨論者累日，卒會于心，始師事焉。文成退，謂門人曰：「吾擒宸〔一〕濠時無少動，今爲斯人動矣。」居七日，告歸省。歸無何，擬復往，父以險阻難之，先生謂：「誠可動天，無憚險阻。」時旱，族長老曰：「若能致雨，天信可動也。」先生秉虔籲天，澍雨倏降。乃得父命，復如豫章。過金陵，思南雍爲首善地，欲以所學諭之。至太學前，六館士覩先生冠服異常，環聚問所治經，曰：「治總經惟事此心耳。」司成因進與語，奇之，曰：「此非吾所能與，須越王先生成之。」時文成以外艱家居，先生從居越。四方求學者咸屬先生開導焉，久之，嘆曰：「風之未遠，學何由偏？」乃製輕車詣京師，所至講説，人士聚聽，多所感動，爲書千餘言，諄諄申孝弟。擬伏闕上書，同門力勸止，乃還。還見文成，文成思裁之，不見。先生跪伏庭下，痛自省悔，久之乃見。無何，文成復起制兩廣。瀕行，先生陳格物指，文成曰：「待君他日自明也。」後

〔一〕「宸」，底本原作「振」，誤。

文成卒于師，先生迎哭于桐廬，經紀其家而還。開門授徒，遠邇胥至。

先生英邁天挺，初類狂。既受學文成，養粹氣和，性靈澄徹，音咳指顧，使人意消。往往見人眉睫，即知其心，别及他事，以破本疑，機應響疾，精藴畢露。嘗舉《魯論》就正，語悟吕涇野；寓書發《大學》「止至善」旨于鄒文莊；晚作《大成學歌》，進羅文恭「深乎深乎可繹思也」。先生自童不媚文義，亡所著述，乃其深造自得，所謂六經皆註脚矣。先生兩策救海濱饑，所活人幾萬計。夫以篳門儒生，功侔宰相。先生之學，豈窒於用者！乃總漕劉公節、鹽法吴公悌皆特疏薦聞；趙文肅曾疏請用真儒，意實在先生。俱格不報。嗚呼！天亦將以先生爲木鐸也與哉！于時親炙速肖、欽風興起者，非獨纓緌詩書士，雖蕘豎工役，一聞謦咳，咸若澡雪其胸臆，而牖發其天機矣。

里有樵者朱姓名逸，日樵蕘易麥糈，擇精者共母，而裹其糲粃爲糗以樵。一日，過先生間而行吟曰：「離山十里，薪在家裡。離山一里，薪在山裡。」先生聞而呼門弟子曰：「小子聽之，邇言可省也。道病不求耳，求則得之，不則即近非己有矣。」樵因前而負墻竊聽先生語，浸有味于中。自是每往，必詣門側聽，饑取所裹糗，向都養所乞餘飲和食。食已，樵如初。疲則班所樵蕘于地，趺坐以息。逾時仰天浩歌，聲若出金石，逌然得也。先生門徒或覸其然，轉相驚異。有宗姓者心憐之，一日，出數十金，招而款語曰：「諗子雅志，顧苦貧而劳生，若此願奉此爲子生理計，免樵作苦，且令吾得日夕相從商切，幸甚！」樵手其金，俛而思，徐大恚曰：「子非愛我。吾茲目此，此衷經營念憧憧起矣，是子將此斷送我一生也。」力卻之。

其後又有陶者韓氏名某，居蓬屋三間，陶甓爲生。常假貸于人爲甓，雨壞甓坯，貸不能償，并其蓬屋失之，處窑中。聞樵者朱氏風，從之學。朱歿，卒業于先生仲子門。漸習識字，粗涉文史。常自咏曰：「三間茆屋歸新主，一片煙霞是故人。」簞瓢屢空，衣若懸鶉，宴如也。年逾三紀尚鰥，仲子倡義，屬門徒醵錢助之婚。婦初歸日，笥餘一二裙布，盡分給所親，與之約曰：「吾志希梁鴻，吾不鴻若，非而夫；而不孟光若，亦非吾妻也。」買蒲，日爲程，令織鹽囊易糈，以給朝夕。婦朝夕作饘已，肅供之如賓焉。

先生學既有得，毅然以倡道化俗爲任，無問工賈[一]傭隷，咸從之游。隨機因質誘誨之，顧化而善良者以千數。每秋穫畢，羣弟子班荆趺坐，論學數日。興盡則拏舟偕之，賡歌互咏，如別村聚，所常與講如前。逾數日，又移舟，如所欲往。蓋徧所知交居村乃還。翺翔清江，扁舟汎汎下上，歌聲洋洋，與棹音欸乃相應和。覩聞者欣賞，若羣仙子嬉游于瀛閬間也。有縣令某聞而嘉之，遺米二石，白金一鍰，受米而還其金，致書謝，略曰：「儂窶人也，承明府授粲，拜領二石，瓶

[一]「賈」，底本作「價」，誤，據明萬曆劉應舉補修本改。

貯以給數月饔餐，餘一石分給親友，以廣明府惠。金惠過渥，非寡人所堪承也。」令問政，對曰：「儂寠人，無能輔于左右，第凡與儂居者，幸無訟牒煩公府，此儂所以報明府也。」令檢案牘稽之，果然，益敬禮焉。嘗與諸名公卿會論學，間有譚及別務者，輒大噪曰：「光陰有幾，乃爲此閑泛語！」或稱引經書相辨論，則又大恚曰：「舍卻當下不理會，乃搬弄此陳言，此豈學究講肆耶？」諸名公咸爲悚息云。

《大學》是經世完書，喫緊處只在止於至善，格物卻正是止至善。

「止」字本文自有明解，曰：「於止，知其所止」、「止仁」、「止敬」、「止慈」、「止信」，是分明解「止」字。

「自天子以至於庶人」以下數句，是釋格物致知之義。

格物之「物」即物有本末之「物」，「其本亂而末治者否矣，其所厚者薄而其所薄者厚，未之有也」，此格物也。故即繼之曰：「此謂知本，此謂知之至也。」

知得身是天下國家之本，則以天地萬物依于己，不以己依于天地萬物。

危其身於天地萬物者，謂之失本；潔其身於天地萬物者，謂之遺末。

大人者，正己而物正者也，故立吾身以爲天下國家之本，則位育有不襲時位者。

行有不得者，皆反求諸己。反己是格物底工夫，其身正而天下歸之，正己而物正也。

愛人直到人亦愛，敬人直到人亦敬，信人直到人亦信，方是學無止法。

若説己無過，斯過矣；若説人有過，斯亦過矣。君子則不然，攻己過，無攻人之過，若有同於己者，忠告善道之可也。

一友論及朋友之失，先生曰：「爾過矣，何不取法君子，見不賢而自省之不暇，那有許多工夫去較量人過失。」

「教不倦，仁也」，須善教，乃有濟，故又曰「成物，智也」。

不面斥朋友之失，而以他事動其機，亦是成物之智處。

善者與之，則善益長；惡者容之，則惡自化。

容得天下人，然後能教得天下人。《易》曰：「包蒙，吉。」

夫仁者愛人，信者信人，此合外内之道也。于此觀之：不愛人，不仁可知矣；不信人，不信可知矣。故愛人者人恒愛之，信人者人恒信之，此感應之道也。于此觀之：人不愛我，非特人之不仁，己之不仁可知矣；人不信我，非特人之不信，己之不信可知矣。君子爲己之學，自脩之不暇，奚暇責人哉？自脩而仁矣，自脩而信矣，其有不愛我、信我者，是在我者行之有未深，處之有未洽耳，又何病焉？故君子反求諸其身，上不怨天，下不尤人，以至於顔子之「犯而不校」者，必如此之用功也。

故君子之道，「以人治人，改而止」。其有未改，吾寧止之乎？若夫講説之不明，是已之責也；引導之不時，亦己之責也。見人有過而不能容，是己之過也；能容其過而不能使之改正，亦己之過也。欲物正而不先正己者，非大人之學也。「故誠者，非自成己而已也，所以成物也。成己，仁也；成物，智也。性之德也，合外内之道也。故時措之宜也。」是故君子學不厭而教不倦者，如斯而已矣。

《中庸》「中」字本文，亦自有明解，不消訓釋，「喜怒哀樂之未發，謂之中」，「中也者，天下之大本也」，是分明解出「中」字來。

程子曰：「一刻不存，非中也；一事不爲，非中也；一物不該，非中也。」知此，可與究執中之學。

或問「中」，先生曰：「此童僕之往來者，中也。」曰：「然則，百姓之日用即中乎？」曰：「孔子云：『百姓日用而不知。』使非中，安得謂之道？特無先覺者覺之，故不知耳。若智者見之謂之智，仁者見之謂之仁，有所見便是妄，妄則不得謂之中矣。」

百姓日用條理處，即是聖人之條理處。聖人知，便不失百姓；不知，便會失。

聖人之道，無異於百姓日用。凡有異者，皆謂之異端。

朋友初見先生，常指之曰：「即爾此時就是。」未達，曰：「爾此時，何等戒懼，私欲從何處入？常常如此，便是『允執厥中』。」

戒慎恐懼，不離卻不覩不聞。不然，便入於有所戒慎，有所恐懼矣。故曰：「人性上不可添一物。」

「致中和，天地位焉，萬物育焉。」不論有位、無位。孔子學不厭而教不倦，便是位育之功。

天下之學，惟有聖人之學，好學不費些子氣力，有無邊快樂。若費些子氣力，便不是聖人之學，便不樂。

日用間毫釐不察，便入於功利而不自知，蓋功利陷溺人心久矣。須見得自家一箇真樂，直與天地萬物爲一體，然後能宰萬物而主經綸，所謂樂則天，天則神。

我知天，何惑之有？我樂天，何憂之有？我同天，何懼之有？

「不亦説乎」，説是心之本體。

學者不見真樂，則安能超脱而聞聖人之道？

塵凡事常見俯視無足入慮者，方爲超脱。

「無極老翁無欲教，一番拈動一番新。」先生常誦白沙此詩，以省學者。

周子曰：「一者無欲也，無欲即無極。」一即太極，無極是無欲到極處。

不執意見，方可入道。

纔著意，便是私心。

天理者，天然自有之理也。纔欲安排如何，便是人欲。

凡涉人爲，皆是作僞，故「僞」字從人從爲。

有學者問放心難求，先生呼之，即起而應。先生曰：「爾心尚在，更何求心乎？」

一友持功太嚴，先生覺之曰：「是學爲子累矣。」因指傍斲木之匠，示之曰：「彼卻不曾用功，然亦何嘗廢事？」

君子不以養人者害人，不以養身者害身，不以養心者害心。

「知之爲知之，不知爲不知」，是天德良知也。

「無爲其所不爲，無欲其所不欲」，只是致良知便了，故曰〔一〕「如此而已矣」。

良知之體，與鳶魚同一活潑潑地，當思則思，思通則已。如周公思兼三王，夜以繼日，幸而得之，坐以待旦，何嘗纏擾？要之自然天則，不着人力安排。

只心有所向，便是欲；有所見，便是妄。既無所向，又無所見，便是無極而太極。良知一

〔一〕 按：底本原有二「曰」字，其一衍，故删。

點，分分明明，亭亭當當，不用安排思索。聖神之所以經綸變化而位育參贊者，皆本諸此也。此至簡、至易之道，然必明師、良友指點，工夫方得不錯。故曰：「道義由師友有之。」不然，則恐所爲雖是，將不免於行不著、習不察。

心之所之謂之志，有所志指有所向。前云心有所向便是。稱何如？學者有求爲聖人之志，始可與言學。

學講而後明，明則誠矣。若不誠，只是不明。

天行健，則通乎晝夜之道而知，故知行合。

孔子雖天生聖人，亦必學《詩》、學《禮》、學《易》，逐段研磨，乃得明徹之至。

學者初得頭腦，不可便討聞見支撐，正須養微致盛，則天德王道在此矣。六經、《四書》，所以印證者也。若功夫得力，然後看書，所謂「温故而知新」也。不然，放下書本，便没工夫做。

經所以載道，傳所以釋經。經既明，傳不復用矣；道既明，經何足用哉？經傳之間，印證吾心而已矣。

「吾能握其機，何必窺陳編？」白沙之意有在，學者須善觀之。六經正好印證吾心，孔子之時中，全在韋編三絶。

教子無他法，但令日親君子而已，涵育薰陶，久當自别。

有别先生者，以遠師教爲言，先生曰：「塗之人皆明師也。」得深省。

學者指摘舉業，正與曾點不取三子之意同。舉業何可盡非，但君子安身立命不在此耳。

即事是學，即事是道。人有困於貧而凍餒其身者，則亦失其本而非學也。夫子曰：「吾豈匏瓜也哉？焉能繫而不食？」

來書所謂即事是心，更無心矣。即知是事，更無事矣。足見用功精密，契一貫之旨，可慰可慰！夫良知即性，性焉、安焉之謂聖，知不善之動，而復焉、執焉之謂賢。惟百姓日用而不知，故曰：「以先知〔二〕覺後知。」一知一覺，無餘蘊矣。此孔子學不厭而教不倦，合外内之道也。

或言佛老得吾儒之體，先生曰：「體用一原，有吾儒之體，便有吾儒之用。佛老之用，則自是佛老之體也。」

來書謂虚靈無礙，此云道之體也；一切精微，此云道之用也。體用一原，知體而不知用，其流必至於喜静厭動，入於狂簡；知用而不知體，其流必至於支離瑣碎，日用而不知。不能一切精微，便是有礙，有礙便不能一切精微。故曰精則一，一則精。

有心於輕功名富貴者，其流弊至於無父無君；有心於重功名富貴，其流弊至於弑父與君。

〔二〕「知」，底本作「之」，誤，據明萬曆劉應舉補修本改。

孔子謂「二三子以我爲隱乎」，此「隱」字對「見」字説。孔子在當時雖不仕，而無行不與二三子，是脩身講學以見於世，未嘗一日隱也。隱則如丈人、沮溺之徒，絶人避世而與鳥獸同羣者是也。《乾》初九「不易乎世」，故曰「龍德而隱」，九二「善世不伐」，故曰「見龍在田」。觀桀溺曰「滔滔者天下皆是也，而誰與易之」，非隱而何？孔子曰「天下有道，丘不與易也」，非見而何？

曾點童冠舞雩之樂，正與孔子無行不與二三子之意同，故喟然與之。陽明先生詩曰：「羨殺山中麋鹿伴，千金難買芰荷衣。」先生曰：「羨殺山中沂浴伴，千金難買暮春衣。」

門人問志伊、學顔，先生曰：「我而今只説志孔子之志，學孔子之學。」曰：「孔子之志與學，與伊尹、顔淵異乎？」曰：「未可輕論。且將孟子之言細思之，終當有悟。」

有以伊、傅稱先生者，先生曰：「伊、傅之事，我不能；伊、傅之學，我不由。」門人問曰：「何謂也？」曰：「伊、傅得君，可謂奇遇，設其不遇，則終身獨善而已。孔子則不然也。」

孔子之不遇於春秋之君，亦命也。而周流天下，明道以淑斯人，不謂命也。若謂命，則聽命矣。故曰：「大人造命。」

知安身而不知行道，知行道而不知安身，俱失一偏。故居仁由義，大人之事備矣。

孔子知本，故仕止久速，各當其時。其稱山梁雌雉之時哉，正以其色舉而翔集哉。故其《繫易》曰：「君子安其身而後動。」又曰：「利用安身。」又曰：「身安而天下國家可保也。」「天下有道，以道殉身；天下無道，以身殉道。未聞以道殉人者也，以道殉人，妾婦之道也。」先生嘗誦此，教學者以立本。

大丈夫存不忍人之心，而以天地萬物依於己。故出則必爲帝者師，處則必爲天下萬世師。出不爲帝者師，失其本矣；處不爲天下萬世師，遺其末矣。進不失本，退不遺末，止至善之道也。

乍見孺子入井而惻隱者，衆人之仁也；無求生以害仁，有殺身以成仁，賢人之仁也；吾未見蹈仁而死者矣，聖人之仁也。

學者但知孟子辨夷之、告子，有功聖門，不知其辨堯舜、孔子處，極有功於聖門。

或問堯、舜、禹相傳授受〔一〕，曰：「『允執厥中』，此便是百王相承之統。仲尼祖述者，此也。然宰我曰：『以予觀於夫子，賢於堯舜遠矣。』子貢曰：『自生民以來，未有夫子也。』有若曰：『自生民以來，未有盛於孔子也。』孟子亦曰：『自有生民以來，未有孔子也。』是豈厚誣天下者哉？蓋堯舜之治天下，以德感人者也。故民曰：『帝力何有於我哉。』故有此位，乃有此治。孔

〔一〕「授受」，底本原作「授授」，誤，據文意改。

子曰：『吾無行而不與二三子者，是丘也。』只是學不厭，教不倦，便是致中和，位天地，育萬物，便做了堯舜事業，此至簡、至易之道，視天下如家常事，隨時隨處無歇手地。故孔子爲獨盛也。先師嘗有精金之喻，予以爲孔子是靈丹，可以點瓦石成金，無盡藏者。」

孟子道性善，必稱堯舜；道出處，必稱孔子。

孔子之學，惟孟子知之，韓退之謂孔子傳之孟軻，真是一句道着。有宋諸儒只爲見孟子粗處，所以多忽略過。學術宗源，全在出處大節，氣象之粗，未甚害事。

智譬則巧，聖譬則力。宋之周、程、邵學，皆已到聖人，然而未智也，故不能巧中。孔子致知格物而止至善，安身而動，便智巧。

康節極稱孔子，然只論得孔子玄微處，至其易簡宗旨，卻不曾言。

昔者堯、舜不得禹、皋陶爲己憂，孔子不得顔、曾爲己憂。其位分雖有上下之殊，然其爲天地立心，爲生民立命，則一也。是故堯、舜、孔、曾相傳授受者，此學而已。學既明，而天下有不治者哉？故《通書》曰：「曷爲天下善？曰師。師者，立乎中，善乎同類者也。」故師道立，則善人多；善人多，則朝廷正而天下治矣。非天下之至善，其孰能與于此？雖然，學者之患在好爲人師。故孔子曰「我學不厭而教不倦」，則無斯患矣。是故「中人以上，可以語上也；中人以下，不可以語上也」。又曰「可與言而不與之言」，「不可與言而與之言」，皆歸於自家不智。以此爲學，只見自家不能。是以遷善改過，日入於精微也。不然，則抱道自高，未免於怨天尤人。此所以爲患也。世之知明德而不親民者，固不足以與此。明德、親民而不止於至善者，亦不足以與此也。《大學》釋「止至善」，必曰：「緡蠻黃鳥，止于丘隅。於止，知其所止。」故《易》曰：「精義入神以致用也，利用安身以崇德也。」

問「時乘六龍」，先生曰：「此是説聖人出處。是這出處，便是這學。此學既明，致天下堯舜之世，只是家常事。」

六陽從地起，故經世之業，莫先於講學，以興起人才。古人位天地，育萬物，不襲時位者也。見龍，可得而見之謂也；潛龍，則不可得而見矣。惟人皆可得而見，是故利見大人。「飛龍在天」，上治也，聖人治於上也。「見龍在田」，天下文明，聖人治於下也。惟此二爻，皆謂之大人，故在下必治，在上必治。

聖人雖「時乘六龍以御天」，然必常以見龍爲家舍。

陰者陽之根，屈者伸之源。《屯》卦初爻，便是聖人濟屯起手處。

聖人濟屯，曰「利建侯」，只是樹立朋友之義。

聖人以道濟天下，是至尊者道也；人能弘道，是至尊者身也。道尊則身尊，身尊則道尊。故輕於出，則身絀而道不尊，豈能以濟天下？「自天子以至於庶人，壹是皆以修身爲本。其本亂而末治者，否矣。」故曰：「安其身而後動」，「身安而天下國家可保」；「其身正，則天下歸之」；「大人者，正己而物正者也」。「此謂知本，此謂知之至也」，是爲「物格而後知至」。出處進退、辭受取與，一切應用失身、失道，皆謂不知本。而欲求末治者，未之有也。其如天下國家何哉？故反己自修，皆是立本工夫。離卻反己，謂之失本；離卻天下國家，謂之遺末，亦非所謂知本。本末原是一物，立其身以爲天下國家之本，則位育有不襲時位者。孔子知本，故仕止久速，各當其時。大丈夫存不忍之心，而以天下萬物依乎己，不以己役於天下萬物。是故進不失本，退不遺末，止至善之道也。世知明德而不親民者，固不足以與此；明德、親民而不止於至善，亦不足以與此。《大學》釋「止至善」，必曰「止于丘隅」，止之時義，深乎哉！

卷六

東廓鄒先生要語

先生諱守益，字謙之，號東廓，姓鄒氏。生而穎敏，循齊。九歲，從父南大理宦邸，羅整菴公見而奇之，棘寺寮寀相慶署中有顔子云。正德丁卯，中鄉試。母周宜人卒，治葬，廬墓側。越辛未，會試第一，廷試及第第三人，授翰林編修。

逾年，引疾歸侍養。四方人士來受學。一日，讀《大學》、《中庸》，訝曰：「子思受學曾子者，《大學》先格致，《中庸》首揭慎獨，何也？」積疑不釋。己卯，就質王公于虔臺，王公曰：「獨，即所謂良知也；慎獨者，所以致其良知也。戒謹恐懼，所以慎其獨也。《大學》、《中庸》之旨，一也。」先生豁然悟，遂肅贄師事焉。逾月，再如虔臺。未幾，宸濠反，先生聞變，率昆季羣從趨吉，從義起兵。王公喜曰：「君臣師友，義在此舉矣！」

嘉靖壬午，世宗登極，録舊臣。逾年，先生始出。如越，謁王公，參訂月餘。既別，王公悵望不已。門人問曰：「夫子何念謙之之深也？」王公曰：「曾子云以能問不能，以多問寡，若無若虛，犯而不校，謙之近之矣。」入京復職，與經筵。會大禮議起，先生偕同官上疏，不報。甲申，復疏，上怒，下詔獄，謫廣德州判官。取道于越，省王公而後履任。先生未歷吏事，而涖官臨民，務以誠心相感，發奸摘伏，人稱神明，而猶常自訟曰：「如保赤子，未能也。」撤淫祠，建復初書院，延同門王心齋艮暨諸賢講學興禮，風動隣郡。寧、徽、池、太間志學風，至今冠江左，先生啓之也。丁亥，陞南主客郎中。逾年，王公卒于師，先生服心喪。在部，日與甘泉、涇野〔二〕聚講。辛卯，請告趨會稽，哭王公，存撫其孤，聚同門講學於天真書院。還里，會程太史文德時量移爲安福令，贊之，方田均賦，不避嫌怨，邑民至今賴之。

戊戌，起南京吏部考功郎中。己亥，奉旨簡宫僚，召入，爲司經洗馬，當事者以非己出，不悦。會公偕霍公上《聖功圖》，因搆之祸，幾不測，賴衆救免，充經筵講官。應詔上《薛文清從祀議》。時與徐文貞、羅文恭、趙浚谷、唐荆川相資切，侍御毛介川、張浮峰、胡梅林咸從之游，士類興起甚衆。居頃之，陞太常少卿，兼侍讀學士，掌南院，蓋當事者忌而遠之也。毛介川上疏留，亦調外任。尋改南監祭酒。先生遵成憲，申章矩，立號册，俾出入相友，淑慝相規勸，歌詩習禮，六館士相慶得師。居無何，九廟災，大臣該自陳，先生疏中寓交儆意，讒者因中傷之，竟解官歸。

〔二〕「野」，底本作「夜」，誤，據明萬曆劉應舉補修本改。

壬戌，先生年七十有二。九月，寢疾，召家人訓飭之。諸子扶坐，正衣冠而卒。當疾亟時，走而禱者交於途；訃聞，哭而奠者屬於道；爲位以哭，服心喪者幾徧域中。羅文恭銘其墓，邑人士呈請祠之學宮左。穆宗改元，詔贈禮部右侍郎，謚文莊。

楚黄耿生曰：

「孔氏學脉歸於求仁，學不識仁，而師友道喪久矣。惟先生以天授瑰材，弱冠魁天下，邁迹金馬，蓋不待荐躋崇膴，而燁燁清華僉侈，其地望巖重矣。顧一聆文成致知旨，而遂委心遜志，俛就弟子列，何自抑損如是！綜其終生，凡形之譔著，見之答問，家庭孺稚之訓飭，屏帷閨闥之諭誡，一惟師旨是發，不少違異，緊豈不能增一新諦，特標一異幟哉？蓋天實啓之，妙契神解，的見夫師所授旨，是孔氏爲仁正脉，肇之虞庭者。本諸身心，推之家國，達之天下，俟之百世，不容易矣。且玩其緒言，因證諸日履，跡其顯行，究厥隱衷，蓋以身發師傳，非若世學，徒以言詮知解承接者。是故進而立朝，抗論正議，納約矢謨，至忤權貴，觸雷霆，屢蒙嚴譴，迤邅没世而無悔，非以爲名也，致其獨知，不欲負所學以負吾君也。退而林居，力贊有司，方田均賦，卹災賑饑，與夫繕橋梁，創義倉，廣陂堰，凡創利剔弊，雖冒嫌怨而不避，非以爲德也，致其獨知，若瘝躬納溝，不容自已也。

自南雍免歸，繼室之嘉禮甫成，逾月即出西里講學。明年，遊南嶽，尋遊盧阜，若越之天真、閩之武夷、徽之齊雲、寧之水西，咸一至焉。而境内之青原、白鷺、石屋、武功、連山、香積，歲每再三至。遠者經年，近者彌月，常會七十會，聚以百計，大會凡十會，聚以千。絳帷一啓，雲擁星羅，或更端承稟于函〔一〕丈之前，或簪筆記述於比席之後，負墻側聆者眉摩，環橋跂覩者林立，而先生溫言和氣，隨機轉授，曲譬廣證，隨事發揮，若無往非可教之人，無感非可動之物然者。蓋先生居嘗齊順逆之境若晴雨，視榮貴之遇如浮雲，而于會友明學，則若饑之于食，寒之于衣，植根自天，而不容自已矣。緬懷自受學後四十年間，歷壯至老，歲正抵暮，月朔至晦，日夕達旦，心之所營，趾之所措，曷嘗一息一念及私圖哉？蓋亦無間矣。又輓近承學，有以縱任爲性體自然者，先生肫肫焉申戒謹恐懼旨，明自强不息爲真性，蓋懼後之流于蕩而約之于獨知也。有以寂静方爲知體之良者，先生肫肫焉示天運川流之幾，明寂感動静無二界，蓋懼後之倚于内而一之于獨知也。又有以學從無極悟入，方透向上一機者，先生肫肫焉揭庸言庸行，明下學上達無二途轍，蓋懼後之離而流于邪，而實之必物格知乃致也。凡以弘師旨之傳，廣與人爲善之量者，心獨苦矣。

羅文恭誄之曰：『先生以一身爲天下，以一日爲萬世。』其深知先生之獨知也哉！善

〔一〕「函」，底本作「亟」，誤，據明萬曆劉應舉補修本改。

哉乎！王心齋氏推言之也，嘗寓書謂先生曰：『堯、舜以不得禹、皋陶爲己憂，孔子以不得顔、曾爲己憂，位分雖殊，其爲天地立心，爲生民立命，一也。』愚謂姚、姒以君相爲仁，而仁覆天下；孔、顔以師友爲仁，而仁流萬世矣。孔之顔，故堯之舜也。昔文成稱先生幾顔子，所期者遠也。王心齋發所自悟《大學》『止至善』旨于先生，智亦足及之，乃先生則固神明默成之矣。惟我昭代，嵬科膴仕，奕世雲礽，多有之。顧此學一脉，淵源世濟，如先生裔胤，不少概見。識者僉稱先生弘大博厚，厥後浸昌浸盛，有以也夫！」

撰《主客題名記》略云：「夫時有動静，學無動静者也。疲精外鶩，汲汲焉以求可、求成，是用智者也，命之曰動而動；凝神内照，而人倫庶物脱略而不理，是自私者也，命之曰静而静；戒慎恐懼，無繁簡，無内外，無須臾之離，以求復其性，是去智與私而大公順應者也，命之曰動而無動、静而無静。動静定而中和備矣，中和備而禮樂興矣。以主客之静，宜可以學也。或厭静焉以滑於動，或喜静焉以溺於静，是官不負吾輩，吾輩將不負若官乎？」

有所忿懥好樂者，好惡之滯於中也；親愛賤惡而辟者，好惡之偏於外也，是誠意、格致之功未盡也。故無所滯於中，則廓然大公，大本立矣；無所偏於外，則物來順應，達道行矣。故格、致、誠、正、修，即是一時，即是一事，曰齊家、治國、平天下，其將二事乎？曰親愛賤惡，必有所接之人。是人也，非父兄妻孥，則鄰里鄉黨也；非鄰里鄉黨，則四海九州之交也。好惡行於家庭而無辟，是謂修身以齊家；行於鄉黨而無辟，是謂修身以治國；行於四海九州而無辟，是謂修身以平天下。故修己以安百姓，即是一時，即是一事。曰：夫非有位者之事乎？曰：《大學》之教，所以教天下之爲君子也，故曰「自天子以至於庶人，一是皆以修身爲本」，未嘗分有位、無位也。絜矩之道，所以平天下也，而其目曰「所惡於上，毋以使下；所惡於下，毋以事上」，上下、前後、左右者，天子、庶人共之，特有廣狹、衆寡之分耳。

古人理會利害，便是義理；今人理會義理，猶是利害。須是吾輩自考、自證，無一毛夾雜始得。故言足以興，非以干禄也；默足以容，非以避禍也。此皆明哲之流行，時而措之，不可以人力加損。

《簡歐南野》略云：「往歲侍先師于虔，王巴山自廣歸，見，忍咳與談，談劇復咳，咳止復談。客退，請其故，曰：『是定山壻，有文學，後輩所歸。若轉得巴山，則六合之士，皆可轉矣。』乃知仁人以萬物爲一體，惟恐一人不獲盡其性，便是自家盡性工夫。若稍涉因循，則痛癢便不切矣。」

或曰：「善固性也，惡亦不可不謂之性，信斯言也，則天命之性，不太污濁乎？」曰：「以目言之，明固目也，昏亦不可不謂之目也。當其昏也，非目之本體矣。」或曰：「若是，則有性善，有性不善，又何別焉？」曰：「若是，則謂有目明，有目不明，豈知本體者乎？」

《簡唐荆川》：「戒懼、中和、位育，此是聖門相傳彀率。若律吕、曆數，所謂有司存者。曾氏既得其宗，豈以道器爲二？觀依仁游藝，緩急自别。」

問邑之貴，則數高位以對；問邑之富，則數積財以對；問邑之人物，則數脩德礪行、範世澤俗以對。而富貴弗齒，或以病焉。故肆志一時者，爲牢豕，爲軒鶴；尚友千古者，爲景星，爲喬嶽。

先師有訓：「聖門志學，便是志不逾矩之學。」吾儕講學以脩德，而日用逾矩處乃安之，何以主善協一？秉懿之良，必不能安。自戒自懼，務以顧明命而順帝則，正是時時下學，時時上達，時時無愧怍，準四海，俟百聖，合德合明，合序合吉凶，只是一矩。

性之必善，水之必下，萬古無異焉。愛親、敬兄、忠君、信友、睦族、和鄉、卹貧、宥頑，皆盈科境界也。

《簡聶雙江》略云：「兩城公相晤論學，别後有數條相問，大意主於收視斂聽一塵不攖、一波不興爲未發之時，當此不攖、不興，意尚未動，吾儒謂之存存，存則意，發即誠。弟答之曰：『收視是誰收？斂聽是誰斂？即是戒懼工課。天德王道，只是此一脉。所謂去耳目支離之用，全虚圓不測之神，神果何在？不睹不聞，無形無聲，而昭昭靈靈，體物不遺，寂感無時，體用〔二〕無界，

〔二〕「用」，底本原脱，據明萬曆劉應舉補修本補。

第從四時常行、百物常生處體當天心，自得[一]無極之真。』」

古人從[二]氣質偏處變化，今人從氣質偏處充拓[三]。直欲其温，寬欲其粟，剛欲其無虐，簡欲其無傲，具見唐虞醫案，否則好仁、好信，渣滓未融，終不免有弊。故自易其惡，自至其中，不論病症淺深，舉歸大和，乃是濂溪傳千聖教學正脉。

《簡劉師泉》云：「所示『在家非不學，回頭不似在山時』，誠然！誠然！至以貨色名利比諸霧靄魑魅，則有所未穩。形色天性，初非嗜欲，惟聖踐形，只是大公順應之耳。」

昨語蓮坪子：此學如鎔金，鎔一番，又精一番。古人所以望道未見，欲從末由，正爲實見得與博聞億中，襲取殊科。世人眼淺，欲速見小，燒茆作低銀，取快一時運用。于九轉七返火候，縮手不敢承當，正爲少千載志，不肯買純陽真丹耳。

古人發育峻極，只從三千三百充拓，不是懸空擔當；三千三百，只從戒懼真體流出，不是枝節檢點。自天子至於庶人，壹是皆有中和，壹是皆有位育。中和不在戒懼外，只是喜怒哀樂，大公順應處；位育不在中和外，只是大公順應，與君臣、父子交接處。

[一]「得」，底本原脱，據明萬曆劉應舉補修本補。
[二]「古人從」，三字底本原脱，據明萬曆劉應舉補修本補。
[三]「拓」，明萬曆劉應舉補修本作「擴」。

《答朱調書》略云：「吾儕工夫，正坐見性未透，故分動分静，分有分無，不是聖門正脉。仰觀于天，確然常運矣；俯察于川，隤然常流矣；内省于良知，昭然常虚常靈矣。日入虞淵，未嘗不照；水瀦深潭，未嘗不流；心遇岑寂，未嘗不知。故慎獨之學，通乎晝夜。獨知不慎，迷謬天則，更何以言學乎？」

魯江裘子、瑶湖王子偕諸君聚清真，論心體自然，曰：「天行常健而不已，聖學常强而不息。健是太極之自然，强是真性之自然。邇來學者以因循爲平等，以嚴密爲過當，於古人戒懼瑟僩幾若長物，恐非自然宗旨。」

少初徐子至自東鄉，慨然切砥真性超脱之幾，須從無極、太極悟入，曰：「某亦近始悟得此意，然只在二氣五行流運中，故從四時常行、百物常生處見太極，禮儀三百、威儀三千處見真性，方是一滚出來。若隱隱見得真性本體，而日用應酬，凑泊不得，猶是有縫隙。在先師有云：『不離日用常行内，直造先天未畫前。』了此便是下學上達之旨。」

介〔二〕菴章子問：「静中體認，覺得無喜無怒、無哀無樂，此莫是未發時？」曰：「公看得喜怒哀樂粗了，既云體認，既云覺，是有情；無情曰謂之無情，則不可，謂之有，則未形。吾更思之

〔二〕「介」，底本原脱，據明萬曆劉應舉補修本補。

曰：昔人謂體用一原，或譬諸鐘，曰未叩而聲在，及叩而聲出；或譬諸鏡，曰無時而不光，無時而不照。公所言鐘説也，某所言鏡説也。近見東石子録晦菴公一段，甚精確，曰：『有天地後，此氣常運；有此心後，此心常發。惟當于常運處見太極，于常發處見本性。若離常運而求太極，離常發而求本性，恐不免佛老之荒唐也。』公請從心體體認，莫從書策校勘。」明日，聚擬峴臺，曰：「吾得之矣。情是常發，性是常未發，戒慎恐懼即是情，故程門慎獨，不分晝夜。破我數十年之疑。」

往聚青原，夢與同志聚講，舉小成虛遠之旨以爲勸戒，寤而惕然曰：「此考亭公神明訓我也。世之安于小成者，沾沾自足而不求極致，故行而不著，習而不察；其騖于虛遠者，嘐嘐自衒而不察實病，故人倫不察，庶物不明。其能切磋琢磨，瑟僩赫喧，以求大中至正者鮮矣。晚景侵尋，猛自怨艾。取善四方，不遑寧處。」

《答聶雙江》云：「反覆此義，以爲寂感無二時，體用無二界，如稱名與字然，稱名則字在其中，稱字則名在其中，故中和無二稱，而慎獨無二功。今執事乃毅然自信，從寂體處用工夫，而以感應運用處爲效驗，無所用其力。雖素所知愛，環起而議之，若無一言當意者。竊恐有隱然意見默制其中而不自覺，此于未發之中，得無已有倚乎？『良知』二字，精明真純，一毫世情點污不得，一毫氣質夾雜不得，一毫聞見推測穿鑿附會不得，真是與天地同運，與日月同明。若倚[二]于感則爲逐外，倚于寂則爲專内，雖高下殊科，其病于本性均也。」

避[三]暑武功，發明「牛山之木」章，云此是孟子示人改過之方，繼詰問誰爲斧斤、牛羊？諸生有以聲色、貨利對者，先生曰：「此公劉、太王興王之具，而可咎耶？」有以妻子、貨財對者，先生曰：「操井臼，承宗祀，此助吾孝養之資者，而可咎耶？」諸兒以斧斤、牛羊，其咎在己，先生欣然曰：「我不爲斧斤，誰爲斧斤？我不爲牛羊，誰爲牛羊？知其由己而後自成自道，自暴自棄更無躲避處。」

天命之性純粹至善，昭昭靈靈，瞞昧不得，而無形無聲，不可覩聞。學者於此無從體認，往往以强索懸悟，自增障蔽。此學不受世態點污，不賴博聞充拓，不須億中測度，不可意氣承擔，不在枝節點檢，亦不藉著述。繼往開來，凡有倚著，便涉聲臭，於洗心與神明伍處尚隔幾層。

默而識之，是不厭不倦宗旨。《中庸》一書，正是發明「默」字脉絡。「默」之一字，聖人只在「天何言哉」數句見之。子思戒慎不覩，恐懼不聞，正是默識工夫。不覩不聞，非無覩無聞也，即視之而不見，聽之而不聞。莫見莫顯，即體物而不遺，故曰「微之顯」。「微」字從唐虞相傳「道

〔二〕「倚」，底本作「以」，誤，據明萬曆劉應舉補修本改。

〔三〕「避」，底本原脱，據明萬曆劉應舉補修本補。

心惟微」來，末章「上天之載，無聲無臭」正發此默識極則。《詩》曰「維天之命，於穆不已」，「於穆」是天之默處；曰「穆穆文王」，「穆穆」是文王默處。學而不厭者以此爲學，誨人不倦者以此爲誨，非別有所學、有所誨者。

順逆境界只是晴雨，出處節度只是語默。此中潔浄，無往不潔浄；此中黏帶，無往非黏帶。

戒慎恐懼之功，命名雖同，而血脉各異。戒懼于事，識事而不識念；戒懼于念，識念而不識本體。本體戒懼，不覩不聞，帝規帝矩，常虛常靈，則冲漠無朕，未應非先，萬象森然，既應非後，念慮事爲，一以貫之，是爲全生全歸，仁孝之極。

從古聖哲，皆從不求安飽煅煉出來。故稱顔之不改其樂，在簞食，瓢飲，陋巷；稱禹之無間然，在菲飲食，惡衣服，卑宫室。

至理不有不無，人生而静以下，原無二致。故《中庸》爲德，與鬼神爲德，只是一箇矩。以爲有，則無形無聲，不可覩聞；以爲無，則莫見莫顯，體物不遺。程門謂：「亦無無處無，亦無有處有，亦無因甚無，亦無因甚有。」可謂知微之顯矣。説到此處易使人鶻突，故提出齋明盛服工夫，使學者自修自悟，方有持循據守。先師於「淇澳」章點破，齋明是恂慄，盛服是威儀，不論智愚賢不肖，皆從此中道而立。日用切磋琢磨，不離此矩。

《寄季子善》略云：「筮仕之初，如新婦入門，一嚬一笑不中節，衆皆指議之。財穀官爵，命自有定，随緣順受，不可萌一毫出位之思。東山劉公、簡肅張公力辭中秘，盡職部屬，咸爲世名臣。彼崇虚浮，競聲勢，附麗匪人，不免爲有識嗤罵。講析律令，習諳招擬，此正素位實際。於此得力，将奸胥、猾吏不敢爲弊。同年中豪傑林立，擇善而親，當不汝棄。善事利器，聖門之律令也。」

《簡羅念菴》云：「古之言聖學必歸諸天道，言天道必歸諸聖學，其寂感微顯，通一無二。今静究天道中，四時常行，不論寒暑；百物常生，不論開斂。若謂寂感有二時，體用有二界，竊意雙江之明睿，終當照破，特一時寂體，成見不免作障耳。客歲閉樓之約，欲兄與獅泉、兩峰三五人共之，箴砭薰蒸，大家混融，不以一毛障肫肫本體，庶不孤師門一脉，以疑來學。千載之快，未審天從人願否？」

夏會白鷺書院，發《學》、《庸》合一之旨，曰：「聖學之裂也，久矣，而誰與一之？《大學》、《中庸》，天下童而習之也。謂扞去外物而後可入道，則有物有則者裂矣；謂即物以窮理，則萬物備於我者裂矣；謂先知而後行，則知至至之、知終終之者裂矣；謂静存而動察，則逝者如斯不舍晝夜者裂矣。孔、曾、思、孟，師友之授受也，而幾若分門以立，将奚從而趨之？陽明先師以《大學》古本約來學，将以一所趨也，而異者猶如聚訟。其證諸《中庸》，子思子攝一部《大學》作《中庸》首章，良工苦心，協于克一。千載精一之藴，可以涣然冰釋矣。」諸生請曰：「幸究其一。」曰：「《大學》以國家天下納諸明明德，《中庸》以天地萬物納諸致中和。天地萬物者，家國天下之總名也；中和者，明德之異名也。明德即性也，明明德、親民而止至善，安焉謂之率性，復焉謂之修道，而本本源源，不越慎獨一脉。獨知之爲德也，其神矣乎！

謀道、謀食，事異而功同。講說不可以謀食，聞見不可以謀食，思索不可以謀食，無智愚信之。至於謀道，乃倚是三者爲功而弗踐其實，是畫餅而充饑也。自戒自懼，顧諟明命，人倫庶物，須臾不可離，庶幾耕道熟仁，肥身肥家，四海其賴之。

問子思子「費隱」，答云：「子思子費隱之道，正發明博文約禮脉絡。文也者，禮之見於外者也，散於事而萬殊，故曰博。禮也者，文之存于中者也，根於心而一本，故曰約。五常百行，酧酢變化，宣於口而成章，措於身而成行，書於册而成訓，三千三百，罔不周徧，是文也，命之曰費。孰主宰是，孰綱維是，即之而無所，指之而無定，執之而無得，超然聲臭，莫可窮詰，是禮也，命之曰隱。費是常發，隱是常未發。不觀諸鬼神之費隱乎？視之弗見，聽之弗聞，而莫見、莫顯，體物而不可遺。不觀諸天道之費隱乎？四時常行，百物常生，而於穆無言，萬古如一日，故非齋明盛服，不可以通神明，非亦臨亦保，不可以昭事上帝。吾儕果能知費而隱，隱而費，寂感無二時，體用無二界，則日用云爲視聽言動，一於天則而不可須臾離也，斯可以語『欲罷不能』矣；帝規帝矩，無方無體，而不可以言象求也，斯可以語『欲從末由』矣。先師之訓曰：『有而未嘗有，是真有也；無而未嘗無，是真無也；見而未嘗見，是真見也。』學者見有矣，未嘗見真有；見無矣，未嘗見真無，故見見矣，未嘗見真見。將鑿竅穿坏，道術必爲天下裂。」

問孟子性善，答云：「孟子道性善，正是《大學》明明德，《中庸》率性修道，一派源流。性字，從心，從生。孩提知愛，及長知敬，何嘗離得氣質，别可求天地之性善乎？先師之訓曰：『惻隱之心，氣質之性也。』形色天性，通一無二，以盡性而言，性即是氣；以踐形而言，氣即是性。故一念齋明，則鬼神如在；一念昏縱，則禽獸不遠。噫！其幾嚴矣。目之本明，皂白粲如也，或翳之，則泰山、秋毫莫辨。氣之本順，榮衛盎如也，或逆之，則呼號而欲絶。人之可使爲不善，何以異於是？善療目者，非能别求目而增其明；善調氣者，非能别求氣而增其順，只求復其初而已。故己百己千，必明必强，始朴朴實實，有下手處。下愚之旨，孔孟自釋之矣。困而學之，則知之成功，可與生知並科；困而不學，則不信不爲，始與暴棄同歸。若從困上做，下愚便是天降的；從不學上做，下愚便是人自取的。學者不肯怨艾，其自取而誣諸氣質以自諉，是助荀、楊而揚其波也。荀、楊以習爲性，正不識帝降之真。」

或問：「未發、已發，是一時否？」先生曰：「後儒只添箇『已』字，便作二時看了。未發是發的主宰，發而中節是未發的流貫，更無先後。喜之所喜者發矣，而喜喜者未嘗發；怒之所怒者發矣，而怒怒者未嘗發。寂感無二時，體用無二界，觀諸天道，當自得之。四時常行，而行行者未嘗言；百物常生，而生生者未嘗言。無言便是未發，常行、常生便是發而中節。今若於常行、常生處，别求箇無言的時節，如何可得？」

三子言志似實而虚，曾氏似虚而實。有勇知方、章甫小相自是實事，然千乘之國、宗廟會同，何時可到手，不若春服風詠，更無等待。故無所擇於境者，始可語安土；無所擇於時者，始可語樂天。

問道器之别，曰：「聖門提出最分曉，『形而上者謂之道，形而下者謂之器。』盈天地皆形色也，就其不可覩不可聞、超然聲臭處，指爲道；就其可覩可聞、體物不遺處，指爲器，非二物也。今人卻以無形爲道，有形爲器，便是裂了宗旨。喜怒哀樂即形色也，就其未發、渾然不可覩聞，指爲中；就其發而中節、粲然可覩聞，指爲和。今人卻以無喜怒哀樂爲中，有喜怒哀樂爲和，何得合一？人若無喜怒哀樂，則無情，除非是槁木死灰。」

吾儕之學，以天地萬物爲一體也。一體之間，心腹至髮膚，兼所愛，則兼所養，何處下刀割之使小？故纔説讓第一等與人，於範圍曲成體段多少分裂。學詩、學文，皆學也，以道爲志，乃是第一等學術；詩人、文人，皆人也，以聖爲志，乃是第一等人品。

天下之道二，誠與僞而已矣；天下之學二，言與行而已矣。庸德之信，庸言之謹，時措於子臣弟友，期相顧而慥慥，是聖門之規矩彀率也。言弗謹，則無物；行弗信，則無常。將奚以拔于凡民？

龍溪王先生要語

先生名畿，字汝中，别號龍溪，與陽明王文成公同郡人也。正德、嘉靖間，文成倡明理學，其説以致良知爲宗。郡之士駭而不信，至相與盟曰：「敢或黨新説，共黜之。」先生若不聞也者，首往受業焉。先生固以高才，弱冠領鄉薦，士望之爲去就。及是以所聞於文成，出爲諸士言之，辨而核，約而盡，士始悟舊習之支離，轉而從文成，惟恐後。嘉靖癸未，先生試禮部不第，嘆曰：「學貴自得，吾向者猶種種生得失心，然則僅解悟耳。」立取京兆所給路券焚之，而請終身受業於文成。文成爲治静室，居之逾年，遂悟虚靈寂感通一無二之旨。

丙戌，士復當試禮部，文成命先生往，不答。文成曰：「吾非欲以一第榮子，顧吾之學疑信者猶半，而吾及門之士，朴厚者未盡通解，穎慧者未盡敦毅。覲試仕士咸集，念非子莫能闡明之，故以屬子，非爲一第也。」先生曰：「諾。此行僅了試事，縱得與選，當不廷試而歸卒業焉。」文成曰：「是惟爾意。」乃覓大舟，聚諸同志以行。其在途，自良知外，口無别談；自六經、《四書》、《傳習録》外，手無别檢。間有及時藝者，曰：「業已忘之矣。」有及試事者，曰：「業已任之矣。」及抵都，歐陽南野宗伯、魏水洲諫議、王瑶湖憲伯洎郡縣入覲諸同志，争迎先生，與相辨證。

由是先生名盛一時。在場屋所爲文，直寫己見，不數數顧程式，賴有識者，此非可以文士伎倆較也，拔置高等。而同門緒山錢公亦在選。士咸舉手以慶。然京國大吏多不喜學，先生語錢公曰：「此非吾與君仕時也。且始進而爽信于師，何以自立？」乃不就廷試而還。

其後，文成之門來學者日益衆，文成不能徧指授，則屬先生與錢公等高第弟子分教之。先生性坦夷寬厚，其與人言，或未深契，從容譬曉，不厭反覆，士多樂從先生。而其興起者，亦視諸君子爲倍。有扣玄理於文成者，文成以有心無心、實相幻相詔之。先生從旁語曰：「心非有非無，相非實非幻，纔着有無實幻，便落斷常二見。譬之弄丸，不着一處，不離一處，是謂玄機。」先生亟俞之。文成至洪都，鄒司成東廓暨水洲、南野諸君率同志百餘人出謁，文成曰：「吾有向上一機，久未敢發，近被王汝中拈出，亦是天機該洩時。吾方有兵事，無暇爲諸君言，但質之汝中，當有證也。」其爲師門所重如此。文成平思、田歸，卒于南安。先生方偕錢公赴廷試，抵究聞訃，即同馳還迎櫬，經紀喪事，廬於墓，服心喪三年。又建天真書院，祀文成像其中，且以館四方之來學者。論者謂自文成殁，其教久而益彰，先生之功也。

初，先生赴廷對，故相永嘉公欲引置一甲，先生不應。開吉士選，又欲引之，又不應。又開科道選，必欲引之，終不應。久乃授南職方主事，尋以病乞歸，病痊待補。故相貴溪公議選宫僚，其壻吴儀制春，先生門生也，首以先生薦。貴溪曰：「吾亦聞之，但恐爲文選所阻，一往投刺乃可。」先生謝儀制，曰：「補宮僚而求之，非所願也。」貴溪怒曰：「人投若懷，乃敢卻耶！若負道學名，其視我爲何如人！」遂大恨。會三殿災，詔求直言，六科會薦先生學有淵源，宜列清班，備顧問，輔養聖德。貴溪惡旨詆先生僞學，而罷吏科都給事中戚賢官。先生時爲武選郎，再疏乞休，銓司報與告矣。踰年，當考察，貴溪使謂南京薛考功曰：「王某僞學，有明旨，即黜一人，當首及之。」考功畏公議，未敢決。而時知先生者交以考功怒，遂力去先生以快意，而因厚自結于貴溪。故先生名雖高，仕乃竟不達。然先生不以是動其心，而益孳孳以講學爲務。嘗謂天下無不可與之人，淑慝賢愚，皆可取資於己，所至接引無倦色。故自兩都及吴、楚、閩、越皆有講舍，江浙爲尤盛，會常數佰〔二〕人。先生年八十，猶不廢出遊，有止之者，輒謝曰：「子誠愛我，我亦非故好勞，但念久安處，則志氣日就怠荒，欲求與朋友相切劘，自了性命，非專以行教也。」

所著有《大象義述》，《麗澤録》，留都、峴山、東遊、南遊諸《會紀》，水西、冲玄、雲門、天山、萬松、華陽、斗山、環璞諸《會語》，羅念庵冬遊、松原諸《晤語》，《聶雙江致知議略》，《别曾大常趙瀫陽漫語》，《答王敬所論學書》及《中鑒録》凡數十種，士皆傳誦之。

〔二〕「佰」，底本作「伯」，誤，據明萬曆劉應舉補修本改。

陽明夫子之學，以良知爲宗，每與門人論學，提四句爲教法：「無善無惡心之體，有善有惡意之動，知善知惡是良知，爲善去惡是格物。」學者循此用功，各有所得。緒山錢子謂：「此是師門教人定本，一毫不可更易。」先生謂：「夫子立教隨時，謂之權法，未可執定，體用顯微只是一機，心意知物只是一事，若悟得心是無善無惡之心，意即是無善無惡之意，知即是無善無惡之知，物即是無善無惡之物。蓋無心之心則藏密，無意之意則應圓，無知之知則體寂，無物之物則用神。天命之性，粹然至善，神感神應，其機自不容已。無善可名，惡固本無，善亦不可得而有也，是謂無善無惡。若有善有惡，則意動於物，非自然之流行，着於有矣。自性流行者，動而無動；着於有者，動而動也。意是心之所發，若是有善有惡之意，則知與物一齊皆有，心亦不可謂之無矣。」緒山子謂：「若是，是壞師門教法，非善學也。」先生謂：「學須自證自悟，不從人脚跟轉，若執着師門權法以爲定本，未免滯於言詮，亦非善學也。」時夫子將有兩廣之行，錢子謂曰：「吾二人所見不同，何以同人？盍相與就正夫子？」晚坐天泉橋上，因各以所見請質。夫子曰：「正要二子有此一問，吾教法原有此兩種。『四無』之說爲上根人立教，『四有』之說爲中根以下人立教。上根之人，悟得無善無惡心體，便從無處立根基，意與知、物皆從無生，一了百當，即本體便是工夫，易簡直截，更無剩欠，頓悟之學也。中根以下之人，未嘗悟得本體，未免在有善有惡上立根基，心與知、物皆從有生，須用爲善去惡工夫，隨處對治，使之漸漸入悟，從有以歸於無，復還本體，及其成功，一也。世間上根人不易得，只得就中根以下人立教，通此一路。汝中所見，是接上根人教法；德洪所見，是接中根以下人教法。汝中所見，我久欲發，恐人信不及，徒增躐等之病，故含蓄到今。此是傳心秘藏，顔子、明道所不敢言者，今既已説破，亦是天機該發泄時，豈容復秘？然此中不可執着，若執『四無』之見，不通得衆人之意，只好接上根人，中根以下人，無從接授。若執『四有』之見，認定意是有善有惡的，只好接中根以下人，上根人亦無從接授。但吾人凡心未了，雖已得悟，不妨隨時用漸修工夫。不如此，不足以超凡入聖，所謂上乘兼修中下也。汝中此意，正好保任，不宜輕以示人，概而言之，反成漏泄。德洪卻須進此一格，始爲玄通。德洪資性沉毅，汝中資性明朗，故其所得亦各因其所近。若能互〔二〕相取益，使吾教法上下皆通，始爲善學耳。」自此海内相傳，天泉證悟之論，道脉始歸於一云。

朋友中，有守一念靈明處，認爲戒懼工夫，纔涉言語應接，所守工夫便覺散緩，此是分了内外。一念靈明，無内外，無方所；戒慎恐懼，亦無内外，無方所。識得本體原是變動不拘，不可以爲典要，雖終日變化云爲，莫非本體之周流，自無此病矣。

吾人學問，自己從入處，便是感動人樣子。從言語入者，感動人處至言語而止；從意想入

〔二〕「互」，底本原作「護」，誤，據文意改。

者，感動人處至意想而止；從解悟入者，感動人處至解悟而止。

良知原是無知而無不知，原無一物，方能類萬物之情。或以良知未盡妙義，於良知上攙入無知意見，便是異學。或以良知不足以盡天下之變，必加見聞知識，補益而助發之，便是俗學。吾人今日致知工夫不得力，第一意見爲害。這意見是良知之賊，卜度成悟，明體宛然，便認以爲良知。若信得良知過時，意即是良知之流行，見即是良知之照察，徹内徹外，原無壅滯，原無幫補，所謂丹府一粒，點鋨成金。若認意見以爲實際，不知本來靈覺，生機封閉愈密，不得出頭，便是認賊作子。此是學術毫釐之辨，不可不察也。

遵巖子曰：「學不厭，誨不倦，教學相長也。」先生曰：「然吾人之學，原與物同體。誨人倦時，即學有厭處，成己即所以成物，只是一事，非但相長而已也。」

遵巖子問曰：「荆川謂吾人終日擾擾，嗜慾相混，精神不得歸根，須閉關静坐一二年，養成無欲之體，方爲聖學。此意何如？」先生曰：「吾人未嘗廢静坐，若必藉此爲了手，未免等待，非究竟法。聖人之學主于經世，原與世界不相離。」

遠齋〔一〕子曰：「諸公每日相集講學固好，予卻謂不在講學，只身體力行，實落做將去便是。」

〔一〕「遠齋」，此二字底本模糊，據明萬曆劉應舉補修本補。

先生曰：「然。若是真行路人，遇三叉路口便有疑，有疑不得不問。」

遵巖子曰：「區區於道實未有見，向因先生將幾句精語，藴習在心，隨處引觸，得個入處，只成見解，實未有得。」先生曰：「此是不可及處。他人便把此作實際受用，到底只成弄精魂。從言而入，非自己證悟，須打破。自己無盡寶藏方能獨往獨來，左右逢源，不傍人門戶，不落知解。只從良知上朴實致将去，不以意識攙和其間，久久自當有得，不可欲速强探也。」

習氣爲害最重。一鄉之善不能友一國，一國之善不能友天下，天下之善不能友上古，習氣爲之限也。處其中而能自拔者，非豪傑不能。故學者以煎銷習氣爲急務。

象山之學，得力處全在積累。因誦「涓流積至滄溟水，拳石崇成大華岑」。先師曰：「此只説得象山自家所見，須知涓流即是滄海，拳石即是泰山。」此是最上一機，所謂無翼而飛，無足而至，不由積累而成者也。非深悟無極之旨，未足以語此。

謂世間無有現成良知，非萬死功夫斷不能生，以此較勘世間虚見、附和之輩，未必非對病之藥。若必以現在良知與堯舜不同，必待功夫修整而後可得，則未免於矯枉之過。曾謂昭昭之天與廣大之天有差别乎？

夫一體之謂仁，萬物皆備于我，非意之也。吾之目遇色，自能辨青黄，是萬物之色備于目也；吾之耳遇聲，自能辨清濁，是萬物之聲備于耳也；吾心之良知，遇父自能知孝，遇兄自能知弟，遇君上自能知敬，遇孺子入井，自能知怵。推之爲五常，擴之爲百行，萬物之變，不可勝窮，無不有以應之。是萬物之變，備于吾之良知也。夫目之能備五色，耳之能備五聲，良知之能備萬物之變，以其虚也。致虚，則吾之良知自與萬物相爲流通而無所凝滯，故曰「反身而誠，樂莫大焉」。强恕而行者，不能無物欲之間，强以推之，以達一體之良，故曰「求仁莫近焉」。此千聖學脉也。後之儒者不明一體之義，不能自信其心，反疑良知涉虚，不足以備萬物。先取古人孝弟愛敬、五常百行之迹，指爲典要，揣摩依彷，執之以爲應物之則，而不復知有變動周流之義，是疑目之不能辨五色而先塗之以丹雘，耳之不能辨五聲而先聒之以宫羽。豈惟失却視聽之用，而且汩其聰明之體，其不至於聾且瞶者幾希！

君子處世，貴於有容，不可太生揀擇。天有晝夜，地有險易，人有君子、小人，物有麒麟鳳凰、虎狼蛇蝎。不如是，無以成並生之功。只如一身，清濁並蘊。若洗腸滌胃，盡去濁穢，只留清虚，便非生理。

作意矜持，如引箭射空，力盡而墮，豈能長久？天機盎然出之，方不落矜持。

先師自云：「吾居夷以前，稱之者十之九；鴻臚以前，稱之者十之五，議者十之五；鴻臚以後，議者十之九矣。學愈真切，則人愈見其有過。前之稱者，乃其包藏掩飾，人故不得而見也。」

問：「處家責善而義不行於族人，奈何？」曰：「家庭之間，恩常掩義，難以直遂，會須寬裕調和，使之默化。」

先生入安成，語三〔一〕峰劉子曰：「不肖與兄同事夫子餘四十年。兄好學清修，不受污染。向處臺端，不數月即拂衣歸山，此豈常情所能測？兄保身如瑩玉，如幽蘭，但過于自愛。大會中不屑時赴，未免有揀擇心在。此亦清修中一魔事。先師倡此學，精神命脉半在江右。故江右同志諸兄，傳法者衆，興起聚會，在在有之。雖未能盡保必爲聖賢，風聲鼓舞，比之他省，氣象自別，不可誣也。弟此番入境，殊覺悵然。善山、洛村久矣捐背，東廓、雙江、明水、念庵、瑶湖、魯江先後殞落，同志寥寥，如羣蜂失主，亂飛亂集，聚散靡常，無從收攝。盛衰消息，時乃天道，歲犯龍蛇，亦吾道之一否也。」

一友謂：涵養功夫當如雞之抱卵，全體精神都只在這卵上，含覆煦育，無些子間斷，到得精神完足後，自成變化，非可以襲取而得也。先生曰：「涵養工夫，貴在精專接續，如雞抱卵。先正嘗有是言。然必卵中原有一點真陽種子，方抱得成。若是無陽之卵，抱之雖勤，終成假卵。學者須識得真種子，方不枉費工夫。明道云：『學者須先識仁。』吾人心中真種子原是生生不息之機，全體精神只是保護得，非能以其精神助益之也。」

〔一〕「三」，疑爲「二」字之誤，「二」即「兩」。兩峰，劉文敏之號，安成（即安福）人。

子充、繼實跪而請曰：「先生轍環天下，隨方造就引掖，固是愛人不容已之心。但往來交際，未免倍[一]費精神，非高年所宜。静養寡出，息緣省事，以待四方之來學。如神龍之在淵，使人可仰而不可窺。風以動之，更覺人己皆有所益。」先生曰：「二子愛我，可謂至矣。不肖亦豈不自愛，但其中亦自有不得已之情。若僅僅專以行教爲事，又成辜負矣。時常處家，與親朋相燕昵[二]，與妻奴婢僕相比狎，以習心對習事，因循隱約，固有密制其命而不自覺者。纔離家出遊，精神意思便覺不同。與士夫交承，非此學不究；與朋儕酧答，非此學不談。晨夕聚處，專幹辦此一事，非惟閑思妄念無從而生，雖世情俗態亦無從而入。精神自然專一，意思自然冲和。教學相長，欲究極自己性命，不得不與同志相切劘、相觀法。同志中因此有所興起，欲與共了性命，則是衆中自能取益，非吾有法可以授之也。男子以天地四方爲志，非堆堆在家可了此生。『吾非斯人之徒而誰與』，原是孔門家法。吾人不論出處潛見，取友求益，原是己分内事。若夫人之信否，與此學之明與不明，則存乎所遇，非人所能强也。至於閉關獨善，養成神龍虚譽，與世界若不相涉，似非同善之初心。予非不能，蓋不忍也。」

〔一〕「倍」，底本作「陪」，誤，據明萬曆劉應舉補修本改。
〔二〕「昵」，底本作「昵」，誤，據明萬曆劉應舉補修本改。

良知無奇特相，無委曲相。心本平妥，以直而動。愚夫愚婦未動於意欲之時，與聖人同；纔起於意，萌於欲，不能致其良知，始與聖人異耳。若謂愚夫愚婦不足以語聖，幾於自誣且自棄矣。

南野歐陽先生要語

先生名德，字崇一，泰和人。弱冠舉于鄉，聞陽明王公講學虔臺，往受業焉。不赴春試者再。嘉靖二年，舉進士，知六安州。適歲侵，捐俸倡賑，隨所在設粥，活數萬人。已則興罷所急，境内大治。擢刑部員外郎，改翰林編修，尋擢南京國子司業。日進諸生，誨以治心修身之學。周貧病，均勞逸，恩義兼至，士心悦服。遷南尚寶卿、太常少卿、鴻臚卿。丁外艱，與鄒文莊、聶貞襄、羅文恭諸公聚講于青原梅陂之上，及門之士益進。以薦起晉南太常卿，召入掌國子祭酒事，尋擢禮部左侍郎，改吏部兼翰林學士，掌詹事府，教庶吉士。以國家選庶吉士教之，號爲儲相，不直工文詞已也。每試暇，輒聚一堂，析理論政，究極聖門明體適用之實際。丁内艱，服闋，召拜禮部尚書。逾月，遂召入直，同勳輔諸臣，奉賜劄與聞大政。上諭詔書，或稱秩宗，或稱大宗伯，而不名。時眷倚方隆，士大夫咸仰望，旦夕且陟台衡以幸斯世。而先生疾，遽不起，年五十有九。詔贈太子太保，謚文莊。

初，陽明王公得先生，大見期許，凡語來學者，必曰：「先與崇一論之。」先生始學近空寂，而從政疑於思索，乃以書質諸公。公答以「自私用智，喪失良知」之語，先生遂悟良知真體明覺，自然隨感而應，燦乎條理，自周於天地民物，不見有動静、寂感、内外之殊，是以謂之良知，亦謂之天理。繇是沛然不疑，躬行益篤，不遺日履而上達淵微。其教人，一以良知爲宗，隨方開導，根理要而切事，情條晰而疏暢。由其説可因時達變、盡分而行吾道，聽者皆灑然知先生爲通儒，而其學果可適於用也。先生學主於經世，不屑屑爲匹夫拘謭之行而洞達融渾。與人交不矜不激，出其肺腑以致忠告之益。遇事處之情理，曲當真誠自然，非由矯飾。至關國家大計，艱危棼錯之際，衆相顧驚愕，先生神閑氣定，徐出片言立解。自以身沐，特知欲從容醖蓄，迎機啓沃格心，而扶化理以大行其學，而年不副心。識者謂先生抱經綸匡濟之宏猷，未竟厥施，爲世道惜云。

胡廬山先生曰：「良知之體，其本無一物，而其究則所謂周天地民物者，不可以聲臭求而形骸隔。故先生雅言良知無外，而有外之學，非真致其良知者。是以先生之學，芻蕘可備採擇，而罝兔可爲腹心。其能自任天下之重，良以是也。雖然是道也廣矣，向使有一物岐於其中，則峷乎其爲之隔矣，又烏能通於天下之大？彼隔焉者不足言，而世之學者，又多以有物之體依傍於無外之道，遂至縱任自恣，無復格致之實，以致憂道君子，又復救以虚寂，若指良知爲不足者。誠如是，則異乎吾夫子所謂易簡理得者矣。噫！此非良知之不足，由學者未能真見良知故也。」

志其學之幹乎，果確無二，悠久不息，學乃有成。今以欣羡激作之氣，未有果確悠久之實而自謂有志，然則説巽言而從法語者，皆得稱志士矣。而孔子猶以爲「末如之何」者，何哉？故非知耻發憤、學之不厭者，不足以言志。

己所不欲者，知之明；勿施於人者，知之致。知其物之矩乎，格物以致；知其絜矩之道乎，物格知至而明德明於天下。故曰一言而可以終身行之者，其恕乎！

知愛、知敬，自赤子已然。大人者，達其赤子之愛敬於天下者也，故仁義不可勝用。今見人溺於不善而不思援之，是忍而弗之愛也；弗愛賊仁。謂人不足與爲善，是慢而弗之敬也；弗敬賊義。故善與人同者，然後爲愛敬之至而盡仁義之道。不如是而曰「我能愛人，我能敬人」者，色焉而已，貌焉而已，豈所謂不失其赤子之心者哉？

良知一而已矣。知不能，斯知學；知不知，斯知問；知不得，斯知思；知不明，斯知辨。學問思辨，皆知之用也，致知而學問思辨時出焉，一以貫之矣。謂學問思辨以開吾之知、多學而識者，之所以二之也。

學於古訓者，從古人之訓而脩其道德於身也。故學《詩》，斯可以言；學《禮》，斯可以立；

學《易》，斯可以無大過。道積厥躬，德修罔覺，學之獲也。以講説爲學者，以知識爲獲，其於道德乎何有？

載籍者，已往之師友；師友者，見在之載籍：其用一也。然人往往樂獨學於載籍，而不樂共學於朋友，可不察其故哉！朋友規切，則人已相形，情僞將無所容，而勝心爲之牴牾〔一〕。載籍，則其人已往，或得緣附意見，而勝心無所拂逆。故凡學載籍而無朋友之助，鮮不錮於勝心而流於自用，多識以畜德者，其無以取友，爲末也哉。

古之明明德者，非徒飾躬正行己也。親親、仁民、愛物之心，充實光輝明於天下，是之謂大人之事。古之欲明其明德於天下者，非徒意念及之已也，廓焉通天下爲一身，孳孳以萬物各得其所爲悦，是之謂大人之志。夫志乎其大而務誠諸其身，則所以格物致知者，莫非廣大精微之實功矣。獨知也者，良知也，而感應酬酢，萬物皆備矣。視聽言動，感應之物也，而是是非非，良知其則矣。物循其知而不自欺，故各得其則；知周於物而無所欺，故各極其至。夫物循其則而無不格，斯知周於物而無不致修身之要也。然必有欲明明德于天下之志，而後可以與此。志之不弘，則其從事於修身者，或未免爲硜硜信果者也，其究爲小人，儒也已矣。

〔一〕「牾」，底本作「牾」，誤，據明萬曆劉應舉補修本改。

學者於人之是非得失、義利公私，雖其疑似難明者，猶能辨之。至於吾身，雖昭著可知者，或莫之辨焉，自欺耳矣。於人之隱過微惡，猶憤然惡之。至於吾身，雖大且顯者，或未嘗惡也，自欺耳矣。孔子曰：「君子求諸己，小人求諸人。」察己之善惡而誠，好惡之求諸己者也；察人之善惡而誠，好惡之求諸人者也。出此入彼，間不容髮，可不慎哉！

人之病，莫大於自是而好勝。自是，則不能見己之非而内自訟；好勝，則不能見人之是而反己以自盡。曾子曰「以能問於不能，以多問於寡，有若無，實若虛」，不自是者也。「犯而不校」，不好勝者也。是蓋孔門諸賢之所從事，而曾子稱之，以警其門人弟子。後世顧謂惟顏子足以當之，無乃以爲成德之驗，而未知其爲入德之功歟。今學者自是、好勝之病，雖精粗深淺不同，未必能脱然而無有也。苟自諉曰惟德成乃能脱然無病，則立心之始，既以容留潛伏，而未有拔本塞源之志，將不終爲自是、好勝而已耶？

孔子稱聽訟猶人，必也使民無訟。夫聖人不垂難能之訓，不期難成之功，非故爲近易也，道則然也。然自今觀之，民好訟而求勝，至械手足，刻肌膚，幽囚折辱，猶趨之不厭。如是而求其無訟，不亦遠且難乎！聞古之爲治者，感人以心，使人自畏其心。後之爲治者，威人以法，使人畏上之法。畏法者，法或玩而心肆，故輕犯而倖勝於訟；畏心者，心恒惕而法守，故重犯而耻以訟勝。

立志雖淺近語，卻是真實根脚。稻種結稻，稗種結稗，假托不得。

習心難消，而流俗易溺。今之溺人者，莫大於美文詞，崇機變，以失其本心。昔者舜之温恭允塞，不異深山之野人。「文王之所以爲文，純亦不已。」故君子貴乎道也。又曰：離羣之患，君子患之；損友、益友，孔子惓惓焉。故知所貴者，則知所以修身；知所以修身，則知所以取友。

吾輩今日之學，直當如世上未有言語文字，自己未有許多知識見聞，從潔浄心地上專精畢力，由本達枝，自有根心生色，不言而喻之盛，則凡言語文字莫非實理，知識聞見莫非實得。不然，恐未免沾泥帶水。

象山先生分别學者之病，有二種：一是情欲，一是意見。吾儕以情欲未了之心，而又文之以意見，則二病兼受之矣。然意見作障，亦只是情欲未了。

好善不擇小，惡惡不擇大。凡世態紛紛，不可人意，非惟不掛諸口，亦且不掛諸心，然後處之無不宜。此非自貶以媚俗，聖賢、高明、廣大之心，固如此也。

吾人只是爲道之志不切，若爲道之志如取科第之志，則拈起筆來，無非以明道爲心矣。此學者深痼之病，宜實體察。

朋友互相規切，須信在言前，一點便化，始爲善道。

扞格外物，亦是聖門别派，但恐爲此説者尚多意見、想像。果能如其所説，實落用功，亦自有疑、有悟，自然覺得先師所教愈更精一，不若彼説籠統闕漏，終不足以盡性也。朋友好立論者，自可默然相與，蒸蒸磨礪，切其内省之心。若與一一解駁，衹恐成口説耳。

棲息南明，日與諸生從脚根下檢點，將從前種種世味濃處冷淡一番，始覺吾人赤子時心地本自平易真實，種種障蔽盡是自起自作，徒自受累。

吾黨爲學，須要欲明明德於天下之志真切篤實，而日就身心感應處物物格之，懲忿窒慾，改過遷善，求不欺其自知之明而常自慊，然後能止於至善。後進喜脱略而惡拘檢，只是未嘗實有此志。或粗有志，而攙以意氣，認爲真志。志既不實，則其以妄念爲真，乃是自迷自誤。

古人之論齊家，曰「宜兄宜弟」；論治國，亦曰「宜民宜人」；其論人情，曰「虐我則仇」；其論虐，則曰「剛而無虐」，曰「善戲謔而不爲虐」。然則必以處家人之心處國人，而後能得其宜之之道，必不過用其剛，雖辭色之間，如戲謔之可以傷人者，亦在所必察，然後爲能無虐。

有病爲政尚嚴者，先生曰：「人心縱弛之久，非加繩檢，雖有惠政，終不得行。古之人以不教而殺、不戒視成、慢令致期爲嚴之過。至如信賞必罰，雖堯舜，舍此難以致治。惟以不忍人之心，行不忍人之政，則嚴與寬皆仁之用。」

合本體方是功夫，用功夫即是本體。良知本戒慎不覩、恐懼不聞，用功亦只戒慎不覩、恐懼不聞。初學如此，深造亦如此，本無二也，生熟之間而已矣。

居鄉理家，此物最難格，非物之難，不欺其獨知而能自慊之爲難也。

今之人，稱之功名之士，弗樂也；曰富貴之徒，艴然矣。此良知也。然而非知之艱，致知爲艱，故曰功崇惟志。志者，自致者也。孔子曰：「士而懷居，不足以爲士。」孟子曰：「爲宫室之美，妻妾之奉，所識窮乏者得我，此之謂失其本心。」是故必飯糗茹草，若將終身，而後可以言志；必不以三公易其介，而後可以言志。志定而知至矣，此謂知本。

良知以天地萬物爲一體。故見人之善，若得其所欲而愛護之也；見人之不善，若疾痛在躬而撫摩之也。有善必以及人，若解衣推食於其昆弟也；不能必以問人，若足之行而取決於目也。豈有妬善嫉惡、矜能耻負之意哉！故學者必視天下無物非我，無人不可入於善，然後爲致其知。

人情世故，固有難處者。然君子，匹夫不得其所，若己推而納之溝中，故不愛其身，而求躋斯民於安養生全，一切勞逸安危、毁譽利害皆不暇顧，而何人情世故之爲慮也？

有苗負固，益贊禹以謙受，而道舜之事。夫舜何罪可引，何慝可負？以爲毫髮有所未盡，猶可自致其力，不必責之人也。父子兄弟免後世蹀血禁庭之慘，蓋謙損之益、仁義之利如此。

君子随其所至，遏惡揚善，順天休命。故弦歌簿書，催科鞭朴，只是一心，只是一事。若判爲兩途，便未免涉於意必。故或失則愛，或失則忍，或失則疎，或失則迂，皆意必爲之蔽也。

君子之學，得其本心，寂無聲臭。若赤子之初，種種毁譽利害，若無所聞，一切可憂可懼、可驚可愕之變，若寒暑晦明之固然，無所怵于其中，然後庶幾古人膽大心小之云，然後可以任重致遠。

君子「不易乎世，不成乎名，遁世無悶，不見是而無悶」，然後爲龍德。未至乎此，遽可自欺自誑，以爲能見、能躍者耶。

古人居喪讀《禮》，又立之相，正恐悲痛哀苦之情，或流於太過、不及而失其本心，則未免事親不以其道。故爲此扶植培養之計，所謂造次顛沛必於是者。

吾儕大患，在未有真志。志不立，則因循鹵莽，言行背馳，亦勢所必至者。

動而無靜，靜而無動，物也；動而無動，靜而無靜，神也。良知，心之神明，貫乎動靜者也。良知上用功，則動靜自一；若動靜上用功，則見良知爲二，不能合一矣。

良知不待點檢而有，而點檢即良知之用。一不點檢，即不用其良知矣。《大學》言致知，正欲學者時時點檢，勿欺其獨知。顏子有不善未嘗不知，知之未嘗復行者。此也吾輩未能如顏子之知，正坐因循將就，不能點檢耳。

良知人所固有，是故莫不好仁而惡賊，貴義而賤利，榮忠信而鄙詐佞，崇恭敬而耻傲惰，尚孝慈而羞狠戾。其見之行事，得其所好，而所惡者不加乎其身，則其心泰然矣；失其所好，而所惡者躬自蹈之，則其心歉然、厭然矣。夫良知本明也，而至於躬蹈其所惡，欲蔽之耳。然未免於歉且厭者，則其明曷嘗遽息？然則雖小人之良知，亦未嘗不存，惟有以蔽之而無以致其明，雖有存焉寡矣。雖君子之良知，亦不能無蔽，惟有以明之而不受其蔽，雖有不存焉者寡矣。慎其獨知而罔有所欺，充其所惡而勿施於人，改其所歉而求快於己，明之之功也。及其至查滓渾化，明著動變，我固有之，豈待於外哉？

至道未嘗外世之所務，而世務亦莫非道德之用。惟徇世者修之以成能，徇道者修之以成德，志有不同焉耳。成能故可與名世，成德故可與遯世。可與遯世者，非世所囿者也，然後能範圍天地，裁成萬化。孔顏所以爲百世師者，忘名世之心，成遯世之德而已矣。

處家庭鄉黨，只如尋常村夫野老，文貌不足而情實有餘，乃是聖賢之道。孟子稱堯舜之道，乃在徐行後長。孔子終身只是忠恕，無許多蹊徑、議論曲折也。

處家事，直須平實，然須有「衣敝緼袍與衣狐貉者立而不耻」之心，乃不爲飲食之人。此須心中實實體認，懸空想像論説無益也。

進學如下棋，不遇國手對壘，終無高着。此最不可不察。

凡事奇特，不足貴，惟此心平實有恒，爲難能也。

親戚骨肉，須是不藏怒，不宿怨，親之欲其貴，愛之欲其富始得。浮文虚禮，不足用也。

學不必過求精微，但粗重私意斷除不浄，真心未得透露，種種妙談皆違心之言，事事周密皆拂性之行。向後無真實根脚可劄定得，安望其成也？

言語便捷，折人之非，談人之短，伸己之見，自是學者病痛。惟聖人爲能好問好察，隱惡揚善，恂恂似不能言者。

我不加禮於人，往往不自覺；人不加禮於我，我心若之何哉？此强恕而行之道。

處人不當憂人性之無常，但當憂我不能處無常之性。不能處無常之性，則吾性亦無常；能處無常之性，則其人亦有常矣。

甘忍恬淡寂寞，非必强爲於外，直從心體洗濯得。恬淡滋味，乃能有常。不然則自謂高賢，猶不免爲俗人。古之稱聖人，必曰「飯糗茹草，若將終身」，必曰「遁世不見知而不悔」。得此滋味，則雖袗衣鼓琴、榮華顯盛，有之而不與，居之而不染，亦不失其爲恬淡寂寞者也。

君子之學，喜怒憂樂，發必中節，然非此心如止水介石，則意動情勝，不能行於妻子。

凡處事不可作好作惡。且不必論聖賢，就鄉中作尊長，能鎮服得人者，亦自凝重端詳。不因人而遽喜，因人而遽怒，然後心定而慮事精。否則，未免因一時相與之厚薄，以作好惡。所謂眼花則五色眩，非定論也。

刊落浮華，真實乃見；消融客氣，良心自妙。此語不可忽也。

古人明德、親民之道，直須以爲己任。未可草草於世俗中支撑補湊，粉飾得過，便謂做得箇人。試仰頭一看前輩多少豪傑，豈是吾輩這般樣子？千古之後，多少豪傑豈不將吾輩作唾咳相待？尋思到此，今日所作種種氣概，無纖毫着實，便知自家安身立命下落矣。此不可以意氣激作，須貼底真心，踏着實地，乃有出頭處。不然終身包裹在流俗裡，無由得世緣浄潔也。

忖測尊意，必以知是知非者，心之用也。感物而動，莫顯莫見者也。心體真静隱微，所謂未發之中，不可以知是知非言者也。體立用行，静虛動直，而是是非非，各中其節。不得其體，而從事於用，則末矣。執事蓋操存涵養，實見此義非得之口耳想像者。故參稽證據，自信而無疑。某之所聞無以異此，然亦微有未盡協者。夫隱顯動静，通貫一理，特所從名言異耳。故曰中也者，和也，中節也。其名則二，其實一獨知也。故是是非非者，獨知感應之節，爲天下之達道；其知則所謂真静隱微，未發之中，天下之大本也。就是是非非之知而言，其至費而隱，無少偏倚，故謂之未發之中；就知之是是非非而言，其至微而顯，無少乖戾，故謂之中節之和。非離乎動用顯見，别有真静隱微之體，不可以知是知非言者也。

嘗謂人之爲學，但當各自立箇欲明明德於天下之志，而各格其物，各致其知，各以修身爲本，各務親師取友，求啓助之益。凡有問辨，各務相下相師，見善思齊，聞過則改。其於他人所見，苟有未協，則陳述所疑，忠告善道，而不敢遂以爲非。己之所見，苟有自得，則傾吐〔二〕底裏，

〔二〕「吐」，底本作「土」，誤，據明萬曆劉應舉補修本改。

就人求正而不敢執以爲是，非故爲是不情也。自大賢以下，學固未必盡是，不善固未必盡知，過固未必能盡見而内自訟。所資於問辨者，正惟在此，非必以己爲權度，而一天下之長短輕重也。況至於詆謫辨詰，如訟如仇，此中不無亦有心病。故嘗疑《魯論》「攻乎異端」一語，恐非謂專治異端之道者。蓋雖同志、同學，而端倪必不能無小異，惟取以相輔，則皆得益。苟執以相攻，則將增勝心而長己見，爲害不小。且彼一是非，此一是非，使天下之人無志者得藉口以自委，有志者亦皇惑而莫知所從。此其害，又有不可言者。當時孔門諸賢，恐亦不免有此，故聖人言此以警之。其在吾黨，則朱、陸以來，爲鑒固不遠也。此雖鄙淺之見，然或愚慮一得，公以爲可采，幸以告諸同志。

莫先於辨志。志精斯精，志一斯一。夫此志精一而氣習意見消融不盡，力不逮志者有矣，未有志不精一而能精義入神者也。

卷七

念菴羅先生要語

先生諱洪先，字達夫，吉水橙溪人。父循，進士，仕至按察司副使。先生生而神穎殊絶。比長，喜爲古文辭。方十五，聞陽明王公講學虔臺，心即嚮往，遂卑視舉子業。常歛目端坐，同舍生或嘲誚之，不爲動。比《傳習録》出，先生奔假手抄，玩讀忘寢，往往脱穎見篇章間。同舍生益驚避之。舉于鄉，以憲副公偶疾，遂輒〔一〕會試，師事里中谷平李公學。李公端嚴有守，學以閑邪爲訓者。及計偕，聞同郡黄洛村弘綱、何善山廷仁〔二〕二舉人曾受文成學者，附其舟，嚴事之。時先生兢兢然，動止不逾矩，而二公言動如常衷，疑之。一日論學，何君慨曰：「近世號名講學者，究其衷微，類先人心耳。」先生憮然内省，自是學求近裡，日究文成致知旨。

〔一〕「輒」，疑爲「輟」字之誤。
〔二〕「何善山廷仁」，底本作「何善以山廷仁」，「以」字爲衍字，據明萬曆劉應舉補修本删。

年二十五，舉南宮廷試，肅皇帝親閱，奉御批：「學正有見，言讜而意必忠，宜擢之首者。」賜進士及第第一人。時外舅曾公官太僕卿，報初下，趣告先生曰：「喜吾婿幹此大事。」先生聆之，面項發赤，徐對曰：「丈夫事業更有許大在，此等三年遞一人，奚足爲大事也！」是日猶袖米，偕何、黄二公聯榻蕭寺中商學焉。既授官翰林院修撰，常心怦怦念憲副公不置。逾年，遂請告歸，至儀真，病幾殆，留數月愈。乃謁谷平公于浙邸，訂舊學。方病時，有瓜州富人王紀者坐事，爲項甌東公按治，乃飾名姝、介萬金謁求解，已峻拒之矣。項聞之，微以意嘗先生，先生辭益厲，項嘆服，遂定交爲深分。既歸，悔曰：「紀所遺當拒，而罪不當死。」久之，有同年饒比部録刑江北，致書生之，已弗逮，爲之懼然。

是後二年，先生侍憲副公于家。公訓飭不殊童稚，言動少錯，辭色必厲。客至，令衣冠行酒，拂席授几，忻忻從事焉。入京補原職，時南野歐陽公德、文貞徐公階共事館中，先生每過從論學，歸輒綴記，久之，遂載帙矣。嗣充經筵官。一夕，忽夢别憲副公，伏地哭，大慟，悲極而醒，淚零枕席，心悼不能出戶。日未晡，而公訃音至。先生痛欲絶，奔歸。至楊子江，舟人難之。先生曰：「吾不得見父，奚用身爲？」疾驅抵家，即喪次。三年啣哀不入室，蔬食水飲，葬祭以禮。攜二弟常寓近里玉虚觀，四方士友因而依歸者衆。或諷之謂居喪講學非宜。先生報書謂：「處此，蓋竊倚廬意，且以病便静攝，求免於辱，喪間側聆諸長者緒論，志在求益，非敢主會開講也。」

服既闋，之三年，母李宜人病痺，先生廢寢食，烹藥共饘，衣不解帶者數月。諸婦請代，宜人不許，曰：「出！吾兒躬親者，吾安之。」居喪痛慕，執禮彌殷。

一日玩内典，得返聞旨，覺此身在太虛，視聽若寄世外。友人覩其顔貌，驚服，先生忽自省曰：「嘻，是將入禪那矣。」乃悔置前功，篤志聖學正脉，必繇濂溪無欲旨。居常與同郡東廓鄒公及諸同志切劘無虚日。推補宫寮，改左春坊贊善。赴召，道南都，兩入城晤同志與王龍溪畿諸公。質辨累日，大都主無欲旨。至維揚，趨泰州安豐場訪心齋王公艮。心齋時病不出，先生就榻傍，語述近悔恨處求益，心齋不答，但論立大本，以爲能立此身，便能位天地，育萬物，諸病當自消云。語具《冬遊記》。時心齋作《大成學歌》以贈，先生感切，記末歌曰：「父母生我身，師友成我仁。我身如不仁，形神皆非真。聞歌乃易簀，受言永書紳。誰知百年内，二義無疎親。」詳記先生于時殷殷求友意，殆若無若虚矣。

逾歲，抵京，入春坊進講，與其友唐荆川、趙浚谷居相比。浚谷一日邀先生出遊，屬其内子謁曾夫人，闃室中一無有，乃曰：「羅君内外皭然若此！」由是三公交好浸密，日相期許以天下自任，中外咸稱異之，曰「三翰林」云。時儲位未定，浸聞有他異，先生乃與三公各上疏，以預定東宫朝議。爲言忤旨，謫爲民。先生出京，與荆川各買小艇聯發，角巾布袍，蕭然世外。每暇共編圖史學書，寓運甓意。

既歸二年，庶弟請析居，先生盡推先世田宅，咸令主焉。乃于舍外别建一宅，僅足避風雨。仲弟病卒，哀楚累月，寢食失常。其友愛篤至如此！先生自歸田，削跡城市，辭受取予咸裁以義，世局時格，秋毫靡徇。嘗曰：「此吾當然，非祈免毁譽也。」郡中東廓、南野、雙江諸公咸家居爲會講，學衆常至數百千人。先生每與抑抑求麗澤，未嘗以言詞先人。然瞻其容止者，非辟潛消。一時薦紳縫掖快覩景行，有不假言詞之末者。久之，遊衡岳，爲文盟，告岳神及白沙先生祠，語在《集》中。登山過觀音岩，有僧楚石者出迎，私曰：「吾嘗受異僧外丹，誓非人無傳，今以授公。」先生拒不受。

丙午，送季弟如南雍，過毘陵，訪荆川，夜語契心，相對躍曰：「庶幾千載一遇乎！」然荆川自以博大不如先生，雅曰「念菴之學平正」云。冬闢石蓮洞，先生自是多洞居。錢緒山偕龍溪邀會如青原，士友至者百數十人，先生多告以「去欲除根」云。

己酉，先生一日坐洞中有悟，恍惚大汗，洒然自得。邑令以先生聚講無所，葺玄潭之雪浪閣，集士友大會。庚戌，聞虜逼都城，先生目不交睫者月餘。已而病作，幾不起，尋愈。聞龍溪論良知當下具足，意速人悟，先生曰：「吾人注念反觀，孰無少覺？因言發慮，理亦昭然。顧以利欲之盤固、血氣之浮揚而欲從其心之所發，任其意之所行，滅裂恣肆，至以存心爲拘迫，以改過爲粘綴，以取善爲比擬，以盡倫爲情緣，將使天下之人蕩然無歸，悍然不顧，斯爲病道不淺。」

甲寅，邂逅王龍溪于海天，遂同舟西歸，會玄潭。龍溪曰：「何以贈我？」先生曰：「陽明先生之爲聖學無疑，惜也速亡，未至究竟，是門下之責也。公等受煅煉最久，其得證問最明。今年已過矣，猶不能究竟此學，以求先生所未至。是非先生負諸人，乃是公等負先生也。」語具《夏遊記》，曾以示荆川公。公報書云：「兄爲世説法，不得不爾。若爲己之命，須死心塌地，静求一番始得也。」

乙卯春，先生因偕龍溪遊楚，寓黄陂深山中。龍溪先返，先生獨留，栖一樓，日夜趺坐半榻中，三月餘，自覺有省，咏《夜坐詩》十首，貽蔣道林書，蓋霅然見大矣。尋病作，至九月返舍，而曾夫人卒先一旬矣。

逾年，水漂没其居，假寓田家，泊然不以干意。先生自登第後，臺省爲建坊，咸力辭，則又餽坊值，先生悉卻之，然有司仍帑藏積累數千金。撫臺鍾陽馬公知先生家故窶，又罹水災，檄理前金賙之，業已入墨吏私囊久矣。先生懼爲官屬累，致書馬公，以悉領爲辭，遂得寢。同志因醵金相助先生，用構正學堂於洞南。

戊午，荆川邀會齊雲岩，共訂出山。先生曰：「天下事得兄任之，即某自效，奚必我出？」荆川意乃寢。時分宜既推轂荆川公，因致惠問，以出處嘗先生。先生報書辭謝甚懇，乃已。是冬，以病謝客屏居。然四方書問未嘗不應，族戚交游之休虞與國事之然否，聞知未嘗不致意。蓋嗒然玄嘿而物無不綜，澹然無爲而自無不爲。由是益明儒佛幾微之辨。《答雙江公書》駁其專主寂静，又以佛氏之異吾儒，其棄倫遺物之大者，人未必入，其誤人易入者惟在幾微似是之間。乃著《異端論》三篇，明似是之非。龍溪復來訪，信宿語別，作《松原志晤》。嘗移書致規切，至是復發其概云。

次年癸亥，錢緒山以《陽明年譜》請校裁。既竣，序之末曰：「善學者竭才爲上，解悟次之，聽言爲下。蓋有密證殊資，嘿恃妙契，而不知反躬自求實際，以至不副夙期者多矣。學先生之學者，視此何如？」是歲，先生年六十，四方及門士相繼叩請日繁。先生教先嘿識，重躬行，日以精神相蒸。初至者誨令静坐反觀，俟稍有疑，然後隨機引入。每日環坐，先生相對嘿然。時起立循闌，吟哦上下，從容指發一二語，聞者莫不興起。

甲子春夏，集有斐亭者先後不絶。先生日三至，終日忘言，而精神流溢，真意融洽，飲其和者，自不覺其入之深也。八月忽病，長老入室問疾，覩無長物，曰：「甚矣窶也。」答曰：「窮固自好。」中秋日，門人託等扶翼危坐，正巾斂手而逝，年六十一。隆慶改元，詔贈官，謚文恭。

方先生之歸田也，攻苦淡鍊，寒暑躍馬彎弧，考圖觀史，其大若天文、地志、儀禮、典章、漕餉、邊防、戰陣、車介之事，下逮陰陽卜筮，靡不精覈，至人才、吏事、國是、民隱，彌加諏詢。曰：

「苟當其職，皆吾事也。」年至五十前後，覩時事日非，始絶意仕宦。然饑溺由己、撻市隱〔一〕辜之衷，未嘗一日不業業也。先是邑苦虚糧，貽書上官，力請方田，里大猾飛言撼阻，不爲動，促郡邑，竟成之。邑人又爲兑米輸將苦，言之邑令建倉同江水。次又邑籍苦虚丁，力言諸當路覈之，減去二萬，邑人咸稱便。後同水鄉饑，移書郡縣請賑，爲立法周密，推之一邑，民賴以不殍。閩廣寇起，流突吉地，移書當路提兵臨捍，而密畫贊之，一境以全。時當攢戶籍，戒其鄉分置區域，按畝出收，擇士友公正者尸之，俾人得自畫，一時稱平。當事者例薦特薦，章罔虚歲，天下士想望其出以卜治平云。

《答王龍溪》：「來教云：『良知非知覺之謂，然舍知覺無良知；良知即是主宰，而主宰淵寂，原無一物。』兄之精義盡在於此。自弟受病言之，全在知覺，則所以救其病者，舍淵寂無消除法矣。夫本體與工夫固當合一，原頭與見在終難盡同。弟平日持原頭本體之見解，遂一任知覺之流行，而於見在工夫之持行，不識淵寂之歸宿，是以終身轉換，卒無所成。兄謂弟『落在着到管帶』，弟實有之，安敢隱諱？在弟之意，以爲但恐未識淵寂耳。若真識得，愈加着到，愈無執

〔一〕「隱」，明萬曆劉應舉補修本作「引」。

着；愈加照管，愈無掛帶。既曰『原無一物』矣，又何患執着之有？來教云：『提孩精神，有着到也無？』此誠是矣。兄又謂：『提孩曾着物否？』又云：『鳶之飛、魚之躍，有管帶也無？』此誠是矣。兄又謂：『鳶魚曾有妄念否？』」

《答陳明水》：「來教云：『心無定體，感無停機。凡可以致思着力者，感也，而所以出思發知者，不可得而指也。』謂『心有感而無寂』，是執事之識本心也。不肖驗之於心，則謂『心有定體，寂然不動』是也，『感無定機，時動時靜』是也。心體惟其寂也，故雖出思發知，不可以見聞指。然其凝聚純一、淵默精深者，亦惟於着己近裏者能默識之，亦不容以言指也。來教云：『欲於感前求寂，是謂畫蛇添足，欲於感中求寂，是謂騎驢覓驢。』不肖驗之於心，又皆有可言者。自其後念之未生，而吾寂然者未始不存，謂之『感前有寂』可也。自其今念之已行，而吾寂然者未始不存，謂之『感中有寂』可也。感有時而變易，而寂然者未始變易；感有萬殊，而寂然者惟一。此中與和、情與性，所由以名也。」

陽明先生苦心犯難，提出良知爲傳授口訣，蓋合内外前後一齊包括，稍有幫補，稍有遺忘，即失當時本旨矣。往年見談學者，皆曰：「知善知惡即是良知，依此行之，即是致知。」予嘗從此用力，竟無所入，蓋久而後悔之。夫良知者，言乎不學不慮，自然之明覺，蓋即至善之謂也。吾心之善，吾知之，吾心之惡，吾知之，不可謂非知也。善惡交雜，豈有爲主於中者乎？中無所主，而謂知本常明，恐未可也。知有未明，依此行之，而謂無乖戾於既發之後，能順應於事物之來，恐未可也。故知善知惡之知，隨出隨泯，特一時之發見焉耳。一時之發見，未可盡指爲本體，則自然之明覺，固當反求其根源。蓋人生而静，未有不善。不善者，動之妄也。主静以復之，道斯凝而不流矣。龍溪曰：「近日覺何如？」曰：「一二年來與前又别。」龍溪曰：「試言之。」曰：「當時之爲收攝保聚偏矣。蓋識吾心之本然者，猶未盡也，以爲寂在感先，感由寂發。夫謂感由寂發可也，然不免於執寂有處；謂寂在感先可也，然不免於指感有時。彼此既分，動静爲二，此乃二氏之所深非以爲邊見而害道者。我固堅信而固執之，其流之弊，必至重於爲我，疎於應物，而有不自覺者，豈《大學》欲明明德於天下之本旨哉？蓋久而復疑之。夫心一而已，自其不出位而言，謂之寂，位有常尊，非守内之謂也；自其常通微而言，謂之感，發微而通，非逐外之謂也。寂非守内，故未可言處，以其能感故也，絶感之寂，寂非真寂矣。感非逐外，故未可言時，以其本寂故也，離寂之感，感非正感矣。此乃同出而異名，吾心之本然也。」

東廓公謂予曰：「獅泉與龍溪有未了語，待公而判。」予曰：「願聞。」於是二兄各述所言，往復者二日。獅泉大意：以夫人之生，有性有命，性妙於無爲，命雜於有質，故必兼修而後可以爲學。蓋吾心主宰謂之性，性無爲者也，故須首出庶物，以立其體。吾心流行謂之命，命有質者也，故須隨時運化以致其用。常知不落念，是吾立體之功；常過不成念，是吾致用之功也：二者不可相雜。蓋知常止而念常微也。是説也，吾爲見在良知所誤，亟返而得之也。龍溪問：「見在良知與聖人同否？」獅泉曰：「不同。」曰：「如何？」曰：「赤子之心，孩提之知，愚夫愚婦之知能，譬如金鑛未經煅煉，不可名爲金。其視無聲無臭，本然明覺，何啻千里！是何也？爲其純陰無真陽也。復真陽者，更須開天闢地，鼎立乾坤，乃能得之。以見在良知爲主，決無入道之期矣。」龍溪曰：「謂『見在良知，便是聖人體段』，誠不可。然指一隙之光，以爲決非光被四表之光，亦所不可。」因指上天雲靉曰：「譬之今日之日，非本不光，卻爲雲氣掩昧。指愚夫愚婦爲純陰者，何以異此？今言開天闢地，鼎立乾坤，未可別尋乾坤。惟掃除雲氣，即成再造之功，依舊日光照臨四表。」龍溪因令予斷。予曰：「獅泉早年爲『見在良知便是全體』所誤，故從自心察識立説。學者用功，決當如此，但分主宰、流行兩項，工夫卻難歸一。龍溪指點極是透徹，卻須體獅泉『受用見在』之説，從收攝進步，處處綿密，始是真悟。不爾只成玩弄，始是去兩短取兩長，不負今日切磋也。若愚夫愚婦與聖人同異一段，前《夏遊記》中亦嘗致疑，但不至如獅泉云云，大截然耳。千古聖賢汲汲誘引，只是要人從見在尋源頭，不曾別將一心換卻此心。且如兄言『開天闢地，鼎立乾坤』，以爲吾自創業，不享見在，固是苦心語。不成懸空做得，只是時時不可無收攝保聚之功，使精神歸一，常虛常定，日精日健，不可直任見在以爲止足。此弟與二兄實致力處耳。」

予問於龍溪子曰：「吾記熙光樓若何？」曰：「將以救病，非言學也。」曰：「何？」曰：「良知者，感觸神應，愚夫愚婦與聖人一也。奚以寂？奚以收攝爲？」予不答。已而腹饑索食，龍溪子曰：「是須寂否，須收攝否？」予曰：「若是，則安取於學？饔飧與禮食，固無辨〔二〕乎？」他日，龍溪子曰：「良知本寂，無取乎歸寂。歸寂者，心槁矣。良知本神應，無取乎照應。照應者，義襲矣。吾人不能神應，不可持以病良知，良知未嘗增損也。」予曰：「吾人嘗寂乎？」曰：「不能。」曰：「不能則收攝以歸寂，於子何病？吾人不能神應，謂良知有蔽，可乎？」曰：「然。」曰：「然則去蔽則良知明，謂聖愚有辯，奚不可？求則得，舍則失，不有存亡乎？養則長，失則消，不有增損乎？擬而言，議而動，不有照應乎？是故不可泯者，理之常也，是謂性；不易定者，氣之動也，是謂欲；不敢忘者，志之凝、命之主也，是謂學。任性而不知辯欲，失之罔；談學而不本真性，失之鑿；言性而不務力學，失之蕩。吾懼言之近於蕩也。」龍溪子曰：「如子之言，固未足以病良知也。」

敬所王君訪予石蓮洞中，與坐垂虹巖，論學焉。君問予曰：「聞公歸静爲説，有諸？」曰：「有之。」「請問静何歸？」予曰：「君可聞者，吾之言也，所從出此言者，君不得而聞也。雖然，

〔二〕「辨」，明萬曆劉應舉補修本作「辯」。

豈惟君不得聞，吾亦不得而聞之。兹非至静爲主乎？故曰：『君子思不出其位。』至静而無思者，思之位也。如是而思，思則得之矣。又曰：『戒慎其所不覩，恐懼其所不聞。』不覩不聞，静也；戒懼，不欲馳而離也。又曰：『知止而後有定，定而後能静。』知止，所以歸静也，馳而離焉，不可謂之止。故歸静言乎其功也。而謂任心之流行以爲功者，吾嘗用其言而未有得。是以守其陋而不知變，非敢倡説以眩人也。」

龍溪自懷玉訪余松原，余不出户者三年，於是連榻信宿，盡得傾倒。龍溪問曰：「近日行持，自覺比前何似？」余曰：「往年尚多斷續，近覺工夫只是一切，無有雜念。雜念漸少，即感應處便自順適。此是年來尋向路徑行持處也。」問曰：「工夫有先後否？」是時余爲閭里均平賦役，因舉似曰：「即如均賦一事，吾輩奉行，當道德意，稍爲鄉里出力，只得耐煩細膩。故從六月至今半年，終日紛紛，未常敢憎厭，未嘗敢執着，未嘗敢放縱，未嘗敢張皇，未嘗敢褻侮，未嘗敢偏党。自朝至暮，惟恐一人不得其所。雖甚紛紛，不覺身倦，一切雜念不入，亦不見動、静二境。自謂此即是静定工夫。非止紐定嘿坐時是静，到動應時，便無着静處也。」問曰：「君信得乍見孺子入井怵惕與堯舜無差别否？信得毫釐金即萬鎰金否？」曰：「乍見孺子，乃孟子指點真心示人，正以未有納交、要譽、惡聲之念。無三念處，始是真心。其後擴充，正欲時時是此心，時時無雜念，方可與堯舜相對。」次早，縱論二氏之學及《參同契》。龍溪曰：「世間那有現成先天一氣。先天一氣,非下萬死工夫,斷不能生,不是現成可得。生機出於殺機,不殺不生,天地真機。故水能制火,不激不滅;木能出火,不鑽不燃。此一部《參同》大旨也。」余應聲贊曰:「兄此言極是,世間那有現成良知。良知非萬死工夫,斷不能生也,不是現成可得。今人誤將良知作現成看,不知下致良知工夫,奔放馳逐,無有止息,茫蕩一生,有何成就?諺云:『現錢易使。』此最善譬。今人治家,亦須常有生息,方免窮蹙。若無收斂静定之功,卻說自有良知善應,即恐孔孟復生,亦不敢承當也。」於是龍溪爲余發揮此段意義,極其痛快。以爲學者無工夫,只說良知,不獨無所於得,將使後生文其恣縱,助其輕俠,妄毁儒先,凌傲尊貴。此真吾輩所當領受,非細事也。予因請曰:「吾輩所以必須學問者,皆緣習氣作梗,要得消磨。蓋自有知以來,各就氣質偏重處,積染成習,遂與良知混雜而出,如油入麵,未易脱離。故雖雜念已除,而此習氣消磨難盡。皋陶所言九德,皆自質之相近而言。但能不墮習氣中,便是成德。即堯舜亦且兢兢業業,以應萬幾,況吾輩耶?誠不可以平日良知虚見,附和習氣,順其安便,以爲得手。須是終日應酬,終日收斂安静,無少奔放馳逐之病,不使習氣乘機潛發,始不負一生談學耳。」龍溪聞之不以爲安,盡吐心腹,彼此悔責,各取短長,無復隱匿。一時感觸,真有一日蹉跎,矢不復生之勇。既而偏訪雙江、東廓諸丈,重來話别。因念九年一晤,時不易得。切磋真誼,可質鬼神。即恐遺忘,又成虚漫。瀕行手出一册,索書前語。於是次第嘿臆,不加文飾,聯綴筆之。冀别後時一展閲,常如松原對榻時，是別猶未別，固千里命駕之心也。

心之本體至善也，然無善之可執。所謂善者，自明白，自周徧，是知是，非知非，如此而已。不學而能，不慮而知，順之而已。惟於此上倚着爲之，便是欲，便非本體。

良知可遵守，而不可思議，不可執着。本虛明静定，以虛明静定求，即非良知；本變化無方，以變化無方求，即非良知。

萬物一體者，聖人之心也。己立而立人，己達而達人。人雖有美惡得失，而吾曲成之心無時可已。譬之冬寒，己得衣矣，遇人之寒者，亦示之以衣，乃爲一體。彼病狂喪心者雖未必從，而稍知痛癢者已得其所。此聖賢之所以汲汲而未始少休暇者，非求以自見，誠以達吾一體之愛也。若待其相信而後以告，雖於因才成就之義相近，尚不免有揀擇去取之念横於其間。《易》曰「不獲其身，不見其人」，恐不如是之拘也。是故「不憤不啓，不悱不發」，固爲善教，而「有教無類」者，猶爲至情。若謂人之事講論者多陷求知之病，而以此爲救病之方，則當自誠意始，恐亦未可以言不言爲病不病也。譬之戒貪者，止當去貪之心，不當以避金爲事；避金尚未免有貪心在，非所謂蕩蕩平平之道也。且君子志在善世也，而乃遯世；志欲以善養人也，而人不以爲是。如是而無悶、無悔，乃爲至德。無悶悔者，言不以是動其心也。若只以不求人知爲心，則只成孤高一節，即沮、溺已能優爲，豈必聖者能之乎？今之問學日益陋，風俗日益乖，人才日益靡。正望善與人同，與人爲善。縱不能一言回其久迷，亦當積久待其觸悟，必可得十分之一二，爲益亦不小矣。若持謙德，未敢自是，則好問察者，正大舜之智，而資啓助者，實孔聖之虛。

日至月至，不息之説，甚善。但古人所謂至者，非今之所謂不間斷者也。今之不間斷者，欲常記憶此事，常不遺忘而已。若古人者，如好好色，如惡惡臭，如四時錯行，如日月代明。是以知識、推測、想象、模倣爲間斷，蓋與今所云者大有異矣。

向者從事於學，不免支離於口耳，出入於意見，工夫作輟，竟不合一，汩没歲年。今春得與諸友切磋，反覆磨鍊，少有省悟：千古聖賢，工夫無二端，只病痛不起即是本心。本心自完，不勞照管。覓心失心，求物理失物理，守良知失良知。知静非静，知動非動，一切拚下，直任本心，則色色種種，平鋪見在。但不起，即無病，原無作，又何輟乎？故曰「道不遠人」，又曰「道心」。天道流行，豈容人力撑持幇補？有尋求，便屬知識，已非所謂「帝則」矣。

世之病於空言久矣，果講學起之乎？抑亦别有所奪也。今不講學，空言之弊遂已乎？世之作舉業者，百十爲羣，非不知其學之未必皆成也，爲師者亦非不知其教之未必皆信也，爲父兄者亦非不知其子弟之未必盡可望也，然未聞有舍之而弗學。而舉業之精，咸是之出。何也？誠於好，故不敢以僞心待之也；誠於好，故終必有成也。夫講學亦猶是耳，亦安得遽以空言盡疑之哉？夫又安知其不皆空言也？即使空言矣，不猶愈于忌言學者乎？夫不忌言學，則必忌言不學者矣。夫又安知其久而不化哉？若是，則吾兄之言或過於刻，而所謂工夫者或不免於意見也。孔子曰：「有朋自遠方來，不亦樂乎！」孔子之樂，非夫人可得而窺也。回、參之外，數子者未必皆有長於孔子也。然而樂其來，何也？「三人行，必有我師焉。」此聖人之虛中也。「有其善，喪厥善。」善而有之且喪矣，況非善乎？

「良知」一語，乃陽明公指袖珠示人者。自此說一傳，漸失其真，至有以恣情縱欲，附於作用變化之妙。而「此道未始離人」一語，遂爲出脱私意旁門，遮飾面目話柄，其爲害乃甚於未談學者。豈不甚可懼哉！譬之童蒙學字，稍能指認點畫，雖未執筆，亦足開顏，以其將來可馴進也。已而弱且冠矣，已而壯且室矣，猶不知旁通書法，惟指向來所認點畫，任意塗模，以爲能書，其不見笑於人者幾希！

近來與同郡諸君相聚首，始覺會友之樂。吾人包裹護持，各有所在。會友，則有無、長短相形，誠不在言語間而可以得悟。

細玩來書，發揮後輩講學之病，既原其起於意興，究其巧於機關。若此，則過在昆仲，更無可改矣乎。如有過可改，又何暇作此責人語。不自責而責人，則有是己非人之見横於胸臆，將來對境不免爲受益之累。是邪魔作祟，尚不自知，又欲向人乞求符水，鮮不爲邪魔斷送矣。此病惟聰明能知解者特甚，其他篤實者便自可免。人之是己非人者，其所見常近高明。所見既近高明，則足以安其身而又可以形人之短，宜其不自責而責人也。然卻不得見此，輒有面赤追悔作書之念。此念起，即爲邪魔。知此念作祟，奮然悔恨，斷在必改，即是降魔符水。顏子克己復禮，大舜舍己從人，孟子舍夷、惠，願學孔子，濂溪論上賢，直欲希天，豈故誘人妄擬哉！不如是，不足以盡心，亦不足以事天。此戰兢所以終身也。

夫良知之出於陽明先生，是先生之所常嗜也。今而人人曰良知良知，未必嗜也。即嗜矣，因先生而始嘗之，未能畢嘗百草，而獨有取於此也。

《答蔣道林》：「入深山靜僻，絕人往來，每日塊坐一榻，更不展卷。如是者三越月，而旋以病廢。當極靜時，恍然覺吾此心中虛無物，旁通無窮，有如長空雲氣流行，無有止極；有如大海魚龍變化，無有間隔。無內外可指，無動靜可分，上下四方，往古來今，渾成一片，所謂無在而無不在。吾之一身，乃其發竅，固非形質所能限也。是故縱吾之目，而天地不滿於吾視；傾吾之耳，而天地不出於吾聽；冥吾之心，而天地不逃於吾思。古人往矣，其精神所極，即吾之精神，未嘗往也，否則聞其行事而能憬然、憤然矣乎？四海遠矣，其疾痛相關，即吾之疾痛，未嘗遠也，否則聞其患難而能惻然、衋然矣乎？是故感於親而爲親焉，吾無分於親也，有分於吾與親，斯不親矣；感於民而爲仁焉，吾無分於民也，有分於吾與民，斯不仁矣；感於物而爲愛焉，吾無分於物也，有分於吾與物，斯不愛矣。是乃得之於天者固然如是，而後可以配天也。故曰：『仁者渾然與物同體。』同體也者，謂在我者亦即在物，合吾與物而同爲一體，前所謂虚寂而能貫通，渾上下四方、往古來今、内外動静而一之者也。故曰：『視不見，聽不聞，而體物不遺。』體之不遺者，與之爲一體故也。故曰：『誠者，非自成己而已也。』盡己之性，則亦盡人之性，盡物之性。宇宙内事，乃己分内事。東南西北之四海與千萬世之上下，有聖人出焉。此心同，此理同。其有不同焉者，即非此心與此理，乃異端也。是故『爲天地立心，爲生民立命，爲往聖繼絶學，爲萬世開太平』，非自任也。先知覺後知，先覺覺後覺。匹夫匹婦不蒙澤，如己推而納之溝中；天下之饑溺，由己饑溺之也。孔孟之皇皇，豈孔孟之得已哉！『天下有道，丘不與易』，『如欲平治，舍我其誰？』分定故也。故曰：『一日克己復禮，天下歸仁焉。』隱居求志，行義達道，在孔子蓋已未見其人，況於學絶道喪之後哉！是故自小其心，自私其身，執一隅之見以爲學，若二氏者有先於己，無見於物，養一指而失其肩背，比於自賊其身焉耳。諸儒闢二氏矣，猥瑣于掃除防檢之勤，而迷謬於體統該括之大；安於近小而弗覩其全，矜其智能而不適於用。譬之一家，不知承藉祖父之遺光復門祚，而顧栖栖於一室，身口是計，其堂奥未窺，其積聚未復，終無逃於樊遲細民之譏。其視大人禮義與信之云，終莫知其爲何説也，則亦何以服二氏之心也哉！自是而後，回視向之書册所載，有若先得我心之同然；向之心志所趨，又若未嘗必以聖人爲可學。蓋知吾心體之大，則回邪非僻之念自無所容；得吾心體之存，則營欲卜度之私自無所措。然此亦自知之耳，持以語之人，人第應曰：『此萬物一體之舊説，未有省也。』」

近來見得吾之一身，當以天下爲任，不論出與處，莫不皆然。真以天下爲任者，即分毫躲閃不得，亦分毫牽係不得。古人立志之初，便分蹊徑。入此蹊徑，乃是聖學；不入此蹊徑，乃是異端。陽明公「萬物一體」之論，亦是此胚胎。此方是天地同流，此方是爲天地立心、生民立命，此方是天下皆吾度内，此方是仁體。孔門開口教人，從此立跟脚。後儒失之，只作得必信必果、硜硜小人之事，而聖學亡矣。《西銘》一篇，稍盡此體段，所謂大丈夫事，小根器不足以當之。識得此理，更覺目前别長一格，不是尋行數墨、計錙銖，照人眼目過日，到眼皆是吾人當爲。居官奉職，乃是了吾本分事，不是求免毁譽、畏法度，不得不爾。此便是安勉、王霸之分，與尋常講究理道是非迥是殊别。緣尋常只是了格局，不是了吾本分事。了格局便有勝不勝處，了吾本分即力無不足，俱是朴實底事，由中達外，自無周羅支吾之弊。古人汲汲皇皇，隱居求志，行義達道，是達此理。今人言學不免疎漏，雖極力向進，終無成就，是不達此理。以此與他人言，絶不見有一人承當。即不承當，亦不見有一人聞之生嘆羡者，不知何也。陽明公後殊未見其比，豈無謂耶？區區不足法，只此一蹊徑，以出於天之誘衷，卻非有沿襲處。吾身縱不能至，願諸君出身承當。承當處非屬意氣興致，只是理合如此，此方是做人底道理，此方是配天地底道理。能有諸己，何事不了？真不係今與後、己與人也。

「不煩照應」一語，雙老所極惡聞，卻是極用力。全體不相染污，乃有此景，乃有此事。如無爲寇之念，縱百念縱横，斷不須照應，始無此念。明道「不須防檢，不待窮索，未嘗致纖毫之力」，意正如此。子良頗識此脉絡。至於負荷出頭一着，亦儘窺見吾輩非此安能爲天地立心、生民立命？後儒規矩準繩，雖若不失，第於舊時家當不免損壞。如萬金之産，僅比中人，自身且不能庇，況望遠貽惠澤耶？寥寥宇宙内，誰可爲此？兩年稍有尋向，卻又遭多故，恐精力從此減謝，不久人間，耕而不穫，千古之悲，不直一人一家小小關係也。以身在天地間負荷，即一切俗情自難染污，從此用力有本領。大舜有大，於禹能與人爲善，指歸正在於此。雖是全體出頭，卻又不曾加得分毫，與二氏冷澹相似，此所以無異深山之野人。到此地位，何所依泊？何所比擬？此之謂大，此之謂獨，此乃天地之心，此乃生民之命，此吾儒之功所以上下同流也。用力，則從人所入，原無定説。《論語》一部，便似藥方，因人異施。或以静入，或即事爲，隨地措足，不容等待。蓋無時非心，無時非學，其有艱難與齟齬，乃各人病痛深淺，未可據爲定説也。

書來所言精神着裏，誠爲善，但着裏要有安頓處。安頓有是本色者，有紐捏者。此處在自已試驗得停當，便是可久之物，自不費氣力矣。

雲南與江西鄉音遠不相同，而所指物件則同。若盡各執鄉音尋物件，終不可得也。來諭所指誠是，第又於鄉音一一求同，似費口舌，且不足以示後。後之人卻皆執鄉音者也。性、心、意、情，在佛家分析則然，吾儒立言與佛迥别。《虞書》言心，不言性；《中庸》言性，不言心；《大學》言心、言意，不言性、情；《孟子》言心、言性，又且即情以驗性。如此者不一而足。即爲吾儒，解此種語言亦當随其旨意爲説。必欲膠於一言，便自《虞書》不通矣。

聖人之學，與二氏斷斷不同，近已分曉不混。此心果一體，更何内外去取之别？大段但不屬見，都是實用。便自條理，只爲尚是見。中人始有倒一邊病耳。

執事閒中勘破得古來聖賢，在人世中拳拳盡道，初爲何故？是爲自心有所不安，須如此乎？是爲他人屬望，不容放恣，須如此乎？此處若見得分曉，即過於讀萬卷書。卻從自心自性上磨研真意所在，朝暮温繹，使此處時時了心，時時滿意，時時不敢放恣，便是千古真正美業。

學者談道，譬人問途。途之次第指歸，一言可盡，若經歷，終年不能徧也。志意定，即無適越北轅之患，此卻須早決。

往於静中喜佛氏談，且覺用之有力，久之漸有厭動喜静之病。數年來，益見吾儒與二氏分别處。

余與南山、龍溪連卧禪榻上，因論告子義襲之旨。龍溪曰：「學問識得真性，方是集義，不然皆落義襲矣。」余因請曰：「兄觀弟識性否？」龍溪曰：「全未。」因與南山嘆曰：「如此，則吾輩已非集義，終日作何勾當，可不省哉！」因各惕然自懼。寺僧海天延入方丈，設齋供畢，同入禪堂。觀諸僧煉魔，皆數日夜始一休，因感悟自己悠悠處。歸臥禪榻，夜半請問「善與人同」之旨。龍溪曰：「善與人同，是聖凡皆是平等。如今纔説作聖，便覺與人異。若看得聖人與愚夫愚婦稍有不同，即非大聖之學矣。」且曰：「天性原自平滿。今汝縱是十分回頭用力，俱湊泊作平滿。作平滿，便是不平滿矣。此皆機心不息，所以至此。」余嘿然領受。龍溪諭余曰：「汝學不脱知見，虛知見有何益？看來總未逼真。若逼真來，輪刀上陣，措手不軼，直意直心，人人皆得見之，那得有許多遮瞞計較來？若一向如此，決不能有成，遇有事來，決行不去。從前錯過好日月，須從此發憤，勿至墮落可也。」南山、龍溪令余言渠病，各有呈似，互相省發。因倦就寢。至中夜，南山熟睡，龍溪覺。余問曰：「如何是真爲性命？」龍溪曰：「拚得性命，是爲性命。」余曰：「如何？」龍溪曰：「如今爲性命不真，總是拚世界不下。如今説着爲善，不是真善，卻是要好心腸，皆是隨人口吻，總是打毀譽得失一關不破。若是真打破的人，被惡名埋沒一世，更無出頭，亦無分毫掛帶。此便是真爲性命。能真爲性命，時時刻刻只在道裏着到，何暇陪奉他人？如此方是造化，把柄在我。橫斜曲直，好醜高低，無往不可。如今只是依阿世界，非是自由自在。」因嘆曰：「今世所謂得失，不知指何爲得失？所謂毀譽，不知毀譽箇甚？便説打破，已是可嘆矣。」余因此有省，曰：「此一句吾領得，原來日用工夫皆是假作。」龍溪喜曰：「如此，不是不知痛癢矣。」

至安豐場，見王心齋。心齋時以病不能出，就榻傍語。余述近時悔恨處，且求教益。心齋不答，但論立大本處。以爲能立此身，便能位天地，育萬物，病痛自将消融。且曰：「此學是愚夫愚婦能知能行者。聖人之道，不過欲人皆知皆行，即是位天地、育萬物把柄。不知此，縱説真，卻不過一節之善耳。」再見，因論正己物正處。曰：「此是吾人歸宿處。凡見人惡，只是己未盡善。己若盡善，自當轉易。以此見己一身不是小，一正百正，一了百了，此之謂天下善，此之謂通天下之故。聖人以此修己、安百姓，而天下平。得此道者，惟孔子而已。」余於此言頗有深省，出謂東城曰：「余兩日聞心齋公言，雖未能盡領至正己物正處，卻令人灑然有鼓舞處。」

余以近歲所學質龍溪，且述逃世之樂。龍溪曰：「吾儒之學本以經世，此心與物相爲流通，人有弗善而不能委曲成就，即於己心有礙。故此身與萬物析離不得，見稍有偏，便落無情。二氏見解，吾儒之所不道者。」因指洞石笑曰：「若與物無干，只如此石，奇則奇矣，何補於有無哉！」予詰曰：「酷暑得之，何謂無補？」龍溪笑曰：「終是受用不久矣。」辯析二日，始覺其説本之《西銘》。《西銘》本之孔門之仁，自孟子没，未有能究其用者。因之有省。時有問未發之中者，争論不一。久之，龍溪曰：「未發之中未易言，須知未發卻是何物？謂之未發，言不容發也。發於目爲視矣，所以能視者不隨視而發；發於耳爲聽矣，所以能聽者不隨聽而發。此乃萬古流行不息之根，未可以静時論也。」衆始嘿然。夜與龍溪共榻言别，因請指予之短。龍溪曰：「念菴每欲破除私欲，但又似在破除上尋一道理，拈一物，放一物，終非了手，須更勉之。」

夫生死者，生人之所必有。聖人不以爲病，而不爲生死之所拘，故能與世同其好惡。而爲佛之説者，首欲脱之。惟其首欲脱之，不見所謂生與死也，縱横善變，不可窮詰，若超無始而覩鴻蒙。爲吾儒者習而不察，既不能遠有窺以破其蔽，而高明善悟驟聞其妙，又往往易於受變而助之主，有非區區議論所遽能勝。然則釋氏端緒所在，其孰能知之？《易》曰：「差之毫釐，謬以千里。」蓋必有見於千里之謬始於毫釐，夫是之謂異端。然歷千有餘年以來，止以棄倫理、遺事物爲釋之謬，而毫釐之間，卒不可指。信乎似是而非，非聖人莫能明。而四十不惑，夫子所以獨覺其進也。

夫子之道，何道也？行乎子臣弟友之間而常若未能，固未嘗遠人爲之也。夫惟常若未能也，是故言不敢盡其有餘，行不敢不勉其不足。蓋其視己果無以甚異於愚與不肖。其相異者，特學與不學焉耳。釋氏則不然，彼其下陋塵世，名爲五濁，而讚自性本覺，圓融净妙，至爲希有。故其言曰：「上天下地，惟吾獨尊。」夫獨尊其身而濁視塵世，又何有於愚不肖哉！愚不肖者無論矣，彼視聖人，宜亦有甚不屑者。何以明之？聖人之教人也，中人以上可以語上，中人以下不可以語上，因其材也。彼則有一衆生未得成佛，不取泥洹，又何神乎？聖人之與人也，以直報怨，以德報德，欲其稱也。彼則無有寃親，恩仇平等，又何大乎聖人之急人也？由己溺之，由己饑之，然可逝不可陷。彼則割截支體，行其布施，又何慈乎？夫是三者，聖人豈謂弗能哉！道不遠人，人情太遠，即不敢矯强爲之先，而易知易從，夫人皆可學而至，是乃所謂中庸也。譬之於天，九天之上，天也，九地之下，亦天也。使其清虚善覆而不能持載，亦何以成容保之功？聖人亦天而已矣。故曰：「知崇禮卑，崇效天，卑法地。」高卑兼該，聖人之天也。彼釋氏者，達上而不根于下，周遠而不詳于近，好怪而不拘于常，輕爲難能而不切日用，極其闡揚之妙，不可以能所求，不可以思議盡，不可以修證得，不可以權實顯，非大智慧、大神力，則秘而不傳，何太高也！惟其太高，故卒不可以語聖人不敢之心。惟無是心，夫然後張皇恣肆，得以入之，而兢業祇畏之真，一無所動，揆之《中庸》，非過歟？

夫身毒之國，處中國之西，得金氣之專者也。其民剛梗暴烈，健鬭喜殺，淫湎貪盜，而無紀度。然重信好潔，嗜音樂而少機智。此可以計誘，不可以力挾也。故釋氏多方設科調伏之，於是爲之慈忍以消其忿，爲之澹素以堅其性，爲之戒律以攝其欲，爲之果報迴輪〔一〕之説以恐怖其愚，爲之苦空寂樂上乘之門以安其上智，爲之髡緇遊戲以和其俗，爲之偈咒讚唄以暢其情。即意之所便安而陰以爲利，使之聽順而不疑。故列子謂之西方之聖人，蓋謂其不以刑憲法制而人自不亂，甚異之也。夫自西方言之，斯可耳。今居中國，情變百出，讒説殄行，寇攘奸宄，自堯舜

〔一〕「迴輪」，應是「輪迴」之倒。

之世已不能恭嘿無爲而化，乃欲誦習西方之教，比於聖道，以行於倫理事物之間，不亦謬乎！豈惟地固限之，即一家之内，父祖子孫所遇之時不同，亦自有不可得而强者，三皇之於後世是也。夫三皇者，治中國之始道也。譬之父毋於乳哺也，訶禁提撕，一無所用，何則？彼其知識固未開也。以異端治天下，譬三皇之治治後世，不至於蕩而無制，固不止。非三皇之道則然，守三皇之治不知變者爲之也。

大學，學之大者也。學其大者爲大人，合人己而一之者也。明德，德本明也；明明德，學也。民而曰親，莫非己也。與己不干，絶物矣，是謂異端，非大學也。

告子以無所事爲心之正，故孟子曰：「我則必有事而不正心。」落思想者，不思即無；落存守者，不存即無。欲得此理炯然，隨用具足，不由思得，不由存來，此中必有一竅生生，夐然不類。

言此學常存亦得，言此學無存亦得。常存者非執着，無存者非放縱。不存而存，此非可以倖至也，卻從尋求中得，由人識取。

廬山胡先生要語

先生名直，字正甫，泰和人。生而穎慧不羣，齔齡即嫺古文詞，負才不羈。慕古孔文舉、文信國之爲人，而著論駁文成之學。歐陽文莊公傳文成之學者，倡道里中，公因友人固要往謁，一見喜曰：「子來何晚？」維時文莊與同志講《論語》「惟仁者能好人，能惡人」，謂「惟仁者有生生之心，見人善若己有之，未嘗有作好意，故能好人；見人惡，若瘝在躬，未嘗有作惡意，故能惡人」云。公素性嫉惡嚴，聆之愓然有省，始執弟子禮。顧任放習未格也，文莊語以立志，曰：「『明明德於天下』是古人爲學之志，而其功在致良知。」又曰：「惟致真良知，自無虧蔽處。」心契其語，嚮往志益鋭。時自省多忿多欲，好文詞之癖，勉自克制而不能恒也，飄然有遐舉離世興。因友人往訪羅文恭，聞其歸寂旨，不甚契，而日炙其精神，日履，衷有感發，乃北面稟學焉。

寓韶州，因病問禪於鄧仲質，爲休心息念之學。久之有見，益究心出世之旨，而疑儒學有未盡。既歸，念其父大事未襄，母大安人仰事不慊意，怏怏無以自遣，始隱隱有儒釋旨歸之辨而未決。計偕，浮彭蠡，值風濤，舟幾覆，不動，自謂得禪定力，以質於文莊。文莊曰：「可以爲難，仁體未也。臨危不動，而又能措畫相援拯，乃可爲仁。」公頷之，時亦未深契。下第謁選，得教句曲。公時席出世見，而又負高氣，處上下多窒，每自疚已。因課「博文約禮」義，舍然〔一〕思曰：

〔一〕「然」，底本作「默」，誤，據明萬曆劉應舉補修本改。

「此孔、顔授受旨也。」日夜默求，忽恍然有悟，遂著《博約説》。自是酬世應感，咸得其理，而上下亦相安，始契前聞文莊「仁體」之説爲確論。公之學，至此蓋三變云。

丙辰進士，初授比部主事，時分宜柄政，慕公名，欲羅致之，屢招之飲，公胥以疾辭。因銜之，出爲楚臬僉事，領湖北道。公治湖北，令學爲政，興教章賢，省賦懲墨。有苗内訌薄城，公伏奇襲之，俘獲甚衆。晉四川參議，治蜀如治楚，創水利，復流民，授計討逆苗，此其助之鉅者。晉本省督學副使，緝正學心法，以倡多士，要旨歸於求仁。蜀人士因有興起者。無何，疏病乞歸。已，用臺省薦，起督楚學，晉廣西參政。府江之役，公實畫之。萌連跡疑者，悉力爲白，所全活甚夥。晉廣東按察使，懇疏乞養。時江陵柄政，因寓書規之：「一曰正聖功，二曰豫人才，三曰培元氣。」念雖決退，不忍忘國恩云。

既得俞旨歸，侍太安人，晨昏不離側。太安人病，公侍藥，視溲溺，拊摩抑搔，不以假女奴。已而，臺省薦剡又日至，特起福建按察使。公日坐私署，猶披積牘，檢中法不應死者數獄，手署平反之。越月卒。公性孝友，撫弟姪愛加于子，於師友無間，存歿隱顯，恩義篤至，加于天親。其至性天植，而學宗盡性故然與？公自有聞來，有《鞭後録》，有《補過日録》、《困學日記》，又有《翊全録》，所著詩若文凡十數卷，又有《太虚軒稿》、《求仁志》，而《衡齊》八篇則專明學的，以待後學者。

耿氏曰：「天地之所以不毁，而世之所以又安寧平者，以斯道也。人參三才而爲天下萬世立心、立命者，以躬斯道也。世囿於道而不知者衆，然藉聖賢之教以範圍之，於道固無恙也。彼以知道自命而故決裂播蕩焉者，是以道爲玩，而視天地民物爲不相涉，其自待亦薄矣。余取友海内，獨欽公之於道也斤斤焉，凛凛焉，如護珙璧，如肩鉅負，辨析於毫芒而兢兢於屋漏。聞吾黨一言一行之不軌於道者，輒攢眉捧心，若衷蒙刺，若天方墜已。彼哆譚上乘法者，見以爲未達，或姍以爲鈍也。由余觀之，彼所自負而侈然謂有得者，公蚤已能及之。顧恒懷靡及而不自以爲得也，乃公之所日省時敕，所謂忿慾矜名云者。故彼所時有，彼悍然安之，而公不肯自安也。至其敦倫盡分，是不可已矣，彼以爲情緣塵迹而已之，公則以是爲性，真不容已，不肯自已也。是故勇媿子厚之逃禪，而尤壓莊周之鞭後；悟埒敬仲之見大，而不忘閔道之告天。蓋誠見夫道通天地民物而所以立心、立命者，若有所受而不容諉，若有所督責而不容一息懈已。於乎，斯其自待者爲何如哉！」

道之弗明，學之弗一，則珍見者之爲祟也。珍見如雲，健言如雨。以珍見出健言，而天下束書，始業業乎若嶽，汸汸乎若海矣。今夫窶人之子見一金一綺，則唐然矜；闤闠之士見一溪一壑，則爽然詠。唯夫宅通都而擁瓊庫，户莽蒼而臨巨浸，則非不見，非不不見，非不言，非不不言，此全、不全之分也。《易·繫》曰：「夫易廣矣大矣。以言乎遠則不禦，以言乎邇則静而正，以言乎天地之間則[一]備矣。」此明聖人之爲言也，而教無窮也。世之爲言則不然，世之語近小、淺粗、繁下而外焉，則之近小、淺粗、繁下而外焉健；語遠大、深精、簡上而内焉，則之遠大、深精、簡上而内焉健。健於此，則不得不詆於彼。當其健，雖君之王之不啻也；當其詆，雖仇之虜之不啻也。彼惡覩斯道之全哉！《傳》曰：「仁者見之謂之仁，知者見之謂之知。」仁、知非不韙也，見仁則病知，而亦以病仁；見知則病仁，而亦以病知。蓋見之爲祟久矣。見珍而言健，未有不割燎道真者也。孟子曰：「所惡執一者，爲其賊道也，舉一而廢百也。」此之謂也。老氏見無不見有。夫斯以言無焉健，彼固不知健無之賊于有也，而賊有亦以病無也。荀氏見惡不見善。夫斯以言惡焉健，彼固不知健惡之賊於善也，而賊善益以翊惡也。楊朱見我不見人。夫斯以言我焉健，彼固不知健我之賊於人也，而賊人亦以病我也。墨氏唯見人不見我。夫斯以言人焉而健，彼固不知健人之賊於我也，而賊我亦以病人也。此四家者，健而雄者也。四家者之後，乃又有泥洹家。彼泥洹者之爲教也，寥然見諸天地無物之先，冥然遊乎天地有物之表，故其爲言滋健，而世儒之病之也滋厲。鰓鰓焉，憑藉其實而健言之，則世儒之家似也。夫世儒豈非哉？亦

[一] 「則」，底本原脱，據《周易·繫辭》原文補。

唯珍而健之，則與彼數家者之執一而賊道亦均而已。今夫天下健其不可見，以詆其可見，則信者十一。健其可見，以詆其不可見，則信者十九。世儒者曰：「是器數，是文章，則帝王之鴻猷、聖神之懿軌在焉。則天下孰不拱而信曰『允哉言乎』？」世儒又曰：「若凡古今士所稱心性，原本皆竅言無實用。此其流必爲泥洹氏，勿可以聽。則天下又孰不拱而信曰『允哉言乎』？」誠以器數文章可見，而心性不可見也。辟之指一江、一淮示人，曰「此水之至也」，人莫不信；談岷山之泉，求桐柏之源，曰「是江、淮之出也」，人反不信，則見、不見之異也。世乃不知岷山泉涸、桐柏源竭，則焉有江、淮？是故不見固見之從生也，然而多見先焉，則真見蔀；不聞固聞之從生也，然而多聞先焉，則真聞聵。昔者子思之語天，未嘗不取日月星辰，然必曰「『維天之命，於穆不已』，天之所以爲天」；其語聖人，未嘗不取器數、文章，然必曰「『於乎不顯，文王之德之純』，文之所以爲文。」蓋先其本也，此子思所爲全也。今之君子，必知文之所以爲文，夫然後能全全，則不以見見，不以言言，斯可與有言矣。

嗟乎！宋儒者何其好博哉！孔子曰：「知之爲知之，不知爲不知，是知也。」若宋儒，則幾於不知爲知矣。雖然，俾宋儒者誠知之，則亦可謂博物，而未可謂博學也。子不聞夫子「無行而不與二三子」，公明宣從于曾子無所不學，知夫子之無不與，公明宣之無不學，則知博學矣。《語》曰「非禮勿視，非禮勿聽，非禮勿言，非禮勿動」，曰「視思明，聽思聰，色思温，貌思恭，言思忠，事思敬，疑思問，忿思難，見得思義」，學如是，何其博也！曰「學之爲父子焉，學之爲君臣焉，學之爲長幼焉」，學如是，何其博也！曰：「若是，則夫子言博學足矣，乃又教顏子曰博文約禮，何也？」曰：「文者，學之事也，至不一者也，故稱博，莫非文也，則莫不有吾心不可損益之靈，則以行乎其間者，禮是已。禮至一者也，故稱約。苟不約禮，則文失其則，雖博而非學矣。」

發與未發，寂與感，雖有體用，而無先後。蓋嘗以火之明與光言之矣。明與光，亦有體用而無先後。假令有人呼火之明曰是光也，又呼光曰是明也，則無不可者。又不〔一〕觀諸鑑乎？鑑之未有物也，其明與照自若也，而非有損；既有物也，其明與照自若也，而非有增。明與照，亦有體用而無先後。假令有人呼鑑之明曰是照也，呼照曰是明也，則無不可者。然則體用又曷可執言哉？昔者樊遲問仁，子曰「愛人」，問知，曰「知人」。孟子之語性善曰「乃若其情」。孔孟豈皆溺於用者與？古之君子語體而用無不存，語用而體無不存，以其心無不貫也。豈若世儒，語體則截然曰是不可爲用，語用則截然曰是不可爲體。彼其截然者，以其不貫於心而局於字也。是亦泥文牽義之爲賊也，亦猶爲火争明與光焉，爲鑑争明與照焉。争者方紛紛分别，而火與鑑固未嘗分也，豈不贅哉！且體用之義，六經無有也，唯釋氏有之。釋氏曰：「吾言如黄葉止兒啼

〔一〕「又不」，後原有「可」字，衍，據胡直《胡子衡齊・六錮》删。

耳，非可執也。」今吾儒襲用其義，乃至語理、語物，必因體用而成四片，自以爲分更漏、算繭絲，不知其文義愈析，其論辨愈執，而道愈不謀矣。其又不可悲乎？

有天者，有天天者；有地者，有地地者。二氏以爲吾得其天天地地者足矣，吾焉知其它。不知聖人得其天天者以成天，而物無不覆；得其地地者以成地，而物無不載。是故二氏之私，不如吾聖人之公者也。二氏以爲天有時隳，而天天者無隳，地有時裂，而地地者無裂，吾得其無隳、無裂者足矣，吾焉知其它。不知聖人雖物無不覆，而不隳者固自若也；雖物無不載，而不裂者固自若也。是故二氏之偏，不如吾聖人之全也。

夫研窮，非不學也，然而滯物，高儒未嘗入其門焉。禔修，非不學也，然而泥邇，通儒未嘗入其門焉。主敬而嚴，主静而寂，非不學也，然而涉念，聖儒未嘗入其門焉。夫聖儒曷宗？宗乎盡性而已。仁者，才之泉源也。不得其源，而欲其放海稽天，不可得也。今夫人一也，唯其生，則膚甲怵于心腑；其不生，則肝膽同于楚越。此仁、不仁之辨也。聖人之心無弗生也，則無弗怵也。故其稱曰：「思天下有饑者，由己饑之；有溺者，由己溺之。」又曰：「一夫不獲時，予之辜。」今夫人當饑溺罪盭怵於其躬，則雖鈍者靡有不敏，怯者靡有不勇，短者靡有不長，拙者靡有不工，狹者靡有不廣。彼其措畫而營救之者，曾不知內交誰何也，要譽誰何也，惡聲誰何也，而才不才非論矣。聖人之怵而生者亦若此。聖人豈復作而致其意哉！夫意與仁奚別也？意者忻於名義，因于往蹟，生夫人，自外入者也。仁者觸於不忍，發於一體，生夫己，自内出者也。故曰：「聖人耐以天下爲一家，中國爲一人，非意之也。」夫唯非意，則存神過化，上下與天地同流。然則才者，聖人之神用者也。

夫道之在天下，有本有末。本者，人見其藏於内也，而不知非内也。末者，人見其散於外也，而不知非外也。非强一之也，雖頃蹔不得而二也。不觀諸日月乎？今日月真明之體，至約也，而其耀下土，皦八埏，鉅而山川，細而草木，莫非日月之末光，豈嘗有二物哉？自人之求日月者，或獨索諸貞明之體，則嘗拒山川草木之光而眇忽之，是固謂失也。而愚者謂日在淵而逐於淵，狂者謂日在江而攫於江，則其失益遠矣。是本末二之也。嗟乎！此所謂後世之語道術者也。

孔門之學，以求仁爲宗。仁者非他，人心生生之理，靈乎中而體乎物，有天則存焉者是也。故非禮勿視聽言動，而居處恭，執事敬，與人忠，皆求仁之實功。晚宋儒者，不知生生之理靈乎中而體乎物，而繆指在物者之爲理，其失爲支離，不誣也。近幸有明，乃又不知靈乎中而體乎物者之有天則也，則懲而過之，往往重内而輕外，喜妙而逾矩，甚者恣慾放情，疑阻来學，猶自爲超形器而越方體之極。此〔一〕其學既已遠於求仁之實功，而適以增老釋之藩垣。其病視晚宋則若

〔一〕「此」，底本原脱，據明萬曆劉應舉補修本補。

加甚矣。

釋氏誠虚矣，吾儒則不專實而已。其謂虚乎？則三千三百，非專虚也。其謂實乎？則無聲無臭，非專實也。然則，斯道固至虚而至實者與！子思曰「費而隱」，又曰「知微之顯」，蓋儒之所以異釋氏者，以其虚而實者異也，非曰釋虚而儒實者也。

學問工夫，頭腦亦只一語而已。無欲即一體也，非謂先無欲而後能一體。若先作無欲一段工夫，則當時豈盡離人倫事物而爲雪山、少林之事，止于一身而已耶？況吾輩已臨民施政矣，此心之體，本時時與物相通，故謂之一體。時時與物相通，而不以形骸世累之故二三其念也，故謂之無欲。一體即仁也，而非有内外。無欲所以爲仁也，而非有先後也。

夫道在人心，本廣大也，而精微者，廣大之實；本高深也，而中庸者，高深之極。今之學問士，爲廣大者至於宕情，爲高深者至於遺物。其語道者首圓妙，襲圓妙者則放而爲玄虚。其行也先活變，席活變者則肆而爲猖狂。進退之節，取予之義，蕩然與世無底。其極至失己徇物，妨人利己，皆所不免。蓋已大阻天下向往之心，而與于競墨之徒，猶自以爲超形器而脱意見之極。若此者，以不知人心之有天則故也。

今之君子，非不知無内外之體，以爲吾心既無他，而外之弗檢，固無足爲恙也。彼一輕重之間，而其弊已滋矣。昔者伯子不冠而處，使其于心體無恙也，則未必即同于牛馬。然而夫子痛譏之者，何也？蓋使己常不冠，人亦不冠，天下皆從而褫冠焉，恙不亦甚乎？此夫子所以譏之痛也。不冠猶譏之痛，而況進退取予之際乎？故非禮勿視聽言動，而出門使民若承賓祭，孔子且以之告顔、仲焉，而況始學乎？大抵今之君子，崇二氏而略孔門，固無怪也。雖然，此猶高者之失，彼過此者，其亦籍而言之者與？此天下所以弗信學也。

夫人心之體，無虛實寂感，一也。故語虛則與實對，語寂則與感對，有對則二矣。彼以爲得其虛寂，則無心而天下之物綜焉。而不知有二之心，終與天地萬物爲對，欲其有堯、禹、伊尹之大且周，不可得也，而要之必窒於天下國家之理。是故有虛寂而不足以語仁者矣，未有仁而不虛寂者也。

今良知之學之行於天下，幾何年矣。然學者談先飛龍而行後跛鼈，語析毫芒而事違丘山，壯爲天下師而皓無真得，此豈良知之罪哉！其志病也！昔者念菴先生嘗憂之矣，救之曰歸寂，然後知良。嗟乎！使斯人而果有斯志，則良知足矣；使果無斯志也，又安知不以歸寂爲癠疣乎？非但贅疣，又毒藥也。故志非始學事也，雖皓由之也。孔子自十五志學，至七十從心不逾，而後志始成。今學者語志，則曰：「此始學事，不足言。」嗟夫！吾未見其入且成也。子不見吾儒之趨二氏，不有載其家珍而覆沉湘水者乎？不有觸碎寶器而棄官西游者乎？已而二子皆有成。若今之以儒趨儒者，果有斯志乎？儒者之道，不捨所事而捨所慕。舜有天下，不與是也。

卷八

近溪羅先生要語

先生名汝芳，字惟德，家世南城四石溪，號近溪。其先豫章人，遷建昌。其父前峰公，娶寧氏，生先生。甫三歲，偶念母而啼，父抱之即止，隨思曰：「心一耳，何苦樂倏變也。」展轉追尋，未明其故。五歲，從母授《孝經》，家人故亂其誦，怒不止，告母曰：「何怒之難轉也，人言五臟能横，其信然。」十五，從新城張洵水先生學。一日誦《薛氏語録》云：「萬起萬感之亂吾心久矣，今當一切決去，以全吾澄然湛然之體。」先生焚香叩首，矢心力行，數月而澄湛之體未復。壬辰，閉關臨田寺，几上置盂水及鏡，對之坐，令心與水鏡無二，久之遂成重病。前峰公憂之，授以《傳習録》。先生讀之，大喜，病遂瘥。

丙申，年二十二，入郡學。庚子，入省，見吉州顔山農先生，因述生死得失不動心狀，先生曰：「是制欲，非體仁也。」因曰：「知擴四端，而火然泉達，何制欲爲？」先生悟，遂師事之。癸卯，舉於鄉。明年捷南宫，聞前峰公病，不廷試而歸。

乙巳，始建從姑山房，接引來學。戊申，學《易》於楚人胡子宗正者，舊以舉業師先生，先生知其《易》有傳也，迎致之，執弟子禮。胡喜，使先生息心而深思之，間謂曰：「若知伏羲當日平空白地着一畫耶？」先生略爲解説，胡嘿不應，徐曰：「障緣愈添，本真益昧。」如是至三月，然後見許。忽一夕有所悟，趨前峰公榻前，前峰公驚起拊之，跪曰：「兒幸有所悟於格物之旨矣。」前峰曰：「何也？」曰：「大人之學必有其道，大學之道必先致知。知之，則盡《大學》一書，無非是此物事。」前峰公大然其言。

癸丑，廷試，受太湖令。先是邑多盜，先生修勃海之政，以道化之，盜悉平。其諸政務一本於興教化、明禮樂，不爲一切俗吏所爲。擢比部主事，出審大同宣府獄。過魯，問道於泰山丈人，學益進。迨守寧國，教化大行，以崇學術、育人才爲功課。宛陵六邑，一時有三代風。未幾，丁父艱奔歸，士民悲號，不忍釋去，有步至盱江者。先生家居，四方來學者日衆。聞山農先生獲罪監禁留都，乃稱貸二百金，同二子及門人買舟往救，竟得釋。尋復丁内艱。壬申，當道引哀詔，促起復，補東昌。先生治東昌如寧國。未幾，遷雲南副使，爲開水利，塹城壕，省徭〔一〕役。政暇，召同志講學，信從益衆。無何，轉藩參，賫捧入京。禮成，請告出城，同

〔一〕「徭」，底本作「遥」，誤，據明萬曆劉應舉補修本改。

志留，會廣慧寺忌者有言，於是得致仕之命，先生欣然曰：「盱江、汝水之間，寧無斐然小子可裁者！」復與諸門人聯轍各郡，走安成，下劍江，趨兩浙、金陵，往來閩、廣，益張皇此學。戊子八月，偶疾，乃冠服，禮天地祖考畢，端坐中堂，弟子環侍請教，言曰：「徒言也不是，道滿前洋溢，俱是發育峻極。」左史萬賓蘭問疾，手書七十字予之，自是絶筆。九月朔，盥櫛出堂端坐，命諸孫次第進酒，隨拱手別諸生。初二日，整衣冠坐而逝，年七十有四。先生接引友朋，隨機開發，身所止處，弟子滿座。既殁，門人楊起元等私謚曰明德先生。

夫孟子之不動心，以知言得之，是言與心無二體也。而告子曰「不得於言，勿求於心」，把心在言外，而另作一件物事也。孟子之不動心，以養氣得之，是心與氣無二體也。而告子曰「不得於心，勿求於氣」，便又把心在氣外，而另覓一個去處也。夫有個去處，便好尋覓；有件物事，便好把捉。去處以安頓之，視諸浩然茫蕩者，孰爲難易？把捉以持守之，視諸浩然剛直者，孰爲安危？加以好逸惡勞，人之故態，見小欲速，世有常情，安得不舍彼而取此也哉？況此心真體，原本乎天，天心何有？原宰于神，其布護雖顯諸仁，而幾微則藏諸用。莫説耳目見聞，到此俱廢，即思慮之精巧，自是難容。真個千層鐵壁，莫喻其堅；萬里霄雲，曷盡其遠。必遇至人，方纔有入路。故戰國如告子，也是人豪，然獨是輸與孟子。何啻告子，此後直至秦、漢、晉、唐數百千載，尋個可與孟子照面的，杳然絶響。卻總是諸大儒先初起志向，愛好便宜，於日用尋常中，妄作識情，强生見解。視燈影而忽多紅黄，瞰淵日而遽增光耀。遂指蜉蝣之念，謂是心源；且執計較之端，名爲靈竅。視諸塵寰逐欲之徒，仕路希寵之輩，儘爲學好。無奈覓真不着，遂就假而不疑；入室無從，乃傍門而遽止。去聖愈遠，離道益深。間一二明眼者，痛心相呼，期圖共濟，反詆爲狂妄而疾之。兹幸斯世，忽躋大明，吾道已逢昌運，有志孔孟之學者，惟及時勉之。

友問：「連日承與指陳，果見得我此身心無大失錯。即童僕二三輩，竟日相聚，言動亦時時自如。中夜想起，頗覺快暢，又覺從前一向路徑差迷也。」時一二童子捧茶方至，予指而嘆之，曰：「君視家中盛僕與視捧茶童子何如？」曰：「信得更無兩樣。」頃之，予復問曰：「不知君此時何所用工？」曰：「此時覺心中光光精精，無有沾滯。」予曰：「君前云與捧茶童子一般，説得儘是；至曰心中覺光光精精，無有沾滯，説得又自己翻帳也。」友遽然起曰：「我看並未翻帳。」予曰：「童子現在，請君問他心中有此光景否？若無此光景，則分明兩樣矣。」曰：「不識先生心中，工夫卻是何如？」曰：「我的心，也無個中，也無個外；所用工夫，也不在心中，也不在心外。只是童子獻茶來時，隨衆起而受之。已而，從容啜畢，童子來接時，又隨衆付而與之。君若以心相求，則此無非是心；以工夫相求，則此無非是工夫。若以聖賢格言相求，則此亦可説動静不失其時，而其道光明也。」其友乃恍然自覺，怡然解顔，笑而謝曰：「吾輩果平日用工，未全的確，今不敢不勉矣。」

問：「昨來論心，雖極詳懇，退思聖學廣大精微，吾儕須是静坐日久，養出端倪，方纔下手用工不至浮泛，而有實落處也。」曰：「何啻明公！即漢儒以來千有餘年，未有不是如此會心以誤卻平生者。殊不知天地生人，原是一團靈物，萬感萬應而莫究根原，渾渾淪淪而初無名色，只一『心』字，亦是强立。後人不省，緣此起個念頭，就念生個識見，因識露個光景，便謂吾心實有如是本體，實有如是朗照，實有如是澄湛，實有如是自在寬舒。不知此段光景，原從妄起，必隨妄滅。及來應事接物，還是用着天生靈妙渾淪的心。心儘在爲他作主幹事，他卻嫌其不見光景形色，回頭只去想念前段心體，甚至欲把捉終身，以爲純亦不已，望顯發靈通，以爲宇大天光。用力愈勞，違心愈遠。」

問：「《大學》首知止，《中庸》重知天、知人，而《論語》卻言『吾有知乎哉？無知也』，請問其旨。」曰：「吾人之學，專在盡心，而心之爲心，專在明覺。但此明覺，事之既至，則顯諸仁，而昭然若常自知矣；事之未來，則藏諸用，而茫然、渾然知若全無矣。非知之果無也，心境暫寂，而覺照無自而起也。譬則身之五官，口可閉而不言，目可閉而不視，惟鼻孔無閉，香來即知嗅之，其知實常在也。耳孔無閉，聲來即知聽之，其知亦實常在也。然嗅之知也，必須香來始出，時或無香，便無嗅之知矣。聽之知也，必須聲來始出，時或無聲，便無聽之知矣。孔子當鄙夫之未問，卻真如音未臨乎耳，香未接乎鼻，安得不謂其空空而無知耶？及鄙夫既問，則其事、其物，兩端具在。亦即如音之遠近，從耳聽以區分；香之美惡，從鼻嗅以辨别。鄙夫之兩端，不亦從吾心之所知，以叩且竭之也哉！但學者須要識得聖人此論，原不爲鄙夫之問，而只爲明此心之體。

蓋吾心之能知，人人皆認得，亦人人皆説得；至心體之無知，則人人皆認不得，人人皆説不得。若上智之資，深造之力，一聞此語，則當下知體，即自澄徹，物感亦自融通，所謂無知而無不知，而天下之真知在我矣。噫！聖人於此，寧非苦心之極也哉！

先生云：「孟子盡心知性則知天，存心養性以事天，分明謂天之心性，即吾之心性也。孔子易知有親而爲賢人可久之德，易能有功而爲賢人可大之業，分明謂吾之知能，即天之知能也。」大衆愕然曰：「聖賢經書果然説得明曉，吾儕可無惑矣。」先生復嘆曰：「爾曹據此幾句言説，便自喜心性了了，是則終無了了之日矣。蓋造化之底藴，原至精至妙，而吾儕之習氣，至拙至粗，以粗拙之功當精妙之理，所謂操麻線以透針關也，左亦甚矣。《易》曰：『窮理盡性，以至於命。』你看窮到甚麼底裏地方。故欲明造化之微，須講造化之學。今世聖人之學，已被《集説》等書妄肆探究。於性則辨析有幾許條件，於心則指陳有若個景光。且無奈心性原屬化機，變見隨時，本無實體。求以條件，則似有條件；索以景光，則似有景光。譬則寶珠之照耀，青紅赤白，緣映物以成，昧者指爲定色；水銀之活潑，小大斜圓，因盤以散，誤者謂爲殊方。不知此樣工夫，只着在一己見上；此等理趣，亦只自己見上生來。一見作祟，則萬種皆病。聖學可恨、可憂，根芽全在乎此。有志豪傑須蚤覓明眼真師，下翻辛苦氣力，凡從前見解、伎能，盡數通身剥落，到牙關再開不得處，脚步再進不得處，不計日子年歲，不圖些小便，直到那水窮山盡之鄉，自有轉頭時候，方信孩提之知能與造化之知能，欲擬一個，也非一個，欲擬兩樣，也非兩樣。統天統地而爲心，盡人盡物以成性，大似混沌而卻實伶俐，大似細碎而卻實渾全。從此徑途以躋聖域，則不徒孔、孟經書建設有功，且於羲、軒閫奥共享逸豫，非斯世、斯文一大快也哉！」

一友是同年子弟，予訊以家學所傳，應以質魯，無所知識。予曰：「吾儒之學，本之心性。人性皆善，難説一無所知。如汝念我通家，遠來相看，及至坐下，恭敬温和，藹然可掬，此非道如何？非學如何？顧在汝自擔當爾。」於是請曰：「擔當果是要緊，但須以何爲先？」曰：「以信爲先。蓋聖賢垂訓決非相誑，若人性與聖賢有二，孟氏肯自昧本心而斷然謂其皆善也哉？今世間事，多少未見影響，只憑人傳言，便往往向前去做，及去做時，亦往往得個成就。何乃生來本性，原日稟自天裏，孩提知能良善，又皆可指，反只遲疑不決，以致虚過終身，不大可嘆惜也哉！今惟出門一步，斷然謂吾性焉皆善，又斷然謂聖賢爲可學，便精神意氣，忻躍奮揚，所性善端，如奇花瑞草，潤逢甘露，芬芳一時競發，雖欲罷而不能矣。於聖賢也，其何有哉！其何有哉！」

問：「經書所論聖賢工夫，如戒慎恐懼，種種具在，難説只靠自信便了。況看朋輩，只肯以工夫爲先者，一年一年更覺進益；空談性地者，往往冷落無成，高明更自裁之。」予沉默，一時對曰：「如兄之言，果爲有見，請先以末後二句商之。蓋此二句，本是學問兩路。彼以用功爲先者，意念有個存主，言動有所執持，不惟己可自考，亦且衆共見聞。若性地爲先，則言動即是現在，且須更加平淡，意念亦尚安閑，尤忌有所做作，豈獨人難測其淺深，即己亦無從增長，縱是有志之士，亦不免舍此而之彼矣。然明眼見之，則真假易辨，而有進無進，非所論矣。就如君所舉『戒慎恐懼』一段工夫，豈是憑此四字便即可去戰慄而漫爲之耶？也須小心查考立言根脚，蓋其言原自道不可離来。今舉業講貫，也曉得非我不離道，乃是道不離我。所以然者，又是道非自道，只是率性；性非自性，只是天命。天命之體，極是玄微，然則所畏工夫，又豈容草率？今只管去用工夫，而不思究其端緒，即如勤力園丁，以各色膏腴，堆積芝蘭，自詫壅培之厚，而秀茁纖芽且將消沮無餘矣。要而論之，務求速效者，必功不細膩；理無根據者，必事終廢弛。噫！愛惜身命，珍重機緣，千生萬生，總在今日。」

問：「今日大衆在此，學問亦儘講得明白，然只少個發憤，不知何如乃得如孔子之發憤忘食也？」予曰：「亦在深思之而已。夫科第一節，亦是大事，但點檢從前，豈無人得之點檢？所得之人，其所受用大小、淺深，豈不可以概見，若比以爲聖、以爲賢，真是精神粉碎矣。今中舉之心，人人發憤，時時發憤，至於講學問，爲聖賢，其受用百倍，中舉者卻又不思發憤，是尚爲能充其類也哉！諸君又只知孔子發憤忘食，亦未思下文説『不知老之將至』，則是年彌高而憤彌甚也。孔子至老猶思發憤，而少壯剛强，卻反悠悠，此又不能充類之甚者矣。」大衆乃悚起，問曰：「不知孔子當時，果是爲何乃如此發憤不能自已也？」予嘆曰：「此卻用得一個渾話，蓋孔子是起初走壞了路頭，不及諸君有酌量耳。」大衆復愕然曰：「此語如何？」曰：「孔子十五而志於學，學是大學也。大人之學，必聯屬家國天下以爲一身，所謂明明德於天下也。今世上有志之士，或是功業，則功業成而心亦可了矣；或是道德，則道德成而心亦可了矣。惟孔子以天下人盡明其明德，方爲自己明明德。此則竭盡平生心思，費盡平生精力。事畢竟是成不得。事竟不成，則心竟不了；心竟不了，則發憤忘食，亦竟至老而發憤忘食，不了也已。」

惟天下至誠，爲能盡其性。此下卻多是發揮盡性至命之道，而統總歸之仲尼一人。其言堯舜是他祖述，則知他不止是堯舜；文武是他憲章，則知他不止是文武；天地是他上律下襲，則知他不止是天地。蓋羣聖與天地，皆有民所憾處，皆有相害相悖處。若仲尼之敦化川流，此其天地則超絶形象，而尤爲大也。是以其道則爲至聖之道，其德則爲至誠之德，而統括之曰：此其仁之肫肫。蓋孔氏平生心法也，其深則淵淵，其遠則浩浩，夫豈一切羣聖之所能知也哉！所以不能知者，以其聰明雖造聖智，而其聖智未達乎天德故也。

「仁者渾然與物同體」，故大人聯屬家國天下以成其身。今言明明德而必曰於天下，則通天下皆在吾明德中也。其精神血脉何等相親！

問：「《大學》自有先後之序，如何必先《中庸》？」曰：「吾人此身與天下萬世原是一個，其料理自身處，便是料理天下萬世處。故聖賢最初用功，便須在日用常行。日用常行只是性情喜怒，我可以通於人，人可以通於物，一家可通於天下，天下可通於萬世。故曰：『人情者，聖王之田也。』此平正田地，百千萬人所資生活，卻被孟子一口道破，説人性皆善。若不先認得日用皆是性，人性皆是善，蕩蕩平平，了無差別，則自己工夫已先無着落處，又如何去通得人，通得物，通得家國，而成大學於天下萬世也哉？」

問：「《中庸》雖説性，然亦未嘗明言性善。」曰：「只天命一句，便徹底道破。蓋吾人終日視聽言動，食息起居，總是此性，而不知此性總是天之命也。若知性是天命，則天本莫之爲而爲，命本莫之致而至。天命，本體物而不遺，本於穆而不已，則吾人終日視聽言動，起居食息，更無可方所，無能窮盡，而渾然、怡然，静與天俱，動與天游矣。率之身而爲道，同諸人而爲教也，又豈非不期然而然也耶？故天命之性，便直貫天載之神，真平地而登天也。」

問：「顔子『不違如愚。退而省其私，亦足以發』，不知夫子省見他甚麽來？」曰：「此段去處，到須吾人用心體會。夫子所見，止是顔子日用動静，則何必省於其私？即相對領教之時，莫非日用動静也。以予度之，則『發』字是發明之發，正與無問辨對看。即如子出，門人問曰：『何謂也？』曾子曰：『夫子之道，忠恕而已矣。』夫子出後，便是曾子之私處；夫子之道云云，便是曾子之足發處。豈不更明顯直截也耶？況此段精神原關繫學問，不是小可。蓋吾夫子學主求仁，而其工夫只是學不厭而教不倦。當時門人，止顔氏之子便合下心事相孚，將夫子不厭不倦處竭才贊襄。故曰：『自得顔子而門人日親。』其所以能使衆人去親夫子之教者，正以其善發明而鼓舞之也。至於顔子不厭不倦精神，又只曾子知之，故形容嘆息，説他不能的人也去問他一問，少能的人也去問他一問；莫説少能與不能的，即人有不知而將言語、顔色去干犯了他，他也一些不較，而還要去與他問辨而接引之也。即曾子與夫子許顔子處，便見他兩個人是合成一個人。後來短命，則這箇人有一截没一截了，所以夫子説：『天喪予！天喪予！』皆實事且苦情也。全是他造化好，却得曾子這人來，再傳又得子思，又得孟子，便把此老身命接長，直至我們今日一堂人集聚，講明道學，則身便皆是替他坐，口便皆是替他説，眼便皆是替他看，而耳便皆是替他聽，顔子之命始不短，而夫子之予終亦可免乎喪已。聖門求仁之學，須是如此理會；吾儕仁身之功，亦須如此圖謀。只得不厭不倦一段精神，直與孔子、顔、曾打得對同，我管保百世，諸人又替諸君子接續壽命於無疆也已。」

「梏亡」二字，今看只作尋常。某提獄刑曹，親見桎梏之苦，上至於頂，下至於足，更無處可以動活。良心寓形體，形體既私，良心安得動活？直至中夜，非惟手足休歇，耳目廢置，雖心思亦皆斂藏，然後身中神氣，乃稍稍得以出寧。逮及天曉，端倪自然萌動，而良心乃復見矣。回思日間形役之苦，又何異以良心爲罪人，而桎梏無所從告也哉？

伏羲自無畫而化有畫，自一畫而化千畫。夫子將千畫而化一畫，又將有畫而化無畫。

問：「君子自强不息，乃是乾乾。此乾乾可是常知覺否？」曰：「子之用工，能終日知覺而不忘記，終日力行而不歇手乎？」曰：「何待終日，即一時已難保矣。」曰：「如此又可謂乾乾乎？」曰：「此是工夫不熟，熟則恐無此病矣。」曰：「非也。《中庸》教人，原先擇善，擇得精，然後執得固。子之病，原在擇處欠精，今乃賴他執處不固，察脉不真，藥更作疾，恐庸醫不免殺人也。」

問：「『天命之謂性』，何如？」曰：「諸君於性命姑置勿談，試舉目前天果安在？《論語》曰『天何言哉！四時行焉，百物生焉』，則四時百物，夫孰非天也？《詩》曰『昊天曰明，及爾出往；昊天曰旦，及爾游衍』，則出往游衍，夫孰非天也？夫四時百物皆天矣，奚復於吾人而外之？出往游衍皆天矣，又奚復於此心而遺之？故《中庸》天命謂性，分明是以天之命爲人之性，謂人之性即天之命，而合一莫測者也。諦觀今人意態，天將風霾，則懊惱悶甚；天將開霽，則快爽殊常。至形氣亦然，遇曉，則天下之耳目與日而俱張；際暝，則天下之耳目與日而俱閉。雖欲二之，孰得而二之也哉？夫天道幽渺，其不已不離，原不假言説。乃兹首先發明以作《中庸》

張本者，蓋欲吾儕識知天不離人，則一切謀慮、一切云爲，儼然上帝臨之，即隱而見，即微而顯，恐懼驚攝而莫敢邪妄，庶感人心而和平，風世俗以淳厚，而王道蕩蕩平平之化，可以歸其有極而會其有極也。噫！聖賢之慈憫吾人也，意亦至矣。學者其可忽諸？」

人之過有所從生，心不知，則過生也。心之知有所由，昧疑不化，則知斯昧也。今不思信心作主，而只從過處檢索，是即千金之子，不威坐中堂，而竟日躬追狂僕，則所追者一，而堂室狂肆者，不將千百也耶？汝輩只細心講求顏子所好之學果是何學？到工力專精，然後必有個悟處。悟則疑消，消則信透，透則心神定而光明顯。即顏子有不善未嘗不知，知之未嘗復行，其於過也，信哉紅爐之點雪矣，而又何貳之有也哉？

問：「孟子以集大成推尊孔子，而有取於射，曰：『夷、惠、伊尹之聖，則譬之力；而孔子之聖，則譬之巧。』今晚學茫然拙射，未曉鵠設何處，況望其能發彼有的，舍矢如破也耶？」曰：「汝果欲智巧以圖入聖耶？巧是孟子言之，則當於孟子之身求之矣。夫孟子願學孔子，今二夫子之書具在，但詳看《論》、《孟》語言，彼此對同不差處，便是其始條理，亦即其所謂智巧也。」曰：「今觀《論語》、《孟子》，言之最先，津津有味而無或異者，不過仁義孝弟而已。是則世俗之常談，愚蒙所共曉，可謂即孟子之巧於學孔，而孔子之巧自聖也耶？」余時欲與解説，而恐費口頰，乃起立衆中而呼之曰：「諸人試看：某今在此講學，攜有何物？止此一個人身而已。諸人又試想：我此人身，從何所出？豈不根着父母、連着兄弟而帶着妻子也耶？」夫子乃指此個人身爲仁，又指此個人身所根、所連、所帶以盡仁。而曰『仁者，人也』，親親、長長、幼幼而天下可運之掌也。是此身纔立，而天下之道即現；此身纔動，而天下之道即運。豈不易簡？豈爲難知？人之所以能聖，聖之所以能時，在一舉足之間、一啓口之頃也，豈非天下之至巧至巧者耶？彼道在邇而求諸遠，事在易而求諸難，辛苦平生，竟成話柄，又豈非天下之至拙至拙者耶？」

獨是靈明之知，而此心本體也。此心徹首徹尾、徹内徹外，更無他有，只一靈知，故謂之獨也。《中庸》形容，謂其至隱而至見、至微而至顯，即天之明命而日監在兹者也。慎則敬畏周旋而常目在之，「顧諟天之明命」者也。如此用工，則獨便是爲慎的頭腦，慎亦便以獨作主張。慎或有時作輟，獨則長知而無作輟也。何則？人無所不至，惟天不容僞。慎獨之功原起自人，而獨之知原命自天也。況汝輩工夫，當其茫蕩之時，雖説已是怠而忘勤，已是輟而廢作，然反思從前怠時、輟時，或應事，或動念，一一可以指數，則汝故説心爲茫蕩，而獨之所知，何嘗絲毫茫蕩耶？是則汝輩孤負此心，而此心卻未孤負汝輩。天果明嚴，須當敬畏敬畏！

氣質之在人身，呼吸往來而周流活潑者，氣則爲之；耳目肢體而視聽起居者，質則爲之。子今欲屏而去之，非惟不可屏，而實不能屏也。況天命之性，固專謂仁義禮智，然非氣質生化呈露發揮，則五性何從而感通？四端何自而出見也耶？故維天之命，充塞流行，妙凝氣質，誠不可掩，斯之謂天命之性，合虛與氣而言之者也。

「己欲立而立人，己欲達而達人」，分明說己欲立，不須在己上去立，只立人即所以立己也。己欲達，不須在己上去達，只達人即所以達己也。是以平生功課，學之不厭，誨人不倦。其不厭處，即其所不倦處也；其不倦處，即其所不厭處也。即今人說好官相似。說官之廉，即其不取民者是也，而不取於民，方見是廉。說官之慈，即其不虐民者是也，而不虐乎民，方見是慈。統天徹地，膠固圓融，由內及外，更無分別，此方是渾然之仁，亦方是孔門宗旨也已。

問：「『由仁義行，非行仁義』，是贊大舜能事。若吾人學者，必須從行仁義處起手，乃可語由仁義行，何如？」曰：「此是兩種學問，如商旅路途，一往南行，一往北行，難說出門時且先向南，然後又回轉向北也。」曰：「吾人爲學，須是由勉而安，方無躐等徑造之病。今云行仁義，分明是勉然之功；云由仁義行，分明是安然之功。若舍卻行仁義，即要由仁義行，是不勞勉强而安然自得也。恐人非生知，難遽語此矣。」曰：「後世學術不明，只是此處混帳。蓋行仁義與由仁義行是南北分歧處，由勉而安，是程途遠近處。行仁義，有行仁義的安勉；由仁義行，亦有由仁義行的安勉也。故今日出門一步，即從不慮不學處著脚趨向，尚且頭頭都是難事，節節都要精專，竭盡生平，方得渾化。若便從外面比倣修爲，徇象執跡，出門一步已與不慮不學之體不啻冰之與炭。做得閑熟一分，則去真心日遠一分；做得成了家當，則去真心即如天淵之不相及矣。將以學聖而反至背聖，將以盡心而反至違心，孤負一生志願，虛費終身氣力，總只爲出門一步差卻，豈不大可慟恨也哉！又豈可不警省而早辨之也哉！」

問：「『人不知而不愠』，是君子於此，漠然無所動於其中否？」曰：「如此，則孔子之教亦有倦時矣。蓋此當與『不患人之不己知』、『求爲可知也』同看。君子之心，直是要天下萬世相通，人有未知，必反己以求，爲可知而已，於人何敢愠焉？前輩有善説《孟子》『仁禮存心』一章『將於禽獸何難』，『難』字不讀作去聲，直接下『如舜而已』，云『鳳凰來儀，百獸率舞』，於禽獸且無難也，而況於人乎？如此看來，方見學問無歇手處。」

吾人用志浮淺，便安習氣，其則古稱先者，稍知崇尚聖經，然於根源所自，茫昧弗辨，不知「人而不仁，其如禮何」。是拙匠之徒，執規矩而不思心巧者也。其直信良心者，稍知道本自然，然於聖賢成法，忽略弗講，不知人不學禮，其何以立。是巧匠之徒，竭目力而不以規矩者也。善學孔、顔以求仁者，務須執禮以律躬，而尤純心以敦復。敦復崇禮，又能考究百王，會通典禮，直至吻合聖神，歸於至善而後已焉。是大匠之爲方員也，巧不徒巧，而規矩以則之，規矩不徒規矩，而巧以精之，則其棟明堂而覆廣廈[一]，不將柱立乾坤而永奠邦家於萬世無疆也哉！

[一]「廈」，底本模糊，據明萬曆劉應舉補修本補。

問：「近聞先生所論，頗有所得。」曰：「其見維何？」曰：「聞論天命之性，見得我此身，隨時隨處皆昊天矣，豈不快暢！又何所不順適也哉！」曰：「子若如此理會天命之性，是之謂失，而非所謂得也。」曰：「如何卻反是失？」曰：「汝既曉得無時無處不是天命，則天命之所在，即生死禍福之所在也。不知悚然生些懼怕，卻便侈然謂可順適，則天命一言，反作汝之狂藥矣。」曰：「弟子聞言，不覺渾身局促，不能自安。」曰：「此即便是戒慎恐懼，而上君子之路矣。所以曰：『君子之中庸也，君子而時中；小人之中庸也，小人而無忌憚也。』」曰：「即此二言，弟子亦難理會。蓋小人而無忌憚，如何又說小人中庸耶？」曰：「此正見天命無所不在，故本惟中庸無分君子、小人。但君子知畏天命之嚴，而小人則氣量褊淺，便欲任天之便而過於自恣，不覺流於無忌憚爾。故前此諸大儒先，其論主敬工夫，極其嚴密，而性體平常處，未先提掇，似中而欠庸，故學之往往至於拘迫。近時同志先達，其論良知學脉，果爲的確，而畏敬天命處，未知緊切，似庸而未中，故學之往往無所持循。」

問：「《定性書》每以喜怒爲言，何如？」曰：「吾人日用，總是好惡；而喜怒，則好惡之成者也。好惡之端極微，而喜怒之用甚大。聖人誠意正心，只從此處用力，便推之家國天下裕如。故曰『無有作好，遵王之道；無有作惡，遵王之路』，而『僻則爲天下僇』焉。以是知此學之講，直關世道，欲一體乎萬物者，主張之功，誠不可不汲汲也。」

問：「渾然與物同體，視《大易》君子體仁之意何如？」曰：「聖賢語仁多矣，最切要者，莫逾體之一言。蓋吾身軀殼原止血肉，能視聽而言動者，仁之生機爲之體也。推之而天地萬物，極廣且繁，亦皆軀殼類〔二〕也。潛通默運，安知我體之非物，而物體之非我耶？譬則巨釜盛水，衆泡競出，人見其泡之殊而忘其水之同耳。孺子入井境界，卻是一泡方擊而衆泡咸動，非泡之動也，其釜同水，一機固不能以自已也。」

問：「渾然同體與兼愛之學何別？」曰：「體之爲言，最可玩味。夫體即身也，頭目居上，四肢居下，形骸外勞，心腹内運，而身乃成焉。愛豈無差等也哉？」

問：「先儒尋孔、顔樂處，所樂何事？」曰：「孔、顔之樂，雖未易知，而孔、顔之言行，則具在也。竊意此樂，有自本體而得，則生意忻忻，赤子愛悦親長處是也；有自用功而得，則天機感觸，理義之悦我心是也。」曰：「此樂處，某説要人欲浄盡，天理流行處方是，故今日須先克去己私，使心中浄浄地，便天理流行而樂矣。」曰：「子之論固是，但先後卻欠分曉，譬如導泉然，須先覓得源頭着了，方掘去沙泥，以遂其流，不然其沙泥徒掘，泉終無流，又安得樂耶？」

問：「孔門恕以求仁，如何致力？」曰：「芳自知學，即泛觀蟲魚，愛其羣隊戀如，以及禽鳥

〔二〕「類」，底本作「數」，據明萬曆劉應舉補修本改。

之上下、牛羊之出入,形影相依,悲鳴相應,渾融無少間隔,輒惻然思曰:『何獨於人而異之?』後偶因遠行,路逢客侶,相見即忻忻,談笑終日,疲倦俱忘,竟亦不知其姓名。别去,又輒惻然思曰:『何獨於親戚骨肉而異之?』噫!是動於利害,私於有我焉耳。從此痛自刻責,善則歸人,過則歸己;益則歸人,損則歸己。久漸純熟,不惟有我之私,不作間隔,而家國天下翕然孚通,甚至髮膚不欲自愛,而念念以利濟爲急焉。三十年來,覺『恕』之一字,得力獨多也。」

諸友笑談,有及某素共講學,而未嘗擔當者,其友曰:「譬之酒家,某何嘗不賣酒,但耻掛招牌耳。」問曰:「何耻也?」曰:「酒少。」曰:「此個酒海,浸人滅頂,汝自不知耳。」既而嘆曰:「此宇宙間學問一大宗旨也。且説『民之秉彝,好是懿德』,誰不作酒?誰不招客?又誰不云『我只沽酒與人』?何以招牌爲哉!細細究之,此乃何等心腸,卻是陷在鄉愿窠臼中。孔孟防之,所以曰:『閹然媚於世者,德之賊也。』蓋吾心之德,原與天地同量,與萬物一體,故欲明明德於天下而一,是皆以修身爲本者,正恐此賊云耳。故曰:『謂其身不能者,賊其身者也。』夫父母全而生,子全而歸,孔子東西南北於封墓之後,孟子反齊止嬴於敦匠之餘,固爲天下生民,亦爲父母此身。蓋此身與天下原是一物。物之大本只在一個講學招牌,此等去處,須是全付精神透徹理會,直下承當,方知孔孟學術如寒之衣,如饑之食,性命所關,不容自已。否則,將以自愛,適以自賊。故大學之道,必先致知,致知在格物也。」

今人懇切用工者，往往只要心地明白與意思快活。及至纔得明白快活時，俄頃之間，又倏爾變幻，極其苦惱，不能自勝。若人於其變幻之際，急急回頭，細看前時明白者，今固恍惚矣，前時快活者，今固冷落矣。然其能俄頃變明白而爲恍惚，變快活而爲冷落，至神至速，此卻是個甚麼東西？此個東西，既時時在我，又何愁其不能變恍惚而爲明白，變冷落而爲快活耶？故常人每以變幻而爲此心憂，聖人每以變幻而爲此心喜。

問：「先儒謂子貢晚年進德，今觀日月階天之喻，真是尊信孔子之至處。」曰：「此是子貢到老不信夫子處，如何卻說他進德？蓋孔子一生，學只求仁，一以貫通，只是行恕。吾夫子此個仁恕，即一時把天下後世俱貫徹盡了。子貢不知，只管在望夫子得邦家。至其後，仲尼以萬世爲了土，爲萬民立了命，子貢也不知，又只管追恨未得邦家。所以不見綏來動和之化、生榮死哀之報。想其築室於墓，六年不去，多是此念耿耿，則子貢不惟當面錯過夫子，至其身後，尤錯過無盡也。當時只虧了儀封人，一見夫子，便說夫子不曾失位，只其位與人不同，正木鐸天下後世之位也。朱子以『將』字解作『將來』之『將』，而不知當作『殆將』之『將』，所以把封人獨得之見，亦與子貢一類看了。今日非敢故爲異説，蓋因此是聖門學問一段大頭腦，吾人學聖一段大眼目，此處放過，他皆無足論矣。」大衆皆爲悵嘆。

學是學爲孔子，則吾人凡事皆當以孔子爲法。孔子十五而志於學，今日便當向半夜五更默默静静，考問自己的心腸，果是肯如孔子之一心一意去做聖賢耶？或只如世俗之見，將將就就，以圖混過此生也。將就混過，正是鄉愿的本事，孟子罵他做「德之賊」。蓋此個念頭即是鴆毒刀兵，害了此一生也。

孔門宗旨只是教人求仁，而吾人工夫只是先須識仁。此時此會，合堂上下，百千其心，而共一忻忻愛好之情；百千其目，而共一明明覿面之視；百千其耳，而共一靈靈傾向之聽；百千其口，而共一肅肅無譁之止；百千其手足，而共一濟濟不動之立站。故聖人指點仁體，每曰：「仁者，人也。」又曰：「君子之道，本諸身，徵諸庶民。」正説此堂，我是個人，大衆亦是個人，我是這般意思，大衆亦是這般意思。若識得此一段意思，便識得當時所謂天下歸仁者，是説天下之人都渾在天地造化一團虚明活潑之中也。此一團虚明活潑之仁，從孩提少長便良知良能，所謂人之生也直而無或枉也，即愚夫愚婦皆與知與能，所謂用中於民也。孔門惟顔淵、仲弓，此段意思能自承當，所以於己便復得禮，於人便行得恕，故一可爲邦，一可南面。直是此個體段承當得來，便與無我無人，無遠無近，而渾融合一。若子張、子路諸賢，不肯輪心向這裏承當，卻謂聖賢之學，必有個異乎人處。所以或見我不如人，或見人不如我；或見古不如今，今不如古；或見凡不如聖，聖不如凡。較短論長，是内非外，或失則太過，或失則不及；或失則躁動，或失則怠倦。至如司馬牛、樊遲，則聖人雖把目前事指點與他，他卻必要生疑。蓋他定説聖人爲學，決有別一種道理，而不應如此易易也。

汝諸士子身心，具有此個光明至寶，通晝徹夜，照地燭天，隨汝諸士子居家出外而不舍替，汝諸士子穿衣喫飯而不差相；似寧静而又戒慎，似戒懼而又寧静，常常在於道學門中，亦久久在於聖賢路上，卻個個不肯體認承當，以混混沌沌，枉過一生。從今便好豎起脊梁，肩起擔子，將聖賢學問只當家常茶飯，實實受用，以無負朝廷作養之功，不忝父母生育之德，不必更立門户，不必别做工夫，惟即汝諸士子之今日讀書作文，他日之中舉登仕，管保可以上同孔、孟、伊、周結果也。勉之！勉之！

仁之一言，乃其生生之德，普天普地，無處無時不是這個生機，山得之而爲山，水得之而爲水，禽獸得之而爲禽獸，草木得之而爲草木，天地流行，物與無妄，總曰「天命之謂性」也。然《禮經》云「天地之性，人爲貴」。人之所以獨貴者，則以其能率此天命之性而成道也。如山水雖得天性生機，然只成得個山水；禽獸雖得天性生機，然只成得個禽獸；草木雖得天性生機，然只成得個草木。惟幸天命流行之中，忽然生出汝我這個人來，卻便心虚意妙，頭圓足方，耳聰目明，手恭口止，生性雖亦同乎山水、禽獸、草木，而能鋪張顯設，平成乎山川，調用乎禽獸，裁制乎草木。由是限分尊卑，以爲君臣之道；聯合恩愛，以爲父子之道；差等次序，以爲長幼之道；辨别嫌疑，以爲夫婦之道；篤投信義，以爲朋友之道。此則是因天命之生性，而率以最貴之人身；以有覺之人心，而弘夫無爲之道體。使普天普地，俱變做條條理理之世界，而不成混混沌沌之乾坤矣。蓋人叫做天地的心，則天地當叫做人的身。如天地没人爲主，卻像人睡着了時，身子完全現在，卻一些無用。天地間一得個堯、舜、孔、孟主張，便像個人睡醒了一般，耳目卻何等伶俐，身體卻何等快活，而家庭内外卻何等齊整也耶。

州衛及諸鄉士夫大舉鄉約畢，予呼進講林生而問曰：「適纔汝爲諸人講演鄉約則善矣，不知汝所自受用者，復是何如？」林生曰：「自領教，常持此心，不敢放下。」予顧諸士夫嘆曰：「只恐林生所持者，未必是心也。」林生竦然曰：「不是心，是何物耶？」予嘆曰：「謂之是心亦可，謂之不是心亦可。蓋天下無心外之事，何獨所持而不是心？但既有所持，則必有一物矣。諸君試看許多老幼在此講談，一段精神，千千萬萬，變變化化，倏然而聚，倏然而散，倏然而喜，倏然而悲，彼既不可得而知，我亦不可得而測，非惟無待於持，而亦無所容其持也。林子於此心渾淪圓活處，曾未見得，而遽云持守而不放下，則其所執者，或只意念之端倪，或只見聞之想像。持守益堅，而去心益遠矣。故謂之不是心亦可也。」林生復進而質曰：「諸生平日讀書，把心與意看得原不相遠。今公祖斬然以所持只是意念，而不是心，不知心與意念如何相争如此之遠？」予浩然發嘆曰：「以意念而爲心，自孔孟以後大抵皆然矣。又何怪夫諸君之錯認也耶？但此個卻是學問一大頭腦，此處不清而謾謂有志學聖，是猶煮沙而求作粥，縱教水乾柴盡，而粥終不可入口也。」諸縉紳請曰：「意念與心既是不同也，須爲諸生指破，渠方不至錯用工也。」予嘆曰：「若使某可得用言指破，則林生亦可得以用力執持矣。」諸君聞而嘆曰：「然則，不可着力〔二〕指破處，便即是心，而稍可着力執持處，便總是意念矣。《易》曰：『復其見天地之心。』林兄欲得天地之心而持循之，其尚自復以自知見始。」

問：「致中和，其義何如？」曰：「聖賢學術，須先見得大處，即如今時見人氣質從容，應事妥貼，亦有目爲中和者。此則僅足善其一己，而天下國家未必推行得去。故《大學》、《中庸》開口便説個天下，正欲恢弘吾輩器局，聯屬天下以成其身，中則爲大中，和則爲大和，非是尋常小小家數。蓋其根原，自慎獨中來。所謂慎獨者，正是出類拔萃，頂天立地，卓然一身於天地間也。如此志願以爲工夫，如此工夫以畢志願，則天地萬物渾爲一己。當其喜怒哀樂未施設作用時，其體段精神已包涵無外，天下事幾皆從其中妙應而爲天下大本也。當發用施設時，則一怒可以安天下之民，一喜可以造天下之福。中間節目，皆足以和平天下而爲天下之達道也。故以天下大本形容慎獨，聖人其中藏，原非小可；以天下達道形容慎獨，聖人其發用，無不貫通。中和既致，果是包含偏覆。『大哉聖人之道，洋洋乎發育萬物，峻極於天矣。』」

〔二〕「力」，底本作「句」，誤，據明萬曆劉應舉補修本改。

先生謂友人曰：「君能信此渾身自頭至足，即一毫一髮，無不是此靈體貫徹否？」友曰：「未能信也。」先生曰：「人有拔君一髮，渾身皆覺而呼痛乎？」友曰：「然。」先生曰：「君之心神微渺，如何毫髮便能通得？手足踈散，如何毫髮便能收得？聲音寂静，如何毫髮便能發得？細細看來，不止一身，即牀榻亦因震撼，蒼頭俱爲怖驚，推之風雲互入，霄壤相聞。而即外窺中，可見頭不問足，心不問身，我不問物，天不問人，滿腔一片精靈。精靈百般神妙，從前在心而爲君之知，在身而爲君之事，在生而爲君之少而壯，壯而老，莫非此個靈物。乃一面閃瞞，莫測底裏，譬則寄養嬰兒，於親生父母偶遇人言説破，則識認歡欣，其情不可想耶。」此友躍然有省。

或疑心之明暗有去來，曰：「耳聽目視果即天性耶？」曰：「即天性也。」曰：「汝目果常明耶，抑有時而不明耶？」曰：「無時不明。」曰：「汝之目常無不明，而汝心之明卻有去來，是天性離形色，而形色非天性矣。」衆皆恍然有省。已乃復告之曰：「目之明亦有去來時也。今世俗至晚則呼眼黑，其實則眼前日光之黑，與眼無與。而見日之黑，正眼之不黑處也。故孔子曰『知之爲知之』，即日光而見其光也；『不知爲不知』，即日黑而見其黑也。光與黑任其去來，而心目之明，何嘗增減？」

問：「掃浮雲而見天日何如？」曰：「後世儒者多以此治心，非孔孟宗旨也。如曰：『苟志於仁矣，無惡也。』曰：『我欲仁，斯仁至矣。』又曰：『凡有四端於我者，知皆擴而充之，若火之始然，泉之始達。』看他受用，渾是青天白日，何等簡易！」或又以磨鏡爲喻。曰：「觀孟子謂『知皆擴充』，果要光明顯現，但吾心覺悟之光明與鏡面之光明不同。鏡面光明與塵垢，是兩物；吾心先迷後覺，一也。當其覺時，即迷心爲覺；則當其迷時，亦即覺心爲迷。除覺之外，更無所謂迷；而除迷之外，亦更無所謂覺也。故浮雲天日、塵垢鏡光，俱不足爲喻。必欲喻焉，冰之與水猶相近也。若吾人閒居放肆，一切利欲愁苦即是心迷，譬則水之遇寒而冰。至共師友講論，胸次瀟洒，即是心開朗，譬則冰之遇暖消融而成水也。故冰雖凝而水〔一〕體無殊，覺雖迷而心體俱在。」

古人以「好」字去聲呼作「好」，「惡」字去聲呼作「惡」。今欲慎獨，請自考從朝至暮，從昏達旦，胸次念頭果是好善之意多？果是惡惡之意多？亦果是好善惡惡之意般多？若般多，只扯得平過，謂之常人。萬一惡多於好，則惱怒填胸，將近於惡人。若果能好多於惡，則生意滿腔，方叫得做好人矣。獨能如此而知，如此而慎，則人將不自此而成耶？

學者曰：「『仁者，人也』，孔子之言仁，何其簡而盡也！」先生曰：「子謂『仁者，人也』，果如俗語是個人即是個仁耶？此卻枯淡無味，猶禪家所謂自了漢也。試觀聖人口氣，說『克己復

〔一〕「水」，底本作「冰」，誤，據明萬曆劉應舉補修本改。

禮』，只『己』字未了，便云『天下歸仁』。説『己所不欲』，亦『己』字未了，便云『勿施於人』。真是溥天溥地，渾是一個仁理生生，便渾天渾地，合成一個大大之人，而更無彼此也。且如目前在會，亦數十輩人，人人共聽着辯論，卻是數十輩而共一耳；人人共看着辯論，卻是數十輩而共一目；又人人記憶吟哦着許多辯論，卻是數十輩而共一心、共一口也。天體貫徹而不容二，天機踴躍而惡可已，『仁者，人也』，豈不真簡而盡哉！」學者曰：「然則奚以求之？」先生曰：「仁既是人，便從人去求仁矣。故夫子説『仁者，人也』，下即繼以『親親爲大』。謂之曰『爲大』，蓋云親其親，不獨親其親，直至天下國家，親親長長而齊治均平也。此所謂人上求仁，又所謂中心安仁，盡天下爲一人者也。」

孔子大聖人也，萬世無及焉。然其實非孔子之異於萬世，乃萬世之人自忘其所同於孔子焉耳。孟子云：「大人者，不失其赤子之心。」夫赤子之不慮不學與孔子之不思不勉，渾是一個。吾人由赤子而生長，則其時已久在孔子地位來矣。今日偶自忘之，豈惟赤子然哉？孔子宗旨只是求仁，其言則曰「仁者，人也」。彼自異於孔子者，或亦自忘其爲人也耶？省之！省之！

先儒謂治平本諸教化，教化始諸風俗，最爲根極要領之談。但予又敢謂教化、風俗，繫乎講求學術。講求學術，急須明正經書。語道，務以德性爲先，而知能愛敬，不失赤子提孩之素；造道，必以中庸爲至，而聖神功化，咸歸百姓日用之常。至若多聞多見而擇識，《論語》明言其爲知之次，而非虛靈之體；克伐怨慾而不行，《論語》重惜其用力之難，而非惻隱之良。雖學者全功，均所不廢。然老農之於田也，佳禾既植，始事刈草之圖；場師之於圃也，芳株已樹，乃勤培灌之力。如或次第少差，畢竟徒勞無益。

長善以救失，則失無乎不救；昭德以塞違，則違無乎不塞。紾兄奪食者，須教以孝弟之良；遺親棄養者，必示以乳哺之愛。此固帝王匡扶世道之弘規，聖賢主張世教之善則也。

不能以天理之自然者爲復，而獨於心識之炯然處〔一〕求之，則天以人勝，真以妄奪。

「此心在人，原是天地神理，寂之與感，渾涵具在，言且難以着句，況能指陳而分析之也耶？不知爲學者，姑置勿論已。即雖知爲學者，而工夫草次，則亦往往不向本原求箇清瑩，輒於末流圖之。或當無事之時而着主張，或於有感之際而盡袪除。然見未透徹，把作愈難。不惟寂體背馳，即感應未能安妥。惟夫明睿過人、資近上智者，則工夫不肯妄用，而汲汲以知性爲先，究悉名言，詢求哲士，體察沉潛，而性命之蘊，能默識心通，使自朝至暮，縱應感紛紜，卻直養無害之功如如自在，靜定不遷之妙寂照圓通。世人則終身滯泥於應感之偏，而至人則無日無時而不從容於不動之中矣。」曰：「今世有堅忍强學者，雖心體未透，然工夫深久，亦能於事變不動，詎其

〔一〕「處」，底本模糊，據明萬曆劉應舉補修本補。

終不能寂也？」曰：「此心至靈，何所不有？若果强而求之，豈惟事變不動？禪家二乘者流，其坐入静定，固有千百餘歲而一念不起。然自明眼觀之，終是凡夫，而此心真體毫無相干也。可不慎歟！」

友人自叙中常炯炯，以爲工夫得力。先生曰：「聖賢之學，本之赤子之心以爲根源，又徵諸庶人之心以爲日用。若心中炯炯，卻赤子原未帶來，而與大衆亦不一般也，渾非天性，出自人爲。天人之分，便是神鬼之關也。」其友蘧然。

《大學》規格，多重設施；而《中庸》平常，乃其根本。今天下萬民萬物，俱平常過日。只講學者便難語此。其病皆以最初用功，不聞心體廣大，止去執持念頭；不聞知體本明，止去求講物理。今欲反歸平常，千萬無一二肯轉。不思平常不轉，則千百無一二可成。蓋是以荑稗爲種而欲五穀之收，以荆棘爲根而欲桃李之結也。

好爲人師，夫人固皆知其不可矣。然《記》又謂「學也者，所以學爲師也」，是則方事於學，而即志於師，亦是好爲人師焉者。殊不知人之爲學，雖同求諸心，而此心之體有見其全者，有見其偏者。若舉其全，則家國天下渾然無外，不能爲法天下、可傳後世而足以言學哉？故曰：曷爲天下善？曰：師。夫能善天下萬世，始可以言師；能師天下萬世，始可以言學。師也者，固學之實則而不容外焉者也。夫豈作而致其好哉？

夫元德溥施，含生無擇，非不物物具足也。然雷厲弗振，風力弗揚，則萌焉而不暢、茁焉而不充者亦多矣。況夫習染之移人，形氣之汩性，如浄几浮塵，力拂而猶增；賓鑑輕氛，盡滌而時翳。故孩提之愛真侔大舜，而少艾之慕不免於屢遷；蹴食之卻清類伯夷，而萬鍾之受難辭於非義。此豈所性之固然耶？直養之弗克，而鼓舞之無術，則林林赤子，鮮不以善初惡終矣。是豈父母斯民之道，而亦豈國家注望之心也哉？

靜宇游大夫問曰：「養生家守中之訣何如？」先生曰：「否否。《内典》謂吾人自咽喉以下是爲鬼窟。天與吾人心神如此廣大，如此高明，蓋塞兩間、彌六合矣。奈何作此業障，拘囚於鬼窟中乎？」大夫曰：「然則調氣之術何如？」先生曰：「否否。心和則氣和，氣和則形和，息安用調？」大夫曰：「吾人寓形宇内，萬感紛交，何修而得心和？」先生曰：「和妻子，宜兄弟，順父母，斯和矣。」天臺耿先生聞之嘆賞。

或思整頓世界而不能，自以爲大夢。曰：「此豈是夢？象山所謂『宇宙内事，皆吾職分内事也』，但整頓有大有小，恐君所思只圖其小而未及其大耳。」曰：「匹夫之力，莫制三人，小且不能，焉圖大？」曰：「小大不在於事，而在於機。其機在我，則小而可大；其機在人，則雖大亦小也。君試思世間功德，有大於學術者乎？機括方便，有捷於己之務學者乎？君肯日夜務學，其孰得而禦之？學既足法今傳後，天下後世其孰[一]能外之？」

友人終夜興嘆，問其故，有一弟而不能化也。曰：「君曾擇好友與之處乎？」曰：「未也。」曰：「此即便見汝愛弟未至也。夫兄弟手足也，若汝手傷流血，則呻吟呼痛，求人問藥，肯少停時刻哉？」此友感悟。先生因徧呼諸友曰：「手足且然，況[二]君父則吾元首腹心也。吾輩有志明時，顧乃優游卒歲，護持鮮呻吟之痛，而調理無號呼之切。徒悼嘆於君民堯舜之難，而治平之不可親見也，罪將何所逃哉！」

先生同徐巖泉公謁徐存翁於西苑，翁喜曰：「我初不欲煩子以郡事，今觀之，似更有實用也。」先生起謝，且請曰：「老師加意於某，不過爲世道計。如推此意以及同志，天下斯文，不尤大幸耶！」翁默然良久，曰：「古今事亦有不由己者。即如狄梁公反周之志固堅，而所托則張柬之。柬之時已向老，倘歿在武后之先，志且奈何？」先生毅然曰：「先生此言知柬之，而不知梁公。」翁曰：「我何以不知梁公？」先生曰：「梁公以人事君，則所舉柬之，亦必以人事君者也。武后先歿，其成事固在柬之。即不然，柬之雖去，而柬之所舉亦自有在。梁公夫復何憂哉？」翁

[一]「孰」，底本模糊，據明萬曆劉應舉補修本補。
[二]「況」，底本原脱，據明萬曆劉應舉補修本補。

首肯。先生復曰：「老師以宗社爲心，宗社以人心爲本。今來朝兩司郡縣，多極一時之選。所患學脉不端，則心事難一。老師趁此合併一番，令其向往不差，則終身德業[一]豈不光明而俊偉也哉！」翁躍然喜。翌日，大會靈濟宮。

學者須過信關，未過此關，大信則大進，小信則小進。既過此關，大疑則大進，小疑則小進。此學玄妙入微，不是説了便罷，須要發個不惜身命心，無一毫爲世事念，時刻不放，後日方有成就。

朱子云：「明德者，虚靈不昧。」今若説良知是個靈的，便苦苦地去求他精明。殊不知，要他精，愈不精；要他明，愈不明。若肯一切都且放下，坦然蕩蕩，更無戚戚之懷，也無憧憧之擾，此卻是能從虚上用工了。世豈有其體既虚而其用不靈者哉？但此要力量大，又要見識高，稍稍不如，難以驟語。

試看閭閻之間，愚蠢之婦，無時不抱着孩子嬉笑。夫嬉笑之語言最是淺近，閭閻之村婦最爲卑下，殊不知赤子之保、孩提之愛，反是仁義之實而修齊治平之本也。

《易》之《乾》二惟稱「庸德之行，庸言之謹」。蓋非此日用平常，則天命之生化何自而顯

[一]「業」，底本模糊，據明萬曆劉應舉補修本補。

著？人心之活潑何自而因依？故即此便是真誠，而天下萬世所當共爲存主，外此便是邪妄，而天下萬世所當共作防閑。

君子兢業以過一生，此意豈容暫息？但太陽出而魍魎消，聖人作而萬物覩，乾綱獨擅，操持八荒，孰非内統？不思務此而角力争雄，以希掃蕩，則戰國、春秋更無寧日也。

萬左史問疾，先生命具紙筆，手書曰：「此道炳然宇宙，原不隔乎分塵。故人已相通，形神相入，不待言説，古今自直達也。後來見之不到，往往執諸言詮。善求者一切放下。放下，胸中更有何物可有耶？願同志其無惑焉！無惑焉！」〔二〕

〔二〕按：以上六節文字多有模糊、脱落，據明萬曆劉應舉補修本補。

卷九

天臺耿先生要語（上）

嘉靖辛酉秋，余偕仲子晤胡正甫於漢江之滸，相與訂學宗旨。余時篤信文成良知之宗，以常知爲學無異矣。正甫則曰：「吾學以無念爲宗。」仲子曰：「吾學以不容已爲宗。」正甫首肯數四，余愯然失已，蓋訝仲子忽立此新論也。胞中蓄疑十餘年，密參顯證，遠稽近質，後始憮然有省。竊服正甫之知言，嗟嘆仲子之大啓也。比年來，益篤信此爲堯、舜、周、孔仁脉，雖聖人復起，不能易矣。何者？蓋仲子之所揭不容已者，從無聲無臭發根，高之不涉玄虛；從庸言庸行證果，卑之不落情念。禹、稷之猶饑猶溺，伊尹之若撻若溝，它若視親骸而泚顙，遇呼蹴之食而不屑，見入井之孺子而怵惕，原不知何來，委不知何止。天命之性，如此也。故曰：「惟天之命，於穆不已。」天不變，則道亦不變。顧人契之，有深、有不深；充之，有至、有不至耳。往有模擬孔氏之匡廓者曰：「如此，方成家風。」似矣，不知此等作用猶模人形軀也，非此不容已者爲之血脉，則捧土揭木爲偶而已。仲子謂「其不仁，必有後災」以此。近解説佛氏之禪那者曰：「如此出離生死，超矣。」不知此等見趣，猶覷人游魂也，非此不容已者爲之真宰，則摶影繫風，爲幻而已。不特爲幻，溺而蔽，蔽而逃，倫亂教將有不可言者。目即近所覩聞，蓋爲仰天而吁，撫膺而慨者，屢也。正甫、仲子相繼逝矣，余懼正脉之或湮，悲知言之無從，因憶而識之，以俟後之君子。

嘉靖丁巳，仲子有聞矣，余猶未之識也。一日，友問仲子曰：「子學從何入？」仲子曰：「吾學從無極入，不落陰陽五行。」余聞而艴然怒，訶之曰：「小子誦習孔孟書，不反身體會，乃剿此玄談，可訝也！」仲子素嚴事余，乃抗對曰：「吾亦重訝世人讀孔孟書，第藉以梯榮肥，更無一反身體會者。」余又訶曰：「疇不體會哉？吾儕事親從兄，與世酬物，乃實體會處也。」仲子曰：「固也，學有原本。」余曰：「何云原本？」仲子曰：「肇道統者，僉稱堯舜，堯舜相傳宗旨，祇是一『中』。子思子，孔氏之神孫也，特爲之註曰：『喜怒哀樂未發之謂中。』今讀孔氏書者，孰從未發前覷一目哉？」余聆已，俛而思，徐駁之曰：「《中庸》首章雖有如此微言，顧篇中所云庸言庸行、達道達德、九經三重，孰非實理？奈何獨舉此眇論哉！」仲子曰：「固也，不觀篇終結語耶？」余乃有味其言也，因日與討究，幸有所啓。戊午歲，仲子從余來京師。時海内顯學多與游處。一日大會，或舉「中」義相質，同志各陳所見。仲子獨嘿不語，忽從座中崛起，拱立曰：「請諸君觀『中』。」隨慨曰：「舍當下言『中』，沾沾於書册上覔『中』，終生罔矣。」同志因有省者。越辛酉，余於役西夏便歸，對榻慎獨樓，以近聞質仲子。仲子曰：「然孔氏之無聲無臭，亦自有形有象；孔氏之有形有象，原自無聲無臭。」余爲豁然，自是於有無、精粗、内外、微顯，無二見也。

□山鄒子曾受學於吉陽何先生。余叩之曰：「子學於先生也，先生云何？」鄒子曰：「先生常謂予内觀，予曰：『然。』先生患予之漫馳也，而約之云：『爾子時内觀也，漠漠耶？昭昭耶？寂寂耶？生生耶？子毋執内而大觀焉。仰觀象於天，俯觀法於地，中觀性於人，於物色色種種，何者非吾内也？昔陸象山曰：「宇宙即吾心，吾心即宇宙，宇宙内事皆吾分内事。」斯爲善觀者耶。彼騖外而遺内者固非，執内而遺外者亦非也。』」

池守問：「晦菴『窮理』與陽明『致知』之説，如何？」先生曰：「『窮理』字未可輕看，試看説箇『窮』字，便是直窮到至盡、至極處。如堪輿家卜宅兆，便直窮到祖山發脉處；昔人尋河源，便直窮到崑崙星宿海而後已。先正所云『窮理』，不是只向書册上辨識得些話頭，就實是要人反身究竟，直窮自己生身立命之原始得，即《易》云『窮理盡性以至於命』，便自可見。試以諸賢今日見在職業言之：如要治民，便窮到獲上；要獲上，便窮到信友，又窮到順親。此皆賢輩之所共明也。至於順親，又窮到誠身，誠身又窮到明善。此便是夫子直窮到底言語。諸賢今試細思，均此身也，而曰：『必明善，廼能誠身。』何也？蓋吾人而今眼前見的這箇身，只是一箇血肉之軀，張子所云『客形』，異教家所云『假合幻身』耳。世人都執恡着這箇假合的幻身，流染虚妄，迷蔽本真，只見得自己：目要好的視，耳要好的聽，口要好的喫。扒扒拮拮，一生只要陪奉這箇七尺之軀。以此不惟民物痛癢不知相關，就是父子兄弟至親，亦常生間隔乖離，如何能穀信友、獲上、治民乎？吾輩誠能反身，脉脉自窮，我這箇目原何能視，耳原何能聽，口原何能知味，我這身心原從何處生來，如此直窮到不能言處、不能着思議處。於此默識，得此渾然與物同體的意思，則惻隱、羞惡、辭讓、是非四端，萬善滿腔而是，靈靈透透，完完全全，纔是箇真正人身，不只是一箇血肉之軀矣。所謂必明善而後能誠身者，蓋如此。如此而親不順、友不信、上不獲者，世豈有此理哉！窮到此，方是窮理；致到此，方是致知也。」守贊曰：「發揮至此，明透無餘蘊矣。誠聞所未聞也。」先生蹙然曰：「願吾輩從此真真切切，省身克己，使合郡民物，窮簷幽谷之下，箇箇無失其所，迺爲發揮。若說我解說得好，就是發揮明透，不知去朱子所云『窮理』，陽明所云『致知』之旨，又隔幾千里遠也。」

仲子曰：「克己，無我也；無我，則渾然天下一體矣。」故曰：「天下歸仁，乾道固如此。如見大賓，承大祭，是默識其體而存之，乃以坤承乾之道也。」或曰：「非禮勿視聽言動，其工夫視如見賓、承祭不尤費耶？」曰：「顏子問目，蓋請夫子指點禮體眼目耳，夫子因指示云。人所以能視聽言動者，即禮；非禮，勿視聽言動矣。蓋識禮真體，便自克己，無我非强制爲功也。」又曰：「非禮勿視聽言動，君德也。非真志爲仁者，未易語此。此夫子獨揭爲顏子告，有以矣。」

人情難平者怨，難窒者慾。人能攻伐其怨慾，不使之行，誠可謂難。然不許其仁者，蓋學者先須識仁。學不識仁，而徒去克伐怨慾，譬之捕賊者，日日捕賊而中無主人翁、無家當垣墉，即日日捕賊，所謂滅於東而生於西。何可勝捕哉！

己欲立矣，即立人焉；己欲達矣，即達人焉。無間歇，無等待，仁體之不容已也如此。蓋立己所以立人，立人亦所以立己也；達己所以達人，達人亦所以達己也。立人、達人而人有弗立、弗達焉，所以求立、求達者，惡容自已哉！子曰：「中心安仁，天下一人。」蓋言安仁者，視天下猶一人也。兹能超然於人己形骸之外，而於一原者默識焉，其機自不能已矣。

只此無聲無臭，是爲真常，凡涉色相名號者，卒歸銷滅；只此不爲不欲，是爲本心，凡務闊大放散者，終墮坑塹；只此不學不慮，是爲天德，凡由意識安排者，便是人爲；只此庸言庸行，是爲妙道，凡騖高玄奇詭者，即是虚罔。

孔氏之仁與堯舜之仁，同其兼濟天下之心，無弗同也，顧所以爲仁之方，則異耳。蓋堯舜之濟衆也，必待于施，施則有及、有不及，難乎其博矣，濟衆之病勢則然也。孔子之爲仁也，立己而已而立人焉，達己而已而達人焉，此蒙莊所謂火傳也，火傳則何盡之有？濟天下及萬世，到今蒙濟焉。所謂賢于堯舜遠者如此，蓋其爲仁之方，近取諸己而不勞施也。

語云：「春蠶結繭，因物付形。」彼其根心之不容自已者，豈誠如異教所云情緣哉！天也，

「維天之命，於穆不已」。吾人繼天之不已者以爲心，雖欲自已，不容自已矣。彼于不可已者而已之，至於無所不已，此在以寂滅爲宗者或能之，余不能學矣。

友曰：「《楞嚴》中『七徵』，無非欲人識真心耳。」余曰：「然程伯子曰：『人須識其真心。』夫學不識其真心，更學何事？孟子有四徵，云惻隱、羞惡、辭讓、是非是也。睨視壑中之親骸而泚顙，乍見孺子之入井而怵惕，齊宣見牛而不忍，行乞遇呼蹴而不屑，是皆真心之顯見也。」友曰：「此『七徵』中，阿難所指，隨所觸處爲心者，佛氏言心進於此耳。」余曰：「否否。即此無思無爲之真機，顯無聲無臭之真體。吾儒言心徹上徹下，夷之聞二本之説而憮然以此。只此存而弗喪，足成上賢；擴而充之，足保四海。其干涉之大如此，顧人識取何耳？」

默而識之，識我也。我之所以爲我者，渾然與物同體，原無我也；無我，則善與人同矣，是故視人之善即我善也。捨己以學之，不盡人之善，不容自已也，不厭非勉也；視己之善即人之善也，推己以誨之，不盡人而善之，不容自已也，不倦非徇也。惟不倦可以證學，惟不厭可以證識。蓋識而曰：「默不容以言詮矣。」惟觀於其學與誨，而其識仁可知也。識仁者，即人即我，即我即人，何有於我？彼已有善也，而挾之不能公以與人；人有善也，而忽之不能虛以取人：是皆有我也。有我者，不識真我也，命之曰不仁。吁！人而不仁，則形人也，而實弗人矣。可不默識乎哉！《易》曰「復以自知」，意蓋如此。

《大學》一篇，曾子發師門一貫之藴也。曰明德，一之真體也；曰親民，一之實用也；曰至善，人己同原之宗、至一不二者也。是故民德者必親民，民親矣乃明德。維己與人，一以貫之者也。古之欲明明德於天下者，豈故爲是闊遠哉？一之貫於天下者，其體大。若斯其大也，然先之國與家而推本於身心意知，終始本末，理本一貫。格物者，格此也。知至至之一本諸身，則近之家，遠之國，暨天下胥貫矣。一者何也？即吾心之獨知不昧者也，一貫於目則爲視，一貫於耳則爲聽，一貫於口則知味。是故君子慎之。所惡於上，弗以使下，一貫於下矣；所惡於下，勿以事上，一貫於上矣。至於前後左右，所惡勿施，一貫於前後左右矣。曾子嘗發之門人曰「忠恕而已」。信哉！忠恕外，無一貫也。是道也，至近且易矣。何明之之難哉！忿懥、恐懼、好樂、憂患有所而不化，則一之體以蔽；親愛、畏敬、哀矜、傲惰、賤惡辟矣而不察，則一之用以鬩。夫是以好不知惡，惡不知美，妨賢黷貨，卒至於病國災身，爲天下僇也。豈不悲哉！

夫吾人本來之體，無爲也，無欲也，天命之性是如此。吾儕誠能無爲其所不爲，無欲其所不欲，此便是率吾性真，謂之道矣，更復何事？故曰：「如此而已矣。」何謂「修道之謂教」？聖人慮人習蔽氣昏，不能一一率性而戾道者衆也，於是立之教焉。使吾人上焉者，居仁由義，而無爲其所不爲，無欲其所不欲；次焉者，慕義强仁，而無爲其所不爲，無欲其所不欲；又輔之形政焉，使下焉者畏過遠罪，而無爲其所不爲，無欲其所不欲。此雖淺深高下不同，均之使人咸率於性而不畔於道。此自古聖人所以爲天地立心、爲生民立命者，不出此等尋常道理，非有高深玄遠之事也，故曰：「修道之謂教。」

愚嘗竊謂孔子之學，原是一貫，孟子之後宗傳似失，不免着見。着見，則二矣。即如墨子見得萬物一體，便勉强做兼愛作用；楊子見得真我處，便執定做爲我工夫。凡此皆是着見，是皆窺得向上一層者。孟子只從其纇有洮處、乍見怵惕處，識取良知之旨，亦是從此討求消息，原自徹上徹下、徹始徹終，既不落向高層虛寂窠臼，又不至摻和下層功利機械。知至至之，則不識不知，無聲無臭者，此其顯現；知終終之，則開物成務，日用云爲者，此其真宰。愚尊信之無疑者，蓋反求之本心而有契，非倚傍人口吻也。奈何桎梏於聞見者常不及，而高明賢智者又過求之耶？今云知是知非之知，是以照爲明誠，然夫照從何生？孟子云：「日月有明，容光必照。」因明生照，由照探明，原是一貫，非判然兩截也。今謂以照爲明，相去千里，提掇似太重矣。

聖學原自淺膚，惟反之本心不容已者，雖欲堅忍無爲，若有所使而不能；反之本心不自安者，雖欲任放敢爲，若有所制而不敢。是則淺膚之綱領，推求不失本心而已矣。豈是束於其教，不達上乘之宗耶？

孔、孟高超不及莊、列，權謀不及蘇、張，武略不及孫、吳，所以出類者，第以其一種不容已之仁脉，有以貫通於天下萬世耳。

物也。《大學》首揭喫飯的知，極之爲治平之矩；《中庸》亦首揭喫飯的知，極之爲參贊之能：皆是物也。顧體取有淺深，志願有大小耳。夫除卻穿衣喫飯之明覺而別有明覺，是謂騎驢覓驢，固非是。然止明覺得穿衣喫飯而已，而不能合内外、通物我、貫天人，原所志者，張子所謂「不逾衣食之間」耳。

孔子曰：「古之學者爲己，今之學者爲人。」夫古今人不相及若此，蓋剖判於所學矣。輓近世所學抑何事耶？貿貿然攻佔畢以梯榮貴，天下皆是也。進之，不免矜名行以賈聲稱云爾。間有矯然標樹，以學自命者，則又多眩於異説，崇虚任放，以爲繕性了心；甚有溝壑其身，楚越其胞，與而猶號於人曰無染。不着爲己之學，如是如是。嗟夫！是豈古人所謂學哉！古人之學，惟求得夫本心而已。夫天地萬物通爲一體，而天下之物無以尚之。吾人之本心，固然也。古之學者，惟求夫此。是故不視不顧，斤斤然致嚴於一介，非以爲廉也，是其不欲之本心不容自浼也；若撻若溝，汲汲然關切於一夫之不獲，非以爲仁也，是其不忍之本心不容自已也。由其不忍也，而益有所不欲；由其不欲也，而益有所不忍。學如是，仕亦如是矣。何也？蓋本心之達於民物也，若日之必暄，隨地皆燠；若水之必潤，隨地皆濊。彼其至性不可禦如此也，緊謂今之人獨無是心哉！彼迷蔽而壅閼者，衆也。即或縮腹鏤骨以爲廉，呴濕濡沫以爲仁，非不欲、不忍之真機矣，民生何賴焉？是則學術不明之故也，豈不悲哉！

昔年李士龍來山中省余，居逾月，仲子未與一語及學，士龍恚曰：「吾冒險千里來此，逾月不聞子一言見教，何外我甚？」仲子笑而不答。瀕行，仲子送之河滸，問曰：「孔子云『不曰如之何，如之何』，此作何解？」士龍舉朱註云云。仲子曰：「畢竟是『不曰如之何，如之何』者。」士龍因有省，近述語余，余深有味乎其語也。念吾儕一日十二時中，須是反精向裡，參會自己所以視聽言動者，是如之何，如之何；夫人之所以生、所以滅者，是如之何，如之何。因而推之天地之所以不毀庶物、之所以生没代謝、天下萬世之所以興衰理亂者，是如之何，如之何，此便不貿貿虚枉矣。若衹向別人口吻上承接，故紙上鑽求，曰如之何，如之何，終未如之何矣。即今吾人日逐與人酬酢，坐立、拜跪、作揖、打躬，更無一人從頭思想當初是如之何。彼老蘇，文人也，此處也曾思向前處一步，據其《原禮》一篇，其文自不可磨滅，使渠更向前思一着，其於道也思過半矣乎。

學以仁爲宗，以反躬默識爲入門，以孝弟忠信爲實地，以親仁取友爲資助，以能澌銷習氣而同體民物爲證驗。

夫姚、姒以君相爲仁而仁覆天下，洙泗以師友爲仁而仁流萬世。子輿躋顔氏於禹、稷，有以也。

友問：「《論語》首揭『學』字，不知所學何事？」曰：「學，學爲人也。夫人茲眇然之軀，所以與天地併立而爲三者，以其所以爲人者曰仁也。仁人之所以生生者也，時習而悦，朋來而樂，是其生生之機不容已也。人不知而不愠，則生生之機純然無息已，如是命之曰君子。」

友因揮扇，舉《楞嚴經》中「風性無體」一段語意相質。予曰：「會得此，可默識真我原無我矣。」仲子曰：「此姑亡論。吾儕坐此大廈中，舉扇輕揮，即覺風涼。試觀道上趨者，舉扇亟揮，便未知涼。此何以故？」余曰：「會得此，可識萬物備我矣。」仲子目叔子曰：「解此意否？」叔子曰：「余不解，此禪語。第思吾黨友朋兄弟只今聚會一堂，切切偲偲，此等家風從何處來也？」余哂已，仲子呵曰：「第言家風而不知風之自，可乎？」叔子嘿然。吁！學者誠於孔子家風從來處深究焉，孔子之學脉可識矣。

昔子游疑子夏教人本之則無，此子游初悟時語，尚是邊見，意謂子夏只在儀節上教人，不令識本體也。子夏駁語，此是子夏悟後語，譬諸《草木註》，學者所至自有深淺，猶草木之有大小非也，意謂本末原是一貫，即草木之根與杪原非兩截，本末之辨便自分明矣。教小子者，第令從灑掃應對上學習、涵養，漸使自悟可矣。若合下頓悟本末一貫之旨，非上智聖人之資不能也。吁！古之灑掃應對如此粗節，先儒以爲精義入神。今讀書爲文，豈不精微？乃爲俗學何耶？此固有辨難言哉！雖然，子夏之由末達本，視曾子之立本貫末，亦有間矣。故曰：「不如曾子之守約也。」

性之於人一而已，非有二也，而曰知、曰見，其究天淵矣。人不知性者，倀倀焉，憒憒焉，雖具鬚眉，被冠裳，虚生枉死人耳。即令步趨繩矩以爲行，冥行也；率循禮則以自檢，自梏也；依倚道義以爲言，剿言也。彼以見爲知者，則又蕩焉罔念而爲狂、爲魔，不知所底矣。是故仁人君子所共惑也。兹欲學者旋見爲知，則遵何道哉？惟性根於心而原於天者也，雖是無聲無臭，原自莫見莫顯，本諸身而視聽言動，徵諸人而子臣弟友，厝諸事而家國天下。故必盡其心，而後可爲知性；盡心云者，必其參贊造化，俛仰古今，體驗於言行，貫徹於民物，推之天下而準而化，達之萬世而法而則，而後謂之盡。何也？吾心之體原於天者，本自彌六合，貫千古，合内外，渾物我，如是其大且全也。心如是，性亦如是，維天命之不已者原如是。蔽於見而不思，一自反諸本心之真所以不容已者何如，是以墮于邪徑，任放恣睢，即敗缺叢慝而猶悍然自信，以爲無礙也。其害不至於敗風傷化，賊人戕物不止矣。揆所由來，余怪夫世君子急于生人而言性之易易也。若稽古聖人，閔閔焉，伈伈焉，凡所以爲生人計者，靡弗盡矣。一其視聽，約其嗜慾，齊其倫軌，蓋欲人人胥率由其性，而故未常嘵嘵然。提命之曰如此爲性，如此爲性而胥使知之也。夫勤使之由，而不使使之知，非故愚之也，性原不可以加知也。性不可知，又何可易言哉！近代鉅儒嘗有欲言之者矣，而難爲言也，不得已而取譬以喻。或以鑑喻，謂其妙應而不留也；或以珠喻，謂其禀於質者有清濁也；或以所以生，猶魚之於水矣。夫喻性者莫切於水，昔人雖嘗亦取以喻，顧意各有主，未盡也。今夫水之爲水，其狀萬億：或見以湛然而清者爲水，彼混然而潦者亦水也；悠然而平者爲水，彼駛然而逝者亦水也；淵然而止者爲水，彼湍湃而滔天者亦水也；其洄洑湍激，或爲聚沫，或爲流澌，或爲凝水，或爲瀑練，異態殊狀，莫可勝窮，亦皆水也；或藉之滋禾稼，通舟楫，興寶藏，殖貨財，固水也；或至於懷山襄陵，圮城潰垣，夷墳漂舍，故亦水也。性之萬殊亦若是已。彼執一以論性，固非知性者也。若或病此性之難明也，而欲斷緣息念、絶應離倫，以求性之見，譬則堙江塹河而欲塞水之流，不可能也。又或病此性之難制也，而欲揉情刻意、矯强懲窒，以求性之定，譬則高防固堤，以制水之横，即能之，不可常也。近論性者多執見以論性，而漫謂一切皆是，譬則據所見皆水，謂無非水者，任其漂蕩横流，汜濫中國，即犯害民物而不爲之所，是古聖人所大不忍也。昔聖人審水之所自來，而究其水之所由歸，疏鑿決排，一舉而導之海。蓋聖人知水雖萬狀異態，而水之性則就下也，以海爲壑而已。是故行所無事，而亦未嘗忘所事也。夫天下固無絶流之水，然觀洚水之横流而警予者，古聖人不容已。天下無離慾之性，乃墮慾境而滅天理，聖人寧能安乎哉！聖人審人性之本諸天者，原自不容已，雖其發見萬有不齊，而性之所止，止於至善而已。彼其所以章軌真教，敦典崇禮，敷政明刑，其術萬方，無非使人同歸於善而已。何者？天下萬世之心之性與我一也。故推之天下，達之萬世，人人同歸於善，而後吾心之不容已者始盡。夫是以一念之萌、一吻之啓、一事行之注厝、一文字紀述之垂遺，務足以通天下、傳萬世者，非故也，不敢盡，不敢不勉，性真之不容已也。性真之不已，維天之命不已如此也。故曰：「盡心則知性，知性則知天。」概彼執見而已者，所志原弗□，而根質且本駁也，固未嘗功深於積思而神啓於靈悟也。拾唾於四寸之間，啜漓於洛誦之末，偶窺此虛無一班，而即侈然自張曰：「吾見吾性矣，吾繕吾性而已。」吾兹冥會於象帝之先，棲神於無何有之鄉，只此無生無滅，是爲坦途，是爲解脱。始而自信，卒也自封，於凡萬物之備我、天之所以命我者，一切置之，遺世離倫，恣肆放曠，而不覺嗟嗟。是則見之爲祟也。何者？道一而已，無隱顯，無内外，無虛實，無上下，惟知性者能一之，而見者二之也。

世儒多分疏諸名義不知何物，老子是何年代，將這件加贈如許名號。費渠分疏當初命名一箇「道」字，已是無中生有了，如何又有先天、後天等稱號？曰性、曰心，又是何人從中爲他分剖？憑何證佐？曰性，先儒已謂不容説矣，如何又剖拆箇氣質、天地出來？曰心，以難名狀矣，如何又分箇人心道心、意與念出來？文成提掇一良知，若已洩露天機，即《學》、《庸》中拈箇知味的知，便貫到平天下、知天地化育矣，奈何又有真知情識、照了思慮等分別？此從何處爲他剖拆？真知中分箇情識，禪家亦有忘頭求首之譏矣。乃又于識中分別至八至九，只恐曉了此箇，在胞中更空不去也。余每見人稱舉種種名號，並儒佛分別，便頭暈目眩，噤不能對。只幸天賦得此箇心，欲天下萬世同歸於善，由本心原自不容已。參會到此，即意而無意，念而無念，情識思慮、照了覺察分別，都是好的，不必分疏也。世或見學者鹵莽，冒認良知，故爲之條分縷析如此。余謂此非良知之罪，其志、其根器原自別耳。

吾人生理之幾，探之無朕，達之無垠，推之無前，引之無後，拆之無間，全之爲無忝也者。即此極而研之，是曰知命，外此而別求向上一義，非吾所知；即此修而俟之，是曰立命，外此而別求末後者，非吾所知。何者？人受天地之中以生，生生之理，原是如此。即欲掙上尋空寂，自是不容已，如何上得去？即欲褪下恣情慾，自是不自安，如何下得來？

平常中原自玄妙，粗淺中更是精微。聖學如是，佛學亦如是。佛降而禪，聖降而儒，道斯岐矣。

余時雖衰頽，一日十二時中，不敢自解參究。然所謂參究者，不在六經、内典，不從方士、禪伯，惟是反精秘密中，參會自己安不安、已不容已處耳。

余嘗念學術，對自心不過，非學術；通人心不去，非學術；證之先聖而謬，俟之後聖而惑，質之天地鬼神而悖且疑，皆非學術。

竊謂吾黨問學，須辨真志，須透真根；真根透，則自淡、自簡、自温，與世酬物，自合天則，如種種粗浮意氣、空頭議論，皆是習心作祟，離卻真根矣。然惟真志宏遠者，自視必若無若虚，便自省天下有多少不盡分處，更那有閑工夫持此虚見識恣空談，與世人競短長也。是故真志苟立，真根自透，不須防檢，不須把捉矣。如使因事懲悔，第欲與世調停，即令完完全全與物無忤，去道遠甚，矧救東失西，周前缺後，決未必能如所願也。

昔淳於髡譏孟子三段語意，孟子答之詞，俱若遁。顧所謂衆人不識處，到今人熟識之？維時孟子名實誠不加於上下，而《七篇》中一縷孔氏學脉流傳到今，其名實所加，何遠耶！

或問：「洗心有道乎？」曰：「知心而已矣。」「知心有道乎？」曰：「知天而已矣。未識心而求洗者，則昔人所謂泥裏洗土塊耳。」或曰：「洗心之説出于《易》，《易》主卜筮，言不既粗歟？」曰：「精矣。夫人心之未交於感也，湛然虛爾，何俟於洗？而亦何容於洗也？蓋自知識起，而吉凶悔吝之感生，是故憂患攻取，憧憧往來，而虛者汩矣。聖人示之以卜筮之法，使人之於感也，知識不用，歸於其天，而憂悔攻取相忘於無朕之中，其爲洗心也，不已妙歟！夫《易》之洗心也，以卜筮其萃涣也，以假廟其致一也。何也？心體歸虛，則澄清；精神歸虛，則凝聚。其於道也，深矣！深矣！非達天德者，其孰能與於此？」

《記》曰：「人者，天地之心。」夫仰觀俯察，茫茫蕩蕩，天地何心？唯是虛化形成，而人人便是天地之心之所寄託也。吾人合下反身默識，心又何心？唯此視聽言動所以然處，便是此心發竅處也；此心發竅處，便是天地之心之發竅也。是故程子曰：「視聽言動皆天也。大人者與天地合德，只此識取，非有異也。」

百姓之日用皆中也，常而不怪，直而不曲，故曰中，但不能知至至之、知終終之，此百姓之所以爲百姓也。不獨百姓，即賢智者，不能知至至之，常求諸深遠、俶詭，是納諸罟擭陷穽之中而莫之避也。又或不能知終終之，常耽此虚見，色取行違，是擇乎中庸而不能期月守也。用其中於民，其舜也與！吁！舜何人也，惟用此中而已矣。予儕何人也，顧好異而多曲哉！

夫堯、舜、周、孔，學脉具見六籍，而孟子發明最盡，猶饑猶溺，若撻若溝，此實萬物一體，真機原自不容已者。禹、皋、伊、周，見知，知此耳；聞知，知此耳。總其指宗，何非爲立心、立命計者？乃近世學術，無論虚浮者流，即負真志稱有得者，類拾伯陽之餘唾；稱妙悟者，類剿楞檀之半解；稱篤修者，類守先儒之格式，於堯、舜、周、孔真血脉，原已遼邈。以是高明一行多疎脱，謹願一行多迂滯。將焉賴之？取厭於時，無怪也。

輓近士，用，孰不行？舍，孰不藏哉？孔子以用舍行藏葷葷與一顔子，何也？蓋孔顔所謂行，必有所爲行；所謂藏，必有所爲藏。今士當其用也，齷齷齪齪，籐附壟登，爲榮肥計者無論已，即楺情決性，隨世以就功名，可亦漫謂行哉！其舍也，扒扒拮拮，問舍求田，爲子孫謀者亡論已，即槁形灰心、嘯傲泉石間者，可亦漫曰藏哉！蓋必透孔顔之學脉，識學孔顔路徑，而後可以語孔顔之行藏。吁！難言哉，難言哉！弟子固以請，曰夫子亦已言之矣，曰惟我與爾方有是也。蓋孔得顔以發其藴，繼其志，而顔得孔以爲歸其行藏，焉往而不自得哉！嗣顔子死，夫子即有喪予之慟。比時夫子無論行，亦難乎爲藏矣，已興桴海居夷之思，此心良獨苦也。註者謂夫子傷道不行，此癡人説夢耳。夫子豈欲爲虬髯公哉！蓋又欲尋求一如顔子者，承接而託寄之也。當時曾子最少，晚始得之一貫之旨，一唯以傳仁爲己任，死而後已。夫子於是始瞑目於兩楹之奠，而曾子亦自終安于汶上之藏也。蓋生死一行藏，行藏一語默，皆瞬息事也。平生所學，平生願心，則千萬世無窮矣。於此有説得處，更得忘言處。有所承接託寄，便可行可藏；可行可藏，即可生可死也。

問：「『文之以禮樂』如何？」第曰：「『亦可爲成人。』」曰：「此自子路所及言之，人道難言矣。夫子曰：『仁者，人也。』人不識仁，白沙所云『只是一胞膿血裹一大塊骨頭』，何可語人？吾夫子立教，以仁爲宗，蓋欲胥天下萬世而成乎其爲人也。故曰默而識之，我學不厭而教不倦。默識，識仁也。識仁非自成己而已，亦所以成物也。成己成物乃爲成人。彼子貢、季路等是其所成得人一體者，顔淵、閔子等是其所成得人具體而微者。彼伯夷風天下以清，伊尹任天下之重，雖各成爲仁，而其所以爲仁者猶有所待，其及有限也。夫子惟以是學，惟以是誨，所以成己成物者，仕止久速，無往不可。事使不必於人，進退無膠於世，不藉名位，不矜功能，而仁達天下，垂萬世，至今與天地參而四時同矣。人至是，乃爲成之之極，孟子所以獨願學也。」

陸子靜曰：「《論語》中多無頭柄語，如『知及之』，不知及箇甚？會得此，千言萬語，如屋上建瓴水云。且聖人何……

……撫掌曰：「妙哉妙哉！原來透體皆是此，知眼前軀□原非有也。顧既識此，從今何以用工？」余曰：「先正有言『知是本體，常知是工夫』云。」南明曰：「唯唯。」越數日，南明復見過，問曰：「昔明道云：『別人喫飯從脊梁上過，某喫飯卻從肚裏過。』此是常知意否？」余曰：「然。」南明曰：「然則如古孔明等人，方在食頃，且飯且運籌決筴，應務旁午。此時常知工夫，安用耶？」余曰：「知體神通變化，潛天而天，潛地而地。所謂常知云者，常明常覺，不致昏迷放逸云耳，非固把捉膠滯於胸膺間也。」南明曰：「唯唯。」逾數日，南明又見過，曰：「子言知體神通變化，誠然。跡漢帝傷胸輒捫足，其知體之靈機妙應如是。昔有偷兒深夜以手穿吾門，遇家僮以鎗截之，中手不得脱已，顧自謬曰：『幾戳吾手。』僮以爲然，起鎗更戳，則偷兒逸矣。此與傷胸捫足者，其知體之靈機妙應將無同耶？」余曰：「然。知體之神通變化，是人人之所同也。顧用之有善、不善，辨於志矣。偷兒志壹於竊財，其知體之神通變化，見之偷生。漢帝志壹於決勝，其知體之神通變化，見之應敵。聖人之志壹於欲明明德於天下，故其知體之神通變化，見於

〔一〕按：底本原脱此卷頁二十七、二十八，江西省圖書館和北京大學圖書館藏本均闕。明萬曆劉應舉補修本則闕此卷，故無從補綴。

範圍曲成、裁成輔相。蓋知體之神通變化，恒隨於其欲，而人之欲也，千緒萬端，歸於志之所在。欲有所歸則精，精則一，一則神。吾人稽古人之所欲，而識大學之道之所在，始可與言良知之學矣。」南明憮然，首頷曰：「子言至此，而後良知乃致也。」

或問：「孟子曰『不動心有道』，何道也？」曰：「道即路也。孟子所以『不動心』者，原所由之路，逕與世人殊也。使孟子所學，原在事功一路，欲建伯王之業，則須據卿相之位，乃能操得致之權也。顧心一繫于卿相之位，則得失毀譽交戰于前，雖欲勉强不動，不亦難乎！孟子生平志願，惟學孔子一路。既學孔子，則不藉名位，不倚功能，仕固可，止亦可，久固可，速亦可。譬之行者，日緩步于康莊，東西南北惟其所適，即有颶風巨浪，傾檣摧楫，心何由動哉！」友曰：「知言、養氣，非不動心之道與？」曰：「言之所由知，氣之所由養，揆厥從來，大由此願心耳。夫戰者得地利，則勇自倍；眺者登高阜，則望自遠。故持學孔子之志者，氣乃得所養；而遊孔子之門者，詖淫邪遁自難爲言也。學者未發此大願而察察然求言之知，兢兢然爲氣之養者，吾弗之知矣。雖然，世誦法孔子者，可勝道哉！顧實識孔子者，何尠耶！吁！欲識孔子者，須先識仁。」

嘉靖甲子春，余送兩尊人還里，由龍江滸周行至安慶，中遭風，舟蕩甚，余心怔怔不寧，理會先正「中存誠敬」之旨，靡驗也。已而泊舟登岸，心乃帖然，因悟此章之旨如此。時以語近溪羅子，羅子撫掌曰：「此天啓子也，得孔氏『知止』之訣矣。」

余在臺中時，嘉興錢子懷蘇諱同文者，官比部，昕夕來余寓，與子健同寢處。余愛文成「凡人言語正到快意時，便截然能忍嘿得；意氣正到發揚時，便翕然能收斂得；憤怒嗜慾到騰沸時，便廓然能消化得，此非大勇不能也。然見得良知親切時，工夫又自不難」諸語，書揭之書室。錢子指詬之曰：「胡説。」余曰：「子妄矣，此先生粹言也。」錢子曰：「見甚良知親切，子爲御史立臺端時，岳牧以下蹌蹌濟濟，雍雍肅肅，言語孰不忍嘿？意氣孰不收斂？憤怒嗜慾孰不消化？彼等見御史，便見良知已。且即吏卒僕廝，誰不具此知哉？《大學》揭此知於欲明明德於天下，蓋須有明明德於天下之大欲，此知乃大光顯也。」余頷已，徐詰之曰：「子今何以明明德於天下哉？」曰：「吾昕夕依依于子寓，何爲者也？即此是明明德於天下矣。」余益頷之，歸以語仲子。仲子瞿然曰：「錢君悟已至此乎，世學人見解未有及此者。」

柳塘周子將之瓊，過耿子商焉，間訊其大洲先生之學。余曰：「未之炙也。」仲弟子庸曰：「吾聞諸及門者述先生言曰：『性猶水也；水固水也，波亦水也。』」余曰：「然。是可袪邊見者之蔽矣。顧有溝澮之波，有江河之波，有溟渤之波，可一視之耶？且所取於水者，將撓之而使波耶？抑澄之而使不波耶？是故識性要矣，辨志先焉，誠不可以已也。」子庸曰：「撓之即波，澄之即不波，此蹄涔溝澮之水也。乃若溟渤之水，孰能撓之使波，澄之使不波耶？」季弟子健曰：

「然所貴于學者，學至於海而已。」官子仁曰：「海不能澄之使不波矣，如使馮夷弗若，日横波焉，懷山襄陵，傾檣摧楫，民物不重傷害耶？」余曰：「中國有聖人，則海不揚波矣，學之足贊化育也如此。」周子禮曰：「唯唯，且就余事商焉。余往請告，疏再上，不允，頃圖侍養，例不合，進退維谷。此中之波，且騰涌矣，何以澄之？」楊生道南曰：「朝市未必污，山林未必潔，一視之而委順焉，可也；不則，澄水中無風自波矣。」余顧周子笑曰：「此觀海者之言也。」

先儒有言曰「仁者，渾然與物同體」，非意之也。蓋通貫天地萬物而無古今人我者，吾心之真體故然也，顧視自置身何如耳。嘗試驗之，世人身不出閭閈，念不越身家，所暱者惟婦子耳，一垣之外，皆胡越也。試舉其身孑然遊於百里外，途遭里之人，猶戚矣。又試舉其身孑然遊於千里外，途遭邑之人，猶戚矣。又試舉其身而遊窮荒絶域、萬里之外，第見似人者，亦蛩然喜矣。此何以故？身之所置異處也。古之人超然物外表，視其身爲天下萬世公共之身，天下萬世故皆度内也，豈緣境所能移、名利所能障哉！

往見近世譚學人，口口説「戒謹恐懼」，實未見能「戒謹恐懼」。常見世俗人保惜官爵者兢兢然，患得患失，趨蹌跼蹐，若其戒謹恐懼，未嘗須爲政也。喜而至於不寐，可云無喜乎？斯其哀、其喜，顧未嘗與人異也，而所以哀、所以喜者，可謂與人同耶，否耶？

竊謂日用處，聖人與百姓原同；其所用處，聖人自與百姓異。區區於相知者，拳拳以擇術效愛助，非能别效於百姓日用之外也。意於百姓之日用者，而辨所用耳。夫堯舜性之者，其君臣告戒猶曰「惟精惟一」。今精於擇術，覩孔氏之血脉者誰哉？一志宗孔，不惑于他歧逕者誰哉？

昔近溪偕白下諸同志遊立大橋上，覩諸往過來續者，僬僬侁侁，無慮千百萬計。近溪因指示諸同志曰：「試觀此千百萬人者，同此步趨，同此來往。細細觀之，人人一步一趨，無少差失，箇箇分分明明，未見磕撞。性體如此廣大，又如此精微，可默識矣。」一友咈曰：「否否，此情識也。如此論性，相隔遠矣。」友述以問余曰：「此論性如何？」余曰：「否否，謂此指示者非性，别求性體，此謂《楞嚴經》轉，非能轉《楞嚴經》者。内典亦云『離識歸寂』，譬忘己之首而别求首領矣。顧當時聆近溪此指點者，其默識淺深自不同也。或聆之而漠然無味，此則麻木人，未入裡者也，無論已。或聆之即生歡喜鼓舞者，亦未可便以爲得此初機乍解，如石火電光耳。如根志既殊，功深力到，忽爾聆之，囫地一呵，便渾身骨换，如白日昇天矣。敬仲由舉扇訟而得本心，近王心齋謂滿街皆聖人，蓋會得此意者。」曰：「識至此已乎？」曰：「實識到此，便自欲罷不能，安肯歇手？雖然，亡者東走，追者亦東走，走者同，而所以走則異也。即兹往來橋上者，或訪友親師，或貿遷交易，或傍花隨柳，或至淫蕩邪僻者，亦謾謂一切皆是混然無别，此則默識之未真也。學先辨乎此矣。辨此而後可與論孔孟血脉、孔孟路徑也。若以近溪此示爲情識，而别求所謂無上妙理，是舍時行物生以言天，外視聽言動以求仁，非吾孔子一貫之指矣。」《中庸》云：「率性之謂道。」註謂「率者，循其性之自然」云。夫四肢之於安佚，性也。吾儕茲不敢自安佚而任性之便，蓋有所以率之者。學者誤以任情爲率性，不已謬與？試觀都市通衢中，輿者、騎者、負者、載者、嘻者、號者、疾而趨者、倦而息者、聚而議者、立而跂者，皆性也。要皆有所以率之者，觀其所率而道可默識矣。今海内之廣，萬民之衆，惟天子率之。然位至天子，崇高極矣，孰能尚之？乃自古帝王孜孜宵旰而不敢自暇、自逸者，是又有所以率之者，曰天也。假令爲天子者，亦任其性之便，而不聽率于天，可乎？默而識之，觸類引伸，即《易》之假廟萃渙、卜筮洗心，與夫三千三百之禮，無非率性之微指也。故曰：「無聲無臭，至矣。」此非達天德者，孰能識此？大抵統言之，天下之性咸率于帝，帝率于天。析言之，人人有帝者在，其帝均率于天也。知帝之天者，率乎人而不率于人。不知其天則，不免率于人而爲人役也。故曰：「思知人，不可不知天。」

昔有筮仕爲令者，請教於先生，先生反之曰：「子茲往也，要如何令？」曰：「要廉。」先生曰：「否否。要耐煩。」令不達，請曰：「廉，士人美節也。先生顧不見可，而曰耐煩，是平平語也。」先生曰：「前吾語汝耐煩，未易言也。子試對境驗之，彼令之職，是上之所藉以承宣而下之所寄以爲命者也，其事任蓋叢且夥矣。茲于上也，諸所關白、諸所讞審，吾心盡矣。而上或時吾格也，如不耐煩，則憤懟之心生；憤懟之心生，則上下之情睽矣。弗獲乎上，民可得治耶？下而林林總總待命於我者，弗齊矣，倏有甿隸之子、款啓之氓，席其粗戾之習，直突咆哮於吾前。如此而不耐煩，則淫怒以逞，不免有斃於非命者矣。當此之際，須耐煩而後能原其無知之愚、察其憤惋之情也。又如公應鞅掌，昃食靡遑，倏旅賓之蠲報踵至，倏造請之竿刺頻投。此非耐煩，則其應之也，儀不及物，貌不稱情，弗賓之咎叢，下士之誠荒矣。故惟耐煩，而後無衆寡、無敢慢也。又如勾稽期會之瑣委，筦庫犴狴之檢防，少不耐煩，則蠹孔弊竇將蘊釀於兹矣。故曰：『耐煩是爲令要領也。』若夫服官而廉，猶之爲女而貞，此其性分之常道，而非異人之奇節也。今曰要廉，即此『要』之一字，便將自負以矜賢。上或有弗禮焉，則自負曰：『吾廉如是，而何弗我禮也？』由是不耐煩以承上，而傲所不免矣。下或有弗順焉，則自負曰：『吾廉如是，而何弗我順也？』由是不耐煩以恤下，而暴所不免矣。是要廉者，諸過之所生；而耐煩者，衆善之所由集。故『耐煩』二字，千古至人秘傳藥方也。顧須引子辨認親切，方得神效。夫所謂引子者，視人所志如何耳。如志躋名卿、膴仕，須服此方，昔人所謂喫得三斗醋、喫得三斗齏是已。如志學仙、佛，長生住世，須服此方，道、釋家所謂調火候、除火性是已。如志希聖賢，則亦是此方，吾儒家所謂勿助勿忘、不厭不倦是已。嗟嗟！奇方易得，真引難尋。茂叔能耐煩於趙使君之不禮、嶺表荒崖之出入，而不耐煩殺人以媚人。程伯子能耐煩於鎮寧守之忌刻，事之甚恭，雖筦庫細務無不盡心，至於諸邑競務華潔，供帳以悦内使之意，則不耐煩效之。此其於引子辨之爲精而不執方者也。是故引得其引，則雖周公之吐握、孔子之會計，亦是服此藥耳。引失其引，則鄧綰耐煩甘笑駡，師德耐煩謁相門，服此藥而益重其麻木癡頑之病，則由辨之不早也。」

卷十

天臺耿先生要語(下)

夫道毋於無而聚於虛，二氏以虛無爲宗，何嘗不是？顧見虛無便不虛無，蓋着了一見，便忠信漓而驕泰生，將亡而爲有，虛而爲盈矣。比見學人自負得二氏宗者，往往墮此痼病。若吾夫子之虛無，纔是真虛無也。何以明其然？兹不必參會諸微言，即庸常淺言中可繹思已，如曰「入則事父兄，出則事公卿，喪事不敢不勉，不爲酒困，何有於我」，此可證已。昔羅文恭誚人家子弟，羣居而聲揚，起趨而足高，與人揖不俯首，目且流視者，非家餘擔石儲，必身席父兄門第者也。不然，必以行能伎倆自負者也。此何以故？其中有矣、實矣。是卑卑者亡論，彼隶户竹林之徒，猖狂自恣睢，以天倫爲假合，以禮法爲桎梏，至遺棄其父兄，傲睨其公卿，沉酣麯糵，蕩敗名教以爲達者。彼蓋祖老莊虛無之見，猶窶子偶餘擔石儲，便足高而氣揚。如此，吾夫子隨時隨分，率性致情，欿然、隤然、恂恂然，自分無以異於尋常者哉！

問：「《論語》一編，諄諄言學也，罕言性何？」曰：「性相近也。性不可言，亦不必言，惟習則相遠矣。夫子特詳言學，有以也。」

友問：「孔門教旨，歸於求仁。曾氏子獨秉宗傳，以仁爲己任者，乃其言曰『以友輔仁』，何居？」曰：「難言哉！今獨夫夜行空谷中，即素負豪勇，未免惴惴心動。藉令五尺之童從而後，則氣倏振而中寧。厝一煨於寒灰，不崇朝滅矣；傳以束薪，則灼天燎原不可禦也。學者觀此，而輔仁之旨可默識耶！」

近日，魏中丞與余聯珮入朝。余謂中丞曰：「往入朝獨趨，則覺勞；但與友聯珮入，則勞頓減；若與同志友聯珮入，則勞益減。何以故？」中丞憮然曰：「人己原是相通的故也。」識此，而柳塘求友之指豈淺淺哉！」

古人有與世推移、因時變化的模樣，有自生民以來千古不容改易的模樣；有從聞見上來名義格式的道理，有根心不容自已的道理。夫所謂千古不容改易的模樣，古人原從根心不容自已的道理做出，所謂天則、所謂心矩是已。此非特不可不依倣，亦自不能不依倣，不容不依倣也。

聖人之道由無達有，聖人之教因粗顯精。仲子嘗言：「《易》初特今神祠之籤識耳，《書》特今詔疏之集稿耳，《詩》特今鼓吹之韻譜耳，《春秋》特今之邸報耳，《三禮》特今之條例、儀注耳。孔子從而贊之、修之、删定之，便垂爲萬世憲，其當於事理而不可易也。」若方員之於規矩，長短之於尺度，輕重、多寡之於衡量，其切於身心而不可離也。若饑之於食，寒之於衣，居息之於室廬，由之則得，戾之則失，天下遵之則治，違之則亂。此何以故哉？是可繹思矣。

昔顔子請問爲仁之目，夫子第教之非禮勿視聽言動耳。自今言之，豈不淺近哉？顔子便欲罷不能，向所喟嘆、高堅、前後，如此玄妙者，即一齊了徹。若曾子承夫子一貫之微言，當時第一「唯」耳，才出門限，輒下一轉語曰「忠恕而已」。及傳《大學》，篇中無片語拈着「一貫」字，而一貫之旨，發之何明且盡也！夫顔子初負窮天極地之見，一反而約之於視聽言動之間。曾子初領至一不二之宗，便貫之於家國天下之遠。悟高玄者，知貼身理會；契微妙者，知就事鋪張。心行處滅，言思路斷，棒喝機鋒，視此如何？古聖賢師友授受之妙契若此。今學者，與深言之，則捕風捉影，玄虚而難語踐實；淺言之，則拘形滯器，麻痹而難語入微。何也？

余在淮揚間，語泰州守候校事畢，枉心齋先生令嗣一晤。州官不解，即强促之至，則余校務未竣，不便相見，第勸鹽法徐臺長先訪之。徐臺長試以「克己復禮」義，意有當於衷而後往。乃令二學博傳王君語以告徐臺長，以與己意見不合，來語余。余曰：「不要如此見解。只看我輩當下欲訪的意思，着實相求取益，略無一毫勢分意思障礙，即此便是克己。就此中解，不須向文義上解也。然聖門言仁，只説箇禮，此又是吾儒之學超軼二氏，貫徹古今機竅，有難言者。近世學者辭受取予，出處進退，多混障鹵莽，未透此耳。即當下言之，如余與王君須事竣後會，亦是此意。如王君比來精神直下承當，以統承家學，興起斯文爲己任，略無一毫躲閃夾雜，則『克己復禮』之義，即能發揮矣。又何必求之言語間耶？」徐君因有省。

靜宇游大夫問於羅子曰：「養生家守中之訣如何？」羅子曰：「否否。內典謂吾人自咽喉以下是爲鬼窟。天與吾此心神，如此廣大，如此高明，蓋塞兩間，彌六合矣，奈何作此業障，拘囚於鬼窟中乎？」大夫曰：「然則調息之術如何？」羅子曰：「否否。心和則氣和，氣和則形和，息安用調？」大夫曰：「吾人寓形宇內，萬感紛交，何修而得心和？」羅子曰：「和妻子，宜兄弟，順父母，心斯和矣。」余聞之，跫然嘆賞曰：「此玄宗正訣也。」

友有授教職者，余書「愛衆親仁」以贈。或曰：「此孔門教弟子章程也，奈何移以贈人師？」曰：「此孔門爲仁之直指也，其道閎矣，繄獨爲弟子職言哉？凡爲君、爲長，率當遵是道矣，而尤莫切于爲師。夫吾儕被□□縉一庠序之教，則凡繫籍黌宮、負墻而圜橋者，皆吾弟子也。彼情蔽于世態之炎冷，而心朦于流品之低昂，則其愛也必不汎，而於仁也不知親。是卑卑者亡論已，習見抱一技、矜一節者，往往自視過高，而蔑視人人，即愛不能汎，仁未知親也。不寧是，即吾黨以知學自命者，又往往以知見相角觝，而以言議生矛盾，伐異黨同，見非忘是，以凡俗視衆而不知愛，以邊見仇仁而不知親者，比比也。嗟夫！是道也，豈易言哉！非反躬克己、實識仁體者，未可與此矣。」

萬曆丁亥，都門諸同志會於臨濟宮。內翰張陽和舉知命説相質，余曰：「夫子之知命，余何敢言？第自矢願以今六十四之年當夫子之十五，從兹勉志此學耳。」友曰：「夫子之志學，便志此知天命也。」余曰：「然。余兹於天命未敢言知，第畏之而已。蓋所云畏天命者，不敢揉情塞性以梏天，不敢蕩矩逾閑以悖天，不敢侈虛知空見以罔天，不敢附邪説亂道以逆天。庸德之行，庸言之謹，式是訓以終生焉爾。」

孔子言「質直」，且曰「好義」，又曰「察言觀色，慮以下人」而後能達也。質直已乎，未也。所云「好義」者，豈是依倚道義緣飾名行耶？所謂「察言觀色，慮以下人」者，抑豈伺人眉睫、揣人意旨，務爲脂韋以取媚於世耶？必不然矣。余近有味乎太宰楊公之言也。太宰謂余曰：「吾嘗接遇僚屬，視其色若有隔礙然者，反而自省曰：『是必吾中有閡，而施之者倨也。』吾慮下之而色思温焉，徐觀彼色，亦因以易而神情融洽矣。」由是以觀外者内之符，而人者己之鑒也。道合内外，通人己。夫子察言觀色之訓，深乎哉！夫仁者愛人，有禮者敬人，根於心，斯發於言，徵於色。己愛人人愛，敬人人敬，此機之相爲貫通者也。如察言觀色而人弗吾愛、吾敬，此必仁禮之在我有未盡者。慮以下人而自反其仁、自反其禮，如是乃爲好義，如是而後所謂質直者爲完德也。彼骯髒自樹，肆口淺衷，而自托於質直，恐難乎其達矣。

居之不疑，此色取仁者也。色取仁者，從想像、知見入，非真仁脉也。程子所云終是兩截，故行違，故居之不疑。孔孟仁脉，從不容自已處識取，自不容不察言觀色，慮以下人矣。彼耽虛執見者，即見到至□，終是色取。只一見，便了有何疑？又何肯下人？惟是從不容已之真機反躬，循省子臣弟友便有多少不盡分處。所謂躬行未得，夫子且自訟也，安得不疑、不下人耶？

孟子曰：「堯舜之道，孝弟而已。」考其論學，未稱引古人割股嘗糞、動天感神等事，第舉曾子、曾晳一段公案云云。往以此爲没要緊淡話，今循思此，難矣難矣。其道理又何妙且大也！夷考曾子嘗芸瓜作業，故寠人也。乃養親，每食必有酒肉，何以能辦？殫竭心力矣。只此淺事，反身追思，有餘憾也。且人於父母質性意趨同者易事，乃曾子故恂謹守約人也，遐想曾晳之意興襟度若高邁恢闊，與曾子迴然不類者，跡其言志，樂與人同，必呼羣聯類以爲常，其所樂與未必一一爲曾子所樂與者。而每食必請所與，問有餘，必曰有，豈不尤難哉！蓋曾子惟父意之承而已，無意也。夫庭闈之内，父子異意，即匹夫匹婦之家亦不能齊。無意，則無己矣，猶龍氏之言曰：「無以有己。」無己，非無上妙理哉！且即此推之，則凡所以守身崇德以承親志者，何弗用耶？余念至此，所求未能，悲愴不忍讀矣。至其論弟，亦未聞稱引讓肥争死等事，只曰「徐行後長謂之弟」，亦何淺近庸常哉！然此徐行後長，道理妙不可言。推之即唐虞師師濟濟之風、洙泗切切偲偲之義，至今存也。何者？識得此意，則進必推賢讓能，不爲矜奇釣詭；退必循循然以善養人，不忍以善服人矣。世求無上妙理者，不於此處參會，何也？

吾人真真切切爲己，雖僕厮隸胥皆有可取處，皆有長益我處。若放下自己，只求别人，不但世之賢人、君子有可指摘，雖古來諸大聖賢，其形跡亦多可疑處。

自處超然，處人藹然；無事澄然，有事斬然；得意欿然，失意泰然：非養盛者不能與於此。

燕居獨處汩汩然，羣居類聚施施然；没理没會轇轇然，臨境土轂悵悵然；志得意滿揚揚然，困窮拂鬱戚戚然：是則不學之故也。省夫！

俗情濃釅處淡得下，俗情苦惱處耐得下，俗情勞憂處閑得下，俗情牽纏處斬得下，斯爲學問得力處也。譽而喜，毁而愠，利則競，害則撓，汩汩然終身役於物而不悟，囿於俗而不能自振，而猶號於人曰爲學爲學，吾耻之矣。

學者恒言曰萬物備我，實識此理，天下更有何物能尚？廼見些小便宜，輒生歆羨，而猶號於人曰知學知學，吾耻之矣。

學者恒言曰萬物一體，實識此理，天下更有何人不容？廼遇些小違忤，便懷嗔恚，而猶號於人曰爲學爲學，吾耻之矣。

嘉靖丙寅，余駐泗校士，筮仕爲理者數輩謁余。余質之曰：「世俗子嘲談學者，類爲玄虚語。即《中庸》言思修身至不可不知人，實矣，乃思知人謂不可不知天，不已玄虚耶？」諸理各舉似。余曰：「此儒生舊見解，賢輩兹當以身發揮矣。每念賢輩職等刑獄，然讞審少差，特一夫之不獲耳。近日各臺多以耳目寄諸賢，若評品少差，則一路哭與一家哭均可念也。思知人，可弗知天耶？」諸理曰：「願終教。」余曰：「賢試仰觀諸天而自省焉。今夫天昭昭耳，蒼蒼耳。人日致虔而默禱之，天不見爲喜；人日皞皞焉，相忘於覆幬中，天不見爲嗔。何者？天無意也。諸君皆賢者，如因人之慢而故蔽其賢，因人之謹而故掩其瑕，可信無是矣。顧如因人之謹也，而中微有喜意存，則人承吾意而譽言至，譽至而日積焉，或間指其瑕，吾耳將亦或逆矣。因人之慢也，而中微有嗔意存，則人承吾意而毀言至，毀至而日積焉，或間稱其賢，吾耳將以或逆矣。何者？有意故也。諸賢法天之道而毋意焉，謹慢兩忘，好惡不作。其於知人也或庶幾乎！」

萬曆癸酉，余官符臺，適歲大計，考功何君同志者見訪，座頃蹙然喟嘆曰：「知人難矣，奈何？」余曰：「公其知天乎？」曰：「云何？」曰：「天之德生生耳。今人束髮受書，逮通籍爲仕，亦大艱矣。苟中有生平飭厲而横遭黠巇，誤致痼廢，是猶將生人而立致之死也。君念及此，其容有蹙，殆天生生之心也。執此心以往，當無失矣。」曰：「典在黜陟，厥有故常，顧安得遂此好生之心耶？」曰：「否。維天何常廢肅殺哉？顧其大德原主於生，是故肅殺亦生機也。苟徒不忍於一家之哭，而安忍於一路之哭？是亦未能克生生之德矣。」考功曰：「善。吾今而有味乎知天之説也。」

乙亥，同志有躋膴仕者，余叩之曰：「異日者君當軸秉樞，以何爲要？」曰：「知人要矣。」曰：「『思知人，不可不知天。』夫世好禔修者劣通方，尚揮霍者薄廉謹；崇渾厚則抑果敢，勵明作則迂仁厚；温恭進而骯髒退，英敏優而沉潛詘：是皆以己格物，滯方而有所，人將有遺知矣。維天之於羣物也，併包而覆照之。梧檟培矣而荆棘亦滋也，參耆産矣而烏附亦植也，牛羊蕃息矣而虎豹犀象亦併育弗殲也。夫梧檟以材以實而荆棘亦足以藩垣，參耆以宣以補而烏附亦可以祛毒，牛羊以服以乘而虎豹犀象亦足以飭等威而嚴儀衛。由此類推言之，是天無遺物，亦自無棄物也。秉鈞者惟斷斷然，休休然，法天之併包而不遺，覆照而不蔽，則自能鑒羣材而善用之矣。故曰：『思知人不可不知天。』」

紛擾中常有寧静意思，進步中常有退讓意思，窘迫中常有優裕意思，濃釅中常有簡淡意思，拂逆中常有快活意思，順適中常有警惕意思，此非知道者不能也。蓋知道，則雖景態萬變乎前，而吾自有真常者在。故曰：「所存者神，則所過者化。」物至而化於物者，則亦物而已矣。是故貴乎知道。

毁譽之心亦原於羞惡，羞惡之心生於是非。聖人貴名教，亦是權法。今欲人破除毁譽，此第可與高明、好修者道，令之逼真入微可也。若並將是非之心看作標末，不將使天下胥至惛惛憧憧耶？區區密參顯證，近日學術，惟是辨志一着乃爲喫緊。人有真志，即「致知」一言，亦已終身受用不盡，不必別爲高論，否則即此極深入微之論，人且借爲藏慝蓄垢之資也。

近日國是公論有難言者。試以學論，今同志爲《大學》「致知」之説者甚辨。由余觀之，殆由裸體箕踞而談《禮經》，據邑阻兵而講律令也，何以明之？即《大學》篇中「好而知惡」、「惡而知美」此兩言者，豈不明易淺近哉！今以學自命者，其好其惡，試自反之本心然乎未耶？愚謂必能具此心體，而後可與論國是也。且今時所謂忠邪、賢不肖之辨，余亦眩然瞀矣。竊謂誠抱體國血誠，壹意爲宗社、爲生民計者，剛柔語默不同，同歸於爲賢爲忠，否則雖有侃侃之論、揭揭之行，而不免病國妨治，第自爲名高耳，不敢信其爲賢、爲忠也。

自性之根蒂而言，原無聲臭者，曰命；自命之流行而言，原自不已者，曰性。即「性」字義，從心從生可知矣。口之於味，目之于色，耳之于聲等，是人之生機。使口不知味，目不辨色，耳不聽聲，便是死人，安得不謂之性？然直窮到根蒂上，此等俱從無生。若一縱其性而不知節，可成世界否？是以達人於此尋向上根原立命處，既見得親切，色聲臭味自不能染着。即異教家所謂攝情歸性，初亦此意也。當時告子輩一種學術，只認得聲色臭味都是生生之性，而未肯更透一步，是不謂命也，故孟子云「然」。仁、義、禮、智、天道，更何聲臭可言？故謂之曰命。然既落着到君臣父子身上來，便已降在裏了，故忠孝之念自不容已。君子於此竭力致身，務盡其心，合下見得性如此也。當時莊列家母死而歌等類，只因他止見得無聲無臭處，是他立命所在，此處都要逆而銷之，是不謂性也。若使人人如他家宗旨也，不成世界矣，故孟子復云「然」。

口之説話，性也，而商道論學，而或詈訾媟褻，無以別耶？足之運動，性也，而履繩蹈矩，而或跌宕趨蹶，無以別耶？推之食色，性也，而禮食親迎，而或紾臂逾墻，無以別耶？有物有則，帝實命之矣。固知實悟者決如此，決不如彼。比見里中初機淺學，業習未湔，憤悱未至，而志原未有樹也。一旦偶從口耳上承接，輒自侈得悟，冒認承當，猥云一切皆是，而猖狂恣睢、悍然不顧者，蓋不鮮矣。竊謂人之迷有淺深，其悟有大小。今人不信昭昭之爲天，誠迷矣。顧執昭昭之爲天，而不究覆幬之無垠，可謂知天乎？不信一勺之爲水，誠迷矣。顧執一勺之爲水，而未覩溟渤之汪洋，可謂知水乎？愚嘗曰：「識性要矣，辨志先焉。」

余二十年前曾解《盡心》章云：「謂學者須從心體盡頭處了徹，便知性之真體原是無思無爲；性之真體無思無爲，便知上天之載原是無聲無臭，渾然一貫矣。」所謂心體盡頭處者，蓋昔人所謂思慮未起、鬼神不知處也。近年以來，自省於人倫日用多少不盡分處，乃悟得不必如此虛玄解。學者於子臣弟友不輕放過，務實盡其心者，是其性真之不容自已也，原是天命之於穆不已，非情緣也。故實能盡心而知性、知天，一齊了手矣。由前之解，攝有歸無，猶龍氏所謂觀其竅非離也；由後之解，由無達有，猶龍氏所謂觀其妙非即也。語意雖若有淺深，實自體貼，無二見也。

先王孝弟之道，常道耳。孟子守此須待後學，不及行輩，何哉？正以其道，特常高明者，便欲揣模要眇，尋無上妙道，以祈有述；彼耑蒙者，又日用不知，難與審諦。此孔孟之道所由難明也。夫這箇人孝出弟就是穿衣喫飯的，這箇穿衣喫飯的原自無聲無臭，亦自不生不滅。極其玄妙者，人苦不著不察耳。且置之塞天地，溥之横四海，施之後世無朝夕，其神通廣大如此，誰其信之？余老矣，自分惟此伎倆。佛乘詮不解參會，後生中倘有信得此及者，便持此爲久要盟也。

余在南都，有士人爲惡僧侮辱，以告，余白官司懲之。其僧逋，捕之亟，竟不得。余意第迸逐，不令復係籍本寺可矣。士人未釋然，必欲捕獲，笞而枷之。余笑曰：「人謂子亦有聞矣，此箇良知何廣大也，奈何着此一破賴和尚往來其中哉？」士人退語侄輩曰：「懲治和尚，非良知耶？」侄子以告，余曰：「小子此言，即令文成復起，何能易也？乃余其難、其慎若此，胸中蓋三轉已：其一謂志學者即應犯不校，逆不難，不然落鄉人臼矣，此不是名誼心耶？又謂法司用刑，自有條格，如此類法不應枷，此則是格式心也。又聞此僧凶惡，慮有意外之虞，不肯爲已甚，此又是利害心也。余之良知，乃轉折如此。」嗣姜宗伯庇所厚善者，處之少平，大騰物議。又承恩寺有僧爲禮部枷之而死，竟成大訟。余聞之，謂李士龍曰：「余前三轉折良知，不更妙耶！」嗟嗟！「良知」二字，本起死迴生訣也。遇其人，當其機，則蹄涔一滴爲續命靈丹。苟不先辨其志之所歸，審其質根之所禀，而概授之而冒承之，誠恐上味醍醐翻成毒藥也。余今論學，每好就事之粗淺者以發微旨云。

僕嘗謂陽明先生《傳習録》，不善觀者，止增一番新知解。惟是《諭賊文移》、《訓蒙大意》等篇，此當與《多方》、《洛誥》、《曲禮》、《大學》等經並傳。何者？其良知貫徹於孺孩、奸宄矣。

嘗念三代以來，若西漢之質直，東漢之名節，兩晉之風流，唐人之靡麗，宋人之名理，一代有一代之人心風俗，其理亂懲惡，班班可覩矣。揆其初，要皆由一二人倡導之也。推言之，即一方有一方之人心風俗。每憶吾里前輩流風，至今可嘉尚也。鄙心願吾儕過去未生前的話，未來離生後的話，請且姑置，毋輕與後生新學漫談念爾。我見今皇天假以形骸，借以貌面，具此靈識，上受朝廷治教之恩，下受黎甿百工之養，前承祖宗積累之德，後爲子孫啓佑之榜樣，近爲鄉里後生之耳目，遠爲四方友朋之宗依，凡所正身、齊家、居鄉、治官者，一毫不慊於本心，而曰自求解脱以圖快活，吾不能矣。夫孔子非不解黄老之旨，孟子非不逮莊列之達。即今世間這種禪意，無欺程朱不能悟及；諸大聖賢世界，心重有餘，不敢盡耳。

不作好，不作惡，平平蕩蕩，觸目皆是，此吾人原來本體與百姓日用同然者也。立己立人，達己達人，不藉名位，不煩作用，使人人親其親、長其長而天下平。此孔孟自然功用，所以賢堯舜而贊化育於無疆者也。豈不易知，豈不易從哉！顧凝承發揮，實在此。身而不靈透，是爲麻木身；不强立，是爲痿弱身；不修潔，是爲汙穢身；不超脱，是爲臃腫身；不敦厚沉渾，是爲浮薄身。夫以浮薄、臃腫、汙穢、痿弱、麻木之身，而冒認承當此體，妄意發揮此用，不猶窶子説金、癡兒捉風哉！故曰神而明之，存乎其人；默而成之，存乎德行。

學患未見矣，猶患執見。執見不學，虛見也，見且爲祟。故君子之志於道也，學焉而已。何則？滿目渾身皆道也，充天塞地皆道也，無内外，無巨細，無精粗，目可見而實無可見也。惟學則聚，不學則茫蕩而無歸矣；學則通，不學則壅閼而暗塞矣；學則常伸，不學則堆堆娖娖而日趨下流矣；學則常不足，不學則侈然、泰然，粗浮淺躁日滋長而不自覺矣。嗟嗟！世之譚學者，類能微入於要渺，大涉於無垠，其見若精深矣；反諸其躬，而證諸其應用，與道若背而馳者。何以故哉？憑藉虛見説話度日，而未實遜志於學也。余滋懼矣。

昔宋儒以夫子告顔子爲邦之問，爲立萬世常行之道，文成駁之，誠加宋儒數等矣。雖然未盡也，道貫大小，合精粗者也。授時、章服，自古帝王重之。若商輅、《韶》舞云云，儻亦有還樸崇雅之思乎？或□克己復禮之訓要矣。自今言之，鄭聲、佞人之防檢，不爲剩語耶？曰「否」。夫凡入於其耳能溺於其心，生於其心便害於其政與事者，皆鄭聲也。即今世非聖之書、媚世之詩文，自孔顔視之，非鄭聲耶？夫以曲江之賢，而昵軟美之肅誠；以涑水之賢，而墮奉法之惠卿。佞人之遠，自古上賢哲宰難之矣。此固萬世炯戒也，言何容易哉！

比觀長安道中，日迎新科進士，大都若醵金爲戲者。切思此輩從此升沉顯晦、得失贊毀，景態輪轉，百千萬狀。彼身自爲戲者，不能當下一覺，一生悲歡苦樂，日波没於戲場中耳，豈不可慨乎哉！然自古帝王經綸天下，全憑此戲。由此類推言之，凡辨等威、章物采、制禮作樂，皆此意也。若使天下胥視之爲戲，不爲當真，豈非大亂之道耶？

僕庸虛濫厠臺端，比至就列，伏覩班行中，或敦大沉渾，如巨川大嶽；或直毅勁挺，如古柏喬松；或和粹温文，如金相玉潤；或坦衷夷度，如霽月光天。生心欽而嚴事之者若干人，心好而友善者若干人。蓋雖不能繼志以起，而模擬心神，平生之頽惰繆悠庶憬然少振，平生之粗浮淺陋庶爽然坐銷。私心竊謂隨行逐隊之餘，脉脉有得師、得友之慶。憾時馳歲去，無能奮魯陽戈耳。

友問：「老子謂『禮爲忠信之薄、亂之首』，而孔子又從之問禮。何也？」憶仲子早歲謂余，曾遇異人，質之曰：「孔子問禮於老聃，聃不言禮而直曰：『良賈深藏若虛，君子盛德，容貌若愚。』何也？」異人曰：「『若愚若虛，此禮之真體也。』仲子蓋寓言啓予。予時甚味其語云。蓋嘗觀《戴記》中亹亹數千萬言，惟是推崇此禮，而老子故蔑棄若是，何異指也？蓋三千三百者，禮之散見；而若愚若虛者，禮之真體。彼逐散見之儀文，而不識此真體，亦止是扮演戲劇耳。所謂「人而不仁如禮何」以此。然吾人受生蓋載間，天與此靈明，必有形骸以舍之；有此形骸，必有此衣冠章服以蔽之；有此衣冠章服而類聚羣居也，必有升降上下等威物采以辨之。此實降於天而不容强，生於人心而不容自已者。今曰此皆僞也，將惟倮身雜沓而游於世乎？又將屏耳目、墮支體，惟幻然若鬼物音響於虛空乎？即老子亦自不能也。彼蓋懼人逐於儀文度數之末，而未知反其本真云然耳。即今而我受享此禮功德，猶戴天履地而不知者。試思之。

昔趙文肅講學里中，後生多從之遊，士紳或嘲之曰：「毋爲所誤，往從之遊者，只去隨班作揖、打躬、歌幾章詩耳，何學可講？」先生聞之曰：「然。吾實別無所講，只此作揖、打躬、歌詩便了。」今英俊默識此意，便知聖門之教，只是禮樂便了也。

聞大洲早年講學，有問良知者，先生曰：「汝與而老婆好合是良知也。」中年與後生談學，又嘗自悔曰：「吾早有見時，嘗欺前輩不解吾微言。自今觀之，還只是力行要緊。」吁！先生此言蓋有感矣。前習禮、歌詩便是講學説，乃晚年與其里中後生語也。余懼里中吾黨英俊只聽得初機前段年解語，多至浮淺猖狂，而賢智者嘗厭薄之，顧又舍卻日用庸行別求妙道，過矣。因述之與有志者商參云。

仁即太極也，禮樂即陰陽也。不有兩，則無一。人而不仁如禮樂何，無禮樂亦無以顯仁。孔氏教術全是禮樂，即《禮記》一部肫肫言此，而《大學》、《中庸》二篇乃禮樂之匡廓與本原也。問禮樂何以曰文，《記》曰：「論倫無患，樂之情也。欣喜歡愛，樂之官也。中正無邪，禮之質也。莊敬恭順，禮之制也。」曰情、曰官、曰質、曰制，皆文也。故曰：「禮以進爲文，樂以反爲文。」禮樂只在進反之間。是道也，深乎！深乎！用則弘矣。何也？夫人爲習氣所移，多好放逸，放逸時一自警策，便是禮；人爲情慾所梏，多至抑鬱，抑鬱時一自舒暢，便是樂。警策易懈，故以進爲文；舒暢易流，故以反爲文。一進一反，便是勿忘勿助工夫；察乎天地，便是陽舒陰慘消息。悟到此，即人即天，即天即人。

陸五臺嘗語予以佛家輪掌膜拜之儀、諷誦咒唄等工課與夫因果報應輪迴之説已，又舉一二祖師公案，談到言思路斷，不能着句處，徐曰：「學佛者不會此密意，即勤修前行工課、律儀，非是佛法。然即解此密意，會不得前行粗淺處，亦非佛法。」余始知此老實亦能參會佛學者，吾家學術一貫指亦若是已。

自天子以至於庶人，孰可忘恭敬者？試反身體驗，一時恭敬，則一時精神凝定，耳目、四肢、百骸有所歸而不亂，否則所謂本亂而末弗治矣。推之一家，一家有恭敬之主則齊；推之一國，一國有恭敬之主則治；由此推之天下，天下有篤恭居敬之主則天下以平以安。吾夫子從衆德萬行中拈出「恭敬」二字，蓋近取諸身，祖述憲章，上律下襲，校勘此箇極則而揭之，世爲天下法。譬之神農、后稷從百草中摘出五穀，教民稼穡，天下後世賴之以生以養。在帝王以禄百官、養萬民，在有國者養一國，在有家者養一家，即匹夫匹婦亦須以養一身，皆莫之能易也。

問：「曾子疾，與孟敬子語，情詞悲切懇款。若此以道進人，奈何作此哀憐乞求狀？」噫！曾子斯時又思以生平所學、生平願心有所承接託寄，而後可以死也。是時道術或亦分裂可憂矣。蓋道原本諸身，修身必以道。有道者，其養和以粹，故容止自可象；其藴□以深，故言詞自可則；其衷誠無僞，故其生色自有乎。目擊道存，此道所爲可貴也。彼以道自命者，狼憸悍愎，暴而託之曰剛；倨傲鮮腆，慢而託之曰簡；媟褻穢瑣，鄙而託之曰達；荒唐繆悠，倍而託之曰超；悻悻訑訑、玩世淩物，矯而託之曰真。如是爲道，道無爲貴矣。夫人生之父母，幸有此身，故不能修之以道，徒擁此血肉軀於人間世，是曾子之所痛也。而譚道者又外身以求，俾天下胥眩瞀於邪説，迷蔽於虚見，貿貿焉未知所底，是尤曾子之所痛也。故其言懇惻如此。嗣明善誠身之學，子思傳之孟子，即孔顔至今爲不死。噫！孟子豈敬子苗裔耶？

余友近溪羅子問莊生曰：「如何能出離生死？」曰：「不着。」近溪拊髀首肯曰：「如是如是。」耿子曰：「未盡也。夫人自受形以來，如此四大軀殼原自有生有死，雖欲出離，誰能出離？一指蒙刺，哲人改容；毒疥在肱，呻吟不已。蓋好生惡死，賢愚同情，即欲不着，焉得不着耶？如此性靈，始自太虚來，終還太虚去。原始反終，本自無生，亦自無滅。一切衆生總皆如是，豈特三世諸佛獨能出離？彼衆生懵懵，日用不知，誠爲虚枉。若曰於此一覺，便是出離，此非吾儒究竟法也。近世同志中，見人臨終分明慷慨，便謂有得，是知命者。余見鄉村野老田夫臨終時叮嚀永訣，如祖行話别然者甚多，胥可謂知命耶？此猶曰是其質樸未漓，自近道者。余又見憸惡細人亦如是者多矣。乃兩楹夢奠，出涕沾襟；顔回早死，哭之至慟。尼父顧不能出離生死哉？蓋聖人與人同，聖人與人異，顧其涕、其慟必有所爲，非若庸人俗子依依戚戚於兒女間也。

先正云『存順殁寧』，此是出離生死正法眼，未可以爲儒生常談忽也。何以明之？生死猶旦暮也。吾人旦晝所爲無愧無怍，則夜寢夢寐亦寧。知晝夜，則知生死矣。生人之道無盡，聖賢之心亦無盡。孔子曰『所求乎子以事父未能』云云，是其心真歉歉然，見得此生人常道難能。以此不厭不倦，更無已時，只於此求無忝耳。聖人只見得自己未能，自己有忝，汲汲皇皇。此其心至今萬古如見，雖謂之聖人不死可也。學者承藉虚見便侈然，自謂有聞，反身循省子臣弟友，果能盡分否？」

「觀其作用處，便作兩截」一語，此非伯子不能道。竊詳彼教大端，以寂滅滅已處爲宗，若孔孟之教，惟以此不容已之仁根爲宗耳。試觀自古聖人所以開物成務，經世宰物，俾爾我見在受享於覆載間，種種作用，孰非此不容已之仁根爲之者？然即此不容已之仁根，原自虚無中來，顧此虚無何可以言詮侈言之者？由有這見在也，着見便自是兩截矣。聖人第於不容已處立教，使人由之，不使知之。如宰我欲短喪，夫子第即其不安處省之；墨氏貴薄葬，孟子第原其顙有泚處省之。至其所以不安處、所以有泚處，非不欲使知，不可加知也。余嘗觀《楞嚴經》中曉曉然於不可加知處，欲使人知，蓋猶窶人丐子偶見富家服食華靡，便爲張皇夸詡。若孔孟便只以爲家常茶飯，第令人朝夕饔餐耳。且今世之談虚無者，何曾能虚能無？深之傍見高談，淺之口是背馳，大都皆兩截也。程伯子之言，非今古同慨哉！

按正叔著《伯淳狀》云：「伯淳自十五六慨然有求道之志，汎濫於諸家，出入於老釋者幾十年。」乃亦闢佛如此，何耶？豈其於佛乘未盡研耶？中云學者於釋氏之説，直須如淫聲美色以遠之，不太嚴耶？嗟嗟！伯淳之時，若王文正、李文靖、富鄭公、韓持國輩皆好佛學者也，其德業粹然、蔚然矣。先生且慨之如是！俾覩近日之好佛者，其感慨又何如耶？范景仁、司馬君實其人品何若先生，且謂所執理出禪學下。今之談禪者自省視二公又如何？雖然，此尤在人己是非上分別，可姑置。俾讀佛書者，昔顓蒙矣，倏開悟而通神明；昔粘滯矣，倏解脱而清浄；昔委靡矣，倏警省而强立；昔慘刻矣，倏發悲而慈仁；昔放蕩矣，倏戒律而修謹。如此何可訾之爲淫聲美色而欲遠之也？如使讀佛書者，因而遺落世事、隳廢職業以爲超，不修名檢、剗毁廉隅以爲達，暴戾恣睢、輕世忤物以爲剛，它情不通、混行棒喝以爲機，拖泥帶水、同汙食穢以爲大，此則佛書爲鴆毒、爲狂泉矣，豈特爲淫聲美色哉？

文成云：「佛氏説到無，聖人豈能於無上加得一毫有？」但佛氏説無，從出離生死上來，卻於無上加這些子意思，此與吾聖人異指也。

太宰謂我曰：「孔孟之學不離事物，故曰在格物，曰費而隱。宋儒亟言心性，則不免隱而隱矣，見雖入微，稽其行業不逮漢人，有以也。即今禪那家，蘆渡後直指人心，從尋之了不可得處覓宗，與釋迦教旨亦有間也，故曰教外别傳云。」

近學者祇謂參會得本來無物處，便謂明了。自余旁觀，其胸中時有物閡而不自知，且留而不化，不知於此相當否？頃讀涇野先生《内篇》，先生於此處似未曾參會者，乃跡先生生平事行，其胸中則故無物。何耶？蓋聞先生故與鄒文莊同官，先生尊崇朱學，主「先知後行」説。文莊承服師傳，時以「知行合一」旨啓先生。先生咈不省，每晤必辨，辨必鬨然，而争若聚訟然，跡亦甚違忤矣。乃先生與文莊交情不啻同胞，險夷離合真是一體，初未嘗以議論異同少生間閡。此非胸中無物能然耶？或曰：「二先生意見雖殊，其志行同矣。」乃若武功康廷撰，豪邁任放人也，人傳其靡麗侈汰，聲伎不離左右，而先生故平生清約如寒畯，即嚬笑不苟者，乃先生故亦與之厚善，彼此往來交歡，亦如骨肉，更不以行己清濁少生分别。此非胸中無物能然耶？或曰：「康公與先生調雖不同，其品同，其地望同，又其里居同。」是固然也。又聞先生之官南都也，與霍文敏同僚。文敏故與夏貴溪交惡。先生時時規勸，而文敏疑公黨護貴溪，中銜之，所以加先生者，人爲不堪，乃先生不少爲嗔。既貴溪柄國，欲汲引先生，而先生時時于貴溪前揄揚文敏，欲貴溪重用之，卒致貴溪疑憾罷免無悔。此其于恩仇平等矣。此非胸中無物能然耶？今人意見相左則衷起戈鋋，格調稍殊則眼分青白，記短則兼折其長，貶過則併伐其善，而猶曰「吾悟本來」，然耶，否耶？

張横渠曰「聚亦吾體，散亦吾體」，是生死無分别也。程伯子曰「萬物爲一體」，是人我無分别也。實是於此處參會，而後可與語無分别處也。然夫子曰：「親親之殺，尊賢之等，禮所生也。」又曰：「非禮勿視聽言動。」而孟子曰：「親其兄之子，謂若鄰之赤子乎？」此則分别而實不分别也。何者？此則自然之真機，非緣名義道理而生分别者。《金剛》曰：「無所住而生其心。」蓋無住而生心，則無分别而自分别，雖分别而無分别矣。住於名義道理而生分别者，非無住自生之真機也。

彼氏之教，起念發端處原自不同，彼祇爲生死一大事欲了此耳。夫天地之大德曰生，生生之理寄托於人，故曰「人者，天地之心」。兹反而求之心，何心哉？視聽言動，其發竅也；喜怒哀樂，其感應也；君臣、父子、昆弟、夫婦、朋友，其實地也：是皆天地生生之德之所顯見。而所以生生者，故自無所爲生也。無生自無滅，此何容言哉？默而識之耳。顧於所謂竅者塞、應者乖、倫者滅，雖生實死矣。况既死，可曰無死耶？大抵吾儒所謂道，合天人、一微顯、貫虚實、統情性而言也。故曰「有物必有則」。曰：「喜怒哀樂之未發，謂之中；發而皆中節，謂之和。中也者，天下之大本也；和也者，天下之達道也。」又曰：「君臣也，父子也，夫婦也，昆弟也，朋友之交也。五者，天下之達道也。」彼第執其尋之了不可得者，爲心爲道。視倫物之顯、人情之至，皆爲塵跡。以是視六親眷屬爲魔累，以任情恣欲爲率性，以克己自反、改過遷善爲輪迴。嗟夫！有是哉！即清規懺悔，彼教亦何稱焉？

孔氏謂民可使由，不可使知者，正其知之之深。孟子之引而不發者，正其發之之妙也。今人原不可使知的，扒扒拮拮要人知；原不能發的，嘵嘵聒聒只要發。譬之里中宋梅多得數十斛麥，便氣揚而言誇；方叔子則否。此可觀已。夫心之精微，口不能言；言之微妙，書不能文；歸根復命之密旨，此可以多言哉？言之多，由涉道之淺也。

魯原徐先生以博學勉仲子，仲子以執射、執御之説進，未達。余因申其意曰：「距詖放淫，恢張孔氏之道，古今能執射者惟孟子，蓋其的之審而發之力也。無論漢唐，即宋儒孜孜名理，未有能詣其彀率者矣。乃若裁成輔相以人治人，循循然忘其躬以持載天下萬世，日範我馳驅趨於大道之程而不自知者，微夫子不足與此。故曰『時乘六龍以御天』。是則夫子自任執御意也，其指淵矣。學者參會夫子執御之指，而後所謂博學者有歸也。」

自外物言，無論聲名富貴，即四肢百骸，亦軀殼耳，何物是我？於此信得及，世味淡然矣。自性分言，無論父子昆弟，即天地萬物，皆吾一體，何物非我？於此信得及，心體廓然矣。

夫子曰：「飽食終日，無所用心，難矣哉！」此語最警策當味。夫人日逐，茫茫蕩蕩，心神全無歸著。譬之窶人丐子瑣尾流離，而靡所寧止，不亦難乎！吾人於一日十二時中，精神志意皆有安頓處，方有進步處。

吾人眼底看得聖賢太高，是害虛怯症；看得俗人太底，是害癲狂症。實見得無人無我、無聖無凡，如此平等心，方是凝道之舍。

昔萬兩溪翁之治河也，憤人言之齟齬，慨膚功之難奏，向客嗤曰：「方今河工，須起程伊川、吳康齋而任之乃辦。」萬翁蓋借兩先生以嘲世講學者之迂踈無當也。僕聞而因進説曰：「翁未可易兩先生也。今講學者恒言以天下爲一身，此非兩先生所傳緒言耶？實是體會，於此何有？即兹漕河，實天下之血脉也。血脉滯而咽膈之患生，從來矣。自今言之，主上一身，元首也；大臣，股肱也；言官，耳目也。如此，學術明則無我，無我則股肱之血脉與元首常相通貫，而壅淤滯塞之患免矣。中和致而位育之功成，非漫也。昔禹之底績也，本之猶溺之心而行其所無事之智也，當時堯不以父故疑，而四嶽廷臣僉諉其能，乃得成永賴如此。此仁體流行、學術大明之效也。向使人懷有我，各恃意見，各私利便，禹雖神聖，亦戛乎難哉！」

顔子求仁者也，乃視饑溺之民若鄉鄰然。道當如是矣。若顔子視參、由、冉、閔，則同室也。顔子之仁，仁此而已。想當時視參、由、冉、閔之缺失，將亦猶己之饑溺更切也。

朱紫陽早年亦甚偃蹇，尋仕僅僅至提舉，稍還即爲時宰所擯。自淳熙癸卯，屏居武夷山中。越紹熙壬子，始移歸考亭，蓋十年於兹。維時禁錮播遷，致令門徒跣走流血。此何等光景也！乃此老終日孜孜於此山中者，其精神意旨，千世之下猶可想見。嘗見近世學者往往立論掊擊，余不敢辨，第時時自省。若肯一陳此虛知虛見，起晦翁泉下而質正之，函丈間自信亦有微長，即晦翁亦當首肯。顧嘗仰思其繼往開來一段血誠，其泰山喬嶽一種骨氣。反己默觀，便爽然自失，悚然内愧矣。彼其道，律之孔孟，則誠有説。顧世之遵用之，有以也。雖在當時不免取厭，乃勝國天翻地覆，時許、吴諸人猶資其緒論。世界默頖支持，至我國朝二百餘年則全用其學矣。然晦翁所垂，能若此宏且遠者，實此武夷山中之精誠積累到此，始大發洩，非恃此種虚知見、憑一時意氣爲之也。使晦翁挫之不至，抑之不入，其精誠能積累若斯否耶？大端人惟志立眼明，則崇高富貴固是伸，阨窮遺佚尤是伸。富貴之伸，近且小；阨窮之伸，大且遠也。

孔孟相傳，學脉歸於求仁。千載之下，惟周、程獨臻此理。兩程之門，英傑瑰瑋如雲如林，顧實識仁，能領宗脉者，上三人楊龜山、謝上蔡、尹和靖，而楊更爲最。當時程子云「吾道已南」，非虚語也。即今考謝、尹之門，未見數數。龜山以後，羅、李相承，以至晦庵，益大光顯。歷元至我國朝，施及蠻貊，咸知尊信，其羽□皇序，參贊化育，蓋由之而不知者衆矣。人恒言濂、洛、關、閩，由此言之，閩學之光顯，視它更甚盛也。竊詳閩學所以光顯若斯者，當時統承諸儒如楊、如羅、如李，安貧茹苦，勵節堅貞，不似世儒敗闕世務國體；通達精練，不似世儒迂踈；又朴實篤修，不爭表暴，中有隤然如田夫野老者。積之厚，故其發之遠；蘊之久，故其行之大也如此。

嘗謂二三子曰：「夫以學道人而爲此六朝麗語，何異貞姬作謳聲哉？即令遏雲繞梁，德爲所掩矣。惟愛此景光，更求所以綴文之原者，可也。」

吾儕從事此學，須大開眼孔，毋徒在自己一身上計算，須在天下國家上計算；即論人亦不可在一事一節上討求，須爲天下國家上討求。昔晏嬰不欲用孔子，而孔子亟稱其善交；管仲去就出處大乖常理，而孔子獨稱其仁。此其心不爲我障，又不爲理障如此。吾儕須設以其身遊於春秋之世，仰模夫子之心，而後識夫子之所以重許二子者非漫也。不然，亦止剿儒生常談耳。

仲子嘗言：「《傳習録》不及《壇經》，《壇經》不及《孟子》，《孟子》不及《論語》。」余比年參會《傳習録》，陽明初入理界，與世説法不免粘帶文字知解。若《壇經》則直指心原，更爲直截也。又惟《壇經》即心即性，見誠超脱，顧不免有這個在。至於《孟子》，即事即心，便更闖進一關矣。比年參會《孟子》，頗有自得處，難以語人。即間以語人，人或亦首肯，似未有深契者。蓋謂孔子以來真能識心者，更無逾孟子。即「好貨好色」章、「不動心」章、與夫「矢人函人」章，此參會獨得處也。又孟子云「不可已而已，無所不已」章，往止視爲不要緊閑話，今乃知此爲學脉所在也。至於《論語》第於「學習」章、「博施濟衆」章、「入井救人」章與「默識」章，稍稍參會中意趣。惟孟子能發之，乃仲子云《孟子》不及《論語》處，余未甚解也。

焦孝廉省余山中，仲子就而學《詩》。余謂仲子曰：「焦生深於《詩》耶？」仲子曰：「焦子之説《詩》也，進宋儒一等，蓋得唐人興致，不紐於名理矣。」余曰：「説《詩》者如是止乎？」曰：「孔氏之説《詩》，則又進於此。」余曰：「云何？」曰：「孔氏之説《詩》，猶説《易》也。彼膠執一説以言《易》，非知《易》者也；違離身心以言《易》，非知《易》者也。夫《易》，不可爲典要也。以身爲《易》而以心會之，斯得之矣。於《詩》亦然。」余曰：「豈惟説《詩》，六經皆然也。」

以術取資於世者，諸不可苟，而醫爲甚。業此術者，須精脉理，辨地宜，審歲運，而本之恒心始得。維學亦然。今世談學者多崇佛蔑孔，曷亦審諦其脉耶？孔氏之學，其脉曰仁。仁者，吾人之生理也。舍此根心之不容已者，不知及身默識，而剿掊蘆渡餘唾，猥云尋之了不可得者爲向上第一機，豈不悖哉？何謂辨地宜？往見談學於伊洛者，多詆支、遠之玄詮爲邪哆。談學於江左者，則視程、朱之緒言若詬詈。毋亦囿於風氣然爾？醫家者言：東南地下，其病多濕與寒，治法宜散以温；西北地高，其病多熱與燥，治法宜清而潤。蓋五方風氣異宜，故同病亦異治也。今柄學者，須操何術使兩地無偏安邊見病？而又歲序攸司，五行迭運，工於醫者必審此而節宣調爕之功，乃可奏也。惟民疾三，今不古若，尼父嘆之矣。矧世逾趨狂之疾，不直蕩而已，裂維慆淫者有之；矜之疾，不直忿戾而已，戕人螫物者有之；愚之疾，不直詐而已，譸張俶詭不可有物者有之。猶人之病爲癇、爲顛、爲迷罔已，抑豈氣運到今應有此耶？尼父曰：「人而無恒，不可以作巫醫。」夫醫且不可無恒，而況以學自命者乎？吁！彼蔽此恒性，視人之邪慝爲無關，是自私其學而棄天下後世，大罪也！彼離此恒性，而別操無上之妙道以號於世，是誣枉其學以殺天下後世，其罪爲尤大矣。

夫學者，學爲人而已矣，非爲異也。人之所以爲人者，不失其本心而已矣，非有異也。所謂本心者何？即惻隱、羞惡、辭讓、是非四端是已。固人人皆有之者，知皆擴而充之，則而賢而聖即此而在，而不然者，非人矣。人可弗學也，而可弗爲人歟？乃世俗子多以談學爲詬笑，而號名爲學者又或以談學爲標表，均失其本心也已。嗟可痛已！夫以談學爲標表，夫是以談學爲詬笑也，然則使天下之人而胥失其本心者，則談學者之罪大矣。昔楊敬仲之於象山也，因自識其本心，而後定師友之交。余於四方來學者，意竊比之子式歸而求之，余日望之遇，凡同志者幸以此告余，故別無伎倆也。

夫世之所以乂安寧平而不至於潰亂敗壞者，人爲之也。人之所以循理率度而不至於逾閑喪矩者，道爲之也。道之所以制事、制心而不至於淫蕩邪僻者，學爲之也。學能善一鄉，則爲一鄉之善士；學能善一國，則爲一國之善士；學能善天下，則爲天下之善士。是存乎其志矣。俗子瞢瞢不知學爲何事，今曰進學，但知衿佩之爲榮而已。余甚憫之。乃近世談學者，又多高玄眩瞀。爾小子，余甚憂之。嗟嗟！吾孔氏揭「學」之一字以陶天下萬世，至其所以爲學者，六經具矣。二三子祭菜鼓篋之初，辨志之日也，蓋相與勗之。

陸象山曰：「古人入學之初即知離經辨志，今人終其身而不知辨。可慨也！」余謂儒生誦法孔子，須知孔子十五所志何學，而後能辨其志。陽明先生曰：「聖賢之學，明倫而已。外此而學者，謂之異端；非此而論者，謂之邪説；假此而行者，謂之霸術；飾此而言者，謂之浮詞；背此而馳者，謂之功利之徒。」又曰：「孔孟之訓，昭如日月，凡支離決裂、似是而非者，皆異説也。有志於聖人之學者，外孔孟之訓而他求，是捨日月之明而希光於螢爝之微也。不亦謬乎！」吁！今之言學者岐矣。余又恐二三子有志焉而眩瞀於淫邪之説也，故書此以相勗云。

古之所謂學，學爲聖人也，非徒係藉於此以梯榮貴已也。世學者不知學爲何事，故有溺於進取而惟知舉業之爲學者，亦有騖爲高遠而恐舉業之爲戾者，皆誤矣。昔陽明先生有言曰：「人謂舉業與聖人之學相戾者，非也；謂舉業與聖人之學不相戾者，亦非也。」程子云：「心苟不忘，雖應接俗事，莫非實學，無非道體，況舉業乎？心苟忘之，則雖終身由之，只是俗事，而況舉業乎？」忘與不忘之間，不能以髮，要在深思默識所指謂不忘者果何事，知此則知學矣。

今補博士弟子員者，類命之曰士。柄文使者，歲校而等之。列高等者，志伸氣揚；不則，索然而頹。大凡然也。不知近使者所等，等其藝耳，非等其人也。士故自有等，春陵夫子嘗等之矣，曰性焉、安焉之謂聖，上之上也；曰執焉、復焉之謂賢，上之次也。

陽明後學文獻叢書

錢明 主編

劉元卿集

上

［明］劉元卿 撰

彭樹欣 編校

國家社科基金重大項目“陽明後學文獻整理與研究”

（15ZDB009）

浙江省哲學社會科學重點研究基地
浙江省浙江歷史文化研究中心
學術成果

劉元卿畫像

（原載清嘉慶二年刻本《劉徵君年譜》

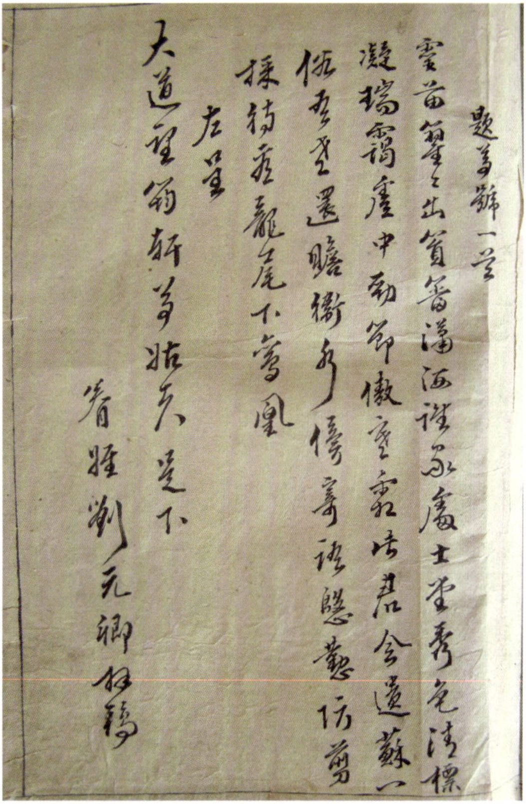
題萬谿一首

雲苗箕裘出貧窶滿海謙家處士堂秀色清標
凝瑞靄塵中勁節傲霜霜培君今還蘇一
佐吾堂還瞻衛舟儀寄語懸懃訪剪
採待舜龍尾下驚凰

左呈

大道望翁軒萬壯元　足下

眷姪劉元卿拜稿

劉元卿手迹

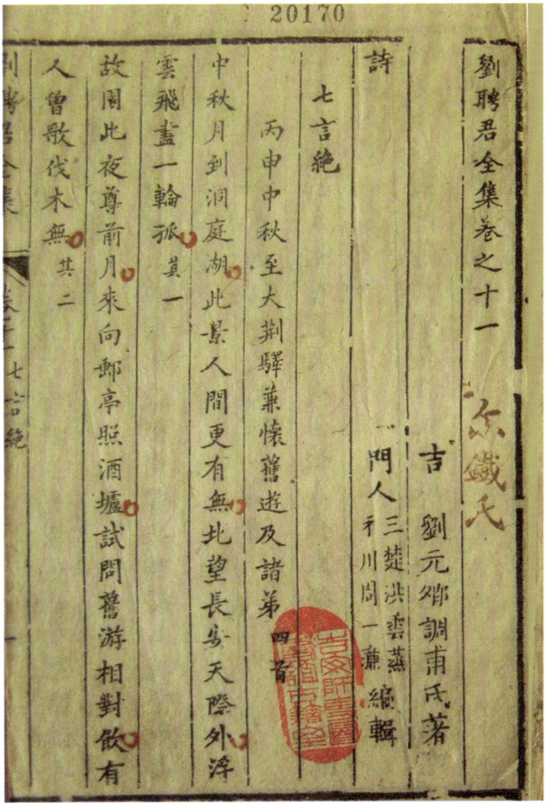

20170

劉聘君全集卷之十一

吉　劉元卿調甫氏著

門人　三楚洪雲蒸　利川周一濂　編輯

詩

七言絶

丙申中秋至大荊驛兼懷舊遊及諸弟　四首

中秋月到洞庭湖，此景人間更有無。北望長安天際外，浮雲飛盡一輪孤。其一

故園此夜尊前月，來向郵亭照酒壚。試問舊游相對飲，有人曾歌伐木無。其二

劉聘君全集　卷十一　七言絶　一

清咸豐二年南溪義社重刻本《劉聘君全集》書影

復禮書院遺址（現爲江西省蓮花縣復禮中學）

復禮中學的劉元卿塑像

「陽明後學文獻叢書」出版緣起

王守仁，字伯安，生於明憲宗成化八年九月三十日（即西元一四七二年十月三十一日），殁于明世宗嘉靖七年十一月二十九日（即西元一五二九年一月九日），謚文成。三十一歲在離越城（今紹興市）十公里的宛委山陽明洞天結廬，自號陽明山人，學者稱其爲陽明先生。他是明代最有影響的思想家、政治家、教育家和軍事家。王守仁繼承並發展了中國傳統儒家的心性之學和浙東地區的學術傳統，創立了以「致良知」學説爲核心的陽明學，又稱「王學」。由王守仁開創並由其門人後學繼承、發展而形成的思想學派，統稱「陽明學派」或「姚江學派」。王守仁的弟子和傳人衆多，門下流派紛呈，他們對王守仁思想各有新的創設與展開，形成了後世所稱的「陽明後學」。從廣義的「陽明後學」概念説，其陣容相當龐大，所存文獻也相當可觀，可謂明代思想史中最爲豐富的原始史料之一，其中較爲重要的，據初步統計就有百餘種之多。將這些文獻資料整理出版，對於明代思想史、政治史、軍事史、教育史、文化史等研究無疑具有重要價值。

儘管可以納入「陽明後學」範疇的文獻資料，大部分已收入於《四庫全書》、《四庫全書存目叢書》、《續修四庫全書》、《四庫未收書輯刊》、《四庫禁毁書叢刊》等多部大型叢書，但散失情況嚴重，缺憾甚多。譬如有的著作未曾鐫刻行世，有的重要著作雖有刻本存世但卻未被收録，有的重要人物其著作雖被收入但缺漏不全，有的所收著作並非最佳或最全的版本，有的有嚴重的缺卷、缺頁、缺字等現象。這些問題已成爲深入開展陽明後學研究的一大障礙。

又儘管上世紀五十年代以來，已陸續整理出版了一批陽明後學者的單行本、全集本或注釋本，如黄綰《明道編》（中華書局一九五九年初版）、《何心隱集》（中華書局一九六〇年初版）、《林大欽集》（廣東人民出版社一九九五年初版）、《顏鈞集》（中國社會科學出版社一九九九年初版）、焦竑《澹園集》（中華書局一九九九年初版）、《趙貞吉詩文集注》（巴蜀書社一九九九年初版）、《王心齋全集》（江蘇教育出版社二〇〇一年初版）、《張璁集》（上海社會科學院出版社二〇〇四年初版）、《程文德集》（香港銀河出版社二〇〇五年初版，上海古籍出版社二〇一二年修訂版）、《王叔杲集》（上海社會科學院出版社二〇〇五年初版）、《項喬集》（上海社會科學院出版社二〇〇六年初版）、鄧豁渠《南詢録校注》（武漢理工大學出版社二〇〇八年初版）、《王叔果集》（黄山書社二〇〇九年初版）、季本《四書私存》（臺灣中研院中國文哲所二〇一二年初版）等，但這些只是所存文獻中的極少部分，不能反映豐富的陽明後學之全貌。

浙江省社會科學院自上世紀八十年代起，就非常注重對明清時期思想家文獻資料的整理編校工作，相繼整理出版了《黃宗羲全集》、《王陽明全集》、《劉宗周全集》、《王陽明全集（新編本）》等。二〇〇〇年開始，浙江省社會科學院又投入一定的人力財力，由時任哲學研究所所長董平進行課題設計，錢明具體負責實施，約請有關高校和科研機構的專家，對陽明後學的主要代表人物的著作進行搜集整理，並與鳳凰出版集團合作，於二〇〇七年出版了「陽明後學文獻叢書」初編七種十册，内容包括《徐愛·錢德洪·董澐集》、《王畿集》、《鄒守益集》（上下册）、《聶豹集》、《歐陽德集》、《羅洪先集》（上下册）、《羅汝芳集》（上下册）。該七種十册書，由時任浙江省社科院院長的萬斌任主編，錢明（常務）、董平任副主編。叢書出版後即獲得海内外學術界的廣泛好評，並先後獲得浙江省哲學社會科學優秀成果三等獎和全國優秀古籍圖書獎。

在此基礎上，自二〇〇九年開始，浙江省哲學社會科學重點研究基地、浙江省浙江歷史文化研究中心又啓動了「陽明後學文獻叢書續編」項目，由錢明任項目負責人，内容包括《薛侃集》、《黃綰集》、《劉元卿集》、《胡直集》、《張元忭集》、《王時槐集》、《北方王門集》，即將由上海古籍出版社陸續出版。二〇一三年初，浙江省哲學社會科學重點研究基地、浙江省浙江歷史文化研究中心又與北京大學高等人文研究院合作，開始啓動「陽明後學文獻叢書」的三編、四編工作，由錢明、張昭煒任項目負責人，並且與上海古籍出版社簽訂了長期出版合同，使整個項目在人員、資金、出版等方面都得到了充分保證。

我們計劃從二〇〇〇年到二〇一六年，用十六年時間完成包括「陽明後學文獻叢書」一編到四編在内的全部整理出版工作。整個項目計劃完成四十册書，約兩千萬字，將分期分批出版，力求集陽明後學文獻之大成。由於叢書一編出版後又陸續發現了一些佚文佚詩，所以本計劃還包括等條件成熟後陸續出版修訂本，對已出書進行增補和修正，並將一起交由上海古籍出版社出版。

凡入選本叢書的各種文獻資料，編者都儘量收集原書各種版本進行比較，辨其源流，選擇時代較早、内容完整、校刻最精者作爲工作底本。整理時用其餘版本通校，並於「編校説明」中列明底本、通校本及參校要籍的名稱、版訊。同時也儘量參考前人的校勘成果，充分吸收其合理意見，並盡可能對原書的引文進行復核。在編校過程中，還儘量進行輯佚補闕工作，收集相關傳記、序跋、祭祀類資料，力求完備。每一思想家的文集，大體上由編校説明、基本文獻及相關附録資料三部分構成。

本叢書中所收著作的版本搜集和選定、標點校勘、附録彙編等基礎性工作，皆由整理編校者獨自完成，自負其責；叢書主編的工作，主要是課題設計、組織協調、人員選定和落實檢查，部分善本孤本、佚文佚詩及附録内容亦由主編負責提供。浙江省社會科學院、浙江省哲學社會科學重點研究基地暨浙江歷史文化研究中心的各級領導、上海古籍出版社的領導和責編尤其是劉海濱先生、北京大學高等人文研究院院長杜維明先生以及海内外學術界的前輩和同仁，始終給予本叢書以極大的支持和關注，使得本叢書的各項計劃得以順利實施。

錢明謹識

二〇一三年十月

編校説明

一

劉元卿（一五四四—一六〇九），字調父（也寫作「調甫」），初號旋宇，後又號瀘瀟，因朝廷曾加徵召，被稱爲聘君或徵君，江西省安福縣南溪村（今屬江西省蓮花縣坊樓鎮洋橋村藕下）人。與吴與弼、鄧元錫、章潢一起被稱爲「江右四君子」，「明後期江右王門之大家也」。〔一〕

劉元卿自幼聰慧，六歲入塾，題其座曰：「静坐周公寨，勤觀孔子書。」（洪雲蒸、顔欲章《劉徵君年譜》，以下簡稱《年譜》）嘉靖三十五年，從趙利川學舉子業。四十三年，補邑弟子員。四十四年，受業於伍盡吾。隆慶三年，肄業郡城，結交鄒守益之孫鄒德涵、鄒德溥，時與二人商學，並廣閲宋儒語録。四年，將赴鄉試，郡守周鶴皋臯試諸士，見元卿之論，以爲真儒再出；是年，舉江西鄉試，名列第五，冬赴會試。五年，會試因五策多傷時忌，忤權相張居正，主試者不敢

〔一〕 徐儒宗：《江右王學通論》，中國人民大學出版社，二〇〇九年，第三三三頁。

録；歸而師事於王陽明弟子劉三五。六年，在邑西創辦復禮書院，倡學里中。兩年後，每年均有講會，王時槐、羅大紘、鄒德溥等碩儒曾來此講學。萬曆二年，再赴會試不第，遂絶意科舉，以求道、講學爲務；是年在京城，聞黄安耿天臺語，有省。三年春，至浙，受學於蘭溪徐魯源。四年春，詣黄安，訪耿天臺，向其問學。七年，張居正毁天下書院，元卿改復禮書院爲五穀神祠，相聚講學如故。八年，因江西安福、永新、萍鄉與湖南茶陵、攸縣兩省五縣邊境常年患盗，狀兩省巡撫會議剿之，合兵追捕，盗從此消滅，諸邑安寧，允稱樂土。十一年，鄒元標向朝廷舉薦元卿，稱其「負邁俗之志節，藴濟世之經綸」（施閏章《劉瀘瀟先生傳》）。後又得趙用賢、朱鴻謨、王以通、秦大夔等人先後列薦。十四年，會講於楚茶陵之茶鄉，後又會講於其輔仁書院。十六年，謁徐魯源於淮安；過邳州，會講於半谷公署。十七年，被朝廷徵詔，以病辭。十八年，來學者日衆，闢章南館以居之。十九年，送徐魯源入浙，歸，自浙過黄安，納贄耿天臺，正式拜師。二十年，與劉喜聞、周悝予等於邑東江建識仁書院。二十年，詔授國子監博士，辭不允，冬赴任。次年四月到任，尋陞禮部主客司主事。二十五年，以禮部主事考滿，父劉陞得贈禮部主事，母彭氏贈安人，妻陳氏封安人；秋告病歸。在任上，上《請舉朝講疏》、《增祀四儒疏》等。二十六年，建一德會館於本邑嶺背，并建南溪始祖祠。二十八年，建近聖會館於邑城西。三十一年，建中道會館於本邑楊宅。三十二年，會講於永新明新書院。三十四年，創涣文閣於所居之水口。後期，元卿「道日益隆，譽日益廣，海内學者仰之如泰山北斗。以故千里負笈，屨滿户外」（施閏章《劉瀘瀟先生傳》）。三十七年卒，終年六十六歲。鄒元標撰《墓誌銘》〔二〕。門弟子創近聖館以祀，并私謚曰正學先生。

劉元卿爲官時間甚短，一生主要致力於爲學、講學，是江右王門繼鄒守益之後的重要人物，爲明後期江右一帶的精神領袖之一。「元卿弱冠即嚮往鄒文莊，慨然欲棄舉子業，以正學爲己任。」（施閏章《劉瀘瀟先生傳》）後師事劉三五，成爲王陽明的再傳弟子。三五授以陽明「立志説」和「拔本塞源」論。其學受耿天臺的影響最大，聞天臺「生生不容已」、「生生之謂易」之旨，悟孟子「四端擴充」之學：「孟氏不云乎？四端充之，足保四海。吾方幸泉不流也而故遏之，火不燃也而故滅之。彼滅與遏者，二氏之流，吾所不忍以此爲學。」（見鄒元標《墓誌銘》和黄宗羲《明儒學案·徵君劉瀘瀟先生元卿》）繼受天臺「三關四證」之學：「三關者，即心即道，即道即事，即心又須辨大人之事、小人之事。四證者，行一不義，殺一不辜，得天下不爲，此聖人根本；爲法天下，可傳後世，此聖人願欲；發憤忘食，樂以忘憂，此聖人工夫；欲立立人，欲達達人，此聖人作用。」（《年譜》）元卿最終形成自己的思想體系，即從日用倫常入手，將王陽明的良知學

〔二〕按：全稱爲《明詔徵承德郎禮部主客司主事瀘瀟劉公墓誌銘》，爲行文簡潔，簡稱爲《墓誌銘》，下同。

與孟子的性善説和擴充功夫融爲一體，一意歸本孟子，并批評當時耽空守寂之學，力持王學的純正性，成爲王學正統派的後期代表。他説：「吾孟氏之學，則指惻隱羞惡，以爲性之端；指充之四海，達之天下，以爲性之盡；推老老幼幼之恩，明井田、學校之政，嚴出處去就、辭受取予之節，以爲充之、達之之事。夫知惻隱羞惡爲性之端，則知求性於仁義之外者之爲蕩；知充之四海、達之天下爲性之盡，則知虚無寂滅、寄命於空者之爲非；知本仁行政、躬義樹防爲盡性之事，則知離仁外義、任放自恣者之爲邪。」（《劉聘君全集》卷四《七九同符序》）

劉元卿在明代理學史上地位顯著，鄒德泳在爲元卿請私謚時曰：「精一之學，昉於堯舜，大明於孔子，而孟子爲正傳；致良知之學，昉於文成，大明於文莊，而先生爲正傳。以先生配孟子，竊謂非阿所好者，請謚曰正學先生。」（鄒德泳《劉正學先生私謚議》）吴雲在《江西理學言行編序》中評價云：「江西理學亦甚有辨：豫章一家也，草廬一家也，金谿一家也，近谿一家也。吉安理學亦甚有辨：整菴一家也，念菴一家也，東廓一家也，瀘瀟一家也。」[二]此二評價，當爲公允。

〔二〕　清同治十一年刻本《安福縣志》卷十七《藝文志》，臺灣成文出版社有限公司，一九八九年影印，第一五六六頁。

二

劉元卿著述甚豐，自著和編纂之作達四十餘種之多。現將其所有著作一簡要考録，包括書名、卷數、歷代著録、著述或刊刻時間、版本、藏書地等。其著述可分爲已見和未見兩大類。已見書爲已傳世並爲筆者所見之書；未見書爲筆者所未見，但有關史料已提到，估計亡佚，也許俟他日發現。每類書再分自著和編纂，各按著述或出版時間排列，不能確定時間者置後。

已見書考録：

第一類自著：

一、《復禮會語》（一卷）

後世書目及有關劉元卿的傳記、銘文、年譜均未著録。現收録在光緒初年刻本《復禮書院會録》中，一卷。《會録》係同治、光緒年間重建復禮書院時歷代及當時各種資料之彙編，其複印本藏江西省蓮花縣復禮中學等處〔一〕。據《復禮會語》中周一濂《跋》，此書初刻於萬曆庚寅年

〔一〕 按：復禮中學前身爲劉元卿創辦的復禮書院。此書是一九九七年復禮中學校慶時在民間發現的，原件現已不知下落，只見到複印件。

（一五九〇）。《劉聘君全集》未收其中文章。

二、《山居草》（四卷）

黄虞稷《千頃堂書目》著録爲四卷。現存版本由劉氏弟子周一濂編輯、陳國相校刻，四卷。據《年譜》和書前序文，此書刻於萬曆二十一年（一五九三）。現藏臺北「國家圖書館」、「中央圖書館」臺灣分館。據筆者一一核對，此書已全部收録進《劉聘君全集》。

三、《大學新編》（五卷）

《千頃堂書目》、《四庫全書總目提要》（以下簡稱《四庫提要》）著録爲五卷。據《年譜》，此書成於萬曆二十三年（一五九五）。現存爲清咸豐二年（一八五二）南溪劉氏家塾重刻本，五卷，藏北京大學圖書館，《四庫全書存目叢書》收録。

四、《大象觀》（二卷）

《千頃堂書目》、《四庫提要》著録爲《大象觀》二卷。《四庫提要》中《江右名賢編》的提要提到此書，稱《易大象觀》[一]；《年譜》也稱《易大象觀》，並載作於萬曆二十七年（一五九九）。現存版本作《大象觀》，二卷，萬曆楊時祥刻本，藏南京圖書館，《四庫全書存目叢書》收録。

[一]［清］紀昀等：《四庫全書總目提要》，河北人民出版社，二〇〇〇年，第五二頁。

五、《劉聘君全集》(以下簡稱《全集》,十二卷)

《四庫提要》著録爲十二卷。由劉氏弟子洪蒸雲、周一濂和周之望編輯。現存版本爲清康熙六十一年(一七二二)南溪義社重刻本和清咸豐二年(一八五二)南溪義社重刻本,均爲十二卷。兩版本同一母本,板式完全一樣,個別地方文字有異。前者藏北京大學圖書館、上海圖書館(有一些地方闕頁),後者藏井岡山大學圖書館、南開大學圖書館等。《四庫全書存目叢書》所收爲後者。此書爲劉元卿的詩文集。

六、《復禮測言》(一卷)

後世書目及有關劉元卿的傳記、銘文、年譜均未著録。現與《復禮會語》一起收録於光緒初年刻本《復禮書院會録》中,一卷。《全集》未收其中文章。暫難以確定其寫作或初刻時間。

第三類編纂:

一、《吉安府志》中的「名賢傳」

《年譜》載,萬曆十五年(一五八七),「郡侯曉山公聘先生修《郡志》(即《吉安府志》)……而『名賢傳』皆出先生手」。

二、《江右名賢編》(二卷)

《四庫提要》著録爲二卷,喻均、劉元卿撰。據《年譜》,此書編於萬曆二十年(一五九二)。

現存版本爲明萬曆刻本，二卷，藏日本内閣文庫，《四庫全書存目叢書補編》收録，有闕頁。此書雖題爲喻均、劉元卿撰，執筆者實爲劉元卿。

三、《賢奕編》（四卷）、《應諧録》（一卷）

《千頃堂書目》類著録爲《賢奕篇》（四卷）。據《年譜》，《賢奕編》刻於萬曆二十一年（一五九三）。現存版本（皆作《賢奕編》四卷）有四：一是明萬曆賀仲蒙刻本，即初刻本，藏甘肅省圖書館；二是叢書《寶顔堂秘笈》本，明萬曆、泰昌間繡水沈氏刻，藏國家圖書館、華中師範大學圖書館等；三是上海文明書局石印本，一九二二年據《寶顔堂秘笈》本重排；四是《叢書集成初編》本，一九三六年商務印書館據《寶顔堂秘笈》本重排，一九八五年中華書局重印。另有《應諧録》（一卷）集笑話十八則，全部選自《賢奕編》，現存無單行本，收録於叢書《説郛續》中。

四、《諸儒學案》（殘本、十卷本）

《千頃堂書目》、《明史·藝文志》、《四庫提要》均著録爲八卷。據《年譜》，此書輯於萬曆二十三年（一五九五）。現存有兩個版本：一是明萬曆劉應舉補修本，此本不分卷，爲殘本，輯宋明理學家共二十五人學案，存二十二人，闕胡敬齋、羅整菴、耿天臺三人。藏首都圖書館、中國科學院圖書館，《續修四庫全書》、《四庫全書存目叢書》收録。二是清咸豐二年（一八五二）南溪劉氏刻本，十卷。輯宋元明理學家共二十七人學案〔一〕。《四庫提要》著録的八卷本也稱輯二十七人學案。可見，十卷本和八卷本都應是全本，可能只是分卷的方式不同。十卷本藏北京大學圖書館、江西省圖書館，但兩館所藏少數地方仍有缺頁，且缺頁碼同。八卷本未見。

五、《小學新編摘略》（一卷）

《千頃堂書目》著録爲《小學新編摘要略》（一卷），並註明盧校無「要」字。現存作《小學新編摘略》，一卷，明萬曆二十五年（一五九七）賀應甲刻本，藏浙江省圖書館，首尾有闕頁。此書由耿天臺的《小學新編》摘編而成。

未見書考録：

第一類自著〔二〕：

一、《家規十八條》〔三〕

《年譜》載，隆慶二年（一五六八），「著《家規十八條》」。《南溪劉氏續修族譜》（崇本堂）中《增刪舊家範集録》輯録了《徵君家訓》共十七則，應是來自《家規十八條》。

〔一〕按：除萬曆本所輯二十二人外，還有金仁山、許東陽、胡敬齋、羅整菴、耿天臺五人。

〔二〕按：以下自著類，除《還山續草》外，均未收録進《全集》。

〔三〕按：以下著録凡未標明卷數的，表明不能確定卷數。

二、《晤言》、《晤語測言》

《年譜》載，萬曆十八年（一五九〇），「作《晤言》，自爲序」。《墓誌銘》著録的《晤語測言》，應是其全稱。

三、《述言》（二卷）

《年譜》載，萬曆十九年（一五九一）夏，「出所著《述言》一卷於公（即耿天臺）」；是年冬，劉氏「續著《述言》一卷」。

四、《三書院會規》

《年譜》載，萬曆二十七年（一五九九）夏，「著《三書院會規》」。

五、《婺江證學》

清道光二十二年補刊本《吉安府志》卷六十一《藝文志·上編書目》著録於「雜著·講義家訓」類，未註明卷數。《墓誌銘》著録此書。《年譜》載，萬曆三十三年（一六〇五），「著《婺江證學》」。

六、《説書》（一卷）

《年譜》載，萬曆三十三年（一六〇五），「著《説書》一卷」。

七、《思問編》（《思問録》）

《墓誌銘》、《千頃堂書目》均著録了《思問編》。《全集》（卷四）有《思問録後序》。《年譜》載萬曆三十六年（一六〇八），「刻《思問編》」；並録其序言中文，其文字與《全集》同而略異，故二者爲同一書。

八、《還山續草》（四卷）

《墓誌銘》著録爲《還山續草》，《千頃堂書目》著録爲《還山草》四卷。據《全集》書前所收汪宗訊《題還山續草序》和周之望《還山續草序》，劉元卿先有《山居草》，後有《還山續草》，故非先有《還山草》，後有《還山續草》；《還山草》即《還山續草》的簡稱；此書刻於戊申年（一六〇八），爲癸巳至戊申年劉氏所作詩文。此書應全部收録進了《全集》。

九、《劉聘君會語》（四卷）

《千頃堂書目》著録，四卷。《復禮會語》可能是其中的一卷。

第二類編纂：

一、《儒先勵志詩》、《勸懲歌章》

《年譜》載，萬曆元年（一五七三），「編《儒先勵志詩》及《勸懲歌章》」。

二、《南溪劉氏家政》

《南溪劉氏續修族譜》（崇本堂）收有鄒德溥《南溪劉氏家政序》。據該文，此書成於萬曆六年（一五七八）。

三、《昭代儒宗考輯略》（二卷）

《千頃堂書目》著録爲《儒宗考輯略》，二卷。《年譜》載，萬曆二十一年（一五九三）夏刻《儒宗輯略》。據《全集》卷四《昭代儒宗輯略序》，耿天臺編《昭代儒宗考》，劉元卿摘其要，「更名《輯略》」。故書全稱應爲《昭代儒宗考輯略》。

四、《耿恭簡先生年譜》（《耿恭簡年譜》）

《年譜》載，萬曆二十五年（一五九七）「編《耿恭簡年譜》」。

五、《積餘閒語》

《年譜》載，萬曆二十六年（一五九八）「編《積餘閒語》」。

六、《童訓》、《女訓》

《年譜》載，萬曆二十六年（一五九八）編《童訓》、《女訓》。

七、《四書明賢宗解》（《明賢四書宗解》）（八卷）

《千頃堂書目》、《明史·藝文志》著録爲《四書宗解》（八卷）。《年譜》載，萬曆二十七年（一五九九）「編《四書明賢宗解》」。《全集》（卷四）有《明賢四書宗解序》。另，《年譜》又載，萬曆三十六年（一六〇八）「修《明賢宗解》」，不知此書是《四書宗解》的別稱（可能是年進行了重修），還是另一書。

八、《福乘藏稿》（正編十卷、輯遺一卷）

清同治十一年刻本《安福縣志·藝文志》著録爲十卷。據《全集》卷四《福乘藏稿序》，是書爲劉氏獨撰的第一部《安福縣誌》，正編十卷，輯遺一卷；始修於萬曆二十六年（一五九八），成於萬曆二十九年（一六〇一）。

九、《六鑒舉要》（六卷）

《千頃堂書目》、《四庫提要》著録爲六卷。《四庫提要》稱「是編成於萬曆丙午（一六〇六）」〔一〕。

一〇、《七九同符》

《年譜》載，萬曆三十四年（一六〇六），「修《七九同符》，以明孔孟之學」。

一一、《石城洞志》

《年譜》載，萬曆三十四年（一六〇六），「修《石城洞志》」。

一二、《孝廉清範廣傳》

《年譜》載，萬曆三十四年（一六〇六）「輯《孝廉清範》」。據《全集》卷四《孝廉清範廣傳

〔一〕〔清〕紀昀等：《四庫全書總目提要》，第三三六八頁。

序》，其全稱爲《孝廉清範廣傳》。

一三、《勻屯藏稿》

《年譜》載，萬曆三十五年（一六〇七），「編《勻屯藏稿》」。

一四、《廣文柯則》

《年譜》載，萬曆三十五年（一六〇七），「著《廣文柯則》」。據《全集》卷四《廣文柯則序》，此書「輯本朝先正之能教士者爲十傳」。

一五、《禮律類要》（一卷）

《千頃堂書目》著録爲一卷，《墓誌銘》也已著録。《年譜》載，萬曆三十六年（一六〇八），「修《禮律類要》」。

一六、《千一文》

《年譜》載，萬曆三十六年（一六〇八）刻《千一文》。

一七、《歷代江右名賢録》（《江右歷代名賢録》）（二卷）

《千頃堂書目》著録爲《歷代江右名賢録》，二卷；《明史·藝文志》著録爲《江右歷代名賢録》，二卷，兩者同書而名署異。

一八、《國朝江右名賢編》（二卷）

《千頃堂書目》著録，二卷。〔二〕

一九、《國史舉凡》

《千頃堂書目》著録，未註明卷數；《墓誌銘》亦已著録。

二〇、《何莫編》

《墓誌銘》已著録。

二一、《先正義方》

清道光二十二年補刊本《吉安府志》卷六十一《藝文志·上編書目》著録於「雜著·孝悌」類，未註明卷數。《千頃堂書目》著録，未註明卷數。《墓誌銘》亦已著録。

二二、《親民録》（二卷）

據《全集》卷四《親民録序》，此書初由鄒德涵手編而未竟，最後由劉氏增補而成，二卷。

二三、《興除訓誥述》

據《全集》卷四《興除訓誥述序》，此書是劉氏彙集安福縣令潘氏爲令所著《訓誥》，並加訓釋發揮而成。

〔二〕按：以上二書與現存《江右名賢編》（二卷）的關係，目前還無法確定。

二四、《史要》

據《全集》卷四《史要序》，是書由劉氏輯略舊史而成。

二五、《宋儒傳略》

據《全集》卷四《宋儒傳略序》，是書在其《諸儒學案》的基礎上，約取宋儒事行而成。

三

本書所收録者爲已傳世并爲筆者所見的所有劉元卿文獻和四個附録，現將各書所用底本、參校本和附録以及編輯原則作一説明。

一、《劉聘君全集》（十二卷）：以井岡山大學圖書館藏清咸豐二年南溪義社重刻本爲底本，并以南開大學圖書館和蓮花縣民間藏咸豐本爲參校本，遇底本有模糊處，即參校後二者，因爲同一版本，不出校記説明，徑補。同時以上海圖書館藏清康熙六十一年南溪義社重刻本爲參校本，并出校記説明〔二〕。因《山居草》（四卷）已全部收録進《全集》，故本書不收録，只作參校本用。另用方志、族譜等文獻中所收劉元卿文作參校。因此書實爲劉元卿的詩文集，故收録本書

〔二〕按：儘管此本許多地方比咸豐本清晰，但少數地方仍有闕頁，故不以其爲底本。

時改名爲《詩文集》。

二、《復禮會語》、《復禮測言》各一卷：此二書存光緒初年刻本《復禮書院會録》中，所見只此一版本，即以此爲底本。

三、《大學新編》（五卷）：以《四庫全書存目叢書》所收清咸豐二年南溪劉氏家塾重刻本爲底本，個别模糊處，參校北京大學圖書館藏此版本。

四、《大象觀》（二卷）：以《四庫全書存目叢書》所收萬曆楊時祥刻本爲底本，個别模糊處，參校南京圖書館藏此版本。

五、《諸儒學案》（十卷）：以江西圖書館藏清咸豐二年南溪劉氏刻本爲底本，《續修四庫全書》所收明萬曆劉應舉補修本爲參校本，遇前者闕頁或模糊處，以後者補。

六、《江右名賢編》（二卷）：以《四庫全書存目叢書補編》所收明萬曆刻本爲底本，因此書模糊處太多，故參照其他資料儘量補上，但涉及書太多，故不出校記説明，徑補。

七、《賢奕編》（四卷）：以一九八五年中華書局印《叢書集成初編》本爲底本，明萬曆、泰昌間繡水沈氏刻《寶顔堂秘笈》本爲參校本。《應諧録》因全部選自《賢奕編》，故不再單獨收録此書。

八、《小學新編摘略》（一卷）：現存爲浙江省圖書館藏明萬曆二十五年賀應甲刻本，以此爲底本。

本書所收上述文獻按以上順序編排，大致爲先自著後編纂、先重要文獻後一般文獻，并以自著者爲内編，編纂者爲外編。

附録包括：

一、逸文輯佚：輯録各種文獻中的劉元卿逸文。

二、《劉徵君年譜》（一卷）：洪雲蒸和顔欲章編，清嘉慶二年刻本，上海圖書館藏，江西省圖書館藏咸豐本《諸儒學案》前附有此刻本，以後者爲底本。

三、銘文、傳記等生平資料：收録劉元卿的各種生平資料（含兩種親人資料）。

四、序跋：所録爲師友、弟子、後學爲劉元卿著作所作序跋，包括兩類，一是將前面劉氏著作中的他人序跋歸入此者，一是輯録散落在其他文獻中者。

本書能夠順利出版，有賴於本叢書主持人、浙江省社科院研究員錢明先生的精心策劃和辛苦勞動，有賴於武漢大學國學院院長恩師郭齊勇先生、江西財經大學首席教授方寶璋先生的熱情鼓勵和悉心指導。其整理出版，還得到江西省蓮花縣原縣長暨劉元卿後裔劉秋生先生、原教育局局長李炳恩先生、復禮中學周仕平先生和顔毅先生的鼎力支持，得到本縣朱剛强、劉新根、謝三平、劉向友、劉柏枝等先生的真情資助和陳天相、王一木、李林俊等先生的真切關心，以及許多師長親朋的無私奉獻。此外，上海古籍出版社的曹明綱先生、劉海濱先生，以及特約編輯張旭輝先生對本書的編輯、校改付出了辛勤的勞動。在此，一併致以衷心的感謝！

由於本人水平有限，點校難免錯訛，祈請學界同仁、讀者諸君不吝賜正。

二〇一三年十一月蓮花彭樹欣識於江西財經大學人文學院

目録

卷三

卷四

卷五

卷六

卷七

卷八

卷九

卷十

卷十一

卷十二

復禮會語

復禮測言

大學新編

大象觀

外編

諸儒學案

江右名賢編

賢奕編

卷一

卷二

卷三

卷四

小學新編摘略

附録

内编

詩文集

卷一〔一〕

奏疏

請舉朝講疏

奏爲感激特恩，思竭愚忠，懇乞聖明修舉朝講之儀，以養君德，以隆萬世治安事。

臣本以樗腐，棄業入山，自分永廢，而誤盜虚聲，數污薦剡，致蒙皇上即家授臣國子博士。履任未幾，復遷今職。是陛下於臣嘘寒燼而燃之。臣之感恩，特百庶僚，早夜以思，未知所以報稱。臣竊見天下談古，心不必存之國，惟以操説爲建明；計不必利於後，惟以堅持爲果敢。言非其質，臣甚耻之。然目擊時事之非，若有迫於其心而不容自已者，將遂置而不言，則不言非其質，臣又耻之。

臣自少好修，頗安孤陋，遭逢明師良朋，日有省發，乃知杜門獨學，不如資友之益也；開逕

〔一〕按：正文前序跋歸入《附録》四，兹不録。

相求，不如多助於四友之大也；貽書摘諫，又不如相觀而善之切也。蓋臣因是而得治天下之術矣。人亦有言，曝背可獻，則臣所藉手以仰答大恩，豈能更舍所學，而他有效於君父之前也？夫古者明王詢岳咨牧，非好爲勞也，以爲天地交則泰，不交則否。自古及今，未有君臣不交而可以聯屬天下者。今者羣臣罕所接見，題奏付之批答。上下之情意，隔而不得通；王言之出納，伏而不可審。無論隱弊百出，即君臣之際，未可若是恝也。勢隔則心睽，心睽則疑生。是以大臣不得行其意，小臣不得見其忠。即今謫籍諸臣不下數十，每一推舉，動見疑忌，禁錮之久，未有甚於此時者。此其故何哉？以日隔之疏，加之以逆耳之言，雖有效忠之志，無惑乎？其以樹黨見猜也。且天下之廣，兆民之衆，非周咨遠覽，則羣吏之情弊何以知？兵民之利病何以聞？耳目無所寄，將忠邪貿亂，既以無所寄而病；即耳目有所寄，而柄且旁落，又以有所寄而病。此必至之勢也。方今議治者，僉曰戰守之當講也，屯田之當復也，諸侯王禄米之當議也，士習之當正也，吏治之當覈也。然徐而考之，卒無實效，及鱗聚而議，則人立一言，家設一喙，名爲好謀，實若聚訟。此其故可知也。主上不操柄，而以可否付之羣臣，是故不任則見謂無能，於是乎以談説爲任；任之則利害在後，於是乎以不決自免。此又必至之勢也。

頃者河南、山東大饑，陛下覽科臣之圖，惻然動念，則宫闈内豎、大小臣僚，莫不望風捐資，以象上指，惠流寰宇，聲施無窮。夫宫中一念，及於災民，其效已如此。假令坐朝堂，對百官，日議所以及百姓者，其爲摶濟，又當如何也？或者謂陛下非不存心四海，顧玉體時有未調，姑深居簡出，以養天和，則臣又不以爲然。夫人情獨居則襟懷鬱滯，與衆則神情欣融。鬱滯則怒易生，怒易生則刑易濫。以易濫之刑，轉生無已則怒。此病之招也。今陛下通君臣之情，達閭閻之隱，明良喜起，賡歌一堂，其調元養氣，伸鬱降火，未有如是之爲良者。語曰：「流水不蠹，户樞不腐。」言精神貴暢爽耳。斯亦却疾之善計也。臣故不勝大願，願陛下仰遵祖宗舊制，修復朝講之儀。遇有大議，陛下廷審而決之。其餘章奏批答，時召内閣面議。凡内外官，見辭赴任，皆得求對，陛下虚心咨之，雖身居九重，而四海之事，悉陳於前矣。今夷臣方求納款，外吏行且入覲。陛下幸聽臣言，修舉廢墜，整肅朝儀。外以觀示四夷，内以振率百辟，遠以遵祖宗之舊章，近使皇長子有所法程。天下幸甚！萬世幸甚！

臣無任殞越戰慄〔二〕之至，爲此具本親賫，謹具奏聞。

增祀四儒疏

奏爲聖世理學大明，再乞天恩，增祀四儒，以興正學事。

〔二〕「慄」，底本模糊，據上海圖書館藏清康熙六十一年南溪義社重刻本（以下簡稱「康熙本」）補。

臣聞之臣師耿定向曰：「世之所以乂安平寧者，人爲之也；人之所以循理率度者，道爲之也；道之所以制事制心而不至於淫蕩邪僻，則學爲之也。」是故三代而上，學在堯、舜、禹、湯、文、武、周公；三代而下，學在孔子。或以君相爲學，而仁流一世；或以師友爲學，而仁流萬世。夫其不襲名位，而流仁最遠。彼以爲賢於堯舜，有以也。

孔子而後，師友道喪，然六經故在也。朱熹承周、程之後，特爲表章，使天下士民咸知尊孔孟，以自束修。是故迄宋至元，迨我國朝，遵用其教，世道有所賴而定，何往非朱熹之切？然熹之注疏，故以爲涉海之航，而後之學者，遂以航爲海。於是乎求之詞章記誦，而視聖人以爲終不可至，則熹之學又復大晦。王守仁出而提掇良知之旨，於是天下學士大夫始知吾人之知無不良，人皆可以至於堯舜，而患不致知耳。希聖之路久塞而復開，則又守仁之功。

夫人心萬物皆備，譬之猶海也。朱熹借六經以爲航；守仁復直指人心，使曉然知海之不遠，故皆孔門之嫡脉。其並得從祀，宜矣。然臣以爲朱熹之功大矣，所以開朱熹者誰也？則李侗、羅從彥之祀，不可不議也。守仁之功大矣，以身發守仁之學者誰也？則鄒守益、王艮之從祀，不可不議也。王者之祭川，先河而後海，或原也，或委也。不求其原，海孰與輸？不求其委，河孰與衍？

熹之學得之李侗，李侗得之從彥，從彥得之楊時，楊時得之周、程。臣觀從彥教人，每令静中看喜怒哀樂未發氣象。侗亦嘗終日危坐，以求所謂中者，則其學有本原，固大都可見。乃《尊堯》一録〔二〕，通達國體，而憂時論事，感激動人，本末備具，咸可舉行，視世儒迂疏無當，又何如也？彼其師楊時以爲，惟從彦可與言道。而從彦少然可，亦亟稱許李侗，蓋不虚云。今周、程祀矣，楊時又增祀矣，乃從彦與侗顧不得祀，則不可不謂之缺典也。

守仁之徒滿天下，至求其不失宗旨而粹然一出於正者，則當以鄒守益、王艮爲首。守益之學，即時行物生，即天載，即三千三百，即發育峻極；悟及於無聲無臭，而學不越於庸德庸言。志期於皜皜肫肫，而行不離於子臣弟友。先經諸臣特疏，言之亦頗詳盡矣。王艮以布衣悟止至善之義，卓然欲立其身，以爲天下國家之本。其志誠大，而夷考其所以語立身者甚詳，所自爲立身者甚嚴。巨節細行，咸可昭日月，通神明。彼其以褐衣而師表王公，又豈聲音笑貌可虚致哉！

臣觀今日學術，謬悠特甚，或以孝弟爲剩談，以懲窒遷改爲沾滯，芻狗仁義，駢拇禮樂，孔孟之訓，幾若贅疣。於此之時，使四臣者得入祀典，無但尊朱熹而及其師，使傳道者知俱立俱達之爲大；亦無但尊守仁而及其徒，使承傳者知親師取友之爲益。即四臣兢兢躬行，或隤然如田夫

〔二〕「録」，底本模糊，據康熙本補。

野老，或冥然而默坐澄心，或忠義形於昌言，或孝誠發於天性，是皆未有絶〔二〕悟奇行。而今所崇祀，乃在此而不在彼，則所以懸衡量、陳準繩、申飭規矩，使天下回心而向道，其爲補豈小小哉。

夫學，一也，趨方便之門易，趨繩墨之途難。人亦誰不願附於賢聖，顧無奈繩墨之易失也。今使人釋繩墨而可以得賢聖，其誰不欣然從也？畫工之畫也，惡圖狗馬，好作鬼魅，則以人之所不覩者易逃爾。今欲使鬼魅之説得熄，則無若引四儒以示之。臣故以爲增祀四儒，不但可以補先今之缺典，蓋亦正學術之大機也。伏惟皇上採納臣言，敕下禮部覆加查議，增祀宋臣羅從彦、李侗，先臣鄒守益、王艮，則俎豆生輝，斯文幸甚。

臣不勝祈懇之至，爲此具本親賫，謹具奏聞。

節制貢夷疏

禮部主客清吏司署提督會同館主事臣劉元卿謹奏，爲恭循職掌，酌議貢規，以正夷夏大防事。

該臣叨署提督之役，竊見諸夷之到館者，在回夷，則苦關防之難；在三衛二種女直，則苦鉗

〔二〕「絶」，底本原脱，據康熙本補。

束之難。回夷之所以難於關防者，以人數大濫、行李大多，大貢或至二千櫃，小貢亦不下數百櫃。往者甘肅撫臣疏謂，一歲入貢，該鎮支糧至費二萬餘石，則其沿途廩食夫馬及詭故增加、凌虐需折，又不知幾何。迨至入京，衒玉求售，轉相爲市。禁之則涉於瑣屑，非中國御夷之大體；縱之則恣，買禁内貨物，私市數外葉茶。日捱一日，輜重轉增，將疲中國之力以事外夷。斯臣所謂關防之難也。三衛二女直之所以難於鉗束者，以其犬羊成性，無復忌憚。自嘉靖庚戌勾引北虜入犯，頗輕中國，名爲修貢，實欲規利。所過州縣驛遞，挾索多端。京東一帶居民、商賈，聞屬夷將至，不啻若大虜之入寇然者。到館勒騙當房夫役，每有市買，脅令賠錢，稍示約束，羣然而嘩。治之則既無以制其死命，責之伴送則彼又不受伴送羈紲。斯臣所謂鉗束之難也。

且其人亦何厭之有？既得金帛，又將生心。而令其什百爲羣，絡繹道路，京師虛實，盡在目中。一旦改慮，何不可爲？所爲引虎入室，莫此爲甚。夫事每忽於因循，禍常生於積習。及其勢之未熾，因而收之，爲力甚易。顧在當事者加之意耳。查得西番貢例，每千人止起送八人。今回夷三百名内，起送七十人，其沿途收買投托之數不與焉。至於三衛二女直，動輒數百人，積三年計之，則六千有奇焉。此獨不可以西番例仿而行之乎？又查北虜，貢在邊鎮，賞亦在邊鎮；此又獨不可以北虜例仿而行之乎？

然臣之爲此説，不始於臣，查得先年提督主事、今儀制司郎中張我續等陸續建白。臣非創爲臆説，顧實灼知諸臣所言，果爲久安長治之良策，故復爲皇上陳之。伏乞敕下兵部會同禮部，再加詳察。若能大破拘攣，徑照隆慶間北虜事例，斷自明年爲始，令前項諸屬夷俱在邊貢賞，斯爲上策。即不然，亦宜照西番事例，減其人數，如回夷三百名内，止起送十餘人，仍限定箱櫃數目，不許多帶私貨。三衛則每衛止令三五人入京。海西、建州二種女直，則每處止令十數人入京，餘俱在邊聽賞。如是，則賞賚之典毫不減損，彼既無以爲詞，而沿途驛遞不至摧殘，州縣居民不至驚擾，中國之虛實險易不得窺覘。所謂内憂外夷之防，亦庶幾少正矣。

臣無任祈懇之至，爲此具本親賫，謹具奏聞。

羣臣持論大激疏

奏爲羣臣持論大激，以致主德不光，朝政日紊，敬瀝血誠，懇回天意以新聖治事。

臣竊惟近日事勢，羣臣務爲激聒，以見其忠。皇上激於臣言而故拂亂所爲，以獨行其意。日激則情日拂，日拂則政日亂，天下之事將遂至於不可爲。此非盡陛下之過，羣臣蓋與有咎焉。今天下但知陛下之當納諫，而不知諫臣又當納諫。語曰：「過則歸己。」言君有過而臣且引爲己辜，乃臣實有過而不自引，其若事君何？何以明其然也？今争行一事，未實覩其利害之歸宿也；争用一人，未實定其賢否之大較也。一人言焉，據其見以爲言；已而又一人言焉，據其言以爲言；已而復一人言焉，又據其言人之言者以爲言。此所謂半信半疑之論，而非確論也；所謂相沿相襲之論，而非公論也。然而有公論之名，則遂以爲確也。爭一人，必其人之果不用而後快；爭一事，必其事之果不行而後已。彼其中心，且不能不自疑也，而欲皇上之斷然行之乎？彼且健執其言以求勝也，而欲皇上之不以求勝報之乎？然而不深惟其故，則曰「是必閣臣沮之」，則并閣臣訾之。又曰「是必部臣沮之」，則并部臣劾之。以故大臣畏其口而不敢動，大權委於途而莫敢收。夫權者，治天下之具也。天子故不能以一手一足攬之，則必分任於大臣。今使大臣不敢攬柄，柄將誰攬乎？事勢至此，有識者莫不寒心，而言者健執如故，此必欲天下之勢至於如何而後悔也。

臣故以爲今日之事，非盡陛下之過，而羣臣不得辭責焉。雖然，陛下之過，則在於始勤終怠，而微萌逸欲之心耳。夫人主一有逸欲之心，則羣下爭爲導欲之言。蓋昔之人臣，有説其君者曰：「天子所以貴者，但以聞聲，羣臣莫得見其面，故號曰朕。今坐朝廷，譴舉有不當，則見短於大臣，非所以示神明於天下。」有教其徒者曰：「天子不可令閒，宜以奢靡娱其耳目，使日新月盛，無暇更及他事，然後可以得志，慎勿使之讀書，親近儒臣。彼見前代興亡，心知憂懼，則吾輩疏斥矣。」均一事君也，儒臣進講，惟恐接賢士大夫之時少；倖臣爲計，惟恐接賢士大夫之時多。此其隱易知也，而奈之何？人主之數中於其術也，則豈非逸欲之心爲之障哉？内有逸欲之心，則外樂聞導欲之言。由是入宮益深，接見益少。大臣不得行其意，羣臣不得關其忠。而一二持論者，又不能切脉察症，以得其受病之原，方且時進厭聞之語，又且數爲深刻之論以雕琢諸大臣。夫其不務體要，而時進厭聞之語，則陛下益以爲言官無益於國。始而厭之，既而懲之，又既而懲之不可勝懲也。遂畫爲留中之策，章奏至於不可考稽，出納至於不可質證，而竟貽無窮之弊矣。夫其數數爲深刻之論，以雕琢諸大臣，則陛下益以爲諸大臣無所短長，疏之未見其不可。然則使陛下之不信言官，言官自爲之也；又使陛下之不信大臣，言官釀成之也。以言官爲不必可信，則遂并忠言讜論而不信；以大臣爲不必可任，則遂將賢臣碩輔而不任。然則天下之權，竟誰歸而可乎？是持論者激之也。持論者，以言激君，是激父也；又波及大臣，使兢兢救過不暇，是激兄也。激其父，又激其兄，是將驅家柄而委僮監督之也。夫父有過，而子積誠動之，猶可幾得之於父也；兄有過，而弟積誠動之，猶可幾得之於兄也。至於過不在父，而托之乎父；過不在兄，而托之乎兄，此無所用其爭，而終不可以幾得之者也。

事勢至此，諸臣欲辭其過不可得，而陛下雖欲辭其過亦不可得。臣故願諸臣稍從臣諫，不必多設寡要之語，以厭聖聽；而又願皇上俯從臣請，體「明出地上」之象，修復朝儀，赫然臨下，外昭平明之治，蕩滌瑣言；內杜壅塞之萌，潛消魍魎。則大權有所歸而不至於旁落，庶政得其理而不至於拂亂。此今日之急務，所謂天下事尚可爲者，惟此而已。

臣冒犯公議，干瀆威嚴，實不勝竦息待罪之至，爲此具本親賫，謹具奏聞。

直陳禦倭第一要務疏

奏爲直陳禦倭第一要務，以補廷臣會議之所未及，懇乞聖明俯鑒愚忠，轉危爲安，以固祖宗基業事。

臣聞先正王守仁曰：「破山中賊易，破心中賊難。」臣亦以爲破海上賊易，破君心之蔽難。今日君心之蔽，不在乎他，在乎向利之一念耳。夫天下，陛下之天下也；天下之財，皆陛下之財也。古昔鉅橋、鹿臺事不具論。漢武用桑弘〔一〕羊、孔僅之徒，剥民取利，天下苦之，然猶未私也。至靈帝始，於西園立庫，以爲私藏。唐德宗貯貢獻之物於廡下，榜曰「瓊林大盈」。夫漢靈、唐德何如主？而陛下乃欲效之。臣竊爲陛下不願也。

陛下惟蔽於一念之非，是以今日開礦，明日徵税，傳奉織造，歲有增加。内臣四出，驛遞騷然，所領惡少，雄於虎狼，逼勒小民，攔截商賈；致令舉措乖方，刑罰不中，羣小爲政，盜賊縱横，皆由於此。是陛下以此失百姓之心也。生心害政，理勢相因，於此沉溺，於彼荒頽，使逐臣遷客

〔一〕「弘」，底本因避乾隆帝諱故脱，今補。以下凡「弘」字故脱或寫作「宏」字者，徑補或改回原字，不再一一出校。

多於臺省之員，監收採辦多於藩郡之官，獻礦之章奏煩於拾遺補缺之言，助工之批答温於尊賢敬士之詔，以聚財爲長策，汰六卿爲冗員。陛下平旦清明，試一思之，此景象何等世界？是陛下以此失百官之心也。楚王，陛下親藩也，一納細人之言，宦監錦衣趾錯於路。雖中道悔心，收回成命，然已令天下王國人人自危。是陛下又以此失宗藩之心矣。内臣，陛下左右也，有罪勿赦，有闕勿補，以此待之足矣。一失意，則抄没，隨之株連波及，平地風濤；又不測之刑，無時無之，魂飛杖下，命等蟣虱。宫妾宦官，莫必朝暮，是陛下又以此失左右之心矣。

夫萬姓離心，則天下危；百官喪氣，則國危；宗室重足，則家危；左右股慄，則陛下之身危。陛下環視域中，亂耶，治耶？如以爲亂，則祖宗百戰所得之天下，寧以易一别庫之私藏已耶？且人心既去，陛下獨擁此金錢珠寶，將安用之？《書》曰：「元首叢脞哉，股肱惰哉，萬事墮哉。」夫元首叢脞，故股肱惰；股肱惰，故萬事墮。敵國外患之乘，有以也。今不務正元首，而瘢索臣僚，毛舉細事，以是而幾外攘，未見其可。臣竊計天下治亂，獨係於陛下一念轉移耳。夫陛下聰明睿智之主，早歲敬天勤民，親賢屏奸，天下仰望，以爲太平可以立致。獨恨在庭諸臣，術不足以引君，遂使陛下英明才察無所復之，故聊寄於聲色貨利以自娱耳。一日轉動，堯、舜、文、武不足爲也。

臣嘗讀漢史，見吕强之諫其君曰：「天下之財，莫不生之陰陽，歸之人主，豈有公私？而今中尚方斂諸郡之寶，中御府積天下之繒。又阿媚之臣好獻其私，容諂姑息，自此而進。」夫呂强中官也，其慷慨乃爾。今之諸臣豈其智不及呂强哉？雷霆之下，摧折已甚，誠不敢蹈不測之難耳！臣之昏愚，獨乃以畏罪而忌批鱗不忠，以陛下之英明而料其終於愎諫，不智是以冒昧信情，陳其腐迂。計陛下幸因臣言，萬一覺悟，罷積聚以收人心，親萬幾以明庶政，已往之過愆與化俱徂，將來之聖德浴日同新。如此而人不感，天下不服，謀臣不效忠，武士不力戰，敵國不悔禍，請斬臣以徇軍中，臣即死萬萬無恨。若猶是內多慾而外求治安，臣恐人心離析，將帥解體，敵國乘於外，盜賊應於內，國事其未可知也。惟是安危治忽，關係於陛下一念之轉移之間，爲人臣子，舍是無以致力。

誠不任懇切待罪之至，伏幸陛下深思。爲此具本親賫，謹具奏聞。

擬試策一道

問：學必有宗，孔氏宗仁矣，而故罕言之，豈難言歟！然考其論仁，亦數數然，何以爲罕言也？孔子之釋仁，曰「仁者，人也」，即孟子人心之説也。夫虞廷言道微而人危矣，則胡不直以仁爲道心，而顧取其危者名仁也？孔子之言學，曰「依於仁」，即孟子居仁之説也。夫老氏言失道而德，失德而仁矣，則胡不直曰「依於道」，而顧依其失而又失者也？且由、求、雍、赤之才，皆不可其仁，而管仲之仁，何亟稱之？微、箕、比干之行，既皆許其仁，而楚令尹、陳大夫，何刻求之？一日克復，天下歸仁，其易若斯矣。而克伐不行，又何弗仁也？三月不違，獨許子淵，其難若斯矣。而欲仁仁至，又何太速也！抑又異焉，伯夷之仁，孔子稱之，即孟子亦謂三子一仁矣；乃又謂孔子與夷、尹不同道，至抗而高之於堯舜。豈仁外有道歟？且孔子之道，又何道也？

夫天下治亂，係於學術。惟今國事孔棘，原所以相激而致然者，或亦以仁之學不講，而競名立節，以國爲礪，則所謂吾黨與有過者，即欲挽之，惟服官者輸其心於君，而不徒私滋節名。爲學者本諸身，以行而不徒高談玄[一]妙，斯孔子一縷血，誠孜孜爲萬世太平計者，無出乎此爾。諸士試究言之，吾將觀仁焉。

對：夫學非志於仁，如亡子之離其宅，悵悵然而靡所寧止也。而非識仁，則又如瞽者之趨塗，瞶瞶乎而莫知所之也。今夫仁何爲者也？是天地人之生生者也。天地人之所以生生者，不可得名，而獨就其生生者，强名爲仁。夫仁也，自無生而之生生，蓋無之爲槖籥也；自生生而之無所不生，蓋有之爲真宰也。大哉仁乎！其大道之權輿，人心之發竅乎！此其説雖不始孔子，孔子獨宗之，謂其高不入隱玄，卑不涉功利。所謂中道而立，天地萬物莫之能違者也。夫惟

[一]「玄」，底本因避康熙帝諱作「元」，今改回。以下凡因避康熙帝諱寫作「元」字或故脱者徑改或補回，不再一一出註。

其生生者本無生，是以聖人罕言之，非秘也，不可得而言也。夫惟其生生者無所不生，是以聖人數言之，非瀆也，無之而非仁也。故釋仁而曰「仁者，人也」，非有悖於虞廷人心、道心之説也。分而言之，則道器爲偶；合而言之，則形性不二。察於此，而知仁即人也，求仁而遠人者非也。言學而曰「依於仁」者，非有異於老氏失道、失德之指也。或跡有而溯諸無，懼天下之闇於本；或原無而實諸有，懼天下之索於玄。察於此，又知仁即道也，求仁於道外者亦非也。夫仁不離人，則即隱即費；仁不離道，則即費即隱。故有時以興事建功論仁，而不盡以興事建功論仁。其仁管仲而不仁四子者，非故軒輊之也。仁不離功能，而又非倚於功能也。有時以抗節勵行爲仁，而不盡以抗節勵行爲仁。其許三仁而不許楚令尹、陳大夫者，非故抑揚之也。仁不離節行，而又非專尚節行也。有時謂克己可以爲仁，有時謂克伐怨欲不可以爲仁。豈不以識仁則制私爲功，不識仁即制心爲累乎？有時謂一念欲仁爲仁，有時謂三月不違爲仁。豈非以寓目皆道，則理可賴明；觸境戒塵，則習須漸銷乎？雖然，此猶易辨也。

執事謂夷、尹同仁而不同道，斯難言之矣。夫仁，一也，顧所以爲仁者，由何道爾。不龜手之藥，或以封，或以洴澼絖，則所以用之者異也。仁之爲道，堯舜嘗用之矣。堯舜以爲君必得臣布其令，仁乃可大；臣必得君然其策，仁乃可行。顧羲皇以來所謂君臣者，直相推爲長耳。其道未光也，於是孜孜焉、皇皇焉，求得禹、稷諸人而分任之。蓋君臣之道，至堯舜始著，而仁之流，亦至堯舜始廣。大哉君哉之稱，有以也。伯夷、伊尹，其初匹夫耳，或居海之濱，或耕莘之野，仁無所用也。尹而幸有遇，則澤流商宇；夷而卒不用，則節高西山。原所以爲仁者，無能仕能止之術，是以其澤遇則流，不遇則不流。正使尹終有莘，寧能使莘之化爲唐虞耶？是固可以謂之樂堯舜之道而已，而不可以謂之樂孔子之道也。孔子祖述堯舜，而不得堯舜之位，於是振木鐸，承天命，以舞雩、杏壇爲國土，以進退三千七十爲銓衡，以明道覺世爲勳伐，以立人達人爲創垂之統業，以事賢友仁爲岳牧之咨，以約禮貫一之傳爲揖讓禪授，以拒孺悲、杖原壤、攻冉有、誅少正卯爲天吏之征討。蓋堯舜特修君臣之道，而君臣之道著；孔子特修朋友之道，而朋友之道光。堯舜爲天下，得禹、皐、稷、契而天下治；孔子爲萬世，得回、參、冉、閔而萬世平。堯舜求賢以治天下，賢之得不得關於天；孔子育賢以開萬世，賢之成不成由於己。堯舜得位而行，有天下而仁天下；孔子素位而行，無天下而仁天下。堯舜之道傳之爲君者，故其澤有時而熄；孔子之道傳之爲人者，故其傳無時而絶。是故可仕則仕，仕無以異於藏也；可止則止，止無以異於行也。執化育之大權，握萬古之正邸，是則所謂孔子之道，特殊於夷、尹，不但殊於夷、尹，抑遠賢於堯舜。原所以爲仁之術，所操異耳。彼孟子品別羣聖，而獨歸心於孔子。蓋知孔子所以爲聖之智，巧竭目力；而其所以爲仁之方，密參造化，誠有不能舍其道而他由者。蓋至是而知孔子之道之大，而孟子推尊孔子之功之偉矣。然孔子非苟爲大而已，以其能立天下之大本耳。

子思，孔子之神孫也，推言孔子之道，至於配天地，並日月，而約其所以知天立本、以經綸天下大經者，總歸於肫肫之仁。夫肫肫之仁，即吾人日用之真心也。

執事有慨於國事之孔棘，而引以爲吾輩之過，則亦豈非真心之有不足，而矜名炫譽之爲祟乎？故爲人者，誠具此真心以爲學，則大小淺深不同，同歸於爲賢。否則，雖有要眇之諭、招揭之行，不免於障道而癘學。爲人臣者，誠抱此血誠以體國，則剛柔語嘿不同，同歸於爲忠。否則，雖有侃侃之言、赫赫之譽，不免於妨治而病國。夫吾儕所以志於仁者，寧爲資談説乎，抑欲盡吾不容已之心乎？其出而行之，寧爲名高乎，抑欲爲宗社生民計乎？夫誠爲宗社生民計，而盡吾不容已之心，則奈何借朝廷之名器，砥一己之聲華，而卒乎反爲朝廷不利也。

嗟乎！天下治亂，係於學術，此豈迂遠？而先正言之。今天下學術何如也？高者玄，既以玄而病仁；卑者靡，又以靡病仁。不玄不靡，起而圖事建節，則又以其圖事建節者病仁。孔門肫肫一脉，不絶如綫，是宜執事之憂之也。憂之如何，人各得其真心而已。人各得其真心，則天下平，斯至易至簡之術也，斯孔子操之以開萬世太平者也。

卷二

書

簡劉養日先生

懷企光靈，爲日已多，一奉晤對，未既區區。昔者北還，遠辱長札，教誨諄諄，情踰兄弟。元雖下愚，不能承令，而私心感激，寧不慨然！惟是衷愫未卒披豁，尚俟趨庭，少奉其情。不謂臺下遂赴新命，德儀日遠，爲之於邑。元不肖，不能知學，然竊疑邇日學人喜譚清寂，半落禪臼，取約非博，離用求體。是以《圓覺》、《華嚴》，抱爲玄秘；《語》、《孟》兩書，直封高閣。此有志之士，所以拊胸而嘆、臨岐而惑者也。方今正學，實倚先生，儻能慨其謬迷，披啓蓁荆，昭明坦道，使孔孟之學如日中天，則宇内一大功業。而不肖元竊幸宏矣。楚天入望，白雲垂陰，意臺下且將動狄公之思，起歸與之想。依依私情，當有傾吐之日，兹不悉暢，鴻便附佈，伏紙惶恐，仰祈丙炤。

又

生最不肖，每荷臺下曲垂誘掖，又收其兩稚弟，置桃李之末，此恩薄厚大小，宜何如報！　昨舍弟歸，得拜芳劄，捧讀再四，汗背久之。

不肖故狂詩徒也，自壬戌歲得奇病欲死，始勃然媿恨其素平所爲之非。私計自今以後，得一年或七八月不死，猶及改其最大繆戾，以毋得罪於父母昆弟，即復死靡憾。神其或者憫不肖自新之血誠，遂幸疾愈。自是念念欲求師問友，又苦於窮鄉綿力，無由致身其人之側。迺蚤莫觀王氏《傳習編》，輒回視返聞，以求所謂心體者。久若有覩注，則心自沾沾喜，以爲道在此。而咨之一二前哲，亦點首曰：「若是若是，第求無間斷耳。」不肖且居之不疑。間因爲舉子藝，誦孔孟語，具明白典實，無若所謂存守本體、思想惺惺者。心復疑甚，乃北隨魯源老師，南謁楚侗先生，即所稱一貫者質之，具曰：「此只是家常茶飯。苟所惡勿施，則上下、前後、左右，處處貫得去，故曰『忠恕而已』。」不肖始豁然若有省。因自覺向之返視而有見者，皆屬玄虛意，古所謂索隱者非耶。向之所學，推之應事，多窒塞不通，即處一二事，亦以爲了俗事；已仍守本體，視隨事力行，反曰粗末。此其學意旨所稱小道而沈於致遠者非耶。故其懇懇求印證於臺下者，一則曰孔孟、禪釋之混，二則曰小道大學、索隱忠恕之辨。無非欲即其近日之竊有所見而疑不敢信者，取剖斷於大方家也。

乃臺下不惟不憐其僻見寡聞開而示之，且深自引抑，至謂不肖察臺下病隱，則非惟積惑無所藉手解釋，而其罪且無所辭赦。此所以再披肝膽，不顧猥瑣，向臺下一露其血誠耳。夫隨事力行者，或者疑其體；守存湛一者，或者疑其用。間持子莫之見者，則兩存而互用之，曰「存體固所以爲應事之本也」。然察其微隱，終眷心清寂，而日用尋常不筭作希聖寔功，此其於學，猶未若孔孟之日中天也。是三者，皆不肖之所疑，惟臺下必有確見焉，幸憐而終教之。因以洞察千古不易之蘊，是亦宇內快事矣。臨書狂發，忘其固陋，伏惟丙炤。

柬馬筠川丈

篤吾來辱賜手書，惓惓督誨，非實一體，曷能臻是？自顧淺陋，不足承當，然不敢不奉以周旋。雖然，耿耿鄙心，亦願得藉手陳述，不欲姑爲聽受，以虛臺下切砥至意。夫不肖所稱躬行云者，非如世之所謂自潔自好，不復知所謂學也；亦非欲專務正俗，求以治人，而不究竟微眇之義也。顧鄙心所謂學、所謂微眇之義，則與今世所談說者頗異。夫聖人之學，心學也。心體至大，匹夫匹婦須臾不可離，而聖人君子没世由之而無盡，察之而無窮。是以孔子之於子臣弟友，以爲未能而發憤，而敏求，而學不厭。夫是之謂學，夫是之謂眇微之義。得此機括，是謂見天地之心，是謂夫焉有所倚。

今則不然，收視而反聽，以爲此未發之中也，持之以爲至妙之機，而謂可以參天地，生萬物，視一切事爲俱屬祖跡。是以常不足以通天下之志，而成天下之務。而其甚者，多執所見，以成其自是自足、長傲遂非之失。不肖以爲聖人之學固不如是，遂不自顧其陋，欲起而求其真是。是以議論不免異同，而實非欲立門户也。假令今之學者汲汲以求之，虛心以聚之，如孔孟所謂不足則必勉，有餘則不盡，而求復其心體之大，則不肖方爲執鞭忻忻焉。然而證之孔孟無當也，則其從違，固安敢苟焉已哉！竊嘗思之，古今人品，大約有三：仲尼之徒，即事即心，合心與事而一之者；桓、文之徒，其事是而其心非者；佛氏之徒，守其心而違其事者。今之學者，懲桓、文之過，而遂流於禪釋之歸，其害道均耳。

來書所謂洗出本心之明，爲之主宰，其言良是。顧謂以己心之明決從違，己心之明爲嚴師，則事固有今日謂是，明日覺其謂非；己則謂是，因人言始覺其非；己與人皆謂是，觀書册，考古人，又覺其爲非；又伯夷、伊尹各自謂是，遇孟子始照其非。則心之明可遂定從違，遂爲嚴師耶？謂不可定從違，則又寧有心外之學耶？察乎二者之間，而心體之本然與古人之所謂學，俱可得而講矣。臺下第勿執成心，虛中而讀之而思之；思之卒不合，則以書復。不肖務求了釋，爲宇宙一揭此蔽，豈不大幸！區區之肝膽，畢露於此幅矣。伏俟批駁，曷任馳神。

復賀潔宇丈

復禮讀尊劄，方〔一〕謀裁復，而遽使遄發矣。近時學者破綻不修，誠如所諭。然竊念自古聖賢，與進與潔，非不知往且難保，而其智反出淺衷卜度者之下，顧以爲天下有道，我不與易，惟其無道，而欲以道易之。則不得不聚沙求金，幾幸二三於十佰之中，猶愈於立視其淪没耳。此古今聖賢汲汲皇皇，不避非議，不憚煩詞，其用心往往如出一轍。今天下陶冶士類，其法甚寬。督學使者方臨郡邑，郡邑下方寸紙招士，士之應者，動以千計。其間不就數行者有之，然有司不以此罷試也，以爲從此而激厲涵育，終當有就，異時揚幟藝林，或即前之不就數行者也，彼固有所養而成耳。夫以籠絡文士，如此其寬以恕，不聞有因噎廢食、緣墜罷騎者，乃獨取多於學道之士，而竣求之，迫責之。此何以説也？

凡天下無行之人，譬之若病然。今有病者，遇一人善視生死脉決，禍福奇中，然而不發藥。一人從而藥之，藥之非能都令人不死，然而因藥生者，十可四三，則豈不愈於奇中而無補者乎？今之卜度人者，奇中之毉也。料人之死，幸而果然，則以誚夫用藥者之不智。豈不刺謬於聖人

〔一〕「方」，《山居草》作「剛」。

之心哉！是故善料人者，莫如教人之益也；善惡人者，莫如自惡之切也。區區之心，誠見如此，足下幸不以弟爲不肖而督教[一]之。故遂畢吐其愚，以相請質；若其牴牾，尤希批駁，其敢不虛心以拜昌言。

報沈少林太史

夫同聲相應，千里神交，語誠有之，顧不穀非其人也。明公令聞華譽，飛照四裔，晚進之人，傾嚮有日。徒以潛伏空谷，無由通一刺於下執事。迺明公不棄，遠辱華牘，兼致奇帙。幽棲僻地，希世之珍，胡爲乎來哉？

生誠愚闇，謬心斯道，徘徊岐徑，迷戀影響，坐費光陰，動踰十載。邇幸東學于魯原[二]老師，南謁天臺先生，並揭坦途，反我迷路。顧懶氣勝志，俗骨自如，目所瞻望，足弗前追，悠悠此生，又自悲矣。且夫鄒魯正學，千古共的。今者或高尊禪乘，粗視踐履，窮深極微，總之索隱。辟若畫工，好作鬼魅，惡圖犬馬。享弊安凡，相沿成風。斯世斯民，靡所賴倚。若夫樹獨幟，振孤轅，

[一] 「教」，底本模糊，據《山居草》補。
[二] 「魯原」，即魯源，音、形近而通，下同。

恢復孔孟之正印，息冷禪釋之流風，非借大賢，曷能臻此？何時振衣匡廬之上，令不穀得索杖屨以從，竊至人之靈氣，滌俗士之胃腸。其爲喜幸，何可言諭！盡師志銘得拜有道特筆，死且不朽，豈其孤子慰敢專承之。凡在同門，咸嘉吾丈之賜。茲因甘應溥使者之便，聊佈此。還謝不備。

柬甘子開年丈

螺〔二〕川匆匆，滯於同舟者，即亡論往復之疏，乃心欲言者種種，卒弗一吐，奈何哉！北上伊邇，良朋大去，蝺然山中，誰與訪咨？昨作書送盡師，今又我丈也，獨奈何不依依戀戀耶？盡師書不覺至甕牖，一擇術，次擇交，次損疑，又次畏貧，大都不越四端。足下朝夕之當，得覽觀矣。乃又聞足下亦入他舟，果爾，則天豈忌我三人者夙昔之稠密，而故西東之耶？不能不隱隱懼。夫使改交而過于昔也，善矣；儻不若曩昔之朝夕切規，則隨風逐波，爲損匪鮮。然弟又聞之，太上樹友，其次擇交，其下悦不若己。夫擇之，誠是也。然日中二三友，未必皆賢，寧終舍之也？故志切箴規，則中才者可陶鎔而賢。是謂宇宙在手，惟足下勉之。足下行矣，高科高官，自是尋

〔二〕「螺」，底本模糊，據《山居草》補。

常，惟常思不負故人期望。他日相見，彼此慊快，是所祈者。萬里遥遥，孤帆遠引。寸紙寄情，聊當折柳。

又

孤之不從君而北也，亦惟一日之養是冀。乃不謂天竟並奪我恃，痛楚其如之何！丈巍科清選，一舉兼之，天則厚丈，乃丈可不思承天耶？近接芳劄，懇懇令人悽然。丈信於朋友者，必不負誓書矣。更何言，更何言！盡師倏然長逝，生平志不一展，又負寡母于皓首。九原風露，應倍傷心，甚矣悲哉！丈料理含隧甚誠，友誼則厚。而我十年師生，情無所用，獨奈何不惻怛也！行狀具草呈上，潤以椽筆是囑。孤之密友，爲朝廷網羅殆盡，幸留一鄒四山與我也，今付此身聽之矣。時事改觀，正人君子當思脉脉調護，不應便相迕戾。程伯子云：「吾黨亦與有過。」可再舛戾，徒取悔耶？丈高見必及此，幸嘿以是心，提醒當路諸名公，世道受益宏矣。丈故棋局高手，然孤則旁觀者。閑心冷思，或可薦一語于弈秋云。會丁勺原丈，亦請以是質之，謂何？臨書瞻眷，悵矣神飛。惟丈愛惜光陰，勤書史，戒博弈是願。

簡甘應南

僕〔一〕不肖，屢承兄手教，皆諄勤懇切，愧未有以酬兄者。近時學〔二〕問不知曾長一格否？僕雖不知學，然謬謂今之學者，半爲〔三〕索隱。夫既名曰隱，則索之即有，求之非真。索之即有，則愈索，謂其如是乎無窮也；求之非真，則愈求，謂其如是乎難得也。愈索愈求，如在穴中周旋行走。自以爲千里，而不知明明乾坤固不在是也。嗟夫！此豈可一二追數哉！古昔濬流揚波，皆禪釋者流也。今亡論尋常學人，即大豪傑亦多落墜其中。所以然者，皆孔子之學不明故也。夫孔子之學，明白簡易，庸德之行，庸言之謹，兢兢業業，戒慎恐懼，以不違仁而直一貫乎天下國家。無隱玄也，而實隱玄。故舜之克諧，命曰玄德。古之玄，實今之玄虛。此學問明不明大較也。惟足下虛心思之，而無但以成心滯見，徒相辯駁也。足下高志專力，弟則信之，至其所以專力處，尚有可説者，紙筆固不能盡。何時大會中，當竭商確，不有益於丈，必有益於僕也，茲不悉。

〔一〕「僕」，底本模糊，據《山居草》補。
〔二〕「學」，底本模糊，據《山居草》補。
〔三〕「爲」，底本模糊，據《山居草》補。

又

弟之念兄，未嘗少置，每欲作書相示，苦無語端。春間批示一二在諸儒編中，于兄之學得其梗概，敬聞命矣。弟竊見謂三代而上之學，實實在在，更無玄虛，不落思想，不落存守，不落聞見知解。使契司徒，不出數語，萬世教學，全案已具。今則不然，耽戀夢境爾矣。譬彼游思，忽焉千里，覺後自身猶在原處；譬彼盆魚，終日旋走，寬焉江海恐不在此。願君大醒夢後之眼，緩千里之思，息盆魚之走，以從事于力行耳。自卑登高，青霄可躋。兄其毋笑我好譚粗淺也，其間商議，固非筆楮可殫，姑以此爲他日辨端耳。應溥丈在京，苦不得夾持者，兄其時時規贊之。

簡鄒南皋丈

君出苦肉計，爲今古宇宙閑衛頹綱，言臺省之所未嘗，行公卿之所不敢，豈不壯然烈漢哉！萬里嚴譴，百倍傷心，恨遠不能載酒出餞文江，徒自忉怛。弟居嘗考鏡往昔所稱忠直士，爛然非鮮，卒弗與沂泗、濂洛之統，則何説也？抑其偏於節而修匪全，激于初而末斯懈歟？惟君弘此遠謨，捐子瞻名重之譽，收王氏龍場之益，令忠節、道學合爲一傳。此狂生所願效于志完者也。臨書涕泗，蓋有所重惜，而不第爲足下惜。足下去矣，勿復道。

君之膺簡召也，則既爲國家幸。每欲移舟字水話别，竟以遠阻，然私心未嘗一日不在左右，蓋非世俗所謂情好比也。秋末得郇翰於甘子開所，極感存注，及覩除目，知已拜諫議。以君之力量，何事不可言。顧言非難，而言之有益於國家爲難。

又

方今大患有三，然而徒言無益也。其一曰内官之爲腹心患也。陰性狼貪，自昔憂之，然未有如今日執進退將相之柄者。將相不比内官，不得除拜，即除拜不得權。此其勢可撲滅哉？今其人多至十餘萬，而又敕禮部選凈身男子入辦，此安用之也？其一曰邊將之冒功而蒙蔽也。虜實入掠而去，而曰驅之出塞。良家子薦賄買功，顧反緣是得美官。夫入掠而若踐無人之境，則虜日驕；用出塞爲功，則備日弛，有如長驅。其患可勝言耶！其一曰斂急而民貧也。嘉、隆之間，已稱虚耗。自江陵秉政，用催科爲考成，於是天下之吏争相椎剥民間之財，囊括殆盡。夫民貧則爲盗，爲盗則亂形成矣。而國家方且厚爲賞賚，内帑日虚。假令一旦有二三千里水旱，民將何以爲生耶？

此三者，患之大也。然而言之未必有益也。言之未必有益，而已受能言之名，君子故不爲。然而坐視其敝，則設官之謂何？故不佞以爲其大者，莫若請復輪對而薦舉賢才。程伯子以御史之職在拾遺補缺。今主上尊嚴若神，羣臣無敢面進一語。此豈直無吁咈之風耶？臣主之情，亦未可若是隔也。有如國家大計，不可以露章而陳，將遂置弗言耶？故欲格君心而商時事，非復輪對不可。陽城不諫，韓公作論詆之，至用延齡，退陸贄，乃慷慨論列，此豈姑以二事塞責，蓋權之于輕重孰矣。

今天下不可謂無才，或沉于下僚，或錮于考察，或限於一途。黨察其可當大任，雖破格而薦一二人，亦未見其不可也。夫輪對復，則上下之情通；薦賢爲國，則利可漸興，害可漸除。言不必出于己，而成功倍之矣。不然，而徒發憤於政事之日非，雖日進二流涕、六太息之語，徒自疏辱耳，何益於國計之分毫哉！山林枯槁之人，無能爲國家逮〔一〕碩畫，恃足下之知，冒呈其鄙見如此。儻有批駁，不惜嗣音〔二〕。臨書惶㥘，黯然神馳。

報徐魯原老師〔三〕

不肖謬迷於學路有年所矣，往從師門得聆緒論，乃始翻然覺其昨非。即今俗骨如故，足不

〔一〕「逮」，底本模糊，據《山居草》補。
〔二〕「音」，底本模糊，據《山居草》補。
〔三〕按：此文底本多處模糊，據《山居草》補。

追目，而揭坦途，反迷于分毫，皆師門賜也，敢忘所由哉！別後連拜芳劄，緣處窮鄉，苦無鴻便，坐是一紙，竟不得通。幸弗督過，又從而繼之。啓亟把讀，流汗無已。不肖近讀孟子書，至「人之所以異于禽獸者幾希」，豁然似有悟入。夫危微之機，闡之自昔，學則士可賢，賢可聖；不學則聖而狂，人而禽獸。故學也者，長養微陽之真舟也。從此用力愈約，而進機愈無窮。因益知老師掃蕩諸家，廓清孔孟之功之偉。顧鄙心以爲，學惟無量，故不厭；教惟無方，故不倦。誠密修顯證，登此身於無已之途；隨方立教，嘿載斯人於康莊之上。印之大道，侣更渾成。若昭昭然揭日而行，懸鵠而射，提單詞爲宗，驅天下從之，則芒芒宇宙，反若占一蹊徑，而逐塊之士即法成魔者，不盡無也。深信小疑，不敢不自吐露，以發洪鐘之音。伏惟便賜批駁。

報倪雨田父母〔一〕

不肖故闇騃者，然嘗側聞先生長者訓教，不敢自甘于硜硜。惟是寡母年濱七袠，近復多病，嘗在床褥，人子之情，不忍遠離膝下。昔辛未之歲擯棄，南還無禄，先人業已即世，斂不憑棺，遂抱長恨。人亦有言，懲羹吹虀。此不肖所以甘冒沮溺之名，每顧而不返者也。伏惟臺

〔一〕按：此文底本多處模糊，據《山居草》補。

下矜其惻衷，而不過繩以大道，俾鶡鵬、烏鳥各遂其真。其所受賜，豈淺鮮哉！伏紙惶恐，黯然神馳。

柬夏雲屏丈[一]

辱翰教，并示以大父母答周吏部書。把讀再四，至以去就爭之之句，令人感激泣下。有官如此，吾輩何忍負之。因念其中尚有一二可商處，而諸君子方與朝夕，得以進言，不敢不展佈愚衷，爲足下陳之：夫謂一人未必皆上田，亦未必皆中下田，此可以論于田多之家，非所以論于貧困細民也。貧者粥田率多急窘，富室揀擇膏肥，力却磽瘠，是膏肥恒在富民，而磽瘠恒在貧户。又並山之都，半是山田。春作則豺虎與鄰，秋熟則鹿豕互食。佃者用力甚博，取償甚薄。官家之賦可增，業主之租如故。稍增則棄而去之，便爲荒塲。故有收租不滿石斗，積步已至數千。此等田地，半屬單户，而此等都分，半非六則。即使無升科之令，已爲難堪，況復以一法概之。則每畝又增五分之一，所納官賦浮于私租。其爲無窮之害，難可言狀。

竊計院道本意謂六九之則既分，不宜更論上、中、下，繁爲五則，是欲以六九代上、中、下也。

〔一〕按：此文底本多處模糊，據《山居草》補。

爲今之計，莫若以一則起畝，以六九分科。上、中者約准九則，下與山下者約准六則。斟酌二者之間爲兩等，但令不虧壬辰之總。民將便之，即畏其瑣屑，亦須混一六九，計畝均勻。庶幾寬一分，則貧弱者猶受一分之惠。大率混步與一則之法，此兩者不可捨一。而本邑昔日六九之分亦非有的據，徒以宦莊所在，隨意輕重。即如西之十三都平曠沃饒，居近水次，乃在六例。而三十都至三十四都一帶，嶺峻田磽，相距水次八十餘里，穀價饒賤，翻從九則。此可觀矣。

今既渾步，又不一則，則雖復均攤，終成踵弊。在六則之地，上田猶復降等，幾減强半；而並山之都，瘠田方且升科，將至白輪。竊恐至仁所流，亦未周遍。今日之事關係百年，苟區處一失，當不越二三年，稱浮糧者又且競起。諸公實當事，不得不任其咎。仁父母在上，諸公在下，而使寡弱單户有不均之嗟，未由上徹，此生所爲終夜憂思，不敢安席。若其設法調停，使六則之利不失，而九則之害不甚，此又在仁父母長計碩畫，非生迂鄙所能措思也。河海細流，昔人譬之矣。儻不謂生之計過相見幸，爲達此少效芻蕘之一得云。即不爾，亦願終秘之，無令六則之地傳爲怨端也。臨書不肅，伏幾財察。

又

昨承見示清賦規則，具見仁父母軫念貧困之意，而諸君贊襄其間，爲力甚鉅。獨念此舉利于上田，而不利于下田與山田；利于東南之沃地，而不利于西之山都；利於六則，而不利於九則。蓋清田議中固云聖人爲政，未必全利而無害矣。然與其取利多而弊少，不若並其弊而細究之，而細調之之爲得也。

何謂利於上田而不利於下田？上田土膏水沃，凶歲無患，乃從末減，而以中、下、山田原額民米〔一〕計之。今則中田加民米二合矣，下田加一升一合六勺，山田且加二升有奇矣。且原額每畝派官田一分六七厘，今派一分五厘，官田既少，則民田益增。是上田名爲減輕一升，其實減民米七合一勺。民糧益重，則中、下、山田愈受其困。假如一户上田十畝、下田六十畝，上田減去七升一合，山田復升二斗一合，酌盈注虚，已浮一斗三升，況盡山田者乎？敝鄉貧户膏田盡鬻而獨遺山田者，所在而是，脱如一户有山田十畝，則浮糧二斗一合。抽此輩膏血爲一邑補上田之減，是何爲者也？即謂豪家自隱上田，而于貧困者那中作上，其弊固不盡無，然憫其那中作上而減〔二〕之是矣，而未知富家之上田更多，是益其富也。惡其移上爲下而增之是矣，而未知貧家之下田更多，是益其貧也。總之，非通方之至理已。

〔一〕「米」，底本作「未」，誤，據《山居草》改。
〔二〕「減」，底本作「咸」，誤，據《山居草》改。

何謂利於東南、不利於西鄉？東南地多平曠，上田常居三之二分，雖有中、下，而山田絶少。今既減，則虧益猶或相停。而西鄉九則之地，山田常居五之一分。即如敝都，上田二千一百五十畝，減民糧十五石二斗；中田二千五十畝，出民糧四石一斗；下田一千四百畝，出民糧十五石四斗；山田六百畝，出民糧十二石。減者僅十五石，而出者已三十餘石。試以他鄉他都與敝鄉上半都分比而較之，則減原總者，不問可知，爲東南也；增原總者，不問可知，爲西半九則之地。此可知其故矣。至於六九之分，利害甚明，前書已詳，無復贅。夫東南與六則者受其利，而西鄉九則之地補其虧；西之有上田受其利，而以下與山田補其虧。是此磽田之户獨當其害矣。興念及此，殊爲惻惻。但下田受害，今亦無如之何！惟有山田，展一善策，則猶可以甦其困於萬一也。臨書激切，不知避諱，伏惟台照。

復閔鳳寰父母

夫解絃而更張之，非夫極弊大壞，固有所不可。今日之覆丈是也。藉第令殫力行之，豈無一二之利？然利不勝害矣。當時倉卒舉事，人不及謀。今之老奸熟計，惟恐不更張以肆其術。將來弊孔有不可勝窮，亡論勞費再四，民不堪命。爾也且讀詔旨，言從新，亦言照舊，戒規避，亦戒紛更，非有一定不可易之命。惟仁臺外示兩可之詞，以杜多口；内持必然之畫，與民休息。

二三豪家，乘間窺利，稍從委曲計處，令其欲厭而議寢，亦未必非爲民之微權。若百姓告者，聞即其田，仍令原管，公正摘覈之。覈之而不虚，自有法在，其誰敢挾議以制上哉？此書生之過計，惟臺下財擇狂言，堅持内斷，生民之福，未有涯也。

柬劉在南丈

久不修尺書，爲候注想甚勞，蓋僻居深杳，顧盼鴻羽，殊不易耳。吾邑一時同志强半在朝廷，此豈非甚盛覯哉！因念先正文莊公率集同心多至二三十人，稱贊虔浙之間，大昌此學，流風至今。吾儕食其剩馥，猶能不就汩没。今侗老在京，無往來虔浙之遠，而諸公又皆高第顯秩，非布衣率人之難。誠以此時修文莊之業，中興此道，豈不令人痛快而無遺憾！此在丈一振舉之耳。儻不避毁忌，以大行人游揚於翰林、六部之間，爲之媒伐，異時傳黄安心印，當推丈爲盟主。如何？如何？丈故有高志，肅履獨欠大而猛耳；神明默成，顧全由己，弟恃其素厚，輒不遜而求備焉，亦有感於時之難得易失也。試咨之汝光，丈以爲然否？

柬譚岳南

去夏令弟枉教復禮，曾致小柬爲謝。已聞足下擢在臺中，亡論知己喜而不寐，即大丈夫有志運量海内，無不以得此官爲遂意。顧平居，則彈指慕之。一旦在手，而或無以補益于天下，徒以一兩事不干大利害者塞責。此韓、歐所爲發憤于陽城、范司諫也。足下平居之志，不可謂不大矣。僕以爲司諫之職，其大者繩愆糾繆，格君心之非而今，且遠違天顔，不得曲盡其款；其次則莫若薦賢而退不肖，今海内賢大夫彙征而進矣。若黄安之耿、蘭溪之徐、平湖之陸、吉水之曾，此數君子，僕所能知也，而不得在位，則僕所不知，遺者尚多。獨不可游揚而録用之耶？足下職在言官，天下人士無不望其侃侃論列。顧僕以爲其重者，乃在薦賢。賢才用，則天下之政可次第舉矣。足下其以爲何如？兹因彭兄之便，附此致區區。有懷如縷，不能盡佈，尚計嗣啓。

柬劉明宇丈

鄉辱兩顧敝館，情意懇至，若將以不佞爲可與言者。時雖匆匆，未盡請質，而丈一段真精神已溢乎言説之外，真令人嘆服不能已已。座間承丈以不佞學貴躬行之語爲然，此非自不佞也，未之有得，孔子且謙讓不遑，而世儒見以爲淺，亦未之察耳。察乎孔子之所謂未得，則不離日用而至精至微者，犁然具矣，非曰姑從事於躬行爾也。通觀邸報，見主上鋭意風化，而惓惓以士習浮競、争尚奢靡爲戒，此正士子濯勵之會。曾聞先輩謂弘、正間進士着布袍、騎驢，此風安所可復覩見？乃近時或有無政可觀、有債難完之謔矣。儻一洗時套，以挽頽風，不移於人，不懈於末，斯亦躬行之一大端也。楚侗先生，方今第一流，丈能介汝光丈時往省謁，當有聞所未者。略不辭讓，惟丈亮察。

復王儆所丈

不佞懷門下，義至高，念欲造請者屢也，然踰年日僅僅以手書相存，羅陽谷泉之勝，付之夢思，可爲悵嘆。方今譚學者滿家，薄飭勵者要於求心。求心之説，豈不甚美？顧所爲求者，有辨也。歸寂者以空空言心，持覺者以惺惺言心，尋樂者以潑潑言心，主敬者以競競言心。此以見爲心也，非心之本真也。懲玄虚者要於踐履，踐履之説，又豈不甚美？顧所爲踐履者，有辨也。硜硜者不亦信果？悻悻者不亦節概？冥冥者不亦高蹈？磊磊者不亦功業？然以意爲行也，非踐履之極則也。惟聖人默而識之，則合下所見既大，終身所踐無窮，所謂一以貫之也。故學則不厭，默識其萬物備我者而全之，故不厭也；教則不倦，默識其萬物皆我者而公之，故不倦也。第令以見爲心，則見以爲空空者，厭倦於惺惺矣；見以爲兢兢者，厭倦於潑潑矣。故曰「仁道至大」，又曰「學者須先識仁」。求者求此，履者履此。雖淺深生熟，自有次第不同，而所務之在於仁，則如木之必培其根，水之必窮其源，無弗同也。此之爲辨不早，無論用功不力，即終身勤苦，殆猶藏鼠以爲璞也。嗟嗟！曲見易執，大道難成，非世間豪傑，未有不拘攣舊習，狃於狹小之可以偏安耳。不佞抱此言久矣，不覺於門下發其狂心。然舍門下，更奚望教焉？亦惟是大賜批駁，以爲異日嗣請之端。

柬錢廬陵

《詩》不云乎：「樂只君子，天子葵之。」其公之謂矣。第不佞之失賢大夫也，縣三老子弟之失良父母也，豈不令人短氣？然不佞私心顧獨反愉快。蓋山林中，竊常計天下大勢，病不在指臂，而在心齊；急不在郡縣，而在禁闥。以公長駕遠馭之器，得居中運籌，豈不亦天下之福？而獨令長守一郡縣，雖使廬陵爲潁川、渤海，何益於四海之計？汲長孺薄淮陽，請居禁闥，豈其厭外吏？蓋亦有深念焉。抑不佞聞之醫者，曰「醫以輔元氣，非與疾求勝也」。夫與疾求勝者，得效速而隱襯亦深。程伯子耻掇拾臣下短長以沽直名，意亦爾爾。今公之行也，不爲臺郎，且爲給舍，儻有味於伯子之言乎將勝之也。君子之爲人臣，寧便於國家，而不便於己，寧無忠之名，而有忠之實，故命之曰致身。不然者，題目甚美，浮譽甚隆，將有如公戲子之喻矣。惟公之慎圖之也。諺曰：「兩手捧土，以益泰山。」無似不佞之於公乎？正圖走使，忽枉遠書飛降衡茅，益之以大貺，豈勝感怍！伻還嗚謝，輒薦其區區如此不盡之私，尚惟專啓。

柬鄒子予〔一〕

不佞再奉郇翰，見邇日意念津津矣。辱在世契，豈勝愉快！所謂懲虛譚，壹志砥礪，甚善。顧不佞尚有欲請者。竊以爲今之薄虛譚者有二，而砥節行者有六，其端不可不辨也。

薄虛譚之説，聽之甚美。然有實心敦行，耻爲浮誇者；有内不喜學，外避其名，借言虛談，實則拒善者。夫借言拒善，誠不可與入道；而其實心敦行，亦復有别。有默而識之，不厭不倦，斯即悟即修，聖人之踐履已；有依倚名理，敦節礪行，斯之謂法士，法士有法士之踐履；又有尺步繩趨，賓賓張拱，行若處女，坐若塑泥，斯之謂拘儒，拘儒有拘儒之踐履；自愛其身，不爲非義，斯鄉黨自好者也，是亦鄉黨自好者之踐履；復有土苴事業，蜉蝣身世，命之曰達士，達士則以曠達爲踐履；又不惟是，即毁規削矩，蒙訽負謗，彼亦謂破除名關，未必非踐履也。士私其學，異端塞途，難可概以踐履爲實，悟入爲虛，而遂委之不辨也。

今執事於前二者斷非借言，於後六者豈遂自信其必不謬於聖門之宗乎？夫使果不謬於聖門之宗，則即修即悟，無復置喙。不然，其遂可謂悟入者之盡爲虛談，而懲羹吹虀，徒引邊見，自

〔一〕按：此文底本多處模糊，據《山居草》補。

障太虛哉！且足下亦自謂精神近乃歸一矣，不知其所謂一者果何所指歟？歸于一，則悟矣，而又左超悟、右實修，何也？豈其所謂實修者，復有出于一之外乎？惟大賜批教，俾得繼此有請焉。臨楮無任拳切。

與鄒汝光内翰

曩致《晤言》，足下貽書振我，謂近以示宇初，云尚有大撒手一着未徹。久之不能答書，隨走宇初所，結此一段公案。宇初縷縷大都進我斷絶命根。問之，則曰：「堯舜斷絶精一，孔子斷絶仁云爾，弟心疑焉，無所謂知者過之耶？」既而從吉送魯師入浙，自浙謁耿師問無恙，外出《晤言》及在浙時《與王中石論無生述略》二帖。師曰：「汝光謂何？」曰：「汝光謂更有深於此者數層，在予疑之。」師曰：「道理原自深，不足疑也。」已而誦宇初語，師曰：「子以爲何如？」曰：「大奇矣。」師曰：「精一與仁，原是色相、名號，實無所謂精一與仁也，斷絶何妨。曾子具隻眼者，子亦正宜受用。不名爲奇。」退而循省默歉者累日，因思從前只被一無思無爲在胸中作梗作魔，雖遇老宿碩儒譚工夫，皆以爲剩語，滿口辨難，滿心牴牾，曾不知向自身尋討體貼。克己從人，是未能實實受享無思無爲生機，徒於語上生枝長蔓，以爲命根。譬諸窮漢，一見京華富豪風流，回誚鄉里稅户以爲村俗，殊弗省自身是何面目。念此不覺汗浹幾層衣矣。始悟堯舜好問好察，孔子好古敏求，乃其實在精一求仁處。彼其於精一，第禪受時一譚之，於仁罕言之，其宗旨全在身上發揮，真所謂心行處滅，命根斷絶也。即足下所謂更有深於此者數層，豈惟數層？其若亡若虚，直是無底已。弟未審兄與宇初當日發言之意，原如此否？即不爾，弟既已奉爲郢書燕説而銘諸心紳〔一〕矣。故述以相聞，惟兄更懇切開示之。弟今信兄處，視前又長一格，不必更假手宇初也。一笑。

柬塘南王先生

鄉有拙刻，不敢隱於長者，正欲借以叩發慈音。不肖性至黯劣，然其一念參求，未敢少懈。故雖初機乍解，乃爲道聽塗説，究其本心，原非立言。譬之三家村老，夢見京都，輒向慣遊人張皇詫説，豈其不知是寱夢境？亦冀從此印證，差得其真耳。不肖奉長者之教有年，其隱情微衷，諒亦無所能逃於洞鑒。其亦以爲自封自是之徒否乎？儻其不然，亦願長者開心教之。近讀念老〔二〕先生《夏遊》等記，當時錢、王、鄒、羅諸老辨論道脉，相争如虎，以天下萬世學術，亦以天下

〔一〕「紳」，疑爲「神」字之形誤。
〔二〕「念老」，《山居草》作「念菴」。

萬世之心明之，豈其不能虚懷以至於此？正謂剖肝露心，無疑不吐，乃所以來真益而收實效。其若亡若虚，比之貌爲謙退浮受而陰否之者，又萬萬矣。區區之私，竊比於此，惟長者進退之。若其千慮，具見刻中矣。

柬劉喜聞

足下素抱大志知，不以一第爲榮。然聞之者，喜而不寐，蓋其情哉！昔人謂仕途中不易立脚，此爲志未定者言耳。仕途豪傑所聚，終是大爐冶。顧就功名者，從此煉功名；志道德者，從此煉道德；志富貴者，從此煉富貴。非爐冶之罪，所從煉者殊也。足下之所煉者素矣，乃更得大冶，何憂不干將鉅闕乎？有便不惜嗣音，示我新功。

又

兩辱遠書，重仞相存。書中每每自歉，不曰無新得，則曰少長進。此雖若亡若虚之誠，然因是微窺足下所見，尚落脱空窠臼。古人爲學，只在辨志。人苟逼真有明明德於天下之志，則精神歸着一處，時時研磨孔孟血脉，步步踏着孔孟路徑，不須零碎推求，自然直達聖闕。若合下所志尚，未[一]能擺脱俗懷，尚友千古，如瞑眩之藥，決濃潰血，雖復時有新得，要爲解悟時有長進，亦屬支撑耳。足下試於此自考何如？更不必别求新得，别求長進也。

又

來書謂應酬伎倆，若於身心殊無干涉。斯言過矣。既曰應酬伎倆，非身心而何？向曾奉書及辨志之説，志苟逼真希聖，則應世酬物，二百三千，正是大哉聖道。舍此更無發育，更無峻極。從此應酬者，周咨時髦，隨機牖入，可不謂教不倦乎？又從此應酬者，好問好察，隨方取益，可不謂學不厭乎？是在默而識之耳。大道固不在日用外也。但引于不真，則應酬伎倆，又徒爲脂韋媚世，隨時浮沉而已。此皆門下所洞然者，而不佞每每以此熟爛之語，再四獻曝。蓋舍此更無道，舍此亦更無學。惟門下深念之，不以粗淺相忽。即孔孟學脉，恐不外此而得矣。有便，不惜駁教是望。

答劉啓南給事

不佞髮未燥即聞密湖有遷潛江者，其後文譽日燁，賢書迭發，至門下遂傑然飛聲海宇矣。

[一]「未」，底本模糊，據《山居草》補。

再榮之木，其根必傷，寂寂寒宗，致不敢仰攀大人先生。誠恐鄉人竊指其背曰：「此曹子實不能立，而緣大人先生自重。」殊不知傳承次序，載在家乘，可覆視也。乃門下慨然念兹，厥初其心遠乎哉！抑廣平英烈之靈，潛作之合也？不然，不佞既越在田野，復起一喜聞翱翔中秘，與門下日夕討求原本，以發揮數百年未有之盛。此豈可謂偶然耶？惟門下圖之。雖然，此一家之業也。古之人有以萬世爲家者，回、參、伋、軻，四世同宗，此其譜在《西銘》之章矣。喜聞業抱是心，得門下左右振發，豈不厚幸？不佞即伏草茅，未敢以廊廟江湖自分蹊徑，尚朝夕庶幾二公之爲禹、稷也，而自附顏回，使異時評三子同道，則詎不賢於氏族之書，稱華胄望門乎？恃在宗盟，不覺發其狂語，亦惟是廣陵之愛，猶在心目間爾。伏幾財察。

答尹甥一紳

足下所譚達性云者，是聞也，非達也。聞於人者，謂之聞；達於家邦，謂之達。今且有人談京都之衢，其未至者，有不聞而信之者乎？抑且以其聞而信之，謂之達乎？將以其離妻子，捐親戚，裹糧纏貫，杖劍對酒，慨然適萬里，不少回頭，然後謂之達乎？誠使其不少回頭，則雖經行旅次，争岐辨徑，屢失屢復，吾猶謂之達也。使其未嘗出門，則雖坐披路籍，如指諸掌，歷歷首領，吾猶謂之聞也。孟子道性善，而必終之曰「若藥不瞑眩，厥疾不瘳」，正欲其離妻子，捐親戚，杖劍慨然，以萬里爲志，不少回頭，乃於堯舜之道有少分相應。若身居俗境，日與鄉人較才度智，爭得競失，而徒以能信京華之衢之爲康莊也，遂自以爲達，吾恐其終不達也。足下聰明穎悟，當其見人昏昏憒憒，語之不達，方且從旁笑之。不知其昏昏憒憒者，彼猶然有邁往之志也，今雖不達，他日將自得之，其視自以爲達而全無登程之想者，固已天淵。此在旁觀人，差等甚明。彼自以爲達者，則固未之知也，是不亦可悲矣乎！足下來書，拳拳相問，且曰「無以不屑之教待之」。是引之使言也。引之使言而猶不直言，此以待他人且不可，而況可以此待足下乎？略不辭讓，遂盡言，惟足下痛察。

答康茂才

元不佞，自訪嶽歸來，每語人，不稱壯遊，但喜得國士，蓋指足下也。道里阻修，竿牘缺然，謂足下斯置我矣，而千里遺書，高情盈紙。元何人，而有此於足下乎？又辱推與過情。若以列於江門餘干諸名子者流，元何人，而敢處一於此，徒以拂衣杜門，孤陋自就，以方大家，正用悔汗，況復譾陋無所署〔二〕作。乃何以當足下之心，無亦謂今之世有士如此，亦足與矣。其取友之量，所自至也。

〔二〕「署」，《山居草》作「著」。

不佞年來多病伏枕，老形已具。亡論出處大節，即惰氣衰態，固不能復從風塵中俯仰人顔色。但如足下云云，似又不免有憤世自擇之私。世賴有君子，將憤之耶？將易之耶？孔孟、沮溺，志路懸殊，斯學術大端，不可不辨爾。不佞業自廢，無所復嫌。念足下雅當命世，不宜有憤嫉之語。且兜率之役，竊窺足下才力無遠不造，而尤不棄芻蕘之見，斯不佞所爲有效於左右者乎？何時得握手南臺方廣之上，信宿道舊，大快人意。不然，亦惟是足下不以元爲不肖，而惠然草舍也，豈其敢必望哉！佳書久不報，值不佞出入無時，來羽苦相左爾，又惟照察。

答賀天衢

承諭具見，邇日體貼，漸近日用，喜甚！喜甚！知天之説，原非玄遠。《大學》所謂「明德」，即仁義也；所謂「新民」，即仁之親親，義之尊賢也；所謂「至善」，即「親親之殺，尊賢之等，禮所生也」。禮也，至善也，天之則也，而實不遠於人，故曰「思知人，不可以不知天」。吾人日用不容已處，即天也。所謂人，豈七尺之軀之謂哉？不知天，則不知人矣；不事天，則未能事人矣。不知立命，則所謂命者，六十年夭壽之命，七尺之軀之生死耳。人之所以異於禽獸者謂何？而徒養其七尺之膚之急哉？必不然矣。足下所謂自覺己不是者，即天也。舍此而求知天，則求之文義也，非求之身也。試體之如何？

卷三

書牘

復耿老師

不肖初出山，衆目環觀，以爲必有深謀奇策。而不肖但日求仁賢事之，若無以對答仰望，然此心正恐即一效顰學步，不幾於衆皆悦而士者笑乎？得尊教前，心益能自持已。不肖竊觀近日事勢，患在内權漸重，而外議滋繁。以内權漸重之時，而外議滋繁，則秉鈞者皆束手不敢任事。誠慮毆魚于淵，將至於不可爲，此不能不令杞人私憂矣。士君子有世道之責，將視其自沉自浮已耶，抑亦别有默挽之術也？

啓張相公

某齋沐奏記相公閣下：某淺拙樸略，妄意問學。向者曾一從魯源徐師側，承閣下之教於龍沙矣。頃在都下第，因公禮逐隊候見，隨聞貴宅戒門謝客，遂不敢求謁。然心竊疑之。古者吐握誼至高，姑不論漢唐宋賢相，時有密友在側，故能周咨賢不肖與其身之得失。使宰相而引嫌謝士，則誰與共理天下？

今主上深居密勿，與百官隔絶。閣下雖欲格君心之非，未有路也。而又欲自絶其路，則天下之情，終痞鬲而不得通已。此某之所未詳也。夫宰相無職，以進賢退不肖爲職，即令操吏部之權，不得謂侵，顧所由公私何如？嫌何爲也？

某近日編輯恭簡耿師年譜，因檢得其所與華亭諸書。其一謂華亭屬意江陵，重相托付，誠爲天下得人。顧延納一節，未能如相君吐握之勤，朝士或以此少之。其一薦某某不可，使遠左右，某某宜進之卿寺，以備講筵，某某宜轉北。諸如此類，非一而足，不少嫌忌。夫江陵或負華亭之知，然程子所謂不可以此懈好賢之心者也。今閣下所屬意付托，有如華亭之於江陵者幾人乎？其引爲耳目，有如恭簡之奏記切直者幾人乎？如是而自托曰「吾備顧問耳」，竊恐非純臣致身之義。且閣下視今日國事何如也？江陵而後，相國不自操權，名爲還之吏部，然微與吏部貳則有閑觀之心，而中貴乘之。夫中貴今已默操武選之權矣，猶復時伺文選之短，造爲不必然之事，以疑主上。此其志欲何爲？萬一有不肖者不畏清議，附之而起，則天下事尚可爲耶？爲今計，惟有薦銓卿一着，可以救時。釋此不圖，更無可圖者，惟閣下深念之。

閣下近日辱念某，欲引一見，見則口訥不能道詞，恐閣下益謂天下士類如此，固不足見。是某以不肖之身，益重閣下謝客之意，用虔尺楮布其血誠，儻鑒其志之所存，不以爲迂腐而財察之，幸甚！

簡楊父母

辱雲箋數重，厚念盈楮，何行色匆匆，猶注念一野夫未置也。懷琳真蹟，時方千金寶之，臺下却不取，留以托之不肖。夫豈其投明月於壑，將亦謂瀧岡之表、山谷之遺墨，毋乃爲龍宮所妬，而以安成之寶，還與安成共之。此其高行，何讓龍圖？顧不肖安敢比張、卞？竊欲自附於司馬園丁之義，即於復禮後堂作一庋閣，置此帖其中，扁曰「楊侯留帖之閣」。行且請記，名流竪碑識之，庶李公真蹟不致淪没，而與臺下高風共照千古。其爲安成之光，寧有既乎？

臺省稱職甚難，誠如尊諭，然亦存乎其人耳。江陵以後居政府者，欲矯其枉，漸起錮籍，諸臣尊顯之士，乃争以建白相高，即政府亦復不能自堪，而主上之厭心萌矣。處斯時者，默則虞懷而損名，言則虞激而損國。謀身之念與體國之誠交戰，而勝者幾人哉？於此勘破，不獨在我者，綽綽有餘裕，即以此道調停其間，内不以相激爲忠而可以養君，外不以毛舉爲察而可以養才，世界受福，亦非淺鮮矣。夫謂臺省稱職之難，獨難建白耳。若知道者，即宜嘿而嘿，固自稱職也，又何必辭彼就此而庯心其間乎？鄙見如斯，敢直陳之，是又言官之言官也，一笑。

又 丁未年

山居近衡陽，秋雁絶少，欲寄帛書，無因致之。矯首吴會，時爲延佇，台臺令問，日宣斯道，幸甚！餘潤所及，足生風雲，況江左人士沾被教化者乎？恨不能插翅從之，徒遥望金陵佳氣，光焰萬丈也。

懷琳一帖，不肖受命以來，庋之高閣，常恐它日失墜，有負委任。鄒爾瞻云：「以尚寶君之氣力，不能長爲己有，矧酸措大可護之耶？」此言雖戲，深切事實。且天下寶與天下守之，何必安福？敬奉歸文笥，使此物永藏於虎林、西湖之間，名山大川相與護持，其聲價當萬倍。安可使置三家村中，異時或流於不類者之手，風景索然。不肖念此甚熟，惟台臺炤存。彭生士暐有揚州之後，便道奉謁，因其告行匆匆，削牘附佈衷悃，伏楮馳神，曷任瞻溯。

答徐仲雲 名汝騰，羅山人

氣質雖有粗直，德性本自精微。試觀粗直過當處，本心自爾不安，此所謂德性也。尊德性而道問學，蓋變化氣質之方，何名爲做作格式乎？從此悟入，方是真修。不然，雖日臨師保，猶是舊人。

又

善夫令師孟君之言，曰：「從名根入者，非不容自己之真機。」此孔孟之妙訣也。即此真機，是名性天；即此修持，是名躬行。舍此而別求躬行，便是冥蹈瞽趨，挨傍格式，終身由之而不知其道。蓋攘羊證父，躬行直也；以德報怨，躬行忍也；令色足恭，躬行謙也；離母辟兄，躬行廉也。藉令今世遇斯人，當合口稱之，然而孔孟不貴，以其非由仁義行耳。故學不識真心而言躬行，非冥則僞，總未免於近名。

復劉晉軒中丞

不肖樸略，下士無所短長，都中謬承青盼，曲加誘掖，私心感藉，未有窮已。山中聞總河之命，豈勝愉快！惟是鴻羽方南，無因繫尺帛，上候起居。乃辱遠翰，豐儀如飛雲冉冉，從天而降，何其道情篤至，更如斯也。慚悚！慚悚！

河漕天下水脉所關，決排疏鑿，特神禹緒餘耳。方今中外痞隔，國脉不暢；儒禪爭道，學脉未明。其爲河決也大矣。臺下身繫治道二統，於此能無隱憂乎？夫以文德贊帝，使七旬苗格，以精一紹統，而心學開源。斯又禹之神功，高出於抑洪水，而世鮮能推極之者。臺下學禹之學，躬禹之任，而所遇又有難於禹者。

來書謂仁體之説，力行未能意者，其在斯歟？任愈大，則責愈重；責愈重，則用力愈難。此不肖所以深諒未能之衷，即臺下之仁體也。堯舜惟仁，故猶病；禹惟仁，故猶溺。向令諸聖人有一能心，便已不仁矣。臺下試密參顯證，以爲何如。

復喜聞

久不相聞，忽得手翰，拳拳開諭，似近日染於異學，故作此語。雖感相愛，然鄙心亦有不容自隱者，若姑爲聽受，以自附於若虚之義，是僞耳。人方督我以真，而先自僞以報之，豈情也哉？

來諭謂必修德，而後有學可講。竊以爲德修矣，不講可也。正爲德不易修，須藉朋友講習，故聖人以學之不講爲憂，又曰「知德者鮮矣」。姑即上下文證之，其論據德，必繼之依仁，而其論仁，必曰「默而識之」、「學而不厭」、「誨人不倦」諸云云者，即修德之註也。不知德，而謾謂修德，安知吾所謂德，非聖人所爲過乎？夫且以過爲德，欲其聞義而徙也固難。此學之所以不可不講也。故謂必講學而後可以修德則可，謂修德而學不必講則不可。謂講學須有真志寔心則可，謂有真志寔心而不必講學則不可。謂體仁乃能立人達人則可，謂立人達人之外而别有自立自達又不可。今云講學則爲人，修德則爲己；講學則爲僞，修德則爲真。然則孔子之不厭不倦，乃爲人爲僞乎？夫立人達人，吾人相關之真心也。真心而行，斯謂之德，非舍真心而别有德也。真心，誠也。誠，天道也；誠之者，人道也。必畸人而侔天，是離人求天也；必違俗而即理，是舍俗求真也：皆二見也。夫抵「了手」之説，先入其中，則意以不着而冷，情以不着而淡。其立説自是如此。斯孟子所謂生於其心之流弊也。

不佞學主了心，尊諭意主了手。「了心」之説與「了手」之説，其數不勝也。了心者終無所了；而了手者窮劫受用，有不能盡：此爲利一。了心者情緣不斷，順事惟艱；而了手者以心況幻，以情況縛，寂滅爲樂，得大自在：此爲利二。了心者明物察倫，不盡分處時時有之；而了手者一悟永得，實際理地不受一塵：此爲利三。了心者謂人情不遠，稱譏有因，不怨不尤，反己自咎；而了手者破除毁譽，乃顯真機，一切世法詆謂有爲：此爲利四。了心者欲根難拔，獨境易欺；而了手者生死念重，塵慮斯清，勤行精進，翻覺勝之：此爲利五。夫彼法有五利，而吾道具此五難。欲使慧利之士去彼就此，斯實難矣。此其所以往往左袒彼氏，誠無怪也。且足下亦既謂不患不講矣，而於不佞猶拳拳如是，是又非講乎？又非立人達人乎？此可知立人達人，仁體原如此，特以操術微異，故其懸的亦微異。足下試深思之，將更有以教我。

足下戒不佞勿講，而不佞之講於足下者更詳，其不容已之心，非即所謂至德者耶？道之凝與不凝，言之興與不興，非不佞所能知也。真切！真切！

簡張克念

來諭具見真志真功。大都今日學術，只要認得性本善，知本良，德本明。孔門提明德，孟門提性善，所謂若合符節，其揆一也。信此者，爲信人。美、大、聖、神，性善中原自具足。疑此者爲迷人。冥蹈瞽趨，終身落在鬼窟。此學問大關頭，不可不勘破。此處勘破，頭頭是道。

來諭又謂心體本來如是，非有爲術轉者。此非寔體，不能作是語。然此自有説，未易言也。「人能弘道，非道弘人」，非孔子語乎？「人心惟危」，非虞廷語乎？謂心體自明，非術可轉，是人心不爲危，而道可弘人矣。夫謂水之必清可也，謂水之必不濁可乎？謂火之必明可也，謂火之必不暗可乎？蓋必清必明，水、火之性也。而不能不濁且暗者，水出山下，火出石中，不得不然耳。故掌火治水，必以其道；轉心繕性，必以其學。孔孟所以諄諄言學，誠貫徹古今，超駕二氏機竅。今世論道者疑性，則謂性之必不善。故去私息慮，入門之始，便與此心爲敵。稍知信心，則又謂性之必善。雖氣拘物蔽，任意自恣，總之不識心者也。識心則知其必善，又知其不必善。故《擇術》一篇，孟子識心之證也。知擇術，則知所以用其心。故好貨好色之私，善用之，可王天下；不忍觳觫之念，不善用之，不免于魚爛其民。所操異爾。故曰：「術不可不慎也。」凡此皆就足下所問，推而言之，有疑不妨嗣音辨論。病加小愈，惟爲道慎之。不盡。

又

久不奉克念書，不知近日學詮何似？敝郡廬陵、泰和之間，倏化爲夷俗。至有明斥孔子爲鈍根，謂五倫皆假合。推此風，不至趨於亂不止。此其端皆起於卓吾諸人，而其流弊遂至於此。昔人謂王戎、何晏之罪，浮於桀、紂，亦有激乎其言之也。克念往日所談，言言正學。近聞一二緒論，亦似入其魔者，幸深省之。不佞鈍根之徒也，偶進腐説於高明之前，必且流目笑之，然無奈此假合者往來胸中耳。有便，不妨傾心見教，誠日望之。

又

辱惠書，語以近解種種，皆妙義，沃我良多。譯其大旨，總爲情緣難斷，非大覺奇方，不可對治。僕以爲足下治此學，亦有日矣。果能斷情緣乎？若猶未也，是情緣終不可斷之明驗也。故聖王之治情，治之以順事無情，斯其爲方亦奇矣。竊又見近日一二談禪者，於情緣之必不可斷、必不當斷者，委爲假合，而於情欲之當斷、可以斷者，反暱爲真機。此尤不可解者也。僕庸人也，言庸言也。足下方操奇貨，而三家村子乃談粟麥勢容有值，然海錯厭飫之餘，倘亦有味於家常一粒乎？僕知足下非深入禪理者，特好奇耳，故猶拳拳如是。若更陷而離焉，則不可言矣。

復吴繼疏吏部

都下社中累承大教，雖未獲披豁請質，然精神相契，受益殊深。歸來山中，麋鹿之性，仍與長林豐草相宜。遥想天上，故人如隔前生。誠不意門下尚能記存山藪野夫，而藻翰豐頒，忽到白雲間也。且復得讀令先公諸大篇，益自慶幸。

時事日甚一日，中貴彈冠，士紳短氣，天下事所可爲者，惟留意人才一着耳。譬如弈棋，善布子者勝十九，好食子者勝十三。往往在京師見諸朝貴，或語及無良，則髮怒眦裂，或誅求過失，如洗瘢吹疵，莫不相與嗟嘆，謂此人真有氣節。不佞從旁默聽，用弈法推之，竊以爲此好食子者。又曾聞先正言寧藩之變，舉朝動色，獨王司馬晏然，以爲陽明據上游，逆寧必且成擒。此爲善布子者矣。門下方當事，任敬爲誦之，然此殊是老生常談。顧今日拯溺救焚，舍此亦無復能借箸也。如何如何？使還率爾奉謝，輒便及此，伏惟台炤。

復趙按臺

便啓：省中明刑公署，故閹學徐存翁市宅，捐爲諸士講學之所者也，舊名明德書院，而祀存翁之主於後廨。嗣因江陵忌學，毁書院，遂改今名，并其主毁棄之。江陵死，書院概議復，獨此署如故。念大公祖斯道主盟，千載遘會，此敝省學風倡振一大機也。能移檄郡邑，查復以爲通省講業之地，且不泯存翁盛舉，斯文幸甚！司理行署業有公府齋居，又聞湖西守巡一衙門皆閑空可居，此舉殊無所妨。在大公祖一舉手，而漢官威儀可復見也。何如？

小刻三種，附上覽政。昨歲公暇更編得《大學廣義》及《古今諸儒語録》二書，容再校勘，録呈求教，愧無自得，空從故紙中鑽求。然感承大雅，不遐棄之，亦不欲自諱也。

簡潘父母

清軍事昨曾面論，殊未盡其説。蓋敝邑糧得過都里，遞更改不常。圖内軍丁名姓，知者百無一二。每遇清查，茫然不諳來歷。房科因而索利，所費不貲。及至查明應解軍丁，又須僉點解户。比到衛所，其軍丁已有人占籍頂糧，所解新軍不過供應衛所私役，久之行賄主帥，給票回籍，取討津貼。此於國家無分毫之益，而圖内已有百數十金之費。故論者謂清軍官以不盡職爲盡職，良有見也。敝邑軍册向來奉上刊定明悉，緣該房惡其妨己而欲去其籍，故版刻存者十之八九。仁臺倘求其故，補而刻之，爲利於邑中者不淺。近蒙出示，欲令各都回呈，謾無稽考，其勢將又不得不求之該房。鄙意不若查明勾單二百三十張，坐落何都何圖，稽考刊册，原注丁盡户絶者，徑自回覆，其應解名數，開註都分，另票行令，該圖回話，庶得銷繳。若一概清查，恐終無了期，徒以開黠胥騙局而已。鄙見如斯，伏幸裁擇。

又

安福所運軍，最稱苦役，造船幫費動計七八十金。而旗舍有力者，白占屯田，坐收租利，或一姓而占數十户，或一官而包數户。又宦僕市猾，閛頂包據，弊不可勝言。近雖議將屯粒幫貼運費，然十不償一，又苦追徵。蓋屯田子粒殊輕而租利頗厚，利在租而不在粒也。不若盡數清出屯田，果係必不可退及屯粒原支他項費用必不可少者，量爲調劑餘田。每船匀撥若干户租利，盡以予之，則運自不苦。異時運軍遭患，奉文僉改，即以所撥之田退與下手，此永利之術也。大都欲蘇運苦，非隨運撥田，即隨田編運，舍此二法，恐無善計。往者楊父母深知其弊，極欲改革，未有機會。今永新運旗狀告黄公祖，臺下業已批行，則既有可乘之機矣。但永新屯多船少，以屯粒幫貼，亦足相當。若安福則非撥田與運軍，頂種終不濟事。緬惟棨取非遥，更待後來，此事遂成談説。惟斷然行之，其爲惠澤，曷有窮已？台臺梳剔民害，可謂周至。惟軍亦安福赤子也，故敢有請焉，伏惟炤察。

又

復書云：屯田一節，最難調停。隨運撥田，生初亦有此議，逡巡未果。後道府酌定每歲計子粒所入，量徵貯庫，幫貼造船，亦遂與彼二所一體行事，著爲令甲矣。追徵不甚費手，大都從月糧扣抵者，只造船費大幫止二十兩，却實不大濟事耳。至撥田不便者，亦有三交替時候。下手催頂耕，上手不肯退，不免多一番鞭朴，不便一。各軍視其田爲遞來遞去之物，將以遠易近，以磽易肥，後來漸至狼狽，運軍不沾實惠，不便二。上手當在人家，下手代錢接回，當契乃得管業，得與費未必相當，不便三。至官舍市猾，雖根固窟穴有年，而查汰亦屬易事，或略爲調劑，彼輩亦自心服。若隨田編運之説，則種腴田者未必力能上運，縱勉强簽充，終亦逋逃，爲運官之累耳。然天下事無全利，亦無全害，利擇多、害擇少，便是興革大頭腦矣。此事或暫仍新議，徐當再圖之，何如？

向者屯運之議，正慮子粒不足幫造船之費也。「三不便」之説，其慮猶遠。然細詢之屯田，俱係佃耕，絕無本軍下屯者，則頂耕退耕之紛紛，自可無患。每船下令撥田若干户，使旗舍自爲均匀，探鬮以定，則遠近肥磽相易之弊亦自可無患。以屯田典人，於律有禁。況此中舊例，典屯田者租利倍於常典，限滿退還，原不取本，則代爲出錢接回典契之費，抑又可不必慮。惟是所官包坐者，勢難取還，則牒下該所，令其自行查撥。於中當有調處，或每船私退一户以給公費，於情法兩盡，而事亦易行也。承諭利擇多、害擇少，此興革妙用，可謂名言。然今日運軍害正不少，屯軍利乃大多，此亦解弦而更張之會也。舍仁臺奚望引手焉，惟更留神。

復周惺予

丈於弟之言，素無不入也，然以其有兩存互參之心，故入之不深，弟亦無縫可下椎矣。偶承手教，其喜如狂，所謂小船出大江，更復何言？然既入大江，把柁正難，若非精研孔子學脉，恐終無歸宿處。即如來教數語，弟所極喜者，而中間亦有商量。弟請以此轉作一策題相難，可乎？夫謂無内外，無人己，頭頭是道，是矣。顧謂遇一切不容不盡心，則米鹽瑣屑，亦可謂盡心焉耳矣乎？謂遇同志不容不商訂，則不遇同志，遂不求商訂耶？謂了無一法可得，則深造欲其自得者何爲也？謂了無一法可捨，則求田問舍，千謁趨勢，亦何往非法，將不必捨乎？此等空頭語言，似大而無歸。依此修持，欲此身有所安頓，終生有所究竟，譬如蒸砂，終不成飯。惟丈更深求之，異時相見，當更有商量也。

邑中同志勃然，大是可喜，然非得一二明眼人從中點掇，恐將來無意味，勢必厭棄之。而所謂明眼人，舍吾丈與麟兄諸公，更奚望焉？故復拳拳責成無已如此。弟自去冬卧病，今已百日，北行之期，屢更而未定。病中得舍侄信，每報諸公近日志學之切，則又大喜，病若暫驅而去者幾矣。

復伍鷗沙

把讀尺幅，足下學問履歷，大端具矣。往足下過我，雖未盡得其概如此明盡，然微味其一言半語，以窺中之所存，大略亦已心領。顧交淺言深，道之所忌，姑就足下長處讚嘆隨喜，而赤衷寔未盡一二，蓋有俟于後日也。

來諭謂不捐棄人事，不消盡前業，則性必不可見，即見必不可盡見。斯語也微矣，然予然之，而不盡然。夫天下豈有竊冥之性隱在何方世界，必待離事消業而後見乎？又必待盡離人事，盡消前業乃遂盡見乎？此怪物也，惡謂之性？若鄙心則直以爲：足下之聞令祖未葬而歸，是性也；性已盡見於此矣。既而歸也，見父母年老，不忍遠離，是性也；性又已盡見於此矣。緣此性，天下萬世公共之性，雖殘忍薄行之夫，絶之而不可去；雖守見自封之士，消之而不可得。故見此性即見天下萬世之性，盡此性即盡天下萬世之性。若謂此非真性，乃阿難「四徵」中所指隨所觸處之心，則異教家之説。聖人所謂「智者過之」者，非生之所能知也。生之所謂性，只此不忍暴祖、不忍離親之念而已。足下無亦謂此乃儒生淺膚之談，非真見性者，則生亦何敢避淺膚之名、貪見性之譽，而不直佈其平生之學于足下乎？惟足下裁察。

復趙德父

承教具見近日體認真切：「善養身者，須識尺寸皆膚；善養心者，須識法界皆心。」

今人受病，大抵入手時，便將兩眼着向内邊，謂之返照。念起即覺，有差即改，自以爲極功。不知吾輩學問，原是要求仁。説箇「仁」字，真是天地。此仁萬物，此仁吾身，此仁原無自他可分，亦無今古可間。吾輩今要求仁，工夫無處説起，故孔子於此只得點箇「學」字，見得心量原無窮，吾學亦無窮，此方是大工夫。然此「學」字，又非空空茫無着落。蓋學也者，所以學爲君也，所以學爲師也。欲明君道，須明師道，故學即在教上。學此，方是大學術。即教以學，即學以教，用以此行，舍以此藏，不假權勢，其仁常流。故曰：「夫子賢於堯舜。」今試語人曰孔子學脉只在教學相長，則必茫蕩如失樹之猿，回頭還去想念返照工夫，以爲此安穩法門。故曰：仁之難成也久矣。夫知求仁，則知孔孟一生精神，着到在教學相求上，所謂雜念疵行，真如紅爐中雪，自不能容。不知求仁，雖日事返照，念愈去而旋生，事頻失而頻復，就令絶念去非，其於求仁猶隔天淵。此其大小、難易、順逆甚不易辨者。但回反照之眼，窮千里之目，夫道若大路，然豈難知哉？

來書語語近是，再從真體上看破一下，更作商量也。

復劉尚吾

辱枉教復禮，深媿無以相益。承手翰拳拳商證，具仞真切。夫學貴研幾尚矣，而所謂幾者，各隨其學，互生識見。透真性者，以識仁爲研幾，其證果處，則不厭不倦是已。譬諸開眼見天，時行物生，無非天也。認光景者，以存存爲研幾，其證果處，則常止常化是已。如彼迷人，妄執燈影，以爲天光，忽見燈暗，便云天滅。即令燈燈相續，終生只在暗室，其實未曾見天。若見天者，何必時時着眼，天體自然現前。

來諭習氣妄念，吾輩所不能無意、必、固、我，聖人絶之。不知聖人絶四，正是絶此存，存意根耳。就意生箇必定心，因必起箇固執心，緣固成箇人我心，終身封固，執爲純亦不已，知見橫生，牢不可破。其爲習氣妄念，莫大乎是。於此更説研幾，已隔真幾幾千層矣。《易》曰：「知幾，其神乎！」神無方也。若認定光景爲幾，已滯于方所，如何會神？孟子謂「有事」、「勿忘」，正指不厭不倦，非常存一物于胸中也。有一物于胸中，便見意、必、固、我，便是習氣妄念，正非孔子之學。此等處非渾身轉動，不易語，此難可以言句解説也。

大兄質性醇謹，況蚤已落此蹊徑，豈便能出離幽暗，橫飛大海？然不佞所爲，不能已于喋喋者，亦不欲改變彀率，隨俗作夢中語耳。言不辭讓，伏惟亮察。

答世馨姪

晦菴先生云：「有天地後，此氣常運；有此人〔一〕後，此心常發。惟當於常運處見太極，於常發處見本性。若離常發而求未發，恐不免佛老之荒唐。」東郭先生嘗誦此語，以爲精確。足下謂未發與發無二境，此的然無疑者，顧須知古人常要指點未發是何主意。蓋未發真體原無作好、原無作惡，所謂率之即爲道，發而皆中節也。吾人作好作惡之意，離却真體，所以《大學》要誠意。誠即所謂未發之真體也，誠之者，所以率性也。世或以任情爲率性，總不達此耳。惟足下更研之，以爲何如？

復尹介卿

足下蟬蛻名利之表，一志心性之學，斯道幸甚！心之與性，名雖有二，所指則一，故《大學》言心即性，《中庸》言性即心。舍惻隱羞惡之心，而言仁義之性，恐亦無可指處。大抵聖學與禪

〔一〕「人」，疑爲「身」字之誤。

學之别，正在此耳，非一二語可究其歸也。惟足下虚心認之。何時得一奉晤對，以吐其胸中之所欲請乎？

又

足下之於儒釋，亦稍能辨之，然未深辨也。孔之無意、必，佛之不着，若大略相似。顧無意、必，如云無適、莫也；不着，則雖比於義，弗着矣。着者，猶言着力、着意也。事父母竭其力，事君致其身，着耶，不着耶？自禪家視之，恐亦不得不謂之着也。總來彼家要了手，故須超；吾家要了心，故須盡。超則雖不舍一法，畢竟是要超；盡則雖不起一意，畢竟是要盡。蓋其出門路頭原自不同，一則求盡生人之道，一則恐怖生死之苦，故其用力處，卒不可强同耳。知足下有志參求者，輒不敢不盡其愚，便羽不妨駁教，亦所謂「辨之弗明弗措也」。

又

來書云：不肖初以爲太虚不着諸相，而亦不拒諸相，謂是足以證蕩蕩之堯無所成名之孔也。及捧台札，乃知曠識遠覽，自是出人意表，而前者滯見成心，果不可與幾於道，辟之小巫見大巫，敢復説法乎？

承翰具見虚懷，古稱勇徹皐比，一變至道，幾無以踰之。顧所稱不着、不拒，足證堯孔之説，若不徹底勘破，則大巫、小巫，恐未知所分也。竊謂不着諸相，不拒諸相，二句總是一句，蓋其意重在不着相也。若不拒諸相，則既生人世，誰能拒之，此不待言耳。堯之巍乎成功，焕乎文章，其勞心焦思，豈是不着相者所能乎？孔之無所不學，未嘗無誨，其不厭不倦，又豈是不着相者所能乎？蓋「大哉帝堯，民無能名」，正見無往非成功，無往非文章，雖欲名之不可得也。大哉孔子，無所成名，正是無所不學，無所不誨，雖欲成名，亦不可得也。夫豈不着諸相之云乎？然則堯孔、老釋之分，正在於此，足下特未深參耳。疏懶之人，屢承惠問，又不敢却，殊深慚荷。足下於此豈猶着筐篚相耶？若不佞，則真正不着諸相，又不拒諸相者也。一笑。

復趙德祥

少年有志於學，殊快人意。回拓、路業、參養、點志，何可謂古今不相及哉！顧回、參之學，曾有習静去念之説乎？仰鑽瞻忽，隨事精察，古人之學問思辨，何其博且審哉！乃今纔發念學聖人，便欲尋一條小路下手，竊以爲此即不知學聖之路者。真正學聖人，須是拚着日工，仰鑽精察，久當自有會處。孔子論爲政曰「無欲速，無見小利」，予於論學亦然。足下試質之尊公，以爲何如？

簡朱玉槎丈

西南之隔，直一礦石山耳，以塵紛相撩不獲，時就有道之教，頃取便登龍耿焉。弗肅承命，宴豐腆，何以能承？

生之奉教於庭下三世矣，醫不三世，不服其藥，生誠願取藥焉。今天下談學，動推安成，而安成宿學，半在復真。近幸從丈聞復真諸大老之教，大要謂學當著察，當用心，不當用意。此皆聖賢微言。但鄙意謂不龜手之方一也，顧用之何如？苟不善用，一漂母之能耳。如老丈方秉衡鑒，若執簿數人，正謂行之不著。就中察其賢能，布之庶位，使天下人人咸受其福，其爲著察寔宏。或以一己好惡行其用舍，正謂之用意。以天下心行天下事，以天下好惡用天下人才，此之謂善用心。如此而學，乃爲《大學》之道，乃能寔明明德於天下。若尋常穿衣喫飯，必相戒曰如此爲用心，如此爲用意，如此爲著察，如此爲不著察，此謂無病而呻。未嘗有事而戒忘助者，非昧則腐。斯乃今日學者之通病也。然生亦非謂尋常日用可廢著察，可以任意。正謂學必識心，乃能無意，乃謂之著察。識心則小事大事，無非此心之用。若不識心，即終日辨心，意而辨心意之意，已渾身落在意中矣。

鄙見如斯，敢以質之老丈，以爲何如？不惜批駁，尚當嗣有請也。不悉。

答甘以光

來書云：夫學以求友尚矣，友之益無窮，羣聚之間，有精神邁往者，有行義卓越者，又有恂恂自守者，有慷慨不羈者，此誰非益友？卒爾之際，將兼而取之，不能將擇而取之，則得于此，必遺于彼，當如何做工夫。且循性自然，謂之率性，見友之益，取之于己，不能不勉强。降心以從，似非自然。請一正之。

夫吾輩離羣索居，率其不善氣質，何所不至。一與友朋聚處，相觀而善，覺其悔悟之萌，而漸染之深也，非必有取人益我之跡，亦無取此遺彼之分。且謂「循性自然，謂之率性」，正謂性本善耳。若不能降心下人，畏難苟安，此性猶可率乎？此説甚害道，於此不明，將至以任情爲率性矣。然此就以光言之，若孔子取友之微旨，尤未可輕論也。孔子求天下英才而教育之，教然後知困處，即其學然後知不足處，不厭不倦，不知老之將至。自其成己而言，真有賢於堯舜之所以進修者。堯舜得天雖厚，然不能如孔子一生處朋友之中，起予助我，發憤無已時。自成物而言，真有賢于堯舜之所以資益者。堯舜雖得五人，却原是天生之以贊帝治者，何能如孔子一向陶冶羣才，雖勇夫、富賈，率成上賢。自其功在萬世而言，又真有賢於堯舜之所以存心天下者。堯舜得位則仁行，無位者絶望於聖賢之路，自孔子以匹夫提七十子，明道覺世，流仁無窮，萬世之下，莫不知人之皆可以爲聖人。凡有志斯道者，往往循而效之，率有所成。凡此皆孔子之所以賢於堯舜，而未必不從求友中得之。則求友一言，非有志之士，恐未可以概論也。諸君試相與商之，以爲何如？

簡魯源徐老師

暌違大教，經十數載，入山以後，音問轉稀。近有自貴邑來爲敝鄉巡司者，因得備詢道履，良用悵惘。不肖兩鬢如雪，形神向衰，每欲偕胡可直、羅公廓爲蘭陰之遊，輒復不果。然亦終是志不足以率氣，無所辭罪。邇日禪鋒熾燃，横被江右，談者輒以了不可得爲妙義。徵諸家邦，睊睊胥讒，病證居然顯現，然後乃知師門家法真屬孔矩。不肖惟奉以周旋，守道待後，是則名爲報師恩也，老師其何以裁教之？誓畢餘生，罔敢諠置。偶因黄巡司令弟東歸，附佈區區。頃有修譜之役，頗費精力。刻完敬往文録一册覽政。書不盡言，悵然神往。

與和甫弟

賢弟近就孩子生下時取證此性渾渾噩噩，可謂漸知反約矣。第孩子此時纔離母腹，置之地則啼，抱入懷則止，非四肢之安逸耶？稍間便欲吮乳，非口之於味耶？聞響則驚，非耳之於聲耶？見燈明天光則喜，非目之於色耶？就此類推言之，乳求適可，過飽知吐，非食之天則耶？久睡知醒，道溺即啼，非安逸之天則耶？又就此類推言之，則及長知敬，敬而知等、知殺。三千三百，遂塞乎天地之間，亦孰非從性流出？然則所謂渾渾噩噩，雖謂之昭昭靈靈，無不可者。此性之中，何物不有？含藏遍覆，以時出之耳。告子等不肯深透此一步，執定渾渾噩噩者爲性。故比之湍水，比之杞柳，凡涉人爲，便謂安排布置，非性體自然。不知合安排布置者，自不容不安排布置，又非性體而何？故孟子扒扒拮拮，辨箇義外之非，正恐此學充塞，仁義不至，害天下萬世不正也。後來學之者，謂天親爲假合，流爲虛亡寂滅；謂禮法爲桎梏，流爲恣肆放誕。唐晉之間，病症居然顯見矣。而後乃今知孟子之學之正。昨者根幹枝葉花實之説，已舉其大意，然猶涉譬喻也，未若即孩提取證，更爲明切。弟試細參之，以爲如何？有疑，不妨剖肝膽駁教之，乃是真渾渾噩噩。不然，猶是渾渾噩噩虛見也。

又

復簡云：承指孩提之性，正中不肖素昧。然此段靈識運動，即禽獸亦復如是，何獨於孩提而疑之？顧禽獸之終於禽獸，何也？然則昭昭靈靈，亦未始非渾渾沌沌也。一切善惡名義色象，皆由後起。禽獸無習，故終茫昧。衆人有習，故品格種種，如金銀未受爐錘，頑然一物，一經鑄琢，始成器用。謂金銀原是器用，可乎？所云「安排布置，自不容不安排布置」，誠然。然安排布置，原無定局，則不安之心，亦無定局也。如古人以右爲尊，今人又以左爲尊，則今人之所安者，反安古人之不安矣，果可以爲真乎？幸再教之。

前段即犬牛之性，猶人之性也；中段喻金，即以杞柳爲桮棬也；末段尚左尚右，即敬叔父則敬，敬弟則敬也。夫人着見稍偏，其立説相類如此。甚矣，學不可不講。

都下寄爾惠姪

自離家以後，病體頓康，抵都下益復舊矣。聞汝未得入學，殊爲懊惱。然天其或者以此試爾志壹否也。入不入係於天，學不學係於己。入者不學，是則可憂也；學者不入，俟命而已矣。

此中小會如舊，人數轉添。耿、潘、焦、鄒諸公，一時偉人。幸以不肖之身切磋其中，可謂大緣。但山林骨格，時復思歸，一二室人又復助我，終不能鬱鬱義居朝市也。歲暮飲汝光舍，汝光云：「吾今年四十九，昔人謂行年五十知四十九之非。日來自省一大非處，蓋往時見人與我不浹洽，與之談不相入，則曰此他人不可談也。今始知人不浹洽，只是自家精神與他不浹洽；談不相入，只是自家學問不足以入他。總在自家身上尋求，故曰：『行有不得，皆反求諸己。』孔子學術，只是一箇求諸己便了。」予聆已，心爲之動。此等非處，總是通病，只鄒兄先覺耳。以先覺覺後覺，故我心有戚戚然。自此愈覺學問簡易：千病萬病，只是求諸人；千言萬語，只是求諸己。吾子須於此參證之。弘受〔一〕歸，予贈以《立達解》，亦此意云。《耿先生年譜》初成，附稿一看。鄒兄亦云近見學術流弊，乃益深信耿師之學爲指南也。宗師想不能到吉安，遺才亦須去省下一行。功名事不必着意，亦不必不着意，只平平自好。必於着意，是不知天；必於不着意，是不知人。知人又知天，無入不自得矣。

簡彭毅所

蘭陰往復，三月不違；生平快事，此爲第一。老丈精神直參千古，顧時敏有之，孫志尚未然，不遜志亦是不能時敏。孔子戒慎恐懼，全在慮以下人。士見得慮以下人，正孔子洗心退藏處也。吾輩勝心難洗，訑訑之聲音顔色，不覺顯露其中。心之隱微，即此便是不能退藏於密，即此便是不能孫志務時敏。此關不透，縱説時敏，説戒懼，説洗心退藏，尚未夢見在此處。弟有志

〔一〕「弘受」，底本因避清高宗諱作「宏受」。江弘受爲劉元卿弟子，《山居草》有《弘受字説》一文，并且其他文章提到此人時均作「弘受」。因據改。以下同此，不再一一出註。

而未逮，然不敢以其無諸己而并恕丈也。願大家勉之。

復鄒子予

復古苦於短晷，不獲披豁領益，然眉睫之間，已覺足下精神津津，嚮注此事，悰慰無量。來諭論古人爲學之寔，近日學術之非，誠然！誠然！雖使聖人復起，恐不能易。但以鄙意觀之，從來講學，有寔則必有虛，有真則必有假。文莊公有言：「人固有言堯之言而行桀之行者，則未有言桀之言而行堯之行也。」但就中勉其真實，力行則可。若因而遂謂講學無益，則不可。或因而遂謂勉力躬行，不必講學，抑又不可。此中毫釐之差，而仁不仁之界、學不學之分，實係於此。此自鄒氏祖傳一綫血脉，而令先大夫又獨觀其深者，足下幸詳味之，毋令憤世之言，得蔽吾不忍人之真可耳。何如？

復謝鳳皐

舟入蘭江，去貴治只尺遠，望清光，令人俗氣潛消，領益固不在瞻對也。辱遠書珍貺，具仞道雅。書中言言刺骨，豈以弟爲可與深談者耶？鄙意皎然自樹，乃老丈得力處。若但矯之以平和，則處世雖通，風格已下。弟嘗謂求退而進之是矣。進而爲由，又將退之耶？兼人而退之是矣。退而如求，又將進之耶？是進退人終無已時矣。大率知學，則識見自大，容受自廣，丈所謂法天是已。然天不易法，知天乃能法天；天又不易知，知人乃能知天。蓋世有知人而不知天者，失則膚淺；亦有知天而不知人者，失則玄虚。要之，均不可語於知天也。不知天，又將何以法天？丈其以弟言爲然乎否也？弟姑以此爲請益之端耳，風便，不惜駁教爲願。

簡耿叔臺

敝邑蘇丞以解糧入留都，曾寄小簡諸刻，度徹記室矣。前此赤牘相候，往往浮沉於郵筒，或久而後繳還。想因鎖院不能直達，然鄙人有心無從致之，殊深悵惘。吉州學者寥寥，自王塘翁物故，如羣蜂失主，莫知所歸。高談者窮無何之鄉，冥栖者入黑漆之箒。使中庸一路，遂成榛荆。先師之學，不知何日乃大行於域中也。悵望雲霄，令人長嘆。敝門生彭士暐，駱台老按吉所首取士也，素慕臺下，欲一望見清光。匆卒附牘，爲之先達，殊不盡言。

又

舍姪孫汝防扶柩還，得拜翰貺。後夏生復致尊儀，益加腆焉。知天上故人念我索居也，豈勝感藉？曾寄小啓諸刻附貴鄉攸邑洪孝廉面達，渠以乃公病，不果行。昨歲敝邑蘇丞解糧入都下，又致前書，則台臺已北上矣。豈必會面之難，即一紙書浮沉郵筒中，一再不能達，奈何不令人耿耿于懷！近日學術之弊，皆先師存日所深以爲憂者。至人游目數十年之後，其爲知言，不尤神耶！不肖碌碌如昨，惟益信先師擇術爲仁之旨，日深一日，因益信孟子之學，亦日深一日。宋以下學術，與孟氏似另一蹊逕。宋儒知顔不知孟，其品題顔、孟，只以其涵養淺深論之，不知舍脉路而論涵養，不但不知孟，且不知顔。此先師所爲特揭慎術之説，以爲孟氏微言也。不肖近編《七九同符》一書，於序中頗發此意，幸訂而指教之。攸邑陳生以貢就選，因其行，草率附候，不腆侑緘，伏幸鑒存。

與朱熙仲孝廉

執紼弗恪，辱禮遇，特隆腆焉。用幣無所不至，懸知門下孝思無所泄，姑假是申其崇報之誠，然亦太侈矣。竊念仕廡素尚華靡，正當矯之以儉。先儒云：「惟儉可以養廉。」此言雖近，深切事宜。貴邑前輩若石潭公橋梓，近時如甘蓮坪、史見屏諸先生，風度凜然，後乃稍破壞，然亦一二人倡之。夫一二人可以倡之，獨不可一二人挽之。今歲賢科特稱得人，劉、尹二丈皆岳岳自樹，相與一振高風，盡洗舊套，亦千古一時也。不佞不敢泛勉，即貴座師曹給諫所爲《士風吏治》一策，言言金玉，而「學成之日即學敗之日」一段，尤刺人骨髓。此宜人書一通，置之座右。

有一于此，即上負朝廷作興之盛典，下負座師諄切之嚴詞。區區祝願，無出於此，惟門下深念之。使還申謝，輒縷縷及此，不自知其贅也。

答洪孝廉

來諭云：不肖原係木訥之性，遇事念頗真切，遂至着相，着相遂以心爲事役。昨見先生，始覺從前皆落於氣。推心上平平，以理爲用，乃爲持志養氣工夫。

着相，佛家説也。佛氏以空寂爲主，故嫌着相；吾儒即事即心，有事即有相，何嫌着相？且心非氣不運，又何嫌以氣用事？事非心不行，亦豈是心爲事役？孟子曰「我善養浩然之氣」，言氣即心也。諸云云者，皆後儒相沿之論，孔孟初無此説。蓋心與理、與事、與氣，至一不二。識得此，乃知持志養氣工夫。若云「心上平平，以理爲用」，似猶二之也。此處雖要，着實理會，會得時，乃謂之明善，非一二語所可商量也。

來諭云：前先生講「求放心以收已放之心」數句爲禪學，甚中着意者之病。着意者，以聖賢心中隨處別有一段光景，於是着心尋求，而日用盡屬窒礙。如心事合一，別無光景，與常人異，做來覺得簡易。隱怪、中庸之分，想在於此。

此條大段無可疑者，若實實信得如此，則首節心氣理事〔二〕分別障一齊徹去矣，但恐尚是解說，故猶有前段疑惑也〔三〕。

來諭云：先生竭口稱贊家君義田與槐庭清廉。細體之切，有疑焉。蓋清廉，亦吾性中萬件内之一件；即義田，亦非人人可做者。若靠此爲學術，則局小遺大，所謂養一指而失肩背。今之學聖人者，皆以做常人所不能做爲學，正坐不知百姓之日用即是道，聖人特多一「知」字耳。

此條日用平常之説極是。但論學與取人不同：一子産耳，孔子取其惠，論人也；孟子不取其惠，論政也。要而言之，持清與行義亦是日用飲食，非異人事，但自此擴而充之，無往非學，非不必持清與行義也。

來諭云：往讀《賢奕編》，有述閻羅王、佛氏果報等語，心甚不解，然自以爲落宋儒斥佛故見耳。昨覽《積餘集序》，知爲頑鈍無耻者説法，蓋曰不因彼之可提醒處提醒，則此輩棄於教外而誨人有倦矣。此仁人善惡一體之心也。但深求之，孔孟不語怪，無一字涉佛，今

〔二〕「事」，底本模糊，據康熙本補。
〔三〕「也」，底本模糊，據康熙本補。

之學孔孟者猶心溺焉。況盛稱其果報輪迴者以爲訓，則下愚因此而懲者少，賢智因堅其好佛之僻者多，惡得無懼？且餘慶餘殃、修吉悖凶，聖人爲此輩立法，原未嘗遺漏，非儒者獨欠缺此一教術，而借西方氏以幫補，乃可曲成萬物而不遺也。況繩墨不爲拙工改廢中道，而立之外，豈聖人能狥人之不能耶？儒者言而世爲天下法，告子杞柳一語，只如尋常說話一般，孟子便恐其禍天下。今天下高明之士溺佛滋甚，意亦陽明先生曾偶引佛氏語，故百餘年之後，弊至此耶！鄙心疑甚，願明以教之。

此段大是，正論讀之，如讀韓文公《佛骨表》、宋公《李蔚傳》，侃侃之氣，使人毛髮悚然。至謂孔孟無一語涉佛，恐亦未然。孔子内憂外夷，乃取夷狄之有君。程門嚴於闢佛，乃曰三代禮樂盡在是矣。聖賢引世衛世之心，並行不悖，似不必如此太拘。

來諭云：近繹「行法俟命」書義，意謂法之言則也，動容哀死，經德言語，各有自然之則，所謂法也；則出於天，所謂命也。君子依法行去，以待天命之自流自溢，無安排矯制，若臣子待命於君父者然，故曰「行法以俟命而已矣」。何如？

「行法俟命」之説甚好，只云君子遵天則而行，不敢違天，如臣子待命於君父者然，其意自明，更不必説以待天命之自流自溢，似落言詮也。

與爾惠姪

爾昌之疑，大率謂耿先生初入門也，要作存虛工夫，如何今日初學，就要做孟子大學問？不知小學、大學原是兩路，豈有從南走，終到北京之理？且耿師亦云：「今省來，却是足已自滿，何曾致虛？」他既説破，不成我輩今日又去學他自滿。孟子稱舜聞一善言若決江河，此却是孟子之存虛也。

大都初學，説得曠蕩，便難把捉。今只在孟子路上作疑也好，如云孟子道性善，我今信他不過，但朝思暮想，我性比堯、舜如何？比禹、湯、文、武、周公、孔子又如何？如云孟子言擴充，我今信他不過，但朝思暮想，堯、舜、禹、湯、孔子工夫是如何？宋儒工夫又是如何？即此博學，即此審問，即此慎思，即此明辨，辨之弗明弗措，務要明了，方好篤行。如何入門便揀箇小路徑説存虛？到好便去存虛也罷。即此已是不肯擇善矣，更説甚工夫？此等處，再與爾昌細商之。亦所謂大匠不改繩墨也，料想公孫丑「何不使彼爲可幾及」一語，亦是要討箇欛柄的意思。孟子引而不發，非不發也。此道千古常發，千古常不發，躍如卓爾，中道而立，能者從之耳。

老婆心切，不覺滿紙。看後并與爾昌叔志觀之，以爲何如？

卷四

序

諸儒學案序[一]（存目）

昭代儒宗輯略序

往宋學分裂，承傳日舛，析文辨句於訓詁之間。陳新會獨從静中得之，斯亦天啓矣。然以其初入理界，心與事猶然二之也。餘姚出而提掇良知之旨，豁然如日中天。維時鄒文莊、王汝止見而知之，羅文恭聞而知之。文恭目及晚世學者多以意識見解承當，頗欲矯正，至謂世間豈有現成良知。夫良知非現成，爲復造作者耶？則亦有所懲，欲人鞭辟矯習，以承載大道，斯孟子

〔一〕按：此序見下《諸儒學案》，兹不録。

所謂「若藥不瞑眩，厥疾不瘳」者。其爲天下後世慮，深乎！深乎！是可以默識其一體之仁已。譬之金焉，宋而後翳於泥沙，人至以沙爲金。餘姚直從沙中揭金示人。顧問識金，因而摻雜鉛汞，文恭安得不陳煎銷之法！雖曰煎銷，要爲不失本然，而非有益於金之外也。

顧近學者既得餘姚示之金矣，安成、泰州掀其沙矣，吉水復從銷其汞矣，然後乃今貧窶更甚，此又何也？斯吾所以多耿先生之功乎！孟子言性善，則言擇術。術不擇，性不可得善也。彼業矢匠者，豈獨其性不仁耶？則良知之説，有時爲剩語；煎銷之術，有時爲閒技。甚哉！擇術之急也。耿先生之於此，蓋數數致意矣。吾故以爲四先生之後，不可無耿先生。四先生教人求金，耿先生其範金者乎！時先生作《王文成世家》成，並述三先生《傳》，體曰《昭代儒宗考》，而貽書不肖元，曰：「子其題數語，刻之以傳。」余爲稍摘其要，更名《輯略》，納諸剞劂。嗟乎！余不能知四先生，又不能知耿先生，謬述其所嘗管窺者而質焉。

七九同符序

蓋余既老而後知孟子云。孟子距詖放淫，雅以世道自任。吾始以爲其力大而鋒利云爾，及細味七篇，乃知其處身千仞之上，山海與地，洞然目中，凡豐蔀所蔽，指而揭之，動中窾會，厥有原本哉。

輓近儒者高談尼山，詆訶天竺，非不居然鄒孟家法。顧其學與孟氏相去尚遠，其言詆佛，其學未離佛也。夫佛之所以異於聖人，以其求性於倫物之外。是以其教主於寂滅，而其究至謂罪福皆空，任放自恣，而無所檢制。今儒者動言仁與道二，而以了不可得爲向上第一機，則亦何以殊於佛宗乎？究其本末，雖不盡同，然反覆思之，亦卒莫得其所以異者。夫身爲佛者之學，而倡言斥佛，即黜其人，終不能外其説。宜乎其無以奪之，而反遺之禽也。

若吾孟氏之學，則指惻隱羞惡，以爲性之端；指充之四海，達之天下，以爲性之盡；推老老幼幼之恩，明井田、學校之政，嚴出處去就、辭受取予之節，以爲充之達之之事。夫知惻隱羞惡爲性之端，則知求性於仁義之外者之爲蕩；知充之四海、達之天下爲性之盡，則知虛無寂滅、寄命於空者之爲非；知本仁行政、躬義樹防爲盡性之事，則知離仁外義、任放自恣者之爲邪。斯吾以爲必明孟子之學，而後乃可以闢佛也。孟子之言曰「經正則庶民興」，蓋其言庸其事實，徵之庶民，斯足以興矣。佛之言，庸耶，怪耶？佛之道，寔耶，空耶？徵之百姓日用，興耶，弛耶？雖然，是道也，孔子傳之孟軻，軻之死，不得其傳。然則佛終不可闢耶？曰：孟子之學雖不傳，而孟子之言昭如日星。今七篇固臚列也，吾取後儒之言合於孟子者，蓋得其所爲辨異端之文凡九首，以其續七篇，而足以閑先聖之道，故題曰《七九同符》。學者讀是録而繹之，其亦庶乎可以明孟氏之學，晰儒墨之分，而凡後世之學之異於孟氏而同於釋氏者，皆可得而究極其根柢矣。

其於闢聖學之蓁蕪，塞邪淫之濫觴，亦未必無少補焉。

予既序《七九同符》，以示從子爾惠。爾惠曰：「今世儒之學有二：其一，觀心守寂者，倚於內；其一，求之了不可得者，偏於空。是二者皆於孔孟之學無當，是以經濟之士，往往薄儒術爲迂腐，爲空疏。然偏於空者，謂其得之禪釋𨑒矣；而倚於內者，名爲存心養性，豈亦非孟子之學乎？」予曰：「斯二者，皆非孟子之學也。佛氏見性於人倫物理之外，是以高者溺空寂，其流至於外道義而任放自恣；卑者求空寂，而失之珍其靈明以爲寂照，其弊至於遺事物而入於枯槁。二者蓋一病而二痛，而其原皆起於見性太高，過於孟子而無寔。晚近儒者，以仁與道爲二，謂天命之性在稟生賦形之前，是則由前之道所云偏於空者。其次，則識此體而誠敬存之，終日想像照管，要使常在目前，若所謂歸寂，所謂存守，所謂養出端倪，是則由後之道所云倚于內者。由此言之，今之儒者有一不由佛氏之道者乎？故吾以爲自漢以下，孟子之學不傳，而所傳者皆禪釋之緒也。夫矯後儒之非，要以明孟子之學；明孟子之學，要以見吾儒之學本足以經世，而後儒自失之，非儒學固然也。儒學明，而後天下見吾道之大中至正。所謂『經正則庶民興』，庶民興則豪傑之興可知已。邪慝何自而作哉！一縷血誠，含之有日，不得已而盡言之，亦曰以俟後之學者云爾。知我罪我，其在斯夫！」

明賢四書宗解序

我國家設科取士，其經義一用朱氏傳註，諸爲異説者不得並進。以故二百年來，紫陽氏之學單行亹序，而諸經生多束於功令，用封其竇。間亦有鉅公名儒發其獨智，以剖尋奥微，往往軼而凌於宋儒之上。準諸鄒魯，元本或未知奚若，顧讀之，真能令人解頤開心，即起紫陽泉下，面相質證，恐亦當氣下而首肯。或者見謂如是，則與功令，得無且戾。烏知夫執經程士者匪定於一，斯王制弗信，故其防閑當嚴；談經論道者匪極其趣，斯聖真弗著，故其撿括貴廣。此論治、論學兩者途殊，要未始不共貫而互爲用也。不然，齊王好竽，呰求仕者之毋庸操瑟，可耳？而俾雲和九夏肄業者，概勿宜及也，豈不固哉！

先是《明儒經翼》等書亦嘗採輯，第意有所畫者乏博取，時不相及者遺邇收，辟之猶嘗一臠於大庖，祇令嚼者彌嗛焉。予不揣凡陋，遠搜近取，稍加删定，時或竊附己意。寧欲使經生應制，乃持此以售於有司；抑姑以待後之學者，或於此道有所發明云爾。嗟夫！人情好是古而非今，恕遠而苛近。故世同則耳目易玩，忌生則蒼素常淆。紫陽在當時，固已有指爲邪説者，夫詎知其身後之學大行如斯也！此書在今日，難必無以覆瓿者。然代遠心平，亦安知不以宋儒之尊尊之諸先生之學！或者齊驅紫陽，而我國家道運，不必減宋德隆盛也者。是則余所私祝，然而未敢言也，姑爲之序以俟之。

福乘藏稿序〔一〕

始予從夏和卿家得吴太常《安成志》録本讀之，蓋所謂《成化郡志》而分安成爲一帙者也，似屬草創，未經梓行。繼讀《戊辰志》，謹嚴得體。又繼讀《壬午志》，或失則泛然，皆以山川、人事爲經，而以九邑緯之，不復分安成矣。時欲援是作邑志，私考未之就也。

甲申，侍塘南王先生預修郡乘，則斟酌兩《志》之中，而於《壬午志》稍稍有所删去。《志》既成，或謂予曰：「《志》體郡宜嚴，邑宜廣。福故無《志》，僉云缺典，曷若盡合三《志》所羅邑中人物遂作《福乘》？不亦休乎！」予喜曰：「得我心哉！」於是取凡地里、建置、食貨、選舉、秩官、人物、雜記、詞翰，整齊其棼，約爲十卷。《戊辰》以下諸《志》所書名賢，一切不遺。舊傳或簡，頗採《叢録》各書以潤益之。其《叢録》暨《成化志》中原未經三《志》所收者，不敢僭附，亦不敢放失，别作一編，曰《輯遺》，以俟它日博碩鉅公覈而增入焉。書成，命曰《福乘藏稿》。間私以就正

〔一〕　清同治十一年刻本《安福县志·舊序》所收此文，題名作《萬曆辛丑福乘藏稿自序》，臺灣成文出版有限公司一九八九年影印，第一三頁。

於邑獻方塘王公，既訂校之，復括舊聞，增置十餘傳，蓋又《叢録》與《成化志》所未嘗有者，予并以附於《輯遺》之後，緘而藏之篋中。

積餘閒語序

予輯《積餘閒語》成，或問曰：「果報之説本諸佛氏，儒家子不諱言之，何歟？」予曰：「二帝、三王不廢刑賞。佛氏居西方，其人難於化誘，而佛又非有天子、諸侯王之柄，乃以果報欣懼之，使其人日遷善遠罪，有過於褒命桎梏之加者，斯其爲刑賞，不尤奇歟？故二帝、三王以刑賞爲刑賞，孔子以《春秋》爲刑賞，佛氏以輪迴因果、天堂地獄之説爲刑賞，皆素位而行其道也。帝王素富貴行乎富貴，孔子素貧賤行乎貧賤，佛氏素夷狄行乎夷狄，其心一耳。我國朝憲章帝王，著爲《大明律令》，復黜百家，崇孔氏，尊《春秋》，而於佛氏果報之説，亦並存不廢。其爲刑賞，殆近於集大成已。上智循性，中才守禮，下至頑鈍無耻者，明則刑驅之，幽則鬼怵之。雖欲不爲善，不可得也。予故喜果報之説，有助夫刑賞之所不及者。又予在安成，亦居西偏，山谷窮深，其人大抵若無懷、葛天世者，與之譚名理，如以耳食，時言善惡報應，則欣然喜，聳然懼。予乃知佛氏之所以爲説，誠亦因其俗利導之，有不容不然者矣。」問者唯唯而退。予述之，以弁諸首簡。

大象觀序[一]

耿仲子曰：「《雜卦》序，孔《易》也。首《乾》、《坤》，次《比》，次《師》，而終之《夬》。」嘗因是而求之，益有味乎其言矣。夫乾，天也；坤，順承天也。學以法天，必資師友；友聚而比則樂，師任裁成則憂。或相臨而與，或相觀而求。教學相尋，其道無窮，而總歸於法天。故終之以《夬》。夬，決也；剛決柔也，柔決而純乎乾矣。乾，天也；始以天，終以合天。即孔子之學，可默識已。《雜卦》之序，有以哉！

萬曆己亥，予與鄒生子尹玩《易》同人館。每讀《大象》，輒以數語釋之，間取諸儒先言，亦不復識別。書成，取《雜卦》爲序，蓋有契於仲子孔《易》之説云。或請其名，子尹曰：「可名《大象觀》。」

史要序

古所爲士者，佔嗶於桑户堀門，往往譚古今若昨旦，畫九州如門閾，匪以爲博，將亦謂探

〔一〕按：《大象觀》題名作「大象觀題辭」，此處有删節。故兩文本書並録。

討不周，授之以政，誰與能達？異時欲引經據史，緣飾吏治，思於其少，而屈首受之矣。故父兄以爲教子弟，以爲學有弗通古，比之襟裾馬牛。凡余同輩昔未嘗不旦夕史學，以爲童孺業也。

二十年來，取提於影響之間，剽剥艷句，斷取單詞，以徼上等。一人得先，子夫守株，誰復有論，曰則古洞提一。城敗之故，於印中曰，如或知我，操此以之乎？此亡論弗售，售而倖，或能掩奪其王司覆覈之所不及，一旦臨民，上能免於面墻而立，以不謬於通達之儒也與哉！是則弁髦史學之故也。吾不知罪在士，罪在取士者？嘗不揣而爲士憂矣。夫今已擲重任于中途，人方自快，掉臂以趨，而又令復攜取之人情，豈不甚拂！

余是以即舊史約之，漢以前差詳，以後寖略，要爲爲士人不容不知者具焉。若諸家論斷，未必有能執仲尼衡者，徒以亂人耳目，概無存矣。僭名曰《史要》，不敢公之人人而私之。兒姪與鄉人士云：「其於佔嗶家，彼且懼終篇之不易，而若司馬公所謂思睡者衆也，此豈猶苛責漏萬！」余可無懼已，則亦曰：「吾不願士人擲重負，而又懼其咈不攜取也，姑料理其橐裝輕之耳。」

嗟乎！余兒時去今曾幾許？往猶兢兢如是，而今有及之者，士相與掩口笑曰：「吾烏用是？」則人事之疏密，士心之誠僞，世所爲升降關之也。余兹重慨已。

宋儒傳略序

予嘗侍耿先生，先生語予曰：「宋儒之學精深，然而有窮盡；孔孟之學粗淺，然而無窮盡。」予問曰：「宋儒求爲孔孟者，乃與孔孟異乎？」先生曰：「其所採術微異耳，譬諸燈，置之案下則光近，置諸案上則光遠，懸而置諸堂之中則益遠，又傳而爲衆燈，則相續無窮。非燈有近遠，所操異也。」予聆已，作而嘆曰：「宋儒篝燈者也，堯舜懸燈者也，孔子其傳燈者乎！」斯孟氏所以賢孔子於堯舜，而發慎術之説。蓋自是而後，知有儒聖之辨。間讀宋儒書，雖《定性》、《識仁》等章，世所推爲眇論者，心然之而不盡然，以其未離於見，而未若孔孟之不遠於人也。未離於見，則深而易窮；不遠於人，則顯而無盡。然則乃知耿先生之於道，深乎！深乎！

雖然，宋儒固亦求明孔子之道而未至者，然其人往往泰山喬嶽，有所見於世，即推之一郡一邑，無不爲名吏，視近世號爲儒紳，而疏脱迂腐，何啻霄淵！故予既輯《學案》，復約取其事行爲《宋儒傳略》。獨於其中稍涉迂遠，若心存誠敬、墮橋安坐等事，率節去之。要以明聖人之學，不必如是，非苟爲異也。《傳略》止於象山門人。象山先生嘗言：「孟子之學，至某而益光。」而其徒鄒雋父亦言：「人能識得孟子第一義，然後可以死。」見象山而不辱其門，然則象山師徒，明以得孔氏之傳自任矣，乃當時顯學詆以爲禪。禪耶，孟耶？吾誠眩瞀而不得其解也。

思問録後序

予之疑問者凡三：疑朝聞臆説，疑大事譯，總之，辨儒佛也；至鷺院之疑，抑又大異，併後儒之學疑之矣。嗟夫！辨儒佛易，辨孔孟與後儒之學難。亦姑爲海内開此端耳，終當有繼予志而解予之疑者。

賢奕編序〔一〕（存目）

大學新編序〔二〕（存目）

何莫編序

孔子曰：「小子，何莫學夫《詩》？《詩》可以興。」興，起也。故《詩》曰「夙興」，如寐者之乍

〔一〕按：序見《賢奕編》，兹存目。
〔二〕按：序見《大學新編》，題作《題大學新編》，兹存目。

覺而興也，覺則因《詩》反觀，動必求諸身，可以處衆而不怨不尤。夫然，故邇能事父，遠能事君，豈徒多識鳥獸草木之名已哉！孔子雅言先《詩》，曰君子興於《詩》也，而禮樂次之。其示伯魚曰「不學《詩》，無以言」也；又曰「猶正墻面而立」，無以行也。其急於《詩》如此。他日孟子曰：「《詩》亡然後《春秋》作。」夫《春秋》何以當《詩》也？「《詩三百》，一言以蔽之，曰思無邪。」《春秋》成，亂臣賊子懼，而忠孝之念勃然興焉。苟興於仁矣，無邪也。雖謂《春秋》作而《詩》不亡可也。後世《詩》意寖乖，所學者聲調耳。即格埒漢魏，句敵曹劉，能令人興於仁乎？學《詩》而不可以興，雖亡《詩》可也。

予暇日檢括古今詩詞，取其語淺而情深、言近而指遠，讀而使人超然自得其本性者録之，讀而使人油然動其忠孝之念者録之，讀而使人名利之心銷盡者又録之。要可以興，即閨媛、野老、禪伯、箕仙，都所不捐，其聲調之工否，弗論已。伯安先生曰：「未會性情涵泳地，二《南》還合是淫詞。」噫！此未可與域中見者道也。

禮律類要序

堯舜在上，命伯夷典三禮，臯陶明五刑。當時所謂禮即德也，所謂刑即禮也，一也。後世禮教寖亡，刑名滋起，故聖人發有耻、無耻之辨。然老氏，孔子所從問禮者，乃謂禮「忠信之薄，而亂之首」，抑又何以稱焉？大都爲政不以德，無論刑不能使之耻，即禮亦不能使之格。甚矣，克明峻德之爲政要也。我國朝以德出治，而《大明會典》與《大明律例》並行於世，若日月之相代。然予鄉陋士民之家，未必盡得其書，即得之，未必盡繹其旨，通其詞。予故特取四禮之切於日用與五刑之最著而易犯者，各類其要爲一帙，合名曰《禮律類要》，刻而流之人間，俾咸知大禮、大法，共相趨避云爾。若考其詳，則二書具在。

重刻石城洞志序

昔者予蓋眷眷於石城洞，延僧引空再建禪刹，由由然與之偕。弟子曰：「先生隱乎？」曰：「吾無隱乎爾。」已而浮沉春曹者數年，弟子曰：「先生仕矣。」曰：「吾無仕乎爾。」弟子惑滋甚。予曰：「子來前，夫隱有所以隱者也，仕有所以仕者也。予無所以隱，愚隱耳；無所以仕，浪仕耳。蓋昔者夫子之謂顏淵曰：『惟我與爾有是夫！』所謂是者，端必有所指矣。用之行，以是行也；舍之藏，以是藏也。人皆有是，孔與顏安得據之？非據之也，惟孔顏能信其有是耳。曾點見及是而信，故夫子與之而惜其狂簡。漆雕開見及是而未能信，故夫子悦之；悦之者，悦其有信之機也。甚矣夫，信之難也！而予何敢言仕隱焉？孟子謂人皆有是四端，蓋信之矣。故曰『大行不加』，是四端者不可加也；曰『窮居不損』，是四端者不可損也。惟信己之有是，斯學不厭；信人之有是，斯教不倦。夫此不厭不倦，乃用之所爲行者也，亦舍之所爲藏者也。以此不厭不倦者而行，是其行也未嘗大聲以色也，行亦藏也；以此不厭不倦者而藏，是其藏也無行不與二三子也，藏亦行也。古之人，達可行於天下而行之者多矣，未必以是行；不得於朝則山林而已者亦多矣，未必以是藏。行以是，藏以是，斯夫子所以獨與顔淵歟！孔子而後，孟子以之。孟子卒老於行，謂之無所行，可乎哉？微獨孟子，有宋諸儒若月巖之周，得二程繼其學，即隱於月巖，亦行也；若白鹿之朱，得季通、直卿諸子紹其傳，即隱於白鹿，亦行也。烏得目爲巖穴之士乎？」弟子曰：「吾乃今而得聞仕隱之説矣。」於是引空將重刻《石城志》，屬序於予。予憶曩時所答弟子語次之，以爲《洞志序》。

六鑒舉要序

天下譬之一家：大君，宗子也；大臣，家相也。順是而降，有臺諫、有守令，是於家，猶之諍友、門幹焉。至於貂璫，則厠徒耳。觀於一家，此五者一之弗稱，則家必不理，況在天下？此五者誠偏得其職，豈其均治，顧獨難臻乎？嗚呼！此《六鑒》之所由輯也。六鑒者，帝鑒、相鑒，帝鑒採江陵公所上今皇帝《圖説》，相鑒則耿恭簡先生所著《寶鑒》也。他如言鑒、牧鑒、璫鑒，作者各有其人。蓋其事、其文，則取諸史；其義，則諸作者意有主謂，不佞直掇其法懲尤著者以便省覽，故名曰《舉要》云爾。宋儒有言：「家人離，必起於婦人。」故《易》以《睽》次《家人》。此自天子至於庶人，莫不皆然。故又以閨鑒終焉。雖然，此其大略也，若因略而求其全，則諸書具在。

江右名賢編序[一]（存目）

先正義方序

竇氏有五子而克遵義方，陶氏亦有五子而不愛文術。然陶門五柳，燕山五桂，並耀環海，不聞後世以子之賢不肖褒貶陶、竇，則以繫於天者，不可必爾。至乃謂靖節責子，爲掛懷身外男兒，夫亦其非人情哉。大丈夫合天下爲身，男兒顧當在身外耶？子輿謂易子而教，不謂不教也，然亦謂夫教之不行者也，教而行，親教可也。

孔庭詩禮邈矣，吾吉州五先生家訓凜如日星，非懷身外也，懷夫情之不容不然者也。予讀而契焉，若予口所欲言，而諸先正言之者。爰彙爲一帙，而題曰《先正義方》。蓋借先正所以教

[一] 按：序見《江右名賢編》，題作《名賢編後序》，兹存目。

者教吾子若孫，又以教夫凡爲人之子若孫者也。教夫凡爲人之子若孫者，又幾其還以教夫吾之子若孫者也。無非所謂易子而教之也，是亦親教之而已矣。若置男兒身外，而徒進盂中物以爲身内，則亦何足以爲五柳先生？

復禮、識仁、一德三書院會録序

以文會友，以友輔仁，君子之須友，如此其亟也。始進以正人，而敬之不懈，益處道固宜爾。首肅規，規肅而敬業矣。然而時警之難，故次頌警。道德一，則風俗同善，其證也，故正俗次之。創造之難往矣，而難守成，匪難於守其所創造也者，以建置、紀述終焉。《録》凡五章，章各有引。

親民録序

《親民録》者，鄒聚所先生手編而未竟者也。予讀而喜焉，稍爲增補成書，宿之篋中有年所矣。頃念素彭君用進士高等，筮仕得信陽州，將之官。予爲繕寫一册以贈，冀暇日或一寓目，未必無補云。張曲江之言曰：「六合元元之衆，懸命於縣令，宅生於刺史。」親民者，爲生民立命而宅其生也，顧不重歟？

《録》凡二卷，前言往行，各從其類。其間人品不一，或循吏，或廉吏，或能吏，或儒吏，臚列雜陳，要以儒吏爲至。蓋宓子賤、周先公、程明道諸先生其選也。孔子言政，推九經而原本於修道之仁；孟子言政，陳王道而要領於過堂之念，斯又諸先生學脉所從來乎。夫修道之仁，過堂之念，即所謂明德也。寔明明德以親民，則所以爲民立命者，有其舍矣。循、良、廉、能，宜無所不用其極，是皆親民者之所必至也夫，是之謂止於至善。止於至善，親民之至也。真儒之善治也，雖推之天下可矣，其又何有於信陽？

便民紀略序

楊侯之治安福也，創徵解之規，蠲溢額之派，懲尤賴息，叛風優黨，約而不煩，以追呼淆軍屯，而悉剔其夙蠹，諸若此類，難盡劄紀。予間請侯述以告新令尹，則侯曰：「無嫌自有之乎？」予曰：「不。嫌自有而以詔來，斯謂爲人謀而忠。令微有嫌焉，吾與人猶二之也。」侯憮然曰：「敬聞忠告矣。」於是侯方聞徵報。會以覲行，邑士民咸造庭中。予前請，侯乃稍稍述其大，都得若而條，相與謀梓之，則王諫議介石梓於鄉南，劉祈陽養沖梓於鄉東，周孝廉惺予梓於識仁講院，而予里人復以屬予，使序而更梓於復禮。

予乃作而嘆曰：「人知子文之賢，而不知新令尹之猶賢。」夫能使人告以善，非好善而若是乎？好善則優於天下矣，惜其名不與子文俱傳也。抑余聞之耿先生云者，陳水部君謨與吴水部鵬相代，陳手一册，揭十數條，題曰《交新忠告》。吴君守而弗失，民翕然稱便。吴累官冢宰，與陳卒爲相知。其後姚江楊二檀亦以都水治河告代者如陳君，代者竟御之，恚曰：「楊君聖人耶？何令人一遵約束也。」夫忠告一耳，或不免於御之，然後知吴君不易得，而楚新令君之爲猶賢乎子文〔二〕。兹翹翹焉，有企望於後之仁父母也。

春秋竊義序

久矣，夫《春秋》之義不明也。知《春秋》者，莫深於孟子；傳《春秋》者，亦莫過於孟子。孟子曰「敵國不相征也」，故「《春秋》無義戰」。由此推言之，敵國不私盟會也，《春秋》無義盟、義會矣；亦不私朝也，《春秋》無義朝矣；亦不專殺也，《春秋》無義殺矣。然則書侵、書伐、書盟、書會、書朝、書殺，其罪固已昭明較著，何必更考諸傳以窮其事？又何必更求諸一字一辭之間，以定其褒貶乎？

蓋刑賞征伐、會盟聘問，皆周室大權，而諸侯奸之。是以《春秋》追而還之天子，斯所謂天子

〔二〕「文」，底本原奪，據上文意思補。「子文」即上文提到的春秋時楚相令尹子文。

之事也。故曰：「《春秋》成而亂賊懼。」凡亂臣賊子，非獨弑君者三十六人耳。諸侯而假天子之柄，是亂賊之萌也；齊晉諸國而合天子之諸侯，是亂賊之漸也；吴楚諸國而假天子之號，是亂賊之成也。皆《春秋》之所治也。《春秋》方治諸國之奸紀，而或者乃謂孔子托於《春秋》以行天子之事，則其奸紀也特甚。此必不然。何也？孟子固曰：「其事則齊桓、晉文也，其文則史也。」聖人第取其有關於義者筆之，無關於義者削之，姑以備齊晉諸國之行事，存王者陳《詩》之遺跡，而因寄褒貶於其間，以正天下萬世君臣、夷夏、王霸之大分。是則所謂「其義則丘竊取之者」。夫借舊史而取其義，猶自謂竊，猶自嫌於侵史之職，而謂天下後世必且以是而罪我，而況敢改正朔，黜諸侯，取天子之權自予，而輒蹈夫自專反古之戒也，此必不然。

予往見陽明王公所著《春王正月辨》、荆川唐公所爲《春秋論》，暨中高氏《春秋正旨》，心津津契之。乃今又得讀斗津章君《竊義》，詳哉其言之也！總其大概，要爲不謬於三公之旨，而其立説惟以屬辭比事、其義自明爲主，斯尤善説《春秋》者。顧予以爲直信聖經者，更不必着一傳於胸中，庶幾《春秋》之義如日中天。不然者，浮雲一絲，終未免太虚之障。斯又《竊義》之「竊義」也，敢以是質之斗津君。

鴻磐述序

《大學》之道，明明德而已；明明德之要，誠意而已。德本自明，惟意有所偏則蔽，是以不能行之於天下。古之明明德於天下者，文王也。明仁之德以親臣，則爲君而止於至善；明敬之德以親君，則爲臣而止於至善；明慈孝之德以親父子，則爲父子而止於至善；明信之德以親百姓，則與國人交而止於至善。夫是以君子賢賢而親親，小人樂樂而利利，此之謂盛德至善而没世不忘，故明明德於天下，而《大學》之能事備矣。

我安成先哲在正、嘉間，傳姚江心印者滿家，逮其末流，愈遠而愈失之。有謂良知閃電之光，而雙揭日月以行天者；有謂世無現成良知，而取日虞淵以爲功者；有謂良知本在内，於方寸焉守之；有謂良知本不動，於寂静焉攝之；有謂真知不屬内外動静，而斟酌於有無之際；有直謂了不可得爲向上第一機，而棲神於是非雙泯之鄉。蜂起雲生，層見疊出，要爲鑿餘姚之學而深之，駕致知之説而上之。

時則有九亭伍先生者，父陽明而祖孔、曾，獨揭「明明德於天下」一語爲宗，其言曰：「孔子之學，一語該焉，曰：『吾道一以貫之。』明德之謂『一』，明於天下國家之謂『貫』。默識者識此，學者學此，教者教此。」嗚呼！此足盡先生要指矣。維時諸顯學皆兢談本體，而先生獨稱「神無方而易無體」。又皆紛持先後天，而先生獨曰「先天天弗違」指道也，「後天奉天時」指學也。又皆深研人心、道心之辨，先生曰：「爲虞，心也；爲王，亦心也。自變其王而爲虞，心也；自變其虞而爲王，亦心也。惟一正御極，則萬國咸寧。」諸云云者皆獨造之見，而世無知己，抱膝鴻磐而已。人見其抱膝鴻磐，則曰「先生清者也」；見其持身孤峻，則曰「先生肅者也」；見其不遺聞見，不廢考索，則曰「先生猶然踏紫陽之舊徑也」。曾無有深契其學者，斯非所謂遯世不見知者耶？

其後，承傳諸先哲之學者稍稍落寞，非如捉影追風，靡適於用，則類回面着壁，不良於行。於是乃思先生之學簡易中正，而所著《鴻磐述》始流傳邑中。間有摘其要略，刻以傳者，然而非完書也。於是其子惟著謀鋟全抄，而屬予序，予作而嘆曰：「姚江良知之説，亦不得已而救時之意也。加『良』於致知之『知』，殊非其指。而要之孟氏所云『良知』，即孔子所云『明德』也，故言『致良知』，不若言『明明德』。夫明明德，則格致之義具矣。」此予所以深有契於先生之書也。因稍簡其要語爲上卷，使刻諸首，以便初觀者，而其餘仍以次列云。

瀧江講義序

往予乞身歸里，舟次文江，鄒爾瞻氏迎予，笑曰：「君家竹林，好談不容已，何也？」予曰：

「信之深，故不容已於談耳。」爾瞻曰：「耿子，聖人乎？」予曰：「聖則吾不知。雖然，其言聖人之言也。『吾弗能已』，非孔子語乎？『生則烏可已』，非孟子語乎？」爾瞻哂之而不答。既别去，予私念曰：「此君鄙薄黄安庸談，得毋參入江左新宗耶？」

今年秋，爾瞻遺我《瀧江講義》，曰：「先安人之藏在焉，偶有發揮，遂致成帙。子爲我序之，使諸生讀者更有興發。」予受而卒業。言言孝友，曰：「徹天徹地，渾是孝友，吾輩外此，便爲異學。」又曰：「規矩，方員之至；聖人，人倫之至。吾道外人倫，更無規矩。近時謂一悟便了，至薄一切倫常，以爲於性無干，吾不知規矩、彀率何在？」

予讀已，恍然異之曰：「宗下人亦好談不容已乎？夫此不容已者，徹上徹下，固孝友之根宗也！爾瞻氏悟無上妙道，而語語不離孝友。然後乃今而知爾瞻，然後乃今而知耿夫子，然後乃今而知道無上下，一以貫之。」或曰：「然則夫子何哂由也？」予且笑且吟曰：「莫向曾參問曾晳，從來孝子諱爺名。予言不諱，是故哂之。」

問仁録序

嘗疑顔氏匹夫耳，而謂舜何人也，有爲若是，不知其何以爲舜也。及觀其問寡、問不能，與好問、好察，如合符節，乃知所謂爲者，爲此耳。惟善集虚，有以哉！

輓近世負笈從師，登堂受學，往往而是。予從旁觀之，或聞言而同聲善哉，或默坐而托以静求；昧者無疑，疑者耻問，欲問者顧恐失言而中止，即問者亦綴拾宿説，不必切己。嗟夫！學問之謂何？而可以若此。適道者臨岐必問，誠以不問則不能行也。學者動稱篤行，而以學問思辨爲不足務，是直托之行。吾故知不問者不行耳。

文江李子長學於南臯先生，無不問也，先生亦無不答也。即未知其善問何如，而能問斯善矣。久之合録其所問答，積爲帙，而請予序。予喜而序之，借以告夫恭默無疑無問者，使人人子長，則「切切偲偲」之義，將與「都俞吁咈」之風争隆而比美，雖謂之有爲，若是可也。鄒門顔氏，其在子長乎？

大學宗釋序

至善者，性也，不容言者也。自其烱然而靈晰也，命之曰「明德」；自其薰然而仁愛也，命之曰「親民」。要之，至善其本也。言明德，不要諸至善，無乃依名理以爲矩操，雖密不足以入神；言親民，不要諸至善，無乃倚才技以爲用澤，雖流不足以達化。若然者，寧不亦殫爾力哉，顧巧弗逮耳。故《大學》必自知止始，知止故能性性，性性故神，夫乃謂不顯之德；知止故能物物，物物故化，夫乃謂不大聲色之治。天載之至微，是安歸乎？先儒謂《中庸》之末，即《大學》之首。

有味哉！其言之矣。

宮洗鄒君深達《大學》之宗，予嘗以積疑質之，時出片語，使人心開目明。庚子春，予與同遊虔州，因請爲疏，君援筆立草，詞不煩而精義洞然。蓋其解也，爰題爲《大學宗釋》。夫《宗釋》出而巵言其可絕矣。君且曰：「子證謂可行，更當爲疏《中庸》。」予抵掌忻躍。司馬公未竟之志，其在子乎？昔司馬公致疑「知味」之說，程子謂「公從天命之性」，已不能解。君通極於性矣，知味矣，雖欲不究闡其旨不得也。予固拭目俟之。

顏氏傳書序

顏自伯禽支庶食采於顏，以邑爲氏。春秋時，徵在歸叔梁紇，誕生仲尼。而顏路始受學闕里，厥有殆庶，顏氏遂發聞於天下。其後有顏蠋、顏駟、顏叔子，代不乏賢。北齊黃門侍郎著《家訓》二十篇。歷九百餘年，寖失其傳。裔孫四會掌教士英，有志訪刻，未遂，以屬其子如瓌。正德戊寅，瓌同知蘇州，獲全本，重校刻之，然獨刊《家訓》耳。若亞聖而下，魯國、光祿而上，其傳集散逸，幾不可考。

予甥顏嘉興，幼承父訓，夙有志於訪求，凡得先集七種，而《家訓》在焉。合刻之，以爲《顏氏傳書》。按正德戊寅，距今八十年，嘉興君此舉寔繼蘇州公，又蘇州奉四會君之命，嘉興亦奉封君耕心之命，若相符契，顔之世賢可知已。蘇州之敍《家訓》曰：「侍郎五世生魯國、常山，並以忠義大顯於唐代，居金陵。魯國五世生永新令詡與其弟招討使翊，因家永新。招討十二世生子文，又自永新徙安福，則安福之顔去魯國、黄門，其世數可覆譜而稽也。是書之刻，雖謂之《顔氏家語》可矣。」書成，嘉興君以書來請序，曰：「伯舅其幸有以教我。」予惟顔之先，無論魯國、常山，即彭州司馬昆季佐父討賊，一時捐生者八人，而我國朝沛縣伯瑋父子死忠，豈其家久習訓教使然？抑亦猶亞聖之餘韵乎？嗟夫！魯國諸先生事，非平世所宜談。顔何人哉？希之則是，其在他人景慕尚爾，況於其爲之後者耶？吾願聞所以希之者，且書名傳矣，抑又何以習也！

重樂編序

師友之義至重，而其聚至樂也。此非獨元公言之，其説昉孔子。孔子曰「學而時習之」，曰「有朋自遠方來」，開卷言師友矣。夫學何以言師也？昔者公孫朝問：「仲尼焉學？」子貢曰：「夫子焉不學？亦何常〔一〕師之有？」蓋古之學者必有師，言學即學於師也。故傳習以時，夫子以爲悦；朋來自遠，夫子以爲樂；得師友而遯世不見知，夫子以爲不愠。不愠者，言乎以師友爲

〔一〕「常」，底本作「嘗」，據《論語・子張》改。

仁，固不藉名位，不求聲聞也。彼其所重、所樂在爲仁，故其所取以爲仁者在師友。

師友者，爲仁之器耳。仁，人心也，人心無不與天下相關。堯舜得位，則相關之心遂；伯夷不得位而望望然不屑就，無術以就之也；柳下惠不得位而由由然不屑去，無術以易之也；伊尹不得位而栖栖然就桀就湯，無術以自致其相關之仁也。夫伯夷直去之耳，下惠能就之而不能易之，伊尹能易之而不能自致，其爲術未神也。孔子游目於三聖人之外，而獨得夫爲仁之方，其心蓋曰：使爲仁而必藉君相，則不得君相，仁終不流矣。今夫師友，固亦吾之君相也。切之砥之，君相之事備矣；明之覺之，君相之道著矣；引之垂之，君相之則立矣。夫不得君相而其功反有賢於君相者，此其術不益神而其用不益巧耶？斯孔子之所以爲萬世帝王師乎？故曰：「師友之重，昉於孔門。」非獨元公言之也。

予從子吉迪氏尚友悦學，津津然有味於孔門爲仁巧術、立達神方，爰取諸儒先之重師友者，類爲一書，前陳格論，後列懿行，條條井井，使人讀之而有尊師重道、事友賢仁之思也。予喜而爲之序，因述孔門所以重師友之由云。

仁贈編序

夫仁者贈人以言，豈以言市華哉？無亦曰：「人所習由其所志，所志由其所見。仁者所見既大，視拘於見者，若有所憐憫焉，是故不容已於言，令受其言者從識轉志，從志轉習。斯所稱仁人之用心哉。」若猶是得其説而存之，則仁者將亦曰：「予欲無言矣。」

江弘受氏三入京師，所得於仁人之言，幾盈一囊。然予稽其履，頗不自安於鄉人之見者。蓋其鄉之習嗜得，而弘受超然思義；其鄉之習嗜兢，而弘受由然思下之也。且時時誘其里族之人，而御之以歸於大道。入其家，黄口兒童已能歌頌，稍間就先生長者質疑問字。深谷之中，翩翩詩禮。弘受所得於言者，不既深乎！夫斯以仁人愈益樂與之言，而弘受益樂得仁人之言而服行之。或以謂弘受盍鋟諸木，使世世用仁人之言，不猶賢乎以身嘗之則。弘受曰：「然。」遂帖括而問序於予。予爲推言之，以弁諸首簡云。

孝廉清範廣傳序〔一〕

趙令可之赴公車也，予爲《孝廉清範》贈之，中所稱引多先正爲孝廉時事，不必其孝廉也。既別去，予因檢括諸孝廉之有聲望於時者，得三十餘人，亦不必其能盡海内孝廉也。蓋曰：「其不盡者，人其舍諸云爾？」就所及知三十餘人，各討其事行。或取材他籍，書名書字，一因其舊

〔一〕「序」，底本原脱，據目録補。

本；或撰述新傳，有詳有略，各隨所見聞；間有聞其名而於爵里事行無考者，附見他傳以俟采補，題曰《孝廉清範廣傳》。其間理學如新會、安成，忠節如晴川、剛峰，吏治如周、曹、程、李之屬，咸早早在宇宙不朽，豈必一第爲重哉？顧人自負孝廉耳。蓋昔有武弁入孔廟中者，諸儒紳戲指四配問此爲誰何，武弁以質對：「予武人實不識，第聞其皆非進士出身。」儒紳乃默然大慚。嗟夫！顏、曾不公侯而重於公侯，以其自任者重也。吾儕勉乎哉！孝廉雖不進士，以視顏、曾諸人之栖栖布蔬者，則已大顯貴矣。

廣文柯則序

蓋余讀海忠介所著《仕論》而知教職之重也，又讀耿先生《黄忍江傳贊》而知教職之弊也。夫以其重如此，而其弊如彼，循名責寔，教之謂何？斯夫子所爲發「觚哉」之嘆矣。吾里中友周悝予氏，塘南王先生門下士也，志篤而行修，居里選岳岳自重，兹捧檄署新鄭教事。於其行也，不暇遠引蘇湖事，第輯本朝先正之能教士者爲十傳，題曰《廣文柯則》，以納諸行李。悝予入汴，以置案頭省覽，其則不遠矣。

嗟夫，教官誠重哉！宰相銓衡，世所稱崇，膴然可以舉賢才。而教官則直可以陶鑄賢才，陶鑄之任，功侔造化，甚不可以其地冷階卑而自輕也。夫惟不自輕而後教職重，教職重而後善人多，善人多而後朝廷正、天下治。

時萬曆丁未七月序。

證道遺箋序

自得喜聞訃音，予身如癱瘓，人若亡若在；予神如夢中，景似妄似真。獨居咄咄，疑有所失；與衆偕行，類栖栖孤影。然後乃今，知「喪予」之言之爲戚也！

夫戚喜聞者，直謂喜聞在家宜家，在邦宜邦，今茲云亡，邦家殄瘁云爾，乃予獨有深悲焉。喜聞苦心於學，不作世儒語，語必其所自悟者，而邇乃更有契於一貫之宗。然其所謂一貫，又非世儒之所稱一貫云者。今已矣，朝聞而夕死，其亦可矣。

顧予兩人者，相與爲身。始喜聞有所執，非予無與破。既而有所悟，非予無與質。而予時有所參求，非喜聞無與證。而今且死，非夫人之爲慟，而誰爲也！哀思之至，不自聊耐！

輒復括其手書，得論學數首，哀而録之，置諸座右，以比羹墻。庶自今苟活之年，有所究竟，以不謬於喜聞之指，則喜聞之死雖曰「喪予」，而予之不死，喜聞猶不亡也，其亦愈於予與喜聞之交喪也歟！爰書此《遺箋》之端，以自解云。

見羅先生書要序

蓋世之重踐履者，人人譚修身矣，然拘形滯氣以爲修，命曰無本之末，爲剪綵已爾。世之重性宗者，亦人人譚止善矣，然耽無溺虛以爲善，命曰無末之本，爲枯荄已爾。自《大學》挈止善必要諸修身，提修身必歸諸止善，高不落玄虛，卑不倚名義，此之謂知本，此之謂知之至也。本，木之根也。言根，則所謂生生之性與夫枝葉花寔皆具矣，根之外無復有生生與枝葉花實也；言身，則所謂至善之性與夫家國天下皆具矣，身之外無復有至善與家國天下也。斯所謂吾道一以貫之者歟？曾子一唯之後，作《大學》以明之。《大學》所謂至善，孔子所謂一也。一貫於家而家齊，一貫於國而國治，一貫於天下而天下平。故曰：「自天子以至於庶人，壹是皆以修身爲本。」子思曰「不明乎善，不誠乎身」，此止善以修身之說也。又曰「立天下之大本」，此知本之旨也。斯又曾子傳之子思者乎？

漢唐以後，此義不明。見羅李先生特揭言之，其説具載《書要》中。時吾邑父母璞齋夏公，蓋李門入室弟子，爰鋟諸木以傳示諸生，而屬予敘。予惟公之涖吾邑也，約己愛民，明學以迪士，家樂宓子之化，人飭滅明之行，公之所以修身者大矣。公之所以修身者大，則見羅先生之學之所本也。先生之所以修身者，不尤大乎？以此觀身，身可知已；以此觀本，本可知已；以此觀學，學之大又可知已。先生以身發《大學》，而求先生者，每每求之於言説知解，亦淺之乎求先生者也。

鄒南皋先生集選序〔一〕

文所以載道，道所不載而從文焉，即雕龍譚天爲飾而已。近世一二文人高標千古業，動指鉅儒緒論，以爲逃諸理。夫理豈可以逃而掩得之者乎？多見其不知理也。余友鄒爾瞻氏五《典》、三《綱》、一《疏》，直與日月争光，曾不以翳其空體，而獨潛心於學。故兹所刻《集選》，凡播諸聲施，發之篇章，往往有關於學術風化，絶不作綺語華言。豈其不能爲之，亦厭乎世之嘔心於無益，不屑以文人鳴也者。夫亦其逃諸理者耶？以其根諸理而以爲逃也。然則爲之反者曰：「二三君子寔不聞道而逃諸文，抑又何以辭焉？」是《集》序凡三，大宗伯黄公、兩侍御吴、余公，其評品詳矣。余不敢復贅，竊懼後世文人之以爲逃諸理，故爲之解嘲且自解也。

鄒聚所先生易教序

鄒子尹氏向予言《易》也，曰：「夫《易》，聖人之所謂《大學》乎？」予曰：「何也？」曰：

〔一〕按：此文底本多處模糊，據康熙本補。

「近時拘學主懲忿窒慾者，曰『懲窒盡學矣』，然僅足當《易》之《損》；主遷善改過者，曰『遷改盡學矣』，然僅足當《易》之《益》；主立達者，《同人》則已耳；主戒慎者，《震》則已耳；主多識者，《大畜》則已耳；主去念者，《無妄》則已耳；主力行者，當『果行育德』之一言；主致知者，當『自昭明德』之一象。推而舉之，各執其一者，各當《易》中之一卦一詞。乃《易》固卦卦學也，爻爻學也。所謂觀於海者難爲水，殆以此歟？」

予曰：「子之論《易》也，廣矣，大矣。斯實見海者之言也。夫拘學之各珍其見，始乎不知《乾》。乾，龍德也，能潛能見，能躍能飛，能惕能亢，而不可爲首；使六龍各爲首，其不爲虺、爲蜥蜴者幾希。故善學者知《乾》，則六十四卦可不畫矣。雖然，六十四卦又無非《乾》也，亦無非所以學《乾》也。耿仲子之讀《雜卦》曰：『《雜卦》序，孔《易》乎？首《乾》，次《坤》，次《比》、《師》，而終之《夬》。夫《乾》，天也；《坤》，順承天者也。知天必由師友，故友《比》而樂《師》。困而憂，親師取友，觀變玩占，自易其惡，自至其中，要歸於剛決以純乎《乾》。斯爲學《易》之寔功乎？』」

子尹曰：「善哉！」「善哉！循科而進，放乎海者如是，殆又進於觀海者矣。昔先伯父汝海氏爲《易説》藏之篋笥，多有類於先生之説《易》者。」

予受而卒業，泫然泣下，因進子尹曰：「子與耿仲子之言《易》，是書幾先得之矣。讀《易》

者作如是觀，乃知吾身固自有《易》，彼離身言《易》，非知《易》者也。又知吾身有變化無窮之《易》，彼執一言《易》，亦非知《易》者也。汝海氏之説《易》，殆所謂觀海者歟？盍梓而公諸人人，使人人得觀於海而毋自珍其一勺之多，皆可以無大過也乎！」子尹曰：「諾。吾將與子予謀之。」子予，汝海氏長公也。

萬曆己亥五月友弟劉元卿識別。〔一〕

鄒聚所先生文集序〔二〕

聚所先生之殁，於今二十有四年矣，其家嗣子予氏以書抵予曰：「先子文集至今未入梓，方撿括成帙，惟吾子之序之也。」予因得卒業焉，乃稍汰其泛然酬應者，而題其首曰：「先生之學，予知其大凡矣。謂我必可以爲聖賢，故其悦學也不厭；謂人皆可以爲聖賢，故其誨人也無倦。是以其爲文類無閒語。試披閲，當自見之。所謂仁人之言者非乎？孔門以仁爲宗，文莊公身有之，而太常體仁者也，憲僉君其仁以爲己任者耶，三世一仁，雖謂是編爲孔氏《中庸》，無不可者。

〔一〕按：此文最後三句底本原無，據《鄒聚所先生易教》所收該文補。
〔二〕按：《鄒聚所先生文集》所收此文題作《鄒聚所先生文集題詞》，文字亦有較大出入。

乃近日之學，或謂仁則孔子之學耳，夫更有上焉者矣。雖然，使誠有等孔子而上者，予因願依於仁也已。集凡上下二篇，曰《語録》者，門人艾孝廉所輯也，曰《易教》者，先生説《易》語也，外集則并附以《綸音》、《赤牘》、《贈言》、《哀逝》諸紀云。」

萬曆甲辰冬十有二月既望，友弟劉元卿拜書。〔二〕

耿恭簡先生文集序〔三〕

蓋予讀耿師盲子喻而稍有啓，云：夫蘇氏之喻盲子，謂日不可以形求也；師之喻盲子，謂日不可以色求也。然皆就生而眇者言之，未及夫眇而復明者也。有眇而復明者，見天日燦爛，驚駭張皇，詡詡不能休。旁有曉之者云：「爾昔因在天日下，特不察耳，此不足異也。顧今所以用明何如？如視不踰只咫之間，其爲用也小；即察及於煙霄之外，其爲用也虚。惟審諦出門之途，智及邦畿之大，庶幾子之目與子之足始相遊於無窮。」於是復明者悟曰：「善哉！子之曉人也。」斯又盲子喻未竟之旨乎？

〔二〕按：此言底本原無，據《鄒聚所先生文集》補。

〔三〕按：《耿天臺先生文集》作「耿天臺先生文集序」。

吾師始以盡倫爲志，猶捫盤而求日之形也。既舉篷有悟，蓋從有入無，如盲子霅然見日色矣。俾世穎慧者覿斯光景，非玩弄狂恣，則耽無溺妙，其不爲張皇大日者幾希。乃先生不自已也，而求友資切，方殷殷焉，故慎獨樓之證又從無入有，如墮橋踐寔地矣。而先生猶未已也，審伯夷、伊尹、堯、舜、孔子之途，究可仕可止、可久可速之故，於是灼信淵淵浩浩爲孔子之邦畿，而立人達人乃學孔之路徑。蓋自此若亡若虛、不厭不倦以遊乎無窮，斯則踐寔地而尤能辨於所踐者乎，其及益遠大矣！師誠斯世斯道之正法眼哉！未易與方外玄觀、閫中管見者談也。

往師詩文未有成集。余於都邸合諸所刻，類輯成編，先生之精藴帖括幾盡。叔子銀臺君見而悦之。時予方請告歸里，銀臺君捐俸屬予付梓，踰年梓成。爲識其日月，因發盲喻未竟之旨，明師入悟次第，以觀示來學，且質之銀臺君謂何。

耿恭簡先生年譜序

先生諱定向，字在倫，學者稱天臺先生，姓耿氏，湖廣黄安人。祖大振，故宿學耆儒也，遇諸子姓最方嚴，獨慈愛先生。兒時囁囁繞膝語，祖悉應之，因示誨焉。一日，以官級小大問，遞至公卿，又問公卿上更有大者否？祖曰：「公卿名位極矣，惟聖人則固大也。」先生應聲曰：「阿異日必爲聖人。」祖蚤然喜，撫首嘆賞，謂孺子有志云。

稍長，與里中彭公甫砥礪。彭主敬，而先生意在明倫，故字在倫。嘉靖丙辰，以春秋魁南宮，除行人，奉使過里，時仲定理有聞矣，先生初歸，未之知也。一日，語及「未發之中」，先生駁之曰：「《中庸》首章雖有如此微言，中若達道達德、子臣弟友，固自平常，奈何獨舉此眇論？」仲曰：「固也。篇中末語又曰『無聲無臭』何耶？」先生有味其言，日夕探討。自是學以存虛爲主，顧於感應未一也。偶與仲共飯，忽契文成良知之指，以常知爲功。己未，習靜五雪山巔，偶舉扇有悟，喜曰：「渾身皆知體也。」仲曰：「豈特渾身？通天徹地，孰非知耶？」先生自是大省。尋選御史，與京師同志遍加參訪。巡按甘肅，便歸與仲對榻慎獨樓，以新聞相質，仲曰：「然孔氏之無聲無臭，亦自有形有象，孔氏之有形有象，原自無聲無臭。」先生豁然，自是於有無内外、精粗微顯無二見矣。

壬戌，改督南畿學政。先生爲御史凡九年。先是分宜柄國，銓政濁亂。抗疏論吏部尚書吴鵬，指斥分宜。已而論新鄭褊衷狹量，無大臣休休之度。皆人所難言者。海公瑞爲淳安令，先生聞其名，揭薦之華亭，得遷計部，爲一代直臣。大司馬方公逢時、王公崇古，俱以方面被劾，先生力救之，後皆有邊疆功。其它興學育才，所培士至今布列庶位，仁流無窮。時先生以臺序應内轉，乃數懇求補郡守，華亭再三難之，遷大理寺丞，竟以病免去。穆廟時，新鄭以輔臣攝吏部，謫先生橫州判官，修舊郤也。新鄭被逐，先生起衢州推官，遷工部主事，尋改尚寶丞。甲戌，晉尚寶少卿。乙亥，陞太僕少卿，隨陞右僉都，五月，丁内艱去。戊寅，以原職巡撫福建。庚辰，丁外艱。甲申，起左僉都，尋晉左副。時周御史劾陸少宰光祖，先生上疏申白。乙酉，陞刑部左侍郎。丁亥，陞南京右都御史。己丑，六疏乞休，不允。疏中申救撫臣陳有年、徐元大、周繼，俱得從所請。已陞户部尚書，總督倉場。又再疏辭免乞休，乃予告歸。歸又八年，爲丙申六月二十一日病卒，年七十三。

先生晚年益信孔門立達之方，遠賢堯舜；孟子擇術之巧，直參造化。凡與學者言，欲其即心擇術，因術移心。諸所論説，皆發先儒所未發，然猶歸功於仲，曰：「吾學得之仲子。」蓋其虛也。在朝在野，無一日不與友朋相對；兄弟子姓，無一語不以學問相商。殆至誠無息者耶！

先生素居麻城之西偏，少時公甫語先生曰：「是鄉陋，吾儕異日必擇里而居。」先生曰：「天生吾儕，化民成俗。『君子居之，何陋之有？』」後力議建縣，是爲黄安。頃野夫田畯亦知嚮學，彬彬絃誦，與鄒魯同風矣。

所著有《庸言》、《奏疏》、《牘草》、《應跡》及《碩輔寶鑒》、《先進遺風》、《教學商求》、《小學新編》、《閨訓禮纂》、《政要編》、《譯異編》、《儒宗傳》、《大事譯》、《權子》、《學彖》、《觀生紀》等書。謹序次學行履歷之大者於首簡，其詳具《年譜》及《行狀》、《誌表》云。

耿氏時義序

劉元卿氏曰：夫文所以載道也，道所不載，無爲貴文已。譬之食求以充腹，從而加籩焉可矣，乃遂以畫餅塗羹爲華，何益於腹？譬之衣求以適體，從而加繡焉可矣，乃遂以粉袞紙糊爲飾，何補於體？覽今所謂文者，字秦句漢，美則美矣，然而於道無載也。舉業之文，破碎尤甚。王文成謂舉業，雉也。孔子之贄哀公，由九、及五、因三、遡一，稱文武之政，舉而歸之天道。孟子之贄梁惠，從王推大夫，自大夫推士庶，掃功利之焰，而引之仁義。其後孔子修經爲六，孟氏演篇爲七。總其大指，即見君之贄具矣。責難陳善，敬孰加焉？惟我朝以文舉士，將亦謂諸士誦法孔孟，必有談天、談仁義者在。即使士第有其文而藏身不恕，猶之贗雉也，況剿故、剽華，并其言非己所有，近於竊雉以獻者，此之謂大不敬。其始見贄如此，則根心發政可知，已關人心世運非淺小也。予爲此懼，向邦人士家子弟肫肫言之，未有省也。偶得耿先生及其弟督學君近爲時義文，蓋所謂依正學以爲言者，令孔孟復生，亦當首肯。以是當見君雉，豈不可哉！爰付剞劂，公諸多士，多士其無以文目之，試反而求諸其所以文焉者，將耿先生實籍此贄以通於多士。

瞻菴詩序

吾師魯源先生嘗居太夫人憂，屏居墓側者三年。既釋服而弗反，復居一年。即所居之廬名曰瞻菴，志哀慕也。元卿時從予鄉王塘南先生遊，過其所謂瞻菴者，而再信宿焉，則見先生朝夕嗚咽不能釋，翕目而沉心。

予跽而請曰：「先生幽憂乃爾，得無傷神乎？」先生含泣而言曰：「不孝孤向以媮學暗於孝，先太夫〔一〕、先嫡章宜人先後逝矣，兹太宜人復見背。不孝孤宦遊幾二紀，太宜人靡不迎養也，若是則何能安寢？處而生人世，苟得蓬室於野，抑爲嘗膽怨艾之苦，庶幾末減萬一爾。卒果徼天幸，得買片地於先世所遺莊居之，傍視丘壠，不數十武而近累土結茆，寔自太宜人發引日也。即罪逆安可贖，聊以致哀思，懲不孝或庶幾焉。」

余聞而心隱，曷能復言？隨不覺淚淫淫承睫也。嗟嗟以先生之學，亦且負罪引慝，若無所容於天地間者，我輩若之何？既釋服，士友多以論學抵菴間，携杯酒相顧訪，徊翔景象，四顧多奇觀，張子五松、王子中石輩因㯿括爲十景，各賦以詩，縉紳大夫從和之，漸以成集。

〔一〕 按：「夫」字後疑奪一「人」字。

予時過閩，問學於先生，寓臬署中，得閱各詩篇，請以登梓。先生愀然曰：「吾方媿竊爲孝之似，而況聞於人也。」予謂不然：夫名山大川、臺榭樓閣，尚各有所托，以垂不泯，況先世藏玉地耶？兹菴之得傳，即傳先藏也。而諸名公之作美多可傳者，俾刻之，將永永傳人耳目，而賢孫子得有尋繹，以延於千百世。則是刻也，所以演先生之孝思者，豈淺鮮哉！先生不能辭，以命㘉。氏某敬述其本末如此云。

孫生世略序

予讀《孫生世略》，其説曰：「介胄之士，專言軍旅，至與吾儒分户角立。吾儒亦猥云未學，遜辭下之，未審儒之果不如俠也。善哉！夫吾儒之未學，乃其所以學焉者也。孔子學俎豆，大舜舞干羽，乃至却羌格苗，此何關介胄事？《益》之贊曰『謙受益』，景公曰『夫人率其君，行古人之道』，斯其所以爲介胄也歟？先人有奪人之心，《世略》之所謂機也。機一爾，亡者東走，追者亦東走。漢高之得三傑也，以機；堯、舜之得禹、臯陶也，以機；孔子之得顔回也，以機。或以霸，或以王，或以素王。王不待大，素王不待王。不待王，則焉往而不王，故其言曰：我素位而行，無入不得也。得一顔回，而門人日益親，賢於百韓信矣。余以爲孔子乃知機之機者，非但知機也。孫生其無以余言爲腐。」孫生曰：「儒者數言知機，然而其説腐也。予嘗短氣避之，然後乃今不敢腐儒先生，請其言爲序。」孫生名開，豐城人，字泰符。予甚奇之，曰：「今兹世安得有孫生？」孫生曰：「更有進賢李生。」予又因孫生以物色李生。李生名光元，字乃始。

重刊龍舒淨土文序

夫土皆淨也，貪風煽之賕，塵障天而土穢；淫風煽之色，塵障天而土穢；嗔風煽之怒，塵障天而土穢。推而徧焉，塵彌積，垢彌重，命之曰娑婆濁世。釋迦世尊憫念此方，讚彌陀之願力，稱西方之妙境，令諸衆生聳踊忻悦，但持名號，即得往生。而昧者疑焉，曰：「何其言之誇也！何其舉念簡而取證速也！」是大不然，觀之現在，即證未來。夫一念迷，則滿心鬼窟；一念悟，則靈臺光顯。當其光顯，休休蕩蕩，八達四通，即闌楯行樹，七寶周匝矣。繫心淨境，幻塵頓滌，即寶池蓮華，化生香潔矣；上下鳶魚，盡譚妙理，即風音鳥聲，演法無滯矣。可則可傳，一念千古，即壽命無量，永劫不銷矣；聲應氣求，尚友無盡，即不退菩薩，俱會一處矣。以斯而知生滅者身，不朽者靈。靈知所照，當體西方，是則所謂決定生者。故吾於淨土之説，以現在證未來，以儒心正佛印，即種種疑情，顯然冰解矣。

淨土之文，其來已久，而復有《龍舒淨土文》者，蓋南宋龍舒王虚中氏之所增定也。其錄而傳於代，不知凡幾。乃淮陰黄某聞法於古心之雪印上人，得手是編，欣焉有會，謀付剞劂，盛行流通。其於西方，蓋亦鳥聲之演暢，風樹之出音，能令聞者悉發信心。所立功德豈其細耶？刻成從予問序，故爲之題其前簡。

劉雲章公摘稿序

元季有大雅君子曰雲章先生，諱霖，密湖人，間自稱龍丘生，宅志超曠，夐然秀朗。至正丙申，舉於鄉，時值多難，辭榮不仕。會寇陷安成，先是從弟行軍鎮撫雯捉兵援分宜，冒敵死，遂奉雯父伯源，使依己，避地大和，浮沉教授。明興，徵用不就，卒葬珠林璠璣上，門人楊文貞士奇爲表其墓。

嘉靖中，余宗長密湖秉亮將修家乘，念先生墓在異鄉，遣其介弟秉庠詣西昌訪之。始至郡，周咨西昌之人，便得磻磯王君於鄉塾間。王君即先生故弟子王棨之裔，墓在其宅傍。詢知所向，買舟往至珠璣渡，捨船行兩里許，從牧豎問王氏宅，指莽蒼間屋舍鱗次者是。復前數步，見碑碣穹隆，即文貞公所題，乃下拜焉。墓上紙錢新故相襲，若時時展掃者，又所嵌墓碑磚跡尚新，私異之。已復登王氏堂，有老人，忘其名，古冠出見客，問所從來，具答之，因客黍作餉。老人徐曰：「家世承祖命，故辱先生之教，且沐其澤誠深，爲四時掃墓，至今不懈益虔。又先生所著文百餘篇，録而藏之十襲，世世珍重，間爭貯焉，以得爲榮。」漱盥而啓匣，則西昌門人進士陳士瞻所嘗敍文也。求歸録，蘄弗予，停二日辭還。還復擕行輩往，則封羊豕，爲文祭于墓，以其胙歸王氏祠，聚族而餕之。更求先生文分録以歸，其老人送之江上，感慨一再，指諸子弟曰：「是皆去先生百數十年，能念其遠祖如是，是不可則耶？」嗟嗟，祖父兆域，莽爲狐穴者，所在而有，孰能守先人之命，世敬其所塾居、旅寓之賓如王氏哉！古稱里仁者非乎？而先生之教人以誠，使其澤入於人深至乎數十世不替，其又何如矣！

自得先生文，諸長者每欲校而梓之，未果。庚辰夏，余乃獲其抄本，披讀之，其文純粹正大，要爲處心厚而修詞誠者，蓋元儒之高品已。其間失次殘缺者，有稍加點定，粗爲區目，總得大篇，可垂勸諷者五十餘首，題曰《摘稿》，匪敢云選也。先生之行及所著他書，郡邑志類詳之，此不載。

怡懶園詩序

南溪之上，舊無怡懶園，園之自予兄完甫始以其懶故以名園。園未軒亭而曰鷃適，曰偃曝，有其意也。有意斯有名，又從有詩。園中賓客若王、周二子，若予以意逆之者，曾禾父兄，乃即世賓客。若王、周二子各散歸，其園花亦漸落。予姪子吉曜不欲泯一時之際，鋟詩於木。夫故園依然，人最先散，花卉次之，詩以得鋟于木，最後存。然則謂詩文千古業，良然。乃《詩三百篇》遇秦幾亡，況後世所爲詩者邪，總之盡耳。凡有皆亡，惟無不朽。是以凡夫趨有，哲士珍無。雖然，其不得不有，亦無也，亦不朽者也。故聖人以有無之間爲不朽。吉曜氏錄詩問序於予，予書此示之，并序其詩以納諸劂氏。

安福鄉約從先録後序

善乎太史公之言也，曰：「法令者治之具，而非制治清濁之源也。」夫爲治而上法令，斬以息姦止僞，而姦僞滋起，其卒也上下相遁，至於不振，則不知清源之過矣。故賈生以爲「俗吏之所務，在於刀筆筐篋，而不知大體」。漢世良吏若趙廣漢、韓延壽、尹翁歸、嚴延年、張敞之屬，聲稱赫赫，而不能一當黄潁川。今觀霸之爲潁川，無它異政，第置父老師帥伍長，頒行之民間，勸以爲善防姦之意，及務耕桑，節用殖財，種樹畜養而已。而姦人去入它郡，盜賊日少，倘所謂識制治之源非耶？故曰：「禮者，絶惡於未萌，起教於微眇。」爲治者釋法令而以禮治之，則民自愛而重犯於有司。其卒也，上下志諭，而至於刑措不用。由是觀之，在此不在彼。

吴侯之爲安福也，治倣潁川，仁愛好教化。異時安福再歲大水，漂民廬舍，旱蝗繼之。山藪亡命，或時出掠虜鄉里。論者謂非武健嚴酷弗能止禁。侯惻然曰：「民散久矣，此吾弗能教化之罪也。彼其人猶三代之人，獨不可以三代之治治之。」於是倣松溪程侯鄉約，而兼舉陽明王先生十甲牌法，合而録之，命曰《從先》，蓋不敢自居而推讓之於二先生也。刻成，侯既自爲敘，而問言於不佞，不佞則何所更置喙哉！抑竊侯自敘，其要領歸於仁者，人也；其人存，則其政舉；人而不仁，則禮樂不興。旨哉，其言之也。

疇昔程侯居七月而被命以行，繼之者嘗一再振舉，犁然程侯之舊章也。而末流不勝弊矣：長吏巡行，負弩前驅，伺侯將迎，疲於奔命，逋寇滯獄，督以拘捕，比屋課累，虐及無辜；編氓有所控訴，輒引爲證，株連妨業，重足公庭，由是良善富人推之若脱桎梏，而無賴大猾始藉名號倚法爲姦；即不爾，亦且詭姓朋名，蕲免偏累。上下繆盭，徒應虚文一法耳。前以爲良，後以爲酷，則行法者亡實心也。如是而猶望政之舉，禮樂之興，此何異使水逆流哉！

故吾以爲侯之言仁也，足以盡約之義矣。所稱從先云者，豈獨踐兩先生之成跡已哉！正欲反求諸己，先得人心之同然，而以興化善治譬之，猶放海爾，精神之所注是。爲政毋反是，則徒法耳，焉得仁？然則，予又安能有所益於侯之自敘與自命録之旨哉！爰申暢仁言，以綴於末簡。

永新酌屯濟漕書序

按令甲軍有三大役，曰操，曰屯，曰運。屯軍者，且屯且戍，屯則爲農，戍則爲兵，比之操、運，尤號苦差。顧往者調兵勦寇，寇平因給賊田暨亂後荒田，令之屯守。今承平已久，罷兵撤戍，但懸屯田之空名，寔無一卒之負耒。加以豪强兼并，餘丁包占，率一人而攢頂數户，坐享田入之利，絶無操、運之勞。乃運旗終歲勞動，又復幫貼造船，輒費百十餘金，其不破家而逃竄者幾希。夫以其勞費如此，而逸豫如彼，是則法之不得不變者也。

賴我黄公祖痌瘝在躬，思以拯之。因永新運旗告困，特下令清出屯田，以爲該所幫運之助。戎廳仰承德意合三所，通議協濟。在永新船少屯多，但移屯粒十分之一二，足助造船之費，宜其欣躍，如解倒懸。惟恐屯軍之陰壞於它日也。既相率攻其阻撓者，又謀壽梨棗以垂久永，且問序於不佞元。

不佞元則猶有私虧焉。夫永新漕艘不滿四十，故十分取一二而足。乃安福漕艘六十有餘，而屯不甚多於永新，每艘貼銀以兩計者二十，此外所費將安從出？誠恐破家逃竄之接踵者如故也。往邑父母、今南畿學院楊淇園公，嘗有挨屯頂運、撥屯給運之議。此亦疏困之策可以行者，而奈何束於成法，終不能一解絃而更張之乎？即不然，每艘以永新四十五兩爲例，隨屯派給，或亦無不可者。大率屯軍不勞力而有其財，運軍勞無力又費其財，勞逸既不相如，而利害又甚懸絶，故曰法之不得不變者。《書》曰：「若藥不瞑眩，厥疾不瘳。」是在當道一加之意耳。若吉安所又可例推已。

軍册指掌序

聞之文莊公曰：「官以盡職爲賢，惟清戎官，則以不盡職爲盡職。」蓋有見乎其爲言哉！雖然，先簿正軍籍，使猾里奸胥不得爲妖，此又以盡職爲不盡職也。昔予友劉畏所氏嘗言，其按遼東，所部伍籍自如，其勾致新軍，率爲衛所官虜使白役，其人往往落魄老死邊塞。時有來告者，輒判還原籍，一時得脱歸者數十百人。夫使無罪之民一旦驅之死地，又重累送徙者廢箸舍業，而其究於國家無分毫之益。則雖謂清戎官以不盡職爲盡職，未爲過矣。

吾邑釐弊册刻於戊午，則宏岡童侯覈之刊定。軍册刻於戊子，則今按臺徐公祖爲九江司理時覈之。歲久板刻漫漶，惡害己者陰欲去其籍，將盡化爲烏有。賴我潘侯旁求他籍，校售補刻；又慮其簡策重大，民間不易得，復取前二册，參以近歲簿書，輯爲一帙，名曰《軍册指掌》。所謂詞簡於前，事增於舊，治國其如視諸斯乎！是役也，猾書短氣，編氓揚眉。不佞元攘臂簪筆，爲書其始末，以弁諸首簡。或曰：「民苦軍，其次苦匠。」然侯於難者先之矣，其在清匠，猶運之掌。

簡明匠册序

國家匠作有二：有囚人罰充，有輪班工匠。輪班者，四年一班，歲徵班銀四分之一。而江西、福建、川廣、雲貴，則隸南京。江西各色班匠約近四萬。嘉靖初，題奉清查，果有遠年逃亡、并無遺留田地者，通行除免，無令里甲包賠。皇仁浩蕩，可謂周遍海宇矣。

我安福匠額又有二：有南京班匠，有江西織染匠。屢經清查，總得有丁人匠三百餘名。取數雖不甚多，顧里書需求弊孔良鉅，細民深居簡出，目不識縣門。查覈一下，有丁無丁者，胥苦之。然其原本於簿書不清，故吏得高下其手耳。頃潘侯既清戎籍，手編《簡明軍册》，布里中，歡聲載道矣。然且謂樹德務滋，除奸務本，遂併覈匠書付之剞劂。今而後即不識縣門者，可按籍而知也。斯固奸猾之犀燭而良民之聖書已乎。刻成，侯以示予，予爲綜其始末如此。

興除訓誥述序

潘使君之尹安福五年，諸所著《訓誥》十餘首，則一邑之大利大害建罷殆盡。予乃請于使君刻之，以告他日之爲令尹者。使君不能辭，俾予次焉。予爲名其編，曰《興除訓誥述》。述云者，自予述之也。嗟夫！予所爲述諸《訓誥》，豈獨傳其言，傳其心也。使君之念，無一日不在民，其間區畫措設，嘔心抉腸，非世之緣飾吏事者比。後之爲都，誠以心印心，其於舊令尹之政，亡論守而勿失，即時有更定，其猶心使君之心也乎。因款爲之引，而述告語於其左方。

一、兑解之難，苦於積攬之爲蠹穴耳，徵解屬官，則病根斯拔，此萬口所爲稱便也。述免僉兑解告示第一。

一、南糧視兑解差易，然其病於棍攬一耳，終當收權於官，庶爲永利，若訪僉諸法，固亦一時救弊之權也。述南糧興革告示第二。

一、以民事官，用一而費百，此民間所最苦者。述酌處中火告示第三。

一、民所爲苦偏累者，莫甚於解頭中火，今以衆力朋之費直毫毛，而脱大患如解懸矣。述評議均攤告示第四。

一、戎籍漫漶如撿牛毛，黠胥窟穴其中，惟其所欲非先簿正之害，其有瘳乎？述纂輯軍册告示第五。

一、匠之害細於軍，然皆窮民，即銖兩固其軀命也，况實無丁而混被里書之齮齕乎？述刊刻匠册告示第六。

一、愚民尚氣輕生，稍求其故而憫之，是以憫之之念殺之也，則無若申故殺之律，嚴自葬之令，是乃所以爲民立命矣。述禁尤賴告示先後二章第七。

一、江右主僕之恩視他方特甚，居食妻室絲毫皆仰給主人，土佃雖稍降等，然亦有受恩同於僕奴者，故饑附飽颺尤冒萬衆之所不與也。述懲叛僕告示第八。

一、巫者利人之生，乃今詛咒利人死，惑矣，更傳造符咒，使人夫婦離散，抑又不仁之甚者也。述禁邪巫告示第九。

一、樗蒲一擲百萬，則必有一擲喪其百萬者，至所謂納家，則尤賭博之囮也，可無戒乎？述禁賭博告示第十。

天臺耿先生要語序

劉元卿氏曰：叔孫氏稱不朽者三：立德、立言、立功。余以爲德立則言立，言立則德與功俱從之耳。子輿氏所云入孝出悌，庸德也，明此以距詖放淫，恢張孔氏之道，即德即言，即言即功也。其爲不朽也大矣。近學者率稱引死而不亡，顧其所謂不亡者，芻狗仁義，而以覓之了不可得者爲無上妙道。此其德，譬之捕風；其言，譬之談梅〔一〕。即程功，亦所謂莛草建刹，無當于居，朽耶，否耶？余嘗以是概天下顯學，則心獨嚮往耿先生。先生之德，庸德也；其言，庸言也。學不爲隱怪，而先行其庸言，是謂行顧言；語不務玄僻，而謹言其庸德，是謂言顧行。守此兩者，中道而立，高不涉玄，卑不同俗，以待後學，能者從之。斯則先生之學功已。先儒謂孟子之功不在禹下，余亦謂先生之功不在孟子下。顧世寔知先生者鮮，知先生者鮮，知德者鮮也。不

〔一〕「梅」，疑爲「海」字之誤。

知德則不知言，不知言無以知功矣。故孔子曰：「莫我知也夫！」非傷之也。上達以爲學，則後世有述；下學以爲達，則遯世不知從來矣。是以孟子於先王之道曰守曰待，孔子於中庸曰依曰不悔。有味哉！言之也。余於承學中最下劣，而顧有味乎先生之澹詞。時摘其散出者，帙括而名曰《要語》。若曰是非獨先生之語也，先生之德之功具是矣。讀者得其言，又得其所以言；得其所以言，又默識吾人之所以同然。其言者，斯先生之德之言之功，庶有所托而不亡，是則先生立言之心也，亦不肖元所以述言之指也。

卷五

序

送夏樸齋父母入覲序

今天下令宰，凡邑以内，黄髮、倪齒胥戴而尊親之曰父母父母。此其説蓋在《大學》之末章矣。然予常疑：《詩》詠君子而以樂當之，《大學》釋父母而以與民同好惡當之，夫環邑之薦紳、縫掖獨無好惡耶？環邑之市儈、曹胥又獨無好惡耶？胡以獨稱民焉？又胡以同民之好惡乃稱樂焉？嗟乎！此殊難言之矣。民至愚而神，其好惡與人相近。夫此好惡與人相近者，即明德也。君子明此德，親此民，而務要諸無有作好、無有作惡之極，此之謂止於至善。至善者，樂體也。不然而作好焉、作惡焉，凝冰焦火，憂之舍爾，夫又安所得樂？故曰「民所好好之，民所惡惡之」，此之謂樂只君子，此之謂民之父母。舍民之好惡，而參以己之好惡焉者過，參以薦紳縫掖、市儈曹胥之好惡焉，抑又過。

吾邑侯樸齋夏公，始爲新喻者，期年而聲稱藉起，主爵重其品，特徙安福。公始至，人以爲主爵所特重，必有卓絶奇偉之樹，而公闇闇爾、悶悶爾，凡所下令，一遵前尹約束，無所變更。諸標奇好異者方短氣而退曰：「是何其平平也。」公稍廉知之，不以爲意，而行志自若。世尚圓通爲政者，多曲法市恩，訟端日啓。公獨持簡静，妍媸輕重，凖諸鑒衡。一時藉資賣重者方掉舌而前曰：「是何爲矯矯也。」公稍廉知之，亦不以爲意，而行志自若。市儈蠹蝕邑賦，猾吏舞文取資，沿習成風，幾不可療。公精計熟思，務爲爬剔。此輩聚族而詆曰：「是何爲瑣瑣也。」公稍廉知之，又不以爲意，而行志自若。越二年，政通而人和，賦登而訟簡。諸相與詆訾者皆更其説曰：「公殆所謂儒吏者耶！何其不務爲赫赫之名也。吾向所謂平平，毋乃爲曹相國之於齊歟？吾向所謂矯矯，毋乃爲宓子賤之於單父歟？吾向所謂瑣瑣，毋乃爲黄次公之於潁川歟？」於是公以入覲行，文學饒君、貳令王君各偕其僚徵予言爲贈。

余莞爾曰：「公之政在安福，凡被其澤者，類能言之。顧未知公之所以臻此者，蓋學也。公嘗學於見羅先生，而得其所謂修身爲本之宗。故其治安福，亦用《大學》，爲政不以己之好惡爲好惡也，不以標奇好異、藉資賣重者之好惡爲好惡也，不以市儈、曹胥之好惡爲好惡也。蓋曰：『吾爲民之父母，亦以民之同情用之於民而已。』出諸己者，蕩蕩而平平；驗諸民者，樂樂而利利。斯非修其身而天下平之徵歟？嗟乎！聖遠教湮，學途滅裂，健令立威名以標異，通令樹私德以養交，巧令植爪牙以規利，然且號於人曰：『吾以一邑之好惡爲好惡。』其亦不通於民之父母之旨乎。予故借公政以發『樂只』之詩如此。《中庸》曰：『君子之道，本諸身，徵諸庶民。』夫惟徵諸庶民也，然後足以語修身矣。」

賀潘澄源父母考績序

潘侯之爲安福也，三年於此矣。當報政，而其門下諸生某某及予弟上卿而下若干人，相率而屬不佞曰：「惟子之習侯也，敢徼惠一言。」

不佞起謝曰：「雖微諸君之請，固有言也。人臣報政於國，其可報者政，而其所不可報者政之所以爲政也。予惟習侯，故知侯所以侯，蓋有母夫人云。侯嘗言母夫人之訓之也，必曰勤曰恕。母夫人身自勤，故以勤訓；身自恕，故又以恕訓。侯，孝子也，瞿瞿遵而行之。及星而出，見星而入，率以爲常，吏不見其怠色。以訟至庭者，有所揞摘，民惴惴以爲神。然且讞審必盡其情，得情不喜，亦不爲甚怒，平平處之，不求多於法之外。或以決事而稱冤者，輒聽再讞。夫侯豈不能屈一匹夫以自堅其成案？顧其心以爲威嚴之下，萬有一之不得輸其所欲盡之詞，其若父母何？以故數年之内，賞罰清明，風波不作，胥隸無所鼓其聲焰，而借資賫重者亦不得以憑其威靈。蓋侯之先令淇園楊公長於才，樸齋夏公優於學。侯不以才名而有其才，以母夫人之所以訓勤者爲才；侯不以學名而有其學，以母夫人之所以訓恕者爲學。蓋惟勤可以達才，惟恕可以成德，況復虚己好善，取二公之舊政而兼行之，則其才、其學，又更有大焉者矣。斯固侯之所以爲政者也。政可得而著之績書，政之所以爲政者則不可得而著之績書。侯惟行其所不可得而書者，是以寧爲悶悶之政，不爲赫赫之名。蓋日計不足，而歲計有餘，比及三年，政成而德亦成。侯之德成，而母夫人之賢乃益章。異日者主爵上績書於天子，天子賢之，推恩及於所生，褒綸且旦夕下。侯捧檄入報母夫人曰：『母氏之教兒，今何如矣？』母夫人起曰：『兹子之才也，爾父之遺訓也，老婦何力之有焉？』斯時也，斯際也，侯樂有賢母，安成之士民又樂有賢父母，歡聲交暢。元雖不佞，尚能從諸大夫之後，歌之詠之，以助侯之拜舞。」

贈别大使君澄源潘父母入覲序

令甲凡守令三載考績，制也。南海潘侯爲安福五年，始者當入覲，用邑災免。今又三年矣，例以考績行。時瓜期已及，廟堂急材賢，徵書且旦夕下。枳棘百里，計無能久滯。朝陽鸑鳳，邑三老子弟咸若嬰兒乍離慈母懷中，恐不能復見也。於是邑博士先生舒君、劉君與其弟子員康生某等若而人，謀所以寄其遐思而揚其茂寔，遂相與徵言於元。

元乃拜手颺言曰：「夫覲猶行古之道也。古者諸侯三載朝於天子，曰述職，述其治民之職也。孔子發富之、教之之説，千古尊爲政案。説者以制田里、薄賦斂、立學校、明禮義爲疏，予竊疑焉。試觀今天下田里可制、税斂可薄乎？至論學校，士之秀有文者處之，民無與也。有司時設鄉約，一再誦《高皇聖訓》，什九文具耳。教養之謂何？即有魯丘、鄒軻，終不能用井田什一、黨庠鄉序爲治。然則富之、教之之道，直可敝帚視之，而所謂令長之職將安出耶？雖然，予蓋嘗竊窺侯之所爲養民者。我安成山農樸拙，有生不識縣門者，税賦陸沉於市猾，軍匠影射於黠胥，惟富在市猾、黠胥，則貧在山氓，下之不得其養，莫以告。侯一一釐正、梳剔之，不遺餘力，蓋至今無復有可以釐正、梳剔者。夫善養馬，去其害馬者而馬生矣。予又嘗竊窺侯之所爲教民者。民亦豈必聚而訓之，旦暮而吏呼之？即以事至庭，兩造對置，曲直犁然，侯不以己之喜怒爲好惡，又不以薦紳、縫掖之可否爲白黑，據理按法，是非與民同之，一經判斷，便爲訓詞。間得其頑率者，隨機誘化，轉相傳諭，訟萌潛熄。夫教民者，教之以其所直道而行者，而教洽矣。設必欲人人田之、户户曉之而後乃可以制理，則君不逢堯、舜，相不遭伊、周，民終不被澤耶。侯行且述職於天子，有如臨軒問所以治安福者。侯伏而對：『臣誠無狀，不能以孔孟之所以治民者治民，而以今時之所以治民者治民。』則天子將必曰：『生今不泥古，是得孔孟之神者，以治天下可耳，何難於安福！』」

諸博士先生進曰：「子言侯之教養百姓具矣，未及教養士也。」嗟乎！侯以今之道教養斯民，而以古之道教養斯士。夫今之所謂養士者，養之以私也；養之以私，則亦教之以私矣。侯於貧士未嘗不濟，於課士未嘗不勤，然而不私士，是則侯之所以教養士也。侯惟善養士，且善教士，是以善養民，且善教民。諸先生獨不見父母乎？父母惟不私其所善子，是以能均愛於衆子耳。於是諸博士先生曰：「善哉！子之所以爲侯述職者遠矣，微矣。請竟書之，納諸裝橐，以壯侯行色。」

送閔父母鳳寰翁擢水部郎序

閔侯之爲安福也，七年於兹矣。其間當至難處者，凡數事：始江陵柄政，惡學士大夫之口，盡毁天下書院。已又傳檄趨郡國曰：「所不即毁，敢詭名色相匿者抵罪。」時安福三書院業秘不毁。或謂侯曰：「可矣。」侯喟然曰：「前令故弗忍毁，何忍毁自我？」因稍捐俸爲價，其寔如舊也。

先是，侯未至，郡貳馬公視邑事，邑民大嘩。撫臣承望江陵風旨，欲修却一二士大夫以爲譁者，固此一二人倡之也。疏既具，侯弗從，吏事得解。時諫官畏所劉臺下吏治，侯計曲徇則疑阿，徑情則疑激，獨持簡静息羣喙。其家人雖遇大獄，迄晏然無事。人皆爲侯危，侯行意自若，顧且陰廉一二巨慾鼓煽其間者，及事既定，卒致之理，以爲臺恤泉下之長憾云。

已有詔度天下土田，江陵利速成，以明才智，張威信，促江西撫臣率先竣事，以督過天下之後期者。遂懸佐院缺待之撫臣，日夜脅督郡邑，必速就功。侯方且從容戒期，戴赤日身行阡陌，覆射稽虛，又與一二儒生攤餘益瘠，斷斷然惟恐吏不在民。諸曹吏第抱文書，不得預事。

儒生者，故東郭鄒先生所造士，居然好修之夫也，依依老膠序中，無權貴可嚇。侯獨破崖岸優禮之，時與握手步庭談心計事。或告侯曰：「今巧蜮禁不得，計豪貴無所逞私，將斐斐緝緝騰構蜚語，事且若之何？」侯若不聞也，而持之彌堅。卒罹謗，而待所謂儒生者不懈益虔。

甫峻事，西鄙盜發，掠鄉大夫財去。鄉大夫仇盜，惟恐侯不窮治也，數數以危言激侯。侯方細詰真僞，不欲枉一人。又造諸大吏，時時明窩主無罪。謗口籍籍，或以謂侯，曰：「吾每斷一死獄，輒終夜不成寐，蓋其性使然。又其主寔非知情，吾爲父母，何忍避小嫌不爲一白？」亦如不聞也，而持之彌堅。

甫竣事，則又會郡侯余公謀修郡乘，下各邑蒐先今士大夫之賢者，各邑類蒐輯舊志，以報其近時賢否，率遜不敢議，以待侯之自裁。侯獨開局延士，周咨其賢否。或諷侯持兩端，以讓過於纂修者。侯曰：「吾不受怨，誰當受者？」又若弗聞也。

夫此數者，罪禍在前，萋菲在後，人莫不危侯，侯每欲以去就決之。至其後楚氛既息，諸附麗者反得罪。侯直以不阿無恐，訾毁詆議，隨事騰興，而卒□[一]無那侯何？乃今竟得擢水部郎以去，即於侯未稱然。人因是益知士君子爲政，固不必巧設宦機、詗伺事會，而直心以行，若揭白日者，卒亦未嘗不達也。侯爲人寬然長者，不設刻心以助其嚇嚇。故深中者見謂淺，督責者見謂縱，而不知深中、督責，固皆世之所謂吏治，而侯直屏不事者。然則侯之所以招尤召謗，與其所以寧處尤居謗而不欲爲俗吏之所爲者，蓋可得而知其概已。

元不佞辱侯之知，而常竊窺其用心，若亦能知侯之一二者。於是行也，述其所處之難，以見侯之心思意念，非若世之所謂吏治者云。

贈少原余父母内召序

人之言曰：「六合元元之衆，懸命於縣令。」令之任，厥亦良重哉！顧所以爲民立命者，其作用有大小，其取效有久近，未易言也。世程令功課僉豔，其總覈之密、訊讞之公矣，然獨三歲計耳。進之化民成俗，流風遺韻可以及十年，然久之，卒相靡以敝。此何也？綜覈訊讞，可以活命，未可以永命；化民成俗可以永命，未可以續命。古之得續命真丹者，獨有孔子。孔子之學，

[一] 按：此處底本模糊不辨，代以缺字符。全書同。

標仁爲宗，以立人達人爲用。人自有仁，特未覺耳，以人覺之，化育無盡，其爲樹風陶才者且什百，而其爲綜覈訊讞、化民成俗者將千萬，以至於算數所不能及。彼所爲立命者，不尤神而取數不尤多乎？兹吾所以獨大余侯以學風士之功也。

余侯之爲永新，其美政余不能悉舉，而亦以爲不必舉，獨舉其創明新書院，大召名儒羣多士以究聖學一節，其功德已自廣博無量，垂之千百世可不朽者。姑即近事論之，文莊鄒公之判廣德也，撤淫祠，建復初書院，延同門王心齋諸先生講學其中，風動鄰郡。至今徽、寧、池、泰〔二〕間學風特振，蓋其遺化云。侯，徽人也。用此學治永新，使一邑之内政通人和，或亦鄒、王諸先生之所脉脉陶冶者歟？今侯復修其業而息之，即無論永新士，異時安、泰、廬、吉間聞風四起，抑孰非余侯立達所及乎？夫由侯遡鄒、王，由鄒、王遡新建，雖謂新建之功至今在天地間可也，雖謂侯之功與新建諸先生相繁衍於無窮亦可也。生生不息，胎育無窮，宣尼續命真丹之靈，乃至此哉！斯亦玄妙矣。兹吾所以獨大余侯以學風士之功也。

顧世之知侯者，知其政而已，未知其教也；知其修學程士之教而已，未知其以學教者之尤大也。於是侯以内召行，余年伯柱史甘公若虚、憲副劉公念南，並諸彦士若龍君某、賀君某等以

〔二〕「泰」，當作「太」，指安徽太平府。

書來徵言，而介劉君某走百里申命之。余惟公之美政甚庶，然只此一舉，諸綜覈訊讞、化民成俗、修學程士者，皆可一齊勾當矣。此非俗吏行所易知也。又其徵言皆主書院事者，予故特書其爲民立命之尤神者，以爲侯第一功云。侯行矣，晤符卿潘去華，其以余言質之謂何。

賀莊侯天敕先生榮膺薦剡序

安成之西徼，與永新壤相錯也。永新之與安成壤相錯也，其地亦西徼，界懸吴楚之交，若所謂白土洞、上峽嶂、野塘諸地，盤據深壙，賊出没其中，與安成山盗朋結縱横，更互居物中盗之家張目視之，相顧莫敢發。又其地民習健刁，與吾里中人往來善和親，或詭稱細民，爲族黨里屬若軍匠户籍之類。間取貲自潤，其人亦藉是賣重於主者，竊喜相附，一有物故，輒稱主人殺之，恐喝受賂，得貨無算。稍不滿志，越縣訴上官，動連數十輩，事下旁郡邑。山農股栗對吏，倒囊相啗，惟恐其不欲也。以故吾里之人，往往視新邑令侯之賢否，以爲安危。

蓋自吾莊侯下車以來，一承余、陳二公舊政，無所變更，而於盗賊、越訴之民創艾尤深。里中帖然，咸稱侯之德不容口。予時知侯之政，而未知其所以。獻歲，侯以書爲期，會於明新書院。予因得結三日之歡。乃知侯家世爲令，又聞太公曾稟業於廬山胡先生，稱高足門人，而侯復受學於耿叔子。予乃握侯手曰：「侯世令也，必有令譜；又世學也，必有學譜。曷相與深談之，予將深聽之。」侯曰：「吾亦安能卑卑作一能事吏乎？且吾獨不得稱賈生語哉。夫古之爲治者，能使民自愛而重犯法，吾將修鄉約訓民以禮，使人人浸涵於篤厚辭讓，而潛消其慓悍之氣。此不猶賢於刀筆搏擊以塞其末流者耶？」予作而嘆曰：「予何幸哉！予何幸哉！予乃於末世而得聽古人之言也。昔者予蓋聞諸懷溪吴侯：吴之令安成，别其座師，其座師勉之曰：『古人之政在方册，可稽而知。邇日政不逮古，即舉業可推已。先輩爲時文，則無不用教養講説政事；其立政事，則無不以教養勤修職業。今兩者皆不然，即然者，咸以爲無奇且鄙薄之。此豈非世道升降之一驗乎？』言未既，莊侯起謝曰：「知道哉斯言。豈獨吴公，凡有守令之責者，宜人書一道，朝誦而夕復之。」

予時心重莊侯之有志乎政本也。既别去，時時私念，必曰莊侯莊侯已。莊侯用治行得首列直指薦牘。明新諸學士賀生某等，謂予雅知侯，以書幣請一言爲賀。予曰：「薦牘謂何？」曰：「敬慎如處子，明達如素官云爾已矣。」予曰：「嘻！斯亦予所謂知其政而未知其所以者也，知其有令譜而未知其有學譜者也。即侯拳拳於明新，津津於鄉約，倘亦有意胡、耿二先生之微指乎？其進於漢良吏遠矣。人亦有言：『其曲彌高，其和彌寡。』則知之者亦彌寡，蓋往往而然。」於是諸學士進曰：「直指即未能深知侯，然而予知之，耿中丞知之，未可謂寡也。」予起謝曰：「某安敢當侯知己！雖然，不敢不敘其語，以爲侯賀也。」

賀龔永新考績榮贈父母序

鄰邦君石崖龔先生來令永新，三載考績，天子以其能推恩，贈封兩親。余同年甘應溥爲文以賀，復徵言於不佞。不佞安成之西鄙人也，不習知君侯之政。然君侯之未來也，余敝鄉介在雲陽之東表，常苦寇盜。茶陵之間，故有奥區，盜所居，世爲患。州長吏或以天子之威靈撫鎮之，然而若白圭之行水也，僅僅以其邦人安，而時操戟弄刃于永安之境土。則竹糊山中寔淵藪之，又數數爲嚮道指畫。竹糊者，永新之西里最深處也，盤據叢箐，曰無大姓，烏聚雲散，難可蹤跡。

侯至，廉得其主名，檄捕魁傑，格殺之。茶陵之盜失其右臂，余鄉人自是寖始帖席，則君侯之波及也。且永民故喜訟，善濳挾圖賴若奇貨。良坊之間距安成不一舍，數數以訟牒困憊。其朴民動連數十輩，牽制進退，必索賂足欲乃已。侯至，燭知其奸，一洗故毒。諸健訟稱師者往往移去，三二年中，尤賴干連之禍衰止十九。古所稱爲民立命者非乎，乃君侯更立鄰國之民之命矣。又余童子時謁外父浯水之上，聞其先世行軍鎮撫彭九萬一門死節事，擊指奇賞，怪亡有揚發其闇曶者。侯覽往昔，獨起長慨，關白諸路使者，令附祀譚祠，補百年之墜典，吊千古之忠魂。侯之心事，其激烈剛正，大都可想。而使窮谷世嚚之民從此習知德義之貴者，侯固以此風之矣。

夫不佞所知僅僅如是，然已皆關世教，係民風，則他所圖事設施者，其又不知何如也？不佞幸邇君侯之治地，而寖其餘波，且猶若是，則惠流部民，教淪士類，其又不知何如也？使州縣長吏盡如石崖先生，天下寧有頽而不舉之紀綱法度也？昔詩人美召虎宣力江漢之間，本之文、武，而當時策勛懋賞亦及召祖，傳之《大雅》，以爲美談。今君侯以數薦得恩贈，蓋賞及召祖矣。而邑士大夫交稱慶不置，無亦不忘賢父母之澤，而推所自于大父母，斯江漢之民之心也與？元，鄰之赤子也，附在海濱，竊嘗沾潤於一勺，然而不測海之大與其源之遠也，第書其一二耳，而目之者曷敢自附於《大雅》？

吴懷溪父母政成上績序

吴侯之爲安福也，凡三易歲；而其治安福也，亦凡三易意。甚矣！吴侯之嗜學也。始侯數過予，殊有憂色，曰：「夫安福難我哉！地薄民貧寡積聚，又不善賈，無什一之利，而惰於力田，士剽輕易發怒，即教養安施？且其民雜居吴楚之交，椎埋亡命，所在而是。迫之則近激，緩之則近縱，惴惴然以一令寄身其上，惟難之是恤。」頃者三歲治安福，則三歲水旱，民不能具半菽。卒有不虞，何以相待？則旦夕自顛頓，無暇休沐且飯，以爬搔其民之疾苦。蓋數數癯且病，而侯猶勤不息。

越二年，予再視侯，則侯稍見喜色。予異之曰：「侯甚勞苦，庶幾能自愛。」侯曰：「瘡痍之民不加瘳，不佞豈其遽以一人自肆於民上？蓋今乃得長者之言而行之。」予從侯問：「安得長者之言？」曰：「屬者見錢廬陵，進我以『樂只』之詩，予是以知憂之害於治也。夫令職至煩細，耳聆訟，目閱牘，俄而賓旅之報至矣，俄而造請之刺投矣，又俄而期會督徵之書積矣。儻非開襟以處之，則或格於上，或泥於下，將厭生而暴起。故主於樂則無不得也，無不得而後無亂政。」予曰：「以憂爲政，未若以樂爲政；以樂爲政，未若以學爲政。」侯驚而起曰：「學有外於樂乎？」曰：「學誠無外於樂，然徒樂而不好學，與徒憂而不好學，其失等耳。予請爲侯言樂：夫樂者，吾性之體，不識不知，無思無爲，所謂好惡與人相近也者，至善也，矩也。故好也，以道民之所同好也；惡也，以道民之所同惡也。適己之適，同人之同，其道蕩蕩，其民皥皥，命之曰「樂只君子」。從而作好焉、作惡焉，則弗樂矣。作之云者，以己與之者也，無以有己，是謂止於至善。即有時而憂，與民同憂，而我無憂；有時而樂，與民同樂，而我無樂。憂樂以民，惟道之與比，夫是之謂民之父母。君侯得無意乎？」侯曰：「跡子之言，其仲尼、顏子之樂耶。先憂後樂，吾未之敢當也，而敢處仲尼、顏子？」予曰：「人皆可爲堯舜，人皆可爲孔顏，君侯疑吾言乎？請以質之鄒子。」居亡何，侯過鄒子論學，融然而有當乎其心，返而語予曰：「吾乃今而知以學爲政矣。」

夫今天下令有如侯之憂民者乎？鮮也。侯即憂不自封，進而求之樂耶；樂又不自封，進而尋諸樂之原。甚矣！侯之嗜學也。於是侯政成，而上績書考功。其故所取士若蔣生大忠、毛生鳳章暨予姪吉瑞等，相率而徵言於不肖曰：「侯無但以子視民，抑以子視士，斯又所謂士之父母哉？」予曰：「以學爲政，則無所往而不爲父母，又奚有於一邑之士民？昔者子路、冉有之徒之言考績也，三年之外，其技窮矣，而不若曾點之樂。曾點之樂，雖終其身可也，無績可也，以其無績之績考諸，獨考諸三王，皆可也。曾點授之曾子，曾子之平天下，惟以『樂只』之詩，徵之一貫之學也，傳諸父師而習之者也。有味哉！其言乎。舍『樂只』之詩，予亦竟無以告侯矣。」侯行且上計京師，其更以予言咨之錢君。

別徐巡檢序

夫安成之西，蓋巖鄉哉：北通袁，南界永新，西南逼長沙，武功、愁猿、雞寨、鳳嶺諸山，延亘數百里，盤據叢箐，四寡居民。民剽悍負險，易法令，盜俠椎埋，所在而有。北迫之，則南走永；南迫之，則西北跳萍鄉，西南逸攸、茶。追胥既去，復揭竿而出，以爲父老憂。已又捕之，已又跳，莫之能誰何。

往正、嘉之際，彭政作難，致勤大師，增設府貳，建牙創館，于時巡司實鎮蘿塘。後稍定，徙時山，徙楊宅。亡何，里中復中盜，當事者推盜起永新，更徙司江背。蓋地數易，而猶不失蘿塘之名。而其實蘿塘者，即今所移來鄉南黃茅司之處也。總其沿革建置，要爲兩巡司皆重地云。先是鄉險遠，距邑二百里，盜發則莫能上聞，聞者十伍爾。上聞矣，主名不立，立矣而追之，則南北跳。又長吏過自好，冒處長者，欲無受患盜名，賦長、黨尹以具名告，則謂：「我在安有此？」即劫盜，謬曰：「是爲狗鼠者。」拘諸原而免諸國，盜無所創而更肆亂，何可極也！自兩巡司既設，犄角相錯，文移易具，一夫朝發難，夕可得其主名，然猶苦巡司者之權小而才薄。權小則卑，卑㧕過長吏一目，攝躬不自措，欲以是威下固難；才薄則主書健卒傍捉其柄，即有盜，盜以賄餍此曹子即已。

自徐君之來蘿塘也，邑有大猾，輒下君捕，主書健卒足相躡戒無犯。徐君則咸來佐耳目，徵知盜處，君指顧，授之策曰：「某某如是，可幾得之。」已而俱就縛，無一脱者。君既訊，得其情，手自削牘以狀。報長吏，長吏曰：「善。余固知徐君才。」以次論法如例，而禮徐君益虔，不以分下之。於是巡司之權與牧貳戎廳相低昂，而一二不逞子弟相顧重足，莫或先發，則吴公能任君與君才自足懾下之明驗也。曩令巖鄉業有是司，而司司者得如君之具於才諝，又皆遇長吏之能以禮下其屬，豈其有正、嘉之際之難哉？

予故追嘆在昔執政者之怠於疆事，而又厚幸今日所遇如此，令不佞與里中三老子弟直安枕而卧也。故於徐君之滿考而致政以去，爲之序以別之。

交儀序〔一〕

夫廉與儉，此兩者一致也，蓋廉尤爲儉之母云。予聞憲孝時股肱大臣，或藩臬二千石，其人至貧，不能具驪駟。初釋褐，着布袍，跨長耳驢，或兩人更共一驢，甚則徒步長安街。一棄職，雜田間，人與牧豎、游女相爾汝，而忘其敬宰臣。治居第，柱礎才徑尺，尚駭爲過侈。今亡論尊官柄相，初離諸生，得一卑小職，罷則居第連雲，高車怒馬，鮮服深蓋，馳而過里門。早興坐堂皇，家奴以班受事入，報命掩息附耳已，垂手立庭中，如吏人狀。一享大賓，水陸之珍畢備。此其濟侈之具，遵何道致之？俗流風靡，轉相慕倣，甚或家無擔石之儲，門有仕宦之風，勢不得不趨於亂亡然後已。夫貪而侈於己固也，出其貪之所之，則政酷而所治之民窮；縱其意之所適，則風靡而比居之民又窮。吏之不廉，其爲禍於世，豈其微哉！

故予以爲救奢以儉，不若救之以廉，廉則士自儉，士儉則民自肥。夫財畏廉耳，不靡於政，

〔一〕 按：此文底本多處模糊，據《山居草》補。

不靡於風，民之富庶固其所爾。不然，欲生侈，侈復生欲，生生相引，貧貧相仍。雖盡削奢事，衹爲嗇夫固扃鑰，而於俗無瘳也。王子《交儀》，蓋抱寧儉之思者，予則進而求儉之原焉。王子曰：「儉之原廉，則吾聞命矣，廉之原何居？」予曰：「大哉問乎！子更深求之，吾當有以語女。」

賀牟二尹古田先生給由序

余嘗觀夫世之鈎距機警者，每於眉睫得人之意指，以取憐争寵，而世之人亦莫不喜其便狷心媚，而誠愛之信如是，則宜夫取顯官厚禄者皆斯人之徒。然而有不盡然者。又觀夫世之趄趄踽踽，行縮縮若不能展武，口訥訥若不能道詞，其於世所謂籠罩巧智，匪特耻不敢，然亦以其性有不能然。然而世之人莫不病其遲鈍，率蹙頞不當於衷。信如是，則宜夫悃愊質訥者皆不能容於時。然而亦有不盡然者。此何以故哉？

大抵人之情有二：有公有私，公則恒喜夫任己而行，私則恒喜夫婉孌承順。然公者之情有二：才勝者多喜人之能，德勝者多喜人之誠。其以才勝而喜人者又有二：方其艱棘多故，則喜便捷而至；其閑處静計，則便捷或反不能係其思，而忠誠懇切偏足以結人之意。此鈎距機警與夫趄趄踽踽者每每並用於世。然而趄趄踽踽不能爲巧者，或反耐於終而卒得譽。若是，則人亦奚樂乎便捷機智者哉？矧夫命受於天，即便捷機智者不能增所未承，悃愊無華者亦不能減所已受。而第人品者，則緣是衡高下矣。高下衡，而誠足以損益乎榮寵，則亦有謂誠無損益乎榮寵。而奉其身違高就下，則亦近不智矣，又何巧智之云？

嗟夫！此予所以多牟先生也。先生以蜀人來佐令吾邦，予始見之，恂恂一儒生，無所改其寒素之狀。既而察其居官，則又朴然澹然，無以益其寒素之奉。以彼其人，其必不能曲徇巧媚以承事大吏，大率如前所稱悃愊質訥者。然居之三年，百姓安之。先是署邑篆者率廣入詞，取盈贖鍰，以故黠猾、無賴多伺隙逞志於鄉閭，而吏呼之，怒聲接不絕。公獨煦煦焉，守畫一之法，以俟大令之至而無所擾於民，訟藉以息。又邑始缺簿，公數數督糧，率細謹盡職。自尚書郎以下凡五被獎。此豈惟人不能必之公，即公亦莫之自必，然竟獲此于上，豈其獨遇用情之公耶？其公者又德勝者耶？將遇夫才勝者之閑處靜計，故公之誠適足以結之耶？抑遇固有命，人不知其然也。吾於是知悃愊無華者，固未嘗見憎於世，而公且爲端厚者樹赤幟矣。設使世之取憐爭媚者盡屬機巧，則鴻漸之士抵掌而慕之若赴腥然，世變之江河有紀極哉！

今公且考績，其素所契厚若太學生周某某等，謀以文賀而屬之不佞。不佞故知公，而尤喜悃愊者之遭遇于時足以雪巧慧之炎心，故其爲文不一一頌公之政，而獨識予喜云。

密湖劉氏族譜序〔一〕

余年十七八時，見族祖漁洲公兀坐一室，手校南溪族譜。余時過從借得其本，窮日夜手抄一帙，十襲藏之。居亡幾何，伯父時齋公大修湖譜，取漁洲公所纂輯，合而付諸剞劂。今去其時，冉冉三十餘年，譜例中所謂二湖、三坑、四塘，悉加咨訪，一時來同十且八九。乃偕内翰任之、給諫麟原、孝廉從沛暨諸族彦，謀建總祠，以祀初祖。復會修通譜，取舊本而增補之。譜成，衆推予序。予曰：「凡人之情，未有不思其所從始者。夫譜亦本乎人情，而紀載其所從始者耳，匪以誇衆盛、矜門閥也。」

吾《劉氏世族譜》修於梁者，一續於唐者，一修於宋者，二於元者，八於國朝者，二十有四，亦可謂勤矣，洋洋乎，纚纚乎。後之修者，得有所承而録之，弗敢易，亦不必易也。作《原乘紀第一》。

劉之受姓，從來遠矣。説者謂出唐堯之後，受封於劉，精一宗傳于斯乎啓。劉康公曰：「民受天地之中以生。」豈非天授語哉！其後若向，若賛，若元城、白水、静春、屏山輩，代味此學。

〔一〕按：《密湖劉氏南溪支譜》所收此文，題作《合修密湖通譜敘》。

小子元有愧乎其言，知有趙敬肅王宗派耳。作《原世紀第二》。

自家安成來，歷世三十有奇，歷年七百六十，爲大派者十八，爲小派者數十，而其初，固一人之身也。逆而遡之乎其上，則敬所尊之心勃然動矣；順而泝之乎其下，則愛所親之心油然生矣。作《世系紀第三》。

深居窮僻，科第寂寥，然稽諸往牒，若石塘、銅溪諸派，蓋亦稱赫奕矣。由今而考之，以行誼著聞，僅僅可幾指數也，所謂赫奕者，卒安在哉？斯固亦屈伸往復相尋之數，而其不爲數所轉移者，非係於其志與行之修耶？嗚呼！人生六七十年等盡也。爵位所謂舟航者耳，或以載穢，或以載珍玩，術不可不慎也已。作《爵名紀第四》。

於爍祖祠經之營之，惟衆力是賴。增定祀儀，編集家範，小子元與任之父更參訂焉。塋兆形骸所托，族繁必析，析則虞湮。碑志、銘表亦以防湮微，獨侈文詞也。作《祠墓紀第五》。

徙〔二〕無出鄉，古之制也，而不可以行於今，從而譜之。異可使同，遠可使邇，親者無失其爲親矣，其去而遂不可考稽者，存而俟之，以示不遐遺之意。作《遷徙紀第六》。

仁者贈人以言，詎不爲家珍歟？一託於其文，姓名藉以不朽，其過從之盛，因以著焉。又其

〔二〕「徙」，底本作「徒」，據《密湖劉氏南溪支譜》改。

文多稱述古昔，用相觀摩，未必非砥德之助，稍擇其尤者録之，作《徵翰紀第七》。

萬曆癸卯冬十月既望，二十九孫南溪元卿謹書于校譜處。〔一〕

溪譜舉要小序

余讀《湖譜》所載《南溪譜》序，寥寥數篇，恨不能知先世作譜者次第，欲覯得舊譜觀之，而已燬於火。先是《湖譜》既成，慮舊譜落在人間，或爲私鬻冒認者之資，遂搜而盡付丙丁。已而果有出於壁間者，余乃始追而讀之，則又深喜其得考所未備。時譜已墨渝楮敝，手自補綴，繕褫成帙。因考次作譜者之歲月，蓋始於至大辛亥，迄乎成化甲辰。《溪譜》凡六修，而始合爲《湖譜》焉，録其序十六，并《湖譜》序四爲撰述，敘總得一十首。

又按元統間《范金序》稱譜中紀原敘世及世行、世貴等編，今不可見。因衍其意作《世秩》、《世行》、《兆域考〔二〕》三篇，然闊略難於詳舉矣。終以末支世系考，蓋祖《蘇譜》，詳所自出。又綴以文翰紀一帙，亦不盡載譜中，諸篇惟其有係於人品行誼者録之。總題曰《溪譜舉要》，取便

〔一〕按：此句底本原無，據《密湖劉氏南溪支譜》補。

〔二〕「域考」，底本模糊，據康熙本補。

於覽觀云耳。力不能就梓，姑敘所由，以藏之笥篋。

金灘王氏族譜序

按王氏自昔稱望者二十一，若北海、陳留、天水、高平、京兆諸族，咸出王公後，而莫貴於瑯琊、太原。瑯琊、太原出周靈王太子後。瑯琊之王，初在太原上。隋唐之際，特惟四姓，而太原漸貴，至宋益貴。故今天下王氏稱太原。瑯琊十卒居八九而祖太原者，尤奓盛云。

金灘之有王氏，自宗英公始。由宗英公而上遡王長者，凡二十一世。長者故太原派，凡爲長者，後稱太原，志不忘也。由長者至十世諱所遷袁州，又三世諱範徙浯源，範七傳伋翁、仁翁，仁翁傳宗英。英三子值元兵變，爲盜所殺，後其侄誠忠，誠忠生尚賢、仲賢，仲賢之後爲翼龍、爲九鼎。景泰間，九鼎應詔輸粟，賜爵一級，子八人，孔興、孔經徙大江源，孔碩、孔器、孔模、孔範、孔莊、孔紱，則今金灘六房祖也。

金灘舊有譜，相傳爲元兵所燬，其後得遺編於浯源。自孔莊公而下，代有賢豪，頗津津留意宗祠及譜，而譜竟弗就，若有待乎後之人者。萬曆己丑，王君師仁慨然有志先世之所未舉，會歲侵邑，吴侯按賑，儼然臨王氏祠曰：「煥矣祠乎！抑家乘修否？」衆巽謝不敏。因顧師仁曰：「汝未有嗣，盍圖所以行義者？天將嗣汝矣。」爲書「卜世彌昌」，聯帖贈之。仁受命頓首謝，譜意始決。先是仁以大父秉良公宜有祠，捐地營之，更捐金三十置祀田。至是首出六十金，始議譜其族。師斌子簡、國、樞等各助金有差，衆復頭會納費，遂謀諸其父老俊彥，編校而付之剞劂。

譜成，肅幣而詣予曰：「自宗英公之家金灘也，爲世幾矣。不佞仁幸餘裘飪之資，而不能名先世所繇起，仁甚媿之。事成而不得名公大人一言以重此譜，仁又甚媿之。其敢以溷吾子。」予曰：「貴哉！王氏之爲姓乎。重哉！太原之爲王乎。亡論范陽、清河諸郡姓，未或之先，即瑯琊小遜，不及已。然竊聞之人能貴姓，姓不貴人。江左王、謝赫然高門，曾幾何日，野草夕陽之刺興矣。方今區内重王氏之學，馳程驟周，彼亦瑯琊之末裔耳，重姓固在人乎？彼所稱謝不得比王，瑯琊之望小滅太原諸云云者，蓋闕中之見已。王之子孫其務修姚江萬物一體之學，是謂古今全譜。夫王於義，大也，君也，天地人一，貫三爲王，譜王之譜而不思王之義，如是雖曰修之，猶弗修也。」王君退，以予言質之箕峰先生。先生曰：「善。」箕峰諱子應，逮事鄒文莊、劉兩峰二先生，約其行篤，要其志儆，居然有道者也。師仁蓋其侄云。

金陵李氏重修族譜序

按史：江南自唐末進封楊行密吴王，其後楊渥、隆演、溥相繼興。梁、唐、晉代興，江南並不受朔，楊溥既禪於徐知誥，誥始復姓李，更名昪，改國號南唐云。昪子景道〔一〕、景達、景遂、景遷、景遏，景道嗣位，遷都南昌，其季子從嘉守建康，名煜〔二〕。開寶八年，曹彬下江南，釋祚歸宋，封違命侯。

太平興國中，侯得請遣其季子吉州刺史仲傑歸守先塚，則刺史公始居安成之江背，是爲今李氏初祖。傑三子〔三〕曰坦、曰垓，坦子東英、西英、南英、宋英。東英遷萍鄉；西英之後則今所居江背、樓店、井邊、礱陂、窑邊及遷良方等派者；南英之孫杲遷城南，杲子五思概之後曰逢辰者遷東溪，定子之後曰安國者遷南田。其他徙居甚衆，語具譜中。

譜始修於城南鼎翁、山瞻，則至正三年也。時李信豐、馮進士序之。繼修於東溪孟剛與南田成昌，則永樂十年也。時曾襄敏、胡翰吉、李忠文、解學士又序之。乃今距永樂十年又若干載矣。於是江背、東溪、樓店諸派若某某等，聚而謀曰：「由今遡初祖爲世三十七，爲年五百四十而餘，釋今不修，後將益涣，來之人其何所考鏡焉？」遂相率纂輯，而問序於不佞。

不佞乃作而嘆曰：「夫遥遥帝胄，李氏之爲望族無論也。顧獨幸得徙居大江以南，地不在

〔一〕按：此兩處「景道」應是「景通」之誤，李璟原名景通，李昪長子，嗣帝位。

〔二〕「煜」，底本模糊，據康熙本補。

〔三〕「三子」，爲「二子」之誤。查《金陵李氏族譜》仲傑只有二子，且此文中也只列二子。

戰伐之衝，其人往往長子孫數十世，遠者千歲，近者亦五六百歲。此他郡國所無有也。今李氏三十七世，五百四十餘年矣。向令從汴宋散居河朔、燕趙、齊魯之間，其相繼而久，當未易及此。是或南唐二帝一主遺德在江南，故其子孫得即此地長享其澤耶？抑其主風樸略，人不設機智，家不習澆薄，所爲樹惇結厚以綿世福于不替，固自與他族特殊異歟？否則，地不受兵，即免於離析幸矣，又安能愈久而愈繁盛更如斯也？雖然，澤久則易枯，樸久則易漓，培而維之，相親相敬以毋失前聞人之業，斯其所以爲譜者大乎。若第引先世之盛以示揚詡，而乖離睽隔反不逮孤族寒宗之能相沟沫焉者，斯亦何所取於望姓哉！予代家南溪上，與李氏同其幸，而又世與李氏婣戚。故于其爲譜也，致其相慶之意，而復勉之以所以爲譜之義。」

龍田、墨莊劉氏族譜序

蓋予觀譜而因有以通於學矣。《詩》有之「維天之命，於穆不已」，其言天之所以爲天乎？天者，人物之祖；不已者，天之祖。人物祖天，天祖不已，斯亦可謂推極於其最初者矣。然或舍人物而言天，離天而求不已，不太玄乎？故夫論學者，滯形氣色相而昧本原者過，舍庸德庸言而溺玄虛者抑又過。今之爲族譜者亦然，搜幽剔隱，推本古初皇皇焉，恨不能究及於渾敦、赫胥氏而後已。斯亦篤念其所從始，人之本心原如是也。顧其所以推本之者，亦曰念茲厥初，始於一人之身云耳。乃或邇遺其同胎共氣、比室而居之親，則其所以遐搜遠咨者不已荒乎？故予觀譜而因有感於學，觀學而又因有感於譜。夫人心、學術之相爲敝也從來哉！

龍田、墨莊劉氏，其先世居京兆，唐末有諱度者以明經出領臨川牧，遂家筠州之根塘。其後代有士紳。更十世，羲仲之子三人，曰鶚徙豐城之長豐鄉，曰璋自根塘稍遷鈞山下，曰欽爲吉州判，留居廬陵洪背，再徙永新龍田。欽子景暉，暉子龍溪、厚溪，厚之孫福可遷敖城，龍之孫懷安則今墨莊近祖也。

按譜系，劉出楚元王後、校書向之裔，遥遥華胄，然故未有統譜。譜之乃自今日，則裔孫子裁氏寔首倡焉。譜成，將鋟諸梨棗。子裁氏致其諸父昆弟之命，謁予請序。予讀一再，過而嘆之曰：「嗟乎！譜之作也，慮夫一人之身之所自出，而其後乃概之於途人也。夫使譜之既作，胥能篤念夫一人之身之所自出，而其後不至概之，於途人也則可；若猶是途人爾，即令起元王九京，坐校書於天禄，相與祖事之，猶然無益也，又烏爲貴譜？嗟乎！夸夫好吸崑崙之泉，而不能疏舍南之智井；畫工善貌鬼魅之形，而不能圖狎見之狗馬。豈惟譜哉！夫人之爲學，亦大抵如斯矣。」子裁氏志於譜，且志於學也，尚亦有味於予言乎？雖然，吾知子裁氏固篤於族者也，篤於行者也。其爲是説，聊藉以告夫世之爲馳虚遠者。

金陵李氏重修族譜序〔一〕

張、王、李、趙，皆黃帝所賜姓也。隴西之李自六朝與崔、盧、李、鄭諸宗相埒，至唐高祖而下凡十八帝，南唐二帝一國主，古今論門第必曰李氏李氏。今安成所稱金陵李者，凡兩宗並〔二〕系出南唐云。宋既下江南，晉王景遂之孫邕爲吉州刺史，留居安成，遂稱李家坊；江王景逷之子茂先竄匿袁、吉間，其子光爲安成閣嶺鐵務使，留家城東。今所修金陵譜者，蓋江王之裔居城東者焉。其後徙城南，徙梅嶺，徙暇詠、雅立，徙清塘、櫟江，徙洞源，徙偃溪，又徙洋澤、洋巷，皆茂先公之支派也。

譜自江王迄今幾六百年，閱世二十六，其間由進士起家者，代不乏人。予按圖，然後乃今知其名，又徒知其名也。獨至正間，信豐君廉死紅巾難；洪熙中，忠文公時勉抗疏忤旨，命金瓜士撲之十八，直聲振天下。兩公忠節直光日月，獨重譜籍哉！從是推之，六代重門第，故氏族爲榮，雖隴西帝胄，不得與趙郡之李等望；此以姓貴也，非能貴姓也。唐以後重學業，故科第爲

〔一〕按：此文爲另一支金陵李氏而作，與前序同題異文。
〔二〕「宗並」，底本模糊，據康熙本補。

貴，或旦白屋而暮朱户，氏族失尊矣；此以業貴也，能貴姓矣。宋明之間，理學盛行，家談仁義，人推忠節，科第漸失尊矣；此以人貴也，能貴姓矣，又能貴業矣，此長尊之道也。

予故欲觀譜者動思焉：睹華胄有門第之思矣，不如科名之重於時；觀仕籍有簪紱之思矣，不如道德之流於永。始而周考之，中而推繹之，終而孤立行一意。夫譜，普也。普一心於家，是謂修一家之譜，家譜其小者也。普一心於天下，是謂修天下之公譜。此之爲德，即匹夫可以闢地開天，門第、科名曷賴焉？不然，有其譜而無其人，即譜直民數耳。何者？無所以重譜者也。譜於譜而不譜於心，名爲收族而族之涣如故耳。何者？不達於譜之本也。如是者，將焉用譜？

李氏譜嘗修於書傳公，修於志恢公，修於忠文公，又修於廷尉公而未就。今其族一吾君挺暨諸俊彦若春陽、若某等，聯衆派以修忠文之業，而屬予序。一吾君與予同學于三吾劉先生，蓋以求仁爲志者，而行仁乃自族始。善哉！其學之也。予聞之先正曰：「《西銘》，古今天下全譜。」夫《西銘》猶文字耳，延平先生每教人看喜怒哀樂作何氣象，此又全譜之全譜也。一吾氏默而識之，不落存守，不落思想，而獨得其所謂廓然者，是真能普吾心已，是真能爲兹譜之重已。且也延平先生非李之先正乎？不以隴西重者也，不以科名重者也。

廬陵夏派劉氏族譜序

廬陵望族夏派劉氏將續修其宗譜，厥族彦士振鷺、嘉賓、應高、尚賢、師望、師祈六人者，嘗學於予，走二百餘里，持譜屬予序，因前致其長老之命詞曰：「劉之先出安成白石固岡，固岡祖唐武功大夫團練使欣，欣祖長沙定王發。自定王至武功大夫，世次遠不具論。武功傳四世曰偃，南唐保大中，始析居廬陵之夏派也。世澄字淵明，宋皇祐進士，生亢身，亢身生彦作、彦章。作居上宅猿嶂，傳至國子生桂，有子四人，燎、燧、爟、熾，分四大房；章舉宋進士，居下宅鳳岩，生子汝極，傳世並盛。蓋猿嶂、鳳岩，今夏派相望而峙立者也。詩禮簪纓，延綿于世。終宋及元，顯仕至二十餘人，中有父子兄弟聯科一時者，人尤侈豔之。入國朝，迭爲洋縣令，淑爲太平令，勖爲岳陽丞；勖之弟叔毖由文學爲沅陵令，有惠政，語具明書《循吏傳》，遷北京工部員外郎，修《永樂大典》。維時胡文穆、楊文貞、解春兩諸先生咸爲序其所修宗乘，大篇炳炳，足垂千古矣。吾子其徼惠三先生，以重今譜。」

予一再謝不敏，乃因六生以復於諸長老曰：「夫譜，直人數耳。諸長老胡若是重之？而諸長老之先人又胡若是重之？微獨員外公，即碧岩、芳洲、楚山、洋縣、慕陶諸君，咸修葺不遺餘力，雖傾覆流離之際，猶保愛之若惜身命。然豈其數書、名籍顧足以縻繫人如此？儻亦謂獻民數于王者，王且拜受，王非拜獻者，以民數在焉，其何敢怠厥職。有如民不保，其生而去之，將如抱空藉[一]何。夫譜，亦族人之籍也。譜修矣，而族之人窮也而莫與收之，蒙也而莫與教之，紛也而莫與釋之，合之而恨不能追及於渾敦，離之而甚至於秦越其肺腑，則亦惡用是空諜者爲哉？蓋昔有富翁者，臧獲累數十百，園田室廬彌望。其長子善投筭，一一紀藉[二]無遺，然不治事而家日落，猶持其藉[三]曰：『吾臧獲、田廬在此。』其季者日討其本業，率僮奴身理之，富日益，而人食其餘焉。或以謂長者，長者曰：『此夫不按册籍而冥行瞽趣耳。』嗟夫！爲富翁者寧謂長者良耶？抑謂季者良耶？夫爲譜者亦若是而已矣。」於是諸生再拜，請予書其言於譜端以歸，詔其長者且以自省觀也。

洞溪馮氏族譜序

頃予校家譜于郡祠，貳守三山林公過予言曰：「予蓋嘗親見《石室仙譜》云：往余鄉有八十翁窶而釣石上，逢老人謂曰：『子長矣，何乃自苦？吾此石室中人也，能使子無貧。明夙殺白雞

[一]「藉」，疑爲「籍」之誤。
[二]「藉」，疑爲「籍」之誤。
[三]「藉」，疑爲「籍」之誤。

爲祭，叩石者三，吾當内應。』言已忽不見，翁駭然異之，曰：『仙乎！』如教設祭，三叩之石，劃然中開，宏麗殊甚，老人在焉。室中數十輩鈎校撿括，架上牙籤鱗布。詢之，則曰：『此人間世氏族譜也。』翁曰：『吾里董氏正有事於譜，苦無能知先世末本，請得出示之，借資必厚。』老人唯唯，抽《董譜》相付。辭而歸，以譜視董，語之故。董喜甚，薦金數十爲壽。異時有人争董氏祖墓者，訟於邑令，出譜爲左驗，且具道得譜所以。令奇之，以問漁翁誠否，翁對如董老。令曰：『卿勿言，第更能爲得寒氏譜，吾不敢愛，重賞。』翁去，又叩得其家譜來，令餽之金如董氏。」林公既述其事，且云：「董老人今尚在，歷歷爲我言。」因從此人求觀譜。譜亦大似仙書，非人間所作者。林故論篤君子，又其枌鄉事更得諸司擊當，確然可據。因念予鄉故有石城洞，距敝廬可十五里而近，予嘗窮搜乳竇，竟不能遍歷，宜亦有人鈎校其中者，恨無因一望見石上老人，令吾劉得觀仙譜耳。

而石城之陰有馮氏，世居之，去石城尤近，特可數十武。乃其家三老子弟亦謀輯宗譜，遠不能知其所自始，其起世僅僅從遷永新夏幽者爲鼻祖。間出譜示余，使校之，且求爲敘。予詰諸馮君受氏之原，諸君曰：「故老遞傳周文王第十五子畢公之裔食來馮城，因以地氏其後。若鄭之簡子，若齊之馮驩，若馮唐、馮異、馮奉世、馮仲文之於漢，馮萬石、馮道明之於唐，馮拯、馮行己、馮商之於宋，又若魯山父子、祖孫之於我國朝，皆炳炳在人耳目。然不能考知其爲吾宗與否？斯孔氏所以嘆杞宋也。」予笑曰：「諸君近石上老人之室，若此其甚。旦暮儻祭叩，安知不幾幸一遇漁人之事，而獨使董氏得擅奇於世，其毋乃非夫歟？」於是諸君以質對曰：「吾聞許魯齋之譜自祖以上闕焉，許不害爲名族。吾方懼吾譜所載其可知者，尚秦越視之，又何有於文王而下之遥裔乎？今子之爲石上老人也大矣，得一言以訓吾宗人，使吾宗人勉於敬義，以無墜失先世令聞，其又何羡於董氏之譜？」予聞已，作而嘆曰：「旨哉言乎！竊恐當時董氏譜中，未必有此佳話也。馮之子姓奉而行之，即此數語，何必滅石室册書耶？予不佞，不敢望列仙，顧願得一當問津漁父，引諸君入室，以究觀古今全譜也。諸君其能聽吾之所之也乎？」則咸頓首曰：「諾，將惟子馬首是瞻。」予因次第其語，以爲《馮氏族譜序》。是舉也，首義則某某，襄義則某某，於法皆得書。

芳坪蔡氏族譜序

芳坪蔡以美氏嘗學於予，其妻周以刲股愈姑疾，婁受旌直指。以美居常自念，婉婉女子捐軀慕義，而昂然鬚眉顧碌碌衣食計，曾不能使吾祖先廟享尺寸地，而視其同宗若塗人然，亡論異時無以施面目見先人地下，即旦夕安取據女婦之上，稱夫子自尊爲。乃既捐資創祠，巍然江之滸矣。復鳩其族有事於宗譜，而以其所自爲引，屬不佞序，曰：「辱長者之教有日，敢以不朽干下執事。」

予按蔡氏，自周文王之子蔡叔度生仲封蔡，遂以國氏。其後有蔡義以説《詩》仕漢，昭帝封平陽侯，家陳留。又其後有蔡衡仕唐，貞觀時爲保定守，家易州。衡之十世孫曰襄，字君謨，工小楷書，仕宋爲名諫官，出守八閩，創建洛陽橋，民尸祝之。其子曾留家建安，西山、九峰諸先生，其裔也。曾之弟曰挺、曰抗。挺嘗從富鄭公使契丹，後知樞密，居金陵；市卞攸者，其裔也。抗還易州，三傳曰霈，爲廬陵尉，徘徊文江、連陂之勝，遂家焉。子曰雍、曰熙，復徙廬陵塘池。雍生遠，遠生昌，昌生克明，克明任安成司征。其子賢翁，紹定中卜居邑西櫟市，蓋芳坪之有蔡氏自此始。其後族日蕃，分徙日衆，若止信居上鄉，省忠居尾店，沖霄徙萍鄉，廬兒徙永新。凌霄之後雜居荆、湘、衡、攸，要爲克明支派，然以其遐曠，弗能盡合，合其近者耳。

嗟乎！蔡之婦能以孝事姑，而蔡之丈夫復能以義率祖，其爲孝蓋又加大焉。予考蔡氏之先，有蔡順者，所稱其母囓指，其子動心者也；有蔡雎者，三世同居，母没，廬墓傍，木生連理。上下古今，是何蔡氏子之獨篤於孝歟？抑文王之後，流風遺韻更千古不息也？以美氏勉之矣。《禮經》曰：「孝置之而塞乎天地。」夫孝，則何以言置乎？譬之燈，置諸高堂，則光加宏；置諸卑陬，則光隨減。非燈有異，所置不同也。夫孝，亦顧人所置何如耳。用之一家，則家人宜；用之同宗，則宗人宜。推而達之天下，則塞天地矣。文王之稱止孝，毋亦其垂統貽謀，推之後世而無朝夕乎？斯所謂君子親其親而没世不忘耳。以美氏勉之哉！以美能耻其不如婦人，績用彰彰如是，顧士所當爲未止，此其可耻，獨無進於是者乎？如耻之，則莫若師文王矣。

是舉也，稽諸往牒，禮端公肇之，經濟公續之，春兩、古廉諸先正，大篇炳炳也。其在今日，則某某捐資佐其成，某某竭心董其役，於法皆得書。

浯塘彭氏支譜序〔一〕

余觀夫著族繁衍孫子〔二〕夥昌，必其祖宗有奇行瑰節以開之，又必其子孫能敦行好禮以培之。泰華之松盤乎其根，而枝幹秀發，上干青霄，下蔽赤日，然本固則枝榮，枝榮則本益固，勢相須也。

禾川浯塘彭氏孫支彬彬盛矣。閱其家乘，玄德厥惟厚哉。自文旺公避五季之亂，由金陵家螺川，科第相望，有累官至尚書者，遂稱廬陵著姓。元兵之道吉州也，十世祖槦徙邑武濟橋，槦子二，曰善堂、曰德遜。善堂之孫友信遷攸縣，仕至北平布政使。遜子九萬，丁紅巾之亂，省掾陳允中辟爲行軍鎮撫，其妻李氏躬爨犒師，每戰則克。明年，苗獠攻下永新，執李氏及其子友

〔一〕按：此文底本多處模糊，據康熙本補。

〔二〕「孫子」，疑爲「子孫」之誤。

諒、女秀瑛，並罵賊不屈死。九萬君攜其子友習、友誠徙居浯塘。今稱忠節孝烈之門，蓋指此也。羅文毅先生特筆彰之，至引其事與文山、爾公比並。斯余所謂必有奇行瑰節以開之者也。友習公生子四，曰鳳高、鳳岐、鳳章、鳳昇，是爲今四房祖。自家浯塘以來，有諱銓者爲鄉飲賓；而予外祖北塘公諱處進，富而好行義，郡邑屢徵鄉飲，遜弗就；又庠生古愚君機志輯宗譜，復撰家訓訓其家。諸皆岳岳自振，惟恐遏佚前人休光，抑所謂敦行好禮以培之者歟？

族譜唱於古愚公而未就，其後余舅竹嵎公、栩石橋公榛思纘述之，又未就。乃今而二三外兄弟子姓若某若某等，始議修支譜。支譜者，譜習公而下一派耳。謂予彭氏甥，授簡使爲序。余乃進諸君勉之，曰：「爾之先世有奇行瑰節者開之，有敦行好禮者培之，其在今日稍一失墜，人爭指目比於他氏之泯泯者。其責之宜尤備，是不可不勉自樹也。《詩》曰：『無念爾祖，聿修厥德。』諸君尚務滋德以益培之，而毋自恃先澤之終不及於涸也。」

路溪劉氏族譜序〔一〕

按予宗先正密湖劉雲章嘗序《泰和水南族譜》也，曰：「劉之在安成、永新爲二湖，密湖由唐

〔一〕按：此文底本多處模糊，據《山居草》補。

英烈王著，玉湖由宋丞相楚公顯。」玉湖者，即所稱玉源也。玉源之劉，其先爲楚元王苗裔，自安成太守瑕留家笪橋，徙下村，又徙永新之中村。歷四世，大傳公景累仁積功，其後蓋有楚公兄弟云，伯沆即楚公、仲淑虞部員外郎、叔沔秘書省中郎、季注贊善光禄，一門彪炳，世稱獨步。最後楚公憶少時所遇神人，低徊玉源之勝，季沔〔一〕之子珙遂迎其志，定家焉。居之四世，有諱慈者遷安福之縈陂。又居之八世，有諱仕淑者遷北塘，卜居路口，今所稱路溪始祖者也。遡其遷，在元末，歷世久遠。子孫寖昌寖盛，其間分居，曰廟背、曰田裏、曰街頭、曰松山下、曰大源山、曰湖邊，徙不越三里，皆稱路溪劉氏。

自宣德中，二十二世孫簡温、簡濂嘗一輯家譜，至今又若干季矣。於是劉氏三老合謀編纂，乃命其茂才子弟若欽、若顔、若釧、若國柱、若文淇、文湛等，造予請序。予進諸茂才子弟，語之曰：「而亦知諸長老所以勤修宗譜之指乎？夫譜，合而圖其宗之人者也。縮圖之，自親而及祖，自祖而及其祖之祖，而吾孝之心油然達焉；衡圖之，自兄弟而及從兄弟，自從兄弟而及其從兄弟之從兄弟，而吾悌之心油然達焉。夫始爲譜者，則亦以寄其孝弟之心於無窮焉爾矣。」

於是諸茂才子弟進曰：「先生所以告我者如是止乎？嗟嗟！吾獨不得聞無上妙道也。」予

〔一〕「季沔」，根據上文意，應是「叔沔」之誤。

曰：「嘻！夫吾所謂無上妙道，則孝弟止耳。昔有禪者既頷不二宗矣，或叩之，曰：『吾初見山水，山水也。既而有所見，見山水非山水已。乃至今日山水，既〔一〕是山水爾矣。』向上第一機，寧外真心哉！襲陳跡而矯步，住於事者也；住於事，則以指爲月。取自心而離倫，住於見者也；住於見，則以月爲指。蓋始者曾子求諸事矣，聖人以一示之，曾子得一而明之以忠恕，則不倚於見，而還證之事，斯真見者也。夫忠恕，亦禪伯之山水已。豈惟曾子？顏子抱窮天極地之見，其卒也，約之以禮；孟子來高美登天之惑，其稱引堯舜也，要之於徐行；陸子負攀斗倚辰之識，其晚年教人也，歸之切己自反、改過遷善。彼諸大聖賢豈其深明之？而姑粗言之，亦徹悟此道之一貫耳。蓋習事而求見，則其事乃誠；旋見而就事，則其見乃寔。今有人焉，盲而苦於行，一旦幸見天日，則驚而詫曰：『吾目乃如是，吾寶吾目，吾不復步履已。』夫目之所以可寶，以其良於行也。足目不相用，則不若瞽者之猶有及焉。彼沾沾然偶窺虛無一斑，而即侈然目孝弟爲末節，其何異貧人夢金而揚揚焉，詆銷礦陶沙者之自苦乎。」於是諸茂才垂首而思，融然其有得，仰而嘆曰：「大哉言乎！夫密參之，由顯遡微，因粗窮精；顯證之，即用即禮，即費即隱。斯亦先生一貫之譜乎！得此譜以治國則國治，以平天下則天下平，又何有於一家？

〔一〕「既」，疑「即」字因形近而誤。

吾將請其說以復於三老。」

予惟二湖之誼，又不得已於諸茂才之舊交也，遂書以予之。

金灘王氏祭田序

蓋予嘗嘆茅容之賢云。夫郭有道名滿天下，容得交於造次，自謂奇遭。至殺雞不以進有道而以餉母，此明於愛客與愛親之差等，不以尊故掩之者也。後世寔非愛客，乃主飾外貌，往往禮上賓、享貴官，至傾貲爲一朝之歡，猶惴惴然，懼不得其悦也。迨事親，曾不能分賓筵之餘炙。生已如斯，又況其死而祭也！此可謂不知類者矣。嗟夫！此祭田之所以有紀也。

古者有田則祭，無田則薦，田之予奪自上，不得不可爲悦。輓近世，井田廢，富者連阡陌，貧者罔以立錐，無財不可爲悦。富而有財，又不取必於公，上惡乎而不致隆於一祭。然而世之人或謂祭無益，而惟盡力於外貌之飾，若予前所謂其人者，往往而是。雖然，猶幸其心乎外貌之飾也。或聳躍之曰：「某望族有祠、有祭田，不則亡。」則羣然而爲祠，又羣然而協祭田之議。雖然，外貌而既飾矣，祠而爛然，田而鱗然，隆隆乎有世家望族之聲，於外無所復事張大矣，則乃有一二不肖者從而窺伺其已割之業，或侵削其疆，日銷月亡。嗟夫！此祭田之所以有紀也。

金灘王氏之有祠，自宗英公始。其有祭田，自朝及、時熙二君始。方伯鄒先生，大篇炳炳也。其後，某某各出田有差，後先凡若干石，具在籍中。於是箕峰公子應諸君，慮其田之無所稽於後也，乃履畝刻籍，復綴之條約，名曰《王氏祭田紀》。刻成，謂予宜有言，以弁諸首簡。乃執筆告於衆曰：「夫禮，始諸人心，一飲之德於心終不忘，矧祖父之恩罔極者也。蒸嘗之勤，孰與？夫乳哺之苦、尺地之割，孰與？夫生身之大，即有胸無心者，宜於此焉動矣。儻不然，即紀無益也。聖人之稱禹，惟曰菲食惡衣，致孝鬼神耳。今或移其豐於衣食賓客之需，反其儉於祖廟祭享之大。吾故三嘆夫茅容之賢矣。」

撫州賴君井田册

昔耿先生督學南畿，有文學博士陳復井田之説甚具。先生諭之曰：「居今之世而談井田，即令鑿鑿可行，而以彼其説求合於君相，豈有值乎？即今督學使者拔孤寒而抑僥倖，文學博士損贄儀而勤訓督，即寒士受井田多矣。斯吾與爾之所得爲，而奚以希望於不可值者也？」夫矚遐者迷近觀，希高者遺寔履，士往往然矣，孰睹夫素位而行者哉？於是撫州賴君持其均田之册示予，予以爲其心則良苦矣，然學屠龍者也，技成將安所用之？乃告以耿先生之説，而詔之曰：「子歸藏之矣，待堯、舜在上，皋、伊在下，索子於巖冗而後陳之未晚也。《語》曰『君子思不出其位』，吾願子致力於其位之内焉。」賴君唯唯否否，然予之言而不盡然也。予遂書於其册端而歸之。

茶鄉月會序

夫學非强人以從之也，子不容不孝，臣不容不忠，弟不容不順，夫婦不容不别，朋友不容不信；子而弗孝，臣而弗忠，弟而弗順，夫婦而弗别，朋友而弗信，吾心能安之耶？其不安之心，即性也。是故三千三百，皆吾性之不容已，非强人以從之也。夫子之折宰予，直以其不安於食稻衣錦者動之；孟子之折夷子，直以其不安於狐狸蠅蚋者啓之。誠見夫禮之大原出於天，有不容不然者。惠能[一]遠遊學佛，必以十金安其母；阮生放達法外，而哭親至於吐血。雖欲遏抑其性，亦有所弗可得也。然則學豈强人以從之？故學則慊，不學則餒。小人之見君子而厭然，盜大[二]娼女之惡稱其名，是孰使之然哉？故曰：「人不容不學。」其學焉者，亦性也。

茶鄉之有會自壬申始。壬申之會，予偕鄒子汝海、甘子子開從養旦劉先生訪道質性。時在會者幾二百人，津津向學而獨疑其談之必玄也。予則以爲諸君子之於學，譬之猶饑之不容不食

[一]「惠能」，底本原作「惠然」，誤。惠能爲禪宗第六祖，學佛事見《壇經》。因據改。

[二]「盜大」，疑爲「大盜」之倒。

也，使饑而可以不食，聖人豈故强天下之稼穡以滋勞？使人而可以不學，不學而不厭然内媿，聖人又豈故强天下之矯揉其性以爲仁義哉？於是諸君子咸有省，至今十五年矣。

方且尋壬申之盟，則甘子之官矣，鄒、劉二君相繼物故。益信乎良會之難值，年光之易擲。獨侍諸君子累日，蓋厚幸矣。諸君子乃申請曰：「曩子以學爲不容已，而吾黨且有甘於已之者，謂何？」予曰：「既甘於已之，則惡乎復會？吾固知諸君之不甘於已也。不甘於已者，蓋性也。有時而已之者，蔽於欲而不能盡其性也。」於是諸君子曰：「學貴有恒，亦貴得友，吾且爲月會，以時稽之，則何如？」予曰：「甚矣，諸君之慕學而不已也。雖然，仁義禮智之性不容已，聲色臭味之欲亦不容已。性微而欲危。其之欲也，易矣。不善學者從其危而導之，是謂『數往者順』；善學者從其微而養之，是謂『知來者逆』。故曰：『《易》，逆數也。』諸君皆聯舍而居，比鄰而處，其德業過失可甲推而乙舉之，相勸相規，莫良於鄉之會，又莫良於鄉之月會矣。吾固知諸君子之必不容已於學也。」諸君子進曰：「吾子誘之以不容已之機，申之以逆數之學，吾等將從逆以達乎至順，願子大書之，以詔夫與會者。」遂書其語於籍端云。

賀心池謝君膺旌扁序

古有井田而又有義田。義田，其井田之窮乎？今有學田而又有書院田。書院田，其又學田之變乎？斯可以觀世道升降之機矣。義田起於井田之廢也，書院田起於學田之弊也。蓋昔者孔子領三千七十於衰周，孟子率萬章之徒數百人於戰國，傳食諸侯。當時頗亦疑之。疑之者，疑其無事而食，不可也。孟子一則曰居仁由義，備大人之事；一則曰入孝出弟，守先王之道。於是士之職明而師友之道尊。師也者，教之爲大人者也；弟子也者，學之爲大人者也。學大人之事，食大人之食，何不可者？自時厥後，賢聖道光，國家之待士日隆。

逮及我大明，天下郡邑無不有學，學無不有官，有弟子員，咸食縣官之廩禄。其廩所不及，所在置學田以周之。於是三千七十之養，盡出於上。蓋彬彬邑鄒魯而人顔曾矣。學風漸靡，師儒家於官，士大夫家於科名，幾以學道爲市。功利富貴薰入膏肓，仁義孝弟莽爲長物。於是有志者起而私議之，而私講之。曰師、曰弟子云者，非必皆文學博士與博士弟子員也。故世目之曰道學。道學者，猶然文學博士、弟子員之名，而其事漸異也。間起書院，別置書院田。書院與書院田者，亦猶然儒學與學田之名也，而其事漸殊也。此非夫其人之自相標榜，起立門户，亦世道升降之會，有不得不然而不容不然者。故曰書院田，學田之變也。

吾里有書院三。在復禮，則有陳君梅和出田租三百；今一德，則又有謝君心池出田租百。皆人所難能者。然二君豈徒慕名高也者，而爲之良亦有遠矚乎？夫人之爲道也，其倫有五。計富人恒産所入，歲一出税賦給公家，行君臣之義也；仰事俯育，則父子、夫婦共之；又時以賑貸宗黨，諸父昆弟咸有賴焉；豈獨朋友不得嘗粒粟，其於大倫不亦偏乎？況田無常主，十歲五更，吾與其留餘田以與不可常主之人，則曷若公諸一鄉，永爲學道之士供資糧脯餼。其爲田計，不亦更長遠耶？斯或二君所以捐田之指也。

予時見邑大夫夏公談及謝君事，大夫一再嘆賞不置，爲立扁旌其門。里人榮之，咸私相語曰：「善哉！善哉！」桑田每每代相與而代相受也，靡匪金之爲市。而謝君獨以其田市義，其爲玆田光寵多矣。於是同志諸人士僉謂予宜有言，予故推原書院之田，有關於世道升降，而因以頌君之高義，俾觀者有所興起焉。

卷六

序

潁泉鄒先生七十序[一]

憶往歲訪耿先生天窩山中，語次及文莊公，予爲誦説其造福邑中者數事，邑民至今不忘德云。先生曰：「此非文莊之大者，其大者乃在生平不離聚友。彼清賦均役，數十年之功耳。今安得長守不變也？安成士紳咸知有學，能嶽嶽自樹，循是以往，延之無窮，文莊實有力焉。」予聞已，作而嘆曰：「大哉！先生所以論文莊者乎。」予然後乃今而知文莊，然後乃今而知文成，然後乃今而知孔子。

文莊之學傳之文成，文成傳之孔子。孔子而前，堯、舜、禹、湯、文、武、周公以君相爲仁。孔

〔一〕按：此文底本多處模糊，據《山居草》補。

子起匹夫，獨以師友爲仁。以君相爲仁，則所以仁天下者，惟堯、舜、禹、湯、文、武、周公耳；以師友爲仁，則人皆可以爲堯、舜、禹、湯、文、武、周公。夫使人皆可以爲堯、舜、禹、湯、文、武、周公，雖謂其賢於堯、舜、禹、湯、文、武、周公，豈其過也！天地以無所不生稱至德，聖人以無所不生稱至仁。堯舜病於博施，孔子不病於立達，近取諸己，獨得其方耳。故五穀之種，一也，自后稷教民稼穡，而後人人可爲后稷也。蓋由是而五穀生生之機始達於域中。人心之仁，一也，自孔子教民學，而後人人可爲孔子也。蓋由是而心體生生之量始究，其大不借位而顯，不緣政而敷，澤流不息，火傳無窮，自生民以來顧獨有孔子。若顔、曾則見而知之，故輔仁以友，而門人日親；若孟子則聞而知之，故尚友天下，猶及古人。

孟子而來，師友道喪，文成崛起，倡致知之學，天下雲合響應。雖在軍旅之中，不忘會友，居然洙泗之宗也。文莊公以高第弟子獨得文成之大，鳴鼓振旗，與天下髦士相切砥無虚日。其始也，創聞乍見者争相駭異；而其既也，家絃户歌，士不談王道，則樵夫笑之。乃公子穎泉翁復統承家學，以興起斯文自任，而其賢孫伯子憲僉君、仲氏編修君咸當仁無讓，三世一心，無非資切孔門立達之旨，其仁之流於天下後世，曷有窮已哉！則信乎耿先生所論，蓋最得其大已。

於是穎泉翁壽届七袠，會編修君以休沐予告歸省。而故所受書編修君若孝廉劉子孔當、茂才伍子承慰等謀所以壽翁，而相率受詞於不肖。不肖則何以加一詞。彼耿先生所稱，得壽之原已。今天下真壽在鄒氏，天下完福亦在鄒氏。亡論文成，即孔子不能使鯉壽，而令其孫有兩子思也。今穎翁躋從心之年而壯甚，適日討過庭詩禮，於復古任仁之間而益踧踖，爲遜讓若萬斛之舟，載未及半也。乃編修君方理黄安之業，謀振伯氏之所未竟，此其爲福視寓内有兩哉。鄒氏之福完，鄒氏之流仁愈益無際，斯其爲壽大已夫。不肖則何所加一詞。任之甫拜手曰：「夫無所加一詞者，是爲詞而已矣。」遂相與録吾言以觴翁。

天命篇奉壽魯原徐老師榮躋七袠序

蓋元讀《詩》至「於穆不已」，而深有味其旨云。世言天命天命，謂天所以命我，斯亦玄矣。《詩》乃言不已爲天之命，是殆推極乎所以命天者，玄之又玄哉。不已維天之命，是故四時日月錯行代明而不窮；不已維地之命，是故河海華嶽高厚浩渺而無極；不已維人之命，是故仁義禮智根心而生生不息。古之聖人仰觀俯察，默識其所謂不已者，達則爲君、爲相，廣澤於四表；窮則爲師、爲友，流仁於萬年。故堯、孔至今其心猶在，其功與天地俱無疆。

去聖既遠，世儒從二家悟入，見謂心體本寂，則澄空守虛以居之，而生生之根拔；見謂欲根障深，則離緣息念以求之，而生生之機窒；或又謂心體不浄不垢，則削規破矩以大之，而生生之則淆。是以高者疏，卑者腐，天下遂不蒙真儒之澤，而聖路日蓁塞。

蓋元自少有志於斯，而觸在迷網，不能自脱。乙亥受學，元生三問而三不答，衷殊困也。一日，先生語諸生：「顔子亦足以發，發，生發也。故門人日親。」予時豁然醒曰：「生發者，不已之性也。學求盡性而先窒之，吾幾枉一生矣。」嗣是有請於先生，先生稍頷之。蓋元自見先生，追隨而入浙者三，入閩者一，從遊於淮濟者一。先生無一日不會友，無一言不譚學。剖人之惑，抉人之慝，不極其情不止。向所云生發者，先生身有之，使人見消而意下，疑盡而性明，殆若出霧露之中，登之康衢之上。先生之於元，其真有罔極之恩也。元即不肖，尚能默識先生所謂生發者而學之，不敢眈虚溺寂以枯其荄，不敢揉情塞性以窒其竅，不敢削規破矩以淆其妙。是則元之所以報先生也。顧自辛卯以來，不復時從二三子後，奔走疏附，使門人日親，夙夜循省。斯爲自負，負先生教矣。

今先生且躋七袠，門人尚賓潘生、内翰王生、大理甘生咸謀函文爲先生壽，而給諫祝生則首爲《九如共祝序》，炳炳琅琅，諸發先生教指，度無遺言。不肖元復何能爲詞？竊常念先生之功，在明「不已之學」於聖路蓁塞之日。「不已之學」明，則人皆知吾心本自生生，人人自堯舜、自孔子而其。所以願學堯、舜、孔子者，亦吾心之自不能已也。先生以其生發者生發門人，門人又以其生發者生發人人，人以及人，生生無盡，先生之壽於是與天地、與堯、孔俱相引無窮。元不文，第道先生之有功於斯道如此，祈天益介先生壽，以壽斯道云。

壽大參劉念南先生七袠序

壬寅之春二月，參知劉念翁壽届七袠，先是翁子婿甘君屬予一言侑壽觥。予與翁道交者也，不宜以侈詞浮説進。乃遂推極夫壽之至者爲翁陳之。夫壽，久長之謂也，非獨年也。人之情，好久長而惡速朽，顧各從其識之所及而止。故有穴金陵粟，華第腴田，曰此足以垂裕無窮者；又有崇階膴仕，紆朱拖紫，曰此足以垂耀無窮者；進是則有功照竹縑，名埒丘淵，曰此足以延世冑、垂聲光無窮者；則又有胞綜百家，腹笥六籍，曰此足以飾太平、垂千古無窮者。斯四者，皆世所謂久長也。壽也，抑人人有。至壽者，弗識焉。識此者，江河不足喻其長，天地不足並其久。不即，悵悵然，愷憒然，若蠛蠓、蟪蛄之遊於世，又奚羨乎年？雖然，至壽在人，用之有異。自賢者壽一身，澤民者壽一世，以人傳人者壽萬世。以人傳人，斯孔子之壽，所爲特異也。故壽之至，無如孔子。翁既有志於孔子之學矣，孔子七十而從心所欲，欲明明德於天下萬世耳。從其所欲則樂，不則憤，斯所爲憤樂相尋，而不知老之將至者。

翁今年七十矣，四十而仕，未半禄而懸車，前所稱四者之欲，淡然無所寄，而獨汲汲皇皇，坐明新講舍，日羣諸士而督之大道，曾不以老自解，儻亦同於孔氏之欲乎？頃翁詒我書曰：

「邇日士習好奇，謂非卓絶不足以動衆，自爲文以至立行，惟馳騖於高遠，而不知竟成乖僻。」斯言也，足以識翁之欲矣。孟子曰「我亦欲正人心」，斯孟子之所爲學孔子也。孔子從其所欲，曰「不踰矩」。孟子從其所欲，曰「閑先聖之道」。閑之者，欲天下萬世之昔不踰此矩也。翁之怛然於士習之陷溺也，則固欲閑之以俟方來，蓋有彌遠無窮之慮焉。斯則所謂壽之至者也，夫又奚俟予言？無俟予言而予言之且詳者，要以明從心之指如是而止。彼以爲縱心，又或以任情爲從心者，皆邪説也，皆翁之所慮者也。故特因翁之七十而著論焉。是爲序。

壽業師禾川趙先生八十序

原明先生之言曰：「人生内無賢父兄、外無嚴師友而能有成者，鮮矣。」蓋有試乎其爲論也。余生僻鄙，寡見聞，能稍稍自樹，不至隨流俗沉没，居常深念，夫亦有由焉。上則承慈父嚴母庭訓義方，下則有賢兄難弟左提右挈，耳不聞交謫之語，目不睹輕薄之行，其爲幸良厚。至其漸摩濡染，得師友力居多，而未有若受趙先生之益尤宏深也。

趙先生，余族姊婿，在諸生中，試輒高等，而方正嚴毅。先君子雅重其爲人，自予十三歲，令師事之。日督誦習，雖步趨、語默，必秉於度，稍不中程，則撻之不少姑息。既已冠，或嬉惰不能習，復脱巾受夏楚爲常。間執酳不如禮，屏門外跪，移日不令入席。予時悲愴請過，乃微降詞色，進而教之曰：「禮固當如是如是。」其方嚴雖，它皆類此。予與從兄初習爲文，每篇必令數易稿。從兄黠且苦之，或以初草復進，而抹摋其先跡。先生偵知之，令疏行具列先後草，必盡易舊語乃已。久之，予文漸進。先生喜見色，密加點竄，封以示先君子，曰：「孺子可教，然謹秘之，勿令望見生滿心也。」予時從先君子案上私伺之，心沾沾自慰，乃益攻苦不休。既而連試郡邑，穎出其曹，已得補邑弟子員。先生曰：「吾歲受謝贄十金，今九年矣，幸得藉手爲償。子去更師賢於我者，當益有進。」予自分不能一日違離，殊有難色。先生曰：「吾視鍾令校士録，其文無若伍君某善，伍又《春秋》名家也。子往事之矣。」予以是因先生求納贄伍師，蓋事伍師又六年，遂倖同舉於鄉。則予之有今日也，夫孰非先生之造？

先生以今年躋八衮。予弟貴卿，先生婿也，其他爲先生門人者不下十餘人，僉謀稱賀，而命詞於不肖。不肖竊觀輓近爲師者巽懦，諂諛童稚，屬文動稱上第，遷就紆曲，求適於弟子與其弟子之父兄，惴惴焉。幸而及臘，收歲贄納諸行李，便告成功。夫孰知師之職有不易盡焉者乎？引視先生，其人賢不肖何如也？余不肖，不敢當吕原明，而先生則何忝焦千之？先生教不肖，誠無負先君子；不肖奉令承教，亦安敢負先生？今不肖領弟子如干人矣，蚤夕兢兢，愧未能若先生之所以教不肖。令若先生所以教不肖，則此如干人者轉模遞倣，秉禮秉度，其廣先生之澤，又容有既乎？此則不肖之求所以壽〔二〕先生者也。若夫童顔捷步，先生有之，踰九望百，所自致者，而予又何祝焉。謹序。

壽王筠軒公七十序

今年春三月旬有二日，是爲筠軒公誕辰，以甲子計之，七十年矣。翁，厚人也，篤於親，以故予族之昆弟咸嘉翁之惠，先期謀所以祝翁者，而屬言於不佞。不佞之談學里中也，翁雖老，時時來聆予言，且曰：「衛武九十能令國人大夫士交儆之，況予乃未及耄，而子顧何以進我？」予曰：「君氣豪，弗能下人。夫下人，美德也。」君瞿瞿傚而行之。今且躋七十，顔朱而髮蒼，行步捷於健兒，豈其能忍之驗歟？夫忍，有養生之益焉。火烈則易息，水暴則易涸。齒剛則折，舌柔則存。故夫怒懲則火不炎，火不炎則氣固，氣固則神完，神完故能長生久視。予蓋不能更其前說，而仍以忍爲祝。

於是諸昆弟進曰：「夫壽之道，止爰此邪？」予曰：「唯唯否否。夫忍，有壽之術焉，然而病根潛伏於中，非寔能容之者。乃夫有容者，犯之而不見其可罪，觸之而不見其可怒，如藏疾之

〔二〕「壽」，底本模糊，據康熙本補。

藪，如納污之海，其中熙熙，其氣融融，尚不知有忍，又安有所謂暴怒之火得而伐其生耶？」於是諸昆弟進曰：「可矣。請以是祝翁。」予曰：「唯然，未也。夫容，有壽之度焉，然而能春而不能秋，能母而不能父，可以容惡而不能使人之無惡。若乃夫有道者，視人若其子，善者吾與之，不善者吾教之，教之而不能改，吾且薰陶而涵育之，無忿嫉於頑。若是，則以度人爲宏願，苟有匹夫匹婦之不若於化者，方且引爲己責，而又安知所謂容與忍耶？此固以四海爲肝膽，古今爲旦夕，其澤無涯，其壽亦無涯。所謂上壽者，生生之道也。夫得其術，氣固而神完，可以百年得其度；福凝而澤遠，可以十世得其道；德溥而化光，可以引於無窮。是三者，唯翁之擇之也。」於是諸昆弟咸曰：「子之言壽大矣，請書之以往。」予遂次第其言，爲三祝云。

勿亭姚翁七袠序

乙巳九月，予赴道東期會，諸君子勃勃志學，商切累日。時彭君某等請曰：「勿亭姚翁，即一三君諸父也，雅津津有志於學，嘗書『四勿』于亭楣，以自束修。今茲登七袠，乞吾子一言爲壽。」予曰：「姚翁知顏子之有『四勿』，而不知『四勿』之肇於姚氏，蓋家學也。夫顏子學於姚者，其言曰：『舜何人也，有爲者亦若是。』」諸君曰：「吾儕聞顏氏之『四勿』矣，未聞舜之有『四勿』也。」

予曰：「舜得統於堯，堯命之曰：『允執其中。』中即所謂禮也，而通極於四海。四海平，天禄從之，是以四海爲己，而有我之己不與也。是故明四目，以天下之目爲目；達四聰，以天下之耳爲耳；察言於邇，以天下之言爲言；用民之中，以天下之動爲動。此之謂非禮勿視聽言動，此之謂克己以復於四海之公己。夫四海之公己，固即堯之中、孔子之禮也。是以四方風動，天下歸之。顏子雅慕舜，而孔子告以舜之學曰『克己復禮爲仁』。夫言學則克己，而以天下爲己；言志則由己，而以己帥天下。以己帥天下而民從之，是謂天下歸仁。顏子所以請事斯語，斷然任之而不讓。夫亦謂有爲者亦若是耳。輓近學者厭卑近而事虛遠，淺『四勿』而玄一貫，而不知聖人之所謂一貫者，正合顯微、通精粗、徹内外而一貫之。夫是之謂『允執其中』。孟子之言曰：形色天性也，惟聖人能踐其形。謂踐形之外而有盡性，是二之也。二之則非一也。形不虛則禮復，禮復則性盡，性盡則其天全。夫乃謂之真壽，在舜不增，在顏不減，亦在乎爲之而已。姚翁之書『四勿』以自束，儻亦有意夫近宗顏子而遠紹姚氏之家訓乎？」於是諸君進曰：「祝備矣，足以壽姚翁矣。」

夫姚翁好行其德，諸美事翩翩不勝書，予獨喜其佩「四勿」之語。故明舜、顏之學以勉之。勉翁，勉姚氏也；勉姚氏，勉道東諸同志也。其毋以予言庸淺而忽之，則所以自壽與壽姚翁，端具在是矣。是爲序。

壽彭逸菴六袠序

壬寅之秋七月方望，是爲逸菴彭君懸弧之辰。遡生之年，蓋周一甲子矣。乃主壺王孺人，先公一年而周一甲子，至是復舉觴稱雙壽云。其婿王生詣予請曰：「興於公翁婿，又姑姪也，誼甚深，不能無言，而言又不能爲公重，惟是祝壽之文，敢以勤職事。」

予復之曰：「壽弗可祝而致也，顧有所以致壽者。晁錯謂：『人情莫不欲壽，惟三王生之而不傷。』夫三王何以能使民壽？能有以養之耳。古者天子食三老五更於太學，天子袒而割牲，冕而總干。是故鄉里有齒而老窮不遺，一命齒於鄉，再命齒於里，三命不齒，然而族有七十者，弗敢先也。維時老者享其子弟之服勞敬養，班白不以其任行乎道路，閭井年八九十翁皆熙熙然有孺子色。予嘗疑伯夷、太公能甘採薇之窮、安釣渭之賤，胡屑屑就養？西伯豈獨以其民無凍餒之老者？蓋亦聞其國民俗皆讓長，猶有虞、夏、殷湯盛王之遺風焉。斯其所稱西伯善養老者歟？末世人主不貴言，天子不席問，民間子弟率倚其年力之盛，矜智傲才，陋老成爲無聞知，侮先輩爲戾時宜。凡出言、舉事，無但不能稟承，或務爲違謬，以凌轢老長爲特達。其老長稍弗斂晦，動輒得咎，每每竊嘆私嗟，視日如年，隤然無所吐氣，欲其怡養天和，以躋上壽，固難。今君植性敦樸，承考克家，服食器用，務從儉質，不必偃仰屈伸，修乃祖之術。而望之，知其能永年者。會其六十之歲，適今上以册立青宫，覃恩海内，令有司舉行優老之典，若將爲君設者，蓋奇觀也。又令子伯光昆仲皆在諸生中，瞿瞿遵父之教，稍逸軌度，廷讓之，輒竦息自引咎。人咸豔爲君之盛祐，視所謂竊嘆私嗟、隤然無所吐氣者何如也？然則君之壽，豈復有涯量哉？行且引之八九十，占其熙熙然，有孺子色矣。蓋有所以養之者也。抑予此言賢子弟能養父兄之壽，乃亦惟賢父兄，然後能養子弟之才。彭氏故稱仁族，往以好學篤行甲于里中。近稍不然，亦惟是一二少年操兩舌，遊行富家子間，鼓構以收漁人之利，或又拾江左新學餘唾，從而輔翼之，則往日之仁風幾替不振。君族之老長也，時一討而訓督之，則是非明而耻心發，其所補於風俗不小。且也君以賢父兄養子弟之才，子弟亦復其以才養賢父兄之壽，異日者賢子弟又復爲父兄，將相養於無窮。其爲壽豈不大哉！予與公誼不淺，伯也曾參，仲也南容，故於其壽公也，不欲以世俗之語爲獻。」

賀劉衛水歲薦兼際六袠序

吾鄉自楊宅而上百里許，山川寥寞，民俗樸茂，士以年貢於澤宫者絶少。予自束髮聞潮洞陳君以貢爲文學博士，乃今四十餘年。予友衛水劉先生繼之。夫三十年爲一世，宜里中人士以爲希奇而欣豔之也。又先生以是年適際耳順，里中士愈益慶幸。於是王君國極以書來曰：「予與劉先生有聯，將遣使致賀，非得子之言不爲重也。」

予則請發貢之義，以質於先生。夫貢者，自下貢上之詞，故貢賦稅曰貢，貢方物曰貢，貢士曰貢。夫賦稅所以給上也，方物所以利用也。士至無能，獨以其誦孔孟書，自遊黌序已，復其身一列高等廩餼，縣官餼之數十年，費民賦不知幾何。由此貢之天子，則有司豐賓燕、戒舟車、樹坊表，費民賦又不知幾何。此何所需於士，而求之如是其急，貢之如是其頻且數也。夫亦謂民不得士，不得父母；士不得所貢之士，不得師表。上之人爲天下之民求父母，爲天下之士求師表，夫安得不重諸所貢士？誠思上之人所以重之之故，夫亦安得不自重？雖然，予嘗觀春曹矣，儀司主貢士，客司主貢方物。予職客司，見虜人貢弓矢刀劍皆濫惡不可舉，因戲儀郎：「子之士亦有如此者乎？」儀郎笑曰：「弓矢刀劍之不飾猶可言也，苟飾其弓矢刀劍以厲民，不亦甚乎？」嗟乎！國家選士之費，咸齊民胼胝拮据、萬方苦辛所獲者，乃至於反爲民厲，是猶貢狂泉、毒草無當於賦，而適以滋患爾。

衛水先生與吾學道者歷有年，所其爲人，色温而氣和，行修而語簡，施之家而家人繩之。兹出而仕，吾知其爲師表必以道陶士，爲民牧必以道康民。以視夫途窮日暮爭腐鼠而鬨餘腥者，斷斷乎其不侔也。先生行矣，其所爲不朽者在兹舉乎？毋令人謂吾鄉間世一見之奇而竟碌碌如斯，是則予之所以壽先生者也，是則先生之所以壽世與所以重貢士而不負國家者也。

壽有道賀定齋年丈六十序

凡今之言壽者，言乎其長存者也。淺夫者，謂富貴可以長存。而豪傑不然，豪傑者謂功業、文章可以長存。而知道者不然，知道者曰：「富貴儻來耳，即功高環海，文冠域中，憒憒〔一〕然而闇於道，猶之夫朝菌之與蟪蛄。」於是措心於寂，棲神於静，以持其綿綿若存者，謂足以窮天地、亙古今，以遊乎無盡。斯人者於道近矣，然而談孔孟之大道者，猶以爲未至也。夫大道者，高不涉玄奇，卑不落俗學，其説在《孟子》之章矣。孟子之言曰：「人皆有不忍人之心。」是心也，萬古長存者也。一人有之，人人皆有之；一心如是，心心皆如是；一世如此，世世皆如此。不以寂得，不以静存。夫是之謂萬劫不毁。韓子曰：「孔子傳之孟氏，孟之後不得其傳焉。」其言似矣，然而非也。自孟子特揭人皆有之，天下始知人皆可以爲聖。知人皆可以爲聖，則道固無一人不傳，亦無一日不傳。非聖人傳之，天傳之也；非天傳之，人自傳也。顧乃謂孟之後不得其傳，斯乃孟之後所以爲不得其傳也，惟孟子之學不傳，於是乎士私其學，而道斯爲天下裂。

吾年友賀定齋氏，學於塘南王先生，稱高足弟子。王先生且老，而定齋以文昌，令晉、蘇州

〔一〕「憒憒」，底本原脱，據康熙本補。

二守，懼先生之道墜而不傳，遂不之官而朝夕先生。嗟夫！孰謂定齋今世人乎哉！

於是定齋六十，其宗人之在永新者徵言於不佞。不佞辭不獲，則拜手而言曰：「夫道大矣，堯舜至聖，猶察於邇言；衛武壽至高，尚求儆於國人。豈以其道爲已至而一日忘切劘乎？予嘗細叩君之學，精深細密，非予淺膚所能測其萬一，顧似亦未免求之寂静以存所謂綿綿者，於孟子一路微覺異岐。雖然，安知予謂定齋之異岐，定齋不謂予異岐也乎？然予於定齋有同年、同志之雅，予學雖未是，亦不敢不佈其腹心而自附於堯民、衛叟之義。蓋昔者晦翁之與連嵩卿書，其論甚詳，而大意謂：聖賢以此性爲天地公共之理，今則以此性爲一己之所得私。夫竭一生之力而僅以存其一己之私，存其一己之私而欲求千古之不毁，是則予之所積疑而未解者，故因壽定齋而具以取正焉。定齋其必有以教我矣。人之言曰：『不有益於人，必有益於己。』有益於人，是我壽定齋；有益於己，是定齋壽我。定齋而壽我，是亦定齋之自壽也。總之，所謂千古不毁者也。」

壽萃南尹君六十有一序〔一〕

予自庚午從鄒聚所先生昆季得有所開入，始知用力於學。念予里陋，欲有以動之，未得間也。

〔一〕按：此文底本多處模糊或闕，據康熙本補。

會辛未晏歲，茶陵尹子介卿偕其内弟譚子習，貿然負笈來納贄，已而彭子惟馥、惟簡、德卿繼至，蓋予之妄自稱師也，由諸子始。乃相與講學於里之頂泉寺，諸子皆岳岳奮自樹。於是鄉友人聞風嚮往，稍稍聚足頂泉。尹子則爲述其鄉養旦先生所以倡導里人者甚備，友人勃然曰：「豈可當吾世，使安福詘於茶陵？」且謂予曰：「彼所謂養旦先生者，是悦念菴公之道而受學於吉州者，子其勉諸？」予乃相與營葵丘爲首會，鄉之士集者累數十佰，因謀建復禮講院。頃芸夫牧豎言必稱道學，弦誦彬彬，習俗爲之一變。推其原，亦由諸子始。自時厥後，予鄉有期會，楚士居其半。楚有會，予亦率諸士聽。

養旦先生之教時，茶陵有巨盜籔寇掠江湖鄉落間，而永新竹湖、洞上諸盜應之。予爲達於江右撫臺，先擒永新劇盜。隨移文楚臺，議剿堯水，養旦先生寔陰籌之。今兩地皆爲樂土，此豈惟風教，即武功賴焉。然則尹子之率其友而辱予也，其爲造於予鄉不既鉅乎？自尹子之辱予也，予與尹子締兒女之好，情誼日篤，而信予之學日至。蓋其時，予與養旦先生皆務正學以爲言，而尹子所聞亦無非周公、仲尼之道。其後學憲即世，予亦出山求羊之徑，漸閲竹院之僧，日逢尹子，乃始稍稍喜釋氏語。夫釋氏之學，予亦嘗究心焉，賴天之靈，有悟於分岐之幾，故中道而返耳。古之人固亦有晚逃佛老而一變至道者，吾又安知尹子之不中道而返乎？韓子曰：知聖人之道而不以告人者，不仁也。彼在文暢且爾，況於本爲吾聖人之徒者耶？

今年四月廿有五日，尹子六十有一矣。吾欲壽尹子，安能遂作比丘狀，合掌向尹子誦《無量壽》？則亦仍以周公、仲尼之道壽之。尹子聞之，得無曰此儒者之名教，天地有壞，名於何有？雖然，周孔之壽，不獨其名也，其道足以爲天下道。天下萬世，父父子子、兄兄弟弟、夫夫婦婦自不能外焉，是則周公、仲尼之所謂《無量壽》也。夫人寔使吾鄉享用周孔之學，而吾不能使其以周孔之學自享用，即報德謂何？故吾於尹子之壽，終不敢姑舍所學以從之。尹子耳順矣，其亦或不逆於吾之所言也乎？或曰：「程門闢佛，尹彦明每日誦《光明經》，爲母故爾。惟兹尹子之信佛，安知無説？」吾更以咨之云何。

壽宫洗四山鄒先生六十序

蓋孔子六十而後耳順云。夫人砥行礪節，一聞語心性，則曰「此夫哆談虚遠也者」，掩耳而走。或進而求心定性，一聞語躬修，則曰「此夫冥行瞽趨也者」，又掩耳而走。是猶未同志者也。乃志同者，亦有之耽玄溺妙，曰「無聲無臭，至道也」，或薄倫常爲滯器；貼身踐寔，曰「子臣弟友，達道也」，至以深悟爲捕風。馳道既殊，逆耳自異，以斯知耳順之不易也。

嗟夫！吾乃今而深有契於吾友汝光氏之言道矣。汝光之爲《中庸宗釋》，其言曰：「世有知天而不知人者，可以契天而或不能宜人；有知人而不知天者，可以宜人而或不能契天。乃子思言知天、知人之學，而束之於無惡無斁，其微旨可繹已。」予讀已，作而嘆曰：「斯始徹天人而一以貫之乎！」夫知天而不能宜人，非知天之至也；知人而不能契天，非知人之至也。心統天人，通人己。無惡無斁，固無聲無臭之顯也；無聲無臭，即無惡無斁之徵也。知顯之微，知人之天矣；知微之顯，知天之人矣：一也。是故大舜動天感神，而耳順於野人之言，若決江河；孔子配天如神，而耳順於童謠孺歌，若應影響。彼固知天之深者。

今汝光既上達矣，而猶味乎無惡無斁之語，吾固知其耳之無不順也。於是汝光六十，諸交遊相聚徵言於予。予曰：「六十耳順矣，其又奚加焉？抑《内典》謂六根之中惟耳圓通。夫人無不有耳根，無不圓通，乃凡夫聵然，以其心有所蔽耳。心圓通，耳亦圓通，心之圓通無際，耳亦與之俱無際。故惟圓通之至，斯從其所欲。無欲不矩，蔽則欲滯，欲滯則矩病，以是而求不踰，庸可幾乎？孔子七十而後從心，蓋心量無盡，圓通之難如此。子思曰：『無不持載，無不覆幬。』斯乃孔子之所爲圓通乎？斯乃孔子之無惡無斁而蚤有譽於天下後世乎？蓋至於七十從心，則其所爲耳順又當有進乎？六十，時矣。汝光少予五年，從心之期尚遠，而予則日迫矣。願從汝光氏聞所謂大圓鏡智者。」

耕心顔先生六十受封序

耕心顔君，予女兄婿也，今年六十有七矣。令甲外吏考績，曾膺薦者。予推恩長君伯闇氏起家寧海，改嘉興，治聲隆起，用是得封耕心君如其官，而先女兄贈爲孺人，里人華之，咸曰：「幸哉！有子如此，能榮其親乎。」予則曰：「幸哉！有親如此，能榮其子而還以自榮也。」

夫文士一日之遇，或可以偶值，而祖父樹德之報不可以倖幾。蓋予自束髮，與耕心處近五十年，習耕心之爲人矣。始耕心修親迎禮於先人之敝廬，鮮服怒馬，容色甚都，夾道觀者目爲玉人。先禮部君爲人樸茂，意不喜，時有以折抑之。無何，不佞且婚，室人製履以雜色絹爲緣。先君創見，駭問曰：「兒從顏氏子得新樣來耶？」督過甚至，而其實非也。耕心素嚴事先君，聞之，深自抑下，不敢以華見，而獨下帷治博士業，攻苦茹淡。先君乃更喜。久之，竟不能成一茂才。遂棄文事，專意治家，家又益落，乃嘆曰：「吾先世饒田，至吾身田日削，吾耕此爲子孫計，蓋指方寸也。」因名堂曰留耕，而自號耕心。耕心爲人豁爽，不設城府，意有所不可，輒形諸言，言惟恐不盡。生不習機械，然人有機械，無不灼知之。處事無所回撓，人或忌其直，至排難鐫糾，終必賴焉。

予時向耕心談學，耕心搖首曰：「吾性疏弛，難矜莊端拱，又喜動，不能趺坐瞑目，子無苦我。」予曰：「學正不必端拱瞑目，即耕心足矣。」耕心乃自喜赴期會，竟日不去，若有味乎其言者。居頃之，先女兄病卒，耕心念其賢，不續娶而獨耑耑以訓子爲務，延名儒講業不怠。伯闇氏既成進士，鄉之人皆曰：「此心田之報。」耕心益復岳岳自樹，諸與伯闇同籍者棋布郡縣，終不肯呈身干謁。親友有所請求，絶之甚峻。出入一敝輿，道逢人，俛而遜左，里人殊安之，若未嘗有貴人焉者。比伯闇以需次入都下，送之門曰：「父與兒約，兒能其官與否，父不敢必必，不使汝以父故敗聲名也。」其自堅如此。

嗟夫！此其爲人豈晚近所易得者？斯予所謂親之能榮其子者也。蓋伯闇之有今日，其所封殖，非一日之積已。封恩下逮，鸞章赫奕焉，明者映華堂，幽者賁玄壤，夫皆耕心之所收穫者乎？雖然，吾猶願伯闇金玉益治乃公之所耕，而毋務拓其所削者也，效其莊歲之所抑損，而毋務跡其早年之所矜炫者也。其所以自顯顯親，自謀貽謀者，抑更宏遠矣。是又留耕命堂之深意也。耕心嘗欲予爲堂記，予心許之而未有以復，故因是而申其説。

思菴趙先生六十序

萬曆甲辰，予友趙思菴君年躋六十，其懸弧之旦則五月五日也。時中道會館適成，諸同志聯會其中者，咸謀所以祝思菴君而屬文於不佞。不佞謹按昔人以五月五日生者，於齊得田文，於漢得胡廣，於金得田時秀。文嗣封於薛，居然上爵；廣周流四公，歷事六帝；時秀年二十五應鄉、府、省、殿四試，俱第五，抑何奇也。思菴蚤爲邑諸生，甚有聲，督學使者屢試，輒高等，然竟不售於場屋。曾弗得與前所稱三子比隆，先後歷華要而光竹素，則胡其所生月日偶符而出處頓異乎？雖然，造物者之篤材豈獨以爵名一節，顧安知其所嗇在此而所豐不在彼耶？孟嘗植私黨，釣虛譽，何名爲得士？胡廣之中庸，徒以遜言恭色取媚於時。轉運赫赫，四試第五，功業無聞焉。思菴雖浮沉諸生乎，然津津向道，行履肅然。

頃諸士謂：「楊宅地當吴楚孔道，諸姓之所交處。今上有復禮、一德，下有識仁、近聖，而此獨無鄉校。士之欲問道而質疑、遊息而藏修者，將何之乎？」思菴君曰：「善。此吾心也。」遂偕諸姓同志庀財度地，市舊宅加拓焉，身督其事而捐資佐之。於是里中之志學者有所歸；士客之儼然西來者有所止；空中樓閣四通八達，凡乘春騁望、暇日臨觀者有所憑倚而寓目焉。蓋楊宅之有中道館，君之爲力居多。

夫爲廛以居商賈，商賈利之，而主人歲取緡於廛；爲肆以居百工，百工利之，而主人歲取緡於肆；爲講院以居士，士利之，而主人無所取。庸詎知無所取者乃其所以大有取乎？士明其學，人修其行。子取慈於父，父復取孝於子；兄取恭於弟，弟復取友於兄；夫取順於婦，婦復取義於夫。鄉有美俗，家有善則，吾居其中受薰修。況也火傳河潤，又安知所謂美俗善則獨在今日而已乎？子弟講業其中，而悍民叛隸環向顧化，帖帖若齊魯之區，則鄉校之利亦大略可睹已。是故爲廛肆之利以世計，爲講院之利以百世計。以世計者壽一世，以百世計者壽亦百世。此之爲功，試與二子者絜長度大，其所得何如也？五月五日之爲瑞徵，良不爽〔二〕哉！

於是諸同志起曰：「深乎！先生之所以課功者。請書之以壽君，君必欣然於三爵之迭舉矣。」

慶岳父陳靜齋七十序

按《唐史》：肅宗爲太子，侍膳，玄宗命割羊臂臑，肅宗既割，餘污漫刃，以餅潔之，上熟視不懌，肅宗徐舉餅啗之，乃大悦，謂太子曰：「福當如是愛惜。」

夫富有天下，豈惜一餅？而父子之間更相愛吝，不少屑越，則豈不以人之福分有限，愛惜之則長久，暴殄之則短促耶？此玄宗之所以能延唐祚，增壽考，而肅宗之所以能嗣承業，繼父志也。彼齊後主、隋煬帝、宋劉駿往往以侈窮其福，而國亦隨之。此豈非人主之大觀鑒哉？豈惟人主，治家者亦然。其辛苦起家之人，錢貫絲縷、豉合醬罌與夫扃鑰盔盂之屬，雖其隱賾瑣細，而抽發計算，舉無遺者。及其後世享用成業，則每不念祖父之艱苦，多或留心於池館花樹、聲色圖畫、戲劇飲食、博謔樗蒲、鮮華器用、服飾古物之類。此二者固未始不更相誚笑，而家之所以成者，則恒在前之人也。

〔二〕「爽」，底本模糊，據康熙本補。

余岳父静齋翁少丁艱苦，受父祖業甚薄，乃壹志斥絶耳目之好，畢力於家人生事之間，即一錢粟之盈縮，必心計而指算之。大都敝衣蔬食之日多，而華服啗炙之時少。以故財源常盈，貲産日拓，視所受之祖父者且七八倍。而祭祀、宫室、國役、婚嫁之費與夫親戚、舅氏之仰給者日不絶需，而佐之甚裕然。而翁履滿能戒，不少溢於曩日。

余間走候翁，見翁之勤小物，則或私勸其少豐於亨用。翁曰：「是吾性固然。」即强加之，輒意怏怏不快。予以是知辛勤起家者，彼固以是爲樂也。於是翁七十矣，精力康强，步履捷於童兒。予每侍翁寢，則率未明求衣，雖魚芻馬菽，一一身督之，不見倦誘。蓋翁所嗜澹泊，則柔脆鮮濃不以滑其心而傷其爽；而習勞真務，行之既安，則氣日練而强固。矧夫盈成之餘，晚得兒孫中志豫悦，此翁之所以能引年也，雖由此耄耋、期頤何論焉。

然而予更有私懼矣。夫辛勤起家者之樂於淡泊，猶夫亨用成業者之樂於華侈。創守之勢懸，節奢之情異，吾恐日進珍味且内熱而不樂矣。吾誠願吾舅氏之善繼其志，念惜福之訓，戒侈靡之行，庶幾可以怡養親心而躋之百年。此則不肖之所以持觴而三祝者也。

壽李心齋先生七十序

予嘗至武功，登瀘瀟山，遊棋石，探雷崖，顧九龍諸峰，則見岡巒茂鬱，絶巘峻拔，東極西原，南極長沙，未嘗不撫景而羨斯，蓋形勝之奥區哉！然其間人多朴茂，簪紳寥寂，似無以應茲山之勝者，則心疑之，豈其儲精毓秀，固有所鍾於人傑者歟？不然，何斯地之靈弗效也。

武功以西之人傑，宜莫如心齋李君。君嗜義好古，置井田贍族人，立義塾聚子弟教之，此藹然王者之遺治也。使三代以下之人得復睹三代以上之治，顧獨有心齋君。吾邑以文章取顯貴者甚不少，乃爲治有能推先生教養之政行之郡國者乎？曩令武功八十里之秀，融結而發爲文章，則區區一第，未必能當心齋君，而況其下劣者，乃反更足爲茲山疵玷也。心齋君之義爲世所重，邑大夫先後旌之，頃又以恩例膺冠服，鄉人嘖嘖嘆。心齋君榮，顧若反賢於世所侈耀之富貴人。吾固知造物之意，誠重在此，而不在彼矣。

於是李君年七十，或謂君高義，安得壽百齡，長爲人議度，則予曰：是溪〔一〕足言哉？夫美稼生於沃壤，修松梃於高岡。彼南陽、青城間，僅僅饒甘菊、枸杞，然其民時時有長五世孫者。矧武功之山，灝氣凝翕，鍾爲心齋君，乃獨不得百齡與？顧以爲人生百年，直須臾耳，所不朽者，乃在其德澤引乎無窮。即勿遠舉范氏事，如吴草廬先生所記安成李辛翁置義塾，其子剛繼之，畀田百畝爲膳，至今相去二百餘年，猶能膾炙人口。則李辛翁父子未嘗不存，斯非所謂至壽也

〔一〕「溪」，疑爲「奚」字之誤。

歟？今公義塾又井田矣，即有如剛者爲之子，且無所復益。然語曰：「行之非艱，守之惟艱。」公之子惟孫〔一〕世守其所創垂，則武功之秀，長鍾於公之一門。而吾且以斯文列草廬先生之後，共托爲不朽，斯所以壽公者無窮也，乃公之百齡，則無所事祝矣。

慶羅南藍大醫六十膺冠服序

先是少谷藍君以醫名重海内，大宗伯用考中醫生例，予冠帶，需次進御。其後伯氏羅南吾之次子亦用例膺冠服，又其後羅南君以奇方見知邑侯莊天，敕錫扁受服。於是巍冠博帶，相望一門。里中侈言父子伯仲簪纓蟬聯。世人士苦心膠序，終老儒紳而不獲者，藍氏獨以醫術得之。又邑諸名醫何下數十，所染指幾得之而不能者，藍之伯仲父子乃迭有之。争豔美盛談以爲奇事。予曰：「是當事者貴醫乎，抑醫自能貴也？」

夫當事者能執生殺人之權，而醫者顧能生全當事者，則其權豈不尤重。然使獨能執生殺之權以脅持人，則凡名爲醫者孰不能引以自重，而又安所名仁醫也？吴楚之際，鮮習醫爲試爾。語曰：「試書者紙費，試醫者人費。」吾嘗恨吾鄉試醫者之多費人也。乃藍氏伯仲父子於人生死

〔一〕「子惟孫」，疑爲「子孫惟」之倒。

危迫之際，取功獨異，又其所以居功亦多可述者，斯吾所以重君也。病人寒熱異症，症在其源。時醫不察其源所在，涼燠雜進而病症遞。生人不病病，而病藥矣。君則酌脉而投之劑，已而病無不良已。人見其速已，則奇之。然病又有困在膏肓，衆醫争欲以一劑速已之者，君於此時不取旦夕效，務治其本，而歲月需之，無虞人之誚其鈍也。又有異焉者，於醫術懵焉，怒馬鮮服翩翩然，流目儕輩，以先達自傲。君且皂帽布衫如庸衆人，即已膺冠服，猶然出入閭閻細民間，不以所利大小爲高下。或烹調藥餌，無不躬親之。已而怒馬鮮服者輒不得一當，而君往往收奇驗。則其久益自冒功，矜奮相加，君熙熙然遜謝，微〔一〕獨讓利且讓名矣。於是里之人愈益推高之，而其權滋重。然則大宗伯與郡邑大夫之所以獨榮藍氏，有以哉！

且吾聞羅南尊人象湖君亦治醫術，以忠信孝友聞禾川，質行如萬石君家。然則羅南之好行仁義，不以利高下，自非象湖君之以身訓也，亦安所得長者之道而遵之？然後乃今知今日之榮，非當事者能貴醫，抑君之術能自爲貴也。藉第令君之所稟承者不足以貴君，君之所遵習者不足以貴醫，則亦所謂怒馬鮮服而懵焉者也，則亦所謂以醫爲試而費人者也，而又何以邀此寵於父子伯仲間哉？斯固予之所以重君者也。

〔一〕「微」，底本模糊，據康熙本補。

時君方登六袠，諸德君者榮君且壽君，而求予文爲之賀，予是以次第其詞而爲序。

慶王母顔大安人榮壽七袠序

夫士君子能振節植義，豈獨其性然哉？則亦有賢父母明理道，曉暢趨舍，故爲之子者得安而行之，伸眉吐氣，不少内顧，蓋嘿相助也。我安成先輩正直好持節概，薰而成習。士不談王道，樵夫笑之。微獨男子，即婦人列女，居然崇名教而耻非義，遷居畫荻之風所在有之，故其成就獨多。夫人情至忠義，能割恩於妻子之私而念及垂白之親，則鮮不藹然内汗。蓋忠孝同源異名，相激而並發，則心戰而數不勝，自非有賢父母灼然辨其趨舍之途，則子雖齊聖，其不内顧而藹然者幾希矣。故吾以爲爲人子而能出奮不顧身之計以先國家之急，必其有嘿助於庭内者也。

異時儆所王君上疏論天下大計於左右，有所指斥，忤上旨，怒甚至，袖其疏示相臣曰：「我祖宗朝寧見此强項郎耶！」二三相臣從旁解之不得，則械就獄。時左右中貴人方挾上怒而欲修其郄，則人人震恐，謂王君必且不測。已而榜箠交下，王君卒以其身免，蓋幸也。當王君被逮，時豈意其復有此身乎？無論被逮，即上疏時，已不有此身矣。亡論上疏，即家庭侍母安人時，豈不亦微嘗其指，嘗之而可也，已不有此身矣。此吾以爲爲人臣而忠，必其有賢父母也。此吾以爲安成之薰而成習，雖婦人女子，居然知崇名教者也。

今王君爲編氓矣，母安人健無恙，乃奉觴稱七袠之慶於安人。夫其出萬死，不顧一生之計以争是非，豈意其得復奉一朝之歡於衰日之親如今日者耶？蓋其幸也。王君之宗人某某等亦竊以爲王君幸，將治觴佐王君歡，謂不佞習王君，肅幣百里而問言也，且曰：「顔安人蓋賢婦云。其事東虚公也，東虚公性嚴急，訓督諸子不離夏楚，安人從更之，終不以慈惠掩義方。今諸子亡論三郎聲稱赫赫，即其伯季，皆雅飭卓有樹植，人人以爲賢母之教使然。惟吾子一言以爲華寵。」予曰：「此吾所以謂王君必有賢母也。顧予言曷足華寵安人，抑安人之自爲華寵多矣。明於趨舍，使其子聲流千古，是壽其子也。子不以郎悦母，而以郎能殉職悦母，是善壽母者也。若夫百齡，蓋其細者耳。藉第令安人以百齡爲壽，豈其令王君以身試逆鱗哉？」諸王子唯唯而退，歸以語顔安人，安人曰「善」。

郭母胡孺人七十序

子之所願得於其親者，莫如壽。勿論卒不得於其親也，即得於其親，乃百年之外，吾之願窮已，則又願壽之以其身。即得於其身，又百年之外，吾之願窮已，則又願壽之以其名，固且以爲必不朽乎。然小者湮以年，大者湮以世，最大者歷劫而湮，吾之願又窮已。彼夫曙於壽之，以而未曙於壽之所以也。

於是郭孝廉之母胡太孺人七十矣，其婣李子德卿乞言於不佞某。不佞即有概乎壽之所以也如觀鏡花耳，顧安所得至人之言，向孝廉而稱之。則李子進曰：「德也嘗聞太孺人一二賢行矣。孺人故令安卿君女也，歸郭爲龍源公室。公斤斤書生，産日旁落，孺人絣緥洸佐諸孺子遊學。公既捐養，太孺人日夜泣謂諸孺子：『而家世修行，先司理以廉著，先子瞿瞿醇謹，吾懼而之不朝夕修，我且以廢先人也。』中子舉於鄉，太孺人喜見色，曰：『乃今而父爲不死，若不能依仗素業而將之規撿，即簪紱牙纛錦穽耳。』孝廉跽受誡，遂稱贄王塘南先生稟學，廩廩益嚴云。」予曰：「遠矣！太孺人之所以自壽者。」則又曰：「德也嘗聞孝廉君一二微事矣。初龍源公不禄，孝廉時在諸生，授書里中，得少脩脯束帛，必以納太孺人，不敢請出入。太孺人絶憐愛其長公，孝廉則曲爲資厚有加，有所昵孫，善視之踰己子，太孺人寬然忘其寡也。」予曰：「有是哉！孝廉之所以壽其親，進乎世之所稱壽云壽云者也。」

乃予所稱於振龍氏者，蓋猶有進焉。竊聞之太上修性，其次修行，最下修形。修性之與修行，外不别也而内别於天淵，事不辨也而志辨於玉瓦。故夫達於性而修也者，彼豈其芥視兩端而芻狗而土苴之哉？因於形以養性，而七尺亟乎三極，泰山爲小；因於行以率性，而一息長於千古，彭祖爲夭。人子之所以愛日惜年以壽其親無窮者，寧永於此哉？斯道也，塘南先生常言之，乃不佞則固觀花於鏡者也。振龍氏有意乎致親於上壽，其以問之王先生，予將藉手至人之言以復李君矣。

陳姊七十序

癸巳之夏六月丁未，爲陳母劉太孺人七袠誕辰。劉太孺人，予族女兄也。先是其子太學生君立氏數數過復禮證學，予曰：「高堂設帨之期近矣，君持觥而祝也奚以？」太學君曰：「壽稟自天，予母有天幸，稟獨厚，質豐而神完，力勤而氣昌。今老矣，其健如壯少也，以是幾期頤，猶綴之耳。斯亦人子之所深願而莫可必之者。」予曰：「天壽哉！願聞人壽。」曰：「壽致自德，余母塞淵純龐，既儉且恭。方先王父俛拾仰取，以克厥家，母爲糲羹縞裳，纖嗇作苦，先王父曰：『此真吾兒婦。』既而先君子業太學，稍恢張前人之規，好食客、飾亭榭、植花磊石爲玩，母即又爲治具，無不當先君子指。先君子賢之，曰：『此真吾妻。』暨予幼驕，母督之學，俾從名師勝友，以弘世業，則予昆弟族人又嘖嘖稱曰：『此真能母。』具此三懿，以備百福，無不可至矣。」予曰：「是太孺人自壽，願聞子所以壽太孺人者。」

太學君瞿然以恐，肅焉避席而對曰：「余竟何以爲吾母觴也？夫吾母之事先君子若而年，庶幾吾先君子之沾一禄也，而不能離成均諸生；則相吾學又若而年，庶幾吾之一振也，而又不能離成均諸生。吾茲何以爲母氏觴？」予曰：「子之所以壽親者，豈獨青紫之足永哉？則世所謂青紫者何限？乃其名與其親之名湮不傳者衆也。即自飾勵以顯其親，此其人已爲進於徒有青紫者。然吾猶以爲有小大之辨。何者？歐之荻，柳之丸，陳之杖，陶之髮，何必減三遷之訓，而其名皆不至孟氏母之赫然，則以子輿氏之所修大耳。夫以子厚、六一之文章，士行、堯咨之功業，豈其猶不顯。而孟氏守其入孝出弟之道，以考先王，以待後學，非有甚高難行事，而論者躋其七篇於六經，高其功能於禹、稷，又相與稱孟母之篤生，若祭川者之從河及海焉。此其故可縷思已。太學君如有意乎顯親之壽，則請無求諸文章、功業，而求諸學。有意乎學，則請無求諸玄奇，而求諸庸德。即不能不遜孟子，獨不能爲孟子之徒？爲孟子之徒，則人且推劉太孺人爲孟子之徒之母。其爲壽，孰有大焉者乎？」太學君曰：「善哉言也！令吾母聞之，必且知萊衣之賢於禄養，而欣然舉吾觴矣。」予於其誕之日書此以進太學君。

壽潘母劉老夫人六袠序

癸卯之春正月元日，爲潘母劉太夫人懸弧之旦，時太夫人躋六袠矣。先是貳令徐君光宇偕其僚及諸文學君之欲效祝於太夫人者，徵言於不佞元。不佞元辭曰：「不佞習潘侯之政矣，未聞太夫人之德。」徐君曰：「予儕事潘公有日，時誦公美政，公不自歸，謂予蓋有家慈劉氏云。因相與一再咨詢，則蘇蘇殞涕曰：『家慈之歸我先大人也，猶逮事舅姑，以知禮聞。時大人守先王父之業，僅僅具伏臘費，家慈佐以勤儉，後稍稍致饒，尚不欲輕命一錢。有所出納，雖更歷歲月，猶能嘿理暗記，若據簿數一二，不爽錙銖。得酒脯，無問多寡，召鄰媪均之。蓋其性使然。間令僮奴服役，朏明起，詣廚躬自視饔，必使果腹受事乃喜。今雖從署中得備一日之養，然其親緇纑，躬烹飪，猶然故態。故自公之暇，往往以勤恕相勉訓，蓋身教也。予儕耳公語，私憶識之，是雖未足以盡太夫人懿美，而其大者乃亦庶幾概見於此。」

予聞已，作而嘆曰：「有是哉！太夫人之賢乎！予吉人也，能談吉中事。昔楊文節公夫人年已七十，每寒月蚤作，親具饘一釜，遍飼諸廬兒，乃令供事。其子東山先生啓曰：『夫人奈何自苦？』夫人曰：『此亦人子也，凌晨凜冽，須使其腹中有火氣，乃堪受役耳。』及東山守吳夫人躬紡績以爲衣，時年蓋八十餘矣。論者謂東山天挺人豪，而母儀所助正自不少。劉太夫人之行，與羅氏先後符合，即詩書所稱，何以加焉。以彼其有諸己者而用勤恕爲訓，宜侯之奉而施諸政也。侯綰綬安成經月而民蠹剔，再月而渠魁擒，三月而百廢舉。人謂侯有楊淇園公之勤慎而兼吳懷溪公之雅度，而不知侯之稟承負挾，固有自來矣。」

於是徐君起曰：「善哉！子以文節公夫人況太夫人，而以文惠公況公，斯其懿行風節可謂酷類，祝至此已乎！」予曰：「未也，予姑就諸君所聞而敷言之。抑予嘗緝《女訓》，而上下古今賢媛哲姬，何德不有？未有涉理學之津者。獨以其子爲丘，則稱孔母；子爲軻，則稱孟母云。

然則孝子之思壽其親，其有大於以身爲聖賢者乎？其又有大於尊其親爲聖賢之父母者乎？東粵之間有白沙先生者，蚤遊學江右，晚習静，陽春獨契斯道之妙，爲世儒宗。而林太夫人之名之節，至今炳烺宇宙間，與先生俱垂不朽。斯其視文惠公之所以壽羅母者，不尤光顯也歟？侯嘗數登復古堂，嘉會後學，日討大道。而迪之其所以爲太夫人壽者，將在斯矣！將在斯矣！」

慶夏母歐夫人八袠序

甚矣！歐夫人之福之盛也。夫爲大夫，子爲士，而其仲氏與諸從子又皆兢兢以道自命。太夫人六十、七十時，咸齗齗濟濟，以次酌兕觥上壽。予嘗爲文馳賓筵，侈盛事矣。乃今又舉八十觴。予二從子，太夫人外孫也，復請予言。憶自四十時壽太夫人，屈指忽忽稱六十翁。太夫人之福之壽，從可知已。

從子進而問曰：「夫壽固稟厚於氣，受數於天乎？不然，何其等差之相懸也。」予曰：「唯唯否否。有一定之氣數，亦有不定之氣數。子不見大瀛之海，其魚呑舟；鄧林之木，其巨蔽牛。豈因稟氣特厚，夫亦其蓄積使然哉。夫人則亦有之。予昔者壽太夫人，稱太夫人之德，未及夏氏先德也。往從邑人聞其家先世一二軼事，心終不忘，至於今猶能道之。蓋刺史君之先公，爲人篤衷好友。偶書舍中，失一象櫛，疑其婢子。一日，公適友人所，友人出，窺藏櫛在焉，掩而去之。歸語媼曰：『吾得竊櫛人矣，向所疑非也。』問其姓名，終默然不答，曰：『一得其人，肅客之心不衰耶？』又公嘗貸市人升洪者三十金，久不能償，使使趨之，將粥其居。公耳之，謂曰：『吾以識子，故相貸，忍以貸故，令失其累世邑屋乎？』立命取券付其人，自焚之。異時刺史公赴省試，其從行僕夢升洪者戴黄紙叩首貢院門，祈朱衣人曰：『願得夏某中式，以彰冥報。』朱衣者頷之。已而，果得舉。即此二事，夏翁之爲人，大略可知。以故刺史兄弟，岳岳自樹，勳名道德，爲時冠冕，施及孫子，矜莊雅飾，後來者尚繩繩未艾。然則太夫人之福之壽，固其婦道母儀自足致之，而先世厚德汪澤所波及者，蓋亦不可誣已。彼以爲稟厚於氣則易，所謂積善餘慶近虚語乎？」

於是從子起曰：「固也。鄰家之嫗八十、九十，蓋有老而不辨菽麥者，盡修德致歟？」曰：「非然也，斯予所謂有一定之氣數者也。然求其子令孫賢，延連而益振者，蓋亦鮮焉。」從子曰：「雖然，叔梁紇以力聞，顔路無奇操，而宣父、子淵，祀崇千代。先德之説，恐亦有時窮乎？」曰：「又非也，獨不聞芝草無根，醴泉無源，且又安知宣父、子淵非爲瀛海、爲鄧林者耶？故以爲盡由氣數者過，以爲盡非氣數者又過，以爲積善有慶而銖求寸度以券責於造物者滋益過。達乎此，可以破拘儒之執，而燭理數之原矣。」於是從子憮然曰：「善乎！請書之，以往質於賓筵諸君子。」

彭母劉孺人五十序

蓋余與麗所氏締兒女好也，亶有夙因哉！麗所氏昆季稱〔二〕八士。自辛酉歲，分席二伯氏，越數十年，因小季弟知叔氏景吾，又數年，得交二季氏，已而以次犬子議昏於麗所。因習麗所，最後識叔氏慎我。此六七兄弟與余皆傾蓋契合。比登堂，則見其昆季欣欣如也，子弟熙熙如也，若初春烟景絪緼混沌，與之遊者，心醉而莫得名其所以。予退而嘆曰：「有是哉！吾居今而得遊太古之世矣。」已而犬子姚坦腹其宅上，則予又竊聞劉孺人賢。劉孺人，麗所氏配也。則益羨彭氏多賢，雖婦人女子，皆潤於其家澤。不知當時八士之家，有此良内助得如孺人者否？

今年冬十月十日，孺人方設帨，遡甲子五十春秋矣。先數月，麗所氏躋壽如之，至是因舉觴焉。犬子姚跪而請曰：「自不肖入彭氏門，孺人直以子視之，每燕見，輒勉之讀書，勉之力行，曰：『無辱爾父。』言甚切。至不肖雖甚懷安，惟恐得過於孺人。此猶其愛女所及，或亦人情宜有之者。及竊觀其素履，則證諸古《列女傳》中事，當不多讓。婦翁故好客，客或麇至，輒留款盡歡。孺人從中治具，一一象指，即婦翁亦不知其所從辦也。家兄弟固多賢，間有失意，不能無

〔二〕「稱」，底本模糊，據康熙本補。

憾。孺人從旁曲諭巽解曰：『人各具一性情，君必欲六七兄弟人人賢聖，世容有值乎？』解必具酒食相招，務歡洽如初乃已。教其子使無失長者意，有所過，從不難，雜佩相贈，脯資餼牽數，竭而不辭。以故孝廉君昆玉岳岳自樹，孺人有力焉。性尤喜施予。族有貧而老者，收養之。其人德孺人，無以報，以女屬焉。女故羸弱，無所適於用，滋益費藜羹，孺人手撫之，雖歲侵食指繁，終不以匱改其初。御臧獲，無疾言怒色，人人樂爲使。蓋其慈懿温淑多得之性哉。孺人雖無意爲名乎，然婦德如是。又適會賓筵，大人獨無一言揚其微聲，非所以彰閨範、示來兹也。」

予聆已，乃進姚兒語之曰：「女德之係於宗祊也，豈淺哉？古之教者無内外，一也，即《曲禮》《内則》可鏡已。後世姆教不行，哲姬賢媛半屬天植。即孺人之行，固濡於太守之家訓，染於相門之流風，而其得諸資稟者殆不可誣。夫資之所近者百一，而教之所育者什九。兹吾所以慨古道之不行也。今試引古列女事以諭諸女婦，則人必以爲古人之行不可幾於今，引孺人事以勵諸女婦，則人弗能以不可幾爲解。吾誠願珠履集時，聲孺人之事行，告於其家，曰：『何室無女婦，而胡不爲劉孺人也？』以告於諸賓客，賓客歸告其妻曰：『何家無婦女，而胡不爲彭〔二〕孺人也？』聞風而慕傚者無窮，斯孺人之壽與之俱無窮。予嘗僭欲輯《閨訓》一編，使家婦女之知書

〔二〕「彭」，疑爲「劉」字之誤。

者羣諸女子教之，又使其家有賢行之婦女時演説其義，以身訓督之，則風化所補，恐亦不細，而不能不厚望於彭氏爲之前第也。」於是姚兒跪曰：「不肖請得持是説以白於孺人，孺人必欣然以女師自任矣。」予遂次第其語，以爲孺人五十壽序。

郁母劉孺人六十序

自予倡道里中，稱聲應者無盛於楊宅，最後得郁生達甫。達甫甫弱冠學於予，津津有味乎立達之旨也。予詰之曰：「夫人幼而耳義方，若猶習嬉弗奉也，有則長而勤於青紫，得之稱顯親以貴，不則僅通籍有司，衿佩是具自慰，繼述無愧。乃予聞而母稱未亡人者，若而年孰使而得義方，所不可幾得者，於子而賢聖自許乎？」達甫進曰：「不肖之屬有今日者，微母氏之力不及此。先君子東塘公篤衷而好行德義，母孺人經紀毖，周急難，無非應也。年望三十，始抱不肖。亡何，先君子見背，母孺人身撫呱呱，尤虞嚚誶之易志，爲之徙宅，距故居里許。適所徙諸比廬而居者，翩翩多處仁長者，母孺人則喜曰：『此所謂千金買鄰耶！爾弱不能握乎天下士，而欲躬有所抗樹，非慕義以托於里中君子，能必三損之不至，而庶幾成名乎。名不成，則人且以齒易之、睥睨之無日急。因而親之不可失。』以故不肖薰蕕丹漆之慎，蓋自孺人臧於卜鄰，而幸有今日者也。」

自是，達甫承肖詩禮之胃〔一〕而問道，履賓賓户外，孺人怡然供具稿，鮮有列先後，麇至勿虞贖，旦暮突至勿虞遽，即往復頻至，而其供益虔。已而倡會麗澤，建中道館。中道於諸講院最稱巨構，多達甫贊翊之勞，而孺人有力焉。人或謂孺人盍少自封。孺人曰：「子能學，即父爲不亡。吾所不捐此七尺即地下者，欲爲若父成此子耳。乃今何能爲守財虜，使吾先亡者不得有令子爲之後乎？遊仁人以成名所較利，孰厚？」故自孺人喜客，而客於孺人之子者無鄙倍雜耳，無澆薄溷目。達甫至今奉教周旋不墜也。於是人咸多郁有賢母云。

藉令童而咨其游與以事所不必勝己者，乃今何能不漬市風，長淫侈顧？欲有令名於其子，烏可得哉？昔史稱張奎亢母督其子之親友也，彼亦猶是言卜、由、求之科是宗依耳，而孰與事賢友仁之尤得其大者乎？今達甫之津津有味於立達之旨也，寔自其母督之，乃張母曷足比班焉。且厥旨維淵，「吾無行而不與二三子者」，獨此云爾。達甫誠於此而身有之，則所謂順乎親有道者也。彼所爲壽孺人者，蓋其悠哉。吾見達甫治舉子業有聲，又羅孺人膝下者，繩繩未艾也，則於張母之訓具兼之矣。若世所謂祝年者，又何足以稱於孺人？

〔一〕「胃」，疑爲「胄」之誤。

卷七

記

復禮書院記

邑西之陬，距郭百八十里，道險遠，阻聲教，其俗故上富競勝，人重使氣，莫肯順理。豪傑者至抗治吏而强有力，多苦細民而兼其資，非一日之積矣。東郭鄒先生數數欲誘而循之，而僻壤習詩書者什一，士人少，不得其隙也。

予自在諸生中，深引爲耻。顧獨廉得一二有行誼者，若李坦之置井田，彭君顔之割先疇以均其侄，楊惟十之操作供母，則心私喜曰：「是不可引爲赤幟乎？」乃謀諸王君子應、賀君宗孔、趙君師孔〔一〕，聯鄉之父老子弟爲會，而時時引此三人事揚激而聳躍之，曰：「諸父老其毋以學爲

〔一〕按：此四字底本原奪，據清順治十七年刊本《吉安府志》卷三十五所收該文補。

玄奇不可致力。夫道者，所謂君臣、父子、夫婦、昆弟、朋友之達道也。學者，學之爲君臣，學之爲父子，學之爲夫婦、昆弟、朋友也。學不講則不明，故講學以會友明倫而已，非有玄奇也。姑無遠引，即楊之孝、彭之友、李之好義周族，是其人者，皆所謂明倫者也，豈其有甚高難行哉？顧弗爲耳。」

於是諸父老欣然曰：「往吾以講學爲玄遠之談，今所稱引如是，是人人可致力者。」遂相率即其家季一會，會輒引其子弟訓督之。奢者爭爲簡，暴者忍辱，貪者損其分以外之。求行之期年，風俗浸浸可觀，乃合而謀曰：「季而會，五日而罷去，暴寒無常，非計之得也，盍醵錢構書院乎？」卜地書林，面禾山，負武功，西雲、愁猿諸峰拱揖而環聚，足稱雄觀，垂永古。旬日間，斂金以兩計者五百。蓋彭昂爲之首，而陳君朝儉、國相等從而翼之，余兄弟名卿、上卿、貴卿等復力助之，遂舉金以畀劉子欽、彭子繼善、馮子夢熊，量工命日，始事於隆慶壬申之十月。

越明年三月告成，相與聞名於予。予曰：「其復禮乎？」諸父老驚曰：「斯顏子之學也，仲弓而下，不敢望其藩籬，奈何以迪後進之士？」予曰：「嘻，斯道也，非有玄奇也。夫性周六合，在人則爲禮。性也者，不可得致力者也；禮也者，可得而致力者也。然性雖不可得而致力，而經禮三百，曲禮三千，皆性也。故視聽言動一歸於禮，雖謂之致力於性可矣。聖人罕言性而雅言禮，所謂中道而立，超乎二氏，而爲萬世之宗者也。顏之仰、鑽、瞻、忽，其始固欲致力於性，而夫子則示之以禮。故其言曰如有所立，蓋始悟禮之可據也；曰末由以從之，則嘆性之不可得而致力矣。不觀諸火，火性遍虛空，麗木則明薪，之烹飪則利興，以之燎原則害熾。顧所用如何，非必絕以去焰而後可以盡火之性也，又非即薪與焰而遂謂窮火之原也。明於觀火，可以通乎禮之説矣。」父老曰：「若是則何與於明倫？」曰：「斯予所謂明倫也。予請言孝，《禮》曰『爲人子者，視於無形，聽於無聲』，其非禮勿視聽乎？不登高，不臨深，不苟訾，不苟笑，其非禮勿言動乎？推之君臣等，莫不皆然。則仁在其中矣。然則顏子之學，又豈有甚高難行者哉？」

於是諸父老進其子弟曰：「斯言近而遠，淺而微，若等勉致力焉，雖終身可也。」復顧謂予曰：「子卒以此而名，吾無疑于顯微之故矣。」予唯唯，退而記之。

識仁書院記

邑西故無書院，有之，自隆慶壬申始，所謂復禮書院者也。鄉故險遠，去郭幾二百里；去書院多者百里，少者八十、九十里，往必宿聚糧。士以故鮮至。將修，斗乾周先生之緒謀於半道市地更築，以告邑侯吴懷溪公，曰：「此吾心也。是其爲鄉聲治叫呼所不達，吾將爲諸士圖焉，以分吾任。」

蓋先是鄉義士王師仁上百金於縣，議修嘉林浮梁。侯念嘉林故有官渡，即舉百金爲梁，梁之二三年必且圮，圮則安得復有王義士者更繼之。又廢官渡，是兩失之，不若移其金構講舍，百世之基也。王義士曰：「唯唯，休哉。」遂以金畀孝廉劉子孔當、周子惟中二子。乃更謀諸鄉大夫、父老、士，鄉大夫、父老、士各捐金有差。卜地東江，市民居加新之。不數月，書院成，題其門曰「識仁」。然後乃今西之鄉二百里内，屹然兩書院相望。

二子謂予：「子盍記之？」予既敘其事，則進鄉弟子，語之曰：「而亦知包六合，外盈天地間之皆生機也乎？是天地之所以爲天地，人之所以爲人者也。生之爲天地，則能春能夏，能秋能冬；生之爲人，則能視能聽，能言能動。凡此能視能聽、能言能動者，人也，即仁也。凡此能春能夏、能秋能冬者，天也，即仁也。故孔子曰：『仁者，人也。』又曰：『思知人，不可以不知天。』天也，人也，仁也，一也。人莫不仁也，而鮮能識之也。或苦其識之難，則離緣屏念以求其見，是自遏絶其生生之原也。或苦其雜於欲，則矯情刻意以求其定，是自摧折其生生之萌也。若夫初機乍解，偶窺生生之妙，并謂恣情縱欲無非天機，是又不知生生之性之止於至善也。此皆不可以言識也。默識此心，本通天下，本貫萬世，直欲與天下萬世之人同歸於善則已矣。以此學，即以其學爲教；以此教，即以其教爲學。忘食忘憂，不厭不倦，不知老之將至。用之行吾有所以行者，舍之藏吾有所以藏者，仕止久速，無可不可，實與天地參而四時同。故曰：惟孔子識仁，惟孟子識孔子。甚矣！識之之難也。雖然，吾茲不免於嘵嘵焉，其去默識已遠。而善學者或默省吾所以言，即吾不容已之真可知已。」鄉弟子曰：「唯，善哉！夫孔子默識，蓋識其所以諄諄循循者也。弟子乃今識子之仁，而因自得吾仁矣。」遂相與述之，爲識仁書院記。

吴侯，諱應明，懷溪其别號也，成進士，徽之歙縣人。

時萬曆壬辰二月望日。

楊宅趙氏祠堂記

楊宅舊爲武定園，自宋以來設官建牙，蓋邑西重地也，而趙氏世居之。趙之先爲宋燕王裔，由保義郎子誼監酒安成，其兄潭州都監子略避亂來依，遂家青石街，五世瑾始西入楊宅，遂爲楊宅趙氏。四世孤傳，至惟仁始大，其後代有聞人若世美君、子道君。嗣輯家乘，顧未有合祠。於是伯條氏謀諸師孔，始與諸父約，繼自今，婚喪聚族，請輸錢，儲爲費，不足則會丁計田，又不足則師孔諸人捐資倡之，衆赴義如流。乃卜地企背橋頭，橋頭故子道君遺基也。其孫師濂、師賢以爲是子道君所有志而未卒者，義不受直。於是伯條、師孔兩君選諸子姓之才者，若伯保、師益、師顔、希潤、師淵等，使分司其役。不淹時而堂成，蓋辛卯七月也。地徑園得八十四丈有奇，中爲堂，掖以兩廡，後置寢室，題其門曰「璇原衍慶」，從譜牒也。

越壬辰，師聖氏、希文氏偕其族諸俊彦屬予記。余曰：「諸君勤於祭之文矣，而亦窮於祭之所以者乎？夫古人一飲食，不忘其始，故出少許置豆間之地祭之。夫惟其一飲食不忘所始，而忍忘於覆載生成之恩乎？是故郊社宗廟之禮達乎諸侯、大夫及士、庶人，而皆原本於一飲食不忘其始之心。是一飲食不忘其始之心，即吾不容已之仁也。故明乎是心，斯明乎郊社之禮、禘嘗之義矣。明乎郊社之禮、禘嘗之義，斯明乎治國之道矣。吾乃今而知孔子所謂知禘之説之易於天下也者，蓋嘆夫默識此仁之難已。諸君子誠舉其儀而苟不能推極不容已之心，則廟貌之崇爲觀而已耳，盥薦之節爲文而已耳。孝慈不立，家何以觀焉？而況於國與天下也？」

諸君子進曰：「吾始也勤於拮据，倘亦所謂籩豆之事乎。乃今而知君子所貴乎道，蓋有主謂矣。雖然，先王之制禮也，於祭加詳焉，必以爲根於心之不敢忘。而無關鬼神，則禮無乃虛乎？而祭無乃爲僞乎？」曰：「非所謂虛也、僞也。夫吾一飲食不敢忘之心，即鬼神也。不敢忘而敢褻乎，斯祭之所以加詳也。故其《詩》曰『不可度思，矧可射思』，斯善言鬼神者矣。《中庸》曰：『視之不見，聽之不聞，體物而不可遺者，誠之不可掩也。』誠者，天之道也，鬼神之道也。得其誠，謂之與天地合德、鬼神合吉凶。又曰：『質諸鬼神而無疑，知天也。』天也，誠也，鬼神也，皆吾不容已之仁也。若曰此爲誠，彼爲神，是猶二之也。以此而幾吉凶之合，終不可合已；以此而幾鬼神之無疑，終不免於疑已。」於是諸君子復進曰：「吾於子之言，知禮之本矣，又知鬼神之情狀矣。請述其言以爲祠記。」

樹德堂記

有味哉！《周書》「樹德務滋」之語乎。彼其觀之種樹，得養德之術焉。千尋之木，封之數世，其封愈久，其庇愈大。匪獨樹矣，於德亦然。故凡祖宗積德於前，又得賢子孫引而培之，則其澤世世；徒恃先人之德而不知培者，則其澤一世；反道敗德，伐所前樹者，則先德不能勝後怨，而其澤止不流。嗟嗟！可懼已。吾嘗執是概觀自古高門大第，其子孫登阜門，禮稱《詩》，莫不由祖宗累仁所致。及後世，不務封植其德，而務封殖其産，甚或恣無賴，豪隸凶，虐里族，使利入市徒，而造物者歸罰於其子孫。蓋墜踣者武相繼，豈入固者厚之而今薄之？厚先世之足庇其後人，薄後人之反伐其先植，此一定之理，弗可爽耳。嗟嗟！可懼已。

予先世世家南溪，上代傳忠厚譜，稱梅國公辨出無辜，活者千數。夫活千人者，其後必大語，固有之。而自余高王父而下，且恂恂然，不敢以力加其里族。人聚食千指，戒令肅然，亦庶幾所謂培之者。故世變桑海，崇臺列樹一再傳而爲墟，往往有之，而余兄弟幸列數世，不匱裘飪之資，皆先世遺植也。詎敢忘之哉！

己卯之歲，余兄完甫氏新其所居之堂，扁曰「樹德」，其心遠矣。間命予一言記之，予曰：「祖父之封植勤矣，欲承先啓後，以比於千尋之木，其惟滋培之乎！王氏之堂樹槐，樹活人之德也；田氏之庭樹荆，樹友于之義也。彼名樹樹而不忘德，此名樹德而益修其寔，斯善延先澤於世世者矣。異日者世居其堂，世繹其義而培之，則吾祖父之福，其未艾乎！其未艾乎！」

時萬曆七年冬，弟元卿調甫氏撰。〔二〕

著存堂記〔三〕

蓋吾嘗臨祭而深媿吾所以事生者未能云。古者君子之事親也，謹於問安視膳焉；即其殁，不敢以死故忘之，是故其曰「事死如事生，事亡如事存」云耳。由今思之，旦而起居，有如朏明視設之勤者乎？侍食於父母，有如盥而後薦之肅者乎？承親之命，有如奏格之斂容折節者乎？夫寬於人而嚴於鬼，吾行之而脉脉媿矣。

昔者孔子論孝，抑養而崇敬，賤饌而難色，重生事之禮而後葬祭，蓋亦本其所求乎子之未能者而推言之歟？不然，何其懇款若是也。夫内無恭敬之心，外乏怡愉之色，當生弗崇禮而故飾色，於既死施敬於彌文，然後乃今知老子所謂「禮者，忠信之薄」，夫亦有激之言乎。歐永叔有

〔二〕按：二句底本原無，據《南溪劉氏續修族譜》（崇本堂）補。
〔三〕按：此文底本多處模糊，據康熙本補。

言：「祭之豐，不如養之薄。」戚哉！其言之也。雖然，忠信薄而禮繁，固矣。然吾因禮而得忠信，以追夫昔者之所未能，則所謂餼羊者，非孔子之所愛歟？老子掊擊之言，其不免去告朔之心乎。

永新江君卓有慨乎其家廟之久圮而莫之振也，以屬其子爾海曰：「爾卒成之，吾姑捐貲建祠以奉吾小宗。」而名其會食之所曰「著存堂」。堂成，令其子謁予文爲記。予於弘受氏有一日之長，乃進而詔之曰：「子之以『著存』名堂也，亦有意於致愛致慤之旨乎？然莫若及其身而愛且慤焉。著之不謹而求著於渺茫，存之不事而求存於既亡，得無太晚計耶？子力行之，毋若吾之今日而殊有媿於臨祭也。」於是弘受氏進曰：「海也致愛致慤以奉家大人，家大人若著若存以事吾王父，斯庶幾各盡其孝慈之心，以無負於先生之教，不亦休哉！」予曰「善」，遂撰述之爲記。

桃溪大分姚氏遷祠記[一]

姚氏遠遡虞舜，系出唐相元之之後。裔孫正雅公自筠任安成，眷兹桃溪之勝，標景凡八，而山水舊名魯鄒，猶儼然賢聖奧區也，因留家焉。桃溪之有姚氏自公始，傳十世孫曰恢、曰忲、曰

[一] 按：此文底本多處模糊，據康熙本補。

忼、曰儞。忲徙楚之武陵、衡湘，忼徙西昌之□溪、龍洲，儞分居城邊，獨恢之後世家桃溪上。更十六世，聚族數千指，所居至不能容。於是西分杉溪，南分泮溪，北分笪橋，即桃溪一支，且列爲十三址，總稱大分姚氏，亦不復蓋知桃溪爲根本之地矣。

宣德間，諸長者營象山之麓爲太祖祠，語在吴司成竹坡公記中。其後，代加修飾。越隆、萬之際，漸就頽圮。則諸長者若某若某慨然興嘆，念兹厥初，爰督其族之彦曰：「某某等卜遷桃溪，開基故址，鼎建新祠，顔其堂曰『統宗會原』，示不忘本也。」其規制視前加弘壯。每歲冬至，專祭太祖考妣而分獻其配祀者。元旦，則大合其族，班相拜揖，因以修舉鄉約家會。蓋雍雍然和協輯睦，有張鄭之風焉。

祠成，姚君庠生啓春奉其家長之命來徵記。予告之曰：「君亦知祭之義乎？夫祭者，事死如其事生，事亡如其事存。孔子曰：『未能事人，焉能事鬼？』蓋推本之也。吾吉故尚禮義，諸舊家名族所在創祠，有不合祭其祖者，樵夫笑之。顧密察其私，則太牢祀先之慈孫，或多於殺雞供母之孝子，此又何以故哉？毋亦飾於市而懈於室歟？則不講於禮之本耳。諸君祭於斯，又相與修舉鄉約家會於斯，時討其孝順尊敬之寔而行之。陸之橘，王之鯉，孟之笋，魯之酒肉，各以其分其力致之於其親，毋薄子游之養而或私於妻子，毋小季路之米而至惰其四肢。人亦有言『祭之豐，不如養之薄』，倘所謂事生如事死，事存如事亡，獨非孝之至耶？《中庸》曰『明乎郊社之禮，禘嘗之義』，意在斯歟？夫郊社之禮，禘嘗之義，則其所以通於治者，蓋以禮之寔爲國也。不能以禮之寔爲國，則明且不足以得父母，而謂幽足以格鬼神乎？使之主祭既不足以格鬼神，而使之主事又足以安百姓乎？此必不得之數也。吾所謂祭之義如斯而已矣。」

於是姚君再拜而謝曰：「吾子之所以教吾宗人者大矣。」予遂次第其語以爲祠記。諸君時舉鄉約家會於斯，尚亦有味於吾言乎？庶幾無愧虞舜之大孝，不負魯鄒之山川矣。

魚石祠堂記〔一〕

古者庶人祭於寢，而後乃改用堂云。然其時家自爲祠，正寢之東爲四龕以祀四世。繼高祖之小宗，則高祖居西，神道尚右也；次曾祖，次祖，次父，以序而東。繼曾祖之小宗，不敢祭高祖；而繼祖之小宗，不敢祭曾祖；繼禰之小宗，不敢祭祖。大抵一祠之中爲龕四，爲主八，旁親之無後者，以其班附而已。今且族立一祠，盡以其主來附。祭之日，宗子主祭，誠有所專，而其餘主盡若旁親無後之附食者。然爲人子孫者，宜於此焉變矣。

予以爲今人正寢稍北，往往爲龕，奉神移以祀先，如前所謂祀小宗之法，不猶愈於祀外神者

〔一〕按：《密湖劉氏南溪支譜》收此文題作「復菴公祠堂記」，并注明作於萬曆庚子六月。

乎？族之總祠，世近而同高祖，則合祀高祖，以繼高祖之玄孫主之，餘皆入而助祭焉。世遠而高祖已分，則合祀始祖，以族之長者主之，餘皆入而助祭焉。斯則今日祭法之當議者也。顧相沿已久，卒然行之，怠者憚繁，鄙者恡費，則又安得遂復古禮而驟革其苟簡之陋習乎？

魚石劉氏分自予族，而自魚石分之復爲五，曰石下，曰塘下，曰高陂，曰社下，曰佛嶺。若復菴公，則塘下、石下所同祖也。公故未有令祠，諸彥士倡修之，碌碌難合。會宗兄雙潭、本振新築崖下之居方成，慨然謂諸彥曰：「即復菴公不得數籩享祀，吾雖隆其居及於天，猶之無益也。」於是割其所居爲祠，乃復庀物徵工，增修其所未備，祠煥然。既成，貽書問禮於予。予曰：「予與翰吉君論祠制有日矣。夫四代之祭，品官之制也。國初許庶人祭三代，既而修《會典》，竟令庶人祭其祖、父，則三代之祭猶爲僭也。今祭及四代矣，又及始遷之祖矣，又及各派初分之始祖矣，斯又可謂過於厚者也。乃一祠之中，高祖而上不忍祧，高祖而下不欲分，是祠且爲委主之葬藪亦極矣。獨苦於沿舊，莫能革也。今祠制方定，自復菴公外，嚴舉其配祀者，而各家主戒無雜入，使仍祀於其寢。斯不亦復古之大機乎？」於是稍約其所以告諸君之語，以爲祠記。

昆塘譚氏修祠賑族記

萬曆丁未，予結夏復禮院中，茶陵譚生某某等以書幣來請曰：「家中丞岳南君修范希文之業，津津嗜義，自叨進士，歷縣令，累官中丞，節縮俸餘，顧見先祠湫隘，族人無告，每爲戚然。於是請之先封大夫臺洲，謀於族之孝廉庠士，即舊祠更恢大之。始事於癸未六月，成於是年之冬十月。語具南大宗伯姜公所爲記中。迨甲辰，復建寢室，室之上爲閣，受所予誥敕，彰王賜，志報本也。既成，乃割常稔田百畝冢嗣大綱，又益之三十畝總爲族人周窮計。族人士喜，乃白之州大夫。州大夫亦喜，曰：『此何減范氏父子事？』立給帖。臨役之年，復其差之半著爲令，歲以六十畝給貧困之不能存者，三十五畝給鰥夫之不能婚者，自餘所入以輸本年税差。至輪役之歲，輟助婚之租以益費役已復故。鄒爾瞻氏序頗詳。其後又置義穀千桶，略準社倉法，分旱歲、荒月及播穀時爲三限散之，無不各中其所急。蓋自此而吾譚氏宗廟享之，子孫保之，無非中丞君惠也。顧恐隆替無常，智愚靡一，安知子姓中無侵公以濟私、假義以植利者？幸一言申之，庶幾宗廟得永享，而子孫得永保之矣。」

劉生曰：「嘻。予雖有言，其何以加於姜宗伯、鄒給諫之云乎？夫祠則既祠矣，田則既田矣，無已有一焉，其義塾乎？今世塾師獨句讀耳。倘推擇一學究知義理者，館穀於祠，凡子弟句讀之暇，引之歌詠，導之儀度，略倣古人春秋禮樂，冬夏詩書，時以淺語解説數條，使漸濡於道德仁義，而油然生其孝敬之心。異日，登斯堂，或不至跛倚於臨祭而祠加崇；食斯田，不至逸居而無教而惠益尊。蓋姜宫保謬稱我安成多忠節，曰是其宗祠父老之教使然。而鄒爾瞻亦謂斯舉、特豹之一斑，而拳拳引入德相勸。其所以致勉之微意，無亦尚在斯乎！是則所謂長守宗廟、永保子孫之善物也，是則予所以申之者也。然亦竟何以加於兩君子之所云者乎？」

同仁書院記

丙申之夏，予病卧山中，年友督學劉君自潛江以書抵予，曰：「予故安福人也，習父師之教，夢寐復古、復真之間而不得以身遊，輒于僑寓創同仁書院。其前爲廳事，後爲義倉，又後爲堂，堂之後有池。羣同志日聚其中。子盍爲我記之？」

予曰：「予未識仁，安所得仁人之言而稱之？雖然，予嘗聞之矣。夫求仁，爲學之主謂也；而同仁，則所以求仁者也。然有方焉，此其說在立達之章矣。子貢求仁者也，而未得其方，故求之博施濟衆。博施濟衆，堯舜之所以同仁也，而非孔子之所以同仁也。夫欲立則思立人，欲達則思達人，此人之本心也，吾如是，人亦如是。此不可近譬而得之乎？故立一人，則人之不立者，斯人將立之矣；達一人，則人之未達者，斯人將達之矣。以一人施天下，則用力甚勞，而其施不得不竭，此堯舜所以病；以天下立達天下，則操術甚逸，而其濟不得不博，此孔子所以不病。病者賢乎，不病者賢乎？斯宰我所以獨高孔子也。而要之，孔子之所以獨賢，誠得其同仁之術之巧者耳。孟子之贊孔子田智，譬則巧，其深知孔子者乎。蓋昔者伯夷用力於清，則至乎清；下惠用力於和，則至乎和。清也，和也，然而未仁也。伊尹近乎仁矣，然而爲仁之術尚倚於施濟，故必就湯説之，乃可以救民。自伐夏之外，未有仁天下之方也。夫至於伊尹，非不可言同仁，然能以一人同仁，非能使衆人自同。故孟子但曰伊尹樂堯舜之道而已。蓋至是益知孔子之爲巧。孔子之巧於求仁，能使人自爲同而已。今天下譚學者，誰不言同仁哉？然試問以孔子爲仁之方，則莫不茫然。夫仁以博濟，則孔子亦何所施乎？而不知孔子之立人達人，其施蓋有大焉。田求〔一〕、公西赤猶然堯舜之術也；而曾點見趣，乃獨在舞雩三三兩兩之問〔二〕，是以孔子喟然與之，其微意可識矣。奈之何二三子囿於孔子教學之中，而點契其術者鮮矣。爲仁之方，一言隱然，以其術傳之子貢，而子貢卒亦莫悟，第曰夫子如天之不可升，如日月之不可踰，而不知夫子之不可及，正在操術之簡易耳。嗟乎！向微孟子，則孔子之術之巧，孰能寓一目乎？元不佞，何能智及孔子之術。然嘗朝夕耿先生，得聞其説，竊嘆孔子之不遇，豈獨七十二國之君相，即七十二子之中，自顏淵而下，莫之能識也。『莫我知也夫』，誠傷之矣。予故因記同仁書院而著其説如此。潛士日遊書院之中，尚亦究竟此義，使孔子同仁之術大明於後世，庶幾立達無窮，

〔一〕「田求」，疑爲「冉求」之誤。冉求，又稱冉有，名求，字子有，孔子弟子。
〔二〕「問」，疑爲「間」字之誤。

火傳不盡，不負吾劉君所以創書院之本意。斯其爲同仁也，不亦大歟！」

復古書院續置田記

復古，安成故學基也。嘉靖丙申，松谷程侯以量移至，時文莊鄒先生首倡陽明正學。程侯雅同志，遂謀即其地建講院，故稱「復古」云。薰修四十餘年，人賢彬彬輩出。其後江陵柄政，修申商之術，孤立行一意。我安成傳劉諸君詆訶時事，首犯其所最忌。於是嗾言者極論講學之弊，議毁天下書院。時兩田倪公、鳳環閔公相繼爲令，咸以身翼復古。會承望者傳檄郡邑，有不變價，敢以他名色相匿者，論違悖。乃不得已覈復古所置田之半鬻之，得數十金，告佃於當道，易名三賢祠。三賢者，松谿程侯、鄒文莊公師弟子也。

後江陵敗，主上從鄒給舍元標請，復書院之毁於江陵者，於是復古得存。時田已屬民家，院基亦大半莽爲茂草。賴文莊公孫侍御某力謀新之，爲請於潘侯，聞之按臺吴安節公行縣修復，又先後捐俸三十金增置院田。語具塘南王先生碑記中。顧每歲會講動至千人，而田入不給。先是潘侯爲措置，得九十餘金；會按臺徐振雅公復因侍御請，捐四十金；參知黄與參公又助十金爲益，增置田，乃合前金擇買腴田若干畝。其詳具簿正。

一如院檄行既成，藉同志謂元宜有記。元一再謝不敏，不獲。乃僭播告於諸士曰：「士亦知彭更之疑孟子乎？夫豈不謂凡守一藝者食藝，守一官者食官，皆未有若士之無事而食者，而不知士守道以待後學，其所事乃更有大焉。夫守之爲言守而不變之謂。入孝出弟，平淺無奇；素隱行怪，聲譽隆起。或遯世不知，或後世有述，其數不勝也。矧在今日談老者高入玄天，而談釋者又更出於玄天之外，異論橫生，摇神奪魄。然後乃知不愠不悔，惟孔孟能之。其功在天地，真有賢於堯舜也者。區區諸侯傳食，豈其泰哉？輓近學士，名爲志道，試詢所守，非復先王之法矣。高談者玄，則以玄失之；空談者虚，則以虚失之；拘學者攝心息念，則又以攝心息念失之。其爲亡羊等耳。夫食其食而失其所守，彭更之誚無惑乎？其不免也。今天下京師會府、郡邑皆有學，學必揭明倫，餼廩儒生亦將以守先王之道。而青衿之士主於射策，茫然不知道爲何物。於是先輩憂之，於學校之外，時復别起鄉校，名爲講院。院必有田，又將以求真士也。而所謂真士更以高談空論、攝心息念當之，則先王之道，其將終於不守已乎？此無論彭更致疑，即當日江陵之毁或亦借詞於此矣。今復古又且復古，更遇當道加意振飭，置田膳士。士生斯時，有如復蹈三者之故轍，則前以玷師門，後以誤承學。幽則使彭更、江陵之徒得竊笑於九泉之下，明則重負當道作人之深意。其爲罪滋益大。」於是諸士憤然曰：「今而後有不行先王之法行者，不得比於人。」元乃捧盤而前曰：「願諸士無忘誓書。」因次第其相與語者爲之記。

火田尹氏義田記

今之貧而待井田者，不困則饑；今之議復井田者，非迂則愚。何以故？姑亡論其制不宜於今，即爲之制盡宜於今，若所謂不刑一人可復，則上之君寧有毅然必行之者乎？君即欲之，而有周、召之相必贊之乎？有任事之庶官視民由己，而鋭然受勞受怨以必成之乎？無也。藉第令今日度一邑田，豪室挾議以威上，上恐見議而中沮，幸而濟，百不三二矣。矧夫計井田，豈不落落難合？故予以爲非迂則愚。

夫以天下之民料之，貧者什七，不貧者什三，君子勢不能挾井田之策拯之，將遂坐而不一籌乎？蓋後世亦嘗有爲井田者：晏子之施，三族與寒士之井田也；范氏之義，一家之人之井田也；夫此猶廣矣，純仁之麥舟，鮑叔之分金，則一人之井田也。此猶有財者矣，若乃夫無財者當何若？吁嗟嘻嘻！夫無財者之施，乃有大焉。往周道陵夷，風俗乖剌，仲尼坐杏壇之上，羣章逢弟子陶冶之，使夫出則康濟其民，處則康濟其家，而傳其道者亦足以仁世而善風。此所謂白施之井田，惠而非惠矣。夫有財者既以其財而井田人，無財者又以其學而井田人，則素位而行，皆可流惠於世，又何兀兀乎思必其不可復者哉？

茶陵火田尹氏，有從吾先生，酷嗜義，自幼讀史，慨然慕范六丈之所爲而欲行之。既壯，宦遊滇南，不獲展心。比歸，整其舊業，出常稔田百畝以贍族人之貧者。族弟進士勿所氏爲之著規條垂遐永，其子彦暨廉復欣欣然助成。遂以己卯朔告於祖，且唸於衆曰：「吾子孫其承厥志，思拓之，無或二三，以傷予心。」則皆唯唯。規條既具，勿所氏謂予當紀之，予弗能遜。顧予兄弟昔亦置田爲族人計，苦於匱財，不能廣也。因念之曰：孔顔則何以義田人哉而有以濟萬世者？元雖不佞，竊瞿瞿焉循而行之計，或陶冶一人，火傳也，不知其盡也，其爲義田不亦多乎！今從吾公有財而可濟矣。雖然，有財而可濟，又以學倡諸子姓，尤大也。又使其族之出而仕者，霖雨其枯槁之民，大之大也。不命一錢、不假寸組而能有利，若斯亦神矣哉！兹孔氏之田之餘粒也。夫居今而思井田，夢食者也；爲義田以贍族人，果然飽者也；以學而濟人菽粟，如水火者也。翁所爲寔乎，夢想者矣，尚取大於學乎？翁無自止焉。翁名德，先官雲南布政司，經歷憲長，斗菴公子也。斗菴公行義炳著鄉人，德之蓋至，從吾公稱世義云。

清復界田碑記

安成在漢爲長沙屬邑，厥後改隸廬陵，吴楚始分其土田，蓋繡錯云。有楊氏者，寔居其界壤間，市楚民田，逸其税。楚民或因緣自隱其税，而併詭之楊氏。先是尹攸者以爲信，皆楊氏所逸，令都民爲代輸。歲久，民益困，多亡去。然以吴楚勢懸隔，無能爲。

古虞徐鳳山公來令是邦，首詢其事，若痌瘝在躬，爲書告予。又移檄諄諄諭諸楊，諸楊之讀之者咸慨慷發憤，或至泣下，以爲徐公仁人也，所不亟反，正有如日。於是其族之義士曰子孝者，余婣友也，糾其族覈之。而徐侯亦數數以書達子孝，子孝愈益感激，冒暑雨履畝清，復得所逸税以石計者四十有七。於是楚民所自因緣隱慝者，計窮情見，無所復口寔。徐侯遂下行田令，邑民歡然，如重瘵方已。其畫法周密，多出自覃思，無所沿循。三閲月事峻，民不加擾而邑大均。尋念楊氏誠改行率德，有如其子若孫不能永先世之盛美而思亂之，其若攸民何？特筆紀其事，又命予爲文證之，碣相望也。侯之慮，深乎！深乎！

夫仁人之用心，以萬物爲肝膽，以古今爲旦夕。彼有蘧廬，其官第粉飾一時，以輝炫人耳目，引視徐侯亦大徑庭哉！楊氏界糧，合吴、顔、賀、錫、葵等，總得四十七石九斗有奇。准雲陽界税事，宜石輸銀七鍰，復其他役，視所輸，收其田租若干石。歲爲税，楊氏世世無所與其法，具在册中。侯多美政，不可殫述。述其清田本末，見仁政之始。經界又以詔諸楊子孫，使知先世之能，蓋前愆而無敗其績云。

書林洞記

並南溪而下十五里許曰書林，有石洞焉。予疇曩歸自郭中，索樵子向道，率言荆莽茂密，虎穴其中。予疋馬竟入，不爲懼，跡所謂外洞者周覽之。其石佳麗，若施彩繪，植而樛屈者如松，蹲而怒起者如獅，仰而承滴溜者如玉盤，昂首而吸者如黿，撼門並立者如華表，曲者如廊迴，邃者如瑤房，起伏雜遝，千態萬變，莫可名狀，恨弗冥搜耳。

越二年，復攜雲陽彭子惟馥、尹子介卿暨二三兄弟來觀於是。洞之高人馮呈兆諸子，聚講洞中，洞闊敞，足受數百人。久之燃炬，從竇中行，石多潤滑，乳頭雜吐，如堆雪然。旁有白石，開一竅，若小井，深可二尺許，泉冷徹骨，其下水滔滔有聲，蓋江流入洞，從地脉行也。上有石鐘，叩之鏗然，好事者題詩紐上。復膝行穿委巷，有白兔脱居巖壁間，邱視石竇，圓光一線，名「玉兔看月」。已乃步級道而降，視殘碑剥落，不可句，猶仿佛見「子孫防禦計」數字，題石者，爲清江尉云，亦不知其時與名姓矣。燭行復數步，入觀音巖，晃然天光自外注石巖中，石色碧緑，蜂房稜利，上有奇石，或壁立，或翼而伏，俗呼爲「淨瓶鸚鵡」，又纓絡下垂，酷類彩仗，有石如蓋，拳擊之，鏜然鼓聲。余喜其穿幽而見陽光，蓋用晦而明，一洞絶景也，稱「第一洞天」。其左有徑，履巉巖而下，曠然空闊，高可數丈，廣稱之。仰見大石，勢欲傾摧，耳角交峙，恍惚若龍首，下爲田土，中石塍高，下參差。江水一泓，自石孔澎湃出，舉火視之，魚蝦可指而數。兩涯沙堤中，有石崢然起，類所稱禪塔者，其上懸石，叢朵如蓮，或嵌巖上，或蔕絲末，鉅欲墜而未絶。其尤勝者，爲瑤宫，扉樹玲瓏，中可坐二三人。並江復行，入邃穴，風颯颯起，燭炬明滅，遊人心怖，相視吐舌反走，或以爲此龍潭也，尚可穿入，不阨阻，然寒風森慄，不能更前矣。

既出，語諸同遊曰：「而謂山水重人耶，人重山水耶？濂溪、洛水，借色周、程；一經孔車，吕梁九鼎。兹景豈大遜濂洛、吕梁哉？」二三子愀然曰：「命之矣。」遂筆而記之。

忠厚傳家記

予家世樸略忠厚，而先王大父以下尤甚。王大父、大父俱單傳，至贈君始有兄弟。邇日子孫漸庶，而忠厚之風稍衰。予故述先輩數事示之，俾得觀省焉。

先王大父珠峰府君爲人短小怯懦，單隻無兄弟，族人恃强衆，數魚肉之，有不忍言者。賴有二老僕潛走會城，訟之臬司，臬司移檄收族人甚急。比至庭，追得所魚肉財賄藉甚，臬司怒笞族人數十。王大父跪而前，且哭且祈曰：「吾叔也，吾叔也。」官笑曰：「爾真痴子矣！方魚肉爾時，奴虜不啻，何叔侄之情？」爲王大父哭不止，卒爲寛之。

先大父東田府君饒貲産，歲貯穀數十石，賈客常懷金從大父販穀。既已給券去，忽穀值翔甚，賈客至，價已倍。他日大父故出原金還之，封識如舊，客請增銀求糴，大父笑曰：「吾戲爾，既已予券，奈何背信？」遂如數與之。客跪祝天，願公子孫貴顯，以報公德。大父亦以爲固然，不自異也。

鄉民從大父貸子穀者，時其急予之，或重客在座，輒起如廩，唱籌給穀已，乃還席曰：「此曹子待以舉火，寧能久需乎？」

歲大侵，富家争出穀，乘時射利。大父獨舉以貸人，收息如他日，曰：「吾穀固賴若曹出息以積得之，今見利相棄，異時何以施面目乎？」里人至今口之。

大父爲人慷慨，顧獨怯官府。嘗有醉死橋下者，邑貴人舉以尤大父。大父操數百金求解，終不肯。至公門差隸至，予之十金求緩，隸奇貨大父。比事罷，猶持故票來，又予之數金去，終不敢問。其爲人寬博樸茂如此。

先府君在京邸時，忽失一金簪子，尋之不可得。久之，有人言：「同舍友竊簪，斷爲數截，適某所，買某物，我親見之，第與我錢，我爲證。」府君曰：「同也。吾簪能值幾何？奈何使其人不得施面目於我輩乎？」謝而罷之。後二年，還舍出敝褥晒晾，簪在褥絮中，蓋夜醉時落去也。府君嘗誦此事戒予輩，凡有所失物不可得，則已之甚，勿指人疑似之間，使人抱抑不得自明，皆能損福。府君嘗從人貸百金，後其人得奇禍落魄以死，以券遺其子，子懦甚，私念曰：「此夙債，寧必償乎？」然貧日甚，以券哀求府君，府君計子母售，如數厚禮遺之。或曰：「少緩且罷去，何乃迂也？」府君曰：「吾嘗急而求彼，彼不難我，吾心感之，奈何以死生易念乎？寧貧不爲此矣。」言者乃愧服。

先安人性嚴整，然事皆身親，不苛使女奴，女奴至終歲不遭鞭笞。嘗見予輩待僮僕稍苛，輒戒曰：「此曹多蠢樸，安能一一中意？令聰明如爾，亦讀書取科第矣，寧低頭事汝耶？」予聞而凛然，然性急躁，不自耐忍，時引以自抑，亦未嘗不灑然釋也。

萬曆己巳歲，不肖元卿謹述。〔一〕

扶義濟漕記

吾吉當江右西南之徼，厥有三所，所之軍有屯有操。迨宣德間，議交兑，於是乎又有漕軍之役。乃在今日，操者僅空名，屯者享厚寔。獨漕軍終歲風波無論，即計費造艘已非中産所能專辦。邇議酌屯補漕，誠爲便策。而在安福漕艘數多助費，曾不及永新之半，以故人極於病靡，復仰佐盼盼然。獨其家之人通力協濟，庶解倒懸耳。顧德日下衰，人私其身，富者賂免，貴者優免，智者計免，固謂我躬，苟幸皇恤我後，縱目及踐更之人，破産接趾，終不以關其念。

善乎甘生以光之能以仁存心也。以光爲諸生，例得自免。而其心以爲：是破産接趾者，豈繄他人？誰非吾祖，分形而視，猶秦越一體之謂，何即吾以諸生免？乃後之人，豈必世爲諸生也

〔一〕按：二句底本原無，據《南溪劉氏續修族譜》（崇本堂）補。

者？況吾先君子樂菴公，蓋常慮此至亟矣，節縮經厝，將置産以佐漕務。營辦既具，而行役者以他故喪其資，吾乃今何敢不廣？遂前畫，而令先志終茹也。於是捐其腴田，計租百三十桶，以爲族侶。惟時同心向義者，其出租倍之，而以頭會出者，復倍之，總得租可八百。乃正簿籍，乃立約條。歲會收入酌較於五歲之所需者，給以津之。蓋自是行役者，官有額給，屯有例補，家又有歲津，庶幾少紓其重困，而獲脱於破産之阱乎。

兹吾所爲深善以光之能存仁也。以光有志於學，嘗從予謁徐先生於東越，徐先生勉以任仁。兹舉也，以光推仁於家矣，是仁爲己任之明驗也。所謂功意俱美，非若夫世之以念想爲仁者也。

提督會同館廳題名記

蓋禮官考信於《虞書》曰寅直惟清，從來矣。客曹古掌交氏，漢所稱典屬國者，故事第掌四夷之禮，而廩餼、禁戢、市易、傳廨之事不與焉。弘治初，增設主事一人，提督兩館，日從事於米鹽瑣屑。於是所謂清曹者，兹不清矣。

雖然，《虞書》所稱清，非清逸之云也。人生而直，直而有禮焉，三千三百，經而等，曲而殺，不可得淆者，斯所稱直而清乎。然非寅，則清不可致；寅也者，所曲適於清之路也。故約四夷于典，則禮也。庖饔之，禁戢之，審其錫予，時其薪燎，班其騶胥，通其有無，而稽其去至，勾索其文牒，夙夜惟寅以清之，亦禮也。豈惟提督？即主爵清黜陟，司農清錢穀，司馬清戎籍，司寇清法令，司空清匠作，皆禮也。禮不可斯須去身，矧於爲國有一事弗由禮也乎？謂提督弗清，是不得夫寅清之解也；謂五曹不清，又不得夫禮之解也。假第令提督弗敬其事，而以直自遂，以清自逸，使裔夷戎狄靡安其居，國事不幾于淆且廢乎？淆且廢而謂之清，毋亦老氏所謂清虚，晉所尚以爲清談乎？乃五胡雲擾中原，濁亂清耶？非耶？嗚呼！此孔氏所以言仁必曰復禮，而河汾氏亦謂非禮則仁不可以行，蓋寅清之本旨哉！

萬曆甲午，予以客曹貳來署館事。念先正之芳躅，求所謂題名碑視之，而已剥落漫漶，因命工鑨舊石，改鐫而題其上方。如〔一〕此誠不敢以瑣屑米鹽爲俗務，庶幾夙夜以求適於裔夷戎狄之心。又予寔不敏，深有藉于來哲之同寅，以蓋予愆而舉吾所未能，斯其所以諄諄於寅清之辨之指也哉！

蔡生以美托孤記

蔡以美之妻周氏嘗刲股活姑，予述爲傳，呈當路，業旌異之。乃兹字孤事尤難。族姪蔡應

〔一〕「如」，底本模糊，據康熙本補。

祥，故富人也，有子得行已室，受産祥，留其五之一自膳。妻晚有身，祥病革，問其妻曰：「此孕也男，爾當守節，乃可撫之長。」妻垂首不應。祥心知之，語以美曰：「妻子吾知之矣，即有遺孤，非叔父不足托。且嬸氏慈惠可任，不腆膳産，惟叔父是聽。」以美未及應而卒。卒之二月，果生男。母懼其滯己，弗得嫁，將溺之。家人交勸，謂祥曾托以美。而以美妻時適外氏，母益急欲手溺之，手戰不能舉。家人卒皇，相率告以美。以美候妻歸，語之故。妻惻然曰：「兒越日不舉且死矣，我不任，誰當任者？」遂襁之而歸。易數乳母，遞乳之，顧復如己子。未幾，母改適張氏，長子得行懼分己産，私以美曰：「叔祖無子，獨不可以此子承後乎？」以美曰：「吾哀兒溺而字之，豈望繼耶？且子姪孫，不順也。」行無以應，而心憎之。以美欲以子歸行，妻弗許，曰：「即不利於孺子，是竟溺也。」撫之如初。

記劉交河獲盜事

廬陵劉副憲名冠南，嘗爲予言其令交河時獲盜事，予憶而記之。交河，古渤海地，地多盜，捕盜者與盜深相結，遇失事，捕一二蚩氓，縶手足指，仰懸之，而以柔楚刮其肋，已，釋之，而人懸如是數四，無不垂首招承諸所連引，惟捕卒指揮是聽。劉君廉知其情，痛抑之，無所行志。會君公出，鄰邑民中盜，尾賊入交河，檄交河踪跡賊。捕卒乘機逮無辜二人，用前法勒令自占，因引至諸富人宅，遞相誣指，悉以厚鏹求免。囊既盈，最後誣六七人，計力弗能脱，又畏楚箠，遂〔二〕與前二人合口自承。捕官據其口招報郡，郡鞫之，不復敢易前語，悉寘諸法。

劉君歸道，聞其事，怒髮上指冠，入言於〔三〕府曰：「此九人者，良氓，必不盗，願付縣再訪。」府難之，君以去就争曰：「章綬在此，請辭。」守不得已，付之。及見九人者，皆垂絶哀苦，且不能泣，况能言？君具好飯肉羹喂之數日，神稍王，微言捕卒羅織始末。

居頃之，鄰縣又以他盗，誣逮交河民某，唆某供指王礬。王礬者，交河之鉅富人也。令故讁官，貪聲藉，甚意常在王礬。君執不聽，令無所吐氣，言於御史臺曰：「劉交河寔護盗，盗終不可得。」御史正擬剡薦劉君，因閣其章不上。君謂素所信愛快手龍某曰：「而忘令之恩於汝乎？」龍感泣，許捕真盗來。君立爲書，賞格付之。

既去數日，龍馬忽逸歸，君知其必以不密，死於盗手，泣禱城隍，語甚哀懇。居無何，羣惡少相訟，擁一妓爲證。君聽斷將罷，忽揮去惡少，使少退，獨召妓案前問曰：「汝識龍某乎？」曰：「不識。」曰：「向固往還汝家，安得言不識？」命大陳刑具。妓曰：「得非龍少溪乎？」曰：「是

〔二〕「遂」，底本模糊，據康熙本補。
〔三〕「於」，底本模糊，據康熙本補。

也。」曰：「某夜有二人招龍飲，飲畢遂去。」問：「二人爲誰？」妓詭忘其名，命刑之，妓言：「是張東山、齊振雲。是夜二人俱送龍歸，張獨還，時可三鼓矣。」曰：「張還與汝交情耶？」曰：「否。」「寢後何如？」曰：「時作戰慄狀。」問：「二人今何在？」曰：「適訟者中二人，即張、齊也。」因令妓暫入庫中，唤張、齊二人問：「識龍少溪乎？」曰：「不知。」曰：「某夜召渠飲妓館，何云不知？」二人色動，無以應。再詰曰：「今龍何在？」復言：「寔不知。」即栲掠備至，詭飾如故。君心計張語健，卒不能折，復令隔訊之。引齊先至案下，委曲咨詢，苦不肯承，乃問齊曰：「張名誰？」曰：「某也。」佯曰：「吾乃不聞，更大聲言之。」齊大聲曰：「張某。」君亦大聲揚手曰：「張某，齊謂汝寔下手。」張遂跪上階曰：「下手者，齊也。」兩人倉皇吐寔言：「是夜實殺龍。蓋龍有甥朱某在盜中，龍露其語于妻，妻以告朱，朱告我等，是以殺之。斷手足頭爲數段，用草薦裹縛，沉於淵泥。今朱某亦在此。」因相招上堂曰：「天敗我輩，勿復煩苦仁父母。」遂連供其黨二十餘人，且曰：「即往捕，尚可得，遲則相率入海矣。」

時夜將半，乃選良馬，躬率健步快手三十餘人，乘月竟至諸盜所居里。入坐寺中，每盜令一人硃批其名手上，使往擒之。值諸盜劫人方還，各入舍内，倉卒被逮，計不知所出，無不束手就縶，得逸者獨二人耳。所獲盜賊狼藉，更供餘贓，多在各典鋪。君令里正唤鋪商面審，實者各自送縣收納，不差一人，民間按堵。微明，械諸盜還縣，則龍屍先期爲地方所得，亦以是日舁至，啓視與盜所言皆合。乃斬張、齊二人，手以血祭焉。邑人環觀以爲神，且以爲禱城隍之應云。

既數日，檻車送盜詣府，太守見君來迎，問曰：「向九人者之虛實何如？」君曰：「真盜乃在此，此堂下坐檻車二十餘人者是也。」守大駭，異以爲神明。

瑞光塔記

孟子曰：「掩之誠是也，則孝子仁人之掩其親，亦必有道矣。」中古棺七寸，槨稱之，匪以爲觀美也，或擇地而葬之以遠於害，亦非以祈福澤也。後乃侈靡以相誇，北邙祖送，多至萬人，甚則溺形家言，致暴露以爲常。此裸葬者誠有悼乎其中，而欲亟反之也。

佛氏取真性，而敝屣皮肉，化者舉而火之，瘞其灰於塔，無所俟棺衾含襚之用，而亦無拘忌於陰陽家之説。彼見以爲四大假合，就令懸金棺，殉玉魚，卒歸於劫灰耳。其灰也，視吾特有久近耳。雖然，則何所事於塔？棄之天地之中，以華藏世界爲基，以六合爲縫，以須彌爲頂，以雷霆爲鈴，日月爲竅，斯其爲塔，乃更有大焉者，則何所事於塔？蓋吾於是有悟焉。夫人子之不忍棄親於壑與水火，其本心也。豈惟人子，雖受其法乳者，猶惓惓收拾煨燼以固藏之，則其不忍之心之不容泯滅也者。孰謂聖王之制可廢哉？是故聖王之制有時而弊，則速朽之説，雖孔子不諱。墨者之道，有時而不可行，則厚葬之非，雖夷之不能自解。甚矣，道之貴乎中也。

寧州和尚之徒曰悟仁，能守其師之教，住持九龍四十載而餘矣。其徒本星等將爲石塔以奉師於他日，而徵予言，劖諸穹石。予作而嘆曰：「聖人之教，以厚爲道，石槨之作，厚耶？非耶？佛氏之教，以空爲宗，石塔之作，空耶？非耶？噫，道至乎中而止。佛氏之火之也，其裸葬之思乎？然而已甚矣。塔以存其遺，猶有無使親膚之義乎？今而知吾道之終不可廢也與哉！」吾姑取其足以存道而爲之記。

行滿禪者墓記

人心之必惻隱、必羞惡、必辭讓、必是非，父子之必親，君臣之必敬，夫婦、長幼、朋友之必別、必序、必信，譬諸日之必照、火之必然、水之必達也。聖人者，知其性之必然而不容不然，故學以導利其自然者耳。

小乘者流，見以爲此分別識也，此情緣也，遂相率土梗、弁髦之，而獨棲心於寂，定神於静，以求所謂真常。及夫内照之久，此心之靈無從發洩，澄爲妙觀，顧時有之。然如日入地中，反景内映，要其照臨萬物之用，終不能壅欝。固未可以一時之幽光，而執爲性體也。是故初機之士得未嘗有，往往寶之，及其久而無味，則吾性之必然而不容不然者，自不能終泯。以其不能終泯，復以爲分別情緣而用力逆銷之，是謂牿之反覆。吾無如之何已。間有悟其種性之終不可斷滅，因而利導之，雖其自爲矛盾乎，而吾則以爲非俗禪也，必墨者、夷之之流也。

九龍能僧曰行滿者，修建梵宇甚富，又募修鄉大橋，費金動以千百計，而其才自足勝之。嘉靖丙寅卒，葬於其所修玉皇殿之左。其徒某號於衆曰：「是有功於九龍者。」遂相與塔其墓而碑之，又相與詣予請記。或曰：「行滿，禪也，不火葬而封土焉，當正之以其教。」予曰：「固也。昔之人不曰『明先王之道以道之』乎？彼自歸於先王之道，斯受之而已，奚其正？夫先王之道，自道也，非强世以從己也。彼時有所叛而去者，又不容不終從之，斯亦足以明吾道已。又以爲分别情緣而已之，而逆銷之，是豈知吾性之自然而不容不然者哉？」吾故有取於厚葬者之近道也，遂爲之記，以自附於孟子之告夷子，又以其告夷子者告吾儒之夷子。

東林世業記

東林肇自唐顯慶間，厥惟古矣。迨國初復興叢林，代有修建。東林起派於龍亭觀，而演支於洞仙壇、上峰山，然至今則惟東林最大。先是故道人李善餘等册而紀其沿革、創置及先世兆域、田賦甚悉，今復海、復賢等又演述之，以觀於來世。持以示予，予批閲之，則予高大父仲伯首以田施，予仲子復以言施。仲子之言諄諄乎聯屬一體焉，語曰：「十人一心，黄土成金。」誠味乎一體之説，其爲田也多矣。以此言廣度後人，其爲田也遠矣。諸君勗之哉！毋以吾兄弟之言爲迂也。

傳

甘若虛公外傳[一]

若虛甘公，永新逢橋人也，諱仕可，常自署若虛居士，人咸稱爲若虛公云。公始遊，邑諸生屢取高等，竟不第。稟學於文莊鄒公之門。已文莊公歿，卒業三吾劉先生，津津嗜學，若芻豢之味乎口也。父諱公亮，仕至惠州太守，是爲蓮坪先生。當先生之舉公而年已望艾，乃公又生而體甚孱弱，先生屬老且病，而公以孑藐居衆子姓間。以故子姓頗嘗凌跆之。會得當，可報復，輒置弗校。里中時已推爲長者。

亡何，其子學憲君雨舉於鄉，與予同歲，當上公車。公憐學憲君少，爲趣裝與俱。旦暮偕予談心論業，出肺肝相示。性坦率，與人交狎然，遇匪人則謹避，惟恐暱就之者。居常好親細事，雖鍼線、樵蹔諸小物，每聚貯一囊，倉卒索之，無不得於左右。都下嘗遺蒼頭市脯，行遇雨，自提

[一] 按：此文底本多處模糊，據康熙本補。

屐出里許迓之。或謂公何其泰褻，公曰：「彼製一履甚艱，忍令其濡耶？」人有鬻雞子者爲人匿去，公憐之綣甚，其人反拽公，不得脱。予從旁詰何之，乃罷去。其爲人長厚率類是。歸自京，羡鏹一裹，藏之小篋。及宿，則以縢貫篋，環繫手間。予笑曰：「大盜至，並縢予之矣。即盜不至，毋乃久久自苦。」公陽爲喏，視其夜貫索自如。予束髮時，聞人言劉石潭先生從舟中溺，必繩親見。竊意先生縱椎樸，何至乃爾。及與公共反燕吴之路，誠見公如是，乃知世所傳石潭先生事不盡虚也。

公既以子貴，封御史，尊矣，猶却車緩步，曳杖躡屩，踽踽然行閭巷、山谷中。每入郭，用兩人舉笨輿，市兒攔街相指曰：「甘封君至矣。」蓋識其輿陋也。然且時時戒家人，毋憑藉作風波，詔學憲君以義利之辨，令無失先世廉吏家法。所居左右圖史，手自爇名香，蕭然如僧舍。有司罕識其面，至講道青原、復真之間，則無歲無公之轍。所謂沕穆醇龎、質行君子者歟？予嘗慨古道不復見，於今幸得從公遊，乃邑然自慶猶及接古人焉。爰摭公一二淺事爲外傳云。

劉生曰：「今世貴人子與貴人父，席聲焰以爲苛虐者置勿論，雖勉自韜晦，半爲名高也，其真漓矣。公率性所安，倘稱今人而古心者，非乎？公嘗向予道惠州公所居，近祖祠，其逼陿至不可展股，終弗肯求拓咫寸。雞豚之跡交於記室，宰官相過，索溺器弗能具。而嘗戒子曰：『吾儕學道人，即令餒而出舌至地終不倨，非義食。』蓋其孤介如此！若虚公之恂恂謹飭，不少異寒素，其濡摩所從來長遠矣。父兄師友之助，豈其微哉！豈其微哉！」

雲川居士傳

居士，永新城南人也，姓馬氏，名達，自號雲川，學者因稱雲川先生。世有勳閥，少時折節讀書，欲以此立功名，然竟弗成。間從市人觀弈，遂盡得其妙，莫有敵者，衆咸聳然異之。公悔曰：「仲尼謂博弈賢乎已耳，大丈夫當有不可已者，寧但致志於小數乎哉？」時吾邑鄒文莊、劉獅泉兩先生傳會稽之學，公往來兩先生門，聞其緒言，喜曰：「吾固謂當有不可已者，此是矣。」遂津津向往，沉思力踐。

家故貧，環堵蕭然，無擔石儲，殊有自得之色。時哦詩，道其寒餓窮苦狀。故人見公詩，意其求助，相率捐金周之，公揮去，曰：「咈！吾惟不苟取，以至於斯也。」其介如此。余往從鄒汝海講業永新，見公修然偉長者，歌詩若出金石，間發一論，率深中時俗膏肓，四座傾耳。誘人惟恐不入，色温氣和，藹焉可掬，然勁節直氣，時露於意色之表。

丙戌邑中火延燒甚衆，公之左右舍盡化爲燼，獨至公所居，風返火熄，屹然不燬。里中人素輕公貧士，又疾其持義不回，往往目爲執古先生，不甚然可之。及是，大驚曰：「執古先生乃能得天若此！」即由是譽益隆洽。自郡邑長吏，上逮御史中丞，咸後先旌異之矣。

萬曆壬辰七月，公卒，年八十有六。

劉生曰：「予夙昔與公深談二説，大抵若世儒所謂主宰流行云者，無甚異也。公守其説，沛然不疑於所往，卒以此至老且死不衰。乃知學無門户，苟深信勤行，率有所就。有如慕大希高，鹵莽於其所事，則孟氏所云不若荑稗耳。抑予聞公内行淳備，事嫡母以孝，聞撫其兄之孤子如子。諸如此類，斯又公主宰之主宰也歟？夫人之所以信公與公之自詣，或亦不盡係於其所操之説矣。」

提督雲南學校按察司副使劉公傳

劉公名應峰，長沙茶陵人也，其先安成良姓，徙茶陵，世有隱德。公自爲〔二〕兒時夢老人稱孔子，挾以升天，寤而語父堯溪公，公心奇賞。稍長，聞治江門、紹興家者言，若有會也。既舉於鄉，委質念菴羅先生之門，闇然内修，甚當羅先生，羅先生高第弟子畜。公成進士，授南昌令。南昌故劇邑，公簡静鎮之。監司頗書生易公，邑悍丞微上意，故揚揚〔三〕條利害十事，

〔二〕「爲」，疑當作「謂」。
〔三〕「揚揚」，底本模糊，據康熙本補。

且以問公。公初不知也，已下公議，丞色動，公第推擇其中可行罷者報上。亡何，監司下公署丞考，公念丞雖悍，寔才如其心，丞奈學何，卒署中考。監司用此大知公，謂公不憾丞，器未可量。自是諸路使重公，相得歡甚。公亦自以爲嗜學之力。會御史檄公清衛尺籍，諸軍士藉藉不便，聚訌於衢，左右股慄。公徐召一二人與語，陽若爲可罷也者，取伍籍衢毁之，嘩者罷去，卒議如法。則御史臺又驚異，以爲公固才，乃弗克自見，要其中必有以勝之也與哉！

既以治無害入吏部，諸曹郎若羅近溪、胡廬山、鄒穎泉、耿楚侗識先生，多就公僦舍論學，每每至夜分。或謂：「吏曹郎當如是不引嫌耶？」則諸先生與公笑曰：「藉第令失吏曹郎而得聖賢，損益何如矣？」然公故砥節自潔。耿先生欲廣公意，間爲激語曰：「君如自了，弗思度人，即潔若洌井，第一劉養旦耳。」養旦，公别號也。公又間談南昌治狀，耿先生詰公：「令念菴治南昌，何如君？」公笑曰：「雌雄未知也。」先生謂：「君治南昌，賴有一念菴在胸中，此其才更能陶君輩數十。」公撫然曰：「命我哉！」蓋自此思立達人矣。

亡何，出參江藩，念二尊人老，再疏乞終養。歸而事二尊人甚歡。時公齒已長，官爵日尊，而暱就二尊人如孺子，晨夕治饔膳，多親執匕箸。間弗豫，則調藥劑，自視火候，不以委侍者。封吏部公得痰疾，公竟夜侍卧起，即論免之，公又稍移榻外。已而吏部公下床，幾傾躓，竟賴公扶掖得免。吏部公乃知公實未嘗去已寢也。自少逮老，無私藏財，即尺帛銖金，納之母安人。

頃之，需尺帛銖金，即又請。諸橐中賓友，過從必以語母安人，安人設飯，乃留客。不得命，即所善客，不留也。公曷嘗見其弗便諸己，直以母安人之適爲適爾。母安人所愛幼子死而獨遺孤孫，甚憐愛之，公亦憐愛之，甚於母安人。張安人而下，將順惟謹，不敢問出納，其漸漬於孝友如此。今上改元，特起公官，公强爲一出，已遷雲南學使，竟謝不往。

公孝自性植方，兒時吏部公賈客荆郢間，公南望雲氣，即涕泫然下，母安人詰之，則又懼憂母安人，卒收涕相視也。竟其身，慕父母如兒時矣。

劉生曰：「孔子云：『夫孝，德之本也，教之所由生也。』又曰：『愛親者，不敢惡於人；敬親者，不敢慢於人。』公處里中，既口畫州事，州長吏數數以干旄來問政，即又心口語曰：『長吏幸聽我，奈何？』更掩處其名，諸所爲度土田，立政規，剿峒賊，多出公指，竟以功遜州長吏，人無從知公德焉。公之歿也，鄉而鄉祠之，宦而宦祠之，惠澤加於鄉邦，夫皆愛敬之所流者歟？其他行，載范南昌狀耿先生《誌》中。予得論次其軼事，而要歸之質孝云。」

黄布衣傳

黄布衣者，諱旦，字朝周，學者稱一明先生，先生間自稱棲雲老農云。其先世自廬陵徙吉水，又徙安福之澈源，遂爲安福人。曾大父俊舉於鄉，大父琛、父漢俱未仕。先生骨貌高峻，風神暢朗，性曠恬，不治生産，故常貧，聚不盈擔石。雖屢空不給，而見人匱乏，則悽惻形於顔色。或遇饑窘，自得升斗，即又以分貧士，才及炊，不有其半。人謂先生方自窘，顧安能及人，先生笑曰：「而不聞班相恤也乎？予惟貧，故能知貧也。升斗與萬鍾無小大，第盡吾心耳。且升斗弗能分，即萬鍾猶是矣。」予始聞其言，而脉脉壯之。蓋先生事寡母，躬自操薪水，足無完履，時以索聯繫之。間教授里中兒，取少糈自食，輒又分食其兄若姪，不足則更稱貸質劑益之。其性固然哉，抑其得於學者也？

先生自弱冠聞里中人治紹興致良知家言，抵掌嘆曰：「男兒固當如是。」因精思力踐不遺餘力，猶及接見陽明王先生於螺川，稟承崖略已，乃就文莊鄒公卒業焉。文莊公延之家塾，多所造就。公故無闕，即有間，先生必面折，不少遜諱。以故特敬其儻直，所至多與偕行。間别生去，即時時念不見黄生。或謂公：「何信愛黄生之深？」公曰：「非吾信愛黄生，黄生乃自信自愛耳。」一時師生契善，未能或之先者。學人士每見先生皂衣博帶，几几而來，輒從旁指目曰：「是師門顔氏云。」嘗以連坐繫獄，獄中歌詠不輟，爲文祭臯陶，諭因衆遷善改過，人人感泣。郡太守聞而釋之曰：「今日乃知黄生。」自是郡邑大夫稍稍聞先生名，多賓之鄉飲，或造請其門，大扁、華篇，蓬户至不可勝懸。

先生襟宇宏闊，不設城府，喜爲詩，不甚求工。其學宗致知而力於自信，故能沛然不疑，所往而終身由之，至於老而不倦。嘉、隆間，我安成談學者所在雲興，然往往好爲隱語，至不可窮詰，求其簡易徑直，終始不雜如先生，蓋亦已鮮矣。

劉生曰：「人謂文莊蓋王氏守成弟子，豈其少之也？第令命顔子云云，於顔子不失尊矣。近世疑良知未盡，必求宰乎良知者致力焉，不幾於安頭架屋者耶？文成固云致知焉盡矣，謂其不盡者，不徹夫知之全體，不盡夫知之分量耳。故知文成之學，不求多於文莊矣；知文莊之學，不求多於黄君矣。無已求多於吾之所以致知焉，可也。」

陳布衣傳

陳布衣者，名守中，字化之，萍鄉人。少讀書不成，去，爲邑椽，久之，棄去。病其里多盜，指名而訟之官，爲盜所反噬，窘甚。來謁予問學，予曰：「君奈何不爲彦方而爲捕胥乎？」君悟，歸而修彦方之行。久之，里俗漸染化。間有竊園蔬者，君户諭之曰：「誰家不有隙地，而何不學圃？」於是家植籬落爲圃，人無不足於蔬者。君推比類，使人人各食於其力。時爲陳利害，人無不感動，盜風遂衰。鄉故樸陋，不知有喪祭禮。君從吾鄉手抄祠祭儀，歸與家人肄習之，時爲贊祝，時爲祭主，務令人人著於禮節乃已。每予爲會，輒攜一二子弟自隨，比再會，又易一二人。久之，人皆閑於度，若素習也者，亦不知其所從化矣。斯所謂著根石上而垂陰千里者乎！

君既繫一鄉之重，事無巨細，無不以身任之。鄉有宵人訛言山中有礦，向稅使自陳，願爲鄉導，採礦者旁午交錯於道，郡邑吏莫能制。君率衆禱於山之神，備極懇惻，始開山得礦。將銷之，其爲鄉導者墨銀塊雜炭礦中，君挺身前取所雜銀，白郡邑吏，其人窘甚。比銷礦，竟無所得，遂罷去。於是有司皆稱君才，而鄉之人賴以不及於禍，蓋自是陳布衣之名益著。邑大夫賓之鄉飲，又欲援覃恩錫之冠服，君力辭免。其他事不悉著，論其大者。

劉生曰：「予鄉與萍錯壤，嘗問陳生於擔塗之人，具言生與人貿遷，率聽其自操量衡，人無有覆視者。此淺事也，亦足概君爲人矣。又君嘗游諸大人，歲無虛日，雖甚病，不懈。或謂君：『病曷少息？』君言：『吾知接賢人君子，有益於身心爾。世間以它事死道路無限，吾即死何悔？』嗚呼！『志士不忘在溝壑。』吾聞其語矣，吾見其人矣。」

朱孝子傳

朱孝子者，安福槎江人也，名意，字肯誠。生而病痼，父母憐愛之，不令習博士業，曰：「爲儒未必成。徒日呻呫，以其疾憂父母耳。」孝子既長，聞其叔松岩先生談王氏學，私心津津向往之，乃師事易菴朱先生，易菴故事劉師泉先生，孝子盡得其學，退而服行之不少衰。父病臥床第者四年，其卧起、食飲、櫛沐，抑搔下至便溺諸瑣細，須人扶掖護持。孝子日躬之，悉中其所欲，而病轉劇。孝子計畫無復之，乃潛入神廟，泣血禱曰：「神乎，予與父相爲命，即父不起已，何忍獨生，神亦有意呵護之乎？」因自刲股肉，密烹以進，父嘗而甘之，病良已。異日，詢所以爲刲股者狀，則相抱持哭曰：「爾乃爲老人忘其軀耶？老人亦何愛？此須臾不死，使兒子苦肉如此也。」又三年，父復病，背疽，孝子百計調順，如撫嬰孺，口不入水漿者，連數日夜。時盛夏，蚊虻噆膚，不手撲，曰：「父方患苦疽，無計分痛，而獨不能忍一蚊耶？」月餘，病已。越九年，父歿，倚廬於墓者三載，昕夕攀號。樵牧行路過之，無不墮涕。廬逼虎窟，虎往過若素馴者，孝子能習知虎毛色肥瘠，頻望見不爲動。其誠感如此！又七年，母死，廬墓復三載。孝子故嗜學，尤善引導人。友朋既素高孝子行，聽其語，若有所以將之，無不感悟振發者。比卒，塘南王公爲之誌墓，直指使者疏名以請制，曰：「可下有司表其墓云。」

劉生曰：「世多言談學者，鮮躬行，胡不引孝子之事親觀之也？世多言躬行者，可勿學，又胡不引孝子之事師觀之也。蓋孝子之善事親，乃所以事師；而其善事師，乃所以事親已。予習孝子，堆堆然愚人，其行卓越如是，愚不可及哉！仲尼智高一世，獨拳拳於魯參、愚柴，誠慮夫高明者往往過之。斯王太常之《誌》所由發憤而作乎？令今世豁爽士見不賓不徑之夫，其不誚以爲迂鈍，幾希矣。彼以爲質美，抑又何也？」

楊孝子傳

楊孝子者，吾鄉人，名惟十。家故貧，不能致養具，獨以織簍爲業。侍膳于二親甚敬，母性不嗜粥，間得升斗，輒以其半炊飯，而自爲米羹活，朝夕恬，無幾微見顔面。孝子初不知詩書，朴然田夫，乃所爲多暗契于典訓；所稱定省溫清者，亦不自知其爲道也。母病餘十年，孝子時時侍湯藥不懈。一日得痢病，幾不可活，忽思魚羹，孝子治釣具，取二魚。人或謂不宜於病，孝子曰：「病中所思，吾安忍重違之？」竟烹以進，病亦尋差。人以爲孝感所致。居無幾何，二親并歿，孝子哀之甚，族人好義者爲殮財庀棺葬之。居喪不與筵宴，或强之，輒自痛曰：「吾誠哀吾親，今獨不存，食之不得下咽耳。」聞者爲之感動。嗟嗟！若孝子者，可以傳矣。

劉元卿曰：「余從鄉諸彦講學十餘年，乃至今日，楊子濟甫始向余道其事。然則士之立行泯泯不聞著于世如孝子者，曷可勝指計哉？太史公《伯夷傳》，蓋有深悲矣。夫湍水無縱鱗，以楊氏有斯人，蓋儼然好修之夫，王休徵之流亞也。孰謂良心之得而終壅閼耶？彼夫富於囊箱而耽貨財、私妻子，不顧養于生我鞠我者，可以媿矣！可以媿矣！」

周公典傳〔一〕

周公典者，安福北溪人，名禮，舊名克難，字復之，以今名補邑博士弟子，更字公典，因號在魯，其門下士稱在魯先生，予與二三友人居恒相字之，故稱公典云。祖浪士君孔堅，父少溪君位生。公典敏慧疏蕩，自其爲五六歲兒，挾册里中受書，輒曉其略。善偶對，嘗從浪士君求扇，浪士君曰：「求祖扇，當作何對？」公典應聲曰：「讀父書。」索扇益亟，時浪士君方治奴客之恣睢者，而性故慣輭，忍弗斷，因試公典曰：「爾判此何如矣？」公典即復曰：「兒今日受書至『季氏八佾』、『三家《雍》徹』，奴罪故當坐此。」浪士君驚，撫其額曰：「兒何慧！兒何慧！」卒取扇予之。

比長，與劉子汝棟邦楨、周子一濂思極修少年交。流視羣子，若曾不得一當公典。或造請，終不一幸見之。羣子號三人者「三仙」，「三仙」寔怒詈之也。三人者，時時過從靡間。其後，邦楨蚤卒；思極亦厭時師訓詁，數數側弁而哦古詩，餘子咸不曉何語，或指目狂生。公典獨以儒術起，裒然冠冕其儕，名藉藉在士大夫間，或願接餘歡，争迎致授弟子室，然非其好也。先是鄉

〔一〕按：此文底本多處模糊，據康熙本補。

彦講業復真，二子者咸稟學易菴朱布衣之門，已又進見師泉劉先生，已又進見塘南王先生。二子於三先生語，時解時否，公典觸聲而悟。每通一義，送一難，四座猒心。劉先生故不易首肯人，見公典悟證敏速，一再嘆羨。時予談學里中，故不好玄語，南士或指目爲兩宗，甚且相黨伐，公典曰：「隨聲詆異，於道亡當，我當親決之。」間介思極謁予石廊，語剌剌，大都珍其自見，頌一先生之言。予度不可屈，因摘其守念之説詰之也，曰：「子謂守念則過，盡無也乎哉？心體至大，譬彼京師，偏守一門，寇途尚夥，非若匹夫横闞、偷兒失畫？」公典忽悟曰：「君殆鉅眼人哉！」歸而語學者，多以此指挈之，令歸於通。南士始而嘩，中而疑信半，卒而或涣然矣。

公典於諸史百家不深考，而獨契二氏家言。嘗爲詩五篇，又著《和蜩吟》，中多會句。性于于泄泄，自其少，不視産，或諷之，輒戲曰：「我即視産，産不附也。」居常脱去巾襪行林間，見佳處，坐卧忘歸。或窮途遇水石清雅，亦斐回竟日。性善酒，造人飲不記辭，或勸進，乃反辭，即不勸進，即又不辭。醉則據胡床酣睡，旁若無人。與人初接，若深交，言不回阿而色故愉，士以是益附之。

歲行在戌，公典才三十四而暴病，家人争前問事，公典第曰：「生來死去，如脱故衣更新耳，第不得思極一見。」思極至，未及榻，張目一顧，瞑矣。

劉生曰：「道大矣，歸寂者如守株，株則在此而兔遠；達學者如挹海，海則無盡而量充。此兩者得失何如矣?論者謂海無涯,不若株有物。雖然,海則猶海矣,而株非兔也。則又謂探海不挹,不如待株,則捻之亡羊耳,未有瘳也。玆理也,吾與公典氏數數眉睫證之,而今安得慧利復有如公典者哉?嗟夫!道難言之矣。」

二生小傳

劉生孟材,字達卿,永新橫岡市人。性樸茂淳謹。弱不好弄此,壯有志於學,出入釋老間,學趺坐觀心,因拳屈成病。聞養旦劉先生崛起雲陽,遂稟學焉,稍廢其舊業已。又走安成謁予,與之譚,若有當於衷,乃賓之家塾,以子姓就學。達卿師範甚厲,時引焦于之自比,子弟有過,跪庭下竟日,必耻悔乃已。間令之執掃、拭席、捧匜、納履,其始佻倨者,苦弗自勝,久乃服習如固然矣。又考四禮,時督習,行之一時,幼稚莫不閑於儀度。或私自戲,輒陳俎豆,唱拜起焉。達卿雖嚴,然待童稚煦煦,若慈母之視其子,即寒暖、衣食、藥餌、櫛沐之瑣細,無不以時調治。以故子弟雖肅其教,而靡不親附之。幼子弟別師去,罔不色喜;至達卿去,則多泣下者。人言古道不可行,人心不可感,吾直謂其過矣。達卿爲師嚴,爲友直。達卿有過,予輒面斥之;予有過,達卿不爲隱。然心甚虛,既以予爲過已,又請曰:「得無有所見乎?」予或自言其意,達卿即又喜曰:「吾得聞教矣。」蓋予自得達卿爲塾,豈惟子姓之益,予所賴達卿,即俟無可奚啻哉!

達卿以跌坐得火病，竟以是死。有子一人，幼而貧，不能自振，其妻茹苦撫之，今長有室，達卿可差慰云。

周生嘉善，字慶甫，後更名鐸因，字振叔，永新厚田人。性淳朴，然倜儻好行義。爲文不欲苦思，惟意所適，能時出醒人語。邑令龔王谷公奇之。嘗從予學，予與之言，若有所契。因與雲陽劉子執甫坐卧小樓，面壁觀心，深自創艾，或嗤其好奇，不爲動。時聚同志互相長救意，孜孜不懈。既别去，每聞聚講，輒裹糧衝雨雪來赴，馬或怯濘，即又捨所乘馬，重繭百里不爲止。有所聞，質之儕輩，務了乃已。居常侍二親定省如儀，二親間諭止之，終不易。父卒，哀毁泣血治喪，一準之古，衆駭創見，而行之自若。振叔嘗曰：「今講者第口吻耳。致令人言，純盜虚聲，其辱師訓，絶來學不細。」故諸所勉行，非爲奇異，寔欲以力踐，鎮輓近狂瀾也。振叔故有異母兄，生事窘困，嘗逋公税。會縣官追逋甚酷，家舊有囊，振叔輒爲私發扃潛以輸官。事洩，家督庭辱振叔，振叔第屈首受責，曰：「吾亦權之久矣，與吾兄斃杖下，寧以身辱於家督，而徐償所負也，且家督亦安能終秦越吾兄乎？」衆感其言，稍緩解，與之期而退，輸又不足，則鬻己田益之。其孝友之念，懇惻委曲類如此，亦足概其他履矣。乙酉冬，予方聚講復禮，而振叔來會，時尚無恙。曾未幾，得寒病卒。

南溪生曰：「友之於人，譬之猶藴火，然去一薪，若無損於火，而益之則氣加壯。自吾失禾川二生，而吾意氣若稍從消阻也，之謂友道固不重哉。二生貌不踰中人，行縮縮若不能展者，而其中款能結人若是。應感之機，乃固繫之誠矣夫！」

朱松岩先生傳〔一〕

先生姓朱氏，名淑相，字汝治，世家南里之槎江，所居依岩松，學者稱松岩先生。先生兒時秀穎，其父南窗翁心奇之。長而丰骨清古，神氣健雅，望之知爲世外逸品。方少，工舉子藝，居頃之，棄去，學爲古文，已復嘆曰：「技耳。」又棄去，好養生家言，周諮深考，意欣欣，庶幾道在是矣。是時，鄒文莊公講學里中，間往聽之，初未謂然，久益寖習其旨，遂納贄稱弟子，然文莊公亦時時以老友呼之。已聞師泉劉公論學，根極體要，復入贄。蓋自師事兩先生，乃始壹志於學，每終日端坐研心省躬。其取予顰笑，一準諸道，不浮沉世態。以故閭井少年或姍訾之，先生慷慨作色曰：「偉丈夫質仁引義，鼎鑊不顧，何乃姍訾也？」時姍訾之者卒亦自息，甚或嚮慕之。

性故孝友。執喪哀戚甚悼，倣古禮，素食廬墓。終其身，遇人談指兩親事，輒欷歔涕下交頤。居常兄弟怡愉，有憂其居址湫隘者，卒以己地易之。伯子古壇病瘻，不能自移動，時時就榻

〔一〕按：此文底本多處模糊，據《山居草》補。

問意所欲。遇園花盛發，則令兩僮舁古壇至，舉酒爲壽盡歡。其子姓則之，多以孝弟著聞而知道者，或尚論風之自云。

壯年，雅喜遊適，每瓢笠騎驢，或芒鞋藜杖，隨意所去。間與所知舉酒賡和，醉則飛白爲戲，飄飄然仙子風流。家居，坐一室，左右圖史，前列奇石佳花。尤喜植菊，能致菊數十種。日哦詩彈琴其中，戒門絶俗。既聞學，則翻然懲逸豫，無日不以集友談學爲事。陟武功，陟三峰，動連歲月。復起家會、鄉會，會之事，率身自督。邑侯廉知其才名，屬清税册事至，委瑣條理，稱邑侯指。人皆多先生摧逸爲勤，截然而兩。其喜吟詠，好種植，猶然故況，然瞿瞿依於道。草堂之户，廣人談學者矣。久之，涵養温邃，神益凝定。

夜誦書，有鉅蛇閃爍，當垂堂下，弗爲動，蛇迄不見。常從一侍兒上三峰，會日暮，遇伏虎，兩目炯炯逼射人，先生意氣自如，不顧。行行數步，復一虎當逕來，侍兒悸甚，面作死灰色，因抱至膝上坐。虎騰前，第尋常，忽反墜岩阿走。近儒多好談正襟危舟、安坐墮橋事爲奇，此兩者酷相似。是時講學方殷，數數攜僮入院中，僮或削規繩，自縱不作，喝斥同舍郎，怒申院中規徑，自譴責退，私視先生，更慰撫之曰：「吁！怜乎我。故戒若勿佚，今可若何？」其他寬厚率類是。先生學宗鄒、劉兩公，至其論學多出獨得。時以語人，人或不省。語在塘南王先生誌文中。卒年七十有七云。

南溪生曰：「予觀王光禄誌先生墓，稱引其論學語甚悉。總之，不離虛靈云。虛，故能包天下之善；靈，故能通天下之志。乃近儒或成心塞胸，執一蔽萬，猶然談虛靈不容口。倘以證公之學，是耶，非耶？吾觀公勇習師授，蚤逸晚勤，條習細務，機神爽豁。蓋所得於虛靈者深乎！予匪徒誦其言已也。」

李義士傳

李義士，名坦，錢山人。性嗜義，家不甚富，好縮費爲周窮計。嘗買田一方，畫爲井，擇族之貧甚者八人授耕，而以其中公田供税。井之所不及者，更置義田五十畝周之，且以食夫鄉人之不自給者。其死不能棺，則又儲穀爲本，歲稍收息爲之，蓋併稱貸者兩受利焉。義士故有兄坤無後，而嫁其妾於鄉人，不知其有身也。未幾，生子，坤亦不知也。坤死，田產既并於坦。坦廉知其事，物色所生姪，絶類坤，亟取歸，爲娶婦，以兄產盡授之。人以是愈益賢坦之爲人。邑令李公嘉悦其事，扁其門曰「敦義」。今老猶不懈云。

王南喬傳

南喬先生者，安福汶源人也，名考，字丙中。其先世江左人，始祖勳自連嶺徙家今所。祖退軒名鍾英，爲人長者。父弁以貢授望江司，訓簡嘿，好行義，晚生二子，長者政，次南喬。南喬生五歲後，塾師受書，已能日記數百言，羣兒争駭視之。比校藝，連冠其儕輩，補郡博士弟子。然南喬益厭時師訓詁，就學於東廓鄒先生，斷然修其孝弟忍讓之行。數數就鄉試，不得志。會其子繼文業，子名乃藉藉一時，勝流莫不願交歡，多迎致爲其子弟師，則南喬益喜，遂横開態俗作，一不以動其中。

先是望江君别世，南喬與其兄同居，友愛甚備。鄰有上書告其兄，逮吏，南喬操槖中裝佐之。既廢箸居，兄私計南喬且固責償，南喬顧惻然曰：「難得者兄弟，而今析矣，安忍計錙銖？」或謂南喬所生母李當從膳，宜有分田，南喬即又却之曰：「吾受田自足贍母，安所事他業，徒滋紛更。」族里來稱貸，輒未嘗以無爲辭。或難償，竟舉其券畀貸者。生平不能纖細封殖，顧獨願一當柴桑百原之爲人。每釀酒熟，輒招客引觴，觴人酣。間與所從賢豪長者縱談名理，累日不倦，坐卧一室，左右經史。終其身，與族里無競。里少年或詬詈之，置不問。至其與人排患解争，則毛析其是非曲直，而和調之間，視其子嘆曰：「善一爾，養人之與服人，毫釐千里。」南喬蓋摧其剛以歸之學者，彬彬然質行君子哉！

年既七十，士論翕然，推之邑長吏，援恩詔賜南喬冠服，家人奉卮酒前爲壽，南喬舉飲如故。至晡時，或謂其子曰：「吾歸矣，吾歸矣。夫去來如旦暮也，千古之業一以付兒，吾茲快哉！」俄而瞑。撿其笥，得一紙，若敘其行履者，蓋南喬自志也。南喬娶周孺人，有婦行，能愛順其姑。里多蒯緱者，孺人視之，輒汪汪出涕曰：「吾幸温飽，奈何忍見若輩而坐棄之也。」或損食解衣予之。蓋其得之性者乎？其夫婦同德如此。

趙時卿傳

劉子曰：楊宅蓋有趙時卿云，時卿名師孔，晚自稱中菴道人。舊在諸生中，能文，試輒高等。然不自勝其雄氣，好與豪子弟、俠少年遊行媟褻。後竟坐他過扞文罔，奪其諸生，鬱鬱不自聊。復從里中兒繫籍湖湘，間久之，卒不能還其諸生。忽灑然醒曰：「世獨有諸生業能貴人乎？即所稱貴於己，妄耶？」横關趺坐，恍然有解，時時從方士、禪伯證所悟入。即方士、禪伯無不造時卿所，人人以時卿有得，時卿亦自以爲道在此爾。

又久之，予從兩鄒子治黄安家學，則時卿數詣予，以所學商焉，曰：「生死事大，子斯之未能信與？」劉子曰：「予自信生死，不信世所謂生死。夫世所謂生死，其説易窮也。造化化造，生生不測，必生者死，死者復生，是章臺無新條，而鄧林多故葉也。曰諸言因果種種，若數一二，何必盡不可據乎？噫！人之靈無所不至。謂衰草殘根之不復生，不可；即謂草木之盡由衰與殘者而更生，又不可。今夢見若病中見閻羅者，曰王曰帝，何猶然冒世名號也？又必服袞冕，御殿廡。夫神無所患苦，風雨寒暑，即宫殿衣服，惡爲用之？且亦安取材木、瓦石、麻縷？豈材木、瓦石、麻縷盡能鬼耶？此其謬一。愚者可諭而破之，何子[一]信之深乎。」時卿聞已矍然[二]而興曰：「非吾子，不聞此言。予將盡捐諸妄學，求放心。」劉子曰：「求放心，要矣，小大辨焉。今之言求心者，抑又惑，謂心一掬之内也，内觀之耳矣。」時卿曰：「内觀之庸何傷？斂吾形而氣定，澄吾氣而神凝，長明長覺，思不出位，可以成天下之亹亹，此亦豈不儒者學耶？」劉子曰：「夫心，無内者也。致虚於心内，則内實而不可以來天下之益；操空於先天，則情淡而不足以通天下之志。故曰不若内外之兩忘。」曰：「内外兩忘，心體之自然也。不操，則幾無以完之，夫子猶操之也，子則幾於茫蕩而無所持。」劉子曰：「持之有道，譬如御馬以轡，而不必操其足。今夫志，亦士之轡也。」時卿憮然曰：「吾乃今而知所持矣。請從子以問於耿先生。」自是南楚、東越，無歲無時卿之轍，而其學乃更以盡心於倫常日履爲實功。視其初所見，蓋若兩人云。

贊曰：「甚矣，時卿之嗜學也。與予辨，每相争如虎，而其末也，多降心下之。蓋其遜志哉！時卿故津津有味乎羅文恭之學，予以其間請曰：『夫文成學大矣，自整菴先生疑其見心不

[一]「何子」，底本模糊，據康熙本補。
[二]按：此四字底本原脱，據康熙本補。

見性，著《困知記》駁之，於是學者稍稍陰就整菴之途，即王氏門人或且不免焉。文恭晚年徹悟仁體，蓋得之文成爲多，而學者猶争談其寂静指，殆未深究所至者與。』時卿首頷數四云。嗟！時卿今已矣，予即有所窺，曷從更證之？悲夫！」

稽少南傳

予睹輓近孝廉一離黌序，居然素宦者，車騎服御無不改觀。往往屈首公門以益其資，何物耳目不急之務，至污其身以爲殉，心甚悼焉。頃里中士得舉爲作《孝廉清範》貽之，大率捃摭先正里選時事行，然苦寡陋，不能盡稽所未見之書。會同邑彭君爲正和貳尹者，遺余以《稽少南先生行述》。予讀而嘆曰：「此足補《清範》所未備。」遂撮其孝廉時事爲傳。少南後拜令尹，凡歷三邑，政蹟甚富，此不書，當别有傳循良者。

君諱鏂，字子佩，德清之澉溪人。父雲鳳食貧守志，常舉「緼袍不耻」爲庭訓，君自其少即謹識之。比舉於鄉，横關程書，率至夜分，雖擔石無所儲，不問也。歲值大潦，舉室待哺，至不自聊耐。君素不事請謁，計畫無復之。會督學使范良山許所部諸孝廉，各得薦一人補學官弟子，君若爲弗聞也者，下帷自若。里中子或請致百金爲壽，持不可，曰：「吾寧以窘迫，遂奪志耶？一入此金，舉平生棄之。」竟却不受。

時里民曹傑者，以饑故，賤賣其妻於諸暨販夫。妻不忍去，哭甚哀。君微知之，即輟朝夕膳資相收贖，終不以自活不給爲解。久之，憲副李仙臺來按寧紹，蓋君故人也，懷君有隱施，思以報之，數邀君，君謝不往。或曰：「饑甚矣，何苦節乃爾？」君曰：「安之，藉無故人，靠誰免死耶？吾終不能以窮餓自累，又累故人。」君嘗赴公車，召工製一布衣，囑工曰：「好爲之。」工謂：「吾製錦多矣，詎難此一布？」君笑曰：「若毋賤視吾布，吾布固當他人十錦也。」人謂乃公「緼袍之訓」，君始守之，終其身已。

劉生曰：「食炙者，一舉而盡之飽，無餘味，稍留其殘，猶能復進。人之惜福，當如是矣。少南自里選及仕宦四十年，布素禦寒，敝廬蔽風雨。而其仲嗣建寧司理，岳岳持風裁，稱其家學，而它子若孫，咸以詩禮修世業，則食少南之餘也。世仕者大都一舉而盡之，夫一舉而盡之，盃盤狼籍，固其所哉。」

外大父北塘彭公傳

彭公，予外大父也，永新浯塘人。其先自文旺公由金陵徙家青螺，至五世金紫公合，家聲日振。合生楚老，楚老又六傳爲行軍鎮撫九萬，徙浯塘，九萬妻子女咸以不屈賊死。語具羅文毅所爲傳中。北塘公，蓋其五世孫云。公諱漸，字處進，北塘其別號。爲人慷慨豪爽，生不能作局促狀。少食貧，善觀時，轉物居積日富。既富，則隨手施予，不爲慳嗇。歉歲，發其蓋藏贍族人。貧窶既蟻附於囷，猶懼弗及聞知也者，命蒼頭鳴鉦四出呼集之。鄉人請貸，咸得所欲。及償期，人靡不戒臧僮交路督貴。公獨不爾，每謂人曰：「農家粟可手指數耳，其心所計當輸，固不須督；不輸即督，不輸也。」已而負擔向公庾更衆，於諸所嚴督者，則公益緩期寬之。

長洲陸貞山粲以給舍論大學士張文忠，遷永新令，始至修學宮，量工甚鉅，廉得公高義，令董其後，公欣然捐資以助。羅文莊爲紀其事。晚年行誼益淳備，郡邑屢徵鄉飲，謝不就，曰：「吾野人，寧能束帶見長者自勞苦乎？」人以故益推高之。公生弘治戊戌，没嘉靖己酉，年七十二，葬竹湖鄧家園祖鳳章公墳右。娶金氏，生三男，曰栩、曰朴、曰槭，女二，其一即先妣，一適茶陵李某君；孫男三人，曾孫男八人。

劉生曰：「予侍先君子，蓋數數譚外大父事矣，予兒時心識之。外大父樸略簡直。先君子性喜酒，酒半稍辭，外大父輒命飯。或謂客辭爲文，則大詫曰：『飲即飲耳，文將何爲？』他日，又辭，即又命飯，亦不復記其前語云何〔二〕。其爲長者如〔三〕此。嘗謂先君曰：『人生貧富有命，如

〔二〕「云何」，底本模糊，據康熙本補。
〔三〕按：此五字底本模糊，據康熙本補。

冶鐵然，鑵者、鼎者、釜者，各不能相爲也。令鑵自耻小，欲易爲釜，釜不可得爲，又并鑵毁矣。』嗟乎！公安得達者之言稱之，其生乎嗜行義，蓋亦有所原本乎？」

少雲彭公外傳

少雲彭公者，茶陵人也，名寀。自兒時從其父月潭翁爲臬椽史，已能作奏記，爲其父白冤累，人既奇之。已東塘毛公來監楚試，得公卷於遺才中，甚見賞識，名在中籍，總裁以其儒士置之。毛公與聶憲長相對咨惜，尋召與新舉者同宴，復行督學，坐補廩生，蓋異數云。甲午舉於鄉，四上春官不第，授撫州司理，有治聲，入爲南廷評，以内艱去。免喪，補北大理。會太宰古沖李公被誣，刑郎焦山楊公上書忤旨，下獄，公持廷尉議，獨明其不然，爲疏斥分宜父子罪狀，格於堂卿，不得上。然竟以是爲柄臣所銜，七年不調。調，乃爲曲靖守。曲靖漢夷錯居，素號難治。公始至，即立鄉約，集士民爲講説六條，又摘《禮律大要》，略加訓解，使漸輩[一]其夷俗。旦望坐明倫堂程士，增學田，設社學，士以是彬彬向文化。時屬土酉安霑益與阿東川有隙，密遣使賂公，請加兵，公杖其使還之。安竟賂柄兵者爲

[一]「輩」，疑當作「背」。

具疏請剿，一方騷然，卒以納賂啓釁被逮。公獨得無累。時參藩林公以冒破軍餉，亦在逮中。當事者修郤，欲文致之，屬公匿其餉籍，公執不可，林以是得免已。又有土酋水西者甚桀驁，與同屬爭土，相攻殺，兵使者議剿之。水西恐，遂興師欲向兵使者，人人戒嚴。公坐堂上，顧吏卒多散去，自書宣諭一通，遣人招撫之，酋讀畢，跪叩首曰：「吾不得已至此，奈何敢自求死也？」公令悉解去，但罪一二戎首而已。兵使者尋歸謝公曰：「公，天人也，微公，吾且及禍矣。」

後公爲閩運使，會海寇張璉者作亂，當事者權委公治戰艦，不移時而具。時兵且數萬，餉給不可繼，往往鼓噪奮戈，城中洶洶。諸大吏謀避之，公曰：「避之，適益亂。」乃親往諭亂兵曰：「爾爲性命，故求糧耳，奈何又作捨性命事？吾能以便宜給爾餉，爾能從我言乎？」於是諸亂兵皆解甲，曰：「願受命。」公隨出庫銀二萬給諸軍，遂各解罷。

公風裁凜然，清白自將，先人能奪人之氣，故所向讋服。公爲人坦衷介，性輕財利，不善治生。或鬻田於公，公曰：「汝非不得已不至此。」浮其值予之。有故人乞貸，公時自乏錢，轉貸於伯兄，卒不令故人知。里選時，值槖中金於宜章之塗，假宿以微亡者〔二〕，亡者至〔三〕謂公曰：「吾

〔二〕「微亡者」，三字底本原脱，據康熙本補。
〔三〕「亡者至」，三字底本原脱，據康熙本補。

吉州商人，此其資也。」即舉以畀亡者。在曲靖入覲，有以五百金賂銓郎者。郎，楚人，其僕詐爲公隸得入，已銓，郎斥金不取，竟致之公。公訪其人還之，其操執不苟如此。公嘗稱贊南野歐先生之門，已在臨川，又數從陳明水諸君子會講。蓋其負挾，有自來矣。

劉生曰：「予過雲陽，猶及接見公，聽其言論，居然古之矜者，然不勝嫉俗意。予坐頃，稍進其愚，大略謂仁者當憫世，不當憤世。公一再嘆賞，若深有味乎予言也。嗟夫！公之虚益不可及矣。予故心欽公，爲取其軼事傳之。若其大者，具劉督學公狀中。」

朱松岩先生外傳

先生名叔相，字汝治，槎江人。丰骨清古，神氣健雅，望之知爲世外逸品。少攻舉子藝，頃之棄去，好養生家言。又頃之聞人談良知，悟曰：「吾方今知聖學足以兼仙矣。」遂納贄鄒文莊、劉師泉二先生，終日端坐，澄心省躬。嘗曰：「人心虚故靈，靈故常精常明，常寂常運，吾致力在此，受用亦在此。」王太常稱其精研遠詣，蓋深契之。

性故孝，執喪倣古禮，素食廬墓。劉三吾、周訥溪二公邀遊南嶽，因論氣質偏處難化，遂喟然嘆曰：「逸豫，吾之痼疾也。」於是深以厭喧耽寂爲戒。終其身，無日不會友講學，至世態之低昂、家計之贏詘，未嘗以纖芥干其衷。家居，坐一室，左右圖史，列佳花奇石，日哦詩松下，自稱松岩道人。

子章字肯含，自少承父志，納贄易菴朱布衣之門，辨義利，飭名檢。嘗曰：「學不立大本大節，徒向人説修説悟，以何爲顯證？」事二親至孝，先後居父母喪，悉遵古禮。既葬，奉主荒遯別館中，與墓可數武，而近寓日松楸子。然修居廬之義，踰小祥，猶杖麻哀思如初喪。其兄意以孝旌，與章爲家庭師友，每向人言肯含，可謂不言而躬行者。至其酷嗜花石，詩酒自怡，則又其瀟灑之餘趣也。抑所稟承，有自來矣。

劉生曰：「予嘗作《蘭舟雜述》，述南窗公事。南窗公，蓋先生父也，累世戴德，父作子述，先生可謂隆遇。抑予又聞肯含之母，有家奴爲鄰家奔豕踐食園蔬，擊而殺之，鄰嫗故無賴，服毒草脅償。母温語相慰，出圈豕三，令自擇相當者予之，嫗謝去。是夕，嫗出竊人蔬，爲虎所噬，等死耳。幸不死於毒賴，則人以是服母識量云。嗚呼！先生乃又遇妻賢如是乎，斯所謂積善之家者也。」

忠僕邦幹傳

邦幹者，廬陵安平鄉人。其主黄佐禹齠年失父，煢煢不能自存，老僕邦幹卵翼之如子。年十五，亦貧無産，攜以商於東粤之連州。路遇大盜，將整衆遠掠，虜佐禹，謀殺以祭神，幹動哭曰：「此子者，吾主翁一綫脉也，殺之則斬其嗣必無已。邦幹雖老，頸血一耳，神寧吐之乎？」盜疑其老，投筊卜之，神不許。邦幹向神哭甚楚，其盜首憐之，更殺牲代邦幹禱，乃得俞筊。幹抱主泣盡，繼以血乞裝槖，還之使爲路資。盜首命其黨送至十餘里，戒毋令爲它盜所掠，傷忠僕義。佐禹甫行，遂殺邦幹。禹歸，傳子孫至今。幹有子二人，里中三老謂幹忠義泣鬼神，馴盜賊賞延于世，固當宜待其子，班加一等。諸族人狃於俗，忍弗許。二子復出商，相繼卒，幹竟無傳。嗚呼！天不可問矣！

劉生曰：「予從李生聞其事，而泣數行下也。人謂義士忠臣誦讀書史，豔慕其名爲之。邦幹何知誦讀，從容就義如是。乃知文山諸公視死如歸，政可論性，猥云無所逃於天地之間，豈其然乎？世惜幹死無傳，而不知幹之傳遠矣！遠矣！」

劉貞婦顏氏傳

劉節婦顏氏，安成井頭人，劉君繼英之妻也。繼英，太守古井公孫，少負〔二〕才氣，風華蔚然。節婦力助之學，繼英終以家〔三〕徒壁立，不自聊耐，曰：「大丈夫安能鬱鬱守此毛錐子？」遂去爲

〔二〕「少負」，底本原脱，據康熙本補。
〔三〕按：五字底本原脱，據康熙本補。

客，竟客死不復歸。節婦年二十七矣，一子又復先英死。節婦哭數絶，絶數甦，曰：「嗟乎！吾即死，如堂上二白頭人何？」既免喪，或諷其無嗣，節婦輒泣曰：「吾生爲劉門婦，死即爲劉門鬼耳。」聞者感動。久之，爲立繼華之子曰待選者，及弱，而又夭。節婦仰天而號曰：「天乎，昔者吾夫客而死，吾子又死焉，今後吾之子又死焉。未亡人抑何所恃，以報吾夫於地下。」計畫無所復之，則又相與立華之次三子。節婦曰：「是安知非吾命孤耶？吾捐資繼撫此子於弟室，吾獨存空名可耳。」嗟呼，節婦之始稱未亡人也，其子已死矣，節婦可以自解矣。繼之而又死，又繼之而卒受其空名焉。節婦之志，是豈可以摧之而敗哉！蓋亦其性植矣。

劉生曰：「夫人之所守，係乎所志矣。志學孔者，守先生之道，雖異端蜂起，百折不回；志安社稷者，守臣子之節，雖天方蹶，視死如歸；下至慈媛貞姬，抱耿耿於閨閤之間，雖王公貴人、狂夫盜俠，不能强而奪之：蓋其志厲也。乃晚世士儒，一窺簡易之宗，即侈得無上妙道，而縱欲任情，以爲解脱。所謂不能期月守非耶？甚至譽馮道、伸秦檜君臣之節，蕩無復存，得無更爲華門婦女所笑也。嗚呼！可慨已。或者曰：『劉氏自古井公而後，家子弟口仁義而身道術，又世有持《柏舟》之操者。節婦日習耳濡，易勸而成耳。』予以爲此未嘗見節婦之歷諸變故，靡之而不可敗者也。非勸之所可成，非靡之所可敗。斯予所以獨重志矣。」

趙節婦傳〔一〕

趙母者，劉姓，城南望族也。年十八歸趙君米，以邑諸生入太學，未幾卒，遺孤思賢，甫六月耳。時母年二十而五，悼夫甚，立仆，良久始甦，曰：「吾有夫，從地下而已。」諸子姪姻戚慰解之曰：「如此六月藐諸何？」母目孤兒，有不忍之色，於是强起飲食，曰：「祖姑在堂，幼孤在抱，吾所爲報趙者，有在矣。」既襄事杜門，養姑不衰，姑九十，以天年終。呼母曰：「賢哉！婦乎！自吾養於婦，忘吾之晚失孫也。」母愈哀之，奉祭祀益虔。孤既就塾，母雖憐愛，絶不假借辭色，稍隨羣兒戲，必跪諸前而告戒之。既補邑弟子員，母乃喜。時時趨使赴邑中道會，曰：「此所以匡範子處也。」已又令稟學塘南王先生。客相過，微知爲賢人長者，即張具款之，令無有所失禮於君子。邑侯楊淇園公大署其門曰「貞節」，賜帛旌之。母愀然曰：「未亡人得成此藐諸，報夫地下事畢矣，其敢與旌典？」無何病，遂卒，年七十有六。

劉生曰：「節也者，天則也。失其則，則吾心必有所不安。守此，中節矣。故節者，天也。天不可泯，是以哲媛貞姬，無所稽於載籍而自致焉。夫惟自致，乃見天則。頃學者動稱天則矣，

〔一〕按：此文底本多處模糊，據《山居草》補。

而有所徇，輒踰節者往往而是。甚或蔑視典則，以爲不佯於人而佯於天。夫舍人言天，非知天者。真知天者，故不離修人道而得之。予故每紀貞婦事，慨然有感於衷也。豈衰世道顧降於閨閤笄幃者流乎？又孺人劉姓也，予等鬚眉作男子，玆愧矣。」

蔡孝婦傳

蔡孝婦者，我安福方坪蔡夢彦之妻，豐塘周綿女也。性故婉嫕，自歸蔡，善事姑，姑心當之。戊寅姑病，孝婦時時扶抱，抑搔不離側，病日危急，孝婦百計求活姑不得。一夕，有野雀突入室，迫臥内，頃之立孝婦繦車上不動。孝婦愈益疑懼，且哭且祝曰：「雀爲吾姑死來報耶？不然，無驚我。」雀竟飛去。孝婦既疑其病不可爲，又私計雀應已，可幾幸無恙。於是嘿禱於神，割股肉進姑。姑故疑肉味異平時，孝婦佯應曰：「滌鼎偶未浄耳。」姑食肉不三日，病竟痊可。然人不知刲股事。越一月，私發所傷痕，爲女奴所偵，稍稍聞於人。夫廉知，亟走問，迄不言，强之萬方，乃具言狀，且曰：「毋聞之外人，違我初心，且令姑不安。」夫唯唯。而事既發，間有來言者，且欲聞之官。孝婦泣謂夫曰：「曩固戒而勿聞之外人，吾得活姑足矣。奈何以爲名？必聞之官，吾有死耳。」於是人始不敢復言。

南溪劉元卿氏曰：「余嘗過麻城，聞烈女割股肉救夫事甚奇。孝婦割股爲姑，其始也，雀若啓之，其割也，神若護之，刃不血而婦姑兩活。取方麻城女，不更奇耶？夫割股，固難出於婦人，而又救姑，則尤難。而孝婦更能以死逃名，豈其全之。天固自合道也。彼鬚眉丈夫，愧死矣。」

周姊志節傳

周姊名葵，蓋余女兄三人而姊其叔云。當姊在妊時，母孺人夢神人錫之葵，覺而私念，是其徵女耶？葵固嘉卉，政使女當自佳。姊在兄弟中，性更恂款，寡笑語，外樸然重遲而中了了，有丈夫子識。笄而適永新周嘉貽已，不逮事其姑蕭，而繼姑龍及其翁，咸稱難事，姊執婦禮惟謹。居無何，而姊婿貽以疾歿。時姊年二十又五，有子曰垣，呱呱在乳下，姊爲號慟，幾絕而蘇，謂家人：「吾不難短脰決腹，一暝而從所夭於地下，顧奈此藐諸孤何也？」則强爲進食。里俗：少而嫠夫，葬不臨穴，以爲更嫁地。或以是告，輒怫然恚憤曰：「爾胡稱此於我，何如以刃剸吾心耶？」臨其穴，投之石而盟曰：「石可化，心亦可轉矣。」蓋歸而設主於寢，晨夕踊泣哀甚，而垣暨其女兄俱在抱，顧見母氏泣，更相牽曳而啼不已，則又爲摩慰之，且泣且摩，每如是達旦云。

自姊婿死，其家益就單，室老則謂姊富家女，安能鬱鬱長自困乎？陰使人微諷之，姊心知其情，爲盡撤其環瑱，佐内外諸費。常寬然若羸於橐也者。有欲嘗其意，而難爲辭端，第謬言曰：「某氏子新得舉，頎然美丈夫也，而鰥居。」語未竟，姊面發赤，厲聲曰：「若豈以一貴人能易吾志耶？吾於逝者有言矣。」言者喈舌而去。

先是家大人素愛姊，每歲諸姊製履上壽，大人輒好着周姊履，曰：「吾每着周氏女履，履雖敝不綻，是其人不苟取給事也者。」至是，憐其少執義而食貧，迓歸善視之。居數月，輒又念：誰復及旦望以炷香薦吾夫乎？復返于周。其在二尊人所，或旦起喟曰：「兒夜夢周郎，今夕翁家人至矣。」至晡，果然。比其反，即有人自母家來。先之夕，又未嘗不夢周郎謂之也。其誠感每如此。久之，其孤垣患疹，醫言不可爲。姊私祈死於寢曰：「孺子生，即未亡人死不憾已。」而垣果愈，姊遂遘病。病少間，起更衣，有鳥自衣笥中出，姊心動曰：「是殆告我將去也。」乃召所親以孤託之，遂盥而自撫其睫曰：「今吾祈死而得死，可瞑矣。」遂瞑。

後十年，邑人尹宗伯輯邑乘，録其事。嗟乎！以姊之矢心於石，即皓首，豈渝焉？彼其不得於年，或以爲恨。蓋得於年，則及於制而旌，斯及矣。夫語節而待天，假之君顯之，則何以處？夫無年而格於制者哉，非重志之謂也。余故心悼之，作《周姊志節傳》。

彭母劉氏貞節傳

彭母，松田人，姓劉氏。自少貞静，嫻姆訓。歸彭爲太學生珙之妻，憲僉公之家孫婦。始珙遊南國學，文名大起，幾得舉而失之，以是鬱鬱不自得而病。病且革，母手孤兒，其且泣且進藥，太學君曰：「死生固有命，將奈此藐諸孤何？」母曰：「妾在，君無憂孤。」俄而卒。母年纔二十有九，哭之慟，欲死。姑指其子曰：「吾兒業以孤寄汝矣，即無念老婦，將置此何地？」母瞪目視孤，有不忍之色，乃强自活。既已除喪，猶鍵關却膏沐戒户者，無得入外，言蚤夕事姑。視夫存愈益謹。

孤既長，聘禮名師訓之，羔雁脩脯無不腆焉。母雖甚憐愛某，然不假借，稍佻達，即跪諸前而戒之曰：「汝父以不成名抱志泉下，吾所以忍死至今日，獨念汝能成學，父爲不亡。有如顛墜先人之聲問，則不若無子。」孤立隆氏爲感泣，矢自淬礪。

母故有婦才，善持户。其歲租以奉姑，甘毳之餘，則施予及飢餓矣，又推之建橋梁，贍講院矣。蓋自計田入，苟足以供甘毳，使無匱而已，何可令有滯積，以病孤子云。

論曰：「安成饒忠節，固其風化使然。然而山水之奇，蓋亦有所助矣。松田之間，麟鳳龜龍，四山崒嵂，而礬石交加，誰據其中？玆笄幃所以多慷慨義烈也。礬石之下，復有周氏女，適彭紹三者，身碎於賊而不屈。其浩然正氣，與文文山耿光相映耀。惜至今未有上其事者。予因著《彭母傳》，竊附嘆焉。嗟夫！天理之在人心，萬古一日，遇山水之奇秀而顯，寄閨閣之女流而著。得無道墜於地，而風降於婦人哉？鬚眉丈夫，有餘愧也夫！」

卷八

行狀

河南憲僉聚所鄒君行狀〔一〕有序

序曰：「語有之：『成我之恩，等生我者。』抑汝海氏，所謂成我者與？往不佞未知學，畢力誘之。既稍稍有會，則曰：『道無越此。』汝海氏曰：『學寧一醒已耶？』予芒然自失，斤斤飭行履，期不失先聖賢尺寸，則又警之曰：『古人不云乎：由仁義行，非行仁義，若子所謂行仁義者耶？非達人之極究也。』蓋予三顧息而三撼之。浩浩彼岸，汝海氏之載予以浮也，未見其止矣。予盲且跛，誠賴汝海氏之終持我。乃竟先予而逝，豈不令人長悲哉！卒之明年，君弟汝光氏及諸孤謀治喪事，將乞銘於天臺夫子，而命予狀其行。予惟君之言行，亡論

〔一〕按：此文底本多處模糊，據康熙本補。另《鄹聚所先生外集》收此文，題作《鄹聚所先生言行録》。

耳目所不及睹聽，即所睹聽者固甚庶，因憶其概，析簡而録之，棼不爲此，以俟採覽云。」

君姓鄒氏，諱德涵，字汝海。其先系出幽州范陽，後家宜黄，徙永豐，八世祖天成自永豐徙安福，至克修公始居澈源里，子孫漸以儒起家。曾祖賢，弘治丙辰進士，仕至福建按察僉事。祖守益，正德辛未會元及第第三人，官南京國子祭酒，贈禮部右侍郎，謚文莊。父善，嘉靖丙辰進士，官廣東布政使。母恭人陳，以嘉靖戊戌五月二日生君。年二十一，以《春秋》舉鄉試。已而隨方伯公刑曹，始遣事天臺先生。隆慶辛未，登進士，上《新建伯從祀疏》，士林偉之。未幾，官刑曹，尚書嘉其才，令在本科治刑事。時柄國者方欲涣羣息講，君號召日殷，於是讒人交搆其間而外補矣。先是尚書數欲薦改君禮曹，而君辭不願。既補外，尚書重憐恨之。君忻然曰：「得疏官家爵治民，吾不稱是懼。」既至河南，恭慎舉職。居常，心知不免，治裝備具，曰：「旦疏我而夕拂衣矣。」已，張柱史果入疏，得降調官。遂堅卧不出，時時遊山麓間，習静適志。卒，當萬曆辛巳九月二十九日，享年才四十有四。娶永新賀州守世采女，生子男二人，長曰袞，郡學生，娶葛溪劉君宏學女；次曰衮，娶少參萬君一貫女，繼鄧君製女；女二；孫女二，俱在乳哺中。葬邑之栗木禮坑坤山艮向云。

君幼有異稟，爲文莊公所鍾愛。年十九時，鋭然以負天負祖自奮，緒山錢公深器重之。既中式，文莊公贈之詩，勉以謙抑仁厚，尚友千古。入京，又貽之以書，深辨知止之説。蓋拳拳以學相厲也。

方伯公官刑曹，方與天臺先生三四知己結社論心，相得歡甚，特遣君稟學天臺先生。及先生督南畿學政，以道督倡士子，則乃招君處于南畿。君時於學未有悟入，因近溪公法語斥君，用是晝夜鑽研，大肆力於學問。天臺先生以識仁爲宗，遂閉門静坐一月，猶不得，則與諸友人究析辨難。一夕夢文莊公試以萬物一體論，醒而若有悟。自是稍稍契會天臺先生之旨。則先生既以領之，嘗以書寓友人云：「吾時未知學，賴近溪公逼之，天臺師薰之，焦從吾氏點之，故幸有聞。今奈何憒人之不向道而生倦心也，蓋寖寖以度人自任矣。」

方伯公督學山東，召君至署中。睹其學念方濃，又於道有解也，則大喜，督率益勤〔二〕。固早夕與仲氏講明辨析，疑而信，信而復疑，蓋及期年，乃始相契。於是一出入，一飲食，必證諸學，嘐嘐〔三〕而尚友千古，務臻聖境，自大賢以下，弗願當也。有友人以蔡氏父子慫恿之，君奮然曰：「獨無孔子耶？是畫我矣。」君既篤信耿門立人達人之旨，而阻於官署，不得接諸士子，則請於方伯公，擇文行優者若而人，相與肄公車業。君因晝夜與友人談説心性，務令開朗，一時出身任道

〔二〕「勤」，底本作「動」，誤，據《山居草》改。

〔三〕「嘐嘐」，底本作「翏翏」，誤，據《山居草》改。

之士彬彬輩出。方伯公之學布于齊魯者，君實與有助焉。己巳，偕仲氏自山東歸，汲汲萃諸友商學，若求亡子，而動稱堯舜可爲。予始聞而駭，中而信。君喜予之信也，則挽之益力。予亦竭力輔君倡督，則劉子以中、彭子洛暨予師伍盡吾諸君皆津津向入。先是青原故多士人，然弗律，甚戲謔。自二君居青原，第聞絃歌聲矣。予嘗雇兩市人舁入青原訪君，其人謂予曰：「往者士人攜妓入山，多傭吾兩人者。今兹歲有二鄒公子在，人不復攜妓，吾兩人者遂亡其傭直之半。」一時士風丕變，多君之力也。

辛未赴春官，試策問英雄豪傑，君陳獨立不懼、遯世無悶之説，侃侃百餘言。蓋君平日英邁豪岩，直信自心，不受羈於時俗，此固直攄其所志云。是年成進士，內翰王荆石先生深奇之。

君成進士，差歸。適年友李思亭來令安福，信君最深，君竭力贊之。予嘗過君，見君細書扇上，因私伺之，乃訪求民間所苦，欲疏之令公者也。既復命，適言官建白，從祀新建伯，下廷臣集議。君上疏，其略曰：「儒品有三：有大儒，有曲儒，有世儒。明明德于天下，長育人才，爲國家當大任、樹大勳，措天下于泰山，而衆庶不見其跡，其遺言流布，猶足以醒悟後覺，使天下回心而向道，是謂大儒。左規矩，右準繩，言信而行果，畏先聖賢之法，不敢違尺寸，然而可以鎮俗，不可以作人，是謂曲儒。鑽研名義，考校異同，倣先聖賢之遺言，撰述篇章，傲然持以繼往開來，然而反之身心無當，是謂世儒。夫世儒易知也，曲儒尤易知也，惟大儒爲難知，故非大儒不足以知之。臣嘗粗睹守仁之跡，蓋亦可疑，其直契本心似禪，其辨駁先儒之言似訕，其汲汲覺世、真若天下之饑溺似激，其惜愛同類似黨，其惓惓接引、漫無揀擇似愚，其在軍旅中聚徒講學似迂。夫此數者，信可疑矣，然原其心，則欲明明德於天下，冀以正天下之人心也。且曰：『事有千百人是之而不爲多，一人是之而不爲少。』若必求夫無一詆訾之人而後議祀，則衆心之同悦者，莫甚於鄉愿，《春秋》之最詆訾者，莫甚於孔子，祀當首鄉愿而後孔子矣。」詞氣正直，一時士人争相傳寫，以爲確論。然君之爲時所沮斥，亦醖於此疏矣。

甲戌，授刑部主事。尚書嘉其才，令在本科治刑事。君孜孜講習律令，治獄必求平允，與尚書議不合，至拂衣起。年友或危之，君曰：「吾安能用他人命博一官耶？」既而寓書友人，亦用此爲悔。時天臺先生在京，則時時詣公門考德，汲汲招引四方豪傑納於師門。及先生出京，則與友山周子、叔臺耿子倡率爲會。甲戌，新榜諸君稍稍來入，君竭力啓迪鼓舞，人人以爲因君有得。當時秉國者方惡言學，智士率隱跡潛修，而君挺身不避，又業已上《從祀疏》，於是外補之命下矣。

君在刑曹，適同年劉畏所氏上疏詆執政，而畏所氏又故文莊公門生，人人爲君危一夕，以書告者數四。君夜夢病死，人以紙裹其屍葬之。既寤，悟曰：「即死如是耳矣，形體且不足眷，況一官耶？」因飲酒治事不輟。

君在刑曹，同部郎好讀《楞嚴經》，君曰：「看一部《楞嚴經》，不如看一宗死囚牘。倘死者因君一看得生，則是牘非性命書耶？」

君既分憲中州，孜孜治官，冀展其生平而報國家，如所建，曰屯田、驛傳、鹽法諸議，具悉心籌度，務令實有裨益於百姓。蓋一夕查驛傳減派數，至明而髮數莖變白矣。

君在中州，一士人業慕其邑先達〔二〕名而稟學焉，已，爲同輩所笑，遂數年不往。既登科，來謁君，君問曰：「子見而邑先達某耶？」其士人慚不勝，因語之故，且言其慚。君曰：「此即所謂惻隱之心，人皆可以爲堯舜者也。反之，患不勇耳。」於是士人踵先達門謝罪，而益肆力于學。邑人化之。君諭其邑令踵門賀士人，而自爲書「行己有耻」四字，扁其家。

君在中州時，一典史司捕民，有兄弟黠盜，逮其弟笞之二十，投井死。其兄曰：「是典史殺吾弟也。」出告之。獄具，君曰：「驗其屍，指甲中有泥沙，蓋投井者。且司捕笞奸人二十，弗苛也，奈何當以死立出之而入典史罪者？」於是深啣君。

君在中州，知其且不免，將疏告歸，而天臺先生止之，以爲苟逼真一體，即居官何損，不即林下何益，大丈夫得一日布澤于民，便自學問實際，奈何逆人不可知之疑，而自引告以博名哉？君

〔二〕「達」，底本作「遠」，誤，據《山居草》改。

乃止。既而解政歸，蕭然不以官爲念。時時遊山谷中，布衣蔬食自適也。

君故好爲文字，及歸休日，則謝去，不復拈筆。仲氏或諷之，輒笑曰：「子欲我以文名哉？與其爲身後名，不若身前一杯酒。吾誠不欲費精神於此也，此事付之女矣。」

庚辰夏，出遊南嶽，取道過余信宿，謂余曰：「吾輩學問，實際多從逆處入。」推此類具言之。蓋君早歲頗易視天下事，乃其術智德慧多得之中州云。耿叔臺氏嘗語予曰：「汝海之好友，宇内所間見。往者謁趙主事，主事故白學，汝海不知也。予從馬上遇之，問何所從來，曰：『謁趙君。』予曰：『此君爲學甚力。』君曰：『我初不知，一見殊草草。』因拊胸嗟念數四。」蓋君之求友，唯恐失一人也。

君之從楚倥氏遊也，尚未有領入，則時時質證楚倥氏，嘗五問而五不答，乃始憤曰：「循循善誘者，固當如是耶？」因閉門静坐求之，既而悔其非是，則又折節與友人辨析，務求了悟其事。

從吾氏若童蒙之侍其師，蚤夕執經，句問而章詢之。其虚以受人多如此。

君性警約，僮僕或恣睢，必奮以法鋤治强梗，庭下肅然。嘗謂人曰：「此輩憑藉聲勢爲利，勢去則轉而之他。而豪家往往崇芘之，使利歸此輩，而己受怨，子孫逢其禍，真愚者也。」此可爲名言。

君爲文豪邁不羣，蓋篇篇有新得語。其論無爲，則曰：「無爲有二：有絶物者，有因物者。

絶物者以其身出於浮世之上，無所事事，其神始不撓；因物者以其身溷于浮世之下，以事處事，其神自不撓。莊生外天下治天下，堯舜以天下治天下；莊生捐天下而不與，堯舜有天下而不與。不與一也，有天下、捐天下異焉。大哉堯舜！此其所以爲道之中歟！」論人者天地之心，則曰：「天地無心，以人爲心。唐虞之際，無臯陶、稷、契，人之類滅矣，尚可以爲天地哉？故知天地之心，然後思所以爲天地立心；爲天地立心，然後可以謂之人。」論立達，則曰：「夫所謂立者，非以卓然自樹於無人無我之中而物不能移者乎？所謂達者，非以朗然四通于無人無我之境而物不能蔽者乎？故凡有人有我者，皆不得謂之立、謂之達。故曰：立人所以立己也，達人所以達己也。」論學，則曰：「學有四難：一曰辨路之難，二曰專志之難，三曰見徹之難，四曰好庸之難。」論攝心守静，則曰：「此亦是方便法門。借方便門以入道，則可；守是方便以爲究竟，則不可。佛家以閉眼點照，謂之魂不散的死人，亦唤作黑山下鬼家活計，無有透脱之期。涅槃會上廣額屠兒，放下屠刀，立地成佛，豈是做静中工夫來。」論費隱，則曰：「爾來學者多談虚寂，此是學問中一大病症。子思作《中庸》，深闢索隱之非，而又自言曰：『君子之道費而隱。』離費求隱，是謂索隱。中庸之道，即費即隱。子思子恐人不明其旨，故證之於夫婦之愚不肖，又證之於鳶魚，又證之於天地。」論知人，則曰：「知人非難，知仁爲難。己性剛，則視平恕者爲弛；己性柔，則視强毅者爲暴。好動，則以老成爲遲鈍；好静，則以圓通爲脂韋。此己私難克也。惟仁者能克己人之是非邪正，如執鑒以照妍媸，莫能逃也。故曰：『惟仁者能好人，能惡人。』」論博約，曰：「學不約則泛，不博則固。執焉者恒失之。」論誦《詩》達於政，則曰：「誦《詩》有要：『《詩三百》一言以蔽之，思無邪。』曰：『思無邪何爲達於政？』曰：『禹思天下有溺者，由己溺之也；稷思天下有饑者，由己饑之也；伊尹思天下之民不被堯舜之澤，若己推之溝中；周公思兼三王，以施四事。』」

君嘗稱韓文公文章，篇篇有扶持世教意，不似文人花草之句。予於君亦云：君爲應酧文字不苟。贈縣令，則勉以視民如傷，而不在於發奸摘伏；贈郡守，則勉以造就邑令，而成全其所長；贈刑曹，則欲其生死者；贈督學使，則欲其生生者；贈臺官，則欲其勿擇利近名；贈中貴，則欲其爲吕彊懷恩；贈尉簿，則欲其如明道之爲上元；贈人父母，則欲其驅子於聖賢；贈人爲教，則欲其樹人以定國家；贈文人，則欲其爲太上之一不朽。蓋一舉筆皆有扶持世教之念，其心遠乎哉！君與艾君而康論狂狷、鄉愿，曰：「鄉愿是荑稗底種子，縱是耘耨至成熟時，只成熟得箇荑稗。狂狷是五穀底種子，只是耘耨不如法，太過不及些。」論「無所住而生其心」，曰：「學者多是住在聞見，住在意見。若有所住，心便死了〔一〕。所以曰『無所住而生其心』。」論忠義，則

〔一〕「了」，底本作「子」，誤，據《山居草》改。

曰：「今人做忠臣，只是聞見之知，只聽得忠臣有名頭，便就去做。所以孔子曰：『蓋有不知而作之者，我無是也。』今做忠臣多是不知而作底。我輩日間不知而作處極多。若是出於良知，便真真有愛君之心，便思量君是如何，相是如何，時執事機是如何，生怕有傷國體，決不明亂去做。」論「從心所欲不踰矩」，則曰：「吾輩工夫，只要緊切，不要泛了。且如孔子到得七十歲，才從心所欲不踰矩。你看他十五而志於學的時節，是甚麽工夫。用過十五年，才到得立。又用過十年，才到得不惑。又用過十年、二十年，才到知命、耳順。我輩視孔子爲如何，初做學問，如何便説要從心所欲不踰矩。陽明先生説如貓捕鼠，如雞覆卵，此是何等工夫。近來有二三講學的，皆倡爲此説，最是誤人。吾輩自治教人，切勿蹈此弊病。」又曰：「這[二]等鬆泛語，是爲一般下苦功、不顧身命者救苦耳。我輩何嘗有甚苦功，而反教他如此。」論本體，則曰：「言思忠，事思敬，便是本體。若無忠、敬，本體在何處？」論聲色貨利，則曰：「我只勸人立志向學，若勸得他向學之志重了，則聲色上便自輕，不待我勸。孟子於齊[三]王好貨好色，只是導之以進於太王、公劉。今人只説孟子是不得已遷就的語，其實不知孟子論朋友講習，則曰爲人由己。本是人替

[二]「這」，底本作「只」，誤，據《山居草》改。
[三]「齊」，底本作「聲」，誤，據《山居草》改。

我做不得，恰像箇替我做得的一般。我前日往國子監，一人行去，便覺遠些；今日與一友行，便容易到了。他行他的，我行我的，本不會替我行，恰像替我行了一般。」論韓文公三《上相書》，則曰：「此正是他自得處，他見得自己畏天命、悲人窮之心真切了，故冒天下後世之議而不恤。若他是如世上要做官的，如何一得官便上佛骨表。」論屈原，則曰：「人謂屈原放流不當怨，其實是當怨。只是不善處上官大夫、令尹子蘭，此心與彼不相通。觀其言曰：『衆人皆醉我獨醒，衆人皆濁我獨清。』全把濁與醉去看人，如何通得人？」又曰：「看人太俗，是學者大病痛。」又曰：「能於行不去時，真真有自友之心，沒有箇不能感動人的。」又曰：「知學的不肯心閑，無事定要起箇道理的念頭，作了多少障礙。」又曰：「人有在內面心上用功者，便厭動；有在外面事爲上用功者，便厭靜。由前之説，是爲老佛；由後之説，是謂五伯。」其他論議可以羽翼斯道者，具門人艾而康所述《語録》中。

衢州推官北沙胡君行狀

君姓胡氏，諱以準，字可平，别號北沙。其先世邳州人，五代間有諱藩者，封壯侯，分土豫章，眷兹新吴華林形勝，遂家焉。至宋建炎，直孺公以進士起家，歷端明殿大學士，封開國公，子相徙南昌白湖，數傳至守仁，始徙豐城之龍霧洲，遂爲豐城人。元季紅巾煽亂，有諱隆者，帥部下數千人保障鄉里。已，乃提兵歸大明，爲元帥，所至多平定功。子廷禮襲以詿誤，降受曲靖指揮。高祖德裕、曾祖震領成化乙酉鄉薦；祖岊爲臯從事；父贈衢州推官，諱舜相，有隱德，能力學，娶萬氏，生君。

君性倜儻和厚，與衆處油油然，無毫髮忤人。自其少穎異，能屬對，贈君甚奇之。比長，益力學，嘗授書里中兒，取糈自給。會贈君方外游，而萬孺人病甚篤，家無僮侍，時仲氏可直甫九齡。君乃親執匕調藥，且泣且蘄以躬代。如是者洽旬日，太孺人稍甦，顧時時促君入里塾。君伺萬病差，多晨往夜還，遇醉人卧雪中殆絶，挾歸救之，得不死。人以此多君仁孝云。既補郡諸生，試輒高等。會中丞何吉陽公倡道西江，檄貢受軒先生提舉白鹿洞，簡髦士講業其中，君鋭然以學自命。已，又特招君主鄖野，會楚中士多服從之。君嘗入浙，從錢、王兩先生遊，以是得交吴越諸名士，學日益進。復歸與魏敬吾、李見羅、萬思默三先生暨章本清、胡文澄、李孟育諸子時時商證切砥，殆無虛日。

隆慶庚午，以詩舉于鄉。辛未，上春官不第。養愚李公延之主雩都，會雩士多所開發。會魯源徐師督餉江藩，君偕仲氏稟學，往來署中者幾二稔。蓋契先生之學，至忘寢食，畢力求之。自是數與計偕，不第。謁選署永康教事，至則捐俸月爲饎，督諸生課文，恤貧困，戒奔兢。學故有佛書，力請去之，而校刻《象山語録》，分給諸生，諸生乃浸浸知有聖學。則又相與飾祀典，修祭器，一洗因仍之陋。蓋督學而下，靡不才君，至檄君通課九庠士。一時人才成就，多君之力。會撫按薦君能，時選部衢人，君遂陟衢州司里。君故慈惠，尤長於吏事[二]。因鋭意爲治，革積猾，禁餽遺。諸大吏而下有疑獄[三]，多移君；部民詣吏訴枉，争下君。理龍遊民方效力者，賄市猾以人命中其仇家。仇家故富，主獄者欲染指，無所得，則鍛成其罪。君廉知，密執方效，立訊得其情，獄遂解。嫠婦徐阿葉者，改姓陳，時時訴其子若叔罪，子若叔故懦，不能直。君察婦眉睫，私計必有同姓者誘之嫁而豫爲地也，陰廉往來其家者，果得葉某云。阿葉吐實，君復懇懇誨諭之，遂爲母子如初。有王姓者，以首飾質典鋪。久之，遣蒼頭持金反質，迨暮弗還，索之，已碎首府倉隙地。聞于官，官故憾典鋪，又奇貨眡之，輒嚴刑使誣自伏。典鋪計窮，訴請改司理。君已陰得蒼頭所持金及碎首之人，乃佯禱蒼神出金示王姓者，典鋪乃得釋。衢故有鑛兵，例受糧于府，府倅偶不以時，散兵挾衆大譁。郡守前守故長者，亟索胡公安在，君方出謁客，還，徐招兵入廳事，諭以分義，給之糧，杖其首數人，兵帖帖而退。嘗鞫獄至夜分，體甚憊，仲子迎謂曰：「遲之至旦日無害，何自苦乃爾？」君曰：「咄。仲子淹一宿，則訟者多一日之費。奈何以安飽

[二] 按：此五字底本模糊，據康熙本補。
[三] 按：此八字底本模糊，據康熙本補。

計，遺之患乎？」君處身清約，凡查覈諸郡，所至供帳厨傳，務爲簡儉，而餽贐燕費，一無所濡。署中僅僅給饔飧，子姓往侯者，至不能堪。秩滿，諸臺凡得四薦剡，當内召而太孺人不起矣。君哀毁幾殆，衢之人扶老攜幼，追送至常玉間，奔走攀號，亦若君之喪其母夫人。

比至家，朝暮慟哭，悲感行道，然竟以哀念病甚。君性故峻急，諸不當意指，多所譴責。及是，但斂心嘿坐，即家人數有過，噤不出一語，若將收攝以完造化者。間謂仲子曰：「吾僅僅一息，計從此逝矣。」仲子相視泣，不能語，爲禱于神，祈減筭益兄壽，亦若君之所以爲太孺人者。君心知之，謂仲曰：「毋庸，顧自有代之之道爾，在吾不爲死矣。爾才諝十倍我，顧性不能容，更事事要好，徒綴苦耳。樣子在古人，第勉之。」因戒家人勿哭泣，令安静以俟考終。明日，仲子入城市棺，君謂曰：「爾第速歸，吾不能久需。」頃之，强起至中堂，周遊庭中，家人從後掖之，都揮去。復入室，坐飲少湯，曰：「吾五内浄如水晶宫矣。」時時顧謂：「仲子歸未？」比仲子甫至，則君已没。

君元配晏氏，繼吴氏，又繼林氏，側室黄氏：子男四人，其長者夭，次繼康，聘南昌眉州判吴小南公女，次繼安，俱林出，次繼寧，黄出；女三人，長魁英，許聘其邑侍御陸池山公孫璉，次官英，許聘新建松江守喻楓谷公之第三子，俱林出，次引真，黄出，許聘南昌福州守蕭全吾公長子。君生嘉靖己丑正月十二日，歿萬曆乙酉正月二十九日，得年五十六歲。卒之明年九月辛亥，附葬于本里涂坊蛇形萬太孺人墓左首乙趾辛。所著有《學原》、《祭享事宜》、《勝游録》諸集。藏于〔二〕家，元與君同舉。庚午，復同學徐先生之門，相得歡，若昆弟。歲戊子，仲氏可直與予同謁徐先生於淮署，謀輯其行實，丐銘焉，而以屬之元，元故次第其事如此。

奉直大夫廣安州知州九亭伍公行狀

公諱思韶，字舜成，别號九亭，晚又號鴻盤叟。其先，閩寧化人也。五代時，公之始祖福州長吏醇者，徙安成之荷溪家焉。代多顯者，九世洪登國朝首科進士，官土元令，語在郡史《孝友傳》中。洪生綸，綸生贈監察御史免，免生封刑員外郎體祥。祥之子贈華州知州者，爲公王父希曾。希曾者生蓁，爲公父。蓁有子三人，公其長者。

公始就襁褓，有奇質。比居塾，有奴過塾師，箕踞不爲起，公目而訴之曰：「奴無禮於吾師，罪當杖。」奴故豪多貲，聞公語，輒蒲伏惶恐謝，而里中壯之矣。已，更從師受經，爲舉子業，漸有聲。其族方伯拙菴公、中丞李齋公交奇之，曰：「此千里才也。」十九，補邑諸生，聞陽明王先生起會稽，偕其曹往共事之。會母朱孺人訃，中道還。而時滁陽朱遜泉署教事安成。遜泉，故王

〔二〕「藏于」，底本模糊，據康熙本補。

氏弟子。公讀《禮》罷，時一過從，盡得其説。精思力踐，即弗合，則造請發難，不參證不止。戊子，舉鄉試。先是校士，時小吏奏五色雲見，御史颺言曰：「此其應在安福。」蓋是時安福士多從王氏學，有辟就舉者。至今推戊子榜，得人爲盛，公其一也。明年，丁外艱，動倣古禮。事繼母劉，以孝聞，挈二弟成立。

公性至簡儉，脱粟惡草爲常，顧獨肅先祀。祭之日，豐粢盛，美儀服，率變其常度。卒事而享，設司儀，糾諠譁者，即白叟凜凜，無不受約束。公間有故，中罷席，則諠譁如故。諸少年目懾之，不敢動，或使酒廷辱公，衆相顧惶恐，持少年甚急，公卒優容之。然自是廟中益肅肅矣。公嘗授書嘉興項氏。時嘉興守、貳皆公同里，相從甚歡。民有獲罪者，操千金求解於公，使項氏私焉，曰：「兩公故重公，所欲無弗得者。」公曰：「兩公重我，以我多受囚金耶？」即揮之遂去，項氏人以爲有伊川辭持國之勇焉。公游南雍，時甘泉湛先生祭酒得公論學詩，甚見器異，徐察其日履，益降心下之，曰：「世學人有如伍先生者耶？」

丁未謁選，得廣安州。廣安故僻地，俗惡，其土臣多侵官市爲廛舍，公至，盡毀之。所事守官按部索賄，公正色曰：「願明公以清白風天下。」守官竟不得所欲去。嘗〔一〕委官督運，比還，置

〔一〕「嘗」，底本模糊，據康熙本補。

銀器苞苴中，進爲壽。公繩以法，且自刻責曰：「暮夜金何爲，至啗我爲也？」縣有重獄不能決者，其人多訴於上，願得公白之，以移公。公則覆而輒見其冤狀，大吏或以難公，公拱手對曰：「州自親民，獄移某，即判曲直。若數一二人，人以爲當也，請勿復問。」其言慷慨，無所回阿，大吏竟弗能難，然以是憾之矣。公所爲州五年，大率厲法禁，絕請托，植善類，清詭糧，節浮費，諸所可爲民利者，何弗至也。績書交最，不次遷矣。無何，輒棄官歸。或謂：「分宜柄國政，故與公家有媾，公朝一見而夕可致華要，何弗能枉尺也？」公曰：「吾不難解官，而難掃門，且平生所學謂何哉？」既去蜀，蜀人念公不已，則請祀名宦祠。語具州志中。

公歸，則益理餘姚之業。時時造謁文莊鄒公及歐、劉諸君子，參訂無虚日。居常，夙興盥櫛焚香，揖天地君親者三，就几危坐，戒閽人無納客。朗誦《易傳》，紬繹理奥有得，輒書之。晚乃益信聖學要領，無如「明明德」一言云。

公致政三十六年，不數數入城郭，不隻字干有司。寅齋陳侯特嚴重之。市黠者謂侯特嚴重公，則摹公墨蹟以書干侯。侯曰：「伍公不作私書，是書詐也。」已，物究之，果然。自是邑長吏無不嚴重公。如陳侯每設鄉飲，輒虚左侍〔二〕公，公曰：「吾平生不喜至城府，終不能趨走長吏庭

〔二〕「侍」，疑是「待」字因形近而誤。

下，自煩苦也。」屢謝不就。

戊子三月，病篤，子孫就床下乞遺言。公曰：「吾學以明明德爲宗。」語不及它。未幾卒。家人撿笥，惟圖書緼袍，至無以爲殮。古所稱清白吏，非歟？所著有《鴻磐述》、《鴻磐吟》，藏於家。公生弘治[一]五月初八，享年八十九。配萬氏，側室馬氏；子二，長惟察，郡諸生，娶中州王孔賢女，惟直[二]，娶彭通判汝賢女；孫男二，長承歡，娶歐陽誘女，次承恂，娶蕭世瑗女，繼娶歐陽楷女；女一，適庠生劉鍾南；孫女三，長適彭篤誥，次適庠生劉崇，其季者尚幼。以某年月日奉公葬於某里某山某向。

其孤惟察徒步百里而謁元卿，曰：「先子之歿二年矣。方卜葬而未有志銘也，將請於名公大人，而藉吾子之狀爲先容。」不佞元辱公之教，而先提舉君實在門牆。先提舉君嘗請不佞元曰：「公師範甚肅，氣象巖巖，雖燕閒，不解矜莊。每設帳，準古黃石公義，弟子後至者，拒弗納。人人無不戒嚴。間謂予曰：『子法器，盍從我入會稽問王氏學？子甚媿子路之喜桴海也。』蓋終身悔之。」予爲著公狀，而念先子之言，涕淫淫下矣。其辭之不能次，固宜哉！

[一] 按：此處闕年份，疑奪二字。

[二] 「惟直」，疑前奪一「次」字。

進士盡吾伍先生行狀

嗚呼！盡吾先生之卒於京師，凡四閱月矣。其孤承慰以書〔一〕抵門人元卿，屬爲狀。元念先生逝之前一月尚無恙，而移緘曰：「某自釋褐來，種種風波頗不足入其胸次，皆十年相與講求之力。自今比來書，願無及寒暄，第規過長善，俾有所顧而警焉。」言猶在耳，乃竟長逝。余未能啓手足視含襚，心忉怲，曷能已已？即甚知先生事宜，不忍言，然又弗忍不言也。

先生姓伍氏，諱惟忠，字劾之。伍氏世家荷溪爲邑，著族成進士十三人，里選幾三十人。其間以忠褒，以孝表，俎豆名宦、鄉賢祠者相望。屈指强宗，蓋無兩云。高祖諱體祥，封刑部員外郎。曾祖諱希魚，贈知州。祖諱基，登正德辛未進士，累官山西按察使。考諱仲生，補邑弟子員。妣劉氏，邑南尚書文懿公孫女，生子三，惟仁、惟烈，先生中子也。

先是母夫人孕先生，有奇夢，生而遂愛之。兒時已敦敏，有鉅人志。乃俗習喜放曠，迂鎮静，先生禔身肅然，故不作謔戲語。人或交嗤之，不爲動。識者覘知公端人矣。其族大尹公晉擅以文名，則奇先生文，曰：「是吾家千里駒也。」州守九亭公以道德負重望，則偉先生器識，

〔一〕「書」，底本模糊，據康熙本補。

曰：「是能紹先輩事業者。」比壯，師文莊鄒公、三吾劉公，拳拳語心問性。率家之子姓，月作德業、舉業兩會。德業會，推九亭公主之；舉業則親甲乙其文，奬勸誘掖，期于成才。往，予攜弟執經師門，以家人父子視余，數數語曰：「讀書寧第博一科名耶？雖劳劳改課，而所私期許不在是矣。」時同門者毀弃繩墨，則動舉王、楊、盧、駱戒之，聞者汗流竟趾。又性故虛謙，雖弟子，必勤咨詢，倘所陳說當其衷，輒深自引過，復從而揚詡之，若爲後來規諫者之地。此亡論切磋德義，即舉子藝亦爾。每屬草，雖數四乃定。蓋其舍己從人之懷，得之天稟爲多。先邑令蓮渠胡公、寅齋陳公重許可人，而皆賢先生，匪藝文爲也。

先生性至孝，丁父憂，哀毀骨立。嘗講《論語》，至父母之年不可不知，輒泣不自禁，弟子爲之廢卷。又父性故嗜飴，先生遂罷食飴。即見之，必嗚咽不能耐。問之，曰：「某先君所嘗食云。」母夫人既孀居，凡可將順其意，無不盡心。待兄弟友愛甚篤，憂喜同之。即自念不啻也。先是兄弟既析産，而庶弟生，先生撫之，欲以私産相遜，而弟竟夭。久以是稱先生孝友無間語。

隆慶庚午，以春秋魁鄉闈，余與畏所劉君皆附榜中。時同榜謂登科者，例豎坊郡邑，將言之當道，先生謂余輩曰：「古稱不朽，謂是耶？且第令科豎一坊，郡邑寧有隙地？往予目擊權貴家毀兩廛舍，益所建坊基址，毀者之家道哭而徙，時私心甚悼之。茲亦不可挽而正乎？」事雖竟不寢，而我桑梓先哲咸是先生議。比歸，爲文告祖，慷慨以王曾、希文自待，士類争傳之。蓋先生誓書云：「耻士習日卑。」不一刺干執政，執政心重之。嘗曰：「士欲自守，其本在澹薄。」故世風雖兢尚華麗，先生布衣粗糲，猶然寒士故態。乃至於族人之貧不給者，則縮費佐之，靡有難色。嘗遊螺川，同舟者被酒，遺所攜金囊去，亟令舟子追及其人還之。其仁厚大都類是。

丁丑，賜進士出身，以書抵家人，語語道義。其一曰：「吾所以得竊一第，皆先代修德之報。宜持盈戒滿以培之，若改弦易轍，是自伐其本矣。」一曰：「吾平生以希文自期，吾子亦當以純仁自勉。」又曰：「家族宜崇禮讓，勸職業，敦節儉，乃可培祖宗德澤。」又曰：「吾平生立志欲遠，宅心欲宏，德施欲厚，俗態欲輩。」其他諸章不枚述，乃其遠心壯志，大端具是矣。我邑中方延頸望先生回淳風，易澆習，而竟以暴疾卒于雲司。此亡論知不知，語及先生，輒泣數行下，而況余也哉。悲夫！悲夫！

先生生于嘉靖丁酉九月初一日，卒于丁丑四月二十日，年才四十有一。娶王孺人，子承慰，補邑諸生，配歐陽氏少參三溪公子位之女。先生平生心行並白，耻散淳樸而存心用厚，踐行僞貌而挽俗以躬。與人交，必盡其款曲。雖匆遽，而周旋縝密不少懈弛。邑中賢士若愼所傅君、聚所鄒君、克所劉君、毅所彭君、四山鄒君，皆嘗過從切砥。君子于其所師友而知其負扶，有自來矣。予事先生餘十年，先生之行，耳而目之稔矣。謹揖其細尠，而特書一二彰明較著者，以俟廟堂有道仁人採而傳焉。

樂菴甘君行狀[一]

君諱則禹，善甫其字。其先金陵人氏，自沉璟翁乃徙家安福西隅，其子仕和再遷南溪。和生超海，超海生曰用，嘗屬歲侵，輸其家粟，助縣官給貧民。用之子諱烈，亦以義旌，娶予族姑，生三子，長者則舜，次者君，俱補邑諸生，次則孔，爲藩從事。君娶陳氏，生子應霽，女二人，長適予弟貴卿，次適周學堯。應霽，女一人，未聘。君生嘉靖庚寅正月之念五日，歿萬曆戊子七月之六日，得年五十有九。

先是，君子應霽前君一年卒。君置一妾，不乳，則又更置一妾，亦不乳。遂聚族戚而謀之曰：「吾兄幸有三子，而弟子一人，吾當子兄之季子。」是爲應霍，娶王氏，立之數月而君病卒。將以是年某月日奉君葬于本里某山向。而其嗣子應霍跪而請曰：「君之遵淮泗而北也。先君實日夜望君還，卒待君還而先君始瞑。先君之與君何必減范、張哉？今不幸而大故，不孝孤將乞銘于大吏，而摭拾其遺行，舍君將誰與？」屬草言已，與予相視，俱涕下交頤。

予與君交者十五年，有言必從，舉心必合。一旦喪君，如亡其右手，尚忍談君事哉？然非予

[一] 按：此文底本多處模糊，據《山居草》補。

亦不能悉君也。君自補博士弟子，則與其兄師事文莊鄒公，敦尚行誼。晚乃棄舉子業，奉恩詔膺冠服。平居蒔花疏泉壘石自娛。雅好竹，種竹滿山，爲樓其中，日哦竹樓，記聲琅琅，與風竹相和。客有過從者，觴之竟日。性峻直，不欲掩人善惡，以故人多疑畏君，然久乃益信之。御諸子姓，色笑不假，諸子姓寔嚴重之。平生坦洞，不設他腸，間執己見，自謂不可奪，然人或從旁款曲開諭，則投杖而拜，殊不有成心。

予時談學里中，又率兩家子行鄉約，則爲鄉約會；舉厲祭，則爲社會。君時時督子姓臨之。先是兩家各修其部，多護芘奴佃，奸人乘之，遂怙其主爲非。自是互相糾正，盜風大熄。即有事，爲居間百方解救。鄉閭視效，多兢尚和睦，君之力也。宗人有不給者，視之惻然，曰：「吾即幸有餘粟，不能贍其族，使紅腐于囷中，猶之糞土也。何可令祖先餘裔操瓢入溝中，而己獨擁其剩以饜飽僮僕乎？」乃爲斥腴田，租百石，歲指廩予之。族之人，視君若庫庾也。而猶加志於孝行者。貧不能葬，無問疏戚，輒爲具棺。儉歲，發藏穀爲食餓者〔二〕。督學養旦劉先生亟賞其事，爲著大篇，樂道之。君瞿瞿若弗敢當，向往益力，更廣其餘，及鄰里之乏匱者。事載郡乘中。

昨之歲，與予遵禾川入泰和，遡流詣復古，聞諸大老談心語性，心津津慕向。歸而嘆曰：

〔二〕 按：此處原衍一「者」，據《山居草》删。

「吾曹日兀兀處一室中，安所從賢豪長者聞嘉言廣吾思？見之所未周，猶之坐井也。」言尚在耳，乃才及期，而君亡矣。吁嗟哉！予辱君之知愛，知公爲悉，故啣哀著《事狀》，以俟大吏採焉。

一溪賀君行狀[一]

公姓賀氏，諱宗孔，字時甫，一溪蓋别號云。其先世出會稽鏡湖，唐會昌間，賀憑爲永新令，留家良坊。傳世十六曰景八郎，分安成之湯村，再傳念政，徙前山前塘。曾祖瑞爲邑諸生，祖鋞娶姚氏，父暘娶劉氏。

公自其蚤歲敏捷有才，能時走數千里，闘白數大吏，脱其父於阨。里中人指目公曰：「是能出父於阨者。」乃獨敬重公。公是時有意氣，能轢越其鄉人。鄉人雖重之，而未能降心於公也。自予倡里中長老會聚講，公率先嚮赴。羣衆中咸指目公曰：「是爲子能脱其父之阨者，其人最警敏有力。」予乃物色公，與公談論移日，公曰：「吾幾枉此生矣。吾乃今知精神意氣貴擇所用耳，大丈夫以物爲體，所不能俱立俱達，非夫也。」於是耻其方之俗而思易之，奢而示之儉，兢力而救之忍。時時與李君心齋謀而行之。爲其里人批難解紛，甚於其身之痌瘝者。其里人事無

[一] 按：此文底本多處模糊，據《山居草》補。

鉅細，不關白有司，而悉來聒兩公。兩公亦聽之不爲厭，雖勞瘁，乃至費財，蘄休罷斯已。蓋其鄉隱然倚兩公爲重，而少年好事者，或從傍毁詆之，甚則設反間語，兩公不顧也。

予爲復禮書院，公力贊畫之。歲時會聚，公無不赴。赴則輒誘勸諸同曹爲學，語刺刺不能休。聞之者莫不感其懇惻，以爲公且好學，又誘人於善如此勤至，乃何獨少壯反惰緩，負公諄諄？蓋自是鄉人士津津向道，多公力焉。然公且以後學不日進爲患，時時語予曰：「綿千古之脉，乃在樹人。今没没靡靡如是，雖隆書院到于天，猶之無益也。」則責予怠，責予嘿，責予不能，家至而户説之。倘所謂益友，公近之耶。予嘗入楚問學耿先生，公欣然從行。比入舟，公已病，衾枕數移，卒不悔，惟以未能日聆耿先生教語爲恨。耿先生亦時時掀帳視公，公强起加巾衣，拜耿先生，稱弟子。乃耿先生亦重公老能志學也。江陵柄國，天下諱言學，公謂予曰：「張公獨能禁講耳，能禁人學乎？」命其子長者師塘南王先生，其次者師予。予時與王先生過其舍，率子弟聽講，終日請質不倦。王先生顧予喜曰：「吾道西耶！其老長乃能如是也！」

公以乙酉正月二十九日病卒。卒之先日，集鄉族而訣之，惟曰：「家會、鄉會，所以講學修德，維持世風，吾雖死，其勿懈。」又囑其二子曰：「吾不憂子孫貧，而憂子孫喪心已。」又曰：「若銘我，則累王參藩，狀以屬調甫氏。」言訖而瞑。里中吊問者，履接于户。予往哭之甚悼。比返舍，食不甘、寢弗寧者數日焉。居恒念曰一溪、一溪。一溪去吾死，吾自今會聚講，誰復能拳拳切切以相友教、相切責者乎？嗟悲哉！是年冬某月，某孤將奉葬于某山向，而致其先人之命，以狀來請予。蓋惻然不能執筆，久乃爲之狀曰：公生於正德己卯十月廿二日，享年六十有七。娶李氏，生子，男二人，世誠、明卿，明卿爲邑諸生，女二，孫二，孫女三，婚嫁皆名家。先是公病，世誠嘗割股肉作糜以進，竟不能起公疾。然人咸嘉其孝，以爲有父風云。

喜聞太史行狀〔一〕

喜聞太史之卒也，再期矣。其孤以誠將乞銘于先生長者，而屬予狀。予何忍狀太史，雖然，太史事行非予莫能悉也。吾劉自密湖徙南陂，數傳至俊甫府君，由南陂而徙十四郡之循化，其址故在清江之右地，名山陂，相傳以爲靈臺故基，以嘗有推步徵入靈臺官者。自山陂徙魚石者，曰興祖，子三人，長務遠，次益遠，又次昭遠。昭遠生仲宣，仲宣生子輝，徙今社下。輝子持珪，珪子寧鍾，號素齋，是爲君曾祖，素齋公子六人，其一爲期表，表生公，選邑諸生，號簡可，以君貴贈如其官，有令德。語在譜傳中。

〔一〕按：此文底本多處模糊，據康熙本補。

君生而慧，贈公得子晚，絶憐愛之。童時與羣兒戲里中，老父過而孰何之曰：「書生嬉固當？」隨聲應曰：「爲兒嬉戲，陳俎豆者非耶？」不顧而戲如故。贈公聞而奇之。萬曆壬申，贈公捐館舍。時君年十六，家徒四壁，母又新寡，幾廢學。久之，從今郡司馬在吾伍君學《春秋》。在吾，君妻兄也。伍姓諸少年各珍其先輩《春秋》秘本，君憤曰：「夫其先輩獨非人乎？吾特不鋭意學，學何患弗如？而奈何俛首拾人餘唾爲學成？」出經秇示諸伍，諸伍皆奪氣。試於邑侯，侯兩田傀公首拔之。已而郡大夫學使者交奇其文，所試輒異等。倪侯故剛正不少假借，獨折節君。君恂恂不欲賣重借資，侯心儀之。

乙酉，舉於鄉。故事，新舉者鮮衣大蓋，揚揚明得意。君着綈袍青襪上公車，所過市，市人争指目之落第歸。母夫人寢疾踰年，侍藥不懈。比卒，持喪甚謹。時讀《禮》，手自裁訂，爲《家禮集説》。服闋，益肆力于問學。間過予復禮講院，相與討求，則大醒。復與周時卿受學塘南王先生。先是，周斗乾憲僉謀建復初書院，未就。乃偕時卿曁予三人，率里中士築識仁講院。百里内外擔簦問學，有西河、稷下之風焉。

明年，上春官，中式第三人，改庶吉士，則慮宗人凌轢里中，爲榜通衢，諸喜爲豪者相戒不敢動。居踰年，伍夫人攜其子女入都下，以疾卒舟中，君哀之甚悼。諸貴人願以女議婚，遜却之。媒者或啗以千金，終不顧，曰：「吾豈以姬姜忘憔悴乎？且稚子弱息，懸命於繼母，一不得當，此千金者徒以貽禍。」蓋終其身不復娶，僅一侍姬執巾櫛耳。

請假歸自京，同舟有從黄白家販得僞金者，君廉知之，請其金以真者易之，曰：「吾將爲賞賜費。」其人喜甚，倒囊相付。既别去，嘆曰：「是不知誤多少人。」遂投之河。既歸里，聚族爲會。作家約數章，演以俗語，使人人易曉。會歲侵，貧者多不能舉火，君從富人貸金買粟，視族中最貧者與之，次則倣常平法，收散以時，遂爲永利。里中悍佃與主抗者，擇其家一老弱人服荼，尤賴，窘辱其主至甚。君聞之，不及戒輿，步行里許往諭，衆稍稍引去。然悍佃竟納賄於署篆者，歸曲主人，君一再爲理之，不能得。比楊令侯覲歸，君語以故事，乃解。然自是尤賴之風少衰。

假滿還都，授編修，與焦太史同寅。予時在春曹，鄒四山在宫坊，耿叔臺在銀臺，潘雪松在尚寶，時時爲講學會，談摧性命，則君茫然若有所失，蓋食不味，寢不甜，面如土灰者。久之，間策馬過予旅舍，相對輒悒悒無歡，如是者月餘。忽心開，乃恍然曰：「天地間，一氣也。人與物，總之一團愛情耳。慕父母，愛也；慕少艾、妻子，慕君，皆愛也。聖賢於其中，特提出一『義』字。然義亦愛也，義固愛之妙處。」自是所論，一發其獨得，不向人言處言矣。

居頃之，四山鄒宫洗爲人齮齕，罷官。四山故取主，又經師也。自其罷時，諸受知者凜凜，虞蔓連，君朝夕問候如常儀。比京察時，果有以此媒孽之者，或私以告，君囂然曰：「吾以行義得斥，有餘榮矣。」事亦尋寢。典會試所取士，悉革諸相沿俗套，人人稱便。滿考，得封贈父母，顧例不能及前母。君念前母楊於贈公爲糟糠婦，草疏陳乞。爲貪掾持，不行。然未久，覃恩竟贈楊孺人矣。

明年，奉詔册封荆藩，却所謝百金不受。取便歸里，時大旱，與里中諸父老議修陂，請於有司，得分社穀佐費，至今賴之。又與予合議創郡祠，輯家譜，咸竭心力爲之，而獨委事權于予，不爲掣肘，故卒得成功。予嘗謂是役，見君斷斷休休，有公輔之器。告滿入京，過會城，有貧族粥其子於市人與傭保雜作。君憐之，贖以歸，相待如族人禮。道出吴江。吴江陳生者，故吉州判楊泉公子。君徵時，公國士遇之。至是詢知其死未葬，又負債不能償。君懷金代酧之，親爲公執紼，乃窆。既補原官。一日，謁閣臣，車觸馬驚，墜傷手足，從吏將追推車者，君佯曰：「我故無恙。」乘馬如故。歸，乃言手足楚甚。或問故，曰：「車馬無心相觸，吾懼苦此貧漢，故詭言爾。今度其人去遠，此吾療手足時也。」

君素强無疾。乙巳六月，偶病，醫者誤投劑，病遂深。妾史氏及諸從行弟姪問遺言，第曰：「修行甚難。」遂瞑。時宗兄給諫起南、婣友周侍御寉峋檢視遺笥，僅得十八金。一切含襚之具，皆同鄉同年友、諸門下士斂爲之。

君爲人鏡智甚精，而居之以寬；仁心爲質，而守之以廉。爲庶吉士，請假歸。時邑令武林楊公司理、慈谿劉公皆同籍且昵也，而君又初釋褐，家甚貧，終無所干謁。或持百金有所求，固却之。其人前曰：「即却之，請出金一見。」君曰：「金則吾知其爲金矣，何必見？而豈以我一見則心動乎？吾不動已久。」最後在都下，與兵書蕭公同鄉深相契。武弁某甲子求遷轉，懷千金夜入，君峻詞遣之，人竟無知者。嘗赴宴，會族有惡少年佯醉罵坐，至叱祖父名，揚拳相逼，君第遜謝，色不爲變。又有蒼頭乘酒謾罵，語侵君，聞者至不能堪，君第令縶之。及醒，其人惶懼請過，卒釋不治。君微時，張尚寶程雅見賞識。張故貴倨，常作白眼視人，以故不理於衆口，獨歲時餽遺君至厚。尚寶没，三子煢煢，豪奴勢張甚。君寓書有司，大創諸豪，扶植其子，使得自立。它所行清和仁厚多類是。

爲文汪洋宏博，一束諸理。作字本章草，嘗從羅公廓學筆法，莊事之若童子之嚴，其塾學究然。顧不甚好爲詩，嘗曰：「吾於技必有會而後爲之，獨詩無所入，故不爲。」及入京，舟中殊喜作詩，詩亦多佳，蓋其會也。

君於講學期會，無所不赴。及困醒後，所言多自得。嘗與四山宫洗書曰：「近讀《盱江語録》，頗覺心開。蓋嘗有病其未入細者，而當以爲未入細者，乃所以真入細也。以細求細，其細乃粗。《中庸》揭天命之性，而下即指出喜怒哀樂之爲大本達道。夫喜怒哀樂不既粗乎？而大本達道於此焉。在《中庸》，正欲即此以明道不遠人。而後儒翻欲於未發上討分曉，似非立言本意。《中庸》以喜怒哀樂統中和，而後儒乃以中和統喜怒哀樂。今夫此妹者，子耳，未適人之謂處子，適人之謂子婦，曰處子，曰子婦，總之此妹子者耳。《中庸》之意，蓋欲使人知妹子之即處子、子婦耳。是以聖人盡性，只在踐行，孔顔授受，舍非禮勿視聽言動外，更無秘密，無顯無微，無内無外，道固如此。」又與予書曰：「近者恍然有悟于告、孟不動心之異。宋儒直謂告子强制其心。夫强制其心，不足爲告子。告子學問儘高，彼謂『不得於言』云云，直見言與心不相涉，心與氣又不相涉。當其不取空相，寂然止住，殊覺直截得力。然硬持一見，勝以定力，此所謂揠苗。若孟子則見得盈天壤間，總是一氣。志不過其氣之靈處，非氣則亦無志。蓋告子惟惡氣之動志，故遺氣以持志。孟子正見氣之能動志，故養氣以持志。以斯知分内外，分體用，分顯微，皆世儒之陋也。」又曰：「孟子云：『形色，天性也，惟聖人爲能踐形。』度當時告子輩，亦必謂形色屬幻，故孟子以是覺之。聖人但言踐形，不言盡性，以踐形而外，更無盡性也。昔裴頠著《崇有論》，人第以爲矯王、何等清談之過。要之，主理亦不外是。蓋見以爲幻，則圖鬼容易躲閃；徵之以實，則無處可容滲漏。此亦似學問之大頭腦也。」諸云云者，非有所自得，能作是語哉？予謂狀君之大者，乃獨在此。

君諱孔當，字任之，生平喜聞己過，故以喜聞名齋，學者因稱喜聞先生。父簡可公，贈編修，前母楊，母劉，配伍氏，俱贈孺人。君生丁巳十二月某日，歿乙巳六月某日，得年四十有九。子一人，以城邑諸生娶彭氏。女二人，長適尚書王兩洲公曾孫元衮，伍出；次聘湖州三守伍在吾公子某，史出。卒之四年某月日，奉葬于某里某山某向。予惟君之末節瑣事，無非仁厚流溢，然莫之勝述也。姑提其行業之卓卓者，以爲足以該之耳。至其苦心於學，人所不盡知，特録書牘一二，通附之末簡。所恃大君子椽筆，必能闡發其用志之微，余小子何敢阿私所好。

先從兄止山行狀

兄諱名卿，字完甫[一]，别號止山。先世密湖人，徙而居南溪。自克都公，其後代有賢人。高祖諱統，曾祖諱盡美。祖引禮君諱丕顯，生世父及先贈公兩人。世父諱一龍，以太學生爲臨山衛經歷，初娶于河溪伍，生二子，長者遇選，爲邑諸生，兄其仲云。兄生癸卯四月廿三日，長予一歲。自毁齒與予共嬉，長共筆硯，未嘗違離。兄質鈍於予，每同授書而予輒先成誦，兄佔嗶殊苦，世父督益力。間私向予語曰：「吾終不能用毛錐成名徒敝口耳也。」其後一再試郡邑，不遇，卒

[一] 「甫」，底本原作「南」，因形近而誤。劉元卿字調甫，其從兄應字「完甫」，而不是「完南」；另《附録一》收有一逸文，曰《兄完甫字説跋》。據此，改「南」爲「甫」。

棄去。比壯，就婚夏刺史女於鄭。刺史兄弟故友愛，復相砥於學，兄從旁聆緒語，豁然省曰：「吾向者習尚非耶？」歸而稱贄先師三吾劉先生稟學焉，慨然有向往心。時長兄産稍落，而兄用資奩稱饒。方析箸，世父意常在長兄，諸宅産或不俟探策，惟意所授，兄若爲不知者。家人以爲言，兄曰：「令吾更有一弟，三分此産，那得嫌其薄耶？且吾寧産薄，毋寧兄弟薄也。」御一姪如己，一獎勸誘掖，期以成之。

性疎弛，弗善治生。歲徵佃租，其始未嘗不督之，後乃稍稍不復記憶。人或擔負來輸，僮僕從旁私納之以嘗兄，兄卒弗能究詰。以是産雖豐，而家常無餘財，亦竟莫解其故矣。性喜植花磊石，爲怡懶園，作亭其中，時引賓客賦詩飲酒，若無意人間事者。然雅負勝氣，不能爲人下意，所謂可，雖行有弗得弗爲悔。即所否者，百夫從史之弗能使回。以此，意不可一世，弗能諧于俗。顧獨抑志向予，終其身不爲異同。友朋勝己者，折節事之，若雲屏夏君夢夔、極所周君一濂、浙山人中石王君之弼，每過從，倒屣迎致之。嘗及接見文莊鄒公。蓋其平生負挾不靡於流俗，有自來矣。〔一〕

往歲大侵，首倡族人爲食飯餓者，率晨起視事，積月餘不怠。人或謂兄懶人也，此事何得獨

〔一〕按：此段底本多處模糊，據康熙本補。

不懶，兄曰：「人方欲死，吾敢自佚乎？」自頃，饑饉不減往昔，而人始有不能舉火者，則相與嘆曰：「止山若在，寧使我曹至此極乎？」其見思如此。

兄晚歲簡出，足不至城郭。偶攜子吉曜赴郡試，遂疾卒於郡邸。時萬曆庚寅三月十八日也，得年四十有八。卒之明年，祔葬漿山。未幾，改遷本里二十八都土墻象形申山寅向。兄娶夏氏，生子二，長即吉曜，邑諸生，娶趙氏，次吉擢，娶姚氏。自其卒至今，凡九年矣，未有銘其墓者。予故爲之狀，使吉曜持以丐於有道君子焉。謹狀。

南太常寺卿塘南王公行略

公諱時槐，字子植，江西安福人也。嘉靖丁未進士，歷官陝西參政，引疾乞休。萬曆辛卯，詔起貴州參政，陞南鴻臚卿，未任，尋陞南太常寺卿。具疏懇辭，奉旨有清修恬尚之褒，准以新銜致仕。蓋異數也。時年七十一矣。公考贈光禄少卿，諱一善，爲人嚴正，自幼教公以孝弟忠信端身正行。

嘉靖丙午，舉江西鄉試。明年，成進士。初仕兵曹，轉輸金三十五萬于京。事畢而歸餘于帑，韓尚書嘉之。壽王薨，以百艘載宫嬪自楚返，而公爲監，所過州邑，戒役夫具糗以待舟，無留行邑，不騷擾。出爲漳南僉事，會上杭民據險爲寇。公白汪中丞尚寧，請以單騎往諭，中丞壯而許之。公入而衆慴伏，自斬其魁，請命於軍。乃築城，設一倅以鎮之。爲建熟〔二〕，延師教其子弟。倭犯漳浦，據後江頭土城，倭故以鳥銃爲利器，兵不敢近。公集田車載草前，蔽兵其後。銃中草，輒弱兵直傳城，俘斬甚重。以功進一級。其後再犯，再敗之。明年，粵寇王于文等流入閩，而公前所撫上杭民感公不殺，集鄉兵六百人，邀擊賊於路，大破之。其年冬，倭犯詔安，會積雨，城欲圮，公繕垣調兵，除夜操戈登城，旦乃下，倭尋遁去。乃有彈者，至目爲貪，而汀人顧哭而祠之。當是時，公力撫創夷，御吏嚴峻，禁郡邑科擾、武弁朘削，抑豪右，却例金，諸顯者絕無所問餽，以故中外交怨之。法當調，而樊御史力白其枉，再補蜀僉事。時陸五臺久爲郎，以次當補尚寶少卿，而陸顧遜曰：「蜀臬有賢者，非吾所及也。」銓不察，别以其人進。陸語相徐曰：「吾謂王僉事耳，他人則余奚讓焉？」乃授少卿，已進卿，已又進太僕少卿。時圉政久弛，馬多耗，公獨嚴爲覈。於是忌者復曰：「夫夫當臨馬之日，而欲以苛政行耶？」以疏論，改光禄少卿。旋出爲陝西參政。甫三月，公浩然歸矣。其年始艾。居二十二年而陸進太宰，乃有南太常卿之召。

公自弱冠師事兩峰劉先生，深契文成之學。其爲南主客也，所善獨陸五臺。陸高曠，宜不

〔二〕「熟」，疑爲「塾」字之誤。

相入，而臭味獨合。陸嘗戒之曰：「至人處事，不遠人情，汝執一不變，非所以應世。」陸雅崇佛，公弗善也。陸曰：「汝但信未及，必有他日，且姑待之，無作謗語，自斷善根。」公於是亦取佛氏書閱焉。既掛冠歸，屏居静存者三年，若有見於空寂之體。又十年，復覺體用未融，一切應感於本性不無毫髮之判，益加密參。久之，乃自覺性雖空寂，而寔常運不息，生機微密，不涉有無。於是自信孔門求仁之旨，誠在於此。蓋始者由釋氏以入，浸漬耽嗜，如酲初醒，已乃稍稍疑之。試歸究六經，寔證於心，如備嘗海錯，乃知稻粱之不可易，而後學定而無餘惑。公既老，了無他營，惟以孔孟正學與諸同志相切劘，若復古、若復真、若鷺洲、若復禮、若道東、龍華、□潭、萃和、雲興、明新、青原、元陽諸道院，歲一再過，振衣高坐，因疑發義。或更端承稟於函丈之前，或簪筆紀述於比席之後，鄙吝者消其蓬心，執拗者融其習見，野叟不解而第首肯，童子無心而自爲舞蹈。此非獨以言感也，固有不言而躬行者矣。四方來者接踵。卒之歲，唐太常自昆陵至，樊侍御自東粤至。九月十八日，别樊於山足，復講德西原，極論根本枝節一貫之説，忽舉手曰：「病。」諸生驚而前，已不能語。越數日卒。

公初究心二氏，雖習静，不廢遊訪。嘗遊白鹿洞，登峨眉，謁王母祠，過華山，問陳希夷遺骨，過河南，探王喬洞，觀達摩面壁像，謁南嶽，登祝融峰，訪魯源徐先生於蘭溪，宿虎跑寺。遨陸五臺訪學，因入雲栖寺，問沈蓮池佛法。將抵吴門，訪曇陽遺跡，不果。蓋庶幾一見異人，而其後憬然有悟於晝夜通知之理。於是深信孔子之道之爲至正，而凡二氏之説舉範圍於其中。故其論釋氏曰：「彼主於不染一切以完其性，而吾儒則不離一切以完其性。」又作《衛道編》以見志，耿先生深契許之。

公蚤歲登第，終老食貧。三子遞夭，有孫曰允芳，頗慧，而尚幼。公所著述别爲集，不具載。嘗重修郡志，其所傳人物義例甚嚴，一訪於鄉之賢者，曹惡不恤也。時李見羅講學豐城，羅近溪講學建昌，其持論未必盡合，而公顧契焉。年八十一，猶駕小舟抵章鎮、金溪問友，洛切不倦。及門從學者甚衆，而賀汝定、劉斗墟、曾虚所、劉喜聞、周惺予、朱玉槎諸子，尤稱高足云。殁之日，門人爲位而哭。不越月，而當道予特祠，郡守吴公書其名理學坊；又祀鷺洲祠，特傳表之。門人則祀於西原，祀於金溪。人情不謀而協。卒之四年，會庭議謚典，公當在議中。於是公之鄉人請於撫臺衛公，列名具奏，因各拈公生平授簡論次如右，用彰公論。

誌銘

三衢彭君墓誌銘

蓋嘉、隆間，吾鄉人未知學，予特表封二三有行誼者爲前茅云，君則其一人也。自予與里中談學，里中人初未曉學者云何，則予時引君孝友事歆動之。人人自以爲不可及，予曰：「即彭君從其已及者進之，諸君從其不可及者及之，學皆有入乎？」則人人又自喜，以爲學固如是簡易也。自吾得君，而談學者日益振，感發固不在語言間矣。孰謂君竟先予而逝，噫！悲哉！君卒之歲，爲萬曆戊子十二月朔日。越明年十二月十七日，將奉君葬於永新之野塘鳳形申庚山寅甲向，附祖爲墳。先期孤子修吉持其業師劉見甫氏所爲狀來徵銘，予尚忍銘君乎？即非予，又孰銘君也？

按狀曰，君諱龍，字君顔，以字行，三衢別號也。其先自宜春徙廬陵，又自廬陵徙江背，遂爲江背人。高祖仲勉，曾祖淵澄，祖縞，父啓纕，娶丁孺人，以嘉靖戊子十月十七日生君。自少不習浮飾，雅尚樸素，慷慨赴義，蓋其質性也。少孤，母獨與二子居，操作不自休，兄謨婾佚不事事，君輒自奮曰：「獨奈何？長令孀母劬瘁，即安用兒子爲？縱兄善自逸，我獨不可代家督持門户，而習爲游閑狀奚適也？」君固不能嗇嗇操財，第籌會歲入，以其半供輸，操其稍奇贏者，以治廡廬。祭祀一不煩伯氏。丁孺人以故稍息紅作。而君每食，輒念母氏矢節植孤，吾即不能游大人成名，既闇於母氏光，猶弗克自樹，徒以尺寸與兄弟較計，重傷母志，此爲視肉耳。於是益刻勵自好。母病，爲躬粥藥，侍卧起，病不良不休。比卒，哀悼感行路。及禫，未嘗不向人出涕沾襟也。

伯氏故褊急，與里中豪較，多詬辱之，君即潛身肉袒，詣其人引罪。伯氏聞之，猶怏怏不自懌。或以詬辱人者，反中君，君怡然不以屑意。君視諸姪如其子，即諸姪衣履褌襦，無不出自君配王孺人手者。既長，悉力爲營婚娶事。既已畢，當析箸。諸姪蓋五人，而君子二。君曰：「此皆吾父孫也，吾終不令兄子獨薄。」竟七分其産授之，君二子亦欣欣奉命。君問謂二子曰：「堯舜賸得讓名爾，令不以天下讓，而今安在哉？」君之所存，蓋遠矣。諸兄子既析居，而食指日繁，田入或不能支，君復節縮裘飪以時周給。已又有弗戒於火者，所分宅燬且盡。君粥己田，率二子更築室居之，而王孺人亦洽。君友誼，其愛諸姪女無以殊己女，視諸兄子婦無以殊己婦也。〔一〕先是長姪既卒，其妻丁年甫十九，獨撫繈孤，誓守志。王孺人善視之，竟成丁節。人謂君之道行於妻，其德固深厚哉！

君恂恂龐茂，接人不別貴賤，一直心行之。聞人譽己，踧踖若無所容。里有争力，爲曲譬，必得解乃已。即少年詬侮侵凌之，亦不見其忤色。君雖不近名而操行，久聲日益宏。里中閲墻者，則各相責曰：「爾胡不能彭義士也？」直指使者行部至邑，數數表其門。郡邑設鄉飲，必虛左待之。君固自韜晦曰：「吾終不欲以一廛之氓，煩苦長吏。」其長者如此。君得年六十有一，

〔一〕按：此句底本多有模糊處，據康熙本補。

有子二，長者修吉，郡諸生，娶李氏，次者繼羲，娶馮氏，女一，適陳三才，孫男二，俱幼。

銘曰：謂争者得耶，謂讓者得耶？謂近名者名耶，謂忘名者名耶？君廉於得而得益奢也，君遠於名而名益近也。嗚呼！三衢其古之所謂闇然自修者，非耶？

藍春谷墓誌銘

予少時牢慅憒激，往往多怒病。嘉靖壬戌間病，殆欲死。醫者以寒涼劑驟攻之，則神益蕭然。時聞藍氏醫莫春谷良，則走迎春谷。春谷至，視之，睨予曰：「此其病在近内，又寒之，不補則死。且夫氣病其小者也。雖然，肝脉最良，歲行在子，試輒利。」先君遽然失席曰：「是奄奄者得不死，甚幸，庸知其他？」春谷笑曰：「此子固當死耶？」久之，病頗已。稍理舊册，試郡邑。郡邑以上學使者或謂學使者旦暮且放榜，春谷視予脉曰：「未也，其在七月乎？」已果然。自是予有病，服君藥即已。即君有他往，服其故方亦已。或拆簡問病，君爲合藥寄我，服又已。異哉！予之遇春谷也。

春谷廣顙豐頤，兼數人飦。士大夫家聞其名，率選健夫舁致之。然身自抑損，下及輿隸，有所邀，未嘗不往。或欲以冠服榮君，君曰：「吾安用此崢崢者，徒令人束縛。吾歲時與諸鄰家往來，皂帽布衫，惟所之。一旦莊嚴，寧使入田舍柴扉乎？」諸貴人一笑而止。萬曆癸未二月，君卒於家。卒之八年，其所後子汝美謂予習君，其志而銘之。予閱其狀，藍氏自昔有諱餘慶者，爲排山巡檢，自吉水徙永新。父壅娶於賀，有丈夫子四，君其一人也。君諱玉仲，字時亨，别號春谷。生正德庚午八月，葬里之毛竹嶺子癸山午丁向。娶攸縣謝氏所後，子長汝美，娶安福下村劉氏，次汝莊，娶鄱陽汪氏女；二人，長歸蕭汝厚，次歸周夢尹；孫男三人，文綸、文龍〔二〕、文綬。

銘曰：我不能自生，賴君以生；君不能自銘，賴我以名〔三〕。嗚呼！生有涯而名無際。予之所以售君者，曷其有既！

王箕峰公墓銘

公諱子應，字以虚，姓王氏。其先袁州人，徙金灘，自某公始，某生鼎，鼎生孔莊，孔莊生體徵，體徵生秉良，是爲公考。公生正德己巳四月十六日，歿於萬曆丙申七月十五。子一人，師夔，先公卒。夔子四人，其長者國憲，予姪婿也，將奉公葬於某山，而以狀來徵予銘。故予族姑婿，又嘗偕公講業里中，習公學行，弗可得辭者。

〔二〕「龍」，底本原脱，據康熙本補。
〔三〕「名」，按句義，疑爲「銘」字之誤。

公自少端愨，不甚敏慧，稍肄博士業，輒棄去之。聞邑長者爲餘姚之言，心津津向往，曰：「此可學而至也。」便欲偕其人聚糧入越，必親見之。時予鄉樸陋，素不曉學爲何事，驟見公棄家千里，爲人所莫之行者，則相視駭異，因以告其二尊人，二尊人泣曰：「吾兒殆中狂疾乎？」固沮之。公乃稟學兩峰劉先生，已卒業鄒文莊之門。時時與黄一明、朱一菴、松崖諸君相切靡復古院中。雖晏歲，不舍去。

丁内艱，築室於墓，獨居三年。歲時祭祀，若祖先臨之，兩手翼如，自灌至徹不懈。倡修祖祠，不遺餘力。衆醵金以兩計者數百，悉聽公出納，無有疑之。居家動循典則，朝夕子姓入揖，必訓戒之，無敢失度。或從優人戲劇，公怒，譙讓之，子姓相率謝不復，乃解。其嚴毅類如此。

予時談學里中，蓋後公三十年矣。諗公舊遊鄒、劉兩先生之間，間就公咨學所從入，公曰：「吾獨得常惺惺，法惺惺則大公順應，一起風波，便不覺下消除耳。」予嘆曰：「此所謂以約失之者，鮮也。」公時雖老，無一會不赴，赴必虚心咨詢，若一無所啓者。既病聾，猶日坐一小樓，置先正語録明窗下，琅琅誦之。或時發浩歌，若出金石。其好學一念，自少至老若夙植云。邑令吴懷溪公聞其賢，造廬見之，且欲致公賓席，爲鄉飲重公，謝不往。爲白大吏，以冠服榮之。卒年八十八。

銘曰：道微世降俗流易，人兢錙銖雄智力。偉哉王公獨卓識，思以其身承正脉。此脉如綫異端出，學遺日履抱空寂。公曰良知非外索，只此惺惺妙莫測。守之以約終解失，徵諸力踐胥可述。見賓臨祭尊天則，衆寡小大貫以一。公言必信行篤實，今茲蓋棺事已畢。無由起公我心戚，刻銘玄室永不滅。

伯父時齋公壙志[一]

嗟夫痛哉！予曷忍談世父事。世父生平于視余，於諸姪中獨見懽幸。一日卧病，忽謂余曰：「我即死，自喪及殯，悉按循《儀禮》無越，無信浮屠。且余素厭諛墓，于爲志壙，勿有溢美，據所行及之者書焉。」余驚曰：「大人奈何爲不祥語？」因持之而泣，泗涕交横下，不能復言。居亡何，病不起，當萬曆之八年庚辰[二]正月二十六日，其生在正德四年八月之二十四日，總年七十有二。先時嘗改築本里茶坪王大母周氏之塋，而自擬附其左，至是尊治命，用是年十二月初二日奉柩以葬。乃余二兄復申遺言，而以壙志屬不肖，敬忍涕而志之。志曰：

世父姓劉氏，諱一[三]龍，字干田，別號時齋。先世密湖人，徙而居南溪，自克都公，其後代有

[一] 按：《南溪劉氏續修族譜》（崇本堂）此文題作《浙江臨山衛經歷時齋府君壙志》。

[二] 「之八」，底本原脱，「庚辰」二字原無，今據《南溪劉氏續修族譜》（崇本堂）補。

[三] 「一」，底本作「二」，誤。前文《先從兄止山行狀》曰：「世父諱一龍。」今據《南溪劉氏續修族譜》（崇本堂）改。

賢人，語具三五劉先生志先君墓文中。高王父諱統，王大父諱盡美。王父引禮舍人，諱丕顯，配姚氏，生世父及先君兩人。世父自少踔厲，既壯，習博士弟子業，補邑增廣生，以援例入太學。時鄒文莊先生講學里中，執贄往從之。尋授浙江臨山衛經歷，其守官恭慎舉職，居之數歲，官舍蕭然。性復亢直，不能察言觀色，媚大吏，取權勢，竟捨綬歸，逍遥南溪之土，杜門掃軌，足不履闤闠。邑令自浙來官者，故常德世父業，投刺欲延致一見，卒謝不往。其恬淡多類是。家産以授二子，使自支，而日引壺觴，與賓客結歡。性嗜酒，尤善持勸客，客造飲多醉。爲人豪宕，不能就繩削。語雜詼諧，間斷章取義，若與事會，聞者絶倒。故不喜治家人生事，僅僅完其舊業。而於奉先合族，則不遺餘力。始新祖祠既，乃輯譜牒，動費金以兩計者數百，率措置有方。用人無所擇賢愚，隨喜善遇之，人人自以爲親己，皆願自効。族人間有欲撓其成，或至詬訾之，一不以綴意。人以謂世父，世父笑曰：「凡情不可與慮，始率如此。且夫興大事，獨奈何不忍辱任怨，而屑屑與人計，其誰與我？」於是怨者知其能自抑損以就公事，亦願爲盡力。而世父竟忘其撓己也。人以故愈益鼓舞，咸心歸之。每視督役事，輒孳孳蚤作夕退，循以爲常。遇祭祀，雖小病，必强起，且多先諸子姓至。諸子姪後至者，率竄入班行中，不敢令世父見。其勤厲嚴肅，蓋自其天性已然。先是譜牒散毁，諸遠祖兆域半入荆莽，靡可推按，世父悉修復之。晚歲益積畜，廣增祭田，祠制祀儀，焕然大備。下輓世自營而不念其先人者，所在而是，有如世父之殫竭其力以奉先合族者，蓋亦尠覯覯已。間見余輩談學者，且喜且儆之，曰：「而以爲講即學耶？老夫誠迂愚，竊見謂講雖明，第商榷耳。反之躬，無有商榷，何爲者也？」余聞之懔然。比病革，語侃侃不休，大都皆公族事，無片言及其私，且戒余曰：「我死，爾且續家督，然責未易稱，棄利、任怨、盡勞，此三者一缺不可。」又曰：「余二子，爾卒善調護之，令無爽怡愉。」推此類細言，之垂絶，目左右，似欲更有言，聲微已不可辨，尚聞「孝順」「孝順」云。

世父凡三娶，元配荷溪理問伍公朝用女，有子男二人，長者仁卿，爲邑諸生，娶蒙岡王公世昇女，次者名卿，娶鄭州太守夏公夢龍〔二〕女，女子三人，長歸彭德修，次歸陳汝孝，次歸永新賀敬詔；繼配彭氏，尋卒；今孺人李氏，李氏生女一，適彭士善。孫男四，吉康、吉迪、吉曜、吉擢，孫女二，長嫁國子生周鉉，其季者幼。墓首艮寅，趾坤申，如舊向。不肖姪元卿敬尊遺命，竊記其實，而納諸壙中如此。蓋一言一涕也，嗟夫痛哉！

萬曆八年十一月侄元卿撰。〔三〕

〔二〕「龍」，底本模糊，據《南溪劉氏續修族譜》（崇本堂）補。
〔三〕按：此十一字底本原無，據《南溪劉氏續修族譜》（崇本堂）補。

伯兄平所墓誌銘

嗟悲乎！上床脱屣，不知生死。往者直以爲虚語耳。今之歲三月，余與兄方治祀事，既罷，語笑如平時。越明日，當上塚謁，兄偕行辭田：「吾適頭眩，爾第往。」頃之，報病甚亟，走歸視，未及家而屬纊矣。嗟悲乎！生死之易，誠不謂如是也。

兄爲人廣穎豐頤，胸懷坦直，無城府，遇事熙熙，不泰可否，其所深執爲是者，人或争謂非，亦竟從之。性喜飲酒，時出詼諧語，能令座客懽笑。雖甚醉，尚善飯。平生不知人間有機械事，然人亦卒不以機械施之。故弗會治生，産日削而絶，不以横其念。人謂其寬洪且固凝福也，乃弗得壽而棄其兩幼孤以死。彼狷狷刻隘享遐齡、發尊譽者，所在而有。天道之不可知，其何如矣。

兄名遇選，字仁卿，以字行，號平所，余同祖兄也，系次具《世父壙志》中。世父時齋公，諱一龍，仕臨山衛經歷，娶伍氏，生兄及名卿。兄爲邑諸生，屢應舉弗成，遂以養請。比得告歸，欣然謂余曰：「吾乃今獲與子長肆志山林乎。」世父故喜恢張，兄自其少時習見勤勵，雅有父風。以故鄉族閭里之事，友朋講習之會，未嘗不赴，赴未嘗不先。余同祖昆弟七人而多佚，善避事。自失兄，余雖有鄉族之念，其孰翼之，而誰啓之哉？兄没之先數夕，余與兄縱談至生死事，因戲指曰：「即以齒，余七人當首兄。」兄笑曰：「閻君喚人，固恐不序也。」曾幾何時，乃竟長逝。昔之夕，戲語耶，真耶？

兄娶蒙岡王君世昇女，有婦才，善持家，生男子二人，長曰吉康，十二歲，幼曰吉迪，始九歲，女亦二人，長者適國子生周鉉，其季尚幼。生嘉靖丁酉八月二十五日，没萬曆辛巳三月十一日，得年四十有五。墓在本里院下山，首乾趾巽。其葬年月爲没之歲十二月二十四日云。

銘曰：嗚呼！是爲吾平所之墓，天儉其福，豈在其二孤。嗚呼！

周山人墓誌銘

周山人者，山人所居有陳、會二山，自號陳會山人，人亦因謂山人、山人云。山人諱一濂，字思極。生而貌寢，髭髮黄枯，而中故慧利。自其幼就塾師，時送一難，塾師莫能措，語則數數。與其族子禮哦古詩，即已能爲開元、大曆間語。雖習博士業，意若不屑也者。時時行澤畔，看芙蓉竟日忘歸，歌聲琅琅滿天地，不知邊境有人焉，人亦莫能識也。故山人雖才，終亦不能得志於有司。

山人所居，里俗傾狡獷悍，善爲詭詞齮齕人，人無得脱者。山人父寉山君故雄其才，矜負意氣，族人自攝之，因用詭詞，中以危法，困之十餘年不得解。則山人寔逃寉山君於瀟湘之間，猶不得解也。山人曰:「意者紀渻子之雞,猶未木乎?吾且爲虚舟,雖有褊心之人,安從施怒?」於是奉寉山君委質朱布衣,則山人父子及其族子禮、里中劉生印楨四人者,時時商求質難,或至達曙不寐。寉山已就學,頓消其虚驕之氣,視昔若兩人然者。人以爲山人有公仲進士之機。朱布衣既重四人者之勤於鄉,往又獨憐山人貧,則引之西塾,山人亦喜得。因是取少糈爲菽水也。比山人取糈歸,則向者詭詞齮齕之人,又復引追胥待矣。山人笑曰:「木雞之技,得無窮乎?且固命也。」倒橐中裝與之。已而復往復歸,率如是。竟山人之身,卒不得贏一錢,獨以其知學,意甚安之。然山人雖從布衣學,已又有味於禪家子語,則與寉山君手録内典至十餘萬言。與人語,語多依禪。

歲庚辰,山人謁予。予故重山人,而知其有禪僻,往往極之於其所陷。山人執所夙尚三四年不能釋,久乃悟曰:「吾學非耶?長此弗返,則與世漸不相涉,而仁心滅矣。吾學非耶!」自是與人言,依於仁,然苦質隘弗能容也。辛卯夏,從予謁魯源徐師於越,復謁天臺耿師於楚。歸,謂人曰:「吾見徐夫子,如坐嚴霜中,使人不敢不戰兢;見耿夫子,如在春風中,使人不容不博大。令不見兩夫子,幾枉過一生矣。」由是愈益自勵。遇少長賢愚,諄諄誨誘,無所揀擇。時山人苦消渴,藥裹不離側,而好與人設學,惟恐其人不得所入,邊嗽邊語,不以爲意。或正言戒之,不少止。山人故與尹生介卿、趙生彦彰、周生渭卿、汝魁金生臯侯爲道誼交,更相規切,無不中其深隱。或謂皋侯嘐嘐，道古憑其見，駕人寧能有入乎？山人則以爲大夫也好上，引之志於仁，不可禦已。且其人初見談文，再見談學，久之當自歸於正。嘗寓書彦彰，謂尹、周三生當源源相見。遇金生，必引之《中庸》，毋令作李上人語佈毒也。其惓惓於朋友，大率如此。

癸巳冬，予如京師，山人欲從行，親友多止山人，山人曰：「京師四方賢豪所聚，往必受益，且死生命也，何方不可？」比至黄安，既謁耿師，羅公廓邀之返，又不可。入京踰月病作，病又五月，求先予歸，舟至徐，病益劇。從者知不可起，請所欲，言曰：「爲我語吾兒，勉自樹耳。」言已，援筆爲詩。越三日，卒，是爲甲午之八月廿九日也。嗚呼！悲哉！其不得終首丘，則我之由，然山人故不能離我，其死當不憾。卒之二月，從者以其喪歸葬本里礱口人形申庚山寅甲向。山人卒之年距其生甲寅，得四十有一。隺山君先山人二歲卒。服未闋，述行狀者周生汝魁垣也。狀稱山人曾祖讓，祖夢熊，父岬，即隺山。山人娶王屯彭氏，有子四，長曰家昌，習博士業，山人臨終所寄語勉之自樹者也，家昌娶嘉溪王氏，次家冕，次家昇，又次家鼎。

銘曰：疇丕嗜學兮，誰以身殉之？疇不篤友兮，誰以死許之？噫，死牖下者枕相藉兮，誰則知之。

崑山劉公偕配賴孺人合葬墓誌銘

予宗兄萬安崑山公以萬曆丙午正月之二十五日卒於家。先是乙巳四月，賢配賴孺人卒。

令子房邑大夫用利履任未及期，政善民安。訃聞，三老子弟遮道攀號，爲勒碑志去思。按臺暨路使者交獎異之。既歸，持喪未數月，而崑山公卒。將以公卒之十月十一日，奉祔于始遷祖墓右首乙趾辛，尊治命也。先期具狀來徵銘，予以宗誼弗能遜，謹按狀誌之。

公諱汝成，號崑山。其先世與予同出密湖。判簿君偁，偁子岳，岳子謨斌，斌遷廬陵石塘，分徙銅溪，又遷泰和銅坑。其從銅坑徙湖州，則自愚軒公，即前所稱始遷祖也。詳具家乘中。公父雲逸翁，娶鍾氏，繼娶郭氏，生公。弱冠補邑博士弟子，娶於蕭，早卒，繼聘賴氏。

始，賴氏未于歸，公在貳室。時父柩尚淺殯。一夕，夢雲逸公語曰：「會當新吾舊廬。」公心動，謂家必有災，遂自遠馳歸。不浹日，水大至。公傾囊中金募役人拯溺，所全無筭。時族有漂柩，公身自相援，既已與棺俱溺，得舟人輓提以免。賴孺人尋歸，頗留意拓治産業，以事老姑，及撫育其諸弟。嘉靖辛酉，流寇煽禍，城門晝闔。孺人時有身，以布懸而登埤，又僦居古屋中，與魑魅爲鄰，所乳子竟無恙，則令房邑大夫是也。既二歲，病泄，公夜求醫藥，一虎蹲其傍，遇公避去。人謂此數者，事至微淺，然犯魚龍，履虎豹，衝盜賊，鄰鬼魅，皆蹈危機而竟不能爲難。是非公與孺人行善之報歟？

公生平篤於行義，遇公事，往往不愛其財力。予嘗創郡祠，作通譜，公皆殫慮佐之。其他行事，多類是。而孺人亦能順承其志，稱儷德焉。晚歲，有司高公行賓之鄉飲，辭不赴。而路使者用恩詔錫之冠服，再拜登受，而終不以易儒生青袍也。蓋其恬雅如此。

子一人，即用利，登辛卯鄉書，授湖廣房縣知縣；女一人，適南乾賴參政古華之姪文鏑；孫二，長廷標，娶富竹郭氏，次廷柱；女孫二，長者許聘郭太守簡齋姪孫之歐，次者未聘。

銘曰：前者種德，後是用趾。孰曰作祥，而非人只。侃侃彥士，惟民之則。何知仁義，嚮利者德。婉婉孺人，式和且平。以順爲正，載其休聲。是生賢胤〔二〕，承考奮業。爲時良吏，茂乃豐績。爰念爾祖，聿報其功。祖亦念孫，千古同封。焦坑之原，石山之丘。行有龍章，以耀松楸。

贈文林郎青州府推官松泉劉公墓誌銘

予得交於時用，今四十年矣〔三〕。始者，同治進士業，相得歡甚。比予先舉，而時用舉於丙子，己丑上春官，用乙科授武岡學正。癸巳，轉河澗推官，以内艱未任。起復補青州，滿考贈父如其官，母孺人。已而晉安慶府丞，所在治聲隆起，薦剡屢上。會大計論調，而猶盛稱其沖淡有養，説者謂彈章亦薦疏云。乃時用遂飄然掛冠江上歸，歸舟載貞石，以書狀抵予，曰：「先贈君

〔二〕「胤」，底本模糊，據康熙本補。
〔三〕按：此五字底本模糊，據康熙本補。

之没，五十又三年矣，塚未有誌也。願徼寵於君子之一言，業以礱貞石待命。」予於時用誼良厚，而翁吾翁，安能以不文辭？

按狀，公姓劉氏，祖安成太守遐，其後代有聞人，若龍雲學士弇、融州刺史子薦，事載《宋史》「文苑」、「忠節」二《傳》。國初，仕節公自邑之西里下村徙浮山，公五世祖也。曾祖諱拱政，以子秩貴，封奉直大夫、刑部員外郎。祖諱程，以子子明貴，封承德郎、大興知縣。父諱子寧，娶南門李氏，生汝鎧，繼娶南田李氏，生公及弟寅甫。

公名汝暉，字亮甫，號松泉。自少治舉子藝，以目病廢業去。爲賈，橐稍稍盈矣，然茹淡攻苦自如也。居常緘默謙虚，終身不以一峻語侵人，人咸以忠信目之。後五十年，時用以宦遊過其所客地，諸父老猶能追述前事，相與問訊，知其有貴人子，爲〔一〕之啚然。此其爲人長厚，能結乎同儕，亦大較可得矣。又太孺人常語諸子曰：「爾父凝重矜莊，盛夏汗流放踵，人盡科袒，而衣冠自如，雖暗室不懈。」推此求之，其不以冥冥惰行，他皆類此。固宜其有是令子也。公病篤，執時用手曰：「兒兄弟宜孝順。」都無他語。是時，時用才十三歲。每恨不能悉公行履，然此亦足以盡公矣。

〔一〕「爲」，底本模糊，據康熙本補。

公以嘉靖壬子正月初十卒於家，去其生之年四十有五。越明年，葬公于上里山，其弟寅甫爲志壙。後三十五年，爲萬曆丁亥，遷祔于五里岡父墳之右午山子向。公娶姚氏，有婦德，孀居四十二載，能訓其家，生子三，長鍾翕，娶張氏，次以中，即所稱時用者也，娶歐陽氏，繼陳氏，又次鍾仝，承寅甫祀，娶朱氏；女二，一適萬祖修，復適訓導王敷言，一適張瑶；孫男八，鍾翕子君儒，庠生，娶李氏，繼娶歐陽氏，君僎，庠生，娶張氏，僎蚤卒，以中子君价，庠生，娶周氏，鍾仝子君仁，娶朱氏，君儀，庠生，娶李氏，君修，娶彭氏，君儼，業儒，娶王氏，君侃，聘姚氏；孫女七；曾孫男六女六。

銘曰：有美幽人，居貞履素。韜光丕顯，永福其祚。没五十年，子爲大夫。載錫龍章，以賁元都。松泉湯湯，五里之岡。兩世於此，其歸其藏。

明故廣東雷州府知府含所管公墓誌銘

萬曆甲辰六月晦，雷州太守含所管公卒於家。卒之三年，其子庠生宗皐持其伯父文學君象韶所爲狀來徵銘，曰：「皐也辱在門牆，願以先大夫之誌銘爲請。」予得交於含所公有年所矣，誼弗得辭遜。

按狀，公名象章，含所别號也。其先，浙之處州龍泉人。宋神宗時，祖師仁登詞科進士，同知樞密院事。三世舜臣任安福路宣平，歷任歲久，徘徊山川之勝，歆慕之，遂即邑之東羅家港家焉。至十一世，尚德公徙南郭上巷，生琴樂公，有隱行，再遷荷湖。琴樂公生贈君，爲諸生，卓有文聲，年四十二而卒，以公貴贈南大理評事。母趙氏，封太孺人。太孺人有子四，公次居三。

公生有至性，自少醇謹端厚，弱冠受業於忠諫慎所傳先生之門，雅見器異。公與文學君兄弟師友歡愛篤至。丙子，舉于鄉，淡泊自樹，恥逐隊干謁。既屢上春官不第，授署淮南山陽教事。山陽令故剛愎，待士無禮。有廩生將及貢，小忤令，遂追索其冒籍事，欲黜之。公謂歲月已深，執不可。令遂特申學使者，學使者移公覆覈，公持前議益堅決，生遂得不黜。時淮南歲大侵，道殣相望，當路議設粥振殍，特令公董其事。公殫竭心力，晝夜不懈。死者捐俸買棺瘞之，淮人胥感其惠。戊子，聘典中州試，得雋爲多。辛卯，陟國博。癸巳，遷南監丞，兩雍士僉服其楷。未幾，遷南大理評事，留情獄牘，多所平反。滿考，贈封如制，晉本寺寺丞。戊戌十月，陞柳州守，便道歸省。抵舍僅五日，而太夫人病卒，時壽已八十五。人以爲公孝感。服闋，補廣東雷州。甫蒞任，創輕監以清獄囚，禁毒賴以活生命，薄贖鍰以恤貧民，雷人歡若更生。時白鴿寨哨官剋軍餉，衆士鼓噪起。公適署海防，引義戢止之，徐追所剋餉給諸軍，一方按堵。雷人採瓊礦者，譁言尖山嶺可得礦，寔未開也。邑令挾兩臺戚梓修怨諸士，遂稱三生發礦違制，徑申撫臺，撫臺檄郡嚴捕之。公廉知其誣枉，格不行。然令自是脉脉憾公。會大計，謗書微動，竟得論調。

知不知，無不惜公，而公已決志林泉，疋馬入山矣。

蓋公爲人長者，何但以郡守身翼諸生，寧不獲上，自其署教諭時，能無媚令，以全冒籍廪生，是何可以阿使也。又吾聞邑簿施君嘗向人言：曾作公屬邑典史，爲健令所齮齕，欲先發制之，公解諭再四，幸弗及難。尋又遇狂生争道，侮辱至甚，愬於學使者，將黜生。公曰：「生黜，則典史能獨留乎？」爲言於上，兩解之。簿君每言及此兩事，輒欷歔泣下。嗚呼！此淺事也，然足以概公矣。

公歸之年六月而病，病革，語諸子曰：「吾生平無害人心，無害人事，甘分缺陷，不求圓滿，如是而已矣。汝等宜謹念之。」遂卒。時壽六十二，遡生之年，癸卯九月十四也。配王氏，封孺人；生丈夫子三，長即宗臯，娶趙氏，次宗稷，邑諸生，娶伍氏，季宗旦，娶朱氏；女子子二，周述善、王言燦，其子婿也，俱庠生；孫男四，孫女三。公卒之明年某月某日葬於某山某向。又明年三月，予爲之銘。

銘曰：其分缺陷心斯泰，無欲害人仁斯沛。義方之訓此其最，後胤引之福無艾。

明趙君守庭暨配孺人郁氏合葬墓誌銘

蓋隆、萬間，予始以學倡西里。維時西里諸士無弗忻然承之，而楊宅守庭趙君時已稱諸士祭酒云。後十餘年，而君卒。是時講舍幾毁而全，當誚斥之餘，乃學風復稍稍大振，正圖一二老成人春秋典刑在望。而君遽逝殞，余甚悼焉，抑安能受狀而辭泉下銘也？

狀稱君名子達，字汝學，守庭其别號也。其先自宋世來官安福，遂以官爲家。而其入今楊宅，則自由瑾公始。數傳至從康，生世美，美生令資，慷慨好施予，里人附之，争爲延譽。生三子，長者子道，爲忠州同知，次者子進，又次公。

公少孤，頗穎慧，忠州公特憐愛之。比壯，補邑博士弟子，蓋自鑽研，每試輒壓其曹。偶而值數奇，用是數舉數躓，鬱抑不得志。間授經里中，諸子姓掇其殘膏，則人人潤飾有著矣。晚乃嘆曰：「即予六十年所歷凋榮，足于悲欣者，豈盡關人事哉？乃今來日幾何，而長撫臆含，惋若追讐，所無可爲者。釋是將遂落，度無適耶？何爲也者？」因開軒治畦，決水灌花，玩農圃醫卜諸小家説，一觴一咏，澹如也。

時西里講舍既成，予每及期，萃諸人士商搉其間。君雖老，未嘗不相從以事，於考問且若津津有味其語。然不爲浮稱，而務身寔蹈之。居家，置歲事弗問，至督其子若孫課業，則不難，重幣以致高彦傳習幄中。其轉餽無問遠近，而壹出於腆。固謂吾已用婧而槁項牖下，寧今後之人復當熙代而仍世佚窮乎？君蓋欲有所繼其未竟也。處懷沖謹於人，靡有競忤，即嘗齮齕之者，終不學校。寬博長者，衆皆悦之。且卜其必以遐筭享也。乃君年但望也，豈大所以報君者，固他有攸存耶？

君配郁孺人，先君一月而物，君哭之慟甚，亡何而繼逝矣。郁孺人者，處士本潮之女。性慈孝，事守庭君，終其身無閑言。修祭祀燕享之禮惟謹，賓客至不戒，而豐約中節，無不當守庭君指。而尤節縮裘飪之資，厚施外氏。即外氏人，人無不德孺人者。斯亦笄褘之懿行已。

君卒萬曆己丑六月四日，生於正德辛巳正月十二日。孺人生嘉靖癸未六月二日，卒萬曆己丑五月十七日。子二人，長伯條，娶嚴田彭氏，次伯保，娶郁氏，繼顔氏；孫五人，條子師成、師世、師尚，保子恕孫、志孫；曾孫二人。卜本年十二月二十七日，合葬於十七都東崖丙山壬向。先期持狀乞銘者，爲君仲孫庠士師世；著狀者，爲君從孫庠士師孔也。予既已按狀爲誌，復系之銘。

銘曰：爲儒不達，其道則隆。一丘一壑，優遊以終。有都者媛，壺政孔從。言作之述，以伉兹封。

湖廣按察司知事認菴鄧君墓誌銘

君諱言，字信甫。其先，鄧高密侯禹之裔。家宜春，則自唐袁州刺史璠矣。至宋有梅魁者，始徙安成之瓜畬。後自瓜畬徙清陂，傳數世。汝達爲君高祖，達生應珪，應珪生崇玉，玉生昭賢，有隱德，語具鄒文莊公所撰《誌》中，生二子，君其仲云。

君爲人坦衷直口，不修機穽，與人交，輒致其赤心。性纖嗇自苦，至所厚善，則不難推財予之。處事周慎，每出於人之所不足慮者。嘗受學鄒文莊公。言學必本師友，論行必及家世，曰：「吾何敢負父師！」以貲入太學。即太學諸生，人人服其醇謹，無不兄弟畜之。比謁選，得湖廣憲幕，君益勤於其職。直指使者重君之周謹，數委以事。嘗轉輸稅銀，有小隸裹紅銅數觔進，君驚曰：「將焉用此？」曰：「可化爲白金耳。」君悟笑謂：「小隸爾，休矣！吾又安能與銀工相爲竊也？」隸走出，謂其曹曰：「駭哉！世有可以銅爲金而弗願焉者乎？」憲使復委輸絹京師。臬吏向君求賄，君念曰：「薦賄曲徇左右之助，抑何以稱談理道，不失家世也？寧罷而歸，無負父師矣。」吏竟勉奉憲使意，予君絹千匹，而奪其八千匹以與他功曹之賂己者。君之不能低頭殉人，大都類此。久之，陞平樂府經歷。君貽書謂予曰：「仕宦如滋味，一嘗之耳。必其屬厭，將何時可已？」卒棄官歸。歸而引客對壺觴，無日不醉，竟以酒致病，且病且飲。或以相戒，君笑曰：「吾中酒病，失酒亦病，與其以失酒病，不若酒與病兩得之。」相戒者笑而止，然君竟病酒弗起矣。悲夫！

君生嘉靖丙申十月初四，歿萬曆丙申五月初九。始娶盧陵郭氏，生女一，業許聘吾兒吉兆者，未笄而夭；再娶李氏、劉氏，俱不子；副室劉氏子二，林翹、林冠，林翹娶予仲女，林冠聘庠生高在簡女。卒之年某月，葬君于廬陵隍比父墳之左，首子癸、趾午丁。方君病時，予亦病，不得就君爲訣，而君以書貽予曰：「必不起，以銘累子。」至是予見吉兆狀君履歷，其孤持而徵銘焉。予計君之交遊，無厚於予者，況業有心許矣。

銘曰：金可僞兮如吾心何，賄可薦兮義不可阿。世滔滔兮如江河，投劾歸來兮東山坡。浮緑尊兮朱顏酡，清白所遺兮不爲不多。雲山石室兮峨峨，勒名貞石兮弗磨。

封登仕郎鴻臚序班竜山江公墓誌銘

自予童子時，已知永新有竜山公云。蓋予里小氓詘治生策，而倚口於人，諸摖母穀取子於貸家者，往往致富。間遇穀值稍翔，則收困謝貸家，以射重利，而獨竜山公儉歲貸粟如故。故自予里及邊楚諸貧民負擔請貸，襁橐相屬於路，則咸起手加額曰：「竜山活我，竜山活我。」然竜山以是□益富，所謂「廉賈五之」者也。龍山既富，則相翔者時睥睨之。亡何，盗大至，掠財不足，又劫其子弘受去。弘受時尚幼，取財不至，將殺之。會天大雷電，盗驚曰：「是兒將無得天，違天不祥。」竟釋之，已而贖鏹亦至。竜山以是重窘，家人相顧泣數行下。竜山曰：「儂赤力，屬有天幸，乃得致富，天在吾，豈終貧？」修業而息之，富如故。

時弘受方束首受書，竜山撫之曰：「吾視佔俾書生，或白首不能幾一遇。俟河之清，人生幾何？」遂命弘受通籍禮部，得官鴻臚司儀。弘受之爲鴻臚也，用覃恩貤封竜山公如其官。公既受冠服，一御而脱之曰：「吾布衫闊袖，焉往不適；大冠若翮，徒束人耳。」已而弘受上章歸養，取所敕剪綺繪龍金書而揭之，意欣欣然，自得曰：「兹天子之賜也。」公視之，殊不動色。豈古所謂銖視軒冕者歟？抑何其沖淡也。予時升公堂，公捷步如童。間與予登山，追公不及。予從後笑曰：「我獨未八十耳，八十時亦當如公矯健。」公握手大笑。曾幾何時，聞公病矣。病逾一歲而卒，蓋甲辰之九月十五日也。未幾，將卜藏於甫潭之陽癸山丁向。

先是弘受衰絰矍然來徵銘，曰：「知先君者無如先生，敢以請，其事行在周孝廉非熊所述狀矣。」予按狀，江氏於春秋爲侯國，歷漢、晉迄唐、宋，代有聞人。而在永新，則有唐豫州刺史顓武，翼大夫檀，宋宣和進士，楹數傳而至豐亨，亨生泗，泗生模楷，模娶於陳，生公。公名卓〔二〕，字以立，竜山别號也。生而瘁弱，家故無長業，公稍治産，任時取捨，十餘年間數致千金。己巳之役，居積没於盜。橐既單矣，而産猶治也。亡何而縣起大繇，數數倚辦，如索諸寄。公善茹淡，無綺繒之好。然獨治賓客，創先祠，設祭田，輯家乘，則不難倒橐成之。蓋善居積者，公之性；而不使有滯積者，尤公之識云。

〔二〕「卓」，底本模糊，據康熙本補。

公生正德辛巳六月三日，距其卒之年，得壽八十有四。元配金，繼室周，副室張、謝；張生丈夫子一人，即弘受，娶龍田賀思悌女；謝氏女子一人，嫁安成邑諸生陳應試；孫男四，長躍竜，娶清塘賀縣尉鍾甫女，次虯竜，娶沙溪邑諸生金閣女，次蟠竜，聘良方賀仲蘇女，季猶竜，聘陳應試女；女孫四，長嫁安成太學生陳國相子起鶚，次嫁城南賀照磨大節子繩章，次許聘良方賀思轍子瑞珠，其季者尚幼。弘受學於予，予因弘受知君誼，弗能辭銘。

銘曰：黄竜之山蒼蒼兮，小江之水湯湯兮。吁嗟！竜山得其子而益光兮。天語煌煌，永賁兹藏兮。

馮茶園墓誌銘

萬曆壬午七月之望，吾友馮君茶園夢熊卒於家。君生於嘉靖己丑六月十二日，比卒，年得五十有四。往丙子春，予偕君泛洞庭，謁楚侗耿先生。今之年二月，又偕君觀潮海上，至五月始還。六月病作，予即君寢視疾，君疾且稱已。曾幾何時，乃竟長逝哉。悲夫！是年九月，其子卜地於茶園山，將奉君葬，累然來請銘，且曰：「吾父知己，無若先生，必以銘爲累。」予按馮氏自永新下幽徙家今所。高祖貴隆能捐粟助賑，以義聞，祖莊，莊生子明，配王氏，生君兄弟六人，君其季也。

君字呈兆，嘗爲邑從事。時大吏臨胥吏甚威，君發憤曰：「丈夫不冠纓，遂不能自活耶？」滿兩考，竟棄去。遇予談學里中，喜曰：「吾乃今知良貴固在我。」遂壹志向道。族之人故好以力加其鄉，君爲陳善惡利害，又數數聯家會，聚族而訓之。衆稍斂而受約，爭自濯其舊習。間弗率教，多爲官司所困踣，以是益就君繩削。族故有祠居，更修葺之，爲置祭田，祀制祀儀焕然改觀。

茶界盜發，連永新奸細表裏爲患。予近里數中盜，長吏觀望，莫誰何，務相蒙蔽。中盜者之家聞告之長吏，長吏則喝曰：「我在何敢盜？」笞之數十。於是中盜者噤舌不敢言。盜乃益熾。予謀之君，君曰：「彼匿不上聞便已耳。今郡縣長吏方入覲，盍乘間呈諸路使者。」諸路使者下其事郡邑，視篆吏相顧駭汗，於是始謀收盜，移檄湖南格捕戎首。蓋茶之堯水，數號盜藪，竟駢首就勦。先是郡邑吏銜予發其事，數抑頓諸中盜者，諸中盜者籍籍稱怨。予病之，以告君，君曰：「子計不顧後而辭怨日前乎？」贊之愈力。蓋至今兩境幸無盜，多君之力。

鄉約行有目，故事赴訴者輒率數輩往訊，藉第令理直，費食飲無筭，民甚厭苦之。倪侯特以命君手帖，慰勞再四，君一洗故習。於是鄉族細事爭聒君，君聽之不爲厭，糾紛立解。俄有詔，概度天下上田，里人爭推君督丈，君胼胝阡商間，人人稱平，然形神憊瘁甚矣。

性好客。家去石廊洞可五十武，而近結庵洞口，棲遊客。客至，輒奉杯酒接殷勤，久之弗懈益虔。諸名士多與之游，贈詩盈帙。晚歲好慕禪，時時瞑目坐，忽若有得也。間以私予，予笑曰：「此所謂捏目見日，不當更進是乎？」君亦頷之。乃竟長已矣。悲夫！

君配湯氏，繼張氏；子一人，時達；女一人，適彭繼羔，俱湯出。時達娶李氏，生男子一，兩女子，俱幼。墓向辰背戌。予既次其生事，遂爲之銘。

銘曰：矯矯馮君兮，噫！志遠途促兮，噫！從我東南兮，噫！杞梓俄摧兮，噫！白楊瀟瀟兮，噫！

劉母陳太安人墓誌銘

按狀，太安人者，茶陵西礱下里人，陳公如珍女也，生十有六歲，歸封吏部劉公。劉時未顯，家世食貧，姑周孺人即世，太安人爲長子婦，時時治麻縷，育彘雞，以佐朝夕。繼姑蕭孺人重太安人，不敢以婦蓄之，乃太安人奉蕭孺人益虔。既而，諸弟有室，咸仰給太安人。太安人又嫁其前姑之女，若嫁己女，所需無不立應。

丙戌，禱於衡岳，生督學公。督學公幼穎秀，能讀書，同學少年多貴驕，飆甚腆侈。太安人既慮其非，所以居子而家復窶，徒恃紡績、畜養之資。資又不繼，則令督學公辭去外傅，督學公益感泣，自扃户讀書。太安人時持績器引燈共之，女紅罷，書聲亦休，以是爲常。已舉鄉試，太安人稍稍喜見色。然督學公自其少好修，郡太守以下，一無所造請。里中媪見太安人尚食貧，至相謂：「若子無乃迂。」太安人不謂迂也，曰：「士固有志，何必借資爲食？」方修贄，佐督學公遊念菴羅先生之門。返必問：「羅先生云何？」則令謹行之，毋辱羅先生。丙辰，成進士，授南昌令，爲太安人設重肉，太安人揮去之，曰：「吾自習藿食，厚享不祥。」故督學公在南昌以廉介聞。徵入吏部主事，既滿考，太安人膺封典，益兢兢自持。尋以郎晉江西少參。請於太安人，乞終養。

是時俸入稍厚，太安人又善治家，家日以裕。然性喜施予，自封吏部公之弟，至其前室女若前室女之子，及太安人二弟，下逮疏族外姻與鄰里之貧人，無不以次周厚之。或以此頌太安人，則太安人又遜謝曰：「此非老婦之能，固吾兒之德。向令兒稍私其財，即老婦有心，孰取予之？」自是里中人賢太安人，又益頌督學公之孝云。萬曆乙酉，督學公起官廣西。未幾，移雲南學憲。再疏，得終養，則太安人實許之。太安人性嚴肅，御諸子婦不少假色詞。即張安人既貴有孫矣，小不稱意，輒面督過，必悔謝乃已。既老，以筦鑰屬張安人，乃稍爲寬和。待人款款致笑語，然太安人即笑語，人無不莊聽之。其肅如此。

太安人故鍾愛少子，少子既夭，又絶憐愛其遺腹之兒曰世楨者。先是督學公卒，太安人哭之，張安人繼卒，太安人又哭之，然强健未衰也。及世楨死，太安人哭之慟，於是始衰。未幾，遂捐世矣。蓋萬曆丙申二月五日也，距生弘治乙丑五月初四，享年九十有二。子二人，長即督學公，名應峰，娶贈安人鄧氏，繼封安人張氏，次應巖，娶張氏。孫男五人，世棟，州學生，娶孔氏，繼陳氏；世楨，巖子，州庠生，娶陳氏，繼段氏；世樞，府學生，娶彭氏；世楷，州庠生，娶廖氏；世標，州庠生，娶尹氏。曾孫男十四人，志卓，州庠生，娶彭氏，志唯，娶羅氏，志中娶譚氏，志章、志焜、志完、志宏、志萃、志勗、志煜、志寀、成生、慶生、文生。玄孫男三人，震、恒、宜。生孫女四人，曾孫女三人，玄孫女一人。卒之年，長孫棟將以某月某日，啓封吏部公之兆合焉。平自爲狀，屬銘於予。予習督學公，聞太安人之賢素矣，誼不可得辭，乃爲之銘。

銘曰：娶以爲養兮維妻之能，仕不爲貧兮成子之廉。身嘗荼兮班相憐，心則慈兮色斯嚴。澤延綿兮曾玄翩翩，宜配君子兮以伉茲阡。

先妣彭孺人壙誌〔一〕

甚矣悲哉！不孝孤之痛母曷窮已也。母生男女凡二十人，而早生男咸夭，年三十四始得不孝孤。母初苦無兒，及舉不孝孤，飲荼啖菲不食肉凡期月。或諷之惜身，母泣曰：「吾得子即

〔一〕 按：此文底本多處模糊，據康熙本補。

死目瞑，他奚計？」蓋自生不孝孤，又相繼舉兒七，今成立尚五人，然而母之神漸瘁矣。甚矣，悲哉！

不肖甫六齡，令拜師于塾。母先甚惜兒，而付之塾師不甚惜，曰：「是所以成之也。」十三出就外傅，每出之先日，母輒經營不自逸，迨至館次，意所欲無弗得。不孝幼驕，不省事，所需資糧，母一一戒侍兒供之。間匱乏，則負擔者應期至矣。孤初試於郡邑，母且送且言曰：「我婦人不習功名事，然嘗孕兒，心私計必女，及得兒，則喜溢望外。即舉女，亦不甚悲，以素所望者下也。子於功名宜亦如是。」間强病就試，母又戒之曰：「身之不存，官將安用？」故不孝數數念母之言，熄熱中矣。庚午，孤領鄉薦，母喜甚，則數叮寧孤曰：「子性甚暴，爲士猶可，爲官而如是，受兒之毒者必多。且老婦往見長人者，而暴苛類不善終。子謹識之。」比兩上春官不第，母迎謂曰：「我不憂子不第，而憂子以不第憂。人生貴知足，心奚有窮極哉？」蓋自是不孝得嘗母之意，始決志不復應舉。丙子春二月，孤入楚問學耿先生，母平時見兒遠出，不垂涕，曰：「丈夫家四海，無容涕。」及是行，則見母忽忽不樂，而不孝心始疑。比歸，母容日癯，告孤曰：「我今來不善飯，登牀則足不舉，時令侍女夾扶之。」孤以爲是高年者常事，不謂竟以是歲病不起。甚矣，悲哉！

母性甚嚴肅，戒令諸子婦，無敢諠譁，又教之和。蓋十五六年，妯娌未有失色于室中者，皆母之力。居常，潔静縝密，雖甕盎盃盂，置之各有常處，稍移易，即令復其常，不失尺寸。遇貧者與有急難者，憐而思濟之，而尤厚於族黨與其舅氏。斯皆丈夫之所難，而母行之，若出其夙植者。甚矣，悲哉！

母爲永新浯塘彭氏，其先祖九萬一門死義，稱忠節孝烈之家。父諱處進，以義旌娶同邑金氏，以正德辛未十月七日生母。及笄，歸我先君，諱陞，字于喬，號淡菴，姓劉氏，爲藩從事，授大通關提舉。先君卒後七年，母卒，時丙子十二月十七，年六十六。男五，長即不孝元卿，以《春秋》領庚午鄉薦，次上卿、貴卿，俱補郡諸生，次國卿、次天卿；元卿娶烏溪陳，上卿娶浯塘彭，貴卿娶高山趙，繼娶本里甘，國卿娶北溪周，天卿娶烏溪陳。女三，長適陳千户其道，次適厚田周嘉貽，貽卒，投石誓必從，竟以憂死，士林嘉之，著《志節録》，事載《永新縣志》，次適顔問邦。孫男六，吉兆、吉瑞、吉良、吉星、吉期、吉占；孫女四，咸幼。

明年正月六日，附葬於克都府君之墓。克都公，字子敏，由密湖徙南溪，爲劉氏始遷祖，迨今凡二十世，墓向辛戌負乙辰。母兆如其向，距先君黄岡丘隴五里而遠。不孝子元卿號墓隕絶，敢竊述其所以哀痛思念者，而納諸幽室。昊天罔極，嗚呼！痛哉！

萬曆丙午十二月不孝男元卿撰。〔一〕

〔一〕按：此句底本原無，據《南溪劉氏續修族譜》補。

亡姑周孺人墓誌銘

吾姑周孺人之喪六年矣，而其季子之望以狀來請銘。狀，予甥周垣所著也。垣之母爲予亡姊，適周嘉貽者，姑女畜之，姊死而撫其孤垣如孫。垣之狀姑也，泫然悲不已。而予又忍銘乎？雖然，吾不欲姑無銘。

始吾大母姚生孺人，而甚愛之，笄而歸周氏。時寒泉公蕭然儒生，箸廢裝單，又用孤子持門户，公私逋積正鉅。周之族人姻戚咸以富家女難孺人，孺人晨興治滌濯，雍然也。已又脱簪珥佐諸費，無難色。則咸喜曰：「是賢婦習於姆訓者。」孺人及事姑劉，又寡嫂嫠〔一〕姒，相與依孺人，孺人推食共之，無不適者。寒泉公娶孺人，久之未有子，孺人不懌，數數勸公置貳，公謝不可，則爲公選宜子者女致筐篚焉，其女悔，欲自殺，則已之，而捐金不問。又擇得張氏女良以進公，孺人爲降禮待之。居無幾何，張氏死，死且泣曰：「天乎，吾無以報孺人，死當從地下丐冥司〔二〕令孺人有子。」孺人亦哀之如己女。居無幾何，孺人忽自妊，數歲中連舉兒三，時年迫五十

〔一〕「嫠」，底本模糊，據康熙本補。
〔二〕「冥司」，底本模糊，據康熙本補。

矣。幾不可得而得之，豈非天報哉？孺人得子晚，而不爲姑息，特憐愛其季者。季稍穎，能讀先秦古文書，年十，應郡邑試，諸長吏殊數寵異之。已而值數奇，碌碌無所知名，竟孺人没之三年，才得補諸生。時孺人已葬矣。孺人生而習見先王父行誼，時舉其事向家人誦説，蓋淒然涕沾襟也。以故遇乏，因多倒槖資之，不以無爲解。性寬緩，即有所甚怒女奴，不深督過之。諸女奴咸適孺人，欣欣如也。

孺人生丁丑，卒距其生丁丑者加九年，葬下幽村龍形。子三，長學程，娶於尹，先孺人卒；次學張，娶於賀；次之望，郡諸生，娶於劉。女二，蕭慕黠、徐錦一，其婿也。孫男二，孫女一。

銘曰：擇宜子者而不子，不虞己子而卒子。孺人所以承天與？天所以福孺人，庶在於此。其季者賢當青紫，行有龍章。賁松梓作銘者，誰兄之子？嗚呼！孺人終不死。

孝子趙奎三妻周貞婦墓誌銘

周貞婦者，諱淑素，横聾人。文莊公嘗誌其父之墓曰：「婿殉於孝，女甘于節。」蓋指貞婦云。貞婦蓋烈士趙仁二之家婦、孝子奎三妻也。

嘉靖壬辰，强寇彭政煽亂山谷間，掠嚴田，反兵攻楊宅。仁二率鄉兵捍寇，三勝之，賊氣不振。俄而履陷淖中，踣，爲盜所執，欲得甘心焉。奎三方督餉，聞變，亟奔賊所，請身代，弗許，請以家賸，弗許。計晝無所之，怒髮上指，拔刀劫賊，賊怒，并殺其父子，投首烈焰中。鄉人震駭，潰奔，廬舍爲空。賊既退，貞婦求骸骨歸殯。士大夫哀之，爲上其事當道，當道哀之，而莫之爲表其閭。貞婦哭之三年。既除服，其父及兄弟交口勸貞婦改適，貞婦笑曰：「此言曷爲至於我哉？昔者吾舅死於賊，吾夫又死焉。第令未亡人爲賊所得，當蹈刃明志。今既幸生，獨奈何有面目事他人，爲吾舅與吾夫子之羞。願勿復言，言之徒速我死耳。」於是人無敢向貞婦言改適者，遂與老姑郁共處一室，敬事終其身。先是貞婦無子，而獨撫稚弟伯潮。伯潮既有室，則事貞婦如母。潮子四人，而以其次子師參爲孝子後，以奉貞婦。

貞婦生正德戊辰十月二十二日，没萬曆癸未十月二十三日。自壬辰嫠居，距没之日，守志五十二年，得壽七十有六。女一人，適嘉山郁某。貞婦、孝子以例俱當得旌，而無有題請之者，然邑大夫扁貞節矣，督學使者扁一門孝烈矣。頃予預修郡乘，爲孝子立傳，而以貞婦附焉。斯亦足以彰懿而發美哉。兹貞婦且以某月日葬于本里對岡祖墳之側。而其所後子師參持其侄庠生師聖氏所爲狀來徵銘。予既嘉其一門而備忠節孝烈，又喜其生於吾鄉而足振風維世也，銘固不可得辭矣。

銘曰：是爲貞婦周孺人之墓，孝子之妻，烈士之冢婦。慷□從容，咸中其度。宜爾子孫，永昌厥祚。

顔母劉孺人墓誌銘〔一〕

自予先姊適顔氏，而予狎知顔貞婦。賢顔貞婦者，兵部員外郎梅岡公之子，歸顔而爲東岡公旦之妻，廓軒公儲之仲婦也。廓軒有三丈夫子，俱補太學生，長者雙溪，季者敬齋，其仲爲東岡。貞婦之歸東岡也，能習爲婉嫕，内外安之。東岡没，貞婦時抱兩孤子，然年才二十有六，踴踴欲絶，即潛入臥内，縊以殉，家人驚救之，得不死，已又縊，又救之。姑疑不可卒免，以告劉安人，促員外公親諭之。員外公則諭以立孤與死孰難之義，言甚悽惻。貞婦聞之，愴然爲變前計，矢心勵節。

已而廓軒公即世，兄獨督家，性至嗇儉，所以養寡孤者甚約。既廢箸，多私其田之腴者。即有家難，則又推貞婦，使厚佐其費。貞婦解珥予之，殊不有難色，曰：「天乎！曩吾不愛旦日之命，即忍須臾亡死，惟是藐諸孤之謂何，終無以報地下耳。未亡人豈敢以糞土故，憾吾夫之兄弟，而猶未置焉，惟産之睥睨，所以憾之者。」百出而百不可堪，貞婦若爲弗聞也者，而瑣窗卸飾，淡如也。乃獨一志推教子爲圖。亡何，其姑没，貞婦哭之甚悼。又亡何，雙溪死。死之十年，雙

〔一〕按：此文底本多處模糊，據康熙本補。

溪之子又死。顧獨遺一孫，貞婦獨憐愛之，曰：「吾習寡孤，若吾不字孤，誰當字者？」人咸謂貞婦不宿怨而報以德，即丈夫猶難之矣。

予先姊之歸也，逮事貞婦，時時向予道貞婦賢，予得耳熟焉。又予嘗莊事三五劉先生，先生傳貞婦事尤詳。而羅太史念菴故弗爲溢言也者，於貞婦有大書。諸路使及郡縣長吏，自滄溪學憲而下華扁綵帛翩翩焉，莫之可勝道也。他薦紳士咏歌，亡論已。

貞婦之没也，爲萬曆戊子五月，距其生正德壬戌正月，得壽八十有七。卒之日，二子皤然，曾玄十數，羅其前而泣貞婦，亦可以藉手報地下哉！倘所謂節孝之福然乎，非耶？是年某月某日，其孤將奉貞婦柩于孤原山大母王氏茔側，與東岡公夾兆而葬。而以書與狀來請曰：「先寡母之所借以亡朽者，惟在吾子。」吾弗能辭。

按狀，貞婦子二，長者子敬，娶司訓仲山劉公昂仲女；次者子祥，邑諸生，娶顓蒙劉公濟甫長女。敬子二，問邦，娶予姊，即所稱逮事貞婦者也；問仁，娶歐氏。祥子三人，曰温、曰潤，蚤卒；曰清，娶彭氏。孫女三，曾孫男四。邦之子，欲章、欲華、欲藻，問仁之子，欲申。曾孫女二，玄孫二，匡孫、相孫，婚聘皆名家。

銘曰：謂死難耶？則貞婦勇於殉也。謂立孤難耶？則貞婦堅於危也。謂不藏不宿難耶？則貞婦性於仁也。笄而幃者，女子耶，何内行之淳備也！須而眉者，丈夫耶，何志操之寥寥也！

郁母蔡孺人墓誌銘

孺人，邑之芳坪人，姓蔡氏。自幼婉嫕，笄而歸合村郁中州君本愚。中州少孤，孺人及事繼姑羅氏，以孝聞。歸劉氏妹，蓋羅出也，孺人爲操絲枲、脱簪珥，嫁之如其女，柔滑旨甘之具亡論已。羅年八十，没之日，猶祝天曰：「天乎！吾獨何以報孝婦！」乃孺人則以謂：「吾弗逮事舅姑，獨此差可寄吾情爾，何名爲孝婦哉？」中州負氣不能下人，家務日繁，孺人左綴右緝，起視先業，乃益拓之，孺人故自有婦才云。年才二十有三，而中州亡。時遺孤甫五齡，孺人毁髮膚，哭痛殆絶，義不辱，則自誓以杜求者。人不敢復諷更嫁，而孺人卸飾衡關，終其身不踰閾見人，族子姓至不一識面。居常與宴會，不觀劇戲，曰：「未亡人無爲貴燕樂，翻用悲傷耳。」閫以外事，多付之諸父。顧獨壹志提六尺之孤，而訓督之以學。其孤亦兢兢緣繩墨自修，不敢自逸於母儀，則孺人所恃以報靈修於地下者乎？

狀稱孺人御子媳、女獲，惟其寬；奉賓客姻戚，惟其厚；賑窶人恤乏族，惟其義。其事甚富，予不悉著，獨論次其大者焉。孺人生嘉靖戊子某月，没萬曆戊子某月日，得年六十有一。子一，汝榮，即所稱五齡孤兒者也，娶賀氏；孫男一，聘趙庠生師賢次女；孫女二，長適予姪吉瑞，次適彭某。没之明年，葬孺人於本里某山某向。述行狀者，趙庠生師聖也。介孤請銘者，予弟上卿氏也，元也則曷敢辭。

銘曰：姑繼也而孝事之，明於爲婦也；身不爲繼也而貞守之，明於爲妻也。夫死而忍生，意在孤也；植孤而永祀，意在夫也。其存，有所以存者也；其死，有所以不死者也。嗟乎！

明故郁母張孺人墓誌銘

張孺人之將葬也，其孤明初氏持其業師趙庠生敬菴君所爲狀來徵銘，曰：「先嫡張孺人之撫不孝孤也，過於其所生，念非有道一言，無以揚懿美不朽。」予哀其志，弗能爲遜，乃按狀而志之。

狀曰孺人姓張氏，出梅溪望族。自幼婉嫕，服姆訓。笄而歸葛村方池郁君。君少孤，猶逮事其姑馮，以孝稱。事方池君甚順正，然數舉子而數殤，則勸方池君置妾。方池君將置妾，人或謂孺人往往陽爲勸而陰擠之，不足深信。乃孺人於李氏之及門也，比肩而行，比鏡而裝，比室而居，不知有彼此。及舉明初氏，乳之如子，不知其非己出，而明初氏亦不知其爲李出也。嗟夫！世婦人無論剛愎自健，即甚柔脆，平居溫溫，言不出口，語及置妾，輒面發赤，罵詈滿室，咎及媒妁與諸所從吏者，刺刺不置。既入門，百計相攻，必無幸於其夫乃已。或陽浮愛之，使夫不疑己，然後伺便浸潤，若深諳其妾之所爲者。雖黠男子，不覺墮其術中。及妾黜、嗣絶、夫死，權落旁支，從子四起奪其産，朝夕不能自存，乃駭而悔之，既已無及。而他家妬婦猶相踵其所爲不止，則人之妬心，豈易摧克，然後乃知孺人之所以爲難乎。

孺人既有子，居亡幾何，方池君病卒。孺人抱孤，哭甚哀，撫愛加虔。擇師得趙敬菴，屬而教之曰：「先夫所不泯者，惟此子。此子也才，吾惟子之惠。」敬菴感其言，莊臨之。其孤亦肅教，不敢以嬉見。已而復令其受學於復禮，惟恐其或蹈匪彝。蓋孺人之所以生成訓誨其孤子，始終一心如此，是可以不謂之賢乎哉？

孺人生嘉靖丁酉九月，殁萬曆己巳正月，得年六十有八。子一，即明初氏，名汝德，李出也，娶張氏，繼娶蕭氏。以其卒之年十二月丙寅，合葬于方池君墳右，蓋孺人所宿營也。

銘曰：娼臣忌賢，娼女忌色。巧讒掩鼻，狠乃醉骨。有美淑姬，弗嫉弗妬。寔能容之，綿基永祚。子其媵子，不啻己出。食之誨之，遹成其德。婦教不明，惟世大患。特揭懿行，以彰壼範。雙魂青塚，鬱鬱蒼松。佑啓嗣人，明德是崇。

王母周孺人墓誌銘

予少與王君必彰共學也。王君循循修謹，言若不出諸口，予心儀之。已而一乳得二子，又同歲爲諸生，人以爲奇。乃君念舊好，復遣其二子從學於識仁。二子恂恂有父風。予謂王君：「君家何再世雅飭爾爾？」王君泫然雪涕曰：「不孝孤蓋奉母氏教，不敢失墜云。」王君纍然在衰絰，因出一紙懷中，即其母孺人狀也，曰：「銘敢以累子。」予不能辭。狀乃母孺人從弟孝廉惟中所著也。孝廉，予畏友，里中稱端士，言必不溢。予因按狀志之。

志曰：孺人，周君某之女，歸王爲岡泉君配。凝静柔淑，及事其舅姑惟謹，舅姑安之。復工紡績，勤畜字，以佐岡泉君學。岡泉君因得壹志修業，試輒高等。既留滯諸生，中不得意，則益豪俠好客，門外多長者車，時繫馬呼酒爲歡。孺人從中治具，無不適。岡泉君性疾頑惡，孺人以其間跪曰：「夫子奈何不樹德而市怨？」岡泉君爲解頤納之，而怨是用希。君有庶弟弗克自振，孺人以爲憂，左提右挈，無不盡其力。已復使酒廢業，孺人與岡泉君煦煦卵翼之。廢則割分業以贍，再廢則再割，又廢，不勝割也，遂併爨而食弟，老死不知有落魄之困。岡泉君友愛之聲，籍籍里閈，則孺人有力焉。教二子不爲姑息。尤謹奉祭掃，日頻繁婦職耳。其達理如此。孺人終于萬曆某年月日，距生正德某年月日，則壽八十有一。長男某，娶某氏，繼娶某氏；次即某，補郡諸生，娶某氏。女，適某。孫男三，應庠，娶某氏；應序，娶某氏，即所稱同乳同歲爲諸生者也；應府，聘某氏。女孫、曾孫俱幼。以某年月日葬于某山某向。

銘曰：翩翩公子，再世愈奇。孰乃成之？爰此母儀。母儀伊何？厥有庶弟，撫之翼之，終焉弗替。豈無他行，其他可能。揭此貞石，以詔玄曾。百爾君子，不視鬚眉。彼姝者子，庸曰笄褵。

祭告

祭劉養旦先生文

萬曆丙戌春二月二十有五日，養旦劉先生以疾卒。卒之十日，而其舊治生劉元卿偶得聞之，且信且疑，而時又方有閩海之行，竟懷其疑信之半以往。至七月返舍，則知先生果長逝，涕淚交頤。將往臨會，賤事相牽，忽忽至十月。而先生令子以書來言，是月之二十有五日，奉先生葬于州城南渡之陽，使元也治筆墨以從。元也聞而涕焉，曰：「復禮之辱言猶在耳，吊問之未行而以召往，先生其謂我何哉？」

先生之出也，其治行在江之右、粤之西。兩地之民思而祀之，此猶曰職也。先生之處也，便民有規，而役平度田有法，而賦均剿寇有機，而患殄惠溥無跡，功成不居。茶之人思而祝之，此猶曰才也。先生之居室也，貨而無私，入而聽命於太夫人者，終其身。立朝未幾，乞養之疏屢上。侍膳侍劑，躬行僕妾之役以爲常。稍稍遠親側，淚痕濕枕席矣。殆所謂五十而無改嬰兒之慕者乎？此猶其内行也。先生故重修潔，不欲抗顔爲人師。有感於廬山胡公之一言，遂以斯道自任，臯比談學，從者雲起，薰其德而良焉，無慮幾千人。而先生方且勤勤懇懇，於虛談之戒，真若痌瘝之在其身。斯所謂渾然與物同體者乎？夫出可以修職，處不必惠於民；孝可以諧親，道不必傳於久，非完業也。故得縣以鳴琴致理，居窮以拔薤贊治。南遊而興悲於轉轂，從善而廣教於關中。載之往録，豈無哲人，有如先生以一身兼之者哉？蓋先生之學，以誠爲本，以踐履爲寔地，以機神爲妙用。故内外出處，一以貫之，皆誠之所流，而厚之所發，井井如也。而今而後，赤子何所仰芘，後學何所儀刑。感此痛心，侑之絮酒。先生有靈，無舉我一觴乎？

祭耿天臺先生文 代衆作

於惟聖學，㞧于明興。彼美耿公，衡嶽降神。跡公學脉，敬兄愛親。循公學路，事賢友仁。譬山嚴嚴，誰不稱奇？平平大地，乃舉載之。譬井寒泉，載潔載清。淵淵滄海，孰量其深？昔爲侍御，堂堂正正。袖中彈文，分宜新鄭。嗣領督學，髦士有造。江左風流，一變至道。薦登卿貳，博大寬平。培植仁賢，爲國之珍。始公侃侃，人推風節。其造彌弘，知者什一。不寧居官，維學亦然。初謂作聖，不越踐倫。既而存虛，兢兢致力。一日舉扇，忽焉智及。謂此良知，徹地通天。視聽言動，即禮所生。匪炯在膺，匪出應事。顯微内外，通一無二。如寐初醒，如狂初已。他人於此，斯以已矣。公曰此知，誰則不良？以仁爲任，知乃益光。諗惟孔學，生民未有。流仁萬世，寔惟師友。若亡若虛，不厭不倦。惟庸乃大，賞音益鮮。人亦有言，貴在知希。我儀圖之，惟公庶幾。公既乞骸，益密益精。爰著《學象》，以告同心。衛道閑微，矻矻以老。彌留非憂，觀生自考。惟賢等，或勤仰企，或叨提耳。復有天幸，徽好叔子。嗟惟世學，日陷而離。指南云遠，孰定羣疑？煌煌帝命，輝映菟裘。宛其逝矣，功則千秋。執紼末由，臨風晝傷。生芻遥奠，神與俱將。

合邑公祭夏父母文

六合元元，宅生惟令。胡其重之？與民立命。才吏如林，聲施藉甚。雖則藉甚，民生寔病。譬彼太醫，車服鮮盛，用劑乖方，無救危症。樂只君子，人之彦聖。所居平平，久而益咏。卓彼樸翁，悶悶其政。木止衡平，冰清玉瑩。望之朴然，其言也訒。動色春和，秉節霜勁。學有淵源，修身克敬。事賢友仁，虛己以聽。默而識之，優游涵咏。日履有録，密以自印。不博名高，不與物競。約己愛民，垂紳以正。訟者踵來，迫而後應。民止亦止，載其清浄。是是非非，如川斯映。擾擾私謁，靡摇其鏡。無黨無偏，民情各盡。訟端潛熄，琴堂晝静。狷潔自將，自衙懸磬。蠹是務除，旁無落柄。大盗如狼，大猾如獍。公奮以法，惟霆斯震。謗言朋興，三至或信。

公曰噫嘻，孰妖無釁？櫝懸匳事，聞過則慶。匪貌從之，更也不吝。比及再期，頌聲丕振。吏畏民懷，四方綏靖。始公之行，行以入覲。曾幾何時，聞公改任。公之請改，所慎者疾。詎謂一疾，中道而瞑。妻不視含，子不憑襯。天之報施，豈必在順？嗟嗟人生，隙駒等迅。即及錢鏗，八百一瞬。公澤在人，千古長潤。死也不亡，曷其有竟？某等叨公，帡幪覆載。其並〔一〕聞公之喪，忉怛不勝。公不負天，不負百姓。人之云亡，自天不整。公之愛民，如子在孕。公之愛士，靡使由徑。公今仙遊，鳳凰千仞。其德日光，其論日定。如祜於襄，如僑於鄭。瀘江可涸，遺思難罄。哀哀父母，詎得引殯。道路阻修，素車輟軔。人選一錢，再拜以進。粗當札劍，聊以爲殉。

祭喜聞太史文

嗟嗟！喜聞何遽捨我而逝耶？方君北上，予送之玄潭，執手而别，音聲在耳，儀容在目，離情在心，手書在案。忽然訃至，予疑爲夢也，乃今夢者真耶？憶將别時，勸予養生，意予及老，藉是少須臾無死。乃今壯者先逝，老者猶幸存，豈其夢耶？又謂：「予兩人者，生同心，死宜同穴。吾他日歸，當卜善地與叔父共之。」乃生還之期，化爲死歸，卜地之人杳然何在？豈昔所言者與

〔一〕「其並」，二字似衍文，或此處有脱文。

今所聞者悉屬夢耶？嗟嗟！龍蛇之歲，賢人當厄。比吾邑科甲中，相次死者近十人，而君繼之，令師塘南王先生又繼之。豈其皆夢耶？抑其夢者皆真耶？吾殆無以爲情也。

昔者都下，予官春曹，君居翰苑，予欲明黄安之業以正人心。惟時談玄妙者生風，道中庸者短氣。君從旁力贊，以爲至庸至常斯真玄真妙。予氣頓壯，而持説乃益堅決，則君之賞鑒助我爲多。及予居里，君亦在告。予既耻於干謁，君復掃軌公門。乃予鄉僻陋，盜賊苦不上聞，人奴易於叛主，妖巫恣肆，尤賴成風。諸如此者，不憚敷陳，或予開端而君和，或君首事而予從。十餘年間，鄉有善俗，里鮮横農，左提右挈，惟君之功。族屬散居，涣然無統。始議創祠，嗣乃輯譜。君悉力經綸，比肩共事，惟予言之是從，讓成功之居已。豈但無患，苦於掣肘，且得以展布其四體，令車兩輪不共棘軸。事之成否，未可知已。嗟夫！嗟夫！斷斷休休，吾始以爲徒虚語也，乃今見其人矣。有其人而天不使之爲朝廷之用，即奪其官，令用之一鄉一族，何不可者？而竟短其年。天真無情也哉！嗚呼，吾欲問天，天不可問。門巷如前，空堂旅櫬。嗟後死者先失手足，所存無幾，焉得勿哭？

哀劉嘉生詞

丙午之歲，孝廉劉嘉生自湛江水以殁。越明年冬至後三日，所承繼子奉柩而葬。友人劉元卿哭于其墳，爲楚些以哀之。詞曰：

有彦士兮，鄉之楨些。志激烈兮，氣崢嶸些。父班馬兮，祖顔曾些。心殷殷兮，求友聲些。家史清名動帝京，與子相視如弟兄些。不穀無能爲重輕，每奉隻語同圭珩些。落紙龍蛇神鬼驚，赫赫文章冠時英些。鵬摶羊角九萬程，欿然曾不以爲榮些。里舍豪民肆縱横，農家紛紛金鼓鳴些。志將僭侈盡削平，以兹重拂羣小情些。矢心自比冰玉清，耻以私干紊公評些。兒心母意兩違行，有時孤墳泣沾纓些。豈知帝遣馮夷迎，橋頭暗浪如山傾些。江心捉月跨飛鯨，乘風一瞬朝天庭些。立從子兮紹宗祊，有三女兮漸長成些。彭殤壽夭總浮萍，况復没世留高名些。汝魂漠漠水盈盈，毋爲妖厲爲景星些。我作楚歌招嘉生，魂來不來心怦怦，悲風四起淚如崩些。

祭甘時菴文

嗟我與君，居里延連。出入相逐，蓋亦有年。我欲正俗，君則率先。醵金舉義，君輒首捐。我遊都下，隻影自憐。國門相遇，握手歡然。比君作尉，南國稱賢。骯髒不合，掛冠雲泉。丘園即安，親愛滿前。置酒高會，山腰水邊。顧我而笑，兩俱華顛。及此行樂，永矢不遷。曾幾何時，君病已纏。宛其逝也，拊膺號天。憶昔結社，兄弟蹁躚。其人十二，而君與焉。屈指計之，六入重泉。余雖後死，能禁涕漣？君今已矣，有銘在阡。位不滿才，譽則永傳。賢子文孫，森乎比肩。讓福身後，簪紱蟬聯。有肉在俎，有酒在籩。君能記我，式降几筵。

祭尹從吾文

萬曆庚辰冬十月旬有六日，大憲幕從吾尹老先生卜厥明而榮窆，將永安於本宅。風瀟瀟兮帶慘，月沉沉以含惻。時乃婣家生劉元卿偕弟某某等發其絜酒，藉此隻雞，憑靈几而哭之曰：

夫何天地長存而雲流霧變，山川如故而物换人非。在有情而同感，孰無胸而不悲？矧夫至人，世爲傾企。羣所瞻依，一日而瞑。疇弗垂淒，佳哉吾翁。抱雲陽之秀，拔斯人之品。早榻跡於膠序，遂揚志於黔境。民懷惠鮮，政流善聲。嗟世路之難諧，業投簪而處静。將從吾之所好，務觀沖而自屏。雅雄堪輿之業，指畫江山之勝。辭其世宇，開此壯庭。既怡晚於泉石，亦宏登乎惻隱。謂希文之可學，誰有志而弗成。爾乃捐兹百畝，立其萬命穹碑。勒乎明德羣，言頌其宏仁。厥有二嗣，志遠才英。福自己求，流其遐慶。憶昔生平，握手見情。談吐風生，言靡不盡。充焉膚革，浩矣懷襟。聲猶存耳，貌未忘心。曾日月之幾何，見空堂之遺影。骸升淪於半氣，劃幽明於俄頃。靈根便爍，素車方騁。生留愛於某山，没即尊爲佳城。風月無恙，飄忽反真。悲夫！閱世如斯，我猶爲人。長跪陳詞，魂消骨凛。公有知乎哉，尚髣髴乎來歆。

祭趙中菴文

嗟乎！《易》稱龍德，《詩》咏友生。有味哉，其言之也。夫龍德以言乎其變也，友生以言乎其所以變也，吾於吾友中菴驗之已。方中菴之少也，縱心事外，疏略常節，或擊筑而豪歌，或攜持而游肆。當是時，蓋友貴游子弟云。彼其視賓賓肅括儒生，如車中新婦，氣色邑邑，流目而盼之，不以橫胸臆也。既而悔之矣，則灰念槁心，持數珠，跏趺坐，不復以物務于懷。中夕披衣起，懾心歸寂，間朗吟羅文恭《夜坐詩》，曠然視身世，等一漚之發大海也。當是時，蓋友方士禪伯云。既而又悔之矣，則與予南走黄安，東客蘭谿。久之歸，曰：「吾道自足也。」卒稟學塘南王公，盡棄舊學。夫中菴之所操凡三變，而其所師友亦凡三變。甚矣，師友之爲風雲也，龍之所化也。中菴其亦可謂善變矣，其亦可謂尚友矣。而奈之何天之不以良友卒畀予也。嗟乎！予尚忍言哉！予最下劣，生長卑賤之域，顧獨恃二三良友相與匡持，若賀時甫之矯矯振俗，彭敦讓之體履清和，馮呈兆之膽幹英發，甘善父之志行卓犖。是四子者之在我，譬之夫口鼻耳目。而我之有中菴，殆猶元氣之在經絡也。乃數年之間，四子凋謝，而中菴又復長逝。予雖未死，亦煢煢棲棲，如失羣之孤鶴矣。嗟乎！予尚忍言哉！予以病故，遂滯執紼，素車不來，匪予云䫜，臨風絶慟，寫此衷素。靈如不昧，盍翼我于末路耶？

告先考妣文

謹按，古人建祠，各祀其所宗，故有大宗，有小宗，又有繼祖、繼禰。小宗家設四代之龕，神享春秋之祭，何其周也。近世族爲一廟，各以其主合焉。主既雜而祭不專，甚則大祭所不及，而空主在廟，幾於藏祧者然，瀆亦極矣。習俗相沿，莫知其非。欲率人而從己，則不能遂；以己而徇人，則不安。元卿蓋繼禰之小宗子也。《禮》曰繼禰之小宗，以東龕祀禰，虚其西龕三，以待他日。謹於營建私宅，特立四龕。會顯考以今日生辰，因并請考妣神主歸就龕位，同申奠獻。伏惟俯從一念之私，永開五葉之慶。謹告。

卷九

引

識仁講院會規引

劉生伯藴來自識仁，且致諸君之命曰：「講院將梓會規，屬序於先生。」予曰：「子抑識仁乎？」曰：「暉也嘗求仁于心，一念雜，不敢不祛；一事失，不敢不正，則可謂云爾已矣。」予曰：「此制欲，非體仁也。」曰：「暉也嘗求仁於家，家之人有争，殫心力解之，然而未能。」予曰：「可矣，未大也。昔者孔子默而識仁矣，學之而不厭；學之而不厭，誨人而不倦也。欲立立人，欲達達人。人無不有此心，無不思所以盡之；人無不有此家，無不思所以和之。其爲仁不益弘歟？試觀孔氏孜孜一生，轍環諸邦，而猶思浮海居夷。其不厭不倦，至今可想。吾儕今日開設講院，聚友砥切，皆其創垂統業所遺也。是可以默而識之已。是故仁，人心也。求之念，譬之猶浚井也；求之家，引而之川也；求之立人達人，引而之海也。海則無盡矣，觀於海者難爲水，孟子蓋識之也。孟之死，不得其傳。求其能識仁者，不亦愈難而愈不可幾也乎？」劉生曰：「然則識仁已耳，規也何爲？」予曰：「上智者周旋中規，無所事規也。人不皆上智，規容可已耶？規之亦所以仁之也。陸子曰：『去所謂會規，而後仁心善性可復。』蓋有慨乎世之依倚繩檢者耳。善學，默識其所爲規之原焉。斯識仁也已。」

獨樹齋詩引

予友周思極自其爲兒時，已飄然不羣，或孤坐澤畔，觀水看花，竟日忘歸。間以其意爲韻語，則宿學長老咸嗟異之，故其時已有草盈囊，蓋性植哉！比壯，聞里中長者談餘姚之學，即又嗜餘姚之學，已又聞禪家子言，即又嗜禪家子言，靡不殫精力究其所謂，非若世之涉獵於諸家云者。維時稍絶詩不哦，最後遇予談學，時悟禪家子言之與世不相涉也，於是時時就予言學。亦或以其餘力爲詩，詩乃酷類唐人語。予甚賞之。則思極亦殫精於詩，往往取李滄溟詩側弁而哦。予詰思極：「李詩，《三百篇》耶？」曰：「《三百篇》也。」曰：「可以興耶？」思極默然。已又稍稍罷爲詩，亦罷李詩不哦。以故其詩雖高雅不羣，然草不甚富。

癸巳冬，從予北行。明年，先予歸，病作，卒于途。其子家昌撿得詩草一帙，曰：「兹先子之微〔二〕跡也。」予讀之，涕泗横下，相與謀梓以傳。或曰：「思極自童子時爲詩已，卒殫力學矣，意若不屑于詩也者，詩豈精耶？」予曰：「斯思極之精於詩也。夫詩以理情性，人之情性貴抑畏而不敢自是。故其中沖虚，好問好察，而可以達於政；其言温厚，不柔不剛，而可以使于四方。思極始以詩自雄，既而引道自抑，得情性之正已。斯深於詩者，莫如思極。唐人不足言，而何歷下之云。學子家得此詩繹之，真可以興矣。興吾抑畏不敢自是之心，其爲詩也，不已多乎哉，而又奚必《三百》？」

一德會規引

邇日吾里抑何其會之數也！曰麗澤，曰志仁，曰陳氏家會、楊氏家會，乃今王、嚴、張、謝，則又有一德會，是何其會之數也！昔之數會，以厚疑；今之數會，以起信。苟數會以起信，吾惟恐其不數也。《書》曰：「德惟一動，罔不吉；德二三動，罔不凶。」夫德，何至二三也。信則一，疑則二三矣。孟子道性善，而世子疑焉，則決之曰：「夫道，一而已矣。」「吊者大悦」，蓋一之徵也。後儒不然，一性也，以爲有氣質之雜；一德也，以爲有時而昏。夫既有氣質之雜，則何以

〔二〕「微」，底本模糊，據康熙本補。

名之曰天命之性？夫既有時而昏，則何以命之曰明德？斯無惑乎荀子之謂性惡也。荀子謂性惡，故一傳而遂流爲李斯之慘刻。是「德二三動，罔不凶」之驗也。甚矣，大德之貴一也，而一之貴信也。諸君以「一德」命會，其斯之能信乎？樂正子之優於天下，惟其信此善而已，信之斯好之矣。吾固謂今之數會也，以起信也。諸君子其甚毋疑吾言「夫德，一而已矣」。

麗澤會規引

兑，説也，兩相説，有麗澤之象焉。故《象》曰：「君子以朋友講習。」夫人情所説在此，則所交在此；所交在此，則所講習亦在此。下至商賈農工皆然，何獨至於士疑之。士之説，説學也。故曰：「學而時習之，不亦説乎？」惟説學，故樂朋。所説者遠大，則所友亦遠大。不至於盡一鄉一國，與天下之善士友之，未足也。故又曰：「有朋自遠方來，不亦樂乎？」説學而樂朋，雖世莫我知，樂亦在其中矣。「不慍」，言不改其樂也，不慍然後見君子。斯孔子之學也。當時知之者，以爲夫子賢於堯舜。夫堯舜爲君，膏澤易下；孔子以師友爲君臣，其流仁更遠。故其視回琴點瑟，游弦赤樂，雖《咸》英《韶》濩，袗衣鼓瑟，不以相易者。其所説誠深也。周茂叔每令尋仲尼、顔子樂處，所樂何事。有味乎，其言哉！楊宅諸髦士説於道，而爲會以相稽切，會曰「麗澤」。予爲申《兑》之義以勖之。其父者或戲謂二三子，宜領名思義，甚毋流而爲「利澤會」云。

則予復中之曰：「人之悦利者，不聞講習也。蓋誠默而識之，默而成之者。次所悦者，深則忘言矣。諸士觀於小人，亦可以得師。其亦何所往而不爲麗澤乎？」

謀道會籍引

丁未，大會於識仁講院。鄒生子允負墻請曰：「孔子云：君子『謀道不謀食。』農夫之謀食也，勤思而力耕，程土物量，時日具鎡基，無弗精也，無弗戒也。而何謀道者之悠悠乎？」予曰：「謀生於意有所在，而不可幾得夫。夫也以爲非稼穡則無以生，而不得其稼穡之方，則終莫幸而獲焉。故必多識於百谷，咨諏於老農。慮必周，惟恐其忽；種必辨，惟恐其雜。非苟爲勤而已。夫學亦然。古之學道者，知道甚大，不容以一察自得。是以學必博，問必審，思必慎，辨必明，夫然後篤以行之。蓋先之擇善也，善者至善也。釋『止至善』者，曰『邦畿千里』。邦畿，都會之地，非孤寂之村也。孔子曰：『德不孤，必有鄰。』孤德無鄰，非所以語邦畿之止矣。近學者初入乍解，各各自以爲良知在此，吾篤行之而已，是無鄰之孤德也。學問思辨自可束之空閣，其執方也約，其取效也易，故求友之情淡，而討論之功疏。是則吾儕謀道不如謀食之故也。」鄒生曰：「擇善大矣，善於何擇？」予曰：「善大矣，君請擇其大者。伯夷之清，不爲不善也；伊尹之任，不爲不善也。孟子以爲不同道，而願學孔子。孔子之善，必有大於夷、尹者，是在諸君之自擇耳。」諸君因約爲會，以商切斯旨，命之曰「謀道」，而簿以書其與會者之名與直會者之期，而屬予題其首簡。孔子曰：「道不同，不相爲謀。」諸君業同志矣，試討其道之所以不同者，必將有以復我。不然，五穀不分，而四體徒勤，得毋爲老農所笑。

雲遊贈語引

癸巳之夏，引空遊肝江，返而歷文水、過螺川以歸。解裝得鄧徵君、羅給諫、王奉常三君子，文各一紙。予曰：「富哉言也！三即一乎？」引空曰：「一也，以何爲要？」曰：「吾獨有味乎王公『種必入土』之語。」予曰：「知言哉！雖然，播穀者必辨種、辨土。佛氏以出離爲種，種之於太空者也。孔氏以仁爲種，種之於天下萬世之土者也。種出離之種於太空，則其曰修曰證，修證此出離者也。即令見聲色果如泥沙瓦礫，聞毀譽果如鳥噪泉鳴，臨刀鋸果如劃水斫空，吾猶以爲於性未悟也。種仁之種於天下萬世之土，則其曰修曰證，修證此仁也。雖好合而如鼓琴瑟，遇毀而憂心悄悄，避難而微服以免，吾猶以爲可以知仁已。是故辨種而種之土，雖有遲疾，至於日至之時，無不熟也。不然，終莫幸而成穀焉。甚哉！學者必慎其所種。種楊墨老莊之種，而欲成孔子之仁，猶播菽麥於石而幾五穀之熟也。孟子曰：『五穀者，種之美者。』孔子曰：『擇不處仁，焉得智？』蓋辨於所種矣。韓昌黎之送文暢也，曰：『惜其無以聖人之道告之者。』

又曰：『悦乎故不即乎新者，弱也；知而不以告人者，不仁也。』吾知引空非拘其法不能即新者，故不爲禪語，而直以聖人之道告之。」引空曰：「故也。夫以出離爲宗，此蘆渡後教旨，亦非復釋迦色空不二之法矣。」予復有味乎其言，因述之以爲《贈語引》。

鄒氏學脉引

先儒曰：「切脉可以體仁。」夫四肢百體何與於脉？而切脉可以知其病。以是知百體四肢皆一氣之所流貫，而脉則所從候氣者也。醫書以手足痿痹爲不仁。不仁者，氣不貫也。人之爲人者，氣而通矣。下[一]萬世，皆一氣之所貫。故語下學而玄上達，氣不通於上，其脉沉而滯；語上達而淺下學，氣不貫於下，其脉虛而浮。此兩者皆謂之不仁。孔氏宗仁，而伯魚之《詩》、《禮》，子思之《中庸》，皆不失下學上達之宗。故天下謂孔氏一脉。吾邑中鄒氏祖曲阜，宗會稽。會稽之良知肇自孟氏。孟氏心氣不二，遥遥貫一家法。故言良知，必證之孝敬。其血脉相承可識已。鄒氏三世同仁，其大指具子予氏所刻《語録》中。王太常先生復闡明之，予無容贊一詞；第願世學者，卑之無色取而違仁，高之無證空而略行，則世道之賴於吾儕者多矣。此固子予氏

〔一〕按：「下」字前疑奪一「天」字。

丕闡謨烈、開啓後學之本意，亦其仁脉隱隱動於中而不能自已者也。

尚志會籍引

九江江君澹夫越千里訪道，甲辰晏歲，抵永新龍田劉成之宅。改朔之季旬，偕成之枉敝廬。既訂學數日，乃告予曰：「我江州於豫章爲僻郡，故學風稍替。頃成之以求友過匡廬，弔先賢之遺軌，悼後學之悠悠。予乃聯諸同學爲二業大會，命名曰『尚志』。諸同學相與商求『尚志』之義。予媿不足以發，惟吾子一言，俾吾儕得有所循而入焉，其汲及江州遠矣。」予曰：「『尚志』之說自孟子發之。志何以言尚，志於仁，則無以尚之者。夫仁，天之尊爵也，由是而之焉，之謂義。孔子亦曰：『君子義以爲上。』是故立人之道曰仁與義，德莫有尚焉者也。士豈無事？而彭更疑其無事而食，公孫丑疑其無事而餐。斯王子墊所爲舉事而問乎？夫事有二：有大人之事，有小人之事。小人之事易見，大人之事難知。居廣居，行大道，斯大人之事也。昔者樊遲蓋亦有不耕而食之疑，故請稼請圃，猶然彭更、公孫丑之志耳。孔子小之，小其非尚志也。尚志者，志於禮，志於義，志於信，斯其爲稼圃也寔大。吾儕爲學，須先辨志。辨志者，辨大人之事、小人之事耳。夫大人之事曰仁與義，殺一無罪，惻然而不忍，非其有取之，赧然而不爲，人皆有是心也。達之於所忍所爲，此爲大人而已矣。是故得志，則以此澤加於民，是爲大人在上位者之事；不得志，則以此修身見於世，是爲大人在下位者之事。不論有位無位，而吾之所以事事者恒無所改。夫孰謂士無事乎？諸君有意尚志，道不在遠，事不甚難。廣居自廣，吾能勿曠之；正路自正，吾能勿塞之。如此而已矣。夫苟如此而已矣，則亦何所憚而不鼓其志哉？雖然，孟子語萬章尚曰『尚友』。友進則識進，識進則志日益崇，斯又尚志之方也。邵先生曰：『昔人友千古，吾未及四方，遽可已乎？』吾誠更願諸君之無封其見於會，盍相與觀於海，而後知潯陽九派之難爲水乎？夫斯之謂『尚志』。」

説

心齋説

夫心豈不至弘哉？乃世之所以存心者細矣，何居乎？夫心者，炯炯乎一掬之内而若小，茫茫乎行運於宇宙之内而若大；思入乎微茫而若精，經緯乎日用倫常之間而若粗；自見自聞而若近，謨謀創造徧之乎一世、垂之乎百世之下而若遠。不〔二〕可以方所，執不可以定向。求可以

〔二〕 按：「不」字前疑奪一「求」字。

方所、執可以定向求者，皆非心也。近學者瞑目而思，凝神而想，戀清浄之光景而以爲定性，執虚明之氣象而以爲真常。詰之，則曰此至妙至妙者也。故涉言語則亂矣，涉應接則亂矣，投之乎艱難險阻之地，居之以紛擾煩勞之衝，則愈亂矣。若是者而可以語存心，則奔走乎宋齊魯衛之間，談説乎齊梁燕薛之庭，從遊乎陳蔡荆楚之區，皆不免爲放其心者歟？

且孟子之所謂放心者，則亦有説矣。入井而怵惕，而不能推之以保四海，放其惻隱之心者也；呼蹴而不受，而不能辭非禮義之萬鍾，放其羞惡之心者也。故惟有不忍人之心，即有不忍之政。非其道禄之，以天下弗顧，然後謂之存其本心，然後謂之求放心。夫豈若束手趺坐，低頭覓心，終其身於昏昧之鄉而不知返者哉！嗟夫！嗟夫！學之不明也久矣。彼無志者亡足論，乃有志之士勞苦没身，而不免出入其窠臼中，卒乎無得於聖人之學。其亦可慨惜也！夫聖人之爲學，將以齊家，將以治國，將以平天下。其達者固得以立生民之命，而盡行其學；其否者傳其學於萬世，亦足以開太平無窮。斯固所謂大學者。而世之測心眈静者，其亦可以平天下乎？其亦可以開萬世太平乎？此豈惟人不信之，即其心亦有不能自信之。夫學而至於無所裨於世，則何學之爲？故子夏曰：「雖小道，必有可觀者焉，致遠恐泥。」惟致遠而泥也，斯君子小之矣。故予常以爲通於天下國家之謂心，隔於人我而不通於天下國家之謂放心，學以齊家治國平天下之謂存其放心。斯言也，或庶幾乎所謂《大學》之道矣。

大忠字說

黄君國相，字大忠，爲邑諸生，與予兒吉兆遊，問其字之義於予。予曰：「夫忠，豈獨爲相者之道哉？忠之義，懇切而篤定之云也。故恕曰忠恕，信曰忠信，厚曰忠厚，言非忠則不能恕，非忠則不能信，非忠則不能厚。如是乎，忠之不可已也。故子而忠於父則孝，臣而忠於君則敬，弟而忠於兄則順。向非忠誠懇惻，惟恐其内負心而外負人，則雖施之父母且泛泛然，若生空桑，又況能忠其君與兄乎？故孔子曰『與人忠』，曾子曰『爲人謀而忠』，言無所往而非忠也者。無所往而非忠，則其處心積慮，無非厚之爲貴、恕之爲蘄而信之爲要。其平居相與之人尚不肯負，而肯負其君恩之大者乎？是以君明則將順其美，君違則畜止其欲，主憂則甘辱，主辱則甘死，無非其不負平居相與之人之心之所流也。故子貢問友，夫子曰『忠告』；子張問政，夫子曰『行之以忠』。聖人言忠，未嘗專爲爲臣者言之也，誠知夫〔二〕忠之不可須臾離也。後世獨以忠屬人臣，又以屬之諫而死者。故雖論臣道，猶有忠良之辨，蓋亦不察乎忠之原矣。吾讀文信國《六歌》，知其平日懇懇於家庭倫理，若團結於心而不可解。則其忠，豈但柴市一死而後著哉？信國其遠者

〔二〕「夫」，底本作「未」，誤，據康熙本改。

也，吾邑忠文、忠愍，其書具在，其懇懇於鄉族姻友，不可一二追述。則脇折不回，支解不悔，無非其切切於鄉族姻友之心之所爲也。使非其平日之忠誠懇切見信於鄉邦，則雖慷慨一死，安知非擇利而居者哉？而又安知所稱忠也？故予以爲忠之道，無所往而不在，非空懸其名以待夫爲相者也。大忠氏尚亦勉爲忠，以結夫鄉族姻友，而吾且觀其成於立朝之日矣。」

弘受字説

江生弘受學於余，而求受之説也。余曰：「子爲弘子之受。」江生曰：「受不同乎？」曰：「不同。子不見鄰翁乎？口計腹度，雖一錢，捫之汗出，不能去手，積之百萬，猶然若亡若虛。至其老，操錢愈急，甚者親覩其子若孫視産稱貸，倒囊入息於子錢家，方欷欷仳仳，曰吾性如此。終不忍破一錢以自食。若是者，非所謂弘受乎？第其志在富爾。子又不見官人乎？操八尺軀，終日磬折以事上官，惟恐其不當意也。既已躋士爵，猶之恐恐然，貪位嗜權，不敢自寧。居及齒落髪種種，不忍一日去權勢，甚者包藏機心，以伺事會。固寵禄如水之趨坂，無所不至。若此者，非所謂弘受乎？第其志在貴爾。君子之所爲受則不然，而獨孜孜急急以求復其性。聞一善，惟恐其不能行也。居九重，咨在四岳；身耕稼，取及野人。登泰山而問哀婦，過滄浪而聽歌童。急急然，若求富者之千萬而無厭；皇皇焉，若巧宦者之履滿而不止。若此者，亦謂弘受。

子將焉取之？」曰：「海也。嘗讀《易》，至『以虛受人』，則心願學焉。若富若貴，請姑捨是。」予曰：「是又不然。君子觀乎求富貴者，而求道之心益勃然而生，是亦虛以取人者也。況堯、舜、周公不捨富貴，而都俞吁咈、吐握下士之風，至今稱之不衰。彼亦未嘗不富貴，亦未嘗不弘受，固非必絶貨去勢而後可以求道也。」江生曰：「士固有志，然則辨志乃弘受之機乎？」予首頷之，因爲著其説。弘受，翩翩佳丈夫，其志固不小，嘗遊京師，廣交天下士，能以虛取善，而不徒爲富貴之流者。予知其樂聞吾言而受之也。

執甫字説

劉子名世樞，蓋其尊公學憲君所命也。既冠，賓字之執甫。執甫以書問予曰：「學患有執無倚，爲世樞之字執也，得無有所不可歟？」予復之曰：「子之病執也，病堯、湯乎？堯曰『允執』，子輿氏之稱湯也，曰『執中』。執不可病，顧所執何如耳。故户樞謂之樞，以其能開闔也。執樞所以開闔，何病乎執哉？陳仲子之於辭受執也，非執中也；孟子之於齊、於宋、於薛，則惟義所在，往來以取中矣。段干木之於出處執也，非執中也；孔子之於仕、於止、於久速，則相時而動，惟其中焉止矣。子學《易》，吾請言《易》：陽變而之陰，陰化而之陽；剛或推而爲柔，柔或往而從剛。君子何以執哉？執其不可倚之理也。故曰中也者，和也，中節也。夫是之謂權，夫是之謂闔闢之樞，堯、禹、孔、孟之所執者也。或曰：『子莫不執中乎？』曰：『堯、湯、孔、孟以義爲中者也，子莫以中爲中者也。中無定在，謂之在中也，非中也。執乎其所不可執，是以能定天下之吉凶，成天下之亹亹。』」劉生聞之曰：「樞也乃今而知所執矣，請書之座右，以時省覽。」予乃申之曰：「是道也，學憲公之學也。學憲公允執之，而以傳其子，命之曰世樞。予味乎其義，蓋厚望之也。堯執中而不能必丹朱之不嚚訟，湯執中而不能必太甲之不顛覆。執甫氏尚思所以世其學，使人咸嘉學憲公之所遇隆於堯、湯，則其於孝也，顧不達哉！」

琢之字説

洪子名璠，字琢之。先是洪子投刺謁予其名理，予字以存之。至是避諱，更今名字，走牘以告。予曰：「夫璠，至貴也，必琢之乃器。然琢不以玉，以石。以玉攻玉，則玉不可琢；以石攻玉，則玉乃成器。此何以故哉？兩玉相攻，體同而易滑；玉石相磨，質異而廉銷。是以玉攻之爲器，必資於石。君子之成德，必資於横逆。愛人而人毁之，於是反吾仁，而仁乃進；禮人而人侮之，於是反吾敬，而敬乃純。曩令無逆境，則何所砥礪以進吾德哉？故曰：『人之有德慧術智者，恒存乎疢疾。』彼其操心慮患，諳練日深，以石攻玉者也。洪子勉乎哉！甚無惡乎人之爲吾石者，又甚無以其身爲他人石也。」

思敬字説

子路問君子，子曰：「君子修己以敬。」子路曰：「如斯而已乎？」非少之也，正懼夫兢兢存守，不足盡君子耳。夫子曰：「修己以安人，安百姓。」則堯舜之道，修己以敬而已。夫人之不安，皆吾粗率慢易之心爲之。苟出門如賓，使民如祭，則己所不欲，必不妄施諸人，安有怨於邦家者乎？無怨則安，安則可以驗吾敬。是敬也，非空攝本心者也。後世學者不務安人，安百姓，惟終日端坐爲敬。故有趺破敬字之誚，其去聖人之論敬遠矣。譚生思敬甫自攸問學於余。余於其別也，釋「思敬」之義以告之。

蕭天錫字説

人之所貴者，非良貴也，人錫者也。人人有貴於己者，良貴也，天錫者也。天下賤殘忍，則惻隱者貴矣；天下賤無耻，則羞惡者貴矣；天下賤争鬥，則辭讓者貴矣；天下賤混濁，則是非之明者貴矣。故仁義禮智，以之在家，則子敬父，弟敬兄，而吾貴於家；以之在天下，則天下之人皆愛敬之，而貴於天下。是貴也，達則爲聖君賢相，窮則爲天下師，吾之貴自如也。雖其甚者，至於伯夷之飢，陶子之行乞，吾之貴自如也。天子不能削其爵，宰相不能奪其柄，讒人不能短其行。是謂長貴而不賤，長得而不失。彼役役者，忘其自貴，終身勞苦，以求夫不可必得之名。幸而得之，竟無所益於世，徒以榮肥其家，人皆唾罵之。是求賤也，安在其可貴哉？是以君子當求之天錫之貴，庶乎不失天之所予者矣。

一氣説

宇宙之内，一氣而已。氣凝而爲天地，氣凝而爲草木鳥獸，氣凝而爲人。人之一身，皆氣也。目非氣弗視，耳非氣弗聽，口非氣弗言，四肢非氣弗動，而其所以視聽言動者，一氣也。故時視，則氣注於視，即夫聽與言動之氣也；時聽，則氣注於聽，又即夫視與言動之氣也；時言動，則氣注於言動，又即夫視與聽之氣也。非夫視有視之氣，聽有聽之氣，言動有言動之氣，而町然不相通也。但自夫此氣之流行而於穆不已者，名之曰天命。由是而析焉，曰心、曰性、曰意、曰知，名雖不同，總之不外乎一氣也。豈唯吾身，即羣百十人於此，當聽焉，無不傾耳也。是百十人之耳，一氣也。當視焉，無不正目也。是百十人之目，一氣也。當言動焉，無不嘆息、舞蹈也。是百十人之口之體，一氣也。豈惟人哉？夫物則亦有然者：雉見共而作，鷗鑒慮而去，燕呢喃而語，鳶戾天而飛，其視聽言動之氣，無弗同也。豈惟物哉？天地則亦有然者：視以日月，聽以虚谷，言以雷霆，動以轉斗，其視聽言動之氣，亦無弗同也。古之聖人仰觀俯察，有以得其故而審其同。是以一物失所，悵然含悽；風雨不調，惻然改顔。譬諸同體而分百骸，一指蒙刺，遍體爲之不寧；譬諸一水而散衆泡，一泡受擊衆泡爲之驚摇。然則由飢由溺，若撻若溝，非作意爲之，識大則任大，任大則憂大，其心蓋有所不能自已也。

自學術不明，無論争競錙銖，骨肉胡越，即號爲古聖人，若伯夷、下惠，或望冠而去，或共裸而居，其視斯民之善否，忽焉不置喜戚於衷，斯亦窒塞其氣。所謂君子而不仁者矣。孔子有憂之，而不得其位，則日求世之賢人君子，相與講明此學，庶幾後之爲君相者，取而行之，又庶幾後之爲師友者推而衍之，則兼善萬世，終必賴焉。斯其志誠遠，而其心亦良苦矣。乃沮、溺、丈人、晨門、荷蕢、楚狂、微生之徒，往往相與譏之。是豈獨其性不仁也，固執其不可則止之義，則仁以見蔽，心與術移耳。夫子明義而排之，是以或欲下車與言，或使門人反見，或明果哉之末難，或嘆有道之不與易其心。蓋曰使天下無道，君子遂以無道棄之，則有道之世豈天降地出乎？嗚呼！此非真知天地萬物爲一氣者，抑孰知夫子之心哉？

至於戰國，則又有甚焉，高者爲朱爲翟，卑者爲衍爲儀。孟氏獨明孔子之道以道之，雖聖若夷、惠，賢如閔、冉，猶不一托意焉。彼其言曰：「擇不處仁，焉得智？」又曰：「智，譬則巧也。」蓋亦神明默成於孔子之仁歟？有宋諸儒言人人殊，程子萬物一體之説，其孔門之嫡脉乎？當時楊、謝衍其流，羅、李掀其波，泰山喬嶽之朱、倚辰扳斗之陸，方駕並出。此亦程氏之仁之所流也。朱子而後，弊爲訓詁詞章。王文成出，而救之拔本塞源一論。讀之者，無不痛心，肫肫乎仁人之言哉！

今天下談王氏之學者滿家，然未有深研其求仁之脉者。夫仁，即所謂不慮而知之，良知也。見孺子入井而怵，豈慮而後知哉？斯吾性之自不容已也。知怵於入井，而天下之不立不達，顧若秦越之視焉，是尚爲能充其類也乎？〔一〕

論者或謂吾且成己，而後可以成物。則予不以爲然。夫天下皆己也，一體也，不可割之使小也；一氣也，不可割之使離也。成己，成我之仁也，舍物何所用力？成物，行吾之智也，不智惡爲成己？故教之不倦，即學之不厭，要爲盡吾不可已之心耳。故曰：「大人耐以天下爲一家，非意之也。」或又謂「鄉鄰有鬥，閉户可也」，斯亦顏子之道也。則予亦不以爲然。夫禹、稷以天下自任，故天下之有飢渴，若痌瘝之在其身；孔、顏以萬世自任，故由、求、點、赤之有遺行，亦若痌瘝之在身。聖賢之心，何嘗一日忘天下？顧所以爲仁者，道不同耳。由乎禹、稷之道，則得位而行；由乎孔、顏之道，則素位而行。得位而行者，其仁有時而不流；素位而行者，其仁無時而不溥。故曰：「孔子，聖之時者也。」言孔子之學，隨時而皆可以行仁也。學至於孔子，然後天下之爲道術者定。何也？非孔子，則無位者猶得藉口也。生乎孔子之後，聞孔子之學，而猶不以

〔一〕按：此句底本多處模糊，據康熙本補。

孔子爲志，是誠自賊者矣。

乙未秋，仲子赴雲陽之會，因進諸君子曰：「養旦劉先生以『輔仁』名堂，何爲者也？孔子曰：『己欲立而立人，己欲達而達人。』程子曰：『莫非己也。』夫立人，即所以立己也；達人，即所以達己也。孔子培植三千之徒，是孔子之立也。退者進之，兼人者達之，狂者裁之，堂堂者實之，是孔子之達也。故仁也者，己與人之所公共也。輔仁也者，相輔而共爲此仁也。非此有仁而資友以相之也，又非友有仁而我取以益之也。德孤則無鄰，道隘則寡輔。此硜硜然小人也。未有小人而仁者也。今諸君子濟濟一堂，無不以學爲事，此非劉公輔仁之學之所遺也哉？曩令公自賢自好，而心不貫於州人士，州人士能如是其多仁人乎？而劉公抑又能名爲求仁乎？」於是諸君子進曰：「吾乃今知成物之即成己也，己正則物正，物不正即己不正。語學至此工夫，寧有窮已耶？願先生時輔吾志。」予既別去，念諸君不能忘，爲著《一氣説》，以貽之諸君。試相與密參顯證，以爲何如？

思禹字説[一]

予弟功卿志於學，而蚤在門也，字曰思禹。或訝之曰：「惟禹功並天地，奚取于奢闊之引

[一] 按：此文底本多處模糊，據康熙本補。

爲？」思禹聞而内忸也。余解之曰：「何傷乎？禹功洵巍，乃有以一瓢寂寂埒之者，此何以故？尼父稱自吾得回而門人加親，惟回不以一瓢寂寂改其朋來之樂，故能使泗上之源流衍萬世。《比》於《決》排，功相當也。鄙性嗜友，乃思禹於客，無問識不識，盡接慇懃，忻忻無倦。余又嘗輯家牒，創宗祠，微思禹之周涉徧抵，則尊祖睦族之義且胡以籍焉？蓋八年服勤，姚、姒昏墊之憂，賴以自釋。今思禹之勤，奚啻八年哉？且子輿氏，匹夫耳，而韓子稱其功不在禹下。夫豈絜長度，大於地平天成之勳業耶？即孟氏自課其功，亦惟是入孝出悌，守先王之道而已。今思禹孝弟於家庭，是亦孟軻氏之徒矣，是亦禹之徒矣。昔人謂塗之人可以禹。禹不可爲，豈塗之人亦不可爲耶？顧所以爲禹者有道焉，夫子之稱回曰『未見其止』，益之贊禹曰『謙受益』。蓋若亡若虛，不矜不伐，顔、禹之同道，其在斯乎？思禹氏勉之哉！夫又何忸於奢闊之引？」

汝防字説

翰吉君任之父將冠其子，以城筮賓而以命予也。既冠，問字。予曰：「防意如城，昔賢言之，其字以汝防。」翰吉君曰：「意未發，則力無所用也；已發，則力無所追也，若之何？防之且防城，防寇也，寇猶外也。雖然，意則吾意也，豈防民乎？」予曰：「善哉！夫意，譬之民也，非譬之寇也。民可以爲子，亦可以爲寇。以寇視民，不以子視民，是防民矣。防民者甚於防川，川壅而潰，傷人必多。是以太上命意，其次守意，最下恣意。夫守意者，誠慮夫一心之微。衆欲攻之，不知所以爲衆欲者誰也？我可以爲衆欲，而獨不可以欲仁乎？公劉欲四境之有積倉裹糧也，則好貨之欲不能攻矣。太王欲四境之無怨女曠夫也，則好色之欲不能攻矣。乃孔子則又有大焉，己欲立而立人，己欲達而達人，終其身不厭不倦，發憤無已。時斯其所謂衆欲攻之者也，斯其所謂以萬世爲城者也。故曰：『天子有道，守在四夷。』『邦畿千里』，不足云喻已。」翰吉君曰：「然則聲色貨利之欲，不必防乎？」曰：「非然也。吾有所以爲之城者，則欲常運於城之中；吾無所以爲之城者，而欲始四出而不可圉，所謂龍戰於野者也。夫至四夷來攻，何以稱天子有道也。是亦可以自考矣。」翰吉君曰：「善。」予遂書之，以詔汝防。

長翀字説

鵬之飛也，摶扶摇而播滄溟。然其奮翼也，必起於地；其摶其播也，必以翼以風。固不能玄想空思獨運也。君子觀此以行遠自邇、登高自卑。下學而上達，下學者學之爲和妻子也，學之爲宜兄弟也，學之爲順父母也。自和妻子，達之可以和萬邦；自宜兄弟，達之可以宜民人；自順父母，達之可以順天下。此之謂行遠自邇、登高自卑，此之謂下學而上達。予子婿飛鵬，字曰長翀，向予問入門工夫。予告之以其字之説。長翀而果味乎予言，則卑也、邇也、下學也，即高也、遠也、上達也，一以貫之矣。斯固圖南之長風，指南之金針也歟？甚毋以其言平平也而忽之。

洪周卿字説

孔子十五志學，故憲章文武，夢寐周公。及五十知命，則知文武之道未墜于地在人。故其自言曰：「文王既歿，文不在兹乎？」又曰：「如有周公之才，使驕且吝，其餘不足觀也。」蓋悟周公之學，在不驕不吝耳。夫子得其不驕者爲學不厭，得其不吝者爲教不倦，不必綰卿相之章，而周公之功衍之萬世無窮。故曰：「吾久不夢見周公。」非志慮衰也，從耳所聞，無非周公之道，此之謂耳順；從心所欲，無非周公之矩，此之謂不踰矩。豈曰夢云乎哉？洪生雲夢問字於予，予字之周卿，因著其説。

二尚堂説

王子塾問曰：「士何事？」孟子曰：「尚志。」孟子謂萬章曰：「以友天下之善士爲未足，又尚論古之人。」是尚友也。斯二尚之義也。夫學所以修此仁義也，友所以輔此仁義也，仁義之道大矣。故求志貴進而不貴止，求友貴廣而不貴隘。今之言學者，以寂然、炯然之體當之，是以其守心之方常約，其取友之情常淡，雖終身勤苦，求其能大成者鮮矣。何也？以其不知仁義之大道也。楚攸洪容之諸子學於予，予爲談仁義之道。諸君子遂謀爲會堂，月一聚以相砥礪於學。予題其堂曰「二尚」，因書此以發其義。

解

慎術解

矢人豈不仁於函人哉？術異則心異，故術不可不慎。擇學術者，無如處仁。處仁者知仁無盡，爲仁之功亦無盡。愛人不親以反其仁，行有不得皆反諸己。其身正而天下歸之，是役天下之術也。孔子處仁，七十子中心悦而誠服焉，蓋其驗已。處於不仁者，一副精神只在人身上尋覓，全不幹當自己事，到底來人亦絶不親附，是爲人役之術也。耻爲人役，則莫如爲仁。仁豈有他道哉？反己而已。然不知仁，亦不知反己。即如萬章諸人中心悦服，或不如七十子，孟子亦儘有自反處。功夫豈有窮已？故曰仁無盡，爲仁之功亦無盡，學至於反己爲盡矣。

關雎解

夫婦人倫之本，以德合，非以色也。《詩》起興於河洲之雎鳩，水上之荇菜。見淑女之幽閒清雅，其德可配，君子是故憂而不傷，樂而弗淫：其用情正也。後世學者不知所以用情於正，而徒調停於哀樂之間，欲其中節也，豈可幾乎？故觀於《關雎》，可以識性情之正矣。

桃夭解

《桃夭》舊説婚姻得其時，殊無意味。細看桃花、桃寔、桃葉，種種可人，如婦人之能宜其室家，而行無不得也。三章重一「宜」字。人之性行不齊，貴有以善處之。我能宜人，人自宜我。詩咏三「宜」，蓋甚有味。世人只要人宜我，味「宜其家人」、「其」字更有味。

芣苢解

此詩若作婦人相樂，有何意趣，鄧氏謂《芣苢》爲《葛覃》之感，似近之。採芣苢不知作何用？要爲婦人所常採者。總重採，有「掇」、「捋」、「拮」、「襭」六字。言人但未采〔二〕耳，采則有，有則掇，掇則捋而可拮、可襭，信乎求之有益也。推之積學凝道，其味無窮而意皆在言外。此所以爲詩之妙也。

〔二〕「采」，同「採」，前後没有統一，底本如此。

紀言

居燕紀聞

周生夢麟等舉會於射所，予與鄒宫洗四山往會。坐間，予舉「能近取譬」義相質，四山曰：「子貢博施濟衆之説，非謂以財施者之不給〔一〕，正慮夫立人達人之難耳。夫子謂立人達人，仁也；己立立人、己達達人，仁之方也。已則不立不達而求諸人，非善則之道也。近取諸己以爲則，是謂能近取譬，此仁術也。」予曰：「善哉！雖然，何謂立達？」耿叔臺曰：「吾人仁爲己任，脊梁要硬些，眼睛要明些。孔子巧力俱全，正是立達處。」

丁酉首春，予晤鄒四山於邸舍，四山語予曰：「予今年四十九，昔人謂行年五十知四十九年之非，予近自省一大非處：往會朋友，與之言不相入，與之處不相洽，則委曰：『是難與入者。』今乃知不浹洽者，即我精神不能相貫；不相入者，即我言下不能相機。因悟行有不得，只是反己。」予嘆曰：「學至反己功夫，乃無窮也。」越數日，又過予舍，談及時事，誦近日叔臺云：「古人

〔一〕「者之不給」，疑爲「之不給者」之倒文。

端居深念，亦從旁有爲贊畫者，故卒用其策以集事。今我輩但知責人，却不能爲人畫一策，亦是不仁。」因曰：「天下事譬如同舟，舟方危，當思共濟，乃獨羣口責舵工，亦復何益？」予曰：「學必如此，則人人皆有責任，乃不自委而徒委之人也。」

予與鄒四山飲内翰孫淇澳宅，淇澳謂四山曰：「丈向日矢人之論甚精。」予曰：「何也？」四山曰：「吾謂近時彈射人者惟恐不傷人，非其不仁也，蓋錯走矢人路云，故術貴慎也。」因詰予此章結語歸束「反求諸己」云何？予曰：「此即兄知非之説也。君子求諸己，則自省必多欠缺；或聞人過惻然，若躬有之，而曲爲蓋覆調停，所謂惟恐傷人也。小人求諸人，則吹毛求疵，極其醜詆，惟必勝而後快於心，所謂惟恐不傷人也。惟求諸己，則我常爲天下主，所謂君道也，天之尊爵也。若求諸人，則一生精神，役役然在人身上搜尋打點。故曰人役其術使之然也。」四山首頷之。淇澳又曰：「予嘗疑成章後達之説，須公等一解。夫學豈有階級而若此乎？足此通彼也。」予曰：「孔子言狂者，曰其〔一〕然成章，蓋見其大耳。學不見大，守此遺彼，操此失比，又安得達？」四山曰：「然也。世儒大而有本之記，猶二之矣。大即本也。夫孔子所見者，在羣聖之外矣，故曰『智譬則巧也』。」予嘆曰：「此正所謂擇術而處於仁者。夫仁天下之大本也，學不識仁，

〔一〕「其」，疑爲「斐」字之誤。《論語・公冶長》：「與吾黨之小子狂簡，斐然成章。」

即夷、尹、惠，猶墮矢人之術矣。」四山曰：「固也。所謂矢人之術多矣，豈但獨行者之嫉俗，秉直者之好訐，即二者俱不事而心冷焉，亦矢人術也。」淇澳曰：「冷也，烏爲傷人？」予笑曰：「近日春暖，物便有生機，則知冷爲殺機也。」淇澳深然予言，若有省云。

射所之會，有談《伐木》之詩者，耿叔臺誦仲子之言曰：「夫人必出幽遷喬，乃知求友，然幽谷不易出矣。今世挨傍格式者曰：『吾步繩趨墨，人孰如我即格式爲幽谷求友之心不切也？』依倚名節者曰：『直言正氣，人孰如我即名節爲幽谷求友之心不切也？』進之存守本體，即本體爲幽谷；進之頓悟無上，即空寂又爲幽谷。此其人爲近之，然總屬有見中有矣，求友之心猶未切也。惟聖人一無所有，如人深居窮荒絶域，見似人者喜矣。其求友之心，真如飢渴之求飲食也。古者陶漁耕稼無非取人，童謡孺歌孰不助我，蓋其虚之極所自致歟？」鄒四山曰：「必出幽乃求友，惟求友乃能出幽。彼鳥鳴嚶嚶，蓋相呼而出幽也。」予問曰：「『神之聽之，終和且平』謂何？」四山曰：「人惟以言，聽言，故言有合，有不合，而勝心起矣。若以神聽之，則無言非受益者。其和且平有以夫。」座衆咸有省。

夜飲潘雪松宅，耿叔臺謂予曰：「君謂致中和，『致』字如何？」予曰：「中和是個個同有的，故曰大本，曰達道。然不寔，學則於我無分。寔是要中節，乃時時是中和。中和自我致之矣。」叔臺曰：「今人説致敬，説轉致，言自此致之彼也。吾儕今日講學，要立人達人，却是將此中和轉致朋友，人人皆中，人人皆和，却是人人親親長長而天下平，豈不是天地位、萬物育？」予曰：「惟如此而後，中和乃致也，然人未有不自致而能致之人者。故君子學以致其道，乃所以立人達人而爲仁之方也已。」

正月下旬，會懷麓堂。予舉「仁者如射」義質焦廷撰漪園，漪園曰：「人雖賢智，未有能自反者。爲子不順，必曰親難爲；下司失意，必曰上難爲；大臣不舉，職必曰時事難獨。射者雖愚不肖，必反求諸身，不怨勝己，故孟子引以喻仁者云。」予曰：「晦翁言仁必曰心存，予嘗疑其滯。然孔子亦曰終食造次、顛沛必於是，若有似乎晦翁存心之説者，此又何也？」焦君曰：「若終食必要存仁，是一心喫飯，又一心存仁矣。惟仁原不離於終食耳。」予曰：「若是則仁自存耳，何以孔子告顔淵曰非禮勿視聽言動也？」曰：「識得禮，則視聽言動無非天則。」言未終，鄒四山至，予述前語相質。四山曰：「視聽言動無非天則，固也。然賢智者不免着意見，愚不肖者又多徇情欲，俱與原來天則不合，安得不謂之非禮？若要復禮，又安得不用工夫？此君子之率性所以貴戒愼恐懼也，不如是而但稱性本自妙，恐流於無忌憚之中庸。」予曰：「當日吾邑諸老言克己不是己私，云何？」四山曰：「惟時諸士人爲學者，必云先克去私心乃能復禮，只一『先』字便有多少病在，故諸老云云。要之，孔門言毋意、毋必、毋固、毋我，亦克己意也。須善看之。」予爲豁然。翊日，予過耿叔臺邸舍，復談及克己義。予終疑「由己」之「己」不應與「克己」之「己」作兩解。叔臺曰：「一也，夫己即耳目身口耳。今做不好事，是此耳目身口；即轉而爲聖賢，亦是此耳目身口。我制耳目身口，即爲由己；爲耳目身口所制，即是己不能克故。由己之學，君道也，師道也，故謂之乾。」予曰：「如何便能由己，使視聽言動皆歸於禮乎？」叔臺曰：「爲仁由己，仁以爲己任也。仁以爲己任，視聽言動安得不謹？予往爲諸生時，見贊禮者差失，輒從旁姗笑不止。後爲知府，既以此身繫千萬人觀瞻，時聞諸生贊禮差失，未嘗至姗笑，蓋自任重也。」予曰：「如何是坤道？」曰：「主敬行恕，事賢友仁，皆坤道也。」予曰：「乾道豈得不主敬行恕、事賢友仁？」曰：「乾可以統坤，坤或未必能統乾。予自省不類，多賴藉友朋，乃能自立，蓋坤體云。」予笑曰：「若亡若虛，事賢友仁非忘己者不能，固乾道也。」

三月射所小會，友問：「學在明倫，今只從五倫上修踐便已是學，乃謂學不講不明，豈五倫亦有所不明乎？」鄒四山曰：「孔子謂『天下之達道五』，可謂盡矣；又曰『所以行之者三』，三亦備矣；又曰『所以行之者一』。一者，何也？諸君試言之。」衆皆茫然。四山曰：「即此是不明乎善，身不可得誠矣；不誠乎身，不順乎親矣，倫如何可踐乎？由此言之，講且未易明也，況可以不講耶？」

靈濟宮會，友有舉「小德出入」并「知及」章相質，大意謂子夏重大德，孔子乃言莊蒞動禮，意若相悖。叔臺曰：「子夏謹守，原從細行上矜持，及聞孔子毋爲小人儒之教，乃有悟於立大之指。故大德小德之論，正謂先立其大，則小德千變萬化，左右逢源，出入往來，無所不可。若眯大而徒矜其細，雖有可觀，致遠則泥矣。此子夏悟後語。孔子却又恐人一悟便了，將來恣肆放縱，爲無忌憚之中庸，故莊蒞動禮之説拳拳焉，不肯放過。今吾輩砥礪名行、存守本體、拘拘爲法所縛者，却受用得子夏之説；而初機淺學，一有悟入，遂謂色色現成，至以兢業戒懼爲閡滯，則『知及』章却須參透。」友曰：「學患不知及耳，知及之，自能仁守，亦自能莊蒞動禮。」叔臺曰：「真知及者，如人得亡子，真知是我子，了自能養之、教之。今學者直虛見耳，那筭得知及？」予曰：「今學者動稱萬物一體矣，然須質直好義，察言觀色，慮以下人，方達得邦家通爲一體。若只執説我能識得仁體，即當下便是立人達人，此言雖妙，我却信不過。」王二峰曰：「如此却是求之博施濟衆了。」予曰：「本心原是要施、要濟的，博不博、衆不衆，非吾所能必也，況施我所。施我所，不施人，其舍諸？若説心體明了，便是立人達人，則一夫不獲時，予之辜聖人，無乃大苦乎？」叔臺曰：「如今會上朋友，心中本無間隔也，却須到此一會乃更浹洽。若但説我心本自相通，不必來會，恐亦未然。」予曰：「譬如我眼，原與天地相通，却因一扇遮了，也須去拿開此扇。」二峰曰：「拿去扇後，眼體如故，却不可將眼眶裂破。」叔臺曰：「二峰原非爲扇所障者。瀘瀟云云，正是孔子知及之憂，瀘瀟亦非裂破眼眶者；二峰云云，正是子夏悟後之見。吾儕各因其病，皆可受用，正不必泥於一説也。」

孟夏小會於李文正公祠，予舉「志道」章質鄒君。鄒君曰：「此章之義，吾輩以累牘言之，而不足聖人以數語發之而有餘，真聖人之言哉！夫人，才足以有爲，藝足以泛應，莫不足已。自封，蓋於道無所見也；有見矣，猶患以其見而自恣，終屬虚見。故須是尊德性，道乃可凝。知德矣，或求自了，而漠然與天下國家不相干涉，蓋君子而未仁者。修道以仁，則達而百僚誾誾侃侃，窮而友朋切切偲偲，此心無日不與天下相流貫。如是而才美技能、精神意氣，總歸一路。或會友以文而敦詩説禮，或得國以治而錯事展才，無往非此仁之游衍矣。彼求多能而不志於道，冉求之藝也。然志道而不修德，則茫蕩而無所據；據德而不求仁，則德孤而無所依。是以孔子之教，獨宗依仁。惟仁，則道凝而德修，庶有所以載藝而行者，否則，雖有周公之藝，而無仁以運之，其餘不足觀也。故曰『吾不試，故藝』，『君子多乎哉』。斯孔子之宗指可測已。」

王孝廉問答記 名啓元，廣西人

問：「作聖工夫，此宿學大儒事，我等遠方鄙人，何敢及此？」

答曰：「堯舜人皆可爲，何論遠近。昔曹交有疑於此言，孟子直教他徐行後長，便是堯舜。此真寔不誑語。今人家子弟狎侮尊長，輕佻倨肆，那一家便不整肅了。又如朝廷之間，少年動輒詆訾前輩，議論盈庭，那一朝便不清明了。所以然者，只爲少一『徐』字。以是知道不在遠，但充徐行之心，處處皆如是。作聖之功，恐亦在此矣。」

問：「某初因多病，頗究心禪理，不知聖人之知與佛家之覺，是同是異？」

答曰：「聖人之所謂知，即佛氏之所謂覺，只是主意有辨，大抵聖人意在經世，佛氏意在出離生死。」

問：「究竟處，聖人與佛還同否？」

答曰：「主意既不同，究竟亦自不同。吾儒經世，原是要了我不容自已之心，故仁以爲己仁，死而後已，是聖人證果處。佛氏謂生滅滅已，寂滅爲樂，其證果總在出離生死耳。」

問：「聖學經世，須位天地，育萬物，乃爲證果。我等在下位，如何説得位育的話？」

答曰：「位育隨分而異，中和原無不同。吾輩但學個喜怒哀樂中節，則順父母、和妻子，即是一家之位育，推而治一邑一郡，以至爲天下，總是這個中和。位育可諉，致中和不可諉也。」

問：「存養省察，是存個好念頭去那不好念頭否？」

答曰：「存養省察，須識得心體方好説。孟子曰：『知其性，則知天矣。』知天，方説得存其心，養其性。若不知天，存養個甚麽？」

問：「如何方會知天？」

答曰：「昔大珠參馬祖，祖呵曰：『自家寶藏不顧，拋家失業，來此求個甚麽？』珠曰：『那個是我自家寶藏？』祖曰：『即今問我者，是汝寶藏，一切具足，更無欠少。』我今亦云即今問我者，便是汝天，汝能信否？」曰：「一問便是，問後還如何？」曰：「但識取當下，能問者便是作聖根本。」

問：「除却應事接物，也有無事時節，此時如何用工？」

答曰：「人只爲不識心，不問有事無事，常要存個念頭。〔二〕一時失記，但説工夫，不成片段，不知路頭，蚤已錯了。昔人云：『落思想者，不思即無；落存守者，不存即無。』真心不由思得，不由存來，此寔識心者之言。知得此心，又知所以用其心，則精神意氣歸着一路，更何問有事無事？」

問：「知所以用其心者是如何？」

答曰：「此難言矣。孟子曰：『堯舜之治天下，豈無所用其心哉？』故堯舜有堯舜之用心，夷、惠、伊尹有夷、惠、伊尹之用心，孔子有孔子之用心。」曰：「孔子之用心如何？」曰：「觀他一生，只與二三子切切偲偲，則知其用心耳。但研磨孔子這條血脉路逕，此心自不容已，亦自不得已，更説甚有事無事。若不知所以用心，無論無事時落空，即有事亦幹當個甚麽？」

〔二〕按：此句底本模糊，據康熙本補。

問：「百姓日用即是聖人日用，然聖人種種神妙，百姓所志者不踰衣食之間耳，如何可同？」

答曰：「此問甚切。今人不識百姓與聖人同處，既視聖爲絶德；但識及此者，便又歛手，總是個百姓，不知所謂滿街皆是聖人者。但欲人識取此點萬古皆同處，從是而學不厭、教不倦，至於位天地、育萬物，亦不能於同處加得些子，只是充滿其本然之量耳。故曰：『聖人與人同，聖人與人異。』知其所以同，則知天；知其所以異，則知人。」

問：「佛家慈悲普度，莫亦是經世的意否？」

答曰：「他的普度，度出世之宗也。教他普度孔孟明倫世法，他便不耐煩了。經世亦是經他西方世界的作用，然要爲以出世法經之者。若孔子，正在世界中經綸其大經耳。」

問：「佛家觀想法亦與聖學同否？」

答曰：「此是聖門移心之法，善用之，最有益。如齊王好色，孟子要他學太王，他若想做太王，便日夜思所以推恩於百姓，將好色之心自消化了。齊王好貨，孟子要他學公劉，他若想做公劉，便日夜思所以阜民之財，將好貨之心自消化了。此是孟子善用觀想法以導君者。」鄒子尹曰：「孔子見賢思齊焉，見不賢而内自省，亦是觀想法。」予首頷之。

問：「佛教要冤親平等，似亦省事。」

答曰：「天之生物也，使之一本，親親之殺、尊賢之等，是吾人原來的。却要渾而爲一，便與本心原來的不是一樣，故謂之二本。孟子之悟夷子，只將吾人親愛自有差等處點他，便令他心動。今欲將寃親一樣看，且問當下本心還妥當否？此等處不明，孟子所以有無父無君、人將相食之憂也。」

問：「佛家見性後有許大神通，聖人神化還與佛氏同否？」〔二〕

答曰：「聖人之神化非佛家之神通也，聖人神化不是許大異事，只可欲之善中已自具了。如今孩提不識不知，能愛能敬，此便是聖不可知及。至成人時，添却許多知解，偏疑聖神功化非我所及，是以自家寶藏本美、本大、本聖、本神，却不自信，遂至迷失。故在今日，但要信得此善原是本來有的，則知美大聖神不從外得，此何等神通。而乃駭異彼氏之魔道小法乎！」

戊戌識仁冬會記〔三〕

予赴識仁會，時李秀卿兄在座，予問曰：「學主求仁，從來矣。子文、文子之事，夫子既以未

〔二〕 按：此句底本模糊，據康熙本補。

〔三〕 按：此文底本多處模糊，據康熙本補。

知其心，而不許其仁；殷之三仁，夫子何以懸斷其心之皆出於天理乎？伯夷、伊尹、柳下惠，孟子既謂其趨於一仁矣，而又謂其與孔子不同道，孔子之道，獨非求仁乎？此兩段，其故不可解。」秀卿曰：「吾等且勿方人。」予語塞，然疑終不釋。

已彭伯程、鄒汝聖至，因舉前疑相質，伯程曰：「未知者，不識仁也。想時夫子欲子張之識仁，故以此啓之，若就二子而論，夫子或許其仁，如許管仲、許三仁、許伯夷，亦未可知。然聖人所以爲仁之道，原自不同，故於同人，則欲其同歸於斯道，是以雖原憲、仲弓、由求、公西赤之徒，皆不輕許其意，故有在也。」予曰：「然則孔子之道，所以異於夷、尹，竟何在乎？」汝聖曰：「仕止久速，無可無不可，斯孔子之道歟？」伯程曰：「不厭不倦，猶仕止久速、無可不可之原耳？」予復問曰：「可仕可止，誠有其原，不厭不倦更有原乎？」伯程曰：「默而識之，又不厭不倦之原也。昔者夫子自言：『若聖與仁，則吾豈敢？抑爲之不厭，誨人不倦，則可謂云爾已矣。』公西華曰：『正唯弟子不能學也。』夫子乃曰：『默而識之。』則不厭不倦，亦吾心之自不容已，非作而致其情。『何有於我哉？』何有，蓋言不難也。」時在座者欣然得未嘗有，予亦嘆賞不置。

已而，諸友咸默然無所問難。伯程復曰：「五日之會甚難，諸君有疑於中，不妨辨詰。予往者入楚，舟泊岸頭，見諸大賈：販枯魚者，輒相聚講枯魚；販布花者，輒相聚講布花。吾輩果用志於道，相聚不容不講。學之不講，必志欠真切者也。孔子所爲憂之，有以夫。」

鄒汝聖因述予前在宗孔書院論若亡若虚一節，深有當於其衷，日來省察受用甚大。伯程曰：「若亡若虚，殊不難。予近見小孫輩乞炒荳，既已滿囊矣，猶貪求不已，予乃悟曰此真若亡若虚已。推類求之，爲商賈者，一倍再倍，逐利無厭，商賈之虚亡也；爲農夫者，粒米狼戾，莫知其碩，農夫之虚亡也；爲仕紳者，崇階極品，不知止，是仕紳之虚亡也。顧用志與顔子稍異耳。」維時聞者咸有省發。

夜坐，劉静父問禮樂不可斯須去身。予曰：「只今在坐，雍雍肅肅即禮，歌詩誦書即樂，何嘗斯須去身？」周時卿曰：「此所謂行不著、習不察也。」予曰：「著之、察之，所謂察乎天地也，大禮原與天地同節，大樂原與天地同和。吾人目前一進一反，便是陽舒陰慘消息，但日用不知耳。」

已又有問修德凝道者。予曰：「適論禮樂，此義已顯矣，禮樂即道也。至道屬之聖人，以聖人之德之至也。苟不至德，亦所謂『人而不仁，如禮樂何』，道終不爲我凝矣。德本廣大、本精微、本高明、本中庸，所謂故也，學問以温之，則德性之知日新，吾心之忠信篤厚，始貫通於三千三百之中而禮乃崇。禮崇，則居上居下，處治處亂，無往非禮。此身恒在明哲之中，所謂發育萬物，使萬物各得其所，察乎天地，使天地裁成，不過實是以吾身凝承發揮，非徒懸空擔當而已。故道問學老，吾人學聖之路也。」汝聖曰：「此意發揮可謂明透。」

詰旦會且散，有友人向衆言曰：「吾輩聞教多矣，如濾瀟先生所謂察乎天地者，姑不敢知至，所論三千三百，須寔寔體之，庶毋負友朋切偲之義乎？」予曰：「使予單言察乎天，是説天話也，今曰察乎天地，則智雖崇效天，禮寔卑法地，何嘗使人窮虚探玄而違離近寔乎？」因大笑而別。

丙午識仁問答記〔一〕

友問格物之義。

予曰：「身一也，合衆身爲家，合衆家爲國，合衆國爲天下，皆一身之積也。身萬不同，而同一心。心無不正，而意或有偏，故意誠則心正，心正則身修，身修而天下平。夫天下之本在國，國之本在家，家之本在身。推極夫本之所在，謂之格物；灼知夫本之所在，謂之知至。」

問：「《大學》以大畏民志爲知本，今聽訟者一，飾情者百，如何能大畏民志，使無情者不得盡其詞乎？」

曰：「聽訟者之志與使民無訟者之志，原自不同。聽訟者之志，或在矜炫才能，或在粉飾治

〔一〕按：此文底本多處模糊，今據康熙本補。

功，其下者在陰自封殖。彼其志，原與民志不相通，上以飾感，下亦以飾應，故其變千狀。若使民無訟者，其志原自爲民，民有犯法，反求諸己曰：『此養之無道，教之無素，民非迫於無奈，即陷於不知。』斯訟之原耳。從其原而清之，哀其情而處之，民方丕應、徯志，又何敢飾情以罔上？夫民，從意者也。炫才者意在炫才，飾治者意在飾治，封殖者意在封殖，彼其欲明明德於天下之意，原自不誠，其何以諭民之志？此《大學》所以重誠意也。誠意者，是謂知本。」

問：「康子患盜，孔子曰：『苟子之不欲，雖賞之不竊。』今廉吏在上，盜賊如故，豈孔子之言欺我哉？」

予曰：「此即使民無訟之説也。夫所謂不欲，廣矣，大矣。炫才者，欲也；飾治者，欲也；不獨封殖而已。諸欲既盡，然後能所欲與聚，所不欲勿施。夫民既有所資而爲善，雖賞之使盜，不可得矣。曾子得孔子之宗以作《大學》，拳拳於修身爲本，其告陽膚曰：『上失其道，民散久矣。』道即修身之道也。『如得其情，則哀矜而勿喜。』喜云者，其炫才與飾治之真情乎？」

友問：「《中庸》致中和與孟子擴充之説同乎？」

予曰：「人乍見孺子，皆有怵惕惻隱之心，是發而皆中節，謂之和也。其寂然不動者，便是未發之中。方其見孺子時，人人中和，即如齊宣王見牛而以羊易之，亦正是中和之妙用。及到興甲兵，危士臣，搆怨於諸侯，却是不能致中和。故擴而充之，足以保四海，便是致中和而天地位、萬物育。」

問：「不忍之心如何充之，便足以保四海？」

予曰：「見孺子而怵惕，此人之本心。四海赤子無知犯法，爲人君者養之教之，使不陷於罪，此便是充之足以保四海。」曰：「吾人無君相之責，如何充之？又如何保四海？」曰：「今會中諸友學路不明，往往自入於鬼窟，亦便是孺子之將入井。所爲切切偲偲，開明路徑，引之依乎中庸，使人人親親長長而天下平，此亦獨非充之足以保四海乎？」

問：「人皆有不忍之心，則人皆仁矣，又何矢、函、巫、匠之不同，而必愼其術耶？且同志於學，則合志同術矣，術又何爲不同也？」

予以轉質玉槎朱君，朱君曰：「世有生人之學術，有殺人之學術，故不可不愼。」予曰：「善哉！即如老子之學，謂不可道爲道，以德與仁爲第二義，則其心自冷，其流弊至於申、韓，竟以學殺天下。孔子之學，修道以仁，則其情與斯人相聯屬，其究至於澤天下萬世。此何也？惟老子視道過高，與民物不相干，使之治天下，見天下不治，必求之人。故以爲非操一切，天下終不可治，其勢不得不入於刑名。孔子見仁即是道，知民心皆仁，無不可感。故愛人不親，必反其仁，務使天下歸仁，然後驗吾仁之盡。此非其操術之不同，而心之仁不仁，亦因以異乎？故曰『仁者如射』，射者正己而後發。發而不中，不怨勝己者，反求諸己而已。反己與不反己，即仁不仁之分也。」

又問：「不仁者不反諸己，如何便爲人役？」

曰：「仁者行有不得，皆反求諸己，則既仁且智，修禮由義，其身正，天下歸之。豈有天下歸之而爲天下役者乎？不仁者行有不得，不反諸己，則不仁不智，無禮無義，身不加修，天下必不附焉。有天下不附而能役天下者乎？」

又問：「爲仁既在反求諸己，則大舜又如何舍己？」

曰：「舜視天下皆己也，反求諸己而未善，安得不舍己從人之善乎？此大舜所以爲仁之至也。伯夷見人之不善而去之，下惠見人之不善而同之，皆君子而未仁者也，皆未能反求諸己而盡心以誨人者也。故曰『君子不由』，以其所操之術不同耳。」

明新紀會〔一〕

歲在甲辰春正月十有八日，永新莊侯天敕父母招不佞元赴明新之會。時學博高君、陳君、閔君暨諸鄉大夫士凡二百餘人，大集於志學堂。莊侯請曰：「陽明先生以致知爲宗舊矣，而李

〔一〕按：此文底本模糊，據康熙本補。

見羅先生揭修身爲本。兩先生宗旨同異如何？」予曰：「王主良知，李主至善。李先生蓋謂止善足以該致知，致知不足以該止善，以知者性之靈，至善則性體也。然鄙意謂此自二先生之學，各借《大學》發之。其實《大學》所謂致知，所謂止善，恐別有説，其説在《大學》自註矣。《大學》之註格致也，曰：『物有本末，事有終始。』格物之本而知所先，斯物格而知至矣，非致良知之謂也。《大學》之註至善也，曰：切磋琢磨，瑟僴赫喧，斯爲盛德至善，民不能忘，非以至善爲本體而存之也。」莊侯曰：「近來解書者往往舍本文而求註，舍註而求新説。故説愈多而經愈不明，正坐不玩本文耳。」因問《盡心章》朱、王之説不同，畢竟如何？予曰：「此章原不可分爲三等。大意只謂，君子所以務盡其心於天下而不肯放過者，正是知得此性原自不容已；知得此性原自不容已，正是知得此性即天。天原於穆不已也，故存其心，養其性，正是畏天之命。由此而修身俟命，死生以之，亦只是見得吾心即天命。盡其心，乃所以立其命也。故《記》曰大人以天下爲一家，非意之也。盡其心，方是知性；真知性，自然盡心。近世儒者以倫物爲幻妄，以力行爲沾滯，正坐見性未明耳。」侯首頷之。予因曰：「梁王以移民、移粟爲盡心，而孟子勉之以王道。孟子蓋知性之全而盡心之大者也。侯今約諸士於道，風動火傳。所謂百年之計，莫如樹人者，斯可謂盡心之大者矣。然揆厥所由，總是吾人一體相關之性自不容已。即此相關之性原本於天命，則今日之會謂非爲自己立命，爲生民立命，爲諸士立命而何？」時在座咸有省。侯復諭諸士曰：「良會不易得，諸生有疑於中者，不妨請教於是。」劉友守誠負墻請曰：「孟子言：『人之所以異於禽獸者幾希。』《易》曰：『幾者，動之微。』又曰：『知幾，其神乎？』不知何以存此幾希。」予語劉友曰：「『幾希』二字，與『好惡與人相近也者幾希』、『異於深山之野人者幾希』相同，非『知幾』之『幾』也。必以爲『知幾』之『幾』，則『妻妾不羞而相泣者幾希』，亦『知幾』之義乎？且研幾、知幾之説，亦是統論吾輩當默識真性，非時時念念研而察之，擇而守之之謂也。若時時念念存個研幾之意，當下已非真幾，此却須研窮體會，當自得之，非口吻可辨也。」劉友謝教已，侯復更端諭諸生曰：「道無精粗，隨病立方，莫非善教。即如自己氣質偏駁，或一邑風俗疵繆，皆當商求。」時有言尤賴當禁，有言越訴當懲，有言竊盜當治。侯曰：「諸云云者，予頗得其要領矣。獨怪近日争墳山者比比，試詰其故，則曰：『吾求以安吾親耳。』夫懿子問孝，子曰：『生事之以禮，死葬之以禮。』生而以非義之物奉其親，親必不享；死而以非分之地葬其親，親安之乎？且有主之山，法必斷還，露柩驚魄，不孝莫大焉。此未明於孝之義也。諸生其以吾言布告于一邑之爲子者。」諸生唯唯而退。

次日，諸大夫士復集，莊侯與諸學博皆至。侯顧諸士：「盍各質所疑？」學博閔君問曰：「孟子謂『勿忘勿助』，試自反思，覺得助之病少，忘之病多。」侯曰：「助者是已曾用功的人，其地分亦高矣。今日求助長者，恐亦難多得。」予曰：「豈惟助長者難得，即忘者亦難得。忘者，忘其所有事，如讀書者，已曾記誦，但未温習，以至於忘。助者，厭薄記誦，因謂書册乃聖賢糟粕，不得於書，勿求諸誦讀，則并其誦讀之根而揠之而拔去之，故謂之助。今試問人必有事焉，是有事個甚麽，則無不茫然，又如何更説得忘助？忘助且説不得，又何必懸空講個勿忘勿助？」少間，陳學博問曰：「人心雖甚封閉，獨知無不了然，只是難在慎獨，幸示個方法。」予曰：「慎獨已是方法，若要更求個必慎獨的方法，須看『君子』二字如何。君子必慎其獨，小人則閑居爲不善，可知還在立志。」莊侯曰：「趙閲道焚香告天，真是吾輩慎獨的方法。」一友從旁言曰：「司馬温公無一不可與天知，亦是此意。」予笑曰：「可知是要志，若不立志，到底將焚香告天還趙閲道，將無一不可與天知還司馬温公，方法總是付之空談矣。」時堂中聞之，皆躍然。於是賀友謹庸起曰：「千病萬病，皆起於忿慾，願大宗師與劉先生將懲忿窒慾提醒一番，使人人咸受其益。」予曰：「人須是發憤，乃能懲忿；須要有大欲，乃能窒慾。」莊侯曰：「信哉！如今秀才赴科場，時假令有美色在前，必不移念，彼固有大欲在也。」予曰：「如今學者終日言懲窒，其寔何曾懲窒得？孔子一生欲明明德於天下，故不義富貴視若浮雲。顔淵曰：『舜何人也？予何人也？』故犯而不校。孔、顔所慾不同，所忿不同，故其懲窒亦與常人懲窒迥異。可知千言萬語，千病萬痛，總是欠個必爲聖人之志。立得志時，方法可不必講矣。」坐少頃，一友問曰：「義利之辨，誰人不明？及至臨事時異，竟從利如崩，縱反而之義，亦覺苦而不甘。然則性善非歟？」莊侯曰：

「道心甚微，人心甚危。吾人一向封閉於物欲，一旦反而爲學，若不從苦中入，便要順而行之，恐無是理。到得有意味時自不能已，方有個樂處。」予曰：「善哉！善哉！孔子言悦，必説時習。今不肯時習，纔學便要悦，悦豈可襲而取之乎？近時學者謂放縱爲真機，亦是未達此義。其流之弊，遂不可言。孔子樂以忘憂，始於發憤；顔子欲罷不能，本於竭才。大父母『從苦中入』一語，正諸生所當佩誦者。」於是予與莊侯及諸學師退食於後堂，諸生亦將會飯他所。予諷之曰：「昨日會食，頗覺諠譁，宜稍循默，即是當下工夫，亦便是終食不違仁。」諸友謝教而別。

次三日，諸士再集，莊侯尚未至。一友問曰：「孔子以入孝出弟爲弟子之職，又以稱孝、稱弟爲士之次。乃孟子直以孝弟盡堯舜之道。何也？」予曰：「有專言之孝弟，有兼言之孝弟。《孝經》曰：『事君不忠，非孝也；交友不信，非孝也；蒞官不敬，非孝也。』斯所謂置之而塞乎天地矣。堯舜之道，何以加此？」時見屏史先生在座曰：「人能弘道之義何如？」予曰：「夫孝置之而塞乎天地，正是人能弘道。若稱孝、稱弟，非不可謂之道，特未弘耳。吾輩今日正是講個『弘』字。」語罷，莊侯偕諸學博至。莊侯語諸生曰：「昨日諸生問懲忿窒慾之方，予畨間因一事偶有悟於《損》、《益》之旨。《大易》以《益》繫《損》之下，曰：『君子以見善則遷，改過不吝。』夫遷善改過，乃所以懲忿窒慾也。姑以畨間事證之。予至永新，未嘗受諸大夫士餽遺，此諸大夫士所知也。顧獨好書，惠之書，或不辭。偶入會城，欲得書一部，使人持金買之不得。一司吏買得之，輒以見惠，予强以所持金相酬，再四不納，予輒勉受之。近其人竊葬他家墳山，予知其意以書故，度予能爲之地。即取原書當堂還之，竟斷改遷。夫以一好書之慾，使人萌不肖之念，此予大過也。予不敢不改，亦不敢諱諸生，其以予爲戒。」聞者咸毛髮竦然。或曰：「此人惠書時未必遽有此心，而大父母受一書，何必爲過？」予笑曰：「此姑勿論。只吾輩多少大過，尚且憚改，甚至人攻其惡，猶飾非拒諫。而侯勇於受過如此，此已足爲吾輩師矣。」言已，諸生默默久之，若有所深念者。予復請於侯曰：「適史先生先在座，深憂近日風俗之薄，欲挽頹風，其道何以？」侯曰：「移風易俗，其責在士夫。横目之民，未必能壞俗，壞俗者，士子也；横目之民，未必能易俗，易俗者，亦士子也。蓋士知詩書，多知識，用詩書、知識以易俗，則受益者多；用詩書、知識以壞俗，則受害者亦多。予初至此，每一聽訟，輒有士子數人因首爲證。若因而聽之，則是非不明，民間滋益多事，相靡成風，士氣滋益不振。予再三諭止之。今公庭無復因首之士，而士日益尊。乃知此方之士易於轉移，士既向道，則風俗不難厚矣。」予嘆曰：「良師帥加志培植士節，此移風易俗之要機也。」予因遍語在會同志曰：「諸君抑知『人人有貴於己』之説乎？夫大夫貴於士，士貴於民，人之所易知也。民有民之貴於己者，士大夫有士大夫之貴於己者，人之所易昧也。得其貴於己者，則賤可使貴；不得其貴於己者，則貴反爲賤。試觀民本至賤，然使其尊德樂義，鄉里善之，官府重之，其貴何如？反是而好訟好鬥，鄉里鄙之，官府罪之，是他自賤，非布衣能賤之也。漸假而爲士，尊於民矣，使其能以道自樂，誰不貴之？却乃今日公堂，明日各衙，所希杪忽，所喪尋丈，反不如百姓之自愛者，何貴之爲也？漸假而爲孝廉，尊於秀才矣，使其能以道自重，誰不更貴之？却乃干有司，尋座主，東撈西摸，荒廢本業，反不若秀才之自重者，何貴之爲也？漸假而登上第，躋崇階，使其能以道自尊，誰不欽仰之？却被怕窮一念横於其中，居官則不能營職，居鄉則不能善俗，猥瑣齷齪，爲人所鄙，又何知高第之爲重而崇階之爲榮也？今會中之人，盡於四者矣。貧賤者能修行，則德不待爵而自尊；富貴者能自重，則道以有爵而益貴。況人貴由天，人人不能皆公卿；良貴由己，個個可以爲聖賢。人亦何苦而不求得其所自貴者哉？」諸生聞已，咸起而謝曰：「先生之錫我多矣。」予乃與諸大夫士拜而别。别之次日，放舟下郡城，舟中乘暇憶會中語紀之，題曰《明新紀會》。

卷十

詩

古風

擬古三章寄懷周思極

涉江采芙蓉，芙蓉不堪采。支頤思美人，乃在山之隈。念欲往從之，難以陟崔嵬。哦詩不成語，春花慘無輝。可惜對面時，相思亦何爲？《涉江采芙蓉》

庭中有奇樹，緑蔭冒清池。新條迓春榮，半雜故年枝。攀折不足遺，但念對君時。《庭中有奇樹》

明月何皎皎，風聲更瀟瀟。不寐起攬衣，徘徊立中宵。昔别亦何易，一去一相招。離憂今乃知，相失忽已遥。寒燈抄梵夜，細雨看花朝。豈無適意人？念子殊爲勞。《明月何皎皎》

贈别徐吉水内召 有序

予得友使君，自隨魯源先生時矣。使君温其如玉，有韜世之量，發硎浮梁，移絃字〔一〕水，飄飄然如王喬之在鄴也。浮梁故稱難治，前數令不得善刀，而君頌譽滿士民口，自吉水可知已。吉水風俗純龐，然再歲大水，使君善存其民，民怙之如母。亡何，被命北行，縣人三老子弟咸若有所失。予於使君契眷殊篤，於其别也，不能出餞，餞之以詩。

秋風動蕭瑟，孤鶴忽翶翔。供帳出郊坰，父老咸扶將。一老前致詞，君德曷有疆？循行及阡陌，甘棠芘吾鄉。是時水再歲，賴君政維良。誰謂治行成？翻令永相望。主爵上績書，天子開未央。君心眷吾民，帝念在四方。當以邑褊小，不得畢所長。願作流亡圖，召對獻明光。賜租儻有詔，遺澤焉可志？

題撫州伍烈婦册

夫作大行車，妾作車上塵。車輪東西轉，千里逐準輪。夫作谷中風，妾作深林葉。願言從

〔一〕「字」，疑爲「吉」字之誤。

風起，亦願從風歇。夫今溘朝露，妾身付池水。千愁託素波，蕩漾憑風雨。妾非蕩子婦，悔教覓封侯。魂上望夫山，怨氣結松楸。

贈別沈肖林二尹

安成稱嚴邑，爲治良不易。比年逢水旱，斯民苦流離。繼之以疾疫，骸骨縱横棄。天地慘不開，哀風四面至。皇天于其生，何幸多長吏。吴公治第一，而君爲其二。晨興坐堂皇，爲民畫生事。所有此孑遺，突若得其翅。囹圄方就舒，眉睫猶有淚。奈何賢良詔，而君去此地。馬爲不停驂，車爲不轉轙。借寇不可得，攀號多掩袂。君家不可當，想望懷靈異。乃翁名卿史，慷慨多大義。令弟策彤庭，冠冕明聖瑞。而君又長者，紆餘天所植。安得君長在，民瘼時與議。獻錢逐三老，黯然慘予意。

秋燕行

秋社前五日，予在書院，見梁上燕雛初飛，其三竟去，二雛欲飛不能，母呢喃遶巢，若將教之者。予謂諸生曰：「予老矣，有如此秋燕，爾曹可不勉自奮飛？」因賦此勖之。

空梁巢秋燕，一巢育數兒。燕飛去復來，數兒紛告飢。青蠅取次吞，漸漸肌膚肥。一日携兒出，三兒上高枝。一兒坐簷瓦，一兒巢中棲。坐者軟無力，棲者羽翎稀。枝上兄和弟，呼之終不飛。母出更回顧，還與整毛衣。呢喃如有言，此際亦何時？秋社能幾日，尚戀故巢泥。爾今不決起，母當捨爾歸。

送楊父母入覲

世競談玄虛，簿書若陳腐。詎念元元衆，懸命仁父母。寥寥漢長吏，難可與比數。巧宦稱雄傑，勤恪嘲呆魯。有美淇園君，悼近世風蠱。使民如保赤，況曰等奴虜。折獄務輸情，咆哮不爲迕。徵税多良規，直可籠前古。漕卒告偏累，談笑清軍伍。愚氓困尤賴，懲之如捍虎。椽吏坐閑曹，顔色如灰土。公灼而憐之，時爲一存撫。謂公爲精明，渾厚植肝腑。謂公爲狷潔，公剛亦不吐。胡世囿域觀，良璞視猶碔。岐山瑞鸞鳳，云不如鷃鴟。惟聖亶聰明，徵詔來天府。輿論大舒揚，庶衆欣翔舞。一朝攬轡去，相顧成悵憮。白叟出山陰，竹馬盈江滸。騰騰上雲霄，清要躋崇膴。寇恂未可借，安能還外補？諗古多循良，惟公承其武。民愛其仁明，士悦其宏溥。我作康衢謡，聊以代設祖。四起賡再歌，編曲和琴鼓。欲頌詞不宣，欲别情更苦。焉得復如公，使我安環堵。瀘水緑澄澄，瀘山青楚楚。公顔日愈遠，何當更一睹？

集詩一首慶澄源潘侯榮膺寵命 侯嘗爲吾鄉築陂二處，故末章及之。

葛生蒙楚，在河之滸。允矣君子，民之父母。彼君子兮，瑟兮僩兮。亦既覯止，我心寫兮。孑孑千旄，賁然來思。其心孔艱，其誰知之。淑慎爾止，惟民之章。衣錦褧衣，不顯其光。蔽芾甘棠，我行其野。式遏寇虐，哀此鰥寡。天方薦瘥，靡神不舉。憂心悄悄，以祈甘雨。思樂泮水，載色載笑。教之誨之，視民不恌。濟濟多士，各敬爾身。穆如清風，遐不作人。維此惠君，何用不臧。于今三年，載錫之光。永言孝思，帝度其心。既佑烈考，秩秩德音。令妻壽母，服其命服。副笄六珈，四方來賀。父兮生我，母也天只。欲報之德，自天申之。爾公爾侯，申錫無疆。則百斯男，載弄之璋。子兮子兮，不忮不求。揖我謂我好兮，周爰咨諏。乃眷西顧，其流湯湯。瞻言百里，憂心孔傷。經之營之，白石鑿鑿。浸彼稻田，云何不樂？悠悠我里，室是遠而。遹觀厥成，作爲此詩。

别友人 四十韻

柴門隱深麓，經過客來稀。忽有抱琴者，千里若爲期。問子何因緣，乃自若驅馳。曰我年十四，積疑不可思。黄河有涸竭，泰山有崩夷。歡樂有變態，恩愛有割離。誰爲不死者？與我長相依。思之又思之，展轉還更迷。瓢笠辭家人，寧知筋骨疲？參訪徧二氏，降心獅吼機。幸遇楊夫子，片語破狐疑。謂爾所問者，即爾真仲尼。當下若發蒙，一唯徹顯微。自信只如此，大道何藩籬。聞君志在學，黄安以爲歸。願言求印可，請事終於斯。聽罷王子語，不覺心神怡。何當今世士，乃與古人幾。憶昔黄叔度，十四稱人師。仲晦亦斯年，慕道念在兹。勉哉崇令德，願子慎所趨。試即楊公語，與子深究之。此問從何來？物則自秉彝。仁義與禮智，咸即此所爲。此問從何盡？時措無弗宜。均平及齊治，大學篇可稽。陟遐必自丘，上達必自卑。一目已可到，千步不可躋。從來君子道，本身以爲基。本識本見者，離事便成支。子輿知邪遁，楊朱泣路歧。歧分無所習，習定那能移。展哉楊氏學，統自盱江垂。言言遵孔矩，愛敬稱孩提。莫以先天妙，因之自恣睢。莫以聖學繁，因而多姗嗤。子行日遠矣，我心重悽其。悽其復悽其，後晤安可知？欲别難分袂，欲語難陳辭。願屬南飛雁，緘書慰所私。

題王僧若無册

若無既髡爲僧矣，其母故以節孝聞。一日，若無閉關，母往視之，送母出，既别，母忍涕而去。若無入關，涕泗横下已。數日尚忽忽若有所失，因念曰：「倘所謂情緣乎？」强制之，卒不能已。予過黄安，若無述以語予。予曰：「昔孟子之悟夷子指上世之人之一泚也。

今子之母與子之涕，蓋身有之，盍默識其所從耶？」爲説偈曰：

父母未生前，面目不可認。落地一聲啼，不忍離親故。十方所生子，十處俱如是。所以不異者，以性周徧故。堯舜及周孔，溥此覆萬世。惟佛生西方，教主於慈悲。云人事鬼神，不如孝二親。因何亂業者，委以爲情緣。至謂手刃父，等於屠羊豕。是名滅佛法，斲佛真種性。天命本不已，逆銷終難泯。譬彼伏流水，隱隱不可止。譬彼厝薪火，炎炎弗可藴。離識而趨寂，寂了不可得。我今爲爾言，情識即性命。色空本不二，云何成二見。

予既爲此偈，書示王僧，僧以呈耿師。師謂周子輩曰：「適見劉聘君所示王僧偈，乃至言也。」周子向予索觀至言。予曰：「予安能爲至言？不過無聲無臭妙道耳。」周子曰：「無聲無臭妙道，非至言耶？」予曰：「予所謂無聲無臭，固庸言庸行也。」周子曰：「庸也，惡爲無聲臭？」予曰：「若有意爲奇，便涉聲臭矣。」周子即從座起，大笑而去，曰：「吾已觀偈竟。」

奉陪楊父母遊書林洞 次韻

武功高哉凌紫煙，陰陰三十六洞天。雷岩蒙茸不可即，下有書林古洞相延連。書林自古仙人蹟，白晝燃犀照鮫室。其中百折巧玲瓏，七日誰將混沌闢？碧蓮參差隱蒼苔，白雪千年凍不開。下有伏流之奔水，上有百尺之玄崖。崖上軍持與鸜鵒，石聲琤琤喧鐘鼓。夜靜遼海寉歸來，雙雙華表當門户。已見胡麻種石田，況復天酒滴淙淙。我欲食之從赤松，冷然兩腋御天風。天風吹我飄飄起，扶摇九萬差能比。無奈孤高不可持，歸心還入洞雲裡。譎夾轉自好幽探，遇山與水輒沉酣。劉郎懷抱亦不惡，何當更共子雲譚。翩翩連袂真堪侈，東南之美盡於此。相逢載酒出玄經，誰羡蛾眉歌皓齒？石巖巖，水泱泱，竹馬兒童樂治安。尚循阡陌問飢寒，雙舄疑從天上看。淋漓翰墨灑瑯玕，長得寇恂借河内，何妨此地一歲一追歡。

題棣萼圖

賴子文谷貌吾兄弟五人者各絶肖，乃令總作一圖。對弈者，叔子貴卿、季子國卿；予坐而觀之；其傍相倚而立向，仲子上卿；以手指予三人者，則小季天卿也。圖成，戲作《五老歌》，書之上方。

我生五十又八年，把鏡自照鬢皤然。論交四海多英賢，于時倦息洞中天。仲子作字歌且偏，腹笥便便千萬篇。頭童齒豁志能堅，路逢書車口流涎。叔子棄書四十前，布衫長袖捲風煙。杜門甕牖對殘編，旋摘園茶手自煎。大季兒女滿堂筵，婚婚嫁嫁相連牽。簿書投筭獨精研，家無餘貲方陶焉。小季飲酒如吸川，眼光墜馬田中眠。起來佯作官長譞，呵奴罵隸稱顛仙，恨不多掛杖頭錢。

七十行贈彭桂亭

先生文思之子孫，於今人稱兩相門。鬖鬖雖不逮當日，遺韻流風猶有存。先生讀書不見用，禹步堯行無少縱。即今齒落髩如銀，手不停披口還誦。我有少子最悍逸，二八曾不好紙筆。女蘿幸得附喬松，賴公保傅勤督率。有如繫馬青絲韁，拘猿更用長銀鐺。左繩右矩時牽制，縱有劣性且潛藏。以兹感念未能忘，聞公天壽七衮强。溪南溪北遠相望，爲賦新詩代兒觴。我思古道如天上，執爵執酳屹相向。漢主臨雍拜五更，橋門觀者皆惆悵。如今後生丱角時，鬧羣駡座恣所之。婆娑老輩咸避席，不然鄙誚無聞知。此翁丰骨自軒昂，必爲更老亦相當。無端落魄風塵裏，伴讀尋常乳臭郎。

同鄒宫洗遊虔州諸巖洞歸自螺川小述

今年三月挑花開，尋春深入章水隈。五雲深處影徘徊，盡日灘聲怒如雷。黄巖嵯峨勢欲頹，玲瓏陰洞絶纖埃。觀音趺坐蓮花臺，其中鐘鼓聲喧豗。呼酒提壺就火煨，主人醉我黄金罍。虔州鬱孤何壯哉，通天一竅穿山腮。羅漢如來石作胎，仙房佛殿篏玫瑰。岩僧齒豁背盡鮐，夜夜蒲團坐死灰。獅崖遥望正崔嵬，杖履穿雲更舉杯。復有層巒聳上臺，馬祖曾經説法來。振衣山頭俯九垓，長江一帶參差桅。挽舟上流嘻且詠，雩川百折走沿回。羅田石洞白皚皚，崖頭大士誰人鎚。濂溪武穆何傑魁，書留絶壁生莓苔。低回無奈陽烏催，歸舟一瞬歷千峐。翰林斗酒百篇才，呼童盡發舟中醅，不負劉伶相追陪。

書石鱗宗兄賢侯表善册

魚鱗之石濱江起，石鱗兄弟稱雙美。少年俠氣恰相當，誓不殲仇不若死。晚聞吾道浸心開，乃知昨非而今是。人心好高詎能先，知雄守雌從此始。以斯美譽徧鄉鄰，正直温良人皆喜。吴侯儒吏真絶奇，循行阡陌及仁里。父老嘖嘖誦君賢，大書特書藏約史。君家史氏素重君，表君特作鄉民軌。君言菲薄未敢當，聲聞大過滋益耻。但得子弟盡雅飭，吾雖無名亦可矣。我聞其言殊莞爾，吾宗兄弟乃如此。酒酣奮筆爲君書，人生何不爲君子？

贈今可道契春官行

朔風吹歲暮，那堪送子行。言念平生心，澹然有深情。别我今遠邁，離羣渺何賴？臨歧牽子衣，願子慎自愛。富貴能幾時？過眼如花枝。榮名以爲寶，莫負千古期。

歌詞

戲和水仙子調

引疾歸來楚水涯，西雲深處是吾家。小屋兒恰好牛背大，享清福也勝榮華。風吹窗，月到榻。説兩句平常話，畜幾種易栽花。客相過濁酒濃茶。

春暮復禮小飲戲筆

六尺名韁，一條利鎖，牽得人世奔忙。蝸牛角底，争短更論長。且喜天寬海闊，儘容我、白首佯狂。閒想起、孫曹楚漢，無故鬧一場。這幾個先生，興兵結怨，多少災殃。到而今，影兒落在何方？況是日斜春暮，憑紅友，引到醉鄉。説甚麼，蕉鹿蝴蝶，一枕面羲皇。右調《滿庭芳》

偶書

愁到黄昏，悶到清曉，只争誰多誰少。事皆前定，焦勞空自老。縱如倚頓陶朱，免不得、埋骨荒草。那些人，閧一會兒，轉眼不見了。看世事反覆，强弱弱强，小大大小。又何必，抵

死奔奔擾擾？幸遇盛友高朋，聆清話，真個是好。暗筭來，加減乘除，服殺天公巧。右調《滿庭芳》

五言絶

會城聞周思極道亡寫懷四絶

此夕屋梁月，孤鴻聲復哀。傷心難自寐，寧得夢魂來。其一

同渡章江水，春來我獨歸。中宵泣把臂，淚濕夢邊衣。其二

經過江山舊，相歡事已非。君魂應識路，隨我好同歸。其三

掛壁琴猶在，題詩墨未乾。别來曾幾日，遂作古今看。其四

塘巖詠景 五首

大士顯實相，爲世説寂滅。離實而求寂，如捉水中月。詠水月巖

兹非渭水濱，而子釣其上。脉脉自經綸，且得免風浪。詠釣磐石

爾亦愛爾兒，跳梁終不忤。寄語李將軍，莫射崖頭虎。詠慈虎石

窮幽到空巖，仙人採藥去。已覺洞虚玄，寧有玄玄處？詠又玄洞

誰決黃塘水，潛流過巖隙。玉乳浮清觴，獨恨日之夕。詠玉乳泉

忘言巖訪僧

結屋依巖穴，開扉傍松竹。送客不下山，疏燈獨自宿。

五言律

登岱

地俯中原隘，天高泰岱雄。深崖磨漢碣，古道掛秦松。海噉東西日，雲開遠近峰。泠然欲飛動，一鶴月明中。

贈雪印上人 四首

散步出江上，孤菴掛江端。磬聲雲裡度，僧影樹中看。清興舊不淺，玄言此更歡。榻從雪印借，怪得暮春寒。其一

岸樹春欲盡，山城柳未花。來從獅子座，聽演白牛車。林静雲初起，情親日易斜。豁然忘

聖諦，身世笑空華。其二

精舍臨江開，分泉帶砌迴。野狐聞法去，馴鹿逐僧來。貝葉翻心印，天花落講臺。清言殊未足，歸騎莫相催。其三

見説法無法，寧須行處行。從鍾聞自性，過水得無生。鶴舞真爲適，僧吟倍自清。早除細微惑，庭鳥向人鳴。其四

題閔侯鳳渚攀轅册

天地交情在，心知手重分。爾爲蒼水使，吾自白鷗羣。世路悲尊酒，離愁亂暮雲。明當問來客，何處過逢君？

贈别王以忠丈人 十首，有序

夫别固有辨哉，有未嘗見而未嘗别者，有終日見終日别者，有别而不别者。千古神交，開卷如面，斯未嘗見未嘗别已；白頭如新，見而别也；傾蓋如故，别而亦見也。可别者形，不别者心，其予與中石丈人之謂乎？雖然，而已别矣，可無淚，不可無詩。

興來千里駕，倒屣出山迎。泉石予同病，詩篇爾大名。科頭依日月，竹杖見公卿。朋好平

生重，因君減宦情。其一

五載家何在？孤孫海上來。相逢多盡哭，聞訊暫停杯。内難寧還未，浮身死欲催。便歸歸亦得，不受夜猿哀。其二

王燦樓前賦，梁鴻廡下君。死生奚不可，歸去復何如？計日浮炎海，經時返故廬。憑將越溪水，還寄八行書。其三

此地無車馬，偏餘高士遊。王孫何事去，江水不勝秋。窮困吾方傲，漂零爾豈愁。加餐兒女態，抽劍斷維舟。其四

芳草尋時〔一〕路，青天江上舟。貧偏饒簡册，賤自失王侯。捫虱如無世，屠龍别有謀。去來不可詰，那是念臨丘。其五

皓首百年别，清樽千里歸。含情江柳暗，失路故人稀。霜落鴻聲苦，月寒杵意微。遥知松菊在，誰判昨爲非。其六

海内寧無士，如君自幾人。有樽連命酒，無褐不愁貧。再會應何日，新詩可共論。還家試借問，故友半凋零。其七

〔一〕「時」，底本模糊，據康熙本補。

愛爾無拘檢，一生任自然。異鄉今白髮，萬事付蒼天。骨傲難爲媚，知稀衹自憐。盍歸王子洞，七日幾經年。其八

舉世方側目，吾曹自盍簪。禮非拘達士，才果妬黄金。别酒孤亭莫，離歌柳岸深。贈君無美玉，明月掛疏林。其九

欲賦江淹别，其如宋玉愁。各天分知己，八月一葦舟。往事看春夢，居人惜壯遊。是翁還矍鑠，未擬解征裘。其十

睡起

柴門無俗事，得酒即高歌。命自黄金妬，眠偏白日多。瘦疑添傲骨，病欲長垂蘿。春去餘青草，休教車馬過。

夏日集黄盤灘長陽閣呈徐殷夫

閣俯西南峽，乾坤一鏡浮。帆移山影動，客醉樹陰流。酒怪揚雲載，榻翻徐孺留。平生偏意氣，於爾獨相求。

瑞虹别郭賚臣 有序

辛卯六月，予與郭賚臣、周思極訪道蘭陰。歸，買小舟玉山，浮溪而下，掛席爲帆，揭竹爲檣。夜卧膝相銜，晝坐不能運頸，灑然置芥於坳堂之水，意甚適也。既抵瑞虹，予與思極入楚，賚臣易舟還家，詩以别之。

瀫水來時路，楚天到日秋。小舟浮李郭，新句豈曹劉。吾道東南重，江湖日夜流。俱爲千里客，送爾亂鄉愁。

贈别吴懷溪父母内召 四首，有序

予讀太史公所稱循良，率多悃愊迂滯，不甚快愉。人意程其功，能似反胥出酷吏者下，彼猶能摧挫强勢，厭賞衆憤也。嗟乎！吏之於民，撫之耶，勝之耶？勝之於此，奸隙萌起於彼。此撫之者之所以爲勝也。然則治之道，循良已乎？嘗讀孔子稱「使民無訟」，初莫達其所以使之者。及適衛而言富、言教，乃知聖人所以使民無訟，意在斯哉！夫民猶水，酷吏障之者也，循吏順之者也，儒吏導之使入於海者也。夫制其産，以厚其生；立之教，使自得其本性。斯亦治民者之海也。是以奸無自起，焉用摧之？彼撫之者近矣，猶爲惠王之盡心也。曾氏之言曰：「上失其道，民散久矣。」故儒者之治民，民之道也。吴侯治安福五年，不爲赫赫之名，而脉脉思所以厚其生，而引之於善。蓋循吏而進於儒者。居久之，政通人和，甘露降其廨署者數四焉。按《晉書》稱，甘露，仁澤也，尊賢容衆則降，敬養耆老則降。吴侯有之。《詩》曰：「惟其有之，是以似之。」其此之謂歟？於是侯以徵行。余辱侯下交有日矣，不可以無言爲别，别之以詩。

射策推高第，領城得上游。循良漢吏治，繩尺宋源流。種樹看山晚，行田喜麥秋。徵書天上急，翻遣故人愁。其一

萬家歌何暮，知是范安成。雨逐車來霈，霜仍鬢上生。五年憂菜色，此日罷郊行。處處甘棠在，聊爲父老情。其二

蕉花瀼瑞露，天地豈無情？寧少薦鶚志，那爲炫赫名。牛刀令小邑，驄馬定長城。不選一錢去，歸舟泛月輕。其三

即分萬里袂，且復共君船。客散江亭上，帆飛夕照前。衡茅時見過，荆席幾曾連。從此難期會，横關任歲年。其四

丙申八月十六夜，玩月岳陽樓懷舊 二首

淼淼空無極，鄱陽未足云。雁隨雲共遠，天與水平分。三徑窮交散，一官白髮紛。行將歸去賦，剗却北山文。其一

地敞三湘盡，天高萬里秋。波摇山欲動，帆度客生愁。問月頻呼酒，看雲獨倚樓。故人憶我未？何日復同遊？其二

和劉淑德元日詩

景物催人急，閒邊老歲華。幻身無定處，春色滿天涯。骨到窮偏傲，錢因少更奢。年來知此味，難向俗相誇。

黄塘巖道中〔一〕

行行不可到，煙霧鎖青苔。小徑沿山曲，急流避石迴。竹藏鶯語遠，鹿踏草香來。莫是天

〔一〕按：此詩底本多處模糊，據康熙本補。

台路，劉郎此再開。

遊雩都羅田巖巖有周元公岳武穆墨蹟

巖巒誰不愛？我輩獨相尋。仙吹穿雲遠，僧厨傍石深。圖書千古秘，宗社百年心。無限高山意，寒煙起夕陰。

歸自雩都泛月

遊興豪無盡，沉吟倏夕暉。酒酣江上月，雲濕醉中衣。一瞬千山度，孤舟獨鳥飛。歸期那可問，且自惜芳菲。

六言

夜宿法雨巖 二首

風度經聲竹裏，客來犬吠巖頭。雙屐一生自適，百杯萬事俱休。

夾路長松鬱鬱，遶巖流水沄沄。薄暮開窗呼月，清宵抱石眠雲。

雩都道中 二首

桃花過雨紅濕，柳帶牽風綠飛。日晏巖僧未起，雲迷山客忘歸。

乘風雩下春日，倚杖江干夕陽。流水津頭漁父，天台洞口劉郎。

卷十一

詩

七言絶

丙申中秋至大荆驛兼懷舊遊及諸弟 四首

中秋月到洞庭湖，此景人間更有無。北望長安天際外，浮雲飛盡一輪孤。其一
故園此夜尊前月，來向郵亭照酒壚。試問舊游相對飲，有人曾歌伐木無？其二
天涯涕淚不成眠，憶弟清宵月正懸。莫遣陰雲輕遮護，人生能得幾回圓？其三
萬里冰輪絶楚氛，非關衡嶽獨開雲。岳陽樓上明宵月，減却清光應幾分？其四

壽張雲臺公祖老夫人八十 四首

玉蕊瓊花字字妍，當筵得句占儂先。儂來獨在三千後，閒誦南山第一篇。其一
自是欲歸未得歸，望雲無計報春暉。懸知慈母臨行線，遥爲仙郎製舞衣。其二
綵袖翩翩喜氣多，憂民其奈鬢毛皤。倚閭應問年來事，聽得漁陽麥秀歌。其三
爲君雙放錦江魚，直到錢塘水竹居。報與青鸞傳阿母，朝來天上下徵書。其四

題時泉册 二首

雲裏飛泉百折迴，郊原千畝一時開。只知山下原泉出，不問原泉何處來。
不信亡何别有鄉，人間道路已茫茫。問誰曾到崑崙上，且學宣尼看吕梁。

慶潘父母太老夫人六袠時癸卯元日也 四首

春入新年轉物華，蟠桃紅色映流霞。丁寧收拾杯前核，種作潘郎一縣花。
華髮乾坤六十春，青鸞忽動鏡中塵。正當雙舄朝天日，又是仙郎上壽辰。
西望瑶池入遠天，郎官星與婺星懸。滿城煙水弦歌發，響入行雲到舞筵。

斑斕錦繡雜翩躚，此日琴堂敞壽筵。雲液滿斟祝大母，幾看南海化桑田。

瞻菴池上觀蓮 二首

池亭四月小車來，拔得蓮根取次栽。葉正滿時儂欲去，不知花向阿誰開。

不知花向阿誰開，客散瀟瀟水一隈。惟有東風痴愛在，等閒能伴主翁來。

觀梁燕哺雛

雙雙燕子遠相將，捕取青蠅上畫梁。秋社不知能幾日，去來猶自爲兒忙。

石城洞景 六首

河漢江淮四瀆開，爾偏尋入暗中來。憑誰指示出頭路，灌溉功成亦幸哉。右潛度流石

燒得人心死不回，火坑日日利名催。仙家雪巘寒如鐵，能使涼生六月盃。右凝乳堆雪

雲作城門石作城，城頭雉堞更分明。避秦人與秦俱往，紅日西飛暮靄輕。右石城暮靄

亦謂孤高不可居，暗沙堤上自如如。已棄寒影辭流水，其奈標題點素書。右玉塔寒雲

陶冶無邊造化功，有時能鑄石爲鍾。仙家猶自難忘世，怕殺人間耳盡聾。右洪鍾清韻

小圓清沼綻紅蓮，不染污泥也自憐。陸地芙蕖開滿洞，痴人將説是西天。右浄土業蓮

中秋承諸友携酒就酌歌滄樓 三首

初月漸從無處有，圓光今已遍江湖。直須享用樽前醉，莫更相將説到無。

中秋月上歌滄樓，滿座高朋總舊遊。几案盃盂都是月，痴將雙眼看雲頭。

天如秋水月如銀，十二闌干處處明。誰謂清光原自好，也訪微靄瞥然生。

七言律

秋興 八首

露冷秋聲入暮林，井梧疏雨夜蕭森。寒潭影落長天碧，寒雁風淒盡日陰。宋玉賦殘三楚恨，馮唐空老百年心。邊城亙北愁雲鎖，明月關山處處砧。其一

荒苔幽徑逐江斜，藜杖黄冠自歲華。紅葉滿庭長伏枕，青天連海任浮槎。愁多短髮羞朝鏡，秋晚孤城聽暮笳。最是芙蓉堪寂寞，涼雲慘澹正開花。其二

古樹棲鴉帶夕暉，荒臺涼露草菲薇。籬邊殘菊迎人發，葉底寒螢接地飛。短屨長憐身作

客，孤琴棄與世相違，山間莫道無供給，啄黍黃雞入饌肥。其三

銷盡年華七日棋，寒山無語使人悲。漢朝陵墓埋衰草，晉代風流憶舊時。玄鶴摶霄秋氣早，海門收釣晚烟遲。欲乘孤筏浮天外，兒女牽衣滯所思。其四

西風吹雨度青山，陌上千家杳靄間。花圃蛩喧秋欲暮，柴門客去晝常關。高歌白石憐長夜，閒坐清流照病顔。寥落衡茅誰是伴，汀沙鷗鷺自成班。其五

一鳥獨鳴南陌頭，傍村古屋鎖高秋。花間得酒堪乘興，老去吟詩半是愁。遠樹含烟迷過客，拍天白浪引輕鷗。君恩見説寬如海，猶有人居瘴霧州。其六

十年賦就竟何功，玉佩朱旗入夢中。孤劍青霄寒北斗，三邊羌笛怨秋風。蘆花飛作千岩白，楓葉能然萬壑紅。茅舍正憐村酒熟，隔籬咄咄唤鄰翁。其七

蒼蒼石逕入逶迤，數畝荒田近古陂。泉静禪心雲出寺，松摇鶴夢月明枝。多情惟有藥能伴，乘興還誰舟可移。欲賦離騷聲嗚咽，洞庭秋水四天垂。其八

書倪令公直道篇

楚氣白日暗關河，伐木翻憐采計過。世路漸非前度險，米山寒憶舊時多。十年滯宦公無負，三代斯民此有歌。往事凄涼那可問，近來懷抱更如何？

別余曉山公祖 二首，有序

余曉翁之爲吉州也，持綱提領，不事瑣細，士、民、吏共安悦之。天子嘉其治行，擢憲闗中。不肖元越居田間，無復比數於世，而君侯忘勢下交，亟相推引。於其行也，曷能已已，賦此爲别。

其奈含情不可留，曾于傾蓋即相求。爲郎已負清時望，作郡偏承帝寵優。巫峽雲飛三輔雨，螺江春入八川流。無端醉裏孤帆引，忍見紅亭别淚秋。其一

征蓋騰騰萬里悠，那堪送别更新秋。仙翁紫氣函闗滿，父老深情鷺水愁。五載清風吹九縣，一天寒月載孤舟。漢庭良吏推公子，悵望空江獨倚樓。其二

贈别閔鳳寰父母 四首

三十專城花滿春，相看行色黯章濱。雲中雙舄君仙令，夢裏千山我故人。此日輿情紛涕淚，當年宦跡任風塵。蕭條短褐居然在，折罷垂楊意轉親。其一

射策明光憶昔年，分符誰識使君賢。田間單騎時相問，堂上孤琴衹自憐。畫省無媒摶翮上，中山盈笈盛名偏。寇恂未許須臾借，夾岸黄童擁去船。其二

暗風吹雨過城疏，其那紅亭醉醒餘。村谷不逢公府吏，衡茅時有使君書。澄江一道清堪似，美政聯翩錦弗如。誰道漢人偏長者，于門早令可容車。其三

雲擁徵車上帝都，山陰父老滿長途。從前萋菲今虚寔，此後神明更有無。窮谷百年遺愛在，青天千里一帆孤。酒醉終夜燕歌發，玄鶴聲高不可呼。其四

登桓山觀石槨

三年伐石爾爲槨，一樹其如夫子何？永夜硆砑争兔鼠，風林蕭瑟亂藤蘿。孤山自抱黄河壯，清論猶存白骨磨。司馬亦知不朽事，身名今日傍誰多。

題瞻庵十景爲魯原徐師賦

歷盡霜華幾歲年，能將黛色散湖天。雲生萬壑藤蘿古，春滿千山雨露偏。老幹尚疑芬御氣，森枝渾欲積祥烟。大夫未借秦名色，如此孤高應自憐。右古柏

啼痕無那夜烏何，一榻空林蔓薜蘿。松瀉寒濤山雨暗，窗鳴石溜暮猿多。傷心最是看春草，問道何當更蓼莪。此日王郎應叱馭，樹聲猶向夢中過。右咫尺風楸

飛泉巖伴瀉銀河，庭樹依依野思多。日落寒光侵短袖，天空佳氣静垂蘿。片雲濃淡浮巒

岫，乳溜潺湲錯玉珂。聞道同心多逸興，青山何處不高歌。右巖泉

一澗縈迴山勢曲，千峰攢繞草堂開。詔源玉峽真能倒，砥柱狂瀾盡欲回。無那臨流吟伐木，有時漱石獨浮杯。悠悠逝水悲公子，擊楫還應濟世才。右陽峽倒流

遠心家半此淹留，不盡悲歌獨倚樓。車騎暗衝南北霧，花風遥送往來舟。亦知静躁非真性，忍向塵氛問日頭。隱几嗒然迷去住，向人疑是一鷗浮。右人境舟車

湖中秋水碧於玉，湖上秋雲白似銀。影涵疏樹山花潤，天静輕綃月色清。水可浮舟剛一葉，酒從看劍定千巡。西湖風景饒如許，才人蘭陰别自春。右碧練湖

何處王孫未得歸，郊原四望正芳菲。雨中細草緑堪染，花際遊蜂亂劇飛。興到但知雙草屐，倦來贏得一漁磯。行春肯惜尊前醉，轉眼蒼雲又白衣。右緑野

朱欄高閣傍雲飛，極浦層巒敞四圍。萬里征鴻霞外度，千秋溟海望中微。毫揮對客尊能倒，簾捲孤吟席每移。不爲壯心銷欲盡，振衣天地徧星輝。右一環樓

月皛柴門向晚開，醉攜客上最高臺。湖山倒影清千尺，江海遥臨水一杯。境静總看摩詰畫，賦成真羨子雲才。砧聲何處人初定，露滿松梢獨鶴回。右玩月臺

曉起行黎破紫烟，海門晴色散朝川。虚疑世界金輝滿，却怪孤峰寶氣偏。龍劍寒侵牛斗近，賢名高並婺光聯。素心不與浮雲盡，赤日長懸萬古天。右峰霽金光

題偃曝亭

老夫睡穩朝慵起，散髮霜園晝閉門。設禮恐非因我輩，曝書常得向東軒。窮途阮籍狂無賴，多病虞卿道自尊。世路晚年諳欲遍，但堪長卧不堪言。

贈别陳君立遊南雍 有序

梅和君翩翩然清品也，既居博士弟子，間習其業不售，去遊大學，計以自見。濱行，余偕趙子敬菴别於烏溪之上，玩芙蓉以臨流，浮羽觴而澄月。酒三行，梅和君向予而嘆也，曰：「始余與兩君同學，謂青雲可攜手致，乃今獨懷璧而刖也乎。」余曰：「夫璧一耳，售之璧，弗售亦璧，璧不增損也。況乃卒業南雍，將廣交天下士，見聞日益遠大，璧當終售矣。君亦試觀池上芙蓉哉，衆芳争春，斂華不吐，秋容黯淡，獨映寒流，物固各適其時矣。」梅和君聽余言已，解顔酌容。余乃臨池賦詩，敬菴子拊石而和之，謂余當作序，爲書其首簡如此。

行歌伐木獨相求，苔逕蒼蒼引洞幽。倚劍共驚秋色晚，征帆忽伴夕陽愁。天連宫殿山河壯，水下淮揚日夜流。從此故人千里外，江雲烟樹兩悠悠。

贈别錢廬陵内召 三首，有序

蓋予得交錢使君，凡三變焉：其始也，以意氣相許；其中也，以學相證；而其終也，忘言哉以心證已。即是而概使君之學，其進也，亦復如之。使君之治廬陵也，廬陵治。其進而弼乎郡長吏也，郡又治。善刀而藏之，不露才，而才名藉甚，蓋學之緒見矣。未幾，以被命行。人謂使君之知不佞殊深，不可無言，然不佞業稱忘言矣。即在廬陵，或間歲不裁尺一，而心甚邇。乃今去廬陵，猶之在廬陵也，庸何言？雖然，有意乎忘言，猶未忘忘言也。君子可乎不言，不言可乎言，言是吾未嘗有言適於可也，殆真忘言者歟？古之論無爲無着，不賞不怒。其究也，皆若是已。故今日之别，予不免於言，而又不免於永言，命之曰「忘言之言」。使君舟過陪京，而謁耿先生也，其亦以予言質之。

紅亭古木對噏盃，供帳城邊擁上才。指顧白雲吳會出，躊躇秋色大江來。甘棠應爲神明護，疏草懸知侍從裁。鷺水仙舟從此遠，忍觀田父送君回。其一

天王詔下未央開，借寇人邀列騎迴。堯水更逢湯旱急，毘陵初試潁川才。驪歌白日江頭

黯，别酒寒山席上來。此地[一]曾飛王子舄，留君不住倚徘徊。其二

城角[二]清秋起暮哀，汀洲漠漠雁飛迴。風塵盟好百年意，湖海吾曹此夜杯。天上徵書諸子盡時石樓徐使君同被召命，夢中眉宇故人來。薊門還憶劉公幹，贈我寧忘錦字裁。其三

酧王丈人以忠初度見贈

春盡高樓萬壑晴，映階草色入杯清。野雲白掠青山動，海日紅驕仙履明。賴有文章公等在，怪來劍氣斗邊横。蹉跎容鬢疏狂甚，婚嫁何關老向平。

贈别王虹虚茂才

一寒范叔氣能雄，攜手依然國士風。傲骨我知閑是計，浮名君看醉爲空。春從杖底行來盡，路逐桃花水自通。各向尊前傷白首，青毡尚憶少時同。

[一]「地」，底本模糊，據康熙本補。
[二]「角」，底本模糊，據康熙本補。

送羅巡司歸楚

無那春風倒緑樽，離亭愁聽岸頭猿。一官婆娑還虀粥，百里蕭條更遠村。爾自扁舟歸故國，誰能羸馬傍人門？長安桂玉腰仍折，便著接䍠未失尊。

暮過元陽洞

桃花底事着飛泉，遂有軒車破紫烟。低隱雷霆江水門，高騫風雨薜蘿懸。蕭蕭石磴何年路，六六仙家等幾天。我自看棋愁日暮，誰從塵世問桑田？

於蘭溪别王丈人以忠

柯山千載仙人去，王子歸求洞亦奇。湖海當年棄永别，風塵對爾夢猶疑。可知雙劍干天象，其奈孤燈是遠離。此後梅花誰便寄，惱人一樹正垂垂。

舟過赤壁

東去長江抱壁流，扁舟一葉遠相求。得魚剛上孤峰月，夢鶴回看萬壑幽。陶謝高才空有賦，河山戰色可憐秋〔一〕。詞臣老將俱揺落，杯酒南天此壯遊。

王應明比部雪中見訪

藥欄寂寞書横闌，垂老行歌衹自寬。夜雪頓能開客興，平原真得盡君歡。雅談四座清風起，疏草當年白日寒。聞道辟書今汶上，東山月色好誰看。

陳太學水亭次周思極韻兼呈王應明

水亭四面逐江迴，雲氣氤氲浸古臺。極目寒光吴地盡，振衣秋色楚天來。棋看王質仍存柯，酒到劉伶自引杯。片石株松皆勝槩，況逢晴日轉悠哉。

次韻答鄒汝聖柱史 二首

何當温語白雲來，聖主恩波漫九垓。宣室真能勤問賈，燕臺其奈謬先隗。三邊斥堠安秦甸，萬國衣冠擁漢才。縱是草茅掄欲盡，豈令駑馬故遲回。其一

〔一〕「秋」，底本模糊，據康熙本補。

歷落疏狂我輩人，況堪霜雪鬢邊新。百年差可山中客，三聘多慚席上珍。盛世唐虞今比跡，小臣巢許舊爲倫。一官便爾婆娑在，合得紫桑老葛巾。其二

別鄧訒菴 三首，有引

始予與訒菴鄧君相視目成，傾蓋定交，今十餘年矣。倚玉情深，斷金誼厚。君嘗兩及單門，予亦數過大宅，或並車而遊，或對床而卧。其所以相契者，蓋飄飄在世俗之外矣。訒菴今謁選銓曹，分政臬府。昔也懽洽，今也離索，廊廟、園丘截然而兩。矧夫金天清淒，湛露宵寒，流雁叫霜，暮蟬抱葉。撫時追遠，能不令人黯然魂銷者哉？情見乎詞，當折一柳。

瀘水孤帆萬里悠，送君況復是清秋。長安日近懷人遠，臬府春深野鶴愁。怨別翻令憎錦繡，遴才無那去林丘。誰堪寥落江天晚，卧對寒松怕倚樓。其一

杖策竭來謁漢君，霜臺虛席政初分。海門風急應摶翮，胡雁天高欲斷羣。別後乾坤各白首，愁來江漢有停雲。洛陽故舊憐相問，此日楊雄罷論文。其二

不將樗散累明時，歲計空江把釣絲。冠敝十年吾落魄，門栽五柳自低垂。琴尊向月剛情話，猿狖吟秋又別離。幸謝故人匡聖主，深山叢桂不堪思。其三

贈江弘受金陵行 有序

江子弘受將之金陵，其友人劉子送之，曰：「子行矣。金陵，天下大爐冶，豪儁之所萃也。虛其心，以來天下之善，將德日崇。夫海下而受百川，陵亢而却衆水，願吾子擇之。」

詩書何德號人師，慵卧柴門出餞遲。懷璧獨行分袂日，問奇相過定交時。金陵千里征袍冷，彭蠡三秋别雁悲。窮骨慣來忘歲晚，幾回籬月費相思。

癸巳舟中同羅公廓度歲蘄陽

寥落柴門散舊遊，不堪回首憶滄州。千家烟火争除歲，萬里風波一繫舟。寒色漸於廬嶽盡，春光欲傍楚江浮。自憐噓氣成雙劍，倚棹何須看斗牛。

於都城别王中石

江上别君君老矣，燕臺何意遠相逢。去來總在浮雲裏，生死都棄客夢中。詩草遥收湖海氣，壯心轉與歲年雄。銷魂欲擬江淹賦，對爾終慚淚眼紅。

奉使督藥物吴楚越諸路夜半過中山呈彭定州

嚴寒使節向中原，極北關山古道懸。柳傍征騑高日月，塵隨去馬散雲烟。不才空自慚三辟，納約其如隔九天。獨喜至尊須藥物，小臣那敢重流連。

甲午除夕小飲黄安公署 同耿克明、謝其皋、徐思中、蕭成九諸友

垂老交情是宦情，衝寒車馬又風塵。酒杯緑動春初入，鍾漏聲催歲欲新。無那幾回今夕醉，何來换盡少年身。明朝惜别河橋柳，細雨瀟瀟獨慘神。

登小江閣上

逶迤苔逕入蒼蒼，溪上寒松抱小堂。和合水雲澄色相，倒開樓閣在浮光。池蛙向夜聲逾急，花月侵簾夢亦香。兩岸桃紅難自秘，天台近日到劉郎。

贈别周達菴寅丈奉使護陳相公喪入蜀便歸渭南

益州使者發明光，昨夜天邊星宿忙。杯外垂楊相次緑，雨中連雁忽分翔。雲愁玉壘君臣

重，氣逼函關道路長。黃鳥嚶嚶春欲盡，可能無意憶劉郎。

偕鄒宮洗汝光朱茂才長倩遊黃塘巖

愛山窮入柴茸岑，野逕荒荒不可尋。松半藤枯青蘚重，巖頭鹿老白雲深。問奇載酒還誰過，乘興移舟見客心。最喜陸機能作賦，政閒時一狎幽禽。其一

誰劈玲瓏白石岑，岩嶢百折窅難尋。天門日散千岩晶，洞口雲流萬壑深。翠壁清池當客席，古松寒月浄禪心。臨岐不盡登臨興，還向黃塘看水禽。其二

登虔州望江樓

孤舟烟雨泊江干，春暮登樓更倚闌。章貢飛流盃外合，東南秀色畫中看。憑高日斷長空盡，把劍風生萬井寒。直北浮雲何日散，不堪時事轉艱難。

遊通天巖

問是仙家第幾天，鴻蒙一竅自何年？僧房半嵌空巖出，法相翻從峭壁懸。翠巘春深浮紫氣，桃源路盡見桑田。怪從人代遊蓬島，幽鳥驚飛破碧烟。

遊獅子崖 二首

手扶藜杖入雲來，斷石層巒鳥道迴。晝静疏燈寒藏閣，岩空斜日對啣盃。鐘聲半夜金獅吼，石勢千尋玉相開。寂歷〔一〕山中春欲暮，時聞黄鳥重徘徊。其一

萬山春日萬谷風，覽勝令人興不窮。丈六金身高翠壁，大千法界隱鴻蒙。松巢玄鶴深深見，月照蒼崖色色空。石榻清宵魂夢冷，抱雲歸到故園中。其二

歸自虔同尹邦和遊石城洞

杖履千崖已倦遊，西歸仍卧石城幽。盃前細草鮮堪畫，雨後殘花亂欲流。舊識鳥來當户語，新分泉到遶林秋。野僧笑向山人問，何事春心又遠求？

題螺鷺懷清册

亭名飾簋，激於彈者。簋簋，不飾語也。世謂「彈章無善詞，諛墓無疵語」，此豈足爲定

〔一〕「歷」，底本模糊，據康熙本補。

評？定評乃在吾獨知耳。昔不肖從魯源徐先生遊，彈者指先生娶部民艾女，先生顧不肖曰：「曩老母缺使，令人爲買一赤脚婢，可五十餘歲，子所親見者，那得名艾妾耶？」不肖拱而對云：「五十曰艾，彼亦有所據。」先生爲之絶倒。夫飾簠之名，聊以戲彈者爾，豈其尚亦有不平之心也乎哉？爲賦一詩問之。

尚憶廬陵爲宰日，衙如禪室有懸魚。人方射影休原毁，我自埋名好著書。塵世雌黄那可問，龍沙消息近何如？知君會得逍遥訣，千古碑銘一段虚。

遊清風觀

前度劉郎諳舊途，桃花千樹隱玄都。飛霞天馬横金勒，帶雨愁猿敞畫圖。天馬、愁猿俱山名。紫氣東來浮恍惚，青鸞西去入虚無。蓬萊只尺人難信，悵望清宵月影孤。

遊永新石廊洞

參差危蹬倚莓苔，山半仙橋一縷迴。人似猿猱翻石壁，天開日月自樓臺。尚遺宋碣題痕在，却憶劉郎前度來。指點千年成感慨，數峰寒色對啣盃。

梅田道中

孤帆落日夜烏啼，一片荒碑古渡西。流水暗推人世盡，桃花欲指路頭迷。天空氣爽諸峰出，沙白風清數雁低。只尺青霄雲霧裡，更從何處覓丹梯。

偕劉明之賀觀國彭德中趙成元小飲梅田洞 二首

誰將車馬破蒼蒼，欲訪仙人道路長。洞有客情留石柳，山開圭竇入天光。雙童講處雲常護，七日棋殘草自香。試向巖頭明月問，可曾前度記劉郎。其一

劈雲石柱倚長空，氣壓羣山迥不同。客到兒童争問姓，醉來詩賦各稱雄。諸天只在塵寰內，半日真遊三島中。悔未移家長此處，于今已是白頭翁。其二

壬寅夏復遊清泉菴

僧房三坐芙蕖暑，僧自不閒景自幽。地轉吴山爲楚界，天迴盛夏作高秋。幾家茅屋隔溪水，一道清泉出石頭。閲世未須傷往事，即看東日又西流。

壽王塘翁八十

紛紛異學正囂喧，八十登壇道自尊。不爲後車辭舊隱，却將陶冶答新思。狂瀾百尺皆回向，九邑諸生半在門。遞引瓊漿酬大老，何妨十日醉平原。

修坦家陂鼎調諸君攜酒野集歸而有作

老去栖栖不自憐，殘陽猶復戀桑田。曾聞入夜争餘瀝，遂欲乘秋障百川。千頃澄陂分細水，八家凶歲歌豐年。近來溝洫何人問，盡説催租縣吏賢。

壽省所宗姪六十

罄折斷斷魯國儒，垂楊溪上老頭顱。藏書閣有青藜氣，敲句春生緑酒壚。題柱未酧龍自卧，過庭赢得鳳爲雛。慚余六十成何事，借問君今耳順無？

復禮别周默菴歸廬陵 周性好掃地、焚香，是日香銷、箒仆，感而有作

豈必勞心是遠人，纔看離别即傷神。爐烟初斷猶遺燼，箕箒空存不動塵。伏櫪未忘千里

志，行歌贏得一身貧。漁郎蚤記桃源路，一度花銷一度春。

贈別江鍾岷歸九江 鍾岷，以廩生乞休者

豈得空山有少微，謾勞重繭款柴扉。人當東郭驕餘祭，誰自中年乞布衣？二月一舟孤客去，九江千里獨身歸。不嫌庸淺無奇語，乘興還來共釣磯。

廣信道中

高朋何地不相携，此日扁舟又越溪。一水周回迷出入，奇峰隱見失東西。江聲是處聞春杵，鳥道臨深鑿石梯。遥想蘭陰風月勝，幾番吟望暮雲低。

夏日於瞻菴鄭文川諸子携酒見過即席賦謝

別離已是十年强，舉指驚看海印光。載酒漫尋楊子宅，壯游真入鄭公鄉。風和點瑟春無限，日與回言夏正長。再到天台衰甚矣，桃花寧復識劉郎。

歸自蘭陰用郭有開韻

紅亭樽前向涼開，仙侶同舟亦快哉。總爲問奇沿瀫水，非關採藥道天台。聖人往矣吾誰適，狂簡歸歟且自裁。幾度攬衣興視夜，晨星落落獨徘徊。

復古重新志喜寄呈鄒侍御 二首

法堂茂草白雲屯，其那紛紛異學喧。重上樓臺松已老，半凋檀樹杏猶存。從來知禮鄒人子，自昔中庸孔氏孫。惱殺九原桓司馬，宫牆千古道愈尊。其一

勞勞終歲欲何爲，幾度山齋折露葵。秦火已空周典籍，楚氛未失漢威儀。焉知抗疏天無意，要使傳經地不移。試問鄒君門下士，人間底事重宣尼。其二

送甘學憲之貴州 三首

徵書一道出明光，天子深心在夜郎。金馬先聲干氣象，青驄舊望肅冰霜。百年文物誰當任，一路風寒爾獨忙。聞説遐方新作郡，從今初見漢冠裳。其一

庭訓淵源有自來，少年翰苑已掄才。歷官總是文章伯，持憲無分内外臺。馬度牂牁嵐氣

冷，風高螺浦雁情哀。叮嚀盛演蓮坪學，不負樽前數舉杯。其二

人生浪跡總浮萍，雲鎖東山散德星。我自衰齡頭盡白，君逢盛世眼能青。鸞鄉烟静春生色，絳帳風清夜聞經。握手亭邊倍惆悵，驪歌四面不堪聽。其三

題朱母謝氏貞壽册

蕭條窗户鎖青霾，獨枕殘燈夢乍回。謝氏雪庭詩句冷，朱門霜月杵聲哀。自含保赤經年淚，非博懷清百尺臺。兩字題堂存趙壁，曾玄今盡出羣才。

丙午三月再遊黄龍菴 遡前度在乙未四月

曾訪黄龍鬢乍斑，白頭今復叩禪關。遠峰隱霧俄雙出，羣鳥翻空忽獨還。手摘新茶來澗底，厨分活水自雲間。未須半日逢僧話，纔説尋山意已閒。

壽族弟婦貞母楊氏六十

嘗撰次宗乘，下上數百年間，我南溪之以行誼著聞者，往往而是，獨貞婦不少概見。家弟遇紹之妻楊氏二十而夫亡，老姑、稚兒相依爲命，家徒四壁，蓬藋時遷，春雨秋風，淒涼千

態，即金石易爲渝也。楊能完其節於艱危阽苦之中，而人不間於其内外兄弟之言，此豈不尤難於他婦人之以節名者哉？先是楊令侯淇園公表其閭曰「貞節」，而周以粟帛。時楊方五十也，今冉冉登六袠矣。於法當得旌，恨力不能揚之，爰手削一册，爲丐言於諸有道君子，而題其首簡曰「劉門孤節」，因賦一律，以爲引玉之端。

燈殘古屋一身貧，庭掩淒風四十春。孟母遷來門似水，共姜老去鬢如銀。舊家孤燕憐同病，蒙鏡青鸞不動塵。我亦丈夫能識字，笄幃慚愧鐵心人。

丁未除夕攜諸弟姪登涣文閣小飲

凌空高閣勢能飛，臨眺何須嘆落暉。爆竹乍燒驚稚子，遠山凝望入希微。隔村樹裏行人度，流水聲中倦鳥歸。載酒未妨頻問字，莫教典却暮春衣。

二月四日大雪

春風飛雪黯江湖，此日那須問有無。遍地瓊林成總庫，遥天玉屑富皇都。卑階盡進銀青秩，小盎紛圈太極圖。蒼昊似開明主意，不令瑺使下追呼。

送錢簿君轉餉行

一官清泠泛星河，治粟于今兩度過。燕掠牙檣帆影動，魚吹春浪晚風和。國儲正倚千艘發，民瘼其如數月何？到日司農應問俗，人間餘粟恐無多。

江弘受尊公榮封時弘受告養歸里

遥望前星光北極，懸知恩命出燕臺。指揮合殿鴻臚唱，爵秩貤封鳳詔裁。馴鹿有情能伴老，飛熊無意更掄才。仙郎上奏陳情表，乞得斑斕進壽杯。

壽劉母逸菴孺人八十

往余與逸菴公談學，相得歡甚。嗣又得交令子培沖君，稱世契矣。於孺人之躋八袠也，祝以詩。

寶婺光懸八十春，梅花點綵戲芳辰。劉郎鏡破塵如舊，姑射丹成歲正新。變盡桑田知閲世，倒翻銀海欲醺人。譚心時得從公子，聊以微吟頌采蘋。

卷十二

書

書忠愍公事蹟册

忠也者，中也。人受天地之中以生，無不有此不容已之至情。故忠於親曰孝，忠於兄弟曰友，忠於夫婦曰義、曰順，忠於朋友曰信。無之而非忠也者，匪獨君也。臣之於君，既已委質，有失而弗諫，其心必有惻然而不安者；有難而棄之，其心必又有惻然而不安者。是不安者，所謂受天地之中以生也。吾受此以生，而吾完之；吾死焉，生也。何也？慊於其所以生者也。即不得慊其心，吾生焉，死也。何也？不慊於其所以生者也。古之君子蹈白刃不顧，如此而已矣。彼以爲名焉而趨之，忠市也。抑不以爲名而束於教法，强心從之，忠役也。役焉者，冥趨而昧機；市焉者，擇事以處名。雖至於激天下之禍，弗以爲悔，國安用此爲也？甚者，名所必存，則朝播鳳德；譽所不出，則里著蠅營。此其於市也，又壟斷私之也。吁！極矣，而皆起於莫能明夫忠之所以生也者。苟明於忠之所以生也者，則回視其所爲，又將有惻然而不安者矣。甚矣，人之貴知道也。

吾邑劉兩谿公之忠振耀天下，予弗具論，間讀其《年譜》事蹟，乃知所爲無之而非忠也者，公有之也。彼其於十事陳之，若曰是不容已於言者言之爾，毋謂市名，即未始以爲奇節，强心狥之。斯古所謂純臣者哉！文成之言曰：「忠義變而爲氣節，氣節變而爲客氣。」其有激於時之言歟！斯又忠臣之忠臣也。公之孫子龍以册示予，予拜手書此於其後。

書刲股册

蓋數十年中，我安成以刲股聞有司籍甚，乃予獨喜談蔡孝婦及王君事云。刲股之説，先哲多言之。韓昌黎以爲可腰於市，則過矣；王臨川引獸相食語而訾其貽親於不義，殆近之。至我太祖高皇帝直著爲令，禁天下勿有刲股者。夫一聖二賢，豈遂惡天下之爲子孝者哉？蓋其心亦厚於仁者與！王臨川云：「立身之謂道，修道之謂孝。」有味哉！其言之也。夫君子固以下堂傷足爲戒，獨奈何毁肢體啗其親？彼陳藏器之言，率天下之人而禍爲孝者，雖火其書，令無傳焉，可也。且今之刲股者，豈盡誠愛其親者乎？刲無幾何求旌於有司，有司辨傷而米肉之，又無幾何持册而乞言於士大夫矣。此所謂殘肢體而爲名高者，非耶？夫誠愛親故，則失其小體以養其大體，即不按中道，其猶之可也。誠愛名故，則戕其小體，復戕其大體，失之大者也。孝婦目不知書，自愛姑之心發之，又以死拒名，其志益顯。王君允〔一〕遂封臂於十七之年，而當時曾無有知者，迨族人述之而名稍稍著，則豈不賢於市名者遠甚。王君元奎學於予，求以彰乃父之孝，予故書之如此。雖然，以子揚父，愈於自揚，顧封者，亦自盡心耳，無盼乎名之揚不揚也。不有遺體在爾者乎？苟弗全而歸之，是又封親之體者，得而謂父母之孝子耶？得而謂大父母之肖子者耶？揚親之孝，其孝小；以身揚親之孝，又其有大焉者。斗光氏勉之。

書畫師册

蓋吾於畫而得好惡之端焉。夫畫筆，肖形老者、少者、長者、矮者、肥者、瘠者、凶猛者、慈仁者。惟其形肖之其中無定形，是以能肖萬物。使畫者貌小生而預其老，憎老人而追其少，惡凶猛而潤之爲慈仁，當肥時而疑其將且衰瘠，欲求一肖不可能矣，而奈之何人之用好惡者之弗虛也？一事善，則先探其中心之不然；一日善，則私計其終身之未必察。察然自以爲智，其不爲畫工所笑者，幾何哉？夫畫之道，蓋本之化工焉。化工之賦形虎者，虎之騶虞麒麟者。騶虞麒

〔一〕「允」，底本模糊，據康熙本補。

麟之人者，人之不必乎騶虞麒麟之多，而虎之少也；不必乎走飛草木之少，而人之多也。化工因物付物，聖人以物處物。以物處物，則無好惡於中，而好惡因乎其人與事，其心虛也。天地以虛成化，聖人以虛成治。夫畫工者，固猶得天地、聖人之虛之一端焉。彼世之作好惡者，過矣，其不爲畫工所笑，幾何哉？

南康賴君汝遷氏善貌人，無弗肖者，而以册求予書。予有感乎世之隘中者，遂書其册歸之。

書甘棠遺愛册後

蓋談漢循良吏者，必稱龔黄龔黄云。予考龔少卿之在渤海，無他奇政，第罷逐捕盜賊吏，盜賊亦皆罷。今石巖龔侯之令永新，其西鄙奸民出没，比境爲患，勢漸不可禽制。君侯徐捕一二賊首，致重辟亂，乃自定其施設措置，若稍異於少卿之爲。然予以爲：少卿之治已亂，利用惠；君侯治將亂，利用威。譬大川之防，既決，則不可逆遏，從其性順導之；將決，則塞其必破之穴，勢將自息。固不可得强齊也。班孟堅渤海之政，惟述其平盜功，予於永新亦然。少卿去渤海，拜水衡都尉史，不載渤海之民所以思少卿者；侯去永新，拜虞衡郎，士民懷之，咏歌盈帙。稱「兩龔」，殆不負云。侯乃素況幸余，爲尹君學孔，因余親鄧言，示以《甘棠遺愛册》，爰拜手書，附於其後。

書路溪劉氏小會籍

吾鄉既有復禮，歲會在路溪劉氏祠。則又有月會，乃劉氏諸君子復念切磋寡也，更爲小會，月以初五、二十五爲期。夫鄉會以振衆也，蓬蓬焉風乎人心，可以興起，然而無當於商求；祠會以約衆族也，墨墨焉消其争鬥，可以維俗，然而無當於淬砥。惟小會，則其人寡，其情洽。甲推之，而人之勤怠可得考鏡焉；毛舉之，而人之微累可得呈觀焉。其於以治身，不更詳哉？會之日，其施規勸者，揚善之詞，宜顯而長，舉過之詞，宜婉而簡；其受規勸者，聞揚善之言，則退焉、惕焉，思其溢於言之中。規失之言，則愀乎、悠乎，繹其旨於言之外，則兩盡矣。雖然，非其本也。人之情始乎鋭，常卒乎懈，非其實見於學之不容已，其爲之而不至於婾焉以弛者鮮也。夫人之所以同於禽獸者，人心也；人之所以異於禽獸者，道心也。乃危微之機，自昔談之。鬱鬯灌地所以助幽，積薪禦寒所以贊天，幾希在人，匪學焉、匪求助於友焉、匪切砥於家庭之中，以規過而實修焉，微者不益微，而并之於危哉。思至是，不容已之心油然生矣。會之費，貴簡而不貴煩；會之人，貴同心而不貴濫。其失會者有罰，公行大過爲衆所指目者有罰，文過飾非、不受規勸者有罰，約法三章耳矣。

書復禮月會籍[一]

夫火有性乎？得薪則明，失薪則暗，是以薪爲性也。人有性乎？薰之善則善，薰之惡則惡，是以友爲性也。然則火無性乎？麗木則燃，麗水則不燃，是則火之性也。爲善則慊，不善則不慊，是則人之性也。蓋火性燃而不必燃，故治火者黨薪而傳火於無盡，斯盡火之性已。人性善而不必善，故治性者黨友而出仁於無窮，斯盡己之性已。夫友亦人之薪也，火由心[二]有之，道義由師友有之，而可以不急乎？善乎！耿先生之言曰：「孔子之求七十子也，甚於七十子之求孔子。」

予不佞，辱諸友之謬相推許，誠朝夕自懼，惟恐失墜，以貽二三子羞，則二三子其尚交儆予，而毋以不肖棄予，庶幾予之薰二三子而善良也；而二三子又以其薰我者而還自薰，予復以其薰之二三子者而薰二三子。斯予所以急急求會於諸子之意也。若曰道在此，而招二三子授之，是誣二三子，亦自誣已。

〔一〕按：此文底本多處模糊，據康熙本補。
〔二〕「心」，疑爲「薪」之誤。

是會也，寧勤毋怠，故聚以月，月無忘其所能也。寧密會毋久聚，故會以終日，取供會之便也。其遠而留者，或聽攜米，或取給書院，不復煩值會者矣。寧隘毋泛，故會以十人輪值一月。五月不會，有同門之會也；十月不會，有大會也。同門會，則遍同門矣；大會，則遍同鄉矣。又其供會也，寧淡毋侈，故飯取脱粟，餚取蔬，準古洛中會規也，斯可以久矣。

昔者東廓先生申惜陰之約曰：「邇來精進者寡，因循者衆；喜怒屢遷而自以爲認真，言動多苟而自以爲無傷，子臣弟友多少不盡分處而自以爲無敗虧；知者不肯言，言者不肯盡，而聞者亦不肯受。不幾相率而爲善柔乎？」嗚呼！東廓先生之時已有然者，況在今日老成凋落，學風日靡，吾輩戒懼當復何如？惟我二三同志挺立物表，高竪眼睛，直破俗情，尚友千古，庶不負一時良會。嗟乎！予以二三子爲薪，而二三子復以予爲火，火之責則猶易盡矣。二三子其勉於爲薪，予將終賴焉以寄於不熄。

書黄子柳川箑

邑北柳川黄君少游庠序間，晚不得志，又苦於衣食，奔走四方，求一館不獲，然其志猶然不挫屈也。嗟乎！世之嘆貧者僉曰：「不復井田，貧者之生無日矣。」予謂三代之井田，今不可復；三代之人心，則可復耳。三代之人心厚，是以雖有貧者，宗族周之，鄉里親戚周之，朋友又周之，必不至重困苦。意其時雖不井田，未有如今日之貧困，若此甚也。今不然，人私其身。匪無宗族，爲范六丈幾人？匪無親戚，爲晏平仲幾人？匪無朋友，爲鮑叔牙幾人？故予以爲今日之人之貧，非不遇井田之世，大都人心之不三代耳。三代其心，即不井田，猶能聊生；末世其心，即人給數畝，而旱災侵之，或力不能操銚鎒，無益其飢寒也。人以井田之不復，爲貧者悲；予以人心之不復，爲貧者悲。井田未必可復，人心則可復。與其思不可復者，孰若復其可復者之易也？

書箋贈劉執甫

爲學如探海，如攀天，遊乎無窮，本無所及也。故學如不及，猶恐失之，況自以爲及，寧有及乎？孔子學不厭，默識其無所及者而學，故不厭也；教不倦，默識其無所及者而教，故不倦也。伯夷及乎清，下惠及乎和，清和之外，學則厭、教則倦矣。厭與倦，皆不可已而已者。不可已而已，不仁者也。惟不能默識吾仁體之全，是以有所及，必有所不及。學至於無所及，斯其及大矣。彼探海而依嶼島、窺天而自户牖者，拘於見也。故孟子曰：「始條理者，智之事也。」智則知至者也，觀於海者也。

書祁門黄子册

虞廷之教胄子也，温以療直，栗以療寬，無虐以療剛，無傲以療簡，醫案具矣。此變化氣質之真丹也，學至此已乎！吾人本心，原自寬裕温柔，原自發强剛毅，原自齋莊中正，原自文理密察，是直而本温也，寬而本栗也，剛而本無虐也，簡而本無傲也。察乎此，則吾能斟酌元氣，自不至受病。至於療之，其猶在第二着乎？夫是元氣也，孰不具足，孰不完成，然而保養之者，何鮮矣，曰惟愛身者能之。是故君子察吾心之本，通於天下萬世，而以明明德於天下萬世爲志，則所以愛吾身者不小，而所以保吾元氣者益固。元氣日宣，邪氣自不得奸之，即邪氣奸之，而療之亦易矣。故曰求之志，以慎其術；察之不學不慮，以窮其原；驗之潛消習氣，以印吾學。其於道，思過半矣。祁門黄子某遊學四方，而以醫爲遊之資。吾於其問言也，因其所明以通之。

書羅以良廬墓册

孩提之童，無不知愛其親，解之者曰：「一二三歲之間，知孩笑可提抱者云。」予以爲赤子纔離母腹，載寢之地，則無不啼，置之懷，則已。夫是一啼也，即所謂不能離其親者也，此之謂明德。此明德也，從無聲無臭發端，謂之至善；從知離知合顯驗，謂之親民。即赤子之心，而大人之道備矣。移於少艾，移於妻子，移於事君，不失其赤子之心也。終身之慕大舜，特從其啼者充之耳，此之謂不失其赤子之心。夫不忍於母腹之暫離也，而忍離於三年之懷乎？不忍離三年矣，忍離於婚與仕乎？故父母在而不遠遊，充其不忍離之心以事其生；爲廬其墓以永其思，充其不忍離之心以事其死：皆天也，不容已者也，非所以要譽於鄉黨朋友也。

或曰：「舜之慕然矣，不告而娶，移於妻子孰甚耶？三十登庸，存心天下，堯崩，執三年之喪，如喪考妣，慕君孰甚耶？」嗚呼！夫夫也所謂達乎孝之原也。所謂大孝，終身慕父母者也。夫孝，置之而塞乎天地，微矣哉！孔子之徒相率而築室於場，蓋又移其廬墓者於師已。此獨非犯乎不遠遊之禁，然而爲孝寔大。故曰：「赤子之一啼，天人之事備矣。」彼其煦煦然，不忍忘君，不忍忘師，又不忍一置其身於不義，皆所以滿其不忍離親之量爾。而獨以其戀戀於膝下之爲孝，則所稱事君不忠，交友不信，戰陣無勇，諸云云者，悉妄耶。

羅君以良氏以孝聞於里，吾友汝光稱天之説贈之。予以爲知天矣，而不可不知人，故告之以天人之學。

書示兒姪

一二從姪以小故鬩牆，予聞而心隱焉，以謂仲兄曰：「異時吾家時有内争，率委之風水，謂右山不遂左云。吾等盡心力斡旋其間，今雍雍如也，忍見若曹復啓此隙。」仲兄曰：「予數日正憶前時處兄弟數事教之，匪以自賢，亦欲若曹知我輩自處於厚，非徒言教耳。予婚時得奩金二百四十，舉以授家大人。三年不敢請田租，予婦亦不舉口。及至析箸，始給田計租銀可百兩餘矣，今若曹能之耶？又析箸時伯兄舊舉錢債，家落寞不能振。家大人故厚之，山林與之有材者，莊宅與之完輯者，居室與之新搆者，曰：『彼產落，以是益之，爾尚能自輯，不必採策也。』予唯唯，今若曹能之耶？然予行之有本，循之有則也。予見伯兄家日落，則心惻然。因念家族貧者，尚思周濟，脱如兄弟中遂有不能衣食者，吾豈晏然？況吾有繼母矣，令得一弟，終當三分之，何苦銖寸計較？吾惟有此心隱然在中，故嘗見情重於財，否則雖歆友讓之名，能勉其什伯不能不見色於一二已？又吾始好夏氏，見夏氏兄弟友愛，心津津慕效之。婦翁亦時謂予曰：『爾家故多不睦，當力挽之。大丈夫不能愛天下，一家之中尚自胡越，爲復獨愛一妻孥爾耶？』自是日思和睦，蓋由此樣子隱隱在心目間耳。近觀若曹多自薄，無相愛之心，故財得以勝之，雖樣子在前，終不能模倣也。」吾聞仲兄言已，心惻然曰：「吾生平講學，未有如此語之深切著明已。繹而思之，教家之先於身也，修身之先於誠意也，運意之係於觀感也，胥備矣。所謂問一得三，非歟？」因紀以示兒姪。

題募修大橋簿首〔一〕

憶兒時先君子嘗語予曰：「往歲穀值翔貴，積數百金笥藏之。一夕，夢盜攜笥去。」予曰：「玆金之爲怪也，吾當鉗錘煅煉之。」畢以付銀工，功未半，仇家圖賴之難作矣，笥藏與所經鉗錘煅煉者悉盡，乃止。已而聞楚長沙有藏金者，亦夢人盜去，其妻曰：「吾聞某所有橋圮，盍往修之？」於是盡挈笥中金修圮橋，至今爲利。吾每悔吾識之不若楚人妻也者。夫錢，泉也，其性欲流。鉗錘煅煉之，爲流也弗遠矣，難之弗免有以夫。予聞而心惕焉。蓋重懲先君子之悔，當吾身不敢畜長物。於是吾鄉之大橋忽毀於水，即予欲效楚人之義，而又苦笥之無藏，其何以繼先君子之志。趙子時卿曉予曰：「子獨不能使人人效楚人之義，其爲繼志也，不益大乎？」予首頷之。已而歲大飢，予謂時詘舉嬴，義之所不敢出也。時趙子之里尤飢，亦縮縮却步，乃以質之邑大夫，邑大夫投袂而起，曰：「十一月徒杠成，十二月輿梁成，惡謂舉嬴哉？且子獨不聞興工作聚失業之爲荒政乎？今方穀值日翔，民洽於義，又安知笥藏者之不爲楚人也？子勉行之矣。」予曰：「諾。」遂退而書之，以告於慕義諸君子。

〔一〕按：此文底本多處模糊，據康熙本補。

書贈劉小兒醫[一]

古之善治小兒科者，莫如孟子。孟子曰：「孩提之童，無不知愛其親」；「人少則慕父母」。此赤子一生生脉也。知好色，則必女爲之風邪；有妻子，則妻子爲之風邪；仕，則功名爲之風邪。風邪一中其心，則赤子病矣。孟子視其脉理日微，如見孺子入井，不勝其怵惕惻隱之心。故指點親親之仁，欲其達之天下，而引大孝如舜者爲之標的，使知完復其赤子之心，以進於大人。《康誥》曰：「如保赤子。」赤子匍匐將入井，非赤子之罪，彼少艾、妻子、官爵，亦赤子之井也。孟子入孝出弟，守先王之道，自以爲有功於天下，而後儒亦推其功不在禹下。夫禹援天下之溺，孟子引赤子於井而登諸仁義之岸，不假尺符而援萬世之溺。斯善用其怵惕惻隱之心者，雖謂之賢於禹可也。吾故以爲善治小兒科者，莫如孟子。

禾川劉醫攻幼科，予告之以孟子之術。蓋孟子之爲秦越人者，猶神也。劉君得予言，尚以告諸幼子弟與其爲父兄者，使知人之爲病，不但陰陽風雨之能中其身而已矣。

[一] 按：此文底本多處模糊，據康熙本補。

書壁自警〔一〕

《自樂編》紀：義門鄭氏九世同居，以力田之故，惟一年老家長不農作，其餘盡耕人，多朴實而鮮邪心。至後有一人充學弟子員，族遂分矣，由其有分別，生歆羡也。可見禮義之興，寔忠信之薄乎？

宋晉陽王球撰《貽謀録》，載大中祥符四年十二月己未，越州言會稽縣民裘承詢同居十九世，家無異爨，詔旌表其門閭。屈指余一百三十六年，其號「義門」如故也。余嘗至其村，故廳事猶在。雖族人異居，同在一村中，世推一人爲長，有事取決，則坐於廳事。有竹簞，亦世相授受，族長欲撻有罪者，則用之。歲時會拜，同族咸在。至今免役，不知十九世而下，今又幾世也。余嘗思之，裘氏力田，無爲士大夫者，所以能久聚而不散。苟有驟貴超顯之人，則有非族長所能令者。況貴賤殊途，炎涼異趣，父兄雖守之，子弟亦將變之，義者將爲不義矣。裘氏雖無顯者，子孫世守其業，猶爲大族，勝於乍盛乍衰多矣。

讀二書所紀風俗之厚，乃賴有孝弟力田之人，而其由厚之薄，常始乎爲弟子員與士大夫。

〔一〕按：此文底本多處模糊，據康熙本補。

然則人之家何不幸有子弟員，又何不幸有士大夫，是可懼已。雖然，此非所以語士之仁者與士大夫之賢者。予家世故無裘鄭之義，而謹愿朴略，頗稱仁族。會時風氣未開，人文靡著，故得至此。頃子弟稍稍接踵衿佩，而予復從田間起官，深懼先世忠厚之脉將從此日變，則先世培植之澤將從此日斬。故書此置座右自警，且以觀示諸衿佩子弟，甚毋若鄭家秀才，咸勉自束修，以培先德。倘後之人追論風俗薄惡，曰寔自吾世則而，我異日泉下將抱無窮之媿矣。省夫！省夫！

書景暘孝思册

孟子以孝弟盡堯舜之道，世多以爲姑就曹交語以淺近云，予殊以爲不然。夫中庸之理，則至玄矣，然其首稱天命之性，固即孩提不學不慮之知能也。即此知能，便是察天地、質鬼神、考三王、俟後聖之妙道，又何其精奥耶？舜之舉也，以爲玄德升聞，及考其薦舜之詞，不過曰「克諧以孝」而已。夫舜以孝稱玄德，堯之諸臣稱舜之孝爲玄德，孰謂堯舜之道不盡於孝乎？雖然，亦有孝不足以盡道者，則盡孝者有至，有不至。故王祥終不能與舜同科，而宗族稱孝不免爲士之次，是則不可不求其故。劉景暘，予族子也，業以孝旌矣，間向予問孝，予告之以此。景暘氏其更深求之，若曰吾既已能孝，則彼所謂置之塞天地、溥之横四海者，抑又何也？孔子曰「所求乎子以事父未能」，意益遠矣，可以勤深思矣。

書寶敕堂記後

智溪彭一齋先生之作寶敕堂也，既成，而自爲記以屬後之人，使轉相告，語其子若孫，務爲孝友謙和之行，俾此敕庶幾保于世世。亡幾何而堂毁，今若干年矣。其嗣孫汝東、汝器謀所以復之，即其地搆屋，仍取「寶敕」一名今堂，從先志也。間述以語予，予問敕安在，亦已化爲烏有。嗟嗟！此豈可長存之物乎？微獨寶敕，考諸國紀，若楊文襄之寶翰、高新鄭之寶謨、夏文愍之瓊恩、嚴分宜之瓊翰流，輝如而類者非一而足，率皆特典賜額、錦軸焜燿，夫豈特百倍於斯堂已哉。然自今言之，强半不能及數世，或一再傳，僅留其敗椽衰棟，或竟化爲禾黍荆榛，或芟夷没入，無復存者。其間所藏聖謨寶翰蠹滅幾盡，而况於斯堂歟？又况於一郎署之敕歟？夫物有形者之廢興成敗，相爲循環，其不足恃也，理固宜然。蓋有足恃者，而不繫乎此堂、此敕之有無也。嗟夫！所謂足恃，老先生固已言之。後之子孫遞登斯堂，讀先生所自爲記，默然而悟其所可長存者於言語之外，斯其爲寶多矣，而又何俟乎予言。

書智溪家會録

言一爾，言於國易，言於鄉難，而言於家尤難。家人耳目近而事行習，遠言之，彼將責其近；近言之，彼將責其寔。責之者未必盡徵於聲色，而吾心之神若將蒙其責，而其言自難以出諸口。即出諸口，亦若有不勝慚焉。是故君子教家難，非教之難，而所以將吾教者難。

《彭氏家會録》作於石屋先生，其言近，其指遠，所謂本諸身以加乎家人者。故至於今而尤誦其言，思自束修，惟恐有負於先生之教。斯則先生所以將其教者，誠別有在，而不獨言説已也。若夫身游此會，而出其言不足以使人信，且從旁而反唇訕之，是豈盡家人之過？毋亦所以本諸身者，未足徵歟？盍相與省之。茲録也，先正之語在焉，予小子何敢贊一詞，第爲諸君推原先生之言之所以世爲法者，不盡係於言，亦欲諸君之求其所以將言者，以爲教家之本。

書三五先生文集後

先生之題吾汶藁也，曰：「第先集之傳，率病繁而貴得其大者。」嘗與予論陽明先生文曰：「第觀『拔本塞源』一書，足以盡先生之全集矣。」予時耳之，未深契也。乃今而知先生之能得其大者，蓋由識其大爾。識其大，則一言可盡也。予觀先生《洞語》曰：「知，如天禮，如地合。崇與卑，天地之理得矣。窮高極幽而不知其寔，知之過者也。蓋異於孔子之教。」又曰：「有達其性之生機，有遏其性之生機。遏其生機，賴之以並育，難矣。故自私自利者害仁。」又曰：「根株花寔，血脉貫通。二氏蓋各一根株也，謂有似者可，謂同不可。」嗟夫！斯數語謂不足以盡先生之全書耶？其他雖不傳，亦何少於先生。邇時學士宗尚，稍稍異於先輩，大率窮高者病知，自利者病仁。根株一定，花寔隨之。證之先生之語，如合符契。故曰其他雖不傳，亦何少於先生。雖然，《魯論》首學，《中庸》揭天，《大學》提明德，孟軻氏先仁義，諸云云者，皆足以盡全經，然世卒不以此廢全經。蓋謂貴得其大者，則可謂識大識小，非文武之道又不可。夫讀書者，必如是而後謂之識其大也。

書鄉約彰善册

萬曆癸巳十一月，奉邑大夫命，舉鄉約於復禮書院。故事當彰善，於是約史劉龍等舉順弟馮紹志。鄉正劉元卿爲宣播於會衆，乃援筆書之册，曰：馮紹志，二十六都人，父死，兄去爲邑椽，傾其父産之半，其半蓋紹志所得有也。兄以事得罪，紹志盡鬻其田，免兄於難。乃收合餘産，盡付兄養母，而自以其私囊買田一畝。無何，嫂死，又鬻其私田佐兄更娶。佃耕他田，與其妻縫帽自給。間迎母養之，終無怨語。或聞其事，欲彰之，輒垂涕曰：「即揚我，如吾兄何，且吾亦自安吾心耳，焉用名古稱？」薛包事猶曰：「田取磽瘠，器取朽敗，紹志一無所取，更以其私田益之，此不猶賢乎？」謹列之册，以示夫兢錙銖於兄弟間者。

是日復有言：素行妻者，亦二十六都田家嫗也，拾遺金一裹於山中，蓋采木於山者而亡之，以疑其子，其子不能自明，憤欲死。嫗聞之，懷金謂曰：「此非乃翁物耶？」其子喜不勝，謝嫗匹布，嫗曰：「吾哀少年不能自明，即欲布，孰與得金？」不顧，遂去。此其人非有敦於名，又其拾遺於道，不爲不義，乃一動於不忍，遂敝屣視之。是豈他日嘗學問，得猶曰未發之中，非常人所同有者哉？因并書之，使人知君子之道，真愚夫愚婦之可與知與能云。

書與善人居册

與善人居，如入芝蘭之室；與不善人居，如入鮑魚之肆。此爲無志者言也。有志之士，能使不善化於善。我且爲芝蘭，人鮑魚之肆，未嘗不芳；我且爲鮑魚，則有與之，同其臭而已。故君子擇術，擇所以爲芝蘭者耳。雖然，蘭亦自不同。吾土有山蘭，其葉不茂，其花不繁，閩蘭則異是。斯所謂一鄉之善與一國天下之善之别也歟？友天下之善士，則一國之士薰之而化爲天下士；友一國之善士，則一鄉之士薰之而化爲國士矣。然則所謂與善人居者，視其善何如耳。隱居求其志，欲爲天下之善士以求無惡於志也。天下之善士，達之天下，以天下爲一人者也。故行義而能達道，其志則然耳。彼見善如不及，非達善也；見不善如探湯，非達不善也。善與天下共爲之，不善與天下共改之，是謂達善、達不善，夫然後謂之善與人同。善與人同，豈惟與不善人居不與之俱化？即與善人居，又能化善人而進於道矣。吾故謂化於人者，非求志者也。求志者好古而敏求，以友天下之善士爲未足者也，是尚友也，是尚志者也。

書醫官藍紹谷册

善乎！程伯子之言曰：「切脉，可以體仁。」夫一人有一人之脉，視其人慈祥愷悌，則福祉自凝，其不然者否。一家有一家之脉，視其家敦謹仁厚，則興也勃焉，不然者又否。又一國有一國之脉，視其君懷仁好德，其臣治國事如家事，則國運必昌，而不然者又否。此何以由哉？脉者，命也。故吾時執比上下古今，無不符驗。嘗試即此以語醫道矣。吾鄉之醫，非不知方，雜試之又非，不時有所效。然往往以人爲試，試之而中，則收其中之利；試之不中而死，則曰其人病自宜死，彼又無與於不中之患。蓋庸醫之刑，不行久矣。禾川世醫稱藍、曠二氏，藍之良者，無如春谷。而醫官紹谷，則春谷之所後子也，其人謹厚慈良，習春谷之技，治病無不效。然察所以效之故，非雜試之而幾幸一中者也。因脉立方，方不泥書，斯紹谷之所以獨良於諸醫者乎？然則君子之於家國天下，苟不得其脉而治之，其不爲雜試而幸中者幾希，其又不爲試之不中而無與於其患者幾希。嗟乎！今天下不爲吾鄉之醫者寡矣，安得善視天下之脉者而與之語治道哉？吾姑以語紹谷子。

書藍景南册

吉州以醫名家者，稱永新藍氏，其最少而慧者曰景南。景南與予爲病時友，予間與論醫曰：「醫貴辨地宜，審歲運，察寒熱，而尤本諸有恒。」景南驚曰：「若是乎先生之精於醫也。」予曰：「予以儒術測之。孔子之藥子路，先别南北而進之以君子之强，是辨地宜也。其藥由求，必審勇怯以變化其氣質，是察寒熱也。曰『古者民有三疾，今也或是之亡』，是審歲運也。夫醫亦有之，東南地下，病濕；西北地高，病燥。脉寒者，法以補以温；脉熱者，法宜散以涼。又且歲序攸司，五行遞運。非審此三者，病不可得而治矣。雖然，孔子思見有恒，而又曰無恒不可以爲醫。醫，仁術也，恒心即仁也。凡吾所以辨地宜、審歲運、察寒熱，皆惟恐傷人之心爲之。甚矣！夫恒之時義大也。」景南曰：「善哉！夫孔子固萬世之大醫也。其不厭不倦，毋乃即恒心之所流溢乎？吾乃今得聞醫道，而又得審杏壇之學脉矣。」

書静觀自得册

李汝器氏持册乞書於喜聞太史，太史書「静觀自得」四字，且爲文勉之。已而汝器被無妄之訟，室如懸罄，至鬻先產以足之，奔走郡邑者，一載而餘歸，告予曰：「苦哉！此際雖欲覓一時靜不可，幾何觀自得之有？」予曰：「此正觀自得之日也。向者子以室中之藏爲得矣，今化爲烏有，不可得也。向者子以先世之產爲得矣，今鬻於他氏不可得也。回視前之所有，殆如蕉鹿之遇於夢然。夫自得者，得吾所自有不可得而失者也。子之能視聽言動者，今曾失乎？子之能惻隱羞惡、辭讓是非者，今曾失乎？雖使患難貧賤，更甚於今日，吾知此物子終不亡去。故曰：『君子無入而不自得焉。』子之往者，誤以外物爲得，是則世俗紛拏之見，未靜觀也。今空諸所有矣，其有既靜，其境亦靜；其境既靜，其心亦靜；其心既靜，自得現前。由此言之，是無妄之訟之相吾子矣。自今以後，子亦焉往而不自得哉？子行勉之矣，毋更求寔其命之所無，徒令造物者復費心掠之也。」

朱茗崖乞書

朱茗崖重繭百里，赴予鄉復禮、識仁、一德三書院會。茗崖故多口，雅好頌説稱讚，言時眼、手、鼻、舌俱舞動，聞者咸笑之。予爲誦「三愆」之章以戒，猶弗能止。因笑曰：「昔有婦人以多言得過，其夫將去之，召舅氏相愬，舅氏使人私於妹曰：『我來，爾第忍弗言，吾爲爾解。』婦受戒不出一語，舅氏方謂：『吾妹何嘗多言？』婦從旁怒曰：『受君戒，忍半日不語，氣盈盈張膚革中，兩膊皆作疼，今尚能復默乎？』遂刺刺不得休，夫竟逐去之。」一友又曰：「予里有迎新婦者，親友携酒餚閧房，婦見郎君嗜煎肉，從床中詬曰：『肉火有毒，郎奈何不念病？』座客皆失笑。」一友又曰：「往有婢子饒舌，主母跪之庭下，戒曰：『爾勿敢復然也。』會主母與娣姒方談草木中何者葉最大，一曰芋葉，一曰荷葉，婢時喉骨摇動，主母呵婢：『爾更欲饒舌乎？』『我終謂芭蕉葉大也。』」予聆已而論之曰：「夫長舌可逐矣。新婦與婢子語，皆切理也。顧以早晚之時失，則謂之躁；怒之而强聒，則謂之瞽。是以孔子謂之愆耳。雖然，諸君問及之而不吐，得毋隱乎？未可獨罪茗崖也。」於是茗崖將南歸，求予書爲韋弦，予述此博一笑。

書郁秋渠扇

吾人眼底看得聖賢太高，是害虚怯症，須服大承氣湯；看得俗人太低，是害嘔吐症，須服平胃散。看得自己渾身是病，是害憂疑症，須服硃砂定心丸；看得自己渾身無病，是害麻木症，須服消風敗毒散。看得此道太玄，耽無溺妙者，是名脱陽症，須用參蓍補中益氣；看得此道太淺，不著不察者，是名青光眼，須用金針撥轉瞳人。是故教無定術，醫不執方，若顔之「四勿」，孔之「四君子」，則可謂仁之方也已，不拘冷熱，服之神效。

書藍秀南扇

五色令人目盲，人能非禮勿視，是醫眼妙方；五聲令人耳聾，人能非禮勿聽，是醫耳妙方；多語令人口噎，人能非禮勿言，是養氣妙方；妄動令人體疲，人能非禮勿動，是養身妙方。此吾孔氏「四勿」湯也。

書蕭醫士扇

古人云：「士俗不可醫。」非真不可醫，不易醫耳。醫方在耿先生書中，先生云：「俗情醲釅，澹以醫之；俗情勞擾，閒以醫之；俗情苦惱，耐以醫之；俗情牽纏，斷以醫之。」此醫俗士妙藥也。語曰善醫之門多病人，但遇士俗，依此發藥，無不神效。

書復初扇

予與王君復初談聖人之學，王君避席曰：「予常人也，安敢學聖人？」予曰：「夫二王，亦書之聖也。子常人也，奈何敢學之？嗟乎！童子習倣作『上大人』三字，其橫直點畫，無異於二王也，二王特手勢熟妙耳。然則孩提之愛親敬兄，其有以異於堯舜乎？堯舜特能充此心於天下耳。昔人因舞劍悟筆法，世稱善悟。君能因筆法悟作聖之法，又進乎技矣。其爲悟，不尤神耶？」因書之箑，當公孫大娘一舞云。

書徐原正扇

人有賢祖父者，大可幸，亦大可懼。過庭詩禮，退而學焉。傳至其孫，敦詩崇禮。趨庭一訓，永爲傳家之寶。故人樂有賢祖父。已而不然，聞詩、聞禮，曰：「此教門人之雅言，予既已知之矣。」玩而諠之，反不若驟聞者之惕然省矣。故亦曰大可懼也。

書扇 二首

友問「不遷怒」之説於予，曰：「予聞耿先生云不遷怒者，無別怒之謂也。故文王赫怒，孔子怒少正卯，一則恐其害民，一則恐其害道，何嘗有遷於本志哉？此發孔孟微旨，真是徹骨。」余曰：「怒於甲，不移於乙，其説亦是。今人怒於室，色於市，往往有之。余往見郡邑長吏遷轉，稍不如意，且移怒於民。由此言之，物物過化，亦吾人治性之功也。」他日又有問者曰：「怒於甲，不移於乙，其功果難乎？」予曰：「此猶淺耳，怒於己，不移於人，尤難。君子行有不得，反求諸己，求諸己而不仁、不禮、不智，自怒之不暇，又暇遷怒於人乎？遷怒於人，是再過，何命之曰貳過？」或曰：「子之言屢變，而卒異於耿先生之旨，何〔二〕居？」曰：「無以異也。怒己而不遷於人，則本正；怒甲而不遷於乙，則情平。本正而情平，則有時而怒，亦文王、孔子之怒也，不得謂遷；有時而怒之過，亦文王、孔子之過也，不得謂貳。其心一仁而已矣。人不識仁，而調停於喜怒之間，辨析於異同之論，總之，不達於不遷者。」

又

禮儀三百，威儀三千，莫非己也。認得爲己，行有不得者，反求於己之非禮。其身正，而天下歸仁矣。克己復禮，言〔三〕能於己而反其禮也。正己而不求於人，爲仁由己矣，由人乎哉？是故君子視聽言動，一由於禮。顏子所爲既竭吾才，惟曰我博文而約之以禮云耳。欲罷之，則不能不容罷也；欲從之，則末由不可從也。中道而立，如有卓爾。是謂擇乎中而拳拳服膺，是謂請事斯語。

〔二〕「何」，底本模糊，據康熙本補。
〔三〕「言」，底本原脱，據康熙本補。

書趙德祥扇[一]（存目）

題

題極樂刹募籍

子尹氏謂予曰：「不佞深信淨業，將率衆生創極樂刹，念非子之言，無以起信也。」予曰：「嘻！吾斯之未能信，而能使人信也乎哉？雖然，予之不信，蓋不信西方之在西方，而信西方之在東土也；不信西方之在身後，而信西方之在常生也。夫人一念迷，則黑風吹入鬼國；一念悟，則天堂在目前。然則所謂極樂國者，直隔迷悟之間耳。且子之創刹，不創於西方而創於吾土，則既謂吾土之即西方矣。夫獨奈何使人懸想於無何有之鄉，而取證於不可知之日乎？嗟夫！吾與子度世之心一耳。子失之緩，吾失之急。子求諸遠，吾以爲道在邇；子求諸難，吾以爲事在易。人人親其親，長其長，日用常行，步步蓮花，户誦家絃，方方淨土。其爲徑之捷，孰有

[一] 按：此文目録中有，正文中無，今據以存目。

甚於此矣？試問衆生何去何從？倘亦有左袒劉氏者乎？吾當爲説現在法。」

題復古紀事

夫道，無之而非道也；夫言，無之而非言道也。孔子以仁爲宗，而《魯論》二十篇中，未嘗語語揭仁。雖未嘗語語揭仁，而語語仁也。懿子問孝，告之無違，他日所以語武伯者，迥乎與無違之旨遠矣；子游問孝，告以敬養，他日所以答子夏者，迥乎與敬養之旨又異矣。藉第令語道於今日，必以爲舍良知無本體，舍致知無工夫。夫舍良知果無本體，然堯之中、孔之仁、子思之誠，無非良知也。譬如有人於此，一人焉，名之一人焉，字之一人焉。爾、汝之其稱名不一，其人一也。今有人問孝，而告之曰致良知，此亦無不可者。然執人人之手，而教之曰良知良知，則懿子聆焉而武伯可以退矣，子游聞焉而子夏可以出矣。教亦多術，何必若是其局且拘乎？嗟乎！吾乃深嘉汝聖氏之紀復古事矣。其取事也近，其命旨也遠。未嘗言仁，而言言仁；未嘗言良知，而言言良知。孺子之詠，南人之言，帝則之謡，含哺之歌，一經堯、孔之耳，皆作微言，其於道也，深乎！深乎！彼區區然學一先生之説，株守而模言之，蓋亦細矣。

題東山會志

東山以東名山，所在有之。春秋之東山，以孔子登臨重；晉之東山，以安石高卧重；吾邑東山，以文莊公重。文莊公之講學東山也，法堂一啓，從者如雲。自其當時迄今，幾六十年。所月兩舉會，未嘗有詘士爭侈黶，以爲此各道院所未有者。然獨輪相爲饟，饟無田。有之，自公曾孫衮子予氏始。語在塘南王先生記中。先生既爲記，雲屏夏君復輯《東山志》。《志》成，余得讀之，乃嘆曰：「甚矣！鄒氏之嗜學也。」文莊公父子、祖孫相繼造士，令有恒心，而其曾孫子予氏復捐田養士，令有恒産食之、教之。始終之條理備矣。吾黨食其田而不思以自力於稼穡，天〔一〕不爲遊食之農乎？請自今與食子予之田者約三章：一者毋剿説陳言，名寔相悖，是謂不芸苗者也，不芸苗者不得食。二者毋揉情塞性，自滅天機，是謂揠苗者也，揠苗者不得食。三者毋耽無溺妙，破除名檢，是謂田甫田也，田甫田者不得食。或誚之曰：「若是，則食子予之田者不亦寡乎？」曰：「入則孝，出則弟，守先王之道者食；君用之則安富尊榮，子弟從之則孝弟忠信者食。非斯一者，準彭更、公孫丑以彈章從事。而不然，豈但無以重東山，竊恐東山且移文至矣。」

〔一〕「天」，疑爲「豈」字之誤。

題老莊緒言

儒者類言黜百家。尊孔氏，非黜百家也。言孔氏之道，百家具矣。夫曰百家具，則孔子固兼百家，非拒百家以爲尊。而奈之何尊孔氏者之固也乎？老子，固孔子所從問禮者也。其人學術與孔子同異，吾不敢知。然漢之臣有用之者，卒以治其國；漢之君用之，能使海内富庶。此其學豈不可適於用者？觀其無爲無欲、觀妙、觀竅數語，其政事、學脉亦大略可睹已。蒙莊雖多放言而躊躇四顧之説，亦何嘗不留心世務？迺亂業之夫談虛亡而笑勤恪，斯其流至於晚晉而不可救也。然則老莊之學，亦顧夫用之者何如耳。

晉陵龔先生酷嗜其書，推之於政而政通，用之於人而人和，則先生蓋善用莊老者矣。莊老之學，得先生而光；先生之學，得莊老而大。所謂不拒百家以爲尊者，非真孔氏家法耶？曾於政暇取《道德》、《清浄》二經、《莊子》日録，稍爲詮釋，梓而公之同志，間以示予，且使敘之。予俗儒也，安敢評漆園、柱下，但觀先生之嗜其書，而發於其政、見於其事如此，然後乃今知猶龍化鯤之學，殆非世俗之目之所能窺其萬一者矣。

題烈孝貞節録

嘉靖初，强賊雄據西鄉，寇掠閭里，出没無常。至壬辰益熾，直攻近城嚴田，擄周氏，不受污，斬首棄壑中。反過楊宅，義士趙仁三率衆拒之，三戰皆勝，賊氣不振，請以金求和，不許。俄屢陷淖失足，賊擒之，其子奎三請身代，弗聽，遂斬其父子，焚兩首而去。事聞學道，郡邑交旌之，表其門曰「烈孝」。而孝子奎三之妻復守節五十二年，白首不渝。人謂烈孝貞節，聚於趙氏之一門，例當得旌，而力不能請於上。貞婦周且無子，而後其姪師參於是所後子，將輯其公移奠章、墓誌刻之。予爲題曰《烈孝貞節録》，而爲之引。嗚呼！壬辰之亂，醖釀有年矣。使其時盗發，輒上聞而制之於未萌，豈至如是酷哉？惟是窮山深谷，被盗者莫以告；告則長吏諱言之，恐傷美政。養寇深亂，以至於此。故至今言烈士、孝子事，令人長恨。因書此於簡端，使莅兹土者得覽鏡焉。

題甘氏祭田籍

甘生世伊，居然好修之夫也。其中退然，如不勝衣；其言訥訥焉，與之語，語不可了。至慕義而行，若水赴壑，毅然而不能回。嘗倡其宗人節縮會食之費，買田供祭。且貯所餘，以俟别建小宗祠。人情喜私圖，忌公義，從中撓之者往往而有，而甘生委曲周至，不難屈下，和輯其衆。其族兄以光氏復從而翼輔之，乃成兹舉。蓋亦甚艱苦矣。事成，重慮其無以垂永，將鋟諸木，以貽來者，而問序於予。予爲誦劉文安公之言曰：「物知有母，人知有父，君子知有祖。」夫人智於物，故不獨知母；君子智於人，故不獨知父。知有父祖，故祀父祖；祀父祖，故有祀田。田，所以永祀也。《禮》曰：「有田則祭。」古者田予自上，卿以下乃有圭田，庶人、士不得不可爲悦。後世田制自下，有財者皆可以爲悦。可以爲悦而不爲，是儉其親也，謂之不知有父、不知有祖。不知有父，不可以爲人；不知有祖，不可以爲君子。夫執塗之人而語之曰「子非君子」，則無弗怒。吾固知甘生之宗人，必不甘爲非君子者也，而謂此田有不永也乎？

題胡氏義田籍

胡君持其先公所置義田籍求予書，予告之曰：「自范氏創義田，其後慕而爲之者，不知凡幾家。曾未數世，而化爲烏有者，蓋亦不少矣。惟吾孔氏之田穀，不可勝食也。孔氏之告子貢曰：民無食則死，然無信不立。他日又告子張曰：質直須好義，察言觀色，慮以下人，然後可達於家邦。由此言之，信者，聖人之田也；好義而下人者，聖人之所以耕也。忠信以立本，己立則可以立人；徙義以達用，己達則可以達人。是故以田爲義，未若以義爲田者之取穀多也。」

胡君初會予於黄安，行行之氣盈面。今而學於王奉常，又學於羅公廓，氣漸斂而慮漸下，斯皆食孔子之穀者。其爲義田大矣，胡君勉乎哉！吾黨之取食於胡氏者，尚未有已也。

題霖應録

戊戌夏旱，魃爲祟，永新余侯歸自京師，除壇肅禱，大雨隨至。時雷從麗譙起，震及百里，人謂樓毁無疑，乃第傷一瓦、一支木，諸壁柱完如故，人咸異之。鴻臚江生爾海爲紀其事，又從咏歌之，間出以示予，曰：「有是哉！天人之交感也！」予曰：「謂天人交感，猶是一見。夫人即天，天即人。有所激陵，即懦夫而聲雄獅吼，是吾能自爲雷也；有所驚懼，或嚴冬而汗透重裘，是吾能自爲雨也。故江陵以拜，火反風柔野，以自責致雨，非天爲吾動，吾動以天耳。子思曰：『心之精神是謂聖。』吾亦曰：『人之精神是謂天。』余侯之雨之雷，余侯之精神也。故夫知人之天者，可與造；微知天之人者，可與造。事〔一〕侯其殆通於天人之故者矣。」江生曰：「善乎，子之言天人也。」爾海方謀合諸紀述、咏什而鋟於木，願書此語弁其首，則予復詰之曰：「子謂此舉足以盡侯之澤乎？夫乃終歲之計耳。侯嘗緝學舍，延羣公，迪新士，以納之大道。斯其爲風雷也，

〔一〕「事」，疑爲「余」字之誤。

尤大且遠。語曰：『一歲之計樹穀，百歲之計樹人。』君等誠勉自樹則精，無求諸一節而求諸其大，毋驚羨其動天之奇而務究夫天人一貫之蘊，庶幾侯之學乃澤於無窮。」於是江生曰：「吾黨姑假是刻，以爲請益之端，則何如？」予頷之曰：「若是則可矣。」

題賀氏族譜

賀震宇君輯其族譜，間以示予。予曰：「夫譜，原其所始，可以觀道之體；推其所及，可以觀道之用。識道之體，知天也；究道之用，知人也。譜之時義，大哉！嗟乎！予因有感焉。國史所以譜君臣，家乘所以譜父子、兄弟、夫婦，而獨朋友無譜。夫道義，由師友有之。無師友，是無道義；無道義，是無君臣、父子、夫婦、兄弟。則奈何朋友可無譜？」或曰：「唯然有之，《論語》稱伯玉，稱原壤，譜尊行也，老者安已；稱四科、十哲、七十子，譜門人也，朋友信已；曰闕黨，曰互鄉，譜童幼也，少者懷已。乃子思自譜家學，又推本其祖於堯舜，抑何遥遥哉？孟子譜一鄉，譜一國，譜天下，又論其世，進祖於古之人，宗孔子也。」夫孔子祖堯舜，子輿宗孔子，彼其所以爲祖宗者誠遠，而其所爲論世者益荒唐綿邈，斯古今之大譜歟？震宇氏既輯其宗譜，盍亦思其所以爲大宗者而譜之，則予願載筆以從。

題修中道館募書[一]

邑以西四十里爲識仁，又四十里爲楊宅，又四十里爲復禮。楊宅界在二書院間，之復禮者必經焉，而苦無蘧廬。於是楊宅諸士若趙君思菴、郁生達甫等，謀於當路，建中道會館。予喜而從臾之。二君曰：「西之士疲於建書院矣，兹舉得無苦難乎？」予曰：「唯唯否否。夫以一鄉力爲書院宜易，以一人力爲書院宜難。方今創書屋者滿家率一人任之，不聞稱難也。毋亦惟是爲我者易，而爲人者難？則吾以爲，爲人乃所以爲己，獨弗思耳。試觀諸所爲書屋遺子孫者，其子孫能盡讀父書乎？又盡能世世居其中講道談經，既久而不爲積粟聚溷之場乎？甚且毁徙轉市，無幾何時而莽爲茂草矣。乃諸書院中敬業樂羣之士，稱詩述禮，火傳澤潤，其子孫顧且受變於仁風義俗而得以自淑，有莫知誰之所爲者，則豈非建書院以染化其子孫，更有大而且遠於爲書屋以遺之者耶？然則世之易於爲彼，而難於爲此，亦誠弗思焉耳矣。」二君曰：「善哉！西人士得其説而聞之，必有樂助之者。」予遂書其册之端，使持往勸之。

[一] 按：此文底本多處模糊，據康熙本補。

繹書

不遷不貳

「不怨天，不尤人，下學而上達」，此孔子之好學也。若行有不得，移怒於人，是再過也。故顔子之學孔子，只是「不遷怒，不貳過」。孟子行有不得，皆求諸己，横逆不較，只自反其仁禮與忠。此不怨不尤、不遷不貳之家法也。捨反求而談上達，談不遷不貳，溺其旨矣。

川上

「子在川上曰：『逝者如斯夫，不捨晝夜。』」天地間，一道也。道不已，故天地之化育不已，人心之生生亦不已。其最易見者，莫如水。故仲尼亟稱於水，所謂下襲水土者也。襲水土而得其不已之機，故不厭不倦，如天地之無不覆載，如四時日月之錯行代明。今夫水之在山溪也，湍湃瀑激，稍不得勢，則衝堤決防，潰垣漂舍。一注於江河，滔滔汩汩，日夜不止，相逝而赴於海。一水也，一不已之機也。未得其道，則其不已者，或以垣舍爲壑；得其道，則無湍湃瀑激之勞，無決防衝堤之禍，而與四海無窮。人心亦然。當其志富貴、志功名，不極至不止，然相殘相擠，欲未必遂而天下受其患。聖人者，舉其不已之心，歸之於道。循愚夫愚婦之所知所能，以察乎聖人之不知不能、若亡若虛、好問好察。彼蓋由乎海而行，故忘厭忘倦，不知老之將至。故曰孔子之所得於川上者多矣。彼謂道有窮已者，不知天地之化育者也。謂道無窮已而求之於功名富貴者，不知無已之路者也。或曰：「沉空守寂，彼亦求之於道矣。」曰：「此所謂求之已者也，非求之不已者也。」孟子曰：「於不可已而已者，無所不已。」斯觀於海者之言乎？

闕黨

聖人之仁，範圍天下，曲成萬物，雖一小子不遺。吾於其使闕黨童子將命見之，其使之將命也，欲其即此求益也。或人之問，亦問其果能求益與否，非疑其寵異也。乃童子欲速成之心，則已爲聖人所熟察，故因問而儆之曰：「吾見其居於位也，見其與先生並行也，非求益者也，欲速成者也。」「欲速成」三字，直點出童子心髓，更瞞躲不過。凡人欲速成，便不能求益；要求益，定是卑下屈損，方會有長進。故爲君而不能好臣，其所受教，只是急急要做個聰明之主；爲相而不能下天下之士，只是急急要做個才能之臣；即今鄉黨自好者，不能講學求友，亦只是急急要做個有名頭的人。然要其所終，決不能大成，則亦何益之有？

豈惟是哉，只今號爲知學者，占一種便宜學問，一向守心眈静，更不向倫物上明察，亦不向師友中討求。觀其言動，亦無顯過；察其容貌，習爲安詳。縱令游賜操談，顔閔善色，幾無以踰之。與之語參求稽考，則目爲支離；論敦倫修行，則鄙爲末節；談求友四方，則斥爲泛交。然總其微衷，只一副欲速心腸爲祟耳。殊不知大道茫茫，非旦夕可就效，非獨力可自成。顔子有而若亡，不欲速成其有，故其有乃大；實而若虛，不欲速成其實，故其實乃成。孔子所求乎子臣弟友，一無所能，彼不欲〔一〕成其孝悌忠信，故其孝悌忠信，卒有以冠萬世。是故善求益者，莫如孔顔；善集大成者，亦莫如孔顔。然則「欲速成」一語，豈惟童子之妙藥，抑亦學者之通病乎？

予固且陋，未免有此病症，昧不自覺。甲戌在京師，會細瓦廠有友陳近來工夫，只覺一「虛」字不能彀手。耿先生曰：「余十年前亦曾作此工夫，一起居，一語默，惟欲完得此虛體。然見目前舉動，大都是狂蕩疏放，殊有傲心。一日忽覺曰：『此乃是礙塞虛體者，正名爲實，不名爲虛。要虛，須如舜之若決江河，顔之問寡、問不能，乃真虛云。』」予從旁自省，若爲予言者。自是漸覺舊學之非，已而稍稍擺脱先時窠臼，則又疑其無霸柄。因質之耿叔子，叔子曰：「此霸柄亦是礙塞虛體者，無之而後可。」予益豁然。既受學徐魯原先生，先生見予言動若有縛者，忽嘆曰：「凡

〔一〕按：疑「欲」字後奪一「速」字。

初學欲求無過，便是大過。」予初不甚醒，先生方寫字，忽閣筆示予曰：「予始學字，不知費許多紙筆，不成模樣，後來乃有入處。若纔學，便要畫畫成章，縱令可觀，一書手字耳。」予乃更有省，因復於先生曰：「學字須學二王，學道須學孔子。近學者弄來弄去，只是後儒家數，亦先生所謂『書手字』者與？」先生深領之。予自是益知向往，雖有時自疑茫蕩，又舊日相知友朋亦往往規予失其故步，然予終信孔門路逕必如此而不如彼也。

嗟乎！今天下之不爲闕黨童子者寡矣。吾因申其說，以告夫吾黨之欲速成者。

三重

學者類欲見其功能於時，此不知道之過也。故其卒也，必罹於自用其專、反古之災。何也？議禮、制度、考文，王天下者之三大權也。以彼操之，雖足以寡過，然本諸身者，不足徵諸民，猶之弗信弗從也，而況無位者乎？是以聖人從周而不倍，不必倍也。吾不自用而有用之不窮者，吾不自專而有可以常專者，吾不反古而有通乎古今者，蓋道也。君子之道，人已。古今、天地、鬼神，公共之理也。君子知人即天，知天即人。知天則不疑於鬼神，知人則不惑於聖人。況近而天下之庶民有不信之乎？此其道達之萬世，可法可則，施之遠近，無往不宜。真有不藉名位、不矜功能，只是本諸身者，無惡無斁，便可以貫乎古今。此孔子所以如天地之無不覆載，如四時日月之無不流行。彼有待而行者，有所倚者也；凡有所倚，皆非素位而行之學。

君子所性

孩提之童，無不知愛其親，仁根於心也。根於心，故其見親也，其色怡然，其容盎然，其手舞足蹈不自知其然。蓋所謂分定之性哉？達之仁天下，仁萬世，皆是物也。大行不能加，故堯舜事業如浮雲點空；窮居不能損，故顔回埋光與禹稷同道。何者？惟其仁同也。是以君子未嘗不欲廣土衆民，未嘗不樂中天下而立。然即使其窮約終身，其素位而行者，未嘗少損。蓋欲之、樂之者，仁也。欲不必遂，樂不必得，而其可欲、可樂者，固自在焉，亦仁也。孔子未嘗有廣土衆民，未嘗中天下而立，而明此仁與天下共由之，其功反有賢於堯舜者。益識吾仁之本通天下、本貫萬世，不必撫有天下，而師友之間，一商一證，固足以定萬世而流仁無窮。故曰：我蔬食飲水，樂亦在其中。又曰：賢哉回也，不改其樂。彼其所樂者，仁而已，中天下不與存也。孟子願學孔周子〔二〕，每令人尋仲尼、顔子樂處，深乎哉！

〔二〕 按：「周」字應是衍文。《孟子·公孫丑上》曰：「乃所願，則學孔子也。」故此處應作「孟子願學孔子」。

雜著

願學堂銘[一] 有敘

同志在東鄉者，搆講院曰「道東」，而以「願學」顔堂，相與求其義於予，且命爲之銘。予告之曰：「孟子願學孔子，知孔子特異於羣聖也。三聖人皆能有天下，皆能不有非義之天下。孔子所以異，以其能不必有天下耳。伯夷以治亂爲進退，伊尹以進退爲治亂。孔子所以異，以其能置身於進退、治亂之外耳。夫孔子所以獨能如此者，其智特超於羣聖也。蓋羣聖以聖人治天下之人，故必得位而後可以行之。孔子見天下之人皆聖人，故以人治人，不必得位而惟與天下共爲之。爲之者，爲此學也。人人皆聖，人人不皆學；人人不皆學，故不皆聖。孔子特揭學，學乃作聖之真丹也。以此學自爲，則愈覺此心之無窮而不厭；以此學教人，則愈覺此心之無間而不倦。故其自言曰：我時習此學而悦，朋來共學而樂，人雖不知而不愠也。夫且不知不愠，而又何必於得位？是故日與二三子，爲政於洙泗之上，不問治亂，不關進退，赤身扶元化，爲萬世開太平。斯

〔一〕 按：此文底本多處模糊，據康熙本補。

其所以賢堯舜，冠百王，又何夷、尹之足云？」或曰：「然則孟子以何者學孔子？」曰：「孔子之智能超羣聖，孟子之智能知孔子，彼其一生獨明『性善』，『言必稱堯舜』，是則孟子之所以學孔子也。夫謂人皆可以爲堯舜，斯孔子之所以賢堯舜也；惟孔子賢於堯舜，斯願學孔子者所以不動心於卿相也。顧吾儕賴孔孟之力，亦既知人可爲聖，又知學爲入聖之丹矣。顧乃不能服食以自進於聖，得無願心之猶未發乎，抑發而或未弘乎？故吾以爲願心者，又學之丹也。諸同志其勉也。」

銘曰：於穆宣尼，生民未有。堯舜且賢，孰出其右？所以者何？智能知性。性近習遠，惟學可聖。盡性以學，因性以誘。可止可仕，可速可久。所操在我，進退優游。筆補元化，志在春秋。彼以君相，我以師友。火傳無盡，仁流不朽。惟孔知性，惟孟知孔。三聖是承，霸王不動。學子津津，談稱堯舜。孰牖其明？孰與其進？賴吾孔孟，目醒心開。慚愧我人，玩愒徘徊。道在東魯，今兹重光。借曰未敢，亦既名堂。

北京八景詩跋

《北京八景詩》，馮守愚不知得自何氏，而珍之、愛之，不啻珠玉。於是守愚老矣，予懼其他日未必復有守愚之能珍之、愛之者，可保此册之不遭褻慢乎？乃請而藏之復禮院中。蓋其重也。册中八景，景爲一圖、一小引，其後以次書十三公詩。十三公者，建安楊文敏公榮、新淦金文靖公幼孜、廬陵胡文穆公廣、永豐曾襄敏公棨，泰和王文端公直、梁贊善公潛，又祭酒胡公儼，修撰王公英、王公洪，侍講鄒公緝、林公環，中書王公孟端、許公鳴鶴。而文穆公每景詩二首，復序其簡端，時永樂癸巳九月也；後序則文敏公；合得詩百十二首，序、引凡十篇。

予按其時侍從詞臣，江右君半，而吾吉得四人。又其先年解學士方獲罪，而楊文貞公居守留都，不預兹役，則吉州之盛，亦概可睹已。且諸君子到今並煒然名臣，不但文學已也。説者謂洪、永之間，江右談學者絶少，才品彬彬乃若此。自後諸大儒張煩，而文臣、才士或反稍衰殺。豈氣數自然，抑良知之學能使人輕文詞、薄節行耶？嗟夫！爲此説者，在學人士自鞭則可，要豈深達盛衰之所以者哉？堯舜在上，禹稷策功；孔子下位，顔回陋巷。用之則爲虎，不用則爲鼠。故孟子曰：「禹、稷、顔回同道。」蓋傷之矣。豈尼山敷教，而人才遂衰於唐虞之際乎？況鄒、羅、歐、聶，表表名碩，亦何必減先進風流？則奈何以多寡權興替，而又以興替尤學術也？予因想慕吉州昔日之盛，有感於或者之説，而深思夫盛衰之故，爰書此於册杪，以質諸吉之長老先生。

金谿彭先生遺稿跋

邑先正金谿彭先生，典型長者。元自髮燥，雅知大名。比游鄉校，師利川趙先生，趙故先生授經弟子也，誦先生義至高。因聞先生少病痘，氣薾不能脹，醫者意弗治。家人稍懈，令祖翁抱而卵翼之。忽瞌睡，失先生所在，卒皇急舉火大索，得諸酒缸上，乃見所置也，酒氣上蒸，膚革皆赤。醫視之，痘盡，起可生矣。人以是卜先生，非凡兒。既魁，薦於鄉，歷官所至有聲。嘗受學文莊鄒先生。其爲廷評時，與魯源徐師、見羅李公、思默萬公、塘南王公相過從，切劘無虛日，無不推其篤學。先生雖訥於口，然與人以誠，人皆信之，蓋中孚所至耳。先生卒有年矣。次公伯程於余爲益友，間出遺稿使校閲。予得卒業焉，以復於伯程曰：「夫誠者，人所受於天以生，超乎政事、文章之外，行於人己形骸之表，與天地鬼神、三王後聖，無絲毫間隔，渾然直達者也。先生自其少真純不鑿，已爲鬼神呵護，則其發於政，不假口説，足以感人；見於所爲文，無俟藻繪，能使讀之者頑廉而懦立。誠之不得〔二〕不形，著而動變，夫孰非其感鬼神者之所流乎？雖然，誠大矣，周法界，塞天地矣。輓近拘學，欲束諸一腔，常目注之，則所存者滯而不神，所過者物而不化，其毋乃非先生所傳之學也。伯程氏，其以爲何若？」

跋爾光分關

予房自高王父而下，産稱饒故，皆單傳也。至先世父經衛公、先考贈禮部公，始兩兄弟，兩

〔二〕「得」，底本模糊，據康熙本補。

兄弟之子七人，七人者之子，少者一二人，多者七八人，合得二十五六人，瓜分其産，産遂日薄。而予兄止山産，故厚於七人者，故其子二人今所受産，亦獨厚於二十五六人者。夫自高王父逮諸姪，六世矣。於今獨得食其舊業，可謂厚幸。顧二十五六人者之子，將日益庶，則二十五六人者之子之業將日益微。此不容不然，亦不得不然。雖時有修其業而拓之，然不必均也。

維吾有大業，所性分定，天實命之。居之安，是其宅基；資之深，是其田園；取之逢原，是其池沼；四方襁負，天下歸仁，是其佃僕；達家邦，行蠻貊，是其界至；載在六經，是其鬮書。合之不加富，分之不加貧，不患寡，不患不均。諸姪倘亦有心乎？吾將捧〔一〕策而使各探之，管令人人各得如意。於是爾光兄弟進曰：「此叔父傳家寶也，願受記。不肖等永爲創垂統業，庶厚生正德兩有籍云。」予乃齋沐，書之判，付二姪一併管業，并以遍告夫二十三四人者，與二十五六人者之子之孫，又因以告海内英髦，使咸知此大家，當是天付我輩掌管世業，須出力承當，謹守不墜，乃稱成立。肖子毋徒抱先世土田籍，沾沾自雄，恐猶未免鄉人見乎？而況乎其争觸蠻之界於一撮土、一勺水之間已也。

〔一〕「捧」，底本模糊，據康熙本補。

跋李一吾銀子歌

某昔侍坐三五劉先生，先生曰：「孟子『存乎人者』一章，吾欲改訂一字。」元曰：「一字謂何？」先生曰：「存乎人者，莫良於銀子。銀子不能爲人掩其惡。胸中正，則銀子瞭焉，瞭者，銀子來得明白也；胸中不正，則銀子眊焉，眊者，銀子來得不明不白也。吾聽其言，又觀其銀子，『人焉廋哉』？」聞者爲之絶倒。世儒談學者高入玄天，而不能不以銖兩動色，甚者侮人、奪人，而猶自飾於聲音笑貌，則安得不令人歸罪於銀子？夫銀子何咎？譬如人自醉酒，酒亦無所逃罪，是以禹惡之爾。李君惡銀子，猶禹之惡旨酒。予特表而刻之，以醒夫世之醉於銀子者。

贈別河澗司理陳大酉

好惡者，人之本心也。無有作好，無有作惡，如衡平鑑空，德明而民自親，此之謂至善。止於至善者，意之所動，無往不誠。以言乎心，謂之正；以言乎身，謂之修；以言乎天下國家，謂之齊治均平。故無有作好，無有作惡，一以貫乎天下國家之善物也。格此者，謂之格物；知此者，謂之知至。智及此，精神命脉聚止於此。故謂之知止，又謂之知本，而其要乃在欲明明德於天下。語曰：「工人無爲於刻木，而有爲於運矩。」欲者，意也。欲明明德於天下，所謂運矩也。學必有此大欲，則所謂誠其意者，始有歸着。不然惟天生民，孰不有意？意之所向，亦孰不誠？而以言乎大學之道，則猶爲適越而北轅也。

大酉陳君司理河澗，將所而謂：「子何以贈我？」予曰：「今世爲司理者之好惡，則直指使者之好惡也；直指使者之好惡，天下之好惡也。微有作焉則不平，不平則天下不平，是可以弗謹歟？雖然，心本無作也，微有欲焉則作，微有見焉則作。欲與見皆微，然欲易知而見難知，難知則又微。欲銷而見盡，庶幾乎德明而民親。此之謂『盛德至善，民之不能忘者』，又何有於河澗？」陳君曰：「吾何以使欲銷而見盡乎？」曰：「所欲者大，則諸欲自銷；所見既大，則諸見自盡。斯予所稱運矩者也。」

贈别謝上舍

予獨喜謝先生之爲朱子説《論語》也，曰：「一部《論語》，只『見師冕』、『見齊衰』二章盡之。」夫聖人無以異於人也：子臣弟友，人未能，聖人亦未能；出事公卿，入事父兄，不懈於喪，不困於酒，人難之，聖人亦難之；見瞽而矜，見齊衰而興哀，見冕衣裳而敬，人如是，聖人亦如是。夫聖人果無以異於人也？同此人，同此心，性至中至正、至平至常。豈惟一部《論語》盡在是，即六經不外是也。今學者動稱聖人不可至，則聖人别具一心性乎？亦在乎學之而已。謝生德進，以弱年來遊太學。予爲博士時，生以同鄉之故，數數從其父别駕君造請。予勉以聖人之學，復慮其不吾信，則引上蔡之語證之。上蔡，謝之先覺也，其言端不誣。又别駕君嘗遊東廓鄒先生之門，習鄒先生有日矣。不知先生所以告别駕君與上蔡語朱子，發者同異何如也。時謝生應舉畢事，别予南歸，予復書此堅其志，并以質諸别駕君。

志仁申言

往予談學，家子弟未有省也。乙未春，以使事取便還舍。時諸子弟咸在，予告之曰：「夫學，非别有門户，别有新見，别有徒黨，蓋人人所不可已者。學則忠信篤敬，蠻貊可行；不學則浮薄，而不可行於州里。學則不施不欲，所在必達；不學則放利，而府怨於邦家。學則蕩蕩平平，無入不自得；不學則不慊於心，見君子而厭然。是故善學者，天地以位；而不善學者，出門有礙，乾坤爲之逼窄。善學者，萬物并育；而不善學者，惱怒填胸，妻子亦成藩籬。然則學與不學，蓋吾人生死、利害、禍福之判也。而等可不蚤自決志，若時過而後學，遭蹶而思悔，其不爲噬臍者幾希。」於是從子爾惠惻然動念曰：「不肖向者不知學、不學之判乃如此也，請從是矢心於斯矣。」遂以謂諸子弟，諸子弟各欣然，願共爲會，以商訂志仁之旨，則予兒吉兆首爲播告矣。予乃從申之曰：「夫孔子不以克伐怨欲爲仁，而必曰：『苟志于仁矣，無惡也。』豈不謂人苟識仁而志於仁，則必以善養人，自不至負氣好勝；則必若亡若虛，自不至矜己傲物；則必不尤不怨，自不至匿怨友人；則必不邇不殖，自不至貪財好色。譬之農夫盡力樹藝，芸草在其中矣。彼第去草而不樹穀，就令滿田盡淨，耕將何爲然？或爲仁不力，而克伐怨欲之行，無異於俗子，則穀不勝草，得無復爲養莠稗者所笑乎？故曰仁之勝不仁如水火，舉車薪之火，引杯水熄之，此又與於不仁之甚者也，亦終必亡而已矣。二三子，其甚毋以鹵莽之力，使卑卑操管窺者竟得以繩範我也。」

耿先生像贊

聖遠學荒，顯微爲岐。大哉師指，一貫道器。然且謂一，日用之常。惟辨所越，庸行而光。孔孟師友，堯舜君臣。所操愈約，所運愈神。不用乃大，而造先天。不階尺符，而功萬年。以智擇術，以術移心。仁爲己任，友以輔仁。立達相承，轉模師印。義雨仁風，不知其盡。

嚴紹松椿桂圖讀

吾與紹松遊有日也。紹松不設城府，居塵俗中，飄然無俗意。性嗜飲，歲自釀酒滿家，嘗而甘之，喜見顔色，有高人之致焉。蓋自其令先翁，已知尊事文莊先生，及延交諸名流。紹松之負抉，有自來矣。紹松有五男兒，作椿桂圖，而予讚之曰：「有惋其容，有愉其色。熙熙然如無懷，怡怡焉其自得。小橋流水，長松掛月。悦里巷之農談，付兒孫以子曰。薦觥籌以樂賓，時引滿而自罰。閲利途之攘攘，獨袖手而兀兀。蓋一醉以後，不復知有天之在上，而有人乎其側。斯無愧富春之苗裔，亦翩翩吾黨之羽翼也哉！」

江龍山家慶圖讚

節彼龍山，突兀逶迤。有美處士，毓秀鍾奇。少薄儒業，雅慕計然。貨財既殖，仁義附焉。厥有良儷，後先稟承。聽雞修警，輓鹿佐勤。爰有偉嗣，作相會同。天子覃恩，貤封及公。公曰吁咈，服此良苦。乃反荷衣，折巾江滸。余登公堂，公踰八袠。雍雍揖遜，曾無倦色。載閲兹圖，翩翩鳳侶。何以頌德，曰惟天語。居貞履坦，重節矜名。王言如絲，時乃定評。

題甘鼎調待漏小影

朝既盈矣，禮樂雍容。有命自天，胡不肅恭？帝命伊何？提衡蜀司。桓桓武弁，匪君疇咨。君持其平，如鑑之虚。斷弗以己，事在刑書。何知身端？視其影正。獨行不愧，乃克有慶。

小影自讚[一]

位不過典屬國，而自以爲高也；産不過三百畝，而自以爲饒也。道粗見其庸淺，而不欲玄求，以爲超也；年不滿於六袠，而恒若脂車，以待招也。如斯而已，則亦焉往而不囂囂也？[二]不禮釋迦，不羨王喬，此瀘瀟之所以爲瀘瀟，而亦瀘瀟之所以止於瀘瀟也。噫！

養生四劑

凡意念懈惰時，思近賢人君子，便覺振起，助多少精神。此滋補最速之劑。

凡費用不經時，思及貪財損志，當下斬截，省多少氣力。此清心最速之劑。

凡遇難處之境，但取其更甚者，譬之心次，自然寬舒。此伸鬱最速之劑。

凡遇可怒之人，但將憐憫心曲，體之胸懷，自然涼爽。此降火最速之劑。

[一] 按：《劉徵君年譜》前有劉元卿像，并有此《讚》，注明「萬曆壬寅七月劉元卿自贊」。

[二] 按：《劉徵君年譜》此句作「過從以往，斯可以囂囂也」。

酒色財氣四戒讚

陶士行每飲酒有限，常歡有餘而限已竭，殷洪源勸更少進，士行悽然曰：「年少時嘗有酒失，慈母見約，故不敢過。」贊曰：「禹惜寸陰，乃惡旨酒。矯矯士行，庶幾尚友。」

張忠定知益州時，亂後官屬多不攜家。張不欲絶人情，遂買一婢，官屬乃稍稍置姬。張還闕，出婢嫁之，仍是處女。贊曰：「湯能不邇，孔稱遠色。邇之而遠，所好者德。」

王恭從會稽還，王大向恭求簟，舉所坐者送之，便席薦上，大驚曰：「吾本謂卿多，故求耳。」對曰：「恭作人，都不畜長物。」贊曰：「周身之外，何非長物？以義爲利，維民之則。」

王藍田性至狷急，既躋重位，每以柔克爲用。謝弈嘗忿藍田，極言詬詈。藍田回面着壁，初不應之。半日弈去，始坐。贊曰：「夫怒猶火，弗制將然。惟此面壁，半日九年。」

八字訓

富莫富於積善，貴莫貴於尊德，貧莫貧於抱孤守寂而無友，賤莫賤於甘爲人下而不辭。行不得而反己曰達，舍正路而不由曰窮，死而無稱曰夭，行爲世法曰壽。

諭巫

師巫邪術，律有明禁，其最可恨者，莫如離人夫婦一節。此獨吾鄉自十八都至三十四都一帶爲甚，他鄉所未有者。凡遇民間婚嫁，厚索貨賂，稍不如意，作運邪法，能令新婦爲雞，新郎爲狐，洞房化作黑山，人類變爲禽獸，夫妻成讎，終生相忤，甚且裸體赤膊，狂走驚避。近復有妻欲害妾，妾欲害嫡，密行重賄，無不立驗。又或離人夫婦，以自成其姦，代人報讎，而坐索其謝。千端百計，至不可勝談。獨不念夫婦人倫之本，小民得妻尤難，一遭毒手，輕者割離改嫁，重者自縊自刎。爾所需幾何，而使人被害，一至於此，爾之造業、造罪，寧可解耶？近見爾等子孫多不昌盛，家道多不興隆，亦由爾祖父相傳世習妖術，作惡非一日，故受報亦不淺。尚不知省，秘爲奇書，轉相傳授於無賴子弟，爲害浸廣。邇日官府亦知此事，切齒痛心，欲鋤治之。予念愚民無知，溺於舊習，狃於小利，不知此爲大惡。故特切切爲爾等開諭曉告。爾等宜轉意回心，速將此書對神焚化，從此香火必興，家道必盛。不然明有人禍，幽有鬼責。蓋爾之術但能役使邪魔，終不能免於正神之譴怒；爾之法但能作使細民，終不能逃於官府之法網。試向靜夜深思吾言，洗心懺罪，勿蹈前非，毋令惡積身滅，後悔無及，念之省之。

止喪家葷酒議

孔子曰：「喪，與其易也，寧戚。」孟子曰：「顏色之戚，哭泣之哀，吊者大悦。」此孔孟喪禮律令也。吾邑諸大家多遵古制，飯吊賓用素食。獨吾鄉相沿用〔一〕酒肉，賓從至饜飽醉嘔若喜事。然喪心害義，莫此爲甚。富家至費百金，中人相倣相效，鬻産稱貸。或血尸在床，秘不發喪；或閣〔二〕柩數月，營錢開吊。此之爲俗，何忍具言。吾里動稱古姓，所謂古姓者，非謂有酒肉之謂也，有禮義之謂也。孟子謂我猶未免爲鄉人，何乃於鄉人之中，又自分爲上鄉人乎？可耻矣！或者謂口債須了。夫彼實昧禮貌，廢酒肉，亦豈以此放債而取償於人乎？以爲了債者，非也。又或謂風光父母。則棺槨、衣衾之美，築壙、築墳之費，無不可以從厚。酒食宴賓，何與於親？以爲風光者，又非也。或又謂門面不宜驟倒。則守禮由義，其爲門面寔大。今自號故家舊族，乃扮出下里村風以爲作門面者，又甚非也。已往不具論，此後族設典禮數人，書帖牌面，凡遇有喪，相率執牌上門，贊相行之。中有家厚者，必不肯已，量折銀入祠；或數姓相聚而居者，折銀

〔一〕「用」，底本模糊，據康熙本補。
〔二〕「閣」，底本模糊，據康熙本補。

入會。其有一二哺啜之徒，從旁阻撓之，置勿齒。久久習熟，自成禮義之俗矣。

紀夢

己亥二月，夜夢與盡吾伍師論學，予曰：「吾輩欲養廉，須自甘淡泊始。」伍師曰：「須知廉，乃能養廉。」予曰：「疇不知廉哉？」師曰：「廉有分辨之謂，言知取、知捨也。仲子亡親戚、君臣、上下於人之大倫，棄而不取，顧獨明於捨之一節，是見小而忘大，烏得爲廉？且廉於捨者，亦特我不爲非義之取而已。若食其兄與母之粟，居其兄與母之室，孰謂不義？而又推其兄與母之室、之粟之所從來，則安知妻所易粟與於陵之室，其從來果義乎？如此推求，是終無可食之粟、可居之室矣。仲子亦烏能廉哉？然則廉也者，不獨知捨，又須知取。不獨貴能捨，又貴明於所捨。故交以道，接以禮，斯孔子受之，廉在其中矣。」予聞而大廸，覺而知其夢也。枕席間猶若有得焉，及旦乃紀之。

予丁未九月赴青原會，舟中夢與友人論學，取其扇書之。醒而了了，不遺一字，因札記云：「讀《大學》者，皆言誠意與格物工夫有深淺。然觀《傳》誠意者，但言『慎獨』，則知『獨』即物之本也，『慎獨』即務本也。格物之本而務之，則知至。此外別無格致之功。讀《中庸》者，又皆言『慎獨』與『致中和』功夫有粗細。然觀末章，但言君子之所不可及者，其惟人之所不見乎？則知『獨』即無聲無臭，『慎獨』即不大聲色、篤恭而天下平。此外別無『致中和』之功。故曰有天德便可語王道，其要只在謹獨。謹獨之時義大矣哉！《中庸》、《大學》之樞，其在此乎！」

閑述

陸郎中

浙有郎中陸某者，以古文辭著名，善使勢作風波里中。里有富人爲沉香樓，甚巧麗，費不下萬金，風動飄香，聞數里許。陸垂涎久之，不可得。有同年爲御史按浙，陰計中之。御史行部至縣，收富人甚急，富人托陸爲解，介萬金、飾明姝，不許，乘急言沉香樓，不得已與之，然富人亦不知其中己也。其他傾險善虐人，多類是。一日，病且死，兩鬼卒擒至閻君所。初入門，兩廡坐衣紅者，案牘秩然，如陽世。兩司狀見陸至，起立，自相謂曰：「陸先生，文人也。」其上爲閻君座，兩鬼卒呵陸跪，命取記惡簿示之，其首條紀沉香樓事，能得其隱微，其他凶行甚多。次觀至中葉，事皆謀而未成者。陸捲其前册，膝行持籍伏案下，且指且辨。閻君曰：「惡念一發，其事已成。所未遂心者，勢未能耳。抑其人受禍與否，且固命也。」復推籍下，又觀至末葉，則其所書事，陸並不省，更持籍行前，以手舒之案上，指曰：「此以下並無其念矣。」閻君呵曰：「痴哉！是皆汝族子、家僮，迎汝心志，仗汝而爲之者也，汝安得辭罪？」陸語塞，首且伏，不敢更辨，睨視兩側執干戈者，心惴惴怖甚。閻君曰：「予視生死籍，當遲汝三日，汝文人好述其事，以告陽世。」兩鬼仍押之返。尋驚寤，悔恨克責，集其家人及平生交遊，灑涕告之。諸行事可及改者，率痛自遷改。仍爲文紀之，居三日死。

槎江奴

倍佐者，逸其姓，故貧，爲奴於槎江朱氏。性于于，織屨爲生，無餘糧。當除歲，不能舉火，方怡然高卧，妻愠甚，第笑曰：「無米則天愁，烏用儂愁云？」妻擿之曰：「今夕孰不有預營者，獨奈何安受餒邪？」且罵且行，往覓之鄰家。俄有人提斗米來易屨，倍佐適乏屨。易者曰：「徐償之未晚也。」遂自納米空器中去。隨又有持米來者，語之如初。日將夕，其妻徒手歸，倍佐據床呼慰曰：「來來，吾乃今得米。」妻以爲紿己也，倒器得之，曰：「吾叩鄰人門多矣，未有應者，若安得卧致之？」因從容語故，且曰：「吾固知天爲我愁。若亟亟，適自苦也。」他日，同輩有鰥者，屬以媒。久之，未有以復，其人讓之，倍佐曰：「吾非靳心力，誠未得人。若遲之數月，吾妻可歸汝。」鰥者以爲戲語，去〔二〕。居五月，果病，命召鰥者來，以妻歸之，託以封塋事，語竟而絶。

〔二〕「去」，底本模糊，據康熙本補。

君子聞之曰：「貧賤死生之繫於人，大矣。是村叟者流，乃超然不介其中，視其身之處世若寄旅，然彼誠待學者耶？」

朱氏子

吾邑朱氏子讀書山中，偕同舍生出，遠見山麓赤光如火，指之曰：「此得非金精邪？」同舍生實不見，謬曰：「吾見亦然。」兩生前掘地，得金一錠，截而分之。朱氏子持金去，客黔中。同舍生持歸，納之床頭，忽一日金亡，疑妻有私人，妻縊自解。朱氏子在滇南，家日富。一夕堂中爝然有光，且起掘之，前所與同舍生分金忽在地中。尋收債拔身歸，往詢同舍生。同舍生告曰：「吾昔者紿子謂同見赤光金，非命中物，竟爲私吾妻者所竊，又亡其妻。嗟嗟命矣！」朱氏子出黔中所得金示之，且語以故，相視駭異。始知其妻之冤，仆地痛哭。朱氏子曰：「金則吾金也。雖然，子之亡妻，則吾金累子矣。」爲娶妻歸之而去。

茶陵某

茶陵某氏，有老翁早行，見一人死橋畔，氣尚未絶，亟馳擔，咀人參内之口中，其人氣忽盛。復解擔頭雞烹之旅店，以湯澆之，手足微動，口頰摇慄欲言，久而神定。乃詢之，知爲同客者所殺，距其家不數十里。密令僕語其妻子，則先時同客者歸，謂其人已死，妻子正痛哭，忽得報甚喜，遣人舁歸。其人啣德，無以報也。越二年，翁方送子讀書院中，與前所活人舍相近，治酒來訪，則翁與二子方登舟渡江，急呼歸飲。甫及數步回視，其舟顛溺江中，無一人得活者，獨翁父子以一呼免。謂報應不爽，或然哉！

織屨人

徽〔二〕州有老人者，織屨爲業，日聚其餘錢，凡得二十金。一夕，夢金化爲老人辭去，問之，曰：「吾往贛州某老人家。」因具言其人所生子某名，生某月日云。驚覺，求金已亡。乃裹糧詣其人言之，某人曰：「吾子固某月日生也，所欲命名，尚未舉口，即妻妾不知，奈何先入爾夢，顧未得金耳。」遂驚告妻，妻曰：「疇昔夜免身，見赤光一道起床下，金無在是耶？」掘之，得金一大甕，其人金在甕中，封識如故。舉金示老人，且謝曰：「非爾言，安從得金？雖然，二十金必還爾。」織屨人堅不受。其人夫婦私計某日當遣其人，爲米團，置金其中饋之。織屨者攜去，行未遠，謁店中問酒，以米團易之，酒家得米團，持賀老人，則所遺織屨人者也。嗟嗟！天下事多前

〔二〕「徽」，底本模糊，據康熙本補。

定，類如是。彼營營瑣瑣者，何爲哉！何爲哉！

耿長者

黄安耿長者，婚其子，資奩甚富。盜逐逐垂涎，長者心知之，夜覆燈以俟，果聞穿穴有聲，長者瞿然側立。穴及發，盜以首入試，長者左提其髪，右以所發穴口磚搤其喉，令不得拔去。取火視之，則其族子也，驚曰：「痴兒乃若是。」爲寬其喉，取所藏十金付之，戒曰：「勿復爲此，藉不遇我，爾無能完其首領矣。」盜乃攜金去爲商。長者諱不言盜名，其妻問之再三，迄不言。比病且革，妻又曰：「夫子平生於妾無隱心，而獨不言竊兒名耶。」長者曰：「可言，曩昔言之矣。」竟不知其名。他日，有來哭長者甚悲；又其人始窶而不軌，卒爲良善，且家日裕。或疑長者所贈金人也。

染人

黄安人有以染爲業者，聚布縷籍甚。深夜歸自外，盜偵知之，潛踵入户，隱床下。染者覺，佯謂母曰：「吾尚未飯。」母亟起爲炊。已而曰：「吾飢甚，不能俟，可得酒乎？」爲具酒烹乾肉。染人自床下出盜曰：「盍從吾飲？」盜驚媿不自勝，拽之坐，坐如有刺，從容相謂曰：「爾第飲食，吾豈敢已甚。」頃之，握手笑曰：「子必爲盜，盜富者可。若竊余布，布非自有，又令償人，毋乃太虐乎？」盜恧甚，唯唯諾諾，垂首不能語，慰諭而遣之。其人卒爲良善，與染人稱莫逆交。余在黄安，耿叔子爲余述其事。余記之，以告夫待小人者。

光山丐

予在黄安聞光山丐子，故嗜義。嘗拾遺金江之滸，瘞於沙守之。明日其人哭而來，言金多寡，符所得者，盡舉以還。亡金人感泣，願中分，丐固遜不許，則遺二金於地走去。又他日，盜掠所掠婦病，而棄於道。鄉人曰：「爾盍往飲食之？病愈，可得爲妻。」丐如其言，病果愈。置婦他所，曰：「吾聞其夫尚在，且吾而御之，何異於盜？」夫廉知其事，願以金贖，堅不受，曰：「子不能自飲食，奈何又以吾妻累子？」亦遺之二金以去。

丐晨出，遇老人牽牛抱幼女哭道傍甚哀，問之，則曰：「吾貸富家金，富家故苛，置土牢聚毒物其中，以待逋債者。吾苦不能投死於此，以幼女服牛鬻而還，哭是以哀。」丐子曰：「所貸幾何？」「止四金。」曰：「吾適有金，其代汝償，毋鬻爾幼女也。」偕行至富人宅，語故。富人曰：「若丐也，安所得金？其爲盜乎？第與吾金，吾赦汝。必欲爲人代償，且執之官。」丐自直不服，果執之告光山尹，尹以爲盜，乃從刑之。丐呼曰：「第召主者問。」尹追呼其授金者二人，二人至，大泣曰：「吾恩人，吾恩人。」不顧而相抱持哭。既乃各述其故甚悉。尹擲筆曰：「吾幾虐善人。」復問老父，老父具言富家苛虐狀。尹乃刑富人，籍其家，旌丐子。嗟夫！積善成名，積惡滅身。諒矣！乃士君子見利則忘義、樂色以滅德者不少也，視丐不媿死也夫！

某司理

一推官故甚酷，性嗜雞子，市雞子置案上。一日睡起，忽亡數枚，意疑門子，拷鞫之，不得已，誣服。明日又如是，推官愈怒，刑加嚴，各具言竊狀。夜忽臥床上無寐，燈幢幢不滅，有二鼠來案上，一鼠偃臥以足抱雞子腹上，一鼠銜其尾拽之，走去復來，少選亡數雞子。心念曰：「門子冤耶！」呼至復訊亡雞子故，其前被刑者不待拷鞫，輒自誣服。推官曰：「此鼠所竊也，奈何冒爲爾罪？」諸門子跪曰：「日者所亡，俱非奴等所竊，第畏刑耳。」其推官因此自悔，不以嚴刑訊人。

石城令

有士人鬱鬱不得志，丐夢靈山神以「石城懷果對清明」之句示之，莫知所謂也。越十餘年，士人成進士，謁選得石城令。單車造之，及縣界，宿僧寺中。是夜四山燈火燐燐，然顧問僧曰：

「是燐燐然爲何？」曰：「清明祭墓者耳。」問寺，曰：「懷果。」令始默理前夢，無不合者。因借其句成詩云：「眼前兒女莫關情，春若來時草自青。夢即是真真即夢，石城懷果對清明。」

寓言

味我

野人植薑於土者，患盜，將往守之，妻謂曰：「君故善睡，妾爲君計，熟豆而囊之，粒數而食，其可免也夫。」夫如其言，往至，則偷兒先伏莽中俟之，其人發囊，且食且歌曰：「彼偷者子兮，孰窺我薑？數豆而咀兮，循夜達光。」盜吐舌悔曰：「錯來錯來。」俄而歌聲漸細，或續或斷，頃之，有鼾聲矣。盜露頭作咳聲，不省；以鋤擊土作聲，不省。於是呼類盡發薑，又前取其囊中餘豆，相率舁至別地，鼾聲益甚，曰：「嚇，是有氣而死者也。」取所帶刀剃其髮去。明旦寤，張目熟視，驚曰：「此非吾土，盜盜吾薑，并盜土耶。」俄有頭影在日中，因而兩手循其髮，髮亡，更大驚曰：「且非我乎？非我似我，似我非我。僧乎，我乎？非我是我。昨暮之來，我乎夢乎？且囊中豆固安在也？」愈尋思，愈佯狂急，則亡益甚，竟莫達所謂夫眼耳鼻舌。假我有形者也，且猶惑之，況真我者耶？繫珠窮子之喻，有味哉！言之也。

尤人

郢人宿舟中，睡方熟，舉頭屬竈，盡焦其髮。晨起摩其首兒，嗔目示舟中人曰：「爾輩盡有氣而死者，人方焦頭髮，不聞臭乎？」同舟者曰：「爾火在頭，而不知熱，顧責人哉？」郢人終不引過，而怒弗爲止。

邊解

袁之慈化寺故多僧而不解禪，禪者投其寺曰：「吾不用言語文字，請參啞禪。」寺僧縮手杜門，不敢應。有教僧縫皮者，適在廳事，禪者舉一指示之，僧舉兩指，已而摩其首，僧亦摩其腹。遂嘆息而去。出謂人曰：「誰謂慈化寺無僧？」或曰：「何也？」曰：「我謂一佛生天，渠曰勿作二見；我謂摩頂受記，渠曰濟度衆生。」或以謂慈化寺僧，僧問縫皮者云何，曰：「昨日有啞僧來舉拇指示予，欲以一金買靴，予曰當得兩雙，故舉兩指示之。已又摩其額曰要尖子好，予指此曰在吾腹中矣。啞僧遂去，亦不以金來。」衆乃譁然一噱。

强命

有兩兄弟居者，弟善睡，兄每早作，忽見道有遺衣，取以歸。弟之婦讓其夫曰：「不見汝兄乎？汝酉卧至辰，物安所從來？」夫聽之，朏明起出户，有黑犬拳卧，以爲衣也，急持之，爲犬所囓，歸坐悄然。妻復誨之曰：「爾獨不能以杖挑視之乎？奈何遽手取也？」明旦，過其鄰，有滌釜者適置道側，持杖一擊，應手而碎，鄰人執毆之，翻解其衣爲償。

峷僞

學究時時戒弟子勿晝寢。一日，弟子伺學究方睡，請曰：「先生戒人，而自蹈之，何也？」曰：「是非爾所知，吾夢周公爾。」弟子次日故睡，先生蹴之，起曰：「吾亦夢周公。」先生曰：「且道周公有何話？」曰：「亦無他語，只道昨日實不曾得會先生。」

死色

有好内者，妾媵滿前，淫樂窮日夜，弗有倦也。甫及死期，閻君令數鬼卒擒之。鬼卒至，婦女羅列，不能乘其間，空手還，報閻君。閻君曰：「奈何不收捕來？」鬼卒曰：「彼方擁少女艾婦，歌舞宴樂，苦不能得其間。」閻君曰：「果如是，汝休矣，汝休矣，彼不久自來。」

鬼窮

石崇死，與諸餓鬼俱行乞市中，其故人遇之，駭曰：「君囊富甲天下，陶朱、倚頓未爲匹，即滌釜、碎寶二事，莫不咽涎拊髀，恨不可及，何乃至此？」崇曰：「吾羞告汝，吾死時苦爲一酷鬼凌迫以行，曾不少待，固未能挾一錢來也。」

鰥媒

有乞兒時時走富人門，唱孝義求食。一夕，戒其母曰：「明旦兒遠出，須早具食。」母忘之，起毆其母。母曰：「兒云孝義、孝義云者，乃毆母哉！」乞兒曰：「母無苛責我也，我第向人唱孝義云爾。」

標榜

人有刻孔、老、釋三氏木像者，將定坐，請次於儒生，儒生曰：「當首孔，次佛，次老。」他日學佛者來，曰：「諸天小果，孔居其一，蕩蕩覺皇，何可越耶？首吾佛。」他日學老者來，曰：「倒哉！孔子，吾師弟子，佛乃夷狄也，元元象教，顧乃居末。首吾老。」屢運而像損，主人夜夢三神曰：「吾三人形骸盡融，心不相上，其分立門户，左右播弄，皆吾三家者之徒耳。」於是主人不復易席。嗟夫！豈真譃語哉？漢宋縉紳之禍，流毒無窮，蓋亦不達於此義矣。

識難

有村夫去爲客，買鏡遺妻，妻朴不識鏡，照之，怒曰：「夫乎以求財去，乃買妾歸。」愬其姑，姑亦朴，照之，怒曰：「必買妾艾者，可奈何娶老媪？」相與告之官，官亦朴，取照之，見鏡中頭角，笑曰：「此何物小事，又勤鄉官囑託矣。」

遺妄

有貧人投宿於逆旅者，主人弗内，天且暮，顧一鉅桶在門，遂竊拘臥其中。夜無寐，忽摸得一柹蔕，以手循之，外員中空，驚以爲大錢，喜而念曰：此錢可市鵝卵，覆而得雛，畜之，可易一雛豕，豕字易牛，牛字易馬，馬字既滋，價可致數十金。吾無妻，即以其半娶艾婦，其半則買使婢。然妻艾無威，婢或不受約束，吾當鞭笞，拳趯之，意氣憤激，不覺舉足碎其桶。明旦，主人執詈之，解衣爲償。然心私計所得錢尚在，獨行至前，發視之，乃柹蔕也。

徑約

有童子從村學究遊，學究語之曰：「子來前，夫書初於一畫，故一則爲一，二則爲二，三如之。」童子心口語曰：如是，則天下之字盡之矣。遂謝學究去。歸，嚣然語其父曰：「吾能盡書天下字。」其父故村居人，尠所識知，亦因謂然。他日，有客萬氏者，父故人也，命其子簡迓之。自辰迨午，書不成。父怪，問之，則曰：「姓多矣，奈何獨姓萬？吾自辰及午，得五百畫，必欲書度數日乃可。」嗟夫！云字之不始於一，不可也；必謂天下之字盡由一以上，則過矣。今之談本體者，何以異於是？使其推之天下，吾未見其不爲書「萬」字者也。故曰：學不約則泛，不博則固。二者不偏，其惟孔子乎！

趨炎

王祥事母甚孝，天寒，母思魚，祥卧冰上，雙鯉躍出，取以食母。人以爲孝感。其鄉之俠盜罵曰：「此安所稱孝哉？卧冰則煖，魚來依人，因取之耳。」於是亦卧冰上，得雙魚持歸，以矜其鄉人，曰：「孰謂孝子得魚，某最不孝，兹魚何從來也？」鄉人不能答，夜夢河伯聚諸魚，責之曰：「王祥誠孝，汝躍冰出固當；乃又爲俠盜出，何也？」魚曰：「魚無擇王祥與俠盜也，但從煖處鑽耳。」

擇逸

有夫婦耕者，方蒔禾，紿其妻：「我從田上擊鼓。」妻曰：「夫君何擇逸也？」曰：「諺不云『一鼓當三工』？」妻不能平，亦從其舍負鼓，俱擊。夫曰：「爾亦擊鼓，何説也？」曰：「一鼓三工，兩鼓〔二〕當六工矣。其於蒔也，豈不更易哉？」聞者絶倒。

逐字

楚人有兩子，時時訓督之。一日，有兩子者死，子前求遺言，書「廉耻」二字與之，曰：「此菽粟也，恃此以不死。」其子珍而割分之。屬歲侵，長者持「廉」字易粟，鄰家叟曰：「廉而不耻，小廉耳。」弗予。其幼者復持「耻」字往，則又曰：「耻而不廉，空耻耳。」弗予。異時，二子急綴兩字以請，叟又弗予，曰：「子鄰我而胡難我哉？」曰：「子弗以身爲廉耻，終生弗得粟已。」兩子終不悟，曰：「天乎！士以文字得粟者，無之而非，是吾乃今適不遇耳。」

〔二〕「鼓」，原本作「工」，誤，據文意改。

耽無

有腹疾者痛甚，遇一醫，懇曰：「吾痛甚，即死矣，幸急賜一方。」醫曰：「何得？即死。」曰：「何爲祈吾死也？」曰：「得死，則腹疾去矣，非妙方耶？」嗟夫！學道者耽虚溺妙，而以身爲累，稍涉情緣，便思逆銷，以遊太虚。其不爲祈死以免腹疾者幾希。

執有

有秀才赴考，惆悵不已。一婦人見之，問曰：「何爲其惆悵也？」曰：「吾獨苦腹中無耳。」婦人時挾孕，乃嘆曰：「吾安得腹中無？今一肚子，苦不得放下在也。」

名號迷真

有蠢子應門者，客相過，問：「令尊何在？」曰：「不知也。」又問令兄，曰：「亦不知也。」客去，問父曰：「適有客問令尊、令兄何在？吾家素無此二人名，咸答以不知，客亦遂去。」父曰：「唉，爾父即令尊，爾哥即令兄也。」蠢子恚曰：「爾兩人有此名字，何不預教我耶？」夫蠢子寔識父與哥者，即不知稱謂，庸何傷！世固有知其名號而不識本真者，其於道遠矣。

責人則明

有醉人吐而仆地，橫卧道上者，車馬喧鬧，弗知也。俄又一醉者來見之，俯首相憐曰：「爾何爲至此？爾能於微醺時便知止酒，必不至吐；縱吐，亦必不甚。奈何貪饕之心勝，使爾卒至此也？」言未竟，亦吐，仆於卧者之上。從旁聞見者，爲之大笑。

飾詐欺人

有鬻糕者過市，殊有飢色，問之曰：「爾非飢甚乎？」曰：「然。」曰：「何不食糕？」其人氣不相屬，微應之曰：「糕宿不可食也。」夫己所不欲，孰不甚明，然施之人則昧焉。可省也夫！

舍田芸田

有鬻肥皂於市者，一婦人見之，笑不可禁。其人以爲有淫心也，莫得其間挑之，歸而鬱鬱不能眠食，病且殆。其母詢及，因語之故。母從其婦人，款語求之，婦曰：「吾初無他意，吾獨見人鬻肥皂而頸上黑，故笑之耳。」母歸語其子，其子亦一笑，而病遂愈。

乘傳失真

有行酒者，取眼前景物相合成令，因自言「春雨如膏」，謂滑也。次一人曰：「夏雨似饅頭。」又次一人遂誤以「夏雨」爲「夏禹」，曰「文王似燒餅」云。又一先生出對曰：「桃開。」弟子曰：「李長。」最後一弟子遂誤以「李長」爲「里長」，因對曰：「甲首。」又有慶壽席，中行酒者取《千字文》壽字，因言：「外受父訓。」「受」字本非慶壽之「受」〔一〕，已自可笑。其一人言：「圖寫禽獸。」次一人遂謂：「海鹹河淡。」蓋其鄉音誤「海」爲「蟹」也。或曰：「此何爲壽？」曰：「蟹獨不是獸乎？」以蟹爲獸，又以海爲蟹，相去益天淵矣。夫傳道者，其初未失也，聖降而儒，佛降而禪，猶近之。晚近世稱儒與禪者，抑又異矣。其乘傳之訛，不愈甚乎？

慾生於性

有寺在深僻山中，老僧畜一幼徒，從小未下山，不識人間世物色。既壯，攜入市，見物輒指示之曰此某名也。忽見倚門妓女，不識云何，師曰：「此老虎子也，善食人，宜謹避之。」至暮歸

〔一〕「受」，當爲「壽」字之誤。

山，師問曰：「今日眼中見者，何物爲爾所愛。」徒徐思曰：「吾終愛老虎子也。」佛氏謂情慾即性命，豈不誠然？顧所謂性也，有命焉。更須深透一步，不然，寧不借口於性命而恣情縱欲乎？

第五位聖人

狂生向人曰：「古往今來，聖人不數數見，『惟天爲大，惟堯則之』，當屈第一指。其次惟舜協於帝，屈第二指。至於禹而德衰，吾不敢許。湯又有慚德，亦不敢許。文王可謂至德矣，屈第三指。武未盡善，姑捨是。孔子之謂集大成，可矣可矣，屈第四指。孟子英氣太露，吾終疑之。」因闔第五指，沉吟良久。旁有人拱立曰：「宇宙間第五位聖人，莫非公乎？」遂下第五指，曰：「不敢。」

襲人口吻

有痴女婿謁婦翁，寔不知書而僞謂士人也。婦翁曰：「『太極生兩儀』，子作何解？」婿曰：「吾醉矣，吾醉矣。」入而問其妻，妻教之甚悉，出語翁曰：「適來大醉，乃今始醒。『太極兩儀』之説如是如是。」翁喜曰：「是矣。『兩儀生四象』又如何？」婿茫然無所措，忽捧首曰：「吾又醉矣。」翁乃大笑，知其妻從中代對也。

敗羣圮族

有七人者之族，其長老好以詿誤繩人，每微過，必聚族黜之。已黜至四人，其人欣然受黜，無難色。或問之：「黜族至辱，而子欣然，何也？」曰：「吾即不幸不齒於族，然顧吾黨已衆矣。」今朝廷之上斥逐君子，近於空羣而言者，猶吹疵不已，不幾於三〔一〕人者之族乎？悲哉！

虚無

傅某者好談虚無，以貢爲學官。自幼缺一耳，既老，齒又缺，復時時摘去白鬚，鬚幾至盡。有兩縣官謁按院，逢傅公於官署，一縣官笑曰：「公可號『三無先生』。」因吟一詩曰：「先生號三無，無齒之齒無，然而無有耳，則〔二〕亦無有鬍。」相與大笑。適按院闢門，二人笑不止，按院問故，具言其事。按院曰：「傅先生豈空談虚無哉？身有之，故言之親切而有味也。」於是滿堂皆大笑而罷。

〔一〕「三」，當爲「七」字之誤。
〔二〕「則」，疑是「須」字之誤。

愼術

範金者常擇美銅鑄鐘，而用惡銅鑄佛。鐘怒謂佛曰：「吾銅美，人日擊之；子銅惡，人日拜之。何也？」佛曰：「吾質惡，吾乃爲佛。人自拜佛耳，不知其質惡也。子質美，子乃爲鐘。人自擊鐘耳，不問其質美也。子自處之不愼，忌我何爲？」嗟乎！人以美才自處於卑賤，而又耻之，是弓人耻爲弓也。如耻之，莫如作佛。

惡人忠告

于于子與人同行，其人負麥囊在前，囊發，麥狼藉流地上，不知也。于于子從容問曰：「他人過失當告之否？」其人曰：「自家門前勤掃地，莫管他人屋上霜。」于于子謹奉教已，又問曰：「予時見他人過失，口輒欲言，即勉强括囊，顧無奈此心隱隱，不能自已。」其人又曰：「人誰能見其過，必欲言之，適以速禍。予往者曾遭失言之咎，故今深以爲戒。」于于子復奉教如初，至再至三，其人曉譬百端，終不更前説。行十里矣，於是于于子逡巡言曰：「爾麥囊發也。」其人視之，則囊將竭矣，乃作色曰：「奈何不急告？」于于子曰：「久欲奉告，辱君丁寧再三，故不敢發口耳。」

記問之學

有童子爲扁鵲負藥褓，遇扁鵲用方，輒從旁識之。已而試之病，病無不愈。或謂童子曰：「少年何醫之神乎？」曰：「吾寔不知醫，獨多記經驗方也。」一日，人以他奇病求藥，童子謝曰：「吾所記方無此病者。」其人笑曰：「君無吾病方，吾無君方病。」太息而去。夫記問之學，無得於心，且不可作巫醫，而況道〔一〕乎？

〔一〕「道」，底本模糊，據康熙本補。

陽明後學文獻叢書

錢明 主編

劉元卿集

下

［明］劉元卿 撰

彭樹欣 編校

江右名賢編〔一〕

〔一〕按：此書雖題爲喻均、劉元卿撰，但據《名賢編後敘》，執筆者實爲劉元卿。

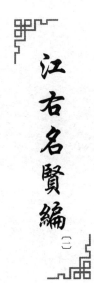

卷上

名臣第一

晋

陶侃

陶侃，字士行，本鄱陽人，徙家尋陽。以范逵、楊晫薦，知名荆州。刺史劉弘辟爲南蠻長史，謂曰：「昔參羊公軍謂吾當居其處，今觀卿，必繼老夫矣。」後刺荆州。王敦忌其威名，左轉廣州。侃在州無事，朝暮躬自運甓。或問故，曰：「吾方致力中原，過爾優游，恐不堪勞。」敦平還都督荆、雍、益、梁州諸軍事，楚郢士女相慶。侃勤於吏職，好人倫，常語參佐曰：「大禹聖者，乃惜寸陰，至於衆人，當惜分陰，詎可逸游荒醉？生無益，死無聞，是自棄也。」及平蘇峻，晉侍中、太尉，封長沙郡公，加都督交、廣、寧七州軍事。平郭默，並領江州。咸和七年，表解位，上所假節鴻幢曲蓋、侍中貂蟬太尉章、荆州刺史印。尋薨，贈大司馬，謚曰桓。侃雄毅有權，明悟善斷，故能芟夷大難，威加敵國。梅尚書評其「機明神鑒似魏武，忠順勤勞似孔明」，非虚語矣。

周訪

周訪，字士達，尋陽人。訪少沉毅，果於斷割。與陶侃善，結爲婚姻。元帝渡江，參鎮東軍事，以陽烈將軍討華軼，斬軼，晉振武將軍、尋陽太守，加鼓吹、曲蓋。征杜弢，與弢將杜弘戰有功，晉龍驤將軍。王敦表爲豫章太守，加征討都督，賜爵尋陽縣侯。杜曾擊斬趙誘、朱陵，逐荆州刺史王廙，威震江沔。元帝命訪討之，曾竟摧破。初，王敦懼杜曾之難，謂訪曰：「擒曾，當相論爲荆州。」及斬曾，而敦忌訪威名，乃用爲梁州刺史。訪至陽務農訓卒，欲宣力中原，慨然有平河洛之志。聞王敦陰懷異圖，訪恒切齒。故終訪之世，敦未敢爲逆。卒贈征西將軍，謚曰壯。

宋

晏殊

晏殊，字同叔，臨川人。七歲善屬文，以神童召，與進士並試，援筆立成。真宗嘉賞，賜進士，授秘書省正字，累遷至翰林學士。每訪以政事，殊用方寸小紙細書，及答奏，輒并稿封進。其慎密如此。慶曆中，拜集賢殿學士、同平章事兼樞密使。殊雅負人倫鑒，喜獎拔士類，范仲淹、孔道輔皆出其門，又以女妻富弼、楊察。及爲相，引用韓琦及仲淹諸人，一時臺閣並極其選。宋時宰相得人，推殊爲首云。封臨川淄公，卒贈司空兼侍中，謚元獻，碑曰「舊學之碑」。所著《文集》二百四十卷，删次梁陳以後名臣述作，爲《集選》一百卷。

陳恕

陳恕，字仲言，南昌人。舉進士，授大理評事，遷右諫議大夫，拜鹽鐵使。每便殿奏事，太宗或未深察，輒形誚讓，恕退至殿壁負立，若無所容，俟上意稍解，復執奏，或至數四。太宗以其忠，多從之。遷禮部侍郎。真宗即位，改户部，命條具中外錢穀以聞。恕久不進，屢趣之，恕曰：「陛下富於春秋，若知府庫充實，恐生侈心，臣是以未敢進。」真宗嘉之。咸平五年，知貢舉，擢王曾爲首，恕嘆曰：「王曾名世才，吾不愧知人矣。」恕事母孝，母殁，哀慕羸瘠。起復，還尚書左丞，權知開封府。病劇，表求解職。真宗曰：「卿盍舉自代者？」是時寇準罷樞密使，恕遂薦用準。公性剛介，持法深刻，人不敢干以私。卒贈吏部尚書，子執中别有傳。

王安禮

王安禮，字和甫，臨川人，安石弟。嘉祐進士。爲著作佐郎、崇文院校書，同脩《起居注》。蘇軾下御史獄，無敢救者。安禮從容言：「自古大度之主不可言語罪人，今致軾於理，恐後世謂陛下不能容才。」軾遂得輕。比時數失皇子，太史奏改遷民墓，無慮數十萬，衆洶懼。安禮諫曰：「文王卜世三十，政先掩骼埋胔，未聞遷人之塚以利其嗣者。」帝惻然而罷。累遷尚書左丞。元祐中，加資政殿學士，尋知舒州。安禮偉風儀，善議論，常以經綸自任云。

歐陽修

歐陽修，字永叔，吉永豐人。四歲而孤，母鄭親誨之。登天聖進士。爲館閣校勘。移書讓司諫高若訥不論，救范仲淹，貶夷陵令。起知諫院。黨議起，修著《朋黨論》以進。以龍圖閣學士領河北都轉運。時杜衍等相繼罷，修上言：「杜衍、韓琦、范仲淹、富弼，天下知其有可用之賢，不聞其有可罷之罪。夫正士在朝，羣邪所忌。謀臣不用，敵國之福也。」左遷知制誥，出知滁州。久之，遷翰林學士，知開封府。以寬簡著聲，晉禮部侍郎兼侍讀學士。英宗嗣位，繇樞密使參知政事，與韓琦同輔政。神龍初，罷爲觀文殿學士，知亳州，判太原，辭不赴。以太子少師致仕。卒贈太子太師，謚文忠。修以文章、道德重一時，好獎掖後進，素所賞識，如曾鞏、蘇洵、洵子軾、轍，皆負盛名。文體幾於復古。至其忠君愛國，臨大事而不可奪，蓋終始不移云。所著有《文集》若干卷。

李常

李常，字公擇，建昌人。皇祐進士。歷宣州觀察推官。發運使楊佐薦常改秩，常讓友人劉琦。佐喜曰：「世無此風久矣。」并薦之。熙寧初，爲秘閣校理，改右正言。上言青苗不便，落校理，通判滑州。元豐中，召還至禮部侍郎。哲宗立，晉户部尚書。時役法未定，常謂：「法無新舊，便民者良；論無彼己，可久者確。使民俱出貲，則貧者難辦；俱出力，則富者難堪。」乃折衷條上之。拜御史中丞兼侍讀、龍圖閣直學士。出知鄧州，徙成都卒。所著有《文集》、《奏議》、《詩傳》、《元祐會計録》。常文學、政事與孫覺齊名，蘇子瞻極推重之，嘗爲撰《廬山白石菴藏書記》。

胡銓

胡銓，字邦衡，廬陵人。建炎進士。爲撫州軍判官，未上，會隆祐太后避兵贛州，銓本檄攝本州，募鄉兵捍禦。紹興中，以賢良方正薦授樞密院編修。秦檜主和議，金使以詔諭江南爲名，銓上封事：乞斬檜與王倫、孫近三人，然後羈留虜使，責以無禮，興師問罪。坐除名編管韶州，改新州，檜死，移衡州。孝宗即位，累遷秘書少監，擢起居郎。論左右史失職者四，詔從之，兼國史院編修。時旱蝗星變，詔問闕失。銓言：「應召之臣不用，敗軍之將不戮，廷臣以緘默爲賢，容悦爲忠。」孝宗曰：「非卿不聞此言。」累遷權兵部侍郎，力詆和議。金兵攻淮，銓措置浙西淮東海道。河冰合，銓持鐵鎚鎚冰，士皆用命，金人遂退。予祠。乾道初，知漳州，晉端明殿學士，力辭，以資政殿學士致仕。卒，謚忠簡。所著有《易》、《春秋》、《周禮》、《禮記》解。

王剛中

王剛中，字時亨，樂平人。紹興進士，秦檜怒其不詣己，授洪州教授。檜死，擢校書郎、中書舍人，以敷文閣直學士知成都，制置四川。金人寇大散關，剛中馳入吴璘帳中，責之曰：「大將與國同休戚，今大敵壓境，可高枕卧耶？」復以蠟書諭張正彦濟師，遂破金人。僚佐議獻捷，剛中不許。李燾嘆曰：「身督戰而功成不居，過人遠矣。」孝宗受禪，召赴闕。金人犯淮，趣剛中入，剛中曰：「戰守者實事，和議者虚名，不可恃虚名害實事。」晉端明殿學士、同知樞密院事。卒贈資政殿大學士、光禄大夫，謚恭簡。

陳康伯

陳康伯，字長卿，弋陽人。宣和間，中上舍丙科，歷户部郎。與秦檜有舊，不苟合。金使至，詔康伯館伴，端午賜扇，論拜受禮，言者詆其生事，罷知泉州。秩滿奉祠。檜死，除吏部侍郎，未幾，拜相。高宗嘗曰：「卿静重明敏，真宰相也。」與湯思退同在政府，高宗諭其協心，康伯言：「大臣事，當盡公，若依阿植黨，此鄙夫患失者，臣所不能。」金兵犯廬州，王權敗衂，朝臣皆遣家以避，康伯獨具舟迎其家。金兵逼江上，有勸高宗幸閩、蜀者，康伯諫曰：「果爾，大事去矣。」力請親征。尋，采石告捷，金主亮被弑，遁去。嗣是始正敵國禮。孝宗受禪，封信國公。屢乞病，以太保、觀文殿大學士判信州。金兵再犯淮甸，上手詔起之，進封魯國公，詣闕，減拜賜坐，許輿肩，至殿門，仍給扶。金兵退，免朝謁。卒贈太師，謚文正，配享孝宗廟廷。當世以康伯度量似謝安，德望似楊綰，爲一代宗臣云。

曾開

曾開，字天游，贛縣人。吏部尚書幾弟也，崇寧進士。歷起居舍人，權中書舍人。建炎中，累官禮部侍郎兼直學士院。時秦檜主和議，開與檜論不合，請罷。改兼侍讀，檜慰以温言，謂：

「主上虚執政以待。」開曰：「儒者所争在義，高爵厚禄弗顧也，願聞事畝之禮。」檜曰：「若高麗之於本朝耳。」開曰：「主上以聖德登大位，公當尊主庇民，奈何自卑辱至此！」因引古誼折之。檜怒曰：「侍郎知故事，檜獨不知耶？」開復疏諍，不少屈。會胡銓上封事詆檜而稱開，遂罷，知徽州，尋落職。後復秘書閣修撰，卒。檜死，復寶文閣待制。開受學游酢，與劉安世友善。平生正色立朝，臨大節而不可奪，淵源爲有自云。

周必大

周必大，字子充，廬陵人。紹興進士。孝宗初，除起居郎，上言：「經筵非事章句，欲咨訪治道，益聖德爾。」權給事中，參駁不避。孝宗曰：「意卿止能文，不謂剛正如此。」遷秘書少監兼直學士院，領史職。張説除簽書樞密院事，公執不具草，予祠。尋晉參知政事，有介椒房之援求爲郎者，公拒之。孝宗喜其任怨，對曰：「當予而不予，則怨；不當予而不予，又何怨？」孝宗益喜。久之，晉左丞相，封許國公。光宗立，問當時要務，對曰：「主上初政，用人、求言爲急。」晉太保，改封益國。卒贈太師，謚文忠。寧宗親篆其墓碑曰「文忠耆德之碑」。所著有《平園録》。

趙汝愚

趙汝愚，字子直，宋宗室，世居餘干，爲餘干人。乾道進士第一。僉書寧國軍判官，除秘書正字，累官至同知樞密院事。當孝宗升遐，光宗病憒，宰相留正引疾去，内外洶懼，汝愚決策，立寧宗以安宗社，引用朱熹諸人，羣情始定。爲韓侂胄所間，謫寧遠軍節度副使，永州安置。行經衡州，爲守臣錢鍪所窘，暴卒。汝愚心存宗國，常以司馬光、富弼、韓琦、范仲淹自許。慶元初，侂胄以定策功邀封爵，汝愚稍裁抑之，不蚤爲防制。奸臣得志，竟殞其身。侂胄誅，復元官，謚忠定，贈太師，追封沂國公，後配享寧宗廟庭。

彭龜年

彭龜年，字子壽，清江人。幼孤，事母孝。游心理學，與張敬夫、朱元晦友善。登乾道進士，歷秘書郎兼嘉王府直講、起居舍人。光宗不謁重華宫，龜年上言：「臣所居官記注人君言動，車駕，不謁壽皇，臣書者數矣，恐不足示後。」嘗伏地叩頭流血以諫。寧宗嗣位，遷吏部侍郎兼侍讀，充金國吊祭接伴使。初，與朱熹約共論韓侂胄，會龜年護客，熹上疏見絀，龜年聞之，附奏云：「始臣約熹同論，今熹罷，臣宜併斥。」不報，使還，條上侂胄姦，下中書，予侂胄祠，已乃復入。龜年遂力求去，以焕章閣待制知江陵，尋落職。開禧初，以寶謨閣待制致仕，卒。侂胄誅，贈龍圖閣學士，謚忠肅。自僞學有禁，士大夫鮮不變者。龜年獨守所學，嘗以「毋自欺」名其齋，而元晦爲之銘。所著有《内治聖鑒》二十卷、《經解》三卷、《講義》二卷。

劉應龍

劉應龍，字漢臣，高安人。嘉熙進士。任崇仁令，擢御史。理宗怒丞相吴潛，夜出象簡書疏稿授應龍，使劾潛。應龍謂：「潛有賢譽，獨論事失當，臨變寡斷，宜從寬典。」帝怒。會京師米貴，應龍作《勸糴歌》以諷，忤賈似道，遷司農少卿，落職。景定初，湖南飢，起提舉常平。累遷，權户部侍郎兼侍講。時百官奏對，稍切直，輒黜。應龍言：「臣觀今日以論事爲諱，正臣奪氣，鯁臣縮舌，非盛世所宜有。」復忤似道，以集英殿修撰知建寧府、江東漕使，皆不赴。南海寇起，以顯謨閣待制知廣州兼經略安撫使。寇平，封高安縣開國男。尋以寶章閣直學士知贛州，遷兵部尚書，力辭，隱居九峰。

馬廷鸞

馬廷鸞，字翔仲，樂平人。淳祐進士。歷秘書省正字。丁大全雅慕廷鸞，欲鈎致之，廷鸞不爲動。御史朱熠迎大全意，論罷之。開慶初，吴潛入相，召爲校書郎，會遷樞密院編修官。時賈似道自江上還，位望赫奕，廷鸞未嘗親之。晉中書舍人、禮部侍郎。度宗踐祚，累遷右丞相兼樞密使，爲似道所忌，九疏乞歸政，度宗慰留之。廷鸞言：「國事方殷，疆圉孔棘。天下安危，人主不知；國家利害，羣臣不知；軍前勝負，列閫不知。願陛下惟懷永圖，臣死且瞑目。」端宗初，召不至，卒於家。所著有《六經集傳》、《語孟會編》、《楚辭補記》、《洙泗裔編》、《讀莊筆記》諸書。

陳宗禮

陳宗禮，字立之，南豐人。淳祐進士。歷著作佐郎。入對，言：「士大夫奔競，惟至公可以遏之。」遷尚左郎官兼右司。時丁大全用事，宗禮上言：「願爲宗社大計，毋但爲錢穀小計；願得四海之心，毋但得便嬖戚畹之心；願寄心膂於忠良，毋但寄耳目於近習；願四通八達以來正人，毋得旁蹊曲踁〔一〕招引貪濁。」遷秘書監、刑部尚書。度宗初，兼侍講、殿中侍御史。疏言：「恭儉之德自上躬始，清白之規自禁宫始。」又言：「帝王舉動，無微不著，古人所以貴慎獨也。」累端明殿學士、簽書樞密院事兼參知政事。卒贈儀同三司、盱江郡侯，謚文定。所著有《宗懷蜚

〔一〕「踁」，疑爲「徑」字之誤。

稿》、《曲轅散木集》、《經史明辯》、《經史管見》、《人物論》。

明

劉崧

皇明劉崧，字子高，泰和人。洪武初，以材學舉職方郎中，遷北平按察副使。坐事輸作京師，歸。胡丞相誅，高皇帝手敕，召爲禮部侍郎，署吏部尚書。請老，與敕致仕。逾年，召爲國子司業，賜鞍馬。無何，得疾，猶强坐訓諸生。疾革，問所欲，言曰：「天子遣崧教國子，將責以成功，而遽死乎！」無一語及家事。上爲文祭之。公博學勵行。家素貧，既貴，未嘗增産業。居官不以妻子自隨，攻苦如布衣時。往北平攜一童與俱，至則遣還。問學之功，老而彌篤，文雅粹詩，有唐人風。所著有《職方集》、《八府志》及《詩文》十八卷。

朱善

朱善，字備萬，豐城人。少穎敏嗜學，九歲通經史大義，能屬文。性最孝，奉繼母避亂山中，讀書不輟。洪武八年，以郡學教授召，廷試第一，授翰林修撰。後奏對忤旨，放還。久之，起爲待詔，上言：「民間婚娶議律未精，致啓争訟，或已聘見絶，或既婚復離，甚且兒女成行，尚見逼奪，使夫婦中離，母子永隔。」欲盡弛其禁，朝議善之。上嘗與公論人主好惡、智識及君子、常人之辯甚悉。踰年，擢文淵閣大學士。公一日進讀《心箴》，上諭公曰：「人心、道心幾相倚伏，第恒持此心，不爲情慾所間，則人亦道矣。」公頓首稱善。以疾乞歸，卒於家。正德追謚文恪，所著有《詩經解頤》、《史輯》若干卷。

胡儼

胡儼，字若思，南昌人。博學强記，淹通羣籍。洪武二十年，領鄉試。明年，以進士乙科授華亭教諭。公年尚少，輒抗師道，勵諸生，拳拳以敦尚行檢爲務。建文二年，遷桐城知縣，以循良稱。四年，用御史大夫練安薦，下吏部召用，比至都，而靖難兵業已渡江矣。成祖踐祚，慎選翰林，吏部以公名上，第令就欽天監，試星占，未及録用。時解縉已召入内閣，上言儼與胡廣等可大用，遂授翰林檢討，直内閣。尋晉侍讀、左諭德。公在上前諷議從容，至論成敗得失，必三致意，上每爲傾聽。顧守正不阿，爲同列所忌。久之，自内閣遷國子監祭酒。公學行素爲士類嚮慕，及在事，日以道義相琢磨，士蓋欣欣焉。上北征，以祭酒兼侍講掌翰林院事，輔導皇太孫監國。洪熙元年，以疾乞身，賜璽書，加授太子賓客。致仕，復其子孫。卒，年八十三。公學問淵邃，鬱爲儒宗，即出教成均，凡朝廷製作、國史圖誌，悉推公總裁。家食二十餘年，充養益粹。居常與學者講求理性，誘誨不倦。後進之士日滿其門，即方岳重臣，往往隆以師傅，莫與抗禮。鄭端簡公稱公言行慥慥，爲先朝耆俊，惜其持正不見容於時，未究厥用，至與薛文清公併論，可謂深知公者矣。

解縉

解縉，字大紳，吉水人。洪武進士。爲庶吉士，大庖西上封事幾萬言，世擬之「治安書」。高皇帝奇公才，不以爲忤。李善長死，上言：「善長爲國元勳，豈應希望不測，助逆臣？今不幸已失刑，願戒來者。」時時敢直言，坐深文得罪，且叵測。上憐公，召見其父曰：「若以而子歸，益進學，後以赴臨。」謫河州衛吏。建文初，待詔翰林。靖難兵渡江，召公及黄淮，立御榻左，備顧問。薦胡廣、楊士奇、金幼孜、胡儼、楊榮。晉公侍讀學士，偕廣等併直文淵閣內閣，與機務自此始。時儲位未定，公稱世子仁孝，成祖不應，頓首曰：「好聖孫。」上曰：「已諭逾年立太子。」進公翰林學士兼左春坊大學士。成祖常與公論廷臣，公對曰：「蹇義天資厚重，中無定見；夏原吉有德有量，不遠小人；劉儁負局幹，而不顧義；鄭賜可稱君子，差短於才；李至剛誕而附勢，雖才不端；黄福秉心易直，確有執守；陳瑛刻于用法，好惡頗端；宋禮戇直而苛，人怨不恤；陳洽疏通警敏，亦不失正；方賓簿書之才，顒僧之心。」時以爲確論。公性敏而學博，留心經濟。早遇聖明，名動天下；晚遭讒毒，未竟厥用。喜獎掖士類，篤故舊，重義輕利。文雄勁奇，古詩亦豪宕，小楷、行書皆佳。

楊士奇

楊士奇，名遇，以字行，泰和人。蚤歲爲里中塾師，有鰥生挾册過館下，色悽甚，公問故，云有母不能養。公曰：「嗟乎！人孰無母？」輒與生中分其徒。建文初，徵至京師，充《實録》編纂官。靖難後，改編修直文淵閣，遷諭德，輔太子監國。每入侍，輒反覆言忠孝，太子爲之傾聽。成祖還自北征，下公錦衣衛繫，尋宥之。漢庶人有異志，公上言：「善處父子兄弟間。」久之，又下錦衣衛繫，逾旬，釋之。累遷翰林學士、左春坊大學士。仁宗嗣位，晉禮部左侍郎兼華蓋殿大學士。逾年，晉少保、兵部尚書，尋晉少傅。有誦海内治平者，出其章示諸大臣，公對曰：「流徙未歸，瘡痍未復，詎得言治平？願留意。」宣德初，定會試南北取士法。漢庶人反，勸宣宗親征，又言棄交阯便。上患朝臣貪濁，公薦顧佐爲左都御史，代劉觀，吏治肅清。上夜半從四騎幸公邸，公悚懼伏地曰：「陛下奈何自輕？」上笑曰：「思一見卿。」明旦，遣太監弘問：「胡不謝？」對曰：「至尊夜出，愚臣迨今惴慄未已，豈敢言謝！」裕陵在冲齡，昭皇后臨朝，倚任公，晉少師。

公一意休養，慎選百司，薦引才傑，公卿、藩臬，號稱得人。卒贈太師，謚文貞。公性廉静，抱經濟大略，逮事四朝，釀成太和之治，與蕭、曹、房、杜比烈云。

金幼孜

金幼孜，名善，以字行，新淦人。建文進士乙科。授户科給事中。靖難後，改檢討，入内閣，遷侍講，輪閲東宫講義，上《春秋直指》三卷，累遷文淵閣大學士。數扈文皇北征，所至輒停騎，指虜中山川，諭公記之。後從至開平，上曰：「朕夜夢神人語上帝好生者三。」公因力請班師，毋多殺。上喜，命公草詔。迨榆木川之變，公留軍中護喪。獻寧嗣位，晉武英殿大學士，賜「繩愆糾謬」銀圖記。逾年，晉禮部尚書。是時法司多深文，數命大學士會讞。公精律例，多所平反。景陵雅重公，從服中起公總裁兩朝《實録》。卒贈少保，謚文靖。公簡静沉默，休休有容而不有其善，故能身相三朝，保有令名。爲文雍容典雅，有先賢風。

鄧棨

鄧棨，字孟擴，南城人。永樂進士。授御史，出按蘇、松諸郡，號繁劇，前御史多用威嚴爲治，公獨寛平。將報代，自請再留一年，詔從之。敬慎公廉，始終如一，吏民畏懷之。遷陝西按察使，清譽益著，晉右副都御史。英宗北征，至宣大，屢疏請回師，不報。及土木之變，從者曰：「駕不可回，公可脱去。」公叱之曰：「鑾輿不返，何面目見人？」追虜而罵之，遂遇害。詔贈右都御史，官其子瑺大理評事。

周忱

周忱，字恂如，吉水人。永樂進士。成祖方嚮文學，簡進士二十八人讀書文淵閣，公自列，願從諸臣後讀書。上大喜，改庶吉士，授刑部主事。究心吏牘，繇員外郎遷越府右長史。宣德中，東南財賦煩弊，以廷臣薦，晉工部右侍郎，巡撫江南直隸。公至江南，召父老問利病，與之更始。正統中，兼巡撫嘉、湖。久之，晉户部尚書，改工部，仍巡撫。景泰初，數請老，召還京，致仕。公在江南凡二十二年，承前政嚴刻，濟之以寬，抑告訐之風，一意拊循。當是時，吴中逋税累數百萬，公創爲平米，官田、民田併加耗，疏減蘇州額税八十餘萬石。下令諸郡縣立便民倉于水次，酌定收支，兑運法及織造、草料、布匹、馬價一切供餽，俱曲爲劑量行之。既久，民困紓而國用不匱。江南之人愛若父母，至於今尸祝之不廢，後之人莫敢望焉。公器局恢弘，識慮警敏，事至立辦，而虚懷嗜善惟恐不及，下至卑官賤吏，遇有片長，輒開誠訪納，故能剸繁理劇，筭無遺利焉。卒贈文襄。

李時勉

李時勉，名懋，以字行，安福人。永樂進士。蚤歲輒自勵曰：「顏、曾希聖，四勿三省。」長，益肆力問學。繇庶吉士授刑部主事，召入修書，書成，進翰林侍讀。三殿災，求直言，條上十五事，以讒搆獄。宣德二年始釋，復其官。獻陵踐祚，言事觸上怒，命力士捶之，折其肋，幾死，恍惚見朱衣神人護之者。明日，改監察御史。又明日，下詔獄。宣宗追恨公戇，命縛公已，又命斬公西市。時公已爲先輩死者，縛入道中左。會得見，上顧憐公忠，立脱公桎梏，復其官，遷侍讀學士。正統中，進學士、國子祭酒。時陳敬宗領南國子，而公在北。敬宗以方嚴肅物，而公務平恕，惓惓接引，務令同歸於善。至賙貧振急，恩意孚洽，世兩賢之。巨璫王振傾搆公荷校，國學門諸生號泣走闕下，請赦公，遂得解。乞致仕，去，觀者塞途，商賈爲罷市。卒謚文毅。成化中，贈禮部侍郎，改謚忠文。

王直

王直，字行儉，泰和人。永樂進士。繇庶吉士歷修撰、侍讀學士，累官至吏部尚書。正統乙巳，英廟欲親征虜，公率廷臣諫，不聽，命公留守，晉太子太保。景帝踐祚，晉少傅。屢請遣使迎上皇，不允。明年，禮部復請迎，上諭廷臣絶虜，公言宜報使，勿貽後悔。上不悦，咎廷臣異議。于少保言：「天位已定，孰敢異應？報使紓邊難耳。」正始釋，既退，中官興安遥呼曰：「疇堪使者，有富弼、文天祥其人乎？」公厲聲曰：「誰非廷臣？唯上所使耳，敢不行乎！」安語塞，遂遣李實、羅綺使虜。立東宫，加少師，累請老，不許。裕陵復辟，致仕歸。公性嚴重，寡言笑，兢兢以廉慎自將。秉銓十六年，留意時彦。或譏其黜陟未協，公但賦詩云：「若教鮑老當筵舞，更覺郎當舞袖長。」其雅量如此。居第隘陋，不以屑意，惟以清白遺其後云。

劉儼

劉儼，字宣化，吉水人。正統進士。充國史副總裁，尋遷太常少卿兼侍讀學士。主順天鄉試，内閣陳循、王文有子在試中，屬公，公抑不爲動。二人因劾公違制摘題中語，請坐公罪，重開科試士。上重違二人意，凖其子會試。公卒贈禮部左侍郎，謚文介。公性方直，不能容人過，往往□□之，取予無所苟，而厚於倫理，常倣范仲淹，置義田以贍其族人。

況鍾

況鍾，字伯律，靖安人。以掾吏事禮部尚書吕震，震奇其才，薦授禮部主事，遷郎中。宣德間，擇知名朝臣九人守郡，鍾得蘇州，賜璽書，假便宜乘傳以往。至三日，拷諸掾吏不奉法者，又黜貪墨長吏及屬僚不事事者若干人。遠近震懾，相率奉教令，不敢犯。慮吴中賦重，與周文襄晝徵輸之策，減額課三之一，以紓民。又酌其力役，每歲不得過三日，悉罷其在官者，歸之農。日以拊良善、禁豪暴爲務，其恣肆骫法不戢者立斃杖下，至寒門下士挾持行藝，時加賑贍。歲滿去，叩闕乞留者八萬餘人。晉參政，仍知府事。卒于官，至今祠祀之。

彭時

彭時，字純道，安福人。正統進士第一。歷翰林侍讀，與商公輅同日入内閣，仍還翰林。英宗復辟，召見文華殿，賜酒饌。以太常少卿兼翰林侍講，復入内閣，尋遷翰林學士。南陽方嚮用，每事咨公，持論不少徇。倖臣門達中傷南陽，上意爲動。中官密以白公，公矍然曰：「李公有經濟才，胡可去？」因力辨其誣。成化初，晉吏部右侍郎兼學士、兵部尚書。《英宗實録》成，晉太子少保兼文淵閣大學士。久之，晉吏部尚書、少保。卒贈太傅，謚文憲。公充養醇粹，休休樂善，及關大義，則堅持不可撓。前後彗星見，疏奏修德省愆。屢懼盛滿，乞身至再三。秉政十餘年，愛養善類，調護元氣，稱賢相焉。

何喬新

何喬新，字廷秀，廣昌人，吏部尚書文淵子也。景泰進士。授南禮部主事，歷刑部侍郎、尚書。公巡撫山西時，虜自河曲入寨，公設伏灰溝旁，大挫巘去。後虜寇大同，公自刑部侍郎出巡邊，聲言搗虜巢，虜懼遁去。先是山西饑，公出粟賑之。至是又飢，即命公往賑，予便宜，公請内帑銀及鬻祠部僧道碟，得粟數十萬石，分部賑恤，全活無筭。播州宣慰楊輝寵子友諆奪嫡而誣其嫡子愛以逆遣，公即訊白，發其奸，削友官，播州遂定。弘治初，爲尚書。久之，請老去。卒贈太子少傅，謚文肅。公博學勵行，筮仕即自盟不營私，不阿權貴，不以愛憎爲賞罰，守其盟終身。精習律令，通國家大體，故所至以廉正通明稱。所著有《周禮註解》、《左傳擷英》、《宋元史臆見》。

張敷華

張敷華，字公實，安福人。天順進士。偕華、陽，繇庶吉士出爲兵部主事，累遷郎中。數忤貴權勢人，捃摭無所得。成化中，處州有礦盜，方議用兵，公時爲參議，曰：「此可撫而定也。」刻日使自歸，及期，親諭撫之。弘治初，遷湖廣左布政使，會歲飢，公設法賑貸，全活甚衆。進副都御史，巡撫山西，改陝西，累官南刑部尚書。召爲左都御史，請嚴有司貪酷奔競之禁。其後武宗委政逆瑾，假内降促令致仕。明年卒。瑾誅，贈太子太保，謚簡肅。公風采凝重，義利介然。當孝宗時，與華容鈞、陽浮梁數召子並居，八座協恭宣翊，成和平之治，稱中興焉。

戴珊

戴珊，字廷珍，浮梁人。天順進士。爲御史，督學南畿。晉按察司副使，仍督陝西學，申明約束，口無二言。歷浙江按察使、福建布政使。弘治初，以副都御史撫鄖陽，會湖陝兵，誅劇盜野王剛，遣散兵衆。晉刑部侍郎、南京尚書，改左都御史。上親鞫大獄，諸司震悚，公從容剖析，天威頓霽。公性和粹坦中，無城府，兢兢奉三尺法，不爲物撓而異常近厚，清白之操，四十年嚼然如一日。上以是益信嚮之，委任與劉忠宣同。遇有大政，接膝面咨至移晷刻。一日，召對畢，出白金二鎰賜公與忠宣，且戒：「勿朝謝，朕知卿二人清，故以賜，毋令諸公卿知，將懷愧懼。」公數謝病，輒優詔勉留，命醫賜食，恩意隆洽。公疾甚，忠宣爲之請。上曰：「卿語珊，朕以天下事推誠付託，猶家人父子，太平未兆，可捨朕去耶？」卒於官，贈太子太保，謚恭簡。

羅玘

羅玘，字景鳴，南城人。成化進士。繇庶吉士授翰林編修，晉侍讀、南太常寺少卿、南吏部右侍郎。公性耿介，以直道自持，罕所延接。嘗署國子監事，惓惓以端風化爲本。前後建儲二疏，皆人所難言者。爲文力追古作，氣格高邁，爲士林傳誦。引疾歸田，足不履城府，而忠君愛國之心至死不渝。逆濠陰結海内知名士，一日遣人持書幣遺公，公遯之深山。及叛，知府曾璵約公共討賊，公疾方革，猶力疾報書，勉以忠義。卒贈禮部尚書，謚文肅。所著有《圭峰集》。

汪俊

汪俊，字抑之，弋陽人。弘治乙酉鄉試，癸未會試，皆第一。繇庶吉士授翰林編修。正德初，忤逆瑾，調南工部員外郎。瑾誅，復還翰林，歷侍讀學士。嘉靖初，晉吏禮二部侍郎、禮部尚書兼國史副總裁。大禮議起，公力主宋儒議。上重公，爲遲迴者二年，而公執前議彌堅，於是上怒甚，罷公。公亟僦商舶以歸。久之，卒。隆慶初，用臺諫言，贈公太子少保，謚曰文莊。公性剛介，有大節略。當議禮時，即復牽於宋儒，未能光揚聖孝，而其凛凛不可回之氣，至今可想見其爲人矣，抑古所稱大臣，奚讓焉！

汪偉

汪偉，字器之，文莊公弟也。弘治進士。繇庶吉士授翰林檢討。與兄文莊齊名。以忤逆瑾改南京禮部主事。瑾誅，復還翰林，晉南國子司業。武宗巡幸金陵，公率僚屬、諸生伏馬前請臨太學，不聽。都督江彬傳僞旨向公索王硯，公抗聲對曰：「弟有秀才時故硯在耳，可持去。」彬爲奪氣。嘉靖初，晉禮部右侍郎，三遷至吏部左侍郎。時大禮議起，公附兄文莊議，上滋不悦，遂抗疏引疾歸。公歸，與文莊公兄弟自相師友，蓋怡怡如也。惜以直道，未究厥施，時論稱爲二難云。

熊浹

熊浹，字説之，南昌人。繇進士授給事中。武廟南巡，公上疏力諍。世宗初年，大禮議起，公稍與張桂諸公合，遂出參河南。尋召修《明倫大典》，累官右都御史，風采凜然。再起南禮部尚書，議寢表揚朱家巷，轉南兵部，考覈軍政，悉當材品。尋召爲左都御史，糾正官邪，辯雪冤抑，不遺餘力。尋晉吏部尚書，鋭意以奬恬退、抑浮競爲主，諸所引拔必天下所共予者，諸所黜免必天下所共嫉者。時服其衡鑒云。上方欲大用公，而公屢以亢直見忤，後復諫箕僊，觸上怒，遂褫職，至繫還編氓。公性端諒，不與時詭，隨正色，立朝屹，有大臣風節，人望之如泰山喬嶽。隆慶初，復其官，予祭葬，謚曰恭肅，録其一子爲中書舍人。

費宏

費宏，字子充，鉛山人。年十四，舉于鄉，與豐城楊濂共詣公車，道逢老人遥謂曰：「此中有狀元宰相。」濂急往持之，老人曰：「彼孺子耳！」忽不見。弘治進士第一，授翰林修撰，累官至少師、吏部尚書、大學士。正德中，地震，公疏請修實德，謹天戒。宸濠輦金帛賂錢寧諸人，祈復護衛。公抗言曰：「是將爲不軌者，可假虎以翼耶？」持不可。有詔嗾公致仕。及濠叛，公騰書鄰郡，諭以忠義。濠誅，御史劉源清以間詔錫公鏹幣。世廟嗣統，首詔公入内閣，公疏慎始、修德十事。至稱慈壽太后首定大策，功德最隆，奉養宜從厚，他如議徙慶庶人及正中官谷大用罪，皆他人所不敢言者。屢疏引疾歸。張孚敬去位，上念舊德，再徵入。逾年，以郊祀執禮過勞，一夕卒。贈太保，謚文憲。公三登元宰，翊亮數世。值主上好文，諸御製多所潤色。所註《書經》三疏與《聖祖洪範註》、《世廟無逸註》，并勒成書，寵眷至老不衰。

李遂

李遂，字邦良，豐城人。嘉靖進士。嘗兩爲曹郎，並以忤貴人，鐫秩外遷。久之，爲衢州知府，累官至操江都御史。入援京師，嘗飲權相第，權相子醉，呼狎客爲馬，而騎之周行庭中爲戲笑。狎客，貴臣也。公鄙其人，叱之。世蕃捋公鬚曰：「共爲樂耳，何嗔爲？」公復叱，世蕃拂衣起。無何，以事中公歸矣。既倭躪江淮間，詔起公，開府淮南，一戰而收安東之捷，我師遂振。倭平，晉南京兵部侍郎。營軍亂，公爲拊定，顧自是營軍益悍弗馴，中外以爲憂。公復繇兵部左侍郎晉南京兵部尚書，總留務，悉力區畫，散遣振武營軍，以絶禍本。識者謂公安留都之功百於逐倭之功，蓋確論也。以積勞謝事歸。卒贈太子少保，謚襄敏。公天資高亮，蚤歲留意學問，偕魏太常、羅文恭、鄒文莊諸人，上下其議論，晚益精詣云。

吴山

吴山，字曰静，高安人。嘉靖進士及第。授翰林編修，累官至禮部尚書。累朝實録及《大明會典》諸大製作，多經公删潤。公性嚴毅，慎取予，非其義視之蔑如也。於人鮮所諧合，及爲宗伯，兢兢奉典章以滋人，不敢干以私。肅皇帝雅知公，召入直西内，晉少保，將大用之。分宜故忌公方正，慮公且大用，乃求婚於公，冀以自昵公，固却之，忌公益甚。會元旦日食，陰雲四翳，朝臣有以不食議稱賀者，公仰視曰：「日方虧也，何謂不食？吾誰欺乎？」竟不賀。分宜密以公言聞，上怒，徑落職歸。隆慶初，召起用公，天下方跂足望公柄用，而華亭亦嚴彈公，竟抑不復起矣。時論惜之。卒贈太保，謚文端。

魯鈞

魯鈞，字廷和，進賢人。嘉靖進士。繇行人累官至刑部侍郎。性剛直，遇事無所撓。在南垣而霍文敏爲宗伯，文敏負時名，又世宗所尊寵，百僚敬憚之，公獨與抗禮。上言留都去輦轂遠言官，所以彈壓百僚，宜尊崇其體貌，朝議是之。副憲滇南時沐國驕横，兩臺莫肯言，公摘其陰私顯論之。比遷去，沐國伏刺客道中刺公，而公縱間道去矣。及以中丞治河，日躬行畚鍾間，河遂不害。久之，引疾歸。公眇少丈夫，人望其形貌，或心是之，及吐論，則雄辭勁氣，凛凛逼人。卒贈刑部尚書，謚恭肅。

節義第二

晉

羅企生

羅企生，字宗伯，南昌人。多材藝。初拜著作佐郎，殷仲堪鎮江寧，引爲功曹，累遷武寧太守。未之郡而桓玄攻仲堪，更以企生爲咨議參軍，仲堪多疑少決，企生謂弟遵生曰：「殷侯仁而無斷，事必無成。成敗天也，吾當死生以之。」及敗去，文武無送者，惟企生從焉。路經家門，遵生曰：「作如此分離，何可不執手？」企生迴馬授手，遵生有力，便牽下之，謂曰：「家有老母，將欲何之？」企生揮淚曰：「今日之事，義必死之。爾等奉養，不失子道。一門之中，有忠有孝，吾復何恨？」遵生抱之愈急，仲堪見企生無脱理，策馬而去。玄入荆州，或勸其詣玄，企生正色曰：「殷遇我以國士，不能共殄醜逆，何面目復求生乎？」玄聞之怒，猶欲釋企生者再。企生請死，問所欲言，曰：「從公乞一弟以養老母。」玄許之，遂遇害。先是玄以羔裘遺企生母胡氏，及企生問至，其母即日焚裘。

周虓

周虓，字孟威，潯陽人，訪曾孫。少負節操，州召爲祭酒，累遷至西夷校尉，領梓潼太守。寧康初，秦將寇梓潼，虓遣騎送母、妻還江陵，爲秦將所邀，虓遂被執。堅欲官之，虓曰：「虓蒙國厚恩，但以老母見獲，狼藉至此。母子獲全，秦之惠也，敢辱官乎？」每入見堅，輒箕踞而坐，呼之爲氏。後謀襲堅，事泄，堅引問狀，虓曰：「昔漸離、豫讓，燕、智微臣，猶漆身吞炭，不忘忠節。況虓世荷晉恩，豈敢忘也？生爲晉臣，死爲晉鬼，復何所問？」堅曰：「今殺之，適成其名。」徙之太原，後病卒。冠軍將軍謝玄表其志節，贈龍驤將軍、益州刺史。

南唐

陳喬

陳喬，字子喬，峽江人。以蔭授奉禮郎，事南唐先主，稍遷中書舍人。會嗣主失淮甸，深自傷，而宋齊丘常欲嗣主釋國事授齊丘，喬入諫曰：「社稷至重，豈可假人？果如陳覺、李徵古言，則百官朝請皆歸宋氏一民，尺土非陛下有矣。」嗣主愕然曰：「微卿，幾落賊彀中。」後主時，遷翰林學士、門下侍郎兼樞密使，總軍國事。後主欲入朝宋者數矣，喬輒諫止。及宋南伐，後主欲降，喬謂自古無不亡之國，請背城一戰而死，降無益也。城將陷，後主執喬手止勿死，喬曰：「臣非死無以報國。」掣其手去，入視事堂，自經死。宋藝祖憫其忠，詔改葬焉。

宋

洪皓

洪皓，字光弼，樂平人。登進士。用張浚薦，充通問使。使金，金人迫仕劉豫，皓曰：「萬里啣命，爲奉兩宫，忍事逆豫耶？」黏罕欲殺之，旁一校曰：「真忠臣也。」遂流冷山，留十五年始遣還。入對内殿，乞郡養母，高宗慰曰：「卿忠貫日月，即蘇武不能過，可捨朕去耶？」以忤秦檜除徽猷閣直學士，尋出知饒州。諫官詹大方、李勤等迎檜意誣皓，徙袁州，至南雄卒。復徽猷閣學士，謚忠宣。公抱忠悃，大節皎然，爲金人所敬憚，每使至，輒問皓起居。及片言忤奸臣，舉國和之若狂，高宗亦若罔聞焉，惜哉！

鄭驤

鄭驤，字潛翁，玉山人。繇進士歷直秘閣，知同州兼安撫使。金將婁宿謀犯同州，略韓城，驤分兵擊之。虜少部遂取洽陽，虜察驤力分，遂益兵，奄至城下。或言：「虜勢盛，宜少避。」驤厲聲曰：「吾職在守土，有死而已，敢言避者，斬！」援不至，城陷，驤遂死之。贈通議大夫、樞密直學士，謚威愍。官其子五人，立廟同州，賜額曰「愍節」。

徐宗仁

徐宗仁，字求心，廣永豐人。淳祐進士。歷國子監主簿。開慶初，伏闕上書，言：「賞罰者，國之綱紀。賞罰不明，則綱紀不立。今廷紳抗疏，學校叩閽，欲借尚方爲陛下除董宋臣諸人。朝廷乃釋而不問，欲誤國之罪不誅，則戎士之氣不振。」又言：「有言責者，皆得以盡其言，則國論伸而國威振矣。」累遷太常少卿、吏部侍郎，權禮部尚書。從端宗走厓山，兵敗，赴海死。《宋史》稱其國亡與亡，異乎懷二心以事君者，可謂知言矣。

黄從龍

黄從龍，廣永豐人。少從真西山游。登嘉定進士。爲郢州推官。元兵入襄峴，郢次當受兵，守將潛遁去，從龍抱印登城，大呼曰：「張巡、許遠千古慕義，今日正當努力。」嚙指血書「死戰報國」四字以示吏士。元兵至，與子熙力戰死。時人方之卞壼。

李成大

李成大，字實夫，建昌人。登進士。知金壇縣。德祐初，元兵至，與弟濠梁主簿大本率兵巷戰，不勝。吏民挾成大降，乃潛與胡用存謀復金壇，事泄繫獄，榜掠不屈，殺其二子以懼之，成大笑曰：「子爲父死，臣爲君死。」亦見殺。事聞，贈朝散大夫、直秘閣，謚忠節。

江萬里

江萬里，字子遠，都昌人。晚家鄱陽，母陳氏感奇夢，生萬里。以舍選出身，歷右正言，累官參知政事。萬里始爲賈似道所辟，顧性峭直，臨事無所徇。似道以去要君，度宗涕泣拜留之，萬里以身掖度宗云：「陛下不可拜，似道不可復言去。」似道下殿，舉笏謝萬里曰：「微公，幾爲千古罪人。」然以此益啣之，乞祠不候報。出關後數年，召拜參知政事，進封南康郡公，既至，拜左丞相兼樞密使。尋知潭州，予祠。萬里聞襄樊失守，鑿池芝山後圃，扁其亭曰「止水」，人莫喻其意。及元兵至，執門人陳偉器手曰：「大勢不可支，余雖不在位，當與國爲存亡。」赴「止水」死，子鎬及左右相繼投池中，積屍如疊。贈太師、益國公，謚文忠。

曾忘

曾忘，字仲常，南豐人，鞏孫。以蔭補太學内舍，累遷司農丞、通判温州，需次于越。建炎中，金兵陷越，被執，忘不屈，數其渝盟之罪，見殺，家屬四十口並遇害。忘從弟悟，字蒙伯，登進士第。靖康間，爲亳州士曹，城破，執悟，抗辭慢罵，衆争刃之，妻孥同被害。

張日中

張日中，南城人，興化軍通判。景炎六年，文天祥帥師次汀州，日中以兵來會。時贛寇猖獗，日中聞文天祥督兵勤王，遂起兵應。天祥遣趙時賞等將一軍趨贛，以取寧都。師潰于空坑，日中奮力拒戰，身被數鎗而死。

李邈

李邈，字彦思，清江人，唐宰相適之之後。蔭太廟齋郎，遷通判河間府。以迕蔡京、童貫，換右列，知霸州。貫將連金人夾攻遼，邈執以爲不可，坐免官。久之，知嚴州。尋乞致仕。金人犯京師，詔趣入見，與耿南仲議不合。後以觀察使知真定府，金兵入寇，城陷被執，斡離不〔一〕脅邈拜，不屈，以火燎其鬚眉，亦不動，囚之燕山。尋欲官邈，答曰：「强弱何常，中國適逢其隙耳。汝不歸二帝，歲取重幣，乃復稔惡耶？」金人怒，命邈胡服，邈厲聲詬罵，金人鞭撾其口，猶吮血噀之。翌日遇害。高宗贈昭化軍節度使，謚忠壯。

歐陽珣

歐陽珣，字全美，廬陵人。崇寧進士。歷將作監丞。金人犯京師，議割河北絳、磁、深三鎮地講和。珣率其友九人上書，極言「祖宗地，尺寸不可以與人」。及事起，會郡臣議，珣復抗論，謂：「虜志不在地，願力戰。戰敗而失地，他日我師取之，直；今舉以與之，他日我師取之，曲。」

〔一〕「斡離不」，底本作「幹離不」。完顔斡離不，漢名宗望，女真名斡魯補，又譯斡離不，金太祖第二子。因形近而誤。

忤用事者，白遣珣使虜軍割深州。遂行至深州城下慟哭，謂城上人曰：「朝廷爲姦臣所誤，至此吾已辦一死來矣，汝等宜努力報國。」金人怒，執送燕，死之。

楊邦乂

楊邦乂，字晞稷，吉水人。政和進士。知溧陽縣，會判卒據郡城，邦乂立縣囚趙明於庭，諭之曰：「爾本里中豪，誠能誅賊，不惟有罪，當上功。」明請行，邦乂飲之酒。越翌日，討平之。建炎初，金師渡江，建康守陳邦光及督餉尚書李棁迎降，邦乂不屈，以血書衣裙曰：「寧作趙氏鬼，不爲他邦臣。」金師完顔宗弼會宴，立邦乂於庭，邦乂叱邦光、棁曰：「天子以若扞城，敵至不能抗，更與共宴樂耶？」宗弼再引邦乂，不勝憤，大罵，遂殺之，剖其心。贈直秘閣，賜廟曰褒忠，謚忠襄，官其四子。邦乂禔身嚴肅，少讀郡學，同舍生欲隳其守，誘之游妓館，託言故舊家，酒數行，妓女出，邦乂疾趨還，解衣冠焚之，流涕自責。其勵操如此。

陳元桂

陳元桂，字華甫，撫州人。淳祐進士。累官知臨江軍。開慶初，高安失守，元兵奄至，元桂方以焦勞卧病。亟登城督戰，力不能支，左右勸之避去，不從。城陷，罵敵以死。嘗語左右曰：

「人孰無死，與其死於饑饉、死於疾病、死於盜賊，孰若死於守土之爲光明俊偉哉！」贈寶章閣待制，爲立廟，録其子。謚曰正節。

文天祥

文天祥，字宋瑞，廬陵人。美皙如玉。甫冠，登寶祐進士第一。開慶初，元兵南下，宦官董宋臣議欲遷都，天祥爲寧海軍判官，上書「乞斬宋臣，以一人心」。除權直學士院，忤賈似道，援錢若水例致仕。德祐初，詔天下勤王。天祥知贛州，捧詔涕泣，發郡中兵，諸豪傑皆應，擁衆入衛。其友止之，天祥曰：「國家養臣，庶三百餘年，一旦有急，徵天下兵，無一騎入關者。故不量力，以身徇之，庶忠臣義士，有聞風而起者耳。」天祥平生厚自奉，聲伎滿前，至是痛自貶損，出家貲爲軍費。除知平江府，常州破，召天祥守餘杭，知臨安府。未幾，晉右丞相兼樞密使。如元軍請和，被拘。天祥與其客杜滸等十二人，亡入真州，汎海至永嘉。上表端宗勸進，以觀文殿學士侍讀召至福州，與陳宜中等議不合，出江西，收兵。遣參謀趙時賞取寧都，劉洙等自江西起兵來會，元將李恒兵猝至，追至空坑，兵潰，妻子皆見執，天祥奔循州。端宗崩，衛王繼立，加少保、信國公。進屯潮陽，趨南嶺，張弘範兵突至，被執。天祥吞腦子，不死。弘範以客禮見之，置酒大會，弘範曰：「丞相忠孝盡矣，能以事宋者事元乎？」天祥泫然出涕曰：「國亡不能救，敢逃其死？」弘範義之，護送至燕。不食八日，不死，復食。元主遣王積翁諭旨，天祥曰：「國亡，吾分一死。儻緣寬假，得以黄冠歸故鄉，他日以方外備顧問，可也。」留燕三年，坐卧一小樓，足不履地。元主知其不可屈，諭之曰：「汝何願？」對曰：「願賜一死。」左右贊從其請，乃即刑。天祥從容曰：「吾事畢矣。」南嚮拜而死。俄有詔止之，亡及矣。時年四十七。衣帶中有贊曰：「孔曰成仁，孟曰取義。惟其義盡，所以仁至。讀聖賢書，所學何事？而今而後，庶幾無愧！」

謝枋得

謝枋得，字君直，弋陽人。性剛直，以忠義自許。舉進士，對策極詆丞相董槐、宦官董宋臣。中乙科，除撫州司户參軍，棄去。吴潛宣撫江東、西，辟差幹辦公事。枋得考試建康，擿賈似道政事爲問目。坐訕謗，追兩官，謫居興國軍。德祐初，以江東提刑、江西招諭使知信州。吕師夔下安仁，進攻信州，不守。枋得乃變姓名，入建寧山中，賣卜市里。久之，頗有知者。元學士程文海薦宋舊臣，首枋得，辭曰：「上有堯舜，下有巢由，枋得名姓不祥，不敢赴。」後行省將旨求人材，尚書留夢炎以枋得薦，辭曰：「江南求一瑕吕飴甥、程嬰、杵臼厮養，卒不可得也。吾年六十餘數，所欠一死耳，豈復有它志哉？」行省魏天佑强之北，枋得日食蔬果，既至燕，不食而死。

陳繼周

陳繼周，字碩卿，寧都人。嘉熙領鄉薦，歷知衡陽縣，遷江東提點刑獄，未赴。會文天祥奉詔勤王，造繼周問計，繼周具言方略，於是留置幕中，授江西安撫司，率本部義士以從。至京，改充江浙制置司，主管機宜。時長子逢甫亦在幕。後有旨罷兵，繼周父子歸贛，則贛已失守矣。繼周避蹟草莽，將以有爲。端宗初立，以繼周知南安軍，贛州總管先事襲殺之。贈敷文閣待制，謚忠節。次子桀亦從天祥攻江南，病死。

元

偰列篪[一]

偰列篪，字世德，豫章人。父文質本回鶻種，官江南，遂居豫章。列篪兄弟五人俱登進士，方伯表曰「五桂坊」。列篪由翰林監海潮州，有惠政，罷歸，民留之不得。至正間，紅巾亂，藩臣

〔一〕按：「偰列篪」原排在「陳元桂」之後，因偰列篪爲元末人，時代在文天祥、謝枋得、陳繼周之後，故排在此，併列爲元人。

檄掌東門之管，奉命往别道士陳白雲，曰：「兵事不可測，誓不辱國、辱先，死則願以身家相託。」歸具牲酒酹祖墓，囑妻孥曰：「城倘不守，爾等當即赴池井，勿污賊。」城陷，列筦遂投井死，妻妾子女死者十有一人。明日，道士乃浚井竭池求屍，具棺槨以葬。聞者爲之感慨云。

明

許瑗

皇明許瑗，字栗夫，樂平人。博學篤行，有文詞。元末兩舉於鄉，皆第一。國初，詔求賢哲，瑗與宋濂同徵入對，稱旨，授博士，侍帷幄預議。擢知太平府，瑗至，修城池，勵士卒。陳友諒引兵來攻，瑗拒守，彌月外援不至，城陷被執，不屈死之。追封高陽郡侯。

于光

于光，都昌人。磊落有大志。元末兵亂，光率鄉人歸附高皇帝，從征九江，戰鄱陽湖，下武昌，並力戰有功。累官鷹揚衛指揮使。從徐中山擒張士誠，搴旗齊魯、河洛間，所至輒捷。及守鞏昌，王保保襲蘭州，帥兵往援，猝遇敵，戰敗被執。保保使光諭蘭州降，光僞許之，及至城下，大呼曰：「大軍至矣，公等第堅守。」遂遇害。詔配享功臣廟。

龍鐔

龍鐔，字德剛，萬載人。洪武中，歲貢爲國子生。授浙江按察使。以徵累下遷長洲知縣，尋陞晉府長史。靖難兵起，徵兵于晉，鐔以大義不可從。已而詔械鐔錦衣獄，鐔不屈死。有收其遺骨，得所自書贊曰：「捐生以殞，勿事二主。別父與兄，忍慟肝腑。盡忠爲臣，盡孝爲子。二端於我，歸於一所。衣色形骸，等之塵土。」其從容就義如此。郡志稱其遺草及諸公哀輓具在，而鄭端簡《遜國記》乃逸而不載，可恨也。

練子寧

練子寧，名安，以字行，新淦人。洪武進士第二。授翰林修撰。久之，遷副都御史、工部侍郎。建文初，改吏部，晉御史大夫，與方孝孺等特見信用。靖難兵起，李景隆懷異志。子寧執景隆於朝，數其罪，請誅之，不聽，因言：「臣備員執法，不能除國賊，請先置法。」文皇踐祚，召子寧，詰責不屈，斷其舌，且語之曰：「吾欲效周公輔成王。」子寧以指探舌血書地曰：「成王安在？」遂夷其族。子寧爲諸生時，與金文靖友善，嘗謂文靖曰：「子異日爲良臣，我當爲忠臣。」

其言竟符云。正德中，督學李夢陽祀於金川書院。所著有《金川玉屑集》。

周世修〔一〕

周世修，名德，以字行，泰和人。洪武間以明經舉爲霍丘訓導。入見，問家居何爲，對曰：「教人子弟孝弟力田。」高皇帝喜，擢周府奉祠正。踰年，陞紀善。公慷慨以志節自許，嘗曰：「忠臣不以得失爲憂，故言無不直；貞女不以死生爲慮，故行無不果。」因取先後忠節遺事輯爲《觀感録》，朝夕省覽。建文初，改衡州紀善。靖難兵渡淮，上書論大計，指斥用事者。靖難兵渡江，公留書别其友江仲隆諸人，暮入應天府學，自縊死。公内貞外和，非其義不取。孝弟忠信，爲交游所重。其學自經史以及百氏，靡不通曉。爲文雍容雅贍，天趣悠然。所著有《綱常懿範》、《論語類編》、《廣衍太極圖》、《詩經小序詩譜集義》、《邇言》、《家訓》。

曾鳳韶

曾鳳韶，盧陵人，逸其字。洪武進士。建文時爲御史，彈劾無所避。文皇自燕來朝，入謁不

〔一〕按：《明史》卷一百四十三《列傳三十一》作「周是修」。

拜，公時侍殿上，厲聲曰：「殿陛之間，不宜以叔侄故，失君臣禮。」文皇已心壯之。靖難兵渡淮，詔罷兵歸國，衆莫敢行，公獨請往。至軍前，弗内。既踐祚，召不赴。晉侍郎，召亦不赴。乃刺血書其襟曰：「予生長忠節之邦，夙負剛鯁之强。讀書而登進士第，仕宦而列繡衣郎。慨一死之得宜，可以含笑入地而見吾文天祥。」書已，屬其子公望，遂自殺。時年二十九，妻李氏亦從死。

王艮

王艮，字敬止，吉水人。建文進士及第，授翰林修撰。聞靖難兵起，輒憂憤不食。及兵渡淮，日閉門涕泣，與妻子訣，服毒死。建文君哀其忠，遣禮部侍郎黄觀祭之。

顔伯瑋

顔伯瑋，名環，以字行，廬陵人。建文初，以賢良徵，授沛縣令。北兵搗濟寧，沛人竄匿。公設法招徠，得兵五千人，築堡備禦。尋分三千人調山東。靖難兵猝至，外援絶，度不能支，囑弟珏及其子有爲歸白大人：「爲臣死臣，弗能子矣。」題詩於壁，有「丹心不改人臣節，青史誰書縣令名」之句。城陷，指揮王顯迎降，公冠帶坐堂上南向再拜，慟哭曰：「臣無能報國。」遂自縊死。有爲不忍去，復還，見父屍，亦自刎以從。正統中，御史彭勖爲伯瑋起墳建祠祀焉。

王省

王省，字子職，吉水人。洪武中，領鄉薦。至京，詔免公會試，命吏部擢用。乞歸養親。尋以文學徵。上親試，稱旨。公復陳親老，乞便養。得浮粱教諭，改濟陽。靖難兵猝至，公爲游兵所執，從容引譬，詞義慷慨。衆舍公。還坐明倫堂，伐鼓召諸生，謂曰：「若等知此，堂何爲名？明倫且勿多論，只説君臣之義何如？」公大哭，諸生亦哭。遂以頭觸柱死。女静，適即墨周簿，聞濟陽被兵，謂父必死，竟得公遺骸歸葬。子禎，判夔州，亦抗節死賊中。

鄒瑾

鄒瑾，吉永豐人。金華王紳一見賞識，稱其議論磊落可喜，忠義人也。洪武末，徵至京。建文中，爲大理右寺丞。有約開門納靖難兵者，公與御史魏冕即陛前毆之幾死，大呼：「願速加誅，臣等義不與俱生。」明日，宫中火，公與冕俱自殺。冕亦永豐人。

胡閏

胡閏，字松友，鄱陽人。博學厲行，以名節自將。嘗咏吴芮祠壁間畫松云：「幽人無俗韻，寫此蒼龍骨。九天風雨來，飛騰作靈物。」高皇帝征友諒，過芮祠，見而悦之，問爲誰作，或以閏對。召至帳前，授幕府經歷。建文中，遷右補闕、大理寺少卿。靖難兵起，數與齊、黄議軍國大計。文皇帝渡江，閏不屈死之。籍其家，子傳道論死，傳慶戍邊。一女獲釋歸，貧甚無依，鄉人競貽錢穀，曰忠臣女也。嘉靖二年，督學邵鋭建祠祀之。

理學第三

宋

羅從彦

羅從彦，字仲素，南昌人。少從吴國華學，後謁楊龜山，講論三日，悟舊學之謬，驚曰：「幾枉過此生。」於是絶意仕進，終日端坐，精思力踐，未嘗少懈怠。中歲避難，移家劍浦，從游益衆。李延平嘗稱其性明而修，行全而潔，充之以廣大，體之以仁恕，精深微妙，不可闚度。至其不言而飲人以和，與人併立而使人化，如春風鼓物，莫知其所以然也。要非虚語矣。先生每教學者静坐，看喜怒哀樂未發時何氣象。楊道夫謂其切於養心云。蓋濂洛之學，自先生振之，一傳而爲李氏侗，再傳而爲朱子元晦。俾天下後世獲修明道術，不爲異端所惑者，先生之功居多也。先生當徽、欽際，皇路否塞，身雖隱約而心存國家。所著《遵堯録》八篇垂數萬言，大要謂藝祖開基，列后繼統，若舜、禹遵堯而不變，迨元豐改制，創爲功利之圖，浸召夷裔之禍。其思深矣，先生豈果於隱者哉？先生居常紆軫故郡，故學者稱爲豫章先生。

陸九齡

陸九齡，字子壽，金谿人，九韶弟。幼穎悟，肆力問學。秦檜當國，天下無敢談程氏學者，九齡獨尊信其學。登乾道進士，教授興國。每延接諸生，必嚴規矩，正衣冠，如臨大衆。士多興起。治家有法，閨門若朝廷。晚年學益精邃。常曰：「近始悟子静學術極正，恨不及見其大明於世耳。」臨終，整襟危坐而逝。贈直秘閣，謚文達。學者稱爲復齋先生。

陸九淵

陸九淵，字子静，九齡弟。生而神明。三四歲時，問其父「天地何所窮際」，父笑而不答。遂深思至忘寢食，嘗讀書至「宇宙」二字，忽大省曰：「宇宙内事乃吾分内事，吾分内事乃宇宙内事。」登乾道進士第，□□□□。因輪對，陳「五論」：一言仇耻未雪，願博求俊傑，修論道經邦之職；二言願致尊德樂道之誠；三言知人之難；四言治當馴致而不可驟；五言人主不當親細事。除將作監丞，主管台州崇道觀。還鄉，學者輻輳。尋知荆門軍，專以厚風俗爲首務。踰年，政行令修。周益公稱其荆門之政，爲躬行之效云。一日，告僚屬曰：「吾將逝矣。」乃沐浴更衣，端坐。踰二日，日中而卒。謚文安，學者稱爲象山先生。先生蚤悟心體，加以學問充養，蓋已造乎廣大高明之域，而精微切實，功亦無間。嘗自謂：「踐履雖未純一，然纔警策，便與天地相似。」其教人掃去支離，直指本心，使人從此培養，最爲喫緊。嘗與朱元晦論學鵝湖，不合。及元晦守南康，先生就訪之，偕至白鹿洞，講「君子小人義利之辯」，聽者至有泣下，元晦以爲切中學者隱微深痼之病。大抵先生之學，主於立其大者，確然以孟氏爲宗，直遡洙泗之派。其在宋儒，茂叔、伯淳亦所推許；正叔而下，往往致疑。至於「六經註脚」之語，要非無爲而發。先生於道可謂知勇兼備者矣。嘉靖間，從祀孔廟。

劉清之

劉清之，字子澄，新喻人。受業於兄靖之，博極書傳。登紹興進士。調高安丞。值歲侵，徒步阡陌，以安集之，全活甚衆。遷宜黄令。參政龔茂良、丞相周必大薦之孝宗，召對，首論：「民困兵驕，大臣退託，小臣婾媮。」通判鄂州，改衡州。每因月講，設酒殽，與諸生論學。創朱陵道院，以祀寇凖、周敦頤、胡安國。爲臺臣所列，予祠歸。光宗即位，起知袁州。病革，周益公來省視，謂曰：「子澄，其澄慮。」清之張目曰：「無慮可澄。」遂卒。清之鋭意義理之學，與朱元晦、張栻相淬厲。元晦祭子澄文，語極酸楚。所著《曾子内外雜篇》、《蒙新書外篇》、《戒子通録》等書。

張洽

張洽，字元德，清江人。嘉定進士。從朱元晦學。嘗取管子「思之思之，又重思之」數語，爲窮理之要。元晦嘉其篤志，謂黄榦曰：「所望以永斯道之傳，如二三君子，不可多得也。」爲袁州司理參軍，有盜黠甚，訊者莫能決。會有兄弟訟財者，洽諭之曰：「冒法以求勝，孰與守分以全愛乎？」訟者感悟，盜聞之自伏。通判池州，歲旱，禱弗應。洽白提刑辯冤獄，白守寬催科，雨隨注。以病請祠。端平初，除秘書郎，遷著作佐郎。待以説書，洽固辭。遂除直秘閣，主管崇禧觀。卒贈直寶章閣，謚文憲。洽自少用力於敬，故以「主一」名齋。所著有《春秋集注》、《春秋集傳》、《左氏蒙求》、《續通鑒長編事略》、《郡縣沿革》。

李燔

李燔，字敬子，建昌人。紹熙進士。授岳州教授，未赴，往建陽謁朱元晦受學。元晦勵以曾子「弘毅」之説。改襄陽教授。復往就元晦，元晦叩其所得，嘆曰：「燔進學可畏，他日任斯道者，必若人也。」諸生未達者，先令諮燔，俟有所發，乃從元晦折衷。詔訪遺逸，九江守薦燔，辭不赴。除大理司直，辭。尋添差江西運使幹辦。通判潭州，辭歸。當是時，史彌遠廢皇子竑，燔聞，嘆曰：「三綱絶矣。」自是屢薦不起，以直秘閣奉祠。紹定間，朝廷問當時高士，史臣李心傳以燔對，且曰：「朱熹高第，經術行義亞黄幹，海内一人而已。」顧終不召也。卒贈直文華閣，謚文定。燔嘗曰：「凡人不必待仕宦，有職事方爲功業。但隨力到處，有以及物，即功業矣。」又曰：「仕宦至卿相，不可失寒素體。」一時學者宗之。

黄灝

黄灝，字商伯，都昌人。隆興進士。教授隆興府。知德化縣，以勸學興化爲本。薦除登聞鼓院。光宗嗣位，遷大府丞，知常州。歲飢，道殣相望，至有食其子者。州縣督逋賦如故，灝見之蹙然。方有旨停閣夏税，灝遂乞併閣秋苗。不待報，輒行之。言者罪其專，削兩秩，從其蠲閣之請。灝謝歸廬山。起知信州、廣東提點刑獄，不赴。灝穎敏强記，行端謹，以孝友稱鄉里。元晦守南康，灝受學焉。朝夕問難，多所開發。元晦殁，學禁方嚴，灝偕李燔諸人會葬。日聚四方學者，講論不倦。卒謚文簡。《宋史》撰《道學傳》，江右惟灝與同郡李燔、臨江張洽三人云。

元

吴澄

吴澄，字幼清，崇仁人。幼穎異，日誦千言。既長，用力聖賢之學，著《春秋禮記》、《尚書纂言》、《易外翼》、《孝經章句》。晚年，悔落著述窠臼。居常拱默端坐，一洗舊習。與學者酬答，娓娓不倦。元明善嘆曰：「與吴先生言，如探淵海。」遂執弟子禮。董士選延於家，親執饋食，曰：「吴先生，天下士也。」先生每謂：「朱元晦道問學之功居多，陸子静以尊德性爲主。然問學不本於德性，則其弊必墮於言語訓詁之末。故學必以尊德性爲本，庶幾得之。」當時未以爲然，距今遂爲確論。四方之士負笈而及門者恒數百人。稱爲草廬先生。歷官至翰林學士。卒進封臨川郡公，謚文正。

明

吴與弼

吴與弼，字子傳，崇仁人。司業溥之子。侍親京師，從洗馬楊溥學。見《伊洛淵源録》，慨然有尚友志。遂棄舉子業，日處小樓，潛心義理。賦詩曰：「九仞始一簣，千里方跂步。」渡江遇風，舟幾覆，衆皆驚怖，先生獨正襟危坐。舟定，人問其故，曰：「吾守正以俟耳。」天順初，大臣薦於朝，遣行人齎璽書、禮幣，聘先生于家。至則授春坊左諭德。召見文華殿，慰勞備至，先生引病力辭，上不允，賜文幣牢醴，遣内臣送還館。仍諭李文達慰留先生。遂稱病篤，上不能强，仍遣行人護歸，命有司繼粟終其身。先生上「崇聖志」十事，上嘉納焉。先生風格高邁，議論英偉。其學術以希聖爲主，以志道爲基。平居躬耕自食，蕭條物外，有孔門陋巷風雩之意。常病宋末箋注支離，不喜著述。學者稱爲康齋先生。

張元禎

張元禎，字廷祥，南昌人。生而靈異。五歲出語驚人，寧獻王召試韻語，應答如響，有「心定萬事定」之句。王驚，嘗稱爲神童。天順進士，翰林庶吉士，授編修。上疏勸行三年喪。又論治道大本，曰講學，曰聽治，曰用人，曰厚風化。與時相議不合，移疾去。弘治初，召修實録。以舊勞晉春坊左贊善。上疏勸行王道，反覆幾萬言。實録成，遷南京翰林侍講學士，以母老謝歸。久之，召修《會典》。晉學士，特置日講，兼東宫講讀。孝宗雅意嚮公，爲低几就聽之。旋以母憂去。後召爲太常卿兼學士，掌詹事，仍侍講筵。勸講《太極圖》及《西銘》諸書。上喜曰：「天生斯人，以開朕也。」且將大用。武宗踐祚，晉吏部左侍郎，仍兼學士。尋乞致仕，疏屢上，優詔弗許。以疾卒。公入仕垂五十年，在朝僅九閲歲。方閑居時，潛心性理之學，若無意斯世。天下士大夫想望其風采，騰薦至數十。上稱其忠義恬退，當今鮮倫。迨弘正間，駸駸大用，而忌者乘之，天亦不憖遺焉，良可慨夫。

胡居仁

胡居仁，字叔心，餘干人。垂七齡，受學於家塾。言動類成人，塾師畏之。聞吴聘君講學崇仁，往從之遊。遂棄舉子業，慨然以斯道自任。絶意仕進，充養益邃。其學以主忠信爲本，以求放心爲要，以敬爲所。居常端莊凝重，對妻子若嚴賓然。人不見其惰容。每與學者言學，曰：「惟爲己，則所從不謬。」言治，曰：「惟王道，則能使萬物各得其所。」其學術之正，類如此。所著有《居業録》。學者稱爲敬齋先生。卒，從祀孔廟。

張吉

張吉，字克修，餘干人。成化進士。授工部主事。以劾李孜省、僧繼曉，謫判景東。公不鄙夷其民，誨以孝弟忠信、禮義廉耻。葺齋舍，與諸生討論，製「慎獨、窮理、改過、求仁」四箴，揭之座隅。弘治初，遷肇慶同知。累官至廣西左布政使。以忤權奸，鐫二官，降兩浙鹽運使。累遷至貴州左布政使，公引疾不赴。公之學，大要以窮理致知爲務，體諸身，驗諸心，徵諸天下。不主象山之説，嘗撰《陸學證疑》以非之。蚤歲天資剛直，晚益弘粹，愛君憂國之心老而彌篤。顧徊翔外藩，不得安其身於廟堂之上，識者惋焉。

羅倫

羅倫，字彝正，永豐人。性慷慨樂善，不疑人欺。自少勵志聖賢之學。嘗曰：「舉業非能壞人，人自壞之耳。」郡守嘉其學行，而憐其貧，命邑令周之，謝弗受。成化丙戌，廷對幾萬言，指切時弊，拳拳以格君務學爲説，中稱引程正叔「親賢士大夫之時多，親宦官宫妾之時少」語。執政欲節其下句，不從。賜及第，授官修撰。嘗與叔父書，曰「所謂好子弟者，非好田宅、好衣服、好官爵，一時誇耀閭里爾也；謂有好名節，與日月争光，與山岳争重，與天壤争久」云。後會大學士李賢遭喪去，朝廷留之，倫詣其第告以不可。踰數日，力陳起復非是，援宋富弼及劉珙故事。疏奏忤旨，落職，提舉泉州市舶。明年，商文毅相召，復原官，尋改南京。聞白沙陳先生緒論，慕之，以疾病辭歸，時與來往。白沙之學，以致虚爲宗，以自得爲至。顧獨睠睠於倫，蓋斯道之任重詣極，須得剛毅如倫，乃可與力也。觀其《咏太玄洞》詩，所以效偲切於倫者殷殷矣。倫之日進於高明，有以也。倫居金牛山之太玄洞，結茅以處，取給於隴畝，往來共樵牧。受徒講學，以註經爲業，若無意於世者。嘗欲倣古，置義田贍族。或助之堂食錢，弗受。一日訪友，值嚴寒，衣單縷，凍不可忍，入其書室擁衾而坐。友人知，解衣衣之。行遇乞人僵於途，輒脱以覆之去。客晨至，留飯，妻語其子曰：「瓶粟罄矣，之鄰舍干之。」比舉火，日已近午，亦曠然不以爲意。生平不視惡色，不聽惡聲，不耻惡衣惡食；見一饑寒凍餒之人，則傾家所有以賑之。大率義之所在，毅然必爲，人之毁譽欣戚、事之成敗利鈍、己之死生禍福，皆所不顧。浚川云：「充倫之操，行一不義、殺一不辜而得天下不爲者。」確論哉！

羅欽順

羅欽順，字允升，泰和人。弘治進士及第。授翰林編修。性簡静，不事交謁，日閉户讀書，以聖賢自期待。晉南司業。時章文懿爲祭酒，每事必咨而後行。滿考，逆瑾方用事，或謂宜一詣瑾，先生曰：「是舉吾平生而盡棄之也。」瑾怒，奪職，歸編氓。瑾誅，復故官，上「獻納愚忠」四事。累官吏部左右侍郎、南吏部尚書。改吏部，未任，乞致仕。時王文成倡明良知之學，海内翕然信從。先生不苟附和，著《困知記》以明己意，大要謂：心者，人之神明；性者，人之生理。理之所在爲心，心之所具爲性。倘認心以爲性，則謬矣。其持論如此。歸田以來，端居翫理，門無雜賓。微言細行，皆有法度。士大夫藉爲儀刑者二十餘年。卒贈太子太保，謚文莊，學者稱爲整菴先生。

鄒守益

鄒守益，字謙之，安福人。正德進士及第。授翰林編修。鋭意正學。一日讀《中庸》，嘆曰：「程朱補《大學》格致傳，而《中庸》言慎獨不及格致，何耶？」久之，謁王文成公論學，悟曰：「道在是矣。」遂執弟子禮。嘉靖初，大禮議起，公引經抗論，下詔獄，謫判廣德州。遷南主客郎中，引疾歸。薦起南考功，尋召爲司經洗馬，上聖功圖。遷太常寺少卿兼侍讀學士，掌南院南國子祭酒。九廟災，諸大臣皆自陳，惶恐引罪。公獨請上修德彌災，坐忤旨落職。公性恢廓，多所容納。自謂身退，不獲大行於時，庶幾明道覺人，盡吾儒分内事。其立教以萬物一體爲大，以子臣弟友、慥慥相顧爲實地，以戒慎恐懼、健行不息爲真功，以寂感體用、通一無二爲正學，以肫肫皜皜、合德天地爲極致。凡游其門者，諄諄誘進，始終不懈。卒贈禮部右侍郎，謚文莊，學者稱爲東廓先生。

歐陽德

歐陽德，字崇一，泰和人。嘉靖進士。蚤歲受業王文成公之門，不上春官者再。繇六安知州遷刑部員外郎，改翰林修撰，累官至禮部尚書。入直西内，與聞大政。尋以疾卒。贈太子太保，諡文莊。公蚤聞良知之學，輒自有會。既與聶貞襄、鄒文莊、羅文恭討論于青原、梅陂間，日益超詣。周旋南北成均，毅然以師道自任。其立教以良知爲宗旨，以格物爲工夫。大要謂：物乃應感之跡，有善有惡，有正有邪；格物者，爲善而不爲惡，從正而不從邪，隨分自盡，循其良知之天理而無少敝虧焉，則道在是矣。當立朝日，嘗欲從容啓沃，以庶幾古所謂格心者。天不假年，惜抑而未竟云。學者稱爲南野先生。

聶豹

聶豹，字文蔚，吉永豐人。正德進士。知華亭縣，識徐文貞於諸生中。爲御史，屢上疏指斥巨璫及諸大臣不識者，風裁凛然。累官兵部尚書、太子太保。倭夷寇閩、廣，議者欲遣官視師，公執不可，忤旨致仕。公謁王文成於越中，問學益邃，鋭然以聖人爲必可至，朝夕體驗，義益精明。嘗慮學者率以發用爲良知，落支節而遺本體，特揭未發之中以示之。其言曰：「良知本寂，感於物而後有知，故必自其寂者求之。使寂而常定，則感無不通，而天下之能事畢矣。」初公以潼關副使被逮，從容就道，門人、父老送之，無不流涕，公神色不動，抗手而别。羅文恭見之，大敬服，後聞公未發之説，益相契合。卒贈少保，諡貞襄。學者稱爲雙江先生。

李中

李中，字子庸，吉水人。少從父游隨州，遂爲州諸生。舉湖廣鄉試第一，登進士。授刑部主事。疏論西僧，謫惠州通衢驛丞。累遷廣西提學副使，憫俗學文離，一導以躬行，不事言語。累官廣東右布政，以直道忤兩臺，左遷四川參政。累官右副都御史，督南京糧儲。卒於官。公性莊重，終日危坐，身不傾倚，進退皆有度。居身清約，位躋顯重，而田廬無改於舊。獨鋭意學問，潛修默證，而其要歸於實踐。門人羅文恭公嘗論之曰：「先生之學，以求仁爲的，以閑邪爲端，以自作主宰、不假纖毫之力爲功，以生生不息、不與以己爲體，以心正而動、自有分殊爲用，以脱然無繫、常如太虚爲樂，以遯世無悶、不求人知爲至。」學者稱爲谷平先生。所著有《日録》及《文集》五卷。

何廷仁

何廷仁，字性之，雩都人。嘉靖初，領鄉薦。自爲諸生，潛心學問。時王文成開府虔州，日進諸生講學。公輒慨然曰：「吾恨不及陳白沙之門。先生，今之白沙也。」遂執弟子禮。既聞致良知之説，大有開悟。嘗語人曰：「學問之道，從起端發念處察識。」又曰：「知過即是良知，改過即是本體。」已授新會知縣，又自喜曰：「吾不及游白沙之門，今幸仕其鄉矣，敢以俗吏臨其子弟耶？」其爲政務尚簡易，暇則與諸生就白沙祠堂講論學術，申明主静無欲之訓。遷南京工部主事，謝病歸，卒，門人立祠堂祀之。所著有《善山集》。

黄弘綱

黄弘綱，字正之，雩都人。領正德鄉薦。游王文成之門，甫三日，輒悟心理合一之旨。凡所開導，靡不心解。是時，同門生皆海内名士，而以解悟推者，則公與同邑何性之、餘姚錢洪甫、王汝中爲最，諸生莫敢望焉。故同門爲之語曰：「浙有錢、王，江有何、黄。」授汀州推官，遷刑部主事。以直道忤宰執，謝病歸。時與吉州諸同志尋繹舊學，講論不輟。

羅洪先

羅洪先，字達夫，吉水人。幼便端重。年十五，聞王文成公論學，輒嚮往之。常擁膝危坐，以自收攝。既長，學益進。登嘉靖進士第一，授翰林修撰。踰年，引疾歸。至儀真，病幾殆，留數月。有瓜洲富人王紀者，坐事爲同年項侍御按治，乃飾名姝，介萬金，謁求解，已峻拒之矣。而項聞之，微以意嘗先生，先生辭益厲，項嘆服。既歸，悔曰：「紀所遺當拒，而罪不當死。」久之，有同年饒比部録刑江北，致書生之，已弗逮矣，爲之憮然。是後二年，先生侍雙泉公於家。公訓飭不殊童穉，言動少錯，辭色必厲。客至，令衣冠行酒，拂席授几，如命從事，欣欣如也。遭憲副公喪，寢處苫塊間，不入内者三年。復召爲春坊贊善。疏請預定東宫朝儀，落職歸編氓。公平生辭受，一裁於義，當路餽遺，謝絶不納，日惟孳孳論學。其學如[一]肆力於踐履，中歸攝於主静，晚徹悟於仁體。其言曰：「學者皆縁習氣作梗，要得消磨。自有知以來，積染成習，如油入麵，未易脱離。須是終日酬應，終日收斂，不使習氣乘機潛發，庶不負此生。」又曰：「善學者竭才爲上，解悟次之，聽言爲下，恃妙契而不務反躬，終無得也。」公閑居樂道，浮雲富貴，布袍芒屩，徧訪名山，罕與時俗酬接。四方士大夫望之如景星慶雲。卒贈光禄少卿，謚文恭。學者稱爲念菴先生。

魏良弼

魏良弼，字思説，新建人。嘉靖進士。蚤受學於王文成公。繇松楊知縣授給事中，累遷至禮科都給事中。前後在諫垣七年，論諍至數十上。其大者則論保定侯梁永福、兵部尚書王時

〔一〕「如」，疑爲「初」字之誤。

中、大學士張孚敬、吏部尚書汪鋐，及論救都御史王應鵬、南京御史馬傳諸人。每一疏上，輒予杖。杖已，或釋，或詔獄。未幾，輒令復故官。公臀殆無完膚。久之，張還内閣，而汪尚書猶在吏部，竟用前隙落職歸矣。公家食四十年，日講求性學，孜孜不倦。知命後，不復入内室，屏居村塢，宴坐澄心。朔望還家，謁先祠，與夫人列坐堂上對談。談畢，輒去接引後進，貌恭而言厲。見者意銷，縉紳以爲楷模。隆慶初，録用忠鯁，而公篤老矣。晉太常寺少卿，致仕。年八十四卒。卒後十二年，而有司祀於豫章先賢祠云。

劉陽

劉陽，字一舒，安福人。爲諸生，買舟謁王文成問學。除夕野泊，雨雪霏霏，手指僵不得屈信，意躍如也。督學與文成論不合，發策侵之，公明正學以對。嘉靖進士，知碭山縣。表孝子閭，祭節婦墓，以興俗化民。河爲患，公齋沐虔禱，願以身請命，河忽自通者二十餘里。入爲御史，力持風裁。永禧宫成，百官表賀。諸御史推公爲首，公訝曰：「此當諫，不當賀。御史職諫，即默不諫已爾，可復賀耶？」於是臺官獨不賀。尋引疾歸。親喪，廬於墓側。服除，被召，辭不赴。公學本良知，而求端於躬行。嘗病學者言獨言幽而無忌於可指可視，言著言察而未及乎行之習之。時稱爲篤論。公性樂易，惓惓接引，鄉里化其德。卒之日，自庭達於巷，哭聲不絶。遂建祠祀公，至於今不懈。所著有《洞語》、《人倫外史》、《山壑微踪》、《接善編》、《吉州正氣》諸書。學者稱爲三五先生。

劉文敏

劉文敏，字宜充，安福人。爲諸生，與從弟君亮共學，慨然有大成之志。及聞致知説，即躬踐默證。久之，覺動静未合一，乃偕君亮入越，就王文成受學。日相問難，而後沛然也。遂去舉子業，不復應試。公學以躬行爲主，而鄙虚談。嘗言：「學者當循本心之明，時時自見其過，惕厲改圖，銷融氣質，然後徵諸倫理，見諸事爲，無一不慊於心，方爲實學。若徒事言説以希解悟，是德之賊也。」與羅文恭論道松原，文恭贈詩曰：「嘆息卓爾域，千古能幾諧？目擊中有存，意會言無華。」蓋深相推挹云。所著有《論學要語》。卒後十年，而有司祀於復古書院。學者稱爲兩峰先生。

劉邦采

劉邦采，字君亮，英特不羣。爲諸生時，便謂學求諸心，耻以時藝爲事。問道越中，大爲王文成所稱賞。及父喪，不復應舉。督學趙公淵高其行，檄邑令促之。令爲具舟，屬丞與俱往。

公爲强起。及門，遥望趙公未離席，輒欲步不進，趙公亟起延之。公因陳棘闈故事，令諸生脱巾露體，非特士禮，不願應舉。於是御史儲公良材，下令諸生得以常服入，弛其禁。公遂中式。歷壽寧教諭、嘉興府同知。棄官歸。公病學者襲文成口吻，浸失真，極力排之。嘗謂：「心之體曰主宰，貴知止以造於惟一；心之用曰流行，貴見過以極於惟精。是謂博約並進，敬義不孤。」公言簡義精，隨問酬析，能以片語開人宿錮。疾亟，門人朱調問：「先生此際，視平日何如？」公曰：「形詎能累性哉？今吾不動者，自若也。」遂瞑。所著有《易二篇》。學者稱爲師泉先生。

萬思謙

萬思謙，字益甫，南昌人。嘉靖進士。谿縣令入爲曹郎。久之，遷光禄丞。以長揖忤太宰，外遷四川布政司參議。積官至福建左布政使、南京太常寺卿。時江陵奪情，譴逐諸言者。公貽書，令召還言者，輯和羣情，竟坐忤罷歸。公慕道甚蚤。謂學術當以宗孔爲本，後來枝分派别，各是其是，未必盡符聖人初意。平居研窮淵微，深不可窺。至其清約自將，蕭然四壁。身殁之日，無以爲殮，鄉縉紳醵金佐其鬻棺云。

卷下

忠諫第四

晉

熊遠

熊遠，字孝文，南昌人。少有志操，縣令召爲公曹，不起，强與衣幘，扶之使謁。郡舉孝廉，除監軍華軼司馬，領武昌太守。元帝作相，列爲主簿。時傳北陵被發，帝欲舉哀。遠以爲陵園非一，傳聞未審，宜遣使攝河南尹按行，然後發哀。即命將至洛，修復陵園，討除逆類。帝不能從。後正旦，帝欲作樂。遠諫：「以今孝懷皇帝梓宫未返，神人同忿。令履端元日，貢士鱗萃，有識者於是觀禮。人心所歸，惟道與義。公與國同體，憂容未歇，豈可榮耳目之觀、崇戲義之好乎？」帝納其言。轉御史中丞，列上當時「三失」：以爲讎耻未報；臣子並宜枕戈爲王前驅；至稱選官用人不科，實德惟取白望，稱職以違俗見譏，虚資以從容見賞，宜招賢良於屠釣，聘耿介於丘園。其言深中時弊。累遷侍中，出補會稽内史，後拜太常卿。

宋

劉敞

劉敞，字原父，新喻人。慶曆進士。直集賢院、判吏部考功。夏竦賜謚文正，敞上言：「竦行不應法。今百司各得其職，而陛下侵臣官。」疏凡三上，爲改謚。擢知制誥。宦者石全彬以勞遷宫苑使，意不愜，三日除觀察使。敞封還詞頭，命遂寢。累官翰林侍讀學士、判三班院。英宗初，立兩宫，微有隙。敞進讀《史記》至堯禪舜，拱而言曰：「舜至側微，堯禪以位，天地享之，百姓戴之，非有他道，惟孝友之德，光于上下耳。」帝爲改容。皇太后聞之，亦喜。終集賢殿學士、判南京御史臺。所著有《春秋傳》、《權衡》、《説例》、《文權》、《意林》，合四十一卷，《七經小傳》五卷。弟攽，與敞齊名。

朱京

朱京，字世昌，南豐人。父軾有隱德。京博學淹貫，登熙寧進士，爲太學録。神宗召見論事，擢監察御史。時諸御史多罷去，京抗言曰：「御史假之則重，略之則輕。今耳目之官，屢進屢卻，則言者不若静默爲賢，直者不若柔從爲智。偷安取容，亦何益邪？」京風神峻整，人目爲真御史。未幾，論大臣除擬有私，謫監興國軍酒稅。歷遷國子司業，辭不拜。徽宗初，復召之。踰月卒。

章穎

章穎，字茂獻，新喻人。以兼經中鄉薦。孝宗詔求直言，穎爲萬言書附驛以聞，禮部奏名第一。孝宗稱其文似陸贄，授道州教授。歷遷左司諫，論罷右相葛邲，屢請光宗問安重華宫。寧宗嗣位，遷侍御史兼侍讀，權兵部侍郎。一日，御經幃問曰：「諫官詆趙汝愚，卿等謂何？」衆莫敢對。穎獨言：「天地變遷，人情危懼，未可輕退大臣。」御史劾穎阿黨，罷。太學生周端朝等伏闕，訟汝愚寃，且謂穎忠，併坐罪。侂胄誅，累遷禮部尚書兼侍讀，乞祠。卒贈光禄大夫，謚文肅。穎平生風節，窮達不移。方黨議起，朱元晦遺之書曰：「宗社有靈，公論未泯，異日必有任是責者，非公誰與望耶？」

孔文仲

孔文仲，字經父，峽江人。嘉祐進士。少刻苦學問。性狷直。歷台州推官。熙寧初，范鎮以制舉薦，對策忤王安石，罷歸故官。後爲國子直講，學者方用王氏經義，以不習其書，改判保德軍。元祐初，召爲校書郎。累遷諫議大夫。會日食，疏陳五事，曰邪説亂正道、小人乘君子、遠夷侮中國、斜封奪公論、人臣輕國命。又論青苗、免役等法不便。改中書舍人。卒，蘇軾拊其柩曰：「世方嘉軟熟而惡勁直，如吾經父者今無有矣。」黨議起，追貶梅州別駕。元符末，復官。有《文集》三十卷。弟武仲、平仲，併知名。

幸元龍

幸元龍，字震甫，高安人。慶元進士。爲京邑尉。時万俟卨之孫與岳武穆家訟田，元龍判田歸岳。通判郢州，真德秀諸人以白濟王冤獲罪，元龍上言：人挾濟王以叛，非其本心。朝廷當爲治葬立後，不應罪言者。仍移書彌遠，奪官。紹定中，京師災，獨彌遠私第完。元龍自家上封事，言彌遠竊陛下威福，使天下知有丞相，不知有天子，願戮其首，以謝天下，然後斷臣首，以謝彌遠，則災自弭矣。

胡夢昱

胡夢昱，字季昭，吉水人。嘉定進士。爲大理評事。時竇璽來歸，朝臣皆遷官，夢昱獨辭不受。因上言：宜以國威未奮爲耻，至於寶璽，無足爲重。星變，歷陳禍機五事。及霅川之變，史彌遠欲加窮治，轉相誣引。夢昱極言濟王之不幸，仍移書彌遠，坐羈管象州，卒。夢昱一門孝友，弟利國從象州死，兄夢白舁喪歸，又死。端平初，追贈朝奉郎，謚剛簡。

姚勉

姚勉，字成一，新昌人。少穎敏。寶祐進士，廷對萬言，理宗親擢置第一，除正字。時太學生論丁大全被逐，勉上言：斥逐學校以禁言者，此蔡京、秦檜所爲，今日豈宜有此？遂歸。除通判處州，辭不就。吴潛入相，召爲校書郎兼太子舍人。輪對，言朝廷綱領在用人、聽言，及守帥數易之弊。理宗過東宫，勉講《否》卦，指斥權姦，無所避。忤賈似道，諷孫附鳳，劾爲吴潛黨，免歸。所著有《雪坡集》。

明

范敬先

范敬先，字思祖，新建人。洪武初進士。授監察御史。嘗指陳闕失，無所忌諱，上怒，命磔諸市，磔者已披其兩乳。敬先曰：「姑毋相迫，吾將有獻。」索筆札具草以進。上閱之，乃一詩也。誦至「聖主磨礱梁棟材」之句，輒爲霽威，亟命釋之，謫充吏交趾。未幾，除趙王長史。趙王敗，以嘗切諫，僅削籍還編氓。或憐其貧，助以粟舟。道遇親舊，訴以窶，敬先舉粟舟遺焉。竟以困乏終。

劉球

劉球，字廷振，安福人。永樂進士。授儀制司主事。正統初，預修實録。録成，改翰林侍講。雷震奉天殿，應詔陳十事，忤王振。會翰林修撰董璘乞爲太常卿事神，下詔獄。公疏中偶言「太常官宜用儒臣」，馬順附振，喜曰：「此可併殺。」公遂逼璘誣公書此疏矯旨。逮公當朝，捽公去。公不知何坐，大呼：「死訴太祖、太宗。」縛公至暗室中，斧碩暴下，碎其體，極慘虐。公天性忠孝，議論常依名節，沉思積學，好義力行，文詞鏗鏘，金春玉應，人共寶之。景帝踐祚，贈翰林學士，謚忠愍。子鉞、釪，舉進士。鉞官廣東參政，釪雲南按察使。

廖莊

廖莊，字安止，吉水人。宣德進士。繇庶吉士授刑科給事。正統中，賑陝西饑，得便宜行事，遷大理丞少卿、南大理。景泰中，下詔求言。公上言：「上皇在南宮，未審萬幾之暇，曾時時朝見，以敦友愛否？臣往睹上皇遇正旦、冬至，令羣臣朝皇上於東廡。于時臣民，誦其友愛。今宜令羣臣時得朝見，以慰上皇之心。至於上皇諸子，亦宜親近儒臣，誦讀經書，待皇嗣之生。」留中不報。會章綸、鍾同疏論建儲，追咎公，逮公與章、鍾杖闕下，謫定羌驛丞。裕陵復辟，召還復故官，言官詆公，請老，上曰：「莊有大節。」踰年卒，贈刑部尚書，謚恭敏。公性易直，表裏洞然，顧好剛尚氣，好面折人。既抗忠獲罪，名聞天下，而不屑曲檢爲拘士所繩。卒不能喪，衆醵金以助，始服公廉云。

鍾同

鍾同，字世京，吉永豐人。景泰進士。授御史。方易儲時，每獨坐深思泣下。已而懷獻太子卒，公與禮部郎中章綸語及建儲事，慷慨至於流涕。遂疏請復立沂王東宮，以固宗社，並陳時政闕失。逮詔獄，械繫極苦，杖之不死。踰年，又杖之，竟死獄中，時年三十二。骸掩圜上，莫敢收葬。裕陵復辟，贈大理左寺丞，官其子啓。茂陵憐公受禍慘，禄公妻羅氏，又官其一子。啓請遺骸歸葬，時公殁久矣，血漬臀，洗出倍鮮好。追謚恭愍。

楊瑄

楊瑄，字廷獻，豐城人。景泰進士。天順初，爲御史。行部河間，民羣訴曹、石二凶奪其田。公具以聞。彗孛連見，二凶日益張，公與十三道御史謀班劾之。有洩語于二凶者，得爲地。章入，上怒，召諸御史詣文華殿，俾誦所上章詰公，公與御史周斌且誦且對，無所回撓。於是下諸御史詔獄，逼公誣引大臣，刑極慘酷，數瀕死，無一語他。及刑部當公死，餘謫戍，貶斥有差。奏上，會大風雹拔木發屋，走正陽門下馬牌于郊外，得末減公戍遼東鐵嶺。道遇赦，還。或謂公宜詣二凶謝，公不可，復謫戍廣西。二凶伏誅，放歸田。成化初，起浙江按察副使，築沿海塘捍海。遷按察使，益以振憲度勵風俗爲〔一〕己任。尋以病卒。士民祀之海鹽東海上。

吴世忠

吴世忠，字懋貞，金谿人。弘治進士。授兵科給事中，以蹇諤自許。嘗勘事雲中，條上諸邊備禦方略，慮極周詳。且謂他日有患，莫謂臣今日不言。厥後火患之變，悉符所料。他如請褒

〔一〕按：底本原有二「爲」字，其一爲衍文，今删。

録革除死事諸臣，及論劾外戚壽寧侯不宜與百姓争田，真人張玄度左道惑衆應褫爵，及論救吏部尚書王恕，論劾都御史韓邦問，一時推其敢言。累官至僉都御史，巡撫延綏。以病歸，卒。所著有《學庸通旨》、《太極圖解》、《洪範考疑》諸書及奏議若干篇。

余廷瓚

余廷瓚，字宗器，鄱陽人。正德進士。授行人司副。意氣慷慨，耻與世浮沉。武宗南巡，兵部郎中黄鞏等以疏諫被嚴譴，公毅然奮曰：「此非臣子委命之日乎？」因伏闕條十事上之，語極剴切，竟斃杖下。嘉靖初，追録忠諫諸臣，贈太常寺寺丞，蔭一子爲國子生，予祭。

詹軾

詹軾，字敬之，玉山人。正德進士。授行人。性剛直，喜論國家大事。武宗南巡，伏闕上疏諫止，下詔獄，竟斃杖下。嘉靖初，録忠諫諸臣，贈御史，蔭一子爲國子生，予祭。

舒芬

舒芬，字國裳，進賢人。督學蔡虚齋先生每嘆曰：「國裳他日必大魁天下。」後果以狀元授翰林修撰，正德間，遊輦四馳，公率吏部郎中夏良勝等上疏切激，梏拳跪闕下五日，尋加杖，幾斃，少頃始甦，裹創卧院中，掌院者懼禍，欲扶出之，公曰：「吾官于此，當死于此。」不爲動，謫福建市舶提舉。嘉靖初，復公故官，未幾，議大禮，公復上疏諫益力，再杖于庭。尋以母憂歸。踰二年，卒。公平生勵志聖賢之學，及臨朝大節凛然，雖偃蹇不偶，而天下士大夫望之如景星卿雲，以擬羅公彝正云。所著有《周禮定本》等書。追贈春坊左諭德，謚文節。

王學夔

王學夔，字一鄉，安福人。正德進士。授刑部主事，改考功。以諫南巡，罰跪闕下，仍杖之。嘉靖初，上謹始疏，既又疏抑戚畹，疏宥言官，歷考功文選郎中，遷太常少卿，左遷福建參議□□□□。累官吏部侍郎，南禮部、吏部尚書，改兵部。得請致仕。公在郎署，抗敢□節，而典銓又以清通稱。王維楨評其曰「陰庇一士，陰納一物」。及敭歷中外，周旋八座，廉靖之操，不異平生。年踰九十，蒙恩存問者再。卒贈太子少保，謚莊簡。

丁湛

丁湛，字子一，彭澤人。嘉靖進士。授工科給事中，累遷禮科都給事中。時分宜當國，公首發其奸，忤肅皇帝，杖之闕下，幾斃。鐫秩外遷邵武推官。踰年，量移南曹，晉四川參議、浙江副使，以考績去。且四閱月，值黄岩失守，分宜猶以舊忿追罪之，竟坐落職。後分宜敗，即家起公爲廣西參政、按察使。無何，引疾歸。一日，就中庭正襟危坐，持《爲善陰騭書》，呼二子授之，言未竟而卒。

劉魁

劉魁，字焕吾，泰和人。嘉靖間，領鄉薦，授寶慶府通判。遷鈞州知州、潮州同知，爲工部員外郎。上言安攘十事。禁中詔立雷壇，公復疏論其非，杖之闕下，幾死，下詔獄。公在獄中，猶自以不能積誠感悟主上爲媿。時楊御史爵、周給事怡，並在詔獄。久之，神降于箕，乞宥三臣，得釋歸編氓。尋復逮下詔。獄公貽詩家人，有「孤臣此日勞明主，萬里何心覬此生」之句，識者悲之。宫禁火，釋歸。卒于家。公受學文成公，澄心燭理，動有依據。留滯州郡，前後十八年，不可謂遇矣。一躋郎署，忠義勃興，瀕死而彌厲，非天遺其性，詎能然耶？

劉臺

劉臺，字國基，安福人。隆慶進士。授刑部主事。改御史，出按遼東。時江陵竊國柄，横甚。言官間以微詞相規諷，輒斥去，甚至謫戍者。公故爲江陵所録士，憤然謂：「忠臣不私，私臣不忠，詎可以薦舉私恩忘君父大義？」遂上疏，極詆其專擅，垂五千言。江陵大忿恚，呼爲逆臺，逮至京師，下詔獄，拷掠備至，奪職歸編氓。踰二年，而江西撫臣爲江陵里中人，嗾讎家誣奏公，文致之，謫戍潯陽，卒。及江陵敗，言者争白公寃。贈光禄少卿，録一子爲太學生。公意氣慷慨，有大節略。方江陵盛時，凌折言官，言官救過不暇，何暇開口論事？而公首發其奸，倡天下忠義之舉，士大夫莫不壯之云。

傅應禎

傅應禎，字公善，安福人。隆慶進士。授零陵知縣，勸農興學，綽有治聲。調溧水，治之如零陵。召爲御史。時江陵得政，務操切以箝天下口，臺諫風靡，不敢輒有所指陳。公因地震，條上三事，曰純君德、蠲賦税、擢言官，中稱引王介甫三不足説。江陵以爲侵己，擬旨杖闕下，謫戍定海。公至戍所，益逡巡，務自修，不敢以行能加人，常若有以自下者。舊時諸君子以諫顯名，即貶竄，往往負盛氣，不可親昵。而公獨折節與人交。無貴賤賢愚，皆愛慕公，以爲仁人君子云。迨江陵敗，始宥還。尋復公故官，晉南大理寺丞，卒。卒後二三年，而士大夫猶以未究公忠悃爲恨。於是南司寇丹徒姜公以公名上請，而公得贈大理少卿云。

方正第五

漢

何湯

何湯，字仲弓，南昌人。少事沛國桓榮，門徒常四百餘人，湯爲高弟，以才敏知名。後拜郎中，守開陽門侯。光武微行夜還，湯閉門不納，更從中東門入。明旦，召大官賜食，諸門侯皆奪官俸，湯拜官虎賁中郎將。上嘗嘆曰：「『赳赳武夫，公侯干城』，湯之謂也。」

宋

孫立節

孫立節，字介夫，寧都人。皇祐進士。時蘇子由爲條例司屬，罷去。王介甫語曰：「條例司，當得開敏如子者。」立節笑曰：「公當求勝我者，如我輩人，亦不肯爲矣。」出爲鎮江軍書記，遷桂州節度判官。時州守王奇戰死，被旨鞫吏士。經制司謝麟收大小使臣十二人付立節，併按欲論斬之。立節曰：「獄當論情，吏當守法。逗撓不進，諸將罪也，可盡戮乎？」刑部竟如立節議，俱得不死。立節性剛直，遇事無所撓，蘇軾作《剛説》以美之。所著有《三傳例論》、《五服要律圖》、《臨川刀筆集》。

王安國

王安國，字平甫，安禮弟。年十二，以文章名。舉進士，及茂才異等。熙寧初，除西京國子教授。秩滿，至京師。神宗賜對，問曰：「卿以漢文帝爲何如主？」對曰：「三代以來，未見其比。」神宗曰：「恨才不能立法更制爾。」對曰：「文帝自代來，入未央宫定變，故俄頃間恐無才不能。至專務以德化民，海内興於禮義，加有才一等矣。」又問：「卿兄秉政，外論謂何？」對曰：「恨知人不明，聚斂太急。」神宗默然不悦。屢諫安石，以爲天下洶洶，不樂新法，歸怨於兄，恐終爲家禍。在西京時，頗近聲色，安石貽書戒以「放鄭聲」，安國報書曰「亦願兄遠佞人」。惠卿銜之。及安石罷相，惠卿因鄭俠獄奪安國官。

劉恕

劉恕，字道原。其先筠州人，父涣爲潁上令，棄官家星子，傍廬山隱焉。恕登進士，調鉅鹿主簿、和川令。恕篤好史學，司馬光薦修《資治通鑒》。王安石引爲三司條理，固辭不就。因言：「天子方屬公大政，宜恢張堯舜之道，以興化理，不應以利爲先。」以此忤安石。乞監南康軍酒税，以就養，許即官修書。復改秘書郎，卒。恕性廉介，不妄取予。自洛南歸，方冬，無寒具，司馬光遺以衣褥，辭不獲，强受而别。行及潁，悉封還之。其勵操如此。所著有《十國紀言》、《通鑒外紀》。

李朴

李朴，字先之，興國人，潛子也。紹聖進士。歷國子教授，爲程頤所器。移虔州教授。嘗言隆祐太后不當廢，坐勒停。以右司諫陳瓘薦，召對，詆王氏學，蔡京惡之，罷爲四會令。欽宗嗣位，五遷至國子祭酒，以疾不赴。高宗初，除秘書監。趣召未至，卒，贈寶文閣待制。朴操履介特，天下高其名。蔡京嘗遣所厚道意，餌以禁從，朴拒之。中書侍郎馮熙載欲邂逅見朴，朴笑曰：「不能見蔡京，安能邂逅熙載邪？」嘗自誌其墓曰：「以天爲心，以道爲體，以時爲用，其可已矣。」蓋敘其平生云。有《章貢集》二十卷。

曾幾

曾幾，字吉甫，開弟也。幼有識度。入太學，賜上舍出身。歷授書郎。林靈素方幸於徽宗，朝士争趣之，幾獨不往。累遷浙西提刑。秦檜怒其兄開，罷去，幾亦罷。檜死，起知台州。除直秘閣，召對言：「士氣久不振，陛下欲起之於一朝，矯枉者必過直，雖有折檻、牽裾，願加優容。」授秘書少監，權禮部侍郎。請老曰：「臣無補萬一，惟進退有禮，尚不負拔擢。」提舉玉隆觀，以通奉大夫致仕。卒謚文清。幾母死，蔬食終身。三任嶺表，家無南物。人服其孝廉。爲文章雅正。有《經説》二十卷、《文集》五十卷。

施師點

施師點，字聖與，上饒人。以選舍除臨安教授。累官權禮部侍郎、給事中、太子詹事。奉使至金廷，謁班既已定，相儀者以親王至，命師點退位。請數四，師點屹立不動，廷中駭愕。使還，上嘉嘆不已。晉參知政事。久之，知樞密院事。出知泉州，改隆興，兼江西安撫使。師點嘗語諸子曰：「吾平生仕宦，任其升沉，獨緣人主謬知，遂至顯用。窮達有命，惟忠孝乃吾事也。」贈金紫光禄大夫。所著有《易説》、《史識》及《奏議》、《制稿》、《東宫講議》諸書。

周執羔

周執羔，字表卿，弋陽人。宣和進士。除太學博士。調宜黄丞。累遷權禮部侍郎兼權吏部同知。貢舉，秦檜以科第私其子，減限年例以塞謗。執羔言祖宗法不可亂，忤檜，罷。久之，知饒州，除敷文閣待制。改婺州，召還。上言：王道在正心誠意，立國在節用愛人。復爲禮部侍郎，晉尚書兼侍讀，力求去。除龍圖閣學士，奉内祠。在經筵，以辨忠邪、納諫諍爲勸。尋告老，與外祠。公卿祖張都門外，縉紳榮之。

晏敦復

晏敦復，字景初，殊曾孫。少學于伊川，伊川奇之。登第，累官至吏部尚書。秦檜入相，獨憂曰：「姦人相矣。」後以寶文閣學士知衢州，封臨菑侯，卒。復事親孝，阴雨，必拱立親側。平居静默，及論事無所避。高宗嘗曰：「卿鯁直敢言，無忝爾祖。」

蕭燧

蕭燧，字照鄰，新喻人。紹興進士，授平江府觀察推官。秦檜當國，有預以主試漕臺告者。燧問故，對曰：「丞相子就舉，必以屬公。」燧正色拒之。孝宗初，除諸王宫教授。輪對，燧言：「官當擇人，不當爲人擇官。」上喜，製《用人論》賜大臣。累官至參知政事、權知樞密院。屢乞休，除資政殿學士，奉祠。卒謚正肅。孝宗每稱其「全護善類，誠實不欺」，手書《二十八將傳》賜之。

楊萬里

楊萬里，字庭秀，吉水人。紹興進士。調永州零陵丞。時張浚謫永，萬里以弟子禮謁浚，浚謂曰：「元符貴人何限？惟鄒志亮、陳瑩中姓名與日月争光！」勉以正心誠意之學。召爲國子博士、侍講。張栻以論張説罷，萬里抗疏留之。地震，上書切直，擢東宫侍讀。王淮爲相，問宰相先務，曰人才；問孰爲才，列朱熹、袁樞數十人以對。淮次第用之。遷秘書少監。以詆洪邁出知筠州。光宗召爲秘書監。入對，極言朋黨之禍。出爲江東轉運，改知贛州。寧宗初，以寶文閣待制致仕。晉寶謨閣學士。先是韓侂胄屬萬里爲《南園記》，萬里曰：「官可棄，記不可作。」侂胄恨之。擯廢十五年。及聞侂胄開邊釁，慟哭失聲，以憂憤卒。贈光禄大夫，謚文節。

所著有《誠齋易傳大全》諸書。

張大經

張大經，字彦文，南城人。紹興進士。授龍泉令。提點湖北刑獄，除監察御史、大理少卿，守殿中侍御史。論中人韓俣不應薦士，孝宗曰：「昔楊得意爲狗監，亦嘗薦司馬相如。」大經言：「恐無耻者希旨傷俗。」又論宦者董璉暴横，將命淮甸，所至誅求，璉遂得罪。除侍御史，至禮部尚書兼侍讀。屢請祠，孝宗曰：「卿公廉，必能爲朕牧民。」以徽猷閣學士知建寧。未幾，移鎮紹興，辭不赴，予祠。進龍圖閣學士，告老，以通奉大夫致仕。士論嘉其恬退，至方之孔戣云。寧宗立，進正議大夫，降詔慰問，賜銀奩、藥茗。疾革，語諸子曰：「吾目可瞑，吾愛君憂國之心不可泯。」贈銀青光禄大夫，謚簡肅。

陳仲微

陳仲微，字致廣，高安人，嘉泰進士。調莆田尉，寺僧與郡學争水利，仲微按法歸學，寺僧榜其事，旦暮祝詛仲微，過寺見之，曰：「吾何心哉？」質明首僧無疾終。或薦仲微於當路，授以牘。踰年，其家負租，逮其奴，其人有怨言，仲微探牘還之，緘封如故，始大慚謝。累知贛州，起惠州，遷大府丞。輪對言：「禄餌可以釣中才，而不可啖豪傑；名器可以載猥士，而不可以縶英雄。」忤賈似道，奪官。久之，敘復。咸淳末，樊襄失守，仲微上言：「其罪不在閫帥，而在君相。今代言之知體之士，翹館鮮有識之人，吮脂茹柔，積習成癖，君道、相業，兩有所虧。惟幡然改悟，天下事尚可爲也。」出江東提點刑獄。端宗即位海上，拜吏部尚書、給事中，兵敗，避地安南。仲微抱忠悃，阨於似道，不得竟其施。性嗜學，淹貫於六籍，於諸子百家靡不旁搜云。

徐鹿卿

徐鹿卿，字德夫，豐城人。嘉定進士。調南安軍教授。初學田多在溪峒，異時徵之無藝，農病之，鹿卿□□撫恤。後峒寇作，環城皆燬，惟學宫免，曰：「是無撓我者。」辟福建安撫司幹辦公事。都城火，應詔上封事，言積陰之極，其徵爲火，深以惑嬖寵、溺燕私、用小人爲戒。累遷大府少卿兼右司。入對，願蚤定國策，正綱紀，立規模。遷禮部侍郎。告老，授寶章閣待制，提舉鴻禧觀，致仕，進華文閣待制。卒贈四官，謚清正。鹿卿性清峻，不苟取，一廬僅庇風雨。所著有《漢唐文類》、《文苑菁華》諸書。

徐元杰

徐元杰，字伯仁，上饒人。師事陳文蔚、真德秀。紹定省試、廷對，皆第一。授校書郎，歷崇政殿説書。丞相史嵩之遭喪起復，元杰輪對言：「陛下爲四海綱常主，大臣身任道揆。自聞起復之命，中外失望。天理人心，詎實無之？」經筵復申前説，議命遂寢。晉太常少卿兼給事中、國子祭酒。以暴疾乞身，晉工部侍郎。隨乞納禄，詔轉一官致仕。尋卒。遣中使問狀，太學諸生伏闕愬其中毒，謂：「自昔小人傾君子，俾死于蠻煙瘴雨之鄉；今蠻煙瘴雨不在嶺表，而在朝廷。」太學諸生相繼訟冤。詔逮治，竟無驗。賜謚忠愍，厚恤其家。

馮去非

馮去非，字子遷，都昌人。父椅隱居授徒，著書二百餘卷。去非登淳祐進士。嘗幹辦淮東轉運司，與使者争事，投劾歸。元祐間，召爲宗學教諭。丁大全爲左諫議大夫，三學諸生叩闕言不可。詔禁戒諸生立石學宫，去非獨不肯書名碑下。未幾，大全入相。去非以言罷，舟泊焦山。有僧上謁，致大全意，願毋遽歸，少俟收召。去非奮然正色曰：「斯言何爲至哉？去非行傍廬山老矣。」遂不復與言。

湯漢

湯漢，字伯紀，安仁人。以薦授上饒縣主簿，轉運使趙希塈言：「漢，海内知名士也，豈得吏之州縣？」詔循兩資，差信州教授兼象山書院長。累上書言事。遷校書郎，入對，極言邊事，以爲：「今日扶危救亂，在人主清心無欲，盡用天下之財力以治兵；大臣公心無我，盡用天下之人才以强本。庶幾以亡爲存耳。」遷太府少卿兼太子諭德、秘書少監。疏論董宋臣之奸，求補外。以秘閣修撰知福州，改知隆興府。度宗即位，累遷權工部尚書兼侍讀。以端明殿學士致仕。卒贈正奉大夫，謚文清。漢介潔有守，恬於進取。所著有《文集》六十卷。

明

王英

王英，字時彦，金谿人。永樂進士。庶吉士。入翰林授修撰，進侍講。從征胡至闊欒兒海，旋師。至威虜鎮，碎李陵臺驛令碑，沉河中，絶虜争。上顧公，喜曰：「秀才二十八人中讀書者，朕需爾爲用，宜宣力，勿憚勞。」公因言：「虜遁，幸毋入險窮追。」上笑曰：「朕爲天下國家計，秀才直不欲黷武耳。」駐安平鎮，軍中有怨言，上怒。公言：「此皆壯士，幸宥其過，稍與恩澤，異日得其死力。」上喜，立命兵部尚書李慶給餉及輜畜。上崩榆木川，東宮命公與諸大臣定喪禮，議國事。宿内閣凡七日。陞侍講學士，歷陞禮部侍郎、南禮部尚書。卒謚文安，改謚文忠。公文章典贍，尤善草書。寬弘樂易，豪俊豁達，不屑曲檢，直諒，好規人過。故不爲三楊引用，論者惜之。

陳壽

陳壽，字本仁，新淦人。戍籍遼東。成化進士。繇給事中累官至南刑部尚書致仕。公性勁直，在諫垣，疏論萬貴妃族人、中官梁方、奸僧繼曉撓法，繫詔獄。副留院，疏救諸言官，以劾逆瑾，被逮奪職。顧不喜論列士大夫，嘗稱父遺言：「勿作刑官枉人，若言官枉人尤甚，吾不敢妄言。」公歷官四十年，著介潔名。老無所于歸，寄寓金陵，歿不能葬。久之，親舊相賙濟，歸其喪云。

楊廉

楊廉，字方震，豐城人。成化進士。選庶吉士，除給事中。尋求便養改南。上言張元禎、吴寬、李東陽、王鏊宜備日講，反講書宜兼《大學衍義》。諸所條奏，皆關治體、兵防大計。陞南光禄少卿，歷南太僕少卿、通政。尹順天，平徭減役，裁諸費冗，愛人節用，京輔稱清。陞南禮部侍郎，進尚書。大禮議起，具疏，同南九卿請考孝宗母詔聖，以崇正統一本之義。報聞。公好學能文，負時名，臨事精敏，性耿介耻回。至論事據經義，時傳律例，通古今。所著有《國朝名臣》及《理學名臣言行録》[一]、《太極圖纂》、《洪範纂要》諸書。卒贈太子少保，謚文恪。

朱廷聲

朱廷聲，字克諧，進賢人。弘治進士。繇行人爲御史。正德初，逆瑾偕其黨蠹國，公與同郡御史熊卓先後疏論其奸。迨瑾入司禮監提督，團營竊國柄，追憾諸不附己者，大學士劉文靖公而下數十人目爲奸黨，奪其官，而公以黨籍錮矣。瑾誅，起家南曹。拜僉憲浙江，累官至刑部侍郎，致仕歸。公生平大義皎然，而持操嚴肅，所至以清白稱。退居里中，不入城府，謝絶交遊。獨與隱士饒芳中友善，時相唱和爲樂，一切世味泊如也，世高其風節云。

[一] 按：即《國朝名臣言行録》和《理學名臣言行録》。

熊卓

熊卓，字士選，豐城人。繇進士爲平湖知縣。擢御史，居臺中侃侃，按都督神英贓罪如法，權貴不敢撓。按部廣東，貪墨望風解印。時逆瑾勢傾中外，卓抗節不爲屈，誣以奸黨，勒令致仕。迨逆瑾敗，而卓已不起矣。性警敏，十歲以能文知名。入朝，與李獻吉、何仲默友善。惜天不假年，功業、文章俱抑而未竟云。

余祐

余祐，字子積，鄱陽人。聞胡敬齋先生論學，徒步往師之，爲先生所賞，以女娶焉。登正德進士。授南京刑部主事，忤逆瑾落職。瑾誅，起知福州，晉山東副使。備兵徐州，以没入中官貨逮詔獄。從獄中著《性書》三卷。事白，遷南寧府同知。尋知韶州，投劾去。嘉靖改元，遷副使。尋遷河南按察使，忤兩臺，調廣西。兩遷至雲南左布政，召太僕卿，晉吏部右侍郎。公未去滇，而已不起矣。公性亢直，屢躓屢起，守故□彌厲。其學宗師説，一以朱子爲指南，彙輯朱子之書爲《經世大訓》十六卷、《游藝至論》一卷。

歐陽一敬

歐陽一敬，字司直，彭澤人。生有至性。甫成童，即知學。比長，業益精。登嘉靖進士。知蕭山縣，勤敏廉平，以愛人爲本，百姓戴若父母。召爲給事中，累遷都給事。慷慨有大節略，遇事敢言，彈劾無所避。當嘉靖間，以蹇諤著聲諫垣者，推公爲最云。晉太常寺少卿。請急歸，道病，卒。

吴悌

吴悌，字思誠，金谿人。嘉靖進士。知樂安、宣城二縣。以廉平稱，入爲御史，不函一幣。惟鍥天文圖爲贄，人稱「吴天文」云。上譴南畿主試諸臣，并絀所薦士。公爲申救，下詔獄。尋釋公。仍可其奏督鹺淮揚，按河洛，並著風裁。是時，分宜方鴟張。公引疾歸，垂二十年。華亭得政，即□召爲御史。還臺甫七日，擢太常寺少卿。尋遷南太僕、大理二卿。明年，遷南刑部侍郎。一夕卒。公蚤歲誦慕象山之學，不事口耳，加意實踐。平居布袍蔬食，澹如也。與人處，樂易可親，及至析道理辨政□，則侃侃不可回。在淮揚，疏薦布衣王艮，宜加□□。在河洛，疏修伏羲陵寢，以重斯文鼻祖，皆爲希□云。

周延

周延，字南喬，吉水人。嘉靖進士。知潛江縣，調新會，入爲兵科給事中。時議奪王新建爵，公上言：「守仁豎直節於逆瑾鴟張之日，糾義旅於逆濠雲擾之時，且其倡道章貢，四方興行，建牙閩廣，八寨銷氛。今欲以一眚而并廢生平，非所以存國體、昭公論□□。」謫判太倉，量移宿州，累官至南吏、兵尚書，改左侍御史。公性方峻介潔，所至以清勁著聲。及總憲□臺，百僚憚其風采。嚴世蕃方恃勢，多所淩忽，自華亭而下皆卑視之，獨嚴事公，不敢抗。嘗自贊其像曰：「退然若畏，鈍兮似迂。至其不違義、不趨利、不隨俗、不靡風者，殆之死而不敢渝。」人以爲實録。卒贈太子太保，謚簡肅。

姜儀

姜儀，字君肅，南昌人。嘉靖進士。自鳳陽府推官，累官至副都御史、巡撫湖廣。以征苗爲忌者所乘，奪職。當下遷，而公拂衣返矣。公性剛介，不能附麗權貴人。當是時，分宜秉事。公小紆，意可不至蹶，□□□復振，而公執故操不回。隱田間十餘年，絶意仕宦，足不及城市。敦尚孝友，爲鄉閭率先。日整襟危坐，誦《周易》，意豁如也。生平風概，抑熊恭肅之流亞云。

清介第六

漢

喻猛

喻猛，字驕孫，豫章人。和帝時，仕至蒼梧太守，以清白爲理。郡人頌之曰：「於惟蒼梧，交趾之域。禹貢厥人，島夷皮服。大漢惟宗，迪以仁德。出自中臺，鎮於外國。威風光遠，吏人從則。鳩集以禮，南人入服。簡於帝庭，功化畢植。」

雷義

雷義，字仲公，鄱陽人。初爲功曹，舉善不伐功，義嘗免人死罪，其人懷金謝義，義拒不受，乃密置承塵上而去。義後葺屋得金，其人已死，乃付縣。舉孝廉，拜尚書侍郎。有同臺郎坐事當刑作，義默表取其罪，同臺郎覺，委位自上詔，皆除刑。舉茂才，讓於陳重，州不聽，義佯狂，匿不應命。鄉里語曰：「膠漆自謂堅，不如雷與陳。」三府同時辟二人，義遂爲守灌謁者。使持節督郡國，行風俗，太守、令長坐者凡七十人。旋拜侍御史，除南頓令，卒。

陳重

陳重，字景公，宜春人。與鄱陽雷義友善，俱學魯氏《詩》、顔氏《春秋》。豫章太守張雲舉重孝廉，重以推義。明年義亦舉，與重同爲郎。有同署郎負息錢數十萬事公，駭曰：「安得此污吾素風矣。」亟取而投之江。其苦節往往類是。

明

劉實

劉實，字嘉秀，安福人。宣德進士。繇庶吉士乞教職自養。授金華同知。歲旱，適賦叢積，民或鬻子女不能完。公疏蠲其逋，贖還其子女。遷順天府治中。景泰中，召修《宋元史》。遷南雄知府。郡當孔道，商税至鉅萬，前守輒屬饜，推其餘餌過客爲游譽。公至，□□□一錢。中貴人道南雄，公無所饋，折辱公。既去，道□喧，傳公且上言中貴人索賄狀。中貴人懼，馳奏公抗敕使，大不敬。詔逮公下獄。公從獄中上書，言：「臣歷官以來，不以妻子自隨，茹粗衣敝，欲爲國家愛養小民。不忍勞費，觸中貴人，無所逃罪。」上不復窮治。不數日，卒獄中。公喜著書，尤邃於《春秋》。中夜有得，蹴童子燃燈，起書之，如獲拱璧。生平清苦，甘心貧窶，可與古廉吏范丹、李及齊驅矣。

孫需

孫需，字孚吉，德興人。成化八年進士。歷官南吏部尚書。守法，畏公議，白首清風，嚼然不滓。雖不能發揚功名，有赫赫之譽。顧正德間，大臣多掊尅回遹，需獨以廉約稱。卒贈太子太保，謚清簡。

向琺

向琺，進賢人。洪武進士。授職方員外郎。九年滿，驟遷通政使，不能奏對，改應天府尹。建文中，謫廣西。靖難後，復官。坐事繫獄數年，左遷浙江運使判官。及獻陵嗣位，察其廉直，召用之。累官至右都御史兼詹事。宣德初，改蒞南臺，條上當時闕失八事，尋致仕。雅有文學。屢經窮阨，持操愈厲。蔬食，水飲，布衣，澹如也。貧不能歸，客死金陵。

劉麟

劉麟，字元瑞，安仁人。弘治進士。繇刑部主事積官至工部尚書。性清慎，不苟取予。守紹興，逆瑾重索其賄，公不應。富人有齎金佐公者，公謝遣之，遂掛冠去。隱於吴之長興，教授生徒。郡人高其義，以配漢劉寵，顔曰「二劉祠」。在工部，多所條畫，建議置節慎庫，以清出納。以太子少保致仕。林居垂三十年，上下餽遺，謝絶不受，具載《卻金記》。殁謚清惠。

張鏊

張鏊，字濟甫，南昌人。嘉靖進士。繇庶吉士授儀曹郎。遷浙江督學、遼東冏卿。公處之如一，並殫心焉。世服公長者，争推轂之。累官至南兵部尚書。以營軍之變落職，歸。公廉，慎重寡欲，終始一操。入仕垂四十年，官上卿，而家無儲蓄。掛冠以後，田入不足以餔童稚，往往假貸升斗以自生活。其清約與萬益父儷美云。即統馭之才，抑亦少遜，而高風峻節，足厲貪頑矣。

李遷

李遷，字子安，新建人。嘉靖進士。公性清慎，外樂易而中耿介不移。繇南曹郎累官至右都御史、南京刑部尚書。顯重矣，而公田園無尺寸增。當總督二廣時，新鄭以内閣掌銓務，委寄隆重，海内争易弦轍事之，而公如故狀，無加禮。一日，白事于朝，命使者附書、齎數幣修敬于新鄭，新鄭卻其幣，授以一函。使者返，啓函視之，僅一空刺耳，亡報書。公嘆曰：「可復事貴人耶？」遂引疾，固求去。而是時南大司寇之令下矣，公浩然不可挽，竟得請以歸。自公懸車，廣中幕府鮮不以賄聞，動且至數十萬，而公晚歲僅僅自食。殁未十年，而諸子以貧寠稱，甚有不舉火者矣。其風格爲何如也？

隱逸第七

漢

徐穉

徐穉，字孺子，豫章南昌人。家貧躬耕，非其力不食。恭儉義讓，所居服其德。屢辟公府，不起。陳蕃爲太守，下車即詣之。蕃性方峻，不接賓客，唯穉來，特設一榻，去則縣之。舉有道家，拜太原太守，皆不就，延熹二年，蕃與僕射胡廣上疏薦穉。桓帝乃以安車玄纁，備禮徵之，不至。穉嘗爲太尉黄瓊所辟，不就。及瓊卒歸葬，穉乃炙雞絮酒，徒步到江夏赴之，哭畢而去，不告姓名。時會者四方名士，郭林宗等聞之，疑其穉也，乃選茅容輕騎追之。及於途，容爲設飯，共言稼穡之事。臨去，謂容曰：「爲我謝郭林宗，大樹將顛，非一繩所維，何爲栖栖，不遑寧處？」林宗嘗稱穉爲「南州高士」。

晉

袁京

袁京，宜春人。不樂仕進，隱居縣城東北五里山，以耕誦自業。時人慕其名行，目其山爲袁山。後郡守爲立高士坊以美之。其風概可想也。

喻合

喻合，字匡孫，南昌人。好學，不慕榮寵。隱居廬山北阜，布衣蔬食三十餘年。吴孫皓、晉武帝皆徵，不起。□卒于山。

翟湯

翟湯，字道深，潯陽人。自南陽徙家焉，篤行純素，不屑世事。永嘉末，寇害相仍，聞湯名德，皆不敢犯，鄉人賴之。隱于縣南廬山。始安太守干寶遣船餉之，戒吏致書訖，即委船還，不使得辭餉。湯乃以所餉易絹寄之。庾亮臨江州，束帶詣湯，禮甚恭。湯曰：「使君直敬其枯木朽株耳。」亮表薦之。徵國子博士、散騎常侍，不就。主簿張玄曰：「此君卧龍，不可動也。」湯子莊、莊子矯，併有高操，不受辟命。

翟法賜

翟法賜，矯子也。少不事家業，立屋于廬山頂。喪親後，不復還家。不食五穀，以獸皮結草爲衣。鄉親中表，皆莫得見。州辟主簿，舉秀才、右參軍、著作佐郎、員外散騎侍郎，並不就。後家人至石室尋求，因復遠徙。潯陽太守鄧文子表曰：「奉詔書，徵郡民翟法賜補員外散騎侍郎。法賜隱跡廬山，于今四世，棲身幽巖，人罕見者。如逼以王憲，束以嚴科，馳山獵草，以期禽獲，慮致顛殞，有傷盛化。」乃止。後卒于巖石間。

周續之

周續之，字道祖。其先雁門廣武人，過江居豫章建昌縣。續之八歲喪母，哀戚過于成人。奉兄如父。續之年十二，詣豫章太守范寧受學，通五經併緯候，稱爲顔子。既而閑居，讀《老》、《易》，入廬山事沙門釋慧遠。布衣蔬食，終身不娶。江州刺史劉柳稱其清真貞素，思學邃深，薦之宋武帝，辟爲太尉掾，不就。武帝鎮彭城，遣使迎之，禮賜甚厚。每稱之曰：「真高士也。」既踐祚，召至京師，爲開館東郭門外，乘輿降幸。移病鍾山，卒。所著有《公羊傳註》、《高士傳註》。先是彭城劉遺民與陶淵明及續之，併隱廬山，時稱「潯陽三隱」。

陶潛

陶潛，字淵明，或云淵明字元亮，尋陽柴桑人。晉大司馬侃曾孫也。少有高趣，博學善屬文，任真自得。著《五柳先生傳》以自況。爲州祭酒，不堪吏職，自解歸。召主簿，不就。躬耕自資。後爲彭澤令，不以家累自隨。送一力給其子，且曰：「汝旦夕自給爲難，今遣此力，助汝薪水之勞。亦人子也，可善遇之。」郡遣督郵至縣，吏白應束帶見之。潛嘆曰：「我不能爲五斗米，折腰向鄉里小兒。」即日解印綬去，賦《歸去來》以遂其志。徵著作郎，不就。潛以曾祖晉世宰輔，耻復屈身易代。自宋武帝王業漸隆，不復肯仕。所著文章皆題其年月，義熙以前，明書晉氏年號；自永初以來，唯云甲子而已。元嘉四年，將復徵命，會卒。私謚靖節徵士。

南朝

雷次宗

雷次宗，字仲倫，南昌人。博學，明《毛詩》、《三禮》。不就□辟，入廬山，從慧遠遊。後還鄉里。爲書示子姪曰：「吾少多病，志栖物表。弱冠托廬山，事釋和尚，遊道餐風二十餘載。淵匠既傾，良朋凋喪，遂與汝曹歸耕，山居谷飲，忽復十年。及今未耄，尚可厲志，成來生之津梁。自今家務大小，一勿見關。」元嘉十五年，徵至京師，立學雞籠山。數幸問，資給甚厚。除給事中，辭不就。久之，乃還。二十五年，詔曰：「前新除給事中雷次宗，經明行修，自絕詔命，宜加升引，以旌退素。」加散騎常侍，又不就。再徵，至京師，築室鍾山，扁曰「招隱」。猶秉節操，不入宫門，每日華林園入延賢堂，爲太子、諸王講《喪服經》。尋卒。

唐

臧嘉猷

臧嘉猷，進賢人。開元中，州牧吴競召，不赴。著《無求論》，以見志。競名其鄉曰「真隱」，里曰「正吉」，以旌異之。天寶中，左相李適、尚書張均薦嘉猷究天人，宜加拔擢。以親老，不願仕。著《德政八章》以獻，朝廷嘉其節，賜束帛。後屢徵，不起。撰《皇王十翼》七卷。

宋

劉涣

劉涣，字凝之，高安人。志高潔。精于史學。天聖八年，爲潁上令。持正不阿，忤上官，拂衣歸，隱于廬山。粥蔬自食，無求於物。歐陽文忠公壯其節，作《廬山高》以美之。時陳舜俞謫監南康酒税，與凝之往來，嘗騎黄犢游廬山。李伯時爲繪圖作歌。久之，其子恕亦謝事歸，父子偕隱廬山。蘇子由稱其「冰清玉潔，凛乎非今世之人」。後人因名其隱居之堂爲「冰玉堂」。淳熙中，朱元晦守南康，修其壯節亭於墓前，春秋率僚屬、諸生祀焉。

蔡必大

蔡必大，字弘道，新昌人。隱居林壑。家饒於財，里中貧人來求糴者，輒隨多置與之，仍還其值。遇雨雪，察里中有不舉火者，密持錢置户内，不令其人知。

陽孝本

陽孝本，字行先，贛縣人。學博行高。隱居城西通天巖。蘇軾自海外歸，過而訪焉。嘗爲文贊之曰：「道不二，德不孤。無人所有，有人所無。」又有「人謂元德秀，自稱陽道州」之句，蓋美孝本不娶也。崇寧中，舉八行，解褐國子録，遷博士，以直秘閣歸隱。時郡人李存亦掛冠歸，時號「崆峒二隱」。

明

梁寅

梁寅，字孟敬，新喻人。性嗜學，家貧不能得書，常假書誦讀，吴澄一見賞之。傷元政昏亂，隱居蒙山，不求仕進。洪武初，郡守劉貞辟爲本郡教授。尋聞議郊祀禮，及議定，賜衣幣，授之官，以老疾辭不受。賜白金爲路費。家居，聚徒教授，篤志力行，遠近□其名德。聘主江西鄉試者三。所著有《周易參考》、《春秋考義》、《尚書纂義》、《禮記輯略》、《詩經演義》、《周禮考註》、《策要》、《論林》、《耄言》、《史略》、《類訓》諸書。

陳德雍

陳德雍，清江人，逸其字，隱居龍潭之上，自號龍潭老人。潛心學問，尤精《周易》。躬耕自給，不求仕進。與吴聘君友善。南海陳公甫質聘君以《周易》疑義，聘君語曰：「過清江，可叩龍潭老人。」公甫如言往，第見德雍荷笠負耒從隴上歸。因延至家，相對談論甚洽。公甫嘆息不已。既别去，德雍謂妻子曰：「聘君非愛我者也。」後益自避匿。

儒行第八

宋

李潛

李潛，字君行，興國人。治平進士。爲洪州司理參軍，歷知蘄州。性純孝，終父喪，足不履私室。嘗曰：「人子能不欺其親，是不欺天也。」初如京師，其子弟請貫開封籍取應，潛不許，曰：「女虔州人而貫開封，是欺也。欲求事君而先欺君，可乎？」其誠篤不欺，類如此。朱元晦録其言入《小學》，稱之曰君行先生。

陸九韶

陸九韶，字子美，金谿人。唐宰相希聲八十孫。隱居講學。晝所言動，夜必書之。嘗謂曰：「孝弟之外無餘道。」又謂曰：「義利易見，惟義中之利、利中之義難明。」與朱元晦雅相敬愛。累世義居。九韶倣韻語爲訓辭。每晨興，家長率子弟謁先祠畢，擊鼓，誦其辭，子弟皆環聽之，以爲常。垂歿，不許銘墓。所著有《日記類編》、《經解新説》及《州郡志圖》、《家制》、《文集》。學者稱爲梭山先生。

陳文蔚

陳文蔚，字才卿，上饒人。蚤歲受學於朱元晦，多所開悟。嘗撰《大學誠意》及《中庸戒懼謹獨説》，大爲元晦稱賞。後元晦註《儀禮》諸書，文蔚雖不在門，手書往[一]

徐大雅[二]

胡安之[三]

[一] 按：底本闕頁，殘缺未完。
[二] 按：底本闕頁，無文，今存目。
[三] 按：底本闕頁，無文，今存目。

元

饒魯

《論孟紀聞》、《學庸纂述》、《太極三圖》、《張氏西銘》、《近思録》諸書〔一〕。

謝諤

謝諤，字昌國，新喻人。紹興進士。歷州縣有聲，遷監察御史。上議役法，詔頒行諸路。兩遷右諫議大夫兼侍講。孝宗嘗稱伊、傅所學，得事君之道。諤對：「固然，非成湯、武丁信用之，即伊、傅，安能致治？」光宗踐祚，獻十箴。時人比之李衛公丹扆云。遷御史中丞，權工部尚書，請祠歸。卒贈通議大夫。諤爲文，慕歐陽修、曾鞏。嘗題其燕坐曰「艮齋」。周益公薦之，孝宗曰：「是謂艮齋者耶？朕得之《聖學淵源録》。」所著《經解》〔二〕

〔一〕按：以上底本殘缺。

〔二〕按：以下底本殘缺。

曾鞏〔一〕

虞集

仁壽郡公，謚文静。所著有《道園集》〔二〕。

明

劉仲質

劉仲質，字文質，分宜人。洪武初，舉爲宜春訓導。有薦仲質好學、博通經史者。召對稱旨，授翰林編修。歷官至禮部尚書。十五年四月，詔天下祀孔子，增修學校。上諭仲質曰：「孔子明帝王之道，以教後世，使君君臣臣，父父子子，綱常以正，彝倫攸敘，其功參于天地。今天下

〔一〕按：底本闕頁，今存目。
〔二〕按：以上底本殘缺。

郡縣，廟學併建，而報祀之禮，止行于京師，豈非闕典？卿與儒臣共定釋奠禮儀，頒之天下學校，令每歲春秋仲月通祀之。」是年十一月，設諸殿閣學士，職如宋制。遂命仲質爲華蓋殿大學士，上親製誥文。後絀爲監察御史，卒。

胡廣

胡廣，字光大，廬陵人。建文進士第一，更名靖，授翰林修撰。靖難後，召入内閣，遷侍講，復名廣。累遷翰林學士兼左春坊大學士。偕楊文敏、金文靖纂修「五經四書」、《性理大全》。書成，晉文淵閣大學士。公朴質簡重，持大體，存心愛人。上諒其朴願，信任亞於中楊。禁廷應對，慎密不泄，操持清謹。退朝，杜門讀書，罷交遊。爲文滔滔不竭，制誥典册，多出其手。周訥請封禪，公言封禪非禮。上斥訥獻，却封禪頌。奔母喪，還朝，上問民間疾苦，公頓首曰：「百姓頗安，惟有司窮治建文時奸黨，枝附株連，坐誣善良甚苦。」上立命罷追詰者。公擅書，尤工行草。卒贈禮部尚書，謚文穆，官其子穜翰林檢討。洪熙中，加贈少師。

婁諒

婁諒，字克貞，上饒人。蚤歲從吴聘君遊，朝夕劘切，得其心學之正。嘗任成都府學訓導。

以母老，輒棄官歸。屏居玩理，朝夕不懈。與餘干胡叔心、南昌張廷祥友善。嘗會于弋陽之龜峰、餘干之應天寺，發明學術。于時後進從遊者輒抗師道臨之。得聘君家法，其教人大要以修身正心爲主，日用應酬一切納之於禮。見人有過，輒面折之，務令改，圖後進，□其教焉。

劉定之

劉定之，字主静，永新人。正統進士。授翰林編修。詔求直言，公上十事，留中，進侍講。景帝踐祚，又上十事，乞奪德勝門戰功，以崇廉耻，作敵愾。遷洗馬、右庶子。北虜邀使，議未決，公言宜遣使縻虜，我得益修内治。天順初，改通政司參議兼侍讀。成化中，遷太常少卿兼侍讀學士；入内閣，晉工部侍郎兼翰林學士。踰年，改禮部。公在内閣，定國家大計者再。性孝友。微時，苦家貧，教授生徒，以束脩爲養。既仕，歸禄於親，自甘菲薄。居常温粹可親，及論國家事，則引經據義，無回撓。爲文雄渾瑰麗，天真爛然。卒贈禮部尚書，謚文安。所著有《杲齋存續稿》、《宋史論》。

徐紀

徐紀，字惟修，東鄉人。繇歲貢授武昌縣學訓導，以身爲教。一日，讀王文成公《傳習録》，恍若有悟，著《泮宫夜氣録》，識所悟入。尋引疾解職歸。日與鄉後進論學，孳孳不懈。或拊諸孫，歌詩習禮，悠然自適。臨終，作聯句授諸孫云：「身還造化初來物，心與浮雲一樣空。」人服其有得云。陳九川銘其墓曰「木訥近仁，忠信基禮」，允矣。令人晚悟真體，卓然仕止，超然生死。識者謂無愧辭。

敖英

敖英，字子發，清江人。正德進士。授南工部主事。遷禮部郎中、陝西僉事、河南副使，皆督學。累官至四川右布政使，致仕。公鋭意學問，與鄒文莊、羅文恭友善。自爲督學，力抗師道。所至直行己志，不詭隨世俗，人莫敢干以私。家食二十餘年，獎掖後進，始終不倦。所著有《雜言》、《贅言》、《感舊録》、《慎言集訓》、《心遠堂稿》、《四川錢穀考》、《備邊志》、《霞外雜俎》。

章衮

章衮，字汝明，臨川人。嘉靖進士。授御史，督南畿學政。衮性狷介，素寘合。及是益自刻勵，端矩矱。諸所請寄，率格不行。無何，以言事觸上怒，左遷建寧推官。累陞陝西提學副使。

一日感時事，輒引疾乞身，不待報，去。衮博學不倦，嘗撰《學庸口義》，於傳註外多所發明。所至，從學者甚衆。著《章子瑣言》及《詩文》若干卷。

陳九川

陳九川，字惟濬，臨川人。正德進士。既登第即請告，從王文成遊，聞良知之學，喜曰：「道在是矣。」起家爲太常博士。會武廟南巡，公與舒國裳諸人伏闕上書。予杖，歸里，復從文成，卒業于虔州。久之，起爲主客郎。以議禮不合，憸人乘間，論公嚴刻，失遠夷，以謫戍。尋致仕，講道明水山中，來學者愈益衆。嘗謂聖人可學而至，終身守其師説弗變。公所著有《明水集》、《續傳習録》若干卷。公在官蹇諤，樹風裁。退居里巷，則談道術以淑其子弟。撫州之學，自聘君而後，至公而一振。卒之日，有星墜舍傍。羅文恭爲銘其墓。

吕懷

吕懷，字汝德，廣永豐人。嘉靖進士。繇庶吉士、給事中歷官至南祭酒。以忤分宜，改參南通政，引疾歸。公蚤暮聖賢之學，師事湛若水。在諫垣，世方以僞學詆王文成，公獨明其不然。在宫僚，上言薛文清應從祀孔廟，皆於斯文有關。其教人大要，以變化氣質爲先，謂氣質有疵，終爲德性之累。所著有《心統圖説》、《律吕古義》諸書。

魏良政 弟良器附

魏良政，字師伊，新建人。嘉靖鄉薦第一。太常水洲先生弟也。性端重，鋭意學問。手録王文成公《傳習録》，讀之有得，遂師事焉。志篤功專，而徵其實於踐履。燕居獨處，略無惰容。方發解時，嚴方伯公紘執卷嘆曰：「學古力行，素有聲稱，人也足爲得人慶矣。」其嘗曰：「吾輩之學，頭腦既明，只以專一得之。氣專則精，精專則明，神專則靈。」又曰：「不尤人，何人不可處？不累事，何事不可爲？」

弟良器，字思顔。未冠，聞文成學於二兄，遂堅嚮往，卓然以聖賢自期待。文成嘗曰：「得思顔，門人益親。」其學以透悟本心爲要，其言曰：「理無定在，心之所安，即是理；孝無定在，親之所安，即是孝。」王門學者以顔子目之。惜天不假年，與兄師伊俱蚤逝，未竟其學，爲時所惜焉。

彭簪

彭簪，字世望，安福人。正德領鄉薦。授衡山知縣，有惠政。越十年，移知常州，遷靖州知州。逾年，解印綬□。隱居石屋山，稱石屋山人。爲亭于其上，曰「卧雲亭」。鄒、羅兩文恭時時過從山中講學，炊黍擷蔬爲食，停累日方去。亭傍崖壁，輒置杯其上，興到則引觴與客就酌，杯大小隨客量授之，不爲强。一日，石忽隕，自知其將逝也，徧招親知來别，刻期日，沐浴，端坐而逝。羅公稱其貞而不矯，達而不肆，人以爲知言。

黄玄齡

黄玄齡，字崇壽，建昌人。成化進士。授翰林檢討。性端謹，雅自飭勵。事母最孝，以母老乞終養。遂不復仕進。閉户讀書，手不釋卷。足跡不履公廷。恬退之操，終始不移。人服其雅尚云。

治功第九

漢

孔恂

孔恂，字巨卿，新淦人。爲州别駕。車制舊有屏星，如刺史車式。刺史行部，發傳晏移，怒，欲撤别駕屏星。恂曰：「使君傳自晚發，欲撤屏星，毁國舊制。别駕可去，屏星不可撤。」即投傳去。刺史追謝，乃止。車仍舊。

宋

夏執中

夏執中，字子權，宜春人。父協生女爲孝宗皇后，追封信王，補執中承信郎。初，后去家時，父協已歿，執中貧甚。及后物色得之，攜其妻入京，后諷使出妻，别婚貴族。執中誦宋弘事以對，后默然。既貴，益折節學問。善大書，精騎射。嘗爲館伴副使，與虜使射，連發皆中，金人駭服。孝宗聞其才，欲大用之。執中謝曰：「異日無累陛下，保全足矣。」人以此益賢之。官至奉國軍節度使，封宜春郡公。寧宗嗣位，加少保。卒贈太師。

范應鈴

范應鈴，字旂叟，豐城人。開禧進士。歷崇仁令，發擿如神，歲杪與百姓休息，蠲租釋繫，恤生瘞死，崇孝勸睦。峒寇爲亂，差知吉州，贛叛卒戕主帥。應鈴曰：「此非小變也。」密遣諜購捕之。部使者劾其輕發，鐫一官。起廣西提點刑獄。召爲金部郎官，入見，言：「公論不出於君子，而參以小人；紀綱不在於朝廷，而牽於閹寺。」識者韙之。累遷直寶謨閣、湖南轉運使判官、大理少卿。屢謝病，不允。及卒，語家人曰：「死生，數也。平生學力，正在今日。」翛然而逝。應鈐守正不阿，爲官未嘗以得失利害介意。徐鹿卿謂其「經術似倪寬，決獄似雋不疑，治民似龔遂，風采似范滂，理財似劉晏，而正大過之」。人以爲名言。

包恢

包恢，字宏父，南城人。父揚、伯父約、叔父遜，從朱熹、陸九淵學。恢少受學諸父。登嘉定進士。累官福建提點刑獄，兼知建寧，罷歸。以布衣陳景夏薦，起直顯文閣、浙西提點刑獄。海寇亂，恢討平之。累官至刑部尚書、端明殿學士、簽書樞密院事，封南城侯。尋以資政殿學士致仕。恢嘗對理宗言：「陛下惻隱之心，如天地日月，其閉而食之者，近習、外戚耳。」遇有敷陳，皆誠意懇到。度宗嘗比之程頤。恢臨終，引盧懷慎卧簀事戒諸子。斂以深衣。卒，有光隕地。贈少保，謚文肅。

冷應徵

冷應徵，字公定，分寧人。紹定進士。調廬陵主薄，歷知德慶府，提舉常平兼轉運使、直寶章閣、知廣州。常曰：「治官事當如家事，惜官物當如己物。今國計内虛，邊聲外震，吾等受上恩，安得清談誤世？陶士行、卞望之，吾師也。」自聞襄樊受圍，日繕器械，裕財粟，以備倉卒。後賴其用，屢平大寇。未嘗輕殺，即笞杖，亦審慎。至其臨事輒斷，雖勢要不爲奪。卒于家。

明

羅通

羅通，字學古，吉水人。永樂進士。授御史，巡四川，有風節。奉詔言事，謫知邊州。正統初，遷户部員外郎、兵部郎中。從尚書王驥征虜，有功。己巳之變，以副都御史守居庸。公設方略，擒大酉那吉、帖木兒，追至拗羊山。捕斬有功，入贊軍務，理院事。景泰中，上言邊軍增首功，張虜勢。德勝之戰，近在都門，斬虜幾何，而陞級大濫。于公謙不悦，乞解兵柄。羣臣上書諫，于公因言：「公志在滅賊，謙等宜協力，勿猜阻。」尋鎮撫山西，督兵逐虜懷來至長安嶺，斬首有功。虜退，班師，晉左都御史。天順二年，致仕。弘治末，録公功，敕祠居庸關。

王槩

王槩，字同節，廬陵人。正統進士。性敏達，暢曉吏事。繇刑部主事、員外郎中累遷河南按察使。所至斷獄明允，民以爲不冤。天順初，被誣下獄。會襄憲王入朝，上問所過官吏，王對曰：「臣過河南，百姓遮道，訴王廉使冤，且言其清勁，鋤豪附善有恩威，幸爲百姓言屢上，還我王廉使。」上喜，命法司雪公，復其官，遷右副都御史。巡撫陝西，歲饑，立法賑貸，全活數萬人。入爲大理卿，讞奏酌情法，多所平反。成化中，遷刑部尚書，疏陳時政十事，上嘉納。商文毅薦公代吏部尚書姚文敏，不爲持議者所喜，竟用尹同仁。卒謚恭毅。

高明

高明，字上達，貴溪人。景泰進士。繇御史遷大理丞、南院僉都御史。齠齔時，刲股以愈親疾，遂知名。居堂中，侃侃無所避。明習法律，所上獄條多著爲令，爲英廟所知。吏部擬公爲山東按察使，上謂大學士李賢、左都御史寇深曰：「明可爲都御史，勿外遷。」在南京，上疏乞休，去。久之，以治盜徵。盜平，復乞休。公前疏謂：「無才一，宜退；有疾二，宜退；親老三，宜退。」後疏謂：「奉命治盜，宜再起；功成疾作，宜再退。」因自號「五宜居士」。瀕卒，自書「平生無一事欺天」云。

劉永

劉永，大庾人。永樂進士。授刑部主事，遷郎中。以才名，巡撫萬全。正統中，以大學士楊榮薦，遷荆州知府，奉璽書之任。公性廉介，有局幹。至郡勸農興學，均賦簡訟，清吏蠹，抑豪强。郡中稱爲神明。以親王不法病民，疏聞于朝，被逮，下詔獄。尋釋之，復故官。後以憂去，郡中軍民數千人請于朝，奪情起復，前後歷十四年。卒于官，民立祠，肖像祀之。

毛伯温

毛伯温，字汝厲，吉水人。正德進士。繇紹興推官授御史。按河南、湖廣，多所糾正，風裁肅然。至今湖湘間婦人女子猶稱説毛御史云。嘉靖初，晉大理寺丞。累官至兵部尚書、太子太保，卒。公具文武材，有權略。初拊寧夏，繼督宣、大，三征安南，四掌樞筦。在兵間久，習知邊徼要害、虜情得失，一時威望赫然。接受莫登庸降附，保全一方生靈，而國威亦暢，可謂能臣矣。隆慶初，追贈少保。

桂萼

桂萼，字子實，安仁人。正德戊辰會試，甲戌進士。知丹徒縣，忤其守，拂衣歸。薦起知青田，不赴。改武康，又忤其守，下獄。以母憂歸。嘉靖壬午，大禮議起，公行取至京，與時議迕，復出知成安。癸未，遷南刑部主事，疏言：帝王以孝治天下，不宜奪興獻帝，不可奪之適宗，使興國太后禮有未盡，宜亟正稱號。甲申，疏再上，召公與張文忠入，授翰林學士，集百官議于朝。議既定，更詔天下。累晉至武英殿大學士、吏部尚書。卒贈太傅，謚文襄。公奇崛不羣，有經濟材，於天下事無所不討論，而卓識壯氣，又足以推行之。乃其孝友宜家，廉潔砥行，爲鄉評所□□者，又不足論矣。出處勳名，與張文忠相埒云。

丁以忠

丁以忠，字崇義，新建人。嘉靖進士。守河間時，熊恭肅以直言被譴，上怒甚，梏其手，遣錦衣校卒護歸里，跋涉道路，間不勝楚。及經河間，公對之愴然，邀校卒置密室中，厚爲之禮，而諭之曰：「太宰固上所尊寵，一旦小忤逆，暫苦之耳。詎有意殺之耶？若等以上怒未解，□少爲地。萬一死道路，上或憐太宰無罪，將若何？」校卒唯唯，謝弗及。公乃給太宰藍輿護持之，太宰竟恃以全。公恢廓無畦畛，所至以寬大稱。開府山東，甚得齊魯間心。遷南京兵部侍郎。已滿三載，例當遷，公睹時事益變，翻然曰：「吾志願畢矣，復待來年耶？」遂致其事而去。人高尚其恬云。

吴桂芳

吴桂芳，字子實，新建人。嘉靖進士。爲祠祭郎。雅有才名。嚴世蕃欲與爲婚，公峻拒之。坐是出守揚州。士大夫益欽其行。公在揚州極力拊摩，得士民心。名益起，遷督山東學政。累官至兵部左侍郎，樹勳績於粤東西。中樂閑曠，引疾歸田，殆將十年，遠近尉薦無虚日。後召爲漕運總督，經略淮海間運道，疏草灣支河、築寶應石隄，俱稱永利焉。尋晉工部尚書，總理河漕。以勞瘁卒。贈太子少保。公體貌修偉，第髭髯。言論英暢，望之知爲異人也。晚留心理學，謂準後進於斯文有助云。

朱衡

朱衡，字士南，萬安人。嘉靖進士。授龍溪知縣，入爲刑部主事、禮部郎中、福建提學副使，累官至吏部侍郎、工部尚書、太子太保。公在閩，號稱得士。後來以勛伐著聲者，類出公門下。

開府山東，值歲侵，下倉賑貸，全活甚衆。兩經略漕河。鑿新渠，起南陽迄留城一百四十餘里；濬舊渠，起留城迄境山五十餘里。爲閘、爲壩、爲月河，以時蓄洩，制溢涸。於是運河大通，至於今，守之無虞。嘉隆間，言治河者莫逮焉。萬曆初，江陵得政，卑視百僚。而公以宿望不相下，又時時對客談時政，益爲所忌，而浮言起矣。公遂得請，竟賜玉以歸。尋假昭陵事奪公宫保。卒後十餘年，而巡河科臣猶然請建祠祀公云。

譚綸

譚綸，字子理，宜黄人。甲辰進士。授南禮部主事，累官至兵部尚書、太子少保。方奴寇台州，僊居、黄巖相繼破。公從南庫部郎出守，簡健卒千人，日訓練之，三戰而三捷。倭遂解去。論功，超三等，繇防海副使晉右布政，仍飭兵海上。粤寇張璉等躪江西，丁憂居，奪情起公剿之。寇平，移福建。疏請終喪。興化被圍，又奪情往援。在道，晉都御史。公五戰而五勝，倭遂無留種。始得請終喪。久之，起撫陝西。而四川妖賊告急，又移四川。賊平，尋督兩廣。山海諸賊亂，平督薊遼，則增築敵臺，大修戰具，募南兵實塞。□虜相戒，不敢犯。及領本兵，諸所上條書皆安邊平虜，遠猷惜未盡施用。公慷慨抱經濟略，終始在世間。南平倭，北禦虜，當時賴公如左右手，蓋未易至也。卒贈太子太保，謚襄敏。

文學第十

唐

劉昚虛

劉昚虛，字全乙，靖安人。恭儉，有詞藻，穎悟過人，知名當時，與襄陽孟浩然友善。開元中，補考功員外郎，累遷崇文館校書郎。時吴競都督豫章，方直少許可，獨高其行，改所居之里爲孝友鄉，以表異之。卒。所著有《文集》五卷。

鄭谷

鄭谷，字守愚，宜春人。穎悟絶倫，七歲能詩。司空圖見而奇之，曰：「當爲一代風騷主。」光啓進士及第。繇鄠縣尉爲拾遺補闕。乾寧間，以尚書都官郎中致仕。史稱其韜光隱耀，全去就，始終大節，異於時之貪得躁進者。閑居仰山之書堂，每永夜静吟，謂「得句勝於得好官」。爲薛能、李頻所稱賞。嘗從僖宗登三峰，朝謁之暇，憩息於雲臺道舍，故目其集爲《雲臺編》。

盧肇

盧肇，字子發，宜春人。少貧，篤志好學，爲文偉麗可觀，當時推重之，爲李衛公所知。登會昌進士第一。授潼關防禦判官。衛公再入相，肇不少阿附。使相盧商、太尉裴休、左僕射盧簡求先後奏辟，稍遷注作郎。除倉部員外、集賢學士、持節歙州諸軍事、柱國、歙州刺史。肇於是觀日月之運，察盈虛之理，著《海潮賦》。下詔褒美。遷吉州刺史，卒。所著有《文標集》。

宋

王安石

王安石，字介甫，臨川人。父益都官員外郎。安石生有異質，潛心經術，屬文敏妙，淵源典誥。曾鞏攜示歐陽修，修爲延譽。登進士上第。簽淮南判官。調知鄞縣，有治績。累官至知制誥。與韓維友善。神宗在潁邸，維爲記室，數言其賢。甫即位，召爲翰林學士。二年，拜參知政事。上言：「變風俗，立法度，爲當今最急。」遂創青苗、保甲、免役等法。三年，拜同中書門下平章事。嗣是再出，再相。封舒國公，改荆國。卒謚曰文。公雅以致君堯舜自許，慨然有矯世易俗之意，不可謂非心存國家。惜其果於自信，變更太驟，輕□者，宿引用非人，致美意不終云。

黄庭堅

黄庭堅，字魯直，分寧人。幼警悟，讀書過目輒成誦。博極古今文章，卓犖瑰瑋，淩駕一代。舉進士，教授國子監。蘇子瞻嘗嘆其獨立萬物之表，薦爲校書郎。《神宗實録》成，擢起居舍人、秘書丞。紹興初，知鄂州。魯直有重名於時，與子瞻友善，爲章惇、蔡卞等所嫉，貶涪州别駕、黔州安置，移戎州。魯直泊然不以屑意，日與蜀人講學不倦。徽宗即位，起知舒州。以吏部員外郎召，併不就。未幾除名，羈管宜州。徙永州，卒。魯直性至孝，母病，衣不解帶。及亡，廬墓側。人服其行。生平慷慨自喜，屢經挫折，不易故操。而推賢樂善，汲汲恐後。嘗誦服周茂叔，稱爲光風霽月。後進之士，争願出門下。文章、書法，俱自成一家矩矱。士大夫得其片語隻字者，莫不藏匿以爲榮。當時以魯直配子瞻，故至今稱「蘇黄」云。

汪藻

汪藻，字彦章，德興人。登進士。和徽宗御製《君臣慶會閣詩》，衆莫能及。時胡伸亦以文名，人爲之語曰：「江左二寶，胡伸、汪藻。」累遷著作佐郎。以忤宰相王黼，通判宣州。高宗嗣位，召試中書舍人。黄潛善惡之，與祠。明年，復召拜翰林學士。帝以所御白團扇，親書「紫誥仍兼綰，黄麻似六經」以賜。紹興初，除龍圖閣直學士，知湖州。乞纂集元符庚辰以來行事爲日曆。詔賜史館餐錢，聽辟屬編。類書成，上之，凡六百六十五卷。晉顯謨閣學士。尋知徽州。奪職，卒。及秦檜死，復職，官其二子。《徽宗實録》成，贈端明殿學士。藻博極羣書。通顯三十年，無室廬以居。

李覯

李覯，字泰伯，南城人。俊辨能文章。親老不復干禄，以教授自資，從學者常數十百人。曾鞏、鄧潤甫皆出其門。皇祐初，范仲淹薦其著書立言，有孟軻、揚雄之風。召試太學助教，上明堂定制圖。嘉祐中，除太學説書，卒。所著有《退居類稿》、《皇祐續稿》。鄧潤甫刊其遺書，録其子爲郊社齋郎。

洪邁

洪邁，字景盧，皓季子。紹興間，中博學鴻詞科。遷左司員外郎。充金國報聘使。累遷至翰林學士。知紹興府，過闕奏事，以十漸爲戒。屢請老，以端明殿學士致仕。卒贈光禄大夫，謚文敏。邁以兄适、遵，並以文章取盛，名躋貴顯，而邁尤該博，受知孝宗，嘗稱其文備衆體云。所著有《四朝史記》、《容齋隨筆》、《夷堅志》行於世。

陳澔

陳澔，字可大，都昌人。潛心學問，於書無所不讀，尤精於經義。慮《禮記》一書注疏繁雜，學者莫能究其指歸，乃遍加討論，倣朱子爲《禮記集注》。於是作者之意，始暢然明於世，遂與朱子所註諸經並傳至今。有司創專祠祀之，及有歸經書院。

馬端臨

馬端臨，字貴與，餘干人。宋右丞相廷鸞仲子，以蔭補承事郎。幼嗜學，博極羣書。中省試第一。明年，宋亡。以先世相宋，不樂仕進，隱居教授，遠近宗之。慮綱紀缺失，倣唐杜岐公《通典》，著《文獻通考》三百四十八卷。自天寶以前，則增所未備；天寶以後迄于嘉定，則續而成之。上下數千年，事跡粲然。其書盛行于世，又著《大學集傳》、《多識録》等書。

吕南公

吕南公，字次儒，南城人。性恬静。一試禮闈不偶，退居築室灌園，不復以進取爲意。喜著書，借古文以寓己意。題所居曰「衮斧齋」。嘗謂：「士不得已而有言，則文不可以不工。詳觀書契以來，特立之士，未有不能言者。」故盡心討論，思與古人併驅。元祐立十科薦士，中書舍人曾肇薦其志希古人，堪充師表。科議欲命官，未及而卒。所著有《灌園集》。

彭俞

彭俞，字濟川，宜春人。紹聖進士。調溧陽令，理冤獄，全活甚多。稍遷朝散郎。俞少隱集雲峰，嗜學，於書無所不窺，尤邃于《易》。所著有《君子傳》三卷、《循吏龜鑒》十二卷、《貫道篇》五卷、《時議》二卷、《文集》二百卷。

胡仲雲

胡仲雲，字從甫，高安人。年十三，悉通書史。入太學，率諸生伏闕上書，論罷京尹余晦。時蔡適爲祭酒，仲雲與弟仲霖師之，盡得朱氏之學。登寶祐進士。以江萬里薦，除太學正。忤賈似道，出倅臨江。起爲國子監簿，遷樞密院編修官，攝尚書右司。上言陰盛陽弱，五典具廢，似道黜爲浙東提刑兼權紹興安撫。既至，減月樁錢三之二，追還買燈錢五萬，分諸貧民。會母憂，去。歲餘，聞九江失守，辟地南海，至廬陵，卒。所著有《六經蠡測》、《周易見一》、《四書管窺》、《歷代遺論》、《宋朝正論》、《文集》三十卷。

元

范梈

范梈，字德機，清江人。晚愛新喻百丈峰，輒移家其下。梈少孤貧，母熊氏守義，躬自教訓。中年始遊京師，諸勳貴慕其名，争迎致之。歷官翰林應奉，福建廉訪知事。閩俗淫巧，紋繡局多募良家女供作。梈作歌以道其弊。歌浸上聞，弊遂革。梈博學，厲名檢，所爲文有秦漢風。至治、泰定以來，文章幾於復古，梈有力焉。與虞集、楊載、揭傒斯齊名，號元四大家云。工篆、隸、楷書。所著有《燕然》等稿十二卷。

揭傒斯

揭傒斯，字曼碩，龍興富州今豐城人。延祐初，以程鉅夫、盧摯薦，授國史院編修官，應奉翰林文字。遷國子監助教，復留爲應奉。天曆初，遷奎章閣授經郎。奏對稱旨，文宗恒以字呼之。每奏用儒臣，輒曰：「何如揭曼碩？」上《太平政要策》，與修《經世大典》，授藝文監丞。至正初，總裁遼、金、宋三史。卒贈護軍，追封豫章郡公，謚曰文安。傒斯少處窮約。暨有禄入，衣食稍踰於前，輒愀然曰：「吾親未嘗享是也。」故平生清儉，至老不渝。爲文章，敘事嚴整，語簡而當。詩清婉麗密。善楷書、行草，殊方絶域咸慕其名云。

明

張九韶

張九韶，字美和，新淦人。幼嗜學，博極經史。元末，隱居不仕。洪武初，辟爲清江教諭。累官至翰林修撰。高皇帝嘉其質直，請老，親製文寵之，有「千載一遇」之褒。既歸，聘同考會試者二，典江西、福建鄉試者四。晚復召，校書翰林。書成，賜衣被遣歸。所著有《理學類編》、《羣書備數》、《元史節要》、《吾樂山房稿》。

余鼎

余鼎，字正安，星子人。父復升。洪武初，以賢良徵。歷官知州。鼎登永樂進士，授翰林修撰。博學能文章。預脩《聖學心法》及《高廟實録》。遷侍講。尋上章乞歸，鑿釣臺以自娱。卒，有司祀之學宫。所著有《南坡集》。

曾棨

曾棨，字子啓，吉永豐人。永樂進士第一。授翰林修撰。偕庶吉士進學文淵閣，入見，成祖諭以立志。公學問日進。上召試，千言立就。復摘羣書隱僻事以問，公條對無遺。上喜。明年，修《永樂大典》，爲副總裁，遷侍講。數侍燕閑，應制賦詩，有薦文士者，輒問何如曾棨。遷侍讀學士。修《天下郡縣志》，爲副總裁。晉春坊大學士、少詹事。公爲文，如源泉混混，筆不停揮。模寫之工，極其天趣，他人不足，己嘗有餘。工行、草書，自解、胡後獨步當世。神情灑落，能飲酒，善談論。卒贈禮部左侍郎，謚襄敏。

聶大年

聶大年，臨川人。一目重瞳。幼穎悟，日記數千言。善屬文攻詩，楷法精絶，得李壯海筆意。宣德末，繇經明行修薦授仁和縣學教諭。浙人士争願出門下。□文莊諸公嘗賞愛其詩，謂「三十年來絶唱」也。景泰六年，諸公薦其有良史才，徵詣翰林，而大年以疾不起矣。性峭直，好面質人過。王文端爲太宰，至尊重大年，數加誚讓，無所遜，文端不憾也。及卒，泣銘其墓，以未能薦達爲恨云。

況叔祺

況叔祺，字吉夫，高安人。幼穎異，多所通曉。弱冠登嘉靖進士，授刑部主事。曹署清暇，益肆力學問。與東吴王元美、南昌余德甫遊從，以聲詩相唱和。歷禮部郎中、貴州提學副使。貴州僻處蠻方，士質魯，弗力於學。公至，日爲諸生講説經義，士知嚮方焉。公負才名，又抗直不諧于俗，遂棄官歸，卜築藥湖之傍。興至，買棹下章江，訪德甫諸名士，徘徊龍沙、南浦間，吊古賦詩，久之乃去。所著有《大雅堂集》。

余曰德

余曰德，字德甫，南昌人。嘉靖進士。授刑部主事。遷員外郎，中出讞浙東西刑獄，多所平反。晉福建按察副使。山寇數煽動建寧、延平界中，公授方略，次第擒馘。兩臺欲上其功，會興化潰於倭，遂抑不果上。久之，而公中萋菲歸矣。公性簡静，以儀軌自將，與人言，雍容不迫，穆穆落落，不可得而親疏。其爲詩沉深簡質，幾於自然。初與李于鱗、王元美諸人游。歸田後，造詣日邃，所賦五七言、近體，駸駸淩王邁李。至稽篤行，稱隱居君子，又非其儕偶所敢望矣。

孝友第十一

唐

沈季銓[一]

沈季銓，字子平，南昌人。少孤，事母孝，在醜夷不争，恐貽母憂。貞觀中，隨母渡江，遇大風，母墜水中，季銓號叫，投水救母。食頃，持母臂出水上，中使鄭植遣舟拯救，母、季銓俱死矣。都督謝叔方遣兵曹參軍富機，具禮祭而葬之。

廖洪

廖洪，萬載人。居貧，養親曲盡子道。大中初，父母繼殁，捧土爲墳，結廬墓側，朝夕哀慟，髮未嘗櫛。有青蛇、白獸之祥，繼有中箭雁來下，洪爲脱箭，經宿乃去。鄉閭異之。咸通中，縣

[一] 按：《新唐書》卷一百九十五作「沈季詮」。

令朱郁以狀聞，廉訪使韋宙上其事，詔表其閭。

宋

易延慶

易延慶，字餘慶，筠州即今瑞州人。涉獵經史，以父贇蔭，歷大理評事、臨淮令。乾德末，父卒。延慶旦出守墓，夕歸侍母。紫芝生於墓數年，生玉芝。服闋，以母老，稱疾不就官。母卒，藁殯後，起爲大理寺丞。嘗司建安市徵，私歸營葬，掩壙而返。坐擅去職失官。復廬墓側。母性嗜栗，延慶樹二栗於墓，栗爲連理。

張根

張根，字知常。德興人。元豐進士。歷遂昌令。當改秩，乞貤恩封太父母及母，遂致仕。本道使者上其行義。召詣闕，根上言：「清心省慾，以窒禍亂之源。」因請罷錢塘製造局。大觀中，建言：「宜滌煩苛，破朋黨，士大夫觀望，苟且莫肯盡力。陛下削除黨籍，與天下更始，而有司以大臣讎怨，廢錮自如。」歷淮南轉運使，條列茶鹽賞賚諸事，言極剴切。爲權倖所排，安置郴州。以討賊功得自便歸。根性至孝。父病蠱禁鹽，根爲食淡。母嗜河豚、蟹，母歿，根不復食。母病昏憒，及雞鳴始甦，後不忍聞雞聲。其純孝如此。

申世寧

申世寧，字伯安，鉛山人。紹興六年，潘逵襲鉛山，父愈年七十，未及出户，遇賊，賊欲殺之。世寧年未冠，亟引頸願代父死。父曰：「亟殺我，留吾子。」世寧曰：「願殺世寧，留吾父。」賊感其孝，兩全之。

洪文撫

洪文撫，建昌人。本姓殷，避宋宣祖諱改焉。性至孝，事親以禮，六世同居。就所居雷湖北創書舍，招徠學者，教訓子弟。庭闈之内，雍雍如也。至道中，遣内侍賫御書百軸賜其家。文撫遣弟文舉詣闕謝，太宗飛白一軸曰「義居人」，賜文舉命爲江州助教，仍表其間。

陳競

陳競，德安人，唐徵著作佐郎陳伯宣之後。伯宣子崇爲江州長史，立家法教戒子孫，累世不析産。僖宗表其門。至試奉禮郎昉，同居長幼七百餘口人，無間言，食必羣坐廣堂，未成人者別爲一席。有犬百餘，亦置一槽，一犬不至，羣犬皆不食。建書樓，延有方之士教誨子弟。鄉里率化，争訟稀少。南唐立義門以表之，復其家。宋初，仍復其家。及競，子孫益衆。淳化初，詔江州歲貸粟二千石。競卒，從弟旭止受貸粟之半。屬歲歉，或勸其全受，可邀善價。旭曰：「朝廷以旭家乏食而貸之粟，豈可見利忘義以罔上乎？」至道初，遣内侍就賜御書，還言旭家孝友儉讓，太宗嘉嘆。真宗以旭爲江州助教。旭卒，蘊主家事。仁宗以蘊繼爲助教。蘊弟度爲太子中舍致仕，從子延賞、可併第進士。

李諮

李諮，字仲詢，新喻人。母爲父所出，諮尚幼，日夜號泣，食飲不入口，父憐而返母。遂以孝聞。舉進士。真宗顧左右曰：「是能安其親者。」爲知制誥，寇準數改諮所擬制辭，諮不樂，請出外，知荆南。會翰林學士闕，帝特用之。仁宗朝，累官樞密副使、户部侍郎、知諫院事。卒贈右僕射，謚憲成。諮性明辨，在樞府專務革濫賞、抑僥倖，人以爲稱職。

徐志道

徐志道，字元思，吉水人。事母以孝聞。建炎間，金虜遊騎奄至，志道與弟志遠舁母以避難，爲流矢所中，挾矢行數舍而卒。志遠負母撫兄，痛哭幾絶。虜追至，備告以故，虜慚，謝曰：「一門孝友也。」遂釋之。紹興間，以孝廉舉官，至楚州團練使。

李籌

李籌，字彦良，吉水人。與弟衡，字平國，生而同乳。二歲喪母，十歲喪父。砥節勵行，每以不逮事親爲恨。政和中，改葬其母，二人自負土成墳，廬于墓左。未幾，廬所産木一本兩幹，高丈許，復合爲一，至其末，乃分兩幹五枝，人以爲瑞。紹興末，有司相繼表其墓。

張汝明〔一〕

張汝明，字舜文，泰和人。少入太學，有聲。國子司業黄隱將妻以女，汝明約無飾華侈，協

〔一〕 按：張汝明、楊芾二人底本原在元人傳記中，然二人實爲宋人，今歸入宋之傳記。

承親歡，然後受室。登元祐進士。大觀中，擢監察御史，攝殿中侍御史，上言蔡京市恩招權。帝奬其直，京憚之。徙司門員外郎，出判寧化軍。坐事貶。晚知岳州。汝明至孝，母病疽，刺血調藥，傅之而愈。居喪，病羸，行輒踣。夢父授以服天南星法，果驗。人以爲孝感。所著有《易索書》、《張子戹言》、《大究經》。

楊芾

楊芾，字文卿，吉水人。性至孝，每自外歸，必市酒肉奉二親，未嘗及妻子。紹興五年，大饑，爲親負米百里，外遇盜奪不與，盜欲殺之。芾慟哭曰：「吾親不食三日矣，幸哀我。」盜義而釋之。

元

湯霖

湯霖，新建人。早喪父，事母孝。母嘗病熱，更數醫弗效，母曰：「我疾惟得冰可愈。」時天甚燠，霖號泣池上，徘徊累日，忽聞波間戛戛有聲，視之，乃冰澌也，亟取以奉母，疾果愈。郡守聞于朝，嘉其孝行，授臨江路儒學教授。

鄭佛生

鄭佛生，建昌人。蚤孤，母病拘攣，家貧，賣菜以養母，日代盥櫛，進飲食，扶掖掃除，必敬必慎。二十餘年無少怠。鄉里高其行。元末，詔表其閭。

明

包實夫

包實夫，進賢人，元名儒希魯子。力學明經，事親至孝。嘗授經太常里，暮歸，道遇虎，虎伏其前，狀類拜者，徐起，啣其衣裾，曳至林莽中。虎釋實夫，相與對視良久。實夫語虎曰：「吾肉可啖，可父母不可缺吾，苟畢吾養，當以肉付汝。」虎乃起復曳其衣裾，至故處而去。人以爲孝誠所感，至今稱其地爲「虎拜岡」云。

呂晟

呂晟，字景熙，永豐人。景泰進士。繇庶吉士歷官至夔州府知府，著有聲績。晟至性和順，事親極孝養。親殁，廬于墓側，朝夕哀號，感慟行路。有司以聞，詔表其閭。

干顯德[一]

干顯德，新淦人。六歲失父。踰年，求父像，拜哭如成人。家貧事母，竭力供養。母卒，廬于墓，朝夕哀慟，虎馴其旁，鄉里異之。事聞，詔旌其門。

高珽

高珽，峽江人。爲諸生，母鄧氏病疫，珽尚幼，躬進湯藥，晝夜不離側，父憐愛之。後謝諸生，侍養母，復遘危疾，號泣籲天，請代。感奇夢，許爲延壽。母尋愈。迨父母殁，廬于墓側。事聞，詔旌其門，祀鄉賢。

易直

易直，宜春人。少讀《小學》、《家禮》，即躬行之。父性嚴急，諸子少有違，輒譴怒。直跪伏，

〔一〕 按：雍正十年刊本《江西通志》卷七十四作「干顯偲」。

終日不起。父疾，嘗糞苦，輒愈。及再疾，糞甘，直竊憂之，父竟卒。嘗遇寇，抱母痛哭，賊舍之去。治喪不用浮屠，廬于墓者三年。服闋，傷祠墓無主，期當貢，輒辭去。嘉靖初，有司上其事，詔旌其門。

名賢編後序〔一〕

江右，古南楚地。惟楚有材，從來矣。故士君子比肩而出，或垂鴻秉節，危言潔履，植方正以名世；或敦倫標素，修儒摛藻，柄道術以淑來。大抵其人皆掀揭寰區，冠冕倫羣。蓋亦纚纚繩繩，稱名賢之都哉。然故未有專書，有之，自今侍御秦公與邦相喻憲使參確成編，區目之爲十有一，而不佞元乃以執筆爲役，得授末簡。

夫不佞元，則無所容贊一詞。顧竊嘗有槩乎其中也者，理一而已。學者，學所以一之也。今學士侈談理窟，則芻狗事功；篤踐倫常，則弁髦性命。是無乃所謂理學者，爲不流之泉歟？倫常者，爲無原〔二〕之川歟？夫人〔三〕也者，惡覩所謂一之説哉？荀卿氏有言：「倫類不通，仁義不

〔一〕按：《劉聘君全集》作「江右名賢編序」。
〔二〕「原」，《劉聘君全集》卷四作「源」。
〔三〕「人」，底本作「夫」，誤，據《劉聘君全集》卷四改。

一，不足謂善學。」孟子曰：「孔子之謂集大成。」非贊之也，言孔子之學，固如此爾。三月治魯，何其功也！浮雲富貴，又何其清修退素也！勿欺而犯，何氣節也！删《詩》《書》，定禮贊《易》，作《春秋》，抑何繪藻也！故曰「吾道一以貫之」。不一貫，則安所稱理？理，所謂條理也。智廉勇藝，禮以行之，遜以出之，不偏不激，一進一反，咸就於條理。唯然，故命之曰理學。夫天下則安有理外之學也？彼搰搰然舉其員神者而扃鑰焉，是見理之影已；役役焉依於勢以就功，剿於故以市藻，束於教以幟行，倚於氣以明節，餌於隱以釣高，是見理之膚已。總之，不足以通倫類、一仁義，非孔孟集成、集義之學。天下有真儒，則若亡若虛，無所不集，又安得紛紛區目也？

於是邦相氏曰：「唯唯否否。是編也，目之十有一，貫之則一而已。夫一者，人、己一原之理也。得其所謂一原者，天下萬世無所不通，何一不十，何十不一。乃輓近淺學所謂一者，不貫之一也。是以君子起而求之博，然博求之，則猶愈於抱一者之冥然，而與倫物不相涉也。不然，吾豈不知覓一且不可得，而奚十一之與有？」予殊有味乎其語，退而書之，以復於侍御公。

萬曆壬辰季夏，安福劉元卿頓首書。

賢奕編

賢奕編序

余性拙，不曉博弈，客至，第相與對坐。又不善勸酒，客或欠伸苦之。因飽食之暇，輯古今人言行可爲法戒者，粗作區目。客至，焚香拭几，取書讀一二品，以代奕棋云爾。讀者因有所觸動，豈獨曰猶賢乎已！類凡十有六。蓋余嘗從田墅間，聞諸長老譚宣、正、成、弘間民物殷盛，閭閻熙熙。由時一二元宰哲臣，器局宏深，質行方正，故里風朴略，古意盎然。今民舍無不有愁嘆聲，而尚習日侈，則士節之不立；士節之不立，則器不足居之。總其本原，暗於學。斯所繇不能行古之道也與！

述懷古第一，次廉淡，次德器，次方正，繼之以證學。學明而倫修矣，故敘倫次之。敘倫[一]而家正矣，故家閑次之。家閑則官政立，官政立則仁澤遠，仁澤遠則幹局宏，故次官政、廣仁、幹局。孰質不才，孰心不仁，有其蔽之，政乃弗達，斯孔子所由得之，不得曰有命乎，受之以達命。

[一]「敘倫」，底本原奪，據明萬曆、泰昌間繡水沈氏刻《寶顔堂秘笈》本（以下簡稱《寶顔堂秘笈》本）補。《劉聘君全集》卷四所收此文作「倫敘」。

維僊暨佛，蟬脱塵埃，富貴浮雲，所謂禮失而求之野者，受之以僊釋。豈惟僊釋，夫物則亦有然，明於庶物，君子存之；抑人有言，道在糠秕，是以或罕譬而喻，醒於指陳；或前言戲之，莊於法語；或曲引輪迴，威於斧鉞。故復述觀物、述譬喻，述應諧，而以志怪終焉。

時〔一〕癸巳端陽，安福劉元卿書于章南館之處仁堂。

〔一〕「時」，底本原奪，據《寶顔堂秘笈》本補。

卷一

懷古第一

易服還里〔一〕

王沂公狀元及第，還青州故郡。府帥命父老妓樂迎之近郊，公乃易服乘小騎由他門入。遽謁守，守驚曰：「已遣人郊迎，何便抵此？」公曰：「不才幸忝科第，豈敢煩太守致迓，是重其過也，故變姓名誑迎者爾。」守嘆曰：「君所謂真狀元矣！」

文公古道

朱文公與慶國卓夫人書云：「聞尊意欲爲五哥經營幹官差遣，某竊以爲不可。人家子弟，

〔一〕按：底本目録中有此類題名，文中無。今據目録加於文前。下同。

生長富貴，本不知艱難，一旦仕宦，便爲此官，無不傲慢縱咨，觸事懵然。愚意嘗一稍在人下執事，喫人打罵差遣，乃所以成就之。」

東山筮仕

楊東山言：「某筮仕爲零陵簿，太守趙謐，丞相元鎮子也。初參時，客將傳言待衆官退卻請主簿。客退，趙具冠裳端立堂上，凡再請，某不動，三請，某解其意，遂趨。一揖上階，稟敘禮數既畢，一揖徑入，更不延坐。某退而抑鬱，幾成疾，以書白誠齋，欲棄官歸。誠齋報曰：『此乃教誨吾子也，他日得力處當在此。』某意猶未平，後涉歷稍深，方知此公善教人，尚有前輩典刑。」

相國野飲

錢文僖留守西京，有郭延卿居水南葺幽亭蓺花，足跡不及城市，時年八十餘。一日，文僖率僚屬往遊，去其居一里外，即屏騎從，徒步訪之。延卿忺然笑曰：「陋居罕有過從，所接之人亦無若數君者，老夫甚愜，願少留，對花小酌。」遂進陶尊果蔌。文僖愛其野逸，爲引滿不辭。既而吏報申牌府史牙兵列庭中。延卿徐曰：「公等何官？而從吏之多也。」尹洙指而告曰：「留守相公也。」延卿笑曰：「不圖相國肯顧野人。」相與大笑。又曰：「尚能飲否？」文僖忻然從之。又數杯，禮數杯盤無少加於前，而談笑自若。日入辭去，延卿送之門，顧曰：「老病不能造謝，希勿訝也。」文僖登車茫然自失，因稱嘆累日。

冷壽光牒

周益公藏歐陽公家書一幅紙，斜封，乃冷壽光牒。其詞云：「具位某，豬肉一斤，右伏蒙頒賜領外，無任感激。謹具牒謝，年月日具位某牒。」蓋改牒爲狀，自元豐始，日趨於諛矣！且前輩交際，其餽止於如此，未嘗見其豐侈也。

古人稱字

魏隺山云：「古人稱字者最不輕。《儀禮》：子孫於祖禰皆稱字。孔門諸子多稱仲尼。子思孫也，孟子子思弟子也，亦稱仲尼。游夏之門人皆字其師。漢初，惟子房一人得稱字。世有字其叔父、字其諸祖者。近世猶有後學呼退之、兒童誦君實之類。今惟平交乃稱字，稍尊貴者便不敢以字稱之，與古異矣。」

洛中風俗

今人飲饌，務尚豐腆。一筵之設，水陸畢具，賓客入口無幾，堆盤累碟，深杯大瓢，祇以厭飫諸僕從耳，不知此何益也。宋司馬温公言其先公爲郡牧判官時，客至未嘗不置酒，或三行，或五行，不過七行。酒沽於市，果止梨栗棗柿，殽止脯醢菜羹，器用瓷漆。當時士大夫皆然，人不相非也。會數而禮勤，物薄而情厚。近日士夫家酒非内法，果非遠方珍異，食非多品，器皿非滿案，不敢會賓友。常數日營聚，然後敢發書。即不然，人争非之，以爲鄙悋。故不隨俗奢靡者鮮矣。風俗頽弊如是，居位者雖不能禁，忍助之乎？公之在洛也，文潞公、范忠宣公相約爲真率會，脱粟一飯，酒數行，過從不間一日。今人盍少思此事，惜福養財不細。

文貞歸省

楊文貞公士奇，以元宰歸省，過湖中，邂逅一張參政者，風駛舟上下，則各舉手一笑竟別。抵維揚郡，守令先日候無耗，翊日舟至，守令竟不相聞。過去訪友人，則相與聯寢語達旦，自常廩外無別供，鄉人得以隻雞束薪相辭受。其簡易如此。

枯魚餽相

趙司成永，號類菴，京師人。一日過魯學士鐸邸，魯公曰：「公何之？」司成曰：「憶今日爲西涯先生誕辰，將往壽也。」魯公曰：「吾當與公偕，公以何爲贄？」司成曰：「帕二方也。」魯公曰：「吾贄亦應如之。」入啓笥，索帕無有。躊躇良久，憶里中曾餽有枯魚，令家人取之。家人報以食僅存其半，魯公度家無他物，即以其半載與趙公俱往公所稱祝。公烹魚沽酒，以飲二公歡甚，即事倡和而罷。

戴笠乘驢

劉忠宣公大夏，自户部侍郎予告歸，構草堂於先壟之次，讀書其中，作《東山賦》以見志。平生不爲人通私書請托，藩臬守令往造者不謁謝。薄田僅足供衣食，里鄰或肆侵奪，任弗與争。公言財貨須務農服賈，凡力得者獲用。其餘易致之物，終非己有，子孫視之亦不甚惜，況官貨悖入者乎？後起大司馬，歸，仍居草堂，再著《東山後賦》。戴笠乘驢，往來山水間。

二公可法

章文懿公懋，嘗謂門人董遵曰：「待客之禮，當存古意，今人多以酒食相尚，非也。聞薛文清公居家留客，止用一雞黍，盛以瓦器，酒三行，就飯而罷。又魏文靖公居家，客至必留飯，止一肉一菜。雖不之公府，必回訪舟次。有所相遺，必答禮，不虛受人惠。此二公可法云。」

大宰步行

太宰漁石唐公致政家居時，出入惟徒步。有陳大參良謨者說之曰：「翁官居八座，年邁七旬，故天下大老也。孔子曰：『吾從大夫之後，不可徒行。』翁學孔子者而顧欲過之耶！」公曰：「固然，第吾楓山先師致政歸，祇是步行，未嘗乘轎。姪朴菴公名拯，侍郎及竹簡潘公希曾，侍郎俱守此禮，吾安敢違耶？」吁！浙有楓山，殆猶魯有岱嶽，其遺矩所留，諸公皆率履弗越如此。

馬卒同衾

魯文恪公鐸，爲舉人時，屬遠行，遇雪雨泥濘，夜止旅舍宿，憐馬卒寒苦，即令臥之衾下。因賦詩云：「半破青衫弱稚兒，馬前怎得浪驅馳。凡由父母皆言子，小異閭閻我卻誰。事在世情皆可笑，恩從吾幼未難推。泥塗還藉來朝力，伸縮相加莫漫疑。」今富貴家子弟，鞭撻童僕，不知輕重，忍視骨肉疾苦，殆猶秦越，獨何心哉？

莊事先輩

尚書韓公邦問，與陽明王先生父海日翁同輩，先生事之甚謹。一日冬至節，皆赴公所稱賀，先生貂蟬朝服，乘馬而趨。俄從人報韓尚書在後，先生亟下馬，執笏立道左。韓公至，不下輿，第拱手曰：「伯安行矣，予先往。」遂行。先生俟其過，乃上馬。當是時，韓公偃然以前輩自居，先生欿然不以伯爵自重。古道兩足徵云。

甘泉湛先生九十餘，過吉州，遊青原山。東廓鄒先生率同志友數百人走迎，且戒之曰：「湛先生當茲高年，猶殷殷訪友如此，即此可證其學矣。古云憲老不乞言，吾儕第應憲之，更不容出一語煩聒先生也。」晨夕定省。食而執醬執酳，一遵古養老禮。維時先生年近七十矣。蓋以湛先生爲師王文成莫逆友，故事之謹如此。

拔秧布田

吴冢宰公琳，入吏部，尋以老乞致仕。既家居，上嘗遣使察之。使者潛至公旁舍，見一農人坐小几拔秧布田，貌甚端。使者問曰：「此有吳尚書家何在？」公斂手對曰：「琳是也。」使還白狀，上益重之，復召入爲原官。

蒼頭買油

耿文恪公裕，官禮部尚書時，嘗語人曰：「吾暮自部歸，經過三原王公之門，輒見其蒼頭市油，念吾自入仕，未嘗市油，心竊媿也。」朝士嘗言王公子自三原來京省公，自僱一騾，毫不干有司。一女適宋監生，止乘兩人所舁肩輿。其朴如此！

三君德厚

屠襄惠公滽，致政歸，營第宅，前爲老嫗敗屋二楹，適當門，使人從容譬説欲券之。嫗曰：「此吾死所也，鬻則須徙，老寡將安歸乎？」公曰：「今鬻而不即徙，但去敗屋而更新之可爾？」嫗曰：「如是幸甚。」公乃出柴薪二錠付其子。久之嫗告公曰：「賴公之賜，今已立業娶婦，擇日當徙矣。」公曰：「嫗幸得所，其如去舊鄰何。」款以飯食，爲之惆悵而遣之。

鄞洞雲張翁，是尚書文定公邦奇父。公爲學憲時，廳事僅二楹。旁一楹故是叔所居，叔有宿逋求售，公倍價得之。告於翁，翁問價，知其倍也，甚悦，已忽潸然淚下。公訝問故，嘆曰：

「吾想異日更創，撤彼舊居，其夫婦何以爲情？」公爲惻然，欲取券還之。翁曰：「毋，計其銀已償人矣，可若何？」公言當併其價不取，翁始忻然。

王端毅公恕家居時，見子姪易鄰居爲業，公呼而讓曰：「是世與我比居者，何忍令其遠去？」乃召之各還居，給以原券不問價。按昔趙清獻所居甚隘，子姪以厚貲易鄰居，公不樂曰：「此翁三世爲鄰，忍棄之乎？」命亟還之，並其直不取。蘇長公買陽羨田，聞田主嫗泣而還券，事亦類此。

上京乘馬

許襄毅公進，成化中以御史起復上京，惟乘馬。其配高夫人素病眩暈，不能御車，亦騎而從，竟不索轎。時仲子司徒誥方在襁褓，叔子少傅讚在妊，而司馬論則其季也。三子既皆登上卿，諸子姓列大夫、牧守、郎官者以十數人，皆推公之能讓福云。

方公端毅

方司徒公鈍，當分宜柄國時，寵賂滋章，天下士宦靡然顧化，公獨峻卻餽遺。其人或言此具薄俸，非取諸民者。公曰：「汝俸幾何？奈何推以遺我，汝不能其官，我不能爲汝庇，遺我何爲?」或復曲爲詞曰:「此書一帙耳。」公又曰:「余自入仕,所習惟一《大明律》,何暇讀他書?」竟不受。有郎差臨清者,諄諄誨之曰:「往聞薦紳過此者,必具豐餼華燕,今民窮極矣,如此皆膏脂,非爾我所藉以奉人面皮者。」召同鄉中士紳飲,序以齒列,不論官。座中常有進士以齒加於京堂上者,具嘗惡草,而情固款洽也。嘗訊諸進士曰:「汝輩幾人一寓,幾人一隸。」大都所言皆前輩時事,時夌若勿聞已。

步入司門

周中丞公延初第時,與其里中進士曾某同觀政刑部,共僦一寓,共賃一馬,更乘出入。一日,公先入部,方回馬趨迎曾,曾未及至,而司寇公適早至,鳴鑼陞座矣。司寇視班行,曾不在,詢其故,公前以實對。司寇公大詫曰:「今進士俱乘馬邪,亦大異矣!予觀政時,一僮攜冠服,徒步至司門,乃服之入也。今士風即至於此!」爲之三慨焉。吁!使司寇公覩今士習,慨又何如?

鎮江雅會

吴太宰公嶽守廬州,時中丞南明王公廷守蘇州,二公同年友也。一日,以公務會於鎮江。

吴折柬徵王公爲金山之遊，載酒一瓶，米數合，肉斤許，蔬一束於舟中。屏騶從趣王公同舟往，王公熟視其具笑曰：「兄昨折簡相徵，具止是耶？」曰：「吾兩人自足用，多具何爲？」比至，命庖人即所載治具，相與論心盡歡，竟日而還。

憲使明農

黄憲副公捲解紱歸，春夏間驅家衆田作，而獨與其配操杵臼，炊釜作飲食，躬荷而饁之。嘗假農具鄰舍，鄰舍子欲舁送之。公曰：「假我具甚幸，奈何又妨汝務？」遂自肩之如田。公性故孤介悃朴，而甚好客。客至座已，徐起臨庖，服犢鼻衣治具，具無兼味。治畢，乃盥手更衣出，率以爲常。耿先生一日偕元孚周進士候公，公歡甚，縱談名理。因及疆埸時事，奮然有請纓之志，移日不輟。已有婢從屏間稟曰：「烹雞熟矣，請割。」時劇談方適，公曰「少需」。如是者三。而公談益劇，乃命婢曰：「汝姑自割。」既供饌出，胾肋狼籍，不爲意也。先生退謂元孚曰：「吾與子今幸遊羲皇世矣。」相與嗟嘆不置云。

廉淡第二

布裙曳柴

王良爲大司徒司直，在位恭儉，妻子不入官舍，布被瓦器。時司徒史鮑恢以事到東海，過候其家，而良妻布裙曳柴從田中歸。恢告曰：「我司徒史也，故來受書，欲見夫人。」妻曰：「妾是也。苦掾，無書。」恢乃下拜，嘆息而還。

賣犬資奩

謝石奴請吳隱之爲衛將軍主簿，隱之將嫁女，謝知其貧素，遣女必當率薄，乃令移廚帳助其經營。使者至，方見婢牽犬賣之，此外蕭然無辦。後至自番禺，其妻劉氏齎沉香一片，隱之見之，投於潮亭之水。

陸公責侄

謝太傅嘗造陸祖言，祖言都無供辦，兄子俶密爲具餐。太傅既至，祖言所設茶果而已。俄而俶遂陳盛饌，珍羞畢具。客去，祖言大怒，責數俶曰：「汝不能光益父叔，乃復穢我素業邪！」杖之四十。

景仁茶具

范蜀公與温公同遊嵩山，各攜茶以行，温公以紙爲貼，蜀公用小黑木合子盛之。温公見之驚曰：「景仁乃有茶具。」蜀公聞其言，留合與寺僧而去。

日知辭官

李日知爲刑部尚書，累乞骸骨，玄宗許之。日知初不謀於家，既得請歸，即治行，妻驚曰：「産利空空，何辭之遽？」日知曰：「人亦何厭之有，若厭於心，無日而足也。」既罷，不治田園，惟築臺池，引賓客與娱樂而已。

鹽豉棊子

范氏自文正公貴顯，以清苦儉約稱于世，子孫皆守其家法。忠宣正拜後，嘗留晁美叔同匕箸，美叔退謂人曰：「丞相變家風矣。」或問之，晁答曰：「鹽豉棊子上有肉兩簇，豈非變家風乎？」聞者大笑。

文穆卻鏡

呂文穆公蒙正爲丞相時，朝士有獻古鏡以求知者，言能照二百里。公曰：「我面不過楪子大，安用此爲？」

魏公還帶

王文正公旦居家，嘗有貨玉帶者，弟以爲甚佳，呈公，命繫之，曰：「還見佳否？」弟乃曰：「繫之安得自見？」公曰：「自負重而使觀者稱好，無乃勞乎？」亟還之。

之翰辭硯

孫之翰人嘗與一硯，直三十千。孫曰：「研〔一〕有何異，而如此之價也？」客曰：「研以石潤爲貴，此石呵之則水流。」孫曰：「一日呵得一擔水，纔直三錢。」竟不受。

〔一〕「研」，同「硯」。

長公惜福

東坡謫齊安，日用不過百五十錢，每月朔取錢四千五百，計日分之，貯其餘以待賓客云。嘗與李公澤書云：「口腹之欲，何窮之有？每加節儉，亦是惜福延壽之道。」

食肉見疎

仇大然守四明，雅愛一幙官。一日問及日用多少，曰：「早具少肉，晚菜羹。」大然駭曰：「某爲太守，居官不敢食肉，只是喫菜。公爲小官，乃敢食肉，定非廉士。」自爾見疎。

官下買物

歐陽永叔與其姪書云：「歐陽自江南歸順，累世蒙官禄。吾今又被榮顯，致汝等並列官品，當思報效。昨書中欲買硃砂，吾不少此物。汝於官下宜守廉，何得買官下物？吾在官除衣食外，不買一物，汝可觀此爲戒也。」内翰蘇公題其後曰：「凡人勉强於外，何所不至，惟考之於私，乃見真僞。」

希文三婢

范文正公爲吏部員外郎，出守時，有三婢。及官大歷二府以至於薨，凡十年，不增一人，亦未嘗易也。

張公儉約

張文節爲相，自奉養如爲河陽掌書記時。所親或規之曰：「公今受俸不少，而自奉若此。公雖自信清約，外人頗有公孫布被之譏，公宜少從衆。」公嘆曰：「吾今日之俸，雖舉家錦衣玉食，何患不能，顧人之常情，由儉入奢易，由奢入儉難。吾今日之俸豈能常有？身豈能常存？一旦異於今日，家人習奢已久，不能頓儉，必致失所。豈若吾居位去位，身存身亡，常如一日乎？」

元衡儉説

李元衡儉説云：「與其貪饕以招辱，不若儉而守廉；干請以犯義，不若儉而全節；侵牟以聚仇，不若儉而養福；放肆而逐欲，不若儉而安性。」

羣兒作息

王荆公居鍾山日，與金華俞秀老過故人家飲。飲罷小憩水亭，顧水際沙間有饌器數件，皆黄白物，意吏卒所竊。使人問之，乃小兒適聚於此食棗栗，盡棄之而去。荆公謂秀老曰：「士欲任大事，閱富貴如羣兒作息，乃可耳。」

殺雞大費

軒輗爲浙江按察使，四時一布袍，蔬食不厭。約諸僚三月出俸易肉一斤，故舊經過輒留飯，飯惟一肉。或至殺雞，皆驚異曰：「軒廉使殺雞爲客，大破費。」天順間，首用公爲刑部尚書，請告陛辭。上問公曰：「昔浙江廉使考滿歸，家僅二竹籠，是汝乎？」公頓首謝。

白袍點墨

山雲出鎮廣西，有鄭牢者，老隸也，性鯁直敢言。公進之曰：「世謂爲將者不計貪，我亦可貪否？」牢曰：「公初到如一新潔白袍，有一玷污，如白袍點墨，不可湔也。」公又曰：「人云土夷餽送，卻之則疑且忿，奈何？」牢曰：「居官黷貨，則朝廷有重法，乃不畏朝廷，反畏蠻子邪？」公笑而納之。鎮廣西踰十年，廉操始終不渝。固不由牢，牢亦可尚云。

筮仕卻贐

天台魯中丞穆登進士後，還鄉杜門讀書，絕跡謁請。嗣戒行還京，有司具腆贐贈之，固辭弗受。或曰：「行以贐禮也，奈何拒之？」魯公曰：「筮仕之始，未有分毫益於鄉里，而先厲之，忍乎？」嗣劉忠宣發解時，臺司檄有司佐贐，公里中阻饑，懇辭之，心與魯公同。窮視其所不取，達可知已。輓近世俗子一離黌序，希覬有司，如責償夙負。識趣若此，世何賴焉？

蒲薦御史

憲副劉公仁宅，華容人，忠宣公父也。永樂初仕爲瑞昌令，邑人嚴某令高安，同入覲。文定遣一价往瞷之，价還白公曰：「嚴丈富貴，雅稱官也。劉丈藁薦布被，瓦盆煤竈，猶然窮人耳。」公心識之。劉與嚴皆公鄰邑人，且有婣。嚴賣劉，特先見，贄以幣，公麾之。劉嗣見，具茗一袋、蜜一缶耳，公嘉納。尋擢爲御史。劉公爲御史時，六七人共一馬，更迭出入。常與同僚約過除歲，各具一肉一蔬。或具肉二豆、酒一壺，同僚深訝其奢，公出所有，惟一枯魚而已。後陞廣西憲副歸，囊惟七金云。正統間，文定以展墓歸里，劉公時爲御史在京。公還朝，過華容，便造焉，問忠宣曰：「汝父在否？」曰：「在道中未回。」曰：「汝母安在？」曰：「適鄰家磨麵去。」乃起徧視家中所有，遂引忠宣詣寢室，見牀上惟蒲薦布被褥，喜曰：「所操若是，可稱御史之職矣！」

西涯還帕

李文正公東陽，幼負儁才，藉有清譽。冬月不爐，披册操觚不勝其慄，輒就日而暴之，日移亦移，其儉如此。張尚書邦奇，公門人也，一日侍坐，有興化守者，亦公門下士，以覲事至京，緘兩帕四扇，令從吏餽公。公曰：「扇以染翰固可，但多帕奈何？」吏頓首於庭，乃啓緘取扇，而歸其帕云。

戍邊謝餽

劉忠宣公大夏戍肅州，行時故人贈遺悉謝絶，止受同年李文正一羊裘。至肅無資，諸司憚瑾，毋敢館穀，三學生徒輪食之。有總戎某，公所舉者，遺百金，公不受。參將某遣使致餽，敕其使不受亡返。公曰：「吾老惟一僕，日食不過數錢。若受此，僕竊之逃，不將隻身陷此邪？」尋同戍鍾尚書橐貲，果爲僕竊而逃。人服公先識云。

籍没顯廉

于肅愍公謙被害時，籍其家，無長物，惟上賜盔甲袍帶。未幾，代公尚書陳汝言敗。上曰：「于謙囊槖磬懸，汝言贓穢山積，賢否相去奚啻天淵。」石亨害公者，從旁聽上言，低頭大慚。

秦襄毅公紘被逮時，上命太監尚亨籍其家，止得黄絹一匹、故衣數事。亨還言公貧狀。上親閲其貲，嘉嘆良久，立釋公，且賜鈔萬貫，旌其廉。

劉忠宣宣召時，户侍劉宇覬柄用，泰陵鑒識其人，曰：「宇，小人也。」而宇故恨公不爲己地，尋附瑾，得入政府。㗋瑾曰：「籍劉尚書家，可得幾萬金。」瑾因矯制逮公，屬官校羅某鬮公貲産。羅至，廉知公貧，餽羅以酒器，固辭不受，惟索詩一律載之。

夫貨賄未有悖入不悖出者，三公以籍没益顯其廉，先識此耳。俾分宜輩蚤能識此，奚肯以身爲溝壑，以家爲外府，藏蝎囊虺，以自毒害其子孫哉！

責子烹雞

胡公壽安，初任信陽，調獲鹿，永樂中任新繁。在官未嘗肉食。其子自徽來省，居一月，烹二雞。胡怒曰：「吾居官二十餘年，嘗以奢侈爲戒，猶恐弗能令終。爾如此，不爲吾累乎？」胡三宰大邑，不攜妻子之任。或誚之。胡笑曰：「吾輩讀聖賢書，論居官治民之法，孰不欲砥礪名節哉？及登仕路，以耳目玩好聲色之物，喪所守者多矣。矧婦人小子，尤易惑也。以是計之，故不欲妻子之爲累耳。」

忠宣糟蝦

董損齋公成進士後，以差過岳州，時劉忠宣公宅憂在里，造謁焉。忠宣留之飯，飯麥精，饌惟糟蝦，無他具。公因感省，終生持雅操云：「噫嘻！賢哲之相與以有成也，豈在情好周洽、語意懇款哉？雖然，亦存乎人耳。」昔胡紘嗛晦庵無隻雞斗酒之共，而釀成禁學之禍。董公顧以是感奮勵修，其識豈不遠哉？

德器第三

丙吉容吏

丙吉爲相，寬大好禮讓。掾吏有嗜酒者，嘗從吉出，醉嘔車上。西曹主吏白欲斥之，吉曰：「以醉飽之失去士，使此人將復何所容？西曹第忍之，此不過污丞相茵耳。」

麟士還屐

沈麟士嘗行路，鄰人認其所著屐。麟士曰：「是卿屐邪？」即跣而反。鄰人得屐，送前者還之。麟士曰：「非卿屐邪？」笑而受之。

壯哉雀鼠

張士簡嗜酒疎脱，於家務尤所忘懷。在新安時，遣家僮載米三千斛還吴，耗失大半。士簡問其故，答曰：「雀鼠耗也。」士簡笑曰：「壯哉雀鼠！」不復問。

行儉碎盤

唐裴行儉嘗賜馬及珍鞍。令史私馳馬，馬蹶鞍壞，懼而逃。行儉招還之，不加罪。初平都支遮匐，獲環寶不貲，蕃酋將士願觀之。行儉因宴遍出示坐者，有瑪瑙盤，廣二尺，文彩粲然。軍吏趨跌，盤碎惶怖，叩頭流血。行儉笑曰：「爾非故也，何至是？」色不少吝。

銀杯羽化

柳公權善書，公卿贈遺鉅萬，多爲主藏豎所竊。别貯杯盂一笥，緘縢如故，其器皆亡。訊之，乃曰：「不測其故。」公權笑曰：「銀杯羽化。」不復致詰。

不校狂生

李文靖公沆，字大初，秉鈞日有狂生叩馬獻書，歷詆其失。公遜謝曰：「俟歸家，當自詳審。」狂生遂發訕怒，隨公馬後，肆言曰：「居大位不能安濟天下，又不能引退，久妨賢路，寧不愧於心乎？」公但於馬上踧踖再三，曰：「屢求退，主上未賜允。」終無忤。

竊藏不問

張文定公齊賢，爲江西轉運使。一日家宴，奴竊銀器數事于懷，公自簾下熟視不問。後爲宰相，名下厮役皆得班行，此奴竟不沾禄。奴乘間請曰：「相公獨遺某，何也？」公憫然語曰：「爾憶江南盜銀器數事乎？我懷之三十年，不以告人。今備位宰相，安敢以盜賊薦耶？與爾錢三百千，可自擇所安。既已發汝平昔，當有愧於吾，不足復留也。」奴震駭泣，拜謝而去。

養曰雅量

王文正公旦，局量寬厚，未嘗見其怒。家人欲試之，以少埃墨投羹中，公唯啖飯曰：「我偶不喜肉。」一日，又墨其飯，公又曰：「吾今日不喜飯，可具粥。」其子弟愬于公曰：「庖肉爲饔人所私食，不飽，乞治之。」公曰：「汝輩人料肉幾何？」曰：「盡一斤固當飽，今其半爲饔人所廋。」公曰：「此後人料一斤半可耳。」其不發人過類此。

韓公盛德

韓魏公帥定武時，夜令侍兵持燭作書。燭及公鬚，鬚燃，公以袖摩之，作書如故。少頃回顧，已更他兵。公恐主吏鞭之，亟呼曰：「毋更渠，今固當辨此。」

失釧不言

彭思永，吉州人，始就舉時，貧無餘貲，獨持數金釧，棲旅舍中。同舉者過之，出釧相示。客有私其一於袖者，公知不言。衆皆驚求之，公曰：「數至此耳。」將去，袖釧者揖而釧墜，衆始稱服。

汲引萊公

王太尉薦寇萊公爲相，寇公數短太尉于上前，而太尉專稱其長。上一日謂太尉曰：「卿雖稱其美，彼專談卿惡。」太尉曰：「理固當然，臣在相位久，政事闕失必多。準對陛下無所隱，益見其忠直。此臣所以重準也。」上由是益賢太尉。

受欺不辨

真宗出《喜雨詩》示二府，王文正公袖歸，諭同列曰：「上詩有一誤字。」王欽若曰：「此亦無害。」欽若退，密奏之。翌日，上怒謂公曰：「昨日詩有誤字，何不奏來？」公再拜謝。樞密馬知節，具以實奏，又曰：「王旦略不辨，真宰相器也。」上顧公笑。

李京焚帖

蘇文忠公云慶曆中，有李京者爲小官，吴鼎臣在侍從，二人相與通家。一日，京薦其友人于鼎臣，鼎臣即繳其書奏之。京坐貶官未行，京妻謁鼎臣妻取別，鼎臣妻慚不出。京妻立廳事，召鼎臣幹僕，語之曰：「我來欲求一别，且乃公嘗有數帖與吾夫禱私事，恐汝家終以爲疑。」索火焚之而去。

善處小人

韓魏公謂小人不可求遠，三家村中亦有一家，當求處之之理。知其爲小人，處之更不可校，如校之則自小矣。人有非毁，但當己反是不是，己是則是在我，而罪在彼，焉用計其如何？

口稱弼弼

富鄭公致政歸西都，嘗跨驢出郊，逢水南巡檢，蓋中官也，威儀呵引甚盛。前卒呵騎者下，公舉鞭促驢，卒聲愈厲，又唱言不肯下。請官位，公舉鞭稱名曰「弼弼」，卒不曉所謂。白其將曰：「前有一人騎驢衝節，請官位不得，口稱『弼弼』。」將方悟曰：「乃相公也！」下馬伏謁道左，公舉鞭去。

務掩人過

楊鐵崖避地松江，嘗有一貴遊子，即破産，流落海上，數踵先生門。一日竟持先生所購倪雲林畫去，左右欲發之。先生曰：「吾哀其困，使往見一達官，以書畫爲介耳。非盜也。」其務掩人過如此。

楚材解讎

耶律楚材與咸得卜有舊，咸得卜譖于宗王曰：「耶律多用親舊，疑有二心，合奏殺之。」宗王遣使以聞，太宗察其誣，責使者罪遣之。屬有訟咸得卜不法者，太宗命楚材鞫之，奏曰：「此人倨傲易招謗，今將有事南方，他日治之未晚也。」帝私謂侍臣曰：「楚材寬厚長者，汝曹固當效之。」

夏公大度

夏忠靖公原吉冬出使，至館晨發，命館人烘襪，誤燒其一，館人懼不敢告，索襪甚急，左右請罪。公笑曰：「何不早白？」並棄之而行，館人感泣。在户部時，吏污精微文書，驚懼肉袒以候。公曰：「汝何預焉？」吏猶懼莫測。明日朝畢，入便殿請罪云：「臣不謹，筆污精微文書。」

釋憾薦賢

宣德中，魯穆爲福建僉事，獨持風采，不畏强禦。時楊文敏公執政，家人有犯者，亦不少貸。文敏以爲賢，特薦爲僉都御史。正統初，范理爲江陵知縣，楊文定公之子上京師，沿途官司供奉甚恭，理獨不爲禮。文定嘿識之，即薦陞德安府知府。劉莊襄公天和任三邊總制時，差健卒取其孫暨一孤姪至華州。其僕夫偶箠門役，州守怒封鎖其門，即薪米不供。二孤饑甚，踰垣竊出，乞食於素所知交家。微行去，比抵公所，泣訴其事。嗣州守以事謁制府，家衆跂足側窺，計公必督過州守。乃公故禮遇之，後復特薦其賢能於朝。三公以國家爲念，不計其私，有古大臣風。吾儕誦法孔孟，將以究安民之術，一旦躋膴仕，惟悦牧民者之曲意徇我，骫法庇我，而於民瘼若蔑聞者，則自負所學亦甚矣！

不罪驛官

楊文懿公守陳，以洗馬乞假覲省。行次一驛，其丞不知其爲何官。公與之坐而抗禮，卒然問曰：「公職洗馬，日洗幾馬？」公漫應勤則多洗，懶則少洗。俄而報一御史且至，丞乃促令讓上舍處之。公曰：「此固宜，然待其至而讓未晚。」比御史至，則公門人也，跽而起居。丞乃蒲伏階下，百狀乞憐。公卒亦不較。

莊渠長厚

魏文靖公驤官吏部侍郎，奉命往南都時，官舍止攜一蒼頭，乃舉歷年所積俸貲，召同鄉子官刑曹郎者付之。其人請封鑰，公怫然曰：「後生何待先輩薄乎？」其人不敢復言。時郎有子婿從官舍，如其輕重款識，以僞銀易之。比公竣事歸，出前銀令工碎之，則僞也。工私於蒼頭曰：「昔有某官舍人，嘗爲此物，出予手，將無是乎。」蒼頭以告，公戒之曰：「慎無洩，彼將不安矣。」已刑曹郎出守辰州，其事稍露。及入覲，攜其俸入盡數以償。公駭曰：「誤矣，奈何以不明之跡加人乎？予銀具在，未有以僞易者。」迄不受。

不校前侮

王莊毅公竑開府淮揚時，清河衛指揮單姓者行不檢，公嘗折抑之。尋公遭論免官，歸過清河，單祗候于江滸，具饟致殷勤。公嘉其誠款，擇受數缶，以爲醯醬也。比發之，則皆糞穢。已復有言者表公忠節，命下還官。指揮乃逃遁，詐爲死，家人故發喪以愚里人。有仇家蹤跡其所在，執而訟之于公，竟平其訟而遣之。

屠公包荒

太宰屠襄惠公滽，部堂燕居，令辦事官捧研。時公新衣白綾甚澤，其人誤傾研汁，狼籍公衣，頓顙請罪。公曰：「去去。」此與韓魏公不責碎盞吏同襟度矣。鄉有柴姓者假稱屠公子，沿途騷動，人以聞于公。公但呼而戒之曰：「汝爲吾子，置汝父何地耶？法有明禁，自令慎無復爲此。」其人頓首而退。

失褐不認

吉水羅公循會試時，身故貧。一日，亡其囊中罽褐，同舍生内不自安，物色其人，紿公訪之，比入坐，故探其囊出褐示公曰：「是不類君家物邪？」又持褐端手識相辨。公趨出向其人曰：「物固相類，彼醉語耳。」同舍生歸，誚公奈何失褐不認。公曰：「不然，吾失褐不甚損，彼張惡名尚得爲士人邪？」生遜謝不及。

方正第四

常林抗禮

晉宣王以常林鄉邑耆德，每爲之拜。或謂林曰：「司馬公貴重，君宜止之。」林曰：「司馬公自欲敦長幼之序，爲後生之法，非吾所制也。」言者踧踖而退。

范縝不阿

范縝著《神滅論》，蕭子良使王融謂曰：「神滅既自非理，而卿堅執之。以卿才美，何患不至中書郎，而故乖剌爲此。」縝大笑曰：「使范縝賣論取官，已至令僕矣，何但中書郎耶？」

蕭引持正

蕭引爲建康令時，宦者李善度、蔡脱兒多所請托，引不許。或諫曰：「李、蔡之權，在位皆憚，亦宜少爲身計。」引曰：「吾之立身自有本末，安能爲李、蔡致曲？就令不平，不過免職爾。」

自耻呈身

韋澳兄温，與中丞高元裕友善，温請用澳爲御史。一日謂澳曰：「高公持憲綱，欲與汝相面，必得御史。」澳不答。温曰：「高君端士不可輕。」澳曰：「然，恐無呈身御史。」竟不詣元裕之門。

師道風節

傅公欽之爲吏部侍郎，聞陳無己遊京，欲與相見。先以問秦觀。觀曰：「師道非持剌伺候乎公卿之門者。」公曰：「非所望也，吾將見之，子能介於陳君乎？」公知其貧甚，懷金相餽。及聽其議論，竟不敢以此出口。

傅察辭婚

傅忠肅公察未廷試，蔡京輔政，賣弄威權，脅制中外。且陽示含容，誘以附己，堅欲以女妻公。遣其子與術士數輩踵視公，又託其姻與公相見，不從。識者謂公年少有氣識，未易量也。京銜之。

忠襄焚衣

楊忠襄公邦乂少處郡庠，足不涉茶房酒肆。同舍欲壞其守，拉之出飲。託言朋舊家，實娼館也。公初不疑，酒數行，娼豔妝而出，公愕然趨歸，取其衣焚之，流涕自責。

不拜帝師

元迎帝師至京，有旨令朝臣一品以下郊迎。大臣俯伏進觴，帝師不爲動。孛术魯翀時爲國子祭酒，舉觴立進曰：「帝師，釋迦之徒，天下僧人師也。余，孔子之徒，天下儒人師也。請各不爲禮。」帝師笑而起，舉觴卒飲，衆爲之慄然。

不畏中官

魏文靖公驥直道自持，正統初任吏部侍郎。時王振怙寵，每出雖部堂尊官亦斂輿迴避。魏一日相遇于崇文門，不爲避。王銜之，譖于内。一日，上御便殿，召驥訊以近有何事。公慷慨言故，且曰：「臣備位六卿，臣不足惜，朝廷名器可惜耳。」上温旨慰之。又布政使陳公選，成化中任河南按察使，持憲公廉，不畏强禦。時汪直司西廠，詗事差往河南，藩臬悚息郊迎，公不爲禮。俟其至，盛服自公署中道而入。直不能堪，詰責之。公即密疏其專擅，疏入留中。直歸，上問河南好官爲誰，直以選對，上出疏示之。二公風節相似，至於所以培植愛護之，則祖宗之恩至矣。

東洲正言

胡東洲提學兩浙時，有士某者不率教，懲以夏楚。明年，其人狀元及第，東洲以述職至京師。其人設席款之，以古器行酒，指曰：「此寶也，恨俗眼不識耳。」蓋譏公不知己云。公曰：「以老夫觀之，似脆薄易綻，終不若金玉之器。」其人深悔失言。

立齋偉節

鄒立齋公智，年十六發解蜀省。迎宴日，閭巷覩者籍籍嘆羨。公馬上占絶句云：「龍泉山下一書生，偶占三巴第一名。世上許多難了事，市兒何用喜相驚。」比上春官時，里中朝貴謂曰：「子見某省解元乎？與子相若也。」公意其爲同志，亟訪之。其人忽問曰：「子省榜首坊金，視衆舉子增幾何？」公大恚，即拂衣起，不答而出。吁！燕雀安知鴻鵠志也！公既第，選館中秘，應詔陳言，論進君子退小人，大忤權貴，謫石城吏目。年雖不永，未竟所志，其閎議偉節，到今煒然烈矣。

仲默抗直

何學憲公景明，初授中書舍人，奉敬皇帝哀詔下雲南，遠方君長及中貴人咸贈遺犀象珍貝，謝弗受。後逆瑾用事，上書諸大臣，言宜自振立以抑瑾權。不用，謝病歸。瑾敗復官。其友李夢陽被誣，衆多媒孽其短，莫肯爲直者。公獨上書争之，訟得辨。乾清宫災，上書陳時政，極言義子不當蓄，宦官不當寵。疏留中不下，人爲寒心。時錢寧欲交歡公，持古畫求題，謝曰：「此名畫，不可污。」卒不許。師御史客死京邸，中人寥鵬贈之棺，公叱卻之，遂自出金爲賻。

衡山持操

待詔文公徵明，以行誼文翰重一時，諸造請户外屨常滿。然先生所與從請，獨書生故人子屬爲姻黨而窘者，雖强之竟日不倦。其他即郡國守相連車騎，富商賈人珍寶填溢于里門外，不能博先生一赫蹏。而先生所最慎者藩邸，其所絶不肯還往者中貴人，曰：「此國家法也。」前是周王以古鼎古鏡，徽王以金寶瓶、他珍貨，直數百鎰贄。使者曰：「王無所求于先生，慕先生耳，盍爲一啓封？」先生遜謝曰：「王賜也，啓之而後辭不恭。」竟弗啓。

不謁中貴

昔祭酒陳公敬宗，王振慕其名，因巡撫周公求見。公曰：「某忝爲人師，而求謁中貴，他日無以見諸生。」周乃謂振曰：「陳祭酒書法極高，以求書爲名，先之禮幣，彼將謁謝矣。」振然之，乃遺彩段羊酒，求書程子四箴。敬宗爲走筆書之，而反其禮幣，竟不往見。以此故，爲祭酒十八年不遷。

不私兒婿

吏部尚書翺爲英皇所任信，仲孫以蔭入監。秋試持有司印卷白公，公曰：「汝有階得仕，何必强所不能，以幸冀非分邪？」裂卷火之。公一女嫁爲畿輔某官妻，公夫人甚愛女，每迎之，婿固不遣，恚曰：「而翁掌銓，遷我京職。則汝朝夕侍母矣。」夫人一夕置酒白公，公大怒，取案上器擊傷夫人。出駕而宿于朝房，數旬乃還第。婿竟不調。

自焚關節

董大參公朴家居，適按楚直指使者，公門人也。其秋主監臨，先時密封所擬經旨寄公，公發書覽而火之，竟不以示子。子故績學者，後亦卒中式，是爲三泉公。三泉公爲蜀西充令，時以公務至京，有三新進士候之邸。公胥令侍坐，首戒之曰：「慎勿輕買田，吾舉人時甚爲此累，子謹識之。」嗣陞蓬州守，宦十數年許，僅一青布袍、一革靴赴任。時諸子請曰：「平生志節，兒輩能諒。一切生事，不敢少覬。第大人年高，蜀中多美材，後事可爲計也。」公曰：「唯。」既致政，諸子迎之，問請于公曰：「往者兒請命爲後事計者，如何？」公曰：「吾聞之人云，杉不如柏也。」子曰：「今所具者柏耶？」公莞爾曰：「吴兹載有柏子在，種之可爾。」

不徇權璫

吴司空公延舉，筮仕順德，有權璫市葛于縣。公用其值買二匹送之，曰：「奉此爲式，如不可，即還金，且葛雷產也。」璫怒取金去。蓋舊市貢物，率令民自辦而還原金，公獨不從。督府檄公爲權璫修廟，且召見，款語之，公對曰：「守土官非奉舊例新恩，一夫不敢役，銖金不敢用。」遂辭出。嗣又以事忤逆瑾，被逮荷校九日，死而復蘇。

以身庇民

蔣司空公瑶爲揚州太守，會武廟南巡，諸省騷動。凡乘輿供御，及宦寺宮妾，親軍賂遺，莫可貲算。公曰：「備亦罪，不備亦罪。備則患及于民，不備則患止于身。」乃僅鳩供應之具，不復橫斂以爲媚悦。自衣青布袍，束黄金帶，奔走周旋。權倖江彬輩横加折辱，不爲動。一日，上捕得大鯉，謀所鬻者。左右正欲中公，曰：「莫如揚州知府宜。」上乃呼而屬之。公歸，括女衣並首飾數事，蒲伏而進曰：「魚有值矣，他無所取，惟妻女衣裝在焉。臣死罪，臣死罪！」上熟睨之曰：「汝真酸子邪，吾無須于此。」其亟持以歸，魚亦不取值矣。由是清節動天下，歷仕至工部尚書。自首懸輿，卒無改于羔羊之節。士論韙之。

證學第五

貴學賤思

湯曰：「學聖王之道者，譬其如日；靜居而獨思，譬其若火。夫捨學聖之道，而靜居獨思，譬其若去日之明于廷，而就火之光於室也，可以小見而不可以大知。是故明君子貴尚學道，而賤下獨思也。」

子野導君

昔者晉君之問於師曠也，曰：「吾年七十而欲好學，得無既老而有所不可乎？」師曠曰：「胡而不秉燭？」晉君怒，以爲其戲之也。師曠進曰：「臣聞少而學如日出之陽，壯而學如日中之光，老而學如秉燭之明，秉燭者賢于暗行矣。」於是平公悦，以其所御觴觴師曠。

文莊芸喻

東郭子出吴興，見有膝行泥中而以手左右去草者，召而問之曰：「此芸田乎？」曰：「然。」

曰：「吾邑之芸，以鐵爲器，而木柄之，俯其身以盪撼于苗中，未嘗若是難也！」曰：「州亦有之，沙田草易除，用之宜。泥田根難拔，必若是者三至焉。山溪之田寒，必若是者五至焉。若稍弛之，草侵吾苗矣！」噫，質美者易于渾化，猶沙田之草也，次則泥田矣，次則山溪之寒田矣。芸之而弗息，草未有不拔，而苗未有不秀且實者。

創悔屠豕

陽明王先生筮仕刑曹，適輪提牢，覩諸吏豢豕，惻然恚曰：「夫囚以罪繫者，猶然飯之，此朝廷好生浩蕩恩也。若曹乃取以豢豕，是率獸食人食矣。」羣吏請曰：「相沿例也，亦堂卿所知。」先生曰：「豈有是哉！」遂令屠豕，分給諸囚，到今不復豢豕云。後同里有官刑部，語及其事者。先生顰蹙曰：「此予少年不學，兹聞之尚有餘慚，子乃以爲美談邪？」其人未達，曰：「上宣朝廷之德惠，下軫囹圄之罪人，本至德事也。先生顧深悔之，以爲罪過何也？」先生復蹙然曰：「當日憑一時意見，揭揭然爲此，置堂卿於何地邪？只此便不仁矣。」

省訟鬻産

陽明先生家居時，里人有求鬻其産者，先生辭卻已。一日，先生偕諸門第遊山，偶經其處，見風景佳勝，衷默悔前之誤卻也。忽惕然内訟曰：「是何心哉？有貪心便無恕心矣！」且悔且訟，兩念交戰膺中，行里許始化。徐以告從行諸弟曰克己之難如此云。

目攝吴生

黄岡郭孝廉慶，挈其徒吴良吉往越中謁陽明先生。將抵越，郭一夕呼吴生語曰：「吾夜來自省，胞中尚有俗念如許。如此夾雜心，安能領受先生教邪？」拊心痛自刻責不已。徐質吴生曰：「子時自省如何？」吴對曰：「此來一志惟求教益，更何俗念？」昕夕争論不合。既至，郭趣吴以前論辯語往質正。先生時燕居樓上食饘，聆吴生語已，不答。第目攝而指示之曰：「子視此盂中，下便能盛此饘，此几下便能載此盂，此樓下便能載此几，地又下便能載此樓。人貴能下，下乃大。」語已，更目攝吴生者再，竟無他語。吴生退就舍，郭問先生何言。吴生哽咽不能應，第潸然涕數行下。云先生之鑪錘人也，不在言論辯析，而在神情衡宇間，即于吴生可類知已。

簿書即學

有士紳官司理者，恨爲職業所縈，無暇爲學。陽明先生曰：「凡學官先事離事爲學，非吾格致旨。即以聽訟言，如因其應對無狀而作惡，因其言語圓轉而生喜，因其屬託而加憎，因其請求而曲從，或以冗劇而怠，或以浸谮而淆，皆私蔽也。惟良知自知之，細自省克，不少偏枉，方是致知格物也。若離事爲學，卻是着空。」

自省先人

黄樂村、何善山親受陽明之學者，念庵先生赴南宫附其舟，嚴事之以相資切。先生時兢兢步趨，不踰繩矩，心疑二孝廉言動舉止若無異于人者。一日，有友來與二孝廉商學，何孝廉慨曰：「近世號名講學者，綜其微衷，皆先人心耳。」先生側聆之，懼然自省。自是學益近裏，篤信陽明良知之旨。

吕公忘己

涇野吕先生，故與鄒文莊同官。先生尊崇朱學，文莊承服師傳。每晤必辨，若聚訟然，跡亦甚迕。乃先生與文莊交情不啻同胞，初未嘗以議論異同少生間閡。或曰：「二先生意見雖殊，其志行同矣。」若武功康廷撰，豪邁任放人也，而先生平生清約如寒畯。即嚬笑不苟者，乃亦與之厚善，更不以行己清濁少生分別。又聞先生之官南都也，與霍文敏同僚。文敏故與夏貴溪交惡，先生時時規勸。而文敏疑公黨貴溪，中啣之。既貴溪柄國，欲汲引先生。而先生時時于貴溪前揄揚文敏，卒致貴溪疑惑，罷免無悔。今人意見相左則衷起戈鋋，格調稍殊則眼分青白，記短則兼折其長，貶過則並伐其善，而猶曰「吾悟本來無物」，然耶，否耶？

三轉良知

耿楚侗先生官南都，有士人爲惡僧侮辱，以告先生，白所司治之。其僧逋，先生意第迸逐，不令復係籍本寺。士人未釋然，必欲捕而枷之。先生曉之曰：「人謂子亦有聞矣，良知何廣大也，奈何着一破賴和尚往來其中哉？」士人退，語人曰：「懲治和尚，非良知耶？」或以告，先生曰：「小子此言，即令文成復起，何能易也？乃余其難、其慎若此，胸中蓋三轉矣。其一謂志學者即應犯不較、逆不難，不然落鄉人臼矣，遮莫不是名誼心耶？又謂法司用刑，自有條格，如此類法不應枷，此則是格式心也。又聞此僧兇惡，慮有意外之虞，不肯爲已甚，此又是利害心也。余之良知，乃轉折如此。」嗣姜宗伯庇所厚善者，處之少平，大騰物議。又承恩寺有僧爲禮部枷之而死，竟成大訟。先生聞之，謂李士龍曰：「余前三轉折良知，不更妙耶！」

白下論性

羅近溪先生偕白下諸同志遊大中橋，覩諸往來者，無慮千百萬計。近溪因指示諸同志曰：

「試觀此千百萬人者，同此步趨，同此往來。細細觀之，人人一步一趨，無少差失，個個分分明明，未見碓撞。性體如此廣大，又如此精微，可默識矣。」一友咈曰：「否否，此情識也。如此論性，相隔遠矣。」友述以問耿先生，先生曰：「否否，謂此指示者非性，別求性體，此爲《楞嚴》轉非能轉《楞嚴》者。内典亦云『離識歸寂』，譬忘己之首而別求首領矣。」曰：「識至此已乎？」曰：「實識到此，便自欲罷不能，安肯歇手？雖然亡者東走，追者亦東走，走者同而所以走則異也。即兹來往橋上者，或訪友親師，或貿遷交易，或傍花隨柳，或至淫蕩邪僻者，亦謾謂一切皆是，混然無別，此則默識之未真也。學先辨乎此矣，辨此而後可與論孔孟血脉、孔孟路徑也。若以近溪此示爲情識，而別求所謂無上妙理，是捨時行物生以言天，外視聽言動以求仁，非吾孔子一貫之指矣。」

卷二

敘倫第六

上君畏臣

晉文公與楚戰，至黄鳳之陵，履繫解，因自結之。左右曰：「不可以使人乎？」公曰：「吾聞上君之所與居，皆其所畏也。中君之所與居，皆其所愛也。下君之所與居，皆其所侮也。寡人雖不肖，先君之人皆在，是以難之也。」

任臣不疑

任登爲中牟令，上計言於襄子曰：「中牟有士曰瞻胥，已請見之。」襄子見而以爲中大夫。相國曰：「意者君耳而未之目邪，爲中大夫若此其易也，非晉國之故。」襄子曰：「吾舉登也，已耳而目之矣。登所舉也，吾又耳而目之，是耳目人終無已也。」遂不復問，而以爲中大夫。

列精子高

列精子高聽行乎齊湣王，會朝雨袪步堂下，謂其侍者曰：「我何若？」侍者曰：「公姣且麗。」列精子高因步而窺於井，粲然惡丈夫之狀也，喟然嘆曰：「侍者爲吾聽行于齊王也，夫何阿哉！又況於所聽行乎萬乘之主，人之阿亦甚矣！而無所鏡，其殘亡無日矣。」

右君臣

嚙指心動

曾子從仲尼在楚而心動，辭歸問母，母曰：「思爾嚙指。」孔子曰：「參之孝，精感萬里。」

懷肉自誣

浙之長興里人某，事母有至性。其舊業俱以養母，故至衰落。其從父一日飲諸姻，呼孝子侍。媚多豪貴人，饌具腆甚。孝子時時左右盼，伺賓所不顧，急摘諸甘脆裹納袖中，紙盡袖盈盈矣。酒酣，主人出金卮酒貴客，貴客不勝酒，卮置樓簷間，覆以瓦，先間歸。俄侍者報亡其卮，衆客約曰：「請急扃户，令人袒檢之，必得乃已。」孝子兩手捫袖中，至羞澀也。倉卒不得計，即謬曰：「由我。」無何貴客憶前卮，乃折簡主人，語以其故。主人如言檢之得，争呼孝子至。孝子猶謬對如初。從父曰：「癡兒，吾業已得卮矣，顧若何苦自誣，負不韙名？」孝子始吐實，淚淋漓下曰：「某苦不能勉奉母氏歡，而兒女態若此，比諸貴客在，設令把我袖，將大詬我，且重爲叔父羞，故寧爾爾。」從父大感悟，乃召前上客，遍語之曰：「是子如是如是，吾終不忍使孝子無以爲悦。」分其産，令得終奉母焉。

月明跪缶

吴門有貴人月夜道橋上者，聆其下有歌唱聲，下覤之，則丐子也，坐一老嫗塊上，以所丐得酒捧缶而跪進焉，唱蓋以侑云。貴人訝詰之，丐子蹩嘻：「儂寠人，聊爲阿母歡。」貴人嗟嘆良久歸。明日轉相傳語稱異。後時時窺之，見所娱其母者多類是。自是諸貴人每宴，輒置餘豆間曰：「以待孝丐兒也。」吴下至今口其事云。

新宅推兄

裴叔則營新宅甚麗，當移住，與兄共遊，牀帳儼然，軒欞疏朗。兄心甚欲之，而口不言。叔則心知其意，便推使兄住。

王旦友愛

王魏公有弟傲不可訓，一日逼冬至祀家廟，列百壺於堂，弟皆擊破之，家人惶駭。公自外入，見酒流滿路不可行，無一言，但攝衣步入。其後弟忽感悟爲善。

原虛感悔

江州朱原虛有二弟在髫年，而父母死，原虛匿父所遺綾錦十餘篋，逐二弟居外。一日鄰人下神，原虛適在坐，神以詩諷之云：「何處西風夜捲霜，雁行中斷各悲涼。吳綾越錦成私篋，不及姜家布被香。」原虛惶恐，召二弟歸，爲娶婦，督之業儒。後二弟俱登科，典州郡事，事原虛如父。

兄弟争戍

劉撰嘉性孝友，父早喪，有族兄當補伍紫荆關，賂縣吏移補其兄獻嘉。撰嘉詣縣請行，獻嘉曰：「弟孱弱，不可令獨往。」屬中子養母，與俱至關，會北虜犯邊，兄弟被虜。撰嘉向虜哭曰：「兄聾啞無爲，盍捨之執我？」虜舍獻嘉。已而撰嘉亦脱歸，投詩主帥，憫釋之，偕其兄南還。母方病，猶及起居牀下，踰日卒。人以爲孝感，晚節事兄，情好益篤。

右孝友

梁鴻高義

梁鴻字伯鸞，扶風平陵人，家貧尚節介，勢家多欲女之，鴻並不娶。同縣孟氏有女肥醜而黑，力舉石臼，擇對不嫁。父母問其故，女曰：「欲得賢如梁伯鸞者。」鴻聞而聘之。婦以裝飾入門，七日而鴻不答。妻跪牀下請曰：「竊聞夫子高義，簡斥數婦，妾亦偃蹇數夫，今而見擇，敢不請罪。」鴻曰：「吾欲裘褐之人，可與俱隱深山者。今衣綺縞、傅粉墨，豈鴻所願哉？」妻曰：「以觀夫子之志耳！」乃更爲椎髻，著布衣，操作而前。鴻大喜曰：「此真梁鴻妻也。」居有頃，妻曰：「常聞夫子欲隱居避患，今何爲默默，無乃欲低頭就之乎？」鴻曰：「諾。」乃入霸陵山中，以耕織爲業，詠詩彈琴以自娱。至吴，依皋伯通居廡下，爲人賃舂。妻具食，舉案齊眉。伯通異之，曰：「彼傭能使其妻敬之如此，非凡人也。」乃舍之于家。及卒，爲求葬地于要離塚傍，妻子歸扶風。

命婦顯夫

命婦者，晏子僕御之妻也。晏子出，其夫爲御，意氣洋洋，甚自得也。既歸，其妻請去曰：「晏子長不滿六尺，身相齊國，名顯諸侯。吾觀其志，恂恂自下，思念深矣。子身長八尺，爲人僕御，意洋洋若自足者。妾是以去也。」其夫愧謝，請自改。妻喜曰：「是懷晏子之智，而加以八尺之長也。」於是其夫深自責，學道謙遜，常若不足。晏子問其故，陞諸景公，以爲大夫，表其妻爲命婦。

右夫婦

曲江小友

李泌兒時，張曲江公嘗引至卧内。公與嚴挺之、蕭誠善，嚴惡蕭佞，勸公絶之。公獨念嚴大苦勁，不若蕭軟美可喜，方命左右召蕭。泌在旁率爾曰：「公起布衣，以直道至宰相，顧喜軟美者乎？」九齡改容驚謝，因呼小友。

白生交情

王丞相主文柄，欲以白敏中爲狀元，病其人與賀拔惎爲友，密令親知通意，俾敏中與惎絶。

敏中許之。既而惎果造門，左右紿以敏中他適，惎遲留不言而去。俄敏中跳出，呼左右召惎，悉以實告，且曰：「一第何門不可致，奈何輕負至交。」相與歡醉而寢。前人來見之，具言于丞相。丞相曰：「我比只得白敏中，今當更取賀拔惎。」

吴公友誼

吴司空廷舉，平生篤友誼，見良士身下之。在大學兄事羅玘。玘病痢，會僕死，公爲煮粥，負之如厠，一晝夜十數返。玘病瘥，同登進士。語人曰：「玘四十前生我者父母，四十後獻臣生我也。」

右朋友

家閑第七

石奮敕子

萬石君歸老于家，子孫爲小吏來歸謁，萬石君必朝服見之。有過失不誚讓，爲便坐對案不食。諸子相責，肉袒謝罪，改之乃許。少子慶爲内史，常醉歸，入外門不下車。萬石君聞之不食。慶恐，肉袒謝罪，不許，舉宗及兄建肉袒。萬石君讓曰：「內史貴人，入鄉閭里中，長老皆走匿，而內史坐車中自如，固當？」乃謝罷慶。慶及諸子入里門，趨至家。

遺子一經

柳世隆安貧守分，張緒問曰：「觀君舉措，當以清名遺子孫。」答曰：「一身之外，亦復何須？子孫不才，將爲争府。遺其財也，不如一經。」

柳氏家法

河東節度使柳公綽，家中門東有小齋，每平旦出至小齋，諸子仲郢皆束帶晨省于中門之北。令子弟執經史，躬讀一過，乃講議居官、治家之法。人定，然後歸寢。諸子復昏定于中門之北。遇饑歲，則諸子皆蔬食，曰：「昔吾弟侍先君爲丹州刺史，以學業未成，不聽食肉，吾不敢忘也。」公綽妻韓氏，相國休之曾孫，常粉苦參、黄連、熊膽，和爲丸，賜諸子夜學含之，以資勤苦。其後仲郢以禮自守，出內齋未嘗不束帶，三爲大鎮，無良馬，衣不熏香。公退必讀書，手不釋卷。柳玭嘗戒其子弟曰：「凡門第高，可畏不可恃。立身行己事有失，得罪重於他人，無以見先人于地下。」

杖落金魚

陳堯咨精于弧矢，守荆南。其母馮氏問曰：「汝典藩有何異政？」咨曰：「荆州孔道，客以堯咨善射，無不嘆服。」母曰：「汝父教汝以忠孝輔國家，今不務異政善化，而專卒伍一夫之技耶？」以杖擊之，金魚墜地。

古今語父子之盛者，必推蜀陳氏。自文惠公既登將相，兩兄弟亦爲大官。而其父秦公是時尚無恙，每秦公與客坐，則文惠公兄弟左右侍立。坐客踧踖不安，求去。秦公笑曰：「此兒子輩爾。」

索杖詬子

韓忠憲公億，教子嚴肅。知亳州，次子爲西京通判，謁告省覲。公喜，置酒召僚屬。俾諸子坐于隅，忽謂二郎：「吾聞西京有疑獄奏讞者，其詳云何？」舍人思之未得，遂索杖大詬曰：「汝食朝廷厚禄，倅貳一府，事無巨細，皆當究心。大辟奏案，尚不能記，則細務不舉可知。」必欲撻之，衆賓力解方已。

程氏母儀

程大中公晌，性寬而斷，中外相待如賓。夫人謙順自牧，雖小事必稟而行。治家有法，不喜笞僕奴婢，諸子或加呵責，必戒之曰：「貴賤雖殊，人則一也。」公或有所怒，必爲之寬釋。唯諸子有過，則不掩也，曰：「子之所以不肖，以母蔽其過而父不知耳。」

中國内教

吕榮公希哲父申國公，居家簡重寡默，不以事物經心。母申國夫人，性嚴有法。甫十歲，祁寒暑雨侍立，不命之坐不敢坐，日必冠帶以見長者。雖甚熱，在父母之前不得去巾襪縛袴。出入無得入茶房酒肆，市巷之語、鄭衛之音，未嘗一經於耳。非聖之書、非禮之色，未嘗一接於目。

竇儀嚴重

竇儀爲尚書，弟儼、侃、偁、僖皆繼登科。儀性嚴重，家法整肅，每對賓客，則二侍郎，三起居，四參政，五補闕，皆侍立焉。

王門素風

王文正公旦，晚年官尊，每家人拜賀，立令止之。因語其弟曰：「遭遇如此，愈增憂懼，何可賀？」每有賜禄，見家人置於庭，乃瞑目嘆曰：「生民膏血，安用許多？」每見家人服飾，即瞑目曰：「吾門素風，一至如此。」故家人有一衣稍華，必於庫中易之，不敢令公見。

希文焚幔

范文正公仲淹既貴，常以儉約訓人。戒諸子曰：「吾貧時與汝母養吾親，汝母躬執爨，吾親甘旨，未嘗充也。今而得厚禄，欲以養親，親不在矣。汝母又已早世。吾所最恨者，忍令若曹享富貴之禄耶！」子純仁娶婦將歸，以羅爲帷幔。公聞之不悦，曰：「羅綺豈帷幔之物耶？吾家素清儉，安得亂吾家法？敢持至，當火于庭。」

了翁童訓

陳了翁日與家人會食，男女各爲一席。食已，必舉一話頭，令家人答。一日問曰：「並坐不横肱，何也？」其孫女方七歲，答曰：「恐妨同坐者。」

深夜驗問

胡安國，崇安人，子弟或近出宴集，雖夜已深，猶不寢，必俟其歸，驗其醉否，且問所集何客，所論何事，有益無益。以是爲常。

温公家政

司馬温公治家，謹守禮法。以御羣子弟及家衆，分之以職，授之以事，而責其成功。制財用之節，量入爲出。稱家有無，以給上下之衣食，及吉凶之費，皆有品節，而莫不均一。裁省冗費，禁止奢華。嘗議婚姻，當先察其婿與婦之性行，及家法何如，勿苟慕其富貴。

賈公戒子

賈文元公戒子孫文云：「古人重厚朴直，乃能立功立事，享悠久之福。士人所貴，節行爲大。軒冕失之，有時而復來；節行失之，終身不可得矣。」縉紳以爲名言。

孝肅家訓〔一〕

橫渠養正〔二〕

金溪陸氏

陸象山家金溪，累世義居，推一人最長者爲家長，歲選子弟分任家事。田疇、租稅、出納、廚爨、賓客，各有主者。公田僅足給一歲食。每計口授飧，婢僕各自以米附炊，廚爨者置曆交收，食時按曆給散。賓至，款以五酌，供具視常。夜則卮酒杯羹，雖久留不厭。每晨家長率衆子弟致恭先祠，會揖于廳，婦女道萬福。莫安定亦如之。子弟有過，家長飭令更改，不則撻之。度不可容，則白于官，屏之遠方。晨揖三擊鼓，子弟一人唱云：「聽聽聽！勞我以生天理定，若還懶惰必饑寒。莫到饑寒方怨命，虛空自有神明聽。」又唱云：「聽聽聽！衣食生身天付定，酒肉貪

〔一〕按：此則底本和《寶顏堂秘笈》本均有目無文。
〔二〕按：此則底本和《寶顏堂秘笈》本均有目無文。

多折人壽，經營大甚違天命。聽聽聽！」

浦江義門

鄭文嗣，婺州浦江人，其家十世同居，凡二百四十餘年，一錢尺帛無敢私，至大間表其門。公没，從弟大和繼主家事，庭内凛如公府。稍有過，雖頒白者笞之。每遇歲時，大和坐堂上，羣從盛衣冠雁行立左右，序下以次進。拜跪上壽畢，皆肅容拱手自右趨出。足武相銜，無敢參差。

文恭嚴父

羅念庵先生會試時，父雙泉君命得第後，須求歸省，以爲汝盡忠之日長，而吾見汝之日短也。得告歸，雙泉君教之不殊童稚，言動少錯，辭色必厲。客至，令衣冠行酒，拂席授几。客或蹴踖起，則謂曰：「君謂勞耶？固所以愛之也。」

石潭義方

永新石潭劉先生髦，文安公定之之父。予觀其所遺文安書，言言古道也。其一曰：「吾兒鄉試兩次，舟楫廩食，莫非朘削細民。今有司又擬作牌坊，使人怨讟詛咒，於心何安？如我往年赴試，縣官鳩布廿餘匹以贐，拒之不可，不得已受之。至今思之，是陷我於惡。日者陳知府書幣見貽，使者二輩經由縣官。鄰人吴家充甲首，適當供給，費用雞酒，惶恐無限。鄉人作官，不被其惠，反令受害耶？」又曰：「汝婦本欲送來，盤費又不能辦。昔陶靖節不以家累自隨，趙清獻惟一琴一隺，爾豈不知？若錢學士自在朝迄今三十年，鰥居公廨，爾豈不見？」又曰：「汝母年未五十，亦稍憔悴，廚竈之事，誰任其勞？」嗟乎！前輩風度規矩乃如此。抑先生《序文安易圖》中云：「《大學》有正經，有章句，有或問，知道者自有一部《大學》在胸中，即正經亦不用。」由此言推之，先生之學，蓋有原本哉！予又嘗觀文安與其子書云：「聞爾欲以爾弟種爲富人某婿，異時必受其負累。富人之家，多犯官府，干我照顧請托。又往來禮數，需索報答。誇言豪語，無知妄發。彼無禮義，只知自大。時常登門，主僕成羣，十數人者有之，數十人者有之。至於昏娶之日，百數十人者有之。茶湯供應，手忙腳亂，雞驚狗駭，于我何榮？」當時以公卿家婚一富翁，慮供應之難，如村民畏怕官府，然維時皭然清苦之狀亦可想已。文安公之于石潭先生，雅稱克家者哉。

官政第八

如入暗室

魏文侯使西門豹往治于鄴，告之曰：「子往矣，是無邑不有賢豪、辯博者也，無邑不有好揚人之惡、蔽人之善者也。往必問賢豪者，因而親之。其辯博者，因而師之。問其好揚人之惡、蔽人之善者，因而察之，不可以特聞從事。夫耳聞之不如目見之，目見之不如足踐之，足踐之不如手辨之。人始入官，如入暗室，久而愈明，明乃治，治乃行。」

卿譜不載

傅僧祐及子琰，琰子翽，爲令並著奇績。時云諸傅有治縣譜，父子相傳不以示人。劉玄明甚有吏能，歷建康、山陰令，政常爲天下第一。傅翽代爲山陰，問玄明曰：「願以舊政告新令尹。」答曰：「我有奇術，卿家譜所不載，作令唯日食一升飯而不飲酒，此第一策。」

元之下士

齊澣善知今事，高仲舒善知古事。姚崇曰：「欲知古，問仲舒；欲知今，問齊澣，則無敗政矣。」

盧坦名言

盧坦爲河南尉，杜黄裳爲尹，召坦立堂下，曰：「某家子與惡人遊破産，公爲捕盜，盍察之？」坦曰：「凡居官廉，雖大臣無厚蓄。其能多積者，必剥下以致之。如其子孫善守，是天富不道之家也。不若咨其不道以歸於人，故不察。」

一切報罷

李文靖爲相，同年馬亮責之曰：「外議以公爲無口瓠。」公笑曰：「吾居政府無長才，但中外所陳利害，一切報罷，聊以補國耳。今國家防制纖悉，密若凝脂，苟徇所陳一一行之，則所傷實多。憸人苟一時之進，豈念民邪？」

范公起廢

范文正用士多取氣節而略細故，其爲帥日，辟置幕客，多取謫籍未牽復。人或疑之，公曰：「人有才能而無過，朝廷自應用之。若其實有可用之材，不幸陷於吏議，不因事起之，遂爲廢人矣。」故公所舉多得士。

曲全下吏

杜正獻公嘗曰：「今之在上者，多摘發下位小節，是誠不恕也。衍知兗州時，州縣官有累重而素貧者，以公租所得均給之。公租不足，即繼以公帑。量其大小，咸使自足。尚有復侵擾者，真貪吏也，于義可責。」又曰：「衍歷知州提轉安撫，未嘗壞一官。其間不職者，即委以事，使之不暇；不謹者，諭以禍福，俾之自新。從而遷善者甚衆，不必繩以法也。」

不言帷箔

傅獻簡公言：「以帷箔之罪加于人，最爲暗昧。萬一非辜，則令終身被其惡名，至使君臣父子之間難施面目，言之得無訒乎？」

事貴詳審

張無垢云：「快意事孰不喜爲？往往事過不能無悔者。于他人有甚不快存焉，豈得不動于心。君子所以隱忍詳審，不敢輕易者，欲彼此兩得也。」

養兵便民

韓魏公嘗從容議及養兵事，慨然曰：「養兵雖非古，然積習已久，不可廢之。又自有利處，不爲不便。昔者發百姓戍邊無虛歲，父子兄弟，有生死離别之苦。議者但謂不如漢唐調兵于民，獨不見杜甫《石壕吏》一篇，其弊乃至此。後世既收拾强悍無賴者，養之以爲兵。良民雖税斂略厚，而終身保骨肉〔二〕相聚之樂，此豈小事？又其練習戰陣，而豪勇可使，安得與農民同日道也？」

三人推車

韓魏公言慶曆中與范文正公、富文忠公同在西府上前争事，議論各别。下殿時不失和氣，

〔二〕「肉」，底本原作「月」，據《寶顔堂秘笈》本改。

如未嘗争也。當時相善三人，正如推車。蓋其心主于車可行而已，不爲己也。

叱去例簿

章聖嘗謂兩府欲擇一人爲馬步軍指揮使，寇萊公方議其事，吏有以文籍進者。公問其故，曰例簿也。公叱曰：「朝廷欲用一牙官，尚須檢例，即安用我輩哉？壞國政者正此耳。」

試科展限

宋朝引試，率在八月中。韓魏公當國日，二蘇將就試，黄門忽卧病。魏公輒奏上曰：「今歲召制科之士，惟蘇軾、蘇轍最有聲望。今聞蘇轍偶病。如此人不得就試，甚非衆望。欲展限以俟。」上許之。黄門病中，魏公數使人問訊。既聞全安，方引試。比常例展二十日。自後試科，並在九月云。

存齋在家

胡存齋參政，能折節下士，賓客至者如家焉。南北士大夫有經其地，無不願見者。每患閽人不爲通，是日苟不出，即懸一牌于門，曰「胡存齋在家」。

閽吏直梃

御史臺有閽吏，隸臺中四十餘年，善評其臺官優劣。每以所執之梃待中丞之賢否，中丞賢則橫其梃，否則直其梃。此語諠於縉紳，凡爲中丞者唯恐其梃之直也。范諷爲中丞，聞望甚峻。一日視事次，閽吏忽直其梃。范大驚，立召問曰：「豈覩我之失耶？」吏初諱之，苦問，乃言曰：「昨見中丞召客，親諭庖人以造食，指揮者數四。庖人去又呼之，復丁寧者數四。某心鄙之，不知其梃之直也。」范大笑，慚謝。

韓公攬柄

韓琦在官，中書習舊弊，每事必用例。五房操例在手，顧金錢惟意所欲與。公令删取舊例，除其冗謬者，爲綱目類次之。封縢惟謹，每用例必自閱。自是人知賞罰可否出宰相，吏不得高下其間。

薦士識士

魏崔山云：「某嘗以吕文穆《夾袋册》、韓忠獻《甲乙丙丁集》、吕正獻《手記》、曾宣靖《雌黄公議》、司馬公《薦士編》、陳密學《章稿》、范文憲《手記》、近世虞忠肅《翹材館録》之類，萃爲一編，名《達賢録》。亦使士大夫識得行〔一〕已用世規模，須在推誠布公，集謀廣益，不惟濟一旦之用。」往往居德養才，流風所被，逮乎數世。雀山此論，可謂任重道遠。第薦士非難，若識鑒未至，徒以偏駁固滯之見，稱量摸索，不爲荆公者幾希。荆公嘗曰：「當今可望者惟吕惠卿。」又曰：「章子厚才極高，但爲流俗所毁耳。」儻《翹材》之所延、《夾袋》之所載，盡如荆公之選掄，則是豺虎之藪也，流毒可勝道哉！

薄譴宦官

劉豫揭榜山東，言中官馮益遣人收買飛鴿。因有不遜之語，知泗州。劉綱得而上之，張浚請斬益以釋謗，上未許。鼎曰：「益事誠曖昧，然疑似間有關國體。若朝廷略不加罰，外議必謂陛下實遣之，有累聖德。不若暫解其職，姑與外祠，以釋衆惑。」上忺然出之，浚意未決。鼎曰：「自古欲去小人者，急之則黨合而禍大，緩之則彼自相擠。今益罪雖誅不足以快天下，然羣閹恐人君手滑，必力争以薄其罪。不若謫而遠之。既不傷上之意，彼見奪職責輕，不復致

〔一〕按：底本「行」字後有「記」字，衍，據《寶顏堂秘笈》本删。

力營救；又幸其去，必以次規進，安肯容其復入耶？若力排之，此輩側目吾儕，其黨愈固，而不可破也。」

荆門善政

陸九淵知荆門，軍民有訴者，無旦暮皆得造于庭。復令其自持狀以追，爲立期，皆如約而至，即爲酌情決之，多所勸釋。其有涉人倫者，使自毁其狀，以厚風俗。唯不可訓者，始置之法。其境内官吏之廉貪、習尚之善惡，皆素知之。有訴人殺其子者，九淵曰：「不至是。」及追究其子，果無恙。有訴竊藏而不知其人，九淵署二人姓名捕之，訊之伏辜，盡得其所竊物還訴者，且宥其罪使自新。

西山治績

真德秀知潭州，以「廉仁公勤」四字厲僚屬，以周敦頤、胡安國、朱熹、張栻學術源流勉其士。罷榷酤，除溢斛米申兑和糴以蘇其民。民艱食，極力賑之。復立惠民倉，積穀五萬石，使歲出糶。又易穀九萬五千石，分十二縣，置社倉，以遍及鄉落。立慈幼倉，修義阡，惠政畢舉。月試諸軍射，捐其回易之利，及官田租；凡營中病者、死未葬者、孕者、嫁娶者，贍給有差。改知泉州，迎者塞路，深山老人亦扶杖出城相見。諸邑二稅，嘗預借至六七年者，入境首禁之。所屬有累月不解一錢者，或咎寬恤大驟，公謂民困如此，寧身任其苦。決訟自卯至酉，或勸嗇精怡神，公言郡敝無力惠民，僅政平訟理當勉而已。

伯子化民

程伯淳令晉城，民以事至邑者，必告之以孝弟忠信。度鄉村遠近爲保伍，使力役相助，患難相恤。孤煢殘疾者，責之親黨，使無失所。行旅出其途者，疾病皆有所養。諸鄉有校，暇時親至召父老與之語。兒童讀書，爲正其句讀；教者不善，則爲易置。俗始甚野，不知爲學，乃擇子弟之秀者聚而教之。鄉民社會，爲立科條，旌别善惡，使之有勸有耻。在縣三歲，民愛之如父母。

蘇公禁溺

蘇文忠公軾與朱鄂州書云：「昨王天麟見過，言岳鄂間田野小人，例只養二男一女，過此輒溺之。其父母亦不忍，率閉目背面，以手按之水盆中，咿嚶良久乃死。天麟每聞其側近有此，輒馳救之，量與衣服飲食，全活者非一。鄂人有秦光亨者，今已及第，爲安州司法。方在妊也，其舅陳遵夢一小兒挽其衣，若有所訴狀，遵獨念其姊將免，得無應是乎？馳往省之，兒已在水盆中矣，救之得生。準律，故殺子孫徒二年。此長吏所得按舉。願公明告邑令佐使，召諸保正諭之，約以必行。有能告者，官即以所犯及鄰保罰鍰賞之。若行遣數人，此風便革。後雖勸之使殺亦不肯矣。」

吕公官箴

吕居仁《官箴録》曰：

「予常爲秦州獄椽，顔岐夷仲以書勸予治獄，每一事寫一幅相戒。如夏月取罪人，早間在西廊，晚間在東廊，以辟日色。又如監司郡守嚴刻過當者，須平氣與之委曲詳盡，使相從而後已。如未肯從，再當如此詳盡。其不聽者少矣。」

「當官之法，直道爲先。其有未可一向直前，或直前反敗事者，須用馮宣徽惠穆稱停之説。此非特小官然也，爲天下國家當知之。」

「當官既自廉潔，又須關防小人，如文字歷引之類，皆須明白，以防中傷。」

「前輩言小人之性專務苟且，明日有事，今日得休且休。當官者不可徇其私意，忽而不治。」

「前人常言吏人不怕嚴，則怕讀，蓋當官者詳讀公案，則情僞自見，不待嚴明也。」

「後生乍到官，多爲猾吏所餌，不自省察，所得毫末。而一任之，間不復敢舉動。大抵作官嗜利，所得甚少，而吏人所盜不貲矣。以此被重譴，良可惜。」

「當官先以暴怒爲戒。事有不可當，詳處之必無不中。若先暴怒，只能自害，不能害人。前輩常言凡事只怕待，待者詳處之謂。蓋詳處之，則思慮自出，人不能中傷也。」

「處事不以聰明爲先，而以盡心爲務；不以集事爲急，而以方便爲正。」

「前輩常言公罪不可無，私罪不可有。此亦要言。私罪固不可有，若無公罪，則自保太過，無任事之意。」

政戒兩探

范忠宣公鎮西京日，常戒屬官受納租稅，不要令兩頭探。或問謂何？公曰：「不要令人户探官員等候受納，官員不要探納者多少然後入場。此謂兩頭探。但自絕早入場等納户，則自無稽留之弊。」

悔薦常秩

呂正獻薦常秩，後悔之。伯淳曰：「願侍郎受百人欺，不可令好賢之心少替。」

三公卻賄

豐布政公慶，一日行部，有知縣簠簋不飭。聞至，乃以白金爲燭餽之。公未之省。既而驪子以告，公佯曰：「試燃之。」驪子曰：「燃而不燃也。」公又曰：「不燃則還之耳。」次日從容謂知縣曰：「汝燭不燃。」盡出之。自今無復爾矣，終亦不明其爲銀燭事也。論者曰：「此一事也，而持己之廉，恃人之恕，遠謗之智，胥得焉。」凡納賄於上官者，上官不忍其欺也，而暴揚之。衆謂其有以來之也。嫌疑之際，卒不免於禍。若公者，非當官之師法乎？

鄭端簡公曉官文選時，里中士宦有餽金首飾承篚以將，而上覆以茗。公直以爲茗也，受之入。夫人手撥茗知之，面頸發赤，亟擊柝請公入，以語公。公迥然不動聲色，但整理其茗，覆篚如初。出坐亭中，召其人還，謂曰：「吾初以家適乏茗，故拜君惠。頃入内詢，家尚有餘茗，心謝尊意。」已授之，令持歸。

太宰孟山楊公爲北邊兵憲時，有將官名將子也，因事被勘，公勘得其實，酌處之。將官心德公，假公移郵筒中具揭，托名蔬菜，具中緘銀幣若干致謝公。公即移中批發不收，且告誡之。踰時公轉大參行，衆將官旅見，其人獨惴恐，若無所容。公概以温語獎諭諸將官，至其人曰：「汝父名將也，觀汝貌誠不愧將種。第汝年少更事少，後當益努力，以承父業。」其人神情恍然，若更生云。

不喜彈劾

陳司寇公壽，字本仁，在諫垣，指陳時政得失無隱，惟不喜彈劾，曰：「吾父教我勿作刑官枉人，而言官枉人尤甚，顧可輕耶。」故公雖敢言，而不搜索士大夫短長，以沽直名云。楊文襄公一清曰：「宋王素爲諫官言，人材難得，無事之時，當爲朝廷愛惜。昔明道先生爲御史，神宗召問所以爲御史，對曰：『使臣拾遺補缺禆贊朝廷，則可；使臣掇拾臣下短長以沽直名，則不能。』本仁得之矣。」

陶公仁言

少宰陶文懿公大臨，曾以差出京。尋還朝，慨然太息曰：「吾儕一列仕籍，即令念念濟人利物，日行其德，一生罪業，不能贖掩萬一。況吾官此閒局，雖名清華，未得親民，將何修而可？憶余往以差出京，由京泝越寧家已，由家自越還朝，往還凡幾千里，所用役夫不知若干人。念玆彭彭林林，皆亦人子也。或當炎蒸，淋汗如雨，喘息若雷；或值嚴寒，跐跋淖濘，衝冒風雪。由此而踣頓道路，委填溝壑，何可數也？此等罪業，皆由我作。如竺氏果報之説不誣，能無惕然乎？」

散錢貫索

嘗聞劉文靖誚丘瓊山有散錢而少貫索，瓊山還誚曰：「公有貫索而卻欠散錢。」雖然，世博綜者，恃此休休心爲貫索更妙也。韓魏公爲相時，或謂公之德業無愧古人，但公文章不逮歐陽永叔耳。公曰：「吾爲相，永叔爲翰林學士，天下文章，孰大於是？」即此一語，永叔之文章，便爲魏公一齊穿紐矣。我朝最稱該博者莫如瓊山，乃媢嫉白沙，而陰擠三原，雖博亦奚以爲？文靖誚其無貫索，不虛也。

石門議論

新昌有士人某者，少年負氣，英邁皎厲。筮仕得岩邑，瀕行，謁梁石門請教。石門曰：「清、慎、勤，居官三字符也。」士人曰：「雖然，天德王道之要，獨不可聞乎？」石門微笑而答之曰：「言忠信，行篤敬，天德也。不傷財，不害民，王道也。」士人退而謂人曰：「石門議論平平耳。」越三年，士人以不檢罷官歸里中，語人曰：「吾不敢再見石門先生。」

爲令要領

耿先生曰：「令之職，是上之所藉以承宣而下之所寄以爲命者也，其事任蓋叢且夥矣。茲于上也，諸所關白、讞審，吾心盡矣。而上或吾格，如不耐煩，則憤懟之心生，上下之情暌矣。是惟耐煩，始能積誠以相感也。下而林林總總，待命於我，倏有款啓之氓，席其粗戾之習，直突咆哮于吾前。當此之際，須耐煩而後能原其無知之愚、察其憤惋之情。又如公應鞅掌，昄食靡皇，旅賓之鷁報踵至，造請之干刺頻投，此非耐煩，則其應之也，儀不及物，貌不稱情。弗賓之咎叢，下士之誠荒，故須耐煩，而後無衆寡、毋敢慢也。又如勾稽期會之瑣委，筦庫犴狴之檢防，少不耐煩，則蠹孔弊竇蘊釀于茲矣。故耐煩是爲令要領也。雖然，此亦藥方耳，顧須引子辨認親切，方得神效。夫所謂引子者，視人所志如何耳。如志躋名卿、膴仕，須服此方，昔人所謂喫得三斗醋、喫得三斗薑是已。如志學僊佛，長生住世，須服此方，道、釋家所謂調火候、除火性是已。如志希賢聖，則亦是此方，吾儒家所謂勿助勿忘、不壓不倦是已。嗟嗟！奇方易得，真引難求。引得其引，則周公之吐握，孔子之會計，亦是服此藥耳。引失其引，則鄧綰耐煩甘笑罵，師德耐煩謁相門，服此藥而益重其麻木癡頑之病，則由辨之不早也。」

兩溪治河

昔萬兩溪翁之治河也，憤人言之齟齬，慨膚功之難奏，向客嗤曰：「方今河工，須起程伊川、吴康齋任之乃辦。」萬翁蓋借兩先生以嘲世講學者之迂疎無當也。耿先生聞之，因進説曰：「翁未可易兩先生也。今講學者恒言以天下爲一身，此非兩先生所傳緒言耶？實是體會，于此何有？昔禹之底績也，本之猶溺之心而行其所無事之智也，當時堯不以父故疑，而四岳廷臣僉讓其能，乃得成永賴之功。此仁體流行、學術大明之效也。向使人懷有我，各恃意見，各私利便，禹雖神聖，亦戛乎難哉！」今才臣智士談及官政，輒謂非講學人所能辦，殆亦未之思乎！

廣仁第九

元振助喪

郭元振在太學時，家中送資錢四十萬，會有縗服叩門者，自言五世未葬，願假以治喪。元振舉與之無少吝，亦不質其姓氏。

鎮江太守

葛繁爲鎮江太守，有人于京師鋪中見一靴，是其父葬時物，詰之，鋪翁云：「適有一官人攜來修整，可候之。」有頃果至，乃其父也，拜之，不顧，但取靴乘馬去。隨之一二里，度力不能及，乃呼曰：「生爲父子，何無一言見教？」父曰：「汝可學鎮江太守葛繁。」其子謁繁言之，因問何以爲幽冥所重。繁曰：「吾始者日行一利人事，或二或三或數四或十。今四十餘年，未嘗少廢。」又問何以爲利人事。繁指坐間踏子曰：「此物置之不正，則蹙人足，吾爲正之。若人渴，與之杯水，皆利人事也。自卿相至乞丐，皆可以行。惟行之悠久，乃有利益。」後有異僧，見繁在淨土境中云。

紫府真君

張忠定公詠守成都，嘗夜夢謁紫府真君。坐定，吏忽報請到西門黄承事，真君降階接之，禮甚恭，且揖公坐承事之下。明日，遣人詣西門請黄承事。比至，果如夢中所見。公即以所夢告之，問平日有何陰德，真君禮遇如此。承事云：「無他長，惟每歲禾麥熟時，以錢收糴。至明年新陳未接之時，糶與細民，價值不增，升斗如故。」公曰：「此宜坐我上也。」令二吏掖之，使端受四拜。承事名兼濟，後裔繁衍，青紫不絶。

周氏賢德

周氏婦賢而有幹，其翁才美令分理家事，付與衡量各二，出入異等。婦不悦，曰：「翁平日所爲逆天道，妾不能爲婦，願辭去。」才美曰：「汝言是，今當出入但用其一，餘皆毁之。」婦曰：「未也。」問其所用幾年，曰約二十餘年。婦曰：「今當反其所用，以酬前日過取之數。」才美感悟，忻然喜諾。其婦後生二子，皆少年登科。

王曾取女

王曾居京師，一日過甜子巷，聞母女二人哭甚哀。因詢其鄰，云其家少官逋四萬錢，止有此女，將易客錢償。曾乃謂其母曰：「汝女可賣與我？則時得相見。」遂以白金與之，令償其客。約三日來取女，踰期不至。其母復訪曾之所館，則曾已行矣。後曾官至集賢殿學士，封沂國公。

唤六作五

許知可應舉不第，一夕夢白衣人曰：「汝無陰德，所以不第。可學醫，吾助汝智慧。」知可如其言，醫術果精。病者無問貴賤，診候與藥，不受其直，所活不可勝計。後赴春闈，復夢前白衣云：「施藥功大，陳樓間處。殿上呼臚，唤六作五。」知可果以第六名登第。因上一名不禄，遂升第五，其上姓陳，下姓樓也。

掩骼埋胔

李之純爲成都轉運使，專以掩骼埋胔爲念。吏人徐熙專爲宣力，計其所藏，無慮萬計。有王生者，死而復蘇，自言見冥官云：「汝以誤追，今當放還。李之純葬枯骨有陰德，與知成都府；徐熙督役有勞，與一子登第。汝宜傳于世間，使爲善者勸。」後皆如其言。之純以直學士知成都府，累遷御史中丞。

不受淫奔

黄靖國嘉祐間爲儀州判官，一夕，被攝至冥司。主者曰：「卿官儀州有一美事，曾知之乎？」命吏取簿示之，乃醫士聶從志在華亭楊家，楊妻李氏淫奔從志。志力言不可，李不能强而退。奉上帝敕，從志特與延壽三紀，子孫三世登科；李氏送獄治罪。既而得還，以語從志。志駭曰：「此固有之，妻子亦未嘗與言，不謂已書陰籍。」其後子孫果皆登第。

平園活吏

周必大字子充，監臨安府和劑局門。局内失火，延燒民家。逮捕居民及局吏繫獄，未論報間。子充問局吏曰：「假設火自官致，當得何罪？」吏曰：「當除籍爲民耳。」子充遂自誣服，坐是罷職，吏民得免死。子充歸，道謁婦翁，翁前一夕夢掃雪迎宰相，而子充適至。留宿然後歸。子充益自刻苦讀書，中博學宏詞科，官至宰相，封益國公。

政事及物

張芸叟遊京師，同歐陽文忠公多談吏事。張問其故，公曰：「文學止於潤身，政事可以及物。吾昔守官夷陵，欲求《漢史》一觀，無有也。因取架閣陳年公案，反覆觀之，見其枉直乖錯，不可勝數。當時仰天誓心，自爾遇事不敢忽也。」張謝曰：「仁人之言，其利溥哉！」後一杭僧夢遇公於廟中，廟神皆拱立曰：「歐陽相公平生善念及人甚衆，將來太平宰相也，豈敢不敬！」後果入中書，參大政。

獄官賢妻

一獄官冬夜苦寒，欲就寢，其妻正色曰：「君暖衣飽食，畏寒不出，獄中罪人如何？」其夫感悟，自此留意獄訟。此婦本妓女，未有所生。一夕夢神人以緑衣槐簡付之，後一子果登第。

福建士人

福建士人李道經衢州，路旁店客姓翁者，夢土地與言，明日李秀才來，黄甲人也，宜善待之。果有姓李者至，相款甚隆。士人問故，曰：「此中土地靈甚，報公明年登黄甲。」其士大喜，夜思我向去作官，但妻不稱夫人，當復易之。土地復謂主人曰：「上帝以此士人處心不善，便欲棄妻，今失舉矣！」其人省回。翁具以實告，士人惆悵而歸。以此知一念初起，鬼神監之矣。

王公幾諫

王符卿公汝訓，家世素饒於貲。而父封公尤善經理，每晨起握籌課算，至亥未食。故鄉居時虞盜患，竟夕或不能寢。符卿家食時，即志聖賢之學，因諭其父曰：「天生財以養人，人之所重，則身與心耳。大人爲此巇巇也，營營兢兢，外累其身，内累其心。古謂厚積者，守財虜不虚也。」封公諭，一日盡招其逋債者，裂券兑之。夙所積藏，視親戚族黨之殺，悉捐以散給之。里之人大悦，無煩防守，而相翔者息。君子以爲符卿純孝哉。

幹局第十

鎖熊櫃中

寧王常獵于鄠縣界，搜林莽草際一櫃，扃鎖甚固。王命發之，乃一少女。問所自，姓莫氏，夜遇賊僧劫至此。王驚悦之，載以後乘。時獵者方生獲一熊，因置櫃中，如舊鎖之。時明皇方求極色，王以莫氏殊麗，即表上之，具奏所由。上令充才人。經三日，京兆奏鄠縣食店有二僧以萬錢賃店作法事，惟舁一櫃入店。夜久腷膊有聲，店户人怪之，啓視，有熊衝出脱走，尋二僧已骨矣。上知之，大笑曰：「寧哥大能處置此僧也。」

處分譁卒

王武恭公知定州，是時契丹主在燕京，朝廷發兵屯定州者幾六萬人。一旦倉中給軍糧，軍士以所給米黑，讙譁紛擾，監官懼逃匿。公自入倉視之，乃使召專副問曰：「昨日我不令汝給二分黑米、八分白米乎？」曰：「然。」「然則汝何不先給白米，後給黑米？此輩見所得米腐黑，以爲所給盡如是，故諠耳。」專副對曰：「然。某之罪也。」公叱從者杖專副人二十。又呼四卒謂曰：「黑米亦公家物，不給與汝曹，當棄之乎？汝何敢乃爾諠譁！」四卒相顧曰：「向者不知有八分白米故耳，某等死罪。」公又叱從者，亦人杖二十。召指揮使罵曰：「衙官，汝何不戢士，使如此欲求決配乎？」指揮使百拜流汗，乃捨之，倉中肅然。

三公處變

張乖崖守蜀，兵火之餘，人懷反側。一日大閱方出，軍衆忽嵩呼，乖崖亦下馬隨衆東北望，三呼，攬轡復行。衆不敢歡。

真宗不豫，李文定公以宰相宿内祈禳時，太子尚幼。八大王元儼者頗有威名，問疾留禁中，累日不出，執政患之。偶翰林司以金盂貯熱水過，問之，曰：「王所需也。」文定以案上墨筆攪水中，盡黑。王見之大駭，意其爲毒也，即上馬去。

文潞公知成都，大雪會客。帳下卒有誶語，共拆井亭，燒以禦寒。軍將以聞，公徐曰：「今夜誠寒，亭敝矣，正欲改造，更有一亭，可盡拆爲薪。」樂飲如常。明日乃究問先拆者，杖而流之。前輩如此類甚多，皆所謂知也。小而文潞公幼年之浮毬，司馬幼年之擊甕，亦皆于倉卒中有變通之術。

魏公蠟書

紹興中，劉光世在淮西，軍無紀律。張魏公爲都督，奏罷之，命參謀吕祉往廬州節制。光世頗得軍心。祉儒者，不知變，繩束頓嚴，諸軍忿怨。統制酈瓊率衆縛祉渡淮歸劉豫。魏公方宴僚佐，報忽至，滿座失色。公色不變，徐曰：「有此説，第恐虜覺耳。」因樂飲至夜分，乃爲蠟書遣死士持遺瓊，言事可成，成之速全軍以歸。虜得書，疑瓊，分隸其衆。困苦之邊賴以安。

再遇多智

開禧用兵，諸將皆敗，唯畢再遇數有功。敵常以水櫃敗我，再遇夜縛藁人數千，衣以甲胄，持旗幟戈矛，儼立成行。昧爽鳴鼓，敵人驚視，亟放水櫃，旋知其非真也，甚沮。乃出師攻之，敵大敗。又嘗引敵與戰，且前且卻，至於數四。視日已晚，乃以香料煮黑豆布地上，復前搏戰，佯爲敗走。敵乘勝追逐，其馬已饑，聞豆香就食，鞭之不前。我師反攻之，敵人馬死者不勝計。又嘗與敵對壘，度敵兵至者日衆，難與争鋒。一夕拔營去，慮來相追，乃留旗幟于營，並縛生羊，置其前二足于鼓上，擊鼓有聲。敵不覺其爲空營，復相持竟日。及覺欲追，則已遠矣。近時沅州蠻叛，荆湖制司遣兵討之。蠻以竹爲箭，傅以毒藥，略著人肉，血濡縷，無不立死。官軍畏之莫敢前，乃祖再遇之智，裝束藁人羅列焜燿。蠻見之以爲官軍，萬矢俱發。伺其矢盡，乃出兵攻之，直擣其穴，一戰而平。

蘭姐擒賊

紹興中，京東王寓新淦之濤泥寺，嘗燕客，中夕散，主人醉卧。俄有盜羣入，執諸子及羣婢縛之。羣婢呼曰：「司庫鑰者，藍姐也。」藍即應曰：「有，毋驚主人。」付匙鑰，秉席上燭指引之，金銀酒器首飾盡數取去。主人醒方知，明發訴於縣。藍姐密謂主人曰：「易捕也。羣盜皆衣白，妾秉燭時，盡以燭淚污其背，當密令捕者以是驗。」後果皆獲。

敗皮煎膠

正統間，宫殿當綵繒，計用牛膠萬餘斤，遣官賫敕，屬尚書周公忱如數辦供。時公以議事赴京遇諸途，敕使請公還治。公曰：「第行，自有處置。」至京，言京庫所處皮張積歲朽腐，請出煎膠應用。回治即發餘米買皮照數輸納，以新易舊，兩得便利。太監王振欣然從之，益加敬重。

濠魚不禁

紹興中，虜趨京，所過城邑欲立取之。會天大寒，城池皆凍，虜藉冰梯，城不攻而入。張魏公在大名聞之，先弛濠魚之禁，人争出魚，冰不得合。虜至城下，睥睨久之，嘆息而去。

落簪舟底

丘琥嘗過丹陽，買舟行，一人來附舟，直入寢所。琥心知其盜也，佯落簪舟底，而盡出其衣篋鋪設求之。又自解其衣，以示無物。又俾童與酌酒，夜則自撫其卧側。明日其人去。未幾殺人于丹陽城中，被縛，乃以其事語人曰：「吾幾誤殺丘公。」人服其智。

文正留身

丁晉公執政，不許同列留身，唯王文正[一]公一切委順，未嘗忤其意。文正謂丁曰：「欲面求恩澤，又不敢留身。」丁曰：「如公不妨。」一日留身進文字一卷，具道丁事。丁去數步，大悔之。

〔一〕「正」，底本原奪，據《寶顔堂秘笈》本補。

不數日，丁有珠崖之行。

賃借簷瓦

高宗南渡，駐蹕臨安，草創禁苑爲行在。方造一殿，無瓦而天雨，郡與漕司大憂之。忽一吏白曰：「多差兵士，以錢鏹分俵關廂鋪店，賃借樓屋腰簷瓦若干。旬月新瓦到，如數陪還。」郡司從之，殿瓦咄嗟而辦。

易去僞詔

建炎初，駕幸錢唐，而留張忠獻於平江爲後鎮。時湯東野適爲守將，一日聞赦令當至，乃明受僞詔也。亟走白張公，張曰：「事已到此，胡可匿？且卒徒急于望賜，吾屬先受禍矣。」乃發庫錢示行賞之意，因屏僞赦，而取故府所藏登極赦書讀之，散給金帛如郊賚時，人情乃定。

計擒叛將

叛將范瓊擁兵據上流，召之不來，來又不肯釋兵，中外洶洶。張忠獻與劉子羽密謀誅之。

一日，遣張俊以千人渡江，若捕他盜者，因召瓊。俊及劉光世詣都堂計事，爲設飲食。食已，相顧未發。子羽坐廡下，恐瓊覺事中變，遽取黄紙執之，趨前舉以麾瓊曰：「上有敕，將軍可詣大理置對。」瓊愕不知所爲。子羽顧左右，擁置輿中，以俊兵衛送獄，使光世出撫其衆，且曰：「所誅止瓊，汝等固天子自將之兵也。」衆皆投刃曰諾。悉麾隸他軍，頃刻而定，瓊伏誅。

巧疏滯錢

秦檜當國日，民間以乏見錢告，貨壅莫售。京尹曹泳以白檜，檜即席命召文思院官，趣者絡繹。既至，亟諭之曰：「適得旨，欲變法，煩公依舊夾錫樣鑄一緡，將以進入。盡廢見錢不用，約以翌午畢事。」富家聞之大窘，盡輦宿藏，爭取金粟，物價大昂，泉溢於市。

趙公慧智

趙從善尹臨安，宦寺欲窘之。一日內索朱紅棹子三百隻，限一日辦。從善命于市中取茶棹一樣三百隻，糊青紅紙，朱塗之即成。兩宮幸聚景園回，索火炬三千枝，限以時刻。從善命于娼家取竹簾束之，頃刻而辦。

達命第十一

方叔下第

元祐中，東坡知貢舉，緘一簡送其友人李方叔。值方叔出，其僕受簡置几上。有頃，章子厚二子曰持、曰援皆來，取簡竊觀之，乃《楊雄優于劉向論》二章，驚喜攜去。方叔歸，求簡不得。已而果出此題二章，皆模放前作，方叔幾于閣筆。及拆號，坡意魁必方叔也，乃章援。第十名文意與魁相似，乃章持。東坡失色，方叔竟下第。既出院，問其故，大恨惋。其母嘆曰：「蘇公知貢舉，而汝不成名，復何望哉！」抑鬱而卒。

富陽三古

淳熙中，汪玉山起知貢舉，將就道，念一布衣友，以書約會于富陽蕭寺，密語之曰：「程文冒子中用三古字以爲驗。」玉山既知貢舉，搜卷果有用三古字者，徑置前列，及拆號，非其友也。數日友人來見，玉山怒責之。友人指天誓曰：「某以暴疾幾死，不得就試，何敢漏泄？」未幾以古字得舉者來謁，因問之，對曰：「某來就試，假宿于富陽寺中。與寺僧步廡下，見一棺塵埃漫漶，僧曰：『此一官員女也，殯于此，十年不葬。』是夕夢女子謂某曰：『此去頭場冒子可用三古字，必登高科。幸無忘朽骨。』遂用其言，果叨前列。」玉山驚嘆。

誠齋任運

虞雍公初除樞密，偶至陳丞相閣子内，見楊誠齋《千慮策》，讀一篇，嘆曰：「東南乃有此人物，某初除，合薦兩人，當以此人爲首。」陳導誠齋謁雍公，一見握手如舊。誠齋曰：「秀才子口頭言語，豈可便信？」雍公大笑。卒援之登朝。誠齋嘗言：「士大夫窮達，不必容心。某平生不能開口求薦，然薦之改秩者，張魏公也；薦之立朝者，虞雍公也。二公蜀人，皆非平生之雅。」

禍福倚伏

劉元城貶梅州，章惇輩必欲殺之。郡有土豪，以貲得官，見章惇，自言能殺元城。惇大喜，即除本路轉運判官。其人驅車速還及境，郡人使人告元城。元城略處置後事，與客笑談飲酒以待之。至夜半，忽聞鐘聲，問之，則其人忽嘔血死。

秦檜晚年嘗一夕秉燭，獨入小閣治文書至夜分，蓋欲盡殺張德遠、胡邦衡諸君子，凡十一人。區處既定，四更忽得疾，數日而卒。

檜父嘗爲静江府古縣令，守胡舜涉欲爲檜父立祠。縣令高登堅不奉命，涉大怒，文致其罪，送獄備極慘毒，登不能堪。未數日，舜涉忽殂，登獲免。

又大理評事胡夢昱以直言貶象郡，過桂林，帥錢宏祖欲害之，未及有所施行，亦暴亡。人生禍福之不可預策如此。

方滋晉用

胡澹庵謫嶺南，士大夫多凌蔑之，否則畏避之。方滋本亦檜黨，待之獨有加禮。澹庵深德之。檜死，其黨皆逐，滋入京謀一差遣不可得，棲棲旅館。澹庵偶與王梅溪語及其事。梅溪曰：「此君子也。」率館中諸公訪之，且揄揚其美。由此遂晉用。

韓氏夫人

韓世忠夫人，京口娼也，嘗五更入府伺候賀朔。忽于廟廡下見一虎蹲卧，鼻息齁齁然，驚駭亟走出，不敢言。已而人至者衆，復往觀之，乃一卒也。因蹴之起，問其姓名，爲韓世忠。心異之，密告其母，謂此卒定非庸人，乃邀至其家，具酒食，深相結納，資以金帛，約爲夫婦。世忠後立殊功，爲中興名將，遂封兩國夫人。

顯道夢徵

謝良佐，上蔡人，初及第時，歲前夢入内庭，不見神宗，而太子涕泣。及釋褐時，上晏駕，哲宗即位。嘗云：「如此等事，直不把來草草看卻，萬事真實有命，人力計較不得。吾平生未嘗干人，在書局亦不謁執政。」

吉凶在人

廖德明，朱文公高第也。少時夢懷刺候謁廟廡下，謁者索刺，出諸袖，乃宣教郎廖某，遂覺。後登第改秩，以宣教郎宰閩，請迓者及門。思前夢，恐官止此，不欲行。親友相勉，爲質之文公。文公因指案上物曰：「人與器物不同：如筆止能爲筆，劍不能爲琴，故其成毁久速有一定之數；人則不然，固有朝爲跖而暮爲舜者，其吉凶禍福亦隨之而變，難以一定言。今子赴官，但當充廣德性，力行好事，前夢不足芥蔕。」德明官至正郎。

郭張奇遇

張永德，陽曲人。初周太祖后柴氏，本唐莊宗之嬪御。莊宗没，明宗遣歸其家。數日有一人過其門，敝衣不蔽體，柴見而異之，曰必嫁是，即郭威也。柴資以金帛，使事智遠，授供奉官。將兵征淮南，過宋州，市人聚觀，有女子從羣衆中呼曰：「此吾父。」郭威使前問之，信其女也，相持而泣。女曰：「我已有夫矣。」召視之，曰：「汝何得有貴人爲婿？」乃俱挈之軍中，奏補供奉官，即永德也。未幾，威篡漢爲周太祖，除永德駙馬都尉，妻晉國公主。永德居睢陽時，比鄰有書生卧疾，療之。獲痊來謝，因辭去曰：「後當見淮上。」周世宗用兵壽春，永德從之。見一僧，乃昔書生也，謂永德曰：「若見一屬豬人，善事之，當保五十年富貴。」時宋祖爲周點檢，永德問其年，生於亥；見太宗問其年，亦生於亥。永德皆傾身事之。宋祖即位，授武勝軍節度。太平興國中，拜左衛上將軍。真宗時，封衛國公。

柳莊星術

正統中，祭酒以贓罷。西楊先生與古廉李先生對弈，因嘆祭酒缺員，難得振作者。古廉答云：「不可謂無人。」明日有旨，古廉爲祭酒。初古廉與陳敬宗在翰林，袁柳莊嘗曳二人並列曰：「二公他日功名相埒。」時陳公儀貌魁梧，而古廉頗短小。聞者未之信。後陳公以方嚴肅下，古廉以忠恕得士，聲望聳然。柳莊之術驗矣。

數不可逃

正德中，錦衣指揮楊玉，附逆瑾勢害人。瑾敗，玉伏誅，家口没入爲奴。有愛妾攜少女逃民間得免。此女長甚美麗，妾鑒前禍，誓不婚。京師權貴家李白洲都憲蔭子納之。後寧庶人干紀，李坐寧黨被法，此女入浣衣局。噫！有數焉，無所逃已。

韓夢捧天

韓琦知泰州時，卧疾數日，忽夢以手捧天者再。其後事英宗於藩邸，冀神宗以爲東宫。

婚姻前定

曾崇範妻，凡許嫁，其夫輒死。一夕夢曰：「田頭有鹿跡，田尾有日炙，乃汝夫也。」後嫁，乃悟其夢。

禍福由命

正統丙辰狀元周旋，温州永嘉人。初閣老預定第一甲三人，候讀卷時，問同在内諸公云：

「周旋儀貌何如？」或以豐美對，閣老喜。及傳臚，不類所聞。蓋豐美者嚴州周瑄，聽之不真而誤對耳。

天順庚辰曹欽反，連捕其黨寧波馬益甚急，一星士馮益就逮，亦棄市。蓋二人皆寧波人，且同名，故有此誤。乃知人之禍福真有命也。

卷三

僊釋第十二

師惟度我

昔呂純陽受學于雲房鍾子，鍾子故爲諸幻景歷試之，呂不動，雲房子猶未即授也。一日，呂子涕泣請曰：「弟子從先生遊，三紀於兹，諸難備嘗矣。乃師竟秘不授，將某非其人耶？」鍾子曰：「余視子履似亦可語，顧功行未累也。」呂曰：「何修而功行乃累？」鍾子曰：「須金百萬，博濟於世始得。」呂曰：「弟子窶人，何從辦此？」鍾子曰：「毋，余有丹藥在，此可化銅鐵爲金，即百萬可立致。子弟懷此博施人人，慎勿泄也。」呂子喜，受丹藥戒行，間復請曰：「是金卒當變不？」鍾子曰：「須三千歲後還本質也。」呂子曰：「如此則誤三千歲後人矣，功行之謂何？吾寧不僊也，請辭。」鍾子悦曰：「善哉！善哉！即此一念萬年矣。長生久視，道在是也。」呂子豁然悟，慁然懌已，蹶然起曰：「師道易易若是，此人人可與能者，奈何難傳之？吾將廣師指普度世迷可乎？」雲房子曰：「可，汝試爲之。」於是呂子歷荆嶽，浮湘踰濟，悉以所得指授人人，計所度者無慮數千。人人咸喜得道，相矢終身依焉。呂子亟歸告成於師。師曰：「誠如是，汝功偉矣，更試之若何？」呂子乃始化身爲極貧苦狀，操瓢披衲而行乞於諸所度者之門，是數千人者，十去二三。已又化身爲横遭仇誣、械繫俘囚而過諸所度者之門，則數千人者，十去六七已。已又化身爲重罹疾疢、纍纍骨立而過諸所度者之門，則數千人者，一旦去之盡。呂子失意悵然而歸，偃息河濱樹下。雲房子化身一叟，過而訊之，呂子語以故。叟曰：「吾非若等比，時老且衰，百念俱灰，自矢可身相許矣，願依子終生可乎？」呂喜晚得叟，即許諾，負之渡河以歸。至河中悟，識其爲師，驚訝曰：「嘻！師惟度我，我惟度師耶？」

玄宗正訣

静宇游大夫問於羅子曰：「養生家守中之訣如何？」羅子曰：「否否。内典謂：『凡人自咽喉以下是爲鬼窟。』天與吾此心神，如此廣大，如此高明，蓋塞兩間、彌六合矣。奈何作此業障，拘囚於鬼窟中乎？」大夫曰：「然則調息之術如何？」羅子曰：「否否。心和則氣和，氣和則形和，息安用調？」大夫曰：「吾人寓形宇内，萬感紛交，何修而得心和？」羅子曰：「和妻子，宜兄弟，順父母，心斯和矣。」耿先生聞之，躍然嘆賞曰：「此玄宗正訣也，不獨伯陽皈心，釋迦合掌，即尼父復生，當首肯矣。」爰識此以醒世之迷於玄修者。

囚持杯水

誌公欲堅武帝心，請出囚持杯水驗之。帝如其言，召囚應死者二十輩，各置水滿器，令戴之周行於庭，曰：「水不溢，貸爾死。」於是作樂喧之，久之杯水如故。問之曰：「若聞樂作乎？」皆曰：「不聞也。」誌公曰：「彼畏死，故惟知水，不知樂也。求道亦當爾。」

真如變易

馬祖曰：「真如有變易，豈不聞善知識能迴三毒爲三昧，淨戒能迴六賊爲六神，迴煩惱作菩提，迴無明爲大智。」

道無明晦

薛簡問曹溪六祖曰：「願指示心要，令得明道。」祖曰：「道無明暗。」簡曰：「明喻智慧，暗況煩惱，倘不以智慧照破煩惱，生死憑何出離？」祖曰：「若以智慧照破煩惱者，此是二乘小機。明與無明，其性無二。無二之性，即是實性。實性在凡不減，在聖不增。住煩惱而不亂，居禪定而不寂。性相如如，名之爲道。」

擁爐悟道

中丞盧航與圓通擁爐次，公問：「諸家因緣不勞拈出直截一句，請師指示。」通厲聲曰：「看火！」公急撥衣，忽大悟，謝曰：「灼然佛法無多子。」通大喝曰：「放下著！」

道在鼻尖

莫尚書少虛，因官西蜀，謁南堂靜師咨決心。南堂使其向好處提撕，適如厠，俄聞穢氣，以手掩鼻。遂有省，即呈以偈曰：「從來姿韻愛風流，幾笑時人向外求。萬别千差無覓處，得來元在鼻尖頭。」南堂答曰：「一法纔通法法周，縱横妙用更何求。青蛇出匣魔軍伏，碧眼胡僧笑點頭。」

有個見處

龍圖王觀復留昭覺日，聞開静板聲有省，問南堂曰：「某有個見處，纔被人問卻，問口不得，過在甚處？」南堂曰：「過在有個見處。」因問朝旆幾時到任，公曰：「去年八月四日。」曰：「自按察幾時離衙？」公曰：「前月二十日。」曰：「爲何道開口不得？」公乃契悟。

解禪六偈

慶曆中，士大夫多修佛學，往往爲偈頌以發明禪理。司馬温公爲《解禪偈六篇》云：「文中子以佛爲西方聖人，信如文中之言，則佛之心可知矣。今之言禪者，好爲隱語以相迷，大言以相勝，使學之者悵悵然益入於迷妄。故予廣文中子之言而解之，作《解禪偈》六首，若其果然，雖中國可行，何必西方？若其不然，則非予之所知也。偈曰：『忿怒如烈火，利欲如銛鋒。終朝長戚戚，是名阿鼻獄。』『顏回安陋巷，孟軻安自然。富貴如浮雲，是名極樂國。』『孝悌通神明，忠信行蠻貊。積善來百祥，是名作因果。』『仁人之安宅，義人之正路。行之誠且久，是名不壞身。』『道德修一身，功德被萬物。爲賢爲大聖，是名菩薩佛。』『言爲百世師，行爲天下法。久久不可揜，是名光明藏。』」當時稱其精理。

河陽豬肉

濟南監鎮宋保國出觀荆公《華嚴解》，東坡曰：「《華嚴》有八十一卷，今獨其一，何也？」保國云：「公言此佛語，至深妙，他皆菩薩語耳。」東坡曰：「予於藏經中，取佛語數句，雜菩薩語中，取菩薩語數句雜佛語中，子能識其是非乎？」曰：「不能也。」東坡曰：「予昔在岐下，聞河陽豬肉甚美，使人往市之。使者醉，豬夜逸去，貿他豬以償。客皆大詫，以爲非他產所及。既而事敗，客皆慚。公荆公之豬未敗耳。若一念清浄，墻壁瓦礫皆説無上妙法，而云佛語深妙，菩薩不及，豈非夢中語耶？」

木樨花香

黄龍寺晦堂老子嘗問山谷以「吾無隱乎爾」之義，山谷詮釋再三，晦堂終不然其説。時暑退涼生，秋香滿院，晦因問曰：「木樨香乎？」山谷曰：「聞。」晦堂曰：「吾無隱乎爾。」山谷乃服。

無始習氣

韓侍郎宗古以書問晦堂曰：「昔聞和尚開悟，曠然無疑。但無始以來，煩惱習氣未能頓盡。」晦堂答曰：「心外無剩法，不知煩惱習氣是何物，而欲盡之。從上以來，但有言説，乃是隨病設藥。若定有習氣可治，譬如靈龜曳尾於途，拂跡跡生，可謂將心用心，轉見病深。苟明達心外無法，法外無心，心法既無，更欲教誰頓盡耶？」

雪竇禪師

宋孝宗召雪竇寺禪師寶印入對選德殿，問曰：「三教聖人本同一理，但所立門户不同。孔子以中庸設教耳。」印曰：「非中庸何以安立世間？故《法華》曰：『治世語言、資生業等，皆與實相不相違背。』《華嚴》曰：『不壞世間相，而成出世間法。』」帝曰：「今士大夫學孔子者多，只工文字語言，不見夫子之道，不識夫子之心。惟釋氏不立文字，直指心源，頓命悟入，不亂於死生，此爲殊勝。」印曰：「非獨今世學者不見夫子之心，當時顔子號爲具體，盡平生力量，只道得個瞻之在前，忽焉在後，如有所立卓爾，竟捉摸未着。而聖人分明八字打開，向諸弟子曰：『二三子以我爲隱乎？吾無隱乎爾，吾無行而不與二三子，是丘也。』以此觀之，聖人未嘗迴避諸弟子，諸弟子自錯過了。昔張商英曰：『吾學佛然後知儒。』此言實爲至當。」帝曰：「莊老何如人？」印曰：「是佛法中小乘聲聞以下人。蓋小乘厭身如桎梏，棄智如雜毒，化火焚身，入無爲界，即莊子所謂『形固可使如槁木，心固可使如死灰』。若大乘人則不然，度衆生盡，方證菩提。正伊尹所謂『予天民之先覺者也，予將以斯道覺斯民也，一夫不被其澤，若己推而内之溝中』。」帝大悦。

蠅鑽故紙

有僧居嘗誦經不輟，其徒遊方參悟歸，思度其師。一日指欞間蠅曰：「咄！汝不向寥廓奮飛，而日日汩汩然鑽此故紙，安得出頭？」其師乃有省。

不加不損

昔有衲子持鉢來盱江，羅近溪遇之甚謹。居數年辭去，近溪把其手請曰：「和尚慈悲，今別我去，願一言度我。」衲子曰：「没得説。你官人家常有好光景，有好光景，便有不好光景等待。在咱出家人，只這等。」近溪子聆已，大會於心，頓首數十以謝。夫衲子所云「只這等」，是吾儒家所云不加不損處也。吾黨於此等處能是錯過：即高者或在道理上支撑，下者惟在書册上見解。以此隨境流轉，著風動摇。而所謂不加不損者，成虚談已。彼異教家流，乃能於此當下理會識取。譬之典午之祚，甘心偏安江左，而中原一片田土，反爲五胡占據，豈不悲哉！　近溪子可謂禮失而求之野者，知言哉！

黎子雜釋

黎子雜釋曰：「天地之氣，往者有盡，來者無窮，非往而來、來而往也。死者既消，而生者不息，非死而生、生而死也。譬之水生於崑崙，而消於歸墟，消而復生，非由歸墟而還於崑崙也。夫夢時魂未離形，固未可與死論。而不散之氣，或偶然轑着生氣而再生。」則朱子亦常有是言矣。

佛本於老

馬端臨曰：「朱文公常言佛家偷得老子好處，後來道家只偷得佛家不好處。因是說而推究之，仁義禮法者，聖賢之說也。老氏以爲不足爲而主於清淨。清淨無爲者，老氏之說也。佛氏以爲不足爲而主於寂滅。蓋清淨者，求以超出乎仁義禮法；而寂滅者，又求以超出乎清淨無爲者也。然曰寂滅而已，則不足以垂世立教。於是緣業之說，因果之說，六根六塵、四大十二緣生之說，層見疊出，宏遠微妙。然推其所自，實本老子高虚玄妙之旨，增而高之，鑿而深之，遂自成一家之言。而後來之道經，反從而依託之。然較其詞采，則鄙劣彌甚者。蓋瞿曇設教最久，屬付其徒亦甚至。又能鼓舞天下之文人才士以羽翼之，推原其旨意之所從來，而潤色其辭語之所未備。故其爲書博大奇偉，不可以淺窺。若老子，則其初固未嘗欲以《道德》五千言設教也。羽人方士，借其名以自重，而實不能知其説。於是就佛經腳根下竊其緒餘，作諸經懺，而復無羽翼潤色之者，故無足觀。蓋佛襲老之精微，泝而上之，其説愈精微。道襲佛之粗淺，沿而下之，其説愈粗愈淺。」

讀普門品

真西山曰：「余自少讀《普門品》，雖未能深解其義，然常以意測之，曰：此佛氏之寓言也。昔唐李文公問藥山禪師曰：如何是惡風吹舩，飄落鬼國？師曰：李翱小子，問此何爲？文公怒形於色。師笑曰：發此嗔恚心，便是黑風吹舩，飄入鬼國也。吁！藥山可謂善啓發人矣。以是推之，則知利欲熾然，即是火坑；貪愛沈溺，便是苦海。一念清浄，烈焰成池；一念驚覺，舩到彼岸。災患纏縛，隨處而安。我無畏怖，如械自脱。惡人浸淩，待以横逆。我無忿嫉，如獸自奔。讀是經者，作如是觀，則知補陀大士，真實爲人，非浪語者。」

朱子語録

《朱子語録》曰：「佛本言盡去世間萬事，其後黠者出，卻言：『實際理地，不染一塵；佛事門中，不捨一法。』」

回回尊孔

《彙言》云：「回回教門不供佛，不祭神，不拜屍，所尊敬者惟天，天之外最敬孔聖人。故其言云：『僧言佛子在西空，道説蓬萊住海東。惟有孔門真實事，眼前無日不春風。』」

儒門淡薄

王荆公嘗問張文定：「孔子去世百年生孟子亞聖，自後絶無人，何也？」文定言：「豈無，只有過孔子上者。」公問是誰，文定言：「江南馬大師、汾陽無業禪師、雪峰岩頭、丹霞雲門是也。」公暫聞，意甚不解，乃問何謂，文定曰：「儒門淡薄，收拾不住，皆歸釋氏耳。」荆公欣然嘆服。後舉示張天覺，天覺撫几嘆，以爲佳。

景仁達佛

蘇子瞻云：「范景仁平生不好佛，晚年清謹無慾，一物不芥蒂於心，真卻是學佛作家，然至死常不取佛法。」某謂景仁雖不學佛而達佛理，雖毁佛駡祖可也。

無垢談禪

陸司寇論宋儒獨推無垢，謂其邃於禪宗云。按史述無垢在越作幕官，辭供給錢，在館進書，辭轉官。人訝爲好名。無垢曰：「既請月俸，又受供給，偶然進書，即便受賞。於心不安，何名之好？貪者往往不曾尋思此心病也。心有病，人安得知？我知之當自醫。別人既不自知病，又惡人醫病，其惑甚矣。」即無垢此論，其學亦以本心爲則，聖學原如是也。抑聞無垢之言曰：「人於倉卒患難中，處事不亂，未必才識了得。必其胸中器局不凡，素有定力。不然胸中先亂，何以臨事？古人平日欲涵養器局者此也。」又曰：「處事速，不如思。便不如當，用意不如平心。」即此語觀之，無垢未嘗離事言心也。噫！如此談禪，吾於禪無間然矣。

耿公距詖

楚侗耿先生曰：「『觀其作用處，便作兩截』一語，此非伯子不能道。竊詳彼教，大端以寂滅滅己處爲宗。若孔孟之教，惟以此不容已之仁根爲宗耳。試觀自古聖人所以開物成務，經世宰物，俾爾我見在受享於覆載間種種作用，孰非此不容已之仁根爲之者？然即此不容已之仁根，原自虛無中來。顧此虛無，何可以言詮？侈言之者，由有這見在也，著見便自是兩截矣。聖人第於不容已處立教，使人由之，不使知之。如宰我欲短喪，夫子第即其不安處省之。墨氏貴薄葬，孟子第原其顙有泚處省之。至其所以不安處，所以有泚處，非不欲使知，不可加知也。余嘗觀《楞嚴經》中曉曉然於不可加知處，欲使人知。蓋猶窶人丐子，偶見富貴家服飾華靡，便爲張皇誇詡。若孔孟便只以爲家常茶飯，第令人朝夕饔飧耳。且今世之談虚無者，何曾能虚能無？深之傍見高談，淺之口足背馳，大都皆兩截也。程伯子之言，非今古同慨哉？」

觀物第十三

高聽嗜殺

有蛇名高聽，常闖入巨蜂房中，盡收其毒。乃出伏道傍莽中，伺人過而螫之。已尾其人至於宅近處，緣樹末而竊聽之，聞其家有哭聲，諗其人既斃，乃悠然去。否則憒憒，復集毒螫人如初。噫！此蛇蓋夙生中惡業者，如所螫人徼天之倖終無恙，日自集毒無已。毒厚寧不自斃哉？愚矣！

泉海巨魚

泉海有魚，乘潮入港，潮退不得出。土人呼聚百衆，持刀斧梯上魚背，恣意砍取其肉數十百石。魚猶恬然如故，潮至復乘之去。此猶其小者。雷海有魚，海濱人望之，連亘若大行，自東徙西，直至半月乃休。其長奚啻千里。或曰：「如此魚者，必大海乃有之。若井非不清潔也，味非不甘洌也，求三寸之魚不可得矣。」

上林慈烏

烏能反哺，世嘉其孝，稱慈烏云。乃上林烏尤有足嘉者，每若孚號，羣飛而集，秩然有序。晚復還棲上林。上林，故禁地也，畢弋尠驚。託身之智，視丘隅之止益得矣。尤有異焉，閶闔一啓，千官集擁，烏翔而過其上者，奚啻千萬，更不聞有遺穢點其冠服者。噫嘻！躬厚德者自無薄行，安忍輕點巇朝士哉！若別種喙大而項白者，其聲躁厲，飛止人屋而號，俗傳爲報凶。但聞其聲，思揭竿而逐之矣。

海鏡水母

海之渚有海鏡焉，其腹空洞無臟，唯中藏蟹子，小如黄豆，而螯其足。海鏡饑則蟹出拾食，蟹飽海鏡亦飽。或迫之火，則蟹出離臟腹，而海鏡立斃矣。彼其所爲斃者，以所假在外不在内故也。水母者亦出海中，胚渾凝然，而絶無眼。常有數蝦寄蹲腹下，代爲之眼。蝦行而行，蝦止而止。一日波盪，蝦離而水母竟躓死泥沙。彼其所爲躓者，以所假在物不在己故也。

孔雀愛尾

孔雀雄者毛尾金翠，性故妬，雖馴久，見童男女着錦綺，必趂啄之。山棲時，先擇處貯尾，然後置身。天雨尾濕，羅者且至，猶珍顧不復騫舉，卒爲所擒。又山鷺亦愛重其尾，終日映水，目眩輒溺。

義騟報德

宋開禧間，九江戍校王成見病騟，收秣之。嘉定庚午，峒寇李元礪犯龍泉，成出戰死。騟屹立不去，悲鳴屍側。寇將顧曰：「良馬。」取獻之元礪弟。弟喜，日乘之，復犯永新。騟識我軍旗幟，冒陣馳歸，勒控不能止。軍士識之，共擒乘騎者。譟而進，寇大駭，遂敗。

愛犬活主

晉太和中，廣陵楊生畜犬，甚愛之，行止與俱。後生飲酒醉卧草中，時野火起，乘風火烈。狗周章號唤，生醉不覺。前有坑水，狗走浸水中，還以身水灑生左右草，令濕。火尋過，生醒方覺。又暗行墜空井中，狗呻吟徹曉。人過怪之，往視見生，曰：「可出我，當厚報。」曰：「以狗見與可也。」乃出之，繫狗去。後五日，狗夜走歸。

乳狗復仇

鼉生村民趙五家，犬生子方兩月，後隨母行，忽爲虎噬。五呼鄰里數壯夫持矛逐之，虎捷馳不可及。稚犬奔銜虎尾，虎帶之以走。稚犬爲棘刺掛罥，皮毛殆盡，終不肯脱。虎由此繫累稍遲，追及，斃刃下。

象猴感舊

唐明皇所教舞象，禄山亂，大宴胡酋，出舞象紿曰：「此自南海奔至，以吾有天命，雖異類必拜舞。」令之舞，象皆努目不動，禄山盡殺之。昭宗有猴，能隨班起居，賜緋袍，號孫供奉。後朱全忠篡位，取猴令殿下起居，猴徑趨上跳躍奮擊，遂殺之。

玉京孤燕

宋末姚玉京嫁襄州小吏衛敬瑜。衛溺水死，玉京孀居。有雙燕巢梁間，一爲鷙鳥擊死，一孤飛徘徊。至秋止玉京臂，儼如告别。玉京以紅縷繫足曰：「新春復來爲吾侶也。」明年果至。因贈詩曰：「昔時無偶去，今年還獨歸。故人思義重，不忍更雙飛。」自爾秋歸春來，凡六七年。玉京死，明年燕來，周章哀鳴。家人語曰：「玉京墳在東郭。」燕遂飛至墳所，亦死。每風清月明，襄人見玉京與燕同遊漢水之濱。

猿子死孝

武平産猿隕，毛若金絲，閃閃可觀。猿子尤奇，性可馴，然不離母，母黠不可致。獵人以毒傅矢，伺母間射之。母度不能生，灑乳於林飲子，灑已氣絶。獵人取母皮向子鞭之，即悲鳴而下，斂手就制。每夕必寢皮乃安，甚者輒抱皮跳擲而斃。

潛溪紀事

宋濂曰：「新昌黄琛甫有牡犬，爲邏卒所食，棄骨屏處，其子銜之瘞諸野。予聞撫髀大息。每舉諭諸人，人輒笑予誕，且謂古無是事。昔譙縣崖仲文畜犬，會稽石和以丁奴易不從，和殺仲文，奪其犬。犬齒和守仲文屍，爪浮土掩之。尋牽和衣訴官，和伏誅。此晉義熙中事也。冀州石玄度犬母育一子，愛之甚。玄度烹子食之，母候骨投地，斂置一窟，移葬於桑間。日夕向桑嗥，踰月乃止。此宋元徽中事也。謂無是事者過矣。夫犬能禦盜斷姦，解難報恩，傳記所載者，然也又寧此二事乎？」

鷹攫隸巾

婺州州治古木之上有鷹巢，一卒探取其子。郡守王夢龍方據案視事，鷹忽飛下，攫一卒之巾以去，已而知其非探巢卒也，銜巾來還，乃徑攫探巢者巾去。大守推問其故，杖此卒而逐之。

金陵義貓

金陵閭右子，蕩覆先業，不勝逋責，決意自盡。一日市酒肴與妻永訣，夫妻對泣不忍飲食，遂相與縊焉。家有貓，哀鳴躑躅，其肴在案不顧也，數日不食死。

隴山鸚鵡

宋高宗宫中養鸚鵡數百，一日問之曰：「思鄉否？」對曰：「思鄉。」遂遣中貴送還中山。後數年有使臣過隴山，鸚鵡問曰：「上皇安否？」使臣曰：「上皇崩矣。」鸚鵡聞之，皆悲鳴不已。使臣賦詩曰：「隴口山深草樹荒，行人到此斷肝腸。耳邊不忍聽鸚鵡，猶在枝頭説上皇。」

長安仁鶻

有鷙曰鶻者，穴於長安薦福浮圖。浮圖之人室宇於其下者，伺之甚熟，曰：「冬日之夕，是鶻也，必取鳥之盈握者完而致之，以燠其爪掌，左右而易之。旦則執而上浮圖之上跂焉，縱之，延其首以望，極其所如往，必背而去。苟東矣，則是日不東逐。南北亦然。」

夔齋烈馬

王夔齋公禛通判夔州時，石和尚流劫入夔。同知王受牒捕賊，性險猾，故託疾不敢出。公忿忿面數之，即日勒民兵與賊戰。公陷圍中，賊欲降之，公大奮罵，賊怒斷其喉。自死所至府三百餘里，馬逃歸，毛鬣盡赤，衆始駭公已死。家人盡售行李與馬爲資歸其喪。王得馬不償直。夜半馬哀鳴特異，王命秣者加莝豆，不爲止。自起視櫪，馬驟前齧其項，王仆地不省。翌日，嘔血數升死。

寺犬鳴冤

成化間，一富商寓京師齊化門寺中，僧見其挾有重貲，約衆徒先殺其二僕，遂殺商置坎中，而以二僕屍壓其上。俄有貴官遊賞過寺，寺犬嗷嗷不已。官疑之，命人隨犬所至。犬至坎所，伏地悲嗥。官使人發視之，屍見矣。起屍而下有呻吟之聲，乃商人復甦也。以湯灌之，少頃能言，白其事，盡捕僧置之法。

獼猴世情

程伯淳遊山，山僧云：「晏元獻南來，獼猴滿野，戲爲一絶云：『聞説獼猴性頗靈，相車來便滿山迎。鞭羸到此何曾見，始覺毛蟲亦世情。』」

自藏六根

《雜阿含經》有龜被野干所包，藏六而不出，野干怒而捨去。佛告諸比丘，當如龜藏六，自藏六根，魔不得便。

鸜鵒求道

東都有人養鸜鵒，以其慧甚，施於僧。僧教之，能誦經，往往架上不言不動。問其故，對曰：「身心俱不動，爲求無上道。」及其死，焚之有舍利。

誌公鳩偈

誌公斑鳩偈曰：「人道斑鳩拙，我道斑鳩巧。一根兩根柴，便是家緣了。」

瀛水二鳥

瀛之水上有二鳥。一類鶂，色正蒼而喙長，凝立水際不動，魚過其下則取之，終日無魚，終不易地。其名曰信天緣。一類鶩，奔走水上，不問水腐泥沙，必唼唼然，必盡索之而後已，無一息少休。其名曰謾畫。信天緣若無能者，乃與謾畫均度一日無饑色，視謾畫加壯大。然則人之一飲一啄，莫非前定，視二物爲何如哉！

警喻第十四

舍糴户田

昔有十家之鄰，皆荒其百畝，日惟轉糴於市，以贍朝夕。鄰家之農勸之曰：「曷若力耕？可積而富乎。」其二人聽之，舍糴而田。八家之人競相非沮曰：「吾安得待秋而食？」其一人力田不顧，卒成富家。一人惑其言，復棄田而糴，竟貧餒終身。

盲子問日

生而眇者不識日，問之有目者，或告之曰：「日之狀如銅槃。」扣槃而得其聲，他日聞鍾，以爲日也。或告之曰：「日之光如燭。」捫燭而得其形，他日揣籥以爲日也。日之與鍾、籥亦遠矣，而眇者不知其異，以其未嘗見而求之人也。

操舟天倖

楚人有習操舟者，其始折旋疾徐，惟舟師之是聽。於是小試洲渚之間，所向莫不如意。遂以爲盡操舟之術，遽謝舟師，椎鼓徑進，亟犯大險。乃四顧膽落，墜槳失柁。然則召今日之危者，豈非前日之倖乎？

竊履釋疑

昔楚人有宿於其友之家者，其僕竊友人之履以歸，楚人不知也。適使其僕市履於肆，僕私其直而以竊履進，楚人不知也。他日友人見其履在楚人足，而心駭曰：「吾固疑之，果然竊吾履。」遂與之絶。踰年而事暴，友人踵楚人之門悔謝曰：「請爲友如初。」

鴟梟東徙

梟逢鳴鳩，鳩曰：「子將安之？」梟曰：「我將東徙。」鳩曰：「何故？」梟曰：「鄉人惡我鳴，以故東徙。」鳩曰：「子能更鳴可矣，不能更鳴，雖東徙亦不免於人之惡也。」

者死。

墨魚巧護

海魚有吐黑水上庇其身而遊者，人因黑而漁之。嘻！扃鎖固，盜賊喜。用明者蔽，善敵者死。

荆山麝臍

東南有荆山之麝臍焉，荆山有逐麝者，麝急則抉其臍投諸莽。逐者趨焉，麝因得以逸。令尹子文聞之曰：「是獸也，而人有弗如之者。以賄亡其身及其家，何其智之不如麝耶！」

櫝金求富

今夫富人，必居四通五達之都，使其財布出於天下，然後可以收天下之利。有小丈夫者，得一金櫝而藏諸家，拒户而守之。嗚呼！是求不失也，非求富也。大盜至，劫而取之，又焉知其果不失也。

寸鐵殺人

宗杲論禪云：「譬如人載一車兵器，弄了一件，又取出一件來弄，便不是殺人手段。我則只有寸鐵，便可殺人。」朱文公亦喜其説。蓋自吾儒言之，若子貢之多聞，弄一車兵器者也；曾子之守約，寸鐵殺人者也。

官舟多敝

瓠里子自吴歸粤，相國使人送之，曰使自擇官舟以渡。送者未至，於是舟泊於滸者以千數，瓠里子欲擇之而不能識。送者至，問之曰：「舟若是多也，惡乎擇？」對曰：「甚易也，但視其敝蓬折櫓破颿者，即官舟也，從而得之。」瓠里子仰天嘆曰：「今之治政，其亦以民爲官民歟？則愛之者鮮矣，宜其敝也。」

陽書論釣

宓子賤爲單父宰，過於陽書，曰：「子亦有以送僕乎？」陽書曰：「吾有釣道二焉，請以送子。夫扱綸錯餌，迎而吸之者，陽橋也，其爲魚薄而不美。若存若亡，若食若不食者，魴也，其爲魚也博而厚味。」宓子賤曰:「善。」於是未至單父,冠蓋迎之者交於道。子賤曰:「車驅之,車驅之。」夫陽書之所謂陽橋者至矣。於是至單父,請其耆老尊賢者,而與之共治單父。

猩猩嗜酒

猩猩,獸之好酒者也。大麓之人,設以醴尊,陳之飲器,大小具列焉。織草爲屨,勾連相屬也,而置之道旁。猩猩見則知其誘之也,又知設者之姓名,與其父母祖先,一一數而罵之。已而謂其朋曰:「盍少嘗之,慎毋多飲矣。」相與取小器飲,罵而去之。已而取差大者飲,又罵而去之。如是者數四,不勝其脣吻之甘也。遂大爵而忘其醉,醉則羣睨嬉笑,取草屨着之。麓人追之,相蹈藉而就縶,無一得免焉。其後來者亦然。夫猩猩智矣,惡其爲誘也,而卒不免於死,貪爲之也。

物有相假

藍有青,而絲假之青於藍。地有黃,而絲假之黃於地。藍青地黃,猶可假也,仁義之事不可假乎哉!東海之魚名曰鰈,比目而行,不相得不能達。北方有獸名曰婁,更食而更視,不相得不能飽。南方有鳥名曰鶼，比翼而飛，不相得不能舉。西方有獸名曰蹷，前足鼠後足兔，得[一]甘草必銜以遺蛩蛩距虛，其性非能蛩蛩距虛，將爲假之故也。夫鳥獸魚猶相假，而況萬乘之主，而獨不知假此天下英雄俊士與之爲伍，則豈不病哉！故曰：「以明扶明則昇於天，以明扶闇則歸於人。兩瞽相扶，不傷墻木，不陷井穽，則其幸也。」

新婦至言

衛人迎新婦，婦上車問驂馬誰馬也，御曰：「借之。」新婦謂僕曰：「附驂無笞服。」車至門，曰：「滅竈，將失火。」入室見臼，曰：「徙之牖下，妨往來者。」此三言者，皆至言也。然不免爲笑者，早晚之時失也。

黎丘惑似

邑丈人有之市而醉歸者，黎丘之鬼效其子之狀扶而道苦之。丈人歸，酒醒而誚其子曰：「我醉，汝道苦我何故？」子泣而觸地曰：「昔也往責於東邑，人可問也。」其父信之，曰：「嘻！

[一]「得」，底本原作「前」，誤，據《寶顔堂秘笈》本改。

是必夫奇鬼也。」明旦之市而醉，其真子迎之。丈人望其真子，拔劍而刺之。丈人智惑於似其子者而殺於真子，夫惑於似士者而失於真士，此黎丘丈人之智也。

教子私藏

宋人有嫁子者，告其子曰：「嫁未必成也，有如出，不可不私藏，私藏而富，其於以復嫁易。」其子聽父之計，竊而藏之。若公知其盜也，逐而去之。其父不自非也，而反得其計。知爲出藏財，而不知藏財所以出也。

蝜蝂死愚

蝜蝂音負板者，善負小蟲也。行遇物輒持取，卬其首負之。背愈重，雖困劇不止也。其背甚澀，物積因不散，卒躓仆不能起。人或憐之，爲去其負。在能行，又持取如故。又好上高，極其力不已，至墜地死。今世之嗜取者，遇貨不避，以厚其室。不知爲己累也，惟恐其不積。及其怠而躓也，黜棄之，遷徙之，亦以病矣。苟能起，又不艾。日思高其位，大其禄，而貪取滋甚，以近於危墜。觀前之死亡不知戒。雖其形魁然大者也，其名人也，而智則小蟲也，亦足哀矣。

麋麛狎犬

臨江之人，畋得麋麛畜之。入門羣犬垂涎，揚尾皆來，主人怒撻之。自是日抱就犬，習示之，使勿動。稍使與之戲，積久犬皆如人意。麛稍大，忘己之麋也，抵觸偃仆益狎。犬畏主人，與之俯仰甚善，然時啖其舌。三年麋出門，外犬在道甚衆，走欲與爲戲。外犬見而喜且怒，共殺食之。

南岐安癭

南岐在秦蜀山谷中，其水甘而不良。凡飲之者輒病癭，故其地之民無一人無癭者。及見外方人至，則羣小婦人聚觀而笑之曰：「異哉人之頸也，焦而不吾類。」外方人曰：「爾之纍然凸出於頸者，癭病之也。不求善藥去爾病，反以吾頸爲焦耶。」笑者曰：「吾鄉之人皆然，焉用去乎哉？」終莫知其爲醜。

黠猱媚虎

獸有猱，小而善緣，利爪。虎首癢，輒使猱爬搔之不休，成穴，虎殊快，不覺也。猱徐取其腦啖之，而汰其餘以奉虎，曰：「余偶有所獲腥，不敢私，以獻左右。」虎曰：「忠哉猱也，愛我而忘其口腹。」啖已又弗覺也。久而虎腦空，痛發，跡猱，猱則已走避高木。虎跳踉大吼，乃死。世人謂邯鄲挾瑟而倡者類之，於是乎，寧獨一倡哉！

南方没人

蘇文忠曰：「南方多没人，日與水居也。七歲而能涉，十歲而能浮，十五而能没矣。夫没者豈苟然哉？必將有得於水之道者。日與水居，則十五而得其道。生不識水，則雖壯，見舟而畏之。故北方之勇者，問於没人，而得其所以没，以其言試之河，未有不溺者也。」

黠兒竊李

西鄰母有好李，苦窺園者，設穽墻下，置糞穢其中。黠豎子呼類竊李，登垣陷穽間，穢及其衣領。猶仰首於其曹：「來來，此有佳李。」其一人復墜，方發口，黠豎子遽掩其兩脣，呼「來來」不已。俄一人又墜，二子相與詬病。黠豎子曰：「假令三子者，有一人不墜穽中，其笑我終無已時。」嗟嗟不善者之妬善人，類如此，彼惟恐善人之笑之也。而爲善者又奈何懷貪李之私，卒中於其所誘也哉。

習見先入

昔人有先世之廬，稱穹廣焉。不幸罹罪，偕其妻孥幽於犴狴，厥子長育圜扉，罕覩天日。一日釋罪，復其故居，厥子猶以圜扉爲家，日促母以歸。母曰：「是乃家也。」子終恇惑。已而其父證之，然後肯信。又有富人子自童亡外，既長，行乞過家而不識也。其父識引之子，復家授以帑藏，退不敢當。已而其祖證之，然後肯從。若此者，彼豈不欲有先世之室廬、慈父之帑藏哉？彼固無以奪習見之先入也。況夫理者，非可以形體求而證佐定也，又惡能回是非於先入哉？故難言也。

田韓畫本

隋田楊與鄭法士俱以能畫名。法士自知藝不如楊也，乃從楊求畫本，楊不告之。一日，引法士至朝堂，指以宫闕衣冠、人馬車乘曰：「此吾畫本也，子知之乎？」由是法士悟而藝進。唐韓幹以貌馬名入供奉，明皇詔令從陳閎受畫法。幹因奏臣自有師，陛下内廐飛黄照夜、五方之乘，皆臣師也。帝然之。其後幹畫遂果踰閎。若田、幹二子，可謂能求其真者也。彼以似求似者，則益遠矣。今之學者，雖曰求聖人之經，固已非其真，乃舍經而專求訓詁，則又求似其似之者矣，不尤遠乎？

執泥繪像

歙俗多賈。有士人父壯時賈秦隴間，去三十餘載矣，獨影堂畫像存焉。一日父歸，其子疑之，潛以畫像比擬，無一肖，拒曰：「吾父像肥晳，今瘠黧；像鬈鬚，今髯多鬢皤；乃至冠裳履綦，一何殊也。」母出亦曰：「嘻，果遠矣。」已而其父與其母亟話疇昔，及當時畫史姓名，繪像顛末，乃愜然阿曰：「是吾夫也。」子於是乎禮而父焉。夫父，天下莫戚者也，乃一泥於繪像，致有妻子之疑。彼儒者獨不知經史亦帝王聖賢之繪像也，顓泥經史而忘求聖人之心，是即所謂泥繪像而拒真父者也。

山魅漆鏡

濟南郡方山之南有明鏡石焉，方三丈餘也。山魅行狀，了了然著鏡中，莫之遁。至南燕時，山魅惡其照也，而漆之俾弗明。自鏡石漆而山魅晝熾，人足掃矣。夫人莫不有鏡能照魑魅，魑魅隱不皇矣，皇害人哉。雖然，吾見今之人有自漆其鏡以悅魑魅者矣，其不爲魑魅怖伏者誰？夫昔宋顔延年嬖其妾且畏之，妾一日撲跌延年，幾斃。妾死，延年反哭之慟。已而恍見其妾出於屏間，驚怖，遂卒。然則魑魅，夫人自爲之也。

貝母治病

僖宗吟曰：「紇乾山頭凍殺雀，何不飛去生處樂？」固以外逼强藩，内窘家奴，欲棄萬乘爲齊民而不可得。讀之彌足悲焉。昔王守澄教其黨曰：「無令人主近賢士、親詩書，則吾儕可以得志。」嘗試辟之，斯語也，固亦所謂貝母藥耶。昔江左有病人面疽者，試以百藥，莫不掀唇當之。至貝母閉口不欲納，病者喜曰：「此藥治矣。」因以葦筒灌之，數日遂愈。故治病者，當求病之所忌。賢士詩書，閹寺忌之久矣。人主治閹寺，唯親賢講學，夙夜篤於知人安民，勿遑其他。寺人賚功，唯貲，無惟名器，唯恩，無惟事權，亂不假刊也。是曰上策。

活人忠告

以術取資於世者，諸不可苟，而醫爲甚。業此術者，須精脉理，辨地宜，審歲運，而本之恒心始得。維學亦然。今世談學者多崇佛蔑孔，曷亦審諦其脉耶？惟吾孔氏之學，其脉曰仁。仁也者，吾人之生理也，探之無眹，達之無根，猶脉之於人也，形無可見。而人之所以病、不病，病之所以痊、弗痊，實驗於此。故曰切脉可以體仁。今以學自命者，舍此根心之不容已者，猥云尋之了不可得者爲向上第一機，豈不悖哉？何謂辨地宜？往見談學於伊洛者，多詆支、遠之玄詮爲邪哆。談學於江左者，則視程、朱之緒言若詬詈。毋亦囿於風氣然爾？醫家者言：東南地下，其病多濕與寒，治法宜散以温；西北地高，其病多熱與燥，治法宜清而潤。蓋五方風氣異宜，故同病亦異治也。今柄學者，須操何術使兩地無偏安邊見病耶？又歲序攸司，五行迭運，工於醫者必審此而節宣，調燮之功，乃可奏也。惟民疾三，今不古若，尼父嘆之矣。矧世愈趨狂之疾，不直蕩而已，裂維蹈淫者有之；衿之疾，不直忿戾而已，戕人螫物者有之；愚之疾，不直詐而已，譸張俶詭不可方物者有之。猶人之病爲癎、爲顛、爲迷罔已，抑豈氣運到今應有此耶？尼父曰：「人而無恒，不可以作巫醫。」夫醫且不可無恒，而況以學自命者乎？吁！彼蔽此恒性，視人之邪慝爲無關，是自私其學而棄天下後世，大罪也！彼離此恒性，而別操無上之妙道以號於世，是誣枉其學以殺天下後世，其罪爲尤大矣。

以水喻性

今夫水之爲水，其狀萬億：或見以湛然而清者爲水，彼混然而潦者亦水也。悠然而平者爲水，彼駛然而逝者亦水也；淵然而止者爲水，彼瀰湃而滔天者亦水也。其洄洑湍激，或爲聚沫，或爲流澌，或爲凝冰，或爲瀑練，異態殊狀，莫可勝窮，亦皆水也。或藉之滋禾稼，通舟楫，興寶藏，殖貨財，固水也。或至於懷山襄陵，圮城潰垣，夷墳漂舍，故亦水也。性之萬殊，亦若是已。彼執一以論性，固非知性者也。若或病此性之難明也，而欲斷緣息念、絶應離倫，以求性之見，譬則湮江塹河，而欲塞水之流，不可能也。又或病此性之難制也，而欲猱情刻意、矯强懲窒，以〔一〕求性之定，譬則高防固隄，以制水之横，即能之，不可常也。近論性者，多執見以論性，而漫謂一切皆是，譬則據所見皆水，謂無非水者，任其漂蕩横流，氾濫中國，即犯害民物而不爲之所，是古聖人所大不忍也。昔聖人審水之所是來，而究其水之所由歸，疏鑿決排，一舉而導之海。蓋聖人知水雖萬狀異態，而水之性則就下也，以海爲壑而已。是故行所無事，而亦未嘗忘所事也。夫天下固無絶流之水，然覩洚水之横流而警予者，古聖人不容已。天下無離欲之性，乃墮欲境而滅天理，聖人寧能安乎哉！聖人審人性之本諸天者，原自不容已，雖其發見萬有不齊，而性之所止，止於至善而已。彼其所以章軌真教，敦典崇禮，敷政明刑，其術萬方，無非使人同歸於善而已。

〔一〕「以」，底本原作「之」，誤，據《寶顔堂秘笈》本改。

應諧第十五

里尹昧我

一里尹管解罪僧赴戍。僧故黠，中道夜酒，里尹致沉醉鼾睡，已取刀髡其首，改紲己索，反紲尹項而逸。淩晨，里尹寤，求僧不得，自摩其首髡，又索在項，則大詫驚曰：「僧故在是，我今何在耶？」夫人具形宇內，罔罔然不識真我者，豈獨里尹乎？

指雁爲羹

昔人有覩雁翔者，將援弓射之，曰：「獲則烹。」其弟爭曰：「舒雁烹宜，翔雁燔宜。」競鬬而訟於社伯，社伯請剖雁烹、燔半焉。已而索雁，則淩空遠矣。今世儒爭異同，何以異是。

道在舟檣

商季子篤好玄，挾貲遊四方，但遇黄冠士，輒下拜求焉。偶一猾覬取其貲，紿曰：「吾得道者，若第從吾遊，吾將授若。」商季子誠之，遂從之遊。猾時時伺便未得，而季子故時趣授道。一日至江滸，猾度可乘，因紿曰：「道在是矣，道在是矣。」曰：「何在？」曰：「在舟檣杪，若自升求之。」其人置貲囊檣下，遽援檣而升。猾自下抵掌連呼趣之曰升曰升，至杪尤趣曰升。季子升無可升，忽大悟：此理只在實處，雖欲從之，末由也。已抱檣歡叫曰：「得矣，得矣。」猾挈貲疾走。季子既下，猶歡躍不已。觀者曰：「咄癡哉！彼猾也，挈若貲去已。」季子曰：「否否，吾師乎！吾師乎！此亦以教我也。」

盲子墜橋

有盲子道涸溪橋上失墜，兩手攀楯，兢兢握固，自分失手必墮深淵已。過者告曰：「毋怖，第放下即實地也。」盲子不信，握楯長號。久之力憊，失手墜地。乃自哂曰：「嘻！蚤知即實地，何久自苦耶？」夫大道甚夷，沉空守寂，執一隅以自矜嚴者，視此省哉！

妻子索癢

昔人有癢，令其子索之，三索而三弗中。令其妻索之，五索而五弗中也。其人怒曰：「妻子內我者，而胡難我？」乃自引手一搔而癢絕。何則？癢者，人之所自知也，自知而搔，寧弗中乎？

甲乙相訴

兩人相訴於衢，甲曰你欺心，乙曰你欺心，甲曰你没天理，乙曰你没天理。陽明先生聞之，謂門弟子曰：「小子聽之，兩人諄諄然講學也。」門人曰：「訴也，焉爲學？」曰：「汝不聞乎？曰心，曰天理，非講學而何？」曰：「既講學，又焉訴？」曰：「夫爲人〔二〕也，惟知求諸人，不知反諸己故也。」

拾金自累

有牧豎子，敝衣蓬跣，日驅牛羊牧岡坰間。時時扼嗌而歌，意自適也，而牧職亦舉。一日，拾遺金一銖，納衣領中。自是歌聲漸歇，牛羊亦時散逸不擾矣。又燕市一瞽子，傭爲人作麪，且磨且羅，中夜作苦，浩歌自如。一夕主妻感慨，蹴主公謂曰：「阿公徹天，頗饒於貲，視瞽奚若，乃終生營營，反不逮渠之適，何也？」主人曰：「唯唯，吾第試之。」翊日，瞽請發廩取麥，主人故置金鏹麥中，時從旁伺之。瞽傾麥磨上，忽聞鏗然聲，手探拾之，以爲遺也，懷之。踧踧色動，凝

〔二〕「人」，底本原作「夫」，誤，據《寶顔堂秘笈》本改。

寧躊躇，竊四聽無人聲，乃瘞之牀下。時作時往躡之，自是歌輟，作亦不力。主乘間發取其金，瞽不知也。踰時瞽辭主人欲去，主人佯許之。瀕行即地取金，亡矣，窅然自喪，乃復跽，懇求復爲傭云。

乍解張皇

汝有田舍翁，家貲殷盛，而累世不識之無。一歲，聘楚士訓其子，楚士始訓之搦管臨朱。書一畫訓曰一字，書二畫訓曰二字，書三畫訓曰三字。其子輒欣欣然投筆歸，告其父曰：「兒得矣，兒得矣，可無煩先生，重費館穀也，請謝去。」其父喜從之，具幣謝遣楚士。踰時，其父擬徵召姻友萬氏姓者飲，令子晨起治狀，久之不成。父趣之，其子恚曰：「天下姓字夥矣，奈何姓萬？自晨起至今才完五百畫也。」初機士偶一解，而即訑訑自矜有得，殆類是已。

誇父名貓

齊奄家畜一貓，自奇之，號於人曰虎貓。客説之曰：「虎誠猛，不如龍之神也，請更名曰龍貓。」又客説之曰：「龍固神於虎也，龍陞天須浮雲，雲其尚於龍乎，不如名曰雲。」又客説之曰：「雲靄蔽天，風倏散之，雲固不敵風也，請更名曰風。」又客説之曰：「大風飆起，維屏以墻，斯足蔽矣，風其如墻何？名之曰墻貓可。」又客説之曰：「維墻雖固，維鼠穴之，墻斯圮矣，墻又如鼠何？即名曰鼠貓可也。」東里文人嗤之曰：「噫嘻！捕鼠者，故貓也，貓即貓耳，故爲自失本真哉。」

兩生同病

張詡子繕一榻麗，以在卧内，人未由見也。故託疾卧榻上，致婣友省問觀之。其姻尤揚子者新製一襪，亦欲章示其人。故搴裳交足加膝而坐已。問曰：「君何疾？」張詡子覘尤揚子狀若是，相視而笑曰：「吾病亦若病也。」

粤令嗜諛

粤令性悦諛，每布一政，羣下交口讚譽，令乃歡。一隸欲阿其意，故從旁與人偶語曰：「凡居民上者，類喜人諛。惟阿主不然，視人譽篾如耳。」其令耳之，亟招隸前，撫膺高蹈，嘉賞不已，曰：「嘻！知余心者惟汝，良隸哉。」自是暱之有加。

習氣難祛

吴中一老，故微而窶，初弄蛇爲生。其長子行乞，次釣蛙，季謳《採蓮歌》以丐食。晚致富厚。一日，其老聚族謀曰：「吾起家側微，今幸饒於貲，須更業習文學，方可振家聲也。」於是延塾師館督，令三子受業。踰年，塾師時時譽諸子業日益。其老乃具燕集賓，延名儒試之。名儒至，則試以偶語。初試季子云：「紛紛柳絮飛。」季對曰：「哩哩蓮花落」。繼試仲子云：「紅杏枝頭飛粉蝶。」仲對云：「綠楊樹下釣青蛙。」試長子云：「九重殿上，排兩班文武官員。」長對曰：「十字街頭，叫幾聲衣食父母。」其老竊聆之，詫曰：「阿曹云云，猶舊時所弄蛇也。」吁！夫囿于習而欲湔之者難矣。

二女讓喫

燕人育二女，皆謹慳。一日媒氏來約婚，父戒二女曰：「慎箝口勿語，語則人汝棄矣。」二女唯唯。既媒氏至，坐中忽火爇姊裳，其妹期期曰：「姊而裳火矣！」姊目攝妹，亦期期言曰：「父屬汝勿言，胡又言耶？」二女之喫卒未掩，媒氏謝去。

緩辭救毀

于嘽子與友連床圍爐而坐，其友據案閱書，而裳曳於火甚熾，于嘽子從容起，向友前拱立作禮而致詞曰：「適有一事，欲以奉告。諗君天性躁急，恐激君怒。欲不以告，則與人非忠。敢請惟君寬假，能忘其怒而後敢言。」友人曰：「君有何陳？當謹奉教。」于嘽子復謙讓如初，至再至三，乃始逡巡言曰：「時火燃君裳也。」友起視之，則燬甚矣。友作色曰：「奈何不急以告，而迂緩如是？」于嘽子曰：「人謂君性急，今果然耶。」

沈屯多憂

沈屯子偕友入市，聽打談者説楊文廣圍困柳州城中，内乏糧餉，外阻援兵，蹙然踊嘆不已。友拉之歸，日夜念不置，曰：「文廣圍困至此，何由得解？」以此邑邑成疾。家人勸之相羊坰外，以紓其意。又忽見道上有負竹入市者，則又念曰：「竹末甚鋭，衢上行人必有受其戕者。」歸益憂病。家人不得計，請巫，巫曰：「稽冥藉，若來世當輪迴爲女人，所適夫姓麻哈，回夷族也，貌陋甚。」其人益憂，病轉劇。姻友來省者慰曰：「善自寬，病乃愈也。」沈屯子曰：「若欲吾寬，須楊文廣圍解，負竹者抵家，又麻哈子作休書見付，乃得也。」夫世之多憂以自戕者，類此也夫。

偷兒脱死

一偷兒黠甚，終生行竊無犯。垂老，子慮其術終於其身，日懇傳焉。父曰：「吾何傳？爲之即是。」子一夕乘間入富室卧内，有大櫃偶未鐍，預隱其中，計伺主人寐則竊藏出也。乃主人方寢而憶，鐍其櫃，不得出。中夜徬徨，夜闌益棘不得計，故彈指作鼠囓聲。主人寤聞之，慮鼠囓衣籍，亟起發鐍逐鼠。偷兒子躍出逸歸，對其父曰：「父奈何秘不兒傳，幾瀕死所矣。籍第令計不出是奈何？」父曰：「即此是矣，吾又何傳？」故善教者道而弗牽，開而弗達，使人繼其志可爾。

漢村三老

漢村三老，皆款啓寡聞之甿也，終生未履城市。甲老偶經一過，歸向二老誇所覩聞。二老歆動，約舂糧往遊。行間，甲老顧謂丙老曰：「至彼慎勿妄語，取市子姍笑，須聆吾指。」比至郭，忽聞鐘聲，乙老詫曰：「此何物？叫號如是。」甲老曰：「此鐘鳴也。」丙老曰：「而我抵舍，當市鐘肉啖之。」甲老曰：「嘻！誤矣。鐘乃摶泥爲質，而火煅成者，安可啖耶？」甲老蓋偶見範鐘之具，而未實見鐘云。夫竊膚末之見，而輒嘵嘵然欲以開示人，將率天下而瞽也。

僻陬三騃

中和里，僻陬也，居民多老死不見官府。相傳里中有三騃云，其一赴縣應里役，晨起族長趣偵令出視事。未時，令方釋團領、袍服、褡褳據案而坐。騃子從門屏遥覷一過，忙忙歸報族長曰：「官人未出，惟夫人坐堂上耳。」族長嘸曰：「豈有是哉？」駴子曰：「吾覩坐堂上者上服綠披袂而下紅裙，非夫人誰耶？」蓋遥瞻案惟爲女裙，而因以褡褸爲披袂也。其一爲郡吏，長吏令入署承篆，駴吏直入守卧内。守夫人方在沐，駴吏啓户摇手，屬夫人授篆。夫人大驚走避，使人白守，守怒扑之。駴吏起拊其髀，恚曰：「是何人家？即犬無一吠者耶！」其一直郡筦庫，郡守退食。駴子從旁睨之出，大詫，語其兄曰：「原來官人喫飯亦與凡人同也。」兄呵之曰：「咄！官人非人耶？」君子曰：「人苟知日用飲食即道也，聖凡何殊焉？彼視聖賢太高，其不爲中和里民者鮮矣。」

不識青衿

西吴族世豐於財，不事詩書。其母有弟補博士弟子員，衣青衿來謁。母大詫曰：「而何服此衣服哉？嗟而貧縑不足於藍，故綴以青歟？奈何不浼我取足耶？」蓋不識青衿爲時制服也。

性嗜臟羹

某友素厲清真薄滋味，而性嗜豕臟羹。新市屠豕者多不潔，友徵召客飲，市豕臟作羹，且戒庖丁令弗過滌，失其真味。羹既熟，臊氣觸鼻，不可邇嗅。友先自嘗，嘖嘖嘆賞曰：「有味哉！有味哉！」客以友爲大方，信其知味，附和羡賞而忘〔一〕穢，座中間有出而毅者。吁！世學者穢德滋彰，猥稱至道，視此省哉！

大癡善諷

上元姚三老貲甲閭右，嘗買別墅，其中有池亭假山，皆大湖怪石。一日，狂客王大癡來遊酌池上。酒酣，大癡曰：「翁費直幾何？」曰：「費千金。」大癡曰：「二十年前，老夫曾觴詠於此，主人告我費且萬金，翁何得之易耶？」三老曰：「我謀之久矣，其孫子無可奈何，只得賤售。」大癡曰：「翁當效刻石平泉，垂戒子孫，異時無可奈何，不宜賤售。」

侍郎割碑

潁川姚尚書神道碑，規制頗類顔魯公所書茅山碑者。國初州人侍郎某者欲割三之一鑱墓表，畏州守難之，懇祈百端。州守曰：「姚尚書子孫微矣，莫有主者，便割三分之二無不可。」侍

〔一〕「忘」，底本原作「勢」，誤，據《寶顔堂秘笈》本改。

郎喜過望，或問守曰：「侍郎割尚書之碑，子不能禁，又從而過許之，何也？」守曰：「吾意欲使後人割侍郎之碑猶能中分耳。」

鵝鴨諫議

紹興乙卯，以旱禱雨。諫議大夫趙霈上言：「自來祈禱斷屠，止禁豬羊，今後請並禁鵝鴨。」時胡致堂在西掖，見之笑曰：「可謂鵝鴨諫議矣。聞虜中有龍虎大王，當以鵝鴨諫議當之。」嘉定中，察院羅相上言：「越州多虎，乞行下措置，多方捕殺。」正言，張次賢上言：「人盤嶺乃禁中來龍，乞禁人行。」大學諸生遂有「羅擒虎」、「張尋龍」之對。

天澤口業

姑蘇鄢天澤者，略涉書，好摘人詩文句字供姗笑。偶讀瞿文懿《王立沼上義》，訶曰：「沼固惠王地也，彼何得言所得非其地。」已誦詩至「流鶯啼到無聲處」，即又曰：「啼則有聲，何謂無聲？」諸所戲侮聖，言多類是。一日獨坐，有青衣二人捽之去。至一所，殿宇莊嚴，天澤跽階下，遥見柱帖云：「日月閻羅殿，風霜業鏡臺。」始知已死，王問天澤知過否？因引業鏡照之，具得其罪狀。王復命青衣引天澤還陽世道其事。比出門，天澤輒又謂青衣曰：「屬見殿柱帖，政自不佳，何獨閻羅殿偏有日月乎？」青衣者怒曰：「女尚敢爾爾。」抶之，俄蘧然醒。

儋耳試筆

東坡在儋耳，因試筆，嘗自書云：「吾始至南海，環視天水無際，悽然傷之曰：『何時得出此島耶？』已而思之，天地在積水中，九州在大瀛海中，中國在少海中，有生孰不在島者？覆盆水於地，芥浮於水，螘附於芥，茫然不知所濟。少焉水涸，螘即徑去，見其類出涕曰：『幾不復與子見相。』豈知俯仰之間，有方軌八達之路乎？念此可爲一笑。」

壯輿謫誤

劉壯輿嘗摘歐陽公《五代史》之訛誤爲糾繆，以示東坡。東坡曰：「往歲歐陽公著此書初成，王荆公謂余曰：『歐陽公修《五代史》而不修《三國志》，非也，子盍爲之？』余固辭不敢當。夫爲史者綱羅數十百年之事，以成一書，其間豈能無小得失？余所以不敢當荆公之託者，正畏如公之徒掇拾其後耳。」

彼有淫具

蜀先主嘗因旱檢禁酒，刑吏於人家檢得釀具，欲令與釀酒者同罰。時簡雍從先主遊，見一男子行道，雍謂先主曰：「彼人欲行淫，何以不縛？」先主曰：「卿何以知之？」雍曰：「彼有淫具，與欲釀同。」先主大笑，命原欲釀者。

瓦衣不漏

高宗出獵，在路遇雨，因問諫議大夫谷那律曰：「油衣若爲不漏？」對曰：「能以瓦爲之必不漏。」上因此不復出獵。

并禁明月

李茂貞居岐，以地狹賦薄，嘗下令榷油，因禁城門無内松薪，以其可爲炬也。有優者笑曰：「臣請並禁明月。」

僖宗擊毬

唐僖宗頗工衆藝，於音律、蒱博、蹴踘、鬬雞無不精妙，尤善擊毬。嘗謂優人石野豬曰：「朕若應擊毬進士舉，須爲狀元。」野豬對曰：「若〔一〕遇堯舜作禮部侍郎，恐陛下不免駮放。」

貢父課馬

劉貢父初入館，乘一課馬而出。或言：「此豈公所乘？亦不慮趨朝之際有從羣者，或致奮奔踶之患耶？」貢父曰：「吾將處之也。」或問何以處之，曰：「吾令市青布作小襜繫之馬後耳。」或曰：「此更詭異也。」貢父曰：「我初幸館閣之除，俸入檢薄，不給桂玉之用，因就廉直取此馬以代步。不意諸君子督過之深，姑爲此以揜言者之口耳。」

逆取順守

吴元中在辟雍時，試經義五篇，盡用《字說》，據援精博。蔡京爲進呈，持免過省，以爲舉《字

〔一〕「若」，底本原作「英」，誤，據《寶顔堂秘笈》本改。

說》之勸。及作相，請復春秋科，反攻王氏。徐擇之時爲左相，語人曰：「吴相此舉，雖湯武不能過。」客不解，擇之曰：「逆取而順守，元中甚不能平。」

蘭亭在此

趙子固嘗得姜白石所藏定武不損本禊帖，乘舟夜泛而歸。行至霅之昇山，風起舟覆，行李僕被皆渰溺無餘。子固方披濕衣立淺水中，手持禊帖，語人曰：「《蘭亭》在此，餘不足問也。」

掣轉公頭

王忠肅公翺，素不喜諧謔。間有之，亦若寓規警者然。一日，見一大臣目送美姝，復回顧之。忠肅云：「此人甚有力。」大臣曰：「先生何以知之？」應云：「不然公之頭何以被他掣轉去？」

作僞日拙

貧家無闒藁薦，與其露足，寧且露手。佯謂人曰：「君觀吾儕，有須臾離筆研者乎？至於困睡，指猶似筆也。」小兒子不曉事，人問母夜何所蓋，輒答云蓋薦。嫌其大陋，撻而戒之曰：「後有問者，但云蓋被。」一日出見客，而薦草挂鬚上，兒從後呼曰：「且除面上被。」所謂作僞日拙者乎？

傍人門户

東坡示參寥云：「桃符仰視艾人而罵曰：『汝何等草芥，輒居吾上。』艾人俯應曰：『汝已半截入土，猶争高下乎？』桃符怒，往復争不已。門神解之曰：『吾輩不肖，方傍人門户，何暇争閑氣耶？』此極可爲淺學争辨者之喻。」

酷信風水

堪輿朱者，卜兆執泥天星，山川形勢弗論也。自卜一兆葬其親，謂於天星叫吉，後當興盛。既葬，而妻殞子殤。或説之，朱曰：「是故然，據圖讖此兆先凶後吉，拚亡七命乃發也。」朱不思身並所屬堇堇六人耳，兆後即吉，庇蔭者疇其當之？朱氏今竟殲云。

兩瞽相觸

新市齊有瞽者，性躁急。行乞衢中，人弗避道，輒忿駡曰：「汝眼瞎耶？」市人以其瞽，多不較。嗣有梁瞽者，性尤戾，亦行乞衢中，遭之相觸而躓。梁瞽故不知彼亦瞽也，乃起亦忿駡曰：「汝眼亦瞎耶？」兩瞽閧然相詬，市子姍笑。噫！以迷導迷，詰難無已者，何以異於是？

卷四

志怪第十六

賊殺王蘭

黨氏女，韓城縣芝川人。先是有王蘭者舍於芝川藺如賓家，如賓殺之，匿其錢數百萬。其年生一男，美而慧，名玉童。比長，輕裘肥馬，恣其出入。玉童忽暴卒，父母哀之。雖喪畢，每忌日，飯僧施財，自是稍稍致貧如舊。有僧求食於黨氏，一女子應門曰：「母、兄皆出，不得具饌。此去數里，有藺氏者亡子忌日，方當飯僧，盍往焉？其亡子即我之前身耳。」僧大異之，問其所以，不對而入。僧於是造藺氏謂曰：「主人念亡子若此，要見其今身乎？」如賓大驚，乃問之，僧具以告。如賓遽適黨氏，女不肯出。父母曰：「必不見，則何辭？」女曰：「第告之云，其子身存及没多岐，所耗王蘭之財盡，未聞此必不求矣。」父母以告，如賓無言而退。既出，父母問其故，女曰：「兒前身王蘭也，爲如賓所殺死。訴上帝願爲子以耗之，故耗之且盡而死。」

妙寂復仇

尼妙寂姓葉氏，江州尋陽女，嫁大賈任華。父昇與華之潭州不復。妙寂忽夢父泣謂曰：「吾與汝夫湖中遇盜，殺我者車中猴、門東草，殺爾夫者禾中走、一日夫。」有李公佐者能辨隱語，謂妙寂曰：「殺汝父者申蘭，殺汝夫者申春耳。猴申生也，車去兩頭，故是『申』字；門東草，非『蘭』字耶？禾中走者，穿田過也，此亦『申』字；一日夫，蓋『春』字耳。」妙寂乃易服泛傭江湖之間。聞有申村，村中有申蘭兄弟，默往求傭。年餘，無知其非丈夫者。二盜飲醉，妙寂奔告有司，獲之，詞伏就法。得其所喪以歸，竟從釋教云。

泗州屠沽

嘉靖中，泗州蔣成者屠沽於鴨嘴湖。有孤客以竹荷包袱飲其店。成中夜酒之，沉於湖，匿其金，因而致富。既十餘年，逢端午，置酒會鄰友。成於座中忽舉：「青絲繫粽，汨羅江裏吊忠魂」，屬諸客對。一人號古澗者，先夕夢中有人教云：「明當還對『紫竹挑包，鴨嘴湖邊謀客命』。叮嚀曰：『能言之，管取獲利。』」古澗以爲神，即以是答之。成駭然失色，席散獨留古澗，以二十金滅口。古澗亦不求其實，喜而歸語其妻。妻曰：「此冤鬼假子以雪之，不言將有禍。」古澗首之州，及至官，成遂服辜，取客屍於湖，如生。

掠乘使者

杜陵韋元方外兄裴璞，任邠州新平縣尉，元和五年卒於官。長慶初，元方下第，將客於隴右，出開遠門數十里，抵偏店將憩。逢武吏躍馬而來，乃裴璞也。驚喜拜曰：「兄去人間，復效武職，何從吏之赳赳焉？」裴曰：「吾爲陰官，職轄武士，故武飾耳。」元方曰：「何官？」曰：「隴右三川掠剩使，職司人剩財而掠之。」韋曰：「何謂剩財？」裴曰：「數外之財，即謂之剩，故掠之。」曰：「安知其剩而掠之？」裴曰：「生人一飲一酌，無非前定，況財寶乎？陰司所籍，其數有限。獲而踰籍，陰吏狀來，乃掠之。或令虛耗，或罹横事爾。」言畢不見。

春榜揩名

嶽州刺史李公倰，興元中舉，進士連不中第。次年，有故人國子祭酒通、春官包結者拔成之。牓前一日，例以名聞執政。初五更，倰將候祭酒，至門未開，立馬門首。傍有一吏若外郡之公差坐於其側，俄附倰耳曰：「某乃冥吏之送進士名者。」因出示，倰無名。垂泣曰：「苦心筆研二十餘年，今復無名，奈何？」曰：「君成名在一年之外，今欲求之亦非難，但於本禄耗半，且多屯剥。」倰曰：「名得足矣。」客曰：「於此取同姓者，去其名，易君名可耳。」復援倰自注，從上有故太子少師李公夷簡名，欲揩之。客遽曰：「不可，此人禄重，未易動也。」又其下有李温名。客曰：「可矣。」倰乃揩去「温」字注「倰」字。客遽卷而行。明日，春官懷其牓將赴中書，祭酒揖問曰：「前言遂否？」春官曰：「迫於大權，難副高命。」祭酒曰：「平生交契，今日絶矣。」春官遽曰：「見責如此，寧得罪於權右耳，請尋牓揩名填之。」祭酒開榜，見李公夷簡欲揩之。春官急曰：「此人宰相處分，不可去。」揩其下李温。曰：「可矣。」及牓出，倰字果在已前所揩處。然倰筮仕之後，追敕貶降不歇於道，才得嶽州刺史。未幾卒。

三刀不死

永新水寇劉先生，宋末將赴省試，夜忽見天若有崩裂狀，嘆曰：「天下事不可爲矣！」遂反歸。道遇神卒，挾一策，問所如往。卒曰：「吾奉上帝命，攝諸應死者。」出手册示之，册首即先生名，下注「三刀下死」。神卒曰：「吾視若爲善士，爲若改下爲不。」遂去無跡。先生自是避山中。一日出往邑城，遇元兵猝至，死者狼藉道路。先生乃伏匿亂屍中，被賊斫三刀，幸未斷脛，得善藥，越夕始蘇。人咸謂天活焉。

代國殺妖

代國公郭元振，下第夜行失道，遠望燈火，往投之。既入門，聞東閣有女子哭聲，公問之。曰：「此有烏將軍者，每歲求婦，今父母以妾應選云。」公曰：「必救之。」未幾，二紫衣吏入而復走出，曰：「相公在此。」公私心獨喜。既而將軍入。公曰：「聞今夕嘉禮，願爲小相。」將軍者喜，而延坐與對食，言笑極歡。公思取囊中利刀刺之，乃曰：「某有少許鹿臘，得自御厨，願以獻。」將軍大悦。公乃取鹿臘削之，將軍引手取，公捉其腕斷之。失聲走，視之，乃豬蹄也。天方曙，令人執弓矢、刀鎗循血行入大穴中，因圍而火之。一大豬突煙走出，斃於圍中。鄉人共相慶。女辭其父母，泣拜從公。公多歧，止之不獲，遂納爲側室。生子數人，皆任大官。

非熊前生

顧況喪一子，年十七。其子魂遊恍惚如夢，不離其家。未幾，如被人執至一處，若縣吏者斷令託生顧家。復都無所知。忽覺心醒，開目認其屋宇，兄弟諸親滿側，唯語不得。後又不記。年至七歲，其兄戲批之。忽曰：「我是爾兄，何故批我？」一家驚異。方敘前生事，歷歷不誤，弟妹小名悉遍呼之，抑知羊叔子事非怪也。即進士顧非熊。

死不忘廉

廣東按察司副使毛吉，成化時兩廣流賊掠郡縣，吉與知縣王麒等隨軍殺賊，奮不顧身，皆死於陣。初出軍時，給以官銀千兩充軍餉，委官余文司之。文憫吉死無以歸，以所餘銀密授其家人爲喪具。是夜，僕之婦忽出中堂，據正席坐，舉止如吉狀，顧左右曰：「請夏憲長來。」舉家驚走，告近居沈經歷者，沈報僉憲胡榮，亟來視之，瞪目視胡曰：「非也。」頃之夏至，乃起揖而言曰：「吉受國恩，不幸死於賊，固無憾。但余文所餘官銀，已付我家。雖官府無所稽考，我負污辱於地下矣。願亟以還官，毋污我。」言畢仆地，漸甦。

附録

閒鈔上

崔銑曰：「士之好高也，有三欲焉，一曰匿，二曰譽，三曰便。夫不事事，則中之真僞混矣，非匿乎？跡奇取慕，事常取忽，非譽乎？玄則人莫測也，高則人莫階也，然後操縱由己，非便乎？然久則不可掩，夫子示學曰：『主忠信而已矣。』」

夏，蔡威公閉門而哭，傍鄰窺墻而問曰：「子何故哭泣而至於若此乎？」對曰：「吾國且亡矣，吾數諫吾君，君不用。」於是窺墻者聞其言，舉宗而去之於楚。居數年，楚王果舉兵伐蔡。窺牆者爲司馬，見威公縛在虜中，問曰：「若何以至於此？」曰：「吾何以不至於此？且吾聞之也，言之者行之役，行之者言之主也。汝能行，我能言；汝爲主，我爲役，亦何以不至於此哉？」窺墻者乃言之於楚王，遂解其縛，與俱之楚。

劉元城常曰：「金陵亦非常人，其質朴儉素，終身好學，不以官職爲意，與司馬公同。但學有邪正，各欲行其所學者爾。而諸人輒溢惡，此所以愈毁之而愈不信也。嘗記漢時大臣於人主前説人短長，各以其實。如匡衡論朱雲，以爲雲好勇，數犯法亡命，受易頗有師道，是其一長。凡人有善有惡，若不稱其善，併以爲惡而毁之，則人必不信其有是惡矣。故攻金陵者，只宜言其學術乖僻，用之將亂天下，則人主必信。若以爲以財利結人主如桑弘羊，禁人言以固位如李林甫，姦邪如盧杞，大佞如王莽，則其人素有德行，天下之人素尊之，而人主夷考之無是事。則舉凡言之，不出於毁者，亦不信矣。此進言者之大戒。」

趙德莊嘗宰餘干，趙忠定是其邑子。忠定初冠，多士適德莊在朝，忠定往謁謝。德莊語之曰：「慎勿以一魁先置胸中。」時以爲名言。

宋仁宗時，有張、吴二士者，負縱横才，不事干謁，而規禮聘。嘗作詩，有「踏破賀蘭，掃清西海」之句。韓、范守邊，咸狂視之。異時二士刻詩石上，洒泣過市，二帥竟弗之省。二士無所適，遂亡走西夏，易名張元、吴昊。觸夏主諱，聳其聽聞。夏國收爲謀主，勢日强大，關右震懼，遂不可制。韓公時爲四路招討，駐兵延安。忽夜有人提匕首入卧曰：「某西夏張相公遣取相公頭，不忍加刃。」第取金帶去。蓋宋君臣之用人狹矣。出《胡子衡齊》

蕭、曹之爲治也，猶良醫用藥然。蓋何時如重病方甦，參時如初起，節宣次第當如是耳。諸吕之際，諸公注措如用兵，王陵其堂堂之陣也，平、勃其按伏出奇者乎？事異而功同也。曰：「留侯何如？」曰：「此當别論。無留侯，無漢矣，其善用醫而善將將者歟，無染而識超者〔一〕也。夫諸人俱非儒生學士者流，觀留侯授書老人，懿侯館賓蓋公，而户牖之門多長者，似亦各有師承耶。若酇侯之所以能全名令終若此者，實多鮑生召平與客之計。即户牖多算，而交結絳侯，又自陸賈啓之。信夫用人則裕而足已，自用者拙哉！」

儒生家類誚安石圍棋賭墅，若不事事，忘國戚者；又多即拆屐事，證其矯情云。是迂腐之談也。方堅之重兵壓境也，江左時惟倚安爲重耳。安如忡忡惶惑，則衆心揺；衆心揺，則天下事去矣。安石此一局，即決勝千里妙算也。後國家了此大事，乃欲不喜，非情哉。

〔一〕「者」，《寶顔堂秘笈》本作「故」。

《易》曰：「拔茅連茹。」有味哉！一婁貞公相，則梁公進矣。梁公用而五龍，諸儁由此彙進焉。世稱芘唐桃李，爲梁公植之，而不知婁貞公其尤布種者耶，乃其功，則遠矣。賢如梁公，尚隱其德，不知深乎深乎。世儒或誚其與弟訣語，若娖娖苟容然者。夫貞公所值何時哉，且兄弟俱被寵榮矣。夷明用晦，履盛能降，智矣哉。

子夏有言：「事君能致其身」。夫曰致身致身云者，無論不愛生與榮利。即慕節義之名而致身者，此致之未純者哉。蓋猶有躬之故矣，乃梁公不羞女主，寧受屈辱，濱於危殆而不悔。此誠能致其身者，非耶？或曰：「假使公不免於俊臣之獄，何以自白於天下後世？」噫！社稷之臣，身已不有，欲白何爲？

有無功之功，有不爲之爲，以盧懷慎之才，較之姚崇，誠當袖手。然每事輒推之，殆庶幾乎古和衷之誼哉。假令盧公之才，與姚相埒，而日相角，天下事又不知何如矣。亦觀其疾時所屬璟輩語，與所引拔，其中了了。若此者，豈真伴食者耶？《書》云「斷斷無技」，此亦近似者，非歟？

歐陽子誚陽城爲諫議，七年止廷論陸贄及沮延齡相方兩事，謂德宗時多事，豈無急於此者？余謂不然，夫天下事又孰有急於黜陟相臣者哉？德宗時天下事固多，有一宣公在，已勤勤懇懇於章奏矣，城之默默有以也。彼逐聲傍吻，賈譽取名，不識其微，不圖其大，賢如城者，或恥爲耶。

夷簡雖有崖谷，多疵，類要非齷齪不任事者，天聖、明道間，倚公力多矣。聖功謂有宰相才，誠才哉。君子多過其擯仲淹諸賢，與附廢郭后。議此，誠無以解於人。人乃即公後能獎拔仲淹，頓忘舊卻，此在庸常人亦難矣。至於附帝廢后事，此猶有説，未可與滯域中之見者道也。夫以臣子視郭后，后固天下母。由仁宗視之郭后，婦道也，亦臣道也，忿争至批上頸，顧可歎歟。余詳仁宗於后方寵盛，非緣愛弛。考后終始，蓋最警敏人也。此一容忍，非堅冰之漸乎，武、韋可鑒矣。仁宗故仁柔主，此其剛克處也，而謂爲盛德累，非矣。夫一介士，尚可以叱狗蒸梨故出其妻，而況天子邪？時論者，謂許公不當順父出母。如爾，則伯魚、子思有遺議矣。仁宗謂公獨忘身殉國，夫有所試也。史中多摘公瑕，或亦以此故而蔽罪之。與公此等處，亦難向人陳道矣。

世君子談道者，類高、韓、范、富諸名公之品，而惜其未知學云。以愚臆見，殊不然。宋之名相似多知學，顧其得有淺深高下，其功業亦以是爲差矣。夫君實以誠爲盡心行己之要，且曰：「自不妄語始。」蓋所謂主忠信者也，顧其悟處未徹耳。堯夫謂其人已到九分，誠不虚。晦叔之學，以治心養性爲本。歐陽子稱其清浄寡欲，有古君子風，所養可知矣。是無論已，即吕聖功之清浄、李太初之沖雅、王孝先之沉毅，其學所入雖不同，固各有所得，非鹵鹵莽莽直任性資傍名誼爲者也。范希文筮仕初，若尚矯勵未融，然即能識孫明復於貧窶時，又識張子厚於儻蕩時，可謂具隻眼矣。且《中庸》篇時尚未經諸儒表章，而公即以此授子厚，非自有所見然耶？富彦國初抗直不撓，其英氣如出礦之金。乃晚年酷嗜内典，深究性命之旨。所謂禮失求野者歟？觀其入相時言論注措，所得非淺淺者矣。若韓稚圭，余詳其行事，想見其人，即願執鞭，猶恐其不我欲也。嘗玩其《喜雨》詩云：「須臾慰滿三農望，却斂神功寂若無。」其於學也，深乎！深乎！世儒竟未有以知道歸公者，豈公唯以身發揮，不效世儒騰口吻耶？就歐陽永叔，世都目爲文章家，余讀其文，非苟作者，似亦有所見矣。

以上八條出《碩輔實鑑》

胡子曰：「周制，閽人領於冢宰，止供掃除，無假名器，矧曰兵權。唯漢和唐玄，古今至愚，乃首假以權，貽禍至毒。天地爲之倒列，日月彌以晦冥，身殲國亡，室闉不保，千載有餘悲焉。然則爲人主者，尚無以權假刑人。至喉癰不剪，浸成古今悲噓，而卒無救也。於乎慎哉！其惟明辟。」

任力者固勞，任人者固佚。夫任人者，匪直佚也，人衆必周而不漏也；任力者，匪直勞也，力寡必偏而不咸也。任人者匪直不漏，彼蒙任者可以使不肖者肖也；任力者匪直不咸，彼不蒙任者且將使能者不能也。此古今常試之驗也。

蔡文忠公喜酒，飲量過人。既登第，通判濟州，日飲醇酎，往往至醉。是時太夫人年已高，頗憂之。一日，山東賈存道先生過濟，文忠館之數日。先生愛文忠之賢，慮其以酒廢學生疾，乃爲詩示文忠曰：「聖君恩重龍頭選，慈母年高鶴髮垂。君寵母恩俱未報，酒如成病悔何追。」文忠矍然起謝之。自是非親客不對飲，終身未嘗至醉。

陶士行每飲酒有限，常歡有餘而限已竭。殷洪源勸更少進，士行悽然曰：「年少時嘗有酒失，慈母見約，故不敢過。」

西蜀亂後，官府多不挈家以行。張忠定知益州，單騎赴任。是時一府官屬憚張嚴峻，莫敢蓄婢使。張不欲絶人情，遂自買一婢，以侍巾幘。自此官屬稍稍置姬。張在蜀四年，被召還闕，呼婢父母出貲以嫁，仍是處女。

天聖中，張文節在政府。國封歲時入見母后，見二侍婢老且陋，怪其過自貶約，對以丞相不許。因敕國封密市二少婢，或丞相問，但言吾意。國封遂買二女奴。一日文節歸第，二婢拜於庭。文節詢其所自，國封具以告，從容謂夫人曰：「令二姬守〔二〕一老翁，甚無謂也。他日入見，宜以此懇奏。」遽召宅老，呼二婢父兄，對之折券，並衣著首飾與之，俾爲嫁貲。

南京國子祭酒陳敬宗，師道卓立，名重一時。豐城侯李公隆居守，於先生最所敬重，過其第

〔二〕「守」，底本原作「孟」，誤，據《寶顔堂秘笈》本改。

必留宴。宴或以家姬作樂，談笑竟日，未嘗一目之。常以拇指掐中指自持，翊旦視其指，甲痕猶在。蓋恐失色於人也。其檢身之功如此，此其所以模範多士云。

王恭從會稽還，王大看之。見其坐六尺簟，因語：「恭卿東來，故應有此物，可以一領及我。」恭無言。大去後，即舉所坐者送之。既無餘席，便坐薦上。後大聞之甚驚，曰：「吾本謂卿多，故求耳。」對曰：「丈人不悉恭，恭作人無長物。」

范文正公少貧悴，依睢陽朱氏家。嘗與一術者遊，會術者病篤，使人呼文正而告曰：「吾善煉水銀爲白金，吾兒幼，不足以付，今以付子。」即以其方與所成白金一斤，封識納文正懷中。文正方辭避，而術者已絕。後十餘年，文正爲諫官，術者之子長，呼而告之曰：「而父有神術，昔之死也，以汝尚幼，故俾我收之。今汝成立，當以還汝。」出其方並白金授之，封識宛然。又公嘗得一宅基，堪輿家相之曰：「此當世出卿相。」公曰：「誠有之，不敢以私一家。」即捐其基建學，今蘇州府學是也。今世治黃白風水家言者，即名賢哲士，無不入其說。觀此二事，世尚有足以繫公之念者乎？

楊尚書公致仕歸，長安舊居爲鄰里侵占。子弟欲詣府訴其事，以狀白公。公批紙尾云：「四鄰侵我我從伊，畢竟須思未有時。試上含光殿基望，秋風秋草正離離。」子弟不敢復言。

王藍田性至狷急，既躋重位，每以柔克爲用。謝奕嘗忿藍田，極言罵之。藍田回面著壁，初不應之。半日奕去，始復坐。

林司寇公俊嘗過吳門，訪二泉邵公寶於里第。及門，見邵公經始建坊，大詫曰：「盛德如公，亦效世俗子營此耶？」邵公曰：「公學科第雲仍，此故可省。某門第初起，立如制表宅里，似亦非過也。」林公終不謂然。由此以觀，前輩名公以建坊爲訴矣。嘗謂人苟修德，即蓽門蓬户，後世仁賢且過而式之。德苟不類，即今市童甿竪，多相指訕訴之矣。然則坊表之建，不爲播惡之具耶？而士紳以此煩擾有司，其識何卑卑也。

《鶴林玉露》曰：「葬者，藏也；藏者，欲人之不得見也。古人之所謂卜其宅兆者，乃孝子慈孫之心。謹重親之遺體，使其他日不爲城邑道路溝渠耳。豈藉此以求子孫富貴乎？郭璞謂本骸乘氣，遺體受蔭。此説殊未通。夫木生於山，栗芽於室，此乃活氣相感也。今枯骨朽腐，不知痛癢，積日累月，化爲朽壤，蕩爲遊塵矣。豈能與生者相感，以致禍福乎？此決無之理也。世之人惑璞之説，有貪求吉地未能惬意，至數年不葬其親者；有既葬不吉，一掘未已，至掘三掘四者；有因買地致訟，棺未入土，而家已蕭條者；有兄弟數人，惑於各房風水之説，至骨肉化爲仇讎者。凡此數禍，皆璞之書爲之也。若如璞之説，璞既精於風水矣，宜妙選吉地以福其身，以利其子孫。然璞身不免於刑戮，而子孫卒以衰微。則是其説已不驗於其身，而後世方且信其遺書而尊信之，不亦惑乎？今之術者，言墳墓若有席帽山，子孫必爲侍從官，蓋以侍從重戴故也。然唐時席帽乃舉子所戴，故有『席帽何時得離身』之句。至宋朝都大梁，地勢平曠，每風起則塵沙撲面，故侍從跨馬，許重戴以障塵。夫自有宇宙，則有此山，何貴於唐而賤於今耶？京丞相仲遠，豫章人也，崛起寒微，祖父皆火化，無墳墓，每寒食，則野祭而已。是豈因風水而貴哉？」

司馬温公曰：「今人葬不厚於古，而拘於陰陽禁忌則甚焉。相山川岡壟之形勢，考歲月日時之干支，以爲子孫貴賤貧富、壽夭賢愚皆繫焉，非此地、非此時不可葬也。舉世惑而信之，於是喪親者往往久而不葬。夫人所貴於身後有子孫者，爲能藏其形骸也，其所爲乃如是。曷若無子孫，死於道路，猶有仁者見而殣之耶。人之貴賤、貧富、壽夭繫於命，賢愚繫於人，固無關預於葬。就使皆如葬師之言，爲人子者方當哀窮之際，何忍不顧其親之暴露，乃欲自當福利耶？昔者諸祖之葬也，家甚貧，不能具棺槨。自太尉公而下，始有棺槨。太尉公將葬，族人皆曰：『葬者，家之大事，奈何不詢陰陽？此必不可。』吾兄伯康無如之何，乃曰：『詢於陰陽，則可矣，安得良葬師？』族人曰：『近村有張生者良。』兄乃召張生，許以錢二萬。張生野夫也，聞之大喜。兄曰：『汝能用吾言，吾俾爾葬。不用吾言，將求他師。』張生曰：『惟命是聽。』於是兄自以己意處歲月日時，及壙之淺深廣狹，道路所從出，皆取便於事者，使張生以葬書緣飾之曰大吉，以示族人，皆悦無違異者。今吾兄年七十九，以列卿致仕，吾年六十六，忝備侍從，宗族之從仕者，二十有三人。視他人之謹用葬書，未必勝吾家也。前年吾妻死，棺成而斂，裝辦而行，壙成而葬，未嘗以一言詢陰陽家。迄今亦無他。頃爲諫官，嘗奏乞禁天下葬書，當時執政莫以爲意。今著玆論，庶俾後世子孫葬必以時，知葬書之不足信云。」

王先生鏊曰：「上下交而其志同。不交之弊，未有如近世之甚者。君臣相見，止於視朝數刻，章奏批答相關接，刑名法度相維持而已。非獨沿襲故事，亦其地勢使然，則莫若復内朝之法。蓋天有三垣，天子象之，正朝象大微也，外朝象天市也，内朝象紫微也，自古然矣。國朝奉天殿，即古之正朝也；奉天門，即古之外朝也；華蓋、謹身、武英等殿，則内朝之遺制乎？洪武、永樂以來，常奏對便殿。今内朝無復臨御，常朝之後，人臣無復進見。故上下之情壅而不通，天下之弊由是而積矣。夫外朝以正上下之分，内朝以通遠近之情。大臣或三日、五日一次起居，侍從、臺諫各一員上殿輪對。諸司有事咨決，與大臣面議之，不時引見羣臣。凡謝恩、辭見之類，皆得上殿陳奏，虚心而問之，和顔色而道之。雖身居九重，而天下之事燦然畢陳於前矣。」

司馬王公瓊曰：「國初乘大亂之後，民多流離失恒産。然當是時官皆畏法，不敢虐下，故建衛徙軍，多安其役。自後日漸承平，流罪者悉改充戍。故人有懷土之思，不能固守其新業。於是乎逃亡者十常八九，而清勾之令遂不勝其煩擾矣。以軍伍消耗爲憂者，務嚴其法。然法益嚴而民益擾，終不能使之安其業而不逃。此非法之不善，勢不能也。蓋民貧不自愛，始輕犯法。又遠徙爲軍，亦必不能自存。所至逃逸者，其勢則然耳。至於遠年故絶軍户，必使有以繼之，則其爲害滋甚，又惡乎其可乎？故今清軍之法，當以寬爲主，庶幾閭閻少得休息耳。況兵貴乎精，而按籍勾補者，率多老弱疲羸，糧餉費而無用，是二者之事理又有不相當也。然變通之道宜何如？亦曰：『募其土著之精鋭者，撫而用之，則兵亦不患其不足矣。』」

閒鈔下

國初科舉，第一場問《四書》義一道，五經義各一道；第二場論一道，詔誥章表内科一道；第三場策一道。猶循元制也。洪武甲子鄉試，乙丑會試，初爲小録以傳。然惟列董事之官，試士之題，及中選者之等第、籍貫、經籍而已。其録前後雖有序，然猶未録士子之文以爲程式也。次科戊辰，加刻程文，自後永爲定式。但此後五科，其間命官列銜，或多隨時不一。永樂以後，其制始一定而不更易矣。然永樂中各省鄉試，猶有儒士主考品官同考者，其序文亦不拘篇數。景泰中，序文禁稱公考官，正用實授教官序爲前後二篇，以兩京爲法也。然兩京序文稱臣，獨與會試同云。按初場例出《四書》義三道。正統元年會試，出《大學》、《論語》、《中庸》，而不及《孟子》。成化元年順天府鄉試，出《論語》二道、《孟子》一道，而不及《大學》、《中庸》。其後，定《大學》、《中庸》内量出一道，《論語》、《孟子》各出一道，遂爲例。

古人寫書盡用黄紙，故謂之黄卷。顔之推曰：「讀天下書未徧，不得妄下雌黄。」雌黄與紙色類，故用之以滅誤。今人用白紙，而好事者多用雌黃滅誤，殊不相類。

碑者施於墓則下棺，施於廟則繫牲，古人因刻文其上。今揭大石鏤文，士大夫皆題曰碑銘，何邪？

南方之人謂水皆曰江，北方之人謂水皆曰河，隨方言之便，而淮、濟之名不顯。司馬遷作《河渠書》，並四瀆言之。《子虛賦》曰：「下屬江河，事已相亂。」後人宜不能分別言之也。

今俗人食三長月素。按釋氏《智論》，天帝釋以大寶鏡照四大神州，每月一移，察人善惡。正、五、九月照南贍部州。唐人於此三月不行死刑，曰三長月；節鎮因戒屠宰，不上官。是以天帝釋爲可欺也，妄誕可笑。

吴薛綜謂孫權曰：「日南男女裸體，可謂蟲豸。」五代盧程罵任圜曰：「爾何蟲豸？」按《爾雅》，有足謂之蟲，無足謂之豸；「豸」字合丈介反，十二獬韻「豸」字下亦云蟲無足。侯思止曰：「獬豸但能觸邪？」按《説文》，獬，廌獸也。古者決訟令觸不直，「廌」字合丈蟹反。然四紙韻「廌」字下亦注「獬豸，獸名」，然則廌與豸義本玄通。若有「獬」字，下雖丈爾切，亦獸也。如止一字，縱丈蟹反，亦蟲也。今人見御史舊有獬豸冠，單呼爲豸，可笑。

古人於圖書書籍，皆有印記，云某人圖書。今人遂以其印呼爲圖書。正猶碑記、碑銘，本謂刻記、銘於碑也。今遂以碑爲文章之名，而莫之正矣。

民間俗諱，各處有之，而吴中爲甚。如舟行諱住諱翻，以箸爲快兒，幡布爲抹布。諱離散，以梨爲圓果，傘爲豎笠。諱狼藉，以郎槌爲興歌。諱惱躁，以謝竈爲謝歡喜。此皆俚俗可笑處。今士大夫亦有犯俗稱快兒者。

敢當姓石，五代時人。劉知遠爲晉祖押衙，遣力士石敢當袖鐵椎侍晉祖。與愍王議事，敢當鬬死，殺愍王左右。今人家門外所立之石是也。

古者后妃羣妾進御於君所，當御者以銀環進之，娠則以金環退之。進者著右手，退者著左手，即今之戒指，又云手記。

纏足一事謂之妖，古無此，蓋自妲己始。妲己乃雉精，足猶未變，故用裂帛纏之。後世習俗既久，以足小爲美。

軒轅黄帝周遊，元妃累祖死於道，令次妃好嫫監護。因置方相以防夜，蓋其始也，俗名驗道神阡陌將軍，又名是爲開路神。方相音放象。方，放也，相，貌也，言其放肆形貌也。

吏人稱外郎者，古有中郎、外郎，皆臺省官，故僭擬以尊之。醫人稱郎中，鑷工稱待詔，木工稱博士，師巫稱太保，茶酒稱院使皆然。此胡元名分不明之舊習也，國初有禁。

鏁鑰云者，以其形如鑰耳。今鏁有圓身者，古制也。方身鏁近世所爲。唐人云：「銀鑰卻收金鎖合。」誤以開鏁具爲鎖。開鎖具自名鑰匙，亦名鎖匙。

新舉人朝見，著青衫不著襴衫者，聞始於宣廟，欲其異於歲貢生耳。及其下第送國子監，仍著襴衫。蓋國學自有成規也。本朝政體度越前代者甚多，其大者數事。如前代公主寡，再爲擇婿，今無之。前代中官被寵，與朝臣並任，有以功封公侯者；今中官有寵者賜袍帶，有軍功者增其禄食而已。前代重臣得自辟任下僚，今大臣有專擅選官之律。前代文廟聖賢皆用塑像，本朝初建國學，革去塑像，皆用木主。前代嶽鎮海瀆皆有崇名美號，今止以山水本名稱其神。郡縣城隍及歷代忠烈士，後世溢美之稱，俱令革去。前代文武官皆得用官妓，今挾妓宿娼有禁，甚至罷職不敘。

皇陵初建時，量度界限，將築周垣，所司奏民家墳墓在傍者當外徙。高皇云：「此墳墓皆吾家舊鄰里，不必外徙。」至今墳在陵域者，春秋祭掃，聽民出入無禁。於此可見帝王氣象，包含徧覆，自異於尋常萬萬也。

尚衣縫人云：「上近體俱松江三梭布所製，本朝家法如此。」大廟紅紵絲拜裀，立腳處乃紅布，其品節又如此。今富貴家佻達子弟，乃有以紵絲綾緞爲褲者，其暴殄過分，亦已甚矣。

移文中字，有日用而不知所自，及因襲誤用而未能正者。姑舉一二：如「査」字音義與「槎」同，水中浮木也，今云査理、査勘，有稽考之義。弔本傷也，愍也，今云弔卷弔册，有索取之義。票與慓同，本訓急挨，今以爲票帖。綽本訓寬緩，今以爲巡綽。盔本盂也，今以名鍪冑。钃本鉦也，今以名釧屬。又如閘朝、閘辦、課程，其義皆未曉，其亦始於方言也歟？價直〔一〕爲價值，足彀爲足勾，斡運爲穵運，此類尤多，甚者施之奏章，刻之榜文，此則承譌踵謬而未能正者也。

佛本音弼，《詩》云「佛時仔肩」；又音拂，《禮記》云「獻鳥者拂其首」，註云：「拂，不順也」，謂以翼戾之。禪本音擅，《孟子》曰「唐虞禪」是已。自胡書入中國，佛始作符勿切，禪始音蟬。今人反以輔佛之佛、禪受之禪圈科，非知書學者。

姪本妻兄弟之女，古者諸侯之女嫁與諸侯，以娣姪從，《左傳》云「姪其從姑」是已。今人稱兄弟之女爲姪，不知誤自何時。唐狄仁傑諫武后云：「姑姪與母子孰親？」姑姪見於此，然猶稱武姓之子爲姪，對姑而言之耳。此字隨俗稱呼則可，若施之文，不若稱從子、族子之類之爲愈也。

書之同文，有天下者力能同之。言之同音，雖聖人在天子之位，勢亦有所不能也。今天下音韻之謬者，除閩粵不足較已，如吴語黄、王不辨，北人每笑之，殊不知北人音韻不正者尤多。如京師人以步爲布，以謝爲卸，以鄭爲正，以道爲到，皆謬也。河南人以河南爲濶南，以妻弟爲七帝；北直隸、山東人以屋爲烏，以陸爲路，以閣爲果，無入聲韻。入聲内，以緝爲妻，以葉爲

〔一〕「直」，底本原作「值」，誤，據《寶顔堂秘笈》本改。

夜，以甲爲賈，無合口字。山西人以聰爲村，無東字韻。江西、湖廣、四川人以情爲秦，以姓爲信，無清字韻。歙、睦、婺三郡人以蘭爲郎，以心爲星，無寒、侵二字韻。又如「去」字，山西人爲庫，山東人爲趣，陝西人爲氣，南京人爲可去聲，湖廣人爲處。此外，如山西人以坐爲剉、以青爲妻，陝西人以鹽爲年、以咬爲裊，台温人以張敞爲漿搶之類，如此者不能悉舉。蓋習染之久，久則難變。非聰明特達常用心於韻書者，不能自拔於流俗也。

馬之性善驚，故「驚」、「駭」字從馬。女之性善妒，故「嫉」、「妒」字從女。

恙，《説文》曰憂也，一曰蟲入腹食人心。古者草居，多被此毒，故相問「無恙乎」。今人稱疾爲微恙、貴恙，是又以恙訓疾矣。

今人呼酌酒器爲壺瓶。按《唐書》，太宗賜李大亮胡瓶。史炤《通鑒釋文》以爲汲水器。胡三省辯誤曰：「胡瓶蓋酒器，非汲水器也。」缾、瓶字通，今北人酌酒以相勸，醻者亦曰胡瓶。然「壺」字正當作「胡」耳。

秦以吕政諱，以正月之正爲平聲。自漢至今，形之文辭詩歌，皆從平韻。秦法之嚴如此。

成化間，有吏建言時事，禮科給事中忌之，以「激厲風俗」之「厲」不從力，參付法司問罪。不知「厲」本古字，《漢書》凡云風厲、勉厲，皆不從力。此吏亦不能自明，二人蓋未嘗讀《漢書》故也。

兵科給事中閲兵部題本，以「伎」不從女，呼吏笞之。翌旦，有不平者，令受笞吏執韻書以進，乃赧顔慰遣之。此蓋識俗字不識古字故也。凡遇人文字，所見未的，輒疵議之，後不能無悔也。

《孟子》「鑽冗隙相窺」，冗而隴切。今人皆讀作胡決切，非也。冗、穴字相似而誤耳。

《詩》文《小雅》以十篇爲卷，而謂之什，猶軍法以十人爲什耳。今稱詩爲佳什，於義何取？

古諸器物異名。贔屭，其形似龜，性好負重，故用載石碑。螭物，其形似獸，性好望，故立屋角上。蒲牢，其形似龍而小，性好吼，叫有神力，故懸於鐘之上。憲章，其形似獸，有威，性好囚，故立於獄門上。饕餮，性好水，故立橋所。蟋蜴，形似獸鬼頭，性好腥，故用於刀柄上。蠻蛀，其形以龍，性好食雨，故用於殿脊上。螭虎，其形似龍，性好文彩，故立於碑文上。金猊，其形似獅，性好火煙，故立於香爐蓋上。椒圖，其形似螺絲，性好閉口，故立於門上，今呼鼓了，非也。虭蛥，其形似龍而小，性好立險，故立於護杇上。鰲魚，其形似龍，好吞火，故立於屋脊上。獸蚴，其形似獅子，性好食陰邪，故立於門鐶上。金吾，其形似美人首魚，尾有兩翼，其性通靈不睡，故用巡警。

出《山海經》、《博物志》

關雲長封漢壽亭侯。漢壽本亭名，今人以漢爲國號，止稱壽亭侯，誤矣。漢法十里一亭，十亭一鄉，萬户以上，或不滿萬户爲縣。凡封侯視功大小，小爲亭侯，次鄉、縣、郡侯。雲長漢壽亭侯，蓋初封也。今印譜有「壽亭侯印」，蓋亦不知此而乃僞爲之耳。

摺疊扇一名撒扇，蓋收則摺疊，用則撒開。或寫作「翣」者，非是。翣即團扇，可以遮面，故又謂之便面，觀前人題詠及圖畫中可見矣。聞撒扇始於永樂中。因朝鮮國進撒扇，上喜其卷舒之便，命工如式爲之。南方女人皆用團扇，惟妓女用撒扇。近年良家女婦亦有用撒扇者。

結屋枋湊合處必有牝牡筍，俗呼爲公牡筍是也。

馬以牝稱課，蓋唐計歲課駒故也。見《輟耕録》

《檀弓》曰：「重，主道也。殷主綴重焉，周主重徹焉。」註云：「士重木長三尺，始死作重，以依神。殷禮始殯時置重於殯廟之庭，及成主，則懸於新死者所殯之廟。周人則徹而理之。」此承重之義也。

古優女曰娼，後稱娼老婦曰鴇。考之鯧魚爲衆魚所淫，鴇鳥爲衆鳥所淫。相傳老娼呼鴇，意出於此。

二郎神衣黄彈射擁獵，夫實蜀漢王孟昶像也。宋藝祖平蜀得花蕊夫人，奉昶小像於宫中。藝祖怪問，對曰：「此灌口二郎神也，乞靈者輒應。」因命傳於京師令供奉。蓋不忘昶，以報之也。人以二郎挾彈者即張僊，誤也，二郎乃詭詞。張僊乃蘇老泉所夢僊，挾二彈，以爲誕子之

兆，因奉之，果得軾、轍二子。見集中

天下有真武廟。按《曲禮》曰「前朱雀而後玄武」。玄武乃北方七宿之象，而傳記所謂龜蛇也。宋有天下，尊崇聖祖，嫌名玄朗，改玄爲真。道家者流，謂神有名字里居。《真武經》又有披髮跣足。世遂塑黑衣翩翩，披髮按劍而坐，腳踏龜蛇。一何悖耶！宋祭酒訥、宋學士濂嘗辨之。

跬，一舉足也音奎，上聲，倍跬謂之步。四尺謂之仞，倍仞謂之尋。尋，舒兩肱也，倍尋謂之常。然則八尺曰尋，丈六尺曰常；五尺謂之墨，倍墨謂之丈。又云一手之盛謂之溢，兩手謂之掬，掬一升也。然則飲酒不過三升，噉飯止數升，乃謂少耳。若今之升，非小也。

有蟲名螠，好於絲髮上自縊而死，故縊傍猶益。螠一名縊女。物性固有如此者。

象膽按四時在四足，熊膽亦在四足，魚膽春夏近上、秋冬近下，蚺蛇膽隨擊而護。

陳所敏云：鸂鶒能敕水，故水宿之物莫能害。鳩能巫步禁蛇，故食蛇。啄木遇蠹穴，能以嘴畫字而成符，蠹魚自出。鵶能隱巢，故鷙鳥莫能見。燕啣泥常避戊巳日，故巢不傾。隺有長水石，能於巢中養魚而水不涸。燕惡艾，雀欲奪其巢，即啣艾置巢中，燕遂避去。此皆鳥之有智者也。巫步又曰禹步，蓋以禹爲百神所畏，而行步蹇，跳巫故效之以令百神也。

楊用修紀：安寧州潮泉，一日三溢三蘸；連州水下流有㪺溪，一日十溢十竭；貴州城外有漏汋，一日百盈百竭，應漏刻焉。可謂奇聞矣，因筆之。

物之瘦者蜈蚣，輕者蝴蝶。《嶺南異物志》：見有物，如滿帆過海。將到舟，競以物擊之，破碎墜地，視之乃蝴蝶也。海人去其翅足，稱肉得八十斤，噉之極肥美。葛洪《遐觀賦》：蜈蚣大者，長百步，頭如車箱，屠裂取肉，白如瓠。《南越志》云：大者其皮可以鞔鼓，其肉暴爲脯，美於牛肉。

《月令》：仲夏日鹿角解，仲冬日麋角解。鹿以夏至隕角而應陰，麋以冬至隕角而應陽。鹿肉暖，以陽爲體，麋肉寒，以陰爲體。以陽爲體者，以陰爲末；以陰爲體者，以陽爲末。末者，角也。故麋茸補陽，利於男子；鹿茸補陰，利於婦人。見王楙所著甚明。今人不惟一概作男子補精益血之劑，于麋、鹿亦不能辨矣。

今人稱泰山五大夫，俱云五松樹。至不能得其數以爲疑。獨黄美引《史記》，載秦始皇上泰山，風雨暴至，休於樹下，遂封其樹爲五大夫。五大夫，秦官名，第九爵也。此語可證千古之誤。

今人不知措大之説。李濟翁載措大四説，其一以士人貧居新鄭之野，以驢負醋而鬻，邑人指其醋馱而號之。又曰鄭有醋溝，士流多居其州溝之東，以甲乙名族，故曰醋太。然則措大當作醋太，曰驢曰醋，皆自鄭地起也。濟翁以爲不然，乃曰謂其能「舉措大事」而已。

宋世於郡縣立慈幼局，凡貧家子多，欲厭棄不育者，許其抱至局，書生年月日。局置乳媪鞠視，他人家或無子女，卻來局取養之。歲侵，子女多入慈幼局，道無抛棄者。信乎仁澤之周也。

《左傳》都城過百雉，釋者謂一雉之墻長三丈，高一丈。陸氏《埤雅》謂雉飛祟不過丈，長不過三丈。又雉性妒，壟設疆飛，不越分域，一界之内，以一稚爲長。

盧多遜既卒，許歸葬。其子察護喪，權厝襄陽佛寺。將易以巨櫬，乃啓，其屍不壞，儼然如生。逐時易衣，至祥符中亦然。蓋五月五日生也，釋氏得之，當又張大其事，若今之所謂無量壽佛者矣。

韓退之子昶，改金根車爲金銀車，貽笑於世。二子綰、衮皆擢第，衮爲狀元。退之名若山斗，而不聞世有知狀元衮者，史亦闕之。以此知科名之不足恃也。

陸象孫謂：「投名刺既稱頓首，不當復言拜故爾。」然《周禮》辨九拜之儀，一稽首，二頓首。注：「稽首拜，頭至地也；頓首拜，頭叩地也。」又奇拜，一拜也；褒拜，再拜也；肅拜，但俯下手，即今之揖也。好奇者有稱肅拜，不知其處於倨。而稱頓首者，亦無所不可，若稱奇拜、褒拜亦通。

《野客叢書》：「影」字古用「景」字，葛洪撰《字苑》，始加彡爲影。「戰陣」之「陣」古用「陳」，王右軍《小學》阜旁作車爲陣。隋國、隋州古用「隨」，楊堅以其近遁走，去走作「隋」。「疊」字古作「疊」，王莽以三日太盛，改從三田作「疊」。古之「對」字莘下從口，漢文帝以口多非實，改從土。「罪」字自下從辛，始皇以字形似「皇」字，遂改從网從非。古「劭」字從刀，劉宋太子名劭，而惡字文爲召刀，遂改刀爲力。

《尚書》之尚，本當作上音讀，或曰秦時人臣避「上」字，故作常音，至今因之不改。若二十八宿音秀，則洪景盧以爲當如本音，且引《説苑·辨物篇》曰：「天之五星運氣於五行，所謂宿者，日月五星之所宿也。」按宿之音秀，北音誤之。蓋元詞曲皆入「秀」字去上韻，至宿州之宿則入「徐」字，而以近徐州，故别呼爲南徐州。北音之謬若此。

《左傳》「幣錦二兩」。注云：「二丈爲一端，二端爲一兩，一兩一匹也。」然則一端不可以言一匹。《公羊傳》「乘馬束帛」，束帛謂玄三纁二，玄三法天，纁二象地。然則今人以一匹帛爲束帛，亦非也。

泗州僧伽頂有一孔，以絮窒之，發絮則異香出，氛氲滿室。佛圖澄左乳下一孔，圍七寸，亦以絮窒之。夜欲讀書，發絮則光照一室。時時水邊引腸胃滌之，復納於内。物理有不可致詰者，重瞳四乳，不足道矣。

今人稱法令曰令甲，以漢宣帝詔令甲「死者不可生」。然是法令首卷耳[一]。《江充傳》註令

[一]「耳」，底本原作「曰」，誤，據明顧起元《説略》卷十七所收此文改。

乙「騎乘行馳道中」，《章帝詔》曰令丙「箠長有數，見鼠璞甚明」。然則令乙者第二卷也，令丙者第三卷也。漢律當有十卷。

每見人稱前導者伍伯。《晉書》賈充戲庾純云：「君行常在人前，今何以後？」蓋純之先人有爲伍伯者，按《古今注》云：「一伍之長也，五人爲伍，曰伍伯。」一曰户伯，漢制兵吏五人一户一竈，每竈四直一伯，故曰户伯。又曰大伯，諸王公行户伯，服赤幘纁衣常韎，率其伍以導引也。

楊用修著《赤牘清裁》，既不序赤名所以，唯於《秇林伐山》載《禽經》云：「雕上無尋，鷚上無常，雉上有丈，鷃上有赤。」云「赤」與「尺」通。《莊子》云斥鷃，「斥」亦「尺」也。此其所以謂之赤牘歟？然則謂之斥牘亦可乎？按《漢西嶽石闕銘》云：「弘農太守常山元氏張勳爲西嶽華山作石闕，高二丈二赤。」又《北齊平等寺碑》云：「銅像一軀，高二丈八赤。」《廣州記》稱「鰕鬚長四赤」。然則「赤」果與「尺」通也。余故於《廣赤牘》改正作「尺」，而記於此，以見用修未覩二碑也。

中國初無西瓜，見洪忠宣皓《松漠紀聞》。蓋使金虜，貶遞陰山，於陳王悟室得食之。云種以牛糞，結實大如斗，絶甘冷，可蠲暑疾。《丹鉛餘録》引五代郃陽令胡嶠《陷虜記》云：「於回紇得瓜，名曰西瓜。」其言與忠宣同，以爲至五代始入中國。按忠宣使虜，乃稱創見，則嶠嘗之於陷虜之日，而不能種之於中國也。其在中土，則自靖康而後。其在江南，或忠宣移種歸耳。

古有稱金貂者，常侍、侍中插貂以金爲柱也。漢稱金紫者，金印紫綬也。其後江左入銜曰金紫光禄、銀青光禄，猶此意也。唐所謂金紫者，紫衫金帶也，又賜紫及金魚袋。後元復以金紫、銀青入銜，國初亦因之。印在秦漢以爲佩服之章，至六朝尚因之，故至小，其丞相列侯不過寸餘，不以施奏牘也。唐用龜魚以代印，而印用之奏牘矣。至明而印之寸分加大矣。明之所謂綬，非綬制也，芾也，其牙牌則以代印及龜魚也。古王公列侯皆金印，丞相、將軍亦金印。今法親王金寶，一二品銀印，餘皆銅印。古印列侯存者多銅印，人不能曉所謂。按古賜印外，許得自製銅木牙印，蓋倣印製而爲之。金銀印不能存，而銅獨得存故也。

唐時宰相告身用金花五色綾紙，至宋則用織成花綾，以品次有差。宋敕俱草書，後用三省長官僉押尚書印，然無御寶。當時每授官則有之。至國朝考最始給與，一品至二品皆誥，六品以下敕，花色殊異。公侯一品玉軸，伯及二品犀軸，三品四品鍍金軸，餘角軸。内唯御寶加於年月之上。其特使則有敕，敕用小龍墨欄黄紙。

《傳燈録》謂：二祖慧可初事達磨，嘗斷一臂置前。達磨知是法器，始傳以祖心印及《楞伽經》。至《續高僧傳》則云：周滅佛法，可與林法師同學，共護經像。遭賊斷臂，以法御心，不覺痛苦。火燒斫處，血斷帛裹，乞食如故，曾不告人。後林又被賊砍其臂，叫號通夕。可爲治裹，乞食供林，林怪可手不便，怒之。可曰：「餅食在前，何不自裹？」林曰：「我無臂也，可不知耶？」可始曰：「我亦無臂，復何可怒？」二記皆開士所述，而慧可一臂，一以爲求法，一以爲遇寇，不同乃爾。

弔字矢貫弓也，古者葬棄中野，禮貫弓而弔，以除鳥獸之害。

《周禮》：方相氏毆罔象，罔象好食亡者肝，而畏虎與柏。墓上樹柏，路口致虎，爲此也。

或言狼狽是兩物，俱前足絶短，每行常駕兩狼，失狼不能動，故世言事乖者稱狼狽。

鯢魚如鮎，四足，長尾，能上樹，天旱輒含水上山，以草葉覆身張口，鳥來飲水，即吸食之。聲如小兒。峽中人食之，先縛於樹鞭之，身上白汗出如構汁，此方可食，不爾有毒。

蟹八月腹中有芒，芒真稻芒也，長寸許，向東輸與海神，未輸不可食。

蟬未脱時名復育，相傳言蛣蜣所化。秀才韋翾莊在社曲，嘗冬中掘樹根，見復育附於朽處，怪之。村人言蟬固朽木所化也。翾因剖一視之，腹中猶實爛木。

冷蛇：申王有肉疾，腹垂至骭，每出，則以百練束之。至暑月嘗骭息不可過。玄宗詔南方取冷蛇長數尺，色白不螫人，執之冷如握冰。申王腹有數約，夏月置於約中，不復覺煩暑。

蚊，害物蟲也。凡有血氣者恒病焉，然其所化不一。江南有孑孓，生洿水中，好屈伸水上，見人泳去，久則蜕爲蚊。此虫化也。塞北〔一〕有蚊母草，草楙而蚊變；嶺南有蚊子木，實橘盧橘，熟則綻，蚊出實空。此草木化也。江東有蚊母鳥，生池澤茹蘆中，黄白雜文，鳴如鴿，每鳴吐蚊一二升。此禽化也。

人順生，草木倒生，禽獸横生。胎生者九竅，卵生者八竅。胎生者眼胞自上而瞑，卵生者眼胞自下而瞑。濕生者眼無胞而不寐，化生者眼無竅而有光。草木可插而活者，胎生類也；以實而産者，卵生類也。荷芡濕生也，芝菌化生也。有雌無雄，黿鼉是也；有雄無雌，蜂蠆是也。黿雖有鼻而息以耳，牛雖有耳而聽以鼻。龍蜃能飛而無翼，鵝鴨有翼而不飛。陽鳥之飛頭伸而足縮，陰鳥之飛頭縮而足伸。馬之卧起自前足，牛之卧起自後足。鹿豕直行，蛇蚓曲行。郭索横行，蒐踵卻行。卒然兩頭行，蚇蠖屈伸行。木皆中實，而娑羅樹則中空。竹皆中空，而廣藤竹則中實。沉香木至輕也，而以水浸之則沉。中冷泉亦水也，而錫器盛之洩。昆吾刀亦金也，而可以切玉。蕭山火至涼也，而可以供爨物。生之不齊類如此，造物者果有窮乎哉！

與之齒者去其甪音六，付之翼者兩其足。甘瓜則抱苦蒂，美棗則生荆棘。荔枝非名花，牡丹無佳實。鷹鸇能搏鳩雁，而反受逐於鶺鴒。崖鶻能搏鶬鷺，而不能得飛。鴿雉善聽，狼善視，狐

〔一〕「北」，底本原作「比」，誤，據《寶顔堂秘笈》本改。

善疑，猶善豫，駱駝善知泉，象善知地虛實，而終不免於人之手。物各有能有不能也。

虹蜺或能盜酒，雷霆或能書字。草能指佞，蟲能書葉。硫黄可以乾汞，水銀可以化錫，德化之水可以煮鐵爲銅。置陽遂於日中而火出，陳方諸於月中而水生。銅山崩而洪鐘自鳴，神劍藏而龍光不掩。金石之品，或陰極而飛，或逢陽而起。磁石可以引針，琥珀可以拾芥。雉羽可以候雨，鵲尾可以占風。終歸知往，猩猩知來。

百粵間有草，結實如小毬，俗名顛茄。服之則心狂顛倒，惑亂叫嘯，騰舞竟日，不能自止，若爲鬼物所憑者。

魏賈琳家累千金，博學善著作。有倉頭善别水，常令乘艇於黄河中，以瓠匏接河源水，一日不過七八升。經宿，器可色赤如絳，以釀酒，名崑崙觴，酒之芳味，世中所絶。

禹治水獲無支祈，形如獼猴，力踰九象。命庚辰制之，鎖於龜山之足，淮水乃安。

待制查道奉使高麗，見沙中一婦人，紅裳雙袒，髻鬟紛亂，肘後微有紅鬣，查命扶於水中，拜手感變而没，乃人魚。

元載不飲，人以針挑鼻尖，出一小蟲，謂之酒魔，即日飲一斗。

福建按察副使沈文敏，其母隨養時，雙目失明。延一醫療之，云障翳已重，藥不能效。乃先藥之，使不知痛，尋以物撥轉眼睛向内，一面向外，封閉三日而開，視物無一不見。云眼睛惟兩角有觔繫之，故可撥轉，然非削鼻至手不能也。

成化壬辰三月，鷹揚衛巡捕官捉一僧人，領一男子可十七八。腹中能語，人問之，腹中應答，可怪。及觀醫書治奇疾方，有人腹中有物作聲，隨人言語，謂之應聲蟲，當服雷丸自愈。則知乃疾也，非怪也。

丁大用征嶺南，入賊境掠得寇稻，以給軍食。京軍以刀盔爲臼。邊鄙老校笑其拙，教於高阜擇浄地，坎之如臼，然煎茅火鍛之令堅實。乃置稻其中，伐木爲杵，以椿甚便。

太宗以北兵渡淮時，無一葦之楫。有人於囊中取乾豬脬十餘，内氣其中，環著腰間，泗水而南，徑奪舟以濟。

漢時，南方有蟲，其形如蟑。其子著草葉如蠶種，得子以歸，則母飛來就之，殺其母，以血塗八十一文，又以其子塗八十一文。凡市物，或先用母，子復飛歸，循環無已，名曰青蚨錢。〔一〕

〔一〕按：文後原有賀應甲《後跋》，歸入本書《附録》四，兹不録。

小學新編摘略

〔三〕録爲一帙，題曰《小學新編摘略》云。蓋以爲愚兒計，非敢置取舍其間也。

丁酉四月門人劉元卿識

後學永新賀應甲刻

安成劉子龍書

小學經傳

弟子入則孝，出則弟，謹而信，汎愛衆，而親仁。行有餘力，則以學文。

右經一章，蓋孔門養正之程矩，而聖功之實修也。竊輯經書所載而彙次之，爲傳六章，以廣其指意于左。

《詩》曰：「父兮生我，母兮鞠我。拊我畜我，長我育我。顧我復我，出入腹我。欲報之德，昊天罔極。」

子曰：「身體髮膚，受之父母，不敢毀傷，孝之始也。立身行道，揚名於後世，以顯父母，孝

〔二〕按：疑前有闕頁。

之終也。」○「君子無不敬也，敬身爲大。身也者，親之枝也，敢不敬與？不敬其身，是傷其親。傷其親，是傷其本，枝從而亡。」

《詩》曰：「明發不寐，有懷二人。」

曾子曰：「父母愛之，喜而不忘；父母惡之，懼而無怨；父母有過，諫而無逆。」

曾子曰：「孝有三：大孝尊親，其次弗辱，其下能養。」公明儀問曰：「夫子可以爲孝乎？」曾子曰：「是何言與？是何言與？君子之所謂孝者，先意承志，諭父母於道。參直養者也，安能爲孝乎？」

《書》曰：「若考作室，既底法，厥子乃弗肯堂，矧肯搆？厥父菑，厥子乃弗肯播，矧肯獲？」

子曰：「孝子之事親，居則致其敬，養則致其樂，病則致其憂，喪則致其哀，祭則致其嚴。五者備矣，然後能事親。」

《記》曰：「養可能也，敬爲難；敬可能也，安爲難；安可能也，卒爲難。父母既没，慎行其身，不遺父母惡名，可謂能終矣。仁者，仁此者也；禮者，履此者也；義者，宜此者也；信者，信此者也；强者，强此者也。樂自順此生，刑自反此作。」

曾子曰：「居處不莊，非孝也；事君不忠，非孝也；蒞官不敬，非孝也；朋友非信，非孝也；戰陳無勇，非孝也。五者不遂，災及於親，敢不敬乎？」○「孝有三：小孝用力，中孝用勞，大孝不匱。思慈愛忘勞，可謂用力矣；尊仁安義，可謂勞矣；博施備物，可謂不匱矣。」

子曰：「夫孝，置之而塞乎天地，溥之而横四海，施是後世而無朝夕。」

《詩》曰：「孝子不匱，永錫爾類。」

右傳之一章　廣孝

《詩》曰：「棠棣之華，鄂不韡韡。凡今之人，莫如兄弟。」《康誥》曰：「惟弟弗念天顯，乃弗克恭厥兄。兄亦不念鞠子哀，大不友於弟。天惟與我，民彝大泯亂。」曾子曰：「人之生也，百歲之中有疾病焉，有老幼焉，故君子思其不可復者而先施焉。親既没，雖欲孝，誰爲孝；年既耆老，雖欲弟，誰爲弟。故孝有不及，弟有不時，其斯之謂也。」

《詩》曰：「宜兄宜弟，令德壽豈。」

《詩》曰：「題彼脊令，載飛載鳴。我日斯邁，而月斯征。夙興夜寐，毋忝爾所生。」

《詩》曰：「此令兄弟，綽綽有裕。不令兄弟，交相爲瘉。」

《詩》曰：「兄及弟矣，式相好矣，無相猶矣。」

《記》曰：「貴老爲其近於親也，敬長爲其近于兄也。」○「年長以倍，則父事之；十年以上，則兄事之；五年以長，則肩隨之。」○「父之齒隨行，兄之齒燕行，朋友不相踰。」

右傳之二章　廣弟

《記》曰：「天之所生，地之所養，惟人爲大。父母全而生之，子全而歸之，可謂孝矣；不虧其體，不辱其身，可謂全矣。故君子頃步之不敢忘也，一舉足而不敢忘父母。是故道而不徑，舟而不游，不敢以先父母之遺體行殆。一出言而不敢忘父母，是故惡言不出乎口，忿言不反於身。不辱其身，不羞其親，可謂孝矣。」○「敖不可長，欲不可縱，志不可滿，樂不可極。臨財毋苟得，臨難毋苟免。」○「君子莊敬日强，安肆日偷，君子不以一日使其躬儳焉，如不終日。」○「君子隱而顯，不矜而莊，不厲而威，不言而信。」○「君子姦聲亂色，不留聰明；淫樂慝禮，不接心術；惰慢邪僻之氣，不設於身體。使耳目口鼻、心知百體，皆由順正以行其義。」

《詩》曰：「君子無易由言，耳屬於垣。」

《説命》曰：「惟口起羞。」

《易》曰：「尚口乃窮。」

子曰：「非先王之法言，不敢道；非先王之德行，不敢行。是故非法不言，非道不行，口無擇言，身無擇行，言滿天下無口過，行滿天下無怨惡。」

《記》曰：「其容不改，出言有章。行歸於周，萬民所望。」

右傳之三章　廣謹信

子曰：「愛親者不敢惡於人，敬親者不敢慢於人。」

《書》曰：「必有忍，其乃有濟。有容，德乃大。」

《詩》曰：「君子實維，秉心無競。」

《詩》曰：「在彼無惡，在此無斁。庶幾夙夜，以永終譽。」

右傳之四章　廣愛衆

《記》曰：「儒有合志同方，營道同術。並立則樂，相下不厭。久不見，聞流言不信。」

《詩》曰：「相彼鳥矣，猶求友聲。矧伊人矣，不求友生？神之聽之，終和且平。」

《易》曰：「休復之吉，以下仁也。」

右傳之五章　廣親仁

《易》曰：「天在山中，大畜。君子以多識前言往行，以畜其德。」

《記》曰：「溫柔敦厚，《詩》教也；疏通知遠，《書》教也；廣博易良，《樂》教也；潔淨精微，

《易》教也；恭儉莊敬，《禮》教也；屬辭比事，《春秋》教也。」

《說命》曰：「學於古訓，乃有獲。事不師古，以克永世，匪說攸聞。惟學遜志，務時敏，厥修乃來。允懷于茲，道積于厥躬。」

《記》曰：「玉不琢，不成器；人不學，不知道。時教必有正業，退息必有居學。君子之於學也，藏焉修焉，息焉游焉。」

《詩》曰：「日就月將，學有緝熙於光明。」

右傳之六章　廣學文

小學衍義(上)

伯禽與康叔見周公，三見三笞之，二子乃問商子，商子曰：「南山之陽，有木名橋；南山之陰，有木名梓，何不往觀之。」二子往見，橋木高而仰，梓木實而俯，還告商子。商子曰：「橋者父道，梓者子道也。」

老子曰：「爲人子者，毋以有己。」

楊子曰：「事父母自知不足者，其舜乎？不可得而久者，事親之謂也。孝子愛日。」

淮南子曰：「周公之事文王也，行無專制，事無由己，身若不勝衣，言若不出口，有奉持於文王，洞洞屬屬，如將不勝，如恐失之，可謂能子矣。」

伊川曰：「『幹母之蠱，不可貞。』子之于母，當以柔巽輔導之，使得於義。不順而致敗蠱，則子之罪也。」

横渠先生曰：「舜之事親，有不悦者，爲父頑母嚚，不近人情。若中人之性，其愛惡略無害理，姑必順之。故舊所喜，當極力招致；賓客之奉，必極力營辦。務以悦親爲事，不可計家之有無。又須使之，不知其勉强勞苦，苟使見其苦難，則亦不安矣。」

司馬温公曰：「凡子受父母之命，必籍記而佩之，時省而速行之。事畢，則返命焉。或所命有不可行者，則和色柔聲，具是非利害而白之，待父母之許，然後改之。若不許，苟於事無大害者，亦當曲從。若以父母之命爲非而直行己志，雖所執皆是，猶爲不順之子，況未必是乎！」

朱子曰：「人之所以有此身者，受形于母而資始于父。雖有强暴之人，見子則憐。至於繈褓之兒，見父則笑，果何爲而然哉？初無所爲而然，此父子之道所爲天性而不可解也。」

伊川先生曰：「人無父母，生日當悲痛，更安忍置酒張樂以爲樂？若具慶者可矣。」○「豺獺皆知報本，今士大夫家厚於奉養而薄于先祖，甚不可也。某嘗修《六禮》，大略家必有廟，廟必有主，月朔必薦新，時祭用仲月，冬至祭始祖，立春祭先祖，季秋祭禰，忌日遷主，祭於正寢。凡事死之禮，當厚於奉生。人家能存得此等事數件，幼者可漸使知禮義。」

右論孝，凡九條

渠先生曰：「教小兒，先要安詳恭敬。今世學不講，男女從幼便驕惰壞了，到長益凶狠。只爲未嘗爲子弟之事，則於其親已有物我，不肯屈下，病根常在。又隨所居而長，至死只依舊。爲子弟，則不順父兄；接朋友，則不能下朋友；有官長，則不能下官長；爲宰相，則不能下天下之賢。甚則至於徇私意，義理都喪也，也只爲病根不去，隨所居所接而長。」○「《斯干》詩言：『兄及弟矣，式相好矣，無相猶矣。』言兄弟宜相好，不要相斆。人情大抵施之不報則輟，故恩不終。兄弟不要相斆，己施之而已。」

司馬温公曰：「凡諸卑幼，事無大小，毋得專行，必咨稟於家長。」

《顔氏家訓》曰：「兄弟者，分形連氣之人也。方其幼也，父母左提右挈，前襟後裾，食則同案，衣則傳服，學則連業，遊則共方，雖有悖亂之人，不能不相愛也。及其壯也，各妻其妻，各子其子，雖有篤厚之人，不能不少衰也。娣姒之比兄弟，則疏薄矣；今使疏薄之人而節量親厚之恩，猶方底而圓蓋，必不合矣。唯友悌深至，不爲傍人之所移者免夫。

韓持國與兩程先生善，韓在潁昌，欲屈致之，預戒諸子姪治館修飭窗户，皆令親爲之。二先生至，暇日遊西湖，命諸子侍，行次有言貌不莊敬者，伊川回視厲聲叱之曰：「汝輩從長者行，敢笑語如此，韓氏孝謹之風衰矣。」持國皆逐去之。

右論弟，凡五條

康節邵先生戒子孫曰：「善也者，吉之謂也；不善也者，凶之謂也。吉也者，目不觀非禮之色，耳不聽非禮之聲，口不道非禮之言，足不踐非理之地；人非善不交，物非義不取；親賢如就芝蘭，避惡如畏蛇蝎。如此不謂之吉人，吾不信也。凶也者，語言詭譎，動止陰險，好利飾非，貪淫樂禍，疾良善如讎隙，犯刑憲如飲食。小則殞身滅性，大則覆宗絶嗣。如此不謂之凶人，則吾不信也。《傳》有之曰：『吉人爲善，惟日不足；凶人爲不善，亦惟日不足。』汝等欲爲吉人乎，欲爲凶人乎？」

漢昭烈敕後主曰：「勿以善小而不爲，勿以惡小而爲之。」

陳忠肅公曰：「幼學之士，先要分别人品之上下，何者是聖賢所爲之事，何者是下愚所爲之事。向善背惡，去彼取此，此幼學所當先也。若立志不高，則其學皆常人之事，語及聖賢，則不敢當，此人不可以語上矣。先生長者見其卑下，不肯與語，則其所與語皆下等人也。言不忠信，下等人也；行不篤敬，下等人也；過而不知悔，悔而不知改，下等人也。聞下等之語，爲下等之事，譬如坐於房室之中，四面皆牆壁也，雖欲開明，不可得矣。」

胡文定公與子書曰：「立志以明道，希文自期待；立心以忠信，不欺爲主本；行己以端莊，清慎見操執；臨事以明敏，果斷辨是非。」〇「治心修身，以飲食男女爲切要，從古聖賢自這裏做工夫，其可忽乎？」

劉子曰：「吾聞之：民受天地之中以生，所謂命也。是以有動作威儀之則，以定命也。能者養之以福，不能者敗以取禍。」

伊川先生甚愛《表記》「君子莊敬日强，安肆日偷」之語，蓋常人之情纔放肆，則日就曠蕩，自檢束，則日就規矩。○先生謂張繹曰：「吾受氣薄，三十而浸盛，四十五十而後完。今生七十二年矣，校其筋骨，與盛年無損也。」繹曰：「先生豈以受氣之薄而厚爲保生耶？」先生默然曰：「吾以忘生徇欲爲深耻。」○周恭叔蚤年持身嚴苦，幼議母黨之女，登科後其女雙瞽，竟娶之，愛過常人。伊川曰：「某三十時，亦做不得此事。」後卻放了，嘗酒間有所屬意，既而密語人曰：「無令尹彥明知。」徐曰：「知亦無大害義理。」伊川問之，曰：「父母遺體以偶賤倡，禽獸不若也。」

薛敬軒曰：「一念之欲不能制，而禍流于滔天。」○「一念不謹，即作狂之端兆；一念能謹，即作聖之端兆。充其極，則堯、桀分矣。」○「伯宗自怙其儁才，而不以茂德，滋益罪也。此可爲後生輕俊者戒。」○「凝重之人，德在此，福亦在此。」

柳玭仲郢子，公綽孫也，父祖更九鎮，五爲京兆，再爲河南。玭以明經補秘書正字，嘗述家訓以戒子孫曰：「夫門地高者，一事墜先訓，則異他人，雖生可以苟爵位，死不可見祖先於地下。」○「門高則自驕，祖勝則人嫉。實藝懿行，人未必信，纖瑕微累，十手爭指矣。所以修身不得不爲，學不得不堅。」○「余幼聞先生僕射言：立己以孝悌爲基，恭默爲本，勤儉爲法。肥家以忍順，保交以簡恭。直不近禍，廉不沽名。憂與禍不偕，潔與富不並。壞名災己，辱先喪家，其失尤大者五，宜深誌之。其一，自求安逸，靡甘澹泊，苟利於己，不恤人言。其二，不知儒術，不悦古道，懵前經而不耻，論當世而解頤，身既寡知，惡人有學。其三，勝己者厭之，佞己者悦之，唯樂戲譚，莫思古道，聞人之善嫉之，聞人之惡揚之，浸漬頗僻，銷刻德義，簪裾徒在，厮養何殊。其四，崇好優游，耽嗜麯蘖，以啣杯爲高致，以勤事爲俗流，習之易荒，覺已難悔。其五，急於名宦，匿近權要，一資半級，雖或得之，衆怒羣猜，鮮有存者。余見名門右族，莫不由祖先忠孝勤儉以成立之，莫不由子孫頑率奢傲以覆墜之。成立之難如升天，覆墜之易如燎毛。言之痛心，爾宜刻骨。」

諸葛武侯《戒子書》：「君子之行，静以修身，儉以養德，非澹泊無以明志，非寧静無以致遠。夫學須静也，才須學也。非學無以廣才，非静無以成學。慆慢則不能研精，險躁則不能理性。年與時馳，意與歲去，遂成枯落。悲嘆窮廬，將復何及！」

伊川先生曰：「人於外物，奉身者事事要好，自家一個身與心卻不好。苟得外物好時，身與心已自先不好了也。」

胡文定公曰：「人須是一切世味淡薄方好，不要有富貴相。孟子謂堂高數仞，食前方丈，侍妾數百人，我得志不爲。爲學者須先除去此等，常自激昂，便不到得墜墮。常愛諸葛孔明，當漢末，躬耕南陽，不求聞達。後來雖應劉先主之聘，宰割山河，三分天下，身都將相，手握重兵，亦何求不得，何欲不遂。乃與後主言：成都有桑八百株，薄田十五頃，子孫衣食自有餘饒，臣身在外别無調度，不别治生以長尺寸。若死之日，不使廩有餘粟，庫有餘財，以負陛下。及卒，果如其言。如此輩人，真可謂大丈夫矣。」

馬援兄子嚴、敦，並喜譏議，而通輕俠客。援前在交趾，還書誡之曰：「吾欲汝曹聞人過失，如聞父母之名，耳可得聞，口不可得言也。好論議人長短，妄是非政法，此吾所大惡也，寧死不願聞子孫有此行也。」

程子曰：「言而不行，是欺也。君子欺乎哉，不欺也。」〇「居是邦，不非其大丈夫。此理最好。」

富鄭公書座屏曰：「守口如瓶，防意如城。」

范益謙座右戒曰：「一不言朝廷利害，邊報差除；二不言州縣官員長短得失；三不言衆人所作過惡；四不言仕進官職，趨時附勢；五不言財利多少，厭貧求富；六不言淫媟戲慢，評論女色；七不言求覓人物，干索酒食。」〇「一、人附書信，不可開拆沉滯；二、與人並坐，不可窺人私書；三、凡入人家，不可看人文字；四、凡借人物，不可損壞不還；五、凡喫飲食，不可揀擇去取；六、與人同處，不可自擇便利；七、見人富貴，不可嘆羨詆毁。凡此數事，有犯之者，足以見用意之不肖，於存心修身大有所害，因書自警。」

延平李氏曰：「古之德人，言句皆從胸襟流出，非從頷頰拾來，如人平居談話，不慮而發。

後之學者，譬如鸚鵡學人語言，所不學者，則不能耳。」

薛敬軒曰：「纔舒放即當收斂，言語便簡默，不可乘甚喜而多言，不可乘甚快而易事。」○「戲謔則氣蕩而心亦所移。衛武公善戲謔，從抑瑟僩中來，故不爲虐。」○「言不及行，可耻之甚，非特發于口謂之言，凡著於文詞者皆是也。嘗觀後生肆筆奮詞，議論前人長短，及夷考其平生所爲，不及古人者多矣。吾輩所當深戒也。」○「切不可隨衆議論前人長短，要當己有真見方可。」○「好議論前輩得失，乃初學之大病，前輩誠有不可及者，未可輕議也。」○「處事了不形之於言，尤妙。嘗見人尋常事處治得宜者，數數爲人言之，陋亦甚矣。古人功滿天地，德冠人羣，視之若無者，分定故也。」

陽明先生曰：「凡人言語正到快意時，便截然能忍默得；意氣正到發揚時，便翕然能收斂得；憤怒嗜欲正到騰沸時，便廓然能消化得。此非天下之大勇者不能也。」

右論謹信，凡十八條

程子曰：「至仁，則天地爲一身，而天地之間，品物萬形爲四肢百體。夫人豈有視四肢百體而不愛者哉？聖人，仁之至也，獨能體是心而已，曷嘗支離多端而求之自外乎？故曰：『能近取譬，可謂仁之方也。』醫書以手足風頑，謂之四體不仁，爲其疾痛不知故也。夫手足在我而疾痛不知，非不仁而何？世之忍心無恩者，其自棄亦若是而已。」○「人須能弘，然後有容。故曾子曰：『士不可以不弘毅。』陳述古先生云：『丈夫當容人，勿爲人所容。』又曰：『仁者與物無對，自不見其有犯我者，更與誰校？』」

陶淵明爲彭澤令，不以家累自隨，送一力給其子，書曰：「汝旦夕之費，自給爲難。今遣此力，助汝薪水之勞。此亦人子也，可善遇之。」

文中子曰：「童僕知恩，可與從政矣。」

衛玠字叔寶，嘗云：「人有不及，可以情恕；非意相干，可以理遣。」終身不見喜愠之色。

范忠宣公嘗曰：「我平生所學，惟得『忠恕』二字，一生用不盡。」○戒子弟曰：「人雖至愚，責人之心責己，恕己之心恕人，不患不到賢聖地位也。」○「『恩讎分明』，此四字非有道者之言也；『無好人』三字，非有德者之言也。後生戒之。」

薛敬軒曰：「人所以千病萬病，只爲有己。故計較萬端，惟欲己富，惟欲己貴，惟欲己安，惟欲己樂，惟欲己生，惟欲己壽，而人之貧賤、危苦、死亡，一切不卹。由是生意不屬，天理滅絶，雖曰有人之形，其實與禽獸奚以異？若能去有己之病，廓然大公，富貴貧賤、安樂生壽，皆與人公之，則生意貫徹，彼此各得分願，而天理之盛，有不可得而勝用者矣。」○「忮心一生而天地否，良心一發而天地泰。」○「忍所不能忍，容所不能容，惟識量過人者能之。」○「接物宜含弘，如行曠野，須有展步之地，如使太狹，無以自容矣。」○「深以刻薄爲戒，每事當從仁厚。」○「寧人負我，毋我負人。此言當留心。」○「余不欲妄答一人。前時妄答人，或終日不樂，或連日不樂。」○「我有此理，人亦有此理。人不能全而我能之，視不能全者憐憫之，引掖之，可也。如鄙笑之，棄絶之，與不能者一間耳。」

陳白沙曰：「待人接物不可揀擇殊甚，賢愚善惡一切要包他。到得物我兩忘、渾然天地氣象，方始是成就處。」

陽明先生曰：「聖人之心，以天地萬物爲一體，其視天下之人，無内外遠近。凡有血氣，皆其昆弟、赤子之親，莫不欲安全而教養之，以遂其萬物一體之念。」○「大抵朋友之交，以相下爲益。或議論未合，要在從容涵育，相感以誠，不得動氣求勝，長傲遂非，務在默而成之，不言而信。其或矜己之長，攻人之短，粗心浮氣，矯以沽名，訐以爲直，扶勝心而行憤嫉，以圮族敗羣爲志，則雖日講時習于此，亦無益矣。」○「凡朋友問難，縱有淺近粗疏，或露才揚己，皆是病發。當因其病而藥之可也，不可便懷鄙薄之心，非君子與人爲善之度矣。」

右論愛衆，凡九條〔一〕

〔一〕按：實爲八條。

子路初見孔子，子曰：「以子之所能而加之以學問，豈可及乎？」子路曰：「學豈益哉？」子曰：「人君而無諫臣，則失正；士而無教友，則失德。御狂馬不釋其策，操弓不及於檠。木受繩則直，人受諫則聖。受學重問，孰不順成。毀人惡士，必近於刑。君子不可不學也。」子路曰：「南山有竹，弗揉自直，斬而用之，達於犀革。以此言之，何學之有？」子曰：「括而羽之，鏃而砥礪之，其入之不益深乎？」子路拜曰：「敬受教。」

孔子曰：「商也日益，賜也日損。」曾子曰：「何謂也？」子曰：「商也好與賢己者處，賜也好與不若己者處。不知其子，視其父；不知其人，視其友；不知其君，視其使；不知其地，視其草木。故曰：『與善人居，如入芝蘭之室，久而不聞其香，即與之化矣。與不善人居，如入鮑魚之肆，久而不聞其臭，亦與之化矣。丹之所藏者赤，漆之所藏者黑。是以君子必慎其所與處者焉。』」

孟懿子曰：「文王有疏附、奔奏、先後、禦侮，謂之四鄰，夫子亦有之乎？」子曰：「吾有四友焉：自吾得回，門人益親，是非疏附乎？自吾得賜，遠方之士日至，非奔奏乎？自吾得師，前有光後有輝，是非先後乎？自吾得由，惡言不至於耳，是非禦侮乎？」

仲尼志意不立，子路侍；儀服不修，公西華侍；禮不習，子貢侍；辭不辨，宰我侍；亡忽古今，顏回侍；節小物，冉伯牛侍。曰：吾以夫六子自勵也。

荀子曰：「人有三不祥：幼而不肯事長，賤而不肯事貴，不肖而不肯事賢，是人之三不祥也。」

程子曰：「學者必求其師。記問、文章，不足以爲人師，以所學者外也。故求師不可不慎。所謂師者，何也？曰理也、義也。」

楊龜山曰：「觀孔門弟子，其事師雖至流離困餓，濱於死而不去，非要譽而規利也。所以甘心焉者，其所求也大矣，流離困餓有不足道者。學者知此，然後知學之不可已矣。」

和靖尹氏曰：「學者雖是從師，然賴朋友相成處甚多。師只是開其大端，又體貌嚴重，若於從容閑暇之際，委曲論難，須是朋友便發明得子細。」

五峰胡氏曰：「能攻人實病者至難也，能受人實攻者爲尤難。人能攻我實病，我能受人實攻，朋友之義，其庶幾乎？不然，其不相陷而爲小人者幾希矣。」

華陽范氏曰：「與賢於己者處，則自以爲不足；與不如己者處，則自以爲有餘。自以爲不足，則日益；自以爲有餘，則日損。」

陸子曰：「學之無窮，古人親事求友之心亦無窮已。以夫子之聖，猶曰學不厭，況在常人。其求師友之心，豈可不汲汲也？」

李延平以書謁豫章先生，其略曰：「侗聞之，天下有三本焉，父生之，師教之，君治之，缺其一則本不立。古之聖賢莫不有師，其詳不可得而考。惟洙泗之間，七十二弟子之徒，議論問答，具在方册，有足稽焉。蓋道可以治心，猶食之充飽，衣之禦寒也。人有迫于饑寒之患者，皇皇焉爲衣食之謀，造次顛沛，未始忘也。至於心之不治，有没世不知慮，豈愛心不若口體哉，弗思甚矣。倜不量資質之陋，妄意於此，今生二十有四歲，茫乎未有所止，燭理未明而是非無以辨，宅心不廣而喜怒易以揺動，操履不完而悔吝多，精神不充而智巧襲，揀焉而不浄，守焉而不敷，朝夕恐懼，不啻如饑寒切身者求充饑禦寒之具。不然，安敢以不肖之身爲先生之累哉！」

朱子曰：「世俗父兄所以教子弟者，徒令假手程文以欺罔有司。新學小生自童時習見如此，恬不爲媿，安受其空虚無實之名，内以傲其父兄，外以驕其閭里，終身不知自力，卒就小人之歸，無怪也。爲人父兄，有愛其子弟之心者，當爲求明師良友，使之究義理之指歸，而習爲孝弟馴謹之行，以誠其身而已。禄爵之至不至，名譽之聞不聞，非所憂也，何必汲汲使之俯心下首，因人成事，以幸一朝之得，而貽終身之羞哉？」

陽明先生曰：「人之習藝者有師，舉業者有師，至於性分之未明，則不肯從師。夫技藝之不習，不過無養生之術；舉業之不習，不過失進身之階耳。己之性分有所蔽悖，是不得爲人矣。人顧明彼而暗此也，何哉？」〇「孔子大聖，尚賴『三益』之資，致『三損』之戒。吾儕從事于學，顧隨俗同汙，不思輔仁之友，欲求致道，恐無是理矣。」

右親仁篇，凡十四條

周子曰：「聖人之道入乎耳，存乎心，藴之爲德行，行之爲事業。彼以文詞而已矣，陋矣。」

陸象山曰：「古人入學一年，早知離經辨志。今人有終其身而不知辨，是可哀也。」

延平李氏曰：「讀書者知其所言莫非吾事，而即吾身以求之，則凡聖賢所至而吾所未至者，皆可勉而進矣。若直以文字求之，説其辭義，以資誦説，其不爲玩物喪志者幾希。」

《顏氏家訓》曰：「夫所以讀書學問，本欲開心明目，利於行耳。未知養親者，欲其觀古人之先意，承顏怡聲下氣，不憚劬勞，以致甘腝，惕然慙懼，起而行之也。未知事君者，欲其觀古人之守職無侵，見危授命，不忘誠諫，以利社稷，惻然自念，思欲效之也。素驕奢者，欲其觀古人之恭儉節用，卑以自牧，禮爲教本，敬者身基，瞿然自失，斂容抑志也。素鄙悋者，欲其觀古人之貴義輕財，少私寡欲，忌盈惡滿，周窮恤匱，赧然悔耻，積而能散也。素暴悍者，欲其觀古人之小心黜己，齒弊舌存，含垢藏疾，尊賢容衆，薾然沮喪，若不勝衣也。素怯懦者，欲其觀古人之達生委命，强毅正直，立言必信，求福不回，勃然奮厲，不可恐懾也。歷茲以往，百行皆然。縱不能淳，去泰去甚。學之所知，施無不達。世人讀書，但能言之，不能行之，武人、俗吏所共嗤詆，良由是耳。又有讀數十卷書，便自高大，凌忽長者，輕慢同列；人疾之如讎敵，惡之如鴟梟。如此，以學求益處，今反自損，不如無學也。」

薛敬軒曰：「因思千古聖賢垂訓炳明，蓋欲人讀其書，行其道也。苟徒爲口耳文詞之用，而不行其道，即先儒所謂買櫝還珠也。可不戒哉！」○「讀書不體貼向自家身心上做工夫，雖盡讀古今天下之書，無益也。」○「開卷即有與聖賢不相似處，可不勉乎！」○「嘗默念爲此七尺之軀，費卻聖賢多少言語。于此而尚不能修其身，可謂自賊之甚矣！」○「用力於詞章之學者，其心荒而勞；用心於性情之學者，其心泰而樂。」

白沙先生曰：「學止于誇多鬬靡，不知性爲何物，變化氣質爲何事，人欲日肆，天理日消，其不陷于禽獸者幾希！」○「夫子之學，非後世之所謂學。後之學者記誦而已耳，詞章而已耳。天之所以與于我者，固懵然莫知也。夫何故？載籍多而功不專，耳目亂而知不明，宜君子之憂之也。」○「學者不但求之書，而求諸吾心。蓋以我而觀書，則隨處而得益；以書而博我，則釋卷而茫然。」○「六經，夫子之書也。學者徒誦其言而忘味，六經一糟粕耳，猶未免于玩物喪志。」

陽明先生曰：「聖賢之學，明倫而已。外此而學者，謂之異端；非此而論者，謂之邪說；假此而行者，謂之伯術；飾此而言者，謂之浮詞；背此而馳者，謂之功利之徒。」○「孔孟之訓，昭如日月。凡支離決裂、似是而非者，皆異説也。有志於聖人之學者，外孔孟之訓而他求，是舍日月之明而希光于螢爝之微也，不亦繆乎？」○「謂舉業與聖人之學相戾者，非也。程子云：『心苟不忘，則雖應接俗事，莫非實學，無非道也。』而況舉業乎？『苟忘之，則雖終身由之，只是俗事。』而況舉業乎？忘與不忘之間，不能以髮，要在深思默識所指謂不忘者果何事耶，知此則知學矣。」

趙簡子之子，長曰伯魯，幼曰毋恤。將置後，不知所立。乃書訓戒之辭於二簡，以授二子曰：「謹識之。」三年而問之，伯魯不能舉其辭，求其簡，已失之矣。問毋恤，誦其辭甚習，求其簡，出諸袖中而奏之。於是簡子以毋恤爲賢，立之。趙因以興。

右學文篇，凡八條

小學衍義（下）

漢黄香，字文强，安慶人。年九歲失母，思慕骨立。事父竭力致養，冬無被袴，而親盡滋味，暑則扇床枕，寒時以身温席。和帝嘉之，特賜旌異。

廉範，字叔度，京兆人。少孤，十五入蜀迎父喪，遇石，船覆，範執骸而没，船人相救之，僅免於死，遂以喪歸。及仕郡，拯太守於危難，送故盡節。章帝時爲郡守，百姓歌詠之。靖節曰：「夫孝者，人之本，教之所由生也。是以範之臨危也勇，宰民也惠，能以義顯也。」

汝郁，陳郡人。五歲，母病不食，郁亦不食，母憐之，强食，郁能察色知病，輒復不食。族人號曰異童。年十五，著於鄉里。父母終，思慕致毁，推財與兄弟，隱於草澤。君子以爲難。

殷陶，汝南人。年十二，以孝稱，遭父憂，率情合禮。有長蛇帶其門，舉家奔走，陶以喪柩在焉，獨居廬不動。親戚扶持曉諭，莫能移之，啼號益盛。由是顯名，屢辭辟命。

吴陸績，字公紀，吴郡人。父康爲廬江太守。績年六歲，於九江見袁術，術設席間，以橘待績，績懷三枚。及拜辭，墮地，術曰：「陸郎作賓客而懷橘乎？」績跪答曰：「欲歸遺母。」術大奇之。

魏楊修，字德祖，華陰人。年七歲，以社日母亡，來歲里社，修感念哀甚，鄰里爲之罷社。吴蒙，年八歲，家無帷，夏不驅蚊，恐去已而噬其親也。

晉王隱之，字處默。年七歲，丁父憂，每號泣，人爲之流涕。事父孝謹，及執喪，哀毁過禮。與太常韓康伯鄰居，康伯母，賢明婦人也，每聞隱之哭，輟餐投節，爲悲泣，謂康伯曰：「汝若居銓衡，當舉此等人。」及康伯爲吏部尚書，隱之遂登清要。

王延，字延元。九歲喪母，泣血三年。每至忌日，悲泣一旬。事親色養，夏則扇枕席，冬則以身温被。隆冬盛寒，體常無全衣，而親極滋味。

北朝梁彦光，字修之，安定人。少有至性。年七歲，父顯遇篤疾，醫云得紫石英可愈。彦光求之不得，憂瘁不知所爲，忽於園中見一物不識，怪而持歸，醫視之，即紫石英也。衆異之，以爲孝感所致。

唐楊政，字直夫，臨安人。父忠戰死，政甫七歲，哀號如成人，其母奇之，曰：「孝於親者，必忠于君。此兒其大吾門乎？」後積官至環慶路經略安撫使，詔封其母爲感義夫人。母卒，歸葬盡禮。起復，將兵拒金虜，功效顯著，官至太尉。

任敬臣，字希古。五歲喪母，哀毁悲慟，問父英曰：「若何可以報母？」英曰：「揚名顯親可也。」乃刻志從學，博極羣書，舉孝廉，授著作郎。及丁父憂，不勝哀，飲不入口者三日。服除，遷秘書郎。後官至弘文館學士。

宋徐積，山陽縣人。生三歲，父羅城君卒，晨昏牀下求其父甚哀。太夫人一日使讀《孝經》，輒流涕不止。年壯，以父名石，平生不用石器，遇石則避而不踐。或問之曰：「天下用石多矣，必避之然後爲孝歟？他日山行奈何？」先生曰：「吾遇之，怵然傷吾心，乃不忍加足其上也。」

楊香，楊豐女也。嘗隨父積粟田間，豐爲虎所噬。香年甫十四，手無寸刃，乃不顧身，遂勇詣虎前，搤持虎頸，虎靡牙而逝去，父因得免。

右孝行，凡十四條

漢孔融，字文舉，汝州人。年四歲，有恭讓之性，與諸兄共食梨，輒引小者。人問其故，答曰：「我小兒，法當取小者。」由是宗族奇之。

晉王祥弟覽，母朱氏，遇祥無道。覽年數歲，見祥被楚撻，輒涕泣抱持。至於成童，每諫其母，其母少止凶虐。朱屢以非理使祥，覽與祥俱。又虐使祥妻，覽妻亦趨而共之。朱患之，乃止。

南朝謝述，字景先。少有至行，隨兄純在江陵。純遇害，述奉純喪還都。行至西塞，遇暴風，純喪舫漂流，不知所在。述乘小船往尋求，嫂曰：「小郎去必無及，寧可存亡俱盡邪？」述號泣曰：「若安全至岸，尚須營理。如至意外，述亦無心獨存。」因冒浪而進，見純喪幾没，述號叫呼天，幸而獲免。咸以爲精誠所致。宋武帝聞而嘉之。

陳饒奴，年十二，親亡，寠弱，又歲饑，或教其分弟妹，可全性命。饒奴流涕，身丐訴相全養。刺史李復異之，給資儲，署其門曰「孝友童子」。

右弟行，凡四條

漢田叔爲魯相，德于魯。及卒，人以百金祠，少子仁不受也，曰：「無以百金傷先人名。」仁後仕至京輔都尉。

吴祐父恢爲南海太守，祐年十二，隨父至官，恢欲殺青簡竹以寫《漢書》。祐諫曰：「今大人踰越五嶺，遠在海濱，其俗誠陋，舊多珍怪，上爲國家所疑，下爲權威所望。此書若成，則載之兼兩。昔馬援以薏苡興謗，王陽以衣囊徼名，嫌疑之間，先賢所慎也。」恢奇之，乃撫其首曰：「吴氏世不乏孝子矣。」

晋范宣，字宣子，陳留人。年十歲，能誦詩書，忽以刀傷手，捧手改容。人問痛邪，答曰：「不足爲痛，但受全之體而致毁傷，不可處耳。」隱居積學，躬耕孝養。

宋寇萊公，名準。少時不修小節，頗愛飛鷹走馬。太夫人性嚴，嘗不勝怒，舉秤槌投之，中足流血。由是折節從學。及貴，母已亡。每捫其瘡痕，即爲號泣。

吕公著，字晦叔。自少講學，即以治心養性爲本，寡嗜欲，薄滋味，無疾言遽色，無窘步，無惰容，凡嬉笑俚近之語，未嘗出諸口。於世利紛華、聲伎游宴，以至於博弈奇玩，淡然無所好。

司馬君實兒時弄胡桃，女兄欲脱其皮不得。女兄出，一婢子以湯爲脱之。還問胡桃皮何以得脱，公紿之曰：「自脱也。」公父適見，訶之曰：「孺子何得謾語！」公愧，自是不敢謾語。公嘗言：「吾無過人者，但平生所爲，未嘗有不可對人言者耳。」

右謹信行，凡六條

春秋衛國楚人姓孫名叔敖，爲兒時嘗出遊，見兩頭蛇，殺而埋之，曰：「無留以毒人也。」比還，憂而不食，母問其故，叔敖忙對曰：「聞見兩頭之蛇者死，嚮者吾見之，恐棄母而死無日矣。」其母曰：「蛇今安在？」曰：「恐後人又見，已殺而埋之矣。」母曰：「無憂，汝不死也。吾聞有隱德者，必有善報，汝必興于楚。」及長，爲楚令尹。

唐郭震，字元振。少有大志，十六爲太學生。家嘗送資錢四十貫，會有衰服者及門，自言五世未葬，願假以治喪。震遂與之，無所吝，亦不問其名氏。同舍友誚之，震曰：「濟人大事，何誚焉？」人皆嘆服。十八登進士，至吏部尚書。德延于世，子復歷官于朝。

宋司馬光幼與羣兒戲，一兒墜水甕中，羣兒驚走，不能救。公取石擊破甕，兒得出。識者已知公不凡云。

林積少入京師，至蔡州，息旅邸。既卧，覺床蓆間有物逆其背，揭席視之，見一囊中有北珠數百顆。明日，詢問主人曰：「前夕宿此何人？」主人云：「潯陽周仲津也。」積曰：「此人必還至此，可具吾姓名告之。」乃趨去。仲津因訪林積，積驗其珠數相合，悉還之。津欲分珠爲謝，積固不受。積後登第，官至大中大夫。其家世世簪纓不絶。

右愛衆，凡四條

漢李固，字子堅，司徒郃之子。少好學，改易姓名，杖策驅驢，負笈追師三輔。積十餘年，究覽墳籍，結交英賢，仰察俯占，窮神知變。每到太學，密入公府，定省父母，不令同業諸生知其爲時相子云。

荀淑，字季和。至真陽，遇黄憲於逆旅。時年十四，淑竦然異之，揖與語，終日不能去，謂憲曰：「子，吾之師表也。」

陳蕃，字仲舉。瓌偉秀出，雅亮無倫，自少即有清世志。及爲安樂太守，郡人周璆高潔賢士，前任郡守招致不至，蕃待之，設一榻，去則懸之。蕃又爲豫章太守，以禮請名士徐穉爲功曹。

徐穉至，待之如周璆。

隋王仲淹十九歲，銅川府君宴居，歌《伐木》而召子。子矍然再拜：「敢問夫子之志，何謂也？」府君曰：「爾來！自天子至庶人，未有不資友而成者也。在三之義，師居一焉。道喪已來，斯廢久矣，然何常之有？小子勉旃，翔而後集。」子於是有四方之志。蓋受《書》于東海李育，學《詩》于會稽夏琠，問《禮》于河東關子明，正《樂》于北平霍汲，考《易》于族父仲華，不解衣者六歲。其精志如此。

宋程伯淳年十五六，與弟頤侍父大中公于南安軍。時濂溪先生爲司理，甚少，不爲守所知。大中視其氣貌非常人，與語，果爲學知道者，因與爲友，命先生兄弟師事之。先生聞其論，遂厭科舉之學，慨然有求道之志。

吕希文父申國公居家簡重寡默，不以事物經心，母申國夫人性嚴有法，雖甚愛公，然教公事事循蹈規矩。甫十歲，祁寒暑雨，侍立終日，不命之坐，不敢坐也。日必冠帶以見長者，平居雖甚熱，在父母長者之側，不得去巾襪縛褲，衣服唯謹。行步出入，無得入茶坊酒肆。市里井巷之語、鄭衛之音，未嘗一經於耳；不正之書、非禮之色，未嘗一接於目。正獻公通判潁州，歐陽公適知州事，焦先生千之伯强客文忠公所，嚴毅方正。正獻公招延之，使教諸子。諸生小有過差，先生端坐，召與相對終日，竟夕不與之語。諸生恐懼畏伏，先生方略降辭色。時公方十餘歲，內則正獻公與申國夫人教訓如此之嚴，外則焦先生化導如此之篤，故公德器成就，大異衆人。公嘗言：「人生内無賢父兄，外無嚴師友而有成者，少矣。」

朱仲晦父韋齋病，且亟屬之曰：「籍溪胡原仲、白水劉致中、屏山劉彦沖三人，吾友也，學有淵源，吾所敬畏。吾即死，汝往事之，而惟其言之聽，則吾死不恨矣。」先生既孤，則奉以告三君子而稟學焉。時年十有四，慨然有求道之志，博求之經傳，徧交當世有識之士。諗延平學有所受，不遠數百里，徒步往從之。延平稱之曰：「樂善好義，鮮於比倫。」

右親仁，凡七條

戰國孟子幼時甫七歲，居於屠舍之傍，孟子即學屠殺之事以爲嬉戲。孟母曰：「此非吾居子之處。」遂遷於山間，宅近墓舍，孟子即學墓間之事，躃踴哭泣、縗麻葬送之具。孟母見而又曰：「此非吾居子之處矣。」復又遷於儒學之傍，遂見籩豆簠簋、揖讓進退、禮樂雍容，孟子亦陳設俎豆，行先王節奏之禮。孟母見而喜曰：「此真可以居子矣。」及長就學，遂成大儒。

北朝祖瑩，字元珍，范陽人。年八歲，耽書，父母恐其成疾，禁之不止。嘗密藏火，父母寢，然後燃燈讀書，以衣被塞窗户，恐漏光爲家人所覺。由是聲譽日甚，内外呼爲「聖小兒」。

唐狄懷英爲兒時，門下有被害者，吏詰，衆争辨對，懷英誦書不置，吏讓之，懷英曰：「黄卷中方與聖賢對，何暇偶俗吏語也？」

宋朱熹，字元晦，號晦庵。八歲通《孝經》大義，書八字於其上曰：「若不如此，便不成人。」間從羣兒嬉戲，獨以沙排八卦，端坐默視。後爲大儒。

陸九淵，字子靜，號象山，撫州金谿人。人生而穎異，年四歲，問其父曰：「天地何所窮際？」父笑而不答。遂深思，至忘寢食。及總角，舉止異常兒，見者敬之。他日讀書，至「四方上下曰宇，往古來今曰宙」，大省悟曰：「宇宙内事乃己分内事，己分内事乃宇宙内事。」

司馬光自童子凛然成人，七歲聞講《左氏春秋》，大愛之，退與家人講，即曉大義。自是手不釋卷，至不知飢渴寒暑。常以圓木爲警枕，小睡則枕轉而覺。年十五，無書不通。爲宋名相。

張九成，字自韶。夙學天成，八歲默誦六經，通大旨。十四歲，游鄉校，閉閣，寒折膠，暑鑠金，不越户限。比舍生穴隙而視，則見其斂足膝危坐，對大編，若與神明爲伍。遂更相敬服而師尊之。

蘇軾，字子瞻，號東坡，眉州人。兒時，父宦學四方，太夫人親授以書，聞古今成敗，輒語其要。太夫人嘗讀《漢史》，至《范滂傳》，慨然太息。公侍側曰：「某若爲滂，夫人許之乎？」太夫人曰：「汝能爲滂，吾顧不能爲滂母耶？」

元許衡，字仲平，號魯齋，懷孟人。幼端慤，與羣兒子嬉戲，即畫坐，作進退周旋之節，羣兒莫敢犯。年八歲，受學鄉師，過目輒不忘。一日問其師曰：「讀書欲何爲？」師曰：「應舉取科第耳。」曰：「如斯而已乎？」師大奇之，爲衡父曰：「此兒穎異，非常□□，必有大過人者，吾不能爲之師矣。」固辭而去。衡得程朱氏書，沉潛玩味，造詣淵深，卒爲名儒。

國朝薛瑄，字德温，山西河津人。自幼過目輒成誦，端重不爲兒嬉。年十二，元儒魏范諸公以御史謫戍玉田，父延與講論經史名理，退謂人曰：「聖門有人。」結爲小友，不敢以師自居。永樂初，父復除河南滎陽教，公年十五，諸生咸尊之爲師。

王守仁，字伯安。方十齡，贈公攜如京師，過金山，飲，客命賦詩，先生賦曰：「金山一點大如拳，打破維揚水底天。醉倚妙高臺上月，玉簫吹徹洞龍眠。」客驚異，復命賦蔽月山房詩，曰：「山近月遠覺月小，便道此山大於月。若人有眼大如天，還見山小月更闊。」卓志超識，蓋其夙植也。比至京就塾，嘗聞塾師以科第爲第一等事，先生中不然，曰：「科第上有聖賢事當爲者。」□□□而奇之。年十五，遊居庸，慨然有經略[二]

[二] 按：底本後有闕頁。

附録

附録一

逸文輯佚

徵君家訓[一]

一曰忠順

有田出租，有丁出役，庶人謹奉公上之道。當然近或故違官限，累及當年，此非良民。今後預期速辦，可免追呼。大率秋收之後，預計糧差銀若干。賦既還，然後可及私事。私事可省，官賦必不可欠，徒自困耳。

二曰謹祠祀

[一] 按：《徵君家訓》原非聯文，今從《南溪劉氏續修族譜·增删舊家範集録》中輯出，并加序號重新編排。其中小標題有的原有，有的爲筆者所加或略改。又按：據《劉徵君年譜》載，劉元卿於隆慶二年（一五六八）著《家規十八條》，《族譜》所録者應本此。

祠堂，祖考、神靈所依，敢不敬乎？毋褻狎，毋疏曠，毋容私家工匠，毋積竹木、曬穀稻、置私物，違者罰之，并及司鑰者。壞損必修，漏濕必整。以是非相争者，聽祠長公斷。毋文過飾非，毋高聲相鬧，毋私庇僮僕，有犯必公衆懲之。毋偏作房綱，有失必公衆責之。一應抗父母，欺親叔、親兄，重情入祠必跪，聽責戒，毋列坐。其有侵欺祭田、祭租，役占宗祠，佃人生情傷害，俱屬不孝。懲治外，永不許入祠，以爲後戒。

三曰順父母

父母生身，其恩莫比。人子不思此身從何處得來，卻懷私己，聽婦言，反生忤逆，不求報答，老不能養，不若慈烏，養不能敬，無別犬馬。此等人，天必不佑。且我一身，正是子孫觀法之我，不孝親，誰肯孝我？俗說：「好順，還生好順子；忤逆，還生忤逆兒。」天理昭彰，胡不自悟。自今爲子者，親存必養，養必敬；有疾必親湯藥；有事必待勞苦；有過必凡幾諫，不得抵觸。縱有偏愛，不敢較量；縱是後母，須加承順。不但自己如此，又要化得婦人都與我心一樣，不得罪翁姑，始見得孝順實心。

四曰和兄弟

兄弟原是父母一體分下，乃或逞閑氣、争小利，遂至間隔。自己如此，則婦人原是絆合者，愈加生出分别來，一家之内有如秦越，甚且仇讎之，是自痿痹其手足也。自今兄必友，弟必恭，須常有一段真情溢於言外，卻不得以笑貌送迎揖讓爲恭。家事必白之長，應對賓客必讓，有兄在不敢自先，示順也。既如此，則其平日真愛浹洽於心中，見信於家人。彼婦人方且迎吾意，以愛敬吾兄弟，又豈得以枕邊之言間哉？故凡兄弟之不和，未必皆婦人之過也。此一事，甚是吾輩立身大根基。此處不停當，縱有議論，亦是虛談；縱有科名，亦是衣冠之盜。故特爲吾族詳言之，亦以自警云。

五曰別長幼

禮義莫大於名分，名分逾越，無所不至矣。今後卑幼雖富貴，拜揖長上必恭，扶杖必謹，語言必遜，稱謂必明。長者雖貧賤於卑，行不稱號。近或以貴故，遂稱大人、相公、老爺，不惟自損，而當者亦且懷羞，宜切戒之。叔侄坐次，雖貧賤，雖疏遠，亦必侍立。族屬往來，兄弟必序，不得以遠近爲賓主，凡此在賢者力正之。

六曰正閨門

閨門之內，風俗攸始，故須別内外，遠嫌疑。且令權歸丈夫，勿使干與外事。其有婦人賦性凶狠，不敬舅姑，離間骨肉，妒忌妨嗣，反制其夫；及抱哺並踞，略不引嫌；或不事女工，慣鼓唇舌，播弄是非。輕者罰及夫男，重者會衆鳴鼓，屏之外氏，以懲一戒百。其女子已嫁而歸，及將嫁時，仍以世次列坐，不得輒居客位。

七曰教子弟

自古大賢，未有不由教以成者。故子弟雖幼小，耳目習染，易污難變，須及此時教訓，不許放逸。此是保家與扶持門户第一義。世俗不知此，憐其幼弱，縱其驕侈。長大又不肯延師擇友，任其誤結黨類，至於放僻淫肆，無所不至。今後宜擇博聞强記、立身端正之師教之。貧不能教者，俟儲蓄稍廣，别立義塾於祠，省其束脩，止令供侍其幼小。不令讀書者，亦須約束，勿令佻達人家。不可收藏博陸，收買詞曲，搬演戲文，徵逐酒食，招通浮薄之人，相與往來。有一於此，皆非貽謀之善者，爲父兄者謹防之。

八曰束奴婢

惟羣小最善惑人，一入其奸人，則骨肉爲之離間，鄉族受其欺侮。及至勢成事敗，則主人當其禍。今後須灼察此輩之情，必隳其計。干犯宗族、欺侮鄉鄰者，必懲之；離間骨肉者，必逐之。不但可以正名分，亦所以全愛保身家也。至於私交黨與，慣爲鼠竊，尤須嚴察，不得護庇，免貽大患，衆共正之。

九曰睦鄰里

鄉都鄰里，世世聯居者也，使相殘賊爭鬥，其何時已耶？近者鄰里視若仇讎：得其陰事，則競傳以爲喜；談其善行，攢眉而不應；遇有忿争，輒攛掇以構成其隙，不盡力爲之解。又一二俗人，雖小言語必復。尋常坐次必争，遇有會聚，則預定皓首者，往占一座爲榮；其門第稍衰者，更不論主賓，即來顧，亦自占左席。鄰有争，或調而釋之，縱曲者不先往謝。丈地而中分之，各行其半，相遇而揖不先後至，不尺寸越，是蓋欲自高而不知村俗之甚也。豈可令君子見哉？自今必和睦，勿蹈前非。田地各守經界，無侵越。水利必遵限期，無霸佔。佃僕相犯，各治之。犧牲相踏，各收之。間有非禮相加，或出過誤，或出疑似傳聞，須從容理論，勿遽出惡言傷情，勿遽行凶傷人。每月之會，值月者如期舉行，勿令失誤。相會既勤，嫌隙自消，此不可以爲無益而玩之也。

十曰論任恤

有無相濟，仁也。宗族之人，一祖所分，鄉閭小民，皆吾同體，忍令其操瓢入溝中乎？乃或結交顯貴，動費數金，僮僕賤行，厭飽粱肉。而宗族鄉鄰、親戚姻表之窮乏不能自給者，不沾斗區，甚且閉廩高價，違例收息，桶斗釐稱，大入小出，剥削細民，無所不至。斯人也，天厭之矣，子孫寧得久長乎？今後須隨分周恤，或設義田，或設義穀。飢則或施粥，或平糶；死則或施棺，或助葬。即力不能者，升斗分文，亦足以濟。一切刻剥之術，總不可爲。至於孤獨之人，僧道之輩，尤當矜恤，勿以無主，遂肆欺騙。天眼固昭昭矣。又菜麥菽粟，農夫所恃爲命，當立爲禁約，勿縱牛馬。陂塘水利，田土所賴以灌，當立爲限期，勿令勢占；陂壞則糾而修之。是亦仁愛之一端也。

十一曰論謹厚

謹厚敦篤，人所愛敬；輕浮淺露，人所厭惡。若子弟習爲市井之風，睨視緩步，陋鄙老成，或以紈扇珠履爲華，或以綢緞綺裳爲美，或以詞曲相高、博陸相尚，或以媚容蠱婦、以搬戲誨淫，或相聚聯語、爲没名帖、播人長短、揚人陰私，或戲謔無時、笑侮正士、非毁道學，是皆非好子弟。族中遇有此等，衆共正之。

十二曰守喪葬

喪家勿作樂，勿葷酒，勿飯僧，勿以時日不利而不成服，葬則盡心。營壙題主祠土，一以鄉親爲之，勿借華於冠蓋，徒增靡費。

十三曰勤職業

凡人生天地間，未有不自食其力。故士農工商，各有所業，皆足以自食。舍是即爲游手之徒。除資可教、父兄殷實者，自當讀書。其他須各求農商生業不可。坐食則起事端。今人不耻作非爲，而耻作農業，惑矣。但不許爲胥、爲隸、爲優戲。違者黜其名氏，不齒於族。其讀書爲生員者，不許出入公門；仕者不許以贓敗官。違者不得入祠助祭。永爲鑒戒。

十四曰崇節儉

士君子居家，義當儉約相尚，親朋相與，尤必脱去繁文，真情乃見。今後禮賓，肴蔬約用四五品，即盛筵只十品。其尋常過從，一肴一蔬，杯酒論心，更見真趣。賀壽及遺祭，俱省文軸、投刺、通名，或單帖，或半帖，不必盡用紅簽全帖，非貽啓，不用套。其他年節，筐篚待客傳茶，俱屬無益。以上諸條須從賢智，力加節省，爲衆人倡，非獨能養廉肥世而積所餘，且可推之廣惠矣。

十五曰戒溺女

赤子入井，乍見怵惕；踏傷雞雛，勃然動念。況一體滴下血肉，忍投之水乎？喪心甚矣！習俗已久，恬不爲怪，乃君子悲之。近來府縣告示嚴禁，今後犯者必呈之官。又鄉中佃人溺女者更衆，彼非懼資妝之難辦，而亦溺之，何也？問之，曰：「主人厚索河例。」嘻！奈何以數金送人之命乎？難乎有子孫者矣，請損之以活生命。

十六曰戒争訟

夫訟有强凌弱者，有弱迫於强者。天道好還，强者固不可終恃，而横逆必報，弱者亦可省氣力。俗云：「無錢休入公門。」夫人固有吝一魚一菜，而尚氣争競則鬻産不悔，豈非惑哉！今後遇有争鬥，族人須爲力解，但不得以飲食相鬥，違者衆卻之，再三處分，務令兩平。不從，始聽其告官。不告之祠，而輒入狀公廷者，有罰。其有恃强罔害貧民，及告誣詞訟，播弄是非，攢身求證，圖賴人命，暗引外方棍徒，捏情嚇詐者，訪出衆共攻之。

十七曰戒信巫

楚俗尚鬼，自古爲然。婦女識見庸下，尤喜媚神邀福，不知人家之敗，未有不由於此。古云：「將昌聽於人，將亡聽於神。」蓋鬼勝，則人道衰，理固然也。況禁止師巫邪術，律有明條，敢故違耶？今師巫人等，除禳災、祈年、禱疾，費不甚重者，姑徇爲人情爲之。絶不許聽從邪術，被喪迎親及落牒咒詛。違者，呈官究治。僧道諸輩，勿令往來。如有修煉度舉超薦者，祠中行罰，收其費之半。（録自崇本堂《南溪劉氏續修族譜》）

復禮會語序

耿先生謂：「學有三關，始見即心即道，方有入頭；又見即事即心，方有進步；又要分别大人之事與小人之事，方有成就。」我安福彬彬多談學者，或從性體造作以爲明，或從格式修檢以爲行，或從聞見知解以爲得，則於即心即道已遠，又何論第二、三關也？

告子曰「性無善無不善」，見天而不見人。或曰「性可以爲善，可以爲不善」，見人而不見天。或曰「有性善，有性不善」，則天與人互見其半。惟孟子曰「乃若其情，可以爲善」，則知天知人，一以貫之。（此《序》已佚，此二段輯自黄宗羲《明儒學案》，中華書局，二〇〇八年，第五〇〇頁。）

書林李氏初修譜序

余家安成之極西，相距十餘里，有書林李氏，人文濟楚，比户可封，蓋唐西平王之裔也。先是王之第七子隴西郡公有子刺袁州，因家宜春。數傳而後徙吉水，再徙安成。之南宋，有處士曰彦洪，復由南而西，初爲讀書别業，遂氏其地，曰書林，即今所居是也。顧名思義，不可想見前人之志哉？余嘗徘徊於兹，喜其山川之勝，風景之佳，倡設復禮書院，以爲歲時講學之所。諸君室廬相望，桑柘成行，環而居者，無非李氏也。余每偕父老子弟從事其中，禮讓之習，絃誦之聲，此倡彼和，達於四境。則李氏諸君往來切磋，實有觀摩之助焉。邇者羅匡湖、王塘南、鄒泗山數君子高軒過訪。一值聚講之日，微特李氏之儒冠、儒服者，相與虚心就正，朝夕忘倦，即農工商賈之徒，亦莫不聞風景慕，肅然聽，油然感，津津乎有味其言矣。夫勝母之區，曾子不入，朝歌之邑，墨翟回車，以其名之有害於義耳。而瀘山瀟水之間，書林之稱，獨有千古。豈扶輿清淑之氣，鍾毓特厚乎，抑祖宗數百年積善之餘、詒謀之遠，有以致之也。且一書林耳，李氏導其先，而余踵其後；李氏守其舊，而余闢其新；李氏尊其祖，而余奉其師；李氏萃其宗，而余會其友。幾有實偪處此之嫌。乃諸君不以余爲儻來客，且若見余寸有所長而羣焉親附也。孔子曰：「里仁爲美。」又曰：「德不孤，必有鄰。」斯之謂歟？今諸君倡修《族譜》，一日託序於余，誼不獲辭，但述李氏當日所以卜居之故，與余數十年麗澤相資之益，以見書林之可以醫俗云爾。

萬曆戊申歲南吕月吉旦，南溪眷友生劉元卿瀘瀟氏拜書於復禮書院。（録自《書林李氏三修族譜》卷一）

劉母李孺人墓誌銘

隆慶四年秋九月晦，劉母李氏卒，葬三十一都。越辛酉，改葬廿八都茶坪鐘形，與子新池同塚。叔父翼等詣予，命以銘。予悲泣哽咽曰：「尚忍銘哉？」是嘗育我，恩若所生。方應試，入別，泣謂曰：「子是行必選，抑未亡人懼不見子榮矣。」已而捷于鄉，遂以不起聞。噫嘻傷哉！雖然，其死也，恨不能見余。或見銘猶余見也，遂揮淚而誌。

厥性惟純，鮮言笑，不喜粉黛，居常荆布，澹如也。歸余叔祖泉塘公，侍巾櫛惟謹，尤精女工。丁翁早逝，時事多艱，乃贊襄中庖，無難色，無怨言。延名師課子，不遺餘力。尤樂賓，有湛氏風。一時譽望日隆，家聲丕振，咸其内助之力。末年，泉塘公即世，復有子喪，展轉哀慟，至不能寢食。人謂其於婦順，於母慈，咸有之也。御諸媳以愛，凡數十年，怒不見容。而於寡媳孤孫，尤加德惠，若知所以先煢獨焉者。壯艱於胤，每謂泉塘公曰：「君無意婢子累，尚置旁室以廣嗣也。」泉塘公感其義，不忍有他，乃捐簪珥助之，施陰隲及幽顯，卒得子，暨諸孫濟濟。然信天之所助者順矣。屬纊日，惟曰：「爾兄弟各勉爲善，且承父志，未亡人死且怡然矣。」嗚呼！是女中英傑也哉！

按其生，蓋弘治戊午三月望也，至卒之年，壽七十而三矣。子五，翼、參、辰、房、心；謝氏、嚴氏、金氏、江氏、張氏，子婦也。陳宗旦，女婿也。孫夏卿等十三人，皆俊偉可畏也。

銘曰：維山青青，維水攸攸。淑人往矣，懿範則留。存順歿寧，笑謁靈修。薨矣螽斯，受天之佑。受天之佑，永垂域于千秋。（録自《密湖劉氏南溪支譜・祠墓紀》）

劉孺人郭氏墓誌銘

余從兄嫂郭氏之卒也，凡數年，未有述其德者。兄堯卿任菴先生持狀命予銘。予少學於兄，師生之誼，弗敢以不文辭。

兄之狀曰：孺人爲城北山堂下省祭官弘春翁之長女，諫臣松崖公之女姪也。年十七歸劉。受父母訓，受伯父松崖訓，咸勉之敬戒，孺人終身遵之。執櫛惟謹，克閑閫內事。相夫力學，即不偶于有司，弗蜚聲譽，而其勸勉諄諄，有樂羊子妻之風。中遭繁役，家事多艱，而孺人勤且儉，躬織紡給費，咸不憚勞。故囊篋雖乏，而左綴右緝，猶若撫盈成然者，皆其經營之力。翁方飲疾，孺人侍湯藥，尸禱且虔。其即世也，喪具皆出奩資供之，不瑣瑣責於仲氏。事姑孝敬，不懈左右，十五年怡然承順，惟慈命是奉。孺人疾，姑禱于神，欲以身代，皆平日孝感深也。其於族里，雖襪襏籃縷之微，待之不臧於富貴，人間有求於孺人者，輒隨意施予，吝色不見幾微。人之德弗德，不心計焉。御女奴以恩，則其慈仁之性素然也。以是孺人之德，動身後之思者爲多。

嗚呼！是皆孺人之行實也，足誌也已。余嘗謂：古人之世，多賢婦，婦教明也，即不賢者少也；今之世，鮮賢婦，婦教不明也，即賢者性也。孺人之賢，性也，亦郭氏之有婦教也。婦教可廢乎哉？

孺人生嘉靖辛卯八月念七日，殁壬戌十一月廿九日。越一月，葬本里南頭巽巳山乾亥向。孺人遺言葬必近里，且顧異時與夫子合塋。故如其意，亦虚左以俟他日。子二，長吉德，次吉復，皆俊麗可畏也。

銘曰：嗟彼淑媛兮，早殞厥身。著德閨壺兮，久且不泯。龍昂虎伏兮，水秀山青。我銘其幽兮，垂遺範於家人。（録自《密湖劉氏南溪支譜·祠墓紀》）

辭疾疏

吏部題爲「患病不能供職，懇乞天恩容令終老丘壑事」，考功清吏司案呈，奉本部送吏科抄出。

國子監博士劉元卿奏稱「臣于本年二月十八日接得邸報，吏部題奉欽依授臣前職，臣不勝惶悚，不勝感激。竊維國學首化之地，博士敷教之司，秩既甚優，責亦良重。士幸明經起家，然必勤心膠序，積勞歲月，苟幸無失，乃僅得之。而臣獨於丘壑樗散之餘，職業短長，一無所見，仰徼特命，以爲光寵。陛下之於臣，緊起白骨而肉之。臣非木石，敢惜狗馬之勞，徒辜恩造？退念臣自隆慶四年庚午中式江西鄉試，兩赴會試下第，自知骯髒輕率，終難涉世。而又痛臣父見背，適以會試北上，殮未憑棺，抱恨終天。因遂決意奉母以終殘年，侵尋歲月，懶與性成，重棄其舊，因以謝世。揆臣初心，實非隱淪，而誤起虚名。屢污薦牘，卒之非望之福，造物所忌。先於前年七月内，得沾寒瘧，無時舉發，酷若桎梏，日復一日，遂成羸劣。延醫診視，僉謂元氣就衰，藥物無補，要須入山静攝，庶望有瘳。往年陛下過采言官之薦，徵臣赴部聽用，先該本縣知縣、今户科給事中臣吴應明親到臣家，見臣衰病，委難任職，轉爲申請。即今病勢視前十倍，重以兩眸赤熱，坐卧一帷，怯風如刃。若令勉强就道，惟恐病日益劇，溘先朝露，是臣虚負恩命，未效涓滴。方今聖明在宥，荃宰休容，下及百僚，濟濟民譽。陛下第宏推心之誠，廣取節之量，在庭諸臣，自足仰贊。皇猷登三咸五，政使巢、由在下，無事搜剔。況如臣愚，又病未能行。伏望陛下鑒臣不得已之情，察臣無所用之實，俯容調理，終老丘壑，庶幾優遊。未死之年，補報國恩，尚更有日。

臣不勝迫切祈禱之至」等因。

奉聖旨：「吏部知道，欽此。」欽遵抄出到部，送司案呈到部。看得「國子監博士劉元卿再稱患病，不能供職，乞要容令終老丘壑」一節，爲照本官。學務反躬，風能動物。前以屢薦，特疏上請，簡畀今職。聖明所以興起世道，率勵人心，意甚深遠，似未可遽然引疾而避也。既經具奏，前來相應覆請，合候命下行，令本官速遵明旨赴任供職，伏乞聖裁。緣係患病不能供職，懇乞天恩，容令終老丘壑。及奉欽依吏部知道，事理未敢擅便，謹題請旨。

萬曆二十一年十月初一日具題，十二日奉聖旨是。（録自崇本堂《南溪劉氏續修族譜》）

檀波羅蜜塔記

佛教東漸，肇自炎漢，禪師騰蘭非所稱沙門之主監者耶？吾吉武功，雄鎮江南，實其當年駐錫之境。由唐歷宋，世有高僧，逮我明而谷蟾尚著聲稱。此舊《志》班班可考者。後乃寥寥，並梵宇而漸滅殆盡。

白雲禪師，故福州名家子，蚤歲捐青衿，披緇虔，妙證無上真諦，授衣伏牛。以嘉靖三十五年由慶雲、雲龍二山飛錫武功，惟見層巒疊嶂、虎嘯龍吟，而佛場故墟業已茫如矣，咨嗟感嘆，因慨然有弘法之思，而機緣尚非其侯。於是晝則徑行，夜則趺坐，草衣藿食，隱齊雲、白雲之峰，多感慨。至萬曆己丑秋，感白鶯之瑞，而創刹額日白法，事在鄒太史《記》中。迄今殿宇巍峨，山門嵷峙，而左右隙地復構鐘鼓二樓，十方法衆雲蒸麟集，將跨匡廬而與五台諸山並駕中原。白雲禪師雄才識廣，爲之悉展，洵盛美哉！而揆厥所自，則諸宰官之護法，檀那之信施，功德要不可誣。其徒真能、真學請予立石，以爲表彰。予曰：「噫！施地布金，夙所嚮慕，予故樂爲嘉與。」因記其既往，而亦以風勵吉人於將來云。（録自明張程纂修、清張光勛增修《安福縣武功山志》卷七，手鈔本）

瀘瀟公編列世系排行名歌 百世歌謡

綿遠昌泰，德行高肇。賢良方正，俊傑英豪。龍鳳麟驥，瑞祥雲霄。教誨啓迪，聰敏睿昭。孔仁孟義，周禮舜韶。忠孝慈敬，性道熔陶。倫常綱紀，區畫裕饒。天開文運，連如拔茅。輝煌珠玉，金帶紫袍。黼黻襄贊，鼎鼐和調。功名富貴，特達飄遥。書香丕振，聖恩旌褒。耕織勤謹，百世歌謡。（録自崇本堂《南溪劉氏續修族譜》）

題少藜族丈生照

萬曆己亥菊月，予在楊梘時，少藜族丈已八十有六矣。循循凛凛，老不釋卷。每夕聚坐，輒教其子弟毋忘前人忠厚儉樸之風；其尤叮嚀告戒者，則兢燈火，尚博陸，好戲文，作佛事。予亦爲公申儆之。將别，觀公所畫像，題其上方云：

吾族老孫，質樸古人。歲聿耄耋，禮義自繩。腹中經史，林下儒紳。好客敦族，晚乃踰勤。諄諄教家，匪但獨醒。爰敷四戒，曰爾服膺。我晚聞道，幸及典型。勉哉後進，顧此丹青。（録自崇本堂《南溪劉氏續修族譜》）

兄完甫字説跋

此余師三五夫子筆也，兄受之示予，拜手曰：「至哉言也！」人之所得於天，無弗完也。弗完，匪人也。惡乎成名，兢兢業業。完之，要也。豈惟爲兄告，凡在同志得是説，儆之弗敢一日自安矣。完甫兄曰：「遍告同志，老師固命我也。」乃梓而廣之。讀者其重省焉，毋負吾夫子盛心也。

隆慶壬申弟元卿謹識。（録自崇本堂《南溪劉氏續修族譜》）

題尊號一首

靈苗籊籊出篔簹，瀛海誰家處士堂？秀色清標凝瑞靄，爐中勁節傲寒霜。此君會遺蘇一俗，有老還瞻衛水傍。寄語慇懃仿剪採，待看龍尾下鸞凰。

左[一]呈大道望筠軒尊姑父足下，眷姪劉元卿拜稿。（録自《赤㳒王氏族譜》，原爲劉元卿手稿）

蓮塘朱宗詩像讚

瞻彼蓮塘，亭亭秀敷。匪惟秀敷，衆芳所都。有美君子，比德於蓮。不着利染，不受物纏。篤念兄弟，無貳爾心。天倫爲重，黄金爲輕。民有逋券，焚之蠲之。民有徒涉，梁之舟之。遺容儼在，可用爲儀。惟爾孫子，尚培其基。（録自《蓮花廳志》卷八《藝文志》）

朱宗詩妻賀氏像讚

藹藹夫子，人誦其度。夫子不居，曰吾有良助。侃侃偉嗣，人推其志。偉嗣不居，曰吾有母氏。六子龍潛，諸孫鵠立。文伯之母，老而猶績。宜其綏福，壽於無涯，而衍和祥於不息。（録自《蓮花廳志》卷八《藝文志》）

[一] 按：疑爲「右」字之筆誤。

石沉洞聯

野雞叫殘岩下月；飛泉擊破洞中天。（録自劉丹主編《蓮花縣誌》，江西人民出版社，一九八九年，第六二〇頁）

附録二

劉徵君年譜一卷〔一〕

友弟鄒元標爾瞻父、鄒德泳汝聖父校閲

門人洪雲蒸化卿父、外甥顔欲章伯闇父編輯

明世宗肅皇帝嘉靖二十三年甲辰三月十五日巳時，先生生。

先生姓劉，諱元卿，字調父，初號旋宇，西里有瀘、瀟二山，學者多稱瀘瀟先生云。父諱陞，贈禮部主事；母彭氏，贈安人。贈公夜夢王文成公謁其宅，次日先生生。

嘉靖二十六年丁未，先生四歲。仲弟上卿生。

〔一〕按：書眉題爲《劉徵君年譜》一卷，書中題爲《承德郎禮部主客清吏司主事瀘瀟劉徵君先生年紀》一卷。原正文前有劉元卿像及《劉元卿自贊》一文，因《劉聘君全集》卷十二已收録，題作《小影自贊》，茲不録。

嘉靖二十八年己酉，先生六歲，入塾。

先生幼而慧，善屬偶語，入塾題其坐隅云：「静坐周公寨，勤觀孔子書。」人皆異之。周公寨，里中山名也。

嘉靖二十九年庚戌，先生七歲。 叔弟貴卿生。

嘉靖三十二年癸丑，先生十歲。

贈公於塾側置義倉，先生便題云：「春意滿腔，庭草方知周茂叔；秋收數斛，鄉民仰給范希文。」斯亦足占其所志云。

嘉靖三十三年甲寅，先生十一歲。 季弟國卿生。

嘉靖三十五年丙辰，先生十三歲。 季弟天卿生。

是年先生以父命，從利川趙先生學舉子業。師知非凡器，訓督極嚴，期以遠大。先生終身感之。

嘉靖四十年辛酉，先生十八歲。 安人陳氏來歸。

是年先生志輯《家譜》。初婚時，得族叔所藏舊譜，曉夜手録之。

嘉靖四十一年壬戌，先生十九歲。

時遘危病，默省生平多過，祈天願延月日，得遷改，死無憾。已而病愈，書壁自矢勵志、躬行、敦倫云。

嘉靖四十二年癸亥，先生二十歲。

母安人性嚴，先生雖已婚冠，然每有訓督，必跪受，不命之起，不敢起。嗣是，諸弟皆率以爲常。

嘉靖四十三年甲子，先生二十一歲。補邑弟子員。男吉兆生。

里俗親死，多拘時日不利之説，壘衰不舉哭。先生乃白邑侯，示以喪制。里中自是漸知禮。

嘉靖四十四年乙丑，先生二十二歲。

是年，業師趙謂先生曰：「孺子可教，更師賢於我者，當益有進。吾邑中文行無如伍君某者，可往事之。」遂因趙納贄盡吾伍先生，時偕仲弟上卿同受業焉。伍先生勖以大方人品，先生與仲弟愈自奮勵。贈君所貽先生兄弟月糈，爲縮其赢以周同學之乏者。歸而翻然有出塵之思，内睦外和，而家政里俗曠焉一新矣。

嘉靖四十五年丙寅，先生二十三歲。

邑侯陳公試諸士，先生篇終多致規意。公一見，大嘉賞之。

穆宗莊皇帝隆慶元年丁卯，先生二十四歲。

隆慶二年戊辰，先生二十五歲。

是年，倡家會，著《規》十八條。

時女兄適周者，寡且貧，率諸弟殖産以養，卒成其節，列《郡誌》。其孤垣，撫而訓之，延師與子吉兆同卒業者若干年，竟成學廩諸生。

隆慶三年己巳，先生二十六歲。

是年，肄業郡城。鄒聚所、泗山二公時時誘之講學，先生欣然有會，就而商證，累日忘歸。蓋終身兄事二公云。

隆慶四年庚午，先生二十七歲。舉江西鄉薦，名次第五。冬赴會試，贈公卒。

時先生壹志理學，將赴科舉，郡守周鶴皋公試以《反鑑索照論》。直抒所見，語多中窽，公大異之。比入省就試，案頭皆先正語略，無舉業書。時與克所劉公、泗山鄒公、毅所彭公及仲弟上卿謀舉大會，並聯小會，朝夕商證不倦，歌聲徹于館。人從此過，無不竊聽者。是年，安邑中式者，爲盡吾伍公、畏所劉公。揭榜後，日與章斗津諸同志講學。儕輩或要飲妓館，先生卻之，且自責曰：「此言胡爲至於我哉？」章君數數誦之，以勖後進云。

先生中式後，即矢志不私干公門。廬陵龔侯，座師也，俟先生北上，嘗之曰：「子遠別，抑有所語我乎？」先生曰：「書生初膺薦，不遑知外事。弟今年讀書郡西西原山，見暴骸委積，心傷焉，願下令瘞之。」龔欣然從其請。

隆慶五年辛未，先生二十八歲。春試禮闈不第，歸。冬，奉贈公祔葬于里中祖塋。

是歲，太倉王公分校天下士，得先生卷，擬首薦。時江陵張主試事，見先生五策多中其忌，以爲狂，竟斥之，復下部戒飭。

先生歸，傷贈君之歿，未親含殮，哀毀骨立。冬，奉贈公葬于黄岡組武公塋傍。請銘於三五劉公，公因示以王文成拔本塞源論，及親承文成求友，故先生遂稟學焉。歸，聯鄉同志會于頂泉寺，聞箕峰王公嘗師鄒文莊，與聞會稽學，遂躬訪之。

茶陵諸士聞風遠來，弟子始進。

里中如李坦晝井義賑，彭君顔分産給侄，楊惟十操作養母，表之以樹風，人咸知嚮方云。大中丞譚岳南，時爲諸生，以是年來學。

隆慶六年壬申，先生二十九歲。創復禮書院，佐伯父輯《家譜》。

春，偕趙師孔、賀宗孔、李坦、甘則禹、馮夢熊、彭繼善、劉欽等躬詣里中各姓，諭以聖學。夏，大會楊宅，肅一明、黄翁主教，因率同志建書院，計費四百有奇。冬，買田數十畝，皆不期年而辦，人無難色。又闢書林石洞，偕同志游息其中。冬，聚所鄒公約同聯會于永新之西里。至邑中，謁尹宗伯。舉大會，因訪劉養旦先生於茶陵。先是，來學浸盛，歲侵，脯資告竭。内弟有以數十金求援者，先生以嘗安人，安人曰：「寧甘乏，無利是也。」先生曰：「我心如是。」竟卻之。

今上萬曆元年癸酉，先生三十歲。冬，赴會試，歸。

編《儒先勵志詩》及《勸懲歌章習》，里中童幼歌詠。是年，仲弟上卿以儒士應舉進學，先生有采聯云：「仲氏當如程正叔，秀才須作范希文。」蓋勖之也。

萬曆二年甲戌，先生三十一歲。春試禮闈，不第。

時先生從事守心之説，用力甚苦。久乃覺胸常炯炯，自謂有得。已而證諸孔孟，無當也，心疑之。春寓京師，會細瓦廠，座中有學存虚者。天臺耿公語之曰：「余用力於兹有年，反覺現前人皆疏放，是礙虚體矣。乃知舜之好問好察，顔之問寡問不能，是真虚體云。」先生聆已，大有省。

歸自京師，抹其引，題以白沙「春浪江門」之句，不復應舉。

冬，禮歐三溪、周斗乾二公，大會復禮書院，置田供會，陳君國相首捐租三百爲之倡。自是書院歲有會。

萬曆三年乙亥，先生三十二歲。春詣浙江，受學於魯源徐公之門。歸，翕昆季上卿、貴卿、國卿、天卿，捐租三百桶有奇，置義田瞻族。

先生嘗謂門弟子曰：「予之應舉也，蓋鋭意經世云。乃爲時相所屏，自省狂性必爲人忌，遂棄舉子業，矢心學道。時問學鄉先輩，覺所稱『知止』、『歸寂』等語無當，心殊厭棄。乃問之鄒汝海、汝光，指示向蘭溪徐公處求，往受學焉。公師範嚴峻，予每請教，輒艴然曰：『我不曉若輩所云。』於是中益憤悱。一日，公捉筆草書，予與羅公廓侍，師顧我曰：『我初學字時，從某受書法，某示我以二王帖，費許多楮筆，乃稍得書意，覺與俗殊。爲道亦如此。』予請曰：『學書須法二王，學道須法孔子。』徐公喜曰：『舜，何人也，予何人也，有爲者亦若是。』予始盡棄世儒窠臼。嘗報徐公有云：『揭坦途，反迷子，秋毫皆師賜也。』」

先生歸自蘭溪，見門人劉國柱等聚復禮院，遂相與訂學。院去家十數里，旬餘忘歸。冬，聯里中諸英舉文會，設義館，延塾師教子姓之貧者。張九龍先生曰：「吾觀調父，蓋真刻意成人才、厚風俗者。」

萬曆四年丙子，先生三十三歲。春，詣黄安，訪天臺耿公。冬，合宗派，祭始遷祖于南溪。母安人卒，奉柩葬於始祖塋傍。

先生謁耿公，耿公云：「汝師蘭溪何所指示？」對曰：「徐師要人提得身子高，時時舉『舜何人也，予何人也』語相勖。」又述徐公大旨見，謂「心不外事，即事了心」。耿公曰：「孔子事委吏，心于會計，事乘田，心于牧養，如此而已乎？必更有大者在。」因授以「三關四證」。三關者，即心、即道、即事。即心又須辨大人之事、小人之事。四證者，行一不義，殺一不辜，得天下不爲，此聖人根本；爲法天下，可傳後世，此聖人願欲；發憤忘食，樂以忘憂，此聖人工夫；欲立立人，欲達達人，此聖人作用。先生歸自黄安，心契耿公語，作《述言》以示學者。

攸縣徐侯會邑士大夫講肅，先生主盟，諸生執贄問學者數十人。攸與安福，地分吴楚。安福民楊氏，世市攸田而逸其税。攸令徐公與先生議，先生歸以書諭楊氏父老云：「我食其租，人賊其税，即官府無奈何，於心安乎？」楊氏長少咸心動，數百年逸税因是以清。徐令刻石爲記，且曰：「歲勤兩省上司，迄無成功，乃今談笑得之，先生之化乎！」作《南溪劉氏家政》。

母贈安人之喪也，先生率昆季卜地以葬。伯父時齋公語先生云：「克都祖塋可祔，但形家言，左山攙，不利長子。」先生曰：「母魄安，諸弟咸利，足矣。我長也，即不利，且自甘焉。」竟奉葬祖塋之側，至今無害。是年叔弟貴卿進學。

萬曆五年丁丑，先生三十四歲。

時先生誘後學甚殷，或乃誚其大濫。先生貽書略云：「自古聖賢與進與潔，非不知往且難保，誠以爲天下有道，我不與易。故善料人者，莫如教人之益也；善惡人者，莫如自惡之切也。」

先生雖講學里中，然未嘗不存心天下，其所貽鄒南臯公、甘義麓公、譚岳南公諸書，可概見云。

萬曆六年戊寅，先生三十五歲。

春，延羅匡湖先生授業諸士，蓋藉以商學也。冬，捐費掩骼，翕里中舉厲祭，歲爲常。

門人蔡以美，義士也。其妻周氏刲股活姑。先生聞之，當道表其廬。

萬曆七年己卯，先生三十六歲。奉詔毀天下書院。

時先生爲江陵所忌。詔下，門人咸曰：「此桓司馬伐檀計也。」先生曰：「時事日非，固堪長嗟。吾輩修行，原非干世，闇然獨復，奚受人憐？風雪寒夜，乃見定腳。」安福諸書院藉邑侯倪公力，得不毀。復禮書院改署五穀神祠，先生相聚講學如故。親友勸先生爲引避計，先生數稱劉元城鼾睡故事解之，語諸弟曰：「即或下令收我，亦惟開門迎使，引頸受刃而已。吾豈能以不必然之患，而爲胸中時時累乎？」南皋公致書曰：「復禮書院改爲五穀神祠，主人宜熟此美種。」先生以爲知言。

萬曆八年庚辰，先生三十七歲。

是歲，先生與友人周思極及門人居復禮書院。思極好禪家子言，先生日以孟子乍見入井等語動之，思極忽憮然曰：「吾學非耶？」先生因其疑，誘之以一體之仁。一日，思極與諸友論學，詞甚激。先生徐曰：「仁者固如是乎？議論不合，獨不當以精神相磨礪耶？」思極大省。

安福西鄉與茶陵、攸縣、萍鄉、永新地界，盜賊出沒，爲民患。茶陵堯水峒，其淵藪也。計畫剿之，至今賴焉。

懇當道移黃茅巡檢司于二十九都。

萬曆九年辛巳，先生三十八歲。奉詔天下方田。

時先生山居，然爲一邑區畫丈田事甚周。雖未盡如先生議，至今以爲先生之説不可易也。所貽閔邑侯及夏雲屏諸書可見。

秋，爲長子吉兆行冠禮，筮賓布衣朱意。

冬，納家婦賀氏。

江陵遣人密伺先生居家狀，欲有以中之。同邑張尚賓向江陵誦先生應舉時祈神疏云：「借金街方寸地，把時務次第條陳；領瓊林五百人，將乾坤從容旋轉。」張笑曰：「狂士也，中豈有他？」

萬曆十年壬午，先生三十九歲。

先是，鄒聚所公卒，先生爲作行録，其自序云：「不佞往未知學，汝海畢力誘之。稍稍有會，則曰：『道無越此。』汝海曰：『學寧一醒已耶？』予茫然自失，斤斤飭行，履期不失聖賢尺寸，則又警之曰：『由仁義行，非行仁義。若子所謂行仁義者耶，非達人之極究也。』予三顧息而三憾之。浩浩彼岸，汝海之載予以浮也，未見其止矣。」

萬曆十一年癸未，先生四十歲。春，王塘南公約同入蘭溪訪徐公，遂之杭，訪五臺陸公。夏，歸自浙。冬，游禾山。納副室雷氏。

鄒南皋疏薦先生，其略云：「不仕舉人劉某，抱物外之志節，藴心上之經綸，風動一方，庶幾實行君子，鳳翔千仞，允矣高蹈逸民。」

長男吉兆進學。

萬曆十二年甲申，先生四十一歲。

春，禮塘南王公，會講于復禮書院。夏，游衡嶽。歸，門人賀大賓、尹廉等率弟子共舉同門會，訂期五月初六，竟四日夜，供取蔬食，歲以爲常。秋，會茶陵州。

冬，翕族之昆季建文筆塔于水口山，計費百金有奇。

萬曆十三年乙酉，先生四十二歲。

禮茶陵養旦劉公，會講于復禮，再會家祠。

是年，季弟天卿進學。

萬曆十四年丙戌，先生四十三歲。冢孫君仁生。

是歲四月，大水，鄉大飢，先生請賑。

五月，謁徐公于虔。

冬，會講于茶陵州之茶鄉，題《茶鄉月會序》。

萬曆十五年丁亥，先生四十四歲。次男吉姚生。

春，復謁徐公于虔，隨入浙。夏，歸自浙。龍游王之弼來。王乃徐公友也。先生館之復禮，率昆季及里中友朝夕過從。

冬，縣令吴公行鄉，約請先生爲鄉正。

按臺朱公疏薦先生。

是年，郡侯曉山公聘先生修《郡誌》。以塘南王太常主其事，先生與匡湖羅先生佐之，而《名賢傳》皆出先生手。

萬曆十六年戊子，先生四十五歲。

春，謁徐公于淮安。淮士有以百金介梁生求援於先生，梁不敢言，則密語門人賀大賓，賀誦白沙詩云：「一介持來三十年。」梁默然。徐公廉知其事，每喜稱之。

夏，過邳州，州守率諸士，會講于半谷公署。

六月，登泰山。是歲里中飢，先生率昆弟子姓施飯。

祭酒趙定宇公疏薦先生，略云：「劉某惇行古道，潛修大業。其制行之芳潔，一毫不苟於取予；其應事之周詳，百爲率由於禮義。一鄉最稱善訟，今皆化爲馴良。」

萬曆十七年己丑，先生四十六歲。奉詔特徵，邑侯吴應明即家勸起，先生以病辭。

茶陵州禮先生，會友於輔仁書院，復會水口廟。

門人賀大賓、周思極、劉文湛、馮時達、彭相和、劉功卿、楊芳春舉七子旬日會，先生爲之序。同門興起者衆，學風遂振。

先是，御史王以通疏薦先生，其略云：「誠得委劉某以輔導之責，隨時論思，因事啓沃，起居出入之間皆聞正言、行正道，聖功以豫而學業日新，國本以端而國祚將益隆矣。」又江西御史秦大夔疏薦先生，略云：「醇懿大邱之範，清修徐孺之風。忤顔權要，當年韋布尤難；投牒江流，此日蒲輪應及。」吏部覆疏云：「劉某等學行純備，人無間言，而跨俗守貞，不希榮進，其逸軌自可作人，是宜受王明之汲，未可休於山樊，令聖世有遺賢之惜也。」

萬曆十八年庚寅，先生四十七歲。

是時，來學日衆，乃闢章南館以居之。倡修楊宅大橋，楊子孝、劉國用首輸金百兩，各姓義助七百餘，屬趙師孔等董其事，以餘金葺長慶寺，爲問道者旅舍。

歲又饑，施飯如故。里中大疫，先生屬門人作詞請禱。有病者夢神告之曰：「疏詞乃代作，非某筆也，然得請於帝矣。」疫遂息。先生聞之悚然，謂門人曰：「鬼神之不可忽如此。」會復禮書院，作《晤言》，自爲序，詳見《語紀》。

萬曆十九年辛卯，先生四十八歲。受學于天臺耿公。

夏，先生偕周思極，隨徐公自吉安入浙。自浙過黄安，執贄受學於耿公，出所著《述言》一卷于公。公覽之，曰：「此所謂久要不忘者耶？」爲題其首簡。先生歸，耿公作《訂學》爲别言。先生歸，日與門人發明耿公爲仁求友之旨。冬，偕周思極、尹廉、趙士美閉關復禮書院，續著《述言》一卷。門人來問日用工夫，必稱引耿公，云願大發必爲聖人志，時時研磨孔孟血脉，工夫在其中矣。

萬曆二十年壬辰，先生四十九歲。建識仁書院。

春，江西巡按御史秦公請同修省志，未成，集《江右名賢編》。

歸，冬偕劉喜聞、周惺予二公建識仁書院。先生爲之記，其略云：「邑西故無書院。有之，自隆慶壬申始，所謂復禮書院者也。鄉故險遠，去郭幾二百里，去書院多者百里，少者八十九十里，往必宿聚糧，士以故鮮至。將修，斗乾周先生之緒謀於半道市地更築，以告邑侯吴公。公曰：『是爲其鄉聲治，叫呼所不達，吾將爲諸生圖焉，以分吾任。』先是，義士王師仁上百金於縣，議修浮橋於嘉林。侯念嘉林故有官渡，即舉百金爲橋，二三年必且壞，安得復有王義士更繼之，又廢官渡，兩失之矣；不若移其金構講舍，百世之基也。遂畀百金，乃更謀諸鄉士大夫、父老各捐費有差。卜地東江，市民居加新之。不數月，書院成。」

萬曆二十一年癸巳，先生五十歲。奉詔授國子監博士，疏辭不允。冬，應詔赴任。

先是，耿公及同志皆以書促先生行。夏，刻《山居草》、《耿恭簡公要語》、《賢奕編》、《儒宗輯略》。

冬，先生始赴任，偕羅匡湖公、周思極，便道訪耿公。耿公有詩訂學，詩云：「出山亦遠志，漫疑小草嗤。明主軫羣蒙，廣詢美藥資。世多飲狂泉，醒昏若罔迷。醒心須良劑，此味胡可遺。夫君醫國手，擇術仁是依。活人功最普，用行道在兹。途路阻且長，蚤晚慎驅馳。」

萬曆二十二年甲午，先生五十一歲。四月到任，尋陞禮部主客司主事。冬，奉差督催藥材。

便道過黄安，謁耿公，度歲黄安公署。

先生嘗語門人云：「吾初服官，胸中茫然，不知所事。耿師貽書，告之以事賢友仁，吾從事斯語，蓋真即學即仕妙傳云。」

先生在京時，與耿叔臺、潘雪松、鄒四山、焦漪園、孫淇澳諸公及同志爲會，作《居燕紀聞》。門人周夢麟、張文龍、鄒匡明等率諸士聯會，請先生主盟。

時吉安太守汪静峰公遊武功，過復禮書院，聞里中歌詠，喜曰：「問俗深山有禮樂，鑿開混沌怨徽君。」

萬曆二十三年乙未，先生五十二歲。正月，歸自京師。仲孫沂生。

是年，仲弟上卿、子吉兆廩諸生。

從子吉期、吉曜倡志仁家會，先生作《申言》。五月，遊青原庵，楊氏、陳氏咸率子姓爲會聽教。六月，重修書林洞，更名石城。輯《六鑑舉要》，自爲序，略云：「天下譬之一家，大君宗子，大臣家相，順是而降，有臺諫、有守令，是於家猶之諍友、門幹焉，至貂璫，使令耳。觀於一家，五者一弗稱，家必不理，況天下乎？宋儒有言：『家人離，必起於婦人，自天子以至於庶人，莫不皆然。』故輯《六鑑》，首帝鑑，次相鑑，次言鑑，牧鑑，璫鑑，而以閨鑑終焉。」

輯《諸儒學案》。

秋八月，茶陵州守蓋禮先生，會講輔仁書院。著《一氣説》。冬，趙士美等偕里中諸友聚石城洞，吉迪紀《石城夜話》。是年，《大學新編》成。

萬曆二十四年丙申，先生五十三歲。八月，復任京師。

是年春，先生病，居章南館，門人趙士美、彭士曉、功卿朝夕侍。

夏，遣使請告，不允。八月赴京，過黄安，謁耿公，公以是年卒。

萬曆二十五年丁酉，先生五十四歲。署提督四夷館，以禮部主事考滿。父得贈禮部主事，母彭氏贈安人，妻陳氏封安人。秋，告病歸。

先生之在官也，蓋三上疏。耿公嘗貽書云：「近得見寄二疏稿，與家弟反覆玩讀，其《朝儀疏》忠懇婉曲而不激，《從祀疏》詞意宏深而不迂，且二事原是儀部職司，非越樽俎者。又修詞命意，若涉世久，立朝素無一可選語，從來山林士未有能如此者。即此具見賢從德性而發，宜足以興者嘆服不置。」

三疏：一、《修舉朝儀》，一、《增祀四儒》，一、《酌議貢規》，詳見《語紀》。又擬《禦倭要務》及《羣臣持論大激》二疏，未上，并見《本集》。又上張洪陽公書。輯《大學新編》，欲上于朝，未果。

初，先生提督館事，將代吏進羡金，先生命貯帑載公籍，吏言不利代者，先生曰：「吾性故然耳。」竟不納。

冬，大會于識仁書院，作《會規引》。

萬曆二十六年戊戌，先生五十五歲。建一德館於嶺背，建南溪始祖祠。

編《耿恭簡年譜》及彙《文集》，梓成。

一德館成，先生作《會規》。里人謝俊一捐租百桶，供歲會費。

聯甘、劉二姓作里仁會，編《積餘閑語》、《童訓》、《女訓》，編《福乘藏稿》成，楊侯藏之庫。

萬曆二十七年己亥，先生五十六歲。建社倉，翕族捐穀七百餘桶，備賑收斂，仿朱文公規。

春，鄒官洗公禮先生，會講北鄉宗孔書院。

夏，偕門人讀《易》，朋來，館。作《易大象觀》。

編《四書明賢宗解》，著《三書院會規》。

萬曆二十八年庚子，先生五十七歲。夏，安人陳氏卒。冬，建近聖會館于邑城西。

春，偕鄒官洗公遊虔州，門人趙師周侍舟中。聽鄒公講《石經大學》，甚契，請著《宗釋》。

萬曆二十九年辛丑，先生五十八歲。繼娶郁氏卒。

門人趙希文疑即教即學之説，先生曰：「孔子即教爲學，其學無方，何也？友愈多則教愈困，教愈困則學愈廣，非徒以師道自尊者。況以明明德於天下爲願，舍朋友一路，又何以學？師不敢當而學爲師，不亦可乎？」趙師參少先生一歲，學静坐觀心，自謂有得。先生語以爲仁，一聞大喜，遂納贄。時向人言：「舍明明大道，奈何從暗室中作活計耶？」冬，會永新明新書院，有《會紀》。

萬曆三十年壬寅，先生五十九歲。建蜜湖十八派總祠于郡城，置田供祭，校刻《蜜湖劉氏族譜》，共計費千金，諸宗人皆樂輸，無間言。

仲子吉姚冠，筮賓門人趙希文。冬，納次婦彭氏。

萬曆三十一年癸卯，先生六十歲。建中道會館于楊宅。

春，謁塘南王公，公曰：「向晤夏朴齋，謂學者以無善無惡爲性，終與性善之旨不同，子不甚然。後讀《止觀》云：『性空如鏡，妍來妍見，媸來媸見。』因思如是之説，性亦空寂，隨物善惡乎？乃知孟子性善之旨，終是的當。」先生從容請曰：「自宋以來，儒者不敢張目談禪。自陽明先生學從禪入，間稱引其説，吉州之談禪，得無濫觴於此乎？」公曰：「誠然。我邇來亦見得禪學之弊，故語學者惟是盡人道以復性耳。」

萬曆三十二年甲辰，先生六十一歲。

春，永新令莊侯請先生會于明新書院，有《會紀》。

冬，偕里人修坦家陂，置田以爲常年修葺之費。

萬曆三十三年乙巳，先生六十二歲。

春，偕友彭伯程、彭愚安，門人趙師周、趙希文、劉功卿、彭相和、甘應霍，謁魯源徐公于蘭溪。徐公年八十，見先生至，喜曰：「數日鵲噪甚，吾語家僮云：『非朝廷起我官，必有朋自遠來。』賢果應兆矣。」旦夕呼集榻前商學。先生歸，時時誦徐公老而不厭，以勵門人云。因著《婺江證學》。

是歲，劉喜聞公卒於京，先生哭之哀，檢平日往來書刻之，題曰《證道遺箋》。

門人湯懋德、趙士美等舉近聖館小會。先生題其籍，復貽書以厲諸士云：「聞八月起小會，殊慰鄙念。館藉是不虚，第友朋相對，宜一意商求此學。此學明，此生乃不負，此館乃真不虚云。」著《説書》一卷。

萬曆三十四年丙午，先生六十三歲。孫滬生。

春，大會白鷺書院，先生書疑以問于塘南王公。編《七九同符》，以明孔孟之學。楚攸邑洪氏門人禮會金仙洞。

修《石城洞誌》。冬，門人趙師世舉于鄉，上春官，先生輯《孝廉清範》贈之。創渙文閣於所居宅之水口。

萬曆三十五年丁未，先生六十四歲。

是年，江西巡按御史公疏薦先生，給事彭惟成交薦。

著《廣文柯則》，贈周醒予署新鄭教事。

編《匀屯藏稿》。

萬曆三十六年戊申，先生六十五歲。孫鳴岐、曾孫昂。

刻《思問編》，自序云：「予之疑問者二，始疑王塘南公朝聞臆説，次疑耿師大事譯。兩者總之，辨儒佛也。至丙午鷺院之疑，并宋儒以來儒學疑之矣。嗟夫！辨儒佛易，辨孔孟與後儒難。亦姑爲海内開此端，終當有繼予志而解予之疑者。」

刻《千一文》，修《明賢宗解》、《禮律類要》。同門士舉立達會，先生題其籍，詳見《語紀》。

三月，攸邑蔡槐亭公來訪。

五月，先生率門人結夏渙文閣，問道者履盈户外。

萬曆三十七年己酉，先生六十六歲。七月十九日酉時，先生卒于家。冬，合葬于本里湖裡陳安人塋。鄒南皋誌墓。

先歲除夕，先生偕友及門人度歲復禮書院。元旦詩云：「曾憶兒時己酉年，束書垂首塾師邊。平生最喜親三益，到老方知讀《七篇》。無欲恐非覺後語，識仁疑見夢中天。人人自有中和在，不必深求未發前。」載賀安國《歲寒火傳語》。

三月，永新薛侯禮會明新書院。

是年，因陳國相義輸書院田，稍遠不便收穀，鬻之以其價分給各都，立常平倉。其二十三都至二十六都，即貯穀二百石于書院下廊之左，至今斂散如故。

是年，約門人攸邑洪雲蒸、永新江爾海聚復禮，議建吴楚書院。

先生之卒也，聞者相率於各書院爲位而哭，相吊哲人之萎。侍御鄒瀘水公特議私謚曰正學先生。邑士鄒袞、姚啓春各爲文執贄，稱門人於神位。嗣是，若易元亨、曠一元，聞風願稱弟子。先生之學，所稱守道俟後，真足以繼孟氏云。

嘉慶二年丁巳歲仲春月，聘君祠嗣孫重刊。

七世孫發桂捐銀伍兩。

附録三

銘文、傳記等生平資料

明詔徵承德郎禮部主客司主事瀘瀟劉公墓誌銘

鄒元標

安成自文莊公以學鳴海宇，數十年所稱心行雙清、起紹述者，吾友徵君瀘瀟是已。徵君，予黨所藉以鞭末路者，乃溘然長逝，不勝梁木之嘆！仲弟上卿泣而持狀過予，曰：「先子生而先生薦於朝，没幸先生銘於幽，先子辱知不淺，其無辭。」元某謹拜狀而相對，爲世道悲者久之。

公諱元卿，字調父，初號旋宇，既號瀘瀟，先世爲安成南溪人。世系詳《狀》中。祖某、父某任參軍，以公貴，封儀部主事。公自幼雄奇穎敏，入塾，諸師駴而遜謝去。既負笈盡吾伍君。伍門業麟經者，各有秘録，靳弗與，公奮然曰：「豈神授耶？」遂自出杼軸，成一家言。諸人皆驚詫，以爲異事，然公非好也。入郡，爲青原遊，輿夫語曰：「昔之青原，挾妓酒、人歌新聲者達旦，自兩鄒公子入，遂絶響。」公聞而惕然有省。兩公子，即僉憲汝海、宮洗汝光氏，時自東魯歸，嘐嘐以正學倡諸里者。公入山，汝海以學嘗公，公喜動於心，歸而陳諸宋儒語録，堆案盈几，玩而三思焉。汝海退，與汝光心畏者久之。時周太守鶴臯羣諸士試，公盡以所學發於論。太守大奇，以爲真儒再出，不獨以科名器也。入闈，遂魁西江。偕其師伍君及劉侍御輩，仍以學相切砥。辛未，業入彀，主司以其策多憤激語，遂置之殿。江陵聞而大怒，下禮部以飭多士。公歸而師事三吾劉公，倡學里中，勃然興起。甲戌不第，復以江門詩抹其引，杜門不出矣。而里中從遊者日衆。公於諸先輩語，淺生厭，深生疑，乃出而謁蘭溪徐太常、黄安耿司農。公於蘭溪，機稍動，至聞耿氏時提「生生謂易」一語，欣然自信，曰：「孟氏不云乎？四端充之，足保四海。吾方幸泉不流也而故遏之，火不燃也而故滅之。彼滅與遏者，二氏之流，吾所不忍以此爲學。」即以此迪人。而所創復禮、識仁、中道、一德諸院，歲有常會。西鄉諸習俗，得公一變；堯水諸盜，得公一彌；攸、安爾〔二〕邑争界不輸賦者，得公一定。入其疆，彬彬如也。太守汪公觀風形之咏歌，此足徵公學矣。公雖絶仕進乎，既而强應聘出，埋光剷采冀，與名賢一移世軸。覩時不可爲，遂飄然歸。然國子薰德者甚衆，儀部疏從祀諸先大儒，釐正色目，諸疏皆其鉅者。然知者皆謂公具大有爲之才，使有力者盡去崖角，必大有可觀。惜公未竟其用也。公雖未竟其用，而食公之

〔二〕「爾」，疑爲「二」字之誤。

澤者，盡於邑中。而官運、軍匠册諸事，利於庶氓者甚鉅。公性敏，又諳於典故，有可裨閭閻者。聞必行，行必力。蓋嘗慨世之學者漫無實履，與世隔閡，是墮名相；俯首冥心，鈎深致遠，是墮理窟。公與衆人游，春風習習，人皆可親，然徐而叩之，淵懿粹穆，人終不可得而及。夫使世儒知品自有真學，有實用，公其人矣。或者謂公學度世有餘，於出世一路，未必無疑。不知以公至性於性命之説，豈不有聞，顧不欲深語以啓世儒艱深之習，公豈未有聞哉？公最篤於倫：一門以内，雍雍穆穆，無可選之；行合族，創祠輯譜，皆竟先世所未有者。至於汝海、汝光掖導之功，心口不負。

生嘉靖甲辰三月，終萬曆己酉七月，享年六十六。娶某氏，贈安人。子某、孫某葬某山某向。所著有《山居草》、《還山續草》、《大象觀》、《諸儒學案》、《賢奕編》、《六鑑舉要》、《國史舉凡》、《晤語測言》、《思問編》、《何莫編》、《先正義方》、《禮律類要》、《明賢宗解》、《婺江證學》、《大學新編》行世。

銘曰：安成之學，祖於文莊。公其傑特，示我周行。嗟彼世儒，索之幽冥。火燃泉達，是爲公心。天地大德，曰惟生生。吾握其機，均齊治平。側身柴桑，守一爲要。捧檄而往，天子有詔。見幾而作，旋賦歸來。惟二三子，藉公以裁。不競意見，不涉末學。惟規惟矩，巋然先覺。流風餘韻，百世猶師。過者必式，斯文在兹。（録自《願學集》卷六，《文淵閣四庫全書》第一二

九四册，第二四一—二四二頁）

大通關提舉澹菴劉君墓誌銘〔一〕

劉　陽

劉子元卿，以春秋魁庚午鄉闈。赴春官試，内翰王荆石先生奇其文，仍擬魁薦，而以策忤時宰，主試者蓋諷切時政而不諱，遂用擯落。然直聲聞於一時，而士論以劉諫議制策偉之。余聞而爲鄉鄰善也。因念劉子如是，必有嚴君，有家訓焉。元卿志於聖人之學，不以余爲鄙，而與余遊。余方念其癯癯於讀禮也，乃襄大事，而以伍進士惟忠所爲狀而屬余銘。伍子、劉子同舉庚午，而我鄉論皆爲端士。伍子之言足徵矣。

伍子曰：「澹菴公早爲邑諸生，與其伯兄國子生學《春秋》於九亭太守。既而厭時藝，好子史，因不得志於有司。」予謂：「九亭教人不專於藝而先之行，澹菴兄弟必有得於九亭者。」伍子曰：「君每訓子，必曰立身，曰勵行。時元卿捷，則語之曰：『科目榮人耶，人榮科目耶？大丈夫當有樹立，徒青紫之足侈耶？』」斯予所謂必有訓焉，信哉！伍子曰：「君承累世殷富，而撫盈如竭，又拓之。然喜於貧者活之。每歉歲，諸富人閉其廩，君則出以貸諸貧人。諸貧人感之，亦

〔一〕按：此爲劉元卿父之墓誌銘。

及期而償。邑陳侯勸賑，君出百石，而受獎於當道。」予謂富不足稱，善居其富者足稱。《傳》曰：「淫人富者謂之殃，善人富者謂之賞。」我富而人賴之，是足謂之善矣。富而能惠，而獨得名，而冥報不爽，必大於其後也。邑俞侯先是擇爲約之長，而以君爲之。君不喜多事，而每事處之帖，三方感之。予謂鄉約昉於程侯善政也，其後有不得其人者，反鄉約病，君則不孤於任之者矣。君爲藩從事於當，得官，時以母年九十，遥授大通關提舉而不赴。而樂於桑梓之間，引壺觴歌詠以自適。氣雖豪，而接人藹藹，坦夷而不徇縟節，人樂就之。垂瞑，語諸子曰：「予平生無足汝法，惟不深刻，不與人較計，其承予志。」伍子既述之悉，又括而論之曰：「有恬澹之趣，有剛直之操，有容畜之度，高而能抑，下而能受，履滿而能戒。」自與君二子遊六年，深知君，其言當不漫也。

君諱陞，字于喬。其先自克都君由密湖徙南溪，後五世評事公良輔生龍南縣尉汶、沅陵令崧，崧子醴陵令孔彰，彰子塤，塤子秘書校勘鎰，鎰子修職郎涣，梅國先生其季子也。後先簪紱南溪，蓋望族也。梅國五傳至統，以義旌，爲君曾祖，祖壽官盡美，父益府引禮舍人丕顯，母姚氏。配永新浯塘彭氏。子五人：元卿，娶烏溪陳；上卿，娶浯塘彭；貴卿，娶高山趙；國卿，娶北溪周；天卿，娶烏溪陳。女三人：長適陳千户其道，次適永新周嘉貽，次適顔問邦。孫四人：吉兆、吉瑞、吉良、吉星。孫女三人，先，周氏女，夫死，誓必從，未幾柴瘠而死。士林嘉之，著志節録。予亦賦詩悼之，而嘆之曰：「劉氏之慶也，不獨元卿諸子之賢，雖笄幃，亦濡染乎家教矣。」君生正德辛未三月二十二日，歿隆慶庚午十二月十二日。歿之明年正月，葬於黄岡祖塋之左巽巳山乾亥向云。

銘曰：欒欒棘人，侃侃貞士。爰有嚴君，以成厥似。不磨者名，誠不以富。惠苟在人，綿基永祚。官而藐禄，懷各有適。擾擾錙塵，孰若云月？晚五丈夫，並美商瞿。當若燕山，多芳桂株。黄江之原，元閟之墟。指顧龍章，以賁松梧。（録自崇本堂《南溪劉氏續修族譜》）

敕封安人劉母陳氏墓誌銘〔一〕

劉孔當

予奉使荆藩之歲，其五月廿五日，族叔皤陳安人卒於家。陳安人者，予叔徵君禮部主事瀘瀟先生之元配也。始先生爲安人卜葬莫堅決，發策筮之，遇歸妹之兑，其繇曰：「其君之袂，不如其娣之袂良。」先是先生意有所主，屬形家者流，或然或否，最後得今兆，弟婦周孺人之墓在焉。余嘗一視其地，自愁猿嶺而下，磅礴蜿蜒數里許，其狀如虬龍駕怒濤，鬣鬐俱張，蓋狀其清淑之氣。於是焉鍾筮兆告，吉藏可知也。將以十二月廿七日葬，而以其男來命予銘。

〔一〕按：此爲劉元卿妻之墓誌銘。

予自束髮，數從先生問學。當是時，先生新以學風里中，里中之士與郡縣及邊楚之邑之雅慕學者，靡不擔簦贏糧，越鄉而來，日以十數輩。先生既爲館館之，更爲具酒食相勞苦。旦日，客或留或歸，歸者雖淩晨，則先生業已預誡蓐食，秣馬以俟。余壹怪先生故無都養，何具而給若是。退而跡其所以，則諸盧兒爲言：安人一聞客至，輒令僮奴從道上邏知數馬而歸以告，一一爲治具。即暮集，卒皇急莫措，便移其所食飯客，而更自啜少饘。雞未鳴，倒衣亂首，已先諸婢媵入庖舍，躬自析薪煬灶，惟恐後之。蓋其勤如此。嗟夫！吾儕即酷好客，半爲名使耳。然至雜遝踵至，口倦於應對，體困於磬折，意不能無厭。如安人賢，可勝道哉！

安人父曰静齋朝儉，母曰周氏，生母曰方氏。安人之始娠也，静齋公夢緋衣神人冉冉自月中下，授以桂萼。已舉安人，因名夢桂。歸我劉，逮事贈公暨彭安人。彭安人性嚴急，一以嗃嗃爲政，俱以纖微得過，譴謫不稍貸，而獨安人以和柔免。即偶以兒子輩取怒，移譴安人，持安人甚急，安人第葸葸含泣自訟，不敢以無罪爲解。久之，彭安人意亦醳。如是者，凡十六年。

先生始以春秋魁庚午鄉試。其明年，上春官，荆石王公奇其才，欲拔置首列。屬策端言時事切至，江陵見而惡之，慮其論建浸廣，將不利於己，既斥勿使進，又榜其文，傳示諸道士，下所司飭責之。先生前已心薄舉子業，又見時事非是，撊然欲修鹿門之業，抹其所挾持京兆路引，示不復干進。歸，惟日與諸長老究明心性之旨。間則東走楚，西走浙，以朝於楚侗先生，夕於魯源先生。蓋什九在外，性復狷潔，雅不能效時態以干謁。借資而問學者彌衆，歲入或不足以客食，安人則曲爲節縮，蓋藏俾無乏問。諸姻連憐其匱，或以意相遺，然非得先生命，不敢妄納。自先生初第時，安人從兄偶以事繫逮廬陵，廬陵令故先生新第主也，介百金求解。先生心卻之，而重違其意，微以嘗安人，安人曰：「奈何以妾家故而累夫子之節？則不可請以妾爲解。」先生甚壯之。

先生以徵辟入拜國子博士，尋又轉儀曹郎。安人從邸中則數數勸先生解而歸，先生故淡於榮進，獨念用舍行藏，原無成心，且欲陰以學誘進都人士，幾一正人心以定國是，故低徊郎曹者久之。然聞安人言，遂決意移疾歸。安人雖生長乎素封，然性至儉約，居常膏沐不飾，身自三浣，衣布蔽膝，驟而倪之，不知爲安人。長安諸蔬果核，實囊而歸，手自耘植之。其力儉如此。然至矜哀屬寡，不難解推相急。先生之買義田，創義學，凶歲施粥糜，諸爲德於族里者甚衆，安人實慫恿焉。先生有妾曰雷氏，性頗騃，雅不足以適安人，安人間有所譙讓，然殊無意督過之。比疾革，既集諸娣姒訣，遺命以其佩簪珥分三女，三女其一雷出也。先生謂：「女出有嫡庶，稍衰等可。」安人張目曰：「等女耳，何嫡庶之有？」語畢而瞑焉。嗚呼！死生之際，可以觀人。始安人畜妾雷頗嚴，不知者見謂若束濕，乃知視其子若女如己出，死猶惓惓焉。此豈可以聲音笑貌取哉？余益以是知安人之處嫡、妾，嚴於分而明於大義，與夫貌爲煦煦，而中實不然者大異。非先生刑于之化，孰克臻此？其宜銘。

安人生丁未九月初六日，得年五十四。子一人，曰吉兆，邑學生，娶永新賀建勳氏女；又子一人，曰吉姚，妾雷氏出，聘彭士曜氏女。女二人，一適茶陵諸生尹一紳，一適鄧林翹；又女二人，妾雷氏出，一適陳飛鵬，一尚幼。吉兆生子四，儒生、仲生、偉生、伊生，儒生聘庠生趙希文女。女三：曰懿秀，許邑諸生趙仕美氏長子；曰敬秀，許茶陵廩生彭芳名氏次子；曰晉秀，許茶陵尹臺先氏次子。墓在本都湖裡龍形壬午亥山巳丙向。

銘曰：安人之生，神或授之。安人之藏，神或告之。其授其告，誰其尸之？宜爾萬年，久臧可知。（録自崇本堂《南溪劉氏續修族譜》）

徵君劉瀘瀟先生元卿

黄宗羲

劉元卿，字調父，號瀘瀟，吉之安福人。鄉舉不仕，徵爲禮部主事。有明江右之徵聘者，吴康齋、鄧潛谷、章本清及先生，爲四君子。初，先生游青原，聞之輿人曰：「青原，詩書之地也，笙歌徹夜，自兩鄒公子來，此風遂絶。」兩公子者，汝海〔二〕、汝光也。先生契其言，兩鄒與之談學，遂

〔二〕「海」，中華書局版《明儒學案》原作「梅」，誤。二公子，指鄒德涵和鄒德溥二兄弟，與劉元卿交好。德涵字汝海，德溥字汝光。

有憤悱之志。歸而考索於先儒語録，未之有得也，乃稟學劉三五。以科舉妨學，萬曆甲戌不第，遂謝公車，遊學於蘭谿徐魯源、黄安耿天臺。聞天臺「生生不容已」之旨，欣然自信曰：「孟子不云乎？四端充之，足保四海。吾方幸泉不流也而故遏之，火不然也而故滅之。彼滅與遏者，二氏之流，吾所不忍。」先生惡釋氏，即平生所最信服者天臺、塘南，亦不輕相附和。故言：「天地之間，無往非神。神凝則生，雖形質藐然，而其所以生者已具；神盡則死，雖形體如故，而其所以生者已亡。然而統體之神，則萬古長存，原不斷滅，各具之殘魂舊魄，竟歸烏有。」此即張横渠「水漚聚散」之説。核而論之，統體之神，與各具之神，一而已矣。舍各具之外，無所謂統體也。其生生不息，自一本而萬殊者，寧有聚散之可言？夫苟了當其生生不息之原，自然與乾元合體。醉生夢死，即其生時，神已不存，況死而能不散乎？故佛氏之必有輪迴，與儒者之賢愚同盡，皆不可言於天下人之際者也。（録自《明儒學案》卷十九《江右王門學案四》，中華書局，二〇〇八年，第四九七—四九八頁。按：標點略有改動）

劉聘君瀘瀟傳

施閏章

公諱元卿，字調甫，安福人。邑西鄉有瀘瀟山，因號瀘瀟。學者稱瀘瀟先生云。弱冠即向往鄒文莊，慨然欲棄舉子業，以正學爲己任。隆慶庚午，魁江西鄉薦。辛未會試，五策多傷時，且及館閣宜擇賢，不宜循資取位。時張居正秉衡，甚恚之。又窮索其經義大結云「孔也無良，坐擁相位」，遂行部戒飭。尚書潘晟深相器重，士紳咸誦仰之。既還家，居正授意偵者跡其事，謀置之法。偵者密謂人曰：「我實張公所託，然元卿君子，無一可議，獨其紙筆輕薄耳。」由是幸脱禍機，而譽日隆。師事劉三五先生，先生授以王文成「立志説」、「拔本塞源論」。雅意宗企泰州王艮。自甲戌上春官不第，絶意公車，自抹文引，題江門「春浪」之句。嗣是無歲不求師友。己卯，詔毁天下書院，世皆畏言講學，先生堅不爲動，列劉元城事喻之，聚徒講論自若也。甲申，學禁方開，給事中鄒元標特疏薦諸朝，其略曰：「元卿負邁俗之志節，蘊濟世之經綸，風動一方，庶幾實踐君子，鳳翔千仞，允矣高蹈逸民。」祭酒趙用賢、御史朱鴻謨等先後列薦。己丑，特旨徵聘，力辭。癸巳，即家授國子博士，辭弗獲，赴召，升禮部主事。時朝鮮貢使入覲，推先生主客宴，賜互市成禮。又疏請視朝勤政，及鄒文莊、王泰州從祀，皆不報。三年，乞休里中。修復禮、識仁、中道諸書院，聚徒講學。與王塘南、羅公廓兩先生同修《郡志》，記敘詳明，至今宗之。其學宗耿天臺先生。聞耿時提「生生之謂易」一語以詔學者，遂恍然於孟氏「火然泉達」之旨。及耿授以「三關四證」，學乃滋達。嘗有詩云：「無欲恐非覺後語，識仁疑是夢中天。人人自有中和在，何必深求未發前。」又嘗謂：「孟氏之願學孔子者，直以子弟從之孝弟忠信爲勳庸，以距詖放淫爲天吏之征討，以守先待後爲創垂之統業。」其大旨可窺矣。居鄉揭「四禮」以教後學，俗爲一變。楚攸故與邑接壤，界田數百畝侵於楊氏，攸民以虚納税糧爲累。先生得攸令片札，親婉諭之，而楊氏頓悟，輸税不累攸民。又堯水者，茶陵盜藪也。有巨盜糾黨劫掠，縱火焚燒，安、永之間，無歲不被其害。先生上書，言當剿，狀二省會議，合兵追捕，而賊從殄滅。自此諸邑寧静，居民安堵矣。至邑大利便，無不爲。當事言之，動中窾會。而縣大夫至者，皆就而問政可否、緩急之宜。先生每開陳，忠慨切至。初未嘗以私事謁請。其通識政體，善應事機，又非拘儒所可及者。晚益有悟於聖儒之辨，語在《七九同符序》中。道日益隆，譽日益廣，海内學者仰之如泰山北斗。以故千里負笈，屨滿户外。本邑則趙士美、趙希文、王應庠、王應序、趙宗發、郁克正等爲其徒，創近聖館以祀焉。所著《大學新編》、《山居草》、《還山續草》、《明儒宗解》、《通鑒纂要六鑒》〔一〕、《諸儒學案》、《福乘藏稿》行世。（録自清乾隆二十五年刻本《蓮花廳志》卷八上《藝文志》）

劉元卿傳

元卿，字調父，安福人。舉隆慶四年鄉試，明年會試，對策極陳時弊，主者不敢録。張居正

〔一〕 按：歷代書目、《劉徵君年譜》、鄒元標《墓誌銘》及劉氏本人文獻等，均未提到此書。從書名看，疑是《六鑒舉要》的異名。

聞而大怒，下所司申飭，且令人密詗之，其人反以情告，乃獲免。既歸，師同邑劉陽，王守仁弟子也。萬曆二年，會試不第，遂絶意科名，務以求道爲事。既累被薦，乃召爲國子博士。擢禮部主事，疏請早朝勤政，又請從祀鄒守益、王艮於文廟，釐正外蕃朝貢舊儀。尋引疾歸，肆力撰述，有《山居草》、《還山續草》、《諸儒學案》、《賢奕編》、《思問編》、《禮律類要》、《大學新編》諸書。

（録自《明史》卷二百八十三，中華書局，一九七四年，第七二九二—七二九三頁）

劉元卿傳

瀘瀟劉先生元卿，字調甫，安福人。自弱冠即向往鄒文莊，慨然欲棄舉子業，以正學爲己任。庚午，魁江西鄉薦。辛未會試，五策多傷時，且及館閣宜擇賢，不宜循資取位。時張居正秉衡，甚恚之。又窮索其經義大結云「孔也無良，坐擁相位」，遂行部戒飭。尚書潘晟深相器重，士紳咸誦仰之。既還家，居正授意偵者跡其事，謀置之法。偵者密謂人曰：「我實張公所託，然元卿君子，無一可議，獨其紙筆輕薄耳。」由是幸脱禍機，而譽日隆。師事劉三五先生，授以王文成「立志説」、「拔本塞源論」。雅意宗企泰州王艮。自甲戌上春官不第，絶意公車，自抹文引，題江門「春浪」之句。嗣是無歲不求師友。己卯，詔毀天下書院，世皆畏言講學，先生堅不爲動。甲申，學禁開，給事中鄒元標、祭酒趙用賢、御史朱鴻謨等先後列薦。己丑，特旨徵聘，力辭。癸已，即家授國子博士，辭弗獲，赴召，陞禮部主事。時朝鮮貢使入覲，推先生主客宴，賜互市成禮。又疏請視朝勤政，及鄒文莊、王泰州從祀。三年，乞休里中。修復禮、識仁、中道諸書院，聚徒講學。與王塘南、羅公廓兩先生同修《郡志》，記敘詳明，至今宗之。其學宗耿天臺先生，嘗有詩云：「無欲恐非覺後語，識仁疑是夢中天。人人自有中和在，何必深求未發前。」大旨可窺矣。遠方學者屨滿户外，本邑則趙士美、趙希文、王應庠、王應序、趙宗發等爲其徒，創近聖館祀焉。所著《大學新編》、《山居草》、《還山續草》、《明儒宗解》、《通鑒纂要六鑒》、《諸儒學案》、《福乘藏稿》行世。（録自清順治十七年刻本《吉安府誌》卷二十四，台灣成文出版社有限公司，一九八九年影印，第四二〇—四二一頁）

劉元卿傳

瀘瀟劉先生元卿，字調甫，西鄉南陂人。弱冠棄舉子業，以正學爲己任。庚午，魁江西鄉薦。辛未會試，五策多傷時政，且及館閣宜擇賢，不宜循資取位。時張居正秉衡，甚恚之，遂行部戒飭。尚書潘晟深器重之。既還家，居正偵跡其事，謀置之法。偵者密謂人曰：「我實張公所託，然元卿君子，獨其紙筆輕薄耳。」由是幸脱禍。師事劉三五先生，授以王文成「立志説」、「拔本塞源論」。甲戌，上春官不第，絶意公車。己卯，詔毁天下書院，世畏言講學，先生堅不爲動，聚徒講論自若也。甲申，學禁開，給事中鄒元標特疏薦諸朝。己丑，特旨徵聘，力辭。癸巳，即家授國子博士，辭弗獲，赴召，陞禮部主事。時朝鮮貢使入覲，推先生主客宴，賜成禮。又疏請視朝勤政，不報。三年，乞休里中。修復禮、識仁、中道諸書院，聚徒講學。與王塘南、羅公廓兩先生同修《郡志》。其學宗耿天臺先生。聞耿時提「生生之謂易」一語以學者，遂恍然於孟氏「火燃泉達」之旨。及耿授以「三關四證」，學乃滋達。又嘗謂：「孟氏之願學孔子者，直以孝弟忠信爲勳庸，以距詖放淫爲天吏之征討，以守先待後爲創垂之統業。」其大旨可窺矣。楚攸故與邑接壤，界田數百畝侵於楊氏。先生得攸令片札，親婉論之，而楊氏輸稅，不累攸民。又堯水者，茶陵盜藪也。先生上書言當剿，狀二省會議，而賊從殄滅，稱樂土。晚益有悟於聖儒之辨，語在《七九同符序》中。趙士美、趙希文、王應庠、王應序、趙宗發等爲其徒，創近聖館祀焉。所著《大學新編》、《山居草》、《還山續草》、《明儒宗解》、《諸儒學案》、《福乘藏稿》行世。（録自清康熙十八年刻本《安福縣志》卷三，台灣成文出版社有限公司，一九八九年影印，第二八八—二九〇頁）

劉元卿傳

劉元卿，字調父，安福人。隆慶庚午，舉于鄉。辛未五策多傷時政，且及館閣宜擇賢，不宜循資取位。時張居正秉衡，甚恚之，遂被黜放還。居正黨欲藉手獻媚，授意偵者踪跡其事，謀置之法。未幾，偵者密謂人曰：「我實某所托，然元卿君子，獨其紙筆輕薄耳。」由是幸脱禍機，而譽日益隆。己卯，學禁方開，給事中鄒元標、祭酒趙用賢、御史朱鴻謨等先後列薦。己丑，特旨徵聘，力辭；再被詔，陞禮部主事卿。乃上疏，請視朝勤政，及鄒守益、王艮從祀。遂乞休里中。修復禮書院。所著有《大學新編》、《明儒宗解》、《通鑒纂要》、《諸儒學案》。（録自康熙二十二年刊本《江西通志》卷三十六，台灣成文出版社有限公司，一九八九年影印，第三九四八—三九四九頁）

劉元卿傳

劉元卿，字調父，安福人。舉隆慶四年鄉試。明年，會試對策，極陳時弊，主者不敢録。張居正聞而大怒，下所司申飭，且令人密詗之，其人反以情告，乃獲免。既歸，師同邑劉陽，絶意科名，務以求道爲事。既累被薦，召爲國子博士，擢禮部主事。疏請早朝勤政，又請從祀鄒守益、王艮於文廟。尋引疾歸，肆力撰述，有《山居草》、《還山續草》、《諸儒學案》、《賢奕編》、《思問編》、《禮律類要》、《大學新編》諸書。自吴與弼後，鄧元錫、章潢與元卿並蒙薦辟，號「江右四君子」。《白志》

按：元卿初受業於劉三五，復遊學於蘭溪徐魯源、黄安耿天臺，學者稱爲瀘瀟先生。《原跋》

（録自雍正十年刊本《江西通志》卷七十九，台灣成文出版社有限公司，一九八九年影印，第一五六四頁）

劉元卿傳

劉元卿，字調甫，號瀘瀟，上西鄉二十五都南溪人。弱冠即向往鄒文莊，以正學爲己任。隆慶庚午，魁江西鄉薦。辛未，上計偕，爲王文肅所首薦。因五策傷時，忤張居正，遂行部戒飭，且欲踪跡其事，謀置之法。偵者無可訾議，得脱禍。甲戌，復上春官不第，絶意公車。師事劉三五，授以王文成「立志説」、「拔本塞源論」。雅意宗企耿天臺、王泰州，往復討論，得其旨趣。己卯，詔毁天下書院，獨講學自若，堅不爲動。甲申，學禁方開，給事中鄒元標、祭酒趙用賢、御史朱鴻謨等先後列薦。己丑，特旨徵聘，力辭不赴。癸巳，即于家授國子博士。縣大夫造廬勸駕固請，乃起。尋陞禮部主事。時朝鮮貢使入覲，推主客宴，賜互市成禮。又疏請視朝勤政，及鄒文莊、王泰州從祀，皆不報。三年，乞休里中。修復禮、識仁、中道諸書院，歲有常會。置義田，葺橋梁，建社倉備賑。與王塘南、羅公廓同修《郡志》。遠近從遊千百人，賢者皆出其門。居鄉揭「四禮」以教後學，俗爲之一變。凡邑大利便，無不爲。當事剴切，敷陳動中肯綮。其清攸邑界田，平堯水巨盜，尤爲諸邑所仰賴。所謂仁人之言，其利溥也。其學以求仁擇術爲要，以四端擴充爲工，以尊師取友爲精神。而二氏之説，闢而絶之，不遺餘力。年六十有六，無疾而卒。其徒趙士美、趙希文、王應庠、王應序、趙宗發、郁克正等創近聖館以祀焉，私謚曰正學先生。所著《大學新編》、《山居草》、《還山續草》、《明儒宗解》、《通鑑纂要六鑒》、《諸儒學案》、《福乘藏稿》行世。宣城施閏章爲立傳。（録自清乾隆二十五年刻本《蓮花廳志》卷七《人物志》）

請修遺賢薦用之典疏

趙用賢

南京國子監祭酒趙用賢壹本申飭監規、修明祖制以隆治化事，内開一曰請修遺賢薦用之典。臣等竊見國初人才悉聚於太學，故當時所舉用者，亦時超於常格，至今以爲美談。臣不敢遠舉，如成化、弘治中舉人陳獻章、湛若水，或以薦起，或以徵赴會試，其後皆爲名臣。是以爲此我朝極盛之日，故其得人亦獨盛也。近世太學雖設，蓋以籠天下之才，徒聞開納之例頻頒，加級之令數下。昔之所稱爲賢關，今乃辱爲利窟。即今在監，非無一二能文詞者，不過厭名場之難於獵取，故假此以爲捷徑耳，非若曩時所務皆實學，所蓄皆真才也。臣等以爲天下之才不數，而我皇上久道化成，則應運而生者，當不真乏人。臣愚竊謂薦舉辟召之令，亦宜間一舉行，使天下知朝廷所注意，不顓在入貲，而世風向慕，亦稍知有道德之重。

臣等自數年以來，亦專心查訪，如江西建昌府新城縣舉人鄧元錫，飭躬厲行，志希聖賢，少舉鄉試，養母六年矣。其方嚴介潔，行既不爲詭隨；其潛心積學，才實堪於經濟。吉安府安福縣舉人劉元卿，惇行古道，潛修大業。其制行之方潔，一毫不苟於取予；其應事之周詳，百爲率由于禮義。元卿所居一鄉，最稱善訟，今皆化其德，無一人更犯官府。先年已經給事中鄒元標論薦，臣等復加研審，無異元標所言。陝西西安府藍田縣舉人王之仕，孝弟力田，行不踰軌範，詩書敦悦，名已動於鄉閭。雖其久嬰足疾，然而縉紳之過其廬，未嘗不式敬焉。此三人，皆古之逸民，而實圣世之遺賢也。臣以爲如元錫者，宜除之禁近，可備採擇，即用之郡縣，當爲循良。元卿雖自毀其引，宜如湛若水例，或令之會試，或督之赴監，勿使終老於山林。之仕即準近日王敬臣故事，授以京銜，使足表率一鄉，而曲成後學，誠今日風世之勝軌也。

伏乞敕下吏部，再加查訪，特賜録用。臣查得隆慶三年，祭酒姜寶具薦舉人傅大、趙蒙吉等，皆以隸名國子監，故敢薦揚。臣所舉三人事體，實與相同，伏惟聖裁。

奉旨：該部知道。（録自崇本堂《南溪劉氏續修族譜》）

奉辟遺賢移文

吉安知府

吉安府爲遵成憲，辟遺賢以端國本、以慰羣情事。行據安福縣申奉本府帖文，承奉分守湖西道右參政劉案驗，準本司咨奉欽差巡按都御史莊案驗，準吏部咨該本部題文選清吏司案呈云云等因。萬曆十七年五月二十七日，太子太保、吏部尚書楊等具題二十九日奉聖旨：是，欽此。欽遵，擬合就行。爲此合咨前去煩照本部，題奉欽依內事理，欽遵施行等因。準此，擬合就行。爲此，仰司照依咨案，備奉欽依內事理，即便轉行該道府縣備查：鄧元錫若已病痊，與劉元卿一並起送，赴部敘用，仍通行各屬一體。欽遵施行。又準本司咨蒙巡按江西監察御史劉案驗，同前事行司移咨到道，備行本府帖，仰本縣備照去札案內事理，即便查勘舉人劉元卿，照部文起送赴府，轉送赴部敘用施行等因。奉此，本縣知縣吴應明遵奉欽內事理，親詣舉人劉元卿宅上，以禮敦請起送，赴部敘用。

隨據劉元卿令男生員劉吉兆報告：爲患病，不能動履，懇辭恩命，令調理以圖補報事。元卿今年四十六歲，由本縣儒學生員應隆慶四年鄉試中式，隆慶五年會試策，語觸犯時忌，落第還。至中途，聞父棄養，抱恨終天，進取心灰。寡母彭强復應舉，萬曆元年再赴會試，下第。念母衰頽，懲羹心切，一意侍養。親終服闋，仍擬就試。因受質薄弱，血氣早衰，年未四十，微髭短髮，白者大半，册前燈下，認字朦朧，一感風寒，輒復成病。或經拜跪，骨節內鳴，庭中咫尺，步履艱難。訪之鄰縣名醫，皆謂元氣內傷，若不静養，勢難保全。自分終老林丘，苟延餘日。不期虚名屢污薦牘，該吏部復題，要得起送敘用，致蒙車駕親詣窮谷，趨令起程。尫羸之狀，一目盡知。

竊念元卿自幼讀書，志將何爲？再赴會試，無非求仕，況今遭遇清明，舉行曠典，心非草木，豈甘終遁？衰病相尋，福緣淺薄，力不逮志，命與時違。此螻蟻微情，實堪憐憫，懇乞轉賜申文，容令静攝。倘犬馬微軀，不致速殞，尚當勉效於異日，激切上告等情到縣。

據此，該卑職照得舉人劉元卿學求爲己，道任覺民。雖家居已十餘年，非公事不見邑宰。處岩洞之鄉而正己表率，則幾百年陋習，還淳明聖人之學。而隨資陶熔，則數十里士風薰善，以萬物一體爲量。而經濟更優，以匹夫不獲爲辜，而規模甚遠。允爲昭代真儒，不獨江西偉彦。且年方强壯，堪任驅馳，況病非膏肓，無待於瞑眩。俟其身體稍平，卑職再爲禮請，緣奉本府行縣查勘起送事理，合就申請轉報等因具申到府。據此，該本府看得：本生篤學明心，敦行體道。志伊尹之志，而耻一夫之不獲；學孔子之學，而折百家之亂真。黜邪崇正，儼然一代真儒；表正影端，可爲期世風勵。但退養丘園已久，難決幡然之志，進應知遇，初隆可期。勿藥之愈，俟其氣體少平。職等再宜禮請，緣奉行仰起送赴部敘用事理，本府未敢擅便，合就申請轉報。爲此，府司令備前由，另具書册具申伏，乞照驗轉報施行。（録自崇本堂《南溪劉氏續修族譜》）

奉辟遺賢移文

江西布政使

江西等處承宣布政使司、分守湖西道右參政劉信，牌爲遵成憲辟遺賢以端國本、以慰羣情事。萬曆十八年七月二十七日，準本司咨蒙巡按江西監察御史陳憲，據本司經歷司呈，準分守湖東、湖西二道咨該本司查，看得「新城縣舉人鄧元錫、安福縣舉人劉元卿，學富醇儒，行追往哲，均當世用，庶不遺賢。但縣官詣門敦請再三，各稱卧病未愈是的。且該道府復查，待其病痊，另文起送，俯順其情，合先呈報」等因，蒙批此清時盛典，不宜終寢。候二生病痊之日，即行該府縣敦趨報繳移咨到道。準此案照先爲前事，已經行。據該府申據、安福縣申稱「舉人劉元卿患病，不能動履。俟其氣體少平，再行禮請」等因，具申到道，咨司轉詳，去後令準前因，擬合就行。爲此，仰俯官吏查照先令事理，即便轉行該縣遵照。候本生病痊之日，敦趨起送，赴司轉運，赴部敘用施行。仍將起送日期具由申繳查考。（録自崇本堂《南溪劉氏續修族譜》）

授劉元卿國子監博士文憑

江西巡按御史

巡按江西監察御史陳憲牌爲查處文憑以便赴任事。萬曆二十一年六月十一日，奉都察院勘札，準吏部咨轉發銓授國子監博士劉元卿文憑一道到院。看得本官正誼明道之學，維風起敝之猷。劉蕡不用登科，杜門而著述者二十載；王烈由來表俗，薰德而善良者幾千人。間心雖戀白雲，仙詔已來丹鳳。成均作範，重逢側席之求；樞要漸登，庸展匡時之略。在清朝稱曠典於賢者，爲休徵名下，無虛寰中。繫望吾有司禮當勸駕，豈徒具爲彌文？願徵君早赴會公車，庶不負其所學，爲此仰府行縣掌印官即將發來文憑，親造其廬，敦趨就道，仰答國恩，勿虚盛典，仍具啓行，日期同牌繳查。（録自崇本堂《南溪劉氏續修族譜》）

神宗授禮部主事劉元卿承德郎制

朕寤寐賢儁，以天下羅之，猶慮逸焉，則搜求巖穴，與共天位，乃績底明，亦克愜於朕志。爾禮部主客清吏司主事劉元卿，力學古人，直言世事，忤時遠引，物論歸賢。朕特試爾於辟雍，多士以爲楷，乃擢佐客部大夫。而爾信足孚頑明，能紀遠式、揚文德，譓彼要荒，朕甚嘉之。兹以歲滿，授爾階承德郎，錫之敕命。朕聞之君子難進，進不隱賢。《易》不云乎：「井渫用汲，王明受福。」朕業爲汲矣，爾尚究而之所爲福者。欽哉。（録自崇本堂《南溪劉氏續修族譜》）

神宗贈劉陞承德郎制

質行之士，修之如不足，而積之爲有餘。國章所録，天道所有，皆是物也。爾遥授大通關提舉劉陞，乃禮部主客清吏司主事劉元卿之父，入貲不爲禄仕，出粟克賑歲飢，鄉評目以善人，長吏推爲約正。維誠維厚，克篤家祥，眷我望郎，緊而肖子。兹贈爾爲承德郎禮部主客清吏司主事，庶旌遺德，用勵澆風。（録自崇本堂《南溪劉氏續修族譜》）

神宗贈劉陞妻彭氏安人制

詩禮有訓，微獨庭之嚴也。勞以成慈，惠在折藁，故疏賞均焉。爾遥授大通關提舉劉陞妻彭氏，乃禮部主客清吏司主事劉元卿之母，家閑孝烈，性賦端莊，順不忘規，有家宜之，食而能教，有子展之，鐘鼎方來，栝棬既往。玆贈爾爲安人，式賁淑靈，永流東閣。

萬曆二十五年五月十七日敕命之寶。（録自崇本堂《南溪劉氏續修族譜》）

神宗封劉元卿妻陳氏安人制

自昔高尚之士，必有以德齊曜者。一旦登庸，即佩與紱，俱宜已。爾禮部主客清吏司主事劉元卿妻陳氏，夙以女士，宜於君子。公車汰跡，惟爾偕之隱；客部揚芬，惟爾佐之修。玆封爾爲安人，祇服恩華，益敦順正。

萬曆二十五年五月十七日敕命之寶。（録自崇本堂《南溪劉氏續修族譜》）

劉正學先生私謚議

鄒德泳

謹按：先生承文莊之後，追王文成之旨，以道自任，以學開人，功澤在鄉邦，典型在後進，匡沃在章疏，勛望在寰區。海内同志當有知先生而以易名請於朝者，唯是吾黨承學，慨哲人之云逝，傷仰止之無從。於是本同然之情，倣前賢之典，暫崇私謚，以正廟稱禮也。泳兄、先生，學本同人，功深自得。從公車謝念以來，日聚其精神於師友之間且四十年。同志景從，履常滿，至不能容，則多方創道宇處之。而先生以時臨講，隨材造就，士無賢愚，各愜其所欲請，三百里内，風俗爲之一變。竊見先生言無枝葉，旨皆切近。當士論喧繁、俗尚詭異之日，獨持性善之説，以堯舜爲必可爲，以平旦乍見之真爲堯舜之面目，以事親從兄爲堯舜之實際，以四端擴充爲堯舜之工課。同志師濟，一堂吁咈，爲堯舜之志趨。至屏黜異端、詰詆幻談，如所疑於朝聞臆説及大事譯，與王大常先生鷺院答問十條，反覆辨難，不遺餘力。又豈先生之得已哉？孟子「我亦欲正人心，息邪説，距詖行，放淫詞，以承三聖」，先生之心，夫亦猶是心也。昔人評韓昌黎以《原道》一篇功配孟子，乃仁義道德之旨，尚涉影響。豈若先生明白洞徹，毅然辟邪衛正，爲有功於堯舜者耶。愚謬爲之説曰：精一之學，昉於堯舜，大明於孔子，而孟子爲正傳；致良知之學，昉於文成，大明於文莊，而先生爲正傳。以先生配孟子，竊謂非阿所好者，請謚曰正學先生，其可。

萬曆己酉鄒德泳謹識。（録自崇本堂《南溪劉氏續修族譜》）

附録四

序跋

劉徵君全集序

劉學愉

往予按部西里，入復禮書院，爲劉瀘瀟先生講堂。西在僻壤，俗不古處，賴先生崛起，倡道山中，一時絃誦，同於鄒魯。慨自明末以來，稍稍有不然者，如月之有盈必虧，有虧必盈，此無往不復之理也。

余解組後，以北上來安成，先生之後賢與劉之子姓出而相見，述先生文集數種，吾黨彙編成帙，題曰《劉徵君全集》〔一〕，業已付諸梓，願公弁其首。余作而喜曰：「此盈象也，西其有復古之機乎！但千鈞之鼎，豈尫夫所能舉；鸞鳳之音，非蛙鳴所敢附。」多士復請曰：「吾祖之學受之

〔一〕按：即《劉聘君全集》。

楚天臺夫子，吾黨又辱公門牆，吾黨念今之師泝流而念祖之師，公豈不念今之子弟泝流而念昔之執經者乎？天方授楚，公其何辭？」余乃盥誦先生之文章，拜手而颺言曰：「此先生談學之書，治世之譜，不僅作文章觀也。」

獨怪端木氏聖門穎悟之最而猶曰：「夫子之文章可得而聞，言性與道不可得而聞。」是舉性道、文章而二之也。今余讀先生之書，頗能窺先生之學。當其處也，有《山居草》，及立朝未久，退而有《還山續草》、《寓言》種種，無一非至道存焉。姑勿論其學術文章，跡先生之出處進退，皆合乎仕止久速之軌。尼父廣其道以教萬世，先生屈其道以教西里。嗟乎！何造物之隘先生也！然西里猶不能守其教，何也？此運數厄之也。昔尼父典籍亦罹焚坑，至漢始有伏生之傳壁間之藏，盡出以示後人。茲合刻先生之文，亦伏生壁藏之會。

先生之道將大明於天下，豈徒以文章炫世哉？顧多士念祖聿修，不徒以文章爲具觀。昔魏謨獻祖笏，李陵有祖風。何益於身？何先於祖？必如子思之述祖，光昭家學，使西里仁育義正，達之四海，咸仰先生「三關四證」之傳，斯足以盡先生之學。若先生之奏疏、簡牘、序記、題跋，仙才妙韻，堪與李青蓮、蘇髯公並垂千古。但想起蘇、李而問，猶必曰：「我理失而文不足徵也。」謹序。

時康熙六十一年壬寅歲秋八月下浣，楚華容後學劉學愉拜撰。（録自《劉聘君全集》）

復禮會語跋[一]

周一濂

徵君稱宗而譚，獨近日哉？顧譚者揚扢，匪新於故；而聽者憒悱，未迨於今。斯是大義，苞塞曉曉以起。有則曰："徵君不言内而庸。"曰："徵君蓋惡夫造作本體之爲内。"有則曰："徵君特見外而庸。"曰："徵君抑又惡夫離本之爲外。"其心事徹一之宗、下學上達無兩之旨，當時同遊者曾無有味悦其説而闡之，以間執衆口獨苦良工矣。是會也，各相徵詰，似若來就徵君之途。徵君剖之，又各歡未嘗有。門人尹子介卿尤津津者，於是請墨而劂之以流。嗟乎！此非徵君中氣一時乎？濂固非能知言者，脱尚有目移是刻，則濂亦何力之能爲？

庚寅季冬之望，思極周一濂跋。（録自《復禮會語》）

山居草序

周一濂

以余觀於今之[二]有耿先生、劉徵君也，一以雄鳴，一以雌應。蓋運有所會，若將俾之，爲員

[一] 按：底本原無題，今加此名。
[二] 「之」，底本原奪，據乾隆二十五年刻本《蓮花廳志》卷八上《藝文志》所收該文補。

爲輔，相成以馳大道云。大江以西，自文成授學來吾邑，尤稱彬彬。乃至隆、萬間，其業寖弊：格修者外膠，念守者内窮，無患也。有則鑿鑿譚體，一以爲心實靈虛，物有結〔一〕之，須離物以存之也者；一以爲心貫動静，即觭證於動静，失其居，須兼持於寂感也者；一以爲遺事者離，兩存者支，須研幾於勝負屈信之始也者。失研幾，其近者也，猶隱然若有物焉，其間雖一貫自命，其實歧心與事而二之。二之矣，豈復有能即事盡道者？彼且帖括自愛，彌近彌遠，先後唱喁，相驅罟擭。

吾懼夫倀倀貿貿，白旦而長夜已。徵君夷然不屑也，曰：「六經、《語》、《孟》無若所云，豈其子輿氏之言四端，猶不足徹上下、貫精粗，而顧思以易之？吾一宅而寓於不容已，内外有無，百斯置焉。況心量無涯，萬物皆備，故兼三施四，下襲上律，然後乃滿其量，不則索之一腔，安得謂存？」是則徵君之大者矣。

前者楚黄耿先生嘗以「三關」之説授徵君，徵君愈益自信。時辛卯，復偕余稱贄耿先生所。余猶識先生之別徵君也。蓋穆然咨嗟三致意焉，明以先生之道屬徵君守之。豈其中天揭日而猶瞀然，土苴一切以跳于堯、孔，斯所繇各置兩君於江漢之間，使還相爲證，以信於天下來世，則

〔一〕「結」，底本模糊，據《山居草》原序補。

天之未喪斯文乎！顧在安成，猶若於斯旨未盡罄焉者。

於是陳太學私於濂曰：「子嘗語徵君於余如是矣，未必人盡所謂，毋乃謦欬之不得於心，孰與誦讀其書之可據而繹也？吾今請其文於木以流焉。」濂曰：「噫！固也。端木氏億則屢中，曰：『夫子之言性與天道，不可得聞。』夫固謂即言即道，而惜洙泗之無聞也。今徵君之文行矣，觀者豈猶曰：『夫子之文章可得而聞耶！』」若是，則余亦不敢知，第不可虛陳君之雅，敬次其著作，卷編爲四，以復於陳君，而弁其端如此。

萬曆癸巳孟夏，陳會山人周一濂拜撰。（録自《劉聘君全集》）

山居草後序

周之望

原夫混沌即鑿，元教裂而百家方術益分，微言絶於六藝，人各其緒，户各其傳，遂使守窔者失天庭，承沫者迷源窟，此古人所爲不勝一卷之異意，而興慨於嘵嘵者也。是以日月之經，不千里不足燭六合；江河之流，不四海不足至百穀。夫老氏譾諓多誦鞶帨是繡，苟以嘩衆取寵，蒙無猜焉。若乃稱堯舜、述孔氏者，猶且察於單詞，信其隅説。或崇奇而卑坦，或取顯而置微。有則信習疑性，是性猶假於人設也；有則尊見抑心，是心可使有二本也。堅瓠拒入，繫匏不食，若斯之倫，有同聚訟。於是張臆而譚者昉，乘罅而奮其觚舌，因斯以言，其故可知矣。

我瀘瀟劉先生啓獨識於上玄〔一〕，稟正印於先覺。匪姚姒不服，直輾轉以透其關；匪鄒魯不依，務馳騁而要其宿。演繹之暇，發爲文章。爰自詮情，以逮析理，或敷衽論心，或搦管紀聞。稱引殊端，宗歸共貫統之。廓詖滯義，暢厥皇衷。大曙執中之竅，不可眩以奇；衷踐集成之途，不可畫以偏致〔二〕，又何至儐儐然？設一持以蔽觀，耽故臼而塞竇哉？粵昔五臣纚纚於虞謨，四科斷斷於魯語。近者姚江揭知體，新會明自然，皆升乃聖之堂，跡殆庶之軌，具有篇籍，覺我來裔。詎至斯時，人設反理之評，士吐詭道之論，紫色蠅聲，所以姍笑素王、惑亂黔首者，紛紜滋蔓，蓋不勝隱慼焉。其在哲人，烏能已矣！里中陳太學、周山人咸托性遠，夷屏心塵雜。其於先生固已自同資，敬穆若芝蘭。甫乃採兼金於麗水，探良璧於昆麓，收其全瑜，登其絶精，得若干卷，科別〔三〕爲四。

嗚呼！韶鈞奏而濮上之調息，正朔定而僞〔四〕邦之戈倒。讀是編者，誠知覺寤，庶幾含經〔五〕

〔一〕「玄」，底本作「死」，誤，今據《山居草》改。
〔二〕「致」，疑似衍文。
〔三〕「別」，底本作「名」，誤，今據《山居草》改。
〔四〕「僞」，底本作「爲」，誤，今據《山居草》改。
〔五〕「經」，底本作「輕」，誤，今據《山居草》改。

之士望涯而反，味道之儒盈量而歸。二君之志，將由乎此，此豈直以媒雕章衒縟采已哉？如其意在買櫝，心匪得魚，甚且疏污壤以充闈，服蕭艾而盈腰，則申椒之芳馨〔一〕不減，幽蘭之綴賞無期也。文將在兹，請俟來哲。

禾川門人周之望渭卿拜撰。（録自《劉聘君全集》）

山居草跋〔二〕

陳國相

桓譚氏必子雲之書之足行於後也，自書必之也，而猶不能不惜其親見子雲也。嗚呼！末乎其言之矣，何必禄位、言貌動人乎哉！

我劉徵君求仁之學，不倚名位，不待功能。就之和以温也，冬日之日也；聆之辨而理也，盈量而歸也，則莫不就之不忍去。聆之，懼其言之易以竟，於是願得徵君一言半句於紳帶。洵爲〔三〕徵君假四方之所，請謁一切寄意於篇札，固已犁然滿笥矣，其奈有見不見也。

余因謀諸周山人，得次而梓之，使不止爲闤闠間物。其故則思極氏言之詳矣。雖然，讀其

〔一〕「馨」，底本作「聲」，誤，今據《山居草》改。

〔二〕按：底本題作《跋》，查爲《山居草》之《跋》，故名。

〔三〕「洵爲」，《山居草》作「間焉」。

書，則懇懇惻惻於赫蹏者，無非言其所以也。固可以得徵君而不必親見徵君也。親見徵君則言論心思宛然其書也，亦無憾乎親見徵君也，而何論書之必行於後哉！萬曆癸巳冬十月書刻成，因識之若此。

二酉山樵陳國相謹跋。（録自《劉聘君全集》）

題還山續草序

汪宗訊

嗟夫！日月易逝，此學難明。不敏三月渡江，蹑蹻擔簦而至吉水。又自吉水躡蹻擔簦，八月渡瀘，而問衡陽，過安成，税駕南溪。南溪在深山窮谷之中，迺鍾一劉徵君調父先生哉！因訪先生，留之信宿。見其貌晬如，聆其論穆如，家範井如，外使令肅如。某不勝感嘆，信斯道斯文，泰嶽必在於兹乎！亡何，先生出《還山續草》示予，予讀之卒業。誠不翅詩如「雁隨雲共遠，天與水平分」之句，足追唐人門户；其序、記、志銘、傳注、奏疏之屬，篇篇非關治統，則關道統，情含鏡花水月，理析蠶絲牛毛。三日暮不釋手。

客有詰余曰：「徵君所著，都則都矣，然初著《山居草》，又著《還山續草》，得毋狃於山而尚志乎？」余曰：「非客所知，徵君本深山大澤之龍蛇也。初以孝廉公車則進，尋以射策忤江陵則退，後以累徵蒲輪則進，又尋以不得行其道則退。是故先生於朝於野，何適何莫，龍信蠖屈，唯道是從。如其道用則出，道屈則還，道又用則又出，道又屈則又還，先生不嫌其數數也。竊謂先生時還山也，謂《還山草》也宜。且吉人士從之遊者，與吾鄒夫子中分魯教。」

訊昔猶有漢文未見賈太傅，自謂過之之意。今登其堂，覿其德，讀其書，甫信先生真已樹赤幟，登杏壇，磔牛耳以爲盟主。不佞雖年來南北長征，亦偃伏旗鼓之下。總余見先生尸居龍見，淵嘿雷聲，非見先生之緒餘也。雖然，此緒餘亦足以垂不刊。在讀者得之，太羹元味，染鼎可識。如讀者果以書而知其人之高，徑忘其書可也；果以人而知其學之聖，徑忘其人又可也。

嗟乎！嗟乎！先生之學海，愚安敢以蠡測之，但序余所以遊，而逆先生所以逆而服先生。故臨歧援筆，略敘大意耳。先生視之得毋掀髯太噓，江東菰蘆中亦何有此阿蒙，能窺吾雄楚大國一斑哉！江東阿蒙即距躍三百矣。

序成，政戊申八月七日，余有南嶽之遊。時馬以鳴矣，行李載道，僕情甚邑邑，不忍别先生。即仗劍倚大樹下，慷慨悲嘆而歌之。歌曰：「瀟湘秋兮水沄沄，芙蓉擷兮雁南音。雄劍撫兮吴門望，長纓濯兮楚上唫。臨流聽兮難續其白雪，對月望兮唯懷其素心。」

新都教下晚生汪宗訊拜撰。（録自《劉聘君全集》）

還山續草序

周之望

昔在癸巳之歲，不肖從師遊也。時有倡異學漢沔間，譚鋒甚鋭，其説幾盈天下。耿先生以爲憂，馳書千里及之，且曰：「吾所爲變色而争，乃人所以異於禽獸者界爾。」師爲此懼，每有著作，輒攄其放淫之思。不肖與故友周思極更互檢録，梓而行於世。篇章臚列，言隨事殊，而簡斥温陵，以别竺乾於泗上，則其大致凛然，春秋外戎之義焉。

亡何，耿先生殁，其人上干吏議，其説亦稍稍熄矣。乃師則又有慨於今日之學術也，往者士多依倚形隅，好冥存寂守。爰尋緒系，從來久遠，夫皆古大儒也。要以凖諸鄒魯，奚啻霄淵。師亦惟是聖儒之分，反覆繹討，崇鞏洛而抑齊魯，倘亦義同《春秋》之大法乎？其在於今，抑又大異。高居深詠，眈眈不測無何之鄉，往往空憶則理蔓，實蹈則事闕。玄境邈絶，虚見横紛。究且肆無忌憚，借理窟以爲藏垢之藪。此其弊，蓋難言之，抑猶是温陵之毒流餘波所濺及也。師亦憂之，諸所爲撰述閑道之言，什紙而九於是。同門朱熙仲、趙今可、甘以光、江弘受、劉爾惠，咸以爲癸巳而來十有六年於此，其間隱而仕，仕而復隱，誾誾於朝，侃侃於里，偲偲切切於友朋。富哉言乎！哀而梓之，是在吾黨小子矣。

之望受讀卒業，竊見師於諸書，自六籍、魯論外，獨惟孟氏七篇是眈是玩，若以百家爲不足參也者。今夫等言仁禮矣，近或增以攝持，則何如直證諸愛敬之爲簡也；等言知能矣，近或採之渾淪，則何如直證諸親長之爲顯也。以平旦好惡，必心之皆良；以從行疾徐，必聖之可學。無區宇，無蹊徑，斯所由閱百世而後滋於孟氏，重有味與！不肖則以孟氏推本聖統，首揭幾希，中敘帝王，而以尼父之作《春秋》承之。固謂《春秋》不作，則邪暴公行，人所爲異於禽獸之界奚辨焉。嗚呼！可謂切且著矣。

今師後先所集，各有歸趣，始曰《山居草》，兹刻曰《還山續草》，爲卷四，爲目十。言豈一端？要於内外、尊抑之際，蓋其嚴已深切著明，夫不亦既見諸行事矣乎？若曰將託空文自見云爾，非師志也，抑非二三子志也。

萬曆戊申夏四月，門人永新周之望拜撰。（録自《劉聘君全集》）

大象觀跋

鄒匡明

匡明學三年矣，未知所以學也，謬謂儒學不足當道之大全，則觀諸大圓覺海以爲至焉。而今乃知《易》道之爲圓覺也大矣。夫易也者，先天地而無始，後天而無終，渾然御天以行其道，無上無下，無本無末，無内無外，而一以貫焉。一切賢聖皆得此成道，夫是之謂大圓覺海。自後世覺之不圓而説《易》者，輒執一法以通之。是故語上則遺下，語本則遺末，語内則遺外，或矯而反之，亦復不能無遺其説，愈詳其學，愈支離而不足以會道之大全。

比者私以臆見質諸師。師曰：「如是如是。」挾予過南溪，出諸儒説《易》者示焉。予乃偕諸子相與虛參而實體之，深研而顯證之，壹唯折衷於師。夫昔之説《易》也，執己見以爲觀；師之説《易》也，合諸儒及諸弟子之見以爲觀，故觀其會通而隨筆傳之，是名《大象觀》。觀《大象觀》而後可以識我師學孔子之宗，因可以識六十四卦之藴與。夫三百八十四爻之奥，其言近，其指遠。蓋《易》之大觀備是矣。抑嘗謂一事不可學者非易，一時不可學者非易，一人不可學者非易。夫天下事事、時時、人人無非易者。顧未能知至至之，知終終之耳。誠知吾身即易，雖不見説易，易自在也；雖不見觀象，象自在也。象且不觀，觀觀何爲？倘所謂大圓覺者，其在斯夫，其在斯夫！

己亥秋八月，門弟子鄒匡明拜手跋。（録自《大象觀》）

賢奕編後跋〔一〕

賀應甲

蓋余劉夫子好友之素，亶乎天植哉！有朋自遠來，則安之。夫子循循，若旨若飴，望廬而

〔一〕 按：底本原題《後跋》，今改此名。

至者，依依已已。又曰：「發舒涊濦，蕩漾神情，則標揭單中，乃或有不中於旁引曲喻也者，所繇《賢奕編》作焉。」博弈猶賢，夫固謂已之則博弈賢也。苟得其所以不已，又豈其博弈也者是賢乎？將抱槧而誦之，而惟之，而有不類觸心醒憮然曠然者，真人情甚相遠耶？言論猷爲各呈心精，巷説街譚乃見天則，然後而今知臭腐神奇在所化耳。富哉言乎！以言乎來者之計，則備矣。雖然，弈秋誨弈，致志者得。若猶是二三其德，秋亦末如之何也已。小子固思援繳射鵠者，讀是編而悦之，以告於家大人。家大人曰：「有是哉！盍請梨諸？爰圖梨之，以明夫子之好。」

友門人永新賀應甲跋。（録自《賢奕編》）

名賢編敘

秦大夔

江右爲環宇奥區，湖山靈秀，蜿蟺扶輿，磅礴欝積，葢千萬禩。以故士生其間，休光芳聞，焜燿今古，自兩都八代，蔚然霞舉。迨昭代道化淪洽，畸人勛弼視昔有加焉。譚道績學，則鵝鹿灑其淵；錯彩振猷，則螺芝絢其色；抗節守忠，則玉笥彪其英。先後輝映，不可尚已。不佞入是鄉，未嘗不想見諸君子之爲人，顧舊有國乘凋謝者，歲月已深。既走簡纁延國中耆碩續輯之，且成緒矣。私惟篇帙浩繁，師程尚遠，復屬喻憲使、劉孝廉暨諸文學分類而約編之，爲目十有一，爲氏二百四十有八。蓋探玄珠於赤水，採羣玉於崑圃，此其略具矣。昭德颺美，不佞事也。故特表而章之，俾四方人士誦江右名賢之盛彬彬如是，即匡嶽蠡澤有榮施哉！抑聞之鳳苞在望，羽儀者比躅；龍門在御，登矚者興思。諸君子雖翩翩逞矣，流風餘韻，今古猶旦莫焉，則覩而思，思而奮千載，私淑洋洋乎。展編具在，固後賢事矣。至於卓致軒品，尚軼聞見之外及束於例而未載者，若萬安之蕭司馬、南城之羅督學輩，未易縷舉，則所俟同志君子於將來爾。憲使名均，新建人；孝廉名元卿，安福人；至先後協理襄厥成者，大參趙君健也。

萬曆壬辰秋七月之朔，東郡秦大夔識。（録自《江右名賢編》）

江右名賢編序〔一〕

彭邊維

……東郡秦公以直指使者來□□，索闔省山川風土、官司政教、□林物産之故，無獲焉，則具玄□四，聘其名碩，考典衷憲具爲《省通志》，有端矣。既而嘆曰：「夫余也，法官也，主明法紀，以飭法而教其本也。」又巡以歲代，即欲章志貞教無繇焉。與專之法，癉惡以懾其邪心乎，毋寧樹之風標賢善，啓其良心，俾有興也。人興行而教刑矣。於是屬喻憲使、劉文學哀《江右名

〔一〕按：底本原缺第一頁，不知題名，今定此名。另，文前省略號指闕頁部分。

賢》爲編先焉。先之也者，風之也。編成爲卷者二，爲目者十有一，名賢二百四十有八人，授首。簡不佞爲之序。不佞竊嘗仰窺夫化理，而知盈天地間，一氣也。是氣之所磅礴，峙之爲山、爲嶽，流之爲川瀆、爲澤，皆上繫夫星土，産育庶類，百材生焉，而得靈且秀者爲人賢。何莫非天？必物各正其形性而後成其爲天，人得是氣以命生。峨峨乎高山，洋洋乎大澤，時平乎，列之爲名臣，以翊國是。其陂也，著之爲節義，以植人紀。而理學也者，反之身心性情以盡人，原之天命率性以達天，又國是自出、人紀所自立也。推之爲忠諫以匡君，爲方正以衹身，爲清介以範俗。何莫非世亂，則卷而懷之爲隱逸，敦而行之爲儒行。而治功、文學、孝友，各以其所造名焉。何莫非人？必人各修其志行，而後成其爲人。天成其爲天，而後能兆變化而庶類繁；人成其爲人，後能府萬物而三才官。不即彝倫斁而世道隨之，亦且如教治，何哉？故有國家之寄者，於人賢必褒表揚厲，樹之風以維世，俾來者儀而象之則而傚焉，以繩引於無窮。斯録之所以志也，教之大務觀風者之道也，直指君以之。或曰：「録統繫之可矣，而區分何也？」曰：「教道然也。唐虞矢謨，必三德六德、浚明衹敬，然後能九德咸事，翕受以敷施；孔門設教，必四科六學、德成材達，而後洙泗之間，渢渢乎生民獨盛也。」故區分之也。録無遺、無僭乎？曰：「風道然也。耳目之所未及、載紀之所弗周、評騭之所劑量，詎無遺脱，詎盡無爽，而標表以軌景，舉一以例百，故風之之道也。」或又曰：「得無有進此者乎？」曰：「有之。」其人而天乎？夫陶彭澤之隱，天隱也。以世晉宰輔，耻屈身異代，人道貞矣，而天豈去此任真無□！匪仁曷依？匪善曷敦？此其隱，詎易名乎哉！歐陽子在政府也，退然讓韓魏公，爲之下而引君當道，臨大節矯其不可奪也，相道光矣。而其學由韓愈、孟子以達於孔氏，著禮樂仁義之實，以合於大道。其徒推尊之曰「天未喪文」。象山子之本悟，悟宇宙之無窮盡也，舉四海之遠，千百世之上下，歸之乎心同理同，曰欲自異焉而不可得。近世王文成之學實本之，而今也大昌。其昌也，江右諸君子之力也。何也？以彼其實，詣而致虚；而即其虚明圓朗者，實際之也：所繇者，天也。他若文丞相之忠，大忠也，化而安衣帶贊見焉。吴聘君之學，質學也，篤而一日記著焉。胡叔心進德居業，兩輪一轂，循循乎伊洛以達天。至國朝諸名臣碩輔，若楊文貞、彭文憲、何文肅、戴恭簡之倫，皆精白一心守道輔德，功施乎廊廟。而人者，謂之江右之産可也，概以爲江右之名賢已也，可乎哉！

讀是編者感而興，興而奮，由鄉國而進之天下，以尚友可知所□衷矣。乃不佞承人乏以督撫斯土也，督以經武衛，撫以洽文治，惟弗戡是懼，而文治者，武備之所自出也。獲是編有師焉，有資焉，得觀感思齊焉，藉爲憲以免於戾。其余之幸也夫！其余之幸也夫！

萬曆壬辰歲中秋日，賜進士第通議大夫、欽差巡撫江西等處地方兼理軍務、都察院右副都御史蜀天彭邊維垣撰。（録自《江右名賢編》）

劉調甫述言序

耿天臺

禪子家有言，一喝含五教。余惟君子五教，善待問者，即一答含之矣。彼答問者，當機而發，即爲化雨；因質進退，斯爲成德達材。得人善述而廣之，後世自有私淑艾者矣。顧失人、失言，智及爲難；立言、聽言，相遇非偶。是以猶龍五千，須闡於關尹；而《訂頑》一編，不輕授於程門也。

萬曆丙子歲，調甫劉聘君偕二三友訪余天窩山中。余得調甫甚歡，攄衷與語，乃調甫臆而籍記之。頃歲辛卯，調甫載來訪問，以視余。余覽之，中多忘出己臆者。噫嘻！余何以忘言哉？古忘言耶，抑自慙躬之逮而食其言如此耶？雖然，無住真詮，惠能實傳宗於蕘夫；應心妙諦，齊桓悟於斲輪。默契忘言，調甫所自得於述言外者，諒尤弘也。（録自明萬曆二十六年劉元卿刻本《耿天臺先生文集》卷十一）

敘劉調甫徵君六十作密湖通譜

羅大紘

紘初受學於蘭谿徐先生，則與調甫并送先生歸蘭谿。坐則對席，寢則聯榻，比目而視，比耳爲聽，比肩而遊，不知爾我。時調甫已棄公車檄，參學有得，而紘求心獨苦。先生終日言學，調甫從間解之，不能發予覆也。既而調甫告歸，紘從先生與老生王之弼入關，歷中原，登華嶽，結坐終南，豁然開悟。竟走藍關，出郢省耿先生，歸。

越二年，赴調甫約，授經復禮書院，遊息書林洞，得禪僧引空。又七年，太守余公聘兩生，贊王太常修《郡志》。旴江羅先生過螺川，入志館，譚出心法，志多定于調甫。踰年，紘始成進士，出太倉王太師之門。調甫一試春官，輒入彀。王太師奇其才。時相惡而斥之，竟落第。遂修顏、閔之志，而王太師終憐愛其才，未已，予時見王太師，言：「劉生不可以試來，獨不可以下尺一招致之，侈當時得士之盛乎？」王太師難之。亡何，趙太史薦海内孝廉三人，調甫儼然舉首。而江西巡按直指亦上書言：「劉生擅經世之學，宜徵辟如陳獻章與吴與弼故事。」天子俞下其章大宗伯。明年，予致諫官，以封事罷歸；而徵書入安成西鄉矣。調甫過予曰：「縣官奈何以職事苦我？」紘曰：「生獨不信徐先生語乎？先生嘗謂：『調甫因時相棄君臣之義，時相過，爾亦過，尚須再赴公車，補此過。』今縱未能自出補過，奈何左明主之知，益其過耶？」調甫兩上疏乞身，不許，始就徵。將過楚辭耿先生。予適遇之郡城，見其舟敝漏，言於太守汪公曰：「劉徵君乘敝舟涉彭蠡危，公能遺之畫舫，謀輒同之入楚，一再省耿先生，何如？」汪公諾。時同行者，兩周生。當時相攜訪友南浦；陟龍沙，乘月泛湖中，浮白聯句；遊鹿洞，尋聖津源；度歲蕲陽，各賦新詩爲樂。四人相顧，自以爲古人勝蹟弗讓也。

調甫授國子博士，改禮部主客司主事，上書不報。未幾，予告歸，與任之太史修《密湖譜》。

其《序》曰：「人情未有不思其所始。夫譜亦本乎人情，而紀載其所從始者耳。」此其大致也。調甫簡易洞達，見者傾心，而其學獨得乎孟氏之宗。西鄉故界楚，離縣遠，多窳民，楚界盜常入。始創復禮書院，爲期會。鄉人感動顧化，靡然從風，孝子悌弟、貞婦順孫、好義喜施之人，比屋而是。茶、攸之間，聲聞響應。大訟大争，屢年不決，迎劉先生至，片言輒解。小事則及門或會所，或斷以大義，或中以微詞，應時即解。百里之内，在在起鄉校，待徵君主盟説法。茶陵有巨盜藪，名爲招撫，寔陰肆寇掠劫殺江湖、鄉落間，郡縣莫能制。調甫白于兩省巡撫會議剿之。茶陵劉養旦有心計，誘賊出，盡就縛。令署武衛守之。遂爲樂土矣。郭林宗高行，具藻鑒，所引拔化導之士六七十人，《漢史》奇其事，盡編入傳。而徵君與人同善，數百里内，椎魯交於禮樂，强暴變爲雅馴。比於林宗，功德百之。王新建撫虔中，日與門生講授，而蠻峒諸寇殲夷殆盡。然新建猶假節鉞運籌策。調甫，布衣書生，不藉權力，銷其積盜。比於新建，神武更神。孟氏謂：「聞伯夷之風者，玩夫廉，懦夫有立志；聞柳下惠之風者，鄙夫寬，薄夫敦〔二〕。」兼有之，其劉徵君乎！徵君今年六十，友人謀祝之。予曰：「徵君壽豈在是？」久之，托引空持《密湖譜》欲序之。劉之明德遠矣，而國朝理學鍾于徵君。序徵君，則密湖序。夫孝廉以處士徵，則擬於陳白沙；

〔二〕按：《孟子》原文作「薄夫敦，鄙夫寬」。

論行誼，則倍于郭有道；課武功，則神于王新建；樹風教，則兼于夷、惠。劉氏多賢，即康公而下，吾不知其何如也。爲密湖派者，静言思之，其以爲然乎？興起寧待予贊哉？予平昔交遊遍天下，知己不過數人，無若徵君最密。徽惠先聖，悟格物之宗，通耳順之原，敢忘所自？若夫行誼風化，則大愧於徵君。

時萬曆癸卯夏五月，友弟羅大紘譔并書。（録自《南溪劉氏族譜・原乘紀》）

南溪劉氏家政序

鄒德溥

古之爲治者，必先以禮。教民使民，浸涵於恭敬辭讓之天，而潛消其剽悍鬥狠之氣。故民自愛而重犯法，至於刑措不用，囹圄空虚。嗚呼！何其盛也！叔世禮教寖亡，而民無所養，勇者兢威以相轢，巧者舞智以自徂。爲治者忿其豪奪，則峻罰以威之；苦其伏奸匿謏，則鈎距以詰之。然法比滋繁，而犯滋衆；督察愈嚴，而奸愈不可測。蓋不知所以提防於其先，而欲塞其末流，其勢固有所不能也。善乎賈生之言曰：「禮者絶惡於未萌，而起教於微渺，使民日遷善遠罪而不自知也。」蓋孔子周流列國，常幾幸其一用，而修明公之禮，以復天下於東周之盛。及其終莫予宗，退而作《春秋》，以正禮之大綱。如君令臣恭、父慈子孝之義，悉見於褒貶予奪之間，而其升降上下、周旋裼襲之節，與其羣弟子詳辯而具陳之，以垂於後世。亦曰庶幾有禮教以治天下者，將以是爲之階梯已乎。蓋聖人之拳拳於天下後世之計，未嘗一日而忘乎禮也。

余悲夫世之置天下於糾墨質鐵，慨然想見成周之治，思以禮教達諸天下而不可得。乃余友劉調甫氏，以禮爲其宗坊，考於遺訓，咨於故實，忝定其家之祭典爲儀，因申以族約，廣以《三禮》，綴以義田之約，合而題之曰《南溪劉氏家政》，而以書屬余序。余作而嘆曰：「是豈惟家政乎？雖移於國焉可也。」夫調甫氏毋亦思以禮爲政於天下，而姑兆於其家，是故其曰《家政》云爾。劉之昆弟子姪尚各祗而守之，敦誠而行之，浸涵於恭敬辭讓之天，使人觀政於劉者，曰：「《周禮》盡在劉矣。」將天下其以劉爲望家，不亦休乎！或者謂：「調甫氏將終修江門之節，故寓名於是編，以見其『是亦爲政』之意與？」則予曰：「唯唯否否。夫知其不可而爲之者，竟何人哉，竟何人哉！非即所謂不爲政者與？」且也孔子之言曰：「明乎郊社之禮、禘嘗之義，治國其如視諸掌乎？」夫郊社之禮、禘嘗之義，則所謂通於治國者，何也？吾更以咨於調甫氏。

萬曆六年十月朔，鄒德溥汝光撰。（録自崇本堂《南溪劉氏續修族譜》）

讀劉徵君思問録

鄒德泳

先儒有云：「明不至則疑生。」謂能疑爲明，何啻千里？若然，則有學無問，即居之不疑可乎？而曰「吾斯之未能信者」，何也？然或謂非信無疑，非疑無信。今學者侈言無始，信耶，疑耶？吾觀自古聖人，曷嘗不竟竟爲生人慮？《大易》六十四象，一一皆爲前民而設。推而衍之，而用益以無窮，則所貴學也。故誠有益於生人之用，即稗説巷語，皆爲妙諦；如無益於生人之用，即吐珠嗽玉，總皆空譚矣。況西竺者流，周末始入中國，乃至以一切不關生人之説，蜚騰天下。遂舉從前列聖之學，棼之焚之。倘亦信之者之過乎？孔子曰：「索隱行怪，後世有述，吾必不爲。」又曰：「攻乎異端，斯害也已。」彼時所稱隱、稱異者，更無它端，亦不過即今生死云云，其教不爲聖人所信明甚。而今學士大夫，或左袒之，或陰陽上下，且和且款，甚則外出而内入之，以自爲珍。亦獨何歟？夫直謂其説難窮，而其義難竟，天下之事苟務於難，則何説不可，而聖人不貴也。《中庸》曰：「夫婦之愚，可以與之焉，及其至也，雖聖人亦有所不知焉。」由是言之，夫婦不知，不可以爲道；聖人盡知，亦不可以爲道。斯固世之所大疑，而聖人之所深信乎？泳黯淺不足以測徵君之微，而以意臆之如此。奚信，奚疑，是在徵君之覆矣。

友弟鄒德泳謹識。（録自崇本堂《南溪劉氏續修族譜》）

圖書在版編目(CIP)數據

劉元卿集 / (明) 劉元卿撰;彭樹欣編校. —上海:
上海古籍出版社, 2020.5
(陽明後學文獻叢書)
ISBN 978-7-5325-9568-6

Ⅰ.①劉… Ⅱ.①劉… ②彭… Ⅲ.①劉元卿(
1544-1609)—哲學思想—文集 Ⅳ.①B248.21-53

中國版本圖書館 CIP 數據核字(2020)第 060659 號

陽明後學文獻叢書
劉元卿集
(全三册)
[明] 劉元卿 撰
彭樹欣 編校
上海古籍出版社出版發行
(上海瑞金二路 272 號 郵政編碼 200020)
(1) 網址:www.guji.com.cn
(2) E-mail:guji1@guji.com.cn
(3) 易文網網址:www.ewen.co
上海展强印刷有限公司印刷
開本 890×1240 1/32 印張 52.125 插頁 8 字數 998,000
2020 年 5 月第 1 版 2020 年 5 月第 1 次印刷
印數:1—1,100
ISBN 978-7-5325-9568-6
B·1139 定價:198.00 元
如有質量問題,請與承印公司聯繫
電話:021-66366565